Christian Frevel
Im Lesen verstehen

Beihefte zur Zeitschrift für die alttestamentliche Wissenschaft

---

Herausgegeben von
John Barton, Ronald Hendel,
Reinhard G. Kratz und Markus Witte

Band 482

Christian Frevel

Im Lesen verstehen

Studien zu Theologie und Exegese

DE GRUYTER

Christian Frevel ist Professor für Altes Testament an der Katholisch-Theologischen Fakultät der Ruhr-Universität Bochum und Extraordinary Professor am Department of Old Testament Studies der University of Pretoria, South-Africa.

ISBN 978-3-11-042682-3
e-ISBN (PDF) 978-3-11-042438-6
e-ISBN (EPUB) 978-3-11-042462-1
ISSN 0934-2575

Library of Congress Cataloging-in-Publication Data
A CIP catalog record for this book has been applied for at the Library of Congress.

Bibliografische Information der Deutschen Nationalbibliothek
Die Deutsche Nationalbibliothek verzeichnet diese Publikation in der Deutschen National-
bibliografie; detaillierte bibliografische Daten sind im Internet über http://dnb.dnb.de abrufbar.

© 2017 Walter de Gruyter GmbH, Berlin/Boston
Druck und Bindung: CPI books GmbH, Leck
♾ Gedruckt auf säurefreiem Papier
Printed in Germany

www.degruyter.com

MIX
Papier aus verantwor-
tungsvollen Quellen
FSC
www.fsc.org   FSC® C083411

Inhalt

Vorwort

Regentropfen stillen nur mühsam den Durst. Sie zu trinken ist nicht einfach und sich in ihnen zu spiegeln kaum möglich. Erst wenn die Tropfen in einem Gefäß aufgefangen werden, kann man trinken, den Geschmack des Wassers prüfen und sich in der Oberfläche des Gesammelten spiegeln. Die an verschiedenen Stellen über einen längeren Zeitraum verstreut publizierten Beiträge sind Regentropfen vergleichbar, die sich schwer fangen lassen. Daher versammelt der vorliegende Band 21 in den Jahren 1991–2013 entstandene Beiträge in geringfügiger formaler Bearbeitung, um sie einem breiteren Publikum leichter zugänglich zu machen. Es sind ausgewählte Beiträge zum sog. Deuteronomistischen Geschichtswerk, zur Komposition und Theologie der Klagelieder, zur Intertextualität und Biblischen Auslegung wie auch zum Monotheismus und Bilderverbot. Die Auswahl der Themen ist durch Forschungsschwerpunkte bestimmt, die sich in der Tätigkeit in Bonn, Köln und Bochum herausgebildet haben. Ein durchlaufender Faden, der die meisten Beiträge untereinander verbindet, ist die Perspektive innerbiblischer Auslegung, mit der sich literargeschichtliche Fragen verbinden. Die Beiträge zum Deuteronomium und zur Bedeutung des Hexateuch in der alttestamentlichen Literaturgeschichte schließen an meine Habilitationsschrift zum Ende der sog. Priestergrundschrift (2000) an. Sie führen die dortigen Beobachtungen weiter und vernetzen sie mit literargeschichtlichen Fragen, die mich zur Aufgabe der Hypothese eines einheitlichen deuteronomistischen Geschichtswerks geführt haben. Die Beiträge zur Religionsgeschichte und zur Entwicklung des Monotheismus wurzeln in dem Interesse an der Geschichte der YHWH-Religion, die mich seit der Dissertation zu Aschera und dem Ausschließlichkeitsanspruch YHWHs (1995) beschäftigt. Daneben habe ich in den vergangenen zwei Dekaden immer wieder über das Verständnis der Klagelieder Jeremias nachgedacht, weshalb auch einige der Vorarbeiten zu meinem Klageliederkommentar (2017) aufgenommen wurden. Schließlich sind verschiedene Beiträge in den Band eingegangen, die sich mit dem Phänomen der innerbiblischen Auslegung am Beispiel von Texten aus der Genesis, aus Levitikus, aus Ijob und den Psalmen auseinandersetzen. Einige Aufsätze wurden für den vorliegenden Band aus dem Englischen übersetzt und erscheinen hier erstmalig in Deutsch.

Mein Dank gilt den Herausgebern, vor allem Reinhard G. Kratz, für die Aufnahme des Bandes in die Reihe *Beihefte zur Zeitschrift für die Alttestamentliche Wissenschaft* und Frau Sophie Wagenhofer im Verlag De Gruyter für die verlegerische Betreuung. Ein besonderer Dank richtet sich aber vor allem an Katharina Pyschny, die von Lausanne aus die formale Überarbeitung koordiniert hat und den gesamten Band für den Druck mit sehr großem Einsatz vorbereitet hat.

Ob das gesammelte Wasser schmeckt, es den Durst löscht oder es vielleicht sogar das Wachstum neuer Pflanzen nährt, mögen andere beurteilen. Ich hoffe es jedenfalls und wünsche mir eine anregende weitergehende Diskussion.

Christian Frevel   Bochum, im Oktober 2016

Nachweis der Erstveröffentlichung

I. Die These vom Deuteronomistischen Geschichtswerk und ihre Alternativen

Ein vielsagender Abschied
Exegetische Blicke auf den Tod des Mose in Dtn 34,1–12
Erschienen in: BZ 45 (2001), 209–234.

Deuteronomistisches Geschichtswerk oder Geschichtswerke?
Die These Martin Noths zwischen Tetrateuch, Hexateuch und Enneateuch
Erschienen in: U. Rüterswörden (Hg.), Martin Noth – Aus der Sicht heutiger Forschung (BThS 58), Neukirchen-Vluyn 2004, 60–95.

Die Wiederkehr der Hexateuchperspektive
Eine Herausforderung für die These vom Deuteronomistischen Geschichtswerk
Erschienen in: H.-J. Stipp (Hg.), Das deuteronomistische Geschichtswerk (ÖBS 39), Frankfurt u. a. 2011, 13–53.

Das Josua-Palimpsest
Der Übergang vom Josua- zum Richterbuch und seine Konsequenzen für die These eines Deuteronomistischen Geschichtswerks
Erschienen in: ZAW 125 (2013), 49–71.

Vom Schreiben Gottes
Literarkritik, Komposition und Auslegung von 2 Kön 17,34–40
Erschienen in: Biblica 72 (1991), 23–48.

II. Komposition und Theologie der Klagelieder

Gott in der Krise
Die Komposition der Klagelieder als Modell kollektiver Krisenbewältigung
Bisher unveröffentlicht

Zerbrochene Zier
Tempel und Tempelzerstörung in den Klageliedern (Threni)
Erschienen in: E. Zenger/O. Keel (Hg.), Gottesstadt und Gottesgarten. Zu Geschichte und Theologie des Jerusalemer Tempels (QD 191), Freiburg u. a. 2002, 99–153.

Zerstörung bewegt
Zur Spiritualität der Klagelieder Jeremias
Erschienen in: A. Hölscher/A. Middelbeck-Varwick (Hg.), Frömmigkeit. Eine verlorene Kunst (Theologie der Spiritualität 8), Münster 2005, 6–28.

Von fremden Händen und bloßgestellten Frauen
Ein Zwischenruf zur Inflation sexueller Gewalt in der Deutung von Klagelieder 1
Erschienen in: A. Grund u. a. (Hg.), Ich will dir danken unter den Völkern. Studien zur israelitischen und altorientalischen Gebetsliteratur. FS B. Janowski, Gütersloh 2013, 373–393.

III. Intertextualität und Innerbiblische Auslegung

„Eine kleine Theologie der Menschenwürde"
Ps 8 und seine Rezeption im Buch Ijob
Erschienen in: F.-L. Hossfeld/L. Schwienhorst-Schönberger (Hg.), Das Manna fällt auch heute noch. Beiträge zur Geschichte und Theologie des Alten, Ersten Testaments. FS E. Zenger (HBS 44), Freiburg u. a. 2004, 244–272.

Die Geheimnisse der Weisheit erzählen
Die Verwendung von Psalm 104 im Ijobbuch
Erschienen in: K. Dell/W. Kynes (Hg.), Reading Job Intertextually (LHBOTS 574), London 2013, 157–168 (englische Version).

σήμερον
Ps 95 mit und ohne den Hebräerbrief verstehen
Erschienen in: D. J. Human/G. J. Steyn (Hg.), Psalms and Hebrews. Studies in Reception (LHBOTS 527), London 2010, 165–193 (englische Version).

Gen 34,31 – „Ein stolzes Wort!"?
Erschienen in: K. Schiffner u. a. (Hg.), Fragen wider die Antworten. FS J. Ebach, Gütersloh 2010, 194–209.

Moloch und Mischehen
Zu einigen Aspekten der Rezeption von Gen 34 in Jub 30
Erschienen in: U. Dahmen/J. Schnocks (Hg.), Juda und Jerusalem in der Seleukidenzeit. Herrschaft – Widerstand – Identität. FS H.-J. Fabry (BBB 159), Göttingen 2010, 161–187.

IV. Monotheismus und Bilderverbot

Einer für alle? Leistung und Schwächen des Biblischen Monotheismus
Eine Auseinandersetzung mit Jan Assmann am Beispiel des Jeremiabuches
Erschienen in: R. Althaus u. a. (Hg.), Kirchenrecht und Theologie im Leben der Kirche. FS H. J. F. Reinhardt (Beihefte zum Münsterischen Kommentar zum Codex Iuris Canonici 50), Essen 2007, 503–524.

Der Eine oder die Vielen?
Monotheismus und materielle Kultur in der Perserzeit
Erschienen in: C. Schwöbel (Hg.), Gott – Götter – Götzen. XIV. Europäischer Kongress für Theologie
(11.–15. September 2011 in Zürich), Leipzig 2013, 238–265.

Die Elimination der Göttin aus dem Weltbild des Chronisten
Erschienen in: ZAW 103 (1991), 263–271.

YHWH und die Göttin bei den Propheten
Eine Zwischenbilanz
Erschienen in: M. Oeming/K. Schmid (Hg.), Der eine Gott und die Götter. Polytheismus und
Monotheismus im antiken Israel (AThANT 82), Zürich 2003, 49–77.

Wovon reden die Deuteronomisten?
Anmerkungen zu religionsgeschichtlichem Gehalt, Fiktionalität und literarischen Funktionen
deuteronomistischer Kultnotizen
Erschienen in: M. Witte u. a. (Hg.), Die deuteronomistischen Geschichtswerke. Redaktions- und religionsgeschichtliche Perspektiven zur „Deuteronomismus"-Diskussion in Tora und Vorderen Propheten (BZAW 365), Berlin/New York 2006, 249–277.

„Jetzt habe ich erkannt, dass YHWH größer ist als alle Götter".
Ex 18 und seine kompositionsgeschichtliche Stellung im Pentateuch
Erschienen in: BZ 47 (2003), 3–22.

Du sollst dir kein Bildnis machen! Und wenn doch?
Überlegungen zur Kultbildlosigkeit der Religion Israels
Erschienen in: B. Janowski/N. Zchomelidse (Hg.), Die Sichtbarkeit des Unsichtbaren. Zur Korrelation von Text und Bild im Wirkungskreis der Bibel. Tübinger Symposion (Arbeiten zur Geschichte
und Wirkung der Bibel 3), Stuttgart 2003, 23–49.243–246.

I. Die These vom Deuteronomistischen Geschichtswerk und ihre Alternativen

Ein vielsagender Abschied

Exegetische Blicke auf den Tod des Mose in Dtn 34,1–12[1]

„Von hinten lesen" ist für manche eine Unart, für andere das Lesevergnügen schlechthin. Wer würde die Versuchung nicht kennen, beim Lesen eines Krimis die letzte Seite aufzuschlagen, um das aufreibende „Wer war's?" gegen das „Hab' ich's doch gewusst" einzutauschen. Auch wissenschaftliche Untersuchungen ist man geneigt, vom Ende her zu lesen: Wenn nicht vom bangenden Blick in das Literaturverzeichnis, so doch vom „Ergebnis" oder der „Zusammenfassung" her. Buchschlüsse geben Aufschluss über das Ganze. Der Schluss eines Werkes setzt einen besonderen Akzent: Im literarischen Finale laufen die Fäden zusammen, oft sterben die Helden oder die Emotionen gipfeln sich auf zum bewegenden *Happy-End*. Zugleich aber gilt George Eliots Diktum: „Conclusions are the weak point of most authors".[2]

Grund genug, sich der Schlusserzählung des Pentateuch zuzuwenden und sie auf ihre *Buchschlussqualitäten* hin zu befragen. Auf den ersten Blick scheint sie nämlich ganz dem Klischee zu entsprechen: Tränen fließen satt, pathetische Worte und Superlative im Überfluss. Am Ende der Pentateucherzählung stirbt ihr einhundertzwanzigjähriger Held – anscheinend „in den besten Jahren" – auf den Befehl Gottes hin, an der Grenze des Landes mit Blick auf das Gut der Verheißung, das seit Abraham als Ziel vor Augen stand. Bevor die Schlussverse den Helden glorifizieren, wird noch schnell der Nachfolger auf den Schild gehoben. Spätestens hier beschleicht die Leserinnen und Leser die Ahnung, dass etwas nicht stimmt und dass das Bisherige nicht alles war. Jeder Film würde jetzt „Fortsetzung folgt" einblenden. Obwohl ohne Zweifel mit dem Tod des Mose ein Schlusspunkt erreicht ist, ragt der Spannungsbogen in das Buch Josua hinein. „Das Dtn muß also innerhalb des großen Zusammenhangs der Bücher Genesis bis Könige gelesen werden".[3] So ist ein Ende gegeben und doch das Ende nicht erreicht. Genau dieses

---

1 Die folgenden Ausführungen geben eine überarbeitete Fassung meiner Antrittsvorlesung am 3.2.1999 an der Universität Bonn wieder. Für die Veröffentlichung wurde der Vortragscharakter weitestgehend beibehalten. Die Ausführungen stehen im Zusammenhang meiner Überlegungen zum Ende der Priestergrundschrift in Dtn 34,8, vgl. *Frevel*, Blick (2000), wo bereits auf diese Antrittsvorlesung Bezug genommen worden ist.
2 *Eliot*, Aspects (1927), 91. Zitiert bei *Gottlieb*, Sof Davar (1991), 213.
3 *Braulik*, Testament (³1976), 129.

DOI 10.1515/9783110424386-001

Oszillieren des Schlusses zwischen Pentateuch- und Hexateuchperspektive in Dtn 34 möchte ich thematisieren.[4]

Ein Konsens zur Erklärung des komplexen Wachstums des Pentateuch ist derzeit nicht in Sicht. Insbesondere besteht keine klare Vorstellung darüber, wie die Redaktionsprozesse im Pentateuch zu ihrem Abschluss gekommen sind. Das einfache Modell eines „Pentateuchredaktors" jedenfalls, der alles aus einer Hand geschaffen hat, dürfte der Komplexität des Abschlusses nicht gerecht werden. Ebenso herrscht derzeit keine Einigkeit darüber, ab wann mit einer abgelösten Größe der Tora *als Pentateuch* sicher zu rechnen ist. Hier sind Fragen der Kanonisierung und des normativen Abschlusses der heiligen Schrift berührt, die erst in den letzten 10 Jahren intensiver diskutiert worden sind und wo die Diskussion noch nicht abgeschlossen ist.

Zunächst werde ich auf die Forschung zu Dtn 34 eingehen, dann die Erwartungen an einen Buchabschluss formulieren und anschließend einen gegliederten Durchgang durch den Text bieten, der die Funktion und den Bezugsrahmen der einzelnen Verse zu beschreiben versucht.

Die Auslegung von Dtn 34 in der gegenwärtigen Forschung

Die jüdische Überlieferung hat ein besonderes Verhältnis zu Mose. Er gab Israel die Tora und führte es aus Ägypten bis an die Grenze des gelobten Landes. Mose war in unüberbietbarer Gottesnähe Mittler zwischen Gott und Mensch. Wenn dieser Mose stirbt, stirbt ein außergewöhnlicher Mensch. Die jüdische Überlieferung hat darum den Tod des Mose in der Auslegung von Dtn 34 besonders akzentuiert und in ganz eigene Bilder gefasst: Da niemand sein Grab kennt und „*er* ihn begrub", wie es in V. 6 heißt, hat Gott *selbst* Mose begraben. Bereits in der (Vorabend-)Dämmerung des Schöpfungssabbats hat Gott das Grab des Mose ge-

---

4 Vgl. zur (Forschungs-)Geschichte dieser Frage *Houtman*, Pentateuch (1994), 441 f. Es ist bemerkenswert, dass Dtn 34 in jüngerer Zeit wieder verstärktes Interesse zuteil wird, da man sich um die Formation des Pentateuch als Tora Gedanken macht. Den Anfang in dieser Hinsicht macht *Dohmen*, Tod (1992), dann folgt *Lohfink*, Moses (1996). Ich selbst habe in Auseinandersetzung um den Schluss der Priestergrundschrift diesen Diskussionsfaden aufgenommen *Frevel*, Blick (2000). In jüngster Zeit sind vor allem *Römer*, Deuteronomium 34 (1999); *Römer/Brettler*, Deuteronomy 34 (2000) und *Otto*, Deuteronomium und Pentateuch (2000); *ders.*, Deuteronomium im Pentateuch (2000) zu nennen.

schaffen.[5] Dass Mose עַל־פִּי יהוה, wörtlich „wegen des Mundes Gottes" stirbt (V. 5), hat die rabbinische Überlieferung zu der zärtlichen Vorstellung geführt, Mose sei durch einen Kuss Gottes aus dem Leben geschieden.[6] Der Text von Dtn 34 erhält durch solche Deutungsmomente der rabbinischen Tradition wie auch der volkstümlichen jüdischen Überlieferung eine anziehende Kraft und Schönheit.

Natürlich geben sich Exegeten mit solch *verklärter* Schönheit in der Regel nicht zufrieden, sondern analysieren den Text so lange, bis er – in wenig ansprechendes Stückwerk zerfallen – *erklärt* ist. Entzündete sich schon bei den Rabbinen die Diskussion daran, dass hier Mose – sofern Autor des gesamten Pentateuch – seinen eigenen Tod beschrieb[7], so wurde dies seit den Anfängen der Bibelkritik Ausgangspunkt der Infragestellung mosaischer Autorschaft des Pentateuch. Mit der Entdeckung durchlaufender Parallelfäden im Pentateuch geriet Dtn 34 unter die „Knute" der Quellenanalyse. Obwohl der Text selbst wenig Anhaltspunkte für eine Zuweisung zum Elohisten oder Jahwisten bietet, fand man neben dem priesterschriftlichen Anteil (in V. 1*.7–9) auch Fragmente der übrigen Quellen.[8] Erst Martin Noth bestritt entschieden den Anteil der älteren Quellen und teilte den Bericht vom Tod des Mose auf deuteronomistische und priesterliche Hände auf.[9] Dass der letzte quellenhafte Anteil in Dtn 34 aus den Händen der Priestergrundschrift stammt, wurde vor 10 Jahren von Lothar Perlitt vehement bestritten.[10] Seitdem ist der Quellenkonsens gänzlich zerbrochen, und der Text segelt quellenlos im Meer des späten Deuteronomismus. Bei Philipp Stoellger hat Dtn 34 mehr deuteronomistische Schichten als Verse[11], bei Martin Rose ist eine knappe deuteronomistische Grundschicht mehrfach nachexilisch fortgeschrieben, wobei die einzelnen Schichten nicht mehr näher verortet werden.[12] Félix García López versucht eine Integration in das Blum'sche Pentateuchmodell und sieht eine DtrH Grundschicht durch KD und KP ergänzt.[13] Christoph Dohmen versteht den Text als einheitliche Setzung eines späten Systematikers, der nur durch das Epitaph in V. 10–12 erweitert wurde, und für Erich Zenger schließlich „spricht vieles dafür, daß Dtn 34 (scil. insgesamt) erst von der Pentateuchredak-

---

5 Vgl. Av 5,9; Mas. Pes 54a; Sifre Deuteronomium 355 u. ö., vgl. die Belege bei *Ginzberg*, Legends (1909), 38 mit Anm. 99.
6 Vgl. BB 17a; Zohar, Bereshit 1,125a; Midrash Rabbah, Deuteronomium XI: 10, Deut. 186.
7 Deshalb sind die letzten 8 Verse der Tora von Josua verfasst, vgl. BB 14f.
8 Vgl. dazu die tabellarische Übersicht bei *Bertholet*, Deuteronomium (1899), 112.
9 Vgl. *Noth*, Überlieferungsgeschichte (³1948), 212f.
10 Vgl. *Perlitt*, Priesterschrift (1988).
11 Vgl. *Stoellger*, Deuteronomium 34 (1993).
12 Vgl. *Rose*, 5. Mose (1994) sowie bereits *ders.*, Empoigner le Pentateuque (1989).
13 *García López*, Deut 34 (1994).

tion geschaffen wurde".[14] Diese Linie greift Eckart Otto in seiner jüngsten Publikation auf und meint sie durch eine durchgehende nachredaktionelle Spätdatierung der Bezugstexte des Deuteronomiumrahmens untermauern zu können.[15]

In der Forschungsgeschichte ist damit ein Trend erkennbar, der auf eine Form der literarischen Einheitlichkeit von Dtn 34 zuläuft, sei es in der Zurückführung auf eine facettenreiche Schultradition oder gar auf *einen* späten Redaktor. Aus diesem Trend bricht insbesondere der anregende Versuch von Thomas C. Römer aus, neben einem deuteronomistischen Grundtext eine Bearbeitung einer Hexateuchredaktion (V. 1*.7–9) auszumachen und die V. 4.10–12 der Pentateuchredaktion zuzuweisen.[16] Mit dem Stichwort „späte Setzung" wie mit dem „Pentateuchredaktor" kommen die Abschlussfunktion des Kapitels und seine Bedeutung für das Werden des Pentateuch in den Blick. Eine bedeutende Rolle spielen die V. 10–12, die aus dem Geschichtsverlauf des Pentateuchfadens heraustreten und die Person des Mose aus einer Metaperspektive in den Blick nehmen. Wurde in diesen Versen bei Noth zunächst ein später Zusatz *nach* der Zusammenarbeit von priesterlichem und deuteronomistischem Material gesehen, so stehen die Verse in jüngeren Äußerungen gerade *im Zusammenhang der Pentateuchredaktion* und zwar im Prozess der Zusammenarbeit von Tetrateuch und Deuteronomium. Dabei dienen sie der für das Werden des Pentateuch not-

---

14 *Zenger*, Priesterschrift (1997), 438, vgl. *Zenger*, Schichten (1995), 95. Vgl. zum Überblick über die Positionen *Frevel*, Blick (2000).

15 Vgl. *Otto*, Deuteronomium im Pentateuch (2000), 217: „Die These der ‚späten Setzung' kann durch den Aufweis, daß Dtn 34 mit Dtn 3,23–28 an eine postdtr Erzählung anknüpft und keinen dtr Anschlußtext hat, noch erheblich an Überzeugungskraft gewinnen". Mit der Fortsetzung der ausgreifenden Spätdatierung im Deuteronomium versucht E. Otto meine Analysen in Frage zu stellen und behauptet, ich würde am Kern des Problems vorbeigehen, wenn ich Dtn 1,37; 3,27; 4,21; 31,1f.16.29; 32,50 für den Plot des Deuteronomiums anführe, der eine Erzählung vom Tod des Mose ebenso impliziert wie die Konzeption des Deuteronomiums als Abschiedsrede. Diese Texte seien nämlich allesamt postdtr und das Dtn auch nicht als Abschiedsrede des Mose konzipiert. Das Problem löst Otto, indem er ihm redaktionell den Boden unter den Füßen wegzieht, aber bleibt das Verbleibende literarhistorisch plausibel? Insbesondere eine innere Konsistenz der von ihm in wachsender Zahl dem Pentateuchredaktor zugewiesenen Texte ist nicht zu erkennen (vgl. zuletzt mit Hinweis auf J. van Seters auch *Braulik*, Ezechiel [2000], 225)! E. Otto setzt sich durchgehend vehement von meiner Analyse von Dtn 34 ab, unterdrückt dabei aber die vielen Gemeinsamkeiten. So etwa, dass V. 9 sich von den V. 1–8 ebenso abhebt wie von den V. 10–12, dass es Hexateuch- *und* Pentateuchperspektiven in Dtn 34 gibt, dass Dtn 34 nicht mehr einfach quellenhaft aufzulösen ist, dass Dtn 32,48–52 mit Dtn 34,1ff literarhistorisch zusammenhängen, dass die Reichsautorisation der Tora nicht die Lösung des Pentateuchproblems darstellt usw. Vielleicht ist das Ergebnis angesichts dessen doch nicht mehr ganz so enttäuschend (so *Otto*, ebd., 213), vor allem, wenn man sich einmal mit dem Gesamt der Argumente auseinandersetzt?

16 Vgl. *Römer*, Deuteronomium 34 (1999); *Römer/Brettler*, Deuteronomy 34 (2000).

wendigen Auskoppelung des Deuteronomium aus dem deuteronomistischen Geschichtswerk.[17] Die Hexateuchperspektive wird dabei meist ausgeblendet.[18]

Der Abschlusscharakter des gesamten Kapitels wird von Dohmen am stärksten akzentuiert. Nach ihm sind die V. 1–9 die eigentliche „Geburt des Pentateuch". Hier werde nicht nur der Tod des Mose beschrieben, sondern der Tod des Offenbarungsmittlers *gesetzt* und damit das äußere Ende *und* der innere Abschluss der Offenbarung geformt.[19] Auch hier trennt der Tod des Mose das schon mit dem Tetrateuch verbundene Deuteronomium von dem Kontext des Josuabuches ab. Nach Dohmen schließt die Setzung des Mosetodes den kanonischen Prozess ab und setzt die Kanonisierung des Kanonteils Tora in Gang. Dtn 34 wird so zur „*Geburt der Kanonidee* im engeren Sinne".[20]

Durch die Forschungsgeschichte gewinnen folgende drei Fragen Gewicht:
(1) Welche *Funktion* haben das gesamte Kapitel bzw. seine einzelnen Teile für die Größen Deuteronomium, Pentateuch und Hexateuch?
(2) Auf welchen literarischen Kontext ist Dtn 34 in seinen Teilen bezogen?
(3) Welche Rolle spielen Dtn 34 bzw. Teile daraus für den Pentateuchabschluss und die Kanonisierung der Tora?

Bevor wir unter diesen drei Rücksichten den Text näher betrachten, möchte ich die Fragerichtung noch etwas präzisieren. Dtn 34 ist Schluss der Moseerzählung, des Deuteronomiums und auch des Pentateuch. Diese mehrfache Abschlussfunktion unterstreicht die Bedeutung des Kapitels, wirft aber zugleich die Frage auf, was eigentlich einen Abschluss ausmacht.

Was erwartet man von einem Buchschluss?

Kaum kann man sich einen eindeutigeren Schluss vorstellen als den Tod des Helden.[21] „Der Tod ist die Sanktion von allem, was der Erzähler berichten kann" (W. Benjamin). Neben dem „mortalen" Finale leistet ein Buchschluss meist noch mehr. Wenn es kein offener Schluss sein soll, so erwartet man, dass der Haupt-

---

17 Vgl. *Noth*, Überlieferungsgeschichte (³1948), 95; *Kaiser*, Grundriß (1992), 95; *Braulik*, Testament (³1976), 134. Vgl. *Zenger*, Pentateuch (1996), 9.
18 Die Vernachlässigung der Hexateuchperspektive unterstreicht auch unabhängig von meinen Überlegungen T. Römer in seinen jüngsten Stellungnahmen zu Dtn 34 (s. o. Anm. 4), vgl. *ders.*, Pentateuque (1998).
19 Vgl. *Dohmen*, Tod (1992), 65.
20 *Dohmen*, Tod (1992), 67.
21 In der Bibel klassisch z. B. Ijob, Tob, Jdt, bedingt auch Gen, Dtn und Jos.

erzählfaden des Werkes an ein erzählerisches Ende gelangt. Das kann entweder durch einen Rückgriff auf den Anfang geschehen, durch eine Rekapitulation der erzählten Geschichte oder durch die Lösung der im Rahmen der Erzählung aufgeworfenen Problematik. Ein Buchschluss kann auch durch einen Metatext geschaffen werden, der das Ganze in einer Außenperspektive in den Blick nimmt.

Ein probates Beispiel für die Gestaltung eines biblischen Buchendes sind die drei Schlüsse des Koheletbuches. Der erste in 12,8 lautet: „Windhauch, Windhauch, sagte Kohelet, das alles ist Windhauch". Er wiederholt die Ausgangsthese des Buches in 1,2 und umgreift so das gesamte Werk. Das erste Nachwort in Koh 12,9 – 11 hebt auf die *Person* Kohelets ab, charakterisiert das Gesamtwerk und nimmt Bezug auf das verschriftete Ganze: „Kohelet hat sich bemüht, gut formulierte Worte zu entdecken, und hier sind diese wahren Worte sorgfältig aufgeschrieben". Das zweite Nachwort fasst in V. 12 – 14 auf ganz eigene Weise *das Ganze* des Koheletbuches zusammen. Eingeleitet durch סוף דבר הכל נשמע „die Quintessenz des Ganzen sei gehört:" biegt es die Botschaft des Koheletbuches auf die Formel: „Fürchte Gott, und achte auf seine Gebote".

Für den Pentateuch ist die Frage von Buchschlüssen weit schwieriger zu bewerten, denn eigentliche Buchschlüsse gibt es nicht.[22] Die Abtrennung seiner einzelnen Bücher geschah unter inhaltlichen, aber *auch* unter rollentechnischen Aspekten, und die Buchenden scheinen nur zum Teil besonders gestaltet zu sein.[23] Bisher liegen wenige Vorschläge zur bewussten Gestaltung der Buchschlüsse vor. E. Ben Zvi sieht die Buchschlüsse von Ex–Dtn aufeinander bezogen und das Buch Genesis bewusst entkoppelt.[24] Peter Weimar konstatiert in seinem Pentateuchartikel für das NBL, dass entgegen der Annahme, die Fünfteilung sei als „wesentlich buchtechnisch zu bestimmender Vorgang zu begreifen, die Fünfteiligkeit des Gesamtwerks als eine auf die P[entateuch]redaktion selbst zurückgehende und damit als bewußter literarischer Akt zu interpretierende Maßnahme zu

---

22 Vgl. zu biblischen Buchschlüssen die Überlegungen von *Gottlieb,* Sof Davar (1991). Gottlieb sieht unterschiedliche Modelle für einen Schluss in biblischen Büchern gegeben, sei es dass ein Tod erwähnt wird, ein Vokabular benutzt wird, dass er Konnotationen des Endes hat, dass von Zeiträumen oder einer umfassenden Schicksalswende die Rede ist. Seine Kriterien sind allerdings so wenig präzise, dass er ein Spektrum biblischer Schlüsse aufzuweisen scheint. Schaut man sich die angeführten „Schlüsse" näher an, zerrinnt einem seine Systematik wie Sand in den Händen. S. auch die folgende Anmerkung.
23 Vgl. zum buchtechnischen Aspekt *Haran,* Book Scrolls (1982); *ders.,* Book-Size (1990); *Lohfink,* Bewegung (1995), 335.338.341 – 345; *Schmid,* Erzväter (1999), 26 – 33; zum forschungsgeschichtlichen Überblick zu den Pentateuchbuchschlüssen *Houtman,* Pentateuch (1994), 1f; zum inhaltlichen Problem *Hossfeld,* Tora (1998), 108. Hier können die Fragen, die eine ausführlichere Behandlung verdienen würden, nur angerissen werden.
24 *Ben Zvi,* Closing Words (1992).

verstehen (sein wird)".[25] Die von *E. Zenger* in einer Übersicht markierten Anfänge der Buchschlüsse gehen von der vorliegenden Form der Fünfteilung bereits aus.[26] M. E. ist aber fraglich, ob „Anfang und Abschluß jeweils literarisch deutlich markiert"[27] sind, d. h. ob die Buchschlüsse und -anfänge *jeweils* tatsächlich eine trennende Funktion auf literarischer Ebene haben, die auf das jeweilige Buch bezogen ist. Z. B. schließt Num 36,13 von der literarischen Funktion nicht das Buch Numeri ab, sondern rahmt vielmehr den Abschnitt Num 22,1–36,13. Auch Ex 40,34–38 ist kaum als *Buchschluss* zu bezeichnen, hier liegt der „Trenner" vielmehr in dem Anfang Lev 1,1. Dass der Übergang zwischen Lev und Num fließend ist, hat die Forschung schon häufig konstatiert. Schwierig ist dabei allerdings auch der mehrfache „Buchschluss" in Lev 26,46 und Lev 27,34.[28] Ähnlich verhält es sich im Buch Genesis, wo durch den Segen Gen 49,28 und das Begräbnis Jakobs im Land ein relativer Schluss erreicht ist, der durch das Josef-Kolophon Gen 50,22–26 (vgl. Jos 24,29.32) noch einmal aufgehoben wird. Auch hier wird die Zäsur eher durch den Buchanfang von Ex 1,1–5 unterstrichen. Während alle fünf Bücher des Pentateuch einen sinnvollen Anfang haben, der jeweils eine Zäsur setzt, sind die Buchschlüsse weniger deutlich markiert.

Doch die jetzt naheliegende Alternative, die Fünfteilung *ausschließlich* auf buchtechnische Aspekte zurückzuführen, überzeugt nicht. Schon die ungleiche Größe der einzelnen Bücher spricht gegen eine rein technisch bestimmte Abteilung.[29] Die einzelnen Buchgrenzen des Pentateuch haben eben *unterschiedliches* Gewicht. Wahrscheinlich liegt die Wahrheit in der Mitte. Es gibt gesetzte und literarisch bewusst gestaltete Buchschlüsse, aber auch solche, die eher rollentechnisch bestimmt waren. „Even though the division of the Pentateuch was unavoidable, the separation itself of this work into precisely five parts was not at all inevitable".[30] So ist z. B. ein Einschnitt zwischen den Erzählstoffen von Gen und Ex gegeben und eine Abtrennung erscheint sinnvoll, doch ist damit noch nicht der Buchschluss im Vergleich zu den übrigen Erzählungen und Bundesschlüssen besonders gestaltet.

Ähnliches und doch auch anderes gilt für das Schlusskapitel des Deuteronomiums, in dem durch den Mosetod unzweifelhaft eine Zäsur gesetzt wird. Auch hier ist auf den ersten Blick deutlich, dass Dtn 34 zwar durch die natürliche

---

25 *Weimar*, Pentateuch (1996), 107.
26 *Zenger*, Bücher (1995), 68–74.
27 So *Zenger*, Bücher (1995), 68, vgl. *Zenger*, Buch (1999), 54.
28 Zur Frage der unterschiedlichen Gliederungsvorschläge zum Buch Levitikus vgl. *Zenger*, Buch (1999), 62–70 und ebd., 59.77 Anm. 55 auch zur Parallelität von Lev 27,34 mit Num 36,13.
29 S. dazu *Haran*, Book-Size (1990), 171.
30 *Haran*, Book-Size (1990), 172.

Grenze des Todes als Schluss des Deuteronomiums funktioniert, jedoch nicht einen Bogen zu Dtn 1 schlägt und so das Deuteronomium als geschlossene Größe konstituiert. Vielmehr nimmt ja Dtn 34,1 nach der Statik der Rede(n) den Handlungsfaden wieder auf, dessen Beginn vor dem Deuteronomium liegt. Wird damit auch hinsichtlich der Buchschlüsse die Sonderstellung des Deuteronomiums im Pentateuch unterstrichen, stellt sich doch zugleich die Frage, ob durch Dtn 34 die Größe Pentateuch abgeschlossen wird.

Meist wird diese Frage ohne viel Aufhebens positiv beantwortet. Als Beispiel einer traditionellen Beantwortung zitiere ich die jüngste Untersuchung von Eckart Otto: „In Dtn 34 ergreift der ‚Bucherzähler' des Deuteronomiums, der der des ganzen Pentateuch ist, d. h. in diachroner Perspektive der Pentateuchredaktor, das abschließende Wort. Mit Moses Tod in Dtn 34 kommt ein Geschehen zum Abschluß, das mit der Schöpfung in Gen 1 beginnt".[31]

Dass hier eine traditionelle Perspektive zum Ausdruck kommt, macht die Sätze nicht richtiger. Wird am Schluss des Pentateuch wirklich das Ganze in den Blick genommen? Wird in Dtn 34 ein Bogen zum Anfang des „Werkes" geschlagen? Ist die im Rahmen der Erzählung aufgeworfene Problematik gelöst, oder bietet Dtn 34 eine Zusammenfassung des Erzählstoffes? Unter diesen Leitfragen ist nun im dritten Abschnitt der Text von Dtn 34 näher in den Blick zu nehmen.[32]

Funktion und Bezugsrahmen von Dtn 34,1–12: Ein exegetischer Durchgang

Ich beginne mit dem Standort in der Fabel des Pentateuch und mit einer topographischen Verortung des Geschehens: Im vierzigsten Jahr der Wüstenwanderung hatte Mose in Dtn 1 seine Abschiedsrede begonnen, in der er die Geschichte vom Horeb bis zum Tag der Rede, seinem Todestag, Revue passieren lässt. Diese große, mehrfach unterteilte Rede endet in Dtn 31 mit der Einsetzung Josuas. Der in Dtn 1,5 begonnene Verschriftungsvorgang kommt an sein Ende (Dtn 31,9.24), es folgen dann das Moselied (Dtn 32,1–47) und die Weisung, auf das Abarimgebirge zu steigen, um (das Land Kanaan) zu sehen und dann zu sterben (Dtn 32,48–52).

---

31 *Otto*, Deuteronomium im Pentateuch (2000), 211, vgl. 228.271, wo die Behauptung wiederholt wird, Dtn 34,10–12 nehme das „Ganze des Pentateuch in den Blick".

32 Dabei steht *nicht* das diachrone Problem von Dtn 34 zur Debatte. Dazu verweise ich auf meine Habilitationsschrift und die hier in den Anmerkungen gemachten Ergänzungen im Gespräch mit der neuesten Literatur. Vgl. zum Folgenden das Schaubild der wichtigsten Bezüge von Dtn 34.

Genesis	Exodus	Levitikus	Numeri	Deuteronomium	Josua

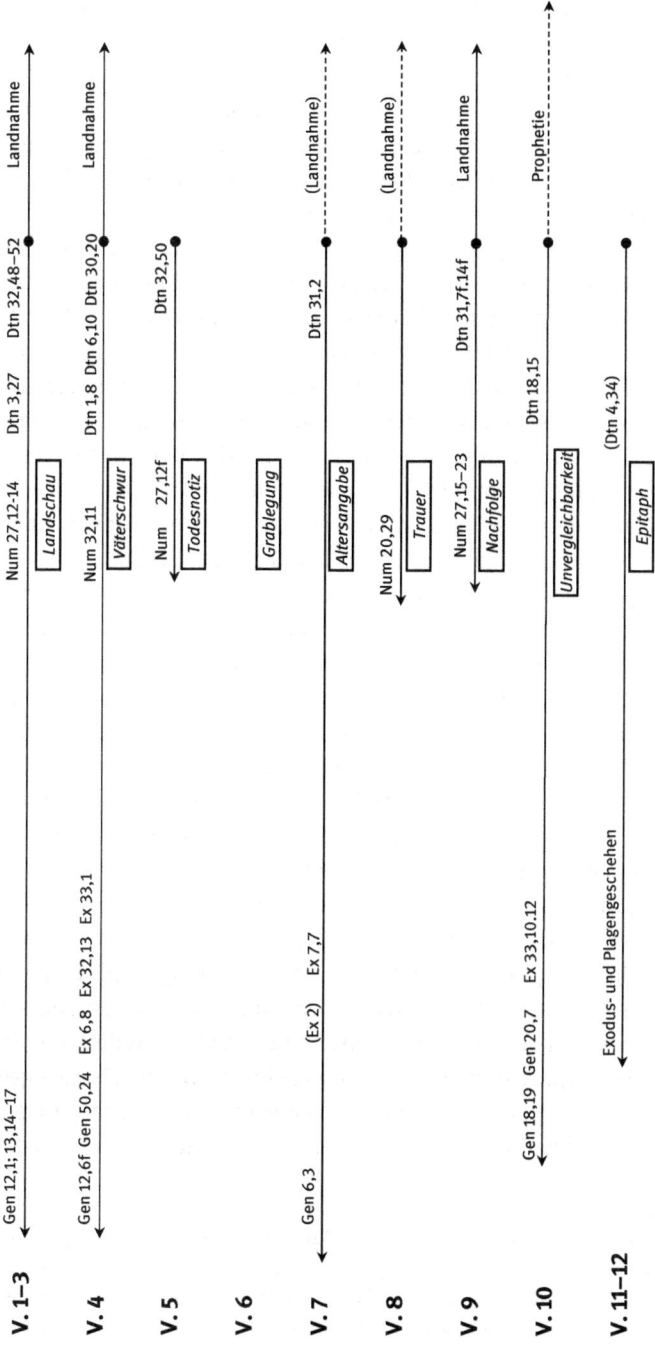

V. 1–3 — Gen 12,1; 13,14–17 ... Num 27,12-14 ... Dtn 3,27 ... Dtn 32,48–52 ... Landnahme
Landschau

V. 4 — Gen 12,6f Gen 50,24 Ex 6,8 Ex 32,13 Ex 33,1 ... Num 32,11 ... Dtn 1,8 Dtn 6,10 Dtn 30,20 ... Landnahme
Väterschwur

V. 5 — Num 27,12f ... Dtn 32,50
Todesnotiz

V. 6 — *Grablegung*

V. 7 — Gen 6,3 ... (Ex 2) Ex 7,7 ... *Altersangabe* ... Dtn 31,2 ... (Landnahme)

V. 8 — Num 20,29 ... (Landnahme)
Trauer

V. 9 — Num 27,15–23 ... Dtn 31,7f.14f ... Landnahme
Nachfolge

V. 10 — Gen 18,19 Gen 20,7 Ex 33,10.12 ... Dtn 18,15 ... Prophetie
Unvergleichbarkeit

V. 11–12 — Exodus- und Plagengeschehen ... (Dtn 4,34)
Epitaph

Genesis	Exodus	Levitikus	Numeri	Deuteronomium	Josua

Bevor Mose dieser Weisung Folge leistet und das Geschehen unseres Kapitels beginnt, segnet er in Dtn 33 noch ausführlich das Volk.

Dieses lagert die gesamte Zeit über in Schittim in den Steppen von Moab (vgl. Num 22,1; 25,1; 33,48 f; 35,1; 36,13; Jos 2,1; 3,1). Der Lagerort liegt „jenseits des Jordan" (Dtn 1,1.5), in den Steppen von Moab (Dtn 34,1.8) im Tal gegenüber Bet-Pegor (Dtn 3,29, vgl. 4,46), das heute meist mit dem *Wādī ʿAyun Musa* gleichgesetzt wird. Von dort aus steigt Mose gemäß dem in Dtn 32,49 wiederholten Befehl aus Num 27,12 auf den Gipfel des Pisga, der in harmonisierender Lokalisierung unter dem heutigen Namen *Rās es-Siyāġa* wenig östlich des Nebo liegt, niedriger als dieser ist, aber eine bessere Sicht bietet. Wo die „Abhänge des Pisga" אשדת הפסגה (Dtn 3,17; 4,49; Jos 12,3; 13,20) und die „Spitze des Pisga" ראש הפסגה (Num 21,20; 23,14; Dtn 3,27; 34,1) tatsächlich zu lokalisieren sind, ist wegen der vielen sich überschneidenden Ortsangaben eine nach wie vor ungeklärte Frage.

Der Aufstieg auf den Berg führt den Erzählfaden weiter, der in der Kundschaftererzählung (Num 13 f) begonnen worden war: Mose wird wie die gesamte Exodusgeneration das Land der Verheißung nicht erreichen, sondern außerhalb sterben. Doch Gott lässt Mose zumindest das Land schauen.

Die jetzt folgende sechsfach gegliederte Landschau beschreibt das ganze Land gegen den Uhrzeigersinn, und zwar unter Einschluss des bereits durch die Rubeniter und Gaditer besiedelten Ostjordanlandes. Dabei richtet sich der Blick zunächst nach Norden (Gilead), schwenkt dann nach Nordwesten (Dan), dann südwestlich entlang dem Ausläufer des großen Grabens (Naftali, nordwestlich und westlich des Sees Gennesaret), blickt dann auf das Nordreich unter dem Titel Efraim und Manasse. Danach lässt YHWH Mose nach Westen über Juda hinweg bis zum Mittelmeer schauen. Abschließend schwenkt der Blick nach Süden und endet dann in einem eigentümlichen Zickzack in der Gegend des Toten Meeres, schweift zunächst in den Umkreis der Jerichosenke, um dann wieder an das Südende des Toten Meeres in den *Ġōr eṣ-Ṣāfī* nach Zoar zu wandern. Dieses Zickzack entspricht nicht mehr der kreisförmigen Bewegung des Anfangs und deutet auf ein nachträgliches Hinzukommen der Stadt Jericho hin.[33] Denn warum sollte der Blick vom Süden noch einmal über das judäische Bergland schweifen, um das lokale Gegenüber der Palmenstadt in den Blick zu nehmen? Der Text ist hier gewachsen und es spricht alles dafür, dass Jericho erst später in die Landschau eingetragen wurde, sei es im Anschluss an den Terminus ככר, der die *Ġōr* genannte Tiefebene sowohl

---

[33] Der Zickzackkurs lässt sich auch nicht durch die Verlegung von Zoar an das Nordende des Toten Meeres begradigen. S. dazu den Beleg beim Pilger von Piacenza (Ende 6. Jh.) bei *Donner*, Pilgerreisen (1979), 269 mit Anm. 53 und ebd., 274 Anm. 73: „Sodom und Gomorrha (Gen 19) sind aus Bequemlichkeitsgründen für die Pilger vom s. ans nw. Ufer des Toten Meeres gezogen worden, s. der Straße von Jericho nach Jerusalem".

nördlich wie südlich des Toten Meeres bezeichnen kann oder weil „Palmenstadt" ursprünglich das Städtchen Tamar am Südende des Salzmeeres bezeichnete.[34] Wie man sich auch entscheidet, Sinn macht das ganze nur ohne Jericho.

Natürlich kann man vom Nebo aus so nicht schauen, denn man sieht weder Dan noch das Mittelmeer, geschweige denn den Negeb oder Zoar, *so* kann nur YHWH schauen lassen. Auf die Sichtverhältnisse kommt es bei der Landschau auch nicht an. Vielmehr wird so auf die gesamte Landgabethematik angespielt. Spezielle Bezüge ergeben sich zu Abraham: Lautete das erste Gotteswort an Abraham „Geh in das Land, das ich dir zeigen werde" (Gen 12,1), so zeigt hier YHWH dem Mose das ganze Land (ראה ni.). Durch das Herausheben der Gegend am Toten Meer wird ein Bezug zu der Landschau Abrahams in Gen 13 hergestellt. So wie dort mit der Landschau und dem anschließenden Durchschreiten eine Besitzübergabe verbunden war, so wird hier die Landgabe quasi virtuell vorweggenommen (vgl. Dtn 34,1 mit Gen 13,14 f).

Diesen Sinn der Landschau bestätigt V. 4, das letzte Wort Gottes an Mose. Das „deinem Samen werde ich es (scil. das Land) geben" spielt Gen 12,7 und die daran anknüpfenden Stellen des Väterschwurs ein, die nahezu den gesamten Pentateuch leitmotivartig[35] durchziehen. Der auf die Landgabe bezogene Väterschwur war gerade im Deuteronomium immer wieder mottoartig wiederholt worden (vgl. Dtn 1,8.35; 6,10; 9,5; 30,20; vgl. 6,18.23; 7,13; 8,1; 10,11; 11,9.21; 19,8; 26,3.15; 28,11; 31,7.20 – 23). Durch die Gottesrede in V. 4 werden somit weit ausgreifende Bögen geschlagen: Zum Anfang des Deuteronomiums in 1,8, zu Abraham und den Erzeltern (Gen 12,7; 24,7; 26,3) und zum Ende des Buches Genesis (Gen 50,24).[36]

---

34 Vgl. Ri 1,17, wo vielleicht nicht Jericho, sondern Tamar „Palme" am Südende des Toten Meeres gemeint ist, vgl. ferner 1 Kön 9,18; Ez 47,18 f; 48,28 und חצצון תמר in 2 Chr 20,2 und Gen 14,7, das dort aber mit En-Gedi gleichgesetzt wird. Zur Lage u. a. *Cohen/Yisrael*, Road (1995); *Cohen*, Fortresses (1979): ʿēn ḥaṣb/ʾĒn Ḥaṣeva 32 km sw des Toten Meeres am Westrand des *Wādi el-ʿAraba*. Als Alternative wird das nur ca. 15 km vom Südrand entfernte ʾĒn ʿArūs diskutiert (vgl. dazu TAVO BIV 6).

35 Vgl. Gen 12,7; 24,7; 26,3; 50,24; vgl. auch Ex 13,5.11; 32,13; 33,1; Num 14,16.23; Num 32,11. Zur Bezeichnung als Leitmotiv, vgl. *Römer*, Le Deutéronome (1992), 96. Vgl. *Zenger*, Bücher (1995), 74: „roter Faden durch alle fünf Bücher Gen – Dtn". Die dort ebenfalls zu findende Angabe, dass es „umgekehrt keinen expliziten Rückverweis auf die den Erzeltern eidlich zugesprochene Landverheißung gibt" und dies „die These vom Pentateuch als einem kompositionell abgerundeten Ganzen" bestätigt, unterdrückt Jos 1,6; 5,6; 21,43 und Ri 2,1, vgl. Jos 14,9 f. Gerade die Landthematik weist m. E. den Pentateuch *nicht* als geschlossene Größe aus. Das zeigt die schon im Numeribuch begonnene Landverteilung ebenso wie die Tatsache, dass das Buch Josua ohne die Vorgaben des Pentateuch nicht zu lesen ist.

36 Dies wertet P. Weimar als Kompositionsargument einer Gestaltung des Pentateuch, vgl. die Angaben bei *Römer*, Israels Väter (1990). Die Diskussion zwischen T. Römer und N. Lohfink, ob Dtn 34,4 von der sog. Pentateuchredaktion stammt oder schon deuteronomistisch vorstellbar ist,

Das „ich habe es dich schauen lassen mit deinen Augen" bildet mit V. 1 eine Rahmung um diesen ersten Abschnitt von Dtn 34, wo es um die Betonung des „Schon-*und*-Noch-Nicht" der Erfüllung der Landverheißung geht. Das „hinüber-ziehen wirst du nicht" am Schluss des Verses greift wieder auf das Netz der Notizen zum Mosetod im Deuteronomium zurück (vgl. Num 20,24; Dtn 1,37; 3,27; 31,2; 32,52). Der Rückgriff geht implizit bis zur Kundschaftererzählung (Num 13 f). Dort waren alle über Zwanzigjährigen zum Tod in der Wüste verurteilt worden, weil das Volk über die Qualität des Landes gemurrt hatte. Mose ist (abgesehen von Josua und Kaleb) der letzte der Exodus- und Kundschaftergeneration, dessen Tod nun noch aussteht.[37] Dann erst wird der Einzug in das Land der Verheißung möglich

---

braucht hier nicht geführt zu werden, vgl. zuletzt *Römer/Brettler*, Deuteronomy 34 (2000), 405 f. M. E. gibt es für beides gute Argumente, wobei die Gründe gegen eine dtr Herkunft schwächer sind als die für eine Herkunft aus der Pentateuchredaktion. Zu sehen ist, dass die kompositionskri-tischen Argumente nicht zwingend gegen eine deuteronomistische Datierung sprechen müssen, insofern die verbindende Funktion von Dtn 34,4 der Stelle auch durch Nachbildungen zuge-wachsen sein kann. So kann m. E. auch das Fehlen des אבות nicht unbedingt gegen eine dtr Herkunft ins Feld geführt werden. Trotzdem bleibt die Formulierung von Dtn 34,4 gerade in diesem Punkte gegenüber den übrigen Belegen im Dtn different. Zusammengenommen mit der Nähe zu Gen 50,24; Ex 32,13; 33,1 spricht dies für eine dem Hauptstrom des Deuteronomismus nachge-ordnete Datierung.

37 Gegen *Otto*, Deuteronomium im Pentateuch (2000), 22 f ist festzuhalten, dass dieses „System" völlig ohne Num 20 funktioniert. In nichts ist erkennbar, dass in Dtn 1,37 Num 20,12 f vorausgesetzt wäre. Gerade der Unterschied in der Formulierung widerstreitet der nachpriesterschriftlichen Datierung von Dtn 1,37, wo auf Num 14 *zurück*gegriffen wird (und nicht umgekehrt). Ein literar-geschichtlicher Zusammenhang von Num 20,1–13; Dtn 1,37; 3,23–28 (Ottos Hexateuchredak-tion) ist wenig naheliegend. Sein Konstrukt, dass die Hexateuchredaktion die in Num 13,17b–20.22aα.23.24.27abß.28abα.30.31; 14,1b.40–44a.45 eine zuvor literargeschichtlich nicht einge-bundene vordtr Vorlage von Dtn 1,19–46* aufgenommen und durch 13,1.2ab.3a.21.25 f.32 f; 14,1a.2–10.26,27b28.29aα.31.35.37 f bearbeitet hat (vgl. ebd., 17–62), wirft Fragen auf. Zum einen sollte nicht von einer „Grunderzählung" (so ebd., 26 u. ö.) gesprochen werden, da diese Erzählung nicht isoliert funktioniert. Sie hat weder einen Anfang, noch erzählt sie von der Rückkehr der Kund-schafter. Ebenso fehlt die göttliche Strafankündigung zwischen Num 14,1b und Num 14,40. Einen Grund für diese selektive Aufnahme kann Otto nicht angeben, er mutmaßt lediglich, was in der Lücke habe stehen müssen (ebd., 62). Dabei hat die „Grunderzählung" lediglich die Funktion, die Vorlage zu Dtn 1,19–46 abzugeben. Sie bleibt literarhistorisch darüber hinaus unverortet sowie im theologischen Profil und in der Aussage undeutlich. Zum anderen fragt sich, warum eine Re-daktion ohne Not etwa anstelle der sich anbietenden Erweiterung von 13,22a diesen durch den vorgeschalteten 13,21 unnötig doppelt, einen kaum glatt funktionierenden Anschluss von 13,32 an 13,31 hinnimmt und besonders frappant Num 14,1 f mit dem älteren Versatzstück 14,1a geradezu holprig einschließt? Wie wenig Ottos Modell funktioniert, zeigt nicht zuletzt die Fortsetzung von V. 38 durch V. 40 auf der Stufe der Hexateuchredaktion. Das nicht näher bestimmte pluralische Subjekt von V. 40 wird durch die Hand der Hexateuchredaktion durch Josua und Kaleb näher-bestimmt, was aber inhaltlich kaum Sinn macht. Durch die Annahme einer integrierten Vorlage

sein. Der Mosetod ist demnach unbedingte Voraussetzung dafür, dass das Geschehen weitergeht.[38] Es ist, wie Bonhoeffer schreibt, „das Sterben, über dessen ernsten Grenzen schon die Fanale neuer Zeiten glänzen".[39] Das wird letztlich auch durch die stille Antithese des ושמה לא תעבור „dorthin wirst du nicht hinüberziehen" zu dem abrahamitischen ויעבר אברם בארץ „und Abraham durchzog das Land" unterstrichen – die Erfüllung der Verheißung steht noch aus. An der Vielfalt der aufgezeigten Bezüge wird deutlich, V. 4 hat auch für den Abschlusscharakter von Dtn 34 besonderes Gewicht. Zugleich verweist er aber über den Pentateuch hinaus auf die Erfüllung der im Väterschwur gegebenen Landverheißung.[40]

Der zweite Abschnitt des Kapitels in V. 5 f ist durch das Todesgeschehen bestimmt. Der Held tritt mit einigen Eigentümlichkeiten von der Bühne ab. Zweimal wird unterstrichen (V. 5 u. 6), dass Mose in *Moab*, d. h. außerhalb des verheißenen Landes stirbt und dort begraben ist, womit an das Vorhergehende angeknüpft wird. Mose stirbt auf einem Berg, wie Aaron in Num 20,28, von dem es in Num 33,38 auch heißt, dass er auf den Befehl YHWHs hin gestorben sei. Wenn auch die Ankündigung zu sterben bereits in Num 27,13 an Mose ergangen ist, der ausdrückliche Befehl steht erst unmittelbar vor dem Mosesegen in Dtn 32,50, woran hier am stärksten angeknüpft wird. Insofern mit dem Tod das ganze Leben in den Blick gerät, wird hier ein impliziter Bogen zum Anfang in Ex 2 zurückgeschlagen.

In V. 5 wird Mose mit dem Ehrentitel „Knecht YHWHs" belegt, der so erst ab dem Josuabuch vielfach für Mose gebraucht wird und im Pentateuch *in Gottesreden* bisher nur Abraham (Gen 26,24) und Mose (Num 12,7 f) verliehen worden

---

versucht Otto das in Anlehnung an die neueren Versuche von *Rabe*, Gerücht (1994) und *Knipping*, Kundschaftererzählung (2000) favorisierte Modell einer Grundschicht mit Erweiterungen gegenüber der Annahme von Parallelfäden (vgl. dazu *Frevel*, Blick [2000], 125–133) zu retten. Funktioniert schon das nicht, so bleiben erst recht Ergänzungen wie Num 14,29b.30; 14,36 oder 14,39 trotz des Erklärungsversuches Ottos (vgl. ebd., 50 f) im Rahmen der *Pentateuchredaktion* unmotiviert. Die Vereinfachung der Analyse von Num 13 f in eine Grundschicht und zwei redaktionelle Erweiterungen und die nicht quellenhafte Verankerung ist mit einem Abschieben der Probleme in die Traditions- und Redaktionsgeschichte erkauft. Der Brückenstellung zwischen Sinaitradition und Landnahme und der damit verbundenen Schlüsselstellung der Kundschaftererzählung wird Otto m. E. nicht gerecht, zumal die bereits an anderer Stelle geäußerten Kritikpunkte an seinem Modell (vgl. dazu *Frevel*, Blick [2000], 125–133) nicht entkräftet sind.

38 Vgl. so auch *Olson*, Deuteronomy (1994), 17, allerdings ohne expliziten Hinweis auf die abgegoltene Vierzigjahrsfrist: „Mose's death outside the land in some way opened the path for the rebellious Israelites to continue their journey toward the promised land".

39 *Bonhoeffer*, Tod (1961).

40 Dass in dem zugleich das Durchziehen des Landes Gen 12,6 antithetisch aufgenommen wird, haben *García López*, Deut 34 (1994), 55 f und zuletzt *Otto*, Deuteronomium im Pentateuch (2000), 221 unterstrichen.

war.[41] Es wird also zugleich eine erneute Brücke zu Abraham geschlagen, ebenso aber durch die Constructus-Verbindung eine enge Verbindung zu Jos 1,1 aufgebaut.[42]

Die Bestattung in V. 6 ist ein Kapitel für sich. Bis in die Legendenbildung „ein weites Feld", das mit der Assumptio Mosis oder dem aus dem Judasbrief (vgl. Jud 9) bekannten Streit zwischen dem Erzengel Michael und dem Teufel um den Leichnam Mose noch lange nicht zu Ende ist.[43] Dass niemand den Ort des Mosegrabes kennt, hat die Ansicht bestärkt, dass es Gott oder seine Engel gewesen seien, die Mose ins Grab gelegt haben. Doch nicht nur, dass das Subjekt der Grablegung undeutlich bleibt, sondern auch, dass das Grab trotz des lokalen Gegenübers zu Bet-Peor nicht lokalisierbar bleibt, macht deutlich: Es ist eine *negative Grabtradition*[44], am ehesten weil man zur Zeit, als dieser Vers geschrieben wurde, das Mosegrab tatsächlich nicht kannte und man es auch nicht verorten *wollte*, weil es unerreichbar für eine „Wallfahrtstradition" außerhalb des Landes lag. Aus der Perspektive der Rezeptionsgeschichte spielt mit hinein, dass das, was Israel noch an Mose hat und haben soll, nicht sein Grab ist, sondern die Tora. „He has no tomb. He dwells not with you dead, but lives as Law" heißt es am Ende von George Eliots „Tod des Mose".[45]

V. 7 nimmt den Verstorbenen in den Blick und macht Aussagen über seinen Zustand vor dem Tod. Der Vers bildet so einen Abschnitt für sich. Die Altersangabe nimmt Dtn 31,2 auf und knüpft an Ex 7,7 an, wo gesagt wird, dass Mose zum Zeitpunkt seiner Berufung 80 Jahre alt war. Indirekt wird damit wie in V. 4 eine Verbindung zur Kundschaftererzählung geknüpft und über die jetzt vollendeten 40 Jahre der Wüstenwanderung auf das bevorstehende Landgabegeschehen nach

---

41 Als Selbstbezeichnung Abrahams Gen 18,5, Jakobs in Gen 32,11, von Mose in Ex 4,10; Num 11,11; Dtn 3,24, vgl. Ex 32,13; Dtn 9,27 für die Erzväter. Isaak wird in Gen 24,14 in den Worten des Knechtes Abrahams als Knecht bezeichnet, doch ist diese Verwendung vielmehr der devoten Selbstbezeichnung in einer an Gott gerichteten Rede zu vergleichen. Die einzige Stelle, wo Mose nicht von Gott oder in einer Selbstbezeichnung als Knecht YHWHs bezeichnet wird, ist Ex 14,31, wo es heißt: ויאמינו ביהוה ובמשה עבדו „und sie glaubten an YHWH und an Mose, seinen Knecht".

42 In der Folge spielt das עבד יהוה dann 1,13.15; 8,31.33; 11,2; 12.6; 13,8; 14,7; 18,7; 22,2.4.5 immer wieder die Besonderheit des auserwählten Knechtes ein. Der Bezug zu Jos 24,29, wo Josua ebenso wie Ri 2,8 als „Knecht YHWHs" bezeichnet wird und auf den *Otto*, Deuteronomium im Pentateuch (2000), 221 hinweist, fällt gegenüber den beiden hier herausgestellten Linien ab.

43 Vgl. dazu *Starobinski-Safran*, Mort (1978); *Houtman*, Dood (1978), 73–77. *Haacker/Schäfer*, Traditionen 1974, 147–174. Für die Rezeption in der Literatur: *Liptzin*, Death (1978).

44 Zu diesem Begriff in Absetzung von der viel kritisierten Hypothese Noths, die Grabtradition sei das überlieferungsgeschichtlich Älteste der Moseüberlieferungen (vgl. Noth, Überlieferungsgeschichte [³1948], 186), *Schwertner*, Erwägungen (1972), 27.45.

45 *Eliot*, Death (1986), 199.

dem Tode verwiesen. Zusätzlich greift die Altersangabe noch auf Gen 6,3 zurück, wo Gott die Lebenszeit des Menschen auf 120 Jahre begrenzt. Mose erreicht auch in diesem Sinne die Maximalausdehnung, er stirbt einen „natürlichen" Tod.

Immer Anstoß erregt hat angesichts des fortgeschrittenen Alters V. 7b: Mose wird jugendliche Kraft attestiert, weder seine Seh- noch seine (militärische) Manneskraft (resp. Lebenskraft) hat nachgelassen. Dass er selbst das anders sah, hat er in Dtn 31,2 dem Volk kundgetan.[46] Dort hält er sich zumindest für die bevorstehende Kriegführung im Kontext der Landnahme für zu alt. Doch um einen Widerspruch oder eine Korrektur geht es hier nicht. Die Aussage von V. 7b erfüllt zwei Funktionen: Zum einen macht sie deutlich, die „Übertragungsqualität" hat nicht gelitten. Trotz des Alters ist Mose absolut zuverlässig, „weitsichtig" im wahrsten Sinne. Er könnte Israel in das Land führen. Zum anderen unterstreicht sie: Mose *musste* sterben, er stirbt einen natürlichen „widernatürlichen" Tod.[47]

Der Handlungsfaden kehrt in V. 8 zum Volk und damit auch zu dem in V. 1 genannten Ort „in den Steppen Moabs" zurück. Die Angabe der Trauerzeit parallelisiert den Mosetod mit dem in Num 20 geschilderten Tod seines Bruders Aaron, den die Israeliten ebenfalls 30 Tage beweinten. Hier kommt jedoch die geradezu überschießende Angabe hinzu, dass danach die Trauer zu Ende war. Dass das Ende der Trauerfrist so konstatiert wird, ist singulär. Weder wird irgendwo sonst der Begriff ימי בכי gebraucht noch ist die Kombination בכי אבל belegt. Eine längere Trauerfrist wird Jakob zugestanden (70 Tage).[48] Damit wird das Geschehen aus der Stagnation des Todes in eine potentielle Dynamik zurückgeholt, die den Einschnitt des Todes relativiert. Unweigerlich stellt sich die Frage: Und weiter?[49]

Dieses „Weiter" führt V. 9 fort, wenn hier der Blick auf den Nachfolger des Mose schwenkt. Zum zweiten Mal sind die Israeliten Subjekt einer Handlung. Nachdem sie sich ausgeweint haben, hören sie auf Josua. Auch wenn Josua nicht Prophet genannt wird, Dtn 18,15 „auf ihn sollt ihr hören" schwingt ebenso mit wie Jos 1,17: „Genauso, wie wir auf Mose gehört haben, wollen wir auch auf dich hören". Die in Num 27,15–23 und Dtn 31 unterschiedlich berichtete Amtseinsetzung des Nachfolgers ist hier vorausgesetzt. Durch die Geste der Handauflegung,

---

46 Anders *Tigay*, Significance (1996), 137–143, der einen Widerspruch zwischen Dtn 31,2 und Dtn 34,7 auf jeden Fall vermeiden will. Deshalb versteht er לחה als Feuchtigkeit und Faltenlosigkeit der Haut.

47 Vgl. dazu auch *Dohmen*, Tod (1992), 62.

48 Wenn *das Ende der Trauerfrist* konstatiert wird, schwingt vielleicht sogar das ואחר כן תבוא אליה aus Dtn 21,13 im Ohr mit, wenn auch dort ein Euphemismus gebraucht ist und etwas völlig anderes gemeint ist.

49 Vgl. dazu *Frevel*, Blick (2000), 340f und jetzt ähnlich *Mosis*, Pentateuch (2000), 142–151.

die Erwähnung des klugen Geistes Josuas und durch das Hören der Israeliten wird insbesondere an Num 27 erinnert. V. 9, so wird man konstatieren dürfen, hat den Hexateuch im Blick. Dabei ist interessant, dass schon hier Mose als Referenzgröße erscheint: Zwar hören die Israeliten auf Josua, tun aber das, was YHWH *dem Mose* befohlen hat (anders Jos 1,16). Das Verbum צוה spielt die Gesetzesthematik hier in V. 9 implizit ein. Es ist bezeichnend, dass im gesamten Pentateuch das Verbum צוה nicht (prospektiv) mit Josua in Verbindung gebracht wird. Obwohl gerade V. 9 über die Pentateuchgrenze hinausweist, setzt er eine klare Zäsur und qualifiziert die Mosezeit als Zeit der Gebote Gottes oder theologischer gesprochen als *Offenbarungszeit*.

Kommen wir nun abschließend zu den V. 10–12, die, nicht nur weil sie am Schluss stehen, für die Frage des Abschlusses besonderes Gewicht haben. Der in den unmittelbar vorhergehenden Versen aufgebaute Erwartungshorizont, dass *jetzt sofort* der Einzug ins Land unter Josuas Führung erzählt würde, wird durchbrochen. Schon dadurch wird eine Zäsur gesetzt. Die erzählte Zeit wird transzendiert, und der Erzähler nimmt einen „allwissenden" Standort ein. War die Erzählung schon in V. 6 durch das „bis zum heutigen Tag" zum Gegenwartszeitpunkt des Erzählers ausgebrochen, dann aber zurückgekehrt, so wird hier sogar dieser Zeitpunkt entgrenzt. Das „niemals wieder" gilt für Vergangenheit und Zukunft.

Die Bandbreite der Bezeichnungen für dieses Schlussstück zeigt die Schwierigkeiten bei der Funktionsbestimmung an: Epitaph[50], Kenotaph[51], Kolophon[52], Epilog[53] oder Eloge[54], Hommage[55] oder Panegyrikos.[56] Alle Bezeichnungen haben ihre Berechtigung, die einen in dem feierlichen, gehobenen Stil, die anderen in der lobenden Gesamtschau auf das Leben des Mose und wieder andere im Schlusscharakter der Verse. Ohne die übrigen Bezeichnungen zu verdrängen, möchte ich das „Panoptikum" um Apotheose erweitern, da dieser Begriff genau das einfängt, was die Verse leisten: sie stellen den höhepunktartigen Schluss der Moseerzählung und die Aufgipfelung des verstorbenen Helden zu einem nahezu gottgleichen Wesen dar:

---

50 *E. Otto*, Deuteronomium im Pentateuch (2000), 228; Vgl. *Braulik*, Testament (³1976), 246: „Grabinschrift, geschrieben auf das Monument des Pentateuch".
51 *Diebner*, Anmerkung (1992/93), 110.
52 *Zenger*, Bücher (1995), 73 neben Epitaph und Epilog.
53 *Dohmen*, Tod (1992), 68.
54 *Tigay*, Deuteronomy (1996), 336.339: „eulogy". Neutraler *Perlitt*, Mose (1971), 591 „abschließende Gesamtwürdigung".
55 Smith bei *Tigay*, Deuteronomy (1996), 378.
56 *Bertholet*, Deuteronomium (1899), 113. Vgl. *Simian-Yofre*, פנים (1989), 639: „Lobpreisung".

> *In <u>Israel</u> ist kein Prophet aufgestanden wie <u>Mose</u>,*
>> (אשר) den <u>YHWH</u> von Angesicht zu Angesicht gekannt hätte,
> (לכל) *mit all den Zeichen und Wundern,*
>> (אשר) zu denen <u>YHWH</u> ihn gesandt hatte,
>> sie im Land Ägypten am Pharao
> (ולכל) und an all seinen Knechten
> (ולכל) und an seinem ganzen Land zu tun,
> (ולכל) *und mit all der starken Hand*
> (ולכל) *und all den großen Schreckenstaten,*
>> (אשר) die <u>Mose</u> vor den Augen (כל) ganz <u>Israels</u> getan hat.

Die Syntax ist verschachtelt und lohnt einen genaueren Blick in die Einzelteile: Der Abschnitt beginnt mit einer Unvergleichlichkeitsaussage. Mose wird Prophet genannt und ist einmalig für alle Zeiten. Unter einem Propheten versteht man landläufig denjenigen, der auf dem Boden einer Gegenwartsdeutung die Zukunft weissagt. Darum geht es bei Mose in 34,10 *nicht*, vielmehr werden hier zwei Zusammenhänge eingespielt: Natürlich klingt das Prophetengesetz aus Dtn 18,15–18 an: „Einen Propheten aus deiner Mitte, aus deinen Brüdern, wird YHWH, dein Gott, erstehen lassen. Auf ihn sollt ihr hören". Die Prophetie wird in der Erinnerung eingeführt, dass das Volk die direkte Gottesrede am Horeb nicht ertragen konnte. Wenig später sagt Gott von dem Propheten: „Ich werde meine Worte in seinen Mund legen, und er wird zu ihnen all das reden, was ich ihm auftrage". Der Prophet ist YHWH-Offenbarer im weitesten Sinn. Sowohl in der Sache wie in der Formulierung sind Ähnlichkeiten zu Dtn 34,10 erkennbar. *Der* Offenbarungsmittler schlechthin, Mose, ist natürlich inkommensurabel zu allen Propheten, die nur Einzelworte YHWHs übermitteln. Doch geht es den Versen nicht, wie oft verkannt wird, um eine Abwertung der Prophetie[57] oder um eine Korrektur zum Prophetengesetz.[58] Vom Schluss des Pentateuch her ist man allzu gerne bereit, eine Konzentration auf die Besonderheit des Mose als Tora-Vermittler in den Text hineinzulesen, doch der Gegenstand der Offenbarung wie ihre Vermittlung sind hier gar nicht im Blick. Der zweite Kontext, der hier eingespielt wird, weist eher in die richtige Richtung:

Neben Mose gibt es nur eine Einzelperson innerhalb des Pentateuch, die mit dem Titel Prophet belegt wird: Abraham in der ersten Preisgabeerzählung, wo Gott

---

57 So zuletzt *Otto*, Deuteronomium im Pentateuch (2000), 230, der sogar von „Erledigung der Prophetie" spricht.

58 Vgl. so auch mit Hinweis auf C. Schäfer-Lichtenberger *Sonnett*, Book (1997), 197. Eine Korrektur ist implizit sicherlich insofern mitgesetzt, als dass das „einen Propheten wie mich" durch das „keiner wie Mose" überboten ist. Trotzdem scheint mit Dtn 34,10–12 nicht die *successio mosaica* in Frage gestellt. Ich bleibe damit auch skeptisch gegenüber der Auffassung, der Pentateuch würde durch Dtn 34,10–12 zu einem prophetischen Buch, s. dazu *Schmid*, Erzväter (1999), 299–301.

Abimelech aufklärt: „Jetzt gib diesem Mann die Frau zurück, denn er ist ein Prophet, und er wird für dich bitten, dass du am Leben bleibst" (Gen 20,7). Abraham ist Fürbitter bei Gott, d. h. auch er steht wie Mose in besonderer Nähe zu Gott.[59] Die Nähe wird in Dtn 34,10 in einem Relativsatz durch einzigartige Formulierungen ausgedrückt. Mose ist dadurch ausgezeichnet, dass *Gott* ihn von Angesicht zu Angesicht erkannt hat. Das Erkenntnisverb יד׳ bezeichnet gerade mit (dem im Qal relativ seltenen[60]) göttlichem Subjekt einen Erwählungsvorgang[61]: Und wieder ist es Abraham, der Vertraute Gottes, der als einziger neben Mose von YHWH im Pentateuch „erkannt" wird (Gen 18,19). Des Weiteren wird Ex 33 eingespielt, denn dort redet YHWH im Offenbarungszelt mit Mose פנים אל פנים, wie einer mit seinem Nächsten redet (vgl. Ex 33,11). Wird damit in Dtn 34,10 nicht doch auf die Offenbarungsfunktion abgehoben? Ich meine nein, denn das „Erwählen von Angesicht zu Angesicht" erwähnt mit keinem Wort den Offenbarungsvorgang: Kein Sprechen, kein Wort, kein Hören, kein von Mund zu Mund oder von Ohr zu Ohr, keine Tora, sondern nur von Angesicht zu Angesicht.[62] Ausgesagt wird eine „unzählige Freundschaft", wie Rilke das Verhältnis von YHWH zu Mose kennzeichnet. *Über die Funktion des Mose als Offenbarungsempfänger und -mittler wird hier keine Aussage gemacht.* Dies darf nicht über andere Stellen eingetragen werden.[63]

So dient z. B. auch für *E. Ben Zvi* Dtn 34,10 – 12 der zusätzlichen Legitimation der Offenbarung.[64] Zur Stützung dieser Argumentation werden vornehmlich Dtn 5,4 und Num 12,6 angeführt, doch weisen beide Stellen signifikante Formulierungsunterschiede auf, denn im ersten Fall spricht YHWH zum Volk *von Angesicht zu Angesicht*, aber dort steht פנים בפנים und im zweiten, wirklich einschlägigen Vergleichsvers, in dem es um die Inkommensurabilität des Offenbarungsempfängers Mose geht, der mit „gewöhnlichen" Propheten (Aaron, Mirjam und anderen) verglichen wird: „Nicht so mit meinem Knecht Mose, dem ich mein ganzes Haus anvertraut habe. Mit ihm rede ich von Mund zu Mund (פה אל־פה), im gestalthaften Sehen (ומראה) und nicht in Rätseln. Die Gestalt YHWHs darf er sehen". Hier wird im Unterschied zu

---

59 Dabei spielt hier keine Rolle, ob das כי־נביא הוא ויתפלל בעדך als Einschub zu beurteilen ist (vgl. u. a. *Fischer*, Erzeltern [1994], 143) oder nicht (vgl. z. B. *Seebass*, Genesis [1999], 162.166). Der schwierige syntaktische Anschluss an den כי-Satz durch einen Imperativ, lässt die erste Lösung wahrscheinlicher scheinen.

60 Vgl. dazu *Bergman/Botterweck*, ידע (1982), 499.

61 Vgl. als Beispiele Am 3,2; Gen 18,19; Ex 33.12.17; Jer 1,5; 2 Sam 7,20.

62 Zwar ist ידע Hi. ein Offenbarungsterminus, doch ist in Dtn 34,10 offensichtlich bewusst der Grundstamm verwandt. Es kann nicht angehen, hier einfach eine elliptische Formulierung anzunehmen und damit den Offenbarungsvorgang zum Gegenstand der Aussage von Dtn 34,10 zu machen, so z. B. *Tigay*, Deuteronomy (1996) 340, s. auch Anm. 63.

63 Vgl. so z. B. *Blenkinsopp*, Pentateuch (1992), 232.

64 *Ben-Zvi*, Closing Words (1992), 7–10.

Dtn 34,10 neben der Unmittelbarkeit der Begegnung die Offenbarungsmittlerfunktion eingetragen. Ist aber nicht im Begriff des Propheten die Mittlerfunktion angezeigt? In Dtn 18,16 wird die Funktion des Propheten eindeutig in den Kontext der Horeboffenbarung gerückt. Er soll vermitteln zwischen Gott und Mensch, so wie dann auch YHWH in Dtn 18,18 bestätigt: „Ich werde meine Worte in seinen Mund legen, und er wird zu ihnen alles reden, was ich ihm befehle". Zu leugnen, dass dies in Dtn 34,10 mitschwingt, wäre töricht. Dennoch ist bemerkenswert, dass auf diesen Zug kein besonderer Wert gelegt wird, dass sich Dtn 34,10 eben von all den genannten Stellen signifikant unterscheidet und vor allem auf die Taten des Mose abhebt. Die Ehrenfunktion des Titels „Prophet" darf man nicht unterschätzen oder anders: das dtr Prophetenbild schlägt hier *weniger* durch, als man es vom Dtn herkommend erwarten würde. „Daß der Ehrentitel Prophet seine Größe nur an den unteren Rändern zu markieren vermag"[65], hat Perlitt für Num 12,8 völlig zutreffend herausgestellt.

Dass V. 10 nicht auf die Bedeutung des Mose für die Gesetzesverkündigung abhebt, zeigt insbesondere der enge syntaktische Zusammenhang mit den V. 11–12, der oft zugunsten einer Konzentration auf den Titel Prophet durch die literarkritische Abtrennung der beiden Schlussverse unterdrückt wird.[66] Doch die Unvergleichbarkeit des Mose wird nicht nur durch den Relativsatz in 10b erläutert, sondern vielmehr durch die präpositionalen Fügungen in den folgenden Versen, wo sich der Kolophon wirklich zur Apotheose aufgipfelt. Es wird Bezug genommen auf die zentrale Rolle des Mose im Auszugsgeschehen, zunächst in seinem Handeln an Ägypten und am Pharao. Als wäre das noch nicht genug, werden dann noch die Taten hinzugenommen, die Mose *an Israel* während der vierzig Jahre des Auszugs bzw. der Wüstenwanderung getan hat. Es ist unklar, ob sich V. 11 und V. 12 in ihrer Referenz differenzieren lassen.[67] Die differenzierte Terminologie jedenfalls kennt

---

65 *Perlitt*, Mose (1971), 596.

66 Das Satzgefüge ist zwar kompliziert, mitnichten aber „ziemlich ungefüge (A. Bertholet), „brüchig" oder „unbeholfen" (P. Stoellger), „grammatikalisch etwas ungeschickt" (T. Römer). Es weist nur in V. 12bß, dem letzten Relativsatz, auf den ersten Blick eine Unstimmigkeit auf, dass nämlich Mose noch einmal genannt wird. Doch erstens ergibt sich dadurch eine Rahmung (vgl. auch die doppelte Erwähnung Israels und YHWHs) und zweitens waren die beiden letzten Relativsätze auf YHWH bezogen, so dass der Bezug auf YHWH auch hier nahegelegen hätte, zumal die Aussage יד החזקה sonst auf YHWH bezogen erscheint. Es ist also nicht überflüssig und sicher kein Grund, das Satzgefüge V. 10–12 auseinanderzureißen. Dass die „pleorophore Vergegenwärtigung der Machterweise Jahwes in Ägypten hier beinahe zusammenhanglos" (P. *Stoellger*, Deuteronomium 34 [1993], 48) seien, kann man nur behaupten, wenn man den Propheten nicht als Volksführer betrachtet, sondern sich in V. 10 auf die Aussage von V. 10b konzentriert.

67 Nimmt man V. 12a, so scheint klar das Exodusgeschehen im Blick. Wenn dem so ist, wiederholt V. 12 das gleiche Geschehen wie V. 11, stellt aber jetzt heraus, dass das Volk das Gegenüber war, d. h. lenkt den Blick auf den Adressaten des „Geschichtsbeweises". Da aber V. 12 kaum den Anschein macht, es müsste noch für die Geschichtsmächtigkeit YHWHs noch werben, ließe sich auch denken, dass zwischen Auszugsgeschehen und Wüstenwanderung zeitlich differenziert wird.

sonst nur Gott als Subjekt[68], hier wird (in auffallender Kumulation) das Handeln auf Mose enggeführt. Als Prophet ist Mose Vertrauter YHWHs, was sich darin erweist, dass er als Mandatar YHWHs das Heilshandeln an Israel lenkt. Solche Unerhörtheit hatte sich bisher nur annähernd Ex 4,16 erlaubt, wo Mose den Auftrag erhält, seinem „Mund" Aaron Gott zu sein. Nur noch das Beauftragt-Sein unterscheidet ihn von Gott.

Der Schluss nimmt das Leben des Mose unter dem Blickwinkel des Heilshandelns Gottes im Exodusgeschehen in den Blick. Es ist wie bei Michelangelos Mose die erhabene Größe, die dominiert. Die *Person* des Mose bindet so das Geschehen des Pentateuch zusammen. Das Epitaph – und das verbindet die Schlussverse mit dem gesamten Kapitel – redet auffallenderweise *nicht* von Mose als Offenbarungsempfänger, nicht von seiner Mittlerfunktion. Die Größe *Tora* ist hier nirgendwo im Blick.[69]

Was der Tod des Mose ist und was er nicht ist: Eine Auswertung

Nach dem Durchgang ist nun noch einmal auf die Ausgangsfragen zurückzukommen. Der Tod setzt eine vielfältige Zäsur. Die Funktion von Dtn 34 als Abschlusserzählung ist im Endtext klar zu erkennen. Am deutlichsten ist dabei die

---

68 Vgl. für אות ומופת Ex 7,3; Dtn 4,34; 6,22; 7,19; 26,8; 28,46; 29,2; Neh 9,10; Ps 78,43; 105,27; 135,9; Jer 32,20 f. Diese Parallelen sind m. E. vor allem mit dem Kontext des Exodusgeschehens weitaus einschlägiger als Dtn 13,2 f, wo der falsche Prophet ebenfalls אות ומופת tut. Doch unterscheidet sich jene schon durch den Singular von מופת, der im Dtn nur noch Dtn 28,46 vorkommt und dort ebenfalls nicht auf das Exodusgeschehen bezogen ist. Nimmt man מופת alleine, ist die Konzentration auf Gott als Subjekt nicht mehr so stark: Ex 4,21 kennt Mose als Täter der מופתים.

Zu den מוראים גדלים s. vor allem Dtn 4,34; 26,8 (Sg.), Jer 32,21 (Sg.) und zu der היד החזקה im Pentateuch vgl. Ex 13,3.9.14.16; 32,11; Dtn 4,34; 5,15; 6,21; 7,8.19; 9,26; 11,2; 26,8 und auch Ex 3,19; 6,1, wo wohl auch die Hand YHWHs gemeint ist.

Zu der Reihung באר ץ מצרים לפרעה ולכל־עבדיו ולכל־ארצו vgl. Dtn 29,1, zu ולכל ארצו aber auch Dtn 11,3.

69 Anders etwa *Zenger*, Bücher (1995), 123: Im Mose-Epitaph „ist Mose als Offenbarungsempfänger und Mittler der Tora, den JHWH von Angesicht zu Angesicht kannte, eine letzte Autorität, der ‚Glauben' verdient und dem sich *alle* unterordnen müssen. Diese Perspektive hat die Pentateuchredaktion mehrfach in den Text eingetragen (vgl. z. B. Ex 19,9; 34,29 – 35; Num 11,16 – 17.24 – 25). Die Tora des allen Propheten überlegenen Mose wird damit zum ‚Wort Gottes' schlechthin". Zur Überlegenheitshypothese vgl. auch *Crüsemann*, Tora (1992), 401: „Mose und damit auch seine Tora sind aller späteren Prophetie grundsätzlich überlegen". In pointierter Absetzung dazu *Schmitt*, Tradition (1989), 200.

Abschlussfunktion für die „Moseerzählung" und entsprechend für das Deuteronomium. Vielfach sind die Verse eingebunden in den Rahmen des Deuteronomiums, eng verknüpft mit der Fabel in den Einleitungs- und Schlusskapiteln (Dtn 1–3; 31; 32,48–52). Der Mosetod schließt erkennbar das Rahmengeschehen des Deuteronomiums ab.[70]

Gleichermaßen abgeschlossen wird durch den Tod der Erzählfaden, der als „Geschichte des Mose" bezeichnet werden kann und im Exodusbuch beginnt. Auch hier greift der Text auf einige Verankerungspunkte im Moseleben zurück. Vor allem die Schlussverse schauen auf die Phase des Wirkens Mose zurück und schlagen damit Bögen bis zum Beginn des Exodusgeschehens.

Sei es durch die Angabe des Alters und dem damit angedeuteten Ende der Zeit der Wüstenwanderung, sei es durch das betonte Ende der Trauer der Israeliten, durch die Person Josuas oder den Rückverweis auf den Landgabeschwur an die Väter – durch all das weist Dtn 34 über sich hinaus. Der mit der Landverheißung an Abraham begonnene Erzählfaden des Pentateuch ist *noch nicht* an sein Ziel gelangt. Die Zäsur des Mosetodes setzt im Rahmen dieses Geschehens sogar einen dynamisierenden Akzent. Eine Hexateuchperspektive tritt insbesondere im Übergang der Führung von Mose auf Josua in den Vordergrund, ist aber auch sonst überraschend präsent. Dtn 34 kostet es geradezu aus, an der Schwelle des Landes zu stehen. Erzähltechnisch faszinierend wird die Stagnation des Todes in die Fortsetzung übersetzt. Der trennenden Funktion des Todes steht also die verbindende gegenüber, die – solange das Josuabuch unmittelbar folgt – auch nur bedingt durchbrochen wird. *Erst* mit der Trennung vom Josuabuch wird der Pentateuch „eine Geschichte der unerfüllten Verheißung des Landes".[71]

Mehrfach sind implizite Parallelisierungen mit Abraham aufgefallen: Mose darf wie Abraham das Land schauen, er ist wie Abraham von Gott erwählt und wird Prophet genannt. Dadurch werden vor allem in den Schlussversen Bögen geschlagen, die den Pentateuch ab der Vätergeschichte umgreifen. Abraham und Mose werden zu *den* entscheidenden und klammernden Figuren des Pentateuch. Allerdings ist diese Stilisierung durch die implizite Form der Anspielungen und semantischen Verknüpfungen subtil und für ungeübte Leser kaum zu erkennen.

---

70 Es kann dementsprechend nicht angehen, einen Deuteronomiumrahmen zu konstruieren, der ohne den Mosetod auszukommen meint. Damit verliert das Deuteronomium neben dem Tetrateuch seine konzeptionelle Eigenständigkeit. So kann man nur argumentieren, wenn man zuvor das Gerüst eines vorpriesterlichen Geschichtswerkes (ob man das nun Jerusalemer Geschichtswerk, Jahwist oder wie auch immer nennt) abgerissen hat, wie E. Otto nicht müde wird, zu behaupten.

71 So *Zenger*, Bücher (1995), 77 mit Rolf Rendtorff. Dies trifft auch nur, insofern als man das verheißene Land strikt auf das Ostjordanland begrenzt.

Die explizite Klammer zwischen Vätergeschichte und Volksgeschichte bildet die dem Abraham und seinen Nachkommen gegebene Landverheißung und die weist über den Tod des Mose hinaus.

Auffallend war ferner, dass Dtn 34 nicht auf den Beginn des Pentateuch, weder auf die Schöpfung noch auf die Urgeschichte, zurückverweist[72] *und* dass der Pentateuch als Tora, als von Gott gegebene Gesetzesoffenbarung, nicht in den Blick gerät. Gerade der Metatext am Schluss des Kapitels, der die erzählte Zeit reflektiert, nimmt die in Dtn 34 implizit gesetzten Momente der Gesetzesgabe oder die Bundesthematik nicht auf. Die Vermittlung und Promulgation von Gesetzen gehört für Dtn 34 nicht zu den Spezifika der Mosebiographie.[73] Erwartet der Leser die Thematisierung dieses Kernmoments für die Konstituierung des Pentateuch am Schluss, so wird er enttäuscht. Der Pentateuch als literarische Größe wird in Dtn 34 ebenso wenig fokussiert wie der Pentateuch *als Tora* oder deren Abschluss. Damit ist die Abschlussfunktion von Dtn 34 für den gesamten Pentateuch am wenigsten profiliert! Insofern die Mosebiographie nur über das *Geschichtshandeln*, nicht über die Gesetzesfunktion verhandelt wird, scheint Dtn 34 in der Tendenz eher „priesterlich" bestimmt zu sein, denn in der Priesterschrift ist die Gesetzgebung nicht so eng an die Person des Mose gebunden (Gen 9; Gen 17) wie im deuteronomistischen Ideal. Bezogen auf den Pentateuchabschluss hinterlässt also Dtn 34 trotz der erkennbaren Zäsur eine Leerstelle, der nun abschließend noch einmal nachgegangen werden soll.

Dtn 34 und der Pentateuch: Einige Schlussthesen

Ich habe in Bezug auf Dtn 34 Einspruch erhoben gegen eine zu leichtfertige Rede von der „Geburt des Pentateuch", von *dem* „Pentateuch als Tora" oder von der Beendigung der Wachstumsgeschichte des Pentateuch. Dabei ging es mir vornehmlich um eine exaktere Beschreibung der Abschlussfunktion des Textes. Die Frage der Diachronie habe ich dabei bewusst ausgeblendet. Dass vom Tod des Mose wohl nicht nur im Deuteronomium des deuteronomistischen Geschichtswerkes bzw. weil ein solches zweifelhafter geworden ist, des Hexateuch und in der

---

72 Mit dieser Beobachtung ist noch nicht das Urteil über eine kompositionskritische Eigenständigkeit der Urgeschichte gefallen. Dafür müsste im kritischen Gespräch mit *Baumgart*, Umkehr (1999) ebenso die Einbindung der Urgeschichte, die nicht erst in Gen 9,29 endet, nach vorne mitbedacht werden.

73 Das widerspricht der Annahme, dass sich die Rezeption des Pentateuch als *nomos* auf Dtn 34 stützen kann, wie zuletzt *Römer/Brettler*, Deuteronomy 34 (2000), 418 resümiert haben. Natürlich bleibt richtig, dass durch den Tod des Offenbarungsmittlers eine Zäsur gesetzt wird.

selbständigen Priesterschrift, sondern – selbst wenn in Dtn 34 keine Spuren davon mehr erhalten sind – wahrscheinlich auch in der vorpriesterlichen Überlieferung erzählt worden ist, und Dtn 34 aus deuteronomistischen und priestergrundschriftlichen Händen stammt, scheint mir nach wie vor plausibel.[74] Wenn auch die

---

74 Vgl. dazu *Frevel*, Blick (2000), 211–248. Ich will meine Position hier nicht wiederholen. Die jüngste Stellungnahme von E. Otto zu meiner Arbeit unterstreicht gerade durch den Versuch einer Gegenargumentation, wie wichtig im derzeitigen Pentateuchdiskurs der Versuch ist, Traditionslinien zusammenzudenken, *ohne* an der Aufteilung auf Halb- und Viertelverse zu kleben. Wenn sich Traditionen überlagern, so die Quintessenz meiner These, mag das durchaus an dem „Stoff" und seiner konzeptionellen Bedeutung liegen und nicht zwingend auf einen späten Redaktor weisen. Wenn man das als mechanisches Vorgehen verkennt (vgl. *Otto*, Deuteronomium im Pentateuch [2000], 266) und als Ausweichmanöver zugunsten des Jehowisten deutet („Spekulationen zugunsten einer Urkundenhypothese", ebd., 224, vgl. ebd., 245), zugleich aber scharfsinnig erkennt, dass in der eher ästimativen Literarkritik der „Alten" ebenfalls keine einfache Lösung zuhanden ist, wird man wie E. Otto zu einer immer weiter differenzierenden Redaktionskritik greifen, die nahezu jeden intertextuellen Bezug im Pentateuch hinter die Priesterschrift verlagert und die Vorsilbe „post" (postredaktionell, postdtr, postpriesterschriftlich usw.) als Heilmittel preist. Die Aufgabe der Urkundenhypothese für den vorpriesterlichen Penta- bzw. Hexateuch zugunsten einer Fragmentenhypothese schießt allerdings über das Ziel hinaus, wie nicht zuletzt der Umgang mit dem Mosetod als konzeptioneller Brücke zwischen Exodus und Landnahme zeigt (s. bereits o. Anm. 15). Ottos Versuch, die Mosetoderzählung an den Schluss der Entstehung des Deuteronomiums zu rücken, scheitert schon an der ebd., 75.241 bekräftigten Annahme, der Übergang der Führung von Mose auf Josua sei vorpriesterlich vorgegeben und von DtrL aufgenommen. Ein solcher Übergang lässt sich ohne eine Notiz über das Verscheiden des Mose als Ausscheiden aus der Führung kaum sinnvoll annehmen, zumal ohne Zweifel Jos 1–10* voraussetzt, dass Mose das Land *nicht* betreten hat. Otto verweigert sich der Einsicht in die Notwendigkeit einer solchen Notiz, obwohl er den Übergang der Führung auf Josua damit verbindet (ebd., 23). Eine literarhistorische Verortung des Grundtextes von Dtn 34,1–6 ist ebd., 212–233 nicht zu erkennen. Jos 1 ist aber eben keine sinnvolle Fortsetzung von Dtn 30* und der Mosetod kommt mit der Hexateuch- oder Pentateuchredaktion (ebd., 246) konzeptionell und literargeschichtlich zu spät. Konzeptionell ist daher gegen Otto daran festzuhalten, dass Aufriss und Konzeption des Deuteronomiums nicht unabhängig von der vorpriesterlichen Überlieferung entstanden sind. Sein Modell, nach dem eine am Sinai endende Priesterschrift mit einem am Horeb beginnenden Deuteronomium zu einem Hexateuch verknüpft wurde, muss wesentliche vorpriesterliche Überlieferungen aus dem Numeribuch wie z. B. gerade Num 13 f ausklammern und eine „freischwebende" Grunderzählung annehmen (vgl. ebd., 243, zur Grundeinsicht der Numeripriorität gegenüber Dtn 1–3 im jeweiligen literarischen Kontext vgl. noch immer *Perlitt*, Dtn 1–3 [1994], 109–122 und *ders.*, Deuteronomium [1991], 81–136 bes. 90, zur Kritik bereits oben Anm. 37). Die Annahme Ottos, dass der postpriesterschriftliche Hexateuchredaktor „die Erzählungen verwendet hat, die DtrL als Quellen verwendet hat" (ebd., 243, vgl. ebd., 6) zeigt in dem Versuch der Rettung einer Grundeinsicht Noths das Dilemma des „neuen" Modells (s. bereits o. Anm. 37). Auch bleibt nach wie vor der Aufriss einer Priestergrundschrift, die auf das Land hin tendiert, überzeugender als der Torso einer aaronidischen Legitimationsschrift am Sinai, die bis Ex 29,45 reicht und bei Otto antizadokidisch überfrachtet wird (vgl. erneut ebd., 240.250 mit dem

Diachronie nicht völlig auszublenden war, lag hier der Schwerpunkt auf einer synchronen Betrachtung, in der doch deutlich geworden ist: Dtn 34 ist als Pentateuchschluss *gewachsen, nicht gesetzt*. Dabei – so wäre gegenüber der bisherigen Forschung zu präzisieren – ist aber die Erzählung vom Tod des Mose *nicht* die „Geburt des Pentateuch". Dazu ist die Hexateuchperspektive in Dtn 34 zu stark. Indem die Zäsur – die Rede vom Bruch scheint mir zu stark[75] – zwischen der Mosezeit als Gründungszeit und der folgenden Zeit eingetragen wird, bildet der Mosetod die *Ermöglichung* der Größe Pentateuch als einer durch die Figur des Mose qualifizierten Zeit.[76] Die Größe Pentateuch wurde wahrscheinlich *ohne* einen redaktionellen Eintrag in Dtn 34 eher sukzessive abgeschlossen und in der Rezeptionsgeschichte geschaffen.

Die V. 10 – 12, an denen in der bisherigen Forschung sehr viel fest gemacht wurde, lassen durch nichts erkennen, dass durch sie die Auslösung des Deuteronomiums aus dem deuteronomistischen Geschichtswerk erfolgte oder gar die Bearbeitung des Pentateuch als literarischer Größe abgeschlossen werden sollte.[77] In ihnen wird *nicht*, wie immer wieder behauptet wird, auf die Offenbarungsfunktion abgehoben, sondern die Mosezeit als qualifizierte Zeit *in Bezug* auf das befreiende göttliche Handeln an Israel dargestellt. Die Offenbarungsmittlerfunktion und auch der Gegenstand der Offenbarung, die Tora, kommen in Dtn 34 insgesamt und besonders in Dtn 34,10 – 12 kaum in den Blick. Durch Dtn 34,10 – 12 wird der Pentateuch nicht geschaffen, abgeschlossen und auch nicht unter das Thema „Gesetz" oder „Offenbarung" subsumiert, sondern vielmehr als an die Person des Mose geknüpfte *Exodusmemoria* und damit als „*Geschichte*" gekenn-

---

Widerspruch, dass die allgemein priesterlich bestimmte Pentateuchredaktion jetzt aaronidisch orientiert sein soll). Das nicht zuletzt, weil ein vorpriesterlicher Hexateuchaufriss nicht so einfach zu entsorgen ist, wie es Otto nicht müde wird, gegen den „Großjehowisten" einzufordern. P[g] – auch dies eine Grundeinsicht Noth's – lässt sich nicht zur einzigen quellenhaften Grundschrift des Pentateuch machen. Auch kann gefragt werden, wann mit den *unverorteten* Erzählungen die „Linie des Ausstiegs aus der Geschichte" (ebd., 267) entgegen Ottos Intention überschritten wird.

75 Vgl. *Lohfink*, Moses Tod (1996), 484. Kritik an Lohfink und an einer zu starken Betonung der Zäsur äußert auch *Mosis*, Pentateuch (2000), 142 – 151. Seine Stoßrichtung, die Relativierung der Größe „Tora" und das wohl nicht nur für die Neugestaltung der Leseordnung, soll hier allerdings ausdrücklich nicht geteilt werden.

76 Das Faktum des Todes als „Bedingung der Möglichkeit" des Pentateuch verkennt *Mosis*, Pentateuch (2000) in seiner mit grundsätzlich richtigen Beobachtungen vorgetragenen Kritik an der Zäsur des Mosetodes. Bedenkenswert sind dabei nicht nur seine Bemerkungen zur Abfolge der biblischen Bücher und der kanonischen Größe Pentateuch (vgl. dazu *Brandt*, Endgestalten [2002]), sondern auch die ebd., 158 – 160 forcierte Beobachtung, dass in den Geschichtssummarien der Mosetod keine Rolle spielt. Das allerdings lässt sich nicht gegen die konstituierende Bedeutung des Mosetodes im Pentateuch auswerten. Hier greifen m. E. eher die oben genannten Argumente.

77 Anders z. B. *Hossfeld*, Tora (1998), 107 f; *Zenger*, Pentateuch (1996), 6.

zeichnet.[78] Dtn 34 bewahrt in sich bis in die letzten Verse hinein eine Hexateuch-
und eine Pentateuchperspektive.[79]

„Die vieldiskutierte Frage, warum der Pentateuch als eigene Größe von allen
anderen Schriften, mit denen er oder Teile von ihm zusammengehangen haben
mögen, abgetrennt worden ist, gehört zu *den* literarischen Problemen, die mit
literarhistorischen Methoden allein gar nicht zu beantworten sind".[80] Für Frank
Crüsemann, der diese wichtige Einsicht formuliert, liegt der Schlüssel „in der
Geltung des Pentateuch als Tora Israels, die Anerkennung als Reichsrecht er-
fuhr".[81] Doch dieser Schlüssel ist ebenso zweifelhaft wie ein redaktionskritischer
Abschluss durch einen die Schotten der Bearbeitung dicht machenden Pentateuchredaktor in V. 10 – 12. Nicht nur, dass bisher keine Einigkeit über den Umfang
des „Reichsgesetzes" erzielt werden konnte, der Pentateuch ist als „symphonische
Ganzheit"[82] auch kein Kompromissdokument, das als Reichsgesetz geeignet wäre.[83] Auch das Faktum einer Reichsautorisation steht in der Diskussion.[84] Kurz:
Bisher ist kein überzeugendes Modell eines *von außen* motivierten Pentateuch-
abschlusses vorgelegt worden, auch wenn Konsens darüber besteht, dass der
Abschluss des Pentateuch keinesfalls zufällig erfolgt ist, sondern es in der Perserzeit zu einem formativen Abschluss und zur Kanonisierung der „Tora" gekommen ist. Gerade der für die Konstituierung des Pentateuch als „Reichsgesetz"
aber zu erwartende Metatext am Schluss, der auf die *Funktion* des Pentateuch als
Tora reflektiert, fehlt! Diesbezüglich wird die Zäsur vielmehr in den übrigen
Rahmenstücken des Deuteronomium, in der Verschriftung des Gesetzes und im

---

78 Damit soll weder einer theologisch wenig tragfähigen diametralen Opposition von Geschichte
und Gesetz das Wort geredet werden noch der jüngeren Besinnung auf die Tora und deren
grundlegender Bedeutung für eine *christliche* Theologie eine Absage erteilt werden. Die Hinwendung zur Grundlagenfunktion der Tora als Gesetz bleibt aus biblisch-theologischer Sicht
notwendig und begrüßenswert. Sie lässt sich auch nicht gegen die „Heilsgeschichte" ausspielen
(gegen *Mosis*, Pentateuch [2000], 160).
79 Vgl. zur jüngeren Betonung der Legitimität der Hexateuchperspektive auch *Römer/Brettler*,
Deuteronomy 34 (2000), 408 – 416 und *Otto*, Deuteronomium im Pentateuch (2000), *passim*.
80 *Crüsemann*, Tora (1992), 404, vgl. *Blenkinsopp*, Pentateuch (1992), 239.
81 *Crüsemann*, Tora (1992), 404.
82 *Hossfeld*, Tora (1998), 107 f.
83 Die Tora bietet kein Protokoll eines Diskurses (so *Knauf*, Logik [1998], 124.126). Auch ist die
Kennzeichnung der „Logik der Pentateuchredaktion" als „Friedenslogik, die Konflikte nicht
vertuschen muß, um sie zu ertragen" (ebd., 125) m. E. ebenso zu idealistisch wie die Kennzeichnung der Vielstimmigkeit als „Gerechtigkeitsideal, das dem anderen auch da gerecht zu
werden versucht, wo man seine Meinung nicht teilt" (ebd., 126).
84 Vgl. zur Diskussion um die Reichsautorisation *Rüterswörden*, Reichsautorisation (1995), 47 – 61
und die anderen Beiträge in demselben Band. Ferner *Zenger*, Pentateuch (1996), 12 – 14. Seine
These bekräftigend *Blum*, Reichsautorisation (unveröffentlicht), vgl. *ders.*, Esra (2000), 9 – 34.

Verhältnis von Dekalog und Mosetora gesetzt und dann vor allem im Buch Josua rezipiert.[85] Zugespitzt gesagt, wird die Tora weder durch einen redaktionellen noch durch einen reichsautoritativen, sondern durch einen referentiellen Akt geschaffen. Der Tod des Mose ist dabei nicht das entscheidende Moment, aber auch nicht weniger als der Schlussakzent. Wenn richtig ist, dass es bei der Abtrennung der Größe Pentateuch vielmehr um eine rezeptionsgeschichtliche Aufwertung der Offenbarung des Gesetzes geht, dann liegt das Werden der Größe Pentateuch vor allem in der *Konzeption* des Deuteronomiums begründet, die auf die übrigen Bücher nach der Zusammenbindung mit dem Tetrateuch ausgestrahlt hat.[86] So müsste man vielleicht zugespitzt formulieren: Die Geburt des Pentateuch ist das Deuteronomium!

Bibliographie

Baumgart, N. C., Die Umkehr des Schöpfergottes (HBS 22), Freiburg u. a. 1999.
Ben Zvi, E., The Closing Words of the Pentateuchal Books. A Clue for the Historical Status of the Book of Genesis within the Pentateuch, in: BN 62 (1992), 7–10.
Bergman, J./Botterweck, J., ידע, in: ThWAT III (1982), 479–511.
Bertholet, A., Deuteronomium (KHC 5), Freiburg u. a. 1899.
Blenkinsopp, J., The Pentateuch. An Introduction to the First Five Books of the Bible, London 1992.
Blum, E., Esra, die Mosetora und die persische Politik, in: Trumah 9 (2000), 9–34.
Ders., Die sogenannte „Reichsautorisation" und ihre Bedeutung für die Initiation eines Kanons heiliger Schriften im Judentum (unveröffentlicht).
Bonhoeffer, D., Der Tod des Mose (1944), in: Gesammelte Schriften V, München 1961, 613–620.
Brandt, P., Endgestalten des Kanons. Das Arrangement der Schriften Israels in der jüdischen und christlichen Bibel (BBB 131), Berlin/Wien 2002.
Braulik, G., Testament des Mose. Das Buch Deuteronomium (SKK.AT 4), Stuttgart ³1976.

---

85 Vgl. zum Tora-Begriff und der dadurch erreichten Referentialität der Tora *Lohfink*, Moses Tod (1996), 485; *Steins*, Torabindung (1996), 230; *Römer/Brettler*, Deuteronomy 34 (2000), 411–413.
86 Vgl. in Ansätzen ähnlich auch *Blenkinsopp*, Pentateuch (1992), 233–235. Bemerkenswert auch E. Blum, der das Deuteronomium als ein dem Pentateuch vorgegebenes „„autorisiertes' Kanonmodell" bezeichnet und dabei auf den Tora-Begriff, „unlöslich verbunden mit Mose als Stifterfigur" verweist, *Blum*, Reichsautorisation (unveröffentlicht), vgl. *ders.*, Esra (2000), 26. Völlig zutreffend schreibt auch E. Zenger: „Daß der Pentateuch *insgesamt* zur Mosetora bzw. zur Tora JHWHs wurde, kam dadurch zustande, daß die unterschiedlichen pentateuchischen Überlieferungen nun im und durch das Deuteronomium ihren kanonischen Abschluß erhielten" (*Zenger*, Pentateuch [1996], 16), fährt allerdings in eine andere Richtung fort: „Auf diese ‚Kanonisierung' des Pentateuch dürften sowohl die Erzählung Dtn 34,1–9 über den Tod des Mose als auch der Mose-Epitaph zurückgehen".

Ders., Ezechiel und Deuteronomium, in: BZ (2000), 206–232.

Cohen, R., The Iron Age Fortresses in the Negev, in: BASOR 236 (1979), 61–79.

Cohen, R./Yisrael, Y., On the Road to Edom. Discoveries from 'En Hazeva, Jerusalem 1995.

Crüsemann, F., Die Tora. Theologie und Sozialgeschichte des alttestamentlichen Gesetzes, München 1992.

Diebner, B. J., Eine Anmerkung zu Tod, Begräbnis und Grab des Mose. „Klären" oder „historisch-kritische Interpretation"?, in: DBAT 28 (1992/93), 110–126.

Dohmen, C., Der Tod des Mose als Geburt des Pentateuch, in: ders./M. Oeming, Biblischer Kanon, warum und wozu? Eine Kanontheologie (QD 137), Freiburg u. a. 1992, 54–68.

Donner, H., Pilgerreisen ins Heilige Land, Stuttgart 1979.

Eliot, G., Aspects of the Novel, London 1927.

Ders., The Death of Moses (1875), in: Collected Poems, London 1986, 196–199.

Fischer, I., Die Erzeltern Israels. Feministisch-theologische Studien zu Gen 12–36 (BZAW 222), Berlin/New York 1994.

Frevel, C., Mit Blick auf das Land die Schöpfung erinnern. Zum Ende der Priestergrundschrift (HBS 23), Freiburg u. a. 2000.

García López, F., Deut 34, Dtr History and the Pentateuch, in: F. García Martínez u. a. (Hg.), Studies in Deuteronomy. FS C. J. Labuschagne (VT.S 33), Leiden 1994, 47–61.

Ginzberg, L., Legends of the Jews. Volume I, Philadelphia 1909.

Gottlieb, I. B., Sof Davar. Biblical Endings, in: Prooftexts 11 (1991), 213–224.

Haacker, K./Schäfer, P., Nachbiblische Traditionen vom Tod des Moses, in: O. Betz u. a. (Hg.), Josephus-Studien. Untersuchungen zu Josephus, dem antiken Judentum und dem Neuen Testament. FS O. Michel, Göttingen 1974, 147–174.

Haran, M., Book Scrolls in Israel in Pre-Exilic Times, in: JJS 33 (1982), 161–173.

Ders., Book-Size and Thematic Cycles in the Pentateuch, in: E. Blum u. a. (Hg.), Die Hebräische Bibel und ihre zweifache Nachgeschichte. FS R. Rendtorff, Neukirchen-Vluyn 1990, 165–176.

Hossfeld, F.-L., Die Tora oder der Pentateuch. Anfang und Basis des Alten und Ersten Testaments, in: BiKi 53 (1998), 106–112.

Houtman, C., De Dood van Mozes, de Knecht des Heren. Notities over en naar aanleiding van Deuteronomium 34,1–8, in: *H. H. Grosheide* u. a. De Knecht. Studies rondom Deutero-Jesaja. FS J. L. Koole, Kampen 1978, 72–82.

Ders., Der Pentateuch. Die Geschichte seiner Erforschung neben einer Auswertung (CBET 9), Kampen 1994.

Kaiser, O., Grundriß der Einleitung in die kanonischen und deuterokanonischen Schriften des Alten Testaments I, Gütersloh 1992.

Knauf, E. A., Audiatur et altera pars. Zur Logik der Pentateuch-Redaktion, in: BiKi 53 (1998), 118–126.

Knipping, B. R., Die Kundschaftererzählung Num 13–14, Hamburg 2000.

Liptzin, S., The Death of Moses, in: Dor Le Dor 6 (1978), 120–130.

Lohfink, N., Gab es eine deuteronomistische Bewegung?, in: W. Groß (Hg.), Jeremia und die „deuteronomistische Bewegung" (BBB 98), Weinheim 1995, 313–382.

Ders., Moses Tod, die Tora und die alttestamentliche Sonntagslesung, in: ThPh 71 (1996), 481–494.

Mosis, R., Pentateuch als Bahnlesung und Tod des Mose. Zu einer aktuellen Kontroverse, in: TrThZ 109 (2000), 139–160.

Noth, M., Überlieferungsgeschichte des Pentateuch, Stuttgart ³1948.

Olson, D. T., Deuteronomy and the Death of Moses. A Theological Reading (OBT), Minneapolis 1994.

Otto, E., Deuteronomium und Pentateuch. Aspekte der gegenwärtigen Diskussion, in: ZAR 6 (2000), 222–284.

Ders., Das Deuteronomium im Pentateuch und Hexateuch (FAT I/30), Tübingen 2000.

Perlitt, L., Mose als Prophet, in: EvTh 31 (1971), 588–608 (wieder abgedruckt in: ders., Deuteronomium-Studien [FAT I/8], Tübingen 1994, 1–19).

Ders., Priesterschrift im Deuteronomium, in: ZAW 100 Supplement (1988), 65–88 (wieder abgedruckt in: ders., Deuteronomium-Studien, [FAT I/8], Tübingen 1994, 123–143).

Ders., Deuteronomium (BK.AT V,2), Neukirchen-Vluyn 1991.

Ders., Dtn 1–3 im Streit der exegetischen Methoden, in: ders., Deuteronomium-Studien (FAT I/8), Tübingen 1994, 109–122.

Rabe, N., Vom Gerücht zum Gericht. Die Kundschaftererzählung Num 13.14 als Neuansatz in der Pentateuchforschung, Tübingen 1994.

Römer, T., Israels Väter. Untersuchungen zur Väterthematik im Deuteronomium und in der Deuteronomistischen Tradition (OBO 99), Göttingen/Fribourg 1990.

Ders., Le Deutéronome à la quête des origines, in: P. Haudebert (Hg.), Le Pentateuque. Débats et Recherches (LeDiv 151), Paris 1992, 65–98.

Ders., Pentateuque, Hexateuque et historiographie deutéronomiste. Le problème du début et de la fin du livre de Josué, in: Transeuphratène 16 (1998), 71–86.

Ders., Deuteronomium 34 zwischen Pentateuch, Hexateuch und deuteronomistischem Geschichtswerk, in: ZAR 5 (1999), 167–178.

Römer, T./Brettler, M. Z., Deuteronomy 34 and the Case for a Persian Hexateuch, in: JBL 119 (2000), 401–419.

Rose, M., Empoigner le Pentateuque par sa fin! L'investiture de Josué et la mort de Moïse, in: A. de Pury (Hg.), Le Pentateuque en Question, Paris 1989, 129–147.

Ders., 5. Mose, Teilband 2: 5. Mose 1–11 und 26–34. Rahmenstücke zum Gesetzeskorpus (ZBK.AT 5,2), Zürich 1994.

Rüterswörden, U., Die persische Reichsautorisation der Thora: fact or fiction?, in: ZAR 1 (1995), 47–61.

Schmid, K., Erzväter und Exodus. Untersuchungen zur doppelten Begründung der Ursprünge Israels innerhalb der Geschichtsbücher des Alten Testaments (WMANT 81), Neukirchen-Vluyn 1999.

Schmitt, H. C., Tradition der Prophetenbücher in den Schichten der Plagenerzählung Ex 7,1–11,10, in: V. Fritz/K. F. Pohlmann/H.-C. Schmitt (Hg.), Prophet und Prophetenbuch. FS O. Kaiser (BZAW 185), Berlin u. a. 1989, 196–216.

Schwertner, S., Erwägungen zu Moses Tod, in: ZAW 84 (1972), 25–46.

Seebass, H., Genesis II/2. Vätergeschichte II (23,1–36,43), Neukirchen-Vluyn 1999.

Simian-Yofre, Y., פנים, in: ThWAT VI (1989), 629–659.

Sonnet, J.-P., The Book within the Book. Writing in Deuteronomy (BIS 14), Leiden u. a. 1997.

Starobinski-Safran, E., La Mort et la survie de Moïse d'apres la tradition rabbinique, in: R. Martin-Achard/M. Faessler (Hg.), La Figure de Moïse. Ecriture et relectures (Publications de la Faculté de Théologie de L'université de Genéve 1), Paris 1978, 31–45.

Steins, G., Torabindung und Kanonabschluß. Zur Entstehung und kanonischen Funktion der Chronikbücher, in: E. Zenger (Hg.), Die Tora als Kanon für Juden und Christen (HBS 10), Freiburg u. a. 1996, 213–256.

Stoellger, P., Deuteronomium 34 ohne Priesterschrift, in: ZAW 105 (1993), 26–51.

Tigay, J. H., Deuteronomy (The JPS Torah Commentary), Philadelphia/Jerusalem 1996.

Ders., The Significance of the End of Deuteronomy (Deuteronomy 34:10–12), in: M. V. Fox u. a. (Hg.), Texts, Temples and Traditions. FS M. Haran, Winona Lake 1996, 137–143.

Weimar, P., Pentateuch, in: NBL 3 (1996), 106–110.

Zenger, E., Die priesterlichen Schichten, in: ders. u. a., Einleitung in das Alte Testament (Kohlhammer Studienbücher Theologie 1,1), Stuttgart 1995, 89–108.

Ders., Die Bücher der Tora/des Pentateuch in: ders. u. a., Einleitung in das Alte Testament (Kohlhammer Studienbücher Theologie 1,1), Stuttgart 1995, 65–87.

Ders., Der Pentateuch als Tora und als Kanon, in: ders. (Hg.), Die Tora als Kanon für Juden und Christen (HBS 10), Freiburg u. a. 1996.

Ders., Priesterschrift, in: TRE 27 (1997), 435–446.

Ders., Das Buch Levitikus als Teiltext der Tora/des Pentateuch, in: H.-J. Fabry/H. W. Jüngling (Hg.), Levitikus als Buch (BBB 119), Berlin 1999, 47–83.

Deuteronomistisches Geschichtswerk oder Geschichtswerke?

Die These Martin Noths zwischen Tetrateuch, Hexateuch und Enneateuch

Die These vom Deuteronomistischen Geschichtswerk dürfte die im Wirken Martin Noths am meisten beachtete und am nachhaltigsten rezipierte These sein. Die dazu seit gut fünfzig Jahren angesammelte Literatur ist Legion und angesichts der Fülle des Stoffes, der von der These umgriffen wird, ist eine Auswahl nur natürlich. Ich schließe mich daher zu Beginn einem Satz Noths an, den er vor 40 Jahren in Virginia in einem Vortrag zu „Tendenzen theologischer Forschung in Deutschland" gesprochen hat:

> Es kommt mir darauf an, zu Anfang zu betonen, daß meine Darstellung durchaus persönlich sein wird, daß auch die Urteile, die ich gelegentlich fällen werde, meine persönlichen sind und daß die Auswahl, die ich angesichts der Fülle des Stoffes treffen muß, durch meine persönlichen Gesichtspunkte bestimmt ist.[1]

Entsprechend bescheiden sind die folgenden Ausführungen, die sich in zwei Hauptteile gliedern. In einem ersten Schritt versuche ich die These vom Deuteronomistischen Geschichtswerk in ihren Voraussetzungen, ihrer Entwicklung und ihren weitreichenden Folgen darzustellen und zu würdigen. Der zweite Teil versucht einige Linien der kritischen Rezeption der These zu verfolgen. Dabei wird besonderer Wert auf die Hexateuchproblematik gelegt, meiner Ansicht nach ein, wenn nicht der zentrale Punkt für die Stabilität der These vom Deuteronomistischen Geschichtswerk (DtrG).[2] In diesem Zusammenhang ist das kritische Gespräch um die Frage aufzunehmen, wie viele Geschichtswerke es im Bereich der Bücher Gen–2Kön gibt. Darin deutet sich bereits ein Dissens zu Noths Hauptthese an. In der Kritik an der Hauptthese und dem Versuch der Modifizierung der These vom DtrG sehe ich mich von einem breiteren Strom der rezenten Deuteronomismusforschung bestärkt. Die kritischen Rückfragen können und sollen die überragende Leistung, die zum einhundertjährigen Geburtstag Martin Noths im Zentrum steht, nicht schmälern. Diese Leistung bemisst sich auch nicht daran, ob die

---

1 *Noth*, Tendenzen (1963), 113.
2 S. zu dieser Einschätzung neben den Arbeiten von *Schmid*, Erzväter (1999) und *Kratz*, Ort (2000); *ders.*, Komposition (2000); *ders.*, Hexateuch (2002) auch den jüngst erschienenen Sammelband *Gertz/Schmid/Witte*, Abschied (2002).

DOI 10.1515/9783110424386-002

These zum DtrG noch Bestand hat oder nicht. Vielmehr ist mit Hartmut N. Rösel daran zu erinnern, „daß Gewicht und Qualität einer geisteswissenschaftlichen Theorie an ihrem forschungsgeschichtlichen Einfluß zu messen sind und nicht daran, ob die Theorie ‚richtig‘ oder ‚falsch‘ ist“.[3] Unter diesem Gesichtspunkt jedoch ist das Urteil getrost vorwegzunehmen, denn der forschungsgeschichtliche Einfluss der „grandiosen Synthese“[4] der Beobachtungen in der These vom Deuteronomistischen Geschichtswerk ist im deutschsprachigen Raum kaum zu überschätzen.

Darstellung und Würdigung der These

Die These vom Deuteronomistischen Geschichtswerk entstand im Rahmen eines größer angelegten Projektes zu den Geschichtsüberlieferungen des Vorderen Orients[5], quasi Vorarbeiten zu seinem erfolgreichsten, 1950 erschienenen Buch, der „Geschichte Israels“.[6] Verwirklicht hat Noth aus dem Gesamtprogramm nur die Arbeiten zum Deuteronomistischen und zum chronistischen Geschichtswerk, die 1943 erstmalig in der Geisteswissenschaftlichen Klasse der Schriften der Königsberger Gesellschaft erschienen sind. Dabei liegt das Hauptgewicht des Buches eindeutig auf dem Deuteronomistischen Geschichtswerk. So heißt es im Vorwort:

> Die vorliegende Untersuchung greift das in der Menschengeschichte, soweit uns bekannt, älteste und im alten Orient einzige Denkmal wirklicher Geschichtsschreibung heraus, um es in seiner Besonderheit zu würdigen und schließt die Untersuchung eines späteren Ablegers dieses Werkes ein.[7]

---

3 *Rösel*, Josua (1999), IX.

4 *Kaiser*, Pentateuch (2000), 79.

5 So erschien die erste Auflage noch mit dem Zusatz „Überlieferungsgeschichtliche Studien I“.

6 Die 1950 erstmals erschienene „Geschichte Israels“ ist inzwischen in der 10. Auflage (*Noth*, Geschichte [¹⁰1986]) mit insgesamt Siebzigtausend gedruckten Exemplaren erschienen und wurde in vier Sprachen, darunter eine Teilübersetzung ins Ivrith, übersetzt. Der überragende Erfolg dieses Buches wird häufig übersehen. Seine wissenschaftsgeschichtliche Bedeutung wäre gewiss eine Einzelstudie wert.

7 *Noth*, Studien (³1967), 79.133. Es braucht nicht eigens betont zu werden, dass der zugrundeliegende Geschichtsbegriff heute so nicht mehr akzeptabel ist. Vgl. zur Auseinandersetzung *Knauf*, Historiography (2000) und *ders.*, Archaeology (2002).

Ausgearbeitet hat Martin Noth das Buch in Königsberg zwischen den beiden Perioden, in denen er als Soldat der Wehrmacht eingezogen war.[8] Das Problem, das seine These zu lösen suchte, hatte er sich mehr oder minder durch seine Aufsehen erregende Arbeit am Josuabuch selbst geschaffen. Dort hatte er die Analogie zum Urkundenmodell im Pentateuch aufgegeben und war im Anschluss an Julius Wellhausen zu dem Ergebnis gekommen, dass die alten Pentateuch-quellen sich im Josuabuch nicht mehr nachweisen lassen. Weder sei die vordeu-teronomistische Grunderzählung des Buches in Kap. 1–12.24 mit dem Jahwisten oder Elohisten noch die Kap. 13–22 mit der Priestergrundschrift zu verbinden.

> Man muß sich nun darüber klar sein, daß wir es in der Josua-Erzählung nicht nur mit einem stofflich eigenständigen Überlieferungskreis zu tun haben, in dem nur ganz gelegentlich und ganz allgemein auf vorher Geschehenes Bezug genommen wird, sondern daß auch dort, wo das einmal geschieht, greifbare literarische Beziehungen zu bestimmten Erzählungsstücken des Pentateuch sich nicht zeigen.[9]

Damit stellt sich ihm die Frage nach dem Ende der Pentateuchquellen – eine Crux der verschiedenen Urkundenhypothesen bis heute. Denn – vielleicht ab-gesehen von der Priestergrundschrift – keine der alten Pentateuchquellen lässt im Pentateuch selbst noch einen ganz und gar überzeugenden Abschluss erkennen.[10] Auch wenn Martin Noth das Problem letztlich, wie so oft, überlieferungsge-schichtlich auflöst, geht doch in der Theoriebildung die gewissenhafte Analyse des Josuabuches voraus:

> Nun müssen freilich die alten Pentateuchquellen auch ihrerseits von der Landnahme der zwölf israelitischen Stämme gehandelt haben, da diese das Ziel der in ihnen verarbeiteten „Landnahmetradition" war. Dieser Umstand berechtigt freilich noch nicht dazu, um jeden Preis den vordeuteronomistischen Bestand im Buch Jos. auf jene Pentateuchquellen zu verteilen, sondern verlangt höchstens, ihm überhaupt so oder so gerecht zu werden. Denn was den alten Bestand im Buch Jos anlangt, so darf die erste Frage nur – und das muss nachdrücklich betont werden – so lauten, ob seine gewissenhafte literarkritische Analyse stichhaltige Argumente dafür ergibt, daß wir es hier mit den Fortsetzungen oder Schluß-stücken der alten Pentateucherzählungsfäden zu tun haben, oder ob das nicht der Fall ist. Die Erkenntnis, daß diese Erzählungsfäden auf die Landnahme im Westjordanlande hinausge-laufen sein müssen, darf keinesfalls von vornherein die analytische Arbeit bestimmen.[11]

---

8 Eingezogen war Martin Noth 1939–1940 und 1943–1945, vgl. die Angaben bei *Thiel*, Martin Noth (1993), 1023–1032.
9 *Noth*, Josua (1938), XIII.
10 Vgl. zum Problemstand und zur Diskussion *Frevel*, Blick (2000).
11 *Noth*, Studien ([3]1967), 88 f.

Seine Analyse führt zu der Hypothese, dass die Gestalt des Josuabuches, seine Einbindung in die Hexateucherzählung bzw. seine Anbindung an das Buch Deuteronomium vielmehr deuteronomistisch verantwortet ist. Nicht die Erkenntnis, dass es deuteronomistische Anteile im Josuabuch gab, war das Neue, sondern dass diese den Aufbau des Buches bestimmten.

Damit war die Frage aufgeworfen worden, in welchem Verhältnis das Deuteronomistische im Josuabuch zu den seit W. M. L. de Wette Anfang des 19. Jh. immer deutlicher als deuteronomistisch gekennzeichneten Stücken in den Büchern der Vorderen Propheten, also Ri–2 Kön, stand. Dieser Frage widmet sich Noth in den Überlieferungsgeschichtlichen Studien 1943 in einer einfachen, aber umfassenden und darum immer wieder als genial bezeichneten These. Er bringt die deuteronomistischen Stücke unter der Voraussetzung in einen Zusammenhang, „daß es sich nämlich um ein umfassendes Rahmenwerk handelt, das auf eine große literarische Einheit hinweist".[12] Da Josua selbst keinen eigenständigen Erzählanfang bietet und zugleich in Gen–Num deuteronomistische Bearbeitungen in gleichem Umfang fehlen, bestimmt er das Deuteronomium als Anfang dieser literarischen Einheit. Das Werk des Deuteronomisten, das in der Mitte des Exils, um 560 v. Chr., in dem Ort Mizpa[13] geschaffen wurde, reicht von dem Geschichtsrückblick am Anfang des Deuteronomiums bis zur Notiz über die Begnadigung Jojachins in 2 Kön 25,27–30.[14]

Der kurz Dtr genannte Deuteronomist war dabei nicht nur Redaktor, sondern – hier benutzt Noth mehrfach einen Begriff, der in der nachfolgenden Diskussion immer wieder zu Unklarheiten geführt hat – *Autor*.[15] Der Deuteronomist ist „Verfasser eines umfassenden Traditionswerkes, ... der die vorhandene Über-

---

12 *Noth*, Studien (³1967), 3.

13 Zu Mizpa jetzt *Stipp*, Gedalja (2000), 155–171. Zu der Gegenposition, das DtrG sei im Babylonischen Exil entstanden, s. etwa *Albertz*, Deuteronomisten (1997), 335f, zum Umfeld auch *ders.*, Exilszeit (1998), 22–39.

14 Vgl. *Noth*, Studien (³1967), 12.87.

15 *Noth*, Studien (³1967), 11. Das Missverständnis rührt von einer Unschärfe der beiden benutzten Begriffe, insbesondere des Autorenbegriffs, her. Dieser ist nicht im klassischen Sinne der personale Alleinverursacher eines literarischen Werkes, sondern greift breit auf Vorhandenes zurück. Er soll aber mehr sein als ein bloßer Sammler und Redaktor, der in Noths Sicht eher nur minimal redigiert. Noch 1957 schreibt Noth selbst in missverständlicher Weise: „Unter dem Deuteronomisten verstehen wir den Verfasser oder auch Bearbeiter eines zusammenfassenden Geschichtswerks ..." (*ders.*, Geschichtsauffassung [1953], 558). Ein Beispiel für ein Missverständnis für den „Autor" Noths, der gleichermaßen Sammler wie Verfasser und Redaktor ist, scheint mir der an der Formgeschichte orientierte Gegenentwurf von *Westermann*, Geschichtsbücher (1994) zu sein, auch wenn dort wesentliche und kritische Beobachtungen zur Frage der Geschlossenheit des Werkes gemacht werden.

lieferung zwar gewissenhaft aufgenommen und selbst zu Worte hat kommen lassen, aber doch auch von sich aus das Ganze geordnet und gegliedert und durch rück- und vorausblickende Zusammenfassungen systematisiert und gedeutet hat".[16] Zu den wichtigsten Klammertexten, die neben der Chronologie das Gesamte zusammenhalten, gehören der Geschichtsrückblick des Deuteronomiums (Dtn 1–3) , die Reden Josuas beim Aufbruch aus Schittim (Jos 1,10–15) und zum Abschluss der Landnahme (Jos 23), die Abschiedsrede Samuels (1 Sam 12) und das Tempelweihgebet Salomos (1 Kön 8,14–53) sowie das theologisch reflektierende Kapitel zum Untergang des Nordreiches (2 Kön 17). Mit diesen Texten hat der Deuteronomist dem Werk „jenes Maß von Geschlossenheit zu geben vermocht, das heute noch so deutlich in die Augen fällt, daß dieses Werk sich aus dem Ganzen der alttestamentlichen Literatur als etwas Eigenes und von anderen Literaturwerken klar Unterschiedenes dem prüfenden Blick einwandfrei zu erkennen gibt".[17] Zugleich ist der Deuteronomist aber auch Sammler, dem „an einer auswählenden Sammlung und Ordnung und Deutung der ihm überkommenen, schon schriftlich fixierten Überlieferungen zur Geschichte seines Volkes auf dem Boden des palästinischen Kulturlandes gelegen" ist.[18] In der Auswahl hat er „wohl auch eine wohlüberlegte schriftstellerische Ökonomie walten lassen und bewußt die Darstellung eines längeren Zeitabschnitts, für den ihm reichliches Material zur Verfügung stand, der für ihn aber ein besonderes Gewicht hatte, verhältnismäßig kurz gehalten".[19] So entsteht ein „völliger Neuling im Gesamtbereich der altorientalischen Literatur".[20] Noth betont dabei, „daß dem deuteronomistischen Werk als einer erstmaligen Sammlung und Bearbeitung geschichtlicher Überlieferungen innerhalb der alttestamentlichen Literatur hervorragende Bedeutung zukommt. Es inauguriert einen besonderen Typ in der Literatur".[21] Dabei steht für Noth außer Frage, dass hier Geschichte mit Händen zu greifen ist. Auch daran wird deutlich, dass sich das Werk als Vorarbeit zur Geschichte Israels verstehen lässt. „Der Arbeit von Dtr verdanken wir im wesentlichen unsere gesamte Kenntnis von der Geschichte Israels auf dem Boden Palästinas".[22] Immer wieder geht es Martin Noth in seinen Arbeiten um die Geschichtlichkeit biblischer Texte und er ergreift dabei –

---

16 *Noth*, Studien (^{3}1967), 89.
17 Der Martin Noth zwar nicht fremde, aber doch selten angewandte assertorische Ton deutet an, dass er selbst seine These als einen Vorschlag betrachtet.
18 *Noth*, Studien (^{3}1967), 90. Dtr hat „den in seinem Werke verarbeiteten Überlieferungsstoff nicht nur gesammelt, sondern auch ausgewählt".
19 *Noth*, Studien (^{3}1967), 96.
20 *Noth*, Studien (^{3}1967), 2 (Wortstellung geändert).
21 *Noth*, Studien (^{3}1967), 2. Vgl. *ders.*, Geschichtsauffassung (1953), 559.
22 *Noth*, Studien (^{3}1967), 90.

gerade wegen seiner kritischen Haltung gegenüber den Wachstumsprozessen der biblischen Literatur und einer zu sehr am Kerygma orientierten Theologisierung – auch immer wieder Partei für die Texte als Quellen der Geschichte Israels. In Bezug auf das DtrG schreibt er 1963:

> Nun muß die Sachfrage, ob das Verhältnis zwischen alttestamentlicher Geschichtsdarstellung und realem Geschichtsverlauf damit (scil. mit den abwertenden Urteilen G. von Rads und F. Hesses) richtig bestimmt ist oder ob nicht die wesentlichen „Geschichtstatsachen" im Alten Testament auch „historisch" zutreffend „bezeugt" werden, erst noch gründlich erörtert werden; das ist eine noch unerledigte Aufgabe. Nicht zu bezweifeln aber ist, daß das Alte Testament eine auch „historisch" begründete Darstellung geben *will*. Daran kann die Theologie des Alten Testaments jedenfalls nicht achtlos vorbeigehen.[23]

Für eine angemessene Einordnung der These vom Deuteronomistischen Geschichtswerk spielt Noths Interesse an der ursprünglichen Geschichtlichkeit des Alten Testaments eine bedeutende Rolle. Noth will das Werk des Deuteronomisten gerade als Geschichtswerk profilieren. Allerdings ist für ihn das Zeugnis des Deuteronomisten keinesfalls „objektiv", sondern Dtr betrachtet den „Geschichtsverlauf im Lichte seines Resultates".[24] Und dieses Resultat heißt Zerstörung Jerusalems samt des Tempels, Niedergang des davidischen Königtums und Verlust der Eigenstaatlichkeit. Der Deuteronomist bietet eine Ätiologie des Untergangs, „denn seine Gesamtdarstellung ist offenkundig von dem Gesichtspunkt beherrscht, daß Israel auf dem Boden des Kulturlandes durch stets erneuten Abfall allmählich, aber sicher seiner endgültigen Verwerfung und damit seinem Untergange entgegengegangen ist".[25] So rückt die im Deuteronomium entfaltete dekalogische Ausschließlichkeitsforderung zusammen mit den Themen Bund und Erwählung in das Zentrum der Darstellung. Da der Deuteronomist im Geschichtsverlauf aufweise, dass das Volk der Verpflichtung des Bundes nicht gerecht geworden sei, ziele er auf die „Belehrung über den echten Sinn der Geschichte Israels"[26] und auf ein Sündenbekenntnis der exilierten Nation über ihre Vergangenheit.[27] Zugespitzt formuliert ist nach Noth das ganze Werk eine sich über 181 Kapitel erstreckende „Gerichtsdoxologie".[28]

---

23 *Noth*, Tendenzen (1963), 120.
24 *Noth*, Studien (³1967), 91. Hierbei fällt auf, wie stark Noth den Schnitt zwischen vorexilischer und nachexilischer Zeit zieht (vgl. ähnlich 107).
25 *Noth*, Studien (³1967), 91.
26 *Noth*, Studien (³1967), 100.
27 *Noth*, Studien (³1967), 12.
28 Die Formulierung allerdings stammt von G. v. Rad: „eine große aus dem Kultischen ins Literarische transponierte ‚Gerichtsdoxologie'" (*von Rad*, Theologie [⁴1962], 355).

Die auf gut hundert Seiten entfaltete These eines neben dem Tetrateuch von einer Einzelperson geschaffenen Zusammenhangs von Dtn–2 Kön war ein Angriff auf den Hexateuch, der bis dahin eine kaum hinterfragte literarische Größe war. Natürlich musste sich Noth Rechenschaft darüber geben, wie es zur Auslösung des Deuteronomiums und zur Etablierung der Größe Pentateuch kam. Dieser Vorgang, der nach Noth „ziemlich spät"[29], d. h. nach der Verbindung der vorpriesterlichen Quellen mit der Priesterschrift, stattfand, folgt der Gravitation der Mosefigur, deren Tod am Schluss des Tetrateuch erzählt worden war. Das Einfügen der Abschiedsreden in die Mosebiographie „lag so sehr im Zuge der literarischen Entwicklung, daß es geradezu merkwürdig erscheinen mußte, wenn sie nicht erfolgt wäre".[30] Dass es dann nicht bei der großen Ausdehnung des Geschichtswerks von der Weltschöpfung bis zum Untergang des Staates (Enneateuch) geblieben ist, sondern der Pentateuch die bestimmende Größe wurde, lag nach Noth daran, dass er sich schon zuvor „besonderer Wertschätzung erfreut hatte".[31] Durch die Abtrennung des Dtn wurde aber die äußere Einheit des Deuteronomistischen Geschichtswerks überdeckt und die dem Dtn folgenden Bücher „als eine Art Anhang dazu von minderem Gewicht"[32] abgetrennt. Den ursprünglichen Zusammenhang wieder entdeckt zu haben, ist das Verdienst der These vom Deuteronomistischen Geschichtswerk und ihres geistigen Vaters Martin Noth.[33]

Die in den letzten Kriegsjahren entwickelte These setzte nicht unmittelbar ihr Potential frei. Erst als das Buch durch die Neuauflage im Max-Niemeyer-Verlag in Tübingen 1957 weitere Verbreitung erlangte, begann die These ihre bestechende Dominanz zu entfalten, die sie bis heute so attraktiv macht. Misst man sie am Maß der größtenteils zustimmenden und kritisch konstruktiven Rezeption, dann ist die These vom Deuteronomistischen Geschichtswerk wohl die in der alttestamentlichen Wissenschaft des letzten Jahrhunderts bedeutendste. Mir ist kein deutschsprachiges Lehrbuch bekannt, das ohne die These Martin Noths in dieser oder jener Variation auskommen würde. Nun wäre es unredlich zu verschweigen, dass

---

29 *Noth*, Studien (³1967), 211.
30 *Noth*, Studien (³1967), 212. Hier spielt die Analyse von Dtn 34 eine entscheidende Rolle. Während Noth im Pentateuch P als Grundlage der Zusammenfügung der Quellen wahrnimmt, kehrt sich die Priorität in Dtn 34 um. Dort hat Dtr die Grundlage des Erzählgefüges abgegeben, was für Noth Kennzeichen der späten Zusammenarbeitung von Tetrateuch und Deuteronomistischem Geschichtswerk darstellt (vgl. ebd., 213). Vgl. zur Analyse von Dtn 34 u. a. *Römer*, Deuteronomium 34 (1999), 167–178; *Frevel*, Blick (2000), 211–348 und *ders.*, Abschied (2001), 209–234.
31 *Noth*, Studien (³1967), 213.
32 *Noth*, Studien (³1967), 213.
33 Otto Eissfeldt nannte Martin Noth den „eigentlichen Vater des deuteronomistischen Geschichtswerks" (Eissfeldt, Einleitung [³1964], 323), meinte aber damit, dass er Entdecker von etwas gewesen sei, das es zuvor gerade nicht als literarische Größe je gegeben hätte.

der Stern der These nach einem halben Jahrhundert Dominanz an Leuchtkraft zu verlieren beginnt. Andere Sterne steigen auf und überstrahlen den Glanz, der auf der genialen Hypothese lange Zeit lag. „Noth", so schreibt Rudolf Smend, „war nicht der Mann, der an einmal von ihm erzielten Ergebnissen hing oder die Gegenstände immer wieder nur unter denselben Aspekten betrachten konnte".[34] Das zeigt sich nicht zuletzt darin, dass er seine These vom Deuteronomistischen Geschichtswerk kaum noch einmal in den nachfolgenden Veröffentlichungen als eigenständiges Thema aufgenommen hat.[35]

Gegenlicht – Die kritische Rezeption der These

> *Research on the Deuteronomic History is clearly in a state of flux.*
> *Not only are the standard redactional models being challenged,*
> *but scholars are asking some of the most basic questions.*[36]

Die These vom Deuteronomistischen Geschichtswerk setzte sich ab 1960 im deutschsprachigen Raum nahezu umfassend durch, wenn auch kritische Stimmen von Anfang an nicht verstummt sind. Die Rezeption der These und ihre variantenreiche Diskussion füllen inzwischen eine kleine Bibliothek[37], wobei vor allem in den letzten Jahren erfreulicherweise verstärkt eine englischsprachige Darstellung und Diskussion der These zu beobachten ist.[38] Allein die Erwähnung der Titel würde den Rahmen sprengen. Die Rezeption reicht nach wie vor von der

---

34 *Smend*, Nachruf (1969), 148.

35 Lediglich in einem Kongressbeitrag 1957 nahm Noth in dem Vortrag „Die Geschichtsauffassung des Deuteronomisten" (*Noth*, Geschichtsauffassung [1953], 558–566) das Thema noch einmal auf, setzte dort aber die Existenz des Werkes als gegeben voraus, ohne auf die von Fohrer, von Rad und anderen geäußerte Kritik einzugehen. Er wehrt dort allerdings erneut Kuenens Annahme einer kürzeren vorexilischen Ausgabe des DtrG ab.

36 *Person*, School (2002), 1.

37 Mehrfach sind bis in jüngste Zeit Forschungsüberblicke erschienen. Ich nenne nur die in der Theologischen Rundschau, zuerst noch zur „Forschung an den Büchern Josua bis Könige" von Ernst Jenni (*Jenni*, Forschung [1961], 1–39.98–146), dann schon zum Deuteronomistischen Geschichtswerk von Arnold Nicolas Radjawane (*Radjawane*, Geschichtswerk [1973], 177–216), dann von Helga Weippert (*Weippert*, Geschichtswerk [1985], 213–249) und Horst Dietrich Preuß (*Preuß*, Geschichtswerk [1993]) sowie zuletzt in bewundernswerter Breite von Timo Veijola (*Veijola*, Deuteronomismusforschung: I [2002]; II [2002]; III [2003]). Hinzu kommen eine Vielzahl von Monographien und Sammelbänden.

38 Vgl. in Auswahl *O'Brien*, History (1989); *McKenzie*, Book of Kings (1994), 281–307; *Römer/de Pury*, Historiography (2000), 24–141; *Knoppers/McConville* (Hg.), Israel (2000) und zuletzt *Person*, School (2002) u.a.m.

Übernahme der These über die Modifikation bis zur völligen Ablehnung. Da es an Überblicken und Zusammenfassungen der Forschung nicht mangelt, will ich hier keinen weiteren chronologischen Forschungsbericht geben. Vielmehr möchte ich versuchen, die in der Diskussion kritischen Felder der These aus meiner subjektiven Sicht in fünf Punkten zu systematisieren.

(1) Infragestellung des einzigen Autors und der redaktionellen Einheitlichkeit

> *Die Einsicht in das allmähliche Wachstum der deuteronomistischen Redaktion in (Dtn) Jos– Reg entzieht der Hypothese Noths die Grundlage.*[39]

Noth hatte den Deuteronomisten als einen intellektuellen Solitär entworfen, der – abgeschieden in dem benjaminitischen Ort Mizpa – von der Konzeption über die Auswahl und Anordnung des Stoffs bis zu den redaktionellen Stücken gänzlich allein und ohne kultischen oder sonstigen institutionellen Kontext handelte. Auch wenn Noth durchaus davon ausging, dass es neben Nachträgen sogar einen zweiten Deuteronomisten gab (der etwa Jos 13,1– 21,42 einfügte und die Verbindung zum Tetrateuch herstellte), so schwebte ihm doch die geniale Einzelperson vor, die sich mit der Schuld seines Volkes und dem Niedergang auseinandersetzte. Es ist m. E. zu Recht herausgestellt worden, dass dies von Noths eigener Biographie beeinflusst ist.[40] Zumindest macht die Entstehungssituation des Werkes in Königsberg es leichter, diese Engführung auf eine Person zu verstehen. Als zu starke Vereinfachung wurde die These von dem einen Autor schon früh in der Diskussion erkannt.[41] Sei es, dass man zu der älteren Hypothese von zwei Bearbeitungen (A. Kuenen) zurückkehrte oder in Frage stellte, dass die Einzelbücher den gleichen deuteronomistischen Redaktor haben, oder aber Vorstufen mit schon existierenden Sammlungen annahm. Die Modelle der Infragestellung sind bis heute gleichgeblieben. In dem Maße, in dem man von dem *einen* Deuteronomisten abrückte, wurde auch die Einheitlichkeit des Gesamtwerkes in Frage gestellt. In der gegenwärtigen Diskussion gibt es nur wenige Forscher, die an der spannungsvollen Einheitlichkeit des Werkes festhalten, meist um den Preis

---

39 *Kratz*, Komposition (2000), 219.

40 So *Römer/de Pury*, Historiography (2000), 52. Zur Kritik auch *Albertz*, Deuteronomisten (1997), 321, der von einem „fast vollständige[n] Desinteresse Noths an einer sozialgeschichtlichen Vernetzung seines Autors" spricht.

41 Vgl. dazu auch *Dietrich*, Martin Noth (2002), 182: „Noth hatte eine Vorliebe für scharf konturierte, unkomplizierte (manchmal vielleicht zu sehr vereinfachte) Bilder."

einer deutlich späteren Datierung des Gesamtwerkes. Wirkungsgeschichtlich am stärksten entfaltete sich die Opposition zwischen dem sog. Blockmodell der Cross-Schule und dem Schichtenmodell der Smend-Schule.[42] Vor allem durch Analysen der deuteronomistischen Beurteilungen der Könige etablierte sich in der zunächst vornehmlich englischsprachigen und von F. M. Cross in Harvard ausgehenden Richtung die These einer vorexilischen joschijanischen Ausgabe der Königsbücher, die von R. D. Nelson auf das gesamte Geschichtswerk ausgedehnt wurde.[43] Exilisch wurde das Werk von einem zweiten Deuteronomisten ergänzt und redaktionell überarbeitet.

Rudolf Smend hingegen erarbeitete an den Landverteilungstexten im Josuabuch (in Jos 1,7–9; 13,1bß–6 und 23,1–16) und am Übergang vom Josua- zum Richterbuch eine „zweite Hand", die an der Befolgung des Gesetzes als Voraussetzung der noch nicht abgeschlossenen Landnahme orientiert war.[44] T. Veijola hat diese königskritische, DtrN genannte Redaktion dann ausgehend vom Samuelbuch breiter ausgebaut.[45] Mit der zuvor entwickelten Hypothese von einem prophetisch orientierten Deuteronomisten durch Walter Dietrich, der vor DtrN prophetische Traditionen in das Deuteronomistische Geschichtswerk einbrachte, war das später so genannte „Göttinger Modell" in den Grundzügen geboren. Insbesondere der prophetische Redaktor des Triumvirates war früh schwächelnd und hatte von Beginn an unter differenzierten Bestreitungen zu leiden.[46] Die redaktionsgeschichtliche Differenzierung hat bei den drei Deuteronomisten nicht Halt gemacht. Die redaktionellen Einschreibungen erwiesen sich als zu disparat, um wiederum in einer Hand aufgehoben zu sein. Inzwischen reicht die Siglenflut zum Teil über neu titulierte und begrenzt arbeitende Redaktoren bis hin zu numerisch differenzierten nachexilischen Nomisten.[47] Grundübereinstimmung des Göttinger Schichtenmodells im Unterschied zum Blockmodell ist die zeitliche Ansetzung des ersten Geschichtsentwurfs erst im Exil, was an der Noth'schen

---

42 Vgl. zum Vorherigen und Folgenden die in Anm. 37 genannten Forschungsüberblicke.

43 Vgl. die Darstellung etwa bei *O'Brien*, History (1989), 3–23.

44 *Smend*, Gesetz (1971), 494–509; *ders.*, Entstehung (⁴1989), 114.

45 Vgl. *Veijola*, Verheissung (1982); *ders.*, Königtum (1977).

46 Vgl. bereits die Distanz bei *Smend*, Entstehung (⁴1989), 123; zur Kritik an DtrP auch *Braulik*, Theorien (⁴2001), 187 sowie die Arbeiten von H.-J. Stipp u.a.m. Der jüngste Rettungsversuch stammt noch einmal von dem geistigen Vater des DtrP Walter Dietrich (vgl. *Dietrich*, Prophetie [2000], 47–65).

47 Vgl. zum Vorschlag der numerischen Differenzierung *Smend*, Entstehung (⁴1989), 115; zur Übersicht *Kaiser*, Pentateuch (2000), 70–133; *Römer/de Pury*, Historiography (2000); zur Kritik u. a. *Albertz*, Deuteronomisten (1997), 320; *Braulik*, Theorien (⁴2001), 186: „die Zahl weiterer Siglen (ist) fast inflationär".

intentionalen Ausrichtung des Werkes als „Ätiologie des Nullpunkts"[48] in differenzierender Variation festhält. Seit den 80er-Jahren werden Kompromissmodelle entworfen, die einerseits die zu geringe Differenzierung des Blockmodells durch das Schichtenmodell zu kompensieren suchen und andererseits das Exil nicht als Wasserscheide eines ersten Geschichtsentwurfs verstehen. Die Vorschläge reichen von einem efraimitischen Geschichtswerk in der Zeit Hiskijas bis zu einem mehrfach erweiterten Geschichtswerk unter Joschija.[49] Die redaktionellen Differenzierungen reagieren auf die bei Noth vereinfachte literarische Komplexität des Werkes. Das führt zu dem eng damit verbundenen zweiten Punkt, dem „Kerygma" des Deuteronomistischen Geschichtswerks.

(2) Differenzierung im Kerygma

Martin Noth hatte das Deuteronomistische Geschichtswerk als eine Belehrung über das gerecht vergeltende Handeln Gottes[50] verstanden, als eine in die Geschichte hinein entfaltete Gerichtsdoxologie. Von der Anthropologie bis zur Geschichtstheologie war das ein von seiner Zeit geprägtes dunkles Bild des Verfalls, in dem die Begnadigung Jojachins nur der Vollständigkeit halber noch erzählt wurde, um der Darstellung zwar keinen positiven, aber doch einen „versöhnenden Schluß" zu geben.[51]

> Wenn Dtr jene Frage (scil. die nach einer künftigen neuen Ordnung der Dinge) nicht aufgegriffen und die vorhandenen Gelegenheiten, etwas über ein zukünftiges Ziel der Geschichte zu sagen, nicht genutzt hat, so ist dieses Schweigen vielsagend genug. Er hat in dem göttlichen Gericht, das sich in dem von ihm dargestellten äußeren Zusammenbruch des Volkes Israel vollzog, offenbar etwas Endgültiges und Abschließendes gesehen und eine Zukunftshoffnung nicht einmal in der bescheidensten und einfachsten Form einer Erwartung der zukünftigen Sammlung der zerstreuten Deportierten zum Ausdruck gebracht. ... Es kann unter diesen Umständen keine Rede davon sein, daß die Mitteilung über die Verbesserung der persönlichen Lage des deportierten Königs Jojachin in 2. Kön 25,27–30 von Dtr in dem Sinne gemeint war, daß damit das Morgenrot einer neuen Zukunft erschienen sei.[52]

---

48 So die häufig zitierte Umschreibung des Werkes von DtrH durch *Dietrich*, Prophetie (1972).
49 Vgl. die mit den Namen A. D. H. Mayes, H. Weippert, A. Rofé und G. Braulik verbundene Sicht eines hiskijanischen resp. joschijanischen Geschichtswerks. Dazu zusammenfassend die Arbeiten von *Moenikes*, Ablehnung (1995) und *ders.*, Beziehungssysteme (2003).
50 Vgl. *Noth*, Studien (³1967), 100.
51 Vgl. *Noth*, Studien (³1967), 12.97.108.
52 *Noth*, Studien (³1967), 108 (Hervorhebung getilgt), vgl. *ders.*, Geschichtsauffassung (1953), 562f.

Eine auf die Zukunft gerichtete Perspektive hatte Noth dem Deuteronomisten kategorisch abgesprochen. Diese Einschätzung, die natürlich eng mit der Datierung des Werkes und der Annahme einer einheitlichen Konzeption eines Autors zusammenhängt, ist von Beginn an intensiv diskutiert worden.[53] Hans Walter Wolff war der erste an dieser Front, der in dem Werk *auch* einen Aufruf zur Umkehr erkannte.[54] Die nomistischen Passagen richten sich nicht auf die Rechtfertigung des göttlichen Zorns, sondern vielmehr auf die Befolgung des Gesetzes als Ermöglichung einer Existenz im Land. Schon G. v. Rad hatte dagegen Einspruch erhoben, die Begnadigung Jojachins lediglich als eine Art Wurmfortsatz zu deuten. Vielmehr deutet sich in dem auf Zukunft gerichteten Akt, wenn nicht eine „messianische Tendenz", dann doch eine positive und hoffnungsvolle Perspektive an.[55] In den vorexilisch orientierten Blockmodellen verschiebt sich das Kerygma noch einmal deutlich zum Positiven hin. Der erste Geschichtsentwurf hat den Untergang noch nicht im Blick, sondern versucht mit 2 Sam 7 im Rücken, das davidische Königtum unter Joschija zu legitimieren. Das Ringen um die Kerygmata des Deuteronomistischen Geschichtswerks reagiert auf die disparate Gestalt, in der königskritische neben radikal das Königtum ablehnenden, hoffnungsvolle neben tief pessimistischen und land- oder gesetzestheologisch ausgesprochen differenzierten Perspektiven zusammenkommen.

(3) Infragestellung der inhaltlichen Geschlossenheit des Gesamtwerkes

Mit der Einheitlichkeit fällt aber auch die Existenz des „deuteronomistischen Geschichtswerks",
nur hat man dies offenbar noch nicht bemerkt oder will es nicht wahrhaben.[56]

Die gerade genannten auseinanderstrebenden Tendenzen sind es, die zu einer Infragestellung des von Noth erkannten thematischen Zusammenhangs in redaktionsgeschichtlicher Perspektive führen. Die inhaltliche Geschlossenheit des Deuteronomistischen Geschichtswerks hing für Noth außer an dem einheitlichen Kerygma an den Brückentexten Jos 1,10–15; Jos 23; 1 Sam 12; 1 Kön 8,14–53;

---

53 Zuletzt unter der Annahme eines spätdeuteronomistischen DtrS, in dem mehrere Nachträge aufgehen, aber in der Grundlinie in Verteidigung der Sicht Noths für DtrH *Nentel*, Trägerschaft (2000).

54 Vgl. den forschungsgeschichtlich wegweisenden Aufsatz zu Dtn 4,29–31; 30,1–10; 1 Kön 8,46–53 von *Wolff*, Kerygma (1961), 171–186.

55 *von Rad*, Geschichtstheologie (⁴1971), 203, vgl. den schon früh die Diskussion differenziert aufgreifenden Aufsatz von *Zenger*, Interpretation (1968), 16–30.

56 *Kratz*, Komposition (2000), 219.

2 Kön 17, doch auch diese Texte sind sehr verschieden voneinander und redaktionsgeschichtlich sehr komplex.[57] Betrachtet man die literarkritische Diskussion, bleibt für den ursprünglichen ersten Entwurf des Deuteronomistischen Geschichtswerks von diesen Texten derzeit nicht mehr viel übrig, so dass sie im Aufriss an Gewicht verlieren. Gewichtet man nun die Unterschiede zwischen den einzelnen großen Teilen des Deuteronomistischen Geschichtswerks, also die zwischen der Landauffassung im Josuabuch und im Richterbuch, dem zyklischen Geschichtsbild im Richterbuch und dem linearen in Samuel und Könige[58], der deutlich unterschiedlich gestalteten vorköniglichen und königlichen Zeit[59] stärker, *dann zerbricht die thematische Einheit des Deuteronomistischen Geschichtswerks.* Ernst Würthwein hat daraus die Konsequenz gezogen und das Modell eines überwiegend nachexilisch entstandenen und sukzessive gewachsenen Geschichtswerks dagegengesetzt. Für ihn bildet die „chronikartige Übersicht über die Könige von Israel und Juda aus relativ früher exilischer Situation"[60] den Grundstock des Werkes, das dann nach vorne in Blöcken gewachsen ist, so dass „die jüngsten Bestandteile jetzt am Anfang stehen".[61]

Das jetzt vorliegende dtr Geschichtswerk ist also so entstanden, daß Darstellungen, die von einzelnen Epochen der israelitischen Geschichte berichteten, in einem längeren Zeitraum miteinander vereint wurden. Dabei ist als Ausgangspunkt die – später durch DtrP und DtrN-Zusätze erweiterte – Übersicht der Könige von Salomo bis Zidkija anzusehen. Ihr wurden die in Sam vorliegenden Traditionen über Saul und David (wiederum mit spätdtr Einschüben) vorangestellt und schließlich zur Vervollständigung der Geschichte spätdtr Kompositionen über die Richter- und Landnahmezeit zugefügt, so dass die jüngsten Bestandteile jetzt am Anfang stehen.[62]

---

57 Vgl. *Kratz*, Komposition (2000), 219: „Fast alles, worauf die Hypothese basiert, der Anfang in Dtn 1–3; 1 Sam 12; 2 Sam 7; I Reg 8; II Reg 17 usw., sind späte und späteste Bildungen". Hier wäre natürlich reizvoll, eines der Beispiele anzudiskutieren, doch das muss angesichts des knappen Raums versagt bleiben. Als Beispiel eignen sich in besonderer Weise 2 Kön 17, Jos 23 und 1 Kön 8. Dazu würde es auch einer kritischen Auseinandersetzung mit der Reprise der These Noths bei J. Nentel bedürfen, der über die erneute Untersuchung der Reflexionsreden unter Einführung eines späteren DtrS den Zusammenhang von DtrG zu retten versucht (*Nentel*, Trägerschaft [2000], 301–310), vgl. zu den kritischen Anfragen die Rezensionen von *Veijola*, Deuteronomismusforschung III (2003); *Becker*, Reichsteilung (2000), 210–229 und *Levin*, Rezension (2001).
58 S. schon *von Rad*, Geschichtstheologie (⁴1971).
59 Vgl. zu einer gewichtenden Auswertung der Unterschiede *Rösel*, Josua (1999).
60 *Würthwein*, Erwägungen (1994), 5.
61 *Würthwein*, Erwägungen (1994), 11.
62 *Würthwein*, Erwägungen (1994), 11.

Ähnlich argumentiert Hartmut Rösel, der feststellt, „dass die Vorstellung von einem einheitlichen dtr. Geschichtswerk unzutreffend ist".[63] Die einzelnen Bücher haben nach seinen Beobachtungen einen je eigenen Charakter und eine einheitliche Konzeption ist nicht festzustellen, die klammernden Deutetexte sind erst sehr spät, so dass es s. E. nahe liegt, den Zusammenhang des Geschichtswerkes auch redaktionsgeschichtlich auseinander brechen zu lassen. Damit schließt er sich sowohl an Würthwein als auch an Westermann an, der 1994 in seinem Spätwerk aus formgeschichtlichen Gesichtspunkten die These eines ursprünglichen Zusammenhangs des Deuteronomistischen Geschichtswerks verworfen hatte, um die mündliche Vorgeschichte der einzelnen Traditionen wieder stärker ins Licht zu rücken.[64] Langsam robbt damit die Forschung wieder zurück in die durch Vielfalt gekennzeichnete Phase vor Noth. Der Unterschied zu den Entwürfen *vor* Martin Noth ist allerdings – und das ist ein entscheidender Punkt –, dass auch in den Entwürfen von Rösel und Westermann von späteren deuteronomistischen Redaktionen ausgegangen wird, die die Buchzusammenhänge übergreifen und mit Deutetexten hinterlegen. Die bahnbrechende Idee Martin Noths wird also auch hier nicht völlig aufgegeben, sondern – unter Preisgabe des Deuteronomisten als „Autor" – in die Redaktionsgeschichte verlagert.

Das gilt ähnlich für R. G. Kratz, der sich ebenfalls von der Annahme eines geschlossenen Deuteronomistischen Geschichtswerks löst, dieses sogar für einen „Irrweg der Forschung" hält.[65] „Vielmehr muß man von ... [einem], durchgehenden und vom Gesetz in Ex–Num und Dtn nur unterbrochenem Erzählfaden im Hexateuch (Gen–Jos) ausgehen, der unter dem Einfluß des Gesetzes allmählich zum Enneateuch (Gen–Reg) angewachsen ist".[66] In seinem 2000 in einem Studienbuch skizzierten Entwurf kehrt er zur Hexateuchperspektive zurück und soll hier deshalb den Übergang zum nächsten Punkt bilden. Nach Kratz gehören die von Noth für den Deuteronomisten reklamierten Stücke zu den spätesten verbindenden Texten. „Der Anfang liegt in Sam–Reg, die jüngsten Stadien sind weithin identisch mit den Texten in Dtn–Reg, auf die sich Noth für seinen Deuteronomisten bezieht und die heute gerne unter den Kürzeln DtrP und DtrN (oder Dtr$_1$ und Dtr$_2$ usw.) zusammengefaßt werden". Dem folgt der nicht einfach zu verstehende Satz: „Noths DtrG ist DtrP+DtrN und umfaßt den ganzen Enneateuch vor dessen Zusammenlegung in die beiden Kanonteile Tora und vordere Propheten".[67] Die deuteronomistische Redaktion setzt nach Kratz auch nicht im Dtn,

63 *Rösel*, Josua (1999), 106.
64 *Westermann*, Geschichtsbücher (1994).
65 Vgl. *Kratz*, Komposition (2000), 221.
66 *Kratz*, Komposition (2000), 161.
67 *Kratz*, Komposition (2000), 161.

sondern erst in den Samuelbüchern ein.[68] Erst die jüngere deuteronomistische Redaktion in Josua und Könige ist das „Bindemittel [ist], das die ehemals separaten, vielleicht sogar schon in historischer Folge gelesenen Erzählwerke, die Volksgeschichte in (Gen)Ex–Jos und die Königtumsgeschichte in Sam–Reg, in den heilsgeschichtlichen Zusammenhang des Enneateuchs bringt".[69] Mit dieser Hypothese wird die Grundvoraussetzung von Noths Geschichtswerk in Frage gestellt, in Dtn 1–3 den Anfang eines für sich stehenden Geschichtswerks zu sehen. Dagegen wird die ältere Hexateuchperspektive zum Ausgangspunkt gewählt und – wie schon durch G. v. Rad 1947 in einer Rezension der Überlieferungsgeschichtlichen Studien – als Antipode des Deuteronomistischen Geschichtswerks entfaltet.[70]

(4) Die Hexateuchperspektive als „Stachel im Fleisch" des Deuteronomistischen Geschichtswerks

Wenn Kratz zu dem erkenntnisleitenden Stellenwert des Hexateuchfadens zurückkehrt, ist damit nicht eine Rückkehr zur Hexateuchtheorie im alten Sinn verbunden, wo sich die Quellen J und P in das Buch Josuas hinein fortsetzten. Mit dieser zu einfachen Vorstellung hat Noth in seinem Josua-Kommentar so gründlich aufgeräumt, dass sie heute nicht mehr vertreten werden kann. Doch Noth hatte dabei zwei Probleme mehr oder minder überspielt. Das eine war die Fortsetzung des Erzählfadens aus dem Tetrateuch, der – auch wenn das Deuteronomium als Größe *sui generis* gefasst wird – mit dem Tod des Mose endet, wenn er im Buch Josua keine Fortsetzung findet. Dann aber fehlt diesem Erzählfaden das *Ziel*, die Erreichung des Landes.[71] Hier rettete er sich zu der Annahme, dass die ältere Landnahmetradition der Quellen weggebrochen und verloren gegangen sei.

> Nun müssen freilich die alten Pentateuchquellen auch ihrerseits von der Landnahme der zwölf israelitischen Stämme gehandelt haben, da diese das Ziel der in ihnen verarbeiteten „Landnahmetradition" war. Dieser Umstand berechtigt freilich noch nicht dazu, um jeden Preis den vordeuteronomistischen Bestand im Buch Jos auf jene Pentateuchquellen zu verteilen, sondern verlangt höchstens, ihm überhaupt so oder so gerecht zu werden. Denn was den alten Bestand im Buch Jos. anlangt, so darf die erste Frage nur – und das muß nachdrücklich betont werden – so lauten, ob seine gewissenhafte literarkritische Analyse stichhaltige Argumente dafür ergibt, daß wir es hier mit den Fortsetzungen oder Schluß-

---

68 *Kratz*, Komposition (2000), 161.
69 *Kratz*, Komposition (2000), 198.
70 Vgl. *von Rad*, Hexateuch (1947), 52–56.
71 Vgl. dazu *Frevel*, Blick (2000), bes. 6–50.

stücken der alten Pentateucherzählungsfäden zu tun haben, oder ob das nicht der Fall ist. Die Erkenntnis, daß diese Erzählungsfäden auf die Landnahme im Westjordanlande hinausgelaufen sein müssen, darf keinesfalls von vornherein die analytische Arbeit bestimmen.[72]

Der andere sensible Punkt war Jos 24, das Noth – zwischen Josuakommentar und Überlieferungsgeschichtlichen Studien in der literarhistorischen Zuordnung schwankend – zugunsten der These des Deuteronomistischen Geschichtswerks insgesamt als *späten Nachtrag* „weggedrückt" hatte. In seinem Buch über das Zwölfstämmesystem 1930 steht er noch ganz im Bann der klassischen Quellentheorie. Hier weist er den Grundbestand E zu, der dtr überarbeitet wurde. In der ersten Auflage seines Josuakommentars 1938 hingegen spricht er Jos 24 E ganz ab und weist es einer nicht näher bestimmten *vordtr Quelle* zu. Jos 23 orientiert sich aber an Jos 24. Dieses Verhältnis kehrt er in den Überlieferungsgeschichtlichen Studien um. Jetzt ist Jos 24 ein überlieferungsgeschichtlich isoliertes und *selbständiges Stück*, das stark dtr überarbeitet wurde, aber in der Redaktionsgeschichte des Josuabuches Jos 23 erst nachfolgt. Den Abschluss bildet die zweite Auflage des Josuakommentars 1953, wo Noth sich der Erstauflage des Josuakommentars vorsichtig wieder annähert. Jos 24 geht nun Jos 23 wieder als Vorbild voraus, ist aber von diesem verdrängt und erst später von dtr Hand im Josuabuch ergänzt worden.[73]

Sehr wohl war Noth allerdings bewusst gewesen, dass genau dieser Punkt zum „Schibbolet" des ganzen Werkes werden konnte: „Im Grunde liegt der Schlüssel zur Erklärung der Dinge im Buch Josua. Wer hier das Weiterlaufen der Pentateuchquellen annimmt, verliert das Zwischenstück zwischen Dtn. und Ri. innerhalb von Dtr und damit überhaupt den Blick für die Einheitlichkeit von Dtr".[74]

Gerade unter dem Stichwort „Jehowistenhypothese" sind seit Noth einige Analysen der Landnahmeüberlieferungen zur Annahme eines vordeuteronomistischen Erzählfadens im Josuabuch zurückgekehrt, der mit dem Tetrateuch in Verbindung steht. Hier ist neben Ludger Schwienhorst-Schönberger oder Klaus Bieberstein auch der 1991 erschienene Josuakommentar von Manfred Görg zu nennen.[75]

---

72 *Noth*, Studien (³1967), 88 f.
73 Vgl. dazu die ausführliche Darstellung des Umgangs mit Jos 24 bei M. Noth in *Noort*, Josua (1998), 209–211.
74 *Noth*, Studien (³1967), 88.
75 Vgl. *Schwienhorst-Schönberger*, Eroberung (1986), 82 ff; *Bieberstein*, Josua (1995), 336 und zur Forschungsgeschichte mit Stellenangaben den Überblick bei *Noort*, Josua (1998), 125–131 sowie die präzise Darstellung bei *Bieberstein*, Josua (1995), 40–42. Vgl. auch E. Zenger im sog. „Münsteraner Pentateuchmodell", das von *Kratz*, Hexateuch (2002), 312 hart angegangen wird. Ist

So ist es bis zu einem gewissen Grad möglich, in den Szenen zur Einnahme einzelner Ortschaften zunächst im vordtr Bereich auf einen literarischen Kern zu kommen, der unbeschadet noch älterer Vorstufen einer spät- oder nachjahwistischen Schule (J^E), weniger glücklich „jehowistisch" genannt, zugehört.[76]

Betont anders urteilen beispielsweise der Kommentar von Volkmar Fritz, der von vordtr Bestandteilen des Josuabuches ganz abrückt[77] oder auch Ed Noort, der in seinem Forschungsüberblick in Bezug auf Jos 6, das zentrale Bedeutung hat, schreibt: „Eine direkte Verbindung mit den literarischen Corpora des Pentateuch konnte nicht einsichtig gemacht werden. Die Art der Verbindung mit dem Pentateuch bleibt ungeklärt".[78]

Trotz seiner scharfen Kritik am „Münsteraner Pentateuchmodell" nimmt auch R. G. Kratz als Grundstock des Josuabuches eine erzählerische Fortsetzung des Tetrateuchfadens an. Es handelt sich „um einen mehr oder weniger zusammenhängenden Erzählfaden, der die Landnahme der Israeliten zum Thema hat" und der auf Jos 6 und 8 basiert.[79] Dieser vordtr Erzählfaden, der mit der Liste der geschlagenen Könige in Jos 12,1–8 endet, „kann nicht für sich existiert haben, sondern ist auf den literarischen Kontext angewiesen, allerdings nicht unbedingt den des ganzen Enneateuchs".[80] Er steht nach Kratz im Anschluss an Num 25,1 und den Tod des Mose in Dtn 34,5f.[81] Will man nun nicht das sperrige Jos 24 als literarischen Spätling einfach aussondern, dann kommt mit Klaus Bieberstein „der Landtag von Sichem (Jos 24), in welcher literarkritisch rekonstruierten Form auch immer, als Fortsetzung und möglicher Abschluß der erhobenen Grundschicht der Landnahmedarstellung – zumindest in erwägendem Sinne – in Frage".[82] Dass damit nicht gleich die Amphiktyoniehypothese wieder ins Leben gerufen ist, wohl aber eine vordeuteronomistische Bundestradition, sollte nicht verstören. Bei aller Skepsis gegen eine Frühdatierung von Jos 24 lässt doch schon der anhaltende Streit um die Zuordnung von Jos 23 und Jos 24 zu verschiedens-

---

es ein Zufall, dass die Rückkehr zu vordeuteronomistischen, einem hexateuchischen Geschichtswerk angehörigen Stücken im Josuabuch vornehmlich von katholischen Exegeten betrieben wird?

76 *Görg,* Josua (1991), 6.
77 Vgl. *Fritz,* Josua (1994), 3–9.
78 *Noort,* Josua (1998), 172.
79 *Kratz,* Komposition (2000), 208.
80 *Kratz,* Komposition (2000), 209.
81 Vgl. vorsichtiger und mit deutlich gesteigerter Argumentation, in der Sache aber unverändert *Kratz,* Hexateuch (2002), 318–321. Problematisch bleibt m. E. das recht unprosaische Ende dieses Erzählfadens in Jos 12,1–8*.
82 *Bieberstein,* Josua (1995), 339.

ten Deuteronomisten erkennen, dass es nicht gelingt das Kapitel deuteronomistisch auf DtrH, DtrN$_{1-n}$ aufzuteilen. Die Alternative einer nachdeuteronomistischen Datierung (E. Blum, J. v. Seters u. a. m.) überzeugt schließlich ebenso wenig wie die vordeuteronomistische Datierung bei Herauslösung aus einem vorgegebenen Erzählzusammenhang. Wie auch im Einzelnen zu bestimmen, bleibt die Annahme eines jehowistischen Grundstocks in Jos 24 eine plausible Annahme.[83] Damit ist dann allerdings eine vordeuteronomistische Hexateucherzählung gegen Noth wieder etabliert. Vehementer Widerspruch gegen die Einbindung von Jos 24 erhebt sich von Seiten R. G. Kratz':

> Wer darin das Ende eines vor-p Hexateuchs findet, verkennt die literarischen und theologiegeschichtlichen Verhältnisse. Wer darin den nach-p Hexateuch findet, verkennt die literarischen und narrativen Verweiszusammenhänge mit dem Pentateuch und den Vorderen Propheten. Das Werden der größeren literarischen Zusammenhänge lässt sich schwerlich mit einem Text rekonstruieren, der diese Zusammenhänge längst voraussetzt.[84]

So einfach wird sich das Janusgesicht von Jos 24 nicht einseitig auflösen lassen und Jos 12 ist wahrlich kein besseres Ende des hexateuchischen Erzählfadens.

In dem Maße, in dem man einen vordeuteronomistischen Faden im Josuabuch in einen Zusammenhang mit dem Tetrateuch stellt, gerät das Deuteronomistische Geschichtswerk in unruhige Gewässer. Denn es muss angenommen werden, dass der Deuteronomist den vordtr Zusammenhang zwischen Num und Jos durch das Deuteronomistische Geschichtswerk zunächst aufgesprengt hat und ein späterer Deuteronomist ihn durch die Anbindung des Deuteronomiums wieder geschaffen hat, bis er schließlich durch einen Pentateuchredaktor erneut abgetrennt worden ist. Dieses Hin und Her erscheint gegenüber der Annahme eines durchgehaltenen Hexateuchzusammenhangs zu kompliziert.

Bei genauerem Hinsehen verliert Noths Hypothese gerade in dichten Überschneidungsbereichen des Josuabuches an Einfachheit, Klarheit und damit auch an Überzeugungskraft. Ganz zu schweigen ist hier von der Landverteilung in Jos 13 – 21, die aufgrund der engen Beziehungen zu Num 26 – 36 unzweifelhaft von einem Hexateuchzusammenhang her gelesen werden will. Damit stellt sich erneut die Frage, ob der Pentateuch lediglich als „Referenzgröße" verstanden werden muss, die immer in einem Hexateuchzusammenhang überliefert worden ist. Doch das kann hier nur flankierend angedeutet werden.[85] Die Lage verkompliziert sich, wenn man stärker einbezieht, dass die späten Stücke Jos 13 – 22 eine Hexa-

---

83 Vgl. dazu den instruktiven Überblick über die Positionen bei *Noort*, Josua (1998), 205 – 222 sowie jüngst *Nentel*, Trägerschaft (2000), 59 – 96.
84 *Kratz*, Hexateuch (2002), 306 f.
85 Vgl. dazu die Überlegungen in *Frevel*, Abschied (2001), 233 f.

teuchausdehnung der mit der priesterschriftlichen Überlieferung zusammenge-
bundenen vorpriesterlichen Überlieferung vorauszusetzen scheinen. Auch hier
hatte Noth in seinem Kommentar ein weitreichendes Urteil gefällt, das zum
„Grundstock" des Deuteronomistischen Geschichtswerks werden sollte. Er ging
nämlich davon aus, dass Jos 13,1–21,42 „eine eigene literarische Vorgeschichte
gehabt haben, die weder mit der der anderen Teile des Josua-Buches noch mit der
der meisten anderen Stücke des Hexateuch etwas zu tun hat".[86] Damit hatte er
auch diesen Teil aus dem Hexateuchzusammmenhang herausgetrennt, obwohl es
ihm eigentlich und mit Recht nur darum ging, die zu seiner Zeit übliche Annahme
der Fortsetzung der quellenhaften Priesterschrift in das Josuabuch hinein zu
falsifizieren.[87] Auch diesbezüglich hat Noths Analyse ausgesprochen nachhaltig
gewirkt. Literargeschichtlich problematisch war seine Lösung allerdings insofern,
als er in den Überlieferungsgeschichtlichen Studien sehr kompliziert annehmen
musste, dass die auf Jos 13–21 eng bezogenen Numeri-Erzählungen nachpriesterlich erst im Blick auf das Josuabuch geschaffen worden seien. Dass dabei ein
Hexateuchzusammenhang vorausgesetzt ist und der Zusammenhang des Deuteronomistischen Geschichtswerks de facto aufgebrochen ist, hat Noth zu um-
schiffen versucht.

(5) Das Deuteronomium als Anfang des Deuteronomistischen Geschichtswerks

Martin Noths Beitrag zur Deuteronomiumforschung wird nahezu durchgängig
unterschätzt.[88] Hier sieht man die Meriten einseitig auf Seiten des Antipoden
Gerhard von Rad, dessen ATD-Kommentare zu Genesis und Deuteronomium die
Kommentierungen Noths zu Exodus bis Numeri rahmen. Doch hat gerade Noths
Hypothese, Dtn 1–3 als eröffnende Einleitung in das bis zum Ende der Königszeit
reichende Geschichtswerk zu verstehen, so tiefe Spuren gezogen, dass sich bis
heute mühelos darin fahren lässt. Dabei hatte sich ihm dieser Teil der Hypothese
gar nicht aus der Analyse des Deuteronomiums ergeben, sondern eher in einem
Subtraktionsverfahren. Noth suchte nach einem Anfang seines Geschichtswerks
und da dafür Jos 1 aufgrund der engen Rückbindung an Dtn 31–34* und wegen des
notwendigen Rückbezugs seiner Hypothese auf Dtn 3 (s. u.) nicht in Frage kam
und sich die These eines von Gen–2 Kön reichenden Geschichtswerks aufgrund

---

86 *Noth*, Josua (1938), VIII.
87 Vgl. dazu die Darstellung bei *Frevel*, Blick (2000), 187–210.
88 Eine Ausnahme stellt der instruktive Überblick von *Römer*, Deuteronomy (1994), bes. 178–183.210 f dar.

der fehlenden deuteronomistischen Redaktion im Tetrateuch verbot, gelangte er zu Dtn 1 als Einstieg in die Geschichtsdarstellung[89], indem er sich von „dem Zwang freimacht(e), Dtn. 1–3 als eine der Einleitungsreden zum deuteronomischen Gesetz verstehen zu müssen".[90] Dies schien umso passender, als Mose ja dort mit seiner Abschiedsrede neu einsetzt und in der Rückschau anscheinend eine Doppelung produzierte. Wie in der Analyse des Josuabuches oder der Auffassung von der Gestalt der Priesterschrift steht Noth auch hier im engen Anschluss an Julius Wellhausen. Dieser hatte die Fuge zwischen Numeri 25–36 und Dtn 1 als Bruch akzentuiert: „Denn Kap. 1–4 hat offenbar nicht den Zweck, an die vorhergehende Erzählung anzuknüpfen, vielmehr sie ausführlich zu recapitulieren, d. h. zu ersetzen".[91] Wellhausen argumentierte für die Unabhängigkeit des Dtn von dem Vierbundesbuch (Q) und leitete diese *de facto* aus Dtn 4 ab. Zugleich weist er aber die Abhängigkeit und Bezogenheit des Deuteronomiums auf JE nach. In seiner Umwertung der traditionellen Datierung der Quellenschriften versuchte Wellhausen, die ältere Hypothese nicht aufzugeben, die aufgrund der Beobachtung, dass das Deuteronomium priesterliches Material „ignoriert", auf die Selbstständigkeit dieses Buches schloss (J. S. Vater), zumal die Trennung des Deuteronomiums vom Tetrateuch de Wettes Identifizierung des Deuteronomiums mit dem in 2 Kön 22 aufgefundenen Gesetz bestens entsprach. Deswegen betonte Noth den Hiatus zwischen Num und Dtn vielleicht stärker als notwendig und war darin wegbereitend für die Sonderstellung des Deuteronomiums im Urkundenmodell. Das literarisch vorgegebene Deuteronomium verliert so auch bei Noth seinen Ort im Hexateuchzusammenhang und wird als Maßstab setzendes Gesetz dem Deuteronomistischen Geschichtswerk vorgelagert. Auch hier gesteht Noth völlig folgerichtig zu, dass die alten Quellen dem Dtr bekannt waren:

> Dabei kann von dem Ganzen der einleitenden Moserede in Dtn. 1–3.(4), die einzelnes aus dem Inhalt der alten „Hexateuch"-Quellen übernommen hat, noch abgesehen werden, da sie nur die Voraussetzungen für die dann erst folgende eigentliche Geschichtserzählung von Dtr vorführen will und im übrigen offenbar mit dem Bekanntsein des Inhalts jener Quellen rechnet.[92]

Bei genauerem Hinsehen fällt auf, dass die Zugehörigkeit des Deuteronomiums samt Dtn 1–3 sowie der Deuteronomiumschluss konstitutiv für die These vom

---

89 Vgl. *Noth*, Studien ([3]1967), 12 f.
90 *Noth*, Studien ([3]1967), 14. Vgl. zur älteren Forschung, die von mehreren Ausgaben des Deuteronomiums und von Dtn 1–3 als ausführliche Einleitung in das Deuteronomium ausging, *Preuß*, Deuteronomium (1982), 75–83.
91 *Wellhausen*, Composition ([4]1963), 193, vgl. 186 f.197 f.
92 *Noth*, Studien ([3]1967), 97.

Deuteronomistischen Geschichtswerk ist. Doch es bleiben Fragen, die hier nur angerissen werden können.[93] Es kann in Zweifel gezogen werden, dass sich Dtn 1–3 als Eröffnung eines Geschichtswerks eignet, besonders wenn sich der Geschichtsrückblick als völlig stringent in der Fabel des Pentateuch erweist.[94] Der Einsatz als Moserede im Ostjordanland ist für ein eigenständiges Geschichtswerk doch sehr unvermittelt, zumal die Person des Mose nicht eigens eingeführt wird. Gleiches gilt für Israel, den Exodus u. a. m. Ohne den Zusammenhang mit dem Tetrateuch ist das Deuteronomium nicht zu verstehen. M. E. führt sogar die von Anfang an dem deuteronomischen Gesetz eigene Mosefiktion zu der Annahme, dass das Buch nicht außerhalb eines narrativen Kontextes stehen kann. Dieser kann kaum ein anderer als die Fabel des Pentateuch sein. Hier ist nicht der Ort, den nahe liegenden Einwand zu diskutieren, dass unter der Voraussetzung der oben genannten These der Rückblick in Dtn 1–3 unnötig sei und schon dieser für die ursprüngliche Abtrennung des Dtn spreche.[95] M. E. überzeugt dieser Einwand unter folgenden Voraussetzungen nicht:

(1) Das Deuteronomium war immer schon Moserede.

(2) Das Deuteronomium steht nicht zufällig an der Grenze des Landes, sondern tut dies, weil die ursprüngliche Verkündigungssituation des Gesetzes durch den Gang der Ereignisse „auf den Kopf gestellt" ist. Von dem Sinai-Israel ist keiner außer Mose (und natürlich die damals unter Zwanzigjährigen, zu denen Josua zählt) mehr am Leben, weshalb es zu einer erneuten Verkündigung kommen muss, wenn das Gesetz (in paränetischer Funktion) für das Leben im Land eine konstitutive Bedeutung haben soll.

(3) Ort des Gesetzes soll und muss aber der Sinai/Horeb bleiben. Wie anders sollten diese beiden Voraussetzungen denn erfüllt werden außer durch einen einleitenden Geschichtsrückblick? Der narrative Ort der Gesetzesverkündigung an der Grenze zum Land ist damit ebenso wie die zeitliche Situierung am Todestag vollkommen folgerichtig.

Dass die Mosestilisierung ohne den Tetrateuchzusammenhang unerklärt bleibt, hatte auch schon Noth gesehen.[96] Der „literarische Ort" des Deuteronomiums ist

---

93 Hier kann die jüngere Deuteronomiumliteratur aus Platzgründen nicht genannt werden. Für intensive Überlegungen zur Fabel des Deuteronomiums, die hier zu kurz kommen, verweise ich auf die Namen G. Braulik, N. Lohfink, J.-P. Sonnet.

94 Die gegenteilige Sicht vertritt T. Römer: „Noth taught us to see Deuteronomy as the introduction to the Deuteronomistic History, and this is presently one of the safest results of critical biblical research" (*Römer*, Deuteronomy [1994], 210).

95 So beispielsweise lapidar *Veijola*, Deuteronomismusforschung III (2003), 34.

96 *Noth*, Studien (³1967), 15 f.

damit, das hat zuletzt R. G. Kratz m. E. überzeugend herausgestellt, der Hexateuch: „So oder so lebt Dtn 1–3 schon im Grundbestand von literarischen Anleihen aus dem Numerischluß …".[97] „Numeri- und Josuabezüge und der literarische Kunstgriff des Rückblicks sind Dtn 1–3 von Anfang an zu eigen. … ‚Offenbar' hat die rhetorische Fiktion von Dtn 1–3 den Zweck, an die vorhergehende Erzählung anzuknüpfen".[98] Zugleich scheint mir gegen die vehemente Bestreitung M. Noths die ältere These nicht so abwegig zu sein, dass Dtn 1–3 – unter den oben genannten Voraussetzungen – als Einleitung zum dtn Gesetz verstanden werden können.[99] Das Deuteronomium und seine Stellung im Pentateuch gerät so in eine Schlüsselposition in der Debatte um die Existenz eines deuteronomistischen Geschichtswerkes. Das forcieren auch die Thesen von Eckart Otto, der die von Norbert Lohfink stammende Idee eines Deuteronomisten aufnimmt, dessen Horizont nur bis zum Ende des Josuabuches (bzw. Ri 2,6–9[100]) reicht (DtrL[101]):

> Die dtr Fortschreibung DtrL rahmt das Deuteronomium (Dtr 5–26; 28*) durch Dtn 1–3; 29–30* und verlegt die Promulgation im Rahmen eines Bundesschlusses vom Horeb nach Moab vor dem Einzug in das verheißene Land jenseits des Jordan.[102]

Der Erzählzusammenhang von Dtn 1–Jos 24 wurde dann nach Eckart Otto von der Hexateuchredaktion aufgenommen und mit dem priesterschriftlichen Erzählfaden verknüpft. Wenn auch gerade in dem letzteren Konstrukt vieles problematisch

---

97 *Kratz*, Ort (2000), 108, vgl. jetzt *ders.*, Hexateuch (2002), 310 f. Weniger überzeugend ist allerdings die mit dieser Hypothese verbundene Spätdatierung von Dtn 1–3. Dass Dtn 1–3 eine bewusste Auswahl der Traditionen darstellt (*Kratz*, Ort [2000], 113) und dabei gezielt alle späteren Traditionen auslässt, überzeugt nach wie vor; weniger die Annahme, Dtn 1–3 rekurriere auf den vorpriesterlichen Tetrateuch. Auch die Frage der Deuteronomiumpriorität des Dekalogs hängt nicht an der Eigenständigkeit des Deuteronomiums als Überlieferungseinheit (so jüngst *Kratz*, Dekalog [2000]). Dennoch hat die These der Einbindung des Deuteronomiums in den narrativen Kontext Auswirkungen für das Verständnis des Deuteronomiumdekalogs. Da hier der Fokus auf Dtn 1–3 liegt, müssen diese Überlegungen einer weiteren Beschäftigung mit dem „Problem" des Deuteronomiums im Kontext des Hexateuch vorbehalten bleiben.
98 *Kratz*, Ort (2000), 109. Vgl. zu Dtn 1–3 in der jüngeren Diskussion *Sonnet*, Rendezvous (2001), 353–372; *Taschner*, Bedeutung (2001), 61–72; *Braulik*, Deuteronomium 1–4 (2002), 249–257 und nicht zuletzt *Heckl*, Vermächtnis (2004).
99 Die von *Veijola*, Observations (1988), 249–259 gezogene gegenteilige Konsequenz, dass Dtn 1–3 ein DtrG ohne Deuteronomium einleitet, kann von der Idee eines als Gerichtsdoxologie konzipierten Geschichtswerkes her m. E. kaum funktionieren.
100 Aufgrund der von E. Otto angenommenen Priorität von Ri 2,6–9 gegenüber Jos 24 (vgl. ebd., 5.130.231) lässt E. Otto die DtrL Konzeption bis nach Ri 2,9 ausgreifen. Sachlich ändert sich dadurch nichts, so dass die diesbezügliche Kritik bei *Kratz*, Hexateuch (2002), 311 nicht greift.
101 Vgl. zu DtrL die Basisaufsätze *Lohfink*, Kerygmata (1981) und *ders.*, Schichten (1983).
102 *Otto*, Forschungen (2002), 147.

bleibt[103], so ist doch damit angezeigt, dass die Hexateuchperspektive gerade vom Deuteronomium her nicht ausgeklammert, sondern eher bestätigt wird. Die Bedenken gegen Dtn 1–3 als Einleitung eines Deuteronomistischen Geschichtswerks nehmen zu und rücken die von Martin Noth forschungsgeschichtlich entsorgte Alternative des Hexateuch wieder stärker in den Vordergrund.

> Die gängige Sicht, Dtn 1–3 diene der Einleitung des „Deuteronomistischen Geschichtswerks" dürfte überholt sein, da Dtn 1–3 eher im Horizont von Pentateuch- und Hexateuchredaktion steht.[104]

Fazit

Ausgangspunkt der vorangegangenen Darstellung war der einhundertste Geburtstag von Martin Noth. Am Beispiel der These vom Deuteronomistischen Geschichtswerk sollte die überragende Wirkung eines Forschers skizziert werden, der in mehr als einer Forschergeneration eine glanzvolle Dominanz entfalten konnte. Das Ziel war nicht ein Alternativentwurf zu den Thesen Martin Noths und auch nicht deren umfassende Kritik. Ausgehend von einer forschungsgeschichtlichen Würdigung der These und ihrer Diskussion sollten einige neuralgische Punkte der DtrG-These aufgezeigt werden, an denen die Diskussion in den kommenden Jahren fortgesetzt werden muss. In vier Punkten soll abschließend ein Fazit gezogen werden:

(1) Martin Noths These vom Deuteronomistischen Geschichtswerk war ein genialer Wurf. Sie hat sich in den vergangenen 60 Jahren für den Fortgang der alttestamentlichen Wissenschaft als eine der bedeutendsten Thesen erwiesen. In der Wirkung war es wohl die bedeutendste These Noths. Sie hat zu einer Profilierung der voneinander getrennten Größen Tetrateuch, Pentateuch und Deuteronomistischem Geschichtswerk erheblich beigetragen. Die These bietet eine nach wie vor bestechende Synthese der Beobachtungen zum Tetrateuch und den deuteronomistisch geprägten Überlieferungen in den Geschichtsbüchern einschließlich des Deuteronomiums. Der stärkste Impuls der These ist in die *Deuteronomismusforschung* eingegangen, die durch die These vom Deuteronomistischen Geschichtswerk erst als eigenständiger und bis heute in voller Blüte stehender Teilbereich begründet worden ist.[105] Trotz aller Differenzierung im

---

103 Vgl. für eine Benennung der Problemzonen u.a. *Frevel*, Abschied (2001).
104 *Otto*, Deuteronomium (2000), 229.
105 Einen Spiegel der Blüte der Deuteronomismusforschung geben die m.E. berechtigten Distanzierungen von einem „Pan-Deuteronomismus" bei *Perlitt*, Hebraismus (1993); *Albertz*, Deu-

Einzelnen ist die Bedeutung des geistesgeschichtlichen Zusammenhangs der deuteronomistischen Anteile erheblich gewachsen und nach wie vor von entscheidender Bedeutung für die Literaturwerdung im Alten Testament. Hier hat Noth Entscheidendes bewirkt und angestoßen. Der damit zusammenhängende Beitrag zur Deuteronomiumforschung ist bisher meist unterschätzt worden.

(2) Die These vom Deuteronomistischen Geschichtswerk ist inzwischen Anfragen von vielen Seiten ausgesetzt. Durch notwendige redaktionsgeschichtliche, literarische und geschichtstheologische Differenzierungen hat die These inzwischen an Überzeugungskraft verloren. Ihre Einfachheit besticht, wird aber der Komplexität des Befundes in dem weit gespannten Literaturbereich von Gen–2 Kön nicht mehr immer gerecht. Die theologische und pragmatische Ausrichtung des Deuteronomistischen Geschichtswerks und damit die Frage einer vorexilischen, exilischen oder nach-exilischen Ausrichtung entscheidet sich vornehmlich „hinten", also in den Königsbüchern. Ob es aber überhaupt einen übergreifenden Zusammenhang eines vom Deuteronomium bis zum Ende der Königszeit reichenden Geschichtswerkes gibt, entscheidet sich an der Analyse des Josuabuches, der literarischen Analyse des Übergangs zum Richterbuch und vor allem im Deuteronomium. Hier hat die Vielfalt der Modelle inzwischen mindestens das Maß wieder erreicht, das es vor Noths Hypothese hatte. Die Dominanz der These scheint auch im deutschsprachigen Raum gebrochen, was aber ihrer forschungsgeschichtlich überragenden Bedeutung keinen Abbruch tut.

(3) Ein besonderer Schwerpunkt für die Auseinandersetzung mit der These vom Deuteronomistischen Geschichtswerk liegt m. E. derzeit in der Wiederkehr der Hexateuchperspektive. Diese war von Beginn an in der Diskussion von den Kritikern des Deuteronomistischen Geschichtswerks angezeigt worden. Nachdem sich die These Martin Noths so dominant entfaltet hatte, kam lange Jahre das Wort Hexateuch in der Diskussion kaum noch vor. Inzwischen hat die Kritik dies kräftig nachgeholt und die Hexateuchperspektive gewinnt in der jüngeren Diskussion m. E. zu Recht mehr und mehr an Raum. Nimmt man diese Spuren auf, so ist der literargeschichtlich hochkomplexe Übergang vom Josua- zum Richterbuch neu zu befragen. Der zweifach erzählte Tod Josuas muss dann vielleicht doch als Hinweis auf eine stärkere Trennung zwischen den Büchern Josua und Richter gewertet werden. Das Deuteronomium und das Buch Josua fallen als programmatischer

---

teronomisten (1997); *Lohfink*, Bewegung (1995), 313–382 und *Schearing/McKenzie*, Deuteronomists (1999) sowie dem Überblick von *Person*, School (2002). Die von T. Veijola ängstlich, aber vehement vorgetragene Kritik an der Kritik des Deuteronomismus-Paradigmas (*Veijola*, Deuteronomismusforschung III [2003], 25–28), die er personell fälschlich mit dem zum Feindbild stilisierten N. Lohfink identifiziert, hilft dagegen dem DtrG und der Deuteronomismusforschung letztlich nicht.

Beginn des Geschichtswerkes aus. Die Fuge zwischen Josua und Richter bietet zwar Ansatzpunkte für eine Alternative, jedoch konnte diese in der vorliegenden Darstellung nicht weiter profiliert werden.

(4) Die Kritik an der These Martin Noths ist – und auch das spricht wieder für seine außergewöhnliche Qualität – stärker als die derzeitige Synthese der Kritiker (eingeschlossen die hier vorgelegten Überlegungen). Ungelöst bzw. ohne Konsens bleibt derzeit die Frage nach buchübergreifenden deuteronomistischen Redaktionen bzw. deren Einordnung ebenso wie die Schwierigkeit der Zuordnung in einer zeitlich begrenzt agierenden deuteronomistischen Schule. Mit der redaktionsgeschichtlichen Vereinzelung der Einzelbücher ist der offenbare Zusammenhang ja noch nicht erklärt. Auch die Frage eines *theologischen Verständnisses* des von Gen–2 Kön reichenden großen Geschichtswerkes steht noch aus. Mit der klaren Hypothese eines Deuteronomistischen Geschichtswerks war die Entstehung des Pentateuch und sein Oszillieren zwischen Landverheißung und deren Erfüllung relativ einfach erklärt. Eine gleichwertige Alternative zum Werden des Pentateuch wie der Geschichtsbücher ist allerdings bis dato noch nicht gefunden. Die Wirkung der Thesen Noths ist mit ihrer Bestreitung noch lange nicht am Ende.

Der bescheidene Überblick zum „Stand der Dinge" soll mit einem Zitat des zu ehrenden Forschers beschlossen werden. Die bestechende Treffsicherheit in der Formulierung seiner Hypothesen hat Martin Noth nie dazu geführt, die Reichweite seiner wissenschaftlichen Arbeit zu überschätzen: „Denn wissenschaftliche Thesen, auch wenn sie weit verbreitet sind und mehr oder weniger einleuchtend zu sein scheinen, müssen immer wieder in Frage gestellt und an der Überlieferung überprüft werden".[106]

Bibliographie

Albertz, R., Wer waren die Deuteronomisten? Das historische Rätsel einer literarischen Hypothese, in: EvTh 57 (1997), 319–338.

Ders., Die Exilszeit als Ernstfall für eine historische Rekonstruktion ohne biblische Texte. Die neubabylonischen Königsinschriften als „Primärquelle", in: L. L. Grabbe (Hg.), Leading Captivity Captive. „The Exile" as History and Ideology (JSOT.S 278), Sheffield 1998, 22–39.

Becker, U., Die Reichsteilung nach I Reg 12, in: ZAW 112 (2000), 210–229.

Bieberstein, B., Josua – Jordan – Jericho. Archäologie, Geschichte und Theologie der Landnahmeerzählung Josua 1–6 (OBO 143), Göttingen/Fribourg 1995.

---

[106] *Noth*, Rezension (1956), 430.

Braulik, G., Prophetie und Geschichte. Eine redaktionsgeschichtliche Untersuchung zum deuteronomistischen Geschichtswerk (FRLANT 108), Göttingen 1972.

Ders., Die Theorien über das Deuteronomistische Geschichtswerk (DtrG), in: E. Zenger u. a., Einleitung in das Alte Testament (Kohlhammer Studienbücher Theologie 1,1), Stuttgart ⁴2001, 180 – 190.

Ders., Deuteronomium 1 – 4 als Sprechakt, in: Biblica 80 (2002), 249 – 257.

Dietrich, W., Martin Noth and the Future of the Deuteronomistic History, in: S. L. McKenzie/M. Graham (Hg.), The History of Israel's Traditions. The Heritage of Martin Noth (JSOT.S 182), Sheffield 1994, 153 – 177 (= Martin Noth und die Zukunft des deuteronomistischen Geschichtswerks, in: ders., Von David zu den Deuteronomisten. Studien zu den Geschichtsüberlieferungen des Alten Testaments [BWANT 156], Stuttgart u. a. 2002, 181 – 198).

Ders., Prophetie im deuteronomistischen Geschichtswerk, in: T. Römer (Hg.), The Future of the Deuteronomistic History (BEThL 147), Leuven u. a. 2000, 47 – 65 (wieder abgedruckt in: ders., Von David zu den Deuteronomisten. Studien zu den Geschichtsüberlieferungen des Alten Testaments [BWANT 156], Stuttgart u. a. 2002, 236 – 251).

Eissfeldt, O., Einleitung in das Alte Testament (NTG), Tübingen ³1964.

Frevel, C., Mit Blick auf das Land die Schöpfung erinnern. Zum Ende der Priestergrundschrift (HBS 23), Freiburg u. a. 2000.

Ders., Ein vielsagender Abschied. Exegetische Blicke auf den Tod des Mose in Dtn 34,1 – 12, in: BZ 45 (2001), 209 – 234.

Fritz, V., Das Buch Josua (HAT 7), Tübingen 1994.

Görg, M., Das Buch Josua (NEB.AT 26), Würzburg 1991.

Heckl, R., Moses Vermächtnis. Kohärenz, literarische Intention und Funktion von Dtn 1 – 3 (ABuG 9), Leipzig 2004.

Jenni, E., Zwei Jahrzehnte Forschung an den Büchern Josua bis Könige, in: ThR 27 (1961), 1 – 39.98 – 146.

Kaiser, O., Pentateuch und Deuteronomistisches Geschichtswerk, in: ders., Studien zur Literaturgeschichte des Alten Testaments (FzB 90), Würzburg 2000, 70 – 133.

Knauf, E. A., Does „Deuteronomistic Historiography" (DtrH) exist?, in: A. de Pury/T. Römer/J.-D. Macchi (Hg.), Israel Constructs Its History. Deuteronomistic Historiography in Recent Research (JSOT.S 306), Sheffield 2000, 388 – 398.

Ders., Towards an Archaeology of the Hexateuch, in: J. C. Gertz/K. Schmid/M. Witte (Hg.), Abschied vom Jahwisten. Die Komposition des Hexateuch in der jüngsten Diskussion (BZAW 315), Berlin u. a. 2002, 275 – 294.

Knoppers, G. N./McConville, J. G. (Hg.), Reconsidering Israel and Judah. Recent Studies on the Deuteronomistic History (SBTS 8), Winona Lake 2000.

Kratz, R. G., Der literarische Ort des Deuteronomium, in: ders. (Hg.), Liebe und Gebot. Studien zum Deuteronomium. FS L. Perlitt (FRLANT 190), Göttingen 2000, 101 – 120.

Ders., Die Komposition der erzählenden Bücher des Alten Testaments. Grundwissen der Bibelkritik (UTB 2157), Göttingen 2000.

Ders., Der vor- und der nachpriesterschriftliche Hexateuch, in: J. C. Gertz/K. Schmid/M. Witte (Hg.), Abschied vom Jahwisten. Die Komposition des Hexateuch in der jüngsten Diskussion (BZAW 315), Berlin/New York 2002, 295 – 323.

Levin, C., Rezension von J. Nentel, Trägerschaft und Intentionen des deuteronomistischen Geschichtswerks, in: OLZ 96 (2001), 560 – 563.

Lohfink, N., Kerygmata des Deuteronomistischen Geschichtswerks, in: J. Jeremias/L. Perlitt (Hg.), Die Botschaft und die Boten. FS H.-W. Wolff, Neukirchen-Vluyn 1981, 87–100 (abgedruckt in: ders., Studien zum Deuteronomium und zur deuteronomistischen Literatur II [SBAB 12], Stuttgart 1991, 125–142).

Ders., Die Schichten des Pentateuch und der Krieg, in: ders., Gewalt und Gewaltlosigkeit im Alten Testament (QD 96), Freiburg u. a. 1983, 51–110 (wieder abgedruckt in: ders., Studien zum Pentateuch [SBAB 4], Stuttgart 1983/1988, 255–315).

Ders., Gab es eine deuteronomistische Bewegung?, in: W. Groß (Hg.), Jeremia und die „deuteronomistische Bewegung" (BBB 98), Weinheim 1995, 313–382.

McKenzie, S. L., The Book of Kings in the Deuteronomistic History, in: ders./M. Graham (Hg.), The History of Israel's Traditions. The Heritage of Martin Noth (JSOT.S 182), Sheffield 1994, 281–307.

Moenikes, A., Die grundsätzliche Ablehnung des Königtums in der hebräischen Bibel. Ein Beitrag zur Religionsgeschichte im Alten Israel (BBB 99), Weinheim 1995.

Ders., Beziehungssysteme zwischen dem Deuteronomium und den Büchern Josua bis Könige, in: G. Braulik (Hg.), Das Deuteronomium (ÖBS 23), Frankfurt 2003, 69–85.

Nentel, J., Trägerschaft und Intentionen des deuteronomistischen Geschichtswerks. Untersuchungen zu den Reflexionsreden Jos 1; 23; 24; 1 Sam 12 und 1 Kön 8 (BZAW 297), Berlin u. a. 2000.

Noort, E., Das Buch Josua. Forschungsgeschichte und Problemfelder (EdF 292), Darmstadt 1998.

Noth, M., Das Buch Josua (HAT 1/7), Tübingen 1938.

Ders., Überlieferungsgeschichtliche Studien I. Die sammelnden und bearbeitenden Geschichtswerke im Alten Testament (Schriften der Königsberger Gelehrten Gesellschaft. 18. Jahr Geisteswissenchaftliche Klasse. Heft 2), Halle 1943 = Überlieferungsgeschichtliche Studien. Die sammelnden und bearbeitenden Geschichtswerke im Alten Testament, Tübingen ³1967.

Ders., Zur Geschichtsauffassung des Deuteronomisten, in: Z. V. Togan (Hg.), Proceedings of the Twenty-Second Congress of Orientalists. Vol. II: Communications, Leiden 1953, 558–566.

Ders., Rezension von J. Hoftijzer, Die Verheißungen an die drei Erzväter, in: VT 7 (1957), 430–433.

Ders., Tendenzen theologischer Forschung in Deutschland (1963), in: ders., Gesammelte Studien zum Alten Testament (TB 39), München 1969, 113–132.

O'Brien, M., The Deuteronomistic History Hypothesis. A Reassessment (OBO 92), Göttingen/Fribourg 1989.

Otto, E., Das Deuteronomium im Pentateuch und Hexateuch. Studien zur Literaturgeschichte von Pentateuch und Hexateuch im Lichte des Deuteronomiumrahmens (FAT I/ 30), Tübingen 2000.

Ders., Forschungen zum nachpriesterschriftlichen Pentateuch, in: ThR 67,2 (2002), 125–155.

Perlitt, L., Hebraismus – Deuteronomismus – Judaismus, in: G. Braulik/W. Groß/S. McEvenue (Hg.), Biblische Theologie und gesellschaftlicher Wandel. FS N. Lohfink, Freiburg u. a. 1993, 279–295.

Person, R. F., The Deuteronomic School. History, Social Setting, and Literature (SBL 2), Leiden u. a. 2002.

Preuß, H. D., Zum deuteronomistischen Geschichtswerk, in: ThR 58 (1993), 229–264.341–395.

Radjawane, A. N., Das deuteronomistische Geschichtswerk. Ein Forschungsbericht, in: ThR 38 (1973), 177–216.

Römer, T., The Book of Deuteronomy, in: S. L. McKenzie/M. Graham (Hg.), The History of Israel's Traditions. The Heritage of Martin Noth (JSOT.S 182), Sheffield 1994, 178–212.

Ders., Deuteronomium 34 zwischen Pentateuch, Hexateuch und deuteronomistischem Geschichtswerk, in: ZAR (1999), 167–178.

Römer, T./de Pury, A., Deuteronomistic Historiography (DH). History of Research and Debated Issues, in: A. de Pury/T. Römer/J.-D. Macchi (Hg.), Israel Constructs Its History. Deuteronomistic Historiography in Recent Research (JSOT.S 306), Sheffield 2000, 24–141.

Rösel, H., Von Josua bis Jojachin. Untersuchungen zu den deuteronomistischen Geschichtsbüchern des Alten Testaments (VT.S 75), Leiden u. a. 1999.

Schearing, L. S./McKenzie, S. L. (Hg.), Those Elusive Deuteronomists. The Phenomenon of Pan-Deuteronomism (JSOT.S 268), Sheffield 1999.

Schmid, K., Erzväter und Exodus. Untersuchungen zur doppelten Begründung der Ursprünge Israels innerhalb der Geschichtsbücher des Alten Testaments (WMANT 81), Neukirchen-Vluyn 1999.

Schwienhorst-Schönberger, L., Die Eroberung Jerichos. Exegetische Untersuchung zu Josua 6 (SBS 122), Stuttgart 1986.

Smend, R., Nachruf auf Martin Noth, in: M. Noth Gesammelte Studien zum Alten Testament II (TB 39), München 1969, 139–165.

Ders., Das Gesetz und die Völker. Ein Beitrag zur deuteronomistischen Redaktionsgeschichte, in: H.-W. Wolff (Hg.), Probleme Biblischer Theologie. FS G. von Rad, München 1971, 494–509 (wieder abgedruckt in: ders., Die Mitte des Alten Testaments. Gesammelte Studien Bd. 1 [BEvTh 99], München 1970/1986, 124–137.494–509).

Ders., Die Entstehung des Alten Testaments (Theologische Wissenschaft 1), Stuttgart u. a. ⁴1989.

Sonnet, J.-P., Le rendezvous du Dieu vivant. La mort de Moïse dans l'intrigue du Deutéronome (Dt 1–4 et Dt 31–34), in: NRTh 123 (2001), 353–372.

Stipp, H.-J., Gedalja und die Kolonie von Mizpa, in: ZAR 6 (2000), 155–171.

Taschner, J., Die Bedeutung des Generationswechsels für den Geschichtsrückblick in Dtn 1–3, in: WuD 26 (2001), 61–72.

Thiel, W., Martin Noth, in: BBKL VI (1993), 1023–1032.

Veijola, T., Das Königtum in der Beurteilung der deuteronomistischen Historiographie. Eine redaktionsgeschichtliche Untersuchung (AASF.B 198), Helsinki 1977.

Ders., Verheissung in der Krise. Studien zur Literatur der Exilszeit anhand des 89. Psalms (AASF.B 220), Helsinki 1982.

Ders., Principal Observations on the Basic Story in Deuteronqmy 1–3, in: M. Augustin/ K. D. Schunk (Hg.), „Wünschet Jerusalem Frieden" (BEATAJ 13), Frankfurt u. a. 1988, 249–259.

Ders., Deuteronomismusforschung zwischen Tradition und Innovation, [I] in: ThR 67 (2002), 273–327; [II] in: ThR 67 (2002), 391–424; [III] in: ThR 68 (2003), 1–44.

von Rad, G., Hexateuch oder Pentateuch?, in: VF (1947), 52–56.

Ders., Theologie des Alten Testaments I, München ⁴1962.

Ders., Die deuteronomistische Geschichtstheologie in den Königsbüchern (1947), in: ders., Gesammelte Studien (TB 8), München ⁴1971, 189–204.

Weippert, H., Das deuteronomistische Geschichtswerk. Sein Ziel und Ende in der neueren Forschung, in: ThR 50 (1985), 213–249.

Wellhausen, J., Die Composition des Hexateuchs und der historischen Bücher des Alten Testaments, Berlin ³1899 (unveränderter Nachdruck ⁴1963).

Westermann, C., Die Geschichtsbücher des Alten Testaments. Gab es ein deuteronomistisches Geschichtswerk? (TB 87), Gütersloh 1994.

Wolff, H.-W., Das Kerygma des deuteronomistischen Geschichtswerks, in: ZAW 73 (1961), 171–186 (wieder abgedruckt in: ders., Gesammelte Studien zum Alten Testament [TB 22], München 1964, 308–324).

Würthwein, E., Erwägungen zum sog. deuteronomistischen Geschichtswerk, in: ders. (Hg.), Studien zum Deuteronomistischen Geschichtswerk (BZAW 227), Berlin u. a. 1994, 1–11.

Zenger, E., Die deuteronomistische Interpretation der Rehabilitierung Jojachins, in: BZ 12 (1968), 16–30.

Die Wiederkehr der Hexateuchperspektive

Eine Herausforderung für die These vom Deuteronomistischen Geschichtswerk

Ein' feste Burg? – Einleitung

Erhard Blum hat sehr treffend formuliert, dass die Exegese ihre „wesentlichen Dispute über die Definition ihrer Texte" führt, und dass es dabei darum geht, „welche Exegesen von realen literarischen Werke(n) handeln und welche von solchen, die nur in der exegetischen Vorstellung bestehen".[1] In diesen Diskussionsfaden möchte ich mich erneut[2] einklinken und die Hypothese bekräftigen, dass Pentateuch, Hexateuch und Deuteronomistisches Geschichtswerk als literarisch eigenständige und abgegrenzte Literaturwerke mehr oder minder nur in der Rezeption bestehen bzw. dem Hexateuch die gleiche literarische Eigenständigkeit zuzusprechen ist wie der Größe Pentateuch. Zum anderen möchte ich die Anfragen an die These vom Deuteronomistischen Geschichtswerk von Dtn–2 Kön durch diachrone und synchrone Blicke auf den Hexateuch verstärken. Dabei geht es mir nicht um weitgreifende neue eigene Entwürfe, sondern eher um eine Analyse der Voraussetzungen und Implikate der Theorie des DtrG von Martin Noth. Diese setze ich in ihren Grundzügen, deren Weiterentwicklung im Göttinger Modell ebenso voraus wie die jüngeren und jüngsten Anfragen an die Hypothese[3], die eher nicht, wie Thomas Römer meint, „exegetischem Zeitgeist"[4] geschuldet sind, sondern weit mehr den Problemen, die die Hypothese im Blick auf das literarische Werden des Hexateuch verursacht.

Die Probleme und inneren Widersprüche der These Martin Noths sind von Beginn an in der Diskussion vereinzelt angesprochen worden. Nach dem Zusammenbrechen des Pentateuchkonsenses im Vierquellenmodell (auf das Noth mit seiner These unzweifelhaft aufbaute) und verstärkten Rückfragen an die institutionsgeschichtlichen Voraussetzungen der Hypothese eines exilischen Deu-

---

1 *Blum*, Pentateuch (2007), 67.
2 Vgl. *Frevel*, Geschichtswerk (2004).
3 Vgl. neben anderen die Überblicke bei *Römer*, History (2007); *Dietrich*, Geschichtswerk (1999); *Braulik*, Theorien (⁷2008); *Scherer*, Forschungen (2008) und den ersten Abschnitt von *Römer*, Geschichtswerk (2011).
4 *Römer*, Ende (2006), 528.

DOI 10.1515/9783110424386-003

teronomistischen Geschichtswerks Noths erhalten diese Gründe in der jüngeren Diskussion stärkeres Gewicht. Dissens besteht in der Forschung insbesondere darin, inwieweit die mit der These verbundenen Probleme durch variierende Annahmen (Mehrschichtigkeit des DtrG im Block- oder Redaktionsmodell) und die Aufdehnung des zeitlichen Rahmens der Entstehung (von Hiskija bis in spätnachexilische Zeit) aufgefangen werden können, oder ob sie im Gesamten nicht doch gegen die von Martin Noth geäußerte und wissenschaftsgeschichtlich ausgesprochen erfolgreiche Hypothese sprechen. Gerade in Bezug auf die komplexen Übergänge und Zusammenhänge zwischen den Büchern Numeri, Deuteronomium, Josua und Richter ist die Grundthese Noths zu einfach. Obwohl unzweifelhaft enge Verbindungen zwischen den Büchern Dtn–2 Kön bestehen, die zu der Annahme eines Deuteronomistischen Geschichtswerks geführt haben, nivelliert die These ferner zu stark die literarischen, konzeptionellen und theologischen Unterschiede in den Büchern Dtn–2 Kön, auch im Blick auf die im Einzelnen sehr weit auseinandertretenden Gelenktexte in Jos 1; 23; Ri 2; 1 Sam 12; 1 Kön 8 und 2 Kön 17. Insbesondere mit jüngeren Erkenntnissen zu literargeschichtlichen Entwicklungen im Josuabuch sowie im Deuteronomium ist die These Noths nur noch schwer zu vereinbaren. Die mit der These verbundene diachrone Konzentration auf eine frühe verbindende Grundschicht zwischen den Büchern Dtn–2 Kön (DtrH), die zudem mit der Annahme eines einheitlichen Kerygmas dieser Grundschicht verbunden ist, bleibt stark mit Problemen belastet. Man muss vielleicht nicht die Annahme eines „Geschichtswerks" als Literaturgattung für die Exilszeit und frühe nachexilische Zeit insgesamt anachronistisch bezeichnen[5], um zu erkennen, dass die These Martin Noths nur noch bedingt mit dem Bild der historischen Entwicklungen der exilischen und frühnachexilischen Epoche in Einklang zu bringen ist.[6] In der Diskussion ist mehr und mehr zu erkennen, dass der Zusammenhang Dtn–2 Kön aus ursprünglich voneinander getrennten Teilwerken Dtn–Jos*, Ri*, 1 Sam–2 Kön* entstanden ist und diese – ganz im Trend der Pentateuchforschung – einzelne Erzählkränze (Landeroberungserzählungen, Sagenkränze, Thronfolgeerzählung, Elija- und Elischatraditionen usw.) in sich aufgenommen haben.[7] Umstritten bleibt wie in der Pentateuchdebatte, wann der erste durchlaufende Zusammenhang von Dtn–2 Kön geschaffen worden ist.

---

5 Vgl. *Knauf*, Historiography (2000), 391 f; vgl. *Wißmann*, Rechte (2008), 259 – 260. Dabei ist nicht in Abrede zu stellen, dass die Kritik an der Orientierung eines im 19. Jh. entwickelten Geschichtsbegriffes natürlich berechtigt ist.

6 S. dazu *Frevel*, Grundriss (⁷2008).

7 Vgl. *Kratz*, Komposition (2000), 155 – 161; *Wißmann*, Rechte (2008), 235 – 261 und begrenzt auf Samuel *Hutzli*, Erzählung (2007), 222 – 254.

Im Folgenden soll es nicht generell um die Tragfähigkeit der These des Deuteronomistischen Geschichtswerks gehen, sondern insbesondere um die Probleme, die die Hypothese in Bezug auf die Zusammenhänge zwischen Numeri und Josua und im Übergang zwischen Deuteronomium und Josua resp. Josua und Richter bereitet. Dafür gehe ich in vier Schritten vor: Zunächst werden die Voraussetzungen und Folgen in der Entwicklung der These eines Deuteronomistischen Geschichtswerks in Martin Noths Überlieferungsgeschichtlichen Studien analysiert. Diese sind immer noch zu wenig in der Diskussion präsent, zumal sie zusammengenommen davon abraten, die These eines eigenständigen literarischen Zusammenhangs von Dtn–2 Kön weiter aufrecht zu erhalten. Die Argumentation läuft zunächst auf die Annahme zumindest eines nachpriesterschriftlichen Hexateuch hinaus. In einem zweiten Schritt soll dann noch einmal an die Argumente für einen vorpriesterlichen Hexateuch erinnert werden. Da die Gesamthypothese unmittelbar abhängig von der Sonderstellung des Deuteronomiums und der Annahme von Dtn 1–3 als Einleitung in das DtrG ist, wird in einem dritten Schritt kurz auf die diesbezügliche Diskussion eingegangen. Um die Annahme eines Hexateuchzusammenhangs abzusichern, wird schließlich in einem vierten Schritt nach dem Übergang vom Josua- zum Richterbuch und der Rolle von Jos 24 gefragt.

Um die veränderte Forschungslage zu charakterisieren, sollen an den Anfang zunächst einige Überlegungen zur Größe „Hexateuch" gestellt werden, der nach Jahrzehnten der ausdrücklichen Pentateuch-Forschung wieder stärker in den Blick der Debatte kommt. Denn – so schreibt J. C. Gertz – „Ausläufer des Sturmtiefs, das seit geraumer Zeit über die klassischen Erklärungsmodelle zur Entstehung des Pentateuch hinwegfegt, haben inzwischen auch Noths These eines deuteronomistischen Geschichtswerks erreicht. Dabei sind längst vergessene Größen wie der Hexateuch oder der Enneateuch wieder zum Vorschein gekommen, wenn auch in einer gegenüber der Diskussionslage vor Noth deutlich veränderten Gestalt".[8] Dabei erfreut sich die „Überführung der These des einen deuteronomistischen Geschichtswerks in diejenige mehrerer deuteronomistischer Geschichtswerke im Enneateuch ... wachsender Zustimmung".[9] Schon die metasprachlichen Größen „Hexateuch" oder „Enneateuch" scheinen für manche Vertreterinnen und Vertreter des Faches geradezu Reizworte zu sein. Denn sie kennzeichnen nicht primär den Anschluss an die altehrwürdigen Vertreter der Quellenscheidung wie Julius Wellhausen, Heinrich Ewald, Heinrich Holzinger oder Rudolf Smend sen., sondern assoziieren die Preisgabe vertrauten und sicher

---

8 *Gertz*, Funktion (2006), 103.
9 *Gertz*, Funktion (2006), 107.

geglaubten Terrains: des klassischen Urkundenmodells und des Deuteronomistischen Geschichtswerks. So stellt sich für Andreas Scherer in seinem 2008 erschienenen Überblick zu „neueren Forschungen zu alttestamentlichen Geschichtskonzeptionen am Beispiel des deuteronomistischen Geschichtswerks" angesichts meiner 2004 vorgelegten Überlegungen zu problematischen Zügen der Noth'schen Hypothese der Eindruck ein, „dass nun alles aufgeboten werden soll, um den Hexateuch als dominante literarische Größe gleichsam an die Stelle des deuteronomistischen Geschichtswerks treten zu lassen".[10] Dem Eindruck, hier sollte mit Gewalt eine Hypothese, die ein gutes halbes Jahrhundert die Forschung dominiert hat, einfach verdrängt werden, ist zu widersprechen. Aber beim derzeitigen Stand der Diskussion muss auffallen, dass der Hexateuchperspektive im Kontext der Pentateuchforschung erheblich stärkere Aufmerksamkeit gewidmet wird, und dass das Auswirkungen auf die These vom DtrG hat. Die am literarischen Zusammenhang von Gen resp. Ex–Jos orientierte Größe „Hexateuch" bzw. die dem sog. großen Geschichtswerk Gen–2 Kön entsprechende Bezeichnung „Enneateuch" reüssieren inzwischen ja nicht mehr nur bei Forschern wie E. Aurelius, K. Schmid, H.-C. Schmitt, R. G. Kratz, E. Otto oder R. Achenbach. Vielmehr greift die Rede von einer – im Einzelnen sehr unterschiedlich akzentuierten – Hexateuchredaktion deutlich weiter um sich und ist ein Fanal, dass sich die Pentateuchforschung – nach der intensiven Zuwendung zum Deuteronomium – jetzt stärker dem weiteren literarischen Kontext öffnet. So konstatiert auch Scherer: „Die aktuelle Diskussion ist in erheblichem Maße dadurch bestimmt, dass die Redaktionsgeschichte der Bücher Dtn–2Kön in die Perspektive des Hexateuchs (Gen–Jos) bzw. des Enneateuchs (Gen–2Kön) gerückt wird".[11] Das bedeutet: Die Diskussion eines oder mehrerer deuteronomistischer Geschichtswerke lässt sich nicht von der Pentateuchdebatte abkoppeln, auch wenn die recht einseitige Festlegung der deutschsprachigen Forschung auf das Modell Martin Noths genau das in den letzten Jahrzehnten de facto praktiziert hat. Diese Trennung von Tetrateuchforschung, Deuteronomiumforschung und parzellierter Forschung am DtrG war aber eigentlich immer nur in pragmatischer Hinsicht sinnvoll, für die Modellbildung hingegen erscheint sie defizitär.

Dass der Hexateuch als literargeschichtliche oder kompositionsgeschichtliche Größe nahezu vergessen war und nur noch in heilsgeschichtlicher Rücksicht eine Rolle spielte, geht schließlich auf Martin Noth selbst zurück. Er beschließt

---

10 *Scherer*, Forschungen (2008), 35.
11 *Scherer*, Forschungen (2008), 25. Dabei lässt er eine Position durchblicken, die den Deuteronomismus als „Strömung" begreifen will, so dass „das Bemühen um eine exakte redaktionsgeschichtliche Stratifizierung des betreffenden Materials" (27) aussichtslos bleibe.

seine Bahn brechende Untersuchung zum Deuteronomistischen Geschichtswerk mit dem weit reichenden und voll tönenden Schluss: „Das erzielte Gesamtergebnis lässt sich auch so formulieren: Einen ‚Hexateuch' in dem üblichen Sinne, daß die überlieferten Bücher Gen.–Jos. im wesentlichen in dem vorliegenden Bestande einmal eine literarische Einheit gebildet hätten, hat es nie gegeben".[12] Dieser vermeintliche „Tod" des Hexateuch war der Endpunkt einer – wie Gerhard von Rad schreibt – „gewisse(n) Forschungsmüdigkeit auf dem Gebiet der Hexateuchkritik"[13], die mit Noth allerdings – entgegen der Voraussage Gerhard von Rads – nicht überwunden, sondern in eine Phase des Auseinandertretens von Tetrateuch- und Deuteronomiumsforschung führte.[14] Wie sehr die „Entsorgung" des Hexateuch die Voraussetzung für die Hypothese des Deuteronomistischen Geschichtswerks war, lässt sich an der Entwicklung der These in den Überlieferungsgeschichtlichen Studien (ÜSt) aufweisen.

Der Abschied vom Hexateuch und die Geburt des DtrG

Durch die Annahme, der in Mizpa um 560 v.Chr. wirkende Redaktor und Autor habe im Wesentlichen das Buch Josua gestaltet und dieses habe keinerlei Anteil an den Quellen, wird einem Hexateuch, der traditionell mit dem „Landtag in Sichem" in Jos 24 beschlossen wurde, die Grundlage entzogen. Zurück bleibt ein vorpriesterlicher Tetrateuch, der nur noch in einigen Landnahme- und Landverteilungsnotizen in Num 32,1– 5*.16a.39 – 42 literarisch fassbar ist.[15] Alles Weitere, das Ende von J und E, also der Bericht über den Tod des Mose und die Eroberung und Verteilung des Westjordanlandes, „mußte bei der Redaktion des Pentateuch (scil. der Zusammenarbeit mit Pg) unter den Tisch fallen".[16] Zwar „müssen freilich die alten Pentateuchquellen auch ihrerseits von der Landnahme der zwölf israelitischen Stämme gehandelt haben, da diese das Ziel der in ihnen verarbeiteten ‚Landnahmetradition' war"[17], doch ist dies nach Noth nicht erhalten geblieben und eine Suche danach „müßig"[18], weil sich die Darstellung des Pentateuch mit

---

12 *Noth*, Studien (⁴1973), 211.
13 von *Rad*, Hexateuch (1947), 52; vgl. auch *Noth*, Studien (⁴1973), 181.
14 Vgl. dazu auch *Otto*, Deuteronomium (2000), 180 –181.186; *Lohfink*, Deuteronomium (1995), 14 –15.
15 Vgl. *Noth*, Studien (⁴1973), 196 –199.
16 *Noth*, Studien (⁴1973), 210 –211.
17 *Noth*, Studien (⁴1973), 88 – 89, vgl. 210.
18 *Noth*, Studien (⁴1973), 211.

Ausnahme von Dtn 34 am Aufriss von P orientierte und die Priestergrundschrift für Noth mit dem Tod des Mose endete (Dtn 34,1.7–9). Diese wesentlichen Einsichten hatte Noth in der Kommentierung des Josuabuches gewonnen, was er ausdrücklich betont, um nicht in den Verdacht zu geraten, er hätte die quellenhaften Anteile im Josuabuch um des DtrG willen geopfert.[19] Dennoch wird man zugeben müssen, dass der zurückbleibende Torso des Tetrateuch – um es ganz vorsichtig zu sagen – nicht die eleganteste Lösung darstellt. Wie dem auch sei, stellt sich auch für Noth die Frage nach dem Verhältnis von Tetrateuch und Deuteronomistischem Geschichtswerk, denn dass es einen Darstellungszusammenhang des Enneateuch gibt[20], ist nicht von der Hand zu weisen und soll auch von Martin Noth nicht bestritten werden.

Deshalb folgen der scharfen Negierung eines Hexateuch als literarischer Größe am Schluss der Überlieferungsgeschichtlichen Studien in einem Anhang zunächst Überlegungen zum „Hexateuch' im Lichte des deuteronomistischen Geschichtswerkes" und dann ganze viereinhalb Seiten unter der Überschrift „Der Pentateuch und das deuteronomistische Geschichtswerk", in denen Noth konstatiert, dass diese beiden Größen „erst in einem ziemlich späten Stadium der literarischen Entwicklung ... miteinander verbunden"[21] wurden. „So entstand schließlich jener umfassende literarische Komplex, der den Gang der Dinge von der Weltschöpfung bis zum Untergang der Staaten Israel und Juda scheinbar lückenlos erzählte".[22] Dieser Enneateuch jedoch besteht nach Noth von Beginn an aus zwei ungleichen Teilen, denn die redaktionelle Verbindung von vorP+P und DtrG führt nicht etwa „zum Entstehen eines diese beiden Werke vereinigenden großen Ganzen"[23], sondern „die Aufnahme des Anfangs von Dtr in die schon vorher existierende Größe des Pentateuch" führte dazu, „daß der Rest von Dtr als eine Art Anhang dazu von minderem Gewicht erschien".[24] Damit war der Verlust „der äußeren Einheit des Werkes von Dtr" verbunden, und „der Weg frei für die

---

19 Vgl. *Noth*, Studien (⁴1973), 89.181.210. Allerdings gesteht er ebd., 181 zu, dass die These vom DtrG ein Defizit der isolierten Landnahmeüberlieferung löst und auf Kritik an dem Josuakommentar reagiert.

20 Vgl. dazu in jüngerer Zeit vor allem die Arbeiten von E. Aurelius und K. Schmid und zuletzt mit eigenen Überlegungen zu einem „Dekateuch", der die Bücher Esra und Nehemia noch einbezieht, *Krüger*, Anmerkungen (2007). Kritisch gegenüber der Annahme eines Enneateuchzusammenhangs als literarischer Größe im Sinne eines großen nachexilischen Geschichtswerks bleiben *Achenbach*, Bearbeitungen (2007), 122–124.127f; *Lohfink*, Unglaube (2009), 34–36.55–60.

21 *Noth*, Studien (⁴1973), 211.

22 *Noth*, Studien (⁴1973), 212.

23 *Noth*, Studien (⁴1973), 213.

24 *Noth*, Studien (⁴1973), 213.

Aufteilung der Fortsetzung dieses Werkes in einzelne ‚Bücher'".[25] Den Grund für das Ungleichgewicht sieht Noth in der Größe Pentateuch, die sich zu diesem Zeitpunkt schon besonderer Wertschätzung erfreute.[26]

Die Verbindung von Dtr und Tetrateuch habe deshalb nahegelegen, „da das Ende der Pentateucherzählung, der Bericht über die letzten Anordnungen und über den Tod Moses, sich mit dem Eingang der Erzählung von Dtr überschnitt und außerdem (nota bene! C. F.) die Moserede in Dtn. 1–3 rückblickend die im letzten Teil des Pentateuch geschilderten Vorgänge ... noch einmal rekapitulierte".[27] Auf den bemerkenswerten Nachsatz zu Dtn 1–3 wird im weiteren Verlauf noch zurückzukommen sein, denn der Textbereich, der vorher mit Mühe künstlich vom Tetrateuch getrennt wurde, nämlich Dtn 1–3, bietet jetzt den Grund für die glatte und unproblematische Einfügung des Dtn bei der Zusammenfügung von Pentateuch und Dtr. Warum überhaupt das Deuteronomium aus dem DtrG ausgekoppelt und das DtrG durch einen offensichtlich doch deuteronomistischen Redaktor auseinandergerissen wurde, darüber erfährt man eigenartigerweise von Martin Noth außer dem genannten Grund der Überschneidung kaum etwas. Es habe eben „so sehr im Zuge der literarischen Entwicklung dieses Schrifttums" gelegen, die auf ein „ausgeklügeltes Zusammenarbeiten möglichst aller Überlieferungen"[28] zielte.

Für die Plausibilität einer zum Enneateuch vorgängigen literarischen Eigenständigkeit des Pentateuch nennt Noth drei Gründe:

(1) Num 25,6–27,11 stamme als „Zuwachs zur Pentateucherzählung"[29] aus einer Zeit, als der „Grundbestand des auf die Landnahmeerzählung von Dtr hinzielenden Einschubs von Num. 32–35 (36) noch nicht existierte, da sonst die laut Unterschrift auf die künftige Landnahme bezogene Liste Num. 26,1–56 gewiß in diesen letzteren Zusammenhang gestellt worden wäre".[30]

(2) weise die Verschiedenartigkeit des Redaktionsprozesses in Dtn 34, in dem „die beiden kurzen Erzählungen über das gleiche Thema"[31] – den Tod des Mose – zusammengearbeitet wurden, auf eine spätere Zeit. In Dtn 34 sei nämlich P gerade nicht zur Grundlage der Zusammenarbeitung gemacht worden.

---

25 *Noth*, Studien (⁴1973), 213.
26 Vgl. *Noth*, Studien (⁴1973), 213.
27 *Noth*, Studien (⁴1973), 211–212.
28 *Noth*, Studien (⁴1973), 212.
29 *Noth*, Studien (⁴1973), 212. Wegen des Anschlusses an die vorpriesterliche Überlieferung Num 25,1–5 müsse diese Fortschreibung *nach* der Zusammenarbeitung von vorP und P entstanden sein. Einen weggebrochenen Anfang der Erzählung in Num 25,6 lehnt Noth zu Recht ab.
30 *Noth*, Studien (⁴1973), 212.
31 *Noth*, Studien (⁴1973), 212.

(3) Die Existenz des Pentateuch als Tora in nachexilischer Zeit sei nur dann erklärbar, „wenn er bereits vorher in den durch die P-Erzählung festgelegten Grenzen existiert und sich besonderer Wertschätzung erfreut"[32] hätte.

Alle drei Gründe sind für sich genommen fraglich, sind weit mehr Vermutung als gesicherte Fakten und wirken zudem ein wenig „konstruiert"! Mit der jüngeren Forschungsdiskussion sind sie zudem nur sehr bedingt zu vereinbaren:

Mit dem zweiten Argument, das sich auf die Eigenart der Redaktion in Dtn 34 bezieht, sticht man in ein Wespennest. Der notorische Streit um das Ende der Priestergrundschrift und um Dtn 34 braucht hier nicht erneut geführt zu werden.[33] Wenn P^g – wo auch immer (vorgeschlagen sind: Ex 29,46; 40,16.17a.33b; Ex 40,34; Lev 9,23–24; Lev 10,3; Lev 10,20; Lev 16,34 und jenseits des Sinai Num 27,12–14) – am Sinai endet und keinen Anteil an Dtn 34 hat, wie T. Römer, K. Schmid, C. Nihan und andere glauben, stellt sich das Noth'sche Problem nicht. Ich bleibe nach wie vor der Auffassung, dass die Gründe überwiegen, die priestergrundschriftliche Darstellung bis zum Tod des Mose, genauer bis Dtn 34,8, reichen zu lassen.[34] Die von Noth problematisierte unterschiedliche Redaktionstätigkeit in Dtn 34 erklärt sich jedenfalls ungezwungener unter der Voraussetzung, dass der dtr Bericht vom Tod des Mose zum Zeitpunkt der Einarbeitung von P schon Teil des Pentateuch war.[35] Ich konzentriere mich daher hier auf das erste kompositions- und literargeschichtliche Argument zum hinteren Teil des Numeribuches, das Konsequenzen für das dritte Argument, das der Existenz des Pentateuch als Tora, hat.

---

32 *Noth*, Studien (⁴1973), 213 (Hervorhebung C. F.). Diese Feststellung ist besonders bedeutsam, weil für Noth nicht erst die Autoreferentialität des Tora-Begriffs den Pentateuch etabliert (s. dazu u.) und dieser auch nicht künstlich durch eine gezielte Schlussredaktion in V. 10–12 geschaffen wurde. Die Geburtsstunde des Pentateuch für M. Noth ist die Zusammenfügung der Priesterschrift mit den vorpriesterlichen Quellen durch den Pentateuchredaktor (vgl. *Noth*, Studien [⁴1973], 209).
33 Jedenfalls zeigt die konstant anhaltende Diskussion um die P-Anteile in Numeri 20; 27 und Dtn 34, dass das Thema mit dem Vorschlag von Lothar Perlitt, Dtn 34 enthalte keine Spuren von P^g, keinesfalls als erledigt angesehen werden kann. S. aus der jüngeren Diskussion u. a. *Achenbach*, Vollendung (2003); *Nihan*, Mort (2007); *Schmidt*, P in Deuteronomium (2009); *Schmitt*, Geschichtswerk (2003); *ders.*, Dtn 34 (2004); *Seebass*, Ankündigung (2003); *Weimar*, Studien (2008).
34 Vgl. dazu *Frevel*, Blick (2000); *ders.*, Ende (1999). Und jüngst die Grundannahme Dtn 34,9 bekräftigend *Schmidt*, Priesterschrift (2008); *ders.*, P in Deuteronomium (2009). Dass V. 9 an V. 8 anschließen muss, wie Schmidt (P in Deuteronomium [2009], 490) gegen den offenen Schluss in Dtn 34,8 eingewandt hat, ist nicht zwingend und geht von der Annahme einer *Nachfolge* des Mose in der Priesterschrift in Num 27,15–23* aus, die mit guten Gründen bestritten werden kann. Dtn 34,9 ist zudem erkennbar in dem Mischstil formuliert, der priesterliche und deuteronomistische Züge gleichermaßen aufweist (vgl. dazu *Frevel*, Blick [2000], 272–290; *Nihan*, Mort [2007], 22).
35 S. dazu u. die Ausführungen zu Dtn 1–3 und der Stellung des Dtn im „Hexateuch".

Es ist ein ceterum censeo der jüngeren Numeriforschung, dass das Urteil Martin Noths über die Komposition des Numeribuches, in dem vor allem ab Num 25 „eine gute Ordnung … nicht enthalten" sei und die Materialien sukzessive „einfach so aneinandergereiht wurden, wie sie eines nach dem anderen hinzukamen"[36], unzureichend ist. Die Liste Num 26 und ihr konstitutives kompositionelles Verhältnis zu Num 1 hat M. Noth ebenso unterschätzt wie die kompositionelle Rahmung von Num 27,1–11 mit Num 36,1–13[37], die durch die Hypothese Noths redaktionell auseinander gerissen wird. Die Liste in Num 26, die in Num 26,52–56 auf die Verteilung des Landes per Los abhebt und in V. 63 f durch die Gegenüberstellung mit der Exodusgeneration auf die Landgabe an die neue Generation drängt, ist zudem sehr wohl auf Num 32–36 bezogen. Num 26,55 f verweist durch das erwähnte Losverfahren (אַךְ־בְּגוֹרָל יֵחָלֵק אֶת־הָאָרֶץ) über Num 33,54 auf Num 34,13 und vor allem auf Jos 14,2 und den Abschluss der Landverteilung in Jos 19,51.[38] Auch die Phrase חֵלֶק הָאָרֶץ בְּנַחֲלָה aus Num 26,53.55 weist auf die ähnlichen Formulierungen in Jos 13,7; 14,5 und 18,2 und damit in den Abschnitt zur Verteilung des Westjordanlandes. Es steht außer Frage, dass im vorliegenden Text mit Num 26 ein Darstellungszusammenhang eingeleitet wird, der im Buch Josua fortgeführt und dort abgeschlossen wird. Dabei geht es nicht nur um kompositionelle Verbindungen auf endredaktioneller Ebene, sondern auch um diachrone Zusammenhänge. Eine Umstellung von Num 26 in den Zusammenhang von Num 32–36 ist in jedem Fall weder notwendig noch sachgemäß. Dass Num 25,6–27,11 ein zu Num 32–36 literargeschichtlich vorgängiger Zusatz zur Pentateucherzählung (scil. nicht-P+P^g) sei, lässt sich durch die Beobachtung Noths nicht erweisen. Sie hängt letztlich viel mehr mit dem Fehlurteil zusammen, dass die Materialien im Numeribuch ab Num 25,6 sukzessive und ab Num 32* auf das DtrG bezogen dem Numeribuch angehängt worden seien. Insbesondere die Annahme, dass Num 32–36 erst vom Darstellungszusammenhang des DtrG bei der Zusammenarbeitung mit dem Pentateuch geschaffen wurden, ist einem Systemzwang geschuldet, der die Probleme, die die These des eigenständigen DtrG hier erst schuf, abzumildern versuchte. Noth hat in den Überlieferungsgeschichtlichen

---

36 *Noth*, Buch (1966), 12.

37 Zur eigenen Analyse von Aufbau und Zusammenhang des Numeribuches und der These, dass Num 26,1–36,13 den fünften Teil der Numerikomposition bilden vgl. vorläufig *Frevel*, Numeri (2004); *ders.*, Pentateuch (2009); *ders./Zenger*, Bücher (2008).

38 Num 26,55 f ist der Erstbeleg für die Landverteilung durch das Los. Zwischen Num 36,2 f und Jos 14,2 kommt גּוֹרָל gar nicht vor, dann gehäuft in Jos 15,1; 16,1; 17,1.14.17; 18,6.8.10.11; 19,1.10.17.24.32.40 und schließlich zum Abschluss der Landverteilung in deutlichem Anklang an Num 26,55 f in Jos 19,51. Den Zusammenhang zwischen Num 26,52–56 und Num 33,54 sieht auch M. Noth (Studien [⁴1973], 203).

Studien die Diachronie des hinteren Teils des Numeribuches vor dem Hintergrund der These des DtrG und dessen Zusammenarbeitung mit dem Tetrateuch entworfen. Dieser Abschnitt bildet eine der Voraussetzungen für die Abschaffung des Hexateuch. Darauf ist zumindest kurz einzugehen:

Bei Noth gehen Jos 13 – 21.22* den Numeritexten vollständig voraus, so dass Num 32 – 35* erst eine nachträgliche, mehrfach geschichtete Einschreibung darstellen. Sowohl Num 25,6 – 27,11 als auch Num 32 – 36 sind für Noth „Wucherung".[39] Num 25,6 – 27,11 trat an seine jetzige Stelle, weil hier „der Schluß des Erzählungsganzen" liegt, „und alle Nachträge zur Mosegeschichte hier noch untergebracht werden mußten".[40] Num 32 – 35* knüpfen dabei an Num 32,1 – 5*.16a.39 – 42 an und bereiten nach Noth die dtr Landnahmeerzählung sekundär vor. Das geschieht „entweder sogleich bei der Zusammenarbeitung von Dtr mit dem Pentateuch oder doch im unmittelbaren Gefolge"[41], um die kurzen Nachrichten der Quellen in Num 32 „unter vorwegnehmender Verwendung einigen Materials aus Jos. 13 ff." zu ergänzen und „die spätere genauere Darstellung von Dtr vorzubereiten".[42] Jos 13 – 21* selbst bildet jedoch – wegen der Vorwegnahme von Jos 23,1 in Jos 13,1 – schon einen Zusatz zu Dtr, einer der wenigen signifikanten Textbereiche, in denen Noth die These der Einheitlichkeit des DtrG selbst verlassen hat! Das macht Noth an der Vorwegnahme von Jos 23,1 in Jos 13,1 und dem Widerspruch zu der abgeschlossenen Landnahme Jos 11,23 fest.[43] Grundlagen des Abschnitts seien die quellenunabhängige und ursprünglich selbstständige Festlegung der Stammesgrenzen und Ortsnamenslisten, die bereits vordtr durch Jos 14,1a und 19,49a gerahmt wurden und die dann dtr bearbeitet in Jos 13,1.7a.8abα; 18,2 – 10*; 21,43 – 45; 22,1 – 6 und dabei in das DtrG zwischen Jos 11,23 und 23,1 eingefügt worden seien. Dies sei „sehr bald nach Vollendung des Werkes von Dtr geschehen".[44] Die im Stil von P rahmenden Notizen in Jos 14,1b; 18,1a und 19,51 werden mit Vehemenz und sicher zu Recht P^g abgesprochen. Noth ordnet sie als priesterliche „Einzelzusätze zum deuteronomistischen Josuabuch"[45] noch vor der Zusammenarbeitung von Pentateuch und DtrG ein, doch wirft das

---

39 *Noth*, Studien (⁴1973), 205.

40 *Noth*, Studien (⁴1973), 205.

41 *Noth*, Studien (⁴1973), 214. Hier scheint Noth anfänglich keinesfalls sicher gewesen zu sein, wie die Ausführungen zur Einfügung des Dtn ebd. noch erkennen lassen.

42 *Noth*, Studien (⁴1973), 214.

43 Vgl. *Noth*, Studien (⁴1973), 45 – 47.184 – 190. Die Entstehung von Jos 13 – 19.20 aus vordtr Quellen mit dtr Diktion und erst späterer priesterlich beeinflusster Bearbeitung ist Noth so wichtig, dass er sie in der Darstellung zweimal ausführlicher anspricht.

44 *Noth*, Studien (⁴1973), 45.

45 *Noth*, Studien (⁴1973), 189.

eigenartigerweise keinerlei weitere Fragen nach dem Textzusammenhang auf, den sie voraussetzen. Lediglich ihr Bezug zu Num 34 bereitet Noth Probleme, weshalb er Num 34,3 – 12 zu dem dtr Zusammenhang Jos 13 – 21* rechnen will (im vermuteten ursprünglichen Anschluss an Jos 14,2bß.3a) und zu der Hilfskonstruktion greift, dass die Beschreibung des Westjordanlandes erst mit der Zusammenarbeitung von DtrG und Pentateuch durch Num 33,50.51.54; 34,1 – 2 an die jetzige Stelle im Numeribuch geraten sei.[46]

Die komplexe vielschichtige redaktionsgeschichtliche Rekonstruktion des Abschnitts und die Mühe, ihn in einem dtr Zwischenstadium dem DtrG zuzuordnen, zeigen überdeutlich die Probleme, die Martin Noth mit der Hexateuchperspektive hatte. Die Anfragen ließen sich mit Blick auf Jos 20 (die offensichtlichen Bezüge zu Num 35 sind nach Noth erst „sekundärer Zuwachs"[47]); Jos 21 (von Jos 14,1b; 19,51 abhängige „spätere Einzelzutat"[48]) und Jos 22 („sehr späte[r] Einzelnachtrag zum Buch Josua"[49]) fortsetzen.

Es ist offenkundig, dass Noth in der Entwicklung der These des DtrG die kompositionellen Zusammenhänge zwischen Numeri und Josua, die einen Hexateuch konstituieren bzw. eher voraussetzen, nicht als solche gewürdigt, sondern mit diachronen Hilfskonstruktionen der These des DtrG untergeordnet hat. Natürlich ist damit noch nicht die konzeptionelle Eigenständigkeit des DtrG in Frage gestellt, doch werfen die späten hexateuchischen Fortschreibungen des Josuabuches die Frage auf, ob das Diktum, dass es einen Hexateuch als literarischen Zusammenhang nie gegeben habe, zutreffend ist.

Es kann kein Zweifel bestehen, dass die Komposition des hinteren Teils des Numeribuches auf das Josuabuch bezogen ist. Mit der Einschätzung, dass dies ein nachdeuteronomistischer Zusammenhang ist, der das Dtn bereits im Hexateuchkontext voraussetzt, und dass die entsprechenden Texte des Numeribuches nach P^g entstanden sind, wird Noth sicher Recht haben. Dass sie allerdings vom DtrG bzw. dtr Josuabuch abhängig sind und als Folge der Zusammenarbeit von DtrG und Pentateuch entstanden sind, dürfte ebenso unzutreffend sein wie die separate vordtr Sonderexistenz von Jos 14,1 – 19,49* und dessen dtr Einbindung in ein noch unabhängiges DtrG.

---

46 Vgl. *Noth*, Studien (^{4}1973), 194 – 195.
47 *Noth*, Studien (^{4}1973), 189. Die Asylstädtebestimmung ist nach Noth entstehungsgeschichtlich abhängig von Dtn 21,1 – 13.
48 *Noth*, Studien (^{4}1973), 189.
49 *Noth*, Studien (^{4}1973), 190.

Übersicht:
Beziehungen und Zusammenhänge zwischen Numeri und Josua, die einen konstitutiven Hexateuchzusammenhang implizieren[50]

Num 13,6.30; 14,5f; 32,12	Kaleb	Jos 14,6 – 15
Num 25,1	Schittim	Jos 2,1; 3,1
Num 32	Landzuteilung an die ostjordanischen Stämme und Beteiligung an der Landeroberung im Westjordanland	Jos 4,12f; 13,8 – 33; 22,1 – 9 resp. Jos 22,10 – 34
Num 32,22.29	כבש N-Stamm	Jos 18,1
Num 33,50 – 56	Anweisungen zur Vertreibung der Vorbewohner und Verteilung des Westjordanlandes	Jos 13 – 21
Num 34,1 – 12	Beschreibung der Landesgrenzen	Jos 13,2 – 6; 15,1 – 4.12
Num 34,13 – 15	Weitergabe des Befehls zur Landverteilung	Jos 14,1 – 3
Num 34,16 – 29	YHWH bestimmt die Anführer der Landverteilung: Eleasar, Josua und die 12 Fürsten	Jos 14,1; 17,4; 18,1; 19,51; 21,1; 22,13f
Num 35,9 – 15	Bestimmung über die Asylstädte	Jos 20,1 – 9
Num 35,8	Bestimmung über die Levitenstädte	Jos 21,1 – 42
Num 27,1 – 7; 36,1 – 12	Zelofhads Töchter	Jos 17,3f

Es ist derzeit umstritten, wie weit trotz älterem Listenmaterial und unverkennbar auch deuteronomistischer Sprachelemente überhaupt noch mit einem dtr Grundtext einer Landverteilung in Josua zu rechnen ist. Schon M. Wüst hatte die Abhängigkeit des Abschnitts Jos 13 – 19 von Num 32 – 34 erwiesen[51], und der Trend der Josuaforschung geht für Jos 13 – 21 eindeutig in Richtung einer nachdtr Datierung.[52] Für R. G. Kratz stellt sich etwa Jos 13 – 22 im Ganzen als ein mehrfach geschichteter Nachtrag dar[53] und auch die Analysen von C. de Vos[54], der den

---

50 Unter Verwendung der Übersicht bei *Achenbach*, Bearbeitungen (2007), 237. Die Bezüge sind nicht durchgehend exklusiv, sondern haben zum Teil weitere Referenzzusammenhänge z. B. mit Texten aus Ex und Dtn.
51 Vgl. *Wüst*, Untersuchungen (1975), 207.210; anders zuletzt ähnlich wie M. Noth auch *Kratz*, Komposition (2000), 112, was aber m. E. zu seiner Bestreitung des DtrG gar nicht so recht passt.
52 Vgl. *Römer*, History (2007), 82.
53 Vgl. *Kratz*, Komposition (2000), 200.
54 Vgl. *de Vos*, Los (2003), 300 – 307; *ders.*, Holy Land (2009), 61 – 72.

Abschnitt als mehrfach geschichteten nachpriestergrundschriftlichen Zusatz bestimmt, dessen Grundschicht schon mit Num 34 in Verbindung steht[55], weisen in eine ähnliche Richtung. C. de Vos entwickelt folgende Argumente gegen die Annahme einer dtr Landverteilung: 1. sei diese in Dtn nicht vorbereitet, sondern nur ein allgemeines נחל, das in Jos 1,6 aufgenommen wird; 2. sei ein passender Abschluss des Beerbens in Jos 11,23 zu finden; 3. Dtr ist nicht an Einzelstämmen interessiert; 4. Jos 13,1 doppelt sich mit Jos 23 und kommt zu früh; 5. bis auf Jos 14,6–15* müssen die Texte Jos 13–22* als nachdtr gelten.

Demgegenüber halten etwa R. Albertz oder R. Achenbach die Entscheidung über die Existenz eines dtr Fadens noch offen, gehen aber auch davon aus, dass die Josuatexte auf Num 32–36* hin stark bearbeitet wurden.[56] De Vos rechnet allerdings im Anschluss an E. Cortese damit, dass Num 14–19* ursprünglich an Num 34* anschloss und erst sekundär in das Buch Josua versetzt wurde. Erst auf dieser Stufe wurde das Stück mit Josua verbunden und an DtrL (das bis Jos 11,23 reichte) angeschlossen.[57] E. A. Knauf erneuert in seinem Kommentar die auch von N. Lohfink, J. Blenkinsopp, H. Seebass und anderen vertretene Ansicht, dass die Priesterschrift im Buch Josua endet[58], s. E. allerdings nicht in Jos 19,51, sondern in 18,1. Die Grundschicht der Landverteilung in Jos 14–17 gehe auf eine Hexateuchredaktion zurück, die nach 444 v.Chr. die D-Komposition mit dem priesterlichen Material zusammengearbeitet habe.[59]

Ob man die Bezüge für so eng hält, dass trotz der sprachlichen Unterschiede über die redaktionelle Verbindung hinaus auch ein entstehungsgeschichtlicher Zusammenhang zwischen Num 32–36* und Jos 13–22* angenommen werden muss, ist hier nicht entscheidend.[60] Wichtig ist jedoch zu betonen, dass der

---

55 Hier steht er im Anschluss an *Cortese*, Josua (1990), passim, folgt jedoch nicht dessen Zuweisung von Jos 13–22 resp. 14–19* an P[g] (*de Vos*, Los [2003], 302).

56 Vgl. *Albertz*, Anpassung (2007), 202–203; *Achenbach*, Bearbeitungen (2007), 236.

57 Vgl. *de Vos*, Los (2003), 303.306–307. Dieser nachexilischen Schicht schreibt er die dtr anmutenden Teile Jos 13,1.7aα. 18,3–4*.8bα.9*.10b*; 14,6–15; 17,14–18; 19,47–49b.50 (ebd., 301) zu. Die wenig überzeugende Umstellungshypothese diente schon E. Cortese lediglich der Aufrechterhaltung der Noth'schen DtrG-These.

58 Vgl. *Lohfink*, Schichten (1983), 285; ders., Priesterschrift (1978), 223; jüngst erneuert in ders., Landübereignung (2005), 273.291f; *Blenkinsopp*, Pentateuch (2007), 237; *Seebass*, Josua (1985), 58; s. dazu und zur Diskussion der Argumente *Frevel*, Blick (2000), 36–38.187–209.

59 *Knauf*, Josua (2008), 19–21; vgl. ders., Buchschlüsse (2007), 219–220.

60 Vgl. hingegen die markante Position von *Seebass*, Land (2006), 92–104, der explizit keinen literarischen Zusammenhang zwischen Numeri und Josua sehen möchte. „Up to now I see no necessity to regard Joshua as the *literary* sequence of Numbers except for a few additions in both books" (103). Die vielschichtige Rekonstruktion von *Achenbach*, Bearbeitungen (2007), 225–253, der die theokratischen Bearbeitungen im Josuabuch den theokratischen Bearbeitungen des Nu-

kompositionelle und redaktionelle Zusammenhang zwischen Josua und Numeri de facto einen nachpriestergrundschriftlichen Hexateuch bezeugt. Dass dieser Zusammenhang der Annahme eines Deuteronomistischen Geschichtswerks, das nach der Abtrennung des Deuteronomiums nur noch einen „Anhang von minderem Gewicht" darstellte, um so abträglicher ist, je mehr man sich von den Hilfshypothesen Noths zu Num 25,6 – 36,13 verabschiedet, dürfte augenscheinlich sein.

Auch Martin Noth geht letztlich – weil die Beziehungen der Nachträge nur bis in das Josuabuch reichen – von einem redaktionell geschaffenen Horizont aus, der den Hexateuch umfasst, nur dass er sich darüber weitestgehend ausschweigt und nur vom Enneateuchkontext als „großem Erzählungswerke"[61] spricht, „das aber doch im allgemeinen den Eindruck einer einigermaßen geordneten Komposition macht".[62]

Mit den vorangegangenen Beobachtungen wird auch die von Noth im Zuge der Bestreitung des Hexateuch flankierend angeführte besondere Wertschätzung des Pentateuch relativiert. Diese war weder so gewichtig, dass der Pentateuch selbst schon abgeschlossen war, noch wurde sie zunächst auch nach der Einfügung des Dtn als so bedeutsam empfunden, dass sie eine Hexateuchperspektive in den redaktionellen Bearbeitungen des Josuabuches verhindert hätte. Diese Tatsache ist m. E. umso plausibler, wenn der Hexateuchzusammenhang nicht erst en passant bei der Zusammenfügung eines DtrG und dem Penta- bzw. Tetrateuch entstand, sondern bereits vorher existierte. Jedenfalls ist das redaktionelle Hin und Her zwischen Pentateuch und Hexateuch, das durch Noths Grundannahmen und ihre Konfrontation mit dem textlichen Befund entsteht, eine mit großen Unsicherheiten belastete Hypothese.

Die Existenz eines vorpriesterlichen Hexateuch

Die Bestreitung eines vorpriesterlichen Hexateuch ist für die These des exilischen DtrG substantiell. Für Noth ergab sie sich bekanntlich aus der Analyse der frühen Landnahmeüberlieferung, die er als eigenständige Vorlage interpretierte,

---

meribuches *nachordnet*, löst das Problem in einen hoch komplexen vielschichtigen Redaktionsprozess auf, dessen Plausibilität durch die Vielzahl zeitlich eng beieinanderliegender Redaktionen in Frage steht. Wie dem auch sei, lässt sich auch sein Modell nur mit einem Deuteronomistischen Geschichtswerk vereinbaren, wenn angenommen wird, dass es einen späten Hexateuch gegeben hat.

61 *Noth*, Studien (⁴1973), 205.
62 *Noth*, Studien (⁴1973), 216.

die nicht im Zusammenhang mit den alten Quellen stand, sondern erst von Dtr aufgenommen worden war. Die Fortsetzung von Jahwist und Elohist sah er ab Num 32,1–5*.16a.39–42 als verloren gegangen an – eine wenig elegante Lösung. Die Negierung eines vorpriesterlichen Hexateuch bei Martin Noth trifft sich in der neueren Forschung mit den jüngeren und jüngsten Thesen zur Reichweite der vorpriesterlichen Überlieferung bzw. der Diskussion um den textlichen Umfang des nichtpriesterlichen Werks, die mit einer weitestgehenden Bestreitung des Jahwisten oder Jehowisten einhergeht und zur Fragmentenhypothese zurückkehrt bzw. lediglich einzelne Erzählkränze und eine vorpriesterliche Exoduserzählung zugesteht. Während T. Römer, E. Otto, R. Achenbach, E. Blum u. a. m. in unterschiedlichen Modellen einen vordtr, über den Sinai bzw. über Kadesch hinausreichenden Erzählfaden bestreiten, wird an einem solchen im Umkreis des sog. Münsteraner Pentateuchmodells weiter festgehalten.[63] Die Diskussion kann hier nicht geführt werden, wenige Anmerkungen müssen genügen: Auch hier finden die entscheidenden Weichenstellungen im Numeribuch statt, wo eine Fortsetzung einer nichtpriesterlichen Exoduserzählung zu suchen ist: Versteht man das gesamte Numeribuch als späte Einschreibung in den Pentateuchkontext zur Verbindung eines priesterlichen „Triateuch" (Gen–Lev) und dem Deuteronomistischen Geschichtswerk (Dtn–2 Kön), wie Thomas Römer vorgeschlagen hat[64], erübrigt sich die Suche nach einem den Exodus fortsetzenden Erzählfaden. Das gilt ebenso, wenn die nichtpriesterlichen Traditionen im Numeribuch wie bei E. Otto und R. Achenbach einer erst nachexilischen (post-P und nachdtr) Hexateuchredaktion zur Einbindung anvertraut werden.[65] Erkennt man hingegen eine vorpriesterliche Kundschaftererzählung in Num 13 f an[66], stellt sich zwingend die

---

63 Vgl. *Zenger*, Einleitung (⁷2008), 101–103.176–187 und die in Teilen treffsichere Bemerkung zu den Inkonzinnitäten im Aufriss des Studienbuchs (s. ebd., 103) bei *Kratz*, Hexateuch (2002), 296–299; zur Forschungsgeschichte instruktiv *Bieberstein*, Josua (1995), 40–42.337–339.

64 Vgl. *Römer*, Numeri (2002), 222–223; *ders.*, Périphérie (2008), 28–32, vgl. *ders.*, Israel's Sojourn (2007), 419–445; *ders.*, Nombres (²2009), 288–290.

65 Vgl. *Achenbach*, Vollendung (2003), 630; vgl. *ders.*, Pentateuch (2005), 122–154; *Otto*, Deuteronomium (2000), 103 u. ö.; zuletzt *Otto*, Tora (2009), 291, der pauschal über die in Dtn 1–3 aufscheinenden Tetrateuchüberlieferungen urteilt, „dass die ‚nicht-dtr Schichten' nicht vor-, sondern postdtr und postpriesterschriftlich sind". Vgl. auch *Achenbach*, Pentateuch (2005), 134: „Die vor- und außer-dtr und außer-priesterschriftlichen Texte des Numeribuches sind erst nachdtr mit einer P und DtrL* verbindenden Schicht zusammengearbeitet worden".

66 Mindestens Num 13,17b–31*; 14,1b.40–45*; vgl. *Frevel*, Blick (2000), 127–135; vgl. ferner zur Orientierung die Analysen bei *Seebass*, Numeri (2003), 76–129 und *Schmidt*, Buch (2004), 34–51, dagegen die Entwürfe bei *Otto*, Deuteronomium (2000), 12–109; *Achenbach*, Erzählung (2003), 56–123.

Frage nach deren Einbindung und Fortsetzung.[67] Dafür kommen Teile aus Num 11f* und Num 22–24* in Frage, vor allem aber das nicht vollständige Stück Num 25,1a.3–5[68], mit großen Fragezeichen versehen Teile von Num 32*, eine knappe Notiz vom Mosetod Dtn 34,5*, eine vordtr Landnahmeüberlieferung in Jos 1–6*.8*.9* sowie ein Abschluss der Erzählung im Landtag zu Sichem Jos 24*. Alleine die vage Zusammenstellung zeigt die hohe Hypothetik einer solchen Rekonstruktion, insbesondere eines Abschlusses in Jos 24*, der mehr als umstritten ist. Es steht außer Frage, dass Jos 24 in der Endgestalt ein hoch komplexes, mit Moshé Anbar[69] fast schon midraschisches Kapitel ist, doch stellt sich die Frage, ob diese Einsicht eine Spätdatierung all seiner Bestandteile einschließt[70] und das Kapitel damit einer späten Hand zu verdanken ist.[71] Zuletzt hat Mladen Popović gegen Ed Noort noch einmal versucht, die Singularitäten des Kapitels als Kennzeichen nachexilischer Herkunft zu deuten, doch muss gefragt werden, ob es methodisch nicht gleichermaßen plausibel ist, von einer „Singularität des Anfangs" auszugehen.[72] Zumindest die explizite Entscheidungsmöglichkeit zwischen YHWH und den „fremden Göttern" (Jos 24,2.14.24) bleibt im Kern un- wie vordeuteronomistisch (1 Kön 18*), setzt einen polytheistischen Referenzrahmen voraus und ist kaum in nachexilische Zeit zu datieren. Deshalb hat M. Konkel jüngst noch einmal in Auseinandersetzung mit der Spätdatierung des Kapitels durch Konrad Schmid die Ansicht des sog. Münsteraner Pentateuchmodells bekräftigt: „Jos 24* bleibt als Kandidat für den Abschluss eines vordeuteronomistischen Geschichtswerks im Rennen".[73] Ist man auf dieser Spur, lassen sich sowohl der Bundesschluss in V. 25a, die Anspielung auf Ex 34,14 und die Gnadenformel in V. 19 als auch Teile des Geschichtsrückblicks V. 2–13* einer vorpriesterlichen

---

67 Das ist einer der problematischen Punkte bei R. Achenbach, der einerseits eine Vor-P-Tradition des Kundschafterberichtes annimmt, diese aber als Vorlage von Dtn 3 sieht, die nicht in einen Erzählzusammenhang eingebunden war. Zur Auseinandersetzung mit E. Otto in diesem Punkt auch *Kratz*, Hexateuch (2002), 313.

68 Vgl. *Schmidt*, Buch (2004), 146–150; *Konkel*, Sünde (2008), 196–198. Anders *Achenbach*, Vollendung (2003), 425–426; *ders.*, Pentateuch (2005).

69 Vgl. *Anbar*, Josué (1992), auf dessen Studie in der nachfolgenden Forschungsdiskussion immer wieder hingewiesen wird.

70 Vgl. etwa die Argumentation bei *Schmid*, Erzväter (1999), 209–229; *Achenbach*, Pentateuch (2005), 143–147.152; *Aurelius*, Entstehung (2003), 95–114.

71 Jos 24 ist *nicht* einheitlich, was sich alleine schon an der Spannung zwischen der Versammlung V. 1 und dem Redeeinsatz V. 2 ablesen lässt. Der unklare Übergang zwischen Gottesrede und Rede Josuas, die spätestens in V. 15b, vielleicht aber wegen der 3. Pers. Sg. mask. schon in V. 14a erfolgt, spricht ebenfalls für ein Wachstum. Wie auch immer man den textkritischen Befund in Jos 24,5–6 beurteilt, liegt eine Doppelung der Herausführung vor. Die Argumente ließen sich vermehren.

72 Vgl. *Popović*, Conquest (2009), 87–98 in Auseinandersetzung mit *Noort*, Stand (1998), 82–108.

73 *Konkel*, Sünde (2008), 260.

Komposition, die wie in Num 20,15–16*[74] bereits die Verbindung von Erzeltern- und Exodustradition kennt, kaum absprechen.

Für die Annahme eines vordtr Fadens der Landeroberungserzählungen ist auf die sorgfältigen Untersuchungen von L. Schwienhorst-Schönberger und K. Bieberstein zu verweisen.[75] Beide gehen mit leichten Differenzen im Detail davon aus, dass die ältere bzw. älteste Überlieferung von der Landeroberung nicht kontextlos gewesen ist, sondern eingebunden ist in einen Erzählzusammenhang, der im Münsteraner Pentateuchmodell „Jerusalemer Geschichtswerk" genannt wird.[76] Die Nähe zu den neuassyrischen Eroberungsberichten lässt sich mit der antiassyrischen Stoßrichtung dieses „Gründungsmythos" Israels gut vereinbaren.[77]

Ähnlich wie bei P^g steht diese Argumentation natürlich in der Gefahr einer petitio principii; oder sollte man besser sagen einer consecutio initii? Denn letztlich geht es darum, die auf das Land ausgerichtete Exoduserzählung nicht in einem Torso enden zu lassen, weil – wie R. G. Kratz zu Recht herausstellt – „die Teile in Num, die Israel nach dem Aufenthalt am Sinai in die Wüste aufbrechen lassen, für einen älteren Erzählzusammenhang gemacht sind, der aus der Wüste ins verheißene Land führt".[78] Kratz sieht diesen Hexateuchfaden im Josuabuch in Jos 2,1–7.15f.22; 3,1.14a–16; 4,19b; 6,1–3.5.12a.14.20b; 8,1–2a.10a.11a.14.19 und sein Ende in Jos 12,1a.9–24.[79] Den Übergang zum Tetrateuch markieren Num 25,1a und Dtn 34,5f.[80] Ähnlich hält J. C. Gertz zu der Mose-Exodus-Landnahmeerzählung fest: „Es folgen in den Büchern Num und Dtn bewahrte Notizen über den Zug

---

74 Vgl. *Michel*, Glaubensbekenntnisse (2006), bes. 42.

75 Vgl. *Schwienhorst-Schönberger*, Eroberung (1986), 82–84; *Bieberstein*, Josua (1995), 336 (mit breiteren Absetzungen von der sog. Jehowistenhypothese, auf die seine Analyse faktisch zuläuft, 337–339) und zur Forschungsgeschichte mit Stellenangaben den Überblick bei *Noort*, Josua (1998), 125–131 sowie die präzise Darstellung bei *Bieberstein*, Josua (1995), 40–42. Vgl. auch zuvor *Görg*, Josua (1991), 6: „So ist es bis zu einem gewissen Grad möglich, in den Szenen zur Einnahme einzelner Ortschaften zunächst im vordtr Bereich auf einen literarischen Kern zu kommen, der unbeschadet noch älterer Vorstufen einer spät- oder nachjahwistischen Schule (J^E), weniger glücklich ‚jehowistisch' genannt, zugehört". Die Ergebnisse von K. Bieberstein zur vordtr Landnahmeerzählung werden im Wesentlichen in der Analyse von Jos 3f von Johan Wildenbroer (Diss. University of Pretoria) bestätigt.

76 K. Bieberstein setzt sich mit der Annahme, dass es eine ursprünglich selbstständige Überlieferung gegeben habe, die vom Jehowisten aufgenommen wurde, ausführlicher auseinander (s. das Fazit bei *Bieberstein*, Josua [1995], 338).

77 Vgl. *Hentschel*, Josua (^{7}2008), 206; ferner *Zenger*, Einleitung (^{7}2008), 102.179 u. ö.

78 *Kratz*, Komposition (2000), 130; vgl. *ders.*, Hexateuch (2002), 318–321.

79 Vgl. ähnlich jetzt *Konkel*, Sünde (2008), 258 (allerdings mit der Möglichkeit, Jos 24* einzubeziehen, s. dazu o.). Zur Kritik am Ende in Jos 12* bereits *Frevel*, Geschichtswerk (2004), 83f.

80 Zur ausführlichen Auseinandersetzung mit Kratz s. vor allem *Achenbach*, Pentateuch (2005), 126–132.

der Israeliten in die Oase Kadesch und das Gebiet der Moabiter, wo Mose stirbt und begraben wird. Der Grundbestand endet mit der Schilderung der Überquerung des Jordan und der Eroberung einiger im Gebiete des Stammes Benjamin gelegener Städte und Gebiete (Jos 1–12*), unter ihnen Jericho (Jos 6*) und Ai (Jos 8*). ... Ungeachtet der theologischen Nähe zu den Anfängen des Dtn ist sie also älter als das Dtn und die dtr Sinaiperikope".[81] Aufgrund der Nähe zur Sargonlegende stammt sie aus neuassyrischer Zeit und verarbeitet den mit der neuassyrischen Expansion verbundenen Landverlust.[82] Diesen – abgesehen von den Abgrenzungen im Detail – nahezu neuen Konsens der Pentateuchforschung bestätigt auch E. A. Knauf in seinem jüngst erschienenen Josuakommentar. In modifiziertem Anschluss an K. Schmid[83] plädiert er für eine aus dem Gebiet des ehemaligen „Nordreiches" stammende nichtpriesterliche Exodus-Josua-Erzählung aus dem Beginn des 6. Jh. v. Chr. Zu ihren Kernstücken gehören jedenfalls Ex 2*; 14*; Jos 6* und Jos 10*: Denn „eine Geschichte vom ‚Auszug aus Ägypten' ist undenkbar ohne ihren Abschluss mit dem ‚Einzug in Kanaan'".[84]

Es muss hier nicht abschließend diskutiert werden, ob es eine ursprünglich für sich stehende Exodusüberlieferung als Einzeltradition gegeben hat, und auch nicht die derzeit heftig umstrittene Frage aufgegriffen werden, wie alt der Übergang zwischen Erzeltern- und Exoduserzählung ist. Mit Blick auf die jüngeren Forschungsbeiträge ist allerdings bemerkenswert, dass die Ausgliederung eines älteren Bestandes der Landnahmeüberlieferungen im Josuabuch – wenn er denn zugestanden und nicht dtr oder gar nachdtr eingeordnet wird[85] – nicht mehr mit Noth als eigenständige Einzeltradition gefasst wird, sondern in einen Erzählzusammenhang eingerückt wird, der (mit oder ohne Genesis) einen Hexateuchkontext voraussetzt.

Dass das entscheidende Auswirkungen auf die These des DtrG in ihrer klassischen Form hat, braucht nicht besonders betont zu werden.[86] Denn der Deuteronomist hätte die Josuaüberlieferungen aus ihrem tetrateuchischen Kontext entnommen und seinem DtrG eingliedern müssen, was er für die Tetrateuch-

---

81 *Gertz*, Grundinformation (³2009), 289.

82 Vgl. dazu *Otto*, Tora (2009), 9–30; ferner *Römer*, History (2007), 41–43.83–90, allerdings mit der Zuweisung an die erste joschijanische Stufe des „Deuteronomistischen" Geschichtswerks und im Umfang von DtrL endend mit Jos 11,23 bzw. Jos 21,43–45*.

83 Vgl. *Schmid*, Erzväter (1999), 129–165, bes. 163 und zuletzt *ders.*, Literaturgeschichte (2008), 89–91.

84 *Knauf*, Josua (2008), 17; vgl. bereits *ders.*, Archaeology (2002), 286–292.

85 Vgl. *Otto*, Deuteronomium (2000), 17–25.234–273.

86 Vgl. *Gertz*, Grundinformation (³2009), 288; *Kratz*, Komposition (2000), 215.

überlieferung bekanntlich nicht getan hat.[87] Wenn ich recht sehe, gelingt es auch K. Bieberstein in seinen Analysen nicht, die Annahme eines DtrG mit der vordtr Hexateuchüberlieferung nahtlos zu verbinden.[88] Zumindest kann konstatiert werden, dass sich das Zueinander von dtr und nichtdtr Textteilen in Jos 1–12* deutlich leichter erklären lässt, wenn das Buch Josua nicht Teil eines vom Tetrateuch getrennten von Dtn–2 Kön reichenden exilischen Geschichtswerks gewesen ist.

Als redaktionsgeschichtliche Alternative denkbar ist demgegenüber noch die Annahme einer DtrL genannten Landeroberungserzählung (Dtn 1–Jos 21* resp. 22,1–8), die Norbert Lohfink in die Diskussion eingeführt hat und die sich ebenfalls in jüngerer Zeit breiter und sehr unterschiedlicher Rezeption erfreut.[89] Während E. Otto DtrL als exilische Bearbeitung des deuteronomistischen Deuteronomiums ansieht[90], sind für den ursprünglichen Vorschlag von N. Lohfink die Eigenständigkeit und die Datierung in die Joschijazeit konstitutiv: die Schicht sucht Joschijas Bestrebungen, die Reichsgrenzen nach Norden auszudehnen, zu legitimieren.[91] Die DtrL-Hypothese, für die Georg Braulik eine beachtliche Zahl von weiteren Beobachtungen angeführt hat, ließe sich aber nur dann mit der Annahme einer vordtr Hexateuchüberlieferung verbinden, wenn DtrL nicht als selbstständig, sondern als Fortschreibung des Tetrateuch begriffen würde, was jedoch einer der Grundannahmen von N. Lohfink und G. Braulik zuwiderläuft. Zudem werden durch die Annahme einer DtrL zunächst lediglich die Sonderstellung des Richterbuches und die Differenz zwischen Dtn–Jos und 1 Sam–2 Kön unterstrichen. Dass es einen auch sprachlich engen Darstellungszusammenhang

---

87 Vgl. zu dieser Möglichkeit bereits *Noth*, Studien (⁴1973), 180, der sie aber mit Verweis auf seine Analysen zur vordtr Landeroberungserzählung verwirft, da diese keinerlei Beziehungen zu den „Hexateuch"-Quellen hätte (ebd., 181).
88 Möglicherweise ist aber eine Lösung in seinem Beitrag *Römer*, Geschichtswerk (2011) entwickelt, der bei der Abfassung des vorliegenden Beitrags noch nicht vorlag.
89 Vgl. *Lohfink*, Kerygmata (1991), 132–137; die Aufnahme der Hypothese bei *Zenger*, Theorien (⁷2008), 103; *Braulik*, Buch (⁷2008), 144–145.148; *ders.*, Theorien (⁷2008), 199 sowie *ders.*, Landeroberungserzählung (2011). Vgl. ferner *Römer*, Ende (2006), 534; *de Vos*, Los (2003), 286.303.306–307 (allerdings nur bis Jos 11,23); *Oswald*, Staatstheorien (2009), 96–120. Die von *Nentel*, Trägerschaft (2000), 32 vorgebrachten Argumente gegen die Trennung zwischen DtrL und DtrH sind beachtenswert, jedoch nahezu ausnahmslos abhängig von seinen eigenen redaktionsgeschichtlichen Vorgaben. Vgl. die Annahme einer DtrL-Schicht mit deutlich anderer Stoßrichtung als Redaktionsschicht in Dtn 1–3*; 29–30; Jos 1–12*; 23; Ri 2,6–9 bei *Otto*, Deuteronomium (2000), 101–109.131; *ders.*, Tora (2009), 213–214 u.ö.
90 Vgl. *Otto*, Deuteronomium (2000), 106; *ders.*, Pentateuch, 1098. Vgl. zur Diskussion ausführlich *Braulik*, Landeroberungserzählung (2011).
91 Vgl. *Lohfink*, Kerygmata (1991), 134. Zur historischen Einordnung der Nordausdehnung s. *Frevel*, Grundriss (⁷2008), 664.

zwischen Dtn–Jos gibt, ist unmittelbar einsichtig, doch folgt daraus auch die literarische Eigenständigkeit dieser Erzählung? Gründe für die Annahme, dass dieser Darstellungszusammenhang unabhängig vom Tetrateuch überliefert wurde, sind mit der Annahme noch nicht gewonnen.[92] Die Frage hängt wie beim DtrG an Dtn 1–3. Nun ist gerade die konzeptionelle Eigenständigkeit des Dtn zu Recht in jüngerer Zeit erheblich in die Diskussion geraten und mit m. E. im Gesamt letztlich überzeugenden Argumenten von R. Heckl, J. C. Gertz, K. Schmid, R. G. Kratz, E. Otto und auch mir selbst bestritten worden.[93] Auch darauf ist kurz im Folgenden einzugehen, auch wenn die komplexe Sachlage hier nur angerissen werden kann.

Dtn 1–3 als Anfang eines eigenständigen Erzählwerks

> Es gibt in der neueren Urkundenhypothese im Verhältnis von Tetrateuch und DtrG ein Problem, dessen Lösung im Dtn liegen muss.[94]

Dtn 1–3* ist als Einleitung in eine eigenständige literarische Größe, sei es nun das DtrG oder ein DtrL, nicht geeignet. Der Einsatz als Moserede im Ostjordanland ohne Einführung der Person des Mose ist unvermittelt. Dtn 1–3 bietet „keinen

---

92 Darauf verweist G. Braulik selbst und beruft sich für die Eigenständigkeit auf die Argumente von E. Blum (s. *Braulik*, Landeroberungserzählung [2011], 134 mit Anm. 133).

Mit der Infragestellung der Eigenständigkeit ist die Frage nach dem ursprünglichen Ort des Deuteronomiums berührt, die wesentlich mit der Mosefiktion des ältesten Deuteronomiums zusammenhängt. Meiner Einschätzung nach überzeugen die Gründe für eine YHWH-Stilisierung des ältesten Deuteronomiums nicht (vgl. *Hossfeld*, Dekalog [2000], 51–54), so dass das Ur-Deuteronomium einen narrativen Ort braucht, der am ehesten in der vordtr Tetrateucherzählung zu finden ist. Die Diskussion kann hier nicht geführt werden. Vgl. zur Ablehnung der Hypothese, das Dtn könne auch als Fortschreibung des Tetrateuch verstanden werden, bes. *Lohfink*, Kultzentralisation (2000), 131–161; *Otto*, Tora (2009), 184–185; *ders.*, Erzählung (2009), 350.

93 Erste Zweifel finden sich bereits 1975 in der Analyse S. Mittmanns zu Dtn 1–3 in Bezug auf die Grundschicht (vgl. *Mittmann*, Deuteronomium [1975], 169.177 f); vgl. *Otto*, Deuteronomium (2000), 181–182 und 1993 bei *Reuter*, Kultzentralisation (1993), 230. *Otto*, Tora (2009), 291–292 weist zudem darauf hin, dass diese These auch im 19. Jh. von W. Stark vertreten wurde. In jüngerer Zeit *Kratz*, Hexateuch (2002), 309–311; *ders.*, Ort (2000), 108; *Otto*, Tora (2009), 214.293–301; *Frevel*, Geschichtswerk (2004), 86–91; *Gertz*, Funktion (2006), 111–118; *Heckl*, Vermächtnis (2004), 460 u. ö. Einen Überblick über den Stand der Forschung bietet *Otto*, Tora (2009), 291–301.

94 *Kratz*, Hexateuch (2002), 309.

sachlich suffizienten Erzählanfang".[95] Mit Rückbezügen auf den Exodus, die Kundschaftererzählung, die ostjordanische Landnahme u. a. m. ist Dtn 1–3 ohne Voraussetzung des Tetrateuchzusammenhangs nur schwer verständlich. Natürlich ist grundsätzlich möglich anzunehmen, dass es sich um werkexterne (intertextuelle) und keine werkinternen (intratextuellen) Bezüge handelt[96], doch müssten zwingende Gründe genannt werden können, die für eine literarische Eigenständigkeit sprechen. Umgekehrt fügt sich aber der Geschichtsrückblick stringent in die Fabel des Pentateuch ein[97] und ist keinesfalls ausschließlich – wie Martin Noth zu begründen versuchte – am Erzählinteresse der folgenden Bücher im DtrG orientiert.[98] Martin Noth hatte die Sonderstellung des Deuteronomiums im Pentateuch klar gesehen und angesichts der Mosefiktion des Gesetzes auch die Probleme der Loslösung daraus erkannt. Er benannte offen die Schwierigkeit, „den Punkt zu bestimmen, an dem Dtr mit seiner Darstellung einsetzte"[99] und entschied sich für Dtn 1–3, weil in Gen–Num „jede Spur einer ‚deuteronomistischen Redaktion' fehlt"[100] und Jos 1 „kein Anfang ist".[101] Das gelang jedoch nur, indem er sich von „dem Zwang freimacht(e), Dtn. 1–3 als eine der Einleitungsreden zum deuteronomischen Gesetz verstehen zu müssen".[102] Dazu betonte er – vielleicht mehr als nötig – im Anschluss an Wellhausen den Bruch zwischen dem Tetrateuch bzw. Num 25–36 und Dtn 1.[103] Wellhausen hatte sich argumentativ für die Unabhängigkeit des Dtn von dem Vierbundesbuch (Q) ausgesprochen und diese aus Dtn 4 abgeleitet. Doch Wellhausen hatte gleichzeitig die Abhängigkeit und Bezogenheit des Deuteronomiums von/auf JE nachgewiesen – ein Punkt, den Noth nicht übernahm, was wegbereitend für die Sonderstellung des Deuterono-

---

95 *Schmid*, Deuteronomium (2004), 200, dezidiert anders jüngst *Blum*, Studien (1990), 93: Dtn 1–3 „erweist sich als der autarke Anfang eines Werkes, zu dem wenigstens *Jos, m. E. darüber hinaus ein Grundbestand in *Ri–*Kön gehörte" und *Römer*, Entstehungsphasen (2006), 52.

96 So *Braulik*, Landeroberungserzählung (2011), 134 mit Anm. 133.

97 Vgl. *Gertz*, Funktion (2006), 117. Die gegenteilige Sicht vertritt Thomas Römer: „Noth taught us to see Deuteronomy as the introduction to the Deuteronomistic History, and this is presently one of the safest results of critical biblical research" (Deuteronomy [1994], 210); vgl. zum Widerstand gegen die Tetrateuchanbindung des Deuteronomiums auch *Achenbach*, Pentateuch (2005), 130 – 131; *Blum*, Pentateuch (2007), 92.

98 Vgl. dazu den Nachweis bei *Gertz*, Funktion (2006), 109 – 111.

99 *Noth*, Studien (⁴1973), 12.

100 *Noth*, Studien (⁴1973), 13.

101 *Noth*, Studien (⁴1973), 12.

102 *Noth*, Studien (⁴1973), 14. Vgl. zur Entwicklung der These ausführlicher *Frevel*, Geschichtswerk (2004), 86 – 90.

103 Vgl. so auch *Gertz*, Funktion (2006), 113, der zudem darauf hinweist, dass sich die Zäsur relativiert, wenn man neben der Erzählsituation die Tatsache berücksichtigt, dass Buchschluss und Buchanfang (Num 36,13; Dtn 1,1–5) erst ein spätes redaktionelles Produkt sind.

miums im Urkundenmodell wurde.[104] Das literarisch vorgegebene Deuteronomium verliert so auch bei Noth seinen Ort im Hexateuchzusammenhang und wird als Maßstab setzendes Gesetz dem Deuteronomistischen Geschichtswerk vorgelagert. Auch hier gesteht Noth völlig folgerichtig zu, dass die alten Quellen dem Dtr bekannt waren: „Dabei kann von dem Ganzen der einleitenden Moserede in Dtn. 1–3. (4), die einzelnes aus dem Inhalt der alten ‚Hexateuch'-Quellen übernommen hat, noch abgesehen werden, da sie nur die Voraussetzungen für die dann erst folgende eigentliche Geschichtserzählung von Dtr vorführen will und im übrigen offenbar mit dem Bekanntsein des Inhalts jener Quellen rechnet".[105] Das schließt selbstverständlich nicht aus, dass mit Dtn 1–3 erhebliche Neuakzentuierungen (etwa im Bezug auf Ex 18 oder Num 13f) verbunden sind. Die entscheidende Frage lautet aber, ob es sich bei Dtn 1–3 überhaupt um einen „Neueinsatz"[106] oder „Bruch" handelt, der für eine vom Tetrateuch unabhängige Überlieferung des Dtn und damit den Einsatzpunkt des DtrG sprechen kann.[107] Die Zäsur und das vermeintlich Störende der Wiederholung im Erzählablauf heben sich auf, wenn die Kommunikationssituation des Buches stärkere Berücksichtigung findet.[108] Zuletzt hat sich Jan Christian Gertz im Anschluss an R. G. Kratz und R. Heckl in aller Klarheit dafür ausgesprochen, Dtn 1–3 „als eine *relecture* der vorangegangenen Erzählungen von der Wüstenwanderung"[109] zu verstehen, „deren Aufgabe von Anfang an darin bestand, das Dtn fest in einen zumindest vom Exodus bis Josua reichenden, nachpriesterschriftlichen Erzählablauf zu integrieren".[110] Sowohl die Funktion als auch die vorausgesetzte nachpriesterschriftliche Datierung des Textblocks wären kritisch zu diskutieren, doch ist Dtn 1–3 als *relecture* zutreffend bestimmt. Ausgewählte Überlieferungen werden eingebunden und neu akzentuiert.[111] Martin Noth argumentierte unter anderem

---

104 Vgl. so auch *Otto*, Tora (2009), 179.

105 *Noth*, Studien (⁴1973), 97. Das wendet R. G. Kratz m. E. zu Recht so: „‚Offenbar' hat die rhetorische Fiktion von Dtn 1–3 den Zweck, an die vorhergehende Erzählung anzuknüpfen" (*Kratz*, Ort [2000], 109).

106 So etwa *Römer*, Entstehungsphasen (2006), 50 u. ö.

107 Die von *Veijola*, Observations (1988), 253–255, bes. 254; *ders.*, Buch (2004), 3–5 gezogene Konsequenz, dass Dtn 1–3 ein DtrG *ohne Deuteronomium* einleitet („that the Deuteronomistic Historian [DtrH] did not know Deuteronomy at all", ebd., 255), kann von der Idee eines als Gerichtsdoxologie konzipierten Geschichtswerks her m. E. kaum funktionieren. S. dagegen auch *Otto*, Geschichtswerk (2009), 607. Zur Frage, inwiefern Dtn 1–3 auf narrativer Ebene als Einleitung in das Deuteronomium verstanden werden *können*, vgl. die Arbeit von *Heckl*, Vermächtnis (2004).

108 Vgl. *Sonnet*, Book (1997), 1; *Gertz*, Funktion (2006), 113–114.

109 *Gertz*, Funktion (2006), 104–105.

110 *Gertz*, Funktion (2006), 105.

111 Vgl. *Gertz*, Funktion (2006), 114–115.

damit, dass Dtn 1–3 den nicht-priesterlichen Tetrateuch voraussetzt und de facto für das DtrG neu erzählt. Es muss auffallen, dass das nur für wenige Traditionen zutrifft (Ex 18; Num 13f; Num 21*) und „sämtliche Konflikterzählungen des Numeribuches (Num 11–12*; 16–21*; 25*), welche die Wüstenzeit in einem sehr negativen Licht erscheinen lassen"[112], fehlen. Daraus ist gegen Thomas Römer m. E. nicht der Schluss zu ziehen, dass die Rebellionserzählungen dem Dtr im Gesamt noch nicht bekannt waren und die erzählenden Brücken des Numeribuches erst nachdtr entstanden sind, sondern in anderer Weise nach der Funktion von Dtn 1–3 und der darin aufgenommenen Erzählungen zu fragen. Diese dienen nicht als Rekapitulation oder Nacherzählung des Plots um die Eigenständigkeit eines unabhängigen Erzählwerks sicherzustellen, sondern der Wiederaufnahme der in Num 13f aufgeworfenen Problemkonstellation, dass von der Kundschaftergeneration nun – nach 40 Jahren – keiner mehr lebt und Zeugnis von der entscheidenden Offenbarung am Sinai/Horeb geben kann.[113] In diesem Sinne ist das Deuteronomium im wahrsten Sinne „Auslegung".[114] Die Konsequenz daraus ist, dass Dtn 1–3 niemals Einleitung eines eigenständigen und vom Tetrateuch unabhängigen Literaturwerks waren, weder eines DtrL noch eines DtrG.

Damit ist – wie R. G. Kratz und E. Otto betonen[115] – dem DtrG die eigentliche Grundlage und der literarische Anfang entzogen. Das Buch Josua gehört von seinem Beginn an in einen Hexateuchkontext und war vom Darstellungszusammenhang in (Gen)Ex–Dtn wohl niemals getrennt. Seinen Zusammenhang mit dem DtrG konnte M. Noth nur unter der Marginalisierung des Hexateuchfadens mit einem weggebrochenen Ende und der traditionsgeschichtlichen Sonderstellung der Landeroberungserzählung aufrecht erhalten. Überblickt man die bisherige

---

112 *Römer*, Entstehungsphasen (2006), 51. Vgl. auch *ders.*, Geschichtswerk (2011).

113 Redaktionsgeschichtlich ist das Verhältnis der nicht-priesterlichen Erzählung von Num 13f* und Dtn 1,19–45 komplexer, führt aber nicht zu einer literargeschichtlichen Vorordnung von Dtn 1 im Ganzen.

114 Zur Rolle und zum Verständnis des באר in Dtn 1,5 im Horizont der These, das Dtn in kommunikativer Hinsicht im Anschluss an den Tetrateuch zu verstehen, vgl. *Gertz*, Funktion (2006), 115–116 (mit Hinweisen auf die unterschiedlichen Auffassungen zur Übersetzung von באר in Dtn 1,5); *Schmid*, Deuteronomium (2004), 199–200; *Finsterbusch*, Mose (2005), 29; gekoppelt an weit reichende rechtshermeneutische Überlegungen zu Ex 24,12 auch bei *Otto*, Tora (2009), 480–489; anders *Lohfink*, Prolegomena (2003), 30–31; *Braulik/Lohfink*, Deuteronomium 1,5 (2003), die als Übersetzung „in Geltung setzen", „Rechtskraft verleihen" vorschlagen. Der Einwand von E. Blum (Pentateuch [2007], 86), dass sich die Bedeutung „auslegen" (d. h. ein referentieller Rückbezug auf textlich bereits Vorangegangenes) aus dem biblischen Sprachgebrauch nicht ableiten lasse, ist sicher richtig, doch gilt das bei der geringen Anzahl der Belege (Dtn 27,8 und Hab 2,2) für alle Deutungen.

115 Vgl. *Kratz*, Komposition (2000), 219.221; *Otto*, Deuteronomium (2000), 15 Anm. 15; *ders.*, Tora (2009), 294, wo er Kratz zustimmend die These vom DtrG als „Irrweg der Forschung" bezeichnet.

Argumentation, dann zeigt sich, dass das Urteil von Uwe Becker zu den Kontextvernetzungen im Josuabuch in die richtige Richtung weist: „Es scheint – nicht erst heute – mehr Argumente gegen als für eine ursprüngliche Zugehörigkeit des Buches zu einem DtrG zu geben".[116] Oder noch dezidierter in seinem 2008 erschienenen Kommentar E. A. Knauf: „Für ein ‚deuteronomistischen (sic!) Geschichtswerk' von 5 Mose bis 2 Kön 25, oder von Jos 1 bis 2 Kön 25 oder auch für einen als Einheit konzipierten ‚Enneateuch' von 1 Mose bis 2 Kön gibt es in der Redaktionsgeschichte von Jos keine Indizien".[117]

Dass es indessen über die Kontextvernetzungen hinaus redaktionsgeschichtliche Indizien für einen Hexateuch im Buch Josua gibt, soll der abschließende Schritt knapp anreißen. Das Problem des Richterbuches bleibt dabei abgesehen vom Anfang im Folgenden weitestgehend ausgespart. W. Groß jedenfalls rückt in seinem Kommentar zwar vorsichtig, aber doch bestimmt von einer Zugehörigkeit des dtr Richterbuches zu einer Erstausgabe des DtrG ab, wobei er sich ebenso bestimmt von Enneateuchhypothesen absetzt.[118] „Als der erste Dtr das Richterbuch gestaltete, lagen ihm einerseits eine dtr Darstellung von Dtn*–Jos* und andererseits eine dtr Darstellung von 1 Sam*–2 Kön* vor".[119] Erst mit dem dtr Richterbuch wird das literarische Werk von Dtn–2 Kön auf einer späteren deuteronomistischen Ebene geschaffen. Damit ist die These eines ursprünglichen DtrG verabschiedet. Wenn auch nicht in der Datierung, so bestätigt seine sorgfältige Analyse in der Sache den Trend der Forschung zum Richterbuch, den Thomas Römer zutreffend so beschreibt:

> Ein neuer Forschungstrend besteht darin, die Einfügung des Richterbuches zwischen Josua und Samuel erst in der nachexilischen Zeit anzusetzen; dabei beruft man sich gern auf den Erzählanfang in 1 Sam 1,1, der die Richterzeit nicht vorauszusetzen scheint, und durch seine Lokalisierung in Ephraim gut an Jos 24 anschließt. In der Tat ist Jdc das wohl am wenigsten dtr bearbeitete Buch und hat sicher eine vom „Deuteronomismus" unabhängige Vorgeschichte. Es fragt sich jedoch, wie spät man die Einfügung dieses Buches ansetzen kann. In einer dtr Ausgabe von Dtn–Reg* (bzw. Ex–Reg*) ohne Jdc, müsste man auch die Präsentation Samuels als Richter als „spät" ausscheiden (z. B. I Sam 7,6.15–17), sowie die Rückbezüge auf die Richterzeit in 1Sam 12; II Sam 7,11 und II Reg 23,22.[120]

---

116 *Becker*, Kontextvernetzungen (2006), 140.
117 *Knauf*, Josua (2008), 18.
118 Vgl. *Groß*, Richter (2009), 86 und auch *ders.*, Richterbuch (2011): „Das dtr Richterbuch schreibt eine Darstellung fort, die das Dtn in demjenigen Stadium, in dem es bereits Dtn 6,12–15 und 11,2–7 einschloss, und die mit Jos 11,23 erfolgreich vollendete Eroberung des Landes umfasste".
119 So *Groß*, Richterbuch (2011), 201.
120 *Römer*, Entstehungsphasen (2006), 63.

Jos 24 als „Abschluss" eines „Übergangs"-Hexateuch?

Das doppelte Ende des Josuabuches und der mindestens doppelte Anfang des Richterbuches dürfen bei der Lösung der Probleme eines oder mehrerer deuteronomistischer Geschichtswerke und ihres Verhältnisses zum Penta- bzw. Hexateuch nicht unberücksichtigt bleiben. Sie machen, wie Thomas Römer betont, „im Rahmen eines einheitlichen DtrG ... keinen rechten Sinn".[121] Das Problem des Verhältnisses zwischen Jos 23 und Jos 24 ist bekanntlich ein notorischer Streitpunkt; nicht nur der Pentateuchforschung, sondern auch der Deuteronomismusdiskussion. Die Alternative, einen von beiden Texten einem DtrG zuweisen zu müssen, erübrigt sich mit der Aufgabe der Gesamthypothese. Die Vermutungen über einen möglichen Abschluss eines vorpriesterlichen Hexateuch in Jos 24* wurden erwähnt, aber das soll hier nicht im Vordergrund stehen.

In der sicherlich nachexilischen Endgestalt lässt sich das Schlusskapitel des Josuabuches als ein *„Hexateuch en miniature"*[122] lesen. Es finden sich mehr als deutliche Hexateuchbezüge: im Wesentlichen die Rekapitulation der Heilsgeschichte durch Terach, Abraham, Jakob, Esau, Mose, Aaron, Exodus, Landnahme im Ostjordanland, Bileamerzählung in V. 2–10; der Rückgriff auf die „fremden Götter jenseits des Stroms" aus Gen 35,1–5 in Jos 24,14–18[123]; die Aufnahme von Selbstvorstellung und Gnadenformel aus Ex 34 in V. 19; der Tod Josuas im selben Alter wie Josef, der Jos 24,29 mit Gen 50,22.26 verbindet; die Überführung der Gebeine des Patriarchen in Jos 24,32 mit Rückbezug auf Gen 50,25 sowie die Beisetzung der Gebeine in Sichem mit Rückverweis auf Jakob (Gen 33,19). Indem Josua und Eleasar sterben, wird das in Num 27 eingesetzte Führungsduo literarisch zu einem Abschluss gebracht.[124]

---

121 *Römer*, Ende (2006), 526.

122 *Römer*, History (2007), 180 in Anlehnung an G. von Rads Formulierung „Hexateuch in kleinster Form"; vgl. zur Entwicklung des Arguments bereits *Römer/Brettler*, Deuteronomy 34 (2000), 410–414 und *Römer*, Deuteronomium 34 (1999), 175–177.

123 „Ebenfalls schon lange wird gesehen, dass Gen 35,1ff in der Jakobgeschichte bis in die Formulierungen hinein als positives Vorspiel zu dieser Josuaversammlung gestaltet ist", *Blum*, Studien (1990), 95.

124 Es ist auffallend, dass Pinhas nicht *explizit* als Nachfolger Eleasars *eingesetzt* wird so wie Eleasar nach dem Tod Aarons eingesetzt wurde. Pinhas wird in Jos 24,33 MT erwähnt, allerdings nur in Bezug auf den Ort des Begräbnisses (גבעת פינחס), nicht als dessen Nachfolger. Dass Pinhas durch Ex 6,25, Num 25,7.11.13 und Num 31,6 (sowie in Jos 22, das eine Sonderrolle einnimmt) als oberster Priester der Aaroniden die Sukzession Eleasars übernimmt, dürfte daher deutlich genug sein. Jedoch scheint gerade Jos 24 im Zusammenhang mit dem Tod Josuas als der zweiten Füh-

Wie auch immer diese Bezüge redaktionsgeschichtlich im Einzelnen einzuordnen sind, konstituiert Jos 24 in seiner Endgestalt einen Hexateuch als Darstellungszusammenhang. Jedenfalls handelt es sich im Gesamt nicht um lediglich „mehr oder weniger zufällig assoziierte Motive".[125] Es handelt sich um eine Zäsur. Das wird durch die Verschriftung der הדברים האלה in das ספר תורת אלהים in Jos 24,26 noch unterstrichen.[126] E. Blum deutet die Deixis des האלה nicht auf חק ומשפת בשכם V. 25, sondern in Absetzung von der תורת משה auf den um das Josuabuch erweiterten Pentateuch.[127] Das ist zumindest nicht ausgeschlossen, wie auch K. Schmid annimmt: „Die von Gen–Jos reichende Heilsgeschichte Gottes wird durch Josua auf der Grundlage des bereits von Mose Niedergeschriebenen endgültig kodifiziert".[128] Die singuläre Wendung erinnert an Neh 8,8.18 (vgl. Neh 10,29), wo die Leviten das Volk belehren und beim Laubhüttenfest der Gola Tag für Tag aus dem Gesetzbuch Gottes gelesen wird, auch wenn dort אלהים determiniert und in Neh 8,1 der ספר תורת משה erwähnt wird. Der Rückverweis Neh 8,17 auf die Tage Josuas unterstreicht den Bezug[129], so dass die Möglichkeit eines Hexateuchbezugs bleibt, selbst wenn die Argumente für einen Pentateuchbezug in Neh 8 überwiegen.[130]

T. Römer beschreibt Jos 24 zutreffend als den Versuch der Abtrennung des Hexateuchzusammenhangs gegenüber dem Folgenden, deutet dies allerdings zugleich als bewusste Abtrennung des DtrG, was m. E. nicht zutreffend ist.[131] Die Annahme eines Hexateuch, der temporär vor einer redaktionellen Abtrennung des Pentateuch geschaffen wurde und so nach Enneateuch und Hexateuch nur noch der Pentateuch übrig blieb, ist nur unter der Voraussetzung eines DtrG sinnvoll. Löst man sich davon, ergeben sich für die Hexateuchperspektive in Jos 24 andere redaktionelle Horizonte.

---

rungsgestalt das wegen des Hexateuchabschlusses wenig zu betonen. Die LXX unterstreicht hingegen explizit die Sukzession καὶ Φινεες ἱεράτευσεν ἀντὶ Ελεαζαρ τοῦ πατρὸς αὐτοῦ, ἕως ἀπέθανεν (vgl. Jos 24,33).

125 So *Kratz*, Hexateuch (2002), 303.

126 *Blum*, Knoten (1997), 203 weist völlig zu Recht darauf hin, dass diese Notiz in der Forschung ziemlich stiefmütterlich behandelt worden ist.

127 Vgl. *Blum*, Literary Connection (2006), 99–100; *ders.*, Knoten (1997), 204; *ders.*, Pentateuch (2007), 96–97.

128 *Schmid*, Erzväter (1999), 224; vgl. *Achenbach*, Bearbeitungen (2007), 227: „Mit diesem Kapitel wird die Frühgeschichte Israels als begründungs- und sinnstiftende Heilsgeschichte von allem abgegrenzt, was man über die folgende Richter- und Königszeit zu sagen wusste".

129 Vgl. *Römer*, Deuteronomium 34 (1999), 176. Josua als „Vorläufer Esras" (ebd.) oder treffender *Otto*, Deuteronomium (2000), 209 Esra als *Josua redivivus*.

130 Vgl. anders *Otto*, Deuteronomium (2000), 209–210.

131 Vgl. *Römer*, Ende (2006), 530–531; *ders.*, History (2007), 180–183.

Durch die mit Jos 24,28–31 und Ri 2,6–10 entstehende doppelte Notiz über Tod und Begräbnis Josuas entsteht eine deutliche Kluft zwischen den beiden Büchern, denn sinnvoll kann man in einem zusammenhängenden Werk nicht zweimal vom Tod derselben Person erzählen. Die durch die Wiederholung aufgebrochene Kluft wird erst notdürftig durch die zeitliche Nachordnung in Ri 1,1a (ויהי מות אחרי יהושע), mit dem textlich an Jos 24,29 angeschlossen wird, wieder geschlossen. Das geschieht paradoxerweise durch eine späte Buchredaktion der vorderen Propheten (vgl. Jos 1,1; Ri 1,1; 2 Sam 1,1). Ri 1 knüpft ja nicht nur an Jos 23 an, sondern etabliert zugleich mit den Bezügen zu Ri 17–21 ein Richterbuch.[132] Das Kapitel dient der „editorische(n) Verselbständigung des Richterbuches".[133]

Stark umstritten ist nun allerdings, ob die vorgängige Trennung zwischen Josua und Richter erst durch eine späte redaktionelle Hexateuchperspektive in Jos 24 eingetragen wurde und Ri 2,6–10 einen ursprünglichen dtr Übergang zum Josuabuch gebildet hat, sei es zu Jos 23* (V. 1*.2–3.9.11.14b–16a T. Römer[134]), zu Jos 21,43–45 (mit 22,1–6 E. Blum[135]) oder zu Jos 11,23 (W. Groß[136], U. Becker), oder ob die Wiederaufnahme in Ri 2,6–10 einen sekundären Anfang eines Richter-

---

132 *Groß*, Richter (2009), 91–93.152: „Er knüpft an das Josuabuch an und setzt sich zugleich davon ab".

133 *Blum*, Knoten (1997), 207. Ein Beispiel für die auf das Richterbuch begrenzte Perspektive bietet Ri 1,8 – ein in Verbindung mit Ri 1,7 und Jos 10 hartnäckiges und nach wie vor nahezu unlösbares Problem (vgl. *Groß*, Richter [2009], 124–125) –, Jos 15,63 und 2 Sam 5. Erst Ri 1,21 versucht einen Ausgleich zu schaffen.

134 Zu Römers Abgrenzung der ursprünglichen Anteile s. *Römer*, Ende (2006), 529–535, zum Anschluss von Ri 2,6 an Jos 23,16 *ders.*, History (2007), 118.

135 Vgl. *Blum*, Knoten (1997), 182f.

136 Vgl. *Groß*, Richter (2009), 86 und *ders.*, Richterbuch (2011). „Dieser Dtr[R] ist entweder identisch mit dem Verfasser der Erstausgabe eines ‚Deuteronomistischen Geschichtswerks' Dtn–2Kön, oder, wohl eher, ist er ein jüngerer dtr Autor, der die heilvolle Gründungsgeschichte Israels Ex–Jos mit der von den Königebüchern nach vorn gewachsenen dtr gestalteten Geschichte von Israels Staatlichkeit Sam–Kön zu einer umfassenden Geschichtserzählung verbindet. Er setzt zwischen der Zeit Josuas mit einem YHWH dienenden Israel und der Zeit der Regenten einen scharfen Trennungsstrich, indem er einen Generationen- und religiösen Traditionsbruch nach Josuas Tod behauptet 2,7–10. Die Abfolge der stets gleichen oder sehr ähnlichen Formeln in der dtr Rahmung der älteren Heldenerzählungen erweckt trotz kleinerer Unterschiede den Eindruck einer zyklischen Szenenabfolge, in der es nicht recht vorangeht. Es kann auch nicht vorangehen – und das erklärt sich besser, wenn das Richterbuch erst nachträglich Ex–Jos und Sam–Kön verbindet –, weil alles im Sinn des Dtr[R] Entscheidende teils schon zuvor geschehen ist (die Gabe der Tora und des Landes mit gänzlicher Inbesitznahme), teils erst anschließend sich ereignen wird (die Installation des Königtums und der Bau des JHWH-Tempels in Jerusalem)" (*Groß*, Richter [2009], 86). Dabei geht Walter Groß davon aus, dass Jos 23 eine erst von einem späteren nachexilischen Deuteronomisten Dtr[S] geschaffene Rede ist, die zusammen mit Ri 2,6.17.20–21 entstanden ist.

buches spiegelt, das mit Ri 2,11–22* oder Ri 3,1 begonnen haben müsste, was aber beides nicht sonderlich überzeugt.[137] Das Problem verschärft sich, wenn nicht angenommen werden kann, dass eine späte redaktionelle Hexateuchperspektive den Tod Josuas aus Ri 2,6–10 entnommen hat, um mit ihm in Jos 24 einen neuen Schluss zu setzen, sondern – und dafür sehe ich durchaus gute Argumente – sich das literarische Verhältnis umgekehrt verhält und Ri 2,6–10 aus Jos 24,28–31 entnommen sind.

Die Positionen zur Frage der Priorität beider Texte sind zu Recht kontrovers und kaum je unabhängig von den Großhypothesen vorgetragen. Während beispielsweise R. Smend, H. Rösel, E. A. Knauf u. a. Jos 24,28–31 für prioritär halten[138], urteilen M. Noth, D. Jericke, E. Blum, T. Römer, W. Groß u. a. entgegengesetzt.[139] Ein auf eine diachrone Auswertung zielender Vergleich beider Textfassungen erübrigt sich nicht – wie Erhard Blum meint –, wenn nur deutlich gemacht werde, dass „diese Differenzen in den unterschiedlichen Stellungen und Funktionen begründet liegen".[140] Beide Texte sind nicht gleichursprünglich, sondern einer vom anderen abhängig und gerade die Argumente, die auf die Einbindung in den Kontext zielen, sind für die Frage nach der Priorität relevant. Obwohl zugestanden werden muss, dass die Differenzen gering sind, die leicht abweichende LXX-Überlieferung die Dinge noch komplizierter macht und even-

---

137 Ri 2,11–12.14–16.18aα₂.19 rechnet T. Römer zur exilischen Ausgabe des DtrG, das an Jos 23,16 anschließt (vgl. *Noth*, Studien [⁴1973], 8: Jos 23,16 → Ri 2,6–10 und die Angaben bei *Groß*, Richter [2009], 183). Darin trifft er sich in etwa mit der jüngsten Analyse von Walter Groß, der Ri 2,7–10.11–12c.14–16.18 (*Groß*, Richter [2009], 188, vgl. ebd., 183) zum ältesten dtr Bestand rechnet, der allerdings an Jos 11,23 angeschlossen hat. Vgl. *Kratz*, Komposition (2000), 198–199. Vgl. zur Frage des Anschlusses von Ri 2,7 ff auch *Becker*, Kontextvernetzungen (2006), 151: „Ein älterer Übergang – ja wohl der *älteste* – von Jos zu Jdc liegt offensichtlich in Jos 11,23* und Jdc 2,8f. vor". Anders sehen den Anschluss an Jos 24 im Rückgriff auf Wellhausen G. Hentschel (*Hentschel*, Josua [⁷2008], 206) und *Schmid*, Erzväter (1999) (s. dazu *Groß*, Richter [2009], 183–184). E. Blum will in seinem Entflechtungsvorschlag Jos 21,43–45; 22,1–6* als Übergang zu Ri 2,8–10 sehen, wobei Ri 2,8–10 nicht unbedingt den ältesten Wortlaut repräsentieren (s. *Blum*, Knoten [1997], 182–183; vgl. dazu auch die Argumentation bei Groß). Das Problem kann hier nicht diskutiert werden, es sei jedoch zumindest angemerkt, dass Zweifel bestehen, ob man 2,8 für den Dtr reklamieren kann. Es ist doch sehr auffällig, dass Josua mit 110 Jahren stirbt, was unzweifelhaft an Gen 50,26 anknüpft.
138 Vgl. *Smend*, Gesetz (2002), 158–159 (mit dem wenig überzeugenden ursprünglichen Anschluss von Ri 2,10 an Jos 24,31); *Rösel*, Überleitungen (1980), 342f; *Knauf*, Buchschlüsse (2007), 223; *ders.*, Josua (2008), 199.
139 Vgl. *Noth*, Studien (⁴1973), 9; *Jericke*, Josuas Tod (1996), 356–359; *Groß*, Richter (2009), 184; *Römer*, Deuteronomium 34 (1999), 177.
140 *Blum*, Knoten (1997), 184, vgl. ebd., 182: „Der so beliebte direkte Wortvergleich trägt für die relative Datierung nichts aus". Den kritischen Einwurf aufnehmend *Römer*, Ende (2006), 534; vgl. *ders.*, History (2007), 118.

tuelle gegenseitige Beeinflussungen angenommen werden müssen, so dass eine diachrone Auswertung nicht unproblematisch ist, müssen die Unterschiede im MT doch beachtet und konzeptionell bzw. auch redaktionsgeschichtlich erklärt werden. Die Argumente sind oft genug ausgetauscht worden, so dass ich mich hier auf einige wenige Angaben beschränken kann:

Neben der grundsätzlichen Feststellung, dass der Text undtr Elemente enthält, sind die Veränderungen, die in dem parallelen Teil ein auffallendes Textplus von Ri 2 aufweisen, signifikant. Das spricht m. E. eher für eine Abhängigkeit von Jos 24 und nicht umgekehrt. Zunächst muss das in Jos 24,31 fehlende, die Heilswerke steigernde הגדול in Ri 2,7 auffallen, das den Bezug zu Dtn 11,7 noch deutlicher macht.[141] Daneben fällt auf, dass in Ri 2,7 wie in Dtn 11,7 ראה verwandt ist, in Jos 24,31 jedoch abweichend ידע. Ist es aber sinnvoll anzunehmen, dass der Rezeptionstext Jos 24, dem eine deutliche Anbindung an den Pentateuch allgemein zugestanden wird, die Nähe zu Dtn 11,7 gemindert hat, oder ist es nicht doch wahrscheinlicher, dass die Veränderung den konkordanten Anschluss an Dtn 11,7 herstellt? Hinzu kommt, dass der in Dtn 11 angesprochene Zusammenhang mit der Belehrung der Generation, die den Exodus nicht mehr erlebt hat, deutlich besser in den Kontext von Jos 24 passt.

Während in Jos 24,28 die Inbesitznahme des Landes unproblematisch und sofort möglich scheint (Zuteilung des Besitzes per Los, die zu dem Begräbnis Josuas auf seinem Erbteil בגבול נחלתו gut passt), muss das Land in Ri 2,6 erst in Besitz genommen werden (לרשת את־הארץ). ירש bzw. לרשת הארץ mit vorgängigem הלך ist auch (und so nur) in Ri 18,9 belegt. Dieser Text ist zu den Anhängen des Richterbuches zu zählen und damit „spät", was in der Tendenz ebenfalls für die Nachordnung der Richterversion spricht. Das spricht m. E. eher für eine Abhängigkeit von Jos 24 und nicht umgekehrt. Da jedoch das לרשת את־הארץ, das in einer eigenständigen Version des Richterbuches durchaus Sinn macht, in Jos 24 gar nicht gepasst hätte, kann man von einer kontextuellen Änderung sprechen, die Stellung und Funktion geschuldet ist.

Eher für eine Priorität der Richterversion scheint das in Ri 2,6 gegenüber Jos 24,28 überschüssige וילכו בני־ישראל zu sprechen.[142] Doch die Phrase בני־ישראל kommt in Jos 23 f nur in Jos 24,32 vor, ist aber im Richterbuch und auch im übrigen Josuabuch geläufig. Wenn Ri 2,6–10 zu einem ursprünglichen Übergang zwischen Jos und Ri gehörte, passt das. Doch warum sollte die Wendung in Josua getilgt worden sein? Dafür lassen sich schwerlich Argumente anbringen. Die Notiz vom

---

141 Vgl. Dtn 11,2–9, bes. 11,7: einziger weiterer Beleg von את־כל־מעשה יהוה und dort auch mit ראה. Der Rückbezug ist damit auch ohne das הגדול eindeutig.
142 Die Phrase fehlt im Vaticanus.

Tod Josuas in Jos 24,29/Ri 2,8 wird durch die Altersangabe begleitet. Mit Blick auf Dtn 31,2 und 34,7 ist keinesfalls gänzlich ausgeschlossen, die Angabe von 110 Lebensjahren nicht einem priesterlichen[143], sondern einem dtr Autor zuzuschreiben, doch muss – selbst wenn man die Zuweisung von Dtn 34,7 an P^g nicht teilt – zugestanden werden, dass die offensichtliche Parallele zwischen Josef und Josua im „Hexateuchkontext" von Jos 24 mehr Sinn macht als im Richterbuch.[144] Die Aussage, dass das Volk solange dem Herrn diente, wie Josua lebte (Jos 24,31; Ri 2,7), ist m. E. in Jos 24 deutlich besser eingebunden. Denn dort wird der YHWH-Dienst ausführlich thematisiert. Dem Zweifel Josuas, das Volk sei nicht in der Lage, YHWH uneingeschränkt zu dienen, widerspricht das Volk mit dem kollektiven Bekenntnis und dem Bundesschluss, in dem Josua als Bundesmittler fungiert. Jos 24,31 kann als Vollzugsnotiz dieses Bundes gelesen werden. Die umgekehrte Annahme müsste den Anschluss von V. 6 an Jos 23,15f voraussetzen, um für die Notiz Ri 2,7 einen sinnvollen Kontext zu haben[145], doch versammelt Josua in Jos 23,2 nicht das ganze Volk (עם kommt in Jos 23 nicht vor, העם hingegen in Jos 24,2.16.19.21.22.24.27.28).

Neben der Metathese חרם (Ri 2,9)/סרח (Jos 19,50; 24,30) fällt der Gebrauch der Relativpartikel in Jos 24,31 bei der Lokalisierung des Ortes im Gebirge Efraim auf, der in Ri 2,9 fehlt. Das ist insofern auffällig, als vergleichbare Lokalisierungen in Jos 19,50; 20,7; 21,21; Ri 4,5; 10,1 u. ö. das בהר אפרים alle ohne Relativpartikel formulieren. Will man annehmen, dass der Redaktor Jos 24,31 aus Ri 2,9 übernommen hat, müsste man die Veränderung erklären können. Im anderen Fall fand schlicht ein Angleich an den üblichen Sprachgebrauch statt.

Keine der hier erneut zusammengetragenen Beobachtungen kann die Frage der Priorität allein entscheiden, doch ergeben sie zusammengenommen ein doch beträchtliches Gewicht zugunsten der Priorität der Josuaversion. Schlägt das Pendel zugunsten einer Priorität von Jos 24,28 – 31 gegenüber Ri 2,6 – 10 aus, steht es um ein DtrG, das Dtn–Jos und Ri–2 Kön konzeptionell vor dem 5. Jh. aus dtr Hand umgriffen hat, schlecht. Die unbestrittenen Besonderheiten des Richterbuches fallen dann noch mehr ins Gewicht und machen eine recht späte Einfügung wahrscheinlicher.[146] Doch auch wenn man sich in der Frage der Priorität anders entscheidet, wird durch die Wiederholung des Todes von Josua ein Hiatus

---

143 Zu den Argumenten Dtn 34,7 P zuzuschreiben s. zuletzt *Schmidt*, P im Deuteronomium (2009), 489 – 490.

144 Ob in Ri 2,10 durch das ויקם דור אחר אחריהם אשר לא־ידעו את־יהוה an Ex 1,6.8 angespielt wird, muss hier nicht entschieden werden

145 Die Notwendigkeit des Anschlusses hat bereits *Noth*, Studien (⁴1973), 8 gesehen.

146 Vgl. dazu *Kratz*, Komposition (2000), 196; *Römer*, Ende (2006), 528.534 – 535; *Schmid*, Erzväter (1999), 220; *ders.*, Literaturgeschichte (2008), 120.

zwischen Jos und Ri verstärkt, der zugunsten eines Hexateuch als kompositioneller Größe ausgewertet werden muss. Deshalb kehre ich noch einmal zu Jos 24 und seinem Abschlusscharakter zurück.

Wenn durch Jos 24 unzweifelhaft ein offensichtlicher Hexateuch geschaffen wird, stellt sich die Frage nach dem Verhältnis zum Pentateuch als literarischer Größe. Thomas Römer hat hier jüngst noch einmal seine Sicht erneuert, dass Jos 24 der Tod des DtrG („the Death of the Deuteronomistic History") und Dtn 34 die Geburt des Pentateuch („the Birth of the Torah"[147]) ist. Im Hintergrund steht die mit dem Pentateuch als Kompromissdokument verbundene Vorstellung einer Auseinandersetzung zwischen dtr und priesterlichen Kreisen. „There was obviously a debate about whether the ‚Tora' should compromise the books of Genesis to Joshua (a Hexateuch) or if the document should be a Pentateuch and end with the book of Deuteronomy. Apparently a Deuteronomistic-Priestly minority coalesced to promote the publication of a Hexateuch. This group composed Josh. 24".[148] Die Mehrheit hingegen hielt die Konzentration auf die Landthematik als Abschluss des Erzählgefüges für politisch klüger und sah den Rekurs auf eine kriegerische Landnahme in Josua mit Blick auf die persische Autorität als gefährlich an. Sie votierte für den Pentateuch durch Einschreibung von Dtn 34,3 – 4.10 – 12 und trennte so das DtrG vom Pentateuch. Dadurch verschwindet der Hexateuch nach Römer „in der Versenkung bis er von der historisch-kritischen Exegese wiederentdeckt wird".[149] Die Ansicht, dass der durch Jos 24 geschaffene Hexateuch nur eine Zwischenstation auf dem Weg zum Pentateuch war, teilen auch R. Albertz und E. Blum. Albertz schreibt, dass das Josuabuch nur „für eine kurze Zeit zum Hexateuch gehört hatte"[150] und später „nachdem die Entscheidung gegen den Hexateuch, der für eine gewisse Zeit eine mögliche Alternative dargestellt hatte, gefallen war (um 400 v.Chr.)"[151], durch die sog. priesterlichen Texte an den Pentateuch angepasst wurde, um es kanonfähig zu machen. Und auch für E. Blum „blieb dieser sekundäre Hexateuch ein ephemerer Versuch".[152]

Die bloß temporäre Existenz des Hexateuch unterschätzt die bleibende Valenz des Abschlusscharakters von Jos 24 auf literarischer Ebene und überschätzt den trennenden Charakter von Dtn 34,10 – 12. Zudem geht die Hypothese m. E. von der falschen Voraussetzung aus, dass es eine Diskussion um die literarischen Größen

---

147 *Römer*, History (2007), 178.
148 *Römer*, History (2007), 179 – 180. Zur Zuweisung von Dtn 34,7 – 9 an diese Hexateuchredaktion s. *ders.*, Deuteronomium 34 (1999), 177.
149 *Römer*, Deuteronomium 34 (1999), 178.
150 *Albertz*, Anpassung (2007), 215.
151 *Albertz*, Anpassung (2007), 202 – 203.
152 *Blum*, Pentateuch (2007), 97.

„Pentateuch" oder „Hexateuch" gegeben habe und sich die Pentateuchfraktion letztlich durchgesetzt habe.[153] Mir ist überhaupt fraglich, ob ein solches Modell den nachexilischen Verhältnissen entspricht oder nicht vielmehr ein modernes Konstrukt ist. Zudem setzen alle drei Autoren die These vom DtrG in der einen oder anderen Form voraus und versuchen sie durch redaktionelle Konstrukte mit den literarischen Gegebenheiten zu versöhnen bzw. zu retten.

Zu der skizzierten Einschätzung kann man zudem nur kommen, wenn man a) die oben aufgezeigten redaktionsgeschichtlich komplexen Beziehungen zwischen Num und Jos unterbewertet und b) dem relativen Konsens der Exegese folgt, dass Dtn 34,10 – 12 von einer (oder der) Pentateuchredaktion verantwortet sind und durch diese Verse der Pentateuch abgeschlossen wird. Ich möchte hier nicht die Argumente wiederholen, die gegen eine solche Einschätzung von Dtn 34 sprechen[154], sondern noch einmal auf den Anfang der Ausführungen zurückgreifen. In dem zu Beginn zitierten Aufsatz hat Erhard Blum auf die Differenz zwischen literarisch eigenständigen, kompositionellen und lediglich rezipierten Texten hingewiesen. „Die tiefste kanonische Zensur liegt darin nicht etwa zwischen den Königsbüchern und Jesaja, sondern zwischen dem Deuteronomium und Josua, d. h. zwischen dem Kanonteil ‚Tora' und dem mit Josua beginnenden Kanonteil ‚Propheten/Nebiim', der erst in Maleachi endet".[155] Das ist eine Binsenweisheit. Bemerkenswert ist dabei, dass Blum sie nicht mit dem in der exegetischen Forschung nahezu reflexartigen Rückgriff auf Dtn 34,10 – 12 begründet, sondern rein rezeptionsgeschichtlich ansetzt und auf den liturgischen Gebrauch der Tora in der Synagoge sowie auf die Formulierungen „Gesetz und Propheten", 4QMMT und den Sirachprolog hinweist.[156] Die Textsorte νόμος unterscheide sich

---

153 Zur Diskussion um die These der Reichsautorisation (Übernahme von lokalen Normen des Partikularrechts als persisches Reichsrecht) und den davon zu trennenden, aber weithin damit verbundenen Annahmen eines literarischen „Kompromissdokumentes" s. den von J. Watts herausgegebenen Sammelband. Dazu zuletzt mit hilfreichen Differenzierungen *Schmid*, Reichsautorisation (2006) (Lit); ferner *Zenger*, Einleitung ([7]2008), 129 – 131; *Frevel*, Abschied (2001), 232– 234. Meine Einsprüche richten sich vor allem gegen die Annahme, dass im Pentateuch durch äußeren Zwang oder persische Einwirkung redaktionell ein Kompromissdokument geschaffen und als eigenständige Größe abgetrennt wurde. Damit ist, worauf *Schmid*, Reichsautorisation (2006), 505 zu Recht hinweist, noch kein Urteil darüber gefällt, in welchem Rahmen Esra 7 die Tora interpretiert. Es greift allerdings m. E. zu kurz, wenn er den gut begründeten Gegenentwurf, die Tora als aus der Mosefiktion erwachsenes Rezeptionsphänomen frühjüdischer Schriftgelehrsamkeit zu interpretieren, mit Hinweis darauf ablehnt, dass das ganze AT ein Produkt jüdischer Schriftgelehrsamkeit sei. Das unterschätzt das Gewicht der Referenz des Tora-Begriffs, der vergleichbar für keines der anderen Literaturwerke existiert.
154 Vgl. dazu *Frevel*, Abschied (2001), 224–228.
155 *Blum*, Pentateuch (2007), 71.
156 Vgl. *Blum*, Pentateuch (2007), 71.

durch die Art der Rezeption und nicht etwa durch redaktionsgeschichtliche Abtrennung oder die faktische Existenz als separat überlieferter Textkorpus. „Nicht weniger elementar" – so Blum weiter – sei „der Umstand, dass die kanonische Eigenständigkeit der Tora ihre narrative Fortführung in Josua etc. niemals in irgendeiner Konkurrenz zueinander standen. D.h. jeder Toraleser kann gar nicht anders, als auch den Fortgang der Geschichte in den Vorderen Propheten im Blick zu haben und umgekehrt!".[157] Völlig zu Recht hält Blum fest, dass es „im Umkreis des Pentateuch ... keine Metatexte"[158] gibt, die als Titel oder Kolophone eindeutig (und darauf liegt die Betonung) die literarischen Größen abgrenzen, sondern lediglich autoreferentielle Selbstdefinitionen. Er führt dazu Dtn 31,9 – 12.24 – 26, Dtn 1,5 sowie die Tora-Belege in Dtn 28,58.61; 29,19 f.26; 20,10 an und sieht darin Textmarken, in denen das Deuteronomium „sich als eine zitable Referenzgröße etabliert, die als solches nahtlos in ein größeres Werk integriert werden konnte".[159] Die Referentialität des Tora-Begriffs macht Jos 1,8 in aller wünschenswerten Deutlichkeit klar, dass diese – im kanonischen Zusammenhang – auf den Pentateuch insgesamt bezogen werden muss. „Von daher gilt es denn auch gegen einen neueren Trend darauf zu insistieren, dass der Pentateuch sich nicht einer späten mehr oder weniger technisch bedingten Abtrennung der Bücher Josua etc. verdankt. Vielmehr gehört die Konzeption der mosaischen Tora seit dem Deuteronomium zum genetischen Code dieser Ursprungsüberlieferung".[160] Das ist im Kern die Zielrichtung meines zugespitzten Satzes „Die Geburt des Pentateuch ist das Deuteronomium".[161]

Der Pentateuch ist m. E. weder ein Kompromissdokument, bei dem mit Rücksicht auf die persische Autorität das Josuabuch durch einen redaktionellen Akt abgetrennt wurde, noch wurde der Pentateuch als literarisch eigenständige Größe durch eine Pentateuchredaktion vom Hexateuch getrennt. Wie auch immer man sich die Überlieferung des Pentateuch als eigenständige literarische Größe auf Rollen vorstellen muss, seine Eigenständigkeit erhält er als „Tora" und deren normierende Funktion in einem literarischen Prozess. Der in Jos 24 als kompositionelle Größe geschaffene Hexateuch bleibt daneben bestehen. Es gibt – vom textlichen Standpunkt aus beurteilt – keine redaktionsgeschichtliche Konkurrenz von Pentateuch und Hexateuch. Anders als die Konkurrenz zwischen erzählter Heilsgeschichte und normativer Tora scheint mir jene vielmehr tatsächlich erst Produkt der historisch-kritischen Exegese zu sein.

---

157 *Blum*, Pentateuch (2007), 72.
158 *Blum*, Pentateuch (2007), 84.
159 *Blum*, Pentateuch (2007), 88 – 89.
160 *Blum*, Pentateuch (2007), 85.
161 *Frevel*, Abschied (2001), 254.

Schluss

Die in vier Schritten entfalteten Argumente haben versucht, die Hexateuchperspektive literarisch, kompositionsgeschichtlich und redaktionsgeschichtlich stark zu machen. Zunächst wurden die spätestens im Horizont der jüngeren Forschungsgeschichte unzulänglichen Argumente zur Entsorgung eines Hexateuch bei Martin Noth selbst entfaltet, dann die Rückfragen an Dtn 1–3 als Eröffnung eines Geschichtswerks aufgegriffen und nach den Argumenten für einen vorpriesterlichen Hexateuch gefragt. Im abschließenden Schritt wurde an Jos 24 aufgezeigt, dass es sich bei dem Hexateuch nicht um eine temporäre und nur im Zusammenhang des DtrG entstandene Größe handelt. Die unterschiedlichen Überlegungen haben die Widerstände gegen die Annahme eines Dtn–2 Kön umgreifenden Deuteronomistischen Geschichtswerks bestärkt. Diese Hypothese sollte zugunsten der Annahme von z.T. aufeinander folgenden und z.T. nebeneinander existierenden deuteronomistischen Geschichtswerken und deuteronomistischen Bearbeitungen innerhalb des „Enneateuch" aufgegeben werden. Die späten nachpriestergrundschriftlichen Redaktionen, die das Numeribuch mit dem Josuabuch verklammern, gehen de facto von dem Hexateuchzusammenhang als maßgeblichem Darstellungsgefüge aus. Sie sind jedoch nicht an einen bereits weitestgehend abgeschlossenen Pentateuch angehängt, nachdem ein DtrG mit dem Tetrateuch verbunden wurde, sondern schließen an einen bereits spätvorexilischen und danach redaktionell (auch dtr) erweiterten Hexateuch an. Das wurde mit Blick auf die Einbindung der spätvorexilischen Landeroberungserzählung in den Hexateuchfaden unterstrichen. Die abschließenden Blicke auf Jos 24 und sein Verhältnis zum Pentateuch haben versucht deutlich zu machen, dass der Hexateuch keine vorübergehende Größe gewesen ist, sondern nach wie vor existierte. Pentateuch und Hexateuch sind keine sich ausschließenden Größen, sondern Perspektiven unterschiedlicher Rezeptionszusammenhänge. Die Enneateuchperspektive wurde in dem Vortrag zugunsten des Arguments bewusst zurückgestellt. Sie stellt sich spätestens mit dem Blick auf 1 Sam–2 Kön und die Frage nach dem Zeitpunkt der Einbindung des Richterbuches in den Darstellungszusammenhang, die hier nur angerissen werden konnte.[162]

---

[162] Zu dem literarischen Zusammenhang von 1 Sam–2 Kön 25 s. auch die Arbeit von *Wißmann*, Rechte (2008), 245–251, der die Argumente gegen eine spätvorexilische Ausgabe der Königsbücher noch einmal sorgfältig zusammenträgt und 1 Kön 12–2 Kön 25 einem ursprünglichen „proto-deuteronomistischen" Zusammenhang aus neubabylonischer Zeit (scil. für Wißmann 626– 522/21 v.Chr.) zuweist, der „keine Rückverweise auf die Bücher Dtn-Ri" (245) enthielt.

Bibliographie

Achenbach, R., Die Erzählung von der gescheiterten Landnahme von Kadesch Barnea (Numeri 13–14) als Schlüsseltext der Redaktionsgeschichte des Pentateuch, in: ZAR 9 (2003), 56–123.

Ders., Die Vollendung der Tora. Studien zur Redaktionsgeschichte des Numeribuches im Kontext von Hexateuch und Pentateuch (BZAR 3), Wiesbaden 2003.

Ders., Numeri und Deuteronomium, in: R. Achenbach/E. Otto (Hg.), Das Deuteronomium zwischen Pentateuch und Deuteronomistischem Geschichtswerk (FRLANT 206), Göttingen 2004, 123–134.

Ders., Pentateuch, Hexateuch, und Enneateuch. Eine Verhältnisbestimmung, in: ZAR 11 (2005), 122–154.

Ders., Der Pentateuch, seine theokratischen Bearbeitungen und Josua–2 Könige, in: T. Römer/K. Schmid (Hg.), Les dernières rédactions du Pentateuque, de l'Hexateuque et de l'Ennéateuque (BEThL 203), Leuven 2007, 225–253.

Albertz, R., Die kanonische Anpassung des Josuabuches. Eine Neubewertung seiner sog. „priesterschriftlichen Texte", in: T. Römer/K. Schmid (Hg.), Les dernières rédactions du Pentateuque, de l'Hexateuque et de l'Ennéateuque (BEThL 203), Leuven 2007, 199–216.

Anbar, M., Josué et l'alliance de Sichem (Josué 24:1–28) (BET 25), Frankfurt 1992.

Aurelius, E., Zukunft jenseits des Gerichts. Eine redaktionsgeschichtliche Studie zum Enneateuch (BZAW 319), Berlin u. a. 2003.

Ders., Zur Entstehung von Josua 23–24, in: J. Pakkala/M. Nissinen (Hg.), Houses Full of All Good Things. Essays in Memory of Timo Veijola (Publications of the Finnish Exegetical Society 95), Helsinki 2008, 95–114.

Becker, U., Endredaktionelle Kontextvernetzungen des Josua-Buches, in: M. Witte u. a. (Hg.), Die deuteronomistischen Geschichtswerke. Neue religions- und redaktionsgeschichtliche Perspektiven zur „Deuteronomismus"-Diskussion in Tora und Vorderen Propheten (BZAW 365), Berlin u. a. 2006, 139–161.

Bieberstein, K., Josua – Jordan – Jericho. Archäologie, Geschichte und Theologie der Landnahmeerzählungen Josua 1–6 (OBO 143), Göttingen/Fribourg 1995.

Blenkinsopp, J., The Pentateuch. An Introduction to the First Five Books of the Bible, Yale 2007.

Blum, E., Studien zur Komposition des Pentateuch (BZAW 189), Berlin u. a. 1990.

Ders., Der kompositionelle Knoten am Übergang von Josua zu Richter. Ein Entflechtungsvorschlag, in: M. Vervenne/J. Lust (Hg.), Deuteronomy and Deuteronomic Literature. FS C. H. W. Brekelmans (BEThL 132), Leuven 1997, 181–212.

Ders., The Literary Connection between the Books of Genesis and Exodus and the End of the Book of Joshua, in: T. B. Dozeman/K. Schmid (Hg.), A Farewell to the Yahwist? The Composition of the Pentateuch in Recent European Interpretation (SBL 34), Atlanta 2006, 89–106.

Ders., Pentateuch – Hexateuch – Enneateuch? Oder: Woran erkennt man ein literarisches Werk in der hebräischen Bibel?, in: T. Römer/K. Schmid (Hg.), Les dernières rédactions du Pentateuque, de l'Hexateuque et de l'Ennéateuque (BEThL 203), Leuven 2007, 67–98.

Braulik, G., Das Buch Deuteronomium, in: E. Zenger u. a., Einleitung in das Alte Testament (Kohlhammer Studienbücher Theologie 1,1), Stuttgart [7]2008, 136–155.

Ders., Theorien über das Deuteronomistische Geschichtswerk (DtrG) im Wandel der Forschung, in: E. Zenger u. a., Einleitung in das Alte Testament (Kohlhammer Studienbücher Theologie 1,1), Stuttgart [7]2008, 191–202.

Ders., Die deuteronomistische Landeroberungserzählung aus der Joschijazeit im Deuteronomium und Josua, in: H.-J. Stipp (Hg.), Das deuteronomistische Geschichtswerk (ÖBS 39), Frankfurt 2011, 89–150.

Braulik, G./Lohfink, N., Deuteronomium 1,5 באר את התורה הזאת: „er verlieh dieser Tora Rechtskraft", in: K. Kiesow/T. Meurer (Hg.), Textarbeit. Studien zu Texten und ihrer Rezeption aus dem Alten Testament und der Umwelt Israels. FS P. Weimar (AOAT 294), Münster 2003, 35–52.

Cortese, E., Josua 13–21. Ein priesterschriftlicher Abschnitt im deuteronomistischen Geschichtswerk (OBO 94), Göttingen/Fribourg 1990.

Ders., Theories Concerning Dtr. A Possible Rapprochement, in: C. Brekelmans/J. Lust (Hg.), Pentateuchal and Deuteronomistic Studies (BEThL 94), Leuven 1990, 179–190.

de Vos, J. C., Das Los Judas. Über Entstehung und Ziele der Landbeschreibung in Josua 15 (VT.S 95), Leiden 2003.

Dietrich, W., Deuterononomistisches Geschichtswerk, in: RGG 2 ([4]1999), 688–692.

Finsterbusch, K., „Du sollst sie lehren, auf dass sie tun …". Mose als Lehrer der Tora im Buch Deuteronomium, in: B. Ego u. a. (Hg.), Religiöses Lernen in der biblischen, frühjüdischen und frühchristlichen Überlieferung (WUNT 180), Tübingen 2005, 27–45.

Frevel, C., Kein Ende in Sicht. Die Priestergrundschrift im Buch Levitikus, in: H.-J. Fabry/H.-W. Jüngling (Hg.), Levitikus als Buch (BBB 119), Berlin 1999, 85–123.

Ders., Mit Blick auf das Land die Schöpfung erinnern. Zum Ende der Priestergrundschrift (HBS 23), Freiburg u. a. 2000.

Ders., Ein vielsagender Abschied. Exegetische Blicke auf den Tod des Mose in Dtn 34,1–12, in: BZ 45 (2001), 209–234.

Ders., Deuteronomistisches Geschichtswerk oder Geschichtswerke? Die These Martin Noths zwischen Tetrateuch, Hexateuch und Enneateuch, in: U. Rüterswörden (Hg.), Martin Noth – aus der Sicht heutiger Forschung (BThSt 58), Neukirchen-Vluyn 2004, 60–95.

Ders., Numeri, in: E. Zenger (Hg.), Stuttgarter Altes Testament. Einheitsübersetzung mit Kommentar und Lexikon, Stuttgart 2004, 212–301.

Ders., Grundriss der Geschichte Israels, in: E. Zenger u. a., Einleitung in das Alte Testament (Kohlhammer Studienbücher Theologie 1,1), Stuttgart [7]2008, 587–731.

Ders., Understanding the Pentateuch by Structuring the Desert. Num 21 as Compositional Joint, in: J. van Ruiten/J. C. de Vos (Hg.), The Land of Israel in Bible, History and Theology. FS E. Noort (VT.S 124), Leiden 2009, 111–135.

Frevel, C./Zenger, E., Die Bücher Levitikus und Numeri als Teile der Pentateuchkomposition, in: T. Römer, The Books of Leviticus and Numbers (BEThL 215), Leuven 2008, 35–74.

Gertz, J. C., Tradition und Redaktion in der Exoduserzählung. Untersuchungen zur Endredaktion des Pentateuch (FRLANT 186), Göttingen 2000.

Ders., Kompositorische Funktion und literarhistorischer Ort von Deuteronomium 1–3, in: M. Witte u. a. (Hg.), Die deuteronomistischen Geschichtswerke. Neue religions- und redaktionsgeschichtliche Perspektiven zur „Deuteronomismus"-Diskussion in Tora und Vorderen Propheten (BZAW 365), Berlin u. a. 2006, 103–123.

Ders. (Hg.), Grundinformation Altes Testament. Eine Einführung in Literatur, Religion und Geschichte des Alten Testaments (UTB 2745), Göttingen [3]2009.

Görg, M., Josua (NEB.AT 26), Würzburg 1991.

Groß, W., Richter (HThKAT), Freiburg 2009.

Ders., Das Richterbuch zwischen deuteronomistischem Geschichtswerk und Enneateuch, in: H.-J. Stipp (Hg.), Das deuteronomistische Geschichtswerk (ÖBS 39), Frankfurt 2011, 177–205.

Heckl, R., Moses Vermächtnis. Kohärenz, literarische Intention und Funktion von Dtn 1–3 (ABG 9), Leipzig 2004.

Hentschel, G., Das Buch Josua, in: E. Zenger u. a., Einleitung in das Alte Testament (Kohlhammer Studienbücher Theologie 1,1), Stuttgart ⁷2008, 203–212.

Hossfeld, F.-L., Der Dekalog als Grundgesetz, in: R. G. Kratz/H. Spieckermann (Hg.), Liebe und Gebot. Studien zum Deuteronomium. FS L. Perlitt (FRLANT 190), Göttingen 2000, 46–59.

Hutzli, J., Die Erzählung von Hanna und Samuel. Textkritische und literarische Analyse von 1 Sam 1–2 unter Berücksichtigung des Kontextes (AThANT 89), Zürich 2007.

Jericke, D., Josuas Tod und Josuas Grab. Eine redaktionsgeschichtliche Studie, in: ZAW 108 (1996), 347–361.

Knauf, E. A., Does „Deuteronomistic Historiography" (DtrH) exist?, in: A. de Pury/T. Römer/J.-D. Macchi (Hg.), Israel Constructs Its History. Deuteronomistic Historiography in Recent Research (JSOT.S 306), Sheffield 2000, 388–398.

Ders., Towards an Archaeology of the Hexateuch, in: J. C. Gertz/K. Schmid/M. Witte (Hg.), Abschied vom Jahwisten. Die Komposition des Hexateuch in der jüngsten Diskussion (BZAW 315), Berlin u. a. 2002, 275–294.

Ders., Buchschlüsse in Josua, in: T. Römer/K. Schmid (Hg.), Les dernières rédactions du Pentateuque, de l'Hexateuque et de l'Ennéateuque (BEThL 203), Leuven 2007, 217–224.

Ders., Josua (ZBK.AT 6), Zürich 2008.

Konkel, M., Sünde und Vergebung. Eine Rekonstruktion der Redaktionsgeschichte der hinteren Sinaiperikope (Exodus 32–34) vor dem Hintergrund aktueller Pentateuchmodelle (FAT I/58), Tübingen 2008.

Kratz, R. G., Die Komposition der erzählenden Bücher des Alten Testaments. Grundwissen der Bibelkritik (UTB 2157), Göttingen 2000.

Ders., Der literarische Ort des Deuteronomiums, in: R. G. Kratz/H. Spieckermann (Hg.), Liebe und Gebot. Studien zum Deuteronomium. FS L. Perlitt (FRLANT 190), Göttingen 2000, 101–120.

Ders., Der vor- und der nachpriesterliche Hexateuch, in: J. C. Gertz/K. Schmid/M. Witte (Hg.), Abschied vom Jahwisten. Die Komposition des Hexateuch in der jüngsten Diskussion (BZAW 315), Berlin u. a. 2002, 295–323.

Krüger, T., Anmerkungen zur Frage nach den Redaktionen der großen Erzählwerke im Alten Testament, in: T. Römer/K. Schmid (Hg.), Les dernières rédactions du Pentateuque, de l'Hexateuque et de l'Ennéateuque (BEThL 203), Leuven 2007, 47–66.

Lohfink, N., Die Priesterschrift und die Geschichte, in: J. A. Emerton u. a. (Hg.), Congress Volume Göttingen 1977 (VT.S 29), Leiden 1978, 189–225 (wieder abgedruckt in: ders., Studien zum Pentateuch [SBAB 4], Stuttgart 1988, 213–253).

Ders., Die Schichten des Pentateuch und der Krieg, in: ders. (Hg.), Gewalt und Gewaltlosigkeit im Alten Testament (QD 96), Freiburg u. a. 1983, 51–110 (wieder abgedruckt in: ders., Studien zum Pentateuch [SBAB 4], Stuttgart 1988, 255–315).

Ders., Kerygmata des deuteronomistischen Geschichtswerks, in: ders., Studien zum
Deuteronomium und zur deuteronomistischen Literatur II (SBAB 12), Stuttgart 1991,
125–142.

Ders., Deuteronomium und Pentateuch. Zum Stand der Forschung, in: ders., Studien zum
Deuteronomium und zur deuteronomistischen Literatur III (SBAB 20), Stuttgart 1995,
13–38.

Ders., Kultzentralisation und Deuteronomium. Zu einem Buch von Eleonore Reuter, in: ders.,
Studien zum Deuteronomium und zur deuteronomistischen Literatur IV (SBAB 31),
Stuttgart 2000, 131–161.

Ders., Prolegomena zu einer Rechtshermeneutik des Pentateuch, in: G. Braulik (Hg.), Das
Deuteronomium (ÖBSt 23), Frankfurt 2003, 11–55.

Ders., Die Landübereignung in Numeri und das Ende der Priesterschrift. Zu einem rätselhaften
Befund im Buch Numeri, in: ders., Studien zum Deuteronomium und zur
deuteronomistischen Literatur V (SBAB 38), Stuttgart 2005, 273–292.

Ders., Israels Unglaube in Kadesch-Barnea (Dtn 1,32) und die Enneateuchhypothese, in:
J. N. Aletti/J. L. Ska (Hg.), Biblical Exegesis in Progress. Old and New Testament Essays
(Analecta Biblica 176), Rom 2009, 35–65.

Michel, A., Wem nützen Glaubensbekenntnisse? Eine Reflexion auf das heilsgeschichtliche
Credo in Deuteronomium 26, in: ThQ 185 (2005), 38–51.

Mittmann, S., Deuteronomium 1,1–6,3 literarkritisch und traditionsgeschichtlich untersucht
(BZAW 139), Berlin u. a. 1975.

Nentel, J., Trägerschaft und Intentionen des deuteronomistischen Geschichtswerks.
Untersuchungen zu den Reflexionsreden Jos 1; 23; 24, 1 Sam 12 und 1 Kön 8 (BZAW 297),
Berlin u. a. 2000.

Nihan, C., La mort de Moïse (Nb 20,1–13; 20,22–29; 27,12–23) et l'édition finale du livre des
Nombres, in: T. Römer/K. Schmid (Hg.), Les dernières rédactions du Pentateuque, de
l'Hexateuque et de l'Ennéateuque (BEThL 203), Leuven 2007, 145–182.

Noort, E., Das Buch Josua. Forschungsgeschichte und Problemfelder (EdF 292), Darmstadt
1998.

Ders., Zu Stand und Perspektiven. Der Glaube Israels zwischen Religionsgeschichte und
Theologie. Der Fall Josua 24, in: F. García Martínez/E. Noort (Hg.), Perspectives in the
Study of the Old Testament and Early Judaism (VT.S 72), Leiden 1998, 82–108.

Noth, M., Das vierte Buch Mose. Numeri (ATD 7), Göttingen 1966.

Ders., Überlieferungsgeschichtliche Studien. Die sammelnden und bearbeitenden
Geschichtswerke im Alten Testament, Tübingen ⁴1973.

Oswald, W., Staatstheorie im Alten Israel. Der politische Diskurs im Pentateuch und in den
Geschichtsbüchern des Alten Testaments, Stuttgart 2009.

Otto, E., Das Deuteronomium im Pentateuch und Hexateuch. Studien zur Literaturgeschichte
von Pentateuch und Hexateuch im Lichte des Deuteronomiumrahmens (FAT I/30),
Tübingen 2000.

Ders., Pentateuch, in: RGG 6 (⁴2003), 1089–1102.

Ders., Die Tora. Studien zum Pentateuch. Gesammelte Schriften (BZAR 9), Wiesbaden 2009.

Ders., Ein „Deuteronomistisches Geschichtswerk" im Enneateuch?, in: ders., Die Tora. Studien
zum Pentateuch. Gesammelte Schriften (BZAR 9), Wiesbaden 2009, 601–619.

Ders., Die Erzählung vom Goldenen Kalb in ihren literarischen Kontexten. Zu einem Buch von
Michael Konkel, in: ZAR 15 (2009), 344–352.

Popović, M., Conquest of the Land, Loss of the Land. Where does Joshua 24 Belong?, in: J. van Ruiten/J. C. de Vos (Hg.), The Land of Israel in Bible, History, and Theology. FS E. Noort (VT.S 124), Leiden 2009, 87–98.

Reuter, E., Kultzentralisation. Entstehung und Theologie von Dtn 12 (BBB 87), Frankfurt 1993.

Römer, T., Deuteronomium 34 zwischen Pentateuch, Hexateuch und deuteronomistischem Geschichtswerk, in: ZAR 5 (1999), 167–178.

Ders., Das Buch Numeri und das Ende des Jahwisten. Anfragen zur „Quellenscheidung" im vierten Buch des Pentateuch, in: J. C. Gertz/K. Schmid/M. Witte (Hg.), Abschied vom Jahwisten. Die Komposition des Hexateuch in der jüngsten Diskussion (BZAW 315), Berlin u. a. 2002, 215–231.

Ders., Das doppelte Ende des Josuabuches. Einige Anmerkungen zur aktuellen Diskussion um „deuteronomistisches Geschichtswerk" und „Hexateuch", in: ZAW 118,4 (2006), 523–548.

Ders., Entstehungsphasen des „deuteronomistischen Geschichtswerkes", in: M. Witte u. a. (Hg.), Die deuteronomistischen Geschichtswerke. Redaktions- und religionsgeschichtliche Perspektiven zur „Deuteronomismus"-Diskussion in Tora und Vorderen Propheten (BZAW 365), Berlin u. a. 2006, 45–70.

Ders., Israel's Sojourn in the Wilderness and the Construction of the Book of Numbers, in: R. Rezetko/T. H. Lim/W. B. Aucker (Hg.), Reflection and Refraction. FS A. G. Auld (VT.S 113), Leiden 2007, 419–445.

Ders., The So-Called Deuteronomistic History. A Sociological, Historical and Literary Introduction, London 2007.

Ders., De la périphérie au centre. Les livres du Lévitique et des Nombres dans le débat actuel sur le Pentateuque, in: ders. (Hg.), The Books of Leviticus and Numbers (BEThL 215), Leuven 2008, 3–34.

Ders., Die Anfänge judäischer Geschichtsschreibung im sogenannten Deuteronomistischen Geschichtswerk, in: J. Frey (Hg.), Die Apostelgeschichte im Kontext antiker und frühchristlicher Historiographie (BZNW 162), Berlin 2009, 51–76.

Ders., Nombres, in: T. Römer/J.-D. Macchi/C. Nihan (Hg.), Introduction à l'Ancien Testament (MdB 49), Genève ²2009, 279–293.

Ders., L'Histoire deutéronomiste (Deutéronome–2 Rois), in: T. Römer/J.-D. Macchi/C. Nihan (Hg.), Introduction à l'Ancien Testament (MdB 49), Genève ²2009, 315–331.

Ders., Das deuteronomistische Geschichtswerk und die Wüstentraditionen der Hebräischen Bibel, in: H.-J. Stipp (Hg.), Das deuteronomistische Geschichtswerk (ÖBS 39), Frankfurt 2011, 55–88.

Römer, T./Brettler, M. Z., Deuteronomy 34 and the Case for a Persian Hexateuch, in: JBL 119 (2000), 401–419.

Rösel, H. N., Die Überleitungen vom Josua- ins Richterbuch, in: VT 30 (1980), 342–350.

Ders., Why 2 Kings 17 Does Not Constitute a Chapter of Reflection in the „Deuteronomistic History", in: JBL 128,1 (2009), 85–90.

Scherer, A., Neuere Forschungen zu alttestamentlichen Geschichtskonzeptionen am Beispiel des deuteronomistischen Geschichtswerks, in: VF 53,1 (2008), 22–40.

Schmid, K., Erzväter und Exodus. Untersuchung zur doppelten Begründung der Ursprünge Israels innerhalb der Geschichtsbücher des Alten Testaments (WMANT 81), Neukirchen-Vluyn 1999.

Ders., Das Deuteronomium innerhalb der „deuteronomistischen Geschichtswerke" in Gen–
  2 Kön, in: R. Achenbach/E. Otto (Hg.), Das Deuteronomium zwischen Pentateuch und
  Deuteronomistischem Geschichtswerk (FRLANT 206), Göttingen 2004, 193–211.
Ders., Buchtechnische und sachliche Prolegomena zur Enneateuchfrage, in: M. Beck/U. Schorn
  (Hg.), Auf dem Weg zur Endgestalt von Genesis bis II Regum. FS H.-C. Schmitt (BZAW 370),
  Berlin u. a. 2006, 1–14.
Ders., Hatte Wellhausen Recht? Das Problem der literarhistorischen Anfänge des
  Deuteronomismus in den Königbüchern, in: M. Witte u. a. (Hg.), Die deuteronomistischen
  Geschichtswerke. Redaktions- und religionsgeschichtliche Perspektiven zur
  „Deuteronomismus"-Diskussion in Tora und Vorderen Propheten (BZAW 365), Berlin u. a.
  2006, 19–43.
Ders., Persische Reichsautorisation und Tora, in: ThR 71,4 (2006), 494–506.
Ders., Literaturgeschichte des Alten Testaments. Eine Einführung, Darmstadt 2008.
Schmidt, L., Das vierte Buch Mose. Numeri. Kapitel 10,11–36,13 (ATD 7,2), Göttingen 2004.
Ders., Die Priesterschrift – Kein Ende am Sinai!, in: ZAW 120 (2008), 481–500.
Ders., P in Deuteronomium 34, in: VT 59 (2009), 475–494.
Schmitt, H.-C., Spätdeuteronomistisches Geschichtswerk und Priesterschrift in
  Deuteronomium 34, in: K. Kiesow/T. Meurer (Hg.), Textarbeit. Studien zu Texten und ihrer
  Rezeption aus dem Alten Testament und der Umwelt Israels. FS P. Weimar (AOAT 294),
  Münster 2003, 407–424.
Ders., Dtn 34 als Verbindungsstück zwischen Tetrateuch und Deuteronomistischem
  Geschichtswerk, in: R. Achenbach/E. Otto (Hg.), Das Deuteronomium zwischen
  Pentateuch und Deuteronomistischem Geschichtswerk (FRLANT 206), Göttingen 2004,
  181–192.
Schwienhorst-Schönberger, L., Die Eroberung Jerichos. Exegetische Untersuchung zu Josua 6
  (SBS 122), Stuttgart 1986.
Seebass, H., Josua, in: BN 28 (1985), 53–65.
Ders., Numeri (BKAT IV,2,3), Neukirchen-Vluyn 2001.
Ders., Die Ankündigung des Mosetodes. Noch einmal zu Num 27,12–23 und Dtn 32,48–52, in:
  K. Kiesow/T. Meurer (Hg.), Textarbeit. Studien zu Texten und ihrer Rezeption aus dem
  Alten Testament und der Umwelt Israels. FS P. Weimar (AOAT 294), Münster 2003,
  457–467.
Ders., „Holy" Land in the Old Testament. Numbers and Joshua, in: VT 56,1 (2006), 92–104.
Smend, R., Das Gesetz und die Völker. Beitrag zur deuteronomistischen Redaktionsgeschichte,
  in: ders., Die Mitte des Alten Testaments. Exegetische Aufsätze, Tübingen 2002.
Sonnet, J.-P., The Book within the Book. Writing in Deuteronomy (BIS 14), Leiden u. a. 1997.
Veijola, T., Principal Observations on the Basic Story in Deuteronomy 1–3, in: M. Augustin/
  K.-D. Schunck (Hg.), „Wünschet Jerusalem Frieden". Collected Communications to the
  XIIth Congress of the International Organization for the Study of the Old Testament
  Jerusalem 1986 (BEAT 13), Frankfurt 1988, 249–259.
Ders., Das fünfte Buch Mose. Deuteronomium. Kapitel 1,1–16,17 (ATD 8), Göttingen 2004.
von Rad, G., Hexateuch oder Pentateuch?, in: VF (1947), 52–65.
Ders., „Holy Land" in Joshua 18:1–10, in: J. van Ruiten/J. C. de Vos (Hg.), The Land of Israel in
  Bible, History and Theology. FS E. Noort (VT.S 124), Leiden 2009, 61–72.
Watts, J. (Hg.), Persia and Torah. The Theory of Imperial Authorization of the Pentateuch
  (SBL.SS 17), Atlanta 2001.

Weimar, P., Studien zur Priesterschrift (FAT I/56), Tübingen 2008.

Wißmann, F. B., „Er tat das Rechte …". Beurteilungskriterien und Deuteronomismus in 1 Kön 12 – 2 Kön 25 (AThANT 93), Zürich 2008.

Wüst, M., Untersuchungen zu den siedlungsgeographischen Texten des Alten Testaments (TAVO 9), Wiesbaden 1975.

Zenger, E., Theorien über die Entstehung des Pentateuch im Wandel der Forschung, in: E. Zenger u. a., Einleitung in das Alte Testament (Kohlhammer Studienbücher Theologie 1,1), Stuttgart [7]2008, 74 – 123.

Zenger, E. u. a., Einleitung in das Alte Testament (Kohlhammer Studienbücher Theologie 1,1), Stuttgart [7]2008.

Das Josua-Palimpsest

Der Übergang vom Josua- zum Richterbuch und seine Konsequenzen für die These eines Deuteronomistischen Geschichtswerks

„Es ist doch immerhin seltsam, dass nach der Todesnotiz (Ri 1,1a) Josua noch einmal handelt (2,6a)".[1] Noch das blödeste Auge kann nach Rudolf Smend sen. am doppelten Tod Josuas erkennen, dass im Übergang zwischen Josua- und Richterbuch literarische Bruchlinien verlaufen[2], doch bis heute ist es selbst den klügsten Augen nicht gelungen, das Wachstum dieses Übergangsbereiches so zu rekonstruieren, dass es zu einem breiteren Konsens geführt hätte. Das gilt sowohl für das ältere Urkundenmodell mit dem Versuch, die Fortsetzung der Penta-teuchquellen in dem Übergangsbereich zu suchen, als auch für die diversen Vorschläge zu einem oder mehreren deuteronomistischen Geschichtswerken als auch für die jüngeren Hexateuch- und Enneateuchhypothesen. Ohne Zweifel wird man sagen können, dass es sich bei der Auflösung des „heillose(n) gordische(n) Knoten der alttestamentlichen Literargeschichte"[3] – wie Erhard Blum den Über-gangsbereich treffend benannt hat – um ein Schibbolet der Modellbildung der kritischen Erforschung von Pentateuch und deuteronomistischem Geschichtswerk handelt. Angesichts der Vielzahl der existierenden Erklärungsmodelle soll hier nicht die Entwicklung eines weiteren, sondern vielmehr die Vereinbarkeit einiger jüngerer Vorschläge mit der Hypothese eines deuteronomistischen Geschichts-werks im Vordergrund stehen. Dabei kann allerdings nicht der gesamte Über-blicksbereich in der gleichen Tiefe in den Blick genommen werden. Da insbe-sondere Jos 23 in den jüngeren Vorschlägen eine größere Rolle gespielt hat, wird hier ein Schwerpunkt liegen. Insgesamt steht aber eher die Modellperspektive als die Einzeltextanalyse im Vordergrund.

Das Grundproblem des doppelten Todes Josuas

Die Probleme beginnen aber nicht erst in Jos 23, sondern nach der Abschlussnotiz in Jos 11,23; mit der doppelten Versammlung und Abschiedsrede in Jos 23 und 24 sind sie nicht mehr zu übersehen. Das ל קרא in Jos 23,2 setzt die Versammlung

---

1 *Hentschel*, Josua (⁸2012), 276.
2 *Smend sen.*, Erzählung (1912), 274.
3 *Blum*, Knoten (1997), 181.

DOI 10.1515/9783110424386-004

ganz Israels bereits voraus, wenn es sie nicht einberuft. Da diese Versammlung in Jos 24 fortgesetzt wird, läuft die Versammlung aller Stämme mit אסף in Jos 24,1 ins Leere. Dass Josua das Volk dann auch zweimal entlässt (Jos 24,28; Ri 2,6) und zweimal mit nahezu identischen Worten stirbt (Jos 24,29 – 31; Ri 2,6 – 9), nachdem Ri 1,1 sich explizit *nach* dem Tod Josuas eingeordnet hat, macht überdeutlich, dass die Einzelstücke weder aus einer Hand noch aus einer geschlossenen einheitlichen Komposition stammen können.

Einig in den Grundbeobachtungen, ist doch die alttestamentliche Wissenschaft seit je her über die Erklärung dieses Sachverhaltes uneins, was ein Blick in das erste Heft der ZAW von 1881 verdeutlicht, wo Eduard Meyer eine „Kritik der Berichte der Eroberung Palaestinas" und einen Vorschlag zur Quellenscheidung von J und E in Num 21–Ri 2,5 vorlegte.[4] Interessanterweise verleitet der Aufsatz den Herausgeber Bernhard Stade zu einem ausführlichen historischen Nachwort und im gleichen Jahrgang zu einem Aufsatz zur Entstehungsgeschichte des vordeuteronomistischen Richterbuches.[5] Die darauf folgenden heftigen Debatten um das Ende von J und E im Richterbuch haben als konsequenten Gegenpol Karl Budde, der in Bezug auf Ri 1 die danach im Kern stabile Ansicht festhält, dass das dtr Richterbuch, „von diesem ersten Theile des Richterbuches' nichts weiß noch wissen will ... und daher sicher nicht ein Stück wie Richt. 1 vorausgehen hat lassen".[6] Nach Budde ist das JE Stück Ri 1,1–2,5 „nicht eben geschickt"[7] *nachdtr* vor die ursprüngliche Einleitung des dtr Richterbuches Ri 2,6 – 12.14 – 16.18 f. etc. gesetzt, was die Verwirrung des Widerspruchs zwischen Ri 1,1 und 2,6 erst ausgelöst hat.[8] Zwar ließe sich der Diskussionsfaden von E. Meyer und B. Stade nun über K. Budde, das Verschwinden der Quellenfäden aus der Erklärung des Josuabuches und die seit Martin Noth sich durchsetzende These des deuteronomistischen Geschichtswerks bis hin zu dessen Infragestellung und die parallel gehende Auflösung des neueren Urkundenmodells und die Rückkehr zum Fragmentenmodell weiterverfolgen, doch wird dabei der selbst geneigteste Leser keinen neuen Problemstand erkennen können. Deutlich würde lediglich, dass es sich um einen notorisch schwierigen Übergangsbereich handelt, dessen Lösung, wie kaum ein anderer, Auswirkungen auf die Modellebene hat. Kurz und heruntergebrochen auf eines der Diskussionsfelder der letzten Jahre: Wer mit einem in Dtn 1 beginnenden selbstständigen deuteronomistischen Geschichtswerk rechnet, muss erklären können, wie sich das Wachstum des Übergangsbereiches und die

---

4 *Meyer*, Kritik (1881).
5 *Stade*, Entstehungsgeschichte (1881).
6 *Budde*, Richter (1890), 78, vgl. ebd., 91.
7 *Budde*, Richter (1890), 164.
8 *Budde*, Richter (1890), 161.

Verbindungen in den Tetrateuch dazu verhalten. Oder etwas schärfer: Da die Verbindung von Josua zu Richter gewachsen ist, zerbricht an dem Übergangsbereich die These eines *als ursprüngliche Einheit* konzipierten deuteronomistischen Geschichtswerks, das eine Brücke von Josua zu Samuel schlug. Diesem grundsätzlichen Einspruch gilt es im Folgenden argumentativ nachzugehen. Dazu ist zunächst noch einmal auf Martin Noths Analyse einzugehen.

Jos 23 – Ri 3 als Schlüsselbereich in Martin Noths Analyse

Schon oft ist betont worden, dass der Vater des deuteronomistischen Geschichtswerks in der literarhistorischen Auflösung des Übergangsbereiches – um es vorsichtig zu sagen – volatil gewesen ist.[9] Das soll hier nicht noch einmal *en détail* nachgezeichnet werden, doch lohnt ein Blick auf einige Aspekte und Teilargumente. Seine Hypothesenbildung zum Übergang zwischen Josua und Richter beginnt mit der Studie zum System der zwölf Stämme Israels, die 1930 aus der Antrittsvorlesung in Königsberg und den Qualifikationsarbeiten zu den Personennamen hervorgegangen ist. Dort – um nur den Nachklang der oben eingespielten Diskussion zu erwähnen – steht Noth noch im Bann der vorgespurten Quellenanalysen und arbeitet mit Umstellungen:

> Ich kann mich also nicht von der Richtigkeit der These überzeugen, daß die Hexateuchquellen über das Buch Josua hinaus zu verfolgen seien. ... Daß die jahwistischen Stücke in Ri. 1,1–2,5 ursprünglich einmal *vor* Jos. 24 gestanden haben, ist nicht wohl zu bezweifeln. Schon die Tatsache, daß einige Stücke daraus innerhalb des Buches Josua bereits vorkommen, zeigt das. Die Erwähnung des Todes Josuas in Ri. 1,1 beruht erst auf der jetzigen sekundären Stellung dieses Stücks.[10]

Obwohl er mit dem Gedanken spielt, Jos 24 als „Schmuckstück" zu begreifen, „das von den Schriftstellern nur komponiert wurde als ein volltönendes Finale zu ihrem Werke", entscheidet er sich wegen Jos 24,14–24 für eine historische Perspektive, da „J und E in im wesentlichen übereinstimmender Weise, aber mit formellen Unterschieden vom ‚Landtag in Sichem' berichten". Jos 23 hingegen sei ein solches „dekoratives Schlußstück", wortreich, aber arm an Inhalt und ohne „jede Spur von

---

9 Vgl. dazu die ausführliche Darstellung des Umgangs mit Jos 24 bei *Noort*, Josua (1998), 209–211; *Römer*, Ende (2006), 525f; *Frevel*, Geschichtswerk (2004), 81f.
10 *Noth*, System (1966), 67.

Verwendung älterer Überlieferung".[11] Mit beeindruckender Klarheit sieht Noth schon 1930 das Problem einer konzeptionellen Geschlossenheit eines dtr Geschichtswerks, das Alleinverehrungsanspruch und Kultzentralisation von seinem Beginn an zum Maßstab erhebt, denn „der deuteronomistische Rahmen des Richterbuches befaßt sich nun leider nicht mit der Frage des legitimen Kultortes".[12] Noth erklärt das mit der Annahme, dass das frühere Richterbuch den Abfall von YHWH an den Heiligtümern *der Völker* lokalisiere und so das Problem erst in der Königszeit aufgehe. „Mag das nun richtig sein oder nicht, jedenfalls aber ist anzunehmen, daß man sich bestimmte Vorstellungen über das Schicksal der von Mose ausgesprochenen Forderung der Kultuszentralisation während der Richterzeit gemacht hat, sobald man in deuteronomistischen Kreisen sich mit der historischen Überlieferung zu beschäftigen begann".[13] Diese vage Annahme lässt viel Raum für die Erklärung der konzeptionellen Besonderheiten des Richterbuches, die in allen jüngeren Bestreitungen des DtrG einen der Ausgangspunkte bildet.[14]

Die feste Überzeugung, in Jos 24 auf das „Urgestein historischer Überlieferung"[15] zu stoßen, wirkt noch nach, wenn für Noth in der ersten Auflage seines Josuakommentars 1938 wegen Jos 8,30 – 35 Sichem „anfangs der Ort war, ‚den Jahwe erwählen wollte'"[16], d. h. Jos 24 keine Fortsetzung in 1 Sam–2 Kön hat. Jedoch rückt Noth dort von der Hypothese ab, dass Jos 24 wie überhaupt die vordeuteronomistische Überlieferung des Josuabuches mit den Hexateuchquellen in Verbindung standen, da es „allzusehr an positiven Argumenten dafür zu fehlen"[17] scheine. Jos 23 ist entsprechend der älteren Überlieferung als *Variante* nachgebildet[18] und stellt in Verbindung mit Jos 21,43 – 45; 22,1– 6 den dtr Abschluss der Landnahmeüberlieferung dar[19], der der dtr bearbeitete Text Jos 24* als Anhang beigegeben wurde. Dass Jos 24 den Ausgangspunkt für Jos 23 gebildet hat, hat Noth 1943 mit der Hypothese eines mit Dtn 1– 3 beginnenden deuteronomistischen Geschichtswerks aufgegeben. Die Annahme stehe „in Wirklichkeit auf überaus schwachen Füßen"[20] und das bloße Setting der Abschiedsrede sei „gar

---

11 Alle Zitate *Noth*, System (1966), 67 f.

12 *Noth*, System (1966), 142.

13 *Noth*, System (1966), 142.

14 S. u. Anm. 34.

15 *Noth*, System (1966), 70.

16 *Noth*, Josua (1938), XIII, vgl. bereits die Schlusssätze des Exkurses zur literarischen Analyse von Dtn 11,29 f; 27,1– 13; Jos 8,30 – 35 in *Noth*, System (1966), 150 f.

17 *Noth*, Josua (1938), XIII.

18 *Noth*, Josua (1938), XIIf.

19 *Noth*, Josua (1938), 101.

20 *Noth*, Studien (1943), 9.

kein Grund" für die vormalige „gekünstelte Auffassung". Die vormals so klare Ansicht scheint auf dem Altar des DtrG geopfert worden zu sein. Selbst dass Jos 24 Teil der vordeuteronomistischen Landnahmeüberlieferung war, kippt Noth zugunsten der These des DtrG, das vom vormaligen Hexateuch literarisch unabhängig war. Jos 24 wird zu einem überlieferungsgeschichtlich selbständigen, *solitären Satelliten*, der „nachträglich und unter starker Bearbeitung im Stile von Dtr an einer sachgemäßen Stelle in das große Geschichtswerk von Dtr eingearbeitet"[21] wurde. Es ist eine redaktionsgeschichtliche Nachordnung von Jos 24, keine überlieferungsgeschichtliche. Das unterscheidet die Analysen Noths nach wie vor wesentlich von den in jüngerer Zeit prominenten Annahmen, Jos 24 als spätes literarisches Produkt zu sehen.[22]

Während sich Noth im Josuakommentar noch ausdrücklich auf Wilhelm Rudolphs Thesen zum Übergang zwischen Josua und Richter berufen hatte[23], so setzt er sich 1943 scharf davon ab, „weil überhaupt die Grenze zwischen Josua- und Richterbuch ... in jedem Falle die Frage, ob wir mit einem in sich zusammenhängenden Dtr zu rechnen haben, geprüft werden muß".[24] Rudolph aber war der Ansicht, dass „neben einem deuteronomistischem redigierten Josuabuche ein deuteronomistisches Richterbuch als *selbständige* Größe gestanden habe und daß die Vereinigung beider erst sekundär vorgenommen worden sei"[25]:

> Es ist nicht richtig, dass „in Jos 24,1–Jdc 2,5 und Jos 23 Jdc 2,6 – 9 ein doppelter Schluß der Josuageschichte vorliegt, der zugleich ein doppelter Anfang der Richtergeschichte ist". Vielmehr hat die deuteronomische Josuageschichte nur einen Schluss: Jos 23 Jdc 2,6 ff, und das Richterbuch nur einen Anfang: Jdc 1,1–2,5 usw.; Jos 24, vom Deuteronomiker ausdrücklich eingeklammert, hat mit dem deuteronomischen Josuabuch nichts zu tun und hat nie mit Jdc 1,1 ff. zusammengehört.[26]

Noth hingegen sieht sehr genau die Schlüsselstellung der Probleme des Richterbuchanfangs für die Gesamtthese und rettet sich in eine Zurückweisung der zu einfachen Aufteilung von Jos 23+Ri 2,6 – 10.13 und Ri 1,1–2,5.23; 3,5; 2,11.12.14 – 16.18.19 auf zwei deuteronomistische Hände. Der ursprüngliche dtr Übergang sei durch Jos 23,1 – 16 → Ri 2,6 – 11.14 – 16.18.19 gebildet worden. Jos 21,43 – 45 erweise sich als Wiederaufnahme von 11,23aß, nehme Teile der Rede von Jos 23 unpassend

---

21 *Noth*, Studien (1943), 9.
22 S. z. B. *Blum*, Knoten (1997), 197–206; *Römer*, Ende (2006), 535–546
23 *Noth*, Josua (1938), XIII.
24 *Noth*, Studien (1943), 10.
25 *Noth*, Studien (1943), 6 f (Hervorhebung C. F.).
26 *Rudolph*, Elohist (1938), 243 in Absetzung von *Smend sen.*, Erzählung (1912), 317 (Schreibweise der Bibelstellen angepasst).

vorweg und sei der nachträglichen Einfügung von Jos 13,1–22,6 geschuldet.[27] Ebenfalls nachträglich und nicht als Anfang eines Richterbuches gleichgeordnet seien Ri 2,1–5 und die im Stil von Dtr erfolgende Einfügung und Bearbeitung von Jos 24,1–28 und schließlich „bereits ohne jede deuteronomistische Bearbeitung – das Konglomerat von alten Überlieferungsfragmenten, das wir Ri. 1 vor uns haben".[28] Auf den erkennbaren Schwachpunkt der isolierten überlieferungs- und traditionsgeschichtlichen Stellung von Jos 24 geht Noth zwar ein[29], sieht sich aber erst in der zweiten Auflage des Josuakommentars gezwungen, seine Position erneut zu präzisieren. Ob der älteste Bestand von Jos 24 „schon in vordeuteronomistischer Zeit mit dem alten Bestand von c. 1–12 in irgendeiner Form literarisch verbunden gewesen ist, bleibt unbekannt".[30] Es braucht nicht viel Phantasie, dass diese Öffnung mit der Annahme eines einheitlichen DtrG dann nicht wirklich zu vereinbaren ist, wenn die isolierte Stellung von Jos 24 – was in jüngerer Zeit von mehreren Seiten aus geschehen ist – zum Tetrateuch in Frage gestellt wird, ohne sie mit einer Nachordnung zu verbinden.[31]

Noch einmal: Grundfragen und ungelöste Paradoxien

Die Problemlage ist damit klar und hat sich in den vergangenen 125 Jahren kaum verändert. Sie lässt sich auf drei Fragen engführen: 1. Worin bestand die älteste literarische Verbindung von Josua- und Richterbuch und was impliziert sie für einen Kontext? 2. Wie sind Jos 23 und Jos 24 literarhistorisch einzuordnen und in welchem Verhältnis stehen sie zueinander? 3. Wie verhalten sich Ri 1,1–2,5 als epigonaler „echter Buchanfang" zu einem Werkzusammenhang Dtn–2 Kön?

Die Frage der Priorität von Jos 24,28.29–31 gegenüber Ri 2,6.7–9.10 ist an anderer Stelle begründet worden und soll hier nicht erneut diskutiert werden.[32] Vielmehr sollen vorab noch einmal drei Aspekte festgehalten werden, mit denen einerseits die Problematik verdeutlicht und andererseits die Funktion von Ri 2,6–10 beschrieben werden kann:

---

27 *Noth*, Studien (1943), 45 f.
28 *Noth*, Studien (1943), 9.
29 *Noth*, Studien (1943), 188.
30 *Noth*, Josua (²1953), 16.
31 Vgl. den Überblick bei *Frevel*, Wiederkehr (2011), 25–29.
32 S. *Frevel*, Wiederkehr (2011), 39–42.

(1) In einem durchlaufenden Werk macht das Nebeneinander von einer wiederholten Todesnotiz auf den ersten Blick keinen Sinn. Durch die Wiederholung von Jos 24,29–31 in Ri 2,6–10 werden Josua- und Richterbuch einerseits miteinander verbunden und andererseits stärker voneinander getrennt. Das Gegenüber der Generationen in Ri 2,6–10 – besonders das Zusammenspiel von V. 7 und V. 10 – akzentuiert den Epochenwechsel zwischen Josua- und Richterzeit. Zugleich ist die Fixierung auf die Person Josuas ein verbindendes Moment.

(2) Zwar ist Jos 24,28.29–31.32.33 ein mehrfach gestaffelter guter Schluss des Josuabuches und der „Hexateucherzählung", doch weder die Befragung YHWHs in Ri 1,1b, der Auftritt des Boten in Ri 2,1 noch Ri 2,6 oder Ri 2,8 sind ein sinnvoller Anfang eines Richter-Erzählzusammenhangs. Damit fehlt ein literarischer Anfang, so dass die Annahme eines unselbständigen Richterbuches relativ unstrittig ist.

(3) Unabhängig davon, ob Ri 2,6–10 als werkexterne oder werkinterne Wiederaufnahme gelesen wird, macht sie nur Sinn, wenn etwas *dazwischen* tritt. Das kann nicht das „nach dem Tod Josuas" aus Ri 1,1a gewesen sein, weil Ri 2,6–10 nach Ri 1,1 noch weniger Sinn macht als Ri 1,1 vor Ri 2,6–10.[33] Wenn überhaupt, macht Ri 1,1 nur als *Buchanfang* Sinn, der die Zäsur zwischen Josua und Richter verstärkt und deshalb die Wiederaufnahme überspielt. Als „dazwischen" kann sinnvoll nur Ri 1 verstanden werden, da hier mit der erneuten Erzählung der Eroberung Kanaans Sachverhalte geschildert werden, die im Buch Josua *mit der Person Josuas* verbunden waren.

Alle jüngeren Infragestellungen eines DtrG bestreiten die inhaltliche Geschlossenheit des Werkes im Übergang von Josua zu Richter und sehen das Richterbuch nicht in einem ursprünglichen literarischen Zusammenhang mit dem ältesten deuteronomistischen Josuabuch.[34] Nahezu alle jüngeren Plädoyers für ein deuteronomistisches Geschichtswerk kommen in der Bestreitung eines vordeuteronomistischen Anteils von Jos 24 überein und reklamieren einen frühen deuteronomistischen Übergang vom Josua- zum Richterbuch.[35]

---

33 Anders *Rake*, Juda (2006), 131.

34 Vgl. etwa mit je anderen Akzenten *Müller*, Königtum (2004), 239 f; *Wißmann*, Rechte (2008); *Groß*, Richterbuch (2011), 200; *Rake*, Juda (2006), 130.135; *Frevel*, Wiederkehr (2011), 14 (mit weiteren Hinweisen), vgl. auch *Römer*, Entstehungsphasen (2006), 63.

35 Vgl. etwa *Blum*, Knoten (1997), 197–206; *ders.*, Geschichtswerk (2011), 287 f; *ders.*, Überlegungen (2010); *Römer*, History (2007), 116–123.178–183; *ders.*, Anfänge (2009), 66 f; *ders.*, Ende (2006), 546 f.

Die Suche nach dem ältesten Übergang vom Josua- zum Richterbuch

Hier differieren die Hypothesen in der Berücksichtigung von Jos 23, Jos 22,1–6 und Jos 21,43–45 als Abschlussnotiz der Landnahme. Einige der jüngeren Vorschläge sollen im Folgenden näher betrachtet werden[36]:

Der am weitesten gehende Vorschlag findet sich bei Reinhard G. Kratz. Mit Rückgriff auf Martin Noth (s. o.) wird Jos 21,43–45 als Wiederaufnahme zum Zwecke der Einfügung von Jos 13–21 beurteilt und so „sieht man sehr rasch, daß sich der älteste Anschluß in Jos 11,16a^1.23b (+12,1a.9–24) und Jdc 2,8f + 3,7ff (einfaches Schema) befindet".[37] Sehr ähnlich argumentiert Uwe Becker, der in Jos 11,23* → Ri 2,8f. den ältesten Übergang sieht.[38] Mit einem Hinweis auf Reinhard Müller wird lediglich noch die Zugehörigkeit von Jos 24,28 als Überleitungsvers offen gelassen.[39] Im Unterschied zu Becker sieht jedoch Müller in Ri 2,6–9* einen möglichen ursprünglichen Schluss der Landnahmeerzählung *ohne* Fortsetzung mit dem Abfall von YHWH.[40] Indem auch die Ursprünglichkeit des Richterrahmens bzw. des sog. Richterschemas oder Regentenprogramms in Frage gestellt wird, ist gar kein Raum mehr für ein ursprüngliches DtrG. Die Frage des Zusammenhangs von Ri 2,8–10 beschäftigt ebenfalls Walter Groß. Auch er sieht in Jos 11,23 den Ansatzpunkt für den frühesten Übergang. Jos 21,43–45 beurteilt er demgegenüber als „gänzlich formelhaft" sowie „viel theologischer" und schreibt ihm durch den Bezug zu 1 Kön 8,56 und den Landschwur einen „enneateuchischen Horizont" zu, so dass nur Jos 11,23 → Ri 2,7–8.10 für den ursprünglichen Übergang in Frage komme.[41] Zur Stärkung der DtrG-Bande verweist er auf den Rückbezug im anschließenden Regentenprogramm: Ri 2,11b.12ab.14a greife Dtn 6,12–15 auf und sei damit ohne den Kontext des Deuteronomiums kaum verständlich. Wie auch immer man Dtn 6,10–15 einordnet, ist doch Ri 2,11–14 mit den Baalen, Astarten, Räubern und Feinden auch ohne diesen Bezug gut verständlich. Insbesondere die

---

36 Jüngere synchrone Analysen wie die von *Ederer*, Ende (2011) oder *Ballhorn*, Israel (2011) bleiben im Hintergrund und werden nicht eigens vorgestellt.

37 *Kratz*, Komposition (2000), 205.

38 *Becker*, Kontextvernetzungen (2006), 151.

39 Vgl. *Müller*, Königtum (2004), 251.

40 S. *Müller*, Königtum (2004), 77.232.

41 *Groß*, Richterbuch (2011), 184f. Besonders betont wird die Aufnahme von שקט aus Jos 11,23 in Ri 3,11 [vgl. 3,30; 5,31; 8,28] gegenüber נוח H-Stamm in Jos 21,44. Vgl. aber demgegenüber das weit dichtere Netz der נוח-Belege, das jedoch nicht nur die dtr Primärschichten umgreift: Dtn 3,20; 12,10; 25,19; Jos 1,13.15; 22,4; 23,1; 2,23; 3,1. Für שקט in Jos 11,23 s. auch Jos 14,15.

Parallele zwischen Ex 1,6.8 und Ri 2,8.10 führt ihn dazu, dass ein „literarkritischer Schnitt zwischen Jdc 2,8–9 und 2,10 ganz unwahrscheinlich" sei. „Jdc 2,7–10 ist vielmehr Abschluss der Josuazeit, d. h. der Landeroberung, und Übergang zur Richterzeit der Gefährdung durch auswärtige Feinde zugleich".[42] Die Parallelität zwischen Ex 1,6.8 und Ri 2,8.10 ist zwar eindeutig, zugleich aber nicht so stark, dass mit ihr ein *ursprünglicher* literarischer Zusammenhang von Ri 2,8.10 begründet werden könnte. Der Bezug beschränkt sich wesentlich auf V. 10 und kann für V. 8 nur das unspezifische וימת reklamieren. Das führt eher zu dem Schluss, dass die Übernahme von Jos 24,28–31 in Ri 2,6–9 durch V. 10 redaktionell *ergänzt* wurde, um wie zu Beginn der Exoduserzählung einen sich absetzenden Neuanfang zu gestalten.[43] Einen solchen Neuanfang stellt auch die Vorschaltung von Ri 1,1–2,5 dar. Gerade wenn Ri 2,6–9 keinen absoluten, aber einen relativen Anfang darstellt, spricht vieles für eine Wiederaufnahme von Jos 24,28–31. Die Gründe dafür brauchen hier nicht wiederholt zu werden.[44]

Bemerkenswert ist, dass Walter Groß in seiner umsichtigen Analyse der redaktionsgeschichtlichen Kontexte des Richterbuches von der Annahme eines ursprünglichen DtrG bzw. der Herstellung eines deuteronomistischen Zusammenhangs von erster deuteronomistischer Hand abrückt: „Die älteste dtr Darstellung der Regentenzeit 2,7–12,15 wurde somit verfasst, um in literarischer unselbständiger Weise die am Ende des Josuabuches erreichte Ereignisfolge weiterzuerzählen und auf die mit 1 Sam beginnende Darstellung hinzuführen".[45] Eine dtr Darstellung der Königszeit ist dabei ebenso vorausgesetzt wie die dtr Bearbeitung der Samueltradition und die älteste dtr Schicht im Josuabuch, die zwar nicht Jos 23, aber den in Jos 11,23 markierten vollständigen Abschluss der Landnahme umfasst habe. „Als der erste Dtr das Richterbuch gestaltete, lagen ihm einerseits eine dtr Darstellung von Dtn*–Jos* und andererseits eine dtr Darstellung von 1 Sam*–2 Kön* vor".[46] Damit betont W. Groß die redaktionelle Brückenfunktion der ältesten dtr Schicht im Richterbuch gegenüber der Annahme eines konzeptionell geschlossenen Entwurfs eines DtrG Noth'scher Prägung. Was dann als „DtrG" noch geführt wird, ist de facto ein nachgeordneter literarischer Zusammenhang. Hier ist im Einzelnen dann zu diskutieren, wieweit der vorausgesetzte Zusammenhang Dtn–Jos für sich stehen konnte (DtrL) oder Teil eines

---

42 *Groß*, Richterbuch (2011), 188.
43 Dabei ist natürlich vorausgesetzt, dass man sich mit guten Gründen der Hypothese von K. Schmid, J. C. Gertz u. a. verweigert, nach der Ex 1,1–8 bzw. Ex 1,1–10 nachpriestergrundschriftlich sind. S. dazu *Zenger*, Einleitung (⁸2012), 222.
44 S. *Frevel*, Wiederkehr (2011), 39–41.
45 *Groß*, Richterbuch (2011), 200, vgl. *ders.*, Richter (2009), 86.
46 *Groß*, Richterbuch (2011), 201.

Hexateuch gewesen ist. Neben die Frage der Existenz einer frühdeuteronomisti-
schen Landeroberungserzählung tritt dann die Frage von Dtn 1–3 als Erzählanfang, die hier nicht erneut diskutiert werden soll.[47]

Man könnte die Groß'sche Position als Kompromisslinie bezeichnen, denn
auch Thomas Römer kommt – wenn auch unter anderen Voraussetzungen und bei
ganz anderer Textabgrenzung – zu einem vergleichbaren Ergebnis.

Das Schlüsselkapitel Jos 23 ist weder einheitlich noch früh zu datieren

Ohne die Reflexionskapitel ist kein DtrG zu holen – das erkennt Thomas Römer
sehr klar, weswegen er gegen den (ursprünglichen) Entflechtungsvorschlag Erhard
Blums[48], der Jos 23 und Jos 24 dem ursprünglichen DtrG entzieht, den Übergang
von Jos 21,43–45 zu Ri 2,6 bzw. 8 mit einem Grundtext aus Jos 23 auffüllt. Für
Römer ist es wenig plausibel, dass der zum Nachfolger des Mose stilisierte Josua
in der ältesten dtr Schicht so schmucklos von der Bühne abtreten kann, dass er
keinerlei Abschiedsworte spricht. Da in Jos 23 die vollständige Eroberung des
Landes neben der unvollständigen stehe, das Kapitel also in mindestens zwei
Stufen gewachsen sei, sucht er erneut nach einem dtr Grundtext von Jos 23, der
zur dtr Erstausgabe gerechnet werden kann. Er sieht in Jos 23,1.9.14.15.16 nicht wie
Martin Noth Vorwegnahmen, sondern Wiederaufnahmen von Jos 21,43–45.
„Entweder nimmt ein späterer Autor in Jos 23 das Resümee aus 21,43–45 wieder
auf oder beide Texte stammen von derselben Hand".[49] Den Lösungsvorschlag von
Noth, Jos 21,43–45 selbst als mit Jos 13–21 zusammenhängende Wiederaufnahme
zu sehen, schließt Römer als „unwahrscheinlich" aus. Da er wie Erhard Blum
Jos 22,1–6* zum ersten DtrG rechnet, ist für ihn „21,43–45 als vom selben Verfasser stammende vorbereitende Einleitung zur Abschiedsrede durchaus einleuchtend".[50] In dem eruierten Grundtext Jos 23,1.2*.3.9.11.14b–16a sieht Römer
mit Rückblick, Paränese, Heils- und Unheilsankündigungen ein Deuteronomium
en miniature. Aufgrund des vom Deuteronomium bis Josua reichenden Darstel-

---

47 Vgl. zur Diskussion *Frevel*, Wiederkehr (2011), 23–25.
48 S. *Blum*, Knoten (1997). Inzwischen hat sich E. Blum der Lösung Römers mit einem Grundtext
in Jos 23 angeschlossen, rechnet aber Jos 23,1–3.(6).11.14–16(a) dazu, s. *Blum*, Geschichtswerk
(2011), 287.
49 *Römer*, Ende (2006), 530.
50 *Römer*, Ende (2006), 530–31.

lungsgefüges liege die Annahme einer separaten Edition (DtrL) nahe.[51] „Man könnte auch einen direkten Übergang zwischen Jos 23*; 24,29 – 30* (bzw. Jdc 2,8 – 9*) und 1 Sam erwägen. ... Die schon des Öfteren beobachtete Sonderstellung des Richterbuches im Rahmen des DtrG könnte sich dann unter Umständen dadurch erklären, dass dieses Buch erst relativ spät als Bindeglied zwischen Dtn–Jos und Sam eingefügt wurde".[52] Mit Blick auf den dtr Charakter des Richterschemas will Römer das zwar offen lassen[53], sieht aber in den nachexilischen Nachträgen von Jos 23 die Richterzeit vorbereitet. Damit würde ein DtrG im eigentlichen Sinne, also ein Darstellungszusammenhang, der eine Brücke zwischen Josua und Samuel schlägt, frühestens erst in einer zweiten dtr Schicht entstehen. Römer sieht damit „die Anfänge des DtrG in einer Art Bibliothek ... in dem einige Rollen noch unverbunden koexistierten".[54] Fällt das Richterschema als Anschluss von Jos 24,30 bzw. Ri 2,9 aus, wirft die Zugehörigkeit von Jos 23* zum ersten Deuteronomisten ein Problem für die Geschlossenheit der These vom DtrG auf. Ein direkter Übergang zu 1 Sam 1 ist kaum wirklich sinnvoll, damit bleibt die Annahme einer vorgängigen Landeroberungserzählung (DtrL). Eine konzeptionelle oder gar redaktionelle Geschlossenheit der Reflexionskapitel 1 Sam 12; 1 Kön 8; 2 Kön 17 ist dann allerdings nicht mehr gegeben, was Römer nicht weiter diskutiert. Es ist zu begrüßen, dass durch die Annäherung an die Fragmentenhypothese eine flexible Ausgangsposition formuliert wird, doch sollte hier nicht mehr von einem Festhalten an einem DtrG geredet werden, insbesondere dann nicht, wenn die Verbindung zwischen den deuteronomistischen Darstellungszusammenhängen von Dtn–Jos und 1 Sam–2 Kön erst in nachexilischer Zeit erfolgte.[55] Aber auch unabhängig von der Feststellung, dass DtrG inzwischen ein vielleicht zu offen verwendeter Terminus geworden ist, bleiben Zweifel, ob der Vorschlag von T. Römer, der inzwischen modifiziert auch von E. Blum geteilt wird[56], die Tragfähigkeit der Gesamthypothese erhöht oder eher nicht: Es ist

---

51 Dabei rechnen weder Lohfink noch Braulik Jos 23 zu DtrL: S. zum Beispiel: *Lohfink*, Väter (1991), 81 Anm. 17: „Nicht dagegen Jos 23", zitiert bei *Braulik*, Landeroberungserzählung (2011), 90. Eine ausführliche Begründung wird dafür nicht gegeben, sondern de facto aus der vorausgesetzten Zugehörigkeit von Jos 23 zu DtrN geschlossen. Anders *Römer*, Ende (2006), 534, aber nicht im Anschluss an E. Otto, der Jos 23*; Ri 2,6 – 9 zu seiner *exilischen* DtrL-Schicht rechnet. Vgl. *Otto*, Deuteronomium im Pentateuch (2000), 106.130.143.241 f u. ö.

52 *Römer*, Ende (2006), 534 f.

53 S. auch *Römer*, Wüstentraditionen (2011), 65. Eindeutiger festgelegt auf die exilische Ausgabe in *ders.*, Anfänge (2009), 67.

54 *Römer*, Ende (2006), 547.

55 Römer selbst betitelt sein Buch über die verschiedenen Ausgaben „The So-Called Deuteronomistic History".

56 *Blum*, Geschichtswerk (2011), 287 rechnet Jos 23,1 – 3.11.14 – 16(a) zur Grundschicht.

durchaus hinterfragbar, ob Jos 22,1–6 – in welcher Form auch immer – sinnvoll zu einer dtr Erstausgabe gerechnet werden können.[57] Zum einen hat die Idee der Beteiligung der transjordanischen Stämme neben Jos 1,12–15 und den damit zusammenhängenden Texten seine Anker in Num 32* und wird von dort her in Josua eingetragen bzw. aufgenommen. Zum andern erscheint die von Römer (als vorläufig) gegebene konzeptionelle Erklärung, dass „die dtr Erfindung des Jordans als Grenze des verheißenen Landes zugleich auch einen Ausgleich mit der historischen Realität (Israel wohnt auch in Transjordanien) erforderte"[58] literarisch und historisch für die Erstausgabe wenig tragfähig. Jos 22,1–6* braucht Römer aber, um den Übergang von Jos 21,43–45 zu Jos 23,1 nicht zu hart scheinen zu lassen. Mit anderen Worten: Fällt Jos 22,1–6*, wird es eng mit einem frühdtr Grundtext von Jos 23*, es sei denn Jos 23* würde an Jos 11,23 anschließen können. Denn bereits oben wurde darauf hingewiesen, dass Jos 21,43–45 sich literarhistorisch besser als theologisch stark komprimierende Wiederaufnahme der vollständigen Erfüllung der Landgabe in Jos 11,23 verstehen lässt, die im Zusammenhang mit der Einbindung von Jos 13–21* steht; dann aber sicher nicht zur deuteronomistischen Erstausgabe zu rechnen ist.[59] Dass dafür auch die Formulierungen zum Väterschwur und eine Verkettung von dtr Phrasen sprechen, hat vor allem V. Fritz betont.[60] Der Übergang von Jos 11,23 (שקט) zu Jos 23,1 (נוח H-Stamm) wäre zudem hart, aber nicht unmöglich. Dennoch muss gefragt werden, wieso die entscheidenden Stichworte in demselben Kontext differieren. Weitere Beobachtungen raten ebenfalls davon ab, Jos 11,23 in einem Atemzug mit Jos 23* zu nennen: Das זקן בא בימים in Jos 13,1 nimmt aber nun 23,1 auf oder vorweg, was in Römers Argumentation unberücksichtigt bleibt und ebenfalls Fragen nach der Einordnung von Jos 23 aufwirft.[61] Die einleitende Angabe, dass Josua alt geworden ist und das Geschehen lange Zeit nach (im jetzigen Kontext) Jos 21,43–45 stattfindet, scheint zudem vollkommen unberührt von der exakteren (und älteren) Chronologie, die Josua – sei es nun in Jos 24,29 oder Ri 2,8 – mit 110 Jahren (vgl. Dtn 34,7) sterben lässt. Dass einer der beiden Tode Josuas in Jos 24,29; Ri 2,8 zur ursprünglichen Komposition zu rechnen ist und eine Josua-Erzählung abschloss, dürfte kaum bezweifelt werden. Jos 23* gehörte dann eher nicht dazu. Im Grunde sind damit die Argumente, die für eine Spätdatierung von Jos 23 bzw. dessen

---

57 Vgl. zu unterschiedlichen Positionen einer Spätdatierung *Bieberstein*, Josua (1995), 98–101.387–390; *Fritz*, Josua (1994), 220; *Knauf*, Josua (2008), 183; *Nentel*, Trägerschaft (2000), 64.
58 *Römer*, Ende (2006), 531.
59 S. dazu die Hinweise in *Frevel*, Wiederkehr (2011), 23–25.
60 *Fritz*, Josua (1994), 217.
61 Zu der Wendung s. auch Gen 18,11; 24,1 und n. b. 1 Kön 1,1. Wird nicht durch Jos 23,1 wie in 1 Kön 1,1 ein Einschnitt betont?

Zuweisung an DtrN flankierend eingebracht werden, genannt. Die Spätdatierung ging in der Forschung aber immer mit der Einheitlichkeit des Kapitels einher; ein Junktim, das methodisch kaum nachvollziehbar ist.

Die Grundbeobachtung der Spannung in Jos 23 ist zunächst einmal plausibel: Es bleibt die nicht weg zu diskutierende grundlegende Differenz zwischen לכל־הגוים האלה in V. 3, die bereits vollständig vertrieben sind, und den הגוים הנשארים in V. 4[62] und V. 12–13, die erst noch vertrieben werden müssen. Mit der vollständigen Ruhe vor allen Feinden V. 1 ist es dann nicht sehr weit her, wenn die noch nicht vertriebenen Völker zur Geißel, zum Klappnetz und zum Fallstrick werden V. 13. Wenn bereits „alles" von dem zugesagten Guten eingetroffen ist (כי לא־נפל דבר אחד) V. 14, widerstreitet dem die unvollständige Vertreibung V. 13. Die Annahme einer zumindest zweistufigen Entstehung von Jos 23 ist damit durchaus plausibel. Doch ist es damit die Datierung auch?

Grundtext und Überarbeitung von Jos 23

Der Grundtext sendet ambivalente sprachliche Signale aus: Für eine frühe Datierung des Grundtextes kann die eindeutige Vernetzung mit Texten wie Dtn 1–3* und Dtn 28 f angeführt werden. V. 3 benutzt mit את כל־אשר עשה יהוה eine Phrase, die in Ex 18,11; Dtn 3,21 und 29,1 ihre direkten Parallelen hat und die – nimmt man das appositionelle אלהיכם hinzu – eine eindeutige Nähe zu Dtn 3,21 aufweist. Dass Dtn 3 aufgerufen werden soll, unterstreicht die Wendung כי יהוה אלהיכם הוא הנלחם לכם, die so *nur* in Jos 23,3 und Dtn 3,22 vorkommt. Auch dass YHWH selbst derjenige ist, der kämpft (לחם), findet sich prominent neben Ex 14,14.25 in Dtn 1,30; 3,22; 20,4 und später in Jos 10,14.42; 23,10, aber nicht im übrigen „DtrG" von Ri–2 Kön. Das ואתם ראיתם את כל־אשר עשה יהוה erinnert stark an Dtn 29,1, auch wenn es nirgendwo sonst die Nationen גוים zum Objekt hat. Nicht unproblematisch für einen *frühen* Deuteronomisten ist aber die Rede vom Bund in V. 16a. Der Hinweis auf den Abfall von YHWH spielt jedoch in der Argumentation von Thomas Römer eine nicht unentscheidende Rolle: „Auch ohne das Richterbuch bleibt die Idee, dass der Abfall von JHWH nach der Landnahme beginnt".[63] Diese Idee sei auch in Ri 2,11–23*; 1 Sam 12,5–25* und 1 Kön 8,46 und 2 Kön 17,15 vertreten. Dabei komme 2 Kön 17,15 durch den Bezug zum Bundesbruch besondere Bedeutung zu. Nun ist allerdings 2 Kön 17,15 auch sprachlich ganz anders – oder deutlich spätdeute-

---

62 Hinzu tritt die variierende Wiederholung des ראה in V. 3 f, das בנחלה לשבטיכם (vgl. Jos 13,7), נפל H-Stamm (vgl. Jos 13,6, dagegen in ganz anderer Verwendung Ri 2,19).

63 *Römer*, Wüstentraditionen (2011), 65.

ronomistischer – gelagert als Jos 23,16: מאס את־חק ואת־ברית ואת־עדות ist in der Kombination doch recht ungewöhnlich[64] und das daran anschließende, stark an Jer 2,5 erinnernde Wortspiel mit dem verbalen הבל auch.[65] Hingegen weist schon die Rede von YHWHs Bund את־ברית יהוה in Jos 23,16 sprachlich eindeutig zurück auf klassische Belege im Deuteronomium (Dtn 4,23 mit הכח; 29,24 mit עזב).[66] עבר ברית scheint nur auf den ersten Blick breiter in Dtn–2 Kön belegt, umfasst aber Stellen wie Ri 2,20 und 2 Kön 18,12. Zu Recht hat zudem W. Groß auf die Parallele in Ri 2,20 hingewiesen, wo die Rede vom Bund in unlösbarem Zusammenhang mit den uneroberten Völkern steht.[67] Nimmt man die Besonderheiten des Sprachgebrauchs (עבר את־ברית Dtn 17,2; 2 Kön 18,12) und das Fehlen der Bundeskategorie in der Fremdgötterdienstkritik in Ri 2,7–10.11–23* hinzu, mehren sich die Zweifel, Jos 23,16a einem frühen oder ersten Deuteronomisten zu belassen – und selbst wenn, wäre sein Bezugshorizont weniger das DtrG als das Deuteronomium.[68] Die Idee, dass der Fremdgötterdienst zum Epochenwechsel gehört, ist in der Aussage Jos 24,31; Ri 2,7 angelegt, aber eben nur implizit. Wenn sie dann ab dem Richterrahmen ausgewalzt wird, muss das noch nicht für den Grundtext von Jos 23* gelten. Fällt die Rede vom Übertreten des Bundes aus, blieben noch V. 14–15 für einen Grundtext, doch schließt umgekehrt V. 16 folgerichtig an V. 14b–15 an. V. 14a verbindet erneut Josuas Abschied mit David (vgl. nahezu wörtlich 2 Kön 2,2). Die Rede von „dem ganzen Herzen und der ganzen Lebenskraft" (V. 14b) ist zwar häufiger in der Breite der deuteronomistischen Literatur belegt[69], nicht aber mit Bezug auf ידע (vgl. nur 1 Chr 28,9). Ein weiteres Argument liefert vielleicht V. 2, in dem Römer mit Bearbeitung(en) rechnen muss.[70] Erwähnt werden dort Älteste, Häupter, Richter und Beamte – in singulärer Kombination. שטרים und שפטים rufen sofort Dtn 18,18 auf, denn beide Amtsbezeichnungen finden sich im Pentateuch

---

64 Vgl. lediglich Lev 26,15 ואם־בחקתי תמאסו.

65 Sonst nur in anderen Kontexten Ijob 27,12; Ps 62,11; Jer 23,16.

66 Daneben nur Jos 7,15 (mit עבר) und Jer 22,9 (mit עזב).

67 *Groß*, Richterbuch (2011), 189.

68 Reicht das Fehlen in der LXX für die Abtrennung von V. 16b? Der Verweis auf das gute Land (הארץ הטובה) ist eindeutig auf das Deuteronomium zurückbezogen (Dtn 1,36; 3,25; 4,21.22; 9,6), weil die Phrase mit doppelter Determination außerhalb *nur* in 1 Chr 28,8 vorkommt. Gleiches gilt für die Androhung der prompten Vernichtung (אבד מהרה), die außer in Jos 23,16 nur in Dtn 11,19 vorkommt. Wenn V. 16b MT ursprünglich ist, spricht das eher für als gegen einen ersten Deuteronomisten, zumindest ist durch die Hinzunahme von V. 16b die redaktionskritische Entscheidung nicht eindeutiger, so dass die Frage hier nicht entschieden werden muss.

69 Dtn 4,29; 6,5; 10,12; 11,13; 13,4; 26,16; 30,2.6.10; 2,5; 1 Kön 2,4; 8,48; 2 Kön 23,3.25 u. ö. außerhalb von Dtn–2 Kön.

70 *Römer*, Ende (2006), 531.

zusammen *nur* dort[71], daneben noch 1 Chr 23,4; 26,29 und in Jos 8,33 zusammen mit den Ältesten und – wo alle vier versammelt sind – Jos 24,1. Die ראשים tauchen frequent im Buch Numeri und in Jos 14–22 auf, die שטרים häufig im Deuteronomium und Jos 1,10; 3,2; 8,33. Jos 23,2 kombiniert somit verschiedene Repräsentantengruppen aus verschiedenen Wachstumsbereichen des Josuabuches. Da die nahezu singuläre (Jos 24,1 dürfte von Jos 23,2 abhängen[72]) additive Kombination gewachsen sein kann, lässt sich darauf *allein* keine Spätdatierung bauen. Aber muss nicht die Konsequenz aus dem hier Zusammengetragenen lauten, dass Jos 23* – selbst in der Annahme eines Grundtextes in den V. 1.2*.3.[9.11][73].14b–16a – eher zu den späteren deuteronomistischen Schichten als zum ersten Deuteronomisten zu rechnen ist?

Wie auch immer man sich hier entscheidet, bleibt auffallend, dass der ausgegrenzte Grundtext seinen Bezugshorizont nahezu *ausschließlich* im Deuteronomium hat und die Erfüllung der gegebenen Zusagen unterstreicht. Nichts deutet darin sprachlich auf eine Nähe zu den übrigen Reflexionskapiteln in Ri–2 Kön hin. Das spricht nicht dafür, dass die Abschiedsrede Jos 23 ursprünglich als Reflexionskapitel für ein über Josua hinausreichendes DtrG gedacht war – im Gegenteil. Wenn zudem die hier geäußerte Annahme richtig ist, dass Jos 23 in Grundtext und Überarbeitung zu trennen, aber nicht früh zu datieren ist, dann spricht das *gegen* die Annahme eines frühen Zusammenhangs von Dtn–2 Kön – in welchem Umfang auch immer.

Werfen wir demgegenüber einen knappen Blick auf die Verse, die von Römer der Überarbeitung zugewiesen werden (V. 4–8.10.12–13), denn die Thematik der übriggebliebenen Völker verankert sich in einem Kontext, der mindestens Ri 1,1–2,5 einschließt. Der Aufbau in einem ABAB-Schema erschließt sich, wenn man auch V. 9 und V. 11 in die Betrachtung miteinbezieht. Das legt sich ohnehin nahe, weil ein harter Bruch in V. 4–13 auch nicht auszumachen ist. Die Gesetzes-Paränese hat das Konnubium mit den fremden Völkern und den drohenden Abfall von YHWH im Blick. Dazu beginnt sie mit der imperativischen Aufforderung zur Situationsanalyse (V. 4: ראו), die an die Erkenntnis des positiven Geschichtshandelns YHWHs (V. 3: ואתם ראיתם) anschließt, im Unterschied dazu aber jetzt von den übrig gebliebenen Nationen (V. 4: את־הגוים הנשארים האלה) spricht, deren Gebiet

---

71 Vgl. Dtn 29,7 ראשים, שבטים, זקנים und שטרים.

72 Jos 24,1bα ist relativ leicht von Jos 24,1abβ zu lösen. Das Versammeln der Stämme (in der durchaus ungewöhnlichen Wendung Jos 24,1aα) wird fortgesetzt durch das in der Formulierung ebenso singuläre Sich-Hinstellen (יצב Ht-Stamm) לפני האלהים. Nimmt man V. 1bα heraus, bleibt eine Formulierung, die weit entfernt von geprägter später Sprache ist und der eine Singularität des Anfangs zugesprochen werden kann.

73 Zu diesen Versen und ihrer Zugehörigkeit zum Grundtext s. u.

noch unerobert, aber als Erbbesitz bereits verteilt ist. V. 6 greift überdeutlich auf die Teile im Anfang des Josuabuches zurück, die seit R. Smend DtrN zugewiesen werden[74]: Zunächst klingt das חזק מאד לשמר, mit dem die Paränese in V. 6 beginnt, deutlich an Jos 1,7 f an. Während es dort die von Mose gebotene Tora (ככל-התורה אשר צוה משה V. 7) und alles im Buch der Tora Aufgeschriebene (+ ספר התורה הכתוב V. 8) sind, ist es hier zusammengenommen das Geschriebene im Buch der Tora des Mose (הכתוב בספר תורת משה, vgl. Jos 8,31; 1 Kön 14,31), von der weder rechts noch links abgewichen werden soll (Jos 1,7, vgl. Dtn 28,14; 17,20). Während aber Jos 1 die vollständige Eroberung im Blick hat, beschwört V. 7 die Gefahr der übrig gebliebenen Völker: זכר שם (V. 7) im Kontext der Verehrung fremder Götter ist aber zumindest auffallend und kein klassischer dtr Sprachgebrauch[75], auch wenn zu Recht bei dem Schwur auf die Positivformulierung in Dtn 6,13f; 10,20 verwiesen wird.[76] V. 8 greift mit דבק ביהוה eine klassisch dtr Formulierung der Verehrung YHWHs auf (Dtn 4,4; 10,20; 11,22; 13,5; 30,20; Jos 22,5). Das עד היום הזה stimmt mit Jos 24,31; Ri 2,7 zusammen und markiert den Tod Josuas als Einschnitt. Es kehrt in V. 9 wieder, wo der Text jetzt zur Ausgangssituation der V. 4–5, dem Geschichtshandeln YHWHs zurückkehrt und die vorgängige Vertreibung der großen und starken Nationen (גוים גדלים ועצומים) erwähnt: Abgesehen von Dtn 4,34; 9,1 und 11,23 gibt es die Phrase so nicht.[77] In Dtn 4,34 und Dtn 11,28 ist zudem YHWH wie in Jos 23 Subjekt der Vertreibung.[78] Wie V. 9 könnte V. 10, der wörtlich in der Formulierung auf V. 3 zurückgreift, auch zum Grundtext gerechnet werden. Dass bis zum heutigen Tag keines der Völker standhalten konnte, schließt übrig gebliebene Völker nicht aus, weshalb eine Zuweisung schwierig bleibt. V. 11 setzt nun mit der erneuten Aufforderung zur Gottesliebe die Paränese fort, wieder wie in V. 6 mit מאד

---

74 Vgl. *Smend*, Gesetz (1986), 124 f.130.

75 Neben Ex 23,13 ist es vor allem in nachexilischen Texten belegt. Vgl. neben *Hossfeld*, Dekalog (1982), 185; *Aurelius*, Götter (2003), 155.

76 שבע im H-Stamm findet sich nur hier als Schwören bei fremden Göttern und gehört nur sachlich, aber kaum phraseologisch in den Kontext der Ausschließlichkeitsforderung. In den Sinn kommen die keinesfalls nur als nachexilisch anzusprechenden Stellen Am 8,14; Jer 5,7; 12,16; Zef 1,5. Zusammengenommen wird man am ehesten jedoch an Autoren denken dürfen, die die klassische dtr Phraseologie schon hinter sich haben, sich aber, wie auch V. 8 zeigt, eng am Deuteronomium orientieren.

77 Wählt man nur ירש מפנהי oder ירש מלפני mit גוי als Objekt, wird das Belegspektrum breiter. Die Wendung strahlt über das Deuteronomium (Dtn 9,4 f; 11,23; 12,29; 31,3) nach Jos 23,9.13; Ri 2,21; 1 Kön 14,24; 2 Kön 16,3; 17,8; 21,2 aus.

78 Das ist einer der Gründe, warum die Grundschicht von Jos 23 nicht der von Braulik/Lohfink reklamierten DtrL zugewiesen werden kann, denn für ירש in „DtrL (ist) entscheidend, dass sein Subjekt stets ganz Israel bzw. eine Teilgruppe von Stämmen und dass sein Objekt das von JHWH vorgängig gegebene Land ist" (*Braulik*, Landeroberungserzählung [2011], 88).

verstärkt: Dass die נפש Objekt von שמר ist, ist selten in dtr Texten: neben dem spätdtr Dtn 4,9 in gleicher Phraseologie die späte Bilderverbotsparänese Dtn 4,15. Die Aufforderung um des Lebens willen YHWH zu lieben, ruft nicht nur Jos 22,5 auf, sondern erinnert durch אהב את יהוה אלהים auch sprachlich an die entsprechenden Aufforderungen im Deuteronomium (etwa Dtn 6,5; 10,12; 11,1.13.22; 13,4; 19,9; 30,6.16.20). Jos 23,12–13 gipfelt die Bedrohung der übrig gebliebenen Völker durch das Konnubium auf. Es setzt Dtn 7,5f voraus und zielt deutlich auf ein Exogamieverbot (keine Verschwägerung חתן Ht-Stamm Dtn 7,3), das zweiseitig formuliert wird (בוא בהם והם בכם) und so eine eindeutige Brücke zu Salomo (2 Kön 11,2) schlägt.[79] Vergleicht man aber die impliziten und expliziten Begründungen in Jos 23,78.12–13 mit Ri 2,1–5 und 3,5f, dann hängt Ri 3,5–6 am stärksten dem deuteronomistischen Begründungsmuster an, dass Bündnisse mit Fremdvölkern den Ausschließlichkeitsanspruch verletzen.[80] Diese Begründung klingt auch in dem בשם אלהיהם לא־תזכירו Jos 23,8 an, das in Verbindung zum Bundesbuchrahmen Ex 23,13 steht. Deutlich schwächer und nur noch mit Anklang an Ex 34,13–16; Dtn 12,2–3; 7,3–5 und Num 33,51–52 setzt Ri 2,1–5 das Bündnisverbot absolut und verbindet es *pars pro toto* mit der Forderung, die Altäre niederzureißen. Exogame Verbindungen sind in dem כרת ברית לישבי הארץ zwar eingeschlossen, werden aber nicht explizit genannt. Auch von daher liegen Jos 23 und Ri 2,1–5 nicht auf derselben literarhistorischen Ebene. In Jos 23 ergibt sich der Zusammenhang der Exogamiewarnung mit der Ausschließlichkeitsforderung aus dem Zusammenhang mit V. 11 sowie über V. 7 und das ABAB-Aufbauschema.

Zwar reicht der sprachliche Horizont der Überarbeitung von Jos 23 deutlicher über das Josuabuch hinaus, doch bleibt das Deuteronomium eindeutig der primäre Bezugshorizont. Lediglich durch die übriggebliebenen Völker wird eine starke Brücke in das Richterbuch geschlagen, durch das Mischehenverbot am Ende eine weitere eindeutige zu Salomo.

Folgerungen für das Entstehen der dichten Überlagerungen des Übergangsbereiches

Nimmt man die hier zusammengetragenen Beobachtungen zusammen, lässt sich eine Linie des Wachstums des Übergangsbereiches Jos–Ri grob nachzeichnen: Im Grundsatz ist Thomas Römer zu folgen, dass Jos 23 nicht einheitlich ist und mindestens in V. 1.2*.3.14b–16a einen Grundtext aufweist, der ein *Deuteronomium*

---

79 Vgl. besonders mit Verweis auf eine Gottesrede 1 Kön 11,2 (לא־יבאו בכם לא־תבאו בהם והם).
80 Zu den Begründungsmustern s. *Frevel/Conczorowski*, Water (2011), 42.

en miniature spiegelt. Ob auch V. 9.[10.]11 dazu zu rechnen sind, braucht hier nicht endgültig entschieden zu werden. Die Verse sind im vorliegenden Text gut eingebunden in den ABAB-Aufbau der paränetischen Erweiterung[81] und der sprachlich hervorstechende V. 14a könnte vielleicht als Wiederaufnahme von V. 1–3* verstanden werden. Entscheidender ist, dass dieser Grundtext nicht der ersten dtr Schicht im Josuabuch angehört, das zunächst schmucklos mit Jos 11,23b, der Integration des älteren Bestandes, der von der Versammlung in Sichem in Jos 24,1–17* berichtete, und schließlich mit dem Tod Josuas Jos 24,28.29–31[32?] endete. Der Grundtext von Jos 23 wurde angefügt, um den Rückbezug zum Deuteronomium und die Hexateuchperspektive zu verstärken. Eine Verbindung zum Richterrahmen Ri 2,11–23; 3,1–6 ist auf dieser Stufe noch *nicht* zu erkennen und auch Jos 21,43–45, das Formulierungen des Grundtextes aufnimmt und zur Einbindung von Jos 13–21* dient, war noch nicht existent. Die Verbindungen von Jos 13 zum Grundtext Jos 23 scheinen nahezulegen, dass Jos 13–21 später, aber nicht unabhängig von Jos 23* entstanden ist.

Die erste dtr Fassung des Regentenprogramms in Ri 2,11–12*.14–16.18–19*; 3,7[82] schloss zusammen mit den vordtr Richtererzählungen in der ersten deuteronomistischen Schicht des Richterbuches die Lücke zwischen Jos 23–24* und 1 Sam. Durch die (mehrstufige) Überarbeitung des Richterrahmens in Ri 2,12*.13.17.20–21.22.23; 3,1–6 wird dann die vollständige Eroberung zurückgenommen und die Problematik der im Lande verbliebenen Völker aufgegriffen. Darauf reagiert die dtr Überarbeitung von Jos 23, zu der mindestens V. 4–5.7–10.12–13, wahrscheinlicher aber der gestaltete Block V. 4–14a gerechnet werden muss. Dadurch wird deutlicher Jos 23 janusköpfig vernetzt mit den deuteronomistischen Prätexten im Deuteronomium, dem Richterrahmen und darüber hinaus mit Texten in 1 Sam–2 Kön und Ex–Num. Die Überarbeitung in Jos 23 formuliert aber im Einzelnen wie gezeigt sehr eigenständig.

Ri 1 ist gegenüber dem Grundtext von Jos 23 ebenso wie Ri 2,1–5 sekundär und mindestens spätdtr, wenn nicht eher nachdtr. Wie es sich zu der Überarbeitung von Jos 23 verhält, ist nicht sicher zu sagen, hier aber auch nicht entscheidend. Da die endgültige Eroberung noch aussteht, scheint sie eher vorausgesetzt zu sein. Mit welcher literarischen Vorgeschichte auch immer, bietet der mind. perserzeitliche Text Ri 1 eine zur Darstellung im Josuabuch „sachlich stark abweichende Alternative"[83], die aber durch die Bezüge zu beiden Bereichen zugleich

---

81 Vgl. auch *Blum*, Geschichtswerk (2011), 287: „Diese nahtlose Einbindung auch von V. 9 in die Logik der Erweiterung lässt die Zuordnung dieses Verses zur Grundschicht bei Römer fraglich erscheinen". Gleiches gilt wie gezeigt für V. 11.
82 Zur Analyse *Groß*, Richter, 185.188 f.
83 *Groß*, Richter, 105, vgl. zur Analyse zusammenfassend ebd., 108–118.

eine stärkere Vernetzung des „Richterbuches" mit dem „Josuabuch" schafft. Das markanteste Moment der Differenz ist, dass die Führung des Efraimiters Josuas mit keinem Wort genannt wird, ja im vorliegenden Text Ri 1,1a, der parallel zum Buchanfang Jos 1,1 gestaltet ist, sogar explizit *nach* dem Tod Josuas stattfindet. Hier muss nicht entschieden werden, ob der Tod Josuas immer schon Ri 1 einleitete oder die Buchanfänge erst später parallel gestaltet wurden (s. dazu o.). Entscheidend ist vielmehr die Stellung von Ri 1 nach Jos 24,28 – 31. In der Loslösung der Landeroberung von der Person Josuas ist vielleicht der Grund zu sehen, warum die projudäische Darstellung Ri 1 außerhalb des Josuabuches, also nach dem Tod Josuas in Jos 24,28 – 31, platziert wurde. Ri 1 bringt sich damit in eine Spannung zur Beauftragung des Josua im Pentateuch (Num 27,15 – 23; Dtn 3,21 f.29; 31,7 f.23). Da in Ri 1 nun erneut eine Perspektive der Eroberung aufgerufen wird, die vor allem vom Dtn her im Buch Josua unlösbar mit dieser Person verknüpft ist, hat ein noch Späterer den Tod Josuas in Ri 2,6.7 – 10 wiederholt, um die Periode der aktiven Eroberung Kanaans mit Josua verbunden sein zu lassen. Lediglich die Inbesitznahme des noch nicht eroberten Landes bleibt von der Führung Josuas gelöst, wie der Überschuss לרשת את הארץ in Ri 2,6 unterstreicht. Die Position nach Ri 2,1 – 5 war passend, weil Ri 2,1 – 5 als erneute Versammlung ganz Israels das Forum bietet, an das Ri 2,6 – nun wieder mit der Person Josuas – nahtlos anzuschließen scheint. Damit wird die in Ri 1 geschilderte Eroberung als Rückblende lesbar, die vor dem Tod Josuas und implizit unter dessen Führung stattgefunden hat. Die Wiederholung des Todes Josua ist also vornehmlich der konzeptionellen Verbindung von Josua mit der „Eroberung des Landes" geschuldet, nicht einer getrennten Überlieferung von Jos und Ri und auch nicht der ephemeren Abtrennung von Gen–Jos 24 in einem „Übergangshexateuch".[84]

Ausblicke auf Hexateuch – Deuteronomistisches Geschichtswerk – Enneateuch

Weder der Grundtext von Jos 23 noch Jos 24 sind auf das Richterbuch hin ausgerichtet oder mit ihm verknüpft. Damit sind zugleich Voraussetzungen offengelegt, die hier nicht im Einzelnen erneut begründet werden können: Die Überzeugung, dass Jos 24 in einer nachdtr Spätdatierung nicht aufgeht. Insbesondere die Betonung der Entscheidungssituation, die Konstruktion des vorgängigen Fremdgötterdienstes sowie der auf die Einhaltung des Ausschließlich-

---

[84] Vgl. dazu *Blum*, Pentateuch (2007), 67 – 97.97; *ders.*, Überlegungen (2010), 8; *Albertz*, Anpassung (2007), 199 – 216.215; *Römer*, History (2007), 178.

keitsanspruchs bezogene Bundesgedanke sprechen gegen eine nachdtr Datierung. Der Noth'sche Versuch, diese sperrigen Traditionen literarisch kontextlos als Einzeltradition in der Traditionsgeschichte zu verankern (M. Noth), überzeugt nicht, weshalb an einem Zusammenhang mit einer übergreifenden vordtr Geschichtsdarstellung festzuhalten ist. Die vordtr Anteile von Jos 24 waren entsprechend Teil eines hexateuchischen Zusammenhangs, am ehesten des Jerusalemer Geschichtswerks.[85] „Die Rede von Jos 23" jedenfalls hat, wie E. A. Knauf in seinem Kommentar feststellt, „keinen Schluss, weil sie innerhalb von Jos den Redeschluss von Jos 24 bereits voraussetzt".[86] Jos 24 ist dtr und weiter bis in späteste Zeit überarbeitet worden und als Abschlusstext des Hexateuch weiter akzentuiert worden. Dabei handelt es sich gegen Rainer Albertz und Erhard Blum nicht nur um eine Interimsfunktion eines „Zwischenhexateuch". Mit den letzten Bemerkungen wird aber zugleich der Horizont dieses Aufsatzes schon weit zur Pentateuchdiskussion hin überschritten. Während aber die literarische Rückbindung von Jos 23 an das Deuteronomium überdeutlich war, fehlten wirkliche hexateuchische redaktionelle Klammern in Jos 23. Während hier *de facto* durch die Anbindung des Richterbuches von einem Enneateuchzusammenhang ausgegangen wurde, fehlen redaktionsgeschichtliche enneateuchische Horizonte in Jos 23 ganz, in dem gesamten Übergangsbereich weitestgehend.[87]

Auch wenn hier die weit reichenden Schlüsse aus den vorgetragenen Beobachtungen nur tentativ sind, steht doch außer Frage, dass der palimpsestartig immer wieder überschriebene Übergangsbereich zwischen Jos und Ri für die Frage „Tetrateuch", „Hexateuch" oder „Enneateuch" *versus* Deuteronomistisches Geschichtswerk bzw. deuteronomistische Geschichtswerke von großem Gewicht ist. Die Analyse von Jos 23 im Kontext von Jos 11–Ri 3 hat gezeigt, dass die Rede von *einem* Deuteronomistischen Geschichtswerk kaum noch gedeckt ist. Darin stimmen die hier vorgetragenen Beobachtungen mit der jüngeren Diskussion überein, wo der Begriff Deuteronomistisches Geschichtswerk sehr unterschiedlich gebraucht wird. Auch dort kann von *einem* DtrG eigentlich nicht oder nur auf sehr später redaktioneller Ebene gesprochen werden. Genauer betrachtet geht es in den oben vorgestellten Kompromisslinien immer um mindestens drei deuteronomistische Geschichtswerke, die nicht auf derselben literarhistorischen Stufe stehen: Dtn–Jos, 1 Sam–2 Kön und Dtn–2 Kön. Die beiden erstgenannten sind Voraussetzung für die mind. Dtn 1–2 Kön 25, wenn nicht den Enneateuch umspannende Komposition. De facto ist die Argumentationslinie in der jüngeren Zeit

---

[85] S. zu den vorgenannten Positionen und deren Begründung *Frevel*, Wiederkehr (2011) sowie die entsprechenden Passagen in *Zenger*, Einleitung ([8]2012), 116–127.

[86] *Knauf*, Josua (2008), 189.

[87] S. dazu *Zenger*, Einleitung ([8]2012), 127.219f.

mit der Annahme einer spätvorexilischen Entstehung von DtrL und einer ersten deuteronomistischen Ausgabe der Königsbücher verbunden, muss es aber nicht zwingend sein. Anstelle einer mehr oder minder einheitlichen Konzeption, die eine von Dtn–Ri reichende Geschichte entwirft (was der Ausgangsgedanke Martin Noths war) tritt in der jüngeren Diskussion immer stärker eine additive Konzeption, die die unterschiedlichen deuteronomistischen Logiken von Dtn–Jos und 1 Sam–2 Kön mit der wiederum differenten Logik des Richterbuches verknüpft. Ob man diesen redaktionell spät und mindestens nach zwei vorlaufenden deuteronomistischen Schichten im Josuabuch zustande gekommenen Darstellungszusammenhang noch sinnvoll als *Deuteronomistisches Geschichtswerk* bezeichnen kann, bleibt eine offene Frage, die sich nicht zuletzt am Charakter von Dtn 1 als erzählerisch selbständige Werk-Eröffnung entscheidet.[88]

Bibliographie

Albertz, R., Die kanonische Anpassung des Josuabuches. Eine Neubewertung seiner sog. „priesterschriftlichen Texte", in: T. Römer/K. Schmid (Hg.), Les dernières rédactions du Pentateuque, de l'Hexateuque et de l'Ennéateuque (BEThL 203), Leuven 2007, 199–216.

Aurelius, E., Die fremden Götter im Deuteronomium, in: M. Oeming/K. Schmid (Hg.), Der eine Gott und die Götter. Polytheismus und Monotheismus im antiken Israel (AThANT 82), Zürich 2003, 145–169.

Ballhorn, E., Israel am Jordan. Narrative Topographie im Buch Josua (BBB 162), Göttingen 2011.

Becker, U., Endredaktionelle Kontextvernetzungen des Josua-Buches, in: M. Witte u. a. (Hg.), Die deuteronomistischen Geschichtswerke. Redaktions- und religionsgeschichtliche Perspektiven zur „Deuteronomismus"-Diskussion in Tora und Vorderen Propheten (BZAW 365), Berlin u. a. 2006, 139–161.

Bieberstein, K., Josua – Jordan – Jericho. Archäologie, Geschichte und Theologie der Landnahmeerzählungen Jos 1–6 (OBO 143), Fribourg/Göttingen 1995.

Blum, E., Der kompositionelle Knoten am Übergang von Josua zu Richter. Ein Entflechtungsvorschlag, in: M. Vervenne/J. Lust (Hg.), Deuteronomy and Deuteronomic Literature. FS C. H. W. Brekelmans (BEThL 132), Leuven 1997, 181–212.

Ders., Pentateuch – Hexateuch – Enneateuch? Oder: Woran erkennt man ein literarisches Werk in der hebräischen Bibel?, in: T. Römer/K. Schmid (Hg.), Les dernières rédactions du Pentateuque, de l'Hexateuque et de l'Ennéateuque (BEThL 203), Leuven 2007, 67–98.

Ders., Überlegungen zur Kompositionsgeschichte des Josuabuches, in: E. Noort (Hg.), The Book of Joshua (BEThL 250), Leuven 2010, 137–157.

Ders., Das exilische deuteronomistische Geschichtswerk, in: H.-J. Stipp (Hg.), Das Deuteronomistische Geschichtswerk (ÖBS 39), Frankfurt 2011.

---

88 Vgl. zur Diskussion *Frevel*, Wiederkehr (2011), 23–25.

Ders., Die deuteronomistische Landeroberungserzählung aus der Joschijazeit in Deuteronomium und Josua, in: H.-J. Stipp (Hg.), Das deuteronomistische Geschichtswerk (ÖBS 39), Frankfurt 2011, 89–150.

Budde, K., Richter und Samuel, ihre Quellen und ihr Aufbau, Gießen 1890.

Ederer, M., Ende und Anfang. Der Prolog des Richterbuchs (Ri 1,1–3,6) in „Biblischer Auslegung" (HBS 68), Freiburg u. a. 2011.

Frevel, C., Deuteronomistisches Geschichtswerk oder Geschichtswerke? Die These Martin Noths zwischen Tetrateuch, Hexateuch und Enneateuch, in: U. Rüterswörden (Hg.), Martin Noth – aus der Sicht heutiger Forschung (BThSt 58), Neukirchen-Vluyn 2004, 60–95.

Ders., Die Wiederkehr der Hexateuchperspektive. Eine Herausforderung für die These vom Deuteronomistischen Geschichtswerk, in: H.-J. Stipp (Hg.), Das Deuteronomistische Geschichtswerk (ÖBS 39), Frankfurt 2011, 13–53.

Frevel, C./Conczorowski, B., Deepening the Water. First Steps to a Diachronic Approach on Intermarriage in the Hebrew Bible, in: C. Frevel (Hg.), Mixed Marriages. Intermarriage and Group Identity in the Second Temple Period (LHBOTS 547), New York 2011, 15–45.

Fritz, V., Das Buch Josua (HAT I/7), Tübingen 1994.

Groß, W., Richter (HThKAT), Freiburg 2009.

Ders., Das Richterbuch zwischen deuteronomistischem Geschichtswerk und Enneateuch, in: H.-J. Stipp (Hg.), Das Deuteronomistische Geschichtswerk (ÖBS 39), Frankfurt 2011.

Hentschel, G., Das Buch Josua, in: E. Zenger u. a., Einleitung in das Alte Testament. Hg. von C. Frevel (Kohlhammer Studienbücher Theologie 1,1), Stuttgart [8]2012, 203–212.

Hossfeld, F.-L., Der Dekalog. Seine späten Fassungen, die originale Komposition und seine Vorstufen (OBO 45), Fribourg/Göttingen 1982.

Knauf, E. A., Josua (ZBK.AT 6), Zürich 2008.

Kratz, R. G., Die Komposition der erzählenden Bücher des Alten Testaments. Grundwissen der Bibelkritik, Göttingen 2000.

Lohfink, N., Die Väter Israels im Deuteronomium. Mit einer Stellungnahme von Thomas Römer (OBO 111), Fribourg/Göttingen 1991.

Meyer, E., Kritik der Berichte über die Eroberung Palaestinas (Num 20,14 bis Jud 2,5), in: ZAW 1 (1881), 117–146.

Müller, R., Königtum und Gottesherrschaft. Untersuchungen zur alttestamentlichen Monarchiekritik (FAT II/3), Tübingen 2004.

Nentel, J., Trägerschaft und Intentionen des deuteronomistischen Geschichtswerks. Untersuchungen zu den Reflexionsreden Jos 1,23–24, 1 Sam 12 und 1 Kön 8 (BZAW 297), Berlin u. a. 2000.

Noort, E., Das Buch Josua. Forschungsgeschichte und Problemfelder (EdF 292), Darmstadt 1998.

Noth, M., Das Buch Josua (HAT I/7), Tübingen 1938.

Ders., Überlieferungsgeschichtliche Studien. Die sammelnden und bearbeitenden Geschichtswerke im Alten Testament, Tübingen 1943.

Ders., Das Buch Josua (HAT I/7), Tübingen [2]1953.

Ders., Das System der zwölf Stämme (BWANT 4,1), Darmstadt 1966.

Otto, E., Das Deuteronomium im Pentateuch und Hexateuch. Studien zur Literaturgeschichte von Pentateuch und Hexateuch im Lichte des Deuteronomiumrahmens (FAT I/30), Tübingen 2000.

Rake, M., „Juda wird aufsteigen!" Untersuchungen zum ersten Kapitel des Richterbuches (BZAW 367), Berlin u. a. 2006.

Römer, T., Entstehungsphasen des „deuteronomistischen Geschichtswerkes", in: M. Witte u. a. (Hg.), Die deuteronomistischen Geschichtswerke. Redaktions- und religionsgeschichtliche Perspektiven zur „Deuteronomismus"-Diskussion in Tora und Vorderen Propheten (BZAW 365), Berlin u. a. 2006, 45–70.

Ders., Das doppelte Ende des Josuabuches. Einige Anmerkungen zur aktuellen Diskussion um „deuteronomistisches Geschichtswerk" und „Hexateuch", in: ZAW 118 (2006), 523–548.

Ders., The So-Called Deuteronomistic History. A Sociological, Historical, and Literary Introduction, London 2007.

Ders., Die Anfänge judäischer Geschichtsschreibung im sogenannten Deuteronomistischen Geschichtswerk, in: J. Frey u. a. (Hg.), Die Apostelgeschichte im Kontext antiker und frühchristlicher Historiographie (BZNW 162), Berlin u. a. 2009, 51–76.

Ders., Das deuteronomistische Geschichtswerk und die Wüstentraditionen der Hebräischen Bibel, in: H.-J. Stipp (Hg.), Das deuteronomistische Geschichtswerk (ÖBS 39), Frankfurt 2011, 55–88.

Rudolph, W., Der „Elohist" von Exodus bis Josua (BZAW 68), Berlin u. a. 1938.

Smend, R., Das Gesetz und die Völker. Ein Beitrag zur deuteronomistischen Redaktionsgeschichte, in: ders., Die Mitte des Alten Testaments. Gesammelte Studien 1 (BEvTh 99), München 1986, 124–137.

Smend sen., R., Die Erzählung des Hexateuch auf ihre Quellen untersucht, Berlin 1912.

Wißmann, F. B., „Er tat das Rechte …". Beurteilungskriterien und Deuteronomismus in 1 Kön 12–2 Kön 25 (AThANT 93), Zürich 2008.

Vom Schreiben Gottes

Literarkritik, Komposition und Auslegung von 2 Kön 17,33–40

Das Schlusskapitel über das Nordreich (NR) bildet sicher eine *crux interpretum* der Königsbücher. Meist fokussiert sich das Interesse allerdings auf die mehrfachen Anläufe der theologischen Reflexion über den Untergang (V. 7–18.19–20.21–23), in denen Redaktionsarbeit deutlich erkennbar ist. Ebenso lohnend dürfte aber die Beschäftigung mit dem Rest des Kapitels sein, in dem Blickrichtung und handelnde Personen wiederholt wechseln: Die V. 24–28 bringen eine leicht satirische Beispielerzählung, die die Handlungsmacht YHWHs als „Landesgott" auch nach der Deportation der NR-Bevölkerung betonen will.[1] Danach wird der synkretistische Kult der Kolonisten beschrieben, die sich „je nach Landesbrauch" ihre Götterbilder herstellen und den Höhenkult der deportierten NR-Bevölkerung fortsetzen und *damit* (?) zugleich (V. 32) YHWH verehren. Der Synkretismus wird nicht grundsätzlich verworfen, er scheint eher in den V. 32–33 als „kleineres Übel" geduldet. Die folgenden V. 34–40 heben auf den Alleinverehrungsanspruch YHWHs ab und verbinden diesen massiv mit der Gesetzesbeobachtung. Im Vergleich zu den V. 29–33 wird hier der Synkretismus scharf verurteilt. V. 41 bildet den Abschluss des Kapitels und fasst die Situation nach der Deportation „bis zum heutigen Tag" in Stil und Beurteilungsmaßstab der V. 29–33 zusammen.[2]

---

1 Auffallend ist die Perspektive dieses Abschnitts. Es wird faktisch vorausgesetzt, dass es keine YHWH-Verehrer mehr im Lande gab, von der die Neusiedler eine „Einführung in den YHWH-Dienst" hätten bekommen können. Die Vorstellung, dass die gesamte NR-Bevölkerung deportiert wurde, scheint hier vorherrschend. Diese Sicht wird, wie die Zahlenangabe Sargons II. (27.290 Personen, vgl. *Galling*, Textbuch [³1979], 60f; TUAT I, 378f), weitestgehend unhistorisch sein, vgl. dazu z. B. *Greenwood*, Hope (1976), 381; *Talmon*, Überlieferungen (1988), 143f.
  Es ist möglich, dass die Funktion der polemisch-satirischen Anekdote nicht allein in der Betonung der – von der deportierten Bevölkerung unabhängigen – Geschichtsmächtigkeit YHWHs liegt, sondern dass darüber hinaus (zumindest in der Endgestalt) auch das Moment der Kontinuität der YHWH-Verehrung betont werden soll: Selbst als keine genuinen Verehrer mehr im Lande waren, ist YHWH nahezu ununterbrochen im NR verehrt worden.
2 Für den Nachtragscharakter von V. 41 spricht bereits, dass hier wieder von den *haggôyim hā'ēlleh* die Rede ist, die YHWH fürchten und zugleich Götzenbildern dienen. Zudem kann *hēm 'ōśîm* in V. 40 und 41 als Wiederaufnahme verstanden werden, so dass zu V. 40 ursprünglich auch das *'ad hayyôm hazzeh* gehört haben könnte (s. u. Strukturbild); vgl. zum sekundären Charakter auch *Nelson*, Redaction (1981), 64; *Montgomery/Gehman*, Commentary (1951), 477.
  Auf Einzelprobleme der Strukturierung von 2 Kön 17 kann hier nicht eingegangen werden. Vgl. dazu neben den Kommentaren *Viviano*, Analysis (1987); *Becking*, Ondergang (1985) und die konstruktive Strukturanalyse bei *Hoffmann*, Reform (1980), 127–139.

DOI 10.1515/9783110424386-005

Kohärenzprüfung und literarkritische Hypothese

Aufgrund der unterschiedlichen Beurteilung des Synkretismus und der Konzentration auf das Gesetz werden V. 34–40 gewöhnlich von V. 29–33 getrennt und einer (spät-)dtr Redaktion zugewiesen.[3] Dafür spricht nicht zuletzt der Wechsel im Bezugsrahmen im Vergleich zu V. 24–33. Denn in V. 34–40 ist nicht mehr von den Kolonisten die Rede; es ist (wegen der Rückverweise auf Gesetzgebung und Bundesschluss) wahrscheinlicher, dass hier von der im Lande *verbliebenen* NR-Bevölkerung die Rede ist[4] und dieser ein fortgesetzter Synkretismus angelastet werden soll.

Der Abschnitt V. 34–40 ist nicht einheitlich, denn die in V. 35 begonnene YHWH-Rede, die in V. 38 eindeutig in der 1. Pers. Sg. gehalten ist[5], wird durch die Rede *über YHWH* in der 3. Pers. Sg. zweimal durch den Einsatz mit *kî 'im* in V. 36.39 in der syntaktischen Kohärenz gestört. Diese syntaktische Beobachtung wird durch eine thematische Verschiebung in V. 36.39 verstärkt: Die zitierte YHWH-Rede ist durch Prohibitive bestimmt (dreimaliges *lō' tîr'û 'ĕlōhîm 'ăḥērîm* V. 35.37.38[6] und drei konkrete Prohibitive V. 35). Hingegen weisen die *kî 'im*-Sätze

---

3 Vgl. z. B. *Noth*, Studien (²1957), 85; *Würthwein*, Könige (1984), 401 f; *Šanda*, Könige (1912), 235; *Rehm*, 2 Könige (1982), 166; *Hentschel*, 2 Könige (1985), 82; *Nelson*, Redaction (1981), 63 f; *Greenwood*, Hope (1976), 381; vgl. auch die bei *Cogan*, Israel (1978), 40 genannten Autoren sowie die Übersicht bei *Floss*, Jahwe (1975), 423.

Die spätdtr Einstufung stützt sich meist auf das diachrone Verhältnis zu V. 29–33, die aufgrund sprachgeschichtlicher Kriterien, insbesondere dem Gebrauch von Ptz. + *hyh*, als spät eingeordnet werden; vgl. dazu *Würthwein*, Könige (1984), 400 f Anm. 16. Dass V. 34–40 – trotz der im vorliegenden Text aufscheinenden inhaltlichen Korrektur der V. 29–33 – aber notwendig später als diese sein müssen, ist nicht eindeutig. Ein zu den V. 29–33 vergleichbares sprachgeschichtliches Kriterium liegt zumindest nicht in dem *hēm 'ōśîm* in V. 34.40 vor (gegen *O'Brien*, History [1989], 211 Anm. 135); vgl. den Gebrauch des Personalpronomens *hēm* z. B in 1 Kön 13,20; 15,7; 16,14; 2 Kön 4,5; 8,23; 12,16; 13,21; 14,15; 15,6.21; 22,7; 23,28; 24,5. Im Gebrauch des suffigierten *'ēn* + Ptz. zeigt sich zumindest eine Tendenz zu späten Texten; vgl. für *'ēnām* Ez 3,7; 33,32; Koh 4,17; 9,5; Est 3,8; Jer 10,20; 32,33; Spr 12,7; Neh 13,24; Klgl 5,7; 2 Kön 17,26.

4 Vgl. *Würthwein*, Könige (1984), 401. Gegen die verbreitete, aber wenig differenzierte Ansicht, dass in den V. 34–40 wie in 24–33 die neuangesiedelte Bevölkerung gemeint ist, wendet sich berechtigt auch *Cogan*, Israel (1978), 41.

5 Dass LXX und Vulgata hier die 3. Sg. bezeugen, dürfte lediglich darauf verweisen, dass sie die Schwierigkeiten im Duktus der YHWH-Rede erkannt haben und durch die Textänderung glätten wollten. Textkritisch ist keine Änderung notwendig.

6 Die YHWH-Rede ist durch dieses Element strukturiert (s. u.); auch diese Struktur durchbrechen V. 36.39 durch ihre positiven Forderungen.

eine injunktivische Struktur (dreifach in V. 36[7] sowie das positive *'et YHWH 'ĕlōhêkem tîrā'û*) auf und rekurrieren in der Heraufführungsformel (V. 36) und der positiven (auf die Zukunft gerichteten) Rettungszusage (V. 39) auf das geschichtsmächtige Handeln YHWHs. Diese Beobachtungen zugrunde legend, werden im Folgenden die V. 36.39 als eine *erste Fortschreibung* des Grundtextes verstanden.

Unter der Prämisse, dass der Grundtext aufgrund thematischer und sprachlicher Kriterien im dtr Literaturbereich zu verorten ist, fällt in V. 34b die Bezeichnung *bᵉnê ya'ăqōb* für Israel auf, die für dtr Literatur ungewöhnlich ist.[8] Im anschließenden Relativsatz *'ăšer śām šᵉmô yiśrā'ēl* wird auf die Umbenennung Jakobs in Israel (Gen 32,29; 35,10) implizit Bezug genommen.[9] Die Wendung *śîm šēm* wird im dtn/dtr Bereich häufiger in der Zentralisationsformel gebraucht; für den Vorgang der Namengebung (resp. der Umbenennung) findet sie sich nur noch in Ri 8,31; Neh 9,7 und Dan 1,7.[10] Wegen des Sprachgebrauchs und des Rückverweises auf die Genesisbelege dürfte V. 34b* kaum noch als dtr zu bezeichnen sein.

Unter syntaktischen und semantischen Gesichtspunkten fällt ferner die hohe Differenzierung in den beiden syndetischen Reihen von Gesetzestermini in V. 34b.37a auf. Eine kurze Bestandsaufnahme kann das verdeutlichen: In V. 34 werden der suffigierte Pl. des fem. *ḥuqqāh* (*kᵉḥuqqōtām*) und der suffigierte Sg. von *mišpāṭ* (*ûkᵉmišpāṭām*) nebeneinandergestellt. Daran schließen sich *tôrāh* (*wᵉkattôrāh*) und *miṣwāh* (*wᵉkammiṣwāh*), beide im Sg., determiniert und nicht suffigiert an. In V. 37 findet sich dieselbe Abfolge nahezu derselben Gesetzestermini, allerdings in anderer syntaktischer Gestalt. Determiniert und mit Akkusativpartikel finden sich zunächst im Pl. das mask. *ḥōq* (*wᵉ'et haḥuqqîm*) und *mišpāṭ*

---

7 Zwar nehmen die drei positiven Forderungen in V. 36 (*'ōtô tîrā'û wᵉlô tištaḥăwû wᵉlô tizbaḥû*) Elemente der YHWH-Rede in V. 35 (*lō' tîr'û 'ĕlōhîm 'ăḥērîm wᵉlō' tištaḥăwû lāhem wᵉlō' ta'abdûm wᵉlō' tizbᵉḥû lāhem*) wieder auf, jedoch beziehen sie sich durch das betont vorangestellte *'ōtô/lô* auf den in V. 36 in 3. Pers. genannten YHWH. Zudem fällt in der injunktivischen Wiederholung das Fehlen des *'bd*-Elementes auf. Dieses ist zwar auch in V. 35 syntaktisch (einfache Suffigierung anstatt des betonenden *lāhem*) herausgehoben, jedoch ist dies kein Grund, es dort auszuscheiden. Vielmehr scheint die Reihe *'bd* + *ḥwh* durch *zbḥ* und *yr'* erweitert und das Schema bewusst im Stil zu alternieren (s. dazu u.).
8 Außer der Bezeichnung der leiblichen Söhne Jakobs in den Vätergeschichten (Gen 34,13.25.27; 35,5.22.26; 46,26; 49,2) kommt *bᵉnê ya'ăqōb* als Eponym nur in Mal 3,6; Ps 77,16; 105,6//1 Chr 16,13 sowie in 1 Kön 18,31 vor.
9 Ein ähnlicher Rückverweis auf die Umbenennung Jakobs findet sich beim zweiten Jakob-Beleg in 1/2 Kön in 1 Kön 18,31. Dort dürfte zumindest der Rückverweis ebenfalls nachdtr einzuordnen sein, vgl. *Hentschel*, 1 Könige (1984), 112 und die bei *Rehm*, 1 Könige (1979), 180 genannten Autoren.
10 Vgl. dazu *Halpern*, Centralization Formula (1981), 32, wo allerdings Dan 1,7 nicht genannt ist.

(w^e'et *hammišpāṭîm*)[11] und daran anschließend, wiederum determiniert, *tôrāh* (w^e*hattôrāh*) und *miswāh* (w^e*hammiṣwāh*) im Sg. Beide Reihen sind in der vorliegenden Form für sich singulär. Aufgrund der unterschiedlichen formalen Gestaltung heben sich in beiden Reihen jeweils zwei Zweiergruppen ab: In V. 34 unterscheiden sich die ersten beiden Begriffe *ḥuqqāh* und *mišpāṭ* durch die Suffigierung von den folgenden (durch Artikel determinierten) Begriffen *tôrāh* und *miṣwāh*. In V. 37 ist die Trennung noch deutlicher: Die ersten beiden Begriffe unterscheiden sich durch den Pl. und die Akkusativpartikel von den folgenden zwei Sg. Es entsteht der Eindruck, dass die Aufteilung auf „Begriffspaare" einer Trennung in unterschiedliche Aussagebereiche entspricht, d. h. möglicherweise je unterschiedliche Gesetzesbereiche angesprochen sind.[12]

Eine letzte logische Kohärenzstörung zeigt sich in dem Relativsatz in V. 37 (*'ăšer kātab lākem*), der nur YHWH zum Subjekt haben kann, da keine weitere Person genannt ist. Es wird also im vorliegenden Text ausgesagt, dass YHWH selbst die gesammelten Gesetze verschriftet habe.[13] Diese Aussage ist in Bezug auf

---

11 *ḥuqqîm* und *mišpāṭîm* mit Akkusativpartikel finden sich noch in Dtn 5,1; 7,11; [11,32]; Neh 1,7 und 1 Chr 22,13.

12 Die Begriffe in V. 34.37 an sich sind wenig ungewöhnlich, nur ihre Zusammenstellung und syntaktische Verknüpfung ist singulär im AT, was eine literarhistorische Entwicklung zwar noch nicht notwendig impliziert, aber doch als Möglichkeit nahelegt. Vgl. zur Singularität auch N. Lohfink, der Stellung und Gebrauch des Wortes *tôrāh* als un-dtr bezeichnet (*Lohfink*, Bundestheologie [1990], 354). Seine nach-dtr Datierung der ganzen Reihe (vgl. die vorsichtigen Äußerungen ebd., 336.354) ist allerdings nicht mehr notwendig, wenn man die Zusammenstellung diachron erklärt (s.u.). Zum singulären Charakter auch *Baena*, vocabulario (1973), 363 sowie seine Tabellen für Gen–2 Kön 361 f.

13 Oft wird zur Erklärung von 2 Kön 17,37 angenommen, dass das Verb *ktb* eine übertragene Bedeutung i. S. von „vorschreiben" habe (so z. B. *Haag*, כתב [1984], 394; GKB, 367; vgl. dagegen HALAT, 479). Die Bedeutung „vorschreiben" reklamiert GKB, 367 (neben 2 Kön 17,37) auch für Dtn 17,18; Jos 8,32 (wo jedoch an eine Zweitabschrift des Gesetzes gedacht ist und damit *ktb* normal als [ab]schreiben gebraucht ist); Spr 22,20 (gewöhnlicher Schreibvorgang); 2 Kön 22,13 (Rückbezug auf den Inhalt des gefundenen Buches als etwas Ausgeschriebenes) und Ps 40,8 (*bim^egillat sēper kātûb 'ālāy* als ein unklarer Rückverweis auf eine Buchrolle; auch hier liegt die Übersetzung „was über mich [in ihr] geschrieben steht" nahe. Alle Stellen lassen sich mit der Grundbedeutung „(auf-)schreiben" gut lesen und können das übertragene „vorschreiben" nicht sicher bezeugen. Alle weisen die Bedeutungskonnotation des „Vorschreibens" auf, was im Prinzip der Schriftlichkeit sowieso impliziert ist (vgl. zum Beispiel auch den Gebrauch des Ptz. pass. im Rückverweis auf Gesetzestexte). Hos 8,12 bleibt als einzige Möglichkeit für eine Übersetzung als „vorschreiben ohne Rekurs auf den Schreibvorgang" übrig: *'ektô[w]b lô rubbê[ēw] tôrātî k^emô zār neḥšābû*. V. 12 ist textlich äußerst schwierig; die Übersetzung „Schrieb ich ihm tausendfach meine ‚Weisungen' auf ..." (*Jeremias*, Hosea [1983], 103) deutet zwar an, dass es auch hier um die Betonung der Schriftlichkeit geht, erfordert jedoch das Q^ere *'ektōb*, die Vokalisation des Ketib als *ribbô* sowie die Änderung der masoretischen Vokalisation des *tôrātî* in den Pl. *tôrātāy*. Der ursprüngliche Kon-

die Erstverschriftung des dtn/dtr Gesetzes sehr ungewöhnlich, da dieses nicht durch YHWH selbst, sondern durch Mose aufgeschrieben wird (vgl. Dtn 31,9 mit dem Objekt '*et hattôrāh hazzōt*, vgl. Dtn 31,24; vgl. auch Ex 24,4; 34,27 f; Jos 8,31).[14] Wenn im AT vom Schreiben Gottes im Rahmen der Gesetzgebung[15] die Rede ist, so ist damit *ausschließlich* das Aufschreiben des Dekalogs gemeint. So findet sich *ktb* mit YHWH als Subjekt in Ex 24,12; 31,18; 32,16; 34,1.28; Dtn 4,13; 5,22; 9,10; 10,2.4 jeweils mit Bezug auf die Tafeln bzw. den Dekalog. Eine späte priesterliche Vorstellung koppelt das Schreiben YHWHs exklusiv an den Dekalog, um durch die *direkte* göttliche Verfasserschaft die Dignität dieses Gesetzes zu erhöhen.[16]

Nimmt man die bisherigen Beobachtungen zusammen, ergibt sich die These einer *zweiten Fortschreibung* des Grundtextes: Die letzten beiden Gesetzesbegriffe (*wᵉhattôrāh wᵉhammiṣwāh*) in V. 37 und der sich anschließende Relativsatz ('*ăšer kātab lākem*) sind von nachdtr-priesterlicher Hand, die hier einen Rückverweis auf den Dekalog einbringen will. Zu dieser Fortschreibung gehören ebenfalls die beiden letzten Begriffe aus V. 34 (*wᵉhattôrāh wᵉhammiṣwāh*) und die durch den Rückverweis auf die Umbenennung Jakobs erweiterte Promulgationsformel ('*ăšer ṣiwwāh YHWH 'et bᵉnê ya'ăqōb 'ăšer śām šᵉmô yiśrā'ēl*).

sonantenbestand und seine Vokalisation bleiben in jedem Fall unklar und damit auch die Bedeutungsbreite der *tôrātî*, die YHWH aufgeschrieben hat. Jedoch dürfte V. 12 kaum ursprünglich im Kontext der V. 11.13 sein, da er den Zusammenhang des Opferkultes durchbricht (gegen *Jeremias*, Hosea [1983], 110 f; *Wolff*, Hosea [³1976],185 f). Der Stichwortbezug von *hirbhāh* (V. 11) und *rubbēw* (V. 12) ist nicht sonderlich stark, der Themenwechsel in V. 12 (im Vergleich zur thematischen Kohärenz von V. 11 und 13) jedoch recht krass. Damit steht die hoseanische Verfasserschaft dieses Verses zur Disposition. Das Urteil, dass hier „der älteste Beleg für die Niederschrift von Priesterweisungen" (*Jeremias*, Hosea [1983], 111) vorliege, oder „Hosea kennt schon eine Vielzahl von schriftlich überlieferten Weisungen" (*Wolff*, Hosea [³1976], 186), lässt außer Acht, dass Gott selbst hier als Subjekt des Schreibens genannt wird. Diese Vorstellung ist jedoch recht spät (s. u.), so dass auch von daher der sekundäre Charakter des Verses näherliegt. Unter der Prämisse des Zusatzcharakters von V. 12, kommt man kaum umhin, mit W. Rudolph einen Verweis auf den Dekalog anzunehmen, „da er ja das einzige Gesetzeskorpus ist, das Jahwe mit eigener Hand geschrieben hat" (*Rudolph*, Hosea [1967], 167).

14 Vgl. zur Aussage der Stellen und zur überwiegend spätdtr Einordnung *Dohmen/Hossfeld/ Reuter*, ספר (1986), 937 ff; *Haag*, כתב (1984), 393 f.

15 In einem anderen Kontext, den „himmlischen Listen/Büchern", taucht Gott ebenfalls als Subjekt des Schreibens auf. Vgl. dazu *Haag*, כתב (1984), 394 f; *Zenger*, Tafeln (1972), 99 f; *Dohmen/ Hossfeld/Reuter*, ספר (1986), 942 f.

16 Vgl. zur These der redaktionellen Rᴾ-Zusätze im Bereich der Tafelvorstellung und zu den oben genannten Stellen jetzt ausführlich *Dohmen*, Tafeln (1989), 9–50.

Zur Struktur des Grundtextes von 2 Kön 17,34 – 40

Der verbleibende Grundtext ist stark strukturiert. Die Verseinteilung der *BHS* lässt den Abschnitt mit *'ad hayyôm hazzeh* beginnen. In der Funktion einer temporalen relativen Erzähleinleitung findet sich die Formel nur hier.[17] Ein Anschluss der Formel an V. 33 ist ebenfalls möglich, so dass die exponierte Stellung als Beginn des Abschnitts 34 – 40.41 erst sekundär durch die Verseinteilung entstanden wäre und die Phrase ursprünglich jeweils einen Abschnitt abschloss (V. 7 – 23.24 – 34a.34b – 41).[18] Bleibt man bei der vorliegenden Einteilung, dann scheint der Abschnitt zweifach chiastisch gerahmt durch *'ad hayyôm hazzeh* und *hēm 'ōśîm kammišpāṭîm hāri'sōnîm* in V. 34 und 40.41*.[19] Der Abschnitt läuft auf den Rückverweis auf einen Bundesschluss (V. 35) und die zu diesem gehörige YHWH-Rede (V. 35b.37*.38) zu. Zudem fallen das häufige Leitverb *yr'* (V. 34.35.37.38) und die dominierende Silbe *lo* (*lô/lō'*) auf.[20]

---

17 Eine absolute Erzähleinleitung liegt nicht vor, da grammatisch kein neues Subjekt eingeführt wird. Allerdings beginnt inhaltlich-logisch eindeutig ein neuer Abschnitt, so dass die Annahme eines relativen Erzählanfangs gerechtfertigt erscheint. Vgl. zu den verschiedenen Verwendungen von *'ad hayyôm hazzeh Childs*, Study (1963), 279 – 292. Singulär unter den 84 Vorkommen ist die Fortsetzung durch Ptz. und die betonte Stellung am Beginn des Abschnitts in V. 34. Vgl. zu beiden Möglichkeiten *Coggins*, Origins (1967/8), 40; *Gray*, Kings (²1970), 655. Dass die Formel V. 33 abschloss und V. 34 erst mit *hēm* begann, ist möglich, vgl. Gen 44,4; Ex 6,27; Dtn 32,21; 2 Sam 20,8; Hos 8,4.
18 In V. 23 schließt die Formel die V. 21 – 23 ab. Zum einen hat sie hier ätiologische Funktion (*Childs*, Study [1963], 289, nennt weitere 5 Stellen der „Political etiologies": 1 Kön 12,19//2 Chr 10,19; 2 Kön 8,22//2 Chr 21,10; 1 Chr 5,26), zum anderen macht sie deutlich, dass die Erzählperspektive (unabhängig von der tatsächlichen Entstehungszeit) klar exilisch ist. In V. 34.41 ist der Gebrauch weniger ätiologisch, sondern betont ein duratives Moment („bis heute"), ohne nähere Angabe des Startpunktes. Zum zeitstrukturierenden Gebrauch der Formel vgl. *Childs*, Study (1963), 280.287.
19 Vgl. zur rahmenden Funktion des *mišpāṭ hari'sôn* auch *Cogan*, Israel (1978), 42, *mišpāṭ* + *ri'sôn* findet sich nur hier und in Gen 40,13. Zur Verwendung von *mišpāṭ* als „Brauch" vgl. *Johnson*, משפט (1989), 105 f. Während in V. 34 der Pl. „ihre früheren Bräuche" verwandt ist, steht in V. 40 der Sg. *kᵉmišpāṭām hāri'sôn*. Textkritisch sind keine Änderungen vorzunehmen, da beide Möglichkeiten gleichwertig sind. Beide Formulierungen beziehen sich auf ein eingeschliffenes, zur Gewohnheit gewordenes Verhalten.
20 Vgl. dazu auch *Viviano*, Analysis (1987), 554 f, die V. 35 – 40 als Ringkomposition verstehen will, die auf V. 39 zuläuft. Vgl. zur Struktur auch *Baena*, Carácter (1974), 170 (das Gewicht der Struktur liegt nach Baena auf V. 37).

עד היום הזה	34
הם עשים כמשפטים הראשנים	
אינם יראים את־יהוה	
ואינם עשים כחקתם וכמשפטם	
ויכרת יהוה אתם ברית	35
ויצום לאמר	
לא תיראו אלהים אחרים	
ולא־תשתחוו להם ולא תעבדום ולא תזבחו להם	
ואת־החקים ואת־המשפטים תשמרון לעשות כל־הימים	37
ולא תיראו אלהים אחרים	
והברית אשר־כרתי אתכם לא תשכחו	38
ולא תיראו אלהים אחרים	
ולא שמעו	40
כי אם־כמשפטם הראשון הם עשים	
עד היום הזה	41

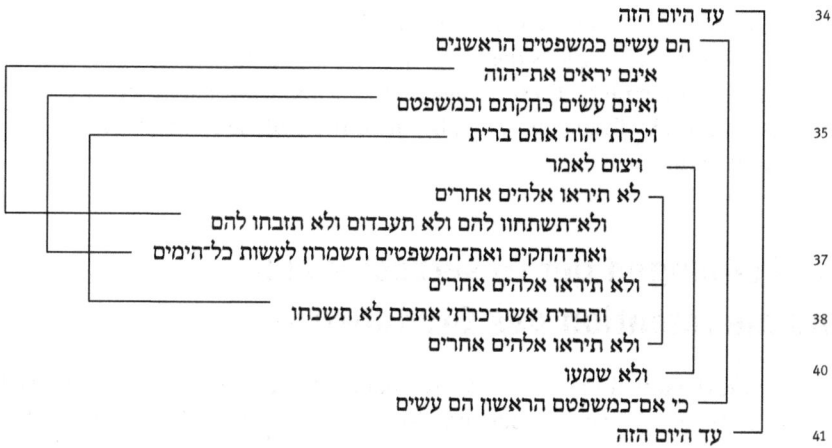

Übersicht zur Struktur des Grundtextes

Das Schaubild hält die strukturierenden Elemente des Abschnitts auf der rechten Seite und die inhaltlichen Bezüge zwischen Einleitung und YHWH-Rede auf der linken Seite fest: In V. 34 werden vorab durch *'ênām* + Ptz. zwei Feststellungen getroffen, die in der YHWH-Rede wiederaufgenommen werden: Das partizipiale *'ênām y^{e}rē'îm 'et YHWH* aus V. 34 findet direkt zu Beginn der YHWH-Rede in V. 35aβ in dem Prohibitiv *lō' tîr'û 'ĕlōhîm 'ăḥērîm* seine Entsprechung. Der Prohibitiv wird dann durch die konkreten Verbote zur Fremdgötterverehrung (*ḥwh*, *'bd*, *zbḥ*) erläutert. Die zweite Explikation dessen, was mit den „früheren Bräuchen" gemeint ist – der Hinweis auf die Gesetzlosigkeit (*w^e'ênām 'ōśîm k^{e}ḥuqqōtām ûk^{e}mišpāṭām*) – wird in V. 37 aufgenommen und mit dem positiven Appell verbunden, YHWHs Gesetze zu halten (*tišm^{e}rûn la'ăśôt*). Letztlich wird das dritte konstatierende Element der Redeeinleitung aus V. 35aα (Stichwort *b^{e}rît*) in der YHWH-Rede in V. 38 wiederaufgenommen und ähnlich der Aufforderung zur Gesetzesbeobachtung paränetisch gewendet (*lō' tiškāḥû*).

Die YHWH-Rede ist demnach in Entsprechung zur Eingangsexposition der V. 34aβb.35aα aufgebaut und deutlich durch das dreimalige *lō' tîr'û 'ĕlōhîm 'ăḥērîm* gegliedert. Kehrversartig insistiert YHWH hier auf seinem Ausschließlichkeitsanspruch. Dabei fällt das negierte *yr'* mit Fremdgöttern als Objekt auf.[21] Die Re-

---

21 *yr'* mit *'ĕlōhîm 'ăḥērîm* als Objekt findet sich nur hier in 2 Kön 17,7.35.37.38; vgl. *Floss*, Jahwe (1975), 110.133. Genannt werden muss aber zumindest noch Ri 6,10, wo *'ĕlōhê hā'ĕmōrî* als Objekt zu *yr'* steht.

deeinleitung (*wayᵉṣawwēm lēʾmōr*) hat ihr Gegenüber in dem knappen, aber harten Vorwurf in V. 40 *wᵉlōʾ šāmēʿû*. YHWH schloss einen Bund, jedoch die Angesprochenen hören nicht. Dieses konstatierende Element wiederholt im Grunde die Situationsbeschreibung aus V. 34, bevor zu den Rahmenelementen (s.o.) zurückgekehrt wird.

Die Reihungen der Gesetzestermini und die Intention des Grundtextes

Der Grundtext läuft durch die konstatierenden Feststellungen in V. 34.35aα* und die Fremdgötterdienst verbietende YHWH-Rede V. 35aβ.37*.38 auf das Negativurteil *lōʾ šāmēʿû* in V. 40 zu. Der Schwerpunkt seiner Aussage liegt in der Verknüpfung von Fremdgötterverbot und gesetzlicher Verpflichtung. Auf die hohe Differenzierung im Bereich der Gesetzestermini im vorliegenden Text wurde bereits hingewiesen (vgl. o.). Dass damit eine ebenso differenzierte Aussage verbunden ist, die die hohe Bedeutung des Abschnitts für das Thema „Gesetz" im Umfeld der im Lande verbliebenen NR-Bevölkerung anzeigt, setzt voraus, dass in den variierenden Zusammenstellungen von Gesetzestermini in V. 34.37 keine Beliebigkeit, kein „Brei von Ununterscheidbarem" vorliegt.[22]

Zunächst ist auf die Begriffe in V. 34 näher einzugehen: Sie stehen hier – neben der Feststellung, dass YHWH nicht verehrt/gefürchtet wurde – als Explikation der „früheren Bräuche" der NR-Bevölkerung. Singulär ist die Zusammenstellung von *ḥuqqāh* Pl. und *mišpāṭ* Sg. Es kann hier kaum dasselbe gemeint sein wie in der pluralischen Zusammenstellung von *ḥuqqôt*, *mišpaṭîm* und *miṣwāh* in dtn/dtr Literatur bzw. wie in der bei Ez und im Heiligkeitsgesetz häufigen Zu-

---

22 Die These, dass den einzelnen Gesetzesbegriffen im dtn/dtr Literaturbereich jeweils ein klar zu umreißender Gesetzesbereich zuzuordnen ist, ist bisher weitestgehend heuristisch. Es gelingt (noch) nicht, jedem Einzelglied einer Reihe eine bestimmte Funktion und Bedeutungsbreite zuzuweisen; auch mahnt hier die Forschungsgeschichte zur Vorsicht. So gilt z.B. die Aufteilung von *ḥōq/ḥuqqāh* und *mišpāṭ* auf apodiktisches und kasuistisches Recht inzwischen als obsolet; vgl. *Braulik*, Ausdrücke (1970); *Lohfink*, Deuteronomium (1989), 4.

Einzeluntersuchungen (insbesondere im Bereich des Dtn) zeigen jedoch, dass Gesetzestermini bewusst eingesetzt werden, teilweise einen klar umrissenen Gesetzesbereich bezeichnen und trotz kumulativer Zusammenstellungen keinesfalls beliebig kombiniert werden. Vgl. dazu *Braulik*, Ausdrücke (1970), passim und seine frühere Ansicht aus der Promotion (*Lohfink*, Hauptgebot [1963], 54) korrigierend jetzt *Lohfink*, Deuteronomium (1989), 4 Anm. 9 sowie *ders.*, 2 Kön 23,3 (1990).

sammenstellung von *ḥuqqôt* und *mišpaṭîm*.[23] Aufgrund des unterschiedlichen Numerus drängt sich hier eine genauere Differenzierung auf.[24] Das *ḥuqqōtām* „ihre Satzungen" scheint sich auf gesetzliche Einzelvorschriften insgesamt zu beziehen, ohne dass es hier auf einen bestimmten Gesetzesbereich eingrenzbar wäre.[25] Im Vergleich zu V. 37 fällt auf, dass einmal das fem. *ḥuqqōt* (V. 34) und einmal das mask. *ḥuqqîm* verwandt wird (V. 37). Ist der Sprachgebrauch hier soweit differenziert, dass auch zwischen den *ḥuqqōt* und den *ḥuqqîm* ein Unterschied angenommen werden muss? Wahrscheinlich nicht. Zwar ist auf die Tendenz hinzuweisen, dass in späten Texten (P, Heiligkeitsgesetz, Ez) *ḥuqqāh* bevorzugt wird. Daraus kann allerdings keine lineare Entwicklung von *ḥōq* zu *ḥuqqāh* geschlossen werden, denn Chr, Esra und Neh stehen dem mit einem eindeutigen statistischen Überhang von *ḥōq* gegenüber (nur 2 Chr 7,17 hat *ḥuqqāh*).[26] Die frühen Schichten des Dtn gebrauchen zwar überwiegend das mask. *ḥōq*, jedoch lässt sich kein genauer Übergang zum Gebrauch von *ḥuqqāh* herausarbeiten.[27] Wahrscheinlich

---

23 Vgl. zur Distribution der unterschiedlichen Belege von *ḥuqqāh* die Übersicht bei *Liedke*, Gestalt (1971), 13–16; vgl. auch *Ringgren*, חקק (1982), 152–154. *ḥuqqōt* zusammen mit *mišpāṭîm* (Pl.!) findet sich im dtn/dtr Schriftbereich noch in Dtn 8,11; 11,1; 30,16; 1 Kön 2,3; 6,12 immer auch mit *miṣwôt* sowie in 2 Sam 22,23 und 1 Kön 11,33 ohne *miṣwôt*. Weitaus häufiger ist im dtn-dtr Bereich der Doppelausdruck *ḥuqqîm ûmišpāṭîm*.

24 Die Unstimmigkeiten im Numerus und die dadurch sehr ungewöhnliche Zusammenstellung bewegen die Herausgeber der BHS zu dem Vorschlag, die ersten beiden Begriffe der Reihung als Glosse auszuscheiden. Dem folgt z. B. auch *Würthwein*, Könige (1984), 398 Anm. 6. Gerade die Begründung Würthweins, dass die beiden Gesetzestermini Glosse zu V. 34a seien, greift aber nicht, da V. 34a textkritisch sicher den Pl. *mišpāṭîm* bezeugt. Die Annahme einer Glossierung weicht den Schwierigkeiten des vorliegenden Textes aus. Ebenso wenig überzeugt der Vorschlag Grays, die Suffixe in die 3. mask. Sg. zu ändern (vgl. *Gray*, Kings [²1970], 655, der dann auch stillschweigend den Pl. *mišpāṭāyw* liest). *Šanda*, Könige (1912), 233 ändert in Parallele zu V. 37 in *keḥuqqōt ûkemišpāṭîm*, wofür sich ebenfalls kein Anhalt bietet.

25 Die durch die Suffigierung betonte Zugehörigkeit zu den Angesprochenen, dass es „ihre eigenen" Vorschriften sind, die sie nicht tun, ist im Vergleich zur sonstigen Verwendung auffallend. Lediglich in Lev 18,3 findet sich eine zu V. 34 vergleichbare Suffigierung; *ḥuqqāh* bedeutet dort den Brauch oder die Gewohnheiten der Fremdvölker: *beḥuqqōtêhem lō' tēlēkû*. Weitaus häufiger wird durch die Suffigierung auf die gesetzgebende Größe zurückverwiesen (*ḥuqqōtāy/ḥuqqōtāyw*). Der Schluss, dass die hier angesprochenen Satzungen durch die Engführung auf die Angesprochenen aus dem folgenden Promulgationsrückverweis (*'ăšer ṣiwwāh Yhwh*) herausfallen, ist zwar aufgrund der syntaktischen Konstruktion (Syndese) nicht zwingend, aber dennoch logisch möglich. Dass die Suffigierung und der Rückbezug durch den *'ăšer*-Promulgationsrückverweis Schwierigkeiten bereitet, zeigen u. a. die vielfachen Textänderungen der Kommentatoren (s. o.).

26 Vgl. dazu *Liedke*, Gestalt (1971), 175–177 und seine Tabellenauswertung ebd., 16.

27 Vgl. dazu *Lohfink*, Hauptgebot (1963), 54–58. Eine genau zu ziehende diachrone Linie zwischen dem Gebrauch von *ḥōq* und *ḥuqqāh* würde zudem ein diachrones Verhältnis zwischen den

bezeichnen *ḥuqqîm* und *ḥuqqōt* inhaltlich dasselbe und bilden lediglich Stilva-rianten, die bei unterschiedlichen Verfassergruppen bzw. bei einzelnen Stellen zum Tragen kommen.[28] Wenn es keine (zumindest keine feststellbaren) Bedeu-tungsnuancen zwischen dem Mask. und Fem. im dtr Schriftbereich gibt, bleibt die Frage, ob man die Variation hier erklären kann. Dass in V. 37 der mask. Pl. ver-wandt wird, hängt mit der Aussage zusammen, die sich klar an das Dtn rück-binden will (s. u.). In V. 34 war dies nicht der Fall. Hier scheint die signifikante Zusammenstellung von *mišpāṭ* (Sg.) und einem pluralischen *ḥōq/ḥuqqāh* im Aussagezentrum zu liegen. Es ist möglich, dass hier aufgrund des Gleichklangs zu dem suffigierten *mišpāṭām* der fem. Pl. verwandt wurde.[29]

Das *mišpāṭām* in V. 34 meint kaum eine einzelne Rechtsvorschrift, die die NR-Bevölkerung nicht beachtet (bzw. beachtet hat). Auch ein Verständnis als „Brauch" ist ausgeschlossen, da sonst ein Widerspruch zu dem *hammišpāṭîm hāri'šōnîm* in 34aα vorliegen würde. Einzig möglich scheint ein absoluter Ge-brauch des *mišpāṭ* im Sinne von Recht oder Rechtsordnung.[30]

Der Grundtext rekurriert also neben der fehlenden YHWH-Verehrung auf die Gesetzlosigkeit und Rechtlosigkeit bei der verbliebenen NR-Bevölkerung: „Bis zum heutigen Tag handeln sie nach ihren früheren Bräuchen: Sie fürchten YHWH nicht und handeln nicht gemäß ihren Satzungen und gemäß ihrer Rechtsord-nung". Der Vorwurf hebt pauschal auf die Gesetzlosigkeit der Bevölkerung ab. Sie handelt, als würde sie sich außerhalb (bzw. zeitlich noch vor) der faktisch be-stehenden Kult- und Rechtsordnung befinden.

Für diese Interpretation spricht auch die Parallelisierung der *yir'at YHWH* und den *ḥuqqōtām/mišpāṭām*. Die Formulierung *yr'* + GN hat nicht nur eine kultische, auf die Verehrung des Gottes bezogene Bedeutungskomponente, son-dern auch eine sehr starke rechtliche Stoßrichtung. *yr'* wird im Dtn häufiger zur

---

hier zur Debatte stehenden Versen implizieren. Dass die V. 34*.37* von ein und derselben Hand stammen, ist jedoch ziemlich sicher.

28 Vgl. dazu *Lohfink*, Hauptgebot (1963), 56 f; *ders.*, 2 Kön 23,3 (1990), 38 – 40; *Braulik*, Ausdrücke (1970), 52 f; *Ringgren*, חקק (1982), 151 ff. Die Annahme von *Michel*, Grundlegung (1977), 66 f, dass auch bei der Genuswahl des Nomens *ḥuqqāh/ḥōq* die Unterscheidung zwischen *collectivum* und *nomen unitatis* eine tragende Rolle spielt, scheint zumindest hier nicht zu tragen.

29 D. h. der Autor hätte durch die Zusammenstellung durch den lautlichen Gleichklang die Zu-sammengehörigkeit der beiden Begriffe hervorheben wollen. Dafür eignete sich *kᵉḥuqqōtām* besser als *kᵉḥukêhem*. Vgl. eine analoge Annahme eines Binnenreims als Ausschlag für die Wahl zwischen *ḥuqqāh/ḥōq* bei *Lohfink*, 2 Kön 23,3 (1990), 39.

30 Vergleichbar dazu sind einige Dtn-Stellen, die *mišpāṭ* im Sinne von Recht/Rechtsordnung gebrauchen, so Dtn 10,18; 16,19; 24,17; 32,41. Der *mišpāṭ* erscheint hier als soziale Größe, ähnlich dem Paar *mišpāṭ* und *ṣᵉdāqāh* in der Prophetie des Amos. Vgl. zu dieser Verwendung von *mišpāṭ* *Johnson*, משפט (1989), 100 – 103.

Umschreibung des Hauptgebotes gebraucht; teilweise ist *yr'* sogar Synonym bzw. gleichgeordneter Ausdruck für die Gesetzesbeobachtung.[31] Die beiden (durch *'ēnām* eingeleiteten) parallelen Sätze in V. 34, die die YHWH-Furcht und das gesetzliche Handeln miteinander verbinden, sind der thematischen Zusammenordnung z. B. in Dtn 6,2.24; 8,6 zu vergleichen.

Von daher ist der semantische Gehalt der *mišpāṭîm hāri'šōnîm*, die durch die beiden *'ēnām*-Sätze erläutert werden, näher zu bestimmen. „Gemäß ihren früheren Bräuchen" meint demnach die Missachtung des Hauptgebots und damit verbunden bzw. dadurch verursacht das Handeln in Rechtlosigkeit; nach *eigenen* Satzungen und *eigenem* Recht, losgelöst von YHWHs kultischer und sozialer Ordnung. Wie weit greift das *hāri'šōn* zurück? Die Exposition V. 34 hat ihr Pendant in der YHWH-Rede, in der auf die Gesetzgebung am Horeb Bezug genommen wird. *Terminus a quo* für das Fehlverhalten ist von daher der Zeitpunkt der Gesetzgebung, genauer der des Inkrafttretens dieses Gesetzes.

Gegen diese Umschreibung der faktischen Situation in V. 34 steht die Forderung der zitierten Bundesrede, die die YHWH-Verehrung explizit einfordert und auch hier wieder die *yir^e'at YHWH* mit dem Gesetz in Verbindung bringt. Die Reihung der Gesetzesbegriffe in V. 37 steht im Kontext der durch *lē'mōr* eingeleiteten direkten YHWH-Rede. Hier wird im Gegensatz zu V. 34 nicht auf die bestehende, sondern auf eine geforderte „Soll-Situation" abgehoben. Die Gesetzestermini sind der Aufforderung zur Gesetzesbeobachtung betont vorangestellt. Die ersten beiden Begriffe (*w^e'et haḥuqqîm w^e'et hammišpāṭîm*) sind – anders als *ḥuqqōt* und *mišpāṭ* in V. 34 – aufgrund ihrer formal gleichen Gestaltung zusammenzunehmen. Der Doppelausdruck *ḥuqqîm ûmišpāṭîm* scheint hier analog zu seinem Gebrauch im Dtn kumulativ auf die dtn/dtr Einzelbestimmungen des Dtn (Kap. 6 – 11.12 – 26) zurückzuverweisen.[32]

V. 37 bildet nach Abzug der zweiten Fortschreibung eine typische dtn/dtr Gesetzesparänese. Insgesamt 27 Mal kommen im Dtn die beiden Verben *šmr* und

---

31 Vgl. Dtn 5,29; 6,2.13.24; 8,6; 10,12.20 (u.ö.). Vgl. zu dieser Verwendung von *yr'* Lohfink, Hauptgebot (1963), 75 f, der auch auf die statistische Konzentration der Belege in Dtn 5 f hinweist. Vgl. ferner *Becker*, Gottesfurcht (1965), 92f.98f.101f.114f.116f; *Floss*, Jahwe (1975), 84 – 89.
32 Zur Begrenzung des Gesetzesbereiches, der im Dtn durch den Doppelausdruck gemeint ist, vgl. *Braulik*, Ausdrücke (1970), 56 – 61. Die Bedeutung bestimmt *Lohfink*, Deuteronomium (1989), 5 von der singularischen Gestalt her folgendermaßen: „Eine Rechtsbestimmung (*ḥōq*), und zwar (*û*) eine, die auf eine in einer noch offenen oder unklaren Situation getroffene Entscheidung einer Autorität zurückgeht (*mišpāṭ*). Die Funktion lässt sich nach ihm aus Dtn 5,31 bestimmen: „Nähere Determinierung der vom Dekalog nur generell bestimmten und im übrigen noch offenen Handlungsfelder durch eine Autorität" (ebd., 20). Zum Verhältnis zwischen den Gesetzen und dem Dekalog vgl. die Analyse des Dekalograhmens bei *Hossfeld*, Dekalog (1982), 226 – 238; jetzt auch *Lohfink*, Unterschied (1989), 80 f.87.

'śh im Kontext der Paränese vor, 19 Mal davon als *šāmar la'ăśôt*.[33] Dabei werden die unterschiedlichsten Reihungen von Gesetzestermini als Objekte genannt.[34] Die 3. Pers. mask. Pl. von *šmr* mit *Nun-paragogicum* findet sich im gesamten AT außerhalb von 2 Kön 17,37 lediglich weitere 4 Mal. In Dtn 6,17; 11,22; 12,1 in einer *figura etymologica* und in Dtn 8,1 in normaler Verbfunktion. Jeweils sind dort unterschiedliche Objekte der Gesetzesbeobachtung genannt. Dtn 6,17 *'et miṣwōt YHWH*, *'ēdōtāyw* und *ḥuqqāyw*; in Dtn 8,1; 11,22 *kol hammiṣwāh* und in Dtn 12,1 *ḥuqqîm ûmišpāṭîm*. Ebenfalls kann die Bestimmung der Geltungsdauer der Gesetzesforderung *kol hayyāmîm* in V. 37 als Element der dtn/dtr Gesetzesparänese genannt werden (Dtn 4,40; 6,24; 11,1; 12,1; 19,9; 31,13).[35]

Bezüglich der Aussageintention ist der Grundtext von den V. 7–23 deutlich zu unterscheiden. Hier soll offensichtlich nicht erklärt werden, wie es zum Untergang Samarias kam, denn der Text nimmt auf die gegenwärtige Situation (wann immer das sei) Bezug. Er will aber auch nicht die gegenwärtige Lage in der Provinz Samerina einfach nur beschreiben. Dafür ist der appellative Charakter der YHWH-Rede doch zu stark. Das die YHWH-Rede abschließende *lō' šāmē'û* scheint nicht nur – wie in vielen Parallelbelegen[36] – den Ungehorsam der Vergangenheit abschließend festzustellen, sondern hier auch (aufgrund der Fortsetzung durch *kî 'îm ... hēm 'ōśîm*) eine *noch bestehende* „Weigerung" der Angesprochenen zu konstatieren. „Doch sie hörten nicht (*bis heute*), sondern handeln (*immer noch*) nach ihrem früheren Brauch". In dem *lō' šāmē'û* überschneiden sich verschiedene Subjekte der V. 34–40. Das Israel der V. 34 f (verbliebene NR-Bevölkerung) und das in der Rede angesprochene sind ja nicht deckungsgleich, da die YHWH-Rede im Kontext eines Rückverweises auf einen vergangenen Bundesschluss (V. 35) zitiert wird. Eher scheinen verschiedene Gruppen in den jeweiligen Referenzrahmen angesprochen. In welchem Sinn ist *berît* nun hier verwandt? Bezieht sich *kārat berît*

---

33 Vgl. zu dem Muster *šāmar la'ăśôt* in Kombination mit *ḥuqqîm/mišpāṭîm* bzw. im Rahmen der Gesetzesbeobachtung *Weinfeld*, Deuteronomy (1972), 336; *Lohfink*, Hauptgebot (1963), 68–70 mit ausführlichen Tabellen 300–302.

34 Genannt seien nur die Stellen, die *haḥuqqîm wehammišpāṭîm* als Objekt haben: Dtn 5,1; 6,1 (mit vorangestelltem *hammiṣwāh*); 11,32; 12,1; 26,16.

35 Ohne die Parallelität hier auf die Spitze treiben zu wollen, ist doch auffallend, dass es eine Stelle gibt, mit der die Formulierungen von V. 37* in besonderer Übereinstimmung stehen. Die vier Vergleichsmomente: (1) Gesetzestermini *ḥuqqîm ûmišpāṭîm*; (2) die Kombination *šāmar la'ăśôt* als Aufforderung zur Gesetzestreue; (3) das Nun-paragogicum bei *šmr*; (4) die Phrase der Geltungsdauer *kōl hayyāmîm* finden sich alle ebenfalls in Dtn 12,1. Die Wichtigkeit gerade dieser Stelle hat *Lohfink*, Deuteronomium (1989) jüngst betont. Für 2 Kön 17,37 zeigt diese Parallelität, dass es sich nicht um eine völlig belanglose Stelle handelt, die von undifferenziert später Hand hier ohne Hinblick auf Gesetz und Gesetzessystematik platziert wurde.

36 Vgl. zu *šm'* jetzt *Arambarri*, Wortstamm (1990), bes. 264 f.

lediglich auf den Verpflichtungscharakter der Ausschließlichkeitsforderung oder wird auf einen konkreten Bundesschluss zurückverwiesen? Durch den Kontext der Gesetzgebung kommen der Sinai- und der Horebbund in Frage. Aufgrund der Nennung der *ḥuqqîm ûmišpāṭîm* ließe sich die „Alternative" auf den Horebbund des Dtn eingrenzen. Dort ist allerdings sicher ganz Israel angesprochen, nicht nur die NR-Bevölkerung. Dass eine Engführung auf den Horebbund in dem Text mitschwingt, zeigt sich in der Wortwahl der YHWH-Rede an der Stelle, wo der Bezug zum Bund wiederaufgenommen wird (V. 38). Die hier gebrauchte Wendung (*šākaḥ beʾrît*) findet sich in der pointierten Engführung auf die Ausschließlichkeitsforderung im Fremdgötterkontext nur noch in Dtn 4,23[37], wo ebenfalls vor dem Vergessen des Bundes gewarnt wird bzw. das Vergessen des Bundes mit einem Vergehen gegen das Bilderverbot gleichgesetzt wird.[38] Die Rede vom Bund in Dtn 4,23 bezieht sich direkt auf den Horebbund in Dtn 5,2f, und die *beʾrît* bezeichnet hier den Deuteronomiumdekalog mit der Engführung auf das 1. und 2. Gebot. Die parallele Verwendung des *šākaḥ beʾrît* macht deutlich, dass bei der *beʾrît* in 2 Kön 17,35.38 zwar einerseits eine Anspielung an die umfassenden Bestimmungen des Horebbundes vorliegt (*ḥuqqîm ûmišpāṭîm*), dieser Rückverweis auf den Bundesschluss aber im Wesentlichen auf das 1. Gebot eingeengt wird.[39] Diese Engführung wird durch die Gestaltung der YHWH-Rede unterstrichen: Die Aufforderung *weʾhabbeʾrît ... lōʾ tiškāḥû* ist durch *weʾlōʾ tîrʾû ʾelōhîm ʾaḥērîm* eingeschlossen. Von dieser Ausrichtung der *beʾrît* in V. 38 dürfte auch der Rückverweis

---

37 Von einem Dtr, der etwas später als der Autor von Dtn 4,23 geschrieben hat, stammt ein kontrastierender Rückverweis auf die Wendung *šākaḥ beʾrît* in Dtn 4,31. Dort wird eine Zusage YHWHs formuliert, dass er „den Bund deiner Väter" nicht vergessen wird. Vgl. zu dieser Stelle *Knapp*, Deuteronomium 4 (1987), 96f; zur Korrespondenz der beiden Verse auch *Braulik*, Deuteronomium (1986), 45. Eine interessante Aufnahme dieser Zusage YHWHs findet sich in einem sehr späten Heilswort in Jer 50,5, wo – wohl in Bezug auf den „neuen Bund" Jer 31 – von einer *beʾrît ʿôlām lōʾ tiššākēaḥ* die Rede ist, vgl. dazu *Levin*, Verheißung (1985), 193f. Eine letzte Parallele zu *šākaḥ beʾrît* findet sich in Spr 2,17: „Die (fremde Frau, die) den Freund ihrer Jugend verlässt und den Bund ihres Gottes vergisst". *Plöger*, Sprüche Salomos (1984), 27 will hier *beʾrît* als Satzung verstehen, doch scheint sich der Spruch an die Ehemetaphern der Propheten (Hos, Jer) anzulehnen und das Verhältnis jetzt geradezu umzukehren. Das Verhalten der „fremden Frau" wird durch das Bundesverhalten Israels/Judas näher erläutert.
38 Vgl. dazu und zur Einordnung in den Kontext von Kap. 4: *Knapp*, Deuteronomium 4 (1987), 79; *Hossfeld*, Dekalog (1982), 251 mit Anm. 173; *Dohmen*, Bilderverbot (²1987), 200 ff. *beʾrît* wird häufiger in seinem Bezug auf den Dekalog auf das Fremdgötterverbot enggeführt: Dtn 17,2f; 29,24f; 31,16.20; Jos 23,16 u. ö., so dass – wenn man den späten Verschmelzungs- bzw. Ablösungsprozess von 1. und 2. Gebot mit einbezieht – in diesen Stellen die Vorläufer zu Dtn 4,23 gesehen werden können.
39 Vgl. *Lohfink*, Bundestheologie (1990), 336. Lohfink führt ebd., 338 die Stellen aus dem Dtn und aus Jos–2 Kön an, wo *beʾrît* sich auf den Dekalog oder sein erstes Gebot bezieht. Vgl. auch *Braulik*, Ausdrücke (1970), 43 – 45; *ders.*, Deuteronomium (1986), 43f.

auf die YHWH-Rede zu verstehen sein. Der Sinn des *kārat bᵉrît* ist hier durch die Betonung des Verpflichtungscharakters adäquat wiederzugeben: „YHWH hatte sie auf den Bund verpflichtet, indem er ihnen gebot: Ihr sollt keine anderen Götter fürchten". Die in 2 Kön 17,34 angesprochene NR-Bevölkerung wird demnach an die Bundesverpflichtungen erinnert, die schon vor der Inbesitznahme des Landes verpflichtend waren, denen aber „bis heute" nicht entsprochen wurde. Die Ausschließlichkeit YHWHs wird als *absolutes Konstitutivum* des YHWH-Verhältnisses herausgestellt.

Der dtr Autor des Grundtextes, der in seiner Wortwahl eine große Nähe zu Formulierungen aus dem Dtn zeigt (s. o.), aber auch dem Dtn fremde Sprachelemente (*yr'* im Fremdgötterkontext) benutzt, nennt Bedingungen bzw. Verpflichtungen, unter denen das NR *auch nach* dem Untergang steht. Ihm steht die Situation nach dem Verlust der Eigenstaatlichkeit vor Augen. Aus seiner Perspektive hat sich im Grunde im Bereich der YHWH-Verehrung und der Befolgung der Gesetze nichts geändert. YHWHs berechtigter Zorn, durch den er den Untergang des NR besiegelte (V. 7–23), hat lediglich die Rahmenbedingungen, nicht aber die Grundvoraussetzungen des YHWH-Verhältnisses verändert. Die *bᵉrît* besteht unverändert weiter; nämlich die Verpflichtung zur ausschließlichen Verehrung YHWHs und die Befolgung *seiner ḥuqqîm ûmišpāṭîm*. Der Autor, der diese Verse in den Kontext der Untergangsreflexion eingebracht hat, hat die in spätvorexilischer und exilischer Zeit wachsende Entfremdung eines großen Teils des Bundespartners von der YHWH-allein-Verpflichtung wahrgenommen und darauf reagiert. Vielleicht wollte der Autor durch die Verbindung mit dem Verweis auf die einzig fundamentale Bundesverpflichtung des Ersten Gebots die ehemaligen NR-Bewohner zur YHWH-allein-Verehrung provozieren. Der Grundtext bietet keine unmittelbare Restaurationshoffnung für das NR, muss aber wohl im Kontext solcher Überlegungen angesiedelt werden. Natürlich stand im Kontext der Rückkehrhoffnungen der SR-Exulanten auch die Frage an, was bei einer Rückkehr mit dem NR und seinen Bewohnern zu passieren habe.[40] Der Synkretismus, der der jetzt im Land lebenden Bevölkerung angelastet wird, kann aufgrund der Vermischung mit den anderen, von Assur angesiedelten Bevölkerungselementen nach dem Untergang des Nordreiches durchaus als historisch zutreffend gewertet werden. Ob in den V. 34–40 bzw. in den gesamten V. 24–41 tatsächlich späte Polemik gegen die

---

40 Dass sich die Restaurationshoffnungen auf Nord- und Südreich – und letztlich auf ein wieder geeintes Reich davidischer Größe und Gestalt – bezogen, zeigen Jer 23,5 f; 33,14 ff; Ez 34,15 ff u. a., vgl. dazu *Groß*, Hoffnung (1987).

Samaritaner zu finden ist, wie häufig angenommen wurde[41], bleibt aus der Sicht der neueren Samaritanerforschung fraglich.[42] Der Rückverweis auf die Gesetzgebung und den Bundesschluss dürfte gerade in V. 34–40 gegen eine explizite Polemik gegen die Samaritaner sprechen und auf die im Lande verbliebene NR-Bevölkerung deuten. Dass der Abschnitt in späterer Zeit *auch* als Polemik gegen die Samaritaner aufgefasst werden konnte und wurde, ist bereits innerbiblisch wahrscheinlich.[43]

Die erste Erweiterung des Grundtextes in den V. 36 und 39: Verknüpfung von Geschichte und YHWH-Dienst

In den beiden *kî 'īm*-Neueinsätzen findet sich je ein Verweis auf die Heilsgeschichte, der mit der positiven Forderung nach YHWH-Verehrung verknüpft ist. Der erste in der Heraufführungsformel in V. 36[44] fällt durch die seltene Zusammenstellung der Elemente *b^{e}kōaḥ gādôl* und *bizrôa' n^{e}ṭûyāh* auf. Sie findet sich im Zusammenhang des Exodusgeschehens nur noch in Dtn 9,29, allerdings ist dort *yṣ'* hi. verwandt.[45] Die gleiche Wendung findet sich noch in Jer 27,5; 32,17, beide Male außerhalb des Exodusgeschehens auf die Schöpfungsmacht YHWHs bezogen.[46] *b^{e}kōaḥ gādôl* im Kontext des Exoduscredos ist noch in Ex 32,11[47] sowie in Dtn 4,37[48] verwandt. *bizrôa' n^{e}ṭûyāh* als Teil der formelhaften Wendungen der Herausführung findet sich weit öfter als zweites Glied neben *b^{e}yād ḥāzāqā*, so in Dtn 4,34; 5,15; 7,19;

---

41 So z.B. nach *Montgomery/Gehman*, Commentary (1951), 477; *Würthwein*, Könige (1984), 401–403; *Hentschel*, 2 Könige (1985), 82; *Greenwood*, Hope (1976), 380 ff, der sogar die ganzen V. 18–41 als Samaritanerpolemik deuten will.
42 Vgl. dazu *Coggins*, Origins (1967/8), passim; *ders.*, Samaritans (1975), 13–16; *Egger*, Josephus Flavius (1986), 26–28. Gegen eine Samaritanerpolemik in V. 34–40 wenden sich auch *Rehm*, 2 Könige (1982), 173; *O'Brien*, History (1989), 212.
43 Vgl. z.B. die Anfragen beim Tempelbau Esra 4,2, wo gegen die Fremdelemente in der NR-Bevölkerung polemisiert wird. Zur Wirkungsgeschichte von 2 Kön 17 vgl. *Coggins*, Origins (1967/8), 42; *Talmon*, Überlieferungen (1988), passim.
44 Zur Formulierung mit *'lh* hi. im Relativsatz, vgl. *Groß*, Heraufführungsformel (1974), 434.
45 Dtn 9,29 gehört zur ersten dtr Überarbeitung des frühdtr Grundtextes in Dtn 9. Vgl. zur Analyse *Hossfeld*, Dekalog (1982), 147–161; *Aurelius*, Fürbitter (1988), 41.48.
46 Beide Stellen weist *Thiel*, Redaktion (1981), 7 f den dtr Bearbeitungen des Jer-Buches zu.
47 Spätdtr Überarbeitung von Dtn 9 f. her, vgl. zur Analyse *Dohmen*, Bilderverbot (²1987), 128–132; *Aurelius*, Fürbitter (1988), 41 ff; vgl. auch *Römer*, Väter (1990), 256–265.
48 Auch diese Stelle ist spätdtr, vielleicht sogar bereits nachexilisch, vgl. die Analyse bei *Knapp*, Deuteronomium 4 (1987), 106 ff. 158–163.

11,2; 26,8; 1 Kön 8,42; 2 Chr 6,32; Jer 21,5; 32,21; Ez 20,33.34; Ps 136,12. Dabei ist auffallend, dass *bizrôaʿ* *nᵉṭûyāh* außerhalb von 2 Kön 17,36 ausschließlich mit *yṣ'* verwendet wird. Die in V. 36 mit *'lh* zusammengestellten Elemente gehören eigentlich in den Rahmen der *Heraus*führungsformel (*yṣ'* hi.). Die starke Variation der Formel und die Verbindung zu dtr Material deutet auf eine spätdtr Einordnung der ersten Überarbeitung hin.

Die drei Forderungen, die der Rückbindung an den Exodus nachgestellt sind, wollen positiv die Gesamtheit des YHWH-Kultes gegenüber den Verboten des Fremdgötterkultes in V. 35 einfordern. Die YHWH-Furcht steht als umfassendstes der drei Glieder. *ḥwh* drückt hier wie an anderen Stellen die „Jahwe schuldige Haltung kultischer Verehrung und Anbetung"[49] aus. Die dritte Forderung des *wᵉlô tizbāḥû* erscheint zunächst in ihrer Absolutheit für den dtr Literaturbereich ungewöhnlich, da in keinster Weise auf die Legitimitätsfrage des Kultortes, d. h. auf die Kultzentralisation Bezug genommen wird. Eine Aussage darüber scheint nicht im Blickfeld dieser Forderung zu stehen. Unabhängig von Bedingungen sowie der Möglichkeit oder Unmöglichkeit der Durchführung soll YHWH opferkultische Verehrung gezollt werden. *ḥwh* und *zbḥ* stehen hier als Gesamt kultischer Verehrung, als umfassende Explikation der YHWH-Furcht.[50] Bereits oben war nun das Auslassen des *ʿbd*-Elementes in V. 36 und damit die Verkürzung der viergliedrigen Konstruktion aus V. 35 angezeigt worden. Die Zusammenstellung von *ʿbd* und *ḥwh* ist typisch im Rahmen dtr *Fremdgötterbelege*.[51] Von daher haben sie in V. 35 ihren legitimen Platz. Die kultische Verehrung YHWHs wird im dtn/dtr Bereich häufig mit *ʿbd* umschrieben[52], so dass zunächst das Fehlen dieses Elementes als Verkürzung erscheint. Betrachtet man jedoch die Reihenbildung im Bereich der Verben der YHWH-Verehrung, so fällt auf, dass hier *ʿbd* nicht mit *ḥwh* kombiniert wird. Die Wendung ist *ausschließlich* dem Fremdgötterdienst vorbehalten. Wahrscheinlich liegt darin der Grund, dass das *ʿbd*-Element in V. 36 gegenüber V. 35 ausgefallen ist.[53]

---

49 *Floss*, Jahwe (1975), 176, dort auch eine Auflistung der Stellen, in denen mit *ḥwh* die kultische Verehrung YHWHs ausgedrückt wird.

50 Die beiden Verben als Ausdruck einer ganzheitlichen YHWH-Verehrung auch in 1 Sam 1,3 und im Kontext des Fremdgötterdienstes in Ex 32,8; Num 25,2.

51 Beide Reihungen von *ʿbd* I und *ḥwh* II (und das zeitlich spätere *ḥwh* I und *ʿbd* I) beziehen sich auf Fremdgötterkulte. Vgl. dazu, *Floss*, Jahwe (1975), 122f.165–178; *Hossfeld*, Dekalog (1982), 24–26.

52 Vgl. dazu *Floss*, Jahwe (1975), 70ff; *Lohfink*, Hauptgebot (1963), 74f.

53 Man könnte natürlich fragen, warum dann nicht *ḥwh* ausgefallen ist, wenn doch *ʿbd* auch insbesondere mit *yr'* in synonymen Reihen auftaucht (so z. B. Dtn 6,13; 10,20; Jos 24,14; 1 Sam 12,24, vgl. zu den Synonyma in der Reihenbildung mit *ʿbd* Floss, Jahwe [1975], 79ff). Der Grund könnte in dem vierten Element *zbḥ* liegen, denn auch dieses Verb kommt nicht in Reihenbildungen mit *ʿbd*

Die zweite – durch *kî 'îm* eingeleitete – positive Forderung (V. 39) ist durch eine Heilszusage erweitert. Das Satzgefüge, durch das betont vorangestellte Personalpronomen eingeleitet, ist durch *wᵉ-x-yiqtol* auf die Zukunft hin ausgerichtet und kann konditional verstanden werden. Die Formulierung *nṣl* hi. + *miyyad* findet sich häufiger im AT[54] und kann nicht als Indikator für die nähere Datierung in Betracht gezogen werden.

Durch die Betonung der bleibenden Geschichtsmächtigkeit und der Kontinuität des Heilshandelns YHWHs an Israel dürften beide Einschübe in 2 Kön 17,34–40 zusammengehören und im deuteronomistischen Umfeld zu datieren sein. Aufgrund der Formulierungen spricht nichts für eine nachdtr Entstehung; lediglich eine Tendenz zu spätdtr Material zeigte sich in der Variation der Herauf-/Herausführung.

Zu fragen bleibt natürlich, warum ein Redaktor seine Hinzufügungen anscheinend so „ungeschickt" mit einem Sprecherwechsel verbindet und von YHWH in der 3. Person redet. Das Problem des Sprecherwechsels – als klassische Beobachtung im Rahmen der Literarkritik – ist keineswegs selten.[55] Ein Versehen oder Unachtsamkeit liegen hier sicher nicht vor, will man dem Redaktor nicht jede Sprachkompetenz absprechen. Zwei mögliche Erklärungsansätze: Die Fortschreibung akzeptiert den bereits vorliegenden Text als Autorität, in die sie nicht ohne Weiteres eingreifen kann. Entweder hat der Text an sich eine solche Autorität oder es ist vielmehr das Gewicht und die Dignität der direkten YHWH-Rede, die den Redaktor davon abhalten, „bruchlos" in der 1. Sg. seine Zusätze zu formulieren. Der Grund für den Wechsel läge hier im vorgegeben Text selbst. Eine zweite Möglichkeit sucht den Grund eher bei der Intention des Redaktors. Dieser

---

vor. Ausnahme ist lediglich Jes 19,21, wo vom YHWH-Dienst Ägyptens die Rede ist. Hier könnte die enge (aber nicht reihenbildende) Verbindung von YHWH-Dienst und Schlachtopfer in der Forderung Israels gegenüber dem Pharao in Ex ausschlaggebend gewesen sein (vgl. dazu *Wildberger*, Jesaja [²1989], 741 f.).

54 Z. B. Ex 3,8; Jos 24,10; Ri 6,9; 8,34; 1 Sam 7,3.14; 2 Kön 18,29 ff; Ps 22,21; 31,16 u. ö. Vgl. dazu *Hossfeld/Kalthoff*, נצל (1986), 572; *Baena*, vocabulario (1973), 377 f. In ähnlicher Verknüpfung von Fremdgötterdienst, YHWH-Verehrung und Rettung durch YHWH – allerdings in umgekehrtem Bedingungsverhältnis – formuliert 1 Sam 12,10: „Wir haben gesündigt; denn wir haben YHWH verlassen und den Baalen und Astarten gedient. Jetzt befrei uns aus der Gewalt unserer Feinde, dann wollen wir dir (wieder) dienen".

55 Als Beispiele seien nur Jos 24,7 und Ex 3,12; 23,25 angeführt, die alle aus einer YHWH-Rede durch die distanzierte 3. Person herausfallen. Hinzuweisen ist auch auf die Problematik des Sprecherwechsels im Dekalog, wo allerdings der Unterschied von schriftlichem und mündlichem YHWH-Wort eine entscheidende Rolle spielt, vgl. dazu *Hossfeld*, Dekalog (1982), 240–243; *ders.*, Vergleich (1989), 116.

hätte dann seine Zusätze bewusst von der YHWH-Rede abheben und als Kommentar bleibend kennzeichnen wollen.

Zusammenfassend lässt sich zunächst festhalten: Die erste Fortschreibung des Grundtextes verknüpft die rettende Geschichtsmächtigkeit YHWHs mit der geforderten YHWH-Verehrung, um die ausschließliche Verehrung dieses Gottes zu motivieren. D. h., zum einen schuldet Israel bereits YHWH die alleinige Verehrung, weil er es aus Ägypten befreit hat und sich so als für Israel geschichtsmächtig erwiesen hat, zum anderen wird die YHWH-Verehrung Israel nicht zum Schaden gereichen: Er wird sie aus der Hand aller Feinde befreien und so auch in Zukunft zu seinem Wort stehen.

Das Schreiben Gottes und der Dekalog in der zweiten Fortschreibung des Grundtextes in V. 34*.37*

Der Anlass für die redaktionelle Trennung der (2 × 2) Gesetzesbegriffe in V. 37 lag zum einen in der unterschiedlichen syntaktischen Konstruktion der jeweiligen Paare, weit mehr aber in der Weiterführung der Reihe in dem Relativsatz *'ăšer kātab lākem*, die störend und inkompatibel zur sonstigen Verwendung war (s. o.). Das Schreiben Gottes ist im Bereich der Gesetzgebung auf den Dekalog beschränkt. Aufgrund dieser Vorgaben aus dem Pentateuch muss nach Vorkommen und semantischer Füllung des zweiten Begriffspaars aus V. 37 (*hattôrāh wᵉhammiṣwāh*) gefragt werden, um den Rückverweis näher zu beleuchten. Die syndetische Kombination dieser beiden singularischen Gesetzestermini ist undeuteronomistisch.[56] Das Paar kommt in dieser Reihenfolge nur noch in 2 Chronikstellen und in Ex 24,12 vor[57], allerdings keinmal im Anschluss an *ḥuqqîm ûmišpāṭîm* (oder *ḥuqqôt ûmišpaṭîm*). In 2 Chr 14,3 und 31,21 besteht ein Bezug zum

---

56 Vgl. dazu *Dohmen*, Tafeln (1989), 41 mit Verweis auf *Dunlop*, Intercession (1970), 49. Dabei ist zu betonen, dass die Einzelglieder durchaus dtn/dtr häufige Verwendung finden; vgl. dazu *Braulik*, Ausdrücke (1970), 53 – 57.64 – 67. Gerade der Ausdruck *miṣwāh* wird im Dtn häufiger den *ḥuqqîm ûmišpāṭîm* vorangestellt; vgl. dazu *Lohfink*, Deuteronomium (1989), 6 ff und o. Anm. 41.

57 In der Entlassungsrede Josuas an die ostjordanischen Stämme in Jos 22,5 werden ebenfalls beide Begriffe verwandt, allerdings ist dort die Reihenfolge umgekehrt: *raq šimrû mᵉ'ōd la'ăśôt 'et hammiṣwāh wᵉ'et hattôrāh 'ăšer ṣiwwāh 'etkem mōšeh 'ebed Yhwh*. Durch den Rückverweis, dass Mose die gemeinten Gesetze geboten habe, ist dem Leser klar, dass hier die im Deuteronomium promulgierten Gesetze gemeint sind, d. h. der Gesetzesbereich, der im Dtn beim Gebrauch der partizipialen Promulgationsformel mit Mose als Subjekt gemeint ist. Vgl. dazu *Lohfink*, Hauptgebot (1963), 59 – 63 und *García López*, צוה (1989), 948 f.

rechten Lebenswandel (ausgedrückt durch den inf. *drš* + GN). Das Begriffspaar scheint hier nicht auf ein spezielles Gesetz oder eine Gesetzessammlung eingrenzbar, sondern meint umfassend die vorgegebene Ordnung aller Gesetze, deren Beachtung ein rechtes YHWH-Verhältnis erfordert.

Zur Klärung des Relativsatzes, der das Schreiben YHWHs in Bezug auf *tôrāh* und *miṣwāh* festhält, bleibt man demnach auf Ex 24,12 verwiesen. Dort wird im Zusammenhang der Dekalogübermittlung am Sinai ähnlich formuliert:

> *wayyō'mer YHWH 'el mōšeh 'ălēh 'elay hāhārāh wehyēh šām wᵉ'ettᵉnāh lᵉkā 'et luḥōt hā'eben wᵉhattôrāh wᵉhammiṣwāh 'ăšer kātabtî lᵉhôrōtām*

In seiner Analyse der Tafelvorstellung hat Dohmen kürzlich den sekundären Charakter der beiden Begriffe *und* des sich anschließenden Relativsatzes herausgestellt und der priesterlichen Endredaktion des Pentateuch zugewiesen.[58] R^P versuche, „die Tafeln auch im Blick auf den Dekalog von Ex 20 als auch im Blick auf das Privilegrecht und die im Kontext von Ex 32 eingeführten entsprechenden Mitteilungen zur Dekalogverschriftung (Ex 34,1b.28bβ) zu verklammern".[59] „Der Dekalog wird verschriftet, weil er die Grundlage der Unterweisung – durch Mose – sein soll. Dazu musste der Redaktor die Aussage, daß Gott selbst die Dekalogtafeln beschriftet mit der inhaltlichen Explikation, daß es sich dabei um Gesetz und Satzung handelt, verbinden …".[60] D. h. in Ex 24,12 sind die beiden Begriffe *wᵉhattôrāh wᵉhammiṣwāh* explikativ zu den *luḥōt hā'eben* zu verstehen. Durch die Hinzufügung der Gesetzestermini und des Relativsatzes, der auf das Schreiben Gottes hinweist, wird der Rechtsterminus *luḥōt 'eben*, der ursprünglich in der jehowistischen Sinaitheophanie allein der Beurkundung des Sinaigeschehens diente, zum Gesetzesterminus, der einzig und unmissverständlich den Dekalog meint.[61] Mose wird der von YHWH verschriftete Dekalog auf zwei Tafeln

---

58 *Dohmen*, Tafeln (1989), 18 f.40 – 42. Dass das durch Waw-explicativum angeschlossene Begriffspaar *wᵉhattôrāh wᵉhammiṣwāh* aus dem Kontext von V. 12 herausfällt, ist bereits häufiger betont worden, vgl. *Dunlop*, Intercession (1970), 49 f mit Anm. 104; *Zenger*, Tafeln (1972), 98 f; *Aurelius*, Fürbitter (1988), 68; *Scharbert*, Exodus (1989), 101 u. a.

59 *Dohmen*, Tafeln (1989), 40 f.

60 *Dohmen*, Tafeln (1989), 42.

61 Vgl. dazu *Dohmen*, Tafeln (1989), 21.23 f.46. Seine These beschreibt die Entwicklung der Tafelvorstellung von der unbeschrifteten Tafel als Beurkundung der JE-Sinaitheophanie über das spätdtr Bundessymbol (mit Dekalogverschriftung) zu R^P, der durch Tafelvorstellung und Dekalog (als einzigem von YHWH verschrifteten Rechtstext) die verschiedenen Rechtskorpora vom Dekalog abgrenzt, vgl. ebd., passim. Zur Einordnung von Ex 24,12 in den Kontext der Sinaitheophanie vgl. auch *Zenger*, Sinaitheophanie (1971), 77 f.

übergeben. Dabei stehen die explikativen Termini *tôrāh* und *miṣwāh* als Erläuterung des Tafelinhalts. Die beiden Begriffe sind hier aber nicht derart aufteilbar, dass jedem eine Tafel zuzuordnen ist. Entweder sind sie als Doppelbegriff zusammenzunehmen (*hattôrāh wᵉhammiṣwāh* ≙ Dekalog) oder der zweite Begriff steht als weitere Erläuterung des ersten (*hattôrāh* [≙ Dekalog] und zwar dabei gleichwertig jede *miṣwāh* [= einzelnes Dekaloggebot]).

Die Ähnlichkeit dieser Rᴾ-Ergänzung in Ex 24,12b* mit 2 Kön 17,37a* ist frappant. Ein später priesterlicher oder priesterlich beeinflusster Redaktor[62] hat hier in die spätdtr Paränese der YHWH-Rede eingegriffen und neben die konkreten Rechtssätze den Dekalog als entscheidendes Substrat der Gesetze YHWH stellen wollen. Dabei wollte er nicht aussagen, dass auch die *ḥuqqîm ûmišpāṭîm* verschriftet wurden. Dem Leser, der den Pentateuch im Rücken hat, ist klar, dass er die syntaktischen Unterschiede in der Formulierung (s. o.) als Grenze verstehen muss und den Relativsatz (von Ex 24,12 her) nur auf *hattôrāh wᵉhammiswāh* beziehen soll. Durch den Rückverweis auf die göttliche Autorschaft ist für denjenigen, der Ex 24,12 kennt, klar, dass hier der Dekalog gemeint ist. Dieser hat als einziges von Gott verschriftetes Gesetz höchste Dignität. „Die Gesetze und Rechtsvorschriften *und [besonders] die Weisung und davon [jedes einzelne] Gebot, die/das er [YHWH] euch aufgeschrieben hat,* sollt ihr bewahren, um sie alle Tage des Lebens zu tun".

Im Lichte des redaktionellen Einschubs in V. 37 kann nun auch die Zusammenstellung der Gesetzestermini in V. 34 neu betrachtet werden. Wie in V. 37 folgt hier den suffigierten Gesetzen und Rechtsvorschriften das determinierte Paar *tôrāh* und *miswāh*. Dass der darauffolgende erweiterte Promulgationsrückverweis sekundär sein dürfte, wenn man nicht den Grundtext bereits nachpriesterlich einordnen will, wurde oben bereits herausgestellt. Es ist aufgrund des oben Erarbeiteten wahrscheinlich, dass auch *wᵉkattôrāh wᵉkammiṣwāh* zu der Erweiterung gezählt werden müssen und hier dieselbe „priesterliche" Hand tätig war, die in V. 37 einen Rückverweis auf den Dekalog einbrachte.[63] In V. 34 hat die Hinzufügung der beiden Gesetzestermini allerdings nicht dieselbe Eindeutigkeit be-

---

62 Ob dieser Redaktor mit dem sog. Rᴾ identisch ist und man damit auch in 2 Kön 17 einen Hinweis auf die Tätigkeit des „Pentateuch"-Redaktors im DtrG hat, muss hier offengelassen werden. Zum Problem vgl. *Fabry*, Spuren (1985), 356.

63 Dass der Rückverweis auf die Umbenennung Jakobs in Israel und die beiden Gesetzestermini zusammengehören, ist zwar nicht schlüssig zu erweisen, aber doch sehr wahrscheinlich. Damit hat man ein weiteres Indiz dafür, dass dieser Bearbeiter P bereits vorliegen hatte.

züglich des Bedeutungsbereiches „Dekalog". Es ist aber auch nicht unwahrscheinlich, dass auch hier analog zu V. 37 der Dekalog gemeint ist.[64]

Neben der Intention, für die verbliebene NR-Bevölkerung Gesetz *und* Gebot verpflichtend zu machen, indem auf den Dekalog komplementär zu den Einzel-Gesetzen angespielt wurde, ist als Grund für die Einfügung vielleicht der Kontext des Ersten Gebots in Betracht zu ziehen.[65] Der Sachverhalt des Ersten Gebots ist hier so stark tangiert, dass der Redaktor den zum Grundkodex gewordenen Dekalog in Erinnerung rufen wollte. Beide Erklärungsansätze können einander durchaus ergänzen. Den Hintergrund für die Einfügung wird man in der wachsenden Bedeutung des Dekalogs in nachexilischer Zeit sehen dürfen.[66]

Die nachpriesterschriftlichen Spuren in 2 Kön 17 verweisen ein weiteres Mal auf die Komplexität der Entstehungsgeschichte der Königsbücher und des DtrG. Diese war nicht mit der Rückkehr aus dem Exil endgültig abgeschlossen, sondern die Texte scheinen auch nach diesem Datum rezipiert worden zu sein. Ihre Interpretation der Geschichte ist nicht nur als „Ätiologie des Nullpunkts" verstanden worden, sondern auch als Impuls und Maßstab des Handelns in nachexilischer Zeit. Ebenso zeigt diese späte Überarbeitung einen weiteren Mosaikstein aus der vielfältigen innerbiblischen Nachgeschichte des Dekalogs. Der enorm hohe Stellenwert der zehn Gebote im Zusammenspiel mit den Gesetzen des Pentateuch scheint sich nicht nur in Großkompositionen (wie z. B. Sinaitheophanie, Dtn 27; Lev 19) niederzuschlagen, sondern auch außerhalb des Pentateuch in einem unscheinbaren Relativsatz zu zeigen.

---

64 Es ist denkbar, dass dieser Redaktor die singularische Zusammenstellung von *miṣwāh* und *tôrāh* eindeutig und in jedem Fall als Verweis auf den Dekalog verstand und auch den Lesern dieser Bezug klar war, jedoch kann diese Voraussetzung kaum bewiesen werden, da die übrigen Stellen, wo das Paar *hattôrāh wᵉhammiṣwāh* auftaucht (2 Chr 14,3; 31,21), nicht eindeutig auf den Dekalog engzuführen sind.

65 Vgl. dazu den interessanten Sprachvergleich zwischen den Hauptgebotstexten und 2 Kön 17,35–39 bei *Baena*, Carácter (1974), 172.177–179.

66 Hier ist vor allem auf die priesterlichen Kreise (Rᴾ) zu verweisen, die den Dekalog als „vornehmstes Gesetz der Sinaioffenbarung" in die Sinaitheophanie einbringen; vgl. dazu *Hossfeld*, Dekalog (1982), 163–213, zur Dignität vgl. auch 19f; *Dohmen*, Tafeln (1989), passim. Vgl. allgemein zur Bedeutung des Dekalogs in nachexilischer Zeit unter anderen *Perlitt u. a.*, Dekalog (1981), 408–428; *Schreiner*, Zehn Gebote (1988), 27–31; *Lohfink*, Unterschied (1989), 83 ff; *Fabry*, Dekalog (1985), 75–96.

Bibliographie

Arambarri, J., Der Wortstamm „hören" im Alten Testament (SBB 20), Stuttgart 1990.

Aurelius, E., Der Fürbitter Israels. Eine Studie zum Mosebild im Alten Testament (ConB OT 27), Lund 1988.

Baena, G., El vocabulario de 11 Reyes 17,7 – 23.35 – 39, in: EstBib 32 (1973), 357 – 384.

Ders., Carácter literario de II Reyes 17,13.35 – 37, in: EstBib 33 (1974), 157 – 179.

Becker, J., Gottesfurcht im Alten Testament (AnBib 25), Rom 1965.

Becking, B., De Ondergang van Samaria. Historische, exegetische en theologische opmerkingen bij II Koningen 17, Utrecht 1985.

Braulik, G., Die Ausdrücke für „Gesetz" im Buch Deuteronomium, in: Bib 51 (1970), 39 – 66.

Ders., Deuteronomium (NEB.AT 15), Würzburg 1986.

Childs, B. S., A Study of the Formula „Until This Day", in: JBL 82 (1963), 279 – 292.

Cogan, M., Israel in Exile. The View of a Josianic Historian, in: JBL 97 (1978), 40 – 44

Coggins, R. J., Samaritans and Jews. The Origins of Samaritanism Reconsidered, Oxford 1975.

Ders., The Old Testament and Samaritan Origins, in: ASTI 6 (1967/68), 35 – 48.

Dohmen, C., Das Bilderverbot. Seine Entstehung und seine Entwicklung im Alten Testament (BBB 62), Frankfurt [2]1987.

Ders., Was stand auf den Tafeln vom Sinai und was auf denen vom Horeb? Zur Geschichte und Theologie eines Offenbarungsrequisits, in: F.-L. Hossfeld (Hg.), Vom Sinai zum Horeb, Würzburg 1989, 9 – 50.

Dohmen, C./Hossfeld, F.-L./Reuter, E., ספר sepaer, TWAT V (1986), 921 – 944.

Dunlop, L., The Intercession of Moses. A Study of the Pentateuchal Traditions, Rom 1970.

Egger, R., Josephus Flavius und die Samaritaner (Novum Testamentum et Orbis Antiquus 4), Göttingen 1986.

Fabry, H.-J., Noch ein Dekalog! Die Thora des lebendigen Gottes in ihrer Wirkungsgeschichte. Ein Versuch zu Dtn 27, in: M. Böhnke/H.-P. Heinz (Hg.), Im Gespräch mit dem dreieinen Gott. FS. W. Breuning, Düsseldorf 1985, 75 – 96.

Ders., Spuren des Pentateuchredaktors in Jos 4,21 ff. Anmerkungen zur Deuteronomismus-Rezeption, in: N. Lohfink (Hg.), Das Deuteronomium. Entstehung, Gestalt und Botschaft (BEThL 68), Leuven 1985, 351 – 356.

Floss, J. P., Jahwe Dienen – Göttern Dienen. Terminologische, literarische und semantische Untersuchung einer theologischen Aussage zum Gottesverhältnis im Alten Testament (BBB 45), Köln/Bonn 1975.

Galling, K. (Hg.), Textbuch zur Geschichte Israels, Tübingen [3]1979.

García López, F., צוה ṣwh, in: TWAT VI (1989), 936 – 959.

Gray, J., I & II Kings (OTL), London [2]1970.

Greenwood, D. C., On the Jewish Hope for a Restored Northern Kingdom, in: ZAW 88 (1976), 376 – 385.

Groß, W., Die Herausführungsformel. Zum Verhältnis von Formel und Syntax, in: ZAW 86 (1974), 425 – 453.

Ders., Israels Hoffnung auf die Erneuerung des Staates, in: J. Schreiner (Hg.), Unterwegs zur Kirche (QD 110), Freiburg u. a. 1987, 87 – 122.

Haag, H., כתב kātaḇ, in: TWAT IV (1984), 385 – 397.

Halpern, B., The Centralization Formula in Deuteronomy, in: VT 31 (1981), 20 – 38.

Hentschel, G., 1 Könige (NEB.AT 10), Würzburg 1984.

Ders., 2 Könige (NEB.AT 11), Würzburg 1985.

Hoffmann, H. D., Reform und Reformen, Untersuchungen zu einem Grundthema der deuteronomistischen Geschichtsschreibung (AThANT 66), Zürich 1980, 127–139.

Hossfeld, F.-L., Der Dekalog. Seine späten Fassungen, die originale Komposition und seine Vorstufen (OBO 45), Fribourg/Göttingen 1982.

Ders., Zum synoptischen Vergleich der Dekalogfassungen. Eine Fortführung des begonnenen Gesprächs, in: ders. (Hg.), Vom Sinai zum Horeb, Würzburg 1989, 73–117.

Hossfeld, F.-L/Kalthoff, B., נצל nṣl, in: TWAT V (1986), 570–577.

Jeremias, J., Der Prophet Hosea (ATD 24/1), Göttingen 1983.

Johnson, B., משפט mišpāṭ, in: TWAT VI (1989), 93–107.

Knapp, D., Deuteronomium 4. Literarische Analyse und theologische Interpretation (GTA 35), Göttingen 1987.

Levin, C., Die Verheißung des neuen Bundes (FRLANT 137), Göttingen 1985.

Liedke, G., Gestalt und Bezeichnung alttestamentlicher Rechtssätze. Eine formgeschichtlich-terminologische Studie (WMANT 39), Neukirchen-Vluyn 1971.

Lohfink, N., Das Hauptgebot. Eine Untersuchung literarischer Einleitungsfragen zu Dtn 5–11 (AnBib 20), Rom 1963.

Ders., ḥuqqîm ûmišpāṭîm im Buch Deuteronomium und ihre Neubegrenzung durch Dtn 12,1, in: Bib 70 (1989), 1–30.

Ders., Kennt das Alte Testament einen Unterschied zwischen „Gebot" und „Gesetz"? Zur bibeltheologischen Einstufung des Dekalogs, in: JBTh 4 (1989), 63–89.

Ders., 2 Kön 23,3 und Dtn 6,17, in: Bib 71 (1990), 34–42.

Ders., Bundestheologie im Alten Testament. Zum gleichnamigen Buch von Lothar Perlitt, in: ders., Studien zum Deuteronomium und zur deuteronomistischen Literatur 1 (SBAB 8), Stuttgart 1990, 325–361.

Michel, D., Grundlegung einer hebräischen Syntax 1, Neukirchen 1977.

Montgomery, J. A./Gehman, H. S., A Critical and Exegetical Commentary on the Book of Kings (ICC), Edinburgh 1951.

Nelson, R. D., The Double Redaction of the Deuteronomistic History (JSOT.S 18), Sheffield 1981.

Noth, M., Überlieferungsgeschichtliche Studien, Tübingen ²1957.

O'Brien, M. A., The Deuteronomistic History Hypothesis. A Reassessment (OBO 92), Göttingen/Fribourg 1989.

Perlitt, L. u. a., Dekalog, in: TRE 8 (1981), 408–428.

Plöger, O., Sprüche Salomos (BK.AT XVII), Neukirchen-Vluyn 1984.

Rehm, M., Das erste Buch der Könige. Ein Kommentar, Würzburg 1979.

Ders., Das zweite Buch der Könige. Ein Kommentar, Würzburg 1982.

Ringgren, H., חקק ḥāqaq, in: TWAT III (1982), 149–157.

Römer, T., Israels Väter. Untersuchungen zur Väterthematik im Deuteronomium und in der deuteronomistischen Tradition (OBO 99), Göttingen/Fribourg 1990.

Rudolph, W., Hosea (KAT XIII/1), Gütersloh 1967.

Šanda, A., Die Bücher der Könige (EHAT 9/2), Münster 1912.

Scharbert, J., Exodus (NEB.AT 24), Würzburg 1989.

Schreiner, J., Die Zehn Gebote im Leben des Gottesvolkes, München 1988.

Talmon, S., Biblische Überlieferungen zur Frühgeschichte der Samaritaner, in: ders., Gesellschaft und Literatur in der Hebräischen Bibel. Gesammelte Aufsätze I, Neukirchen-Vluyn 1988, 132–151.

Thiel, W., Die deuteronomistische Redaktion von Jeremia 26 – 45 (WMANT 52), Neukirchen-Vluyn 1981.

Viviano, P. A., 2 Kings 17. A Rhetorical and Form-Critical Analysis, in: CBQ 49 (1987), 548 – 559.

Weinfeld, M., Deuteronomy and the Deuteronomic School, Oxford 1972.

Wildberger, H., Jesaja (BK.AT X/2), Neukirchen-Vluyn ²1989.

Wolff, H.-W., Dodekapropheton 1. Hosea (BK.AT XIV/1), Neukirchen-Vluyn ³1976.

Würthwein, E., Die Bücher der Könige (ATD 11), Göttingen 1984.

Zenger, E., Die Sinaitheophanie. Untersuchungen zum jahwistischen und elohistischen Geschichtswerk (FzB 3), Würzburg 1971.

Ders., Ps 87,6 und die Tafeln vom Sinai, in: J. Schreiner (Hg.), Wort, Lied und Gottesspruch. Beiträge zur Theologie der Psalmen und Propheten. FS. J. Ziegler (FzB 2), Würzburg 1972, 97 – 103.

II. Komposition und Theologie der Klagelieder

Gott in der Krise

Die Komposition der Klagelieder als Modell kollektiver Krisenbewältigung[1]

„Da, horch, ein Klagelied ist aus Zion zu hören" (Jer 9,18) – Einleitung

Für die Vorstellung habe ich einen Bereich meiner Forschungstätigkeit gewählt, der mich seit einigen Jahren intensiver beschäftigt und wo meine Bemühungen in einem kleinen Kommentar ihren Niederschlag finden sollen. Es sind die Threni, Lamentationes oder Klagelieder Jeremias, deren Komposition und theologisches Profil uns beschäftigen sollen. Die Klagelieder führen im Bereich der biblischen Theologie eher ein Schattendasein, inner- und außerhalb der Exegese wurden sie poetisch wie theologisch oft abgewertet. Sie seien lediglich dunkles Lamento, das Gott zu einem zornigen Ungetüm mache und am Ende nicht aus dem Jammertal herausfinde. Zugleich aber faszinierten die Lieder, die bis zur Liturgiereform liturgisch in der Karwoche ihren festen Ort hatten: Beredtes Zeugnis dafür und noch dazu einen amüsanten Einstieg durchaus nicht ohne Lokalkolorit gibt Wilhelm Hauff in seinem 1826 erschienenen Roman „Mittheilungen aus den Memoiren des Satan":

> Der s...sche Gesandte am päpstlichen Hofe hatte mir in der Karwoche eine Karte zu den Lamentationen in der Sixtinischen Kapelle geschickt; mehr, um den alten Herrn, der mir schon manche Gefälligkeit erwiesen hatte, nicht zu beleidigen, als aus Neugierde, entschloß ich mich, hinzugehen. Ich war nicht in der besten Laune, als es Abend wurde, statt einer lustigen Partie, wozu mich deutsche Maler geladen, sollte ich einen Klaggesang mit anhören, der mir schon an und für sich höchst lächerlich vorkam. Nie hatte ich mich nämlich von der Heiligkeit solcher Ritualien überzeugen können, selbst in dem herwürdigen Kölner Dom, wo die hohen Gewölbe und Bogen, das Dunkel des gebrochenen Lichtes, die mächtigen vollen Töne der Orgel manchen andern ernster stimmen mögen, konnte ich nur über die Macht der Täuschung staunen. Meine Stimmung wurde nicht heiliger als ich an das Portal der Sixtinischen Kapelle kam. Die päpstliche Wache, alte, ausgediente schneiderhafte Gestalten, hielten hier Wache mit so meisterlicher Grandezza, als nur die Cherubim an der Himmelstüre. Der Glanz der Kerzen blendete mich, da ich eintrat, und stach wunderbar ab gegen den dunklen Chor, in das die Finsternis zurückgeworfen schien. Nur der Hochaltar war dort von

---

1 Die vorliegende Fassung gibt den ungekürzten Wortlaut der Antrittsvorlesung vom 17. Januar 2001 mit Ausnahme von wörtlichen Zitaten ohne wissenschaftlichen Apparat wieder.

DOI 10.1515/9783110424386-006

dreizehn hohen Kerzen erleuchtet. Ich betrachtete meine Nachbarin näher; es war eine schlanke hohe Gestalt, dem Wuchs nach keine Römerin; ein schwarzer Schleier bedeckte das Gesicht und beinahe die ganze Gestalt …, und ließ nur einen Teil eines Nackens sehen, so rein und weiß, wie ich ihn selten in Italien, beinahe nie in Rom gesehen hatte. Schon pries ich im Herzen meine Höflichkeit gegen den alten Diplomaten, hoffend, eine interessante Bekanntschaft zu machen; wollte eben – da begann der Klaggesang und meine Schöne schien so eifrig darauf zu hören, daß ich nicht mehr wagte, sie anzureden. Unmutig lehnte ich mich an eine Säule zurück. Gott und die Welt, den Papst und seine Lamentationen verwünschend. Unerträglich war mir der monotone Gesang. Denken Sie sich, sechzig der tiefsten Stimmen, die unisono, im tiefsten Grundton der menschlichen Brust, Bußpsalmen murmeln. Der erste Psalm war zu Ende, eine Kerze auf dem Altar verlöschte. Getröstet, die Farce werde ein Ende haben, wollte ich eben den jungen Lord anreden, als von neuem der Gesang anhub. Jener belehrte mich zu meinem großen Jammer, daß noch alle zwölf übrigen Kerzen verlöschen müssen, bis ich ans Ende denken könne. Die Kirche war geschlossen und bewacht, an ein Entfliehen war nicht zu denken. Ich empfahl mich allen Göttern, und gedachte einen gesunden Schlaf zu tun. Aber wie war es möglich? Wie Strahlen einer Mittagssonne strömten die tiefen Klänge auf mich zu. Zwei bis drei Kerzen verlöschten, meine Unruhe ward immer größer. Endlich aber, als die Töne noch immer fortwogten, drangen sie mir bis ins innerste Mark. Das Erz meiner Brust schmolz vor den dichten Strahlen, Wehmut ergriff mich …, Gedanken aus den Tagen meiner Jugend stiegen wie Schatten vor meiner Seele auf[;] unwillkürliche Rührung bemächtigte sich meiner, und Tränen entstürzten seit Jahren zum erstenmal meinem Auge.[2]

Zum Glück befinden Sie sich nicht in der sixtinischen Kapelle und auch nur in der Nähe des Kölner Doms, so dass Ihnen ähnliche Rührung erspart bleiben wird. Daher möchte ich Ihnen nun die Klagelieder zunächst kurz vorstellen, dann im Horizont der Forschungslage auf ein Problem ihres Verständnisses hinweisen, und anschließend eine These zum Verständnis des dritten Liedes im Rahmen der Komposition vorstellen.

Wenn Gott Leid verursacht, geraten Mensch und Gott in eine Krise – Eine Hinführung

Auslöser für die Entstehung der Klagelieder war die politische und religiöse Katastrophe des Untergangs des Staates Juda, die 587 v.Chr. in der Eroberung Jerusalems und der Brandschatzung des Tempels gipfelte. Vermutlich in Hoffnung auf den Beistand des starken außenpolitischen Nachbarn Ägypten stellte König

---

2 *Hauff*, Mitteilungen (1970), 143 ff. Der im Text erwähnte Vortrag bezieht sich offenbar nicht nur auf die Lamentationes Jeremiae, sondern auch auf die Vertonung von Bußpsalmen für die Karwoche.

Jojakim 597 die Tributzahlungen an die Großmacht Babylon ein. Nebukadnezzar II. greift unmittelbar mit einer Strafaktion gegen Jerusalem ein. Kurz darauf,
am 16. März 597, kapituliert der während der Belagerung inthronisierte Nachfolger
Jojachin, um eine Brandschatzung des Tempels zu verhindern. Die Folge ist eine
erste Plünderung des Tempels (vgl. 2 Kön 24,13; Jer 27,16–22). Zidkija, der Onkel
des nach Babylon deportierten Jojachin, wird von den Neubabyloniern zum König
eingesetzt und bleibt 10 Jahre König in Jerusalem. Aber auch Zidkija macht im
Vertrauen auf die Hilfe Ägyptens außenpolitische Fehler, indem er die Loyalität zu
den Neubabyloniern aufgibt. Am Ende der daraus resultierenden anderthalbjährigen Belagerung schlagen die Babylonier eine Bresche in die Stadtmauer,
stellen Zidkija auf der Flucht im Jordantal, blenden ihn, nachdem er die Tötung
seines Hofstaates mit ansehen muss. Dieses Ereignis datiert auf den neunten Tag
des vierten Monats des 11. Jahres Zidkijas. Die Stadt wurde eingenommen, Palast und Tempel geplündert und den Flammen übergeben und die „oberen
Zehntausend" exiliert. Das Land und vor allem die Stadt Jerusalem blieben ohne
politisch stabile Strukturen zurück: Elend, Hunger und Tod waren die Folge.
Theologisch bedeutete der Untergang den Zusammenbruch der Zionstheologie,
die den erwählten Wohnsitz Gottes für uneinnehmbar gehalten hatte. YHWH, der
Staats- und Nationalgott Judas, der das Königtum und die Stadt Jerusalem unter
seine besondere Obhut gestellt hatte, war als Schutzgott gescheitert, den mächtigen neubabylonischen Göttern unterlegen. Sein Heiligtum war zerstört – sein
Kult nahezu vollständig zusammengebrochen. Kein Zweifel, damit war auch Gott
in eine Krise geraten. Dass so die dunkelsten Vorhersagen der vorexilischen Gerichtsprophetie eingetroffen waren, Gottes Zorn werde Juda wegen des Götzendienstes strafen, verschärft nur das Problem: Gott ist sogar verantwortlich für das
Desaster – seine Krise selbstverursacht.

In die Situation der Not, Angefochtenheit und des ausbleibenden Heils hinein klagen die Threni. Das erste Lied stellt mit dem Eingangsbild der Witwe, die
einsam und verlassen dasitzt (Klgl 1,1), Jerusalem ins Zentrum. Die Stadt ist ohne
Tröster (1,2.9.16.17.21), sie weint bitterlich wegen des Leides, das ihr YHWH zugefügt hat (1,5.12f.17.22). Sie schreit zu YHWH, er möge ihre Verachtung zur Kenntnis
nehmen (1,9.11), konstatiert ihre grenzenlose Trauer (1,16), aber auch ihre tiefe
Schuld. Immer wieder reißt die geschundene Witwe das klagende Wort an sich
und bekennt freimütig ihre Sünden und Vergehen (1,5.8.14.18.20.22). Die Deutung,
das Leid als von YHWH auferlegte Sündenstrafe zu verstehen, führt in die Gerichtsdoxologie: „YHWH ist gerecht" (1,18). Gott wird entlastet – Jerusalem bleibt
als Sünderin heillos.

Das zweite Lied hämmert dagegen mit massiven Vorwürfen die Verantwortung
Gottes für die Katastrophe ein: Sein Zorn war maßlos, er hat die Erwählung Zions
zurückgenommen (2,1), ist zum Feind geworden (2,5), hat gemordet (2,4), ver-

worfen (2,7), vernichtet (2,5.6) und dem Feind ausgeliefert (2,7), so dass Mütter sogar gezwungen waren, ihre eigenen Kinder zu verzehren. Die Grausamkeit dieses Gottes scheint nicht mehr steigerbar. So lässt das zweite Lied einen beschädigten Gott zurück, einen Gott, dem Jerusalem nicht mehr über den Weg traut, und dem man nur noch bedingt zutraut, die desolate Situation zu verändern. YHWH wird in Klgl 2 lediglich vorwurfsvoll angegangen: Blick genau hin, wem hast du solches angetan? (2,20). Selbst der dunkelste Psalm des Psalters, Ps 88, kommt nicht ohne eine an YHWH gerichtete Bitte aus (Ps 88,2f). Hier jedoch reicht das Vertrauen dafür nicht mehr aus, sondern nur noch für die Aufforderung, das Gebet um der Kinder Willen an Gott zu richten (2,19): Gott ist in der Krise.

Im dritten Lied scheint der Kontext der Zerstörung Jerusalems verlassen. Ein Einzelner Sprecher klagt über das ihm von Gott zugefügte Leid. In der Schilderung der äußersten Anfechtung schlägt die Stimmung plötzlich um und der Beter erinnert sich der nie endenden Gnadengaben YHWHs, die ihm neue Hoffnung geben (V. 22f). Es folgt eine lehrhafte Passage (V. 26 – 39), in der zur Duldung des Leidens aufgefordert wird und resümiert wird, dass die Strafe Gottes Grenzen kennt und sein Erbarmen überwiegt. Unerwartet übernimmt nach der weisheitlichen Lehre ab V. 41 ein Kollektiv die Führung. Nach dem vorangestellten Sündenbekenntnis schlägt das Bittgebet erneut in bittere Anklage um. Gott habe erbarmungslos gemordet, sich jedem Bittgebet verweigert und die Erwählung revoziert. Nach diesem kurzen kollektiven Einschub stimmt der Mann aus V. 1 intensiv in die Klage ein „bis YHWH vom Himmel her sieht" (3,50). Erneut berichtet er von seiner Not und Bedrängnis, jetzt aber vor allem von der Errettung vor seinen Feinden. Diesmal allerdings richtet er sich direkt an YHWH und es ist nicht Gott, der zum Schaden des Beters handelte, sondern seine Feinde. Sein Rufen aus der Nähe des Todes habe YHWH erhört und zu ihm gesprochen: „Fürchte dich nicht" (3,57). Das begründet die Zuversicht, dass YHWH den Feinden vergelten wird, sie zur Rechenschaft für ihr Vernichtungshandeln ziehen wird (3,64 – 66). Damit endet das dritte Lied. Gott wird – in der Sicht des einzelnen Sprechers – wieder zugetraut, Gerechtigkeit herzustellen, indem er den Feinden vergelten wird. Die Sünden des Kollektivs wie auch das ungerechte Handeln der Feinde, die hier nicht als Strafwerkzeug YHWHs auftreten, entlasten Gott in seiner Verantwortung für die Nöte der Beter. Die Krise Gottes scheint trotz der aufrechterhaltenen Anklage abgemildert.

Während ich das fünfte Lied hier ganz ausblenden möchte, will ich noch kurz auf einen Aspekt des vierten eingehen, das erneut sehr intensiv über die Unfassbarkeit des Zusammenbruchs klagt und dabei die Leiden der Bevölkerung in der Situation der Belagerung und Eroberung ins Zentrum rückt. Alle einstige Pracht ist desaströsem Niedergang gewichen. Hilf- und Führungslosigkeit (4,17.20) bestimmen die Situation. Die vielen antonymen Vergleiche sind drastisch und unterstreichen die Unbegreiflichkeit des Zusammenbruchs: unverwüstliche Edelmetalle sind degeneriert (4,1), Polster durch Mist ersetzt (4,5), und Schneeweißes schwarz wie Ruß geworden (4,8). Auch im dritten Lied wechseln die Stimmen: Zweimal verlässt der Sprecher die Neutralität der Beschreibung und redet von „meinem Volk" (4,3.6.10) und im hinteren Teil spricht wie im dritten Kapitel ein Kollektiv (V. 17–20). Am Schluss werden Edom und Zion durch den Sprecher direkt angeredet (4,21f). Deutlich zurückgetreten gegenüber den drei vorhergehenden Liedern ist die Anklage Gottes. Sündenschuld (4,6.13) und Gerichtszorn (4,11.16) Gottes halten sich in etwa die Waage. Scheinbar unvermittelt endet das vierte Lied aber in der Zusage, dass an Edom Vergeltung geübt werden wird, die Schuld Zions schon jetzt gesühnt ist und Gott sein Strafhandeln beendet (4,21f). Am Schluss des Liedes scheint die Krise Gottes überwunden, auch wenn die Durchsetzung seiner Gerechtigkeit noch aussteht. Das letzte Lied, das sich als Volksklagelied formal von den übrigen abhebt und auch nicht mehr am Alphabet entlang dichtet, erhebt erneut Klage, beginnt aber – anders als alle Lieder zuvor – mit einem Aufruf an YHWH: „Gedenke, YHWH, was uns geschehen ist. Blick genau hin und sieh unsere Schande" (5,1). Die 1. Pl. hält sich in der Leidklage nahezu durchgängig durch, lediglich in V. 11–14 wechselt die Sprecherrolle zu einem neutralen Beobachter. Die beklagten Nöte betreffen die Situation nach der Eroberung: Fremdherrschaft, Ausbeutung, Hungersnot und tiefe Depression kennzeichnen das Bild. Besonderes Gewicht erhält der klagende Blick auf den Zionsberg, einst sichtbarer Wohn- und Thronsitz YHWHs, jetzt verödet und gottesleer. Doch als wäre es zum Trotz, greift Klgl 5,19 die Anrede an YHWH aus V. 1 wieder auf und bekennt: „Du, YHWH, bleibst auf ewig, dein Thron von Geschlecht zu Geschlecht" (5,19). Der Schluss des fünften Liedes fordert YHWH zum Eingreifen auf, er soll das Strafhandeln beenden und die Umkehr bewirken, dass die Tage „neu wie früher werden" (5,21). Das Zurücktreten der Anklage YHWHs, der Zuspruch in Klgl 4,22 und andere Momente lassen die Frage aufkommen, ob es eine Entwicklung in den Klageliedern gibt. Diese Annahme scheint allerdings dem Eigenprofil der Lieder zu widerstreiten. Ich komme daher zu meinem zweiten Punkt.

Sammlung oder Buch? Zu Einheit und Vielfalt der Klagelieder im gegenwärtigen Forschungsstand

Wenn das fünfte Lied nichts vom Ende der Schuld zu wissen scheint oder das zweite Lied die Schuldfrage gegen die Erkenntnis des ersten Liedes weitestgehend ausblendet, oder wenn das vierte Lied scheinbar beziehungslos die Nöte gegen das Vertrauensbekenntnis des Einzelnen im dritten Lied stellt oder von der Krise

Gottes aus dem zweiten Lied im vierten fast nichts mehr übrig ist, dann drängt sich die Frage nach dem Zusammenhang der fünf Lieder auf. Sind die Threni nicht eher eine lose Folge von Liedern, die wenig außer dem Bezug auf Jerusalem miteinander zu tun haben?

Dass diese Frage nicht erst mit der historischen Bibelkritik im 19. Jh. aufgebrochen ist, die Jeremia als Verfasser der Klagelieder aufgrund inhaltlicher Widersprüche zum Jeremiabuch nicht mehr akzeptierte, zeigt die Textüberlieferung der Septuaginta. Dort steht dem Text eine Einleitung voran, mit der die Threni eindeutig der Autorschaft Jeremias unter- und dem Untergang Jerusalems zugeordnet werden. Sie lautet:

Καὶ ἐγένετο μετὰ τὸ αἰχμαλωτισθῆναι τὸν Ισραηλ καὶ Ιερουσαλημ ἐρημωθῆναι ἐκάθισεν Ιερεμιας κλαίων καὶ ἐθρήνησεν τὸν θρῆνον τοῦτον ἐπὶ Ιερουσαλημ καὶ εἶπεν

Es geschah, nachdem Israel gefangen genommen worden und Jerusalem verwüstet worden war, da saß Jeremia weinend und klagend dieses Klagelied über Jerusalem, und er sprach:

Die Konnotationen der Überschrift sind vielfältig und können hier nicht zum Gegenstand der Betrachtung werden. Auffallend ist aber der Singular τὸν θρῆνον τοῦτον, der nicht nur der gemeinsamen Überlieferung Rechnung trägt, sondern anzeigt, dass die Klagelieder als ein einziger Zusammenhang verstanden worden sind. Denn dass die Überschrift sich nur auf das erste Klagelied bezieht, erscheint demgegenüber wenig wahrscheinlich. Doch schon im Alexandrinus und Vaticanus (4. Jh.) steht der Überschrift ein Präskript voran und das lautet *Threnoi* (*Ieremiou*). Damit sind die Lieder – wie schon in der Bezeichnung קינות im Babylonischen Talmud – wieder vereinzelt: Jeremia hat sie voneinander unabhängig und nacheinander gedichtet. Diese Auffassung trägt neben der inhaltlichen Differenz der Tatsache Rechnung, dass es unzweifelhaft fünf voneinander getrennte Lieder sind, denn die akrostichische, d. h. am Alphabet orientierte Form gibt die Trennung in fünf Lieder vor. Nun sind aber diese fünf Lieder nicht in den Psalter eingegliedert worden, sondern neben dem Psalter als unabhängige Rolle überliefert worden. Worin aber besteht der Zusammenhang, der die Klgl zu einem „Buch" macht? Solange man Jeremia als einheitlichen Autor der Klagelieder ansah, hatte man zumindest einen kleinsten gemeinsamen Nenner. Die Frage verschärft sich mit der heute durchgehend verbreiteten Annahme von mehreren Autoren.

Die jüngere Exegese geht von mehreren Autoren aus. Dabei bestimmt sie mit einem gewissen Konsens Klgl 2 als das älteste Lied und sieht das erste – ebenfalls noch exilisch entstandene Lied – in bewusster Bezugnahme darauf. Über die Reihenfolge der übrigen Lieder und deren Bezug zueinander besteht weniger Einigkeit. Lediglich, dass Klgl 3 das jüngste, schon deutlich nachexilische Stück der Sammlung ist, wird kaum bestritten. Aber ob die letzten beiden Lieder davor, das fünfte nach dem vierten oder das vierte zusammen mit dem dritten entstanden ist, darüber besteht keine Einigkeit.

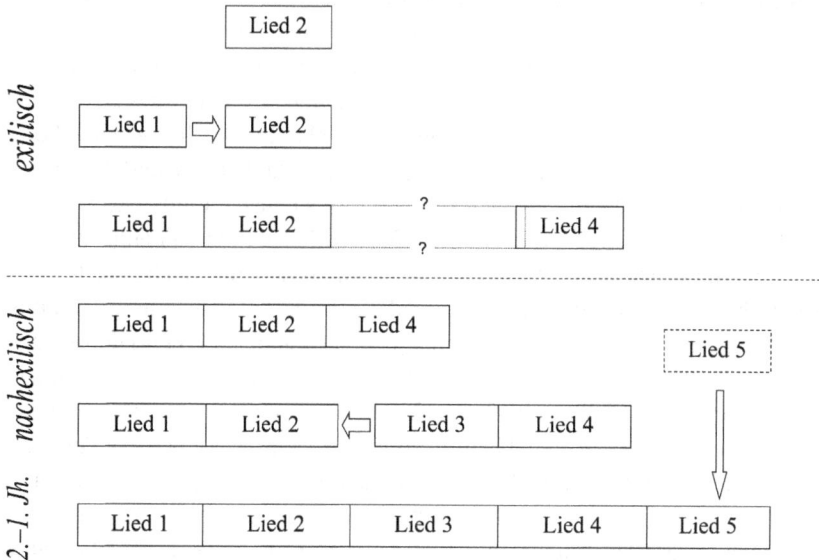

Schaubild 1: Diachrones Modell der Entstehung der Klagelieder

Ich selbst gehe davon aus (s. Schaubild 1), dass Klgl 4 wegen V. 21 f vielleicht sogar noch vor dem Untergang Edoms 553 v. Chr. entstanden ist. Auch wenn es möglicherweise unabhängig von den Liedern 1 und 2 entstanden ist, hat es mit diesen schon früh eine erste Sammlung gebildet. Da im fünften Lied formal ein Volksklagelied vorliegt und die akrostichische Form verlassen wird, zudem die am Ende des vierten Liedes als Abschluss erreichte Heilszusage wieder aufgehoben scheint und die Bezüge auf einen größeren Abstand zu den Ereignissen der Eroberung weisen, nehme ich an, dass das fünfte Lied ein unabhängig von den Klageliedern entstandener spätexilisch-frühnachexilischer Psalm ist, der aus kompositorischen Gründen zur Sammlung hinzugenommen worden ist, um in Analogie zum Pentateuch und zur Endgestalt des Psalters eine Fünfzahl zu erreichen.

Mit diesen skizzenhaften Ausführungen zur Diachronie ist die aufgeworfene Frage nach dem Zusammenhang der Lieder, der die Sammlung zum Buch macht, weiterhin unbeantwortet. Hier klafft die Forschung auseinander. Ein Großteil der

Ausleger fasst die Klagelieder als Sammlung einzelner Lieder auf, die lediglich thematisch zusammengehören:

So stellt etwa Ivo Meyer in der neuen Einleitung in das Alte Testament fest: „Die Klagelieder bilden 5 eigenständige Antworten auf die Situation nach der Katastrophe 586".[3] Diese Position wird häufig noch mit der Annahme verknüpft, dass die Klagelieder zwar nicht die Entstehung, aber doch ihre Sammlung der Verwendung in exilischen Klagegottesdiensten an den Trümmern des Heiligtums verdanken. Die Sammlung wird also verstanden als eine Art liturgisches Kompendium. So schreibt etwa Erhard Gerstenberger: „Die fünf Lieder sind liturgische Kompositionen für Gedächtnisfeierrn zu Ehren Jerusalems".[4] Claus Westermann, der zudem im Unterschied zur gesamten jüngeren Forschung von einer mündlichen Entstehung der Klagelieder ausgeht, lehnt schon die Suche nach einer theologischen Aussage der Sammlung völlig ab: „Es ist also eine Sammlung einzelner Lieder oder Gedichte, die einmal je für sich entstanden und daher auch je für sich zu verstehen und zu untersuchen sind, genau wie eine der kleinen Psalmensammlungen".[5] Westermann steht einem Gedankengang, der über die Kapitelgrenzen hinweg in den Liedern entwickelt würde, gänzlich ablehnend gegenüber: „Die Threni sind nicht Literatur, auch nicht theologische Literatur".[6]

Damit ist jeder Suche nach übergeordneten Strukturen eine Absage erteilt und die Klagelieder sind als „Buch" entwertet. Es steht m. E. außer Frage, dass eine solche Position die Klagelieder insgesamt unterschätzt.

Eine liturgische Verwendung ist keinesfalls sicher. Außer dem fünften Lied eignen sich die Lieder kaum für einen kultischen Sprechakt. Das dritte Lied ist mit seinen weisheitlich belehrenden Elementen in einem kultischen Kontext kaum unterzubringen, es ist eine Kunstdichtung, keine Kultdichtung. Die Klagelieder sind Literatur und gerade theologisch reflektierende Literatur.

Wenn Erich Zenger, eine der treibenden Kräfte der neuen Psalmenforschung, schreibt: „Das Buch der Klagelieder könnte man sogar als zweites kanonisches Psalmbuch bezeichnen"[7], dann impliziert das auch eine Aussage über die Buchgestalt der Klagelieder und deren Sinngehalt. Nimmt man die Impulse der neueren Psalmenforschung auf, die sich vom Psalm zum Psalter bewegt, dann zeigt sich rasch, warum das dritte Lied in allen Modellen, die die Klagelieder als Sammlung von fünf distinktiven Liedern auffassen, Schwierigkeiten macht. Denn es stellt sich selbst in einen Zusammenhang mit den beiden ersten Liedern, indem

---

3 *Meyer*, Klagelieder (³1998), 434.
4 *Gerstenberger*, Klagelieder (1995), 494.
5 *Westermann*, Klagelieder (1990), 83.
6 *Westermann*, Klagelieder (1990), 82.
7 *Zenger*, Psalmen (³1998), 310.

es Stichworte und Formulierungen aufnimmt. So beginnt schon der erste Vers mit einem Rückverweis: „Ich bin der Mann, der Leid gesehen hat, durch den Stab seines Zorns". Es ist klar, dass hier der im vorangehenden Vers in Klgl 2,22 genannte Zorn YHWHs gemeint ist und dass damit das dritte Lied an das zweite anknüpft (s. zum Folgenden Schaubild 2). In dem weisheitlichen Kommentar in Klgl 3 wird an den „Mann" die Empfehlung ausgegeben (Klgl 3,27 f):

> Gut ist es für den Mann, dass er in seiner Jugend ein Joch trägt.
> Er sitze einsam da und schweige, wenn es ihm auferlegt wurde.

Eindeutig wird hier der Beginn des ersten Liedes aufgenommen, wo Jerusalem einsam da saß. Auch war in 1,14 vom Joch der Sünden die Rede, das „seine Hand verknotet" hat. Der Eindruck, dass Klgl 3 in einem Gespräch mit den ersten beiden Klageliedern steht, wird bestätigt, wenn man sich die Klage des Einzelnen über Jerusalem in den V. 48 – 51 anschaut.

> Wasserbäche lässt mein Auge fließen,
> wegen des Zusammenbruchs der Tochter meines Volkes.
> Mein Auge ergießt sich und beruhigt sich nicht; es hört nicht auf.
> Bis er herabschaut, und YHWH vom Himmel her sieht.
> Mein Auge tut mir etwas an, wegen all der Töchter meiner Stadt.

Auch hier wird durch Stichwortaufnahmen eindeutig auf Klg 2 angespielt. Auch in Klgl 2,11 sprach ein „Beobachter" vom Zusammenbruch der „Tochter meines Volkes":

> Meine Augen schwanden wegen der Tränen dahin, es gärte mein Inneres,
> ausgeschüttet auf die Erde war meine Leber,
> wegen des Zusammenbruchs der Tochter meines Volkes.

Und in 2,18 wurde Zion aufgefordert:

> Lass Tränen herabfahren wie einen Bach, Tag und Nacht.
> Lass nicht zu, dass es aufhört, bring deinen Augapfel nicht zum Schweigen.

Schließlich scheint die zweimalige Aussage des Beters, er sei zum Spottlied geworden (Klgl 3,15.62 f), auch auf den Spott der an Jerusalem Vorüberziehenden in Klgl 2,15 f anzuspielen. Damit liegt die These nahe, Klgl 3 sei für seinen Kontext geschaffen worden, was als Ausgangspunkt für meinen dritten Teil dienen soll.

Gut ist es für den Mann, dass er in seiner Jugend ein Joch trägt. (Klgl 3,27)	⇐	Angebunden ist das Joch meiner Sünden, durch seine Hand verknotet. (Klgl 1,14)
Er sitze einsam da und schweige, wenn es ihm auferlegt wurde. (Klgl 3,28)	⇐	Wehe, sie sitzt einsam da, die einst so volkreiche Stadt. (Klgl 1,1)
Wasserbäche lässt mein Auge fließen, wegen des *Zusammenbruchs der Tochter meines Volkes.* Mein Auge ergießt sich und *beruhigt sich nicht;* *es hört nicht auf.*	⇐	Meine Augen schwanden wegen der Tränen dahin, es gärte mein Inneres, ausgeschüttet auf die Erde war meine Leber, wegen des *Zusammenbruchs der Tochter meines Volkes.* (Klgl 2,11)
Bis er herabschaut, und YHWH vom Himmel her sieht. Mein Auge tut mir etwas an, wegen all der Töchter meiner Stadt. (Klgl 3,48–51)	⇐	Lass Tränen herabfahren wie einen Bach, Tag und Nacht. Lass nicht zu, *dass es aufhört,* bring deinen Augapfel *nicht zum Schweigen.* (Klgl 2,18)

Schaubild 2: Bezüge zwischen Klgl 3 und Klgl 1 und 2

Der leidende Gerechte im Zentrum der Klagelieder?

Die These selbst ist nicht neu. Sie wurde vor allem in der 1987 vorgelegten Arbeit von Renate Brandscheidt erarbeitet, die Klgl 3 als „Gerichtsklage des leidenden Gerechten" verstehen will. Dort gehe es nicht mehr um die klagende Vergegenwärtigung des Gottesgerichtes, sondern um die Bewältigung der den Glaubensvollzug belastenden Leiderfahrung des Frommen. Seine Demut und die Duldung des Leidens werden zum Beispiel für die Vielen: „Der wahrhaft Fromme nach 586 v.Chr. klagt nicht über Jahwe, sondern über seine Sündenschuld und damit zusammenhängend über das Versagen des Gottesvolkes, zu dem er gehört und an dessen Starrsinn er Anteil gehabt hat".[8] Durch die Einfügung von Klgl 3 in das Zentrum der Komposition wird eine neue Kategorie des Leidens eingeführt. Während die übrigen Klagelieder vom Leiden am Gerichtszorn YHWHs ausgehen, geht es in Klgl 3 um Leiden, „die als Folgen des Gerichtes auch der Umkehrwillige aufgrund seiner Zugehörigkeit zu einem sündigen Volk ertragen muß".[9] Zugleich wird „die persönliche Sicht des göttlichen Zornhandelns im Bedenken des göttlichen Wesens korrigiert".[10] Eng verbunden mit dieser Deutung ist ihre Hypothese, dass die Klagelieder vom Autor von Klgl 3, der nach Brandscheidt auch Klgl 4 geschaffen haben soll, zu einem konzentrischen Ganzen zusammengesetzt hat (s. Schaubild 3).

---

8 *Brandscheidt,* Herz (1988), 242.
9 *Brandscheidt,* Gotteszorn (1983), 229 f.
10 *Brandscheidt,* Gotteszorn (1983), 233.

Klage	Klage Zions und Gerichtsdoxologie	Klgl 1
Bericht	*Gerichtszorn Jahwes und Hoffnungslosigkeit Zions*	Klgl 2
Belehrung	**Das Verhalten in der Zeit des Gerichtes**	Klgl 3
Bericht	*Gerichtszorn Jahwes und Hoffnung für Zion*	Klgl 4
Klage	Klage des Volkes und verzweifelte Fragen an Jahwe	Klgl 5

Schaubild 3: Modell des konzentrischen Aufbaus der Klagelieder nach Renate Brandscheidt

Der äußere Rahmen (Klgl 1 und Klgl 5) befasst sich mit der trostlosen Situation des Volkes. Während aber Klgl 1 zur Gerichtsdoxologie führt, mündet Klgl in die (An)klage. Der Stachel dieser beiden Klagen ist das Zorngericht Yahwes als Strafe für die Sünden des Volkes. In Klgl 1 wird diese Tatsache im Blick auf die Sünden des Volkes akzeptiert, in Klgl 5 aber als die Zukunft mit Yahwe zerstörend angesehen. Der innere Rahmen (Klgl 2 und Klgl 4) greift genau dieses Problem, nämlich das des göttlichen Zornes, auf und schildert im vorgegebenen Stück Klgl 2 die Maßlosigkeit des richtenden Gottes Yahwe und seine Feindschaft dem Volk gegenüber. Klgl 4 greift den gleichen Radikalismus in der Darstellung des Gerichtes auf, um zu zeigen, dass mit der übergroßen Strafe die Schuld abgebüßt ist und jetzt, gemäß der Bitte von Klgl 1, die Feinde Zions zur Verantwortung gezogen werden. Mit dieser Gegenüberstellung hat der Verf. von Klgl 3 unterschieden zwischen Leiden als Strafe, die Zion abgebüßt hat, und den Leiden, die als Folgen des Gerichtes auch der Umkehrwillige aufgrund seiner Zugehörigkeit zu einem sündigen Volk ertragen muss.[11]

Bericht eines Einzelnen	V. 1–16	16
Klage eines Einzelnen	V. 17–20	4
Aufforderung zum Vertrauen	V. 21–24	4
Belehrung	V. 25–33	9
Belehrung	V. 34–39	6
Aufforderung zu Umkehr	V. 40–47	8
Klage eines Einzelnen	V. 48–51	4
Bericht eines Einzelnen	V. 52–66	15

Schaubild 4: Modell des palindromischen Aufbaus von Klgl 3 nach Renate Brandscheidt

---

11 *Brandscheidt*, Gotteszorn (1983), 229 f.

Klgl 3 wiederum ist ebenfalls streng palindromisch aufgebaut, wobei ein doppeltes Zentrum in den V. 25 – 39 liegt (s. Schaubild 4). Die von Brandscheidt vorgelegte These zur Komposition der Klagelieder ist auf den ersten Blick beeindruckend, im deutschsprachigen Raum dominant und bis in jüngste Zeit mehrfach übernommen worden, doch sehe ich auch Gründe zur Korrektur. Ich nenne drei Punkte:

(1) Dass Klgl 3 sachlich wie formal im Zentrum der fünf Klagelieder steht, ist nicht zu bestreiten. Mit dem Vorschlag einer bewussten palindromischen Gestaltung der Klagelieder insgesamt wird aber eine auf das Zentrum zielende Geschlossenheit der Komposition vorgegeben, die m. E. so nicht existiert. Die Konzentrik berücksichtigt zu wenig, dass Klgl 3 zwar recht eindeutig erkennbar auf Klgl 1 und 2 zurückgreift, Bezüge zu den folgenden Liedern aber auffallenderweise fehlen. Die Besonderheit von Klgl 4 kommt als Gegenstück zu Klgl 2 nicht zur Geltung. In 4,22 heißt es:

> Vollständig (gesühnt) ist deine Schuld, Tochter Zion,
> er wird dich nicht wieder in die Verbannung führen.

Hier ist eine Spitzenaussage erreicht, die nicht einfach der Klage oder der Belehrung über die Erduldung des Leids untergeordnet werden darf. Vielmehr zeigt sich eine auf das Ende des vierten Liedes zulaufende Linie, die sich der Zentrifugalkraft des gewichtigen dritten Kapitels widersetzt. Schließlich wirkt besonders die Parallelisierung der Lieder 1 und 5 wegen vielfältiger Unterschiede wenig überzeugend. Die beiden Lieder unterscheiden sich nicht nur formal, sondern auch in ihrer Sicht auf Jerusalem und ihrer Interpretation des Gerichtes. Das hat zwar auch Brandscheidt gesehen, jedoch wertet sie es um der Palindromie willen anders.

(2) Ähnliches gilt für die „zentrifugale Presse", die Klgl 3 ergreift. So richtig es ist, in den weisheitlich geprägten Abschnitten der V. 25 – 34 einen Höhepunkt zu sehen, weil dort theologisch bedeutsame Aussagen über die Duldung des Leidens, die Begrenzung des göttlichen Zorns und die Rechtfertigung Gottes gemacht werden, so falsch ist es m. E., den Rest des Liedes darauf hinzuordnen. Die Vertrauensaussage am Schluss, dass YHWH gewiss den ungerechten Feinden vergelten wird, fällt bei Brandscheidt „unter den Tisch". Dass nach der „Belehrung" unerwartet ein Kollektiv die Stimme erhebt, ebnet sie ebenso unter wie die darauffolgende Aufnahme der Klage durch den Einzelnen. Diese Beobachtungen zeigen, dass es in Klgl 3 eine lineare Entwicklung vom Beginn zum Ende des Liedes gibt, die der zentralen Stellung der „Belehrung" zwar keinen Abbruch tut, aber eine über sie hinausgehende Sinndimension anzeigt.

(3) Ein letzter Punkt betrifft die theologische Interpretation. Brandscheidt bestimmt den Mann als „leidenden Gerechten", der in der Linie des prophetischen Mittlers dem Volk als Beispiel vorgehalten wird, das Leiden in frommer Passion zu erdulden und es als Strafe für seine Sünden demütig anzunehmen. Sie stellt den leidenden Gerechten in eine Linie, die bei dem neutestamentlichen Gottesknecht endet, „der Gott die Frage der Überwindung aller Widrigkeiten dieser Welt ab-ringt".[12] Diese Interpretation ist in Bezug auf den Umgang mit dem Leid des Volkes wie auch im Umgang mit Gott zu glatt. Zu wenig ist berücksichtigt, dass gerade das belehrende Zentrum nicht nur Aussagen über die Duldung des Leids, sondern gleichermaßen Aussagen über Gott und sein Verhältnis zum Bösen macht. Die Theodizee spielt in Klgl 3 eine viel größere Rolle als Brandscheidts Modell es zulässt. Schließlich wird durch das Beispiel des Mannes die Klage als legitime Glaubensäußerung gegenüber Gott keinesfalls in Frage gestellt, sondern behält auch nach Klgl 3 ihr volles Recht. Die Klage des Mannes ist vom Leid anderer affiziert, der Klagende somit Paradigma und Mittler zugleich. Seine Gotteserfahrung dient als Basis für das Vertrauen, dass YHWH die Bitte um das Ende der Strafe und die Vergeltung der Feinde einlösen wird.

Nimmt man die Defizite mit den vorherigen Beobachtungen zusammen, erscheint Klgl 3 als theologisches Lehrstück, das mit den Mitteln der Gebetssprache einen Disput entfaltet, der das in Klgl 2 aufgegipfelte Problem des Gerichtshandelns YHWHs zu lösen sucht. Ich möchte das für meinen vierten Punkt unter die drei Schlagworte fassen: Rechtfertigung Gottes, Rechtfertigung der Klage und Bewältigung des Vertrauensverlustes. Die Eckpunkte dieser Interpretation möchte ich im Folgenden an einem erneuten, wiederum selektierenden Durchgang verdeutlichen.

Rechtfertigung Gottes und Rechtfertigung der Klage – Ein Versuch zum Verständnis von Klgl 3

Blicken wir zunächst noch einmal auf die Ausgangssituation: Der Untergang des Staates, der Stadt und des Tempels ist eine Maximalkatastrophe, verbunden mit kaum fassbarem Leid und einem erheblichen Vertrauensverlust gegenüber Gott. Seine Strafgerechtigkeit gegenüber Zion ist eine offene Flanke, die in Klgl 2 die Anklage Gottes verschärft. Nur wenige Psalmen wagen sich in der anklagenden Schilderung göttlichen Verhaltens so weit vor. Ganz bewusst scheint Klgl 1 dem

---

12 *Brandscheidt*, Gotteszorn (1983), 352.

negativen Höhepunkt als hermeneutisches Tor vorgeschaltet zu sein. Gott wird entlastet durch die Deutung des Gerichtes als Folge des eigenen Fehlverhaltens (vgl. bes. V. 18, aber auch V. 5.8.20.22). Aber so leicht lässt sich Gott nicht immunisieren. Am Ende des zweiten Liedes bleibt er als beschädigter Gott zurück – hart, unnahbar und nicht mehr verlässlicher Partner. Der Vertrauensverlust ist nicht mehr steigerbar, Gott ist in die finstere Ferne gerückt. Unweigerlich brechen in dieser Krise Gottes implizite Fragen auf: Ist Gott wirklich gut, und will er das Gute? Hat er überhaupt die Macht, das Gute zu wollen? Wenn er die Macht hat und das Gute will, warum verursacht er das unmäßige Leid? Die Theodizeefrage wird zwar in Klgl 2 nicht wie im Ijob-Buch in der Anklage explizit gemacht, steht aber im Raum und der Vertrauensverlust muss überwunden werden. Wie kann ein Gott, der selbst in der Krise ist, wieder ein Gott werden, der in der Krise da ist? Eine einfache Lösung ist angesichts der Tiefe des Leids für das Kollektiv jedenfalls verwehrt. Ein Moment des Neuansatzes ist die Einführung einer neuen Sprecherperson. Mit der Selbstvorstellung „Ich bin der Mann, der Leid gesehen hat durch den Stab seines Zorns" wird genau der YHWH-Zorn angesprochen, über den zuvor Zion in die verzweifelte Anklage geraten ist. Natürlich stellt sich die Frage, wer der Mann des dritten Liedes ist. Die Bandbreite der Vorschläge in der Exegese ist beeindruckend. Sie reicht vom Propheten Jeremia über einen Einwohner Jerusalems bis hin zu historischen Personen wie König Zidkija. Jüngst hat Ulrich Berges einen älteren Vorschlag erneuert und den Sprecher von Klgl 3 mit Frau Zion identifziert, „die in dieser Rolle zum Ideal-Typus des Beters wird, der JHWHs Strafe im Wissen um die eigene Schuld erträgt und so Hoffnung auf Gottes erneutes Eingreifen für sich und andere schöpft".[13] Obwohl die Bezüge zwischen der Klage des Mannes und der Klage Zions auffallen, meine ich, dass diese These sich nicht durchhalten lässt. Das gewichtigste Argument ist der Wechsel des Geschlechtes, denn Frau Zion wird sonst nie als Mann personifiziert und redet in Klgl 1 und 2 als Witwe. Ferner kann in V. 51 nicht Jerusalem von den „Töchtern meiner Stadt" reden. Hier muss Berges zu dem Kunstgriff Zuflucht nehmen, dass jetzt plötzlich doch nicht mehr Zion, sondern ein Einzelner spricht. Ich möchte deshalb bei der etablierten Annahme bleiben, bei dem „Mann" von Klgl 3,1 handele es sich um einen paradigmatischen Beter im Rahmen der frühnachexilischen Rollendichtung. Es ist also eine literarische, keine historische Figur. Jegliche Suche nach einer Identifizierung mit dem historischen Jeremia, den Königen Zidkija oder Jojachin geht fehl. Die Annahme einer Rollendichtung widerstreitet allerdings keinesfalls der Annahme, der Prophet Jeremia könnte als dieses literarische Paradigma fungieren. Der Mann legt sein Leiden und den Umgang damit als Para-

---

13 *Berges*, Mann (2000), 10.

digma vor, wird dann aber – und dieses Moment scheint mir bisher zu wenig beachtet – in das Geschehen der Klage hineingezogen. In den ersten 18 Versen berichtet der Mann in traditioneller Psalmensprache bildreich über sein leidvolles Schicksal. Gott hat an ihm als Einzelperson mit gleicher Härte gehandelt wie an Jerusalem: Er treibt in die Finsternis (3,2.6), macht körperlich krank (3,4), wird zum Feind (3,9 f) und verweigert sich dem Bittgebet, so dass der Betroffene aufzugeben droht. Sein Fazit in V. 18 lautet: „Ich sagte: Vernichtet ist meine Zeit (wörtl. Dauer) und mein Hoffen auf YHWH".[14] Hoffnung wird in den folgenden Versen zum Leitmotiv (V. 18.21.24.25.26), denn wie für Zion scheint YHWH nicht einzugreifen, um dem Angefochtenen zur Seite zu stehen. Dennoch gibt er sich nicht der Hoffnungslosigkeit preis, sondern müht sich ab in der Reflexion, sprich, er treibt „Theologie"! Zuerst erkennt er V. 19, dass das Erinnern des eigenen Leids „Gift" ist, ihn immer noch tiefer hinabzieht. V. 20 beschreibt realistisch, dass der Kreislauf der Selbstbezogenheit in der Klage nicht einfach zu durchbrechen und die Erinnerung an ergangenes Leid traumatisch wiederkehrend ist. Erst das aktive Entgegensetzen führt zur Veränderung (s. Schaubild 5).

Dies will ich in *meinen Verstand* zurückkehren lassen, **deshalb hoffe ich**:

> Die Gnadengaben YHWHs,
> ja, sie gehen nicht zu Ende,
> ja, sein Erbarmen hört nicht auf;
> Neu ist es an jedem Morgen,
> groß ist deine Treue!"

„Mein Anteil ist YHWH", spricht *meine Seele*, „**deshalb hoffe ich** auf ihn"

Schaubild 5: Struktur von V. 21–24

Das Gedenken, das der Beter hier von sich einfordert, findet sich als eine zum Heil wendende Erinnerung auch im Psalter, vor allem Ps 42,5.7; 63,7 f; Ps 77,4.6.7, vgl. ferner Ps 106,7; 119,52 und 143,5. Es ist ein Topos der Bittgebete, in denen sich der Beter der Heilstaten YHWHs erinnert und daraus neue Hoffnung schöpft. Während das Gedenken an das Elend nur „Bitterkeit und Gift" ist (V. 19), gerät der Beter durch das meditierende Nachsinnen aus der Spiralbewegung nach unten

---

14 נצח meint hier die zeitliche Dauer eher als den Glanz oder Ruhm. Problematisch erscheint in der Annahme die 2. Sg. in V. 17, die allen Auslegern Schwierigkeiten macht. Ich belasse den Konsonantenbestand und lese als 3. Sg. fem. ni. „Meine Seele ist vom Heil verstoßen worden".

hinaus. Die Erinnerung an ein „Zitat" wird dem Beter neuer Grund seiner Hoffnung:

> Die Gnadengaben YHWHs, ja, sie gehen nicht zu Ende,
> ja, sein Erbarmen hört nicht auf;
> Neu ist es an jedem Morgen, groß ist deine Treue!

Die Erinnerung wird zu einem nachvollziehenden Gebet. Das Zitat selbst wechselt in die Anrede YHWHs, V. 22 f stellen so einen gleichsam performativen Sprechakt dar, der den Beter zu dem erneut im Selbstzitat referierten Bekenntnis führt: „Mein Anteil ist YHWH", spricht meine Seele, deshalb hoffe ich auf ihn (V. 24). Grund der Hoffnung ist die Zuversicht, dass die Barmherzigkeit Gottes seine Gerechtigkeit übersteigt. Damit ist nicht ein heilsrelevantes perpetuo mobile erfunden oder der Beter als Münchhausen karikiert, der sich selbst aus dem Dreck ziehen würde. Denn nicht im Menschen selbst gründet das Potential, sondern in Gottes vorgängigem Erbarmen, das dem Beter vorgegeben ist und das Gott als den Lebensgrund alles Lebens bekennt. In der apperzipierenden Erinnerung dieses Bekenntnisses (das stark an die exilisch-frühnachexilischen Gebete Ps 89,2 und Jes 63,7 erinnert) gewinnt der Beter neue Hoffnung und Zuversicht. Die Bewegung verläuft vom Denken zum Glauben. Nicht durch Eingreifen Gottes, sondern mithilfe der „Theologie" scheint damit für den Vertrauensverlust ein erster Weg gewiesen, der freilich das Unverständliche des leidvollen Handelns weiter in sich birgt. Aber ein Weg zurück zu dem Gott des Vertrauens kann – so das Paradigma – nur im Vertrauen auf dessen Barmherzigkeit erfolgen. Die noch bleibende Offenheit behandelt die nun folgende weisheitliche „Sequenz" mit den „Lehren" in V. 25 – 42, wo der Mann oder vielleicht auch ein neutraler Sprecher „Lehren" formuliert.

Die ersten טוב-Sprüche (V. 25 – 27) nehmen das Vertrauensmotiv auf. YHWH handelt gut an dem, der auf ihn vertraut. Daraus folgt als angemessenes Verhalten eine Haltung der Demut und Duldung, das auferlegte Joch zu tragen (V. 26) und die Wange dem Schläger hinzuhalten (V. 30). Da dieses „Programm" angesichts des erlittenen Leids zur Farce zu verkommen droht und Leiden göttlich zu sanktionieren scheint, wird noch einmal die sog. Gnadenformel der Sache nach eingespielt (V. 31– 33):

> Denn nicht für immer verwirft der Herr,
> sondern er bekümmert,
> und dann erbarmt er sich gemäß der Fülle seines Erbarmens.
> Denn nicht von Herzen erniedrigt und betrübt er die Menschenkinder.

Gott will gnadenhaft handeln, er straft nicht gerne und nur zeitlich begrenzt. Wenn er aber das Leid nicht vorsätzlich schafft, betrifft ihn das Elend der Welt dann nicht? Das „Sollte der Herr es nicht sehen?" in V. 36 unterstreicht, dass man Gott nicht unterstellen darf, er würde apathisch an den Ungerechtigkeiten der Welt und ihrem Leid vorbeigehen. In der folgenden ‏נ‎-Strophe, in der Ijob und seine Freunde geradezu zusammenklingen, wird die Theodizee entfaltet. Zunächst wird über das Schöpfungshandeln Gottes Allmacht gesichert (V. 37), woraus – in einer biblisch bemerkenswerten Formulierung – folgt, dass von ihm Gutes und Schlechtes ausgehen (V. 38). Das Maß des Schlechten ist aber durch das Handeln des Menschen bestimmt. Gott will das Gute und er ist gerecht, also muss er maßvoll strafen. Dem Menschen, dem in Gottes Huld auch in der Strafsituation Überleben ermöglicht wird, kommt es nicht zu, Gott zu richten und über das Schicksal zu klagen (V. 39). Ähnlich kommt Ijob am Ende des Buches zu der Einsicht, dass Gottes Handeln und Tun nicht vom Menschen gerichtet werden kann (vgl. Ijob 42,2f):

> Ich hab' erkannt, dass du alles vermagst; kein Vorhaben ist dir verwehrt. Wer ist es, der ohne Einsicht den Rat verdunkelt? So habe ich denn im Unverstand geredet über Dinge, die zu wunderbar für mich und unbegreiflich sind.

Anders als für Ijob aber ist für den Beter in Klgl 3 sein Ergehen vielmehr auf die Sündenlast zurückzuführen. Wenn so die Frage am Schluss der Argumentation „Was beklagt sich der Mensch über seine Sündenfolgen?" zu verstehen ist, ist eine Antwort auf die aufgeworfene Theodizeefrage gegeben. Das ist in nuce der politische Begriff vom Zorn Gottes, wie ihn Ralf Miggelbrink in seiner fundamentaltheologischen Habilitationsschrift aus systematischer Perspektive entfaltet: „Der Zorn Gotes bezeichnet die von Gott gewollte und bejahte Ausgeliefertheit des Menschen an die zerstörerischen Folgen der menschlichen Verweigerungsgeschichte Gott gegenüber".[15]

Ohne Frage – diese „Antwort" auf die Theodizee-Frage bleibt spätestens angesichts der Aufgipfelung unverschuldeten Leids in Auschwitz eine „schlechte" Theodizee, im Rahmen der in den Klageliedern vorausgesetzten deuteronomistischen Denkkategorien ist aber eine Rechtfertigung Gottes erreicht. Das menschliche Schicksal gründet in Gottes souveräner Schöpfermacht, ist aber zugleich Folge der menschlichen Unzulänglichkeit. Das Maß der Schuld ist für den Menschen nicht zu ermessen, aber die Hoffnung bleibt für ihn zu hoffen, dass Gottes Barmherzigkeit größer ist als seine Gerechtigkeit. Dass diese Rechtfertigung Gottes nun nicht das Recht der Leidklage aufhebt, zeigt die Fortsetzung, in der das

---

15 *Miggelbrink*, Zorn (2000), 56 f.

Kollektiv (V. 40 – 47) die Anwendung der „Lehre" versucht. Es zeigt sich bald, so einfach ist Vertrauen im Leid nicht wiederzugewinnen. Zwar ist in der Aufforderung zum Bittgebet die Sprachlosigkeit gegenüber dem strafenden Gott überwunden, doch nach dem Schuldeingeständnis bricht sich die Anklage Gottes wieder Bahn. Erneut wird der Vorwurf gegenüber Gott erhoben, sich verweigert zu haben, gemordet und die Erwählten zum Spott der übermächtigen Feinde gemacht zu haben. Mit dem Fazit „Untergang und Zusammenbruch" (V. 48) kehrt das Kollektiv wieder in den schweigenden Hintergrund des Liedes zurück und der paradigmatische Beter ergreift erneut das Wort. Jener lässt sich vom Leid affizieren und klagt an der Seite Jerusalems. Er löst die Aufforderung zur Klage ein, die in Klgl 2,18 an Jerusalem ergangen war. YHWH soll eingreifen, vom Himmel herabblicken und das Schicksal Jerusalems wenden (3,50). Mit der Klage des paradigmatischen Beters ist klar geworden, dass V. 39 nicht – wie es häufig interpretiert wird – die Verweigerung der Klage, sondern die Rechtfertigung Gottes war. Dass auch der auf Gott Vertrauende sich nicht dem unsäglichen Leid entziehen kann, vom Elend überwältigt wird und in die Klage hineingezogen wird, rechtfertigt im Nachhinein die Heftigkeit der Klage Jerusalems. Nur dass jetzt die tiefe Kluft des verlorenen Vertrauens überwunden zu sein scheint. Der „Mann" hat selbst das Eingreifen Gottes erlebt, von dem er jetzt berichtet. Wiederum berichtet er von seiner vergangenen Not, die diesmal aber von der Feindklage, nicht mehr von der Gottklage dominiert wird. Im Gegenteil: Aus der Lebensferne der Zisterne hat der Beter zu YHWH geschrien und dieser ihm Schutz zugesagt: „Du hast dich genähert am Tag meines Rufens. Du hast gesprochen: Fürchte dich nicht" (V. 57).

YHWH hat dem Mann gegen die ungerechte Anfeindung Recht verschafft und ihn aus der Isolation und dem Spott erlöst. Was noch aussteht und worum der Beter bittet, formuliert der Schluss: die Vergeltung an den Feinden oder – theologischer formuliert – die Durchsetzung der göttlichen Gerechtigkeit (V. 64 – 66). Hier ist der Beter von tiefem Vertauen getragen, dass YHWH seine Gerechtigkeit durchsetzen wird. In das „Du wirst ihnen die Tat vergelten YHWH, gemäß dem Tun ihrer Hände" (3,64) dürften auch die Feinde Jerusalems eingeschlossen sein. Mit dem Vertrauen auf das Eingreifen YHWHs steht der unvermittelte Schluss des vierten Liedes nun in einem anderen Licht da. Wenn dort Jerusalem zugesagt wird, dass seine Schuld zu Ende ist und Edom zur Rechenschaft gezogen wird, ist genau das erreicht, was der Beter am Ende durch das dritte Lied forciert: YHWH sieht vom Himmel her und setzt seine Gerechtigkeit durch. Ich breche die kontextualisierende Lektüre des dritten Liedes hier ab. Das werden sie mir verzeihen, nicht jedoch, wenn ich das Problem der Gewalt, das in den Schlussversen des dritten Liedes im Motiv der Vergeltung aufbricht, einfach übergehe. Die letzten Verse des dritten Liedes müssen sich wie viele Psalmverse dem Vorurteil aussetzen, sie seien vor- oder sogar antichristlich, weil sie die Feindesliebe ignorieren würden und offen von Rache, Fluch und Vernichtung sprechen. „Du wirst sie vernichten", heißt es im letzten Vers, so, als ob Gott nicht einmal mehr die Wahl hätte. Hier ist jedoch nicht das Bild eines gewalttätigen Gottes forciert, sondern vielmehr das eines gerechten, was der Kontext des gesamten Liedes unmissverständlich deutlich macht. Schon in der grammatisch anstößigen Schlussphrase „unter dem Himmel YHWHs" wird noch einmal die Allmachtsproblematik eingespielt. Es gibt nur den einen Himmel und den einen YHWH, von dem Gutes wie Böses ausgeht (3,38) und der allein eine übergeordnete Gerechtigkeit und die Ordnung gegen die zerstörenden Feinde durchzusetzen in der Lage ist. Der Mensch ist dazu nicht in der Lage, weshalb der Beter die Durchsetzung zu Recht Gott unter „seinem Himmel" überlässt. „Mein ist die Rache, spricht der Herr" in Röm 12,19 (vgl. Hebr 10,30). Was wäre Gottes Allmacht wert, wenn er nicht – am Ende der Zeit oder wie hier – ohne die Vorstellung eines Endgerichtes in dieser von ihm geschaffenen Welt – seine Gerechtigkeit gegen das Chaos der Feinde durchsetzen würde?

Diese Überlegung unterstreicht noch einmal, wie wenig man die Vergeltung der Schlussverse aus dem Kontext von Klgl 3 isolieren darf. Im Rahmen von Klgl 3 erweist sich auch der Vorwurf der mangelnden Feindesliebe als vereinseitigend. Hatte nicht noch Klgl 3,30 empfohlen, dem schlagenden Widersacher die Wange hinzuhalten? Mögen uns die Schlussverse von Klgl 3 hart vorkommen, im Kontext des Liedes und der Vorstellung innerweltlicher Vergeltung sind sie folgerichtig. Als politische Theologie, die die Hoffnung auf Gerechtigkeit durch einen vom Leiden affizierten Gott nicht aufgibt, ist die Vorstellung vom Zorn Gottes als Wirkweise, nicht Wesensaussage Gottes zwar bleibende Provokation, aber eine durchaus christliche. Ich komme zu meinem letzten Punkt, indem ich ein Fazit in Schlussthesen ziehe.

„Auch heute ist meine Klage Widerspruch" (Ijob 23,2) – Schluss

(1) In impliziter Auseinandersetzung mit der Forschung habe ich eine neue Lesemöglichkeit für Klgl 3 vorgestellt: Mit dem paradigmatischen Beter reagiert die mehrgliedrige theologische Reflexion auf die Anfechtung Gottes im zweiten Lied. Die Wissenden unter Ihnen werden gemerkt haben, dass ich – Impulse der neueren Psalmenforschung aufnehmend – das Paradigma „Psalmen oder Psalter" an den Klageliedern durchgespielt habe. Dabei ging es mir um ein Plädoyer für einen theologischen Zusammenhang der Klagelieder. Zwar zählen die Threni nicht zu den Spitzentexten des Alten und Ersten Testaments, sie sind jedoch m. E. nur

mit Verlust aus einer biblischen Theologie wegzudenken. Ihr Wert liegt unter anderem in der Bewertung der Klage, was mich zu meinem zweiten Punkt führt.

(2) Mit Gott zu streiten führt Gott und den Menschen in eine Krise. Billige Auswege gibt es dabei nicht, der einfache Weg von der Klage zum Lob ist versperrt oder – wie im Psalter – sehr weit. Die Klage – und auch harte Anklagemomente gegen Gott integrierende Klage – behält angesichts einer Rechtfertigung Gottes ihr Recht. M. E. begründen die Klagelieder eine Spiritualität der Klage, von der Impulse in die klaglose Welt unserer Gebetspraxis ausgehen. Die Klage, auch die kollektive Leidklage und Anklage Gottes angesichts der Heillosigkeit der Welt, bleibt nicht nur notwendig, sondern auch legitim und heilsam. Klage ist Protest und Fanal der Veränderung[16], Klage ist selbst dann Moment der Bewältigung, wenn sie sich wiederholt. Die Klagelieder zeigen – konform zur modernen Psychologie –, dass Bewältigung von kollektiven Krisen letztlich nur individuell möglich ist und dass Bewältigungsstrategien nur im Mobilisieren oder Revitalisieren eigener Kräfte zu suchen sind. In den Klageliedern leistet das der paradigmatische Beter des dritten Liedes.

(3) Der Titel des Vortrags „Gott in der Krise" war bewusst zweideutig. Die Verborgenheit Gottes in der Exilskatastrophe und die daran anknüpfende Anklage Gottes im zweiten Lied, fährt – salopp gesagt – Gott gegen die Wand. Gott gerät durch die Anfechtung in eine Krise. Zugleich entfaltet das dritte Lied in der Person des paradigmatischen Beters, welche Rolle Gott in der Krise spielen kann und soll. Bemerkenswert und in meinen Augen sehr realistisch war, dass in der Situation tiefster Angefochtenheit nicht Gott von sich aus die tiefe Kluft überwand, sondern das reflektierende Vertrauensbekenntnis des Beters die Brücke schlug. Für die Überwindung einer Glaubensnot erscheint mir das die weitaus wahrscheinlichere Möglichkeit gegenüber dem Hoffen auf ein direktes Einwirken Gottes. Angesichts des Leids ist die Vorordnung göttlicher Barmherzigkeit vor seiner Gerechtigkeit zuallererst eine Bekenntniswirklichkeit und keine Erfahrungswirklichkeit. Für universitäre Theologie beruhigend war, dass Klgl 3 das in gedanklicher Reflexion über Gottes Handeln in der Welt, also über Theologie, entfaltete.

(4) Die im zweiten Lied aufgeworfenen Anfragen schreien nach dem Versuch einer Antwort, um die Dunkelheit der Gottferne erträglich zu machen. Erste Ansätze bietet die Vorordnung des ersten Liedes. Die Zusage der Zuwendung und Beendigung des Strafhandelns in Klgl 4,22 löst schließlich das Problem der Verlassenheit Zions, das Problem Gottes aber nur bedingt. Ich habe versucht Klgl 3 als eine für die frühe Sammlung entworfene Kunstdichtung zu entfalten, die auf die Anfechtungen Gottes Bezug nimmt und damit erst im Rahmen der Komposition

---

16 Vgl. zu dieser Formulierung *Dietrich/Link*, Seiten (2000), 147.

der Klagelieder ihre Überlieferungsfähigkeit und theologische Erträglichkeit begründet. Vehement möchte ich Westermann widersprechen, dass die Klagelieder nicht theologisch seien. Gerade Klgl 3 entfaltet drei hochtheologische Aspekte:

Es behandelt den Vertrauensverlust des Erwählungskollektivs angesichts der erfahrenen Gottferne oder – anders gesagt – die Spannung zwischen Erwählung und Verwerfung, zwischen Gottes Gerechtigkeit und seiner Barmherzigkeit. Theologische Reflexion und der Akt des Gebets – diese beiden Aspekte gehören in Klgl 3 zusammen – werden als „vertrauensbildende Maßnahme" eingesetzt. Gott wird aus der Anfechtung quasi herauserinnert und seine Barmherzigkeit als seiner Gerechtigkeit vorgeordnet bekannt. Als zweiten theologischen Aspekt entfaltet Klgl 3 die Rechtfertigung Gottes angesichts des Leidens. Mithilfe eines am Schöpfungsgedanken entwickelten Allmachtskonzeptes wird Gutes wie Böses in Gott verortet. Das Handeln Gottes bleibt dem Menschen verborgen, nur im Moment der Strafgerechtigkeit menschlicher Schuld kann und soll der Mensch Gottes Joch annehmen. Wie im Ijob-Buch wird das Handeln Gottes menschlicher Erkenntnis entzogen und durch die Allmacht, die Affiziertheit Gottes und sein gutes Schöpfungshandeln seine Barmherzigkeit begründet. Daraus folgt für die Klagelieder – und das ist der dritte Punkt – nicht die Illegitimität der Klage, sondern deren Rechtfertigung. Klage und Anklage Gottes sind solange legitimer Umgang mit Leid wie das Leid für den Menschen unbegreiflich bleibt und das Eingreifen Gottes ausbleibt. Wenn die Klage auf Veränderung zielt und Gott nicht aus der Verantwortung entlässt, bleibt sie trotz der Anfechtung Glaubensakt. Nur wenn sie Gott zu sehr in die Ferne rückt, ihn als Feind belässt und das Band zwischen ihm und den Menschen zu zerreißen droht, dann – so der Einspruch von Klgl 3 – bedarf es der Rechtfertigung Gottes und der Wahrung seiner Souveränität. Klage, und auch das macht die Komposition der Klagelieder deutlich, ist ein Prozess, der nicht immer notwendig zu Lob führt, aber Veränderung in sich trägt. Die Klagelieder sind so ein Modell der Bewältigung von Leiderfahrungen und – das macht sie so reizvoll – von kollektiven Leiderfahrungen. Ganz in Klammern erlaube ich mir am Ende noch einen kleinen rezeptionsgeschichtlichen Hinweis, weil er auch zu meiner Vorstellung beiträgt. J. S. Bach hat für den zweiten Sonntag nach Epiphanie, also den vergangenen Sonntag, unter dem Titel „Mein Gott wie lang, wie lange" eine frühe Kantate geschaffen (BWV 155), die textlich mehrere Aussagen aus Klgl 3 aufnimmt und (zwar auf Jesus Christus übertragen, aber von der Tendenz her) ähnlich interpretiert.

Da ich aber nicht mit Bach, sondern mit Hauff angefangen habe, will ich auch mit ihm und einem Dank an Ihre Bereitschaft zum Zuhören schließen. Die Hübsche, die den zu Tränen Gerührten so verzückte, beginnt aus der Trance, in die sie durch den Klagegesang geleitet worden war, zu erwachen, und spricht den fremden und unbekannten Mann neben ihr an: „Bist du mir nicht mehr gut, mein Otto? Ach könntest du mir zürnen, daß ich die Lamentationen hörte?".[17]

Bibliographie

Berges, U., „Ich bin der Mann, der Elend sah" (Klgl 3,1). Zionstheologie als Weg aus der Krise, in: BZ 44 (2000), 1–20.

Brandscheidt, R., Gotteszorn und Menschenleid. Die Gerichtsklage des leidenden Gerechten in Klgl 3 (TThSt 41), Trier 1983.

Dies., „Mein Herz ist krank" (Klgl 1,22). Umgang mit Leid im Buch der Klgl, in: Religionsunterricht an höheren Schulen 31 (1988), 236–245.

Dietrich, W./Link, C., Die dunklen Seiten Gottes, Bd. 2: Allmacht und Ohnmacht, Neukirchen-Vluyn 2000.

Gerstenberger, E. S., Klagelieder, in: NBL 2 (1995), 494–495.

Hauff, W., Mitteilungen aus den Memoiren des Satan, in: ders., Sämtliche Werke in drei Bänden, Bd. 1, München 1970.

Meyer, I., Klagelieder, in: E. Zenger u. a., Einleitung in das Alte Testament (Kohlhammer Studienbücher Theologie 1,1), Stuttgart ³1998, 430–435.

Miggelbrink, R., Der Zorn Gottes, Freiburg u. a. 2000.

Westermann, C., Die Klagelieder. Forschungsgeschichte und Auslegung, Neukirchen-Vluyn 1990.

Zenger, E., Psalmen, in: E. Zenger u. a., Einleitung in das Alte Testament (Kohlhammer Studienbücher Theologie 1,1), Stuttgart ³1998, 309–326.

---

17 *Hauff*, Mitteilungen (1970), 143 ff.

Zerbrochene Zier

Tempel und Tempelzerstörung in den Klageliedern (Threni)

כי־רצו עבדיך את־אבניה ואת־עפרה יחננו:

Denn deine Knechte haben an ihren Steinen Gefallen gefunden,
und mit ihrem Schutt haben sie Mitleid.

(Ps 102,15)

Einleitung

Die folgende Untersuchung beschäftigt sich mit der theologischen Dimension
der Tempelzerstörung 587 v. Chr. Untersuchungsobjekt sind die fünf Klagelieder,
denen man gewöhnlich eine Tuchfühlung mit der Katastrophe zuzubilligen geneigt ist. Es kann als Gemeinplatz gelten, dass das Exil hohe Bedeutung für das
Werden der biblischen Literatur hat.[1] Ernst Axel Knauf spricht jüngst vom Exil als
der „Wiege des biblischen Israel als dem Volk der Tora"[2] und Ursula Struppe von
einem literarischen „Boom"[3], den das Exil ausgelöst habe. Dass dabei die Eroberung der Stadt Jerusalem und die Zerstörung des Tempels mehr als nur die

---

1 Zur jüngeren Diskussion um das babylonische Exil, dessen Umfang und Bedeutung vgl. *Grabbe*,
Capticity (1998); *Barstad*, Myth (1998); *Knauf*, Land (2000); *Struppe*, Exil (2000).
2 *Knauf*, Land (2000), 132. Mit *Uehlinger*, Bilderkult (1999), 1568 f; *ders.*, Bilderverbot (1999) und
Niehr, Cult (1997) allerdings sieht Knauf das Exil auch als Wasserscheide der Bildlosigkeit und des
Monotheismus: „Im Tempel von Jerusalem war der Gott JHWH durch sein Bild präsent und hatte
eine Frau neben sich" (ebd., 132). Während der zweite Teil m. E. die volle Zustimmung erfordert
(vgl. *Frevel*, Aschera [1995]), dürfte der erste Teil derzeit sehr umstritten sein. Beide Aspekte sind
für die Frage nach den Dimensionen des Verlustes in der Tempelzerstörung nicht ohne Belang. Für
die Frage der Partnerschaft YHWHs ist m. E. auf die unter Joschija kulminierenden Bestrebungen
zur Ausschließlichkeit YHWHs im Jerusalemer Tempel hinzuweisen, die zu einer Dissoziierung
von YHWH und Aschera im Tempelkult führten (Dtn 16,21; 2 Kön 21,7; 23,4–6). Die Trennung
YHWHs von „seiner Partnerin" ist also nicht primär als Folge der Zerstörung des Tempels zu
beschreiben. Die Diskussion um ein YHWH-Kultbild im Jerusalemer Tempel, die für die Frage nach
Dimensionen des Verlusts in der Tempelzerstörung ebenfalls von erheblicher Bedeutung ist, kann
und soll hier nicht geführt werden. M. E. ist nach wie vor plausibel, kein YHWH-Kultbild im
vorexilischen Jerusalemer Tempel anzunehmen. Vgl. zur Begründung *Frevel*, Bildnis (2003) und
Na'aman, Image (2000).
3 *Struppe*, Exil (2000), 114, vgl. *Albertz*, Religionsgeschichte (1992), 376: „explosionsartiges Auf-
blühen der Theologie in der Exilszeit". Für die exilische Komponente vor allem in der Herausbildung des Deuteronomismus vgl. den wegweisenden Artikel von *Perlitt*, Anklage (1972) sowie
zuvor *ders.*, Verborgenheit (1971).

DOI 10.1515/9783110424386-007

geschichtliche Voraussetzung für den literarischen Entwicklungsschub darstellt, ist sinnvoll auch kaum in Zweifel zu ziehen. Mit der Zerstörung des Tempels kam der vorexilische Kult zum Erliegen. Die klassische Position misst der Tempelzerstörung selbst eine hohe Bedeutung bei. Aufgrund von Jer 41,5; Sach 7,3; 8,19 wird angenommen, dass es exilische Klagefeiern am Ort des zerstörten Heiligtums gegeben habe, die bis in nachexilische Zeit andauerten.[4] Dass neben Volksklageliedern vor allem die Threni in diesen Klagefeiern verwandt wurden, wird in der Exegese kaum bezweifelt.[5] Wer zugesteht, dass die akrostichische Form sich wenig für den gottesdienstlichen Vortrag eignet, schafft durch die Hilfshypothese Abhilfe, dass die Klagelieder in mündlicher Form nicht akrostichisch formuliert waren und aus der Verwendung im Gottesdienst heraus verschriftet worden sind.[6] Den forschungsgeschichtlichen Höhepunkt zur kultischen Verwendung der Klagelieder in exilischen Gottesdiensten auf dem Tempelberg stellt der Kommentar von Hans-Joachim Kraus dar. Für ihn „schließen sich einige gewichtige Momente zu der Vermutung zusammen, daß die Threni in den Trümmern der heiligen Stätte gesungen und aufgeführt worden sind".[7] Kraus geht aber noch deutlich über diese Annahme hinaus: „Wer sich nämlich aufmerksam den Aussagen der Lieder öffnet, wird feststellen, daß der eigentliche Gegenstand der Klage das zerstörte Heiligtum in Jerusalem ist".[8] In dieser Engführung auf die Zerstörung des Heiligtums will Kraus Klgl 2 der Gattung „Klage um das zerstörte Heiligtum" zurechnen. Die Gattung umfasst vor allem kultische Rollendichtung, die in den exilischen Klagefeiern verwandt worden ist.[9] Damit erhält die Tempelzerstörung kultisches Gewicht und der Verlust des Heiligtums wird zum Angelpunkt einer exilischen Perspektive. Die Restaurationsbemühungen der frühnachexilischen Zeit sind in diesem Licht besehen eine wirkliche Restitution. Der durch die Tempelzerstörung entstandene Hiatus soll durch die Wiedererrichtung gefüllt werden. Die theologische Bedeutsamkeit der Tempelzerstörung steht damit für Kraus außer Frage. Diese Position hat nicht nur – wie zu erwarten war – aus gattungskritischer Sicht

---

4 Zuletzt *Struppe*, Exil (2000), 113. Pointiert auch *Albertz*, Religionsgeschichte (1992), 381: „Der Großkult der Exilszeit ist – soweit wir erkennen können – ganz überwiegend Klagegottesdienst gewesen".

5 Vgl. zu den Volksklagen (und ihrer Verbindung mit exilischen Klagegottesdiensten) zuletzt *Emmendörffer*, Gott (1998), 269.277.295.

6 Den umgekehrten Weg gehen etwa *Boecker*, Klagelieder (1985), 13 und *Brandscheidt*, Klage (1983), 229, die davon ausgehen, dass die Lieder unabhängig vom Kult verschriftet wurden, dann jedoch „bald" gottesdienstlich verwandt wurden. Ablehnend gegenüber der These einer kultischen Verwendung *Meyer*, Klagelieder (1998), 434.

7 *Kraus*, Klagelieder (1983), 13.

8 *Kraus*, Klagelieder (1983), 9, vgl. 8–13.25.40 f.73.

9 *Kraus*, Klagelieder (1983), 40, vgl. 9.12.75.

Kritik erfahren[10], sondern die Prämisse, dass die Tempelzerstörung tiefgreifende theologische Spuren hinterlassen hat, ist in jüngster Zeit von Ina Willi-Plein in Zweifel gezogen worden. Sie schreibt in ihrem Aufsatz über die Frage, warum der Zweite Tempel überhaupt gebaut wurde: „Ob aber die Zerstörung dieser Wohnadresse Gottes ein größeres theologisches Problem war, als es die Existenz von mehreren Heiligtümern gewesen ist, ist zu bezweifeln".[11] Theologisch habe kein wirklicher Bedarf existiert, einen neuen Tempel zu bauen:

> Gegen Ende des 6. Jhs. v. Chr. war der Tempelbau nicht in dem Sinne notwendig, daß das physische Leben und Wohlergehen der in Jerusalem und der Landschaft Juda Lebenden oder dorthin Zurückkehrenden oder von Angehörigen der Diaspora ihrer Ansicht nach vom funktionierenden Tempelkult abhängig gewesen wäre. Sowohl die im Lande Zurückgebliebenen als auch die Angehörigen der Gola hatten jahrzehntelang ohne Tempel gelebt und konnten ohne ihn weiterleben.[12]

Der Zusammenbruch des staatlichen Kultes, die verunmöglichte Verortung und Verehrung des Nationalgottes im Tempel wandelt sich vom Desaster zur Episode, die schon während der Exilszeit theologisch überwunden zu sein scheint. Auf die Deutungskompetenz zugespitzt lautet ihr Diktum: „Weder Gegenwartsorientierung noch Zukunftsforschung waren grundsätzlich tempelbezogen".[13] Der Neubau des Tempels löst damit ihrer Ansicht nach kein theologisches Problem, sondern ein gesellschaftliches: Es geht „um die Überwindung von Lethargie und Depression; das Heiligtum verleiht der auf es konzentrierten Gemeinschaft einen kultischen Mittelpunkt und eine Perspektive der Hoffnung".[14] Die von Ina Willi-Plein pointiert formulierte These trifft m. E. im Kern nicht zu, lenkt aber den Blick auf die Besonderheit, dass die *theologische Dimension* des Verlustes weder im Exil noch außerhalb des Exils in breiterer Form verhandelt worden ist. Von der Tempelzerstörung ist – und das mag auf den ersten Blick verwundern – erstaunlich wenig die Rede. Trotzdem lassen sich m. E. verschiedene zeitlich zum Teil aufeinanderfolgende, zum Teil parallele *Bewältigungsmodelle* erkennen, die zeigen, dass der

---

10 H. J. Kraus nimmt in der dritten Auflage selbst das Gespräch mit Artur Weiser auf, vgl. *Kraus*, Klagelieder (1983), 11 f. Zur Kritik vgl. z. B. die Kommentare von *Boecker*, Klagelieder (1985), 12; *Gross*, Klagelieder (1986), 5 f.
11 *Willi-Plein*, Tempel (1999), 58. Noch deutlicher in der englischen Zusammenfassung des Aufsatzes: „In all probability, the preexilic Temple of Jerusalem had never been a cultic centre the destruction of which would have provoked a theological crisis" (71).
12 *Willi-Plein*, Tempel (1999), 59.
13 *Willi-Plein*, Tempel (1999), 59.
14 *Willi-Plein*, Tempel (1999), 69. In der englischen Zusammenfassung gesteht sie allerdings eine theologische Problemlösung zu: „The Second Temple was built in order to realize the physical experience of divine presence, which means the opportunity of direct contact with God" (71).

Verlust des Jerusalemer Tempels durchaus theologische Konsequenzen nach sich zog.

Am Beispiel der Klagelieder möchte ich im Folgenden zeigen, dass diese nicht mit H.-J. Kraus als liturgische *Klage über das zerstörte Heiligtum* zu fassen sind, dass in ihnen aber ein Ringen mit dem Verlust einer zionstheologischen Perspektive deutlich wird.

Tempel und Tempeltheologie in den Klageliedern

Bevor mit dem exegetischen Durchgang durch die relevanten Stellen in den Klageliedern begonnen werden soll, sind einige Voraussetzungen zum Verständnis der Klagelieder thetisch offenzulegen. Eine Begründung der folgenden Annahmen soll in breiterem Rahmen an anderer Stelle erfolgen. Wenn Klgl 2 besondere Beachtung findet, liegt das daran, dass dort der Tempel und seine Zerstörung am deutlichsten hervortreten. Zugleich spiegelt der Beginn beim zweiten Lied die hier vorausgesetzte These, dass dieses Lied das älteste der Sammlung ist. In der Entstehung folgen dann das erste, deutlich vom zweiten beeinflusste und das vierte Lied, das mit den ersten beiden Liedern zu einer frühen – vielleicht noch exilischen – Sammlung zusammengestellt wurde. Klgl 3 ist demgegenüber ein „Spätling", der in der elaborierten akrostichischen Form (nach Ps 119 ist Klgl 3 das längste akrostichische Gedicht mit jeweils 3 Zeilen mit gleichem Anfangsbuchstaben) für die erste Zusammenstellung von Klgl 1–4 geschaffen worden ist.[15] Abzuheben von dieser Klage-Komposition ist das Volksklagelied Klgl 5, das sich schon formal durch die nur alphabetisierende Form abhebt, die Stimmenvielfalt der Klagelieder nicht fortsetzt und daher zur Sammlung Klgl 1–4 zum Erreichen der kompositionsgeschichtlich bedeutsam gewordenen Fünfzahl erst später hinzugetreten ist. Ob es für die Sammlung geschaffen worden ist oder – was in meinen Augen die größere Wahrscheinlichkeit hat – als vorgegebenes Lied mit 22 Versen in die Sammlung aufgenommen wurde, braucht hier nicht näher bestimmt zu werden. Wichtiger erscheint die Frage der Datierung. Die übliche Ansetzung in unmittelbarer Nähe zu den Ereignissen um

---

15 Wenig wahrscheinlich scheint mir die Annahme, dass Klgl 4 und Klgl 3 denselben Autor haben, wie *Brandscheidt*, Gotteszorn (1983) annimmt. Dagegen spricht schon, dass das dritte Lied insbesondere auf Klgl 1–2 zurückgreift, aber Formulierungen aus Klgl 4 nicht aufgenommen werden (eine Ausnahme stellt vielleicht der Bezug zwischen 3,52 und 4,18 dar). Daraus kann, muss aber nicht geschlossen werden, dass Klgl 4 von den ersten drei Liedern unabhängig ist. M.E. reagiert Klgl 3 auf die in Klgl 2 aufgeworfene Problematik der Theodizee. Vgl. dazu den Beitrag „Gott in der Krise" im vorliegenden Band.

587/586 v.Chr., also unmittelbar nach der Zerstörung Jerusalems, ist in meinen Augen keinesfalls sicher.[16] Sie geht von der unbewiesenen Voraussetzung aus, dass die schockartige Betroffenheit und die Lebhaftigkeit der Schilderung neben der Historizität eine unmittelbare Nähe zu den Ereignissen selbst garantiert. Sobald man diesen Automatismus verlässt, lassen sich die akrostichische Form[17] sowie Momente des Sprachgebrauchs[18] gegen eine zu frühe Ansetzung anführen. Die liturgische Verwendung in Klagefeiern ist kaum nachzuweisen, und damit ist die Existenz exilischer Klagefeiern nicht als Argument für die Datierung der Klagelieder verwendbar. Zwar ist eine relativ frühe gottesdienstliche Verwendung auch nicht auszuschließen, allerdings gegenüber der These, die Klagelieder seien zuallererst literarische Bildungen, zurückzustellen.[19] Umgekehrt gibt es kaum Gründe für eine Herabdatierung in makkabäische Zeit oder selbst ins 4. Jh. Vielmehr scheint sich wegen 4,21 f für das vierte Lied eine spätexilisch-frühnachexilische Datierung nahezulegen. Für das zweite Lied scheint mir eine exilische Datierung nach wie vor am plausibelsten.

Damit sind die Voraussetzungen offengelegt, unter denen im Folgenden ein Einzelaspekt der Klagelieder untersucht wird. Zu diskutieren sind alle Stellen, für die eine Verbindung mit dem Heiligtum naheliegt oder eine solche in der Forschung angenommen worden ist.

---

16 Vgl. zur Kritik bereits *Provan*, Texts (1990); *ders.*, Lamentations (1991), 11.

17 Die in Pss 9/10; 25; 34; 37; 111; 112; 119; 145; Spr 31; Sir 31,13–20 sowie dem akrostichischen Fragment Nah 1,2–8 (hinzuzunehmen wären noch aus Qumran die sog. „Apostrophe to Zion" 11QPs^a 22,1–15 und Ps 155 11QPs^a 24,3–17) überlieferten akrostichischen Gedichte sind ausnahmslos nachexilisch. Die Klagelieder werden so oft sehr schnell zu den frühesten Exemplaren. Vgl. z. B. *Bergler*, Threni V (1977), 305, der Nah 1 und die Klgl von einer nachexilischen Datierung ausnehmen will: „Fest steht jedenfalls, daß im Buch der Klagelieder die ältesten vollständigen alphabetischen Texte des AT vorliegen, denn sie beziehen sich sämtlich auf die Tempelzerstörung des Jahres 587 v.Chr. und setzen noch keine Rückkehr von Exulanten oder den Beginn des Tempelneubaus voraus". Wenn auch die akrostichische Form nicht zwingend gegen eine exilische Datierung spricht, so lässt sie doch die frühexilische Verortung zweifelhaft erscheinen.

18 Auffallend ist etwa שׁ als Relativum, vgl. Klgl 2,15.16; 4,9 u. 5,18 (אשר in 1,7.10.12[2].22; 2,17[2].22; 4,20).

19 Vgl. mit *Kaiser*, Klagelieder (1992), 103: „So dürften die Lieder als einzelne wie als Sammlung von vornherein als literarische Bildungen zu betrachten sein, die sich primär an eine Leserschaft wandten, ihrer Absicht nach jedoch auch die Verlesung nicht ausschlossen".

Zusammenbruch der Zionstheologie: Klgl 2 und das Heiligtum

Klgl 2,1

איכה יעיב באפו אדני את־בת־ציון
השליך משמים ארץ תפארת ישראל
ולא־זכר הדם־רגליו ביום אפו:

Ach, wie verdunkelt der Herr in seinem Zorn die Tochter Zion!
Er hat vom Himmel auf die Erde geworfen die Pracht Israels,
und nicht gedacht des Schemels seiner Füße am Tag seines Zorns.

Auf der Suche nach Heiligtumsbezügen in den Klageliedern liegt es nahe, in der Pracht Israels an den Tempel und beim Schemel seiner Füße an die Lade zu denken.[20] Damit würde die historisch wahrscheinliche Annahme erläutert, dass die Lade bei der Brandschatzung des Tempels ein Opfer der Flammen geworden ist. Klgl 2,1 wäre somit die letzte historisch zu verankernde Notiz dieses zentralen Symbols vor dessen Vernichtung. Wenn diese in der Forschung häufig vertretene These zuträfe, wäre Klgl 2 für die Crux einer Geschichte der Bundeslade von hoher Bedeutung. Klar bringt dies etwa die Auslegung von Hans-Joachim Boecker zum Ausdruck:

> Vom Gedanken der Steigerung her, der in V. 1 wirksam zu sein scheint, legt es sich nahe, beim „Schemel seiner Füße" an die Lade zu denken, wozu auch Stellen wie Ps. 99,5; 132,7; 1. Chron. 28,2 Anlaß geben können. Die Lade ist einst von David nach Jerusalem gebracht worden, um seiner neuen Hauptstadt eine in israelitischer Tradition wurzelnde Legitimation zu geben (2. Sam. 6), von Salomo wurde sie dann in den Tempel überführt und im Allerheiligsten aufgestellt (1. Kön. 8): Danach gibt es im Alten Testament keine historische Nachricht mehr. Es ist aber anzunehmen, daß sie bis zur Zerstörung des Tempels dort gestanden hat und im Jahre 587 von den Babyloniern entweder als Kriegsbeute nach Babylonien verbracht oder zusammen mit dem Tempel zerstört wurde. Wenn die Deutung des Ausdrucks „Schemel seiner Füße" auf die Lade richtig ist, dann handelt es sich hier um die

---

20 Noch der jüngste Beitrag zum Verlust der Lade von *Christa Schäfer-Lichtenberger*, Verlust (2000), 229 bezieht Klgl 2,1 als möglichen Beleg für die Lade mit ein und beruft sich dabei auf H. J. Kraus und M. Metzger. Vgl. vor allem *Kraus*, Threni (1968), 42; *Rudolph*, Klagelieder (1962), 222. Nicht eindeutig ist *Gross*, Klagelieder (1986), 18, der in der Erklärung auf die Lade verweist, in einer Anmerkung zur Übersetzung allerdings vermerkt: „Schemel seiner Füße: Gemeint ist der Tempel". Ebenfalls unentschlossen bleibt trotz langer Ausführungen *Renkema*, Lamentations (1998), 221, der die Alternativen Tempel, Zion oder Lade als gleichwertig vorstellt und schreibt: „Perhaps the disappearance of the ark is being referred to here" (221).

letzte alttestamentliche Nachricht über die Lade, die ihr genaues Schicksal – Verschleppung oder Zerstörung – offen läßt.[21]

Diese Deutung lässt sich nicht mehr aufrechterhalten, wenn man die jüngere Diskussion um den „Schemel seiner Füße" einbezieht. Weder in Klgl 2,1 noch sonst irgendwo in den Klageliedern ist direkt oder indirekt von der Lade die Rede. Am wahrscheinlichsten scheint mir folgende Auslegung: In den drei Stichen des Verses werden בת־ציון (Tochter Zion), תפארת ישראל (Pracht Israels) und הדם־רגליו (Schemel seiner Füße) parallelisiert und jeweils mit einem Verbum verknüpft, dessen Subjekt Gott ist. Der Herr „verdunkelt", „wirft vom Himmel auf die Erde" und „gedenkt nicht". Es liegt also nahe, dass alle drei Stichen von demselben reden. Einfach zu identifizieren ist von den drei Objekten die Tochter Zion, womit eindeutig *Jerusalem* gemeint ist. Am schwierigsten ist die תפארת ישראל, die Pracht Israels, die vom Himmel auf die Erde geworfen wird. Im Hintergrund dieser Aussage dürfte die kosmische Überhöhung Jerusalems in der Zionstheologie stehen. Der Zionsberg als hoch aufragender Wohnsitz des Gottes, als Gottesberg, der Himmel und Erde verbindet und der durch die Eroberung und Zerstörung aufgegeben worden ist. Der Fall Jerusalems wird hier – und wenn ich recht sehe in singulärer Form – symbolisch als Himmelssturz gedeutet, angelehnt an das Motiv, wie es in Ez 28 und Jes 14 zum Ausdruck kommt. Die Pracht Israels ist also hier nicht – wie vielleicht von Ez 24,25 her vermutet werden könnte – konkret der Tempel als „himmlische und irdische Wohnstatt", sondern Jerusalem/Zion insgesamt als Wohnort und Thronort Gottes. Unzweifelhaft ist mit der Vorstellung vom irdischen Thronort des himmlischen Gottes Tempeltheologie angesprochen, wenn man überhaupt Zionstheologie und Tempeltheologie voneinander trennen will. Zion und Tempel gehen dabei ineinander über. Gott hat nicht einen fernen Berg zu seinem Wohnort erwählt, sondern den Zion, auf dem sein Heiligtum steht. Mit der Aufgabe der Erwählung Zions ist zugleich das an den Tempel gebundene irdische Wohnkonzept aufgegeben. Der Niedergang dieses präsenztheologischen Konzepts, das die Erwählung Jerusalems *und* seines Tempels voraussetzt, wird hier poetisch umschrieben konstatiert. Die Dimension des Verlustes, die darin zum Ausdruck kommt, ist kaum zu überschätzen: es ist der komplette Zusammenbruch der Zionstheologie.

Voraussetzung der These, der Schemel seiner Füße beziehe sich eindeutig auf die Lade, ist die Annahme, die Lade sei im Kontext der Vorstellung vom Kerubenthroner, dem ישב הכרובים, als Thronschemel der auf den Keruben thronenden

---

21 *Boecker*, Klagelieder (1985), 44 f.

Abb. 1: Tonfigurine aus Ayia Irini (Zypern) (7. Jh. v. Chr.)

Abb. 2: Elfenbeinplatte aus Megiddo (Ausschnitt) (13. Jh. v. Chr.)

Gottheit in das Ausstattungskonzept des Tempels integriert worden.[22] Der auf Throndarstellungen (Abb. 1+2[23]) zu erkennende Untersatz unter den Füßen des Thronenden wird mit dem Ausdruck „Schemel seiner Füße" verbunden und mit

---

22 Vgl. dazu den Überblick bei *Reuter/Görg*, Lade (1995), 574–578; *Metzger*, Königsthron (1985), 252; *Keel*, AOBPs (1984), 146 und jüngst *Zwickel*, Tempel (1999), 105–108.

23 Für die Quellen, aus denen die Abbildungen entnommen sind, s. das Abbildungsverzeichnis.

der Lade gleichgesetzt. Fraglich ist dabei nicht, dass wie 1 Kön 8,6 f es darstellt, die Lade unter den inneren Flügeln des Kerubenpaares Platz fand, sondern dass darauf durch den Ausdruck „Schemel seiner Füße" Bezug genommen worden ist. Bei einer Durchsicht der Belege von הדם־רגליו (Schemel seiner Füße) wird allerdings schnell deutlich, dass es sich nicht um uralte Jerusalemer Ladetheologie handelt, sondern um eine mit dem Thronen Gottes und mit Jerusalemer Theologie verbundene Vorstellung, die exilisch auftaucht und erst nachexilisch mit der Lade verbunden worden ist. Die Wortverbindung ist in 1 Chr 28,2; Ps 99,5; 110,1; 132,7; Jes 66,1 und Klgl 2,1 belegt. Hinzuzunehmen sind vom Vorstellungshintergrund noch Jes 60,13, vielleicht Sach 14,4, vor allem aber Ez 43,7.

Bernd Janowski hat sich in seinem Aufsatz „Keruben und Zion" noch einmal eingehend mit dem Kerubenthroner-Epithet und seiner Verbindung mit Jerusalemer Theologie auseinandergesetzt und die in der älteren Forschung stete Verbindung von Lade und Thron endgültig überzeugend aufgebrochen. Seines Erachtens spricht schon das angegebene Größenverhältnis von ca. 5 m zu 0,75 m gegen die Auffassung der Lade als Gottesthron. Zudem fehlt ein eindeutiger Textbeleg für die Lade-Thron-Theorie.[24] In Bezug auf die Lade als „Schemel seiner Füße" hat bereits *Hermann Spieckermann* festgestellt: „Es gibt keinen einzigen Beleg, in dem der ‚Schemel der Füße' mit der Lade identifiziert würde, und nur einen einzigen, der diese Kombination überhaupt nahelegt".[25] Traditionsgeschichtlich taucht m. E. der Vorstellungskomplex erstmalig *exilisch* auf. Der Blick ist dabei auf Ezechiel zu lenken, wo in Ez 43,7 der Wiedereinzug des כבוד (wörtl. die Schwere, übertragen die Ehre/Herrlichkeit) in das Heiligtum geschildert wird.[26]

6 ואשמע מדבר אלי מהבית ואיש היה עמד אצלי:

7 ויאמר אלי בן־אדם את־מקום כסאי

ואת־מקום כפות רגלי אשר אשכן־שם בתוך בני־ישראל

6 Und ich hörte einen aus dem Tempel her zu mir reden,
der Mann aber stand neben mir.

7 Und er sagte zu mir: Menschensohn, (das ist) der Ort meines Throns,
der Ort meiner Fußsohlen, an dem ich wohnen will inmitten der Kinder Israels.

Der מקום כפות רגלי „Ort meiner Fußsohlen" steht parallel zum מקום כסאי „Ort meines Thrones". Durch beide Angaben wird das präsenztheologische Konzept gefüllt. Der כבוד (Herrlichkeit) ist in das Heiligtum eingezogen und erfüllt das Heiligtum

---

24 Vgl. *Janowski*, Keruben (1991), 262, zustimmend *Schäfer-Lichtenberger*, Verlust (2000), 234 f.
25 *Spieckermann*, Heilsgegenwart (1989), 94.
26 Zur Zurechnung von Ez 43,7 zum Grundtext vgl. zuletzt die Analyse von *Konkel*, Architektonik (2000), 78 – 89.267 – 269.

(Ez 43,5); die erläuternde Audition (Ez 43,6 f) hingegen dämpft ab. Der *Tempel* (nicht die Lade) ist Ort des Thrones und der Fußsohlen, die die Präsenz des Thronenden anzeigen.[27] Wie in Jes 6 sprengt die Vorstellung Gottes den Raum durch die Koppelung von himmlischer und irdischer Dimension. Gott ist unter den Menschen im Tempel präsent, zugleich kann dieser ihn nicht fassen, sondern zeigt – in Kontinuität der Jerusalemer Kulttradition – die kosmische Dimension des Thrones an. Klar scheint jedenfalls, dass die Füße Gottes mit der Vorstellung des Thrones Gottes verknüpft sind. Von der Lade ist nicht die Rede, sie spielt in Ez 43 wie im gesamten Ezechielbuch keine Rolle.

In eine ähnliche Richtung geht Jes 66,1, nur dass dort noch deutlicher YHWHs Wohnstatt „tempelunabhängig" gedacht werden soll.

כה אמר יהוה השמים כסאי והארץ הדם רגלי
אי־זה בית אשר תבנו־לי ואי־זה מקום מנוחתי:

So spricht YHWH: Der Himmel ist mein Thron
und die Erde der Schemel meiner Füße.
Wo ist das Haus, das ihr mir bauen könntet,
und wo der Ort meiner Ruhe?

Der Einspruch gegen den frühnachexilischen Jerusalemer Tempelbau und des-sen präsenztheologisches Konzept[28] wird hier mit dem Himmel als Wohnstatt YHWHs begründet. YHWH ist König über die gesamte Erde und setzt – so kann man Jes 66,1 verstehen – seine Füße auf die Erde. Demgegenüber verkürzt ein irdischer Tempel die Präsenz – das Beherrschte kann den Herrscher nicht fassen. In Jes 66,1 (wie auch in 1 Kön 8,27) zeigt sich so etwas wie eine exilisch-nach-exilische „Himmelskompensation" der vorexilischen Zionstheologie.[29] Bloß nicht noch einmal sollen Jerusalem-Zion-Tempel und YHWH so eng verkoppelt werden, dass die Eroberung der Stadt und ihres Tempels die Präsenz und vielleicht sogar

---

27 Hier ist es durchaus nicht abwegig, den Tempel von 'Ain Dara zu assoziieren, wo ebenfalls durch die Fußstapfen angezeigt werden soll, dass die Gottheit anwesend ist, die Größe der Fußabdrücke aber die Dimension des Heiligtums sprengt.

28 Dabei ist es unerheblich, ob das Wort als Reaktion auf den geplanten Tempelbau (vgl. dazu z. B. *Koenen*, Ethik [1990], 183 – 185) oder auf den bereits gebauten Tempel (s. dazu *Berges*, Jesaja [1998], 522) aufgefasst wird. *Steck*, Abschluß (1991), 97 f datiert Jes 66,1 Anfang des 3. Jahrhunderts und verbindet den Text mit einer Diskussion um das ptolemäische Tempelstaatkonzept.

29 Vgl. dazu auch *Emmendörffer*, Gott (1998), 278: „Der Gedanke, dem die Deuteronomisten (1 Kön 8) theologisch Gewicht verliehen hatten, dass Jhwh nicht in seiner irdischen Wohnstatt, sondern im Himmel thront, ist für die Gebete der exilischen und nachexilischen Beter die Grundversi-cherung dafür, dass ihre Gebete trotz der Zerstörung des Tempels einen Adressaten haben und erhört werden können".

die Existenz des Nationalgottes affiziert. Sicherlich geht die Kompensation des Zusammenbruchs der spätvorexilischen Tempeltheologie nicht allein in der Verlagerung des Wohnortes in den Himmel auf, denn auch schon vorexilisch konnte YHWH im Himmel wohnen, doch scheint in der Tendenz die Symbiose von Nationalgott und immanentem Wohnort in der Gottesstadt zugunsten des Schöpfergottes und des deutlicher die Transzendenz betonenden Himmels aufgebrochen zu werden.[30]

Vielleicht schwingt in Jes 66,1 aber auch die Vorstellung des Thronenden, dessen Schemel die besiegten Völker darstellen, mit. Sicher ist das in Jes 60,13 f der Fall:

כבוד הלבנון אליך יבוא ברוש תדהר ותאשור יחדו
לפאר מקום מקדשי ומקום רגלי אכבד:
והלכו אליך שחוח בני מעניך
והשתחוו על־כפות רגליך כל־מנאציך
וקראו לך עיר יהוה ציון קדוש ישראל

13 Die Herrlichkeit des Libanon kommt zu dir, Wacholder, Platane und Zypresse zusammen, um den Ort meines Heiligtums zu rühmen, und ich werde den Ort meiner Füße rühmen.
14 Und es kommen zu dir die gebeugten Söhne deiner Unterdrücker,
und die dich schmähten werfen sich nieder über deinen Fußsohlen und rufen dir zu:
„Stadt YHWHs, Zion, Heilige Israels".

Deutlich ist, dass wenigstens V. 13b der Vorstellung von Jes 66,1 widerstreitet, doch auf die Diskussionen um die Einheitlichkeit des Textes und seine Zuordnung zu anderen Texten im Tritojesajabuch will ich mich hier nicht einlassen.[31] Hier geht es mir nur darum, dass die metaphorische Vorstellung von den Fußsohlen gekoppelt ist mit einem Unterwerfungsgestus der ehemaligen Feinde. Dabei geht es nicht darum, dass sich die Ausländer vor der im Tempel aufgestellten Lade niederwerfen, sondern um die Proskynese vor dem erwählten Zion.

Wenden wir uns den drei Psalmbelegen vom „Schemel seiner Füße" zu, dann fällt für die Lade zunächst am deutlichsten Ps 110,1 aus, wo ebenfalls die Unter-

---

30 Vgl. dazu auch die Arbeit von *Hartenstein*, Unzugänglichkeit (1997), 224–250, dazu präzisierend *Irsigler*, Rezension (2000). Wichtig scheint mir im Anschluss an Irsigler, die „Himmelskompensation" nicht so weit engzuführen, dass für ein vorexilisches Konzept vom Wohnen und Thronen Gottes im Himmel kein Platz mehr bleibt. Die auf die exilische Transformation bezogene Schlussthese Hartensteins, dass „die ausdrückliche Lokalisierung des YHWH-Throns im ‚Himmel' vermutlich nicht schon zu den Voraussetzungen dieser Umformung, sondern erst zu ihren Ergebnissen (gehörte)" (ebd., 250), dürfte kaum zu halten sein.
31 Vgl. dazu *Koenen*, Ethik (1990), 149f. Anders *Steck*, Jes 60,13 (1991), 104 u.ö., für den Jes 66,1f und Jes 60 nicht zur gleichen Schicht im Jesajabuch zu rechnen sind.

werfungsmetaphorik leitend ist: „bis ich deine Feinde zum Schemel deiner Füße, d. h. zu Unterworfenen, gemacht habe". In unserem Zusammenhang einschlägiger ist Ps 99,5:

רוממו יהוה אלהינו והשתחוו להדם רגליו קדוש הוא:

> Rühmt YHWH, unseren Gott,
> und werft euch vor dem Schemel seiner Füße nieder:
> Heilig ist er.

Zumal es in dem Psalm um das Lob des Kerubenthroners (V. 1) geht, hat die Forschung angenommen, dass die Völker den thronenden Zionsgott im Tempel vor der Lade anbeten sollen.[32] Nun hat Ruth Scoralick in ihrer Auslegung des deutlich nachexilischen Psalms zu Recht noch einmal unterstrichen, dass V. 5 nicht von V. 9 zu trennen ist, der den „Schemel seiner Füße" durch להר קדשו „an resp. vor seinem heiligen Berg" ersetzt und so deutlich macht, dass sich beides auf den Götterberg Zion bezieht.[33] Die zionstheologische Konzeption verbindet YHWHs universales Königtum mit dem Thron in Jerusalem, zu dem die Völker pilgern. Trotz des Epithets „Kerubenthroner" ist hier von der Lade nicht die Rede. Das ist anders in dem einzigen Beleg der Lade, in dem wahrscheinlich nachexilischen Ps 132, wo es in V. 7 heißt:

נבואה למשכנותיו נשתחוה להדם רגליו:

> Lasst uns hingehen zu seinen Wohnungen,
> niederwerfen vor dem Schemel seiner Füße.

Da nun im folgenden Vers sowohl die Lade als auch YHWH aufgefordert werden, sich zu erheben und „an den Ort der Ruhe" zu kommen, hat Bernd Janowski folgerichtig der Identität von Lade und dem „Schemel seiner Füße" widersprochen.

Bleibt also außer Klgl 2,1 lediglich noch 1 Chr 28,2, wo additiv Lade und „Schemel seiner Füße" nebeneinander genannt werden. Zwar sieht Spieckermann hier lediglich „die Fähigkeit der Chronik zur Kompilation alttestamentlicher Lesefrüchte ohne Rücksicht auf die betreffenden historischen Verhältnisse"[34] be-

---

32 So etwa *Kraus*, Psalmen (1978), 853: „הדם רגליו ist (entsprechend 9: להר קדשו) der Zion ...; in letzter Konkretisierung: die Lade durch die der Zion als erwählte Stätte Jahwes ausgezeichnet ist (vgl. zu Ps 132,7; 1 Chr 28,3). Lade und Kerubenthron sind nicht voneinander zu trennen".
33 *Scoralick*, Trishagion (1989), 76–78; vgl. *Seybold*, Psalmen (1996), 390; vgl. zu Ps 99 jetzt auch *Zenger/Hossfeld*, Psalmen (2000), 691–705.
34 *Spieckermann*, Heilsgegenwart (1989), 94.

stätigt, doch wird man zugestehen müssen, dass hier Lade und Fußschemel so eng beieinander stehen, dass eine Parallelisierung naheliegt. Auf dem Hintergrund der übrigen Stellen scheint allerdings der *Ort des Thronens Gottes* als naheliegendste inhaltliche Füllung der Wendung.

Der Durchgang durch die Belege bestätigt Spieckermanns These: Der „Schemel seiner Füße" ist ein zionstheologischer Topos, der dem Vorstellungshintergrund des Thrones Gottes auf seinem heiligen Berg angehört und auf Jerusalem bzw. enggeführt auf den Tempel als Ort des Thronenden zielt. Mit der Ladetheologie hat er nichts zu tun, es sei denn, man gestehe der Chronik eine Verbindung beider Theologumena zu.[35] In Klgl 2,1 wird durch den „Schemel seiner Füße", anknüpfend an zionstheologische Konzepte in Jes 6 und vielleicht sogar Ez 43,7, die Vorstellung des himmlischen Thrones des Königsgottes YHWH angeführt, um die Aufgabe Jerusalems als Ort göttlicher Erwählung zu zeichnen. Dabei ist auffallend, dass die Vorstellung vom Thronen nur implizit anklingt, YHWH in den Himmel entrückt ist und der Tempel selbst nicht explizit erwähnt ist. Durch die poetische Umschreibung wird eine Distanz zur eigentlichen Katastrophe des niedergebrannten Tempels geschaffen, die Vorstellung des göttlichen Thrones bleibt nahezu unangetastet. YHWH ist der Verursacher der Zerstörung sowie der Demontage der Zionstheologie und doch bleibt er in 2,1 eigentümlich gerechtfertigt. Nur implizit wird er für die Revokation der Erwählung angeklagt. Jeder der drei Stichoi bringt dies zum Ausdruck. Das „umwölken" ist hier nicht wie bei der Wolkensäule eine positive Begleitung, sondern das Gegenteil: Die Erwählung Jerusalems als Wohn- und Thronort, als herausgehobene kosmische Wohnstatt, als Anker und Mittelpunkt der Welt, ist aufgegeben worden. Das wird YHWH in seinem in den ersten Versen des zweiten Klageliedes vielfach variierten Zorn (s. u.) zugeschrieben.

Klgl 2,1 macht wie kaum ein anderer Vers deutlich, dass der Tempel und seine Zerstörung nicht im schildernden Zentrum der Klagelieder stehen, sondern vielmehr *der symbolische Gehalt des Zion* die Gedanken, Blicke und Sprachbilder auf sich zieht. Stadt und Tempel gehören untrennbar zusammen, sie bilden eine

---

35 Der Verlust der Lade wird nirgendwo explizit beklagt (vgl. sogar Jer 3,16). Ob man aber deswegen der These Spieckermanns zustimmen kann, dass die Lade ein Symbol ist, das schon bald nach der Reichsteilung aus dem Tempel wieder entfernt worden sei, „weil sie sich als religiöses Einheitssymbol nicht bewährt hatte" (*Spieckermann*, Heilsgegenwart [1989], 93), ist m. E. fraglich. Vielmehr ist im Schweigen über die Lade eine Eigenart der Untergangsklage erkennbar, die Details der Zerstörung, Kulteinrichtungen usw. ausspart und vielmehr die tempeltheologische Dimension schon in Distanz zur eigentlichen Zerstörung behandelt. Daraus ist allerdings umgekehrt ebenso wenig auf die hohe Bedeutung der Lade zu schließen (gegen *Schäfer-Lichtenberger*, Verlust [2000]).

symbiotische Einheit. Zion ist aber ohne den Tempel nicht zu denken, er setzt ihn in jeder Faser seines Seins voraus. Jerusalem–Zion und Tempel gehören in den Klageliedern so untrennbar zusammen, dass mit dem Fall Jerusalems nicht nur ein Raum göttlicher Präsenz unbewohnbar geworden ist, sondern ein ganzes theologisches Gebäude eingestürzt ist.

Nimmt man dies mit dem Durchgang der Belege zusammen, so lässt sich noch etwas weitergehen: In Klgl 2,1 wird das Thronen Gottes *erstmalig* durch den „Schemel seiner Füße" metaphorisch umschrieben. Der schon vorexilisch belegte Topos des Thronens YHWHs in Jerusalem, verbunden mit dem Epithet des Kerubenthroners[36], wird hier aufgenommen und ebenfalls in Anknüpfung an vorexilische tempeltheologische Linien uranisch transformiert. Die zionstheologische kosmologische Verbindung von Himmel und Erde wird vereinseitigend verlagert, wobei die vertikale Achse des Weltbildes zerbrochen ist.[37] YHWH rückt in Klgl 2,1 unmerklich in den Himmel, in eine Distanz zum irdischen, zerstörten Heiligtum. Nicht dass YHWH vorher nicht im Himmel gethront hätte (Ps 29; Ez 1; Jes 6; Klgl 1,13), vielmehr reißt das vertikale Band, das bis zum Exil zwischen himmlischer und irdischer Wohnstadt existierte.

In Klgl 2,1 ist ein Moment theologischer Verarbeitung der Katastrophe erkennbar, wobei interessant ist, dass dies in Kategorien der Jerusalemer Tempeltheologie geschieht.

Klgl 2,3 – 5

3 גדע בחרי אף כל קרן ישראל השיב אחור ימינו מפני אויב
ויבער ביעקב כאש להבה אכלה סביב:
4 דרך קשתו כאויב נצב ימינו כצר
ויהרג כל מחמדי־עין באהל בת־ציון שפך כאש חמתו:
5 היה אדני כאויב בלע ישראל בלע כל־ארמנותיה שחת
מבצריו וירב בבת־יהודה תאניה ואניה:

3 Abgehauen hat er in Zornesglut jedes Horn Israels,
er ließ zurückkehren seine Rechte von dem Feind weg,
er brannte gegen Jakob wie flammendes Feuer, das alles ringsum frisst.
4 Er spannte seinen Bogen wie ein Feind,
„hingestellt" seine Rechte wie ein Bedränger, er mordete alle Augenweiden,
im Zelt der Tochter Zion goss er seinen Zorn aus wie Feuer.
5 Der Herr war wie ein Feind, der Israel zugrunde richtet,

---

36 Vgl. 1 Sam 4,4; 2 Sam 6,2; 2 Kön 19,15//Jes 37,16; 1 Chr 13,6; Ps 80,2; 99,1.
37 Vgl. dazu die Skizze des Weltbildes von Jes 6 in dem Aufsatz *Janowski*, Wohnung (2002).

er richtete all ihre (fem. sg.) Paläste zugrunde, vernichtete seine Festungen
er vermehrte in der Tochter Juda Traurigkeit und Trauer.

Mit den folgenden Versen treten wir in die hämmernde Anklage ein, die in immer neuen Wendungen die Zerstörung als unmäßige Reaktion Gottes schildert und auf den Zorn Gottes zurückführt.[38] Der Blick geht vom Zion aus V. 1 zu den Städten V. 2 in das ganze Land V. 2c.3.

Schon von dieser zentripetalen Linie her scheint es unwahrscheinlich, dass „jedes Horn" in Israel eine kultische Konnotation hat und sich auf Altäre bezieht. Vielmehr zielt die Rede vom Abschlagen der Hörner auf das Brechen jeglicher Widerstandskraft (vgl. Ps 75,10; Jer 48,25). Juda hat seinem in Feindschaft aufbrausenden Gott, der das gesamte Land in die Hand des Feindes gibt, nichts mehr entgegenzusetzen. Vom Schutzgott hat er sich zum „Feind" gewandelt (2,3b.4a), der erbarmungslos vernichtet. „Es wird geradezu eingehämmert, daß Jahwe es war, der dies alles gewirkt hat".[39] Offen bleibt im Duktus des Textes zunächst die Frage, wo die Schilderung zum Zentrum zurückkehrt und sich der Zorn auch gegen „seinen Tempel" richtet. Sicher ist Jerusalem in 2,6.7 erreicht, wenn die Rede auf Zion, Altar und Heiligtum kommt. Dass bereits durch das „Zelt der Tochter Zion" in V. 4 der Tempel im Blick ist, ist etwa für Heinrich Groß eindeutig[40], andere sehen Jerusalem im Fokus des Bildes.[41] Zunächst scheint das Stichwort מחמדם im zweiten Stichos auf das Heiligtum zu lenken[42], denn von den Kostbarkeiten war bereits in 1,11 im Zusammenhang mit dem Tempel die Rede, und auch in Jes 64,10 ist von den Kostbarkeiten im Kontext der Tempelzerstörung die Rede. Als Ezechiels Frau zum Zeichen der Zerstörung Jerusalems und des Tempels sterben muss, ist der Vergleichspunkt „das in den Augen Begehrenswerte" (Ez 24,16.21.25). Nun kann מחמד allerdings wegen des הרג in Klgl 2,4 nicht den Tempel meinen, sondern muss sich auf Personen beziehen. Der himmlische Krieger, der in V. 4 seinen Bogen feindlich gegen das Volk richtet, mordet das, was in den Augen kostbar ist. Seien es unbestimmt Zions Lieblinge (vgl. Klgl 2,21), konkret die zu Hause verbliebenen

---

38 Fünf Begriffe des Zorns werden sich steigernd variiert אף, אפו, יום, עברה, חרי־אף, חמת, vgl. dann V. 6c noch זעם־אפו. Zum Zorn Gottes in Klgl 2 vgl. auch die anregende Untersuchung von *Groß*, Zorn Gottes (1999), bes. 58 – 64. Groß macht ebd., 61 völlig zu Recht darauf aufmerksam, dass es nicht angehen kann, das Moment der Anklage Gottes in Klgl 2 zu leugnen oder herunterzuspielen (vgl. dazu jetzt auch den Beitrag „Gott in der Krise" im vorliegenden Band).
39 *Boecker*, Klagelieder (1985), 45.
40 Vgl. *Gross*, Klagelieder (1986), 19.
41 Vgl. *Rudolph*, Klagelieder (1962), 223; *Boecker*, Klagelieder (1985), 46. Für eine implizit beides umfassende Interpretation optieren *Kaiser*, Klagelieder (1992), 84; *Renkema*, Lamentations (1998), 234.
42 Vgl. z. B. *Renkema*, Lamentations (1998), 233.

Frauen, die jungen kräftigen Krieger, die auch in Ez 24 und Ps 78,51 besonders herausgehoben werden, oder die erfahrenen Krieger. Während die ersten beiden Möglichkeiten wieder nach Jerusalem führen, bewegen sich die beiden anderen im Vorstellungskontext eines Heerlagers, in das der Feind eingefallen ist. Eine Entscheidung fällt im folgenden Stichos: באהל בת־ציון שפך כאש חמתו „Im Zelt der Tochter Zion goss er seinen Zorn aus wie Feuer". Dass es hier um Jerusalem geht, legt בת־ציון nahe. Natürlich kann „Zelt" auch in poetischer Sprache für das Heiligtum stehen, auch für den Jerusalemer Tempel, etwa Ps 15,1; 27,5 f; 61,5. Doch dann ist immer vom Zelt Gottes die Rede, nicht vom Zelt Zions. Einzig in Ps 78,67 ist das אהל יוסף das dem Zion V. 68 entgegengesetzte Heiligtum in Schilo. Zumal an mehreren Stellen Parallelen zwischen Ps 78 und Klgl 2 auffallen, bleibt der Bezug auf den Tempel ernsthaft zu erwägen. Möglich wäre auch letztlich ein Bezug auf Jerusalem als Ganzes, denn in Jes 33,20; 54,2 und vielleicht auch Jer 10,20 wird die Zerstörung durch die Zeltmetapher zum Ausdruck gebracht. Die Konsistenz der Bilder von V. 4, die sich um das Kriegshandeln YHWHs drehen, und die Konzentration des Textes auf den Tempel erst in V. 6 legen nahe, mit Boecker im Zelt Zions eine Umschreibung des Heerlagers zu sehen.[43]

Wenn diese Interpretation richtig ist, steht die Zerstörung des Heiligtums nicht im Zentrum der Untergangsschilderung im ersten Teil. Aber bei dem Blick auf die ersten Verse des zweiten Klageliedes fiel die Konzentration auf Aktionen YHWHs auf, die bis zur ungeheuerlichen Anklage des Mordes sich aufschwingen.[44] Jeder Stichos impliziert eine schonungslose Anklage YHWHs. Die Schilderung ist geprägt vom Entsetzen über das Ausmaß der Katastrophe, die als totales und umfassendes Ereignis geschildert wird. Nicht nur Jerusalem und der Tempel, nein, das ganze Land ist leidvoll betroffen. Nicht unbedacht, sondern planvoll wird YHWH angeschuldigt, Unvorstellbares angerichtet zu haben. Die Anklage ist hart. Scheu gibt es lediglich, YHWH als Feind in V. 2,4a.5a zu bezeichnen: er handelt aber „wie ein Feind". Neben seinem Zorn wird sein Handeln mit Verben der Vernichtung beschrieben, die in der Kumulation erdrückend wirken: Er wirft vom Himmel auf die Erde (V.1b), gedenkt nicht (V. 1c), richtet erbarmungslos zugrunde (V. 2a.5a.b), reißt ein (V. 2b), schlägt zur Erde nieder (V. 2c), schlägt ab (V. 3b), verbrennt (V. 3c), spannt seinen Bogen (V. 4a) und mordet (V. 4c), reißt nieder (V. 6a) und vernichtet (V. 6a).

Schlimmer kann es nicht mehr kommen. Erst jetzt, als das Ausmaß der Katastrophe schon in erdrückender Weise geschildert ist, kehrt das Lied sich dem Tempel zu.

---

43 Vgl. *Boecker*, Klagelieder (1985), 46.
44 Zum הרג mit Subjekt YHWH auch V. 21, dort noch in Kombination mit טבח.

Klgl 2,6 f

6 ויחמס כגן שכו שחת מועדו שכח יהוה בציון מועד ושבת
וינאץ בזעם־אפו מלך וכהן:
7 זנח אדני מזבחו נאר מקדשו הסגיר ביד־אויב חומת ארמנותיה
קול נתנו בבית־יהוה כיום מועד:

6 Wie in einem Garten tat er seiner Hütte Gewalt an,
verdarb seinen Festversammlungsplatz.
YHWH ließ auf Zion Festzeit und Sabbat vergessen.
Er verschmähte in seinem Strafzorn König und Priester.
7 Der Herr verwarf seinen Altar, gab preis sein Heiligtum,
er lieferte aus in die Hand des Feindes die Mauern ihrer (Sg.) Paläste.
Lärm wurde im Haus YHWHs gemacht wie am Festtag.

Schon der erste Stichos beginnt rätselhaft. „Er tat wie einem Garten seiner Hütte Gewalt an" lautet die wörtliche Übersetzung. Die Vorschläge zur Änderung sind Legion[45], da ein künstlicher Garten, vom König angelegt, ein wundervoller Spiegel der kosmischen Ordnung ist, zu dem das Bild des Abreißens nicht passt. Da hilft allerdings die der LXX[46] entlehnte Änderung in כגפן auch nicht viel, denn auch einem Weinstock tut man gewöhnlich keine Gewalt an.[47] Am sinnvollsten scheint die Annahme, hier sei – wie sonst auch häufiger[48] – nach der Vergleichspartikel die Präposition ausgefallen, so dass beim MT zu bleiben oder dieser „minimalinvasiv" in כבגן zu ändern ist.[49] Da שך nur als Variante zu סך resp. סכה zu verstehen sein wird, tut YHWH „seiner Hütte" Gewalt an. חמס „Gewalttat" mit YHWH als Subjekt ist schon ein ziemlich starkes Stück, das auch nur hier gewagt wird. Dass mit der Hütte der Tempel gemeint ist, dürfte von Ps 27,5 und vor allem von dem ויהי בשלם סכו ומעונתו בציון Ps 76,3 naheliegen.[50] Die Metapher von der Hütte ist mehr als bloßes Äquivalent zum Tempel. Ihr haftet das Moment des

---

45 S. den Überblick bei *Provan*, Lamentations (1991), 64 f; *ders.*, Feasts (1990), 256 f, der selbst für die Änderung in כגפן plädiert, aber auch in dem שך ein Wortspiel zwischen „Zweig" und „Hütte" sehen will. Sein Übersetzungsvorschlag lautet: „He has cut off, like a vine, his branch" (ebd., 256), wobei der Bezug auf das Laubhüttenfest problematisch bleibt.
46 Vielleicht in Anlehnung an Jes 1,8 ändert die LXX das כגן in ὡς ἄμπελον. Kein textliches Zeugnis spricht dafür, dass ihr tatsächlich כגפן in V. 6 vorgelegen hat.
47 Ijob 15,33, wo der Weinstock unreife Trauben abstößt, bietet nur auf den ersten Blick einen geeigneten Vergleichspunkt, denn dann macht שך als Objekt Probleme.
48 Vgl. Joüon-Muraoka § 133 h.
49 Denkbar wäre auch, dass כ und ב verwechselt sind und lokal „im Garten" zu lesen wäre. Dann würde das Bild vom Gottesgarten Jerusalem ausgehen und den Tempel darin als Hütte bezeichnen. M. E. hat diese Lösungsmöglichkeit wenig Wahrscheinlichkeit für sich, weil das Bild vom Tempel im Gottesgarten sonst nicht gleichermaßen konkretisiert verwandt wird.
50 Vgl. daneben noch Ps 31,21 und 2 Sam 22,12; Ps 18,12 im Theophaniekontext.

Temporären, des Aufgebbaren, wenig Festen an. Implizit hebt sie im Kontext der Zerstörung die Vorstellung von der dauerhaften Sesshaftigkeit, des unaufgebbaren Wohnsitzes auf. Zwar kann die Anklage an YHWH nicht schärfer sein, zugleich wird aber einer Kompensation des Verlustes vorgearbeitet.

Der zweite Hemistichos bezieht sich wohl auf den Versammlungsplatz vor dem Tempel und trotz der Wiederholung des מועד „Festzeit" im zweiten Stichos nicht auf das Fest selbst. Im gesamten Vers werden jeweils zwei Objekte parallelisiert: Festzeit und Sabbat, König und Priester und eben Heiligtum und Versammlungsplatz. Hier wie in 1,4 steht damit die Wallfahrtstradition im Vordergrund, die durch die Zerstörung des Tempels unterbrochen worden ist. Nicht die opferkultische Dimension wird zuerst erwähnt, sondern die Wallfahrtstradition. Diese wird allerdings im zweiten Stichos eingespielt, der assoziativ an den Versammlungsplatz anknüpft. Fest und Sabbat werden nicht mehr auf dem Zion begangen, d. h. es finden keine regelmäßigen Kulthandlungen statt. Die Zusammenstellung von מועד „Festzeit" und שבת „Sabbat" im Sg. ist singulär und damit zugleich signifikant. Neben dem Vollmondsabbat sind hier wahrscheinlich auch die Wallfahrtsfeste im Blick, so dass ein verkürzter Festkalender (Jahresfest und Monatsfeste) angespielt ist. Der sonst auch erwähnte Neumond fehlt vielleicht wegen der Paarbildung im gesamten Vers.[51] Es sind vor allem Versammlungsfeste als Teile des nationalen Kultes gemeint, die an den Ort Zions gebunden sind. An ihnen kommt man vor dem Angesicht YHWHs zusammen (Ex 23,17; 34,23; Dtn 16,16; Ps 81,4; 2 Kön 11). Weil YHWH die Rahmenbedingungen für den Kult aufgehoben hat, ist er auch verantwortlich dafür, dass die Feste in Vergessenheit geraten sind.[52] Der dritte Stichos assoziiert von den Festen auf die kultischen Funktionäre, die Vorsteher im vorexilischen Kult am Heiligtum. An Priester und König, beide von Gott ausgesucht und in besonderer Weise erwählt, hängt der nationale Kult, ihnen entzieht YHWH durch die Zerstörung die Handlungsgrundlage. Damit ist der Staatskult sistiert und die Schutzfunktion des Natio-

---

[51] Im Plural werden שבת und מועד in Ez 44,24; 45,17; Neh 10,34; 1 Chr 23,31; 2 Chr 2,3; 8,13; 31,3 (bis auf Ez 44,24 zusammen mit חדשים) kombiniert. Vgl. Jes 1,13 und zum Zusammenhang von Sabbat und Heiligtum auch Ez 23,38; 46,3f.12. Der Sabbat hat hier noch nicht den Wert der späteren Festkalender, wo er stärker mit priesterlichen Opfern als mit Versammlung konnotiert ist. Dann hätte man auch erwarten können, dass er vorangestellt worden wäre.

[52] Implizit ist damit vielleicht auch ein kleiner Datierungshinweis gegeben, denn zum „vergessen lassen" braucht es etwas Zeit. Die Nähe zu 1 Makk 1,39 ist zwar auffallend, aber gerade für eine „Frühdatierung" signifikant: „Ihr Heiligtum wurde leer wie die Wüste, ihre Feste verwandelten sich in Trauer. Ihre Sabbate wurden verhöhnt; statt geehrt zu sein, war sie verachtet (die heilige Stätte)". Es gibt durchaus noch einen erheblichen Unterschied zwischen Verhöhnung und dem Vergessen-lassen in Klgl 2,6, bei dem YHWH der Verursacher ist. Die Abhängigkeitsrichtung dürfte daher eindeutig von den Klageliedern zu den Makkabäerbüchern laufen.

nalgottes für seinen Staat endgültig aufgehoben. Die Mandatare und Garanten göttlicher Ordnung sind liquidiert, das sensible Gefüge gestört und damit „die Welt" aus den Fugen. Zu verantworten hat das der Nationalgott selbst. In der scharfen Verwerfungsaussage[53] stehen nicht die Institutionen im Blickpunkt, sondern deren kultische Funktion und ihre *Erwählung*. Das legt nicht zuletzt der Zusammenhang mit V. 7 nahe, der assoziativ zum Altar weiterschreitet.

Der erste Stichos in V. 7 nennt Adonai[54] als Subjekt zweier Verben der Verwerfung und kombiniert diese mit Altar und Heiligtum. Dies ist das einzige Mal, dass der Altar in den Klageliedern erwähnt wird, das einzige Mal überhaupt, dass auf seine Zerstörung resp. Verwerfung Bezug genommen wird. In den Eroberungsschilderungen in Jer 52/2 Kön 25 ist das Fehlen des Altars schon häufiger beobachtet worden und meist wegen der Opferintention der 80 in Mizpa durch Jischmael hingerichteten Nordreichbewohner (Jer 42,7) mit der These verknüpft worden, dass der Altar intakt geblieben sei und einem reduzierten Opferkult während der Exilszeit gedient habe.[55] Die Frage nach dem Kult am zerstörten Heiligtum ist komplex und kann hier nicht ausgedehnt behandelt werden.[56] Klgl 2,7 jedenfalls muss einem fortgesetzten Opferkult nicht unbedingt wider-

---

53 נאץ hat meistens das Volk oder die Feinde zum Subjekt (z. B. Num 14,11.23; 16,30; Ps 74,10.18; Jer 33,24 u. ö.), nur hier und in der Bitte Jer 14,21 taucht YHWH als Subjekt auf.

54 S. gehäuft vor allem Ps 68; 86; 130. Neben יהוה allerdings kommt אדני im Psalter häufiger vor, meist jedoch – bezogen auf den Einzelpsalm – eher vereinzelt. Zu אדני im Psalter jetzt *Rösel*, Adonai (2000). Dass aus dem Nebeneinander von אדני (V. 1.25.7.18.19.20) und יהוה (2,6.7.8.9.17.20.22) in Klgl 2 geschlossen werden kann, dass אדני durchgehend sekundär ein ursprüngliches יהוה verdrängt hat (so *Kaiser*, Klagelieder [1992], 130), ist m. E. nicht zu erweisen, vgl. die Skepsis Kaisers zum gleichen Phänomen in Klgl 3 (ebd., 152).

55 Vgl. dazu *Jones*, Cessation (1963), passim.

56 Vgl. dazu etwa den „Maximalisten" *Albertz*, Religionsgeschichte (1992), 385, der von „Großkult" spricht und die exilischen Klagegottesdienste als Ort beschreibt, „an dem sich das Ringen um einen angemessenen theologischen Umgang mit der politischen Katastrophe vollzog" (385). In den Klagegottesdiensten seien sogar „kürzere oder längere gerichtsprophetische Schriften verlesen" worden (388). Dabei denkt er etwa an das Jeremiabuch oder an Am 4,6 – 13. Auch die im Gottesdienst verwandten Klagelieder sieht er als theologischen Transformator von der Gerichtsprophetie zur erneuten Heilsperspektive und als Bewältigungspraxis (vgl. ebd., 387), gesteht aber zu, dass „wir den Lernprozeß, der infolge dieser Trauerarbeit geleistet wurde, nicht im Einzelnen verfolgen können" (387). Letztendlich ruhen diese Thesen auf einer sehr schmalen Basis auf. Ob es überhaupt Klagefeiern größeren Ausmaßes am Heiligtum gegeben hat, ist, wenn nicht abzulehnen, so doch zumindest offenzulassen, was der theologischen Qualität der Texte, die als Literatur verstanden werden müssen, keinen Abbruch tut. Denn auch dass die Klagelieder liturgisch verwandt wurden, ist bei der akrostichischen Form nur dann sinnvoll anzunehmen, wenn man eine überlieferungs- oder traditionsgeschichtliche Vorform postuliert. Vielmehr scheinen die Klagelieder Kunstdichtungen als Kultdichtungen zu sein. Die Ausdehnung des Kultes in Jerusalem während der Exilszeit sollte unbedingt noch einmal untersucht werden.

sprechen. Ausgesagt wird, dass Gott selbst „seinen" Altar, der durch das Possessivpronomen in eine besondere Nähe zu ihm gestellt wird und dadurch Jerusalemer Erwählungstheologie im Hintergrund anzeigt, durch sein Handeln verworfen hat. Das Verbum זנח „verwerfen" bringt die Gottferne des Beters in besonderer Schärfe zum Ausdruck und gehört mit göttlichem Subjekt vor allem zum Vokabular der Korach- und Asafpsalmen.[57] Durch sein Handeln hat Gott den aus allen Heiligtümern als einzigen ausgesonderten Altar aus der Erwählung herausgenommen. Der Altar steht hier für den gesamten Kult am Heiligtum, was der Parallelismus zu נאר מקדשו nahelegt. Das knappe „er hat sein Heiligtum preisgegeben" sucht seinesgleichen[58] und setzt die schroffe *implizite* Anklage der vorhergehenden Verse fort. Da die Anklage nicht an Gott selbst gerichtet ist, wird ihm nicht einmal potentiell die Möglichkeit gegeben, darauf durch erneute Zuwendung zu reagieren oder sich durch sein Heilshandeln zu rechtfertigen. In den beiden kurzen Sätzen des ersten Stichos wird der Zusammenbruch einer außerordentlich engen Beziehung konstatiert, die Abwendung YHWHs von dem Ort seiner Erwählung. Jeglicher Festjubel verstummt und weicht dem gellenden Lärm der Eroberer.[59] Vergleichspunkt des letzten Stichos ist das überfüllte Tempelareal der Wallfahrtsfeste mit ihrem Festlärm. Der יום מועד „Festtag", an dem aus dem Umland Massen nach Jerusalem strömen, ist auch in 2,22 noch einmal ähnlich im Blick. Auch dort ist er ins Gegenteil verkehrt, nicht Festpilger, sondern Feinde fallen in der Stadt und im Heiligtum ein. בית־יהוה, neben מקדש (Klgl 1,10; 2,7.20) der einzige Heiligtumsbegriff in den Klageliedern, meint eher das Tempelareal als den eigentlichen Innenraum, auch wenn die Feinde – anders als die Festpilger – auch innerhalb des sonst stillen Allerheiligsten gelärmt haben werden.

Innerhalb von V. 7 bereitet der mittlere Stichos am meisten Schwierigkeiten. Mit סגר hi., einem dritten Verbum der Verwerfung, schließt der Halbvers gut an den ersten Teil an. Er verlässt allerdings den unmittelbaren Kontext des Tempels, der anschließend wiederaufgenommen wird. Das Suffix in ארמנותיה „ihre Paläste" hat im selben Vers keinen Bezugspunkt. Es greift Zion auf, das zuletzt in V. 6c genannt worden war und in der Weiterführung in V. 8ac auftaucht. Die Paläste waren in V. 5b schon einmal erwähnt, dort allerdings bezogen auf Israel, und die Mauern werden im ersten Stichos des folgenden Verses aufgenommen. Für Rudolph und andere ist der gedankliche Sprung vom Altar über die Paläste zurück ins

---

57 Die Belege im Psalter sind Ps 43,2; 44,10.24; 60,3.12; 74,1; 77,8; 88,15; 89,39; 108,12, in den Klageliedern noch in Klgl 3,17 und 3,31.

58 Zu נאר vgl. Ps 89,40. Der Begriff מקדש bezieht sich auf das Heiligtum in toto, nicht, wie *Boecker* (Klagelieder [1985], 47) vermutet, auf das Allerheiligste und den Platz der Lade.

59 Vgl. dazu neben Ps 74,1 das „fürchterliche Gebrüll" der Truppen Sargons im Bericht über den Feldzug gegen Urartu, *Mayer*, Politik (1992), 343.

Heiligtum zu hart, so dass sie gegen alle Versionen den Text ändern und bezogen
auf die Tempelgeräte חמדת אוצרותיה „das Köstlichste seiner Schätze" lesen.[60] Doch
tut das dem Text eher Gewalt an, als dass es richtig wäre. Vielmehr kommt in dem
sprunghaften Wechsel die Nähe, ja nahezu Identität von Jerusalem, Zion und
Tempel zum Ausdruck, die das gesamte Lied bestimmt.[61] Der Tempel steht nicht so
im Zentrum als gäbe es nichts anderes. Vielmehr betrifft die Katastrophe vor allem
die Einheit von Stadt und Tempel, von erwähltem Wohnsitz Gottes und nationalem
Kultort. Zion ist eben nicht nur der Tempel, sondern in Einheit auch Regie-
rungssitz. Für die Paläste hilft Ps 48 weiter:

גדול יהוה ומהלל מאד בעיר אלהינו הר־קדשו: 2
יפה נוף משוש כל־הארץ הר־ציון ירכתי צפון קרית מלך רב: 3
אלהים בארמנותיה נודע למשגב: 4
...
סבו ציון והקיפוה ספרו מגדליה: 13
שיתו לבכם לחילה פסגו ארמנותיה למען תספרו לדור אחרון: 14
כי זה אלהים אלהינו עולם ועד הוא ינהגנו על־מות: 15

2 Groß ist YHWH, sehr zu loben, in der Stadt unseres Gottes.
Sein heiliger Berg ragt wunderschön empor,
3 Freude der ganzen Erde, der Berg Zion,
im äußersten Norden, Stadt unseres großen Königs.
4 Elohim/[YHWH] ist in ihren Palästen bekannt als Schutz.
...
13 Zieht um Zion herum und umkreist ihn, zählt seine Türme,
14 richtet eure Herzen auf seine Wälle, mustert seine Paläste!
Damit ihr dem kommenden Geschlecht erzählen könnt:
15 Ja, dies ist Elohim/[YHWH], unser Gott auf immer und ewig.
Er wird uns leiten.

Auch hier ist Zion gefasst als Einheit von Tempel und Stadt, von Profanem und
Heiligem, Kosmischem und Irdischem, eben: „vollkommene Schönheit, Freude
der ganzen Erde", wie Klgl 1,15 es im Fremdzitat zionstheologisch ausdrückt. In
Ps 48,13 f, wie auch in Klgl 2,7, entziehen sich Zions Paläste der exakten Konkretion.[62] Es geht nicht nur, aber sicher auch um die neben dem Tempel gelegene
königliche Palastanlage, die hier im Idealbild der altorientalischen Stadt mit

---

60 *Rudolph*, Klagelieder (1962), 217.219.
61 „Das Springen des Sängers von Aussagen über den Tempel (V. 7a.7c) zu solchen über die
Mauern der Paläste und Tochter Zion (V. 7b.8a) zeigt das innere Geflecht und die Beziehung auf,
die zwischen den Gebäuden der „weltlichen" und „geistlichen", der irdischen und himmlischen
Macht bestehen. Das Ganze, Zion, Tempel und Mauern, bildet eine geschlossene Einheit" (*Emmendörffer*, Gott [1998], 53).
62 Vgl. dazu *Hossfeld/Zenger*, Psalmen (1993), 298; *Spieckermann*, Heilsgegenwart (1989), 193 f.

Tempel, Palästen und Mauerring eingeschlossen ist. V. 7 unterstreicht durch die Einheit von Tempel und Stadt, wie stark zionstheologisch die Reflexion geprägt ist. Der Stadtgott YHWH hat seine Stadt trotz der unauflösbar scheinenden Bindung preisgegeben und der Vernichtung anheimfallen lassen. Alle von der Erfahrung von 701 v.Chr. geprägten Theologumena sind zusammengebrochen. Stadt und Tempel bieten nicht Schutz, sondern eine offene Flanke, Jerusalem ist nicht nur verwundbar geworden, sondern liegt verwundet am Boden. Der Stadtgott hat seinen Schutz versagt, hat Stadt, Heiligtum und König verworfen und dem Feind überlassen. Das Entsetzen darüber ist unermesslich. Klgl 2 führt keine Klage vor Gott, kann sich noch nicht einmal durchringen, ihn in der Schilderung im ersten Teil direkt anzureden. Für die Suche nach Gründen oder gar eine Erklärung hat Klgl 2 keinen Platz. Bitterkeit schwingt in der fast nüchternen Beschreibung der Katastrophe durch; Bitterkeit, die Anklage in sich impliziert. Doch für ein „Warum?" oder ein „Wozu Gott?" ist der Stadtgott Jerusalems zu ferne, der Zusammenbruch ist zu groß, groß wie das Meer (2,13).

Der zweite Teil des Klageliedes (V. 8–17) schildert die Depression, die lähmende Verzweiflung, die über die Stadt hereingebrochen ist. Hunger (V. 11f), Trauer (V. 10.11ab.13), Orientierungslosigkeit (V. 9.14) und Hoffnungslosigkeit (V. 11.13) bestimmen das Bild. Der Hohn der Feinde, die den Zusammenbruch der Stolzen begrüßen (V. 15–17), klingt erniedrigend nach. Ab V. 11 wechselt die scheinbar neutrale Beschreibung in die Rede eines einzelnen Beters, der seine Verzweiflung über die Trostlosigkeit und Verlassenheit Zions akzentuiert und zur Klage auffordert. Die Wende im Klagelied hin zur Anrede YHWHs wird vorbereitet: Der Beter nimmt eine Metaposition ein und verlagert damit den Blickpunkt. War dem Adressaten des Liedes bisher eine Perspektive des Berichts angeboten worden, so erfährt er jetzt die Anschauung eines Einzelnen, der mit Zion in einem klagenden Kontakt steht und es ab V. 13 direkt anredet. „Was kann ich Dir gleichsetzen, wie dich trösten?". Die implizite Antwort lautet: Das Leid ist unvergleichlich und aktualiter unvermeidlich – es bleibt nur der Gestus der Klage. Vielleicht – so die stille Hoffnung – vermag die Intensität und Dauerhaftigkeit der Klage den fernen Gott noch zu erreichen. Deshalb wird Zion von dem hinzugetretenen Beter in V. 18f eindringlichst in einer Imperativkette aufgefordert[63]: „Lass

---

[63] Akzeptiert man die übliche Änderung des ersten Stichos (s.u.), reihen sich in V. 18f sieben Imperative und ein Vetitiv aneinander.

Die Diskussion um die Textgestalt von V. 18 kann hier nicht geführt werden. Nahezu alle jüngeren Kommentare ändern im ersten Stichos den Text und lesen hier bereits zwei an Zion gerichtete Imperative (vgl. dazu *Brandscheidt*, Gotteszorn [1983], 219). Der geringste Eingriff ist die Änderung des צעק לבם in צעקי לבך (so zuletzt *Emmendörffer*, Gott [1998], 41f). Da die Mauer Zions als Subjekt der herabfließenden Tränen im zweiten Stichos aber dann kaum sinnvoll ist, ist man

Tränen herabfahren Tag und Nacht, bringe deinen Augapfel nicht zum Schweigen" (V. 18b).[64] Vor allem die Klage zu Beginn der Nachtwache, die die Ruhelosigkeit unterstreicht (Ps 63,7; 119,148, vgl. Ps 77 und natürlich Klgl 1,2) bringt den fernen YHWH wieder näher.

Die Klage soll, durch einen Gebetsgestus unterstrichen, „vor dem Angesicht des Herrn" (V. 19) artikuliert werden.[65] Würde man eine solche Klage am ehesten im Jerusalemer Heiligtum lokalisieren, so taucht jetzt angesichts der Zerstörung ein Problem auf, ja, es zeigt sich sogar eine gewisse Hilflosigkeit in der Kultpraxis. Wie ist Gott überhaupt erreichbar, wenn nicht in seinem Heiligtum?[66] Die in V. 18 gebrauchten Wendungen sind durchaus mit der Praxis des Klagegebetes am Heiligtum vergleichbar, jedoch tauchen die Formulierungen der Kultsprache hier gebrochen auf. Das singuläre נכח פני אדני fällt auf: Es wird gerade nicht das deutlich häufigere לפני יהוה gebraucht, sondern die lokale Präposition נכח verwandt, die sonst nie für ein Gebet „vor Gott" gebraucht wird. Wörtlich meint נכח פני „gegenüber resp. vor dem Angesicht". So stellen in Ez 14,3.4.7 die Verehrer die Götzen vor sich auf, die Wege liegen Ri 18,6; Spr 5,21 vor YHWH und Jeremia klagt in Jer 17,22, dass doch seine Verkündigung vollständig vor YHWH offen liegt. Es ist also schwer zu beurteilen, inwieweit die Wendung hier eine Kultpraxis am Heiligtum im Hintergrund hat. Nicht anders steht es mit dem Gebetsgestus „die Hände erheben", bei dem einem unmittelbar das vorexilische Königsgebet Ps 28,2 einfällt[67]:

---

gezwungen, auch das folgende חומת בת־ציון etwa in המי בת־ציון „stöhne Tochter Zion" (vgl. Ps 55,18) zu ändern. Einen Einspruch zugunsten von MT hat jüngst *Renkema* in seinem Kommentar vorgelegt (Lamentations [1998], 307–311). Seines Erachtens bezieht sich das לבם צעק auf das Herz der in V. 19 erwähnten Kinder Zions. Mit חומת im zweiten Hemistichos hat er natürlich bei dieser Auffassung Schwierigkeiten: er fasst es als direkte Rede der Zionskinder und als Metapher für YHWH auf. Wenn man schon bei MT bleibt, sollte man aber die Mauer der Tochter Zion als Objekt des Klageschreis auffassen. Am sinnvollsten scheint mir die Lösung המי statt חומת zu lesen: „Es schreie dein Herz zum Herrn, stöhne, Tochter Zion".
64 Dabei bekommt die Leidklage wie schon bei der des Beters in V. 11 eine körperliche Dimension.
65 In V. 19 ist zu fragen, welcher der vier Stichen als Zusatz verstanden wird. Der letzte Stichos nimmt das Thema V. 11c wieder auf und engt die Not der Kinder Zions auf den Hunger ein. Nach M. Löhr und ihm folgend *Kaiser*, Klagelieder (1992), 133; *Westermann*, Klagelieder (1990), 124.126 ist der Versteil eine nach 2,11f und 4,1 (alle Straßenecken) gebildete Glosse, da er metrisch überschießt. Ein weiterer Grund wäre der dreimalige Einsatz in V. 19 mit einem Imp. fem. (קומי, שפכי, שאי), was in V. 19bß durchbrochen wird.
66 Von „echter Bußgesinnung und Reue" ist hier nicht die Rede (gegen *Gross*, Klagelieder [1986], 23). Die Klage soll herausgeschrien werden. Die Reflexion über das eigene Verschulden hat hier gerade noch nicht eingesetzt (s. dazu auch unten die Auswertung).
67 Zur Datierung von Ps 28 s. *Hossfeld/Zenger*, Psalmen (1993), 177.179.

שמע קול תחנוני בשועי אליך בנשאי ידי אל־דביר קדשך:

Höre die Stimme meines Flehens, wenn ich zu dir schreie,
wenn ich die Hände zu deinem Heiligtum erhebe.

Ist dort das Heiligtum noch explizit genannt, so zeigt sich die Verschiebung am deutlichsten im Vergleich zwischen Klgl 2,19 und dem späteren Klgl 3,41, wo Gott vom Heiligtum klar in den Himmel gerückt ist, und dies der Ort ist, zu dem die Hände erhoben werden und wo auch das distanzierte אדני wieder der Gottesbezeichnung אל gewichen ist:

נשא לבבנו אל־כפים אל־אל בשמים:

Lasst uns unser Herz zusammen[68]
mit unseren Händen zu Gott im Himmel erheben.

Es ist eine Verschiebung erkennbar – und das dürfte auch der richtige Kern von Friedhelm Hartensteins These sein. Nur dass nicht die Vorstellung vom Wohnen Gottes im Himmel hier erstmalig auftaucht, sondern stärker in den Vordergrund rückt und YHWH von der Erde abgekoppelt wird. Hier ergibt sich eine Linie mit Ez 1; Jes 63,15 oder Jes 66,1 und anderen Texten.

Tastend sucht Klgl 2 nach einem Ort für die Klage, nach einem Ort, wo YHWH noch ansprechbar und (wieder) erreichbar ist. Dieser Ort ist weder ein „virtueller" Tempel noch das in Trümmern liegende Heiligtum, sondern die Klage Jerusalems erfüllt die Stadt, ohne den Adressaten noch sicher in der Nähe oder in „Erhör-Weite" zu wissen.[69]

---

68 Hier ist *Albrektson*, Studies (1963), 154 zu folgen, der auf Lev 18,18 hinweist, wo אל die Bedeutung „zusammen" hat. Ihm folgend z. B. *Renkema*, Lamentations (1998), 429 f wie auch *Kaiser*, Klagelieder (1992), 152.

69 Zwischen den beiden Klageliederstellen könnte der exilische Asafpsalm 77 stehen, der in der Einleitungspassage eine auffallende Nähe zu Klgl 2,18 f aufweist. Auch in Ps 77 geht es um die in die Nacht ausgedehnte andauernde Trauer, die mit einem Gebetsgestus unterstrichen wird (V. 3). Die betrübte Seele des Beters findet keinen Trost (2,13, vgl. das Motiv des fehlenden Trösters Klgl 1). Eine Stilparallele liegt zudem in Ps 77,3; Klgl 2,18 vor. Beide Male wird ein Verbum, das anders konnotiert ist, für ein Körperteil metaphorisch gebraucht: in Klgl 2,18 דמם für den Augapfel, in Ps 73,7 נגר für die Hand. In beiden Versen findet sich das seltene פוג bzw. פוגה für die nicht aufhörende, fortgesetzte Handlung. Die Parallelität geht noch weiter: Geht man von einer elohistischen Bearbeitung des Asafpsalms aus, die den YHWH-Namen durch אלהים ersetzt hat, dann kombiniert auch Ps 77 wie Klgl 2 den Gottesnamen (Ps 77,2.4) mit dem typisch exilischen אדני (Ps 77,3). Stimmt man weiter der üblichen Konjektur im ersten Stichos von V. 18 zu (s. dazu o. Anm. 63), dann kommt zu dem צעק (Klgl 2,18; Ps 77,2) das seltenere המה (Klgl 2,18; Ps 77,4). Obwohl die Parallelität zwischen beiden Texten sehr deutlich ist und die Ausgangsfrage der dauerhaft unterbrochenen Zuwendung Gottes sehr ähnlich ist, unterscheiden sie sich erheblich in der im

Klgl 2,20

ראה יהוה והביטה למי עוללת כה
אם־תאכלנה נשים פרים עללי טפחים
אם־יהרג במקדש אדני כהן ונביא

Sieh, YHWH, blick genau hin, wem hast du gleiches angetan?
Dürfen Frauen ihre Frucht essen, gehegte Kleinkinder?
Darf man im Heiligtum des Herrn morden Priester und Prophet?

In V. 20 – 22 ergreift dann tatsächlich Zion das Wort. Der Text ringt sich zur ersten und einzigen direkten Anrede Gottes durch und vollzieht damit die Wende auf Gott hin: ראה יהוה והביטה „Schau, YHWH, und sieh hin". Zwar ist damit die durch die Zerstörung aufgerissene abgrundtiefe Kluft zwischen Jerusalem und seinem Stadtgott überbrückt, doch verbleibt die Rede Zions in der dunklen Anklage[70], die in die Leere hinein geschrien wird. Die Anrede YHWHs reicht lediglich für den Vorwurf, für eine Bitte reicht das dünne Band nicht hin. Konzentriert nimmt die direkte Klage am Schluss noch einmal zwei Nöte heraus, die besonders schmerzlich sind. Interessant ist, dass hier das Heiligtum zwar nicht konkreter, aber doch noch einmal stärker ins Spiel kommt als in der Notklage des ersten Teils. Wieder ist die Anklage unerträglich hart: In der ersten אם-Frage von V. 20 wird die äußerste Kriegsnot durch Kannibalismus, durch das Essen der eigenen Kinder (Teknaphagie), drastisch verdeutlicht, in V. 21c gipfelt die Anklage wieder im Mordvorwurf: YHWH hat die Kinder Zions vorsätzlich getötet, ohne Erbarmen geschlachtet (V. 21c), die Hätschelkinder Zions hat der Feind ausgelöscht. Ein Bild des Grauens wird gezeichnet, dass das Leid die Bevölkerung Jerusalems auf ganzer Linie und ohne Ausnahme getroffen hat (V. 22b). Damit wird die Aufforderung zur Klage aus V. 18 f eingelöst, denn die Klage soll um willen der Kinder Zions, d. h. der Einwohner der Stadt, von Jerusalem selbst geäußert werden. Interessant ist nun, dass die zweite אם-Frage in V. 20 über das Schicksal der Zionskinder hinaus das Geschehen im Heiligtum anführt, um YHWH die Grausamkeit seines Handelns vor Augen zu führen.

Hintergrund stehenden Vertrauensgewissheit. Die ab Ps 77,12 massiv eingebrachte „Erinnerung" an Gottes Heilshandeln hat in Klgl 2 (noch) keinen Platz (vgl. dann aber Klgl 3,21 ff).

Die hier zusammengetragenen Beobachtungen unterstreichen weiter die sachliche und zeitliche Nähe der frühen Klagelieder (Klgl 2; 1 und auch Klgl 5) zu den exilischen und frühnachexilischen Asafpsalmen, der noch weiter nachzugehen wäre. So weist z. B. gerade das fünfte Klagelied, das m. E. als Psalm entstand und erst später zur Sammlung der Klagelieder hinzutrat, eine sehr große Nähe zu den Asafpsalmen auf.

70 Ich würde nicht wie *Gross*, Klagelieder (1986), 23 von einem Rückfall in die Klage reden. Die Anklage Gottes nimmt folgerichtig die Aufforderung des anonymen Sprechers auf.

Darf man im Heiligtum morden? Die rhetorische Frage setzt voraus, dass Bluttaten das Heiligtum entweihen und somit inakzeptabel sind. In der Linie bestätigen sie genau das, was 2,8f zum Ausdruck gebracht hatte: YHWH hat sein Heiligtum totaler Profanität und sogar unvorstellbarer Grausamkeit preisgegeben. Die Distanz wird durch das singuläre אדני מקדש [71] unterstrichen. Priester und Prophet stehen hier pars pro toto für die am Tempel Tätigen und für den Kult Verantwortlichen. Daraus sollte kein Beleg für die Kultprophetenhypothese abgeleitet werden: Wie in Mi 3,11; Zef 3,4; 2 Kön 23,2; Jer 2,8; 4,9; 5,31; 6,2; 14,18; Klgl 4,13 u.ö. stehen Priester und Prophet für die mit dem Tempel verbundene Führungsschicht und Elite der Gesellschaft. Historisch sollte man die Leidklage nicht nehmen, denn nicht alle Priester und Propheten sind im Tempel umgekommen. Interessant ist – und das zeigt wie stark der zionstheologische Hintergrund in Klgl 2 de facto ist –, dass YHWH durch die Bluttaten in seinem Heiligtum zur Einsicht und zum Einlenken motiviert werden soll. Die Unangemessenheit der Katastrophe wird hier also stärker als in der Gottklage des ersten Teils an der Preisgabe des Heiligtums festgemacht. In V. 22a dient noch einmal die vorexilische, in Klgl 2 sehr positiv besetzte Wallfahrtstradition als negativer Vergleichspunkt. Wie am *Festtag* strömen anstatt der Pilger Feinde in die Stadt und ins Heiligtum und verkehren die freudige kultische Feier in ein desaströses Gemetzel. Darin ist impliziert, dass ein positiv besetzter Festtag für den Beter der Klagelieder nicht mehr vorstellbar ist. So endet die Klage in dem zweiten Lied dunkler wie kaum ein anderes Gebet. Vergleichbar ist die Depression, in die Ps 88 mündet. Ob Gott den Ruf Zions überhaupt wahrnimmt, bleibt am Ende offen.

Für Threni 2 ist nicht die Frage, ob Gott Jerusalem verlassen haben könnte, sondern ob er überhaupt noch erreichbar ist und über die Anklage zur Rechenschaft gezogen werden kann. Auffallend ist, dass von einem Verschulden Jerusalems noch keinerlei Rede ist. YHWH ist der Verursacher, er hat das Elend, das der Feind in Zion angerichtet hat, auf ganzer Länge zu verantworten.

Tempel und Tempelzerstörung in Klgl 2 – Eine Zusammenfassung

Im Vergleich zu den übrigen Klageliedern hat in Klgl 2 der Tempel von Jerusalem eindeutig den größten Stellenwert. Nach Durchsicht der Belege spielt der Tempel in der Gott- bzw. Notklage eine besondere Rolle. Allerdings ist auch Klgl 2 *kein*

---

71 Vgl. außer den lediglich suffigierten Formen das מקדש יהוה in Num 19,20; Jos 24,26; 1 Chr 22,19; Ez 48,10, das מקדש אלהיו in Lev 21,12 und die מקדשי־אל in Ps 73,17.

Lied über die Tempelzerstörung. Der Tempel taucht u. a. neben Palästen, Festungen und – was angesichts der klaren Jerusalemer Perspektive erstaunt – auch Wohnorten Judas auf. Im Zentrum steht allerdings Jerusalem. Gerade im ersten Teil gehen Feindklage und Gottklage ineinander über. Der oft mit leichter Distanz Adonai genannte Gott ist der Verursacher des Elends. Die Schilderung richtet sich nicht primär auf die aktuelle Notlage, sondern auf Vergangenes, das allerdings in die Gegenwart hinein nachwirkt. Die Klage bietet keinen historischen Abriss der Ereignisse, sondern arbeitet auch mit Klischees. Dabei steht gerade im zweiten Klagelied eine ausgeprägte Jerusalemer Zionstheologie im Hintergrund. Deren Zusammenbruch ist das für den Beter eigentlich Bestürzende. Denn obwohl angedroht (V. 7), hat Jerusalem es nicht für möglich gehalten. Denn Zion war die Pracht Israels (V. 1), der von Gott erwählte Wohn- und Thronort (V. 1), der Gottesberg und Mittelpunkt der Welt, die „Stadt, von der man sagt, sie sei die vollkommene Schönheit, die Freude der ganzen Erde" (V. 15). Das alles hat YHWH preisgegeben, so dass jetzt der Zusammenbruch „groß wie das Meer" (V. 13) ist. YHWH ist dabei als der Stadtgott Jerusalems verstanden, der den Bewohnern und der Stadt selbst, angefangen von Mauern, Häusern über Paläste bis zum Tempel, uneingeschränkten Schutz vor den Feinden zu bieten hat und bisher auch bot. Doch jetzt hat sich das in das Gegenteil verkehrt: YHWH ist zum Feind der Stadt geworden (V. 4 f), für den Beter ein katastrophaler Vertrauensbruch. Was bleibt ist Trauer, Depression und Resignation (V. 10). Es ist besonders bezeichnend, dass YHWH der Alleinverursacher des Elends ist, insofern er die Feinde nicht daran gehindert hat, das Unheil anzurichten. Noch hat sich keine Begründung für die Katastrophe gefunden; es wird nicht einmal danach gefragt! Vor allem ist von einem selbstverursachten Leid nicht die Rede. Eine Kompensation und Entlastung YHWHs durch die Schuld der Betroffenen ist hier im Unterschied zu den übrigen Klageliedern noch kaum im Blick. Lediglich in V. 14 wird angedeutet, dass Jerusalem schuldig geworden war. Völlig undeuteronomistisch jedoch heißt es dort:

נביאיך חזו לך שוא ותפל
ולא־גלו על־עונך להשיב שבותך
ויחזו לך משאות שוא ומדוחים:

Deine Propheten schauten dir Lug und Trug,
sie offenbarten dir nicht deine Schuld, um dein Geschick umzukehren,
sie schauten dir Aussprüche der Lüge und der Irreführung.

Jerusalem trifft das Leid unverhofft und geradezu unverschuldet. Eine erste vorsichtige Entlastung YHWHs wird durch den Hinweis auf die Propheten ebenso erreicht wie durch den Verweis auf den in Vorzeiten liegenden und ausgesprochenen Plan YHWHs (V. 17). Obwohl erste zaghafte theologische Denkbemühungen zu erkennen sind, überwiegt in Klgl 2 die Bestürzung über den Zusammenbruch der Zionstheologie. Bezogen auf das Heiligtum zeigt sich:

Der Tempel ist einerseits weitestgehend in die Stadt integriert, wird aber doch als besonderer Ort darin in V. 20 herausgehoben. YHWH hat seinen Wohn- und Thronsitz aufgegeben; er hat die Stadt verlassen und ein Vakuum hinterlassen. Noch gibt es für das Heiligtum keinen Ersatz! YHWH wird noch nicht im Himmel verortet. Da aber das Heiligtum zerstört ist, stellt sich eine gewisse Hilflosigkeit ein, denn die Frage ist, wo dieser Gott für Jerusalem überhaupt noch kultisch erreichbar ist. Als sich Zion nach vehementer Aufforderung durchringt, den Verursacher der Katastrophe unmittelbar anzuklagen und so in die Verantwortung zurückzuholen, zeigt sich eine Unsicherheit gerade bezüglich des göttlichen Angesichtes, das zuvor im Tempel seinen Ort hatte. Die kultische Wendung „vor das Angesicht YHWHs treten" taucht daher nur gebrochen auf.

Sündenmacht statt Tempelpracht – Vereinsamter Selbstbezug in Klgl 1

Erstaunlich wenig präsent ist das Heiligtum in Klgl 1, dem Klagelied, das um die Pole Schuld und Trost kreist. Schaut man nach dem zweiten Klagelied in das erste, fällt unmittelbar auf, dass einerseits eine politische Dimension hinzutritt[72] und andererseits die Schuld Jerusalems im Vordergrund steht. Im Unterschied zum zweiten Lied ist YHWH hier ganz und gar im Recht, was die Pendenskonstruktion in 1,18 צדיק הוא יהוה betont herausstellt.[73] Dieser göttlichen Gerechtigkeit wird der Trotz Jerusalems (V. 18.20) gegenübergestellt. YHWH hat Jerusalem betrübt und zwar wegen der Menge ihrer Vergehen (על רב־פשעיה V.5b, vgl. ähnlich V. 22b). Weil Jerusalem schwer gesündigt hat, wurde sie zum Abscheu (חטא חטאה ירושלם על־כן לנידה היתה V.8, vgl. 1,17). Hinzu kommt, dass YHWH als Verursacher des Leids zurücktritt, wenn er auch im Mittelteil Haupthandelnder bleibt. Aber dass

---

72 Die Liebhaber und Freunde in V. 2, die zu Feinden geworden sind, dürften die Koalitionspartner im Aufstand gegen Nebukadnezzar bezeichnen, die vielleicht auch den Hintergrund von V. 8 bilden. Auch das „ich rief meine Liebhaber" aus V. 19a könnte auf den Versuch anspielen, Ägypten zu Hilfe gegen die aufgebrachten Neubabylonier zu rufen, V. 6 bezieht sich vielleicht auf Zidkijas Flucht, V. 3.18 nehmen die Exilierung mit hinzu (haben also schon einen weiteren Blick als Kap. 2) und V. 10 hat die Beteiligung der Moabiter an der Eroberung Jerusalems im Blick (s. u.).
73 Dass die ungewöhnliche Formulierung aus dem Akrostichon herrührt, überzeugt nicht, da die Wiederaufnahme des Prädikats nicht unbedingt notwendig ist und auch andere Konstruktionen denkbar wären (vgl. z. B. Ps 145,17). Vgl. zur Aussage, dass YHWH gerecht ist: Ex 9,27; 2 Chr 12,6; Esra 9,15; Ps 11,7; 116,5; 119,37; 129,4; 145,17; Jes 45,21; Jer 12,1; Dan 9,14; Zef 3,5.

YHWH verwirft, vernichtet oder gar mordet wie in Klgl 2, das ist für das erste Lied nicht (mehr) denkbar. Das Leid ist vor allem im ersten Teil der Notklage in V. 1–11 deutlich weniger konkret. YHWH verursacht Krankheit und Leiden (Schmerzen V. 12b, Fieber V. 13a, körperliche Unreinheit V. 13c), er stellt wie ein Jäger ein Netz auf (V. 13b) und tritt die Kelter gegen Jerusalem (V. 15). Konkret wird es lediglich bei der Schilderung des Hungers während der Belagerung (V. 11). Das Thema Hunger wird auch im zweiten Teil der Notklage nach dem Einwurf Zions in V. 16 aufgenommen in V. 19c und 20c. Hier tritt YHWH als Verursacher auf. Die Hinweise auf die erlittene Not bleiben eher allgemein: Herausgehoben wird einerseits der Verlust der Kinder (V. 20c), andererseits die Exilierung der jungen Generation (V. 18c). Ansonsten dominiert das persönliche Leid der metaphorisierten Stadt, die verachtet wird (V. 17c), verlassen und trostlos ist (V. 17a.21a, vgl. schon V. 2b.9b.16b), betrübt und schwer krank ist (V. 22c). Zion als „Person" steht im Zentrum der Klage, ab V. 9c ergreift sie in zwei längeren Passagen das Wort (V. 11c–16.18–22), so dass Klgl 2 von der Rede Zions bestimmt ist. *Cantus firmus* in der Reflexion ist die reumütige Besinnung auf das eigene sündige Verhalten (V. 8a.9a.18a.20c.22ab). Es ist erwartbar, dass bei einer solchen Konzentration auf die als Frau metaphorisch personifizierte Witwe der Tempel als Wohnsitz Gottes nicht die gleiche Rolle spielt wie in Klgl 2. Insofern die Zionstheologie nicht Ausgangspunkt der Klage ist, sind die Voraussetzungen andere als in Klgl 2. Dennoch kommt der Tempel in zwei Versen in den Blick.

Klgl 1,4

דרכי ציון אבלות מבלי באי מועד
כל־שעריה שוממין כהניה נאנחים
בתולתיה נוגות והיא מר־לה:

Die Wege Zions trauern, es gibt keine Festpilger,
all ihre (Zions) Tore sind verödet, ihre Priester seufzen,
ihre Jungfrauen sind betrübt, und sie, bitter ist ihr.

Nachdem Zion als einsame Witwe in den ersten beiden Versen beschrieben ist, schweift der Blick auf Juda. Einst erwählt und vor der Schar der Verfolger im Exodus wunderbar errettet, jetzt von den Verfolgern eingeholt und exiliert (V. 3).[74]

---

74 V. 3 ist wegen des מעני ומרב עבדה „aus Elend und hartem Sklavendienst" nicht ganz eindeutig, da die Exilierung aus Sklavendienst und Bedrückung nicht unbedingt negativ zu interpretieren ist. Für *Renkema* (Lamentations [1998], 107 f) folgt daraus, dass גלה hier nicht „in die Verbannung führen" meinen kann, sondern „bloßstellen, entblößen". Dafür vokalisiert er ein Pual und versteht

So wie Zion einsam dasitzt, sitzt Juda ruhelos unter den Nationen (בגוים, V. 3). Seine Bewohner sind deportiert, das Land „menschenleer" (שוממין, V. 4)[75] und das trifft Zion schmerzlich, denn damit fehlen ihr die, die dreimal im Jahr nach Jerusalem hinaufziehen (vgl. Ex 34,23 f; 23,14.17; Dtn 16,16). Mit Juda assoziiert der Text interessanterweise „Wallfahrt"; wie Klgl 2,8 ist damit Klgl 1,4 ein Beleg für die hohe Bedeutung, die Jerusalem als Wallfahrtsstätte vor allem nach der Kultzentralisation in spätvorexilischer Zeit eingenommen hat. Die hingeschlachteten Nordreichpilger aus Jer 41,7 geben davon ja vielleicht auch noch Zeugnis.

Der Tempel gerät jedenfalls hier nur indirekt als Wallfahrtsziel in den Blick. In singulärer Weise werden die דרכי ציון „Wege Zions" personifiziert und als Trauernde gekennzeichnet.[76] Als Grund wird einfach מבלי באי מועד „niemand kommt zum Fest" genannt.[77] Damit wird das „wie einsam sitzt da" aus V. 1 noch einmal aus anderer Perspektive gefüllt. Ob mit den Wegen Zions die Wege innerhalb Jerusalems oder – wie die meisten Übersetzungen annehmen – die Wege nach Zion, d. h. die nach Jerusalem führenden Wallfahrtswege gemeint sind, ist

---

das מ mit den Rabbinen konditional. Beides scheint nicht notwendig, wenn man in der Aussage mit *Brandscheidt* (Gotteszorn [1983], 106) und *Kaiser* (Klagelieder [1992], 123) einen Hinweis auf die spätvorexilischen politischen Unruhezustände in der Vasallität sieht. Durch die Stichworte עני „Elend" und עבדה „Arbeit" ist vielleicht ebenso wie in dem Verfolgen-Erreichen-Motiv und dem Ägypten-Anklang המצרים zugleich eine Exodusanspielung verbunden, wodurch die Rettungslosigkeit im Einst-Jetzt-Schema unterstrichen würde.

75 Zwar kann das שמם auch auf den baulichen Zustand der Tore abheben, doch scheint hier die Konnotation der fehlenden Festpilger, die sich im Tor vor dem Einzug in die Stadt versammeln, durchzuschlagen. Vgl. zu dem Topos, das Land sei vollständig entvölkert worden, z. B. 2 Kön 25,21; Sach 7,14 und *Barstad*, Myth (1996). Zu Berechnungen der Deportiertenzahlen auch *Knauf*, Land (2000), 133 f.

76 Möglicherweise ist die Stilfigur inspiriert von Stellen wie Jer 12,11; Hos, 4,3; Am 1,2; Joel 1,10, wo das Land Subjekt von אבל II „vertrocknen" und die Assoziation zur Trauer gleichzeitig gegeben ist. Eine „trauernde Mauer" findet sich auch in Klgl 2,8, das suffigierte שעריה aus V. 4b auch in Klgl 2,9. Das unterstreicht die These, dass Klgl 1 von Klgl 2 her entwickelt wurde. Klgl 1 übernimmt die Funktion eines „hermeneutischen Tors" der Klagelieder und mildert so die harte Anklage gegen Gott im zweiten Kapitel durch das Schuldeingeständnis ab. Vgl. dazu den Beitrag „Gott in der Krise" im vorliegenden Band.

77 Wieder liegt die engste Parallele im Tempelentwurf Ezechiels vor. Die einzige Stelle, in der בוא mit מועד im Sinne von Fest/Festversammlung/Wallfahrtsfest kombiniert wird, ist Ez 46,9, wo die Prozessionsordnung für den עם־הארץ festgelegt wird. Der Text wird von M. Konkel (*Konkel*, Architektonik [2000], 185) einer ersten Fortschreibung des Grundbestandes zugewiesen (vgl. ebd., 277–289 zu der These, dass der עם־הארץ hier nicht wie in vorexilischer Zeit auf eine gesellschaftliche Gruppe mit hohem Machtfaktor verweist).

nicht eindeutig zu bestimmen.[78] Die Formulierung lenkt den Blick allerdings auf das in Jes 33,8 gezeichnete Bild verödeter Straßen in Jerusalem:

נשמו מסלות שבת עבר ארח הפר ברית מאס ערים לא חשב אנוש:

Verödet sind die Straßen,
es hat aufgehört der über die Wege Ziehende,
man hat den Bund gebrochen, die Städte verworfen,
für nichts einen Menschen geachtet.

Dass mit der dunklen Formulierung des שבת עבר ארח (sinngemäß: keiner zieht des Weges) auch auf die Wallfahrtstradition gezielt sein könnte, legt vielleicht die kultische Konnotation von „Ariel" und „Salem" aus Jes 33,7 nahe.[79] Das positive Gegenbild in V. 20 jedenfalls hat ebenfalls die Festtradition als Ausgangspunkt:

חזה ציון קרית מועדנו עיניך תראינה ירושלם נוה
שאנן אהל בל־יצען בל־יסע יתדתיו לנצח וכל־חבליו בל־ינתקו:

Blick auf Zion, die Stadt unserer Festversammlungen!
Deine Augen werden Jerusalem sehen,
eine Aue der Ruhe, Zelt ohne Aufbruch,
dessen Pflöcke man ewig nicht herauszieht und dessen Stricke nicht zerreißen.

Die Jahresfeste in Jerusalem spielen offenbar eine bedeutende kultische Rolle. Jerusalem wird hier als zentraler Kultort von besonderer Bedeutung unterstrichen. Nicht der ausgesetzte Opferkult am Heiligtum symbolisiert den Verlust, sondern die unterbrochene kultische Tradition der Wallfahrtsfeste. Für die Wallfahrtstradition spricht auch die Fortsetzung im zweiten Stichos von V. 4, die von den Straßen zu den Toren assoziiert, die verödet sind.[80] שמם bezeichnet zum einen reale Zerstörung, konnotiert diese aber mit dem Lebensfeindlichen, vom Leben Getrennten, vor allem Menschenleeren.[81] Die Festpilger bleiben aus, die sonst so belebten Tore sind menschenleer. Von welchen Toren redet V. 4? Die Wahl zwischen Stadttor und Tempeltor fällt schwer, obwohl durch die Suffigierung zunächst der Blick auf die Stadt geht. Aber Zion kann durchaus als Synonym für den

---

78 ציון mit He-locale findet sich nur in Jer 4,6; vielleicht ist das der Grund, warum die Zweideutigkeit der דרכי ציון in Kauf genommen wurde.
79 Zu der textlich schwierigen Stelle und der Lesung Ariel und Salem vgl. *Wildberger*, Jesaja (1982), 1294.
80 Zu der Endung ין am Partizip שוממין s. GesK 87e. Ob man aus dieser aramaisierenden Form Rückschlüsse bezüglich der Datierung des ersten Liedes ziehen kann, muss hier offenbleiben.
81 Vgl. HALAT 1446. So wie die Städte Judas durch die Deportation „entvölkert" und menschenleer sind, so menschenleer sind die Tore.

Tempel stehen, was hier das folgende „ihre Priester" nahelegen könnte. Für die Wallfahrer war das Erreichen der Stadttore Jerusalems nach dem beschwerlichen und gefährlichen Weg mit Schutz und Geborgenheit verbunden. Sofern nicht nur der Tempel allein, sondern Zion selbst Wallfahrtsziel war, wurden die Stadttore zum ersehnten Ziel (Ps 122,2f). אהב יהוה שערי ציון מכל משכנות יעקב heißt es in Ps 87,2 (vgl. Ps 147,13) und vom Lob in den Toren Zions ist in dem nachexilischen Ps 9,15 die Rede. Bei der Verwüstung der Tore Zions sieht man sich erinnert an den Bericht aus Jerusalem in Neh 1,3: וחומת ירושלם מפרצת ושעריה נצתו באש „die Mauern Jerusalems sind eingerissen und seine Tore im Feuer verbrannt" (vgl. Neh 2,3.17). Wie bei den Wallfahrtswegen geht die Assoziation zu Jesaja, diesmal in die Unheilsschilderung der Anfangskapitel, wo 3,26 eine sprachlich gänzlich variierende, aber trotzdem beachtliche Nähe zum Bild der Klagelieder aufweist. Hier stehen die Tore pars pro toto für Jerusalem[82]:

ואנו ואבלו פתחיה ונקתה לארץ תשב:

Ihre Türen werden trauern und klagen,
und entleert sitzt sie auf der Erde.

Sehr ähnlich formuliert das in besonderer Nähe zu Klgl 2,9 stehende Jer 14,2[83]:

אבלה יהודה ושעריה אמללו קדרו לארץ וצוחת ירושלם עלתה:

Juda ist ausgedörrt, ihre Tore verkümmert,
sie liegen in Trauer am Boden und der Klageschrei Jerusalems steigt auf.

Die Stellen zeigen zur Genüge, dass Stadttor und Mauer für die gesamte Stadt stehen können.[84] Wenn die Stadttore verwüstet sind, ist damit ausgesagt, dass die Wege Zions nicht mehr an ein Ziel führen, die Wallfahrt in den Trümmern versackt. Allerdings geraten wir durch die ebenfalls im zweiten Stichos genannten Priester in den Bereich des Tempels, so dass als Alternative bleibt, „ihre Tore" auf die Tempeltore zu beziehen. Die Tempeltore markieren kulttopographisch den Übergang zur Präsenz des Heiligen. Sie gelten als Ort des besonderen Gebetes, sie repräsentieren synekdochisch das gesamte Heiligtum und dessen Adoration.[85] Auch hier sind die Stellen einschlägig, ich wähle Ps 100,4 und Ps 118,19f:

באו שעריו בתודה חצרתיו בתהלה הודו־לו ברכו שמו:

---

82 Vgl. Jes 14,31.
83 Zur Beziehung zwischen Klgl 2,9 und 1,4 s. o. Anm. 76.
84 Vgl. noch Jer 51,58; Ez 21,20; Obd 1,11; Mi 1,12; Klgl 2,7f u. ö.
85 Vgl. dazu *Otto*, שער (1995), 368.

Kommt durch seine Tore mit Dank, in seine Vorhöfe mit Lob,
preist ihn und segnet seinen Namen.

19 פתחו־לי שערי־צדק אבא־בם אודה יה:
20 זה־השער ליהוה צדיקים יבאו בו:

19 Öffnet mir, Tore der Gerechtigkeit, ich will durch sie eingehen, Yah will ich preisen.
20 Dies ist das Tor YHWHs, die Gerechten gehen durch es hinein.

Dieser zu den sog. Tor- und Einlassliturgien gehörende Text zeigt wie Ps 15 und 24 die besondere Bedeutung der Tempeltore als Übergangsbereich zur Präsenz des Heiligen. Der Beter bzw. „Kultwillige" tritt an die Schwelle im Torbereich heran und wird von einem Schwellenhüter befragt. Dieser Mittler zwischen den Sphären ist gewöhnlich ein Priester. Wenn Klgl 1,4b weiter klagt, dass die Priester seufzen, dann könnte die Assoziation von den Toren zu den priesterlichen Schwellenhütern weitergegangen sein.

Für das Auftauchen der Priester im Kontext von V. 4 gibt es aber noch zwei andere Erklärungsmöglichkeiten. Zum einen können die Priester für das Tempelpersonal und den Bereich des Kultischen insgesamt, letztlich also für den Tempel und den Tempelbetrieb stehen. Dann bezieht sich der zweite Stichos auf das Sistieren des gesamten Kultes auf dem Zion und darüber hinaus auch auf die Versorgungslücke der Priester, die durch das Ausbleiben opfernder Besucher entstanden ist.[86] Dazu passt allerdings weder die parallele Erwähnung der Tore noch die Fortsetzung mit den jungen Frauen im dritten Stichos. Gerade die Trauer der Jungfrauen legt nahe, den gesamten Vers im Kontext der kultischen Begehung der Wallfahrtsfeste zu verstehen. Denn der einzige Grund, warum die jungen Frauen hier neben den Priestern herausgehoben sind, ist in einer Beteiligung am Festkult zu sehen.[87] Ps 68,25 f erwähnt den freudigen Tanz und Festreigen der jungen Frauen im Kontext eines großen Festes:

ראו הליכותיך אלהים הליכות אלי מלכי בקדש:
קדמו שרים אחר נגנים בתוך עלמות תופפות:

Sie sahen deine Umzüge, Gott,
die Umzüge meines Gottes, meines Königs im Heiligtum,
voraus die Sänger, hinten die Saitenspieler,
in der Mitte junge Frauen mit Handpauken.

---

86 Vgl. dazu *Boecker*, Klagelieder (1985), 28.
87 Anders *Kaiser*, Klagelieder (1992), 124: „Die in der Stadt herrschende Trauer unterstreicht die Erwähnung der Niedergeschlagenheit der Jungfrauen". Dafür hätte man eher einen der sonst häufigeren Merismen „junge Frauen und Männer" o. ä. erwartet, doch das Auffallende ist, dass aus den Personengruppen gerade die Priester und die jungen Frauen herausgehoben werden.

Dass die Wallfahrtsfeste freudige und laute Gemeinschaftserlebnisse waren, zeigt nicht nur die Festfreude im Deuteronomium (Dtn 16,11.14 f; 26,11; vgl. 12,7.12.18; 27,7), sondern auch die Wallfahrtstradition im Psalter. In dem vielleicht noch frühnachexilischen Korachpsalm Ps 42 wünscht der Beter, vor das Angesicht Gottes zu treten (V. 3), und erinnert sich dazu an glückliche Tage der Wallfahrt (V. 5):

אלה אזכרה ואשפכה עלי נפשי
כי אעבר בסך אדדם עד־בית אלהים
בקול־רנה ותודה המון חוגג:

An dies will ich mich erinnern
und ausschütten darüber meine Seele,
wie ich einherzog in der Schar,
mich langsam bewegte zum Hause Gottes,
mit dem Klang des Jubels und des Dankes in festlicher Menge.

Die Wallfahrt ist dem Beter als freudige, festliche und laute Angelegenheit in Erinnerung geblieben. Auch Jer 31,12 deutet in der Rückkehrverheißung an, dass zum Wallfahrtskult auf dem Zion der Tanz der jungen Frauen hinzugehört.

Dass die Festfreude der Wallfahrtsfeste der gemeinsame Nenner des gesamten Verses Klgl 1,4 ist, macht der Schluss noch einmal deutlich: והיא מר־לה „und sie, bitter ist ihr". Durch das vorangestellte Personalpronomen wird der Blick auf Zion als personifizierte Stadt gelenkt und der Anfang des Verses wiederaufgenommen. Die poetisch gut passende Pendenskonstruktion fasst die geschilderte Situation zusammen. מר „bitter" ist hier vor allem Oppositionsbegriff zur Freude, konnotiert mit Trauer und Klage, es bezeichnet die Abwesenheit der Fest- und damit auch der Lebensfreude.[88] Damit ist der Gedankengang des ersten Liedes wieder an seinen Ausgangspunkt, die einsame Witwe Zion, geführt. Zion steht hier nicht für den Tempel, wie Renkema vermutet[89], sondern für die gesamte Stadt, in der die Festfreude fehlt. Wie schon in Klgl 2 zu beobachten war, sind aber Stadt und Tempel nicht voneinander zu trennen, sondern bilden eine Einheit. Diese wird hier allerdings nicht über zionstheologische Momente formuliert, sondern über die Wallfahrtsfeste und die damit verbundene, offenbar besonders charakteristische Festfreude. Wichtig scheint mir festzuhalten, dass das Heiligtum und seine Zerstörung zwar unzweifelhaft präsent ist, aber nicht im Vordergrund steht. Es taucht *keine Tempelbezeichnung* auf. Auf die Zerstörung wird nur implizit Bezug ge-

---

88 Vgl. Ex 12,8; Rut 1,13.20; 1 Sam 22,2; Jes 22,4; 38,15; Ez 27,31; Am 8,10 u. ö.
89 Vgl. *Renkema*, Lamentations (1998), 117 f.

nommen. Das verlorene Heiligtum scheint in noch weitere Ferne gerückt zu sein als in Kap. 2. Im Mittelpunkt steht die klagende, einsame Frau Zion.

Klgl 1,10

ידו פרש צר על כל־מחמדיה
כי־ראתה גוים באו מקדשה
אשר צויתה לא־יבאו בקהל לך:

> Der Bedränger hat seine Hand
> nach all ihren Kostbarkeiten ausgestreckt.
> Ja, sie hat Nationen gesehen,
> die in ihr Heiligtum kamen,
> wo du (doch) geboten hast:
> „Sie dürfen nicht in deine Versammlung eintreten".

Der Zustand Jerusalems ist desaströs, die einst Geachtete und Volkreiche (V. 1) ist „unfassbar heruntergekommen" (ותרד פלאים V. 9). Das Bild der stark gedemütigten Frau Jerusalem stand in den ersten neun Versen im Zentrum, doch die Demütigung blieb bisher eher unbestimmt. Zur Not gehörte die Verlassenheit (V. 2), das Aussetzen der Festfreude (V. 4), vor allem aber die Deportation ihrer Bewohner (V. 3.5c.6). V. 7c.8b machen die Erniedrigung deutlicher, indem sie darauf rekurrieren, dass sich die Feinde über das erlittene Elend noch gefreut haben. Das bewegt Zion zu einem ersten Hilfeschrei: ראה יהוה את־עניי כי הגדיל אויב „Sieh, YHWH, mein Elend, denn der Feind ist übermächtig geworden". Ab jetzt mischt sich Zion im ersten Klagelied immer wieder ein, ergreift das Wort und versucht, die Betrachter von der Unbotmäßigkeit ihres Leidens zu überzeugen. Bevor nun Zion seinem Gott abermals entgegenschreit in V. 11: „Sieh, YHWH, und schau genau hin, wie verachtet ich bin" gipfelt die Notschilderung in V. 10 f in zwei Höhepunkten, die beide durch das Stichwort מחמדים „Kostbarkeiten" miteinander verbunden sind.[90] Erniedrigend war der vom Feind durch die Belagerung verursachte lebensbedrohliche Hunger in der Stadt (V. 11) und allem voran die Plünderung und Verwüstung des Heiligtums durch den Feind. V. 10 nimmt durch das Suffix den übermächtigen Feind (אויב) aus V. 9 auf, dessen Hand bereits in V. 7 das hilflose

---

90 Die erste Erwähnung dieses Stichwortes in 1,7 dürfte sekundär sein. Ein Stichos ist in V. 7 metrisch zu viel, und die Erinnerungen an die vergangene Heilszeit passen nicht zu der aktuellen Unheilsschilderung. Ein Späterer hat hier die göttliche Zuwendung in der Vergangenheit als Korrektiv eingebracht.

Volk bedrückt hatte.[91] Jetzt streckt der Bedränger gar seine Hand aus, um sich all ihrer Kostbarkeiten zu bemächtigen.[92] Natürlich liegt es aufgrund der Fortsetzung nahe, hier an den Tempelschatz zu denken. In 2 Chr 36,19 bezieht sich der Terminus auf die Tempelgeräte, in Ez 24,21 steht der Singular für den Tempel oder für liebgewonnene Personen. Ähnlich wie in Klgl 1,10 werden Tempel und Kostbarkeiten in dem m. E. ebenfalls exilisch zu datierenden Volksklagelied Jes 64,10 kombiniert:

בית קדשנו ותפארתנו אשר הללוך אבתינו
היה לשרפת אש וכל־מחמדינו היה לחרבה:

Unser heiliges und kostbares Haus,
in dem dich unsere Väter gelobt haben,
ist ein Raub der Flammen geworden
und all unsere Kostbarkeiten wurden zu Trümmerhaufen.

Aber auch hier ist wegen des Plurals nicht ausgeschlossen, dass sich מחמדים „Kostbarkeiten" auf die schmucken Wohnhäuser in Jerusalem bezieht, die zu Trümmern geworden sind.[93] Nach I. Fischer ist כל־מחמדינו „all unsere Kostbarkeiten" nicht auf die Tempelgeräte engzuführen, sondern „wohl die Zusammenfassung der vollkommenen Destruktion all dessen, was dem Volk je kostbar war."[94] In 1 Kön 20,6 scheint מחמדים zu einer stehenden Redewendung zu gehören und wie in Klgl 1,11 das für den Feind Begehrenswerte, also Wertgegenstände, Schmuck, Hab und Gut o. ä. zu bezeichnen. Wonach auch immer der Feind in V. 10a seine Hand ausstreckt, jetzt rückt der Tempel unzweifelhaft ins Zentrum. Durch emphatisches כי[95] herausgehoben, rückt abermals Zion in den Blick: Sie hat mit ansehen müssen, dass גוים „Nationen" in ihr Heiligtum[96] eindrangen. Das ist of-

---

91 Stilistisch interessant sind hier die Rede Jerusalems und die Rede des Beobachters syntaktisch miteinander verbunden. Der „Sprecherwechsel" ist gerade in Kap. 1 häufig und besonders abrupt.
92 Feinsinnig findet sich die Wendung (ידי׳ם) פרש kontrastiv aufgenommen in V. 17, wo Zion die Hände ausbreitet, doch kein Tröster da ist.
93 Zu der klassischen Interpretation, hier seien die Tempelgeräte als Kostbarkeiten geführt, s. *Westermann*, Jesaja (1986), 316. Schon *Duhm*, Jesaja (1902), 430 f vermutete aber, dass sich מחמדינו „unsere Kostbarkeiten" „auf die durch Religion und Pietät geweihten Örtlichkeiten in und außerhalb Jerusalems" bezieht. Vgl. zur Alternative Tempelgeräte oder Privatbesitz *Höffken*, Jesaja (1998), 236.
94 *Fischer*, Jahwe (1989), 202.
95 Der häufige Gebrauch des כי (insg. 14 Belege) hebt Klgl 1 am deutlichsten von Klgl 2 (1 Beleg), aber auch von den übrigen Klageliedern (Klgl 3: 8 Belege, Klgl 4: 3 Belege, Klgl 5: 2 Belege) ab.
96 Hier findet sich das einzige Mal מקדש mit femininem Suffix, so dass Zion als „Besitzerin" des Heiligtums auftaucht und nicht wie sonst YHWH. *Dobbs-Alsopp* (Syntagma [1995], 460) möchte diese Stelle als Reminiszenz an die Stadtgöttin „Zion" sehen. Zum Vergleich bietet er Jer 4,20 und

fenbar ein Greuel für den Sprecher, denn er begründet die Ablehnung interessanterweise nicht mit der Verwüstung und Zerstörung des Heiligtums, sondern kultisch mit Hilfe eines indirekten Zitates eines Gotteswortes, das im anschließenden Relativsatz geboten wird: „wo du doch geboten hast sie dürfen nicht in deine Versammlung eintreten". Zwar fehlt – was nicht ungewöhnlich ist – eine Zitateinleitung, doch durch צויתה „du hast geboten" ist klar, dass es um eine bereits ergangene YHWH-Rede geht, durch das לך, dass das Gebot hier direkt zitiert wird.[97]

Von den Gottesworten im Psalter wird keines durch אשר צויתה eingeführt, und dort wird auch – wenn ich recht sehe – kein Gebot aus dem Pentateuch als Gottesrede zitiert.[98] V. 10c gehört zu den Zitaten, deren exakte Vorlage fehlt, denn der hier zitierte Wortlaut existiert so im Pentateuch nicht. Allerdings ist durch die Stichworte בוא „hineinkommen" und קהל „Versammlung" klar, dass hier das Gemeindegesetz Dtn 23,2–9 „zitiert" wird, das dreimal mit לא־יבא „er soll nicht hineinkommen" ansetzt.

Nun fällt aber keinesfalls nur die wenig wörtliche Zitation auf. Klgl 1,10 interpretiert das Gemeindegesetz in eigenständiger Weise.[99] Es ist entgegen Dtn 23

Jer 10,20, wo Jerusalem jeweils metaphorisch von „meinem Zelt" redet. Auch wenn seine Überlegung, dass die Vorstellung einer Stadtgöttin für die Frage der personalisierten Stadt nicht völlig abwegig ist, so ist doch gerade für die Jeremia-Stellen klar, dass es dort um eine metaphorische Redeweise zur Zerstörung, nicht um den Tempel geht. Für die Klagelieder scheint mir die Vorstellung vom Stadtgott bedeutsamer, zumal die vorausgesetzte These von A. Fitzgerald (Background [1972]; בתלות [1975]), dass eine Stadtgöttin den Hintergrund für die Personifizierung Jerusalems als Frau bildet, kaum zutreffend ist.

97 Das Zitat wird meist als indirektes übersetzt (Elberfelder): „sie sollten dir nicht in die Versammlung kommen" oder zu frei die Einheitsübersetzung: „ihnen hattest du doch verboten, sich dir zu nahen in der Gemeinde" und Luther: „während du geboten hast, sie sollten nicht in deine Gemeinde kommen". „Deine Gemeinde" bezieht sich hier auf Gott. So schon die LXX; explizit auch *Boeker*, Klagelieder (1985), 31. Vgl. auch *Kaiser*, Klagelieder (1992), 114: „denen du den Eintritt in deine Gemeinde verboten". *Kraus*, Klagelieder (1983), 21 überspielt das לך ganz. Wird das Zitat indirekt wiedergegeben, wird das לך meist als maskuline Pausa aufgefasst. Grammatisch möglich ist aber ebenso das Femininum und damit ein Verständnis als direktes Zitat, so dass zu übersetzen wäre: „wo du doch geboten hast: ‚Sie sollen nicht in die Versammlung zu dir kommen'". Da dies der auffallenden Wortstellung gerechter wird, entscheide ich mich heuristisch für ein direktes Zitat, betone aber, dass die indirekte Auffassung zur gleichen Auslegung führt und ebenso möglich bleibt.

98 Von den direkten Zitaten im Psalter ist am ehesten das בקשו פני Ps 27,8 vergleichbar, wo allerdings die Vorlage ganz fehlt. Vgl. zu den Gottesworten im Psalter *Hossfeld*, Prophetische (1998); *Koenen*, Gotteswort (1996); *Doeker*, Funktion (2000).

99 Vgl. zum Verständnis des Gemeindegesetzes *Galling*, Gemeindegesetz (1950), 176–191; *Kellermann*, Gemeindegesetz (1977), 33–47; *Klein*, Aufnahme (1981), 21–34; *Frevel*, Aschera (1995), 657 f; vor allem *Braulik*, Deuteronomium (1992) und *Kindl/Hossfeld/Fabry*, קהל (1989), 1212. Zur Entwicklung des קהל-Begriffs bes. *Hossfeld*, Gottes Volk (1987), 123–142. Dass das Gemeindegesetz nicht der קהל יהוה „Versammlung YHWHs", sondern es ist von „deiner Versammlung" (בקהל לך, wörtl. in die Versammlung zu dir) die Rede. Jedoch wird der קהל nicht als Heerbann verstanden, sondern eindeutig kultisch bestimmt. Dabei ist er nicht irgendeine Kultversammlung, sondern diejenige am Jerusalemer Heiligtum. Die Trennung des Gemeindegesetzes zwischen Moabitern und Ammonitern einerseits und Edomitern und Ägyptern andererseits ist hier aufgehoben und ausgeweitet, denn גוים bezieht sich auf alle Eroberer, die 587 v.Chr. das Heiligtum betraten. Dass es in der Wahrnehmung Israels zu den besonderen Erniedrigungen der Eroberung gehörte, dass die Feinde im Heiligtum lärmend alles kurz und klein geschlagen haben, war bereits in Klgl 2,7.22 erkannt worden. Der Topos ist daneben noch in Ps 74,3b–5 sowie in der Eingangsklage des exilischen Ps 79,1 belegt:

באו גוים בנחלתך טמאו את־היכל קדשך שמו את־ירושלם לעיים:

> Es sind Nationen in dein Erbe gekommen,
> sie haben deinen heiligen Tempel verunreinigt,
> Jerusalem in Trümmer gelegt.

Auch in Jer 51,51 erscheint das Eindringen in das „Heiligste" des Tempels[100] noch in der Erinnerung als Moment tiefster Erniedrigung:

בשנו כי־שמענו חרפה כסתה כלמה פנינו
כי באו זרים על־מקדשי בית יהוה:

> Wir waren beschämt, als wir von der Schande hörten.
> Schmach bedeckte unser Gesicht,
> denn Fremde kamen über „die Heiligtümer" des Hauses YHWH.

Hier wird ebenso wie in Klgl 1,10 vorausgesetzt, dass die Möglichkeiten der Zugehörigkeit zur Kultgemeinde ethnisch eingegrenzt sind und Nicht-Israeliten am

---

bis in vorexilische Zeit zurückreicht und nicht erst nachexilisch zu datieren ist (so z.B. *Preuß*, Deuteronomium [1982], 57), dürfte derzeit die Mehrheitsmeinung der Exegeten widerspiegeln. Das hat jüngst *Otto* (Deuteronomium [1999], 229–232) bestätigt, der zwar das Gemeindegesetz erst deuteronomistisch eingefügt sieht, die V. 2.3a.4a.8(9) aber als traditionsgeschichtlich älteres Material von den deuteronomistischen Bearbeitungen abhebt. M. E. ist es nach wie vor plausibel, diesen älteren Teil des Gemeindegesetzes dem spätvorexilischen Deuteronomium zuzurechnen.
100 Der interessante Plural מקדשי בית יהוה in Jer 51,51 ist nicht ganz klar. Er könnte sich auf den דבר beziehen, der sonst allerdings alternativ קדש הקדשם heißt, vgl. Ex 26,33 f; Num 4,19; 1 Kön 6,16; 7,50; 8,6 par 2 Chr 5,7; 1 Chr 6,34; 2 Chr 3,8.10; 4,22; Ez 41,4; 45,3; Dan 9,24. Wahrscheinlicher scheint daher, dass der Plural sich wie in Lev 21,23; Ps 68,36; 73,17 und vielleicht auch Ez 21,7 (das im Lichte der genannten Belege gar nicht mehr so unmöglich scheint wie *Zimmerli*, Ezechiel [1979], 462 meinte) auf das Jerusalemer Heiligtum insgesamt bezieht.

Jerusalemer Heiligtum zunächst einmal nichts zu suchen hatten.[101] Entsprechend war es als Affront zu werten, wenn sich Fremde zum Nationalheiligtum ungebeten Zugang verschafften.[102] Klgl 1,10 formuliert daraus eine Anklage und wirft Gott vor, entgegen seiner eigenen Gesetze das Eindringen der Fremden geduldet zu haben. Dafür wird in einer halachisch ausweitenden Interpretation die Zugangsbeschränkung von dem kultisch verstandenen קהל auf das Heiligtum als Gebäudekomplex ausgeweitet, und weiter von den Moabitern und Ammonitern abstrahiert und die Bestimmung auf den „Feind" ausgedehnt.

Nebukadnezzar hat nach 2 Kön 24,2 Moabiter und Ammoniter am Feldzug gegen Jerusalem beteiligt. Möglicherweise war diese real erlebte Beteiligung der Nachbarvölker bei der Eroberung Jerusalems und des Tempelareals der Auslöser für die Assoziation zum Gemeindegesetz.[103]

Kehren wir zum Abschluss der Betrachtungen zum ersten Lied noch einmal zurück zur Frage nach der Bedeutung der Tempel*zerstörung*. Schon für 1,4 hatten wir festgestellt, dass die eigentliche Zerstörung des Heiligtums in Klgl 1 stark in den Hintergrund rückt. Auch hier ist das beklagte Problem nicht der in Trümmern liegende Tempel, sondern die bloßgestellte Frau Jerusalem (V. 1. 7c.17c.21b). Der Schlussvers formuliert die beiden Pole, worauf die Klage zuläuft: Wenn Gott gerecht ist (1,18), dann müssen auch die Bedränger und Feinde ihre Strafe erhalten. Und wenn Gott gerecht ist, dann muss seine Bestrafung Jerusalems an ein Ende kommen und YHWH zu erneuter Zuwendung finden. Der immer wieder direkt an YHWH gerichtete Appell, den aktuellen Zustand Jerusalems wahrzunehmen, soll sein Mitleid anrühren und so zu einer Wende führen.

Von der Zerstörung, dem Zusammenbruch des nationalen Kultes, der Wegführung der Tempelgeräte, dem Verlust der Lade oder dem ausgebrannten Tempelinnenraum ist nicht die Rede. Offenbar ist das für Klgl nicht oder *nicht mehr* das Kernproblem. Klgl 1 zeigt eine deutliche Distanz zu dem eigentlichen Problem der jetzt fehlenden (kultisch erlebbaren) Unmittelbarkeit Gottes im Heiligtum.

---

101 Dass xenophobische Tendenzen gerade in nachexilischer Zeit verstärkt wurden, zeigen nicht nur Reinigungsaktionen bei Esra/Neh, sondern auch die späte Fortschreibung in Ez 44,6 – 8 (dazu *Konkel*, Architektonik [2000], 300 – 304) sowie die vielfältigen Gegenbewegungen, die die Völker in die Heilsperspektive einbinden (vgl. exemplarisch *Lohfink/Zenger*, Gott Israels [1995]) und den durch das Gemeindegesetz versperrten Zugang wieder aufbrechen, vgl. etwa die Abrogation in Jes 56,3 f (dazu *Donner*, Jes LVI 1– 7 [1983], 81– 95) oder – ohne kultische Perspektive – die Rut-Erzählung mit der exemplarischen Einbindung der Moabiterin in das frühnachexilische Gemeinwesen (vgl. dazu *Ebach*, Rut [1995]; *Braulik*, Deuteronomium [1996] und *Fischer*, Rut [²2005]).
102 Vgl. ferner Ez 7,21; 9,7 u. a.
103 Die Beteiligung der Edomiter an der Eroberung Jerusalems (vgl. Ps 137,7; Obd 1,11) kann dagegen kaum Auslöser der Assoziation gewesen sein, da den Edomitern Zugang zum קהל gestattet wurde.

Diese Beobachtung deckt sich mit der Tendenz zur Entlastung Gottes und deutlich stärkeren Belastung des Volkes. Die klagende Reflexion sucht nach einer Theodizee und findet sie im Verhalten Judas. Der Strafgedanke liegt auf der Hand, wird aber noch recht vorsichtig zum Ausdruck gebracht (Klgl 1,5b.22b).

Angesichts der hier zusammengetragenen Beobachtungen scheint die These Wilhelm Rudolphs, das erste Klagelied könnte sich auf 597 anstelle von 587 v. Chr. beziehen, also das früheste Klagelied sein, kaum haltbar. Wahrscheinlicher scheint eine Nachordnung hinter Klgl 2 und auf jeden Fall schon ein deutlicher Abstand zu den Ereignissen, was die standardisierten Klagemomente und der personale Bezug auf Zion unterstreichen.[104]

Wenden wir uns nun noch den fraglichen Stellen in Klgl 4 und 5 zu. Wird in jenen Klageliedern anders auf die Zerstörung des Tempels Bezug genommen als in den ersten beiden Liedern?

Von heiligen Steinen und dem Zusammenbruch eines Naturgesetzes: Klgl 4

איכה יועם זהב ישנא הכתם הטוב תשתפכנה
אבני־קדש בראש כל־חוצות:

Wehe! Verdunkelt wurde das Gold,
das gute Feingold ist degeneriert.
Hingeschüttet sind die heiligen Steine
an den Ecken aller Straßen.

Wie Klgl 1 u. 2 beginnt Klgl 4 mit dem Weheruf איכה, der hier sogar zu Beginn von 4,2b noch einmal wiederholt wird. Das vierte Klagelied ist gekennzeichnet von dem Blick auf das Ergehen der *Bewohner Jerusalems*. Immer wieder stellt es ein edles, glanzvolles, geachtetes Einst dem erniedrigten, ausgelöschten und erbärmlichen Jetzt gegenüber. Das „Jetzt" ist der Blick auf die Situation der Eroberung Jerusalems. Ausgangspunkt ist das zionstheologische Axiom der Uneinnehmbarkeit der Stadt (V. 12). Selbst die Könige der Erde haben nicht geglaubt, dass Jerusalem fallen könnte. Als Grund für die Katastrophe wird wie in Klgl 1 die Sündhaftigkeit der Stadt gesehen, doch weitaus weniger pointiert als im ersten Lied. Auch fehlt der Ton klagender Reue. Durch den Vergleich mit Sodom wird die Sünde potenziert, zugleich aber die Katastrophe „idealisiert". V. 13 benennt

---

104 Vgl. zur Frage der Datierung und deren Kriterien in Klgl 1 die kritisch reflektierende Position von *Provan*, Texts (1990), 130–143.

konkrete Verantwortlichkeiten: Propheten und Priester haben durch ihr Fehlverhalten den Zusammenbruch verursacht. Ab V. 17 übernimmt bis V. 20 ein Kollektiv, am ehesten die Bewohner Jerusalems, die Klage. Noch einmal wird die erlebte Not herausgestellt. Eine aktuelle Daseinsminderung kommt hingegen nicht in den Blick. Den Schluss – und vielleicht auch einmal den Schluss der Klagelieder[105] – bilden antithetisch die Zusage an Edom, zur Rechenschaft gezogen zu werden (V. 21.22b) und an Zion, begnadigt zu werden: „Vollständig ist deine Schuld, er wird dich nicht noch einmal in die Verbannung führen". YHWH ist außergewöhnlich wenig präsent[106] und wird im ganzen Lied nicht angeredet. Am deutlichsten tritt er in V. 11 in Erscheinung, der zusammen mit der zionstheologischen Prämisse der Uneinnehmbarkeit der Stadt das Zentrum des Liedes bildet. Nicht „nur" der Tempel wie in Jes 64,10, sondern die ganze Stadt ist niedergebrannt (V. 11). Zion steht im Fokus, und der Tempel wird nicht eigens erwähnt. Aber anders als in Klgl 1 und 2 tritt die Stadt nicht personifiziert auf. Jerusalem selbst gerät nur wenig in den Blick, V. 11 bildet selbst eine Ausnahme. Vielmehr sind es, wie gesagt, die Bewohner Jerusalems, die das Klagelied bestimmen: Vor allem treten in variierenden Bildern die Säuglinge und Kleinkinder (V. 3.4.10) sowie die als edel charakterisierten Jugendlichen (V. 2.7 f) in die Aufmerksamkeit ein.

Für uns einschlägig ist die pointierte Eröffnung des vierten Liedes, das mit dem Kontrast von einst und jetzt die Situation als unglaublich und gegen jede Gesetzlichkeit stehend charakterisiert. Das glänzende und nahezu unveränderliche Gold hat sich verfärbt, das beständige Edelmetall degeneriert. Es ist eingetreten, was zuvor niemand für möglich gehalten hat (vgl. V. 12). Die Interpretationen der אבני־קדש, der „heiligen Steine", im zweiten Stichos gehen früh auseinander: Während die LXX zwar mit λίθοι ἅγιοι übersetzt, versteht sie die Phrase wohl als Synonym zu den in V. 2 genannten בני ציון היקרים „kostbare Söhne Zions". Das legt die parallele Wiedergabe des ebenfalls eindeutig auf Menschen bezogenen אבני־נזר durch λίθοι ἅγιοι in Sach 9,16 nahe. Anders die Vulgata, die die verstreuten „heiligen Steine" als *lapides sanctuarii* eindeutig auf die Tempeltrümmer bezieht. Folgt man dieser Interpretation, ist die Zerstörung des Heiligtums quasi als „Mutter aller Nöte" der Klage vorangestellt und in der Wahrnehmung der Beter von besonderer Bedeutung. Bis heute besteht keine Einigkeit über die Interpretation der „heiligen Steine" im Eröffnungsvers. Von den hauptsächlich diskutierten vier Möglichkeiten[107] gehen drei von der Bedeutung „Edelsteine" aus.

---

105 Diese mit den Besonderheiten von Kap. 5 verknüpfte These soll an anderer Stelle ausführlicher begründet werden.

106 Das Tetragramm taucht lediglich in den V. 11.16.20 auf, אדני oder אלהם gar nicht.

107 Vgl. zu weiteren Vorschlägen *Emerton*, Meaning (1967), 233 f; *Renkema*, Lamentations (1998), 494.

In einem literalen Verständnis wird sowohl in dem Gold als auch in den Edelsteinen eine Anspielung auf den geraubten Tempelschatz gesehen. Eine Variation dieser Interpretation formuliert H.-J. Kraus: „Vielleicht wird man an den Schmuck des Tempels oder der heiligen Geräte denken müssen".[108] Den zusammengebrochenen Tempelkult greift die Interpretation auf, die mit dem Attribut „heilig" eine priesterliche Konnotation verbindet und in den אבני־קדש die Edelsteine am hohenpriesterlichen Gewand sieht.[109] Es fällt auf, dass auch diese Interpretationen vom Tempel her denken. Außer dem קדש gibt es aber zunächst keinen Anhaltspunkt, den Tempel zu assoziieren. Für das קדש hat *John Emerton* in den 70er-Jahren auf das aram. $q^e da\check{s}\bar{a}$ und verwandte Ausdrücke in den semitischen Sprachen hingewiesen und so nachdrücklich plausibel gemacht, dass אבני־קדש am ehesten als „kostbare Steine" zu übersetzen sei.[110] Die gängigste Deutung kommt daher von V. 2 her und versteht das Gold wie die „heiligen Steine" als poetische Charakterisierung der Zionskinder. Jüngst hat noch einmal *Johan Renkema* versucht, eine Lanze für den Tempel zu brechen. Sein Hauptargument ist die von ihm vorausgesetzte komplexe Struktur der Klagelieder, in der einzelne Stichen mit anderen Inklusionen bilden oder parallel zueinander in einem Aussagenetz stehen, das alle fünf Lieder umgreift.[111] Hier sieht er eine enge Parallelität zwischen V. 11 und V. 1. Abgesehen davon, dass in V. 11, wie oben bemerkt wurde, gerade nicht vom Tempel die Rede ist, hat Renkema das Problem, dass die Steine des Heiligtums über die Stadt verstreut werden. Hier behilft er sich mit der These, die Trümmer des Heiligtums seien in der ganzen Stadt zu Reparaturarbeiten benutzt worden. Zu dieser Konstruktion will aber nicht nur das תשתפכנה „ausgeschüttet", sondern auch das בראש כל־חוצות „an den Ecken aller Straßen" schlecht passen, denn beides steht der „Wiederverwendung" entgegen und macht für die Steine des Heiligtums – wie auch Renkema anmerkt – keinen Sinn.

Damit bleibt der Bezug auf die Bewohner Zions am plausibelsten. Dafür spricht nicht zuletzt, dass בראש כל־חוצות auch in Jes 51,20 für das Verstreutsein der Leichen der Bewohner Zions (בניך) verwandt ist und dass durch das in 4,2b wiederholte איכה „Ach!" die ersten drei Stichen des Liedes zusammengebunden werden. Hinter der konnotierten Wertschätzung der Materialien Gold und „Edelsteine" verbirgt sich das Bewusstsein der Erwählung, wobei die בני ציון die gesamte

---

108 *Kraus*, Klagelieder (1983), 75.
109 Vgl. *Gross*, Klagelieder (1986), 33.
110 *Emerton*, Meaning (1967), 233, vgl. im Anschluss *Boeker*, Klagelieder (1985), 78; *Kaiser*, Klagelieder (1992), 178; *Hillers*, Lamentations (1992), 138; *Provan*, Lamentations (1991), 111.
111 Sein poetisch komplexes System mit Cantos, Subcantos und nahezu mathematisch errechenbaren Beziehungen zwischen den einzelnen Alphabetstichen der fünf Lieder errichtet zwar ein beeindruckendes Gebäude von Bezügen, kann aber letztlich nicht überzeugen.

Jerusalemer Bevölkerung und nicht nur die Führungsschicht meinen. Da weder Gold seine Kostbarkeit verliert noch Edelsteine auf den Straßen verschüttet werden, macht der Eingangsvers hyperbolisch die Unfassbarkeit des Zusammenbruchs deutlich.

Vom Tempel und seiner Zerstörung ist im gesamten vierten Lied keine Rede. Das verwundert nicht, da Zion überhaupt im vierten Lied zurücktritt und seine Bewohner und das ihnen zugefügte Leid in das Zentrum rücken. Wenn zudem richtig ist, dass das vierte Lied wegen der Zusage der Versöhnung in V. 22 eher an das Ende der Exilszeit gehört, dann erstaunt das Fehlen des Bezuges auf die Zerstörung noch weniger.

Chaos statt Kosmos: Füchse auf dem Zionsberg in Klgl 5,18

17 על־זה היה דוה לבנו על־אלה חשכו עינינו
18 על הר־ציון ששמם שועלים הלכו־בו
19 אתה יהוה לעולם תשב כסאך לדר ודור

17 Deshalb ist unser Herz krank geworden, deswegen sind unsere Augen verdunkelt,
18 Wegen des Zionsberges, der verwüstet liegt, Füchse laufen auf ihm herum.
19 Du, YHWH, du bleibst auf ewig, dein Thron von Geschlecht zu Geschlecht.

Den Abschluss der Klagelieder bildet ein im Unterschied zu den übrigen Liedern nicht akrostichisches Volksklagelied. Durch die Anzahl der 22 Verse ist es den anderen Liedern angeglichen, hebt sich aber vielfach davon ab. Schon der erste Vers spricht YHWH direkt an und fordert ihn indirekt zum Eingreifen auf. Durch diese implizite Aufforderung und die Schlussbitte in V. 21 wird die ebenfalls in der ersten Person vorgetragene Notklage gerahmt. Die Not beschreibt überwiegend die Situation nach dem Abzug der Eroberungskräfte und den bitteren Alltag in den Trümmern mindestens eine Generation nach der Eroberung (V. 7). Beklagt wird die Präsenz von ausländischen Kräften und die politische Fremdbestimmung einschließlich der drückenden steuerlichen Last (V. 2.4.8.9), aber auch der Verlust einer ganzen Generation (V. 3). Die Klage über die aktuelle Lage wird gemischt mit Sachverhalten, die auf den Fall Jerusalems Bezug nehmen, sei es auf die fehlgeschlagene Bündnispolitik (V. 6), Vergewaltigungen während der Eroberung (V. 11) oder die Liquidation der Führungskräfte (V. 12). Tenor der Klage: Glanz und Würde sind dahin (V. 17). Die aktuelle Situation bedeutet eine schmerzliche Erniedrigung (חרפה V. 1). YHWH soll sie trotz der Sünde (V. 16, vgl. V. 7) beenden. Um Gott zum Eingreifen zu bewegen, wird die Klage durch ein doxologisches Bekenntnis zu

YHWH abgeschlossen, das interessanterweise mit einem Bezug zum Tempel eingeleitet wird.

Die Schilderung der Situation gipfelt in V. 17 f in dem Hinweis tiefer Trauer. Nur hier und am Schluss des Liedes geht eine syntaktische Struktur über einen Einzelvers hinaus. Drei aufeinanderfolgende Stichen beginnen mit על, wobei erst V. 18 den Grund für die Trauer nennt. Das kranke Herz und die von Tränen trüben Augen nehmen Bilder vor allem aus dem ersten Lied wieder auf.[112] Die Trauer richtet sich hier aber nicht auf Jerusalem oder den Zusammenbruch der Stadt, sondern auf den „Berg Zion". Mit הר־ציון wird üblicherweise nichts anderes bezeichnet als mit dem Begriff Zion selbst, so dass ganz Jerusalem gemeint sein könnte.[113] Die Fortsetzung in V. 19 allerdings widerrät einer solchen Ausweitung. Der Berg lässt gerade die Frage des Wohnortes Gottes assoziieren (vgl. bes. Ps 74,2; 78,18; Ex 15,17). Dieser Wohnort Gottes ist verödet, unbewohnt, menschen- und gottesleer. Der einstige Mittelpunkt des Kosmos hat durch die Zerstörung dem Chaos Tür und Tor geöffnet. Kulttopographisch gesprochen dringt die Peripherie ins Zentrum ein. Das zeigen die herumlaufenden Füchse an. Wie vor allem Schakale (תנים) sind Füchse (שועלים) als Bewohner von Ruinen Anzeiger für Lebensferne und unwirtliches Chaos.[114] Deutlicher als durch den symbolischen Einbruch des Chaos auf dem Zionsberg kann man den Zusammenbruch einer Zionstheologie, die sich am irdischen Wohnort festmacht, kaum ausdrücken. Doch als wäre YHWH samt seinem Thron nicht mit diesem Zion einmal in unlösbarer Weise verbunden gewesen, setzen die Beter das Bekenntnis dem Chaos entgegen.[115] Mag der irdische Wohn- und Thronort als Ort institutionalisierter göttlicher Gegenwart zerstört worden sein, YHWHs Thron bleibt auf ewig.[116]

Die an Jerusalem gebundene Wohntheologie – wie sie z. B. in den zionstheologischen Psalmen 46 – 48 oder in 1 Kön 8,13 festgeschrieben wurde[117] – ist

---

112 לב (Herz) mit דוה resp. דוי (krank, siech) nur in Klgl 1,22; 5,17, zu dem Verdunkeln der Augen vgl. 1,16; 2,4.11.18; 3,48 f.51, zu חשך (dunkel, finster werden) noch in 3,2 und 4,8.

113 Vgl. 2 Kön 19,31; Jes 4,5; 8,18; 10,12; 16,1 [הר בת־ציון]; 18,7; 24,32; 29,8; 31,4; 37,32; Joel 3,5; Obd 1,17; Mi 4,7; Ps 48,3.12; 74,2; 78,68; 125,1; 133,3 [הררי ציון].

114 Vgl. für die Füchse noch Ez 13,4, für Schakale Jer 9,10; 10,22; 49,33; 51,37; Jes 13,20 – 22; 34,13; 35,7; Ps 44,20 u. ö.; dazu *Frevel*, תן (1995), 701 – 709.

115 Die engste Parallele dieses Gedankengangs findet sich in dem frühnachexilischen Ps 102, wo nur anstelle des Throns das Gedächtnis steht, und Zion erneut für die ganze Stadt steht:
Du aber, YHWH, bleibst auf ewig, dein Gedächtnis von Geschlecht zu Geschlecht.
Du wirst aufstehen, wirst dich Zions erbarmen.
Denn es ist Zeit, sie zu begnadigen, ja der Zeitpunkt ist gekommen.
Denn deine Knechte haben Gefallen an ihren Steinen, sie haben Mitleid mit ihrem Schutt.

116 Vgl. zum „ewigen Thron" auch Ps 45,7; 93,2; Bar 3,3.

117 Vgl. ferner Jes 6 oder auch Ps 68,17; 93,1 – 4 und die Ausführungen oben zu Klgl 2,1.

hier ersetzt und die Zerstörung schon fast kompensiert. Der Thron Gottes steht natürlich – auch wenn das nicht explizit gemacht wird – im Himmel.[118] Für die frühnachexilischen Beter von Klgl 5 ist die Tempelzerstörung zwar Grund zur Trauer, doch ihr Gott ist von der Zerstörung in keiner Weise getroffen. Er hat anscheinend theologisch noch nicht einmal einen Kratzer abbekommen oder besser gesagt, keine Narben zurückbehalten. Dazu passt, dass YHWH kaum noch als Verursacher des beklagten Elends in Erscheinung tritt. Not, Untergang und aktuelle Bedrängnis erscheinen eher als Schicksalsschlag, denn als von YHWH zu verantwortende Strafaktion. YHWH ist entlastet, das Volk hingegen bleibt mit dem reumütigen Bekenntnis אוֹי־נָא לָנוּ „Weh uns" als für die Situation verantwortlich zurück. Es verlangt nach Sühne und erneuter Zuwendung.

Der Tempel und seine Zerstörung treten auch im fünften Klagelied zurück. Die Zerstörung scheint wie eine Episode, die zwar noch die Erinnerung auf sich zieht und Traurigkeit hervorbringt, aber ein Ereignis ist, dass Gott letztlich nicht trifft.[119] Aus der quälenden Enge der Frage, was mit einem Gott ist, der seinen Wohnort aufgegeben hat, ist die Weite ewigen Thronens im Himmel geworden.

Auswertung und Schluss

Der Gang durch vier der fünf Klagelieder ist beendet. Jetzt müsste sich der Blick auf Klgl 3 anschließen, dem Gebet, das die Denkbewegung der Lieder zusammenfasst. Da hier mit keinem Wort auf den Tempel angespielt wird, habe ich Klgl 3, wo YHWH ebenfalls ganz im Himmel wohnt und keine Bindung an einen Tempel in Jerusalem mehr aufweist, ausgeklammert. Doch gerade an Klgl 3 ließe sich vieles von dem zeigen, was bei der Beobachtung der übrigen Lieder aufgefallen war. Ich versuche im Folgenden eine Zusammenfassung und Einordnung der Beobachtungen in acht Punkten:

---

118 Vgl. Ps 7,9; 11,4; 33,14; 97,2; 103,19; 123,1; Ijob 26,9; Jes 57,15; 66,1, vgl. auch Ps 93,2.

119 Mit einer solchen, die geschichtliche Katastrophe nivellierenden Sicht steht Klgl 5 nicht alleine da. Die Parallelen liegen vor allem in prophetischen Konzeptionen. Vgl. dazu *Japhet:* „The destruction is represented by the prophets of its generation therefore, as a temporary phenomenon" (Temple [1991], 231). Für sie ist ausgesprochen auffallend, dass sich bei den Propheten nicht nur die Ankündigung und Realität der Zerstörung, sondern auch die der Restauration finden, und sie sieht letztlich den Tempelbau als Bindeglied: „In other words, it is the Temple's construction which constitutes the realization of the prophecy of redemption" (ebd., 240). *Walter Groß* hat in gleichem Zusammenhang auf die „kleine Weile" in Jes 54,7 hingewiesen: „So schrumpfen die 50 Jahre des Exils im Blick auf die erhoffte Heilswende zu einer Weile, ja zu einer kleinen Weile zusammen" (Gesicht [1996], 75).

Es fällt auf, dass nur wenig Heiligtumsbegriffe in den Klageliedern gebraucht werden. Das sind lediglich מקדש mit insgesamt 3 Belegen (1,10; 2,7 und 2,20) und das בית יהוה (2,7). Vor allem mit der Wohnvorstellung verknüpfte Bezeichnungen wie היכל oder משכן fehlen ganz. Dafür ist von „seiner Hütte" (שכו, 2,6) die Rede, womit ein Moment der Flüchtigkeit konnotiert ist. Aussagen über den Aufenthaltsort Gottes außerhalb des dritten Liedes, wo Gott eindeutig im Himmel wohnt (3,42.50.66), fehlen.

Auffallend unberührt bleibt die kultische Dimension. Nahezu die gesamte kultische Terminologie fehlt. Weder ist von Ritualen noch von Opfern am Tempel die Rede. Lediglich an einer Stelle wird der Altar, am ehesten der zentrale Brandopferaltar, *pars pro toto* für die Kulteinrichtungen erwähnt. Nirgendwo wird beklagt, dass durch die Zerstörung eine Lücke im priesterlich geführten Opferkult entstanden ist. Von einem deuteronomisch zentralisierten Opferkult in Jerusalem (Dtn 12) sind keine Spuren zu erkennen. In kultischer Hinsicht kommt nur der Festkult am Heiligtum in den Blick (1,4; 2,6 f.22). Dabei handelt es sich wahrscheinlich um die großen Wallfahrtsfeste. Relativ häufig hingegen werden Priester erwähnt (1,4.19; 2,6.20; 4,13.16), doch überwiegend nicht als Kultfunktionäre (nur 1,4; 2,6), sondern als gesellschaftliche Gruppe zusammen mit Propheten (2,20; 4,13) oder Alten/Ältesten (1,19; 4,16).

Fragt man nach einem Grund, warum in den Klageliedern Kult überwiegend Festkult der Wallfahrtsfeste ist und das Königtum sowie der priesterliche Opferkult so gut wie keine Rolle spielen, dann muss die Antwort m. E. in Überlegungen zur *Perspektive* der Klagelieder gesucht werden. Die Klagelieder spiegeln nicht eine exilische Perspektive, sondern eine Binnensicht wahrscheinlich aus Jerusalem. Die Perspektive ist allerdings keine nationalreligiöse, die dem Zusammenbruch des *Staates und seiner Führung* breiten Raum einräumen würde. Insofern kommt auch die nationalreligöse Dimension des Heiligtums, die Verflechtung zwischen Kult und Königshaus hier gar nicht in den Blick. Die Bewohner Jerusalems hat der Zusammenbruch des staatlichen Opferkultes nicht unmittelbar tangiert, er war eine Folge des Zusammenbruchs der Stadt. In der Perspektive der Bewohner hingegen ist der Zusammenbruch des Festkultes schmerzlicher, sei es in kultischer oder ökonomischer Sicht.[120] Ist diese Überlegung zur Verflechtung von Nationalreligion und Opferkult am Jerusalemer Heiligtum richtig, dann bedeutet

---

120 Innerhalb dieser Überlegung wäre auch noch einmal neu darüber nachzudenken, ob die gängige These, dass die Herausbildung der Vorstufen der Synagogen *Ersatz* für den vorexilischen Opferkult gewesen sei (so z. B. *Struppe*, Exil [2000]), zutreffend ist.

das für die nachexilische Zeit, dass ein komplett neues System eines Opferkultes entworfen werden muss.[121]

Zwar steht die Tempelzerstörung in den Klageliedern im Hintergrund, historische Informationen zur politischen Lage allerdings fehlen nahezu vollständig. Die Eroberer werden ebenso wenig wie die Jerusalemer Führung mit Namen benannt. An keiner Stelle scheint die politische Einschätzung durch, dass die Zerstörung des Tempels außenpolitisch zu verhindern gewesen wäre, wenn Zidkija nicht von Babylon abgefallen wäre. Die Klagelieder sind Dichtung und als historische Quelle kaum zu verwenden. Inwieweit die Informationen für eine Einschätzung der Situation kurz vor, bei oder nach der Eroberung geeignet sind, muss im Einzelfall geprüft werden.

Abgesehen vom ältesten Lied spielt das Heiligtum überhaupt und sein Verlust im Besonderen kaum eine Rolle. Das gilt uneingeschränkt für das dritte und vierte, wenig eingeschränkt auch für das letzte Lied. Die Zerstörung selbst gerät nur wenig in den Blick, Details tauchen so gut wie gar nicht auf. Weder werden die Keruben, die Lade, der Tempelschatz noch die abtransportierten Tempelgeräte erwähnt. Die zu Beginn erwähnte These von H.-J. Kraus, die Klagelieder seien unter die Gattung „Klage um das zerstörte Heiligtum" einzuordnen, ist mit Sicherheit zu falsifizieren. Ps 74 spricht viel umfassender und konkreter von der Zerstörung des Tempels als die Klagelieder. Am deutlichsten im ersten und zweiten Lied, aber auch im fünften und implizit auch im vierten war ein zionstheologischer Hintergrund zu erkennen, in dem das Heiligtum als Wohn- und Thronort und die Stadt als Gottesstadt ineinander übergehen. Nicht das Heiligtum selbst ist erwählt, sondern die Stadt Jerusalem als Wohnort Gottes. Mit der Erwählung des Zion war – insbesondere nach 701 v. Chr. – das Axiom des besonderen Schutzes und der Uneinnehmbarkeit durch YHWH verbunden. Insbesondere in Klgl 2 kam diese besondere Beziehung zwischen Stadtgott und Gottesstadt zum Ausdruck. Der Schutz bezieht sich aber vornehmlich auf die Stadt, und umgreift damit auch den Tempel. Der Tempel selbst genießt gegenüber der Stadt *nicht* noch einmal einen besonderen Schutz.

Zwei mit Jerusalem verbundene Linien vorexilischer Theologie tauchen in den Klageliedern nicht auf: Von König und Königtum, der Verbindung von Palast und Heiligtum (Stichwort: Palastkapelle) sind nur minimale Spuren zu finden. Erwähnt wird der König nur in 2,6.9 und, wohl Zidkija[122], als משיח in 4,20.[123] Das ist

---

121 Dieser Dimension des Verlustes kann hier nicht weiter nachgegangen werden. Es sei lediglich darauf hingewiesen, dass die Annahme mit meiner These konvergiert, dass die exilische Priester-(grund)schrift geradezu unkultisch gewesen ist (vgl. *Frevel*, Blick [2000]).
122 In Frage kämen ebenfalls Joahas (vgl. 2 Kön 23,33; Jer 22,10 – 12) oder Jojachin (2 Kön 24,8 – 17 bzw. Jer 22,24 – 30). Am plausibelsten erscheint mir aber auch wegen des Zusammenhangs mit V. 19

auch die einzige Stelle, in der die Erwählung des davidischen Königtums vorsichtig anklingt.[124] Ansonsten ist von König und Königtum nicht die Rede. Auch von der deuteronomischen Namenstheologie (z. B. 12,5.11.21; 14,23 f; 16,2.6.11; 26,2) als Ausdruck der Erwählung Jerusalems (und seines Heiligtums) ist ebenfalls keine Spur zu erkennen. Dieses spätvorexilische Theologumenon der Erwählung Zions spielt in den Klageliedern keine Rolle. Der Name YHWHs taucht nur einmal in der Wendung „den Namen anrufen" in 3,55 auf.

Dass allerdings die „Zerstörung der Wohnadresse" YHWHs kein größeres theologisches Problem gewesen sei, wie Ina Willi-Plein behauptete, hat sich nicht bestätigen lassen. Zwar lässt sich auch außerhalb der Klgl beobachten, dass nur relativ wenig, zum Teil verdeckt und mit wenig Konkretion von der Zerstörung des Tempels geredet wird[125], doch ist daraus keinesfalls zu schließen, dass der Verlust des Tempels theologisch eine Quantité négligeable gewesen sei. Negativ ist zunächst die Prämisse in Frage zu stellen, dass aus einem Mangel an konkreten Informationen die theologische Bedeutungslosigkeit folgt.[126] Des Weiteren ist zu fragen, ob denn überhaupt zu erwarten ist, dass die lähmende Verzweiflung angesichts des „Versagen" des Stadt- und Schutzgottes à la longue literarisch überliefert wird, wenn dieser Gott – doch wohl ebenfalls *auch* in theologischer Kompensation der Katastrophe – aus dem Exil als einziger Gott zurückkehrt. Positiv ist auf die Denkbewegungen hinzuweisen, die in den Klageliedern zur Bewältigung zu erkennen waren. Dass der Zusammenbruch der Zionstheologie als einer „Theologie der unbedingten Heilsgewissheit"[127] einen unfassbaren Schock

---

der Bezug auf den geblendet nach Babylon geführten Zidkija (2 Kön 24,17 – 25,7; Jer 39,4 – 10; 52,1 – 11), vgl. *Kaiser*, Klagelieder (1992), 184.

123 Daneben bezieht sich das ממלכה ושריה „das Königtum/Reich und seine Fürsten" in 2,2 auf die staatliche Führung Judas, zeigt aber durch den Plural שרם wenig spezifisches Interesse am Königtum.

124 Die Constructus-Verbindung משיח יהוה „Gesalbter YHWHs" findet sich sonst nur 1 Sam 24,7.11; 26,16; 2 Sam 1,14.16; 19,22 und bezieht sich außer in der letztgenannten Stelle immer auf Saul. Daneben sind aber die suffigierten Belege etwa in Ps 2,2; 18,51; 20,7; 28,8; 84,10; 89,39.52; 132,10.17 zu stellen, in denen immer David bzw. das davidische Königtum gemeint ist.

125 Vgl. neben den expliziten Erwähnungen in 2 Kön und Jer z. B. 1 Kön 9,7 f/2 Chr 7,21; Esra 1,2 – 4 parr.; 1,7 – 11; 5,11 – 17; 6,3 – 12; Jes 52,8 – 12; 61,4; 63,18; 64,9 f; Jer 7,14; 10,19 – 24; 12,7 – 11; 20,5; 22,5; Ez 7,20 – 22; 9,6 f; 24,20 f; 25,2 – 7.12.15; Mi 3,12; Hag 1,4.9; 2,3, Sach 1,16 f; 4,9; Ps 74,2 – 8; 78,61; 102,14 f u. ö. Eine Bezugnahme auf den zerstörten Tempel fehlt z. B. im Obadjabuch, in Jer 51,17 – 22 oder Neh 1, wo sie jedoch durchaus zu erwarten gewesen wäre. Auch außerhalb der Klagelieder scheint eine Untersuchung der Bezugnahmen auf die Tempelzerstörung vielversprechend.

126 Das ließe sich etwa an einem Vergleich mit dem Untergang des Nordreiches zeigen. E. A. Knauf weist diesbezüglich zu Recht darauf hin, dass judäische Theologen die Kompensation der Katastrophe schon ein gutes Jahrhundert „üben" konnten (vgl. *Knauf*, Land [2000], 136).

127 *Struppe*, Exil (2000), 113.

bedeutete, ging aus dem zweiten, dem ersten und bezogen auf die Einwohner Zions auch dem vierten Lied hervor. In Klgl 2,6 war etwas von der Hilflosigkeit zu erkennen, die Kultpraxis am Heiligtum adäquat zu ersetzen. Die Anrufung Gottes im Land machte zu Beginn des Exils ohne Zweifel größere Schwierigkeiten, weil die Präsenz YHWHs und damit seine kultisch gesicherte Erreichbarkeit in Frage gestellt war. Willi-Pleins These unterschätzt die Auswirkungen des Zusammenbruchs der Zionstheologie. Darin steht die Stadt im Vordergrund, so dass der Tempel als Gebäude in den Hintergrund tritt. Insofern mit der Zionstheologie auch die Frage des Wohnens Gottes eng verknüpft ist, bedeutet die Eroberung Jerusalems ein erkennbares theologisches Problem. Nicht zuletzt die exilischen Mobilitätskonzepte der P^g und Ezechiels zeigen an, dass Gottes Lösung von seinem Tempel aufgearbeitet werden musste.

In der Behandlung der Katastrophe in den Klageliedern war eine Entwicklung zu erkennen, die zu einer zunehmenden Entlastung Gottes führte. Besonders das zweite Klagelied forcierte das Motiv vom Zorn Gottes, das auf Marduk gewendet schon den Babyloniern zur Erklärung der Eroberung Babylons durch die Assyrer diente.[128] Mit dem Zorn Gottes gipfelte auch die Verantwortung Gottes für die Katastrophe. Sein Handeln wird als maßlos angeklagt, so dass Gott geradezu beschädigt zurückbleibt. Deutlich entlastet wird Gott allerdings durch die im Rückgriff auf die spätvorexilische Gerichtsprophetie stark betonte Schuld des Volkes im ersten Klagelied und geradezu gänzlich aus der Verantwortung genommen scheint er im letzten Klagelied.[129] Das zweite Klagelied beurteilt die Ausmaße der Katastrophe als unangemessen und klagt Gott für die Preisgabe seines Heiligtums an. Wenn er für die Zerstörung verantwortlich ist, dann ist die Aufgabe seines Wohn- und Thronortes unverständlich und unbotmäßig. Die ihm zugeschriebene Sicherheitszusage für Jerusalem erscheint als Betrug. Was ist ein Gott wert, der seinen Tempel preisgibt? So der implizite Vorwurf in Klgl 2,7. Klgl 1,10 erreicht implizit ähnliches durch das Zitat des Gemeindegesetzes und dem „Nachweis", dass Gott sein eigenes Gesetz nicht achtet. In Klgl 1 wird dies allerdings durch die Aussage über Gottes Gerechtigkeit und die Aussagen zur

---

128 Vgl. dazu zuletzt *Knauf*, Land (2000), 136 f und die Beispiele zum Zorn Gottes bei *Groß*, Zorn (1999), 51–57. Zum Motiv vom Zorn Gottes vgl. aus jüngerer Zeit vor allem *Groß*, Zorn (1999), (Lit!), zuvor schon *ders.*, Gesicht (1996) und jetzt für das deuteronomistische Geschichtswerk *Lohfink*, Zorn (2000) sowie im Überblick die aus systematischer Perspektive angefertigte Untersuchung von *Miggelbrink*, Zorn (2000), der vor allem deutlich macht, dass Zorn Gottes als Interpretament göttlichen Geschichtshandelns als politische Kategorie aufzufassen ist.

129 Vgl. *Emmendörffer*, Gott (1998), 289: „Mit dem Untergang des salomonischen Tempels und der davidischen Dynastie wurde das Volk des Exodus das unmittelbare Gegenüber des zürnenden, sich aber auch erbarmenden Gottes Jhwh".

Schuld Zions kontextuell fast vollständig abgefangen. Anders im dritten Lied, wo Gott in den Himmel gerückt ist, und im fünften Lied, wo YHWHs Thron von dem konkreten Jerusalem ganz gelöst ist und entsprechend ewig Bestand haben kann. In der Tat erscheint die Zerstörung der „Wohnadresse" hier theologisch gelöst, insofern schon vorexilische Linien vom Thronen Gottes im Himmel ausgebaut und vereinseitigt werden. Theologisch hat hier eine Kompensation der Katastrophe stattgefunden. Vielleicht nicht zeitlich, aber theologisch zwischen dem zweiten und ersten steht das vierte Lied. Auch hier ist der Zorn Gottes Thema, wird aber schon stärker kombiniert mit einem Geschichtsmodell, das in den Verfehlungen der Führungsschicht die Katastrophe verortet (V. 10 – 13). Auffallend war, dass die Katastrophe nicht wie in der deuteronomistischen Theologie explizit auf eine Verletzung des Ausschließlichkeitsanspruches YHWHs zurückgeführt wird. Die Sündhaftigkeit Jerusalems bzw. Zions bleibt unbestimmt, lässt aber den Abfall von YHWH als Interpretationsmöglichkeit offen.

Ich habe versucht deutlich zu machen, dass in den Klageliedern Bewältigungsmodelle zu erkennen sind, die nicht alle gleichzeitig entwickelt worden sind, die aber zum großen Teil bereits vorexilisch vorhandene Konzepte aufgreifen oder ausbauen. Die Reflexion beginnt mit dem Schock, dass YHWH verstoßen hat. Sie findet YHWH als Verursacher des Elends und klagt ihn dafür an. Die Besinnung auf die eigene Schuld und das Modell göttlicher Strafe sind dem zeitlich nachgeordnet und führen schrittweise zu einer Entlastung Gottes. Hier findet die vorexilische Gerichtsprophetie intensive Aufnahme. Allerdings ist damit Gott nicht aus der Verantwortung für den totalen Zusammenbruch und vor allem das anhaltende Elend herausgezogen. Verschiedene Denkbewegungen versuchen, dem theologischen Bankrott zu entgehen und die Niederlage Gottes in überragende Souveränität zu verwandeln. Nicht ohne Grund ist im Kernsatz der Zerstörung von Ps 74 von der „Wohnung deines Namens" und nicht von „deiner Wohnung" die Rede (V. 7). Die Namenstheologie wird (außerhalb der Klagelieder!) exilisch ausgebaut und forciert, denn der Name ist leichter unversehrt aus den Flammen des Heiligtums zu retten als der Thron.[130] Damit YHWH von der Zerstörung seines Wohnortes nicht getroffen wird, werden vor allem aus exilischer Perspektive Mobilitätskonzepte (P^g und Ez) entworfen oder weiterentwickelt, so dass YHWH lediglich einen vorübergehenden Ortswechsel (natürlich vor der eigentlichen Katastrophe) vollzogen hat.[131] Oder aber Gottes Aufenthalt wird – für

---

130 Vgl. zu diesem Komplex ingesamt *Mettinger*, Dethronement (1982), bes. 61f.

131 „Der Gott Israels ist aber nach alter Tradition und auch nach der visionären Erfahrung Ezechiels mobil. Wenn er will, geht er ins Exil, wenn wiederum Neues beginnen soll, kehrt er aus dem Exil zurück" (*Willi-Plein*, Tempel [1999], 63).

alle Katastrophen unantastbar – in den Himmel verlagert.[132] Zu den fortgeschrittenen Bewältigungsmodellen gehört auch, die Niederlage nur als Episode zu
begreifen oder ganz zu überspielen.

Die hier genannten Konzepte, die allesamt außerhalb der Klagelieder in der
exilisch-frühnachexilischen Literatur Schwerpunkte haben und zu den Restaurationsbemühungen in frühnachexilischer Zeit führen bzw. diese theologisch
überhaupt erst ermöglichen, haben z.t. ihre Spuren in den Klageliedern hinterlassen, z.t. waren Analogien in den Threni erkennbar. Die Klagelieder erweisen
sich damit als erstaunlich lebendige Theologie im Bemühen um eine Bewältigung
der Katastrophe.

Abbildungsverzeichnis

Abb. 1: Tonfigurine aus Ayia Irini (Zypern) (7. Jh. v. Chr.), entnommen aus: *Keel*, Jahwevisionen
(1977), 26 Abb. 9.
Abb. 2: Elfenbeinplatte aus Megiddo (Ausschnitt) (13. Jh. v. Chr.), entnommen aus:
Keel/Uehlinger, Göttinnen (⁴1998), Abb. 65 (Ausschnitt).

Bibliographie

Albertz, R., Religionsgeschichte Israels in alttestamentlicher Zeit (ATD.Erg 8/1), Göttingen
1992.
Ders., Die sozial- und religionsgeschichtlichen Folgen der Exilszeit, in: BiKi 55 (2000),
127–131.
Albrektson, B., Studies in the Text and Theology of the Book of Lamentations. With a Critical
Edition of the Peshitta Text (StThL 21), Lund 1963.
Barstad, H. M., The Myth of the Empty Land (Symbolae Osloenses Fasc. Suppl. 28), Oslo 1996.
Berges, U., Das Buch Jesaja. Komposition und Endgestalt (HBS 16), Freiburg u. a. 1998.
Ders., „Ich bin der Mann, der Elend sah" (Klgl 3,1). Zionstheologie als Weg aus der Krise, in:
BZ 44 (2000), 1–20.
Bergler, S., Threni V – Nur ein alphabetisierendes Lied? Versuch einer Deutung, in: VT 27
(1977), 304–320.
Boecker, H.-J., Klagelieder (ZBK.AT 21), Zürich 1985.

---

132 Ein erstes Anzeichen findet sich in Klgl 1,13, wo YHWH aus dem Himmel heraus agiert. Dort
heißt es ממרום „aus der Höhe" (Ps 18,17//2 Sam 22,17; bes. Ps 102,20 und Jer 25,30; Ps 144,7) und
nicht משמים (Ps 14,2; 33,13; 55,3; 57,4; 76,9; 80,15 und Klgl 3,41.44.50), was aber keinen signifikanten
Unterschied macht. Beide Wendungen werden synonym gebraucht. Vgl. zur „Himmelsflucht"
YHWHs auch 1 Kön 8,30.39.43.49; Jes 63,15//Ps 80,15; Jes 66,1; Ps 74,7, später dann Neh 9; Koh 5,1.

Brandscheidt, R., Gotteszorn und Menschenleid. Die Gerichtsklage des leidenden Gerechten in Klgl 3 (TThSt 41), Trier 1983.

Dies., Das Buch der Klagelieder (Geistliche Schriftlesung 10), Düsseldorf 1988.

Braulik, G., Deuteronomium 16,18 – 34,12 (NEB.AT 28), Würzburg 1992.

Ders., Das Deuteronomium und die Bücher Ijob, Sprichwörter, Rut. Zur Frage früher Kanonizität des Deuteronomiums, in: E. Zenger (Hg.), Die Tora als Kanon für Juden und Christen (HBS 10), Freiburg u. a. 1996, 61–138.

Dobbs-Allsopp, F. W., Weep, O Daughter of Zion. A Study of the City-Lament Genre in the Hebrew Bible (BibOr 44), Rome 1993.

Ders., The Syntagma of *bat* Followed by a Geographical Name in the Hebrew Bible. A Reconsideration of Its Meaning and Grammar, in: CBQ 57 (1995), 451–470.

Doeker, A., Die Funktion der Gottesrede in den Psalmen. Eine poetologische Untersuchung (BBB 135), Berlin 2000.

Donner, H., Jes LVI 1–7. Ein Abrogationsfall innerhalb des Kanons – Implikationen und Konsequenzen, in: J. Emerton (Hg.), Congress Volume Salamanca 1983 (VT.S 36), Leiden 1985, 81–95.

Duhm, B., Das Buch Jesaja (HAT), Göttingen ²1902.

Ebach, J., Die Niederlage 587/586 und ihre Reflexion in der Theologie Israels, in: Einwürfe 5 (1988), 70–103.

Ders., Fremde in Moab – Fremde aus Moab. Das Buch Ruth als politische Literatur, in: J. Ebach/R. Faber (Hg.), Bibel und Literatur, München 1995, 277–304.

Emerton, J., The Meaning of אבני־קדש in Lamentations, in: ZAW 79 (1967), 233–236.

Emmendörffer, M., Der ferne Gott. Eine Untersuchung der alttestamentlichen Volksklagelieder vor dem Hintergrund der mesopotamischen Literatur (FAT I/21), Tübingen 1998.

Fischer, I., Wo ist Jahwe? Das Volksklagelied Jes 63,7 – 64,11 als Ausdruck des Ringens um eine gebrochene Beziehung (SBB 19), Stuttgart 1989.

Fitzgerald, A., The Mythological Background for the Presentation of Jerusalem as Queen and False Worship as Adultery in the OT, in: CBQ 34 (1972), 403–416.

Ders., BTWLT and BT as Titles for Capital Cities, in: CBQ 37 (1975), 167–183.

Frevel, C., תן, in: ThWAT VIII (1995), 701–709.

Ders., Aschera und der Ausschließlichkeitsanspruch YWHWs. Beiträge zu literarischen, religionsgeschichtlichen und ikonographischen Aspekten der Ascheradiskussion (BBB 94/1 u. 2), Weinheim 1995.

Ders., Mit Blick auf das Land die Schöpfung erinnern. Zum Ende der Priestergrundschrift (HBS 23), Freiburg u. a. 2000.

Ders., Gott in der Krise. Antrittsvorlesung an der Universität Köln am 17.1.2001 (bis zur Drucklegung Internetquelle http://www.uni-koeln.de/phil-fak/kaththeol/antritt.html).

Galling, K., Das Gemeindegesetz in Deuteronomium 23, in: W. Baumgartner u. a. (Hg.), Festschrift Alfred Bertholet zum 80. Geburtstag, Tübingen 1950, 176–191.

Grabbe, L. L. (Hg.), Leading Capticity Captive. „The Exil" as History and Ideology (JSOT.S 278 = ESHM 2), Sheffield 1998.

Gross, H., Klagelieder (NEB.AT 14), Würzburg 1986, 3–42.

Groß, W., Das verborgene Gesicht Gottes. Eine alttestamentliche Grunderfahrung und die heutige religiöse Krise, in: P. Hünermann (Hg.), Gott – Ein Fremder in unserem Haus? Die Zukunft des Glaubens in Europa (QD 165), Freiburg u. a. 1996, 65–77.

Ders., Zorn Gottes. Ein biblisches Theologumenon, in: W. Beinert (Hg.), Gott. Ratlos vor dem Bösen? (QD 177), Freiburg u. a. 1999, 47 – 85.

Gwaltney, W. C., The Biblical Book of Lamentations in the Context of Near Eastern Lament Literature, in: W. Hallo (Hg.), Scripture in Context II. More Essays on the Comparative Method (PiTMon 34), Winona Lake 1983, 191 – 211.

Hartenstein, F., Jesaja 6 und der Wohnort JHWHs in der Jerusalemer Kulttradition (WMANT 75), Neukirchen-Vluyn 1997.

Hillers, D. R., Lamentations (AB 7 A), New York ²1992.

Höffken, P., Das Buch Jesaja. Kapitel 40 – 66 (NSK.AT 18/2), Stuttgart 1998.

Hossfeld, F.-L., Gottes Volk als „Versammlung", in: J. Schreiner (Hg.), Unterwegs zur Kirche. Alttestamentliche Konzeptionen (QD 110), Freiburg u. a. 1987, 123 – 142.

Ders., Das Prophetische in den Psalmen. Zur Gottesrede der Asafpsalmen im Vergleich mit der des ersten und zweiten Davidpsalters, in: F. Diedrich/B. Willmes (Hg.), Ich bewirke das Heil und erschaffe das Unheil (Jesaja 45,7). Studien zur Botschaft der Propheten. FS L. Ruppert (FzB 88), Würzburg 1998, 223 – 243.

Hossfeld, F.-L./Zenger, E., Die Psalmen I. Psalm 1 – 50 (NEB.AT 29), Würzburg 1993.

Dies., Psalmen 51 – 100 (HThKAT), Freiburg u. a. 2000.

Irsigler, H., Rezension von F. Hartenstein, Die Unzugänglichkeit Gottes im Heiligtum, in: ThLZ 125 (2000), 495 – 500.

Janowski, B., Keruben und Zion. Thesen zur Entstehung der Ziontradition, in: D. Daniels u. a. (Hg.), Ernten, was man sät. FS K. Koch, Neukirchen-Vluyn 1991, 231 – 264.

Ders., Die heilige Wohnung des Höchsten. Kosmologische Implikationen der Jerusalemer Tempeltheologie, in: O. Keel/E. Zenger (Hg.), Gottesstadt und Gottesgarten. Zur Geschichte und Theologie des Jerusalemer Tempels (QD 191), Freiburg 2002, 24 – 68.

Janssen, E., Juda in der Exilszeit (FRLANT 69), Göttingen 1956.

Japhet, S., The Temple in the Restoration Period. Reality and Ideology, in: USQR 41 (1991), 195 – 251.

Jones, D., The Cessation of Sacrifice after the Destruction of the Temple in 586 B.C., in: JThSt 14 (1963), 12 – 31.

Kaiser, O., Klagelieder (ATD 16/2), Göttingen ⁴1992.

Keel, O., Jahwevisionen und Siegelkunst. Eine neue Deutung der Majestätsschilderungen in Jes 6, Ez 1 und 10 und Sach 4 (SBS 84/85), Stuttgart 1977.

Ders., Die Welt der altorientalischen Bildsymbolik und das Alte Testament, Zürich u. a. ⁴1984.

Keel, O./Uehlinger C., Göttinnen, Götter und Gottessymbole. Neue Erkenntnisse zur Religionsgeschichte Kanaans und Israels aufgrund bislang unerschlossener Quellen (QD 134), Freiburg u. a. ⁴1998

Kellermann, U., Erwägungen zum deuteronomischen Gemeindegesetz Dt 23,2 – 9, in: BN 2 (1977), 33 – 47.

Kindl, E. M/Hossfeld, F.-L./Fabry, H.-J., קהל, in: ThWAT VII (1989), 1204 – 1222.

Klein, H., Die Aufnahme Fremder in die Gemeinde des Alten und Neuen Bundes, in: Theologische Beiträge 12 (1981), 21 – 34.

Knauf, E.-A., Wie kann ich singen im fremden Land. Die „babylonische Gefangenschaft" Israels, in: BiKi 55 (2000), 132 – 139.

Koenen, K., Ethik und Eschatologie im Tritojesajabuch. Eine literarkritische und redaktionsgeschichtliche Studie (WMANT 62), Neukirchen-Vluyn 1990.

Ders., Gottesworte in den Psalmen. Eine formgeschichtliche Untersuchung (BThS 30), Neukirchen-Vluyn 1996.

Konkel, M., Architektonik des Heiligen. Studien zur zweiten Tempelvision Ezechiels (Ez 40–48) (BBB 129), Berlin 2001.

Kraus, H.-J., Psalmen 60–150 (BK.AT XV,2), Neukirchen-Vluyn ⁵1978.

Ders., Klagelieder (Threni) (BK.AT XX), Neukirchen-Vluyn ⁴1983.

Lohfink, N., Der Zorn Gottes und das Exil. Beobachtungen am deuteronomistischen Geschichtswerk, in: R. G. Kratz u. a. (Hg.), Liebe und Gebot. Studien zum Deuteronomium (FRLANT 190), Göttingen 2000, 137–155.

Lohfink, N./Zenger, E., Der Gott Israels und die Völker. Untersuchungen zum Jesajabuch und zu den Psalmen (SBS 154), Stuttgart 1994.

Mayer, W., Politik und Kriegskunst der Assyrer (ALASP 9), Münster 1999.

Mettinger, T. N. D., The Dethronement of Sabaoth. Studies in the Shem and Kabod Theologies (CB OT 18), Stockholm 1982.

Metzger, M., Himmlische und irdische Wohnstatt Jahwes, in: UF 2 (1970), 139–158.

Ders., Königsthron und Gottesthron. Thronformen und Throndarstellungen in Ägypten und im Vorderen Orient im dritten und zweiten Jahrtausend vor Christus und deren Bedeutung für das Verständnis von Aussagen über den Thron im Alten Testament (AOAT 15/1), Kevelaer u. a. 1985.

Ders., Jahwe, der Kerubenthroner, die von Keruben flankierte Palmette und Sphingenthrone aus dem Libanon. Wer ist wie du, Herr, unter den Göttern? FS O. Kaiser, Göttingen 1994, 57–90.

Meyer, I., Klagelieder, in: E. Zenger u. a., Einleitung in das Alte Testament (Kohlhammer Studienbücher Theologie 1,1), Stuttgart ³1998, 430–435.

Miggelbrink, R., Der Zorn Gottes. Geschichte und Aktualität einer ungeliebten biblischen Tradition, Freiburg u. a. 2000.

Na'aman, N., No Anthropomorphic Graven Image, in: UF 31 (2000), 391–415.

Niehr, H., In Search of YHWH's Cult Statue in the First Tempel, in: K. van der Toorn (Hg.), The Image and the Book. Iconic Cults, Aniconism, and the Rise of Book Religion in Israel and the Ancient Near East (CBETh 21), Leuven 1997, 73–95.

Otto, E., שער, in: ThWAT VIII (1995), 358–403.

Ders., Das Deuteronomium. Politische Theologie und Rechtsreform in Juda und Assyrien (BZAW 284), Berlin u. a. 1999.

Perlitt, L., Die Verborgenheit Gottes, in: H.-W. Wolff (Hg.), Probleme biblischer Theologie. FS G. von Rad, München 1971, 367–382.

Ders., Anklage und Freispruch Gottes. Theologische Motive in der Zeit des Exils, in: ZThK 69 (1972), 290–30.

Preuß, H. D., Deuteronomium (EdF 164), Darmstadt 1982.

Provan, I. W., Feasts, Booths and Gardens (Thr 2,6a), in: ZAW 102 (1990), 254–255.

Ders., Reading Texts against an Historical Background. The Case of Lamentations 1, in: SJOT 5 (1990), 130–143.

Ders., Lamentations (The New Century Bible Commentary XVIII), London 1991.

Renkema, J., Klaagliederen (Commentaar op het oude Testament), Kampen 1993.

Ders., Lamentations (Historical Commentary on the Old Testament), Kampen 1998.

Reuter, E./Görg, M., Lade, in: NBL 2 (1995), 574–578.

Rösel, M., Adonaj. Warum Gott „Herr" genannt wird (FAT I/29), Tübingen 2000.

Rudolph, W., Die Klagelieder (KAT XVII 3), Gütersloh 1962.

Schäfer-Lichtenberger, C., „Sie wird nicht wieder hergestellt werden". Anmerkungen zum Verlust der Lade, in: E. Blum (Hg.), Mincha. FS R. Rendtorff, Neukirchen-Vluyn 2000, 229–241.

Scoralick, R., Trishagion und Gottesherrschaft. Psalm 99 als Neuinterpretation von Tora und Propheten (SBS 138), Stuttgart 1989.

Seybold, K., Die Psalmen (HAT I/15), Tübingen 1996.

Spieckermann, H., Heilsgegenwart. Eine Theologie der Psalmen (FRLANT 148), Göttingen 1989.

Ders., Stadtgott und Gottesstadt. Beobachtungen im Alten Orient und im Alten Testament, in: Bib. 73 (1992), 1–31.

Steck, O.-H., Der Abschluß der Prophetie im Alten Testament. Ein Versuch zur Frage der Vorgeschichte des Kanons (BThS 17), Neukirchen-Vluyn 1991.

Ders., Jes 60,13. Bauholz oder Tempelgarten?, in: ders., Studien zu Tritojesaja (BZAW 203), Berlin u. a. 1991, 101–105.

Ders., Studien zu Tritojesaja (BZAW 203), Berlin u. a. 1991.

Struppe, U., Exil. Krise als Chance, in: BiKi 55 (2000), 110–119.

Talmon, S., „Exil" und „Rückkehr" in der Ideenwelt des biblischen Israel, in: ders., Juden und Christen im Gespräch. Gesammelte Aufsätze Bd. 2, Neukirchen-Vluyn 1992, 61–82.

Uehlinger, C., Bilderkult. III. Bibel, in: RGG 2 (⁴1998), 1566–1570.

Ders., Vom Bilderkult zum Bilderverbot, in: WuB 4 (1999), 45–53.

Westermann, C., Das Buch Jesaja. Kapitel 40–66 (ATD 19), Göttingen ⁵1986.

Ders., Die Klagelieder. Forschungsgeschichte und Auslegung, Neukirchen-Vluyn 1990.

Wildberger, H., Jesaja. 3. Teilband: Jesaja 28–39. Das Buch, der Prophet und seine Botschaft (BK.AT X/3), Neukirchen-Vluyn 1982.

Willi-Plein, I., Warum mußte der zweite Tempel gebaut werden?, in: B. Ego u. a. (Hg.), Gemeinde ohne Tempel. Community Without Temple. Zur Erneuerung und Transformation des Jerusalemer Tempels und seines Kults im Alten Testament, antiken Judentum und frühen Christentum (WUNT 118), Tübingen 1999, 57–73.

Zimmerli, W., Ezechiel 1–24 (BK.AT XIII/1), Neukirchen-Vluyn ²1979.

Zwickel, W., Der salomonische Tempel (Kulturgeschichte der antiken Welt 83), Mainz 1999.

Zerstörung bewegt

Zur Spiritualität der Klagelieder Jeremias

Tribut den Opfern – nicht dem Terror*

Der Terroranschlag auf das World Trade Center am 11. September 2001 hat eine bisher unvorstellbare, neue Dimension der Gewalt und die Ohnmacht des Einzelnen sowie der gesamten Gesellschaft demgegenüber in der westlichen Welt deutlich werden lassen. Die Folgen dieses Ereignisses beschäftigen seitdem die Tagespolitik, eine Verarbeitung setzt nur langsam ein. Neben Wut und Aggression gegen die Täter dominieren – schaut man auf den Einzelnen – Entsetzen und Angst. Wenn auch das Wort von der Veränderung der Welt zu hoch gegriffen ist (nicht einmal nach der Sintflut verändert sich die Welt[1]), bewegt Zerstörung nach dem 11. September in ganz anderer und neuer Weise. Zerstörung bewegt – innerlich zunächst so, dass man nach außen schweigt und wie gelähmt auf das geschehene Unheil starrt. Dieses Verhalten ist ohne Zweifel angemessen, doch führt erstarrtes Schweigen nicht zur Bewältigung, Lähmung potenziert Fremde und das Verharren in Bewegungslosigkeit findet nicht aus der Agonie. Eine Bewältigung des Leids bleibt aus und ein Trauma bleibt zurück. Im Folgenden will ich zeigen, dass Gedenken ein Aspekt von Spiritualität sein kann, der hilft, im Leid zu bestehen, dass Erinnern – um es provokant zuzuspitzen – fromm macht und dass Beten Bewegung selbst da bedeutet, wo Gott ganz fern scheint. Indem ich auf diese (durchaus biblische[2]) Linie des Gedenkens und Erinnerns abhebe, verlasse ich zwar den unmittelbaren Bezug zum 11. September, bleibe aber in dessen Kontext. Welchen Beitrag kann die biblische Theologie zur Reflexion über diese Ereignisse leisten? Ich sehe in der Theologie des Gedenkens und der Erinnerung angesichts der Zerstörung von materieller und kollektiver Identität (Tempel und Nationalstaatlichkeit) die Möglichkeit des Anschlusses. Dabei ist das Moment, die

---

* Die im Folgenden in leichter Überarbeitung gebotene Vortragsfassung vom 5. November 2001 stand unter dem Eindruck der Ereignisse des 11. September 2001. Konzeption wie Titel des Vortrags waren zwar lange vorher geplant, haben jedoch eine ungeahnte Aktualität erlangt. Die Bezüge auf die aktuellen Ereignisse wurden daher mit Absicht in ihrer ursprünglichen Form belassen.

1 Vgl. dazu *Baumgart*, Umkehr (1999).

2 Zur anamnetischen Grundstruktur des Gedenkens vgl. *Fabry*, Gedenken (1983), 177–187; *Fabry*, Gedenken (1988), 141–154; *Eising*, זכר (1977), 571–593; *Görg*, Weg (1998), 23–32 und stellvertretend für viele Arbeiten von Jan Assmann: *ders.*, Gedächtnis (1992).

DOI 10.1515/9783110424386-008

Opfer nicht zu vergessen und ihr Leid nicht zu marginalisieren, ihnen Raum in der Erinnerung zu geben, sicherlich von besonderer Wichtigkeit und in den Klageliedern beispielhaft umgesetzt, doch geht es mir im Folgenden weniger um die prinzipielle Notwendigkeit des Gedenkens an Opfer und Leid, sondern um das Erinnern von positiven religiösen oder spirituellen Grunderfahrungen und ihrem Beitrag zur Bewältigung. Das Abheben auf „positive Grunderfahrungen" und das Stichwort „Bewältigung" lassen es notwendig scheinen, ein Missverständnis auszuschließen. Es geht mir nicht um ein rationales Verstehen des Leids, denn das drohte den Pranger der Theodizee nicht ernst nehmen zu wollen. Nur zu schnell gerät theologische Reflexion hier in den Verdacht, das Leiden zu bonisieren oder in ein pädagogisches Mittel umzuschmieden.[3] Doch all das kann Leiden nicht erklären, nicht verstehbar machen. Leid lässt sich nur bestehen, nicht vollständig verstehen. Die Last der Theodizee-Frage ist nicht wegzudenken. Trotzdem kann es umgekehrt nicht angehen, das Denken und die Reflexion über das Leid auszuschalten, denn letztlich ist Bewältigung kein verschweigendes Wegdrücken des Leids, sondern eine Form der verarbeitenden Vergegenwärtigung des Leids. So ist es einerseits richtig, wenn Hans Küng sagt, dass theologisches Denken angesichts des Leids „ein gescheites Argumentieren [ist], das dem Leidenden etwa so viel gibt, wie dem Hungernden und Dürstenden eine Vorlesung über Hygiene und Lebensmittelchemie"[4], doch zugleich ebenso falsch, denn ohne theologische Reflexion lässt sich die durch das Leid verursachte Krise ebenso wenig überwinden. Im Bestehen des Leids liegt auch ein Moment des Verstehens. Dennoch gilt dagegen grundsätzlich der von Markus Roentgen auf das inkommensurable Leiden der Schoa bezogene Satz: „Alles verstehen hieße alles verzeihen".[5]

Gedenken ist also sicher kein Patentrezept, Stimme in den verstummten, klanglosen Raum zu bringen und Sprachlosigkeit angesichts des Unfassbaren zu überwinden. Hier einen Automatismus anzunehmen, hieße den Opfern Hohn zu sprechen, hieße das Leid billigen, indem es als überwindbar karikiert wird. Gerade das will ich vermeiden, wenn ich heute den Fokus auf die Klagelieder Jeremias richte, die eine für Jerusalem unfassbare Zerstörung thematisieren und Sprachlosigkeit in zaghaftes Vertrauen zu wandeln suchen. Um noch ein Missverständnis auszuschließen: Gerade die Vergegenwärtigung vorgängiger Schuld und die Deutung katastrophaler Ereignisse als Strafe liegen in den Klageliedern nahe, wo die geschundene Stadt Jerusalem immer wieder die Schuld bei sich selbst sucht. Auch das ist Moment der Bewältigung und auch dieses will ich nicht einfach als

---

3 Zu den rationalen Modellen in der Theodizeediskussion *Kreiner*, Gott (1997).
4 *Küng*, Gott (1967), 18.
5 *Roentgen*, Prolegomena (1991).

Modell in die Neuzeit und Gegenwart übertragen. Es geht mir vielmehr um die Fassungslosigkeit, die im unvorstellbaren Leid um Worte ringt, schreit, anklagt und wie blind nach dem Gott tastet, der in die Finsternis geführt hat. Dabei verfolge ich die Spuren, die aus der als radikal erfahrenen Gottesferne wieder in eine Beziehung zu Gott führen. Wie tief sich Israel durch das als Handeln Gottes gedeutete politische Schicksal in die Verlassenheit gestürzt sieht, zeigt am deutlichsten das zweite Klagelied. Härter kann man Gott kaum anklagen. YHWH ist zum Feind geworden (Klgl 2,5), er wird als Mörder von Kindern und jungen Menschen angeklagt (2,4–6), ist fern und unerreichbar. Zion bleibt zurück in tiefster Verlassenheit – ist Gott-los geworden, einsam ohne Halt. Angesichts dieser Situation scheint die Frage nach der *Frömmigkeit* verfehlt, zumal wenn man den abgegriffenen Begriff von „fromm" im leicht pejorativen Sinn mit den Konnotationen „devot", „im Gottvertrauen ergeben" oder ähnliches damit meint. Vor dem intensiveren Blick auf die Spiritualität der Klagelieder ist also zunächst kurz danach zu fragen, was unter der mit Spiritualität gleichgesetzten Frömmigkeit verstanden werden soll.[6]

„Hältst du immer noch fest an deiner Frömmigkeit? Lästere Gott, und stirb!" (Ijob 2,9)

Nachdem Ijob alles verloren hat, seinen Besitz und seine Kinder, und er mit Geschwüren übersät ist, rät ihm seine Frau, endlich von diesem Gott zu lassen, der ihn so im Stich lässt. Doch Ijob widerstreitet der naheliegenden Verzweiflung und weist seine Frau zurück. Gehört also zur Frömmigkeit, sich zu fügen, demütig das Leiden von Gott anzunehmen? Ist Ijob *deshalb* „fromm"?

Frömmigkeit im strengen Sinne ist eigentlich kein biblischer, zumindest aber kein alttestamentlicher Begriff – ebenso wenig wie der partiell synonyme Modebegriff „Spiritualität". Weder gibt es für das Adjektiv „fromm" noch für das Substantiv „Frömmigkeit" ein hebräisches Äquivalent. Schaut man in die Einheitsübersetzung, dann sind es vor allem zwei semantische Felder, die mit den Derivaten von „fromm" verbunden werden: תם und חסד. תם heißt so viel wie „vollkommen sein" und חסד bezeichnet als Nomen ein breit gestreutes Feld, das

---

6 Mir ist bewusst, dass hier nur ein verkürzter Begriff von Spiritualität zum Tragen kommt. Vgl. zur Übersicht *Sudbrack*, Geist (1999); *Sudbrack*, Spiritualität (2000), 852–860; *Berger*, Spiritualität (2000); *Marböck*, Spiritualität (2000), 46–54.

von „Liebe" über „Barmherzigkeit" hin zur „Gnade" reicht. Das Adjektiv חסיד drückt dann tatsächlich eine Haltung aus, die dem mit dem Nomen Bezeichneten entspricht, wird aber in diesem direkten Sinne nicht gebraucht. Personen werden nicht adjektivisch als חסיד bezeichnet, um auszusagen, dass sie „fromm" seien. Dass diese Übersetzung nicht ganz treffend ist, zeigt etwa eine Stelle wie Ps 18,26/ 2 Sam 22,26, wo beide Lexeme verbal auf Gott angewandt werden. Es heißt dort:

> An dem חסיד erweist du dich liebreich (תתחסד)
> und an dem vollkommenen Mann handelst du vollkommen (עם־גבר תמים תתמם)

Ähnlich wird in Ps 145,17 YHWH vom Beter als חסיד bezeichnet und Jer 3,12 sagt er sogar von sich selbst: „Ja, ich bin gnädig (חסיד), ich werde nicht für immer festhalten am Zorn". Da für uns „fromm" eine Haltung gegenüber Gott darstellt, ist hier eine Übersetzung mit „fromm" ausgeschlossen. חסיד kann zumindest nicht „fromm" in unserem, seit dem 19. Jh. dominierenden Sinne einer Gott zugewandten Innerlichkeit meinen.[7] Im Hebräischen bringt חסיד eine Haltung zum Ausdruck, die aufgrund eines besonderen Verhältnisses zu Gott zu einem Handeln in Barmherzigkeit, Liebe, Gnade führt. Das wird vor allem an den Stellen deutlich, wo חסיד im Plural zur Bezeichnung einer YHWH besonders nahestehenden Gruppe von Erwählten, seinen – wie die Übersetzungen uns nahelegen – Frommen gebraucht wird. Es sind diejenigen, die YHWH-gemäßer handeln und deshalb hoffen, von ihm bevorzugt zu werden. Als Gruppenbezeichnung taucht חסידים vor allem in nachexilischen Psalmen auf.[8] Die חסידים sind der YHWH-treue und von ihm besonders in Schutz genommene Teil Israels, die Vorläufer der in den Makkabäerbüchern erwähnten Hasidäer, die wiederum als Vorläufer sowohl der Pharisäer als auch der Essener gesehen werden.[9]

Versteht man „Frömmigkeit" allgemeiner als gläubige Grundhaltung vor Gott, dann füllt das Alte Testament dies mit den Begriffen „Gottesfurcht", „Gerechtigkeit", „Barmherzigkeit", „Liebe", „Vollkommenheit", „Treue", „Vertrauen" und dem dementsprechenden Handeln. Es ist also keine Form reiner Innerlichkeit, die ohne Bezug auf das Handeln oder ohne soziale Dimension wäre, sondern als Haltung Ausdruck des gesamten Verhaltens gegenüber Gott. In diesem Sinn ist Ijob ohne Zweifel fromm, da er die „fromme" Grundhaltung exemplarisch auch im schlimmsten Leid durchhält. Aber lässt sich die paradigmatische Figur Ijob ein-

---

7 Vgl. zur Begriffsgeschichte *Auer*, Frömmigkeit (1960), 400–403; *Kehl*, Frömmigkeit, (1995), 166–171.
8 Ps 4,4; 12,2; 16,10; 18,26; 30,5; 31,24; 32,6; 37,28; 43,1; 50,5; 52,11; 79,2; 85,9; 86,2; 89,20; 97,10; 116,15; 132,9.16; 145,10.17; 148,14; 149,1.5.9.
9 Zur Problematik *Maier*, Testamenten (1990), 267.

fach als Modell übertragen? Oder anders formuliert und auf die Klagelieder bezogen: Ist angesichts der tiefen Gottverlassenheit in der Katastrophe des Untergangs Jerusalems überhaupt noch eine gläubige Grundhaltung vor Gott durchzuhalten? Frömmigkeit setzt eine Form *gelungener Kommunikation* zwischen dem Frommen und Gott voraus. Ist demnach aus dem Vertrauensverlust, der in der Situation der Klagelieder liegt, wieder hin zu einer Kommunikation mit Gott zu finden? Lässt sich die Katastrophenerfahrung theologisch verarbeiten und wenn ja, wie?

Geläufig ist die Annahme, dass der theologischen Bewältigung eine personale Beziehung zu Gott vorausgehen muss. So schreibt beispielsweise Johann Baptist Metz: „Die Rede über Gott stammt allemal aus der Rede zu Gott, die Theologie also aus der Sprache der Gebete"[10]. Das ist unzweifelhaft richtig, doch nicht absolut zu setzen. Ich möchte an den Klageliedern aufzeigen, dass gerade auch die umgekehrte Richtung Gültigkeit hat, dass nämlich die theologische Reflexion die Gottferne zum Gebet hin überwindet. Zuvor aber sind die Threni, die fünf Klagelieder, näher in den Blick zu nehmen.[11]

„Dein Zusammenbruch ist groß wie das Meer" – Hinführung zu den Threni

Auslöser für die Entstehung der Klagelieder war die politische und religiöse Katastrophe des Untergangs des Staates Juda, die 587 v.Chr. in der Eroberung Jerusalems gipfelte. Vermutlich in der Hoffnung auf den Beistand des starken außenpolitischen Nachbars Ägypten stellte König Jojakim 597 die Tributzahlungen an die Großmacht Babylon ein. Nebukadnezzar II. reagiert unmittelbar mit einer Strafaktion gegen Jerusalem. Kurz darauf, am 16. März 597, kapituliert der während der Belagerung inthronisierte Nachfolger Jojachin, um eine Brandschatzung des Tempels zu verhindern. Die Folge ist eine erste Plünderung des Tempels (vgl. 2 Kön 24,13; Jer 27,16–22). Zidkija, der Onkel des nach Babylon deportierten Jojachin, wird von den Neubabyloniern zum König eingesetzt und bleibt 10 Jahre König in Jerusalem. Aber auch Zidkija macht im Vertrauen auf die Hilfe Ägyptens außenpolitische Fehler, indem er die Loyalität zu den Neubabyloniern aufgibt. Am Ende der daraus resultierenden, anderthalbjährigen Belagerung schlagen die

---

10 *Metz*, Rede (1995), 54.
11 Zur Einführung in die Klagelieder und ihre Entstehung vgl. *Kaiser*, Klagelieder (⁴1992); *Berges*, Klagelieder (2002). Zu meiner eigenen Position zur Entstehung der Klagelieder vgl. *Frevel*, Zier (2002), 99–153 sowie *Frevel*, Gott (2001).

Babylonier eine Bresche in die Stadtmauer, stellen Zidkija auf der Flucht im Jordantal und blenden ihn, nachdem er die Tötung seines Hofstaates mit ansehen musste. Dieses Ereignis datiert auf den neunten Tag des vierten Monats des 11. Jahres Zidkijas.[12] Die Stadt wurde eingenommen, Palast und Tempel geplündert und den Flammen übergeben und die „oberen Zehntausend" exiliert. Das Land und vor allem die Stadt Jerusalem blieben ohne politisch stabile Strukturen zurück: Elend, Hunger und Tod waren die Folge. Theologisch bedeutete der Untergang den Zusammenbruch der Zionstheologie, die den erwählten Wohnsitz Gottes für uneinnehmbar gehalten hatte. YHWH, der Staats- und Nationalgott Judas, der das Königtum und die Stadt Jerusalem unter seine besondere Obhut gestellt hatte, war als Schutzgott gescheitert, den mächtigen neubabylonischen Göttern unterlegen. Sein Heiligtum war zerstört – sein Kult nahezu vollständig zusammengebrochen. Kein Zweifel, damit war auch Gott in eine Krise geraten. Dass so die dunkelsten Vorhersagen der vorexilischen Gerichtsprophetie eingetroffen waren, Gottes Zorn werde Juda wegen des Götzendienstes strafen, verschärft nur das Problem: Gott ist sogar verantwortlich für das Desaster – seine Krise selbst verursacht.[13]

In die Situation der Not, Angefochtenheit und des ausbleibenden Heils hinein klagen die Threni. Das erste Lied stellt mit dem Eingangsbild der Witwe, die einsam und verlassen dasitzt (Klgl 1,1), Jerusalem ins Zentrum. Die Stadt ist ohne Tröster (1,2.9.16.17.21), sie weint bitterlich wegen des Leides, das ihr YHWH zugefügt hat (1,5.12f.17.22). Sie schreit zu YHWH, er möge ihre Verachtung zur Kenntnis nehmen (1,9.11), konstatiert ihre grenzenlose Trauer (1,16), aber auch – vor allem im ersten Lied – ihre tiefe Schuld. Immer wieder reißt die geschundene Witwe das klagende Wort an sich und bekennt freimütig ihre Sünden und Vergehen (1,5.8.14.18.20.22). Die Deutung, das Leid als von YHWH auferlegte Sündenstrafe zu verstehen, führt in die Gerichtsdoxologie: „YHWH ist gerecht" (1,18). Gott wird entlastet – Jerusalem bleibt als Sünderin heillos.

Das zweite Lied hämmert dagegen mit massiven Vorwürfen die Verantwortung Gottes für die Katastrophe ein: Sein Zorn war maßlos, er hat die Erwählung Zions zurückgenommen (2,1), ist zum Feind geworden (2,5), hat gemordet (2,4), ohne Erbarmen (2,2) verworfen (2,7), vernichtet (2,5.6) und dem Feind ausgeliefert (2,7), so dass Mütter sogar gezwungen waren, ihre eigenen Kinder zu verzehren (2,20). Die Grausamkeit dieses Gottes scheint nicht mehr steigerbar. So lässt das zweite

---

12 Vgl. dazu die Darstellung bei *Donner*, Geschichte (²1995), 373.
13 Vgl. dazu und zu dem Folgenden ausführlicher *Frevel*, Gott (2001). Hier beschränke ich mich auf Klgl 1–3, da – nimmt man die Threni als Buch wahr – die entscheidende Wende in Klgl 3 stattfindet.

Lied einen beschädigten Gott zurück, einen Gott, dem Jerusalem nicht mehr über den Weg traut, und dem man nur noch bedingt zutraut, die desolate Situation zu verändern. YHWH wird in Klgl 2 lediglich vorwurfsvoll angegangen: Blick genau hin, wem hast du solches angetan? (2,20). Selbst Ps 88, der als der dunkelste Psalm des Psalters gilt, kommt nicht ohne eine an YHWH gerichtete Bitte aus.[14] Hier jedoch reicht das Vertrauen dafür nicht mehr aus, sondern nur noch für die Aufforderung, das Gebet um der Kinder Willen an Gott zu richten (2,19): *Gott ist in der Krise.*

Im dritten Lied scheint der Kontext der Zerstörung Jerusalems verlassen. Ein einzelner Sprecher klagt über das ihm von Gott zugefügte Leid. In der Schilderung der äußersten Anfechtung schlägt die Stimmung plötzlich um und der Beter erinnert sich der nie endenden Gnadengaben YHWHs, die ihm neue Hoffnung geben (V. 22f). Es folgt eine lehrhafte Passage (V. 26 – 39), in der zur Duldung des Leidens aufgefordert und resümiert wird, dass die Strafe Gottes Grenzen kennt und sein Erbarmen überwiegt. Unerwartet übernimmt nach der weisheitlichen Lehre ab V. 41 ein Kollektiv die Führung. Nach dem vorangestellten Sündenbekenntnis schlägt das Bittgebet erneut in bittere Anklage um. Gott habe erbarmungslos gemordet, sich jedem Bittgebet verweigert und die Erwählung revoziert. Nach diesem kurzen kollektiven Einschub stimmt der Mann aus V. 1 intensiv in die Klage ein „bis YHWH vom Himmel her sieht" (3,50). Erneut berichtet er von seiner Not und Bedrängnis, jetzt aber vor allem von der Errettung vor seinen Feinden. Sein Rufen aus der Nähe des Todes habe YHWH erhört und zu ihm gesprochen: „Fürchte dich nicht" (3,57). Das begründet die Zuversicht, dass YHWH den Feinden vergelten wird, sie zur Rechenschaft für ihr Vernichtungshandeln ziehen wird (3,64 – 66). Damit endet das dritte Lied. Gott wird – in der Sicht des einzelnen Sprechers – wieder zugetraut, Gerechtigkeit herzustellen, indem er den Feinden vergelten wird. Die Sünden des Kollektivs wie auch das ungerechte Handeln der Feinde, die hier nicht als Strafwerkzeug YHWHs auftreten, entlasten Gott in seiner Verantwortung für die Nöte der Beter. Die Krise Gottes scheint trotz der aufrechterhaltenen Anklage abgemildert. Im Gebet ist also etwas passiert, doch wie hat der Beter zu einem Vertrauen zu Gott zurückgefunden?

---

14 Ps 88,2f, vgl. zu einer Umorientierung in der Interpretation des bei genauerem Hinsehen gar nicht mehr so dunklen Psalms, der argumentativ auf das Eingreifen Gottes zielt: *Janowksi*, Toten (2001), 3 – 45.

Anklage als Gebet – Die Erfahrung tiefster Gottferne in Klgl 2 hat ihr eigenes Recht

Blicken wir zunächst noch einmal auf die Ausgangssituation: Der Untergang des Staates, der Stadt und des Tempels ist eine Maximalkatastrophe, verbunden mit kaum fassbarem Leid und einem erheblichen Vertrauensverlust gegenüber Gott. Seine Strafgerechtigkeit gegenüber Zion ist eine offene Flanke, die in Klgl 2 die Anklage Gottes verschärft. Nur wenige Psalmen wagen sich in der anklagenden Schilderung göttlichen Verhaltens so weit vor.[15] Ganz bewusst scheint Klgl 1 im Entstehungsprozess der Klagelieder bzw. in deren Komposition dem negativen Höhepunkt als hermeneutisches Tor vorgeschaltet zu sein. Damit wird die harte Anklage zwar etwas abgemildert, aber nicht illegitim. Klgl 2 wird nicht ersetzt, sondern durch Klgl 1 interpretiert.[16]

Es zeichnet die biblische Spiritualität aus, dass sie gerade der Klage breiten Raum lässt und auch die Anklage Gottes nicht ausspart. Durch die Vorschaltung von Klgl 1 wird Gott entlastet, insofern das Gericht als Folge des *eigenen* Fehlverhaltens (vgl. bes. V. 18, aber auch V. 5.8.20.22) gedeutet wird. Aber so leicht lässt sich Gott nicht immunisieren. Am Ende des zweiten Liedes bleibt er als beschädigter Gott zurück – hart, unnahbar und ein nicht mehr verlässlicher Partner. Der Vertrauensverlust ist nicht mehr steigerbar, Gott ist in die finstere Ferne gerückt. Unweigerlich brechen in dieser Krise Gottes implizite Fragen auf: Ist Gott wirklich gut und will er das Gute? Hat er überhaupt die Macht, das Gute zu wollen? Wenn er die Macht hat und das Gute will, warum verursacht er das unmäßige Leid? Die Theodizeefrage wird zwar in Klgl 2 nicht wie im Ijob-Buch in der Anklage explizit gemacht, steht aber im Raum und der Vertrauensverlust muss überwunden werden. Wie kann ein Gott, der selbst in der Krise ist, wieder ein Gott werden, der in der Krise *da ist?* Eine einfache Lösung ist angesichts der Tiefe des Leids für das Kollektiv jedenfalls verwehrt.

Ein Moment des Neuansatzes ist die Einführung einer neuen Sprecherperson mit der Selbstvorstellung: „Ich bin der Mann, der Leid gesehen hat durch den Stab seines Zorns." Gemeint ist genau der YHWH-Zorn, über den zuvor Zion in die verzweifelte Klage geführt hat. Natürlich stellt sich die Frage, wer dieser Mann ist.

---

15 Das unterschätzt Bieberstein, wenn er erst in den Psalmen zaghaft die Grenze überschritten sieht, „YHWH offen des Unrechts zu zeihen" (12), und in den Klageliedern die Reflexion noch ausschließlich auf das Fehlverhalten des Volkes enggeführt sieht (*Bieberstein*, Leiden [2001], 12).
16 Vgl. *Kaiser*, Klagelieder (⁴1992), 118.

Gebet als Reflexion – Funktion und Bedeutung von Klgl 3

Für die LXX ist der Beter durch die vorgeschaltete Einleitung eindeutig der Prophet Jeremia, und diese Lösung ist wegen der Anspielung auf die Zisterne (3,55, vgl. Jer 38,6–13) und vielem anderem nicht völlig abwegig. Doch anders als die Überlieferung der griechischen Bibel identifiziert die hebräische Texttradition den Mann nicht mit dem Propheten, so dass die kritische Exegese seit Wiesmann, der 1954 als letzter die historische Autorschaft Jeremias vertrat, die Identität des Mannes nicht mehr im Propheten Jeremia sucht.[17] Die Bandbreite der Vorschläge ist beeindruckend: Sie reicht von einem ungenannten Propheten über einen Einwohner Jerusalems bis hin zu historischen Personen wie König Zidkija.[18] Jüngst hat Ulrich Berges einen älteren Vorschlag erneuert und den Sprecher von Klgl 3 mit Frau Zion identifiziert, „die in dieser Rolle zum Ideal-Typus des Beters wird, der JHWHs Strafe im Wissen um die eigene Schuld erträgt und so Hoffnung auf Gottes erneutes Eingreifen für sich und andere schöpft".[19] Obwohl die Bezüge zwischen der Klage des Mannes und der Klage Zions auffallen, meine ich, dass diese These sich nicht durchhalten lässt. Das gewichtigste Argument ist der Wechsel des Geschlechtes, denn Frau Zion wird sonst nie als Mann personifiziert und redet in Klgl 1 und 2 als Witwe.[20] Ferner kann in V. 51 nicht Jerusalem von den „Töchtern *meiner Stadt*" reden. Hier muss Berges zu dem Kunstgriff Zuflucht nehmen, dass jetzt plötzlich doch nicht mehr Zion, sondern ein Einzelner spricht. Ich möchte deshalb bei der etablierten Annahme bleiben, bei dem „Mann" von Klgl 3,1 handele es sich um einen paradigmatischen Beter im Rahmen der frühnachexilischen Rollendichtung. Der Mann legt sein Leiden und den Umgang damit als Paradigma vor, wird dann aber – und dieses Moment scheint mir bisher zu wenig beachtet – in das Geschehen der Klage hineingezogen. Es ist also eine literarische, keine historische Figur. Jegliche Suche nach einer Identifizierung mit dem *historischen* Jeremia, den Königen Zidkija oder Jojachin geht fehl. Die Annahme einer Rollendichtung widerstreitet allerdings keinesfalls der Annahme, der Prophet Jeremia könnte als dieses literarische Paradigma fungieren.

Zwar sind die Klagelieder durch eine Vielfalt von Sprecherpersonen ausgezeichnet, doch ist trotzdem durch die betonte Voranstellung des „Ich bin der Mann, der Leid gesehen hat durch den Stab seines Zorns" eine Einführung einer

---

17 Vgl. neben vielen Vorarbeiten *Wiesmann*, Klagelieder (1954).
18 Vgl. dazu zuletzt den Überblick von *Berges*, Mann (2000), 10–12.
19 *Berges*, Mann (2000), 10–12.
20 Vgl. dazu den Überblick von *Hermisson*, Frau Zion (1997), 19–39.

„neuen Person" gegeben, die einen Neueinsatz im „Geschehen" markiert. Diese Feststellung ist unabhängig von der Frage, ob der Sprecher von Klgl 3,1 identisch ist mit der ersten Person, die in Klgl 2,11.13 in der 1. Person Singular auftritt. Durch die Selbstvorstellung wird ein Moment des Neuansatzes erreicht. Nachdem Jerusalem ausgiebig geklagt hat, wird ein Beter eingeführt, der über sein Leid in traditioneller Psalmensprache klagt. Die Klage – und das ist das auf den ersten Blick so verstörende Moment – nimmt in keiner Weiser auf die Zerstörung Jerusalems Bezug. Erst sehr spät kommt Jerusalem am Rande in den Blick. Gerade der erste Klageteil ist durch andere Bilder bestimmt. Es sind Bilder der Finsternis und Bedrängnis, Krankheit und Erschöpfung. Der Beter fühlt sich ausgesetzt (V. 14), im Stich gelassen, angegriffen, vom Zorn Gottes ungerechtfertigt erdrückt. Man kann keine konkrete Situation des Beters ausmachen, vielmehr scheint hier paradigmatisch vom Leiden des Einzelnen an Gottes Handeln die Rede zu sein. Das Leiden wird dabei nicht als Probe oder als Last des Frommen überhöht, sondern *die Theodizee* steht als Problem erkennbar im Hintergrund.

Gerade der fehlende Bezug zur Zerstörung Jerusalems hat die Forschung auf der Suche nach dem Ort von Klgl 3 verwirrt. Oft wurde Klgl 3 deswegen und wegen der strengen akrostichischen Form abgewertet. Für Karl Budde war es sogar nur noch „ganz sekundäre Epigonenarbeit".[21] Einen gattungsgeschichtlichen Ausweg sah man in der Unabhängigkeit von den übrigen Liedern und der Annahme, Klgl 3 entstamme einem kultischen Kontext. Für Claus Westermann stellt Klgl 3 einen Fremdkörper dar. Er spricht von einem „problematischen Verhältnis" von Klgl 3 zu den anderen Liedern[22] und nimmt das zentrale Lied vor allem als formgeschichtliches Konglomerat von Einzelteilen wahr, das aufgrund der akrostichischen Form nur als eine literarische Einheit scheint, letztlich aber keine solche darstellt, sondern selbst so etwas wie eine „kleine Psalmensammlung" darstellt.[23] Für ihn stellt Klgl 3, dessen Aussage er von dem Bruchstück der V. 26–41 her bestimmt, eine „bewußte Korrektur aus späterer, nachexilischer Zeit"[24] dar, in der der theologische Wert der Klage bestritten werde und „zu einer Haltung demütigen Ausharrens im Leid"[25] aufgefordert werde. Der Verfasser von Klgl 3 verdrehe den ursprünglichen Sinn der Zusammenstellung von Klgl 1.2.4.5. Gerade das dritte Lied reagiert aber auf seinen Kontext. So liegt die These näher, dass Klgl 3 für seinen Kontext geschaffen worden ist, dass es auf die anderen Lieder reagiert und bewusst in ein Gespräch vor allem mit den ersten beiden Liedern tritt. So beginnt

---

21 *Budde*, Klagelieder (1898), 98.
22 *Westermann*, Klagelieder (1990), 181.
23 *Westermann*, Klagelieder (1990), 159.
24 *Westermann*, Klagelieder (1990), 159.
25 *Westermann*, Klagelieder (1990), 160.

schon der erste Vers mit einem Rückverweis auf den zuletzt in Klgl 2 genannten YHWH:

> Ich bin der Mann, der Leid gesehen hat, durch den Stab <u>seines</u> Zorns.

Es ist klar, dass hier der im vorangehenden Vers in Klgl 2,22 genannte Zorn YHWHs gemeint ist[26] und dass damit das dritte Lied explizit an das zweite anknüpft. Auch macht die Selbstvorstellung deutlich, dass wir es wohl nicht mit der Form des Bittgebetes zu tun haben.

In dem weisheitlichen Kommentar in Klgl 3 wird an den „Mann" die Empfehlung ausgegeben (Klgl 3,27 f):

> Gut ist es für den Mann, dass er in seiner Jugend ein Joch trägt.
> Er sitze einsam da und schweige, wenn es ihm auferlegt wurde.

Die Semantik weist hier eindeutig darauf hin, dass auf Zion im ersten Kapitel angespielt wird. Jerusalem wurde im Eingangsvers mit genau den gleichen Worten beschrieben.

> Sie sitzt einsam da, die einst so volkreiche Stadt (1,1).

Auch war es Jerusalem, die in 1,14 klagte:

> Angebunden ist das Joch meiner Sünden, durch seine Hand verknotet.

Der Eindruck, dass Klgl 3 in einem Gespräch mit den ersten beiden Klageliedern steht, wird bestätigt, wenn man sich die Klage des Einzelnen über Jerusalem in V. 48 – 51 anschaut.

> Wasserbäche lässt mein Auge fließen, wegen des Zusammenbruchs meines Volkes.
> Mein Auge ist ausgegossen und beruhigt sich nicht; es ist ohne Nachlassen,
> bis er schaut, und YHWH vom Himmel her sieht.
> Mein Auge tut mir etwas an, wegen all der Töchter meiner Stadt.

---

26 Zwar scheint grundsätzlich möglich, dass die Referenz auch ohne den Bezug auf Klgl 2,22 verständlich ist. So *Westermann*, Klagelieder (1990), 140, der darauf verweist: „Von Gott ohne Namensnennung nur in der 3. Person zu reden, ist in später hebräischer Literatur üblich". Dem ist jedoch entgegenzuhalten, dass dies zum Beginn eines vermeintlich selbständigen Liedes ungewöhnlich ist.

Auch hier wird eindeutig auf Zion angespielt, von der es in Klgl 2,11 ebenfalls hieß:

> Meine Augen schwanden wegen der Tränen dahin, es gärte mein Inneres,
> ausgeschüttet auf die Erde war meine Leber
> wegen des Zusammenbruchs der Tochter meines Volkes.[27]

Und in 2,18 f wurde Zion aufgefordert:

> Lass Tränen herabfahren wie einen Bach, Tag und Nacht.
> Lass nicht zu, dass es aufhört, bring deinen Augapfel nicht zum Schweigen.
> Steh auf, klage bei Nacht, zu Beginn der Nachtwache,
> gieße aus wie Wasser dein Herz vor dem Angesicht des Herrn.

Schließlich scheint die zweimalige Aussage des Beters, er sei zum Spottlied geworden (Klgl 3,15.62 f), auch auf den Spott der an Jerusalem Vorüberziehenden in Klgl 2,15 f anzuspielen. Damit liegt die auch von anderen bereits geäußerte These, Klgl 3 sei für seinen Kontext geschaffen worden, näher als die gegenteilige Annahme, Klgl 3 sei unabhängig von seinem Kontext zu lesen.[28] Welchen Sinn die Bezüge zwischen Klgl 3 und den ersten beiden Liedern haben, soll im Folgenden erläutert werden.

Das dritte Lied ist nicht Flickwerk oder kultisches Konglomerat, sondern eine für den Kontext geschaffene Komposition. Klgl 3 ist keine Kultdichtung, sondern eine Kunstdichtung, die sich im Kontext der in den ersten beiden Liedern geäußerten Klage um Bewältigung bemüht. Dabei ist Klgl 3 *nicht* – wie von Renate Brandscheidt vorgeschlagen – als „Gerichtsklage des leidenden Gerechten" zu bestimmen. Nach dieser Ansicht geht es in Klgl 3 nicht mehr um die klagende Vergegenwärtigung des Gottesgerichtes, sondern um die Bewältigung, der (den Glaubensvollzug belastenden) Leiderfahrung des Frommen. Seine Demut und die Duldung des Leidens werden zum Beispiel für die Vielen: „Der wahrhaft Fromme nach 586 v. Chr. klagt nicht über Jahwe, sondern über seine Sündenschuld und damit zusammenhängend über das Versagen des Gottesvolkes, zu dem er gehört und an dessen Starrsinn er Anteil gehabt hat".[29] Durch die Einfügung von Klgl 3 in das Zentrum der Komposition werde eine neue Kategorie des Leidens eingeführt. Während die übrigen Klagelieder vom Leiden am Gerichtszorn YHWHs ausgingen, gehe es in Klgl 3 um Leiden, „die als Folgen des Gerichtes auch der Umkehrwillige

---

27 שבר בת־עמי ist wohl semantisch identisch mit שבר עמי, findet sich so noch in 4,11.
28 Vgl. u. a. *Brandscheidt*, Gotteszorn (1983); *Brandscheidt*, Herz (1988), 236–245; *Brandscheidt*, Buch (1988).
29 *Brandscheidt*, Buch (1988), 242.

aufgrund seiner Zugehörigkeit zu einem sündigen Volk ertragen muß".[30] „Im Horizont der Volksgeschichte wird die persönliche Leiderfahrung des גבר neu geortet, so wie die persönliche Sicht des göttlichen Zornhandelns im Bedenken des göttlichen Wesens korrigiert wird".[31] Dabei stehe der paradigmatische Gerechte in der Linie des prophetischen Mittlers und werde dem Volk als Beispiel vorgehalten. Das Volk solle wie der Beter das Leiden in frommer Passion erdulden und es als Strafe für seine Sünden demütig annehmen. Darin steht für Brandscheidt der leidende Gerechte in einer Linie, die bei dem neutestamentlichen Gottesknecht endet, „der Gott die Frage der Überwindung aller Widrigkeiten dieser Welt abringt".[32]

Die Interpretation Brandscheidts ist zwar in den Grundzügen richtig, aber doch in Bezug auf den Umgang mit dem Leid des Volkes wie auch im Umgang mit Gott zu glatt. Zu wenig berücksichtigt diese Interpretation, dass gerade das belehrende Zentrum des Liedes nicht nur Aussagen über die Duldung des Leids findet, sondern in gleichem Maße gewichtige Aussagen über Gott und sein Verhältnis zum Bösen macht. Die *Theodizee* spielt in Klgl 3 eine viel größere Rolle als Brandscheidts Modell es zulässt. Schließlich wird durch das Beispiel des Mannes die Klage als legitime Glaubensäußerung gegenüber Gott keinesfalls in Frage gestellt, sondern behält auch nach Klgl 3 ihr volles Recht. Das zeigt wiederum die Passage, in der der Mann, der übrigens nirgendwo im dritten Lied als sündlos oder gerecht bezeichnet wird, in die Klage des Volkes miteinstimmt und YHWH an seine vergangene Heilstat erinnert. Entscheidend ist nun, dass diese Klage sich vom Leid anderer affiziert weiß, der „Mann" betroffen ist und deshalb an Stelle des Volkes mit seinem Vertrauenspotential auf das Eingreifen Gottes vertraut und sich an YHWH wendet. Der Klagende ist *Paradigma und Mittler zugleich*. Seine Gotteserfahrung dient als Basis für das Vertrauen, dass YHWH die Bitte um das Ende der Strafe und die Vergeltung der Feinde einlösen wird.

Die Defizite deuten an, dass meines Erachtens Klgl 3 als theologisches Lehrstück zu deuten ist, das mit den Mitteln der Gebetssprache einen Disput entfaltet, der das in Klgl 2 aufgegipfelte Problem des Gerichtshandelns YHWHs zu lösen sucht. Otto Kaiser hat das treffend die „demonstrative Reflexion über den Grund der Hoffnung" genannt.[33] Ich möchte das unter die drei Schlagworte fassen: Rechtfertigung Gottes, Rechtfertigung der Klage und Bewältigung des Vertrauensverlustes. Die Eckpunkte dieser Interpretation möchte ich im Folgenden an einem erneuten, wiederum selektierenden Durchgang verdeutlichen.

---

30 *Brandscheidt*, Gotteszorn (1983), 229 f.
31 *Brandscheidt*, Gotteszorn (1983), 233.
32 *Brandscheidt*, Gotteszorn (1983), 352.
33 *Kaiser*, Klagelieder (⁴1992), 155.

Rechtfertigung Gottes und Rechtfertigung der Klage – Ein Versuch zum Verständnis von Klgl 3

In den ersten 18 Versen berichtet der Mann in traditioneller Psalmensprache bildreich über sein leidvolles Schicksal. Gott hat an ihm als Einzelperson mit gleicher Härte gehandelt wie an Jerusalem: Er treibt in die Finsternis (3,2.6), macht körperlich krank (3,4), wird zum Feind (3,9f) und verweigert sich dem Bittgebet, so dass der Betroffene aufzugeben droht. Sein Fazit in V. 18 lautet: „Ich sagte: ‚Vernichtet ist meine Zeit (wörtl. Dauer) und mein Hoffen auf YHWH‘".[34] Dennoch gibt er sich *nicht* der Hoffnungslosigkeit preis, sondern müht sich ab in der Reflexion, d.h. er treibt „Theologie"! Zuerst erkennt er V. 19, dass das Erinnern des eigenen Leids „Gift" ist, ihn immer noch tiefer hinabzieht. V. 20 beschreibt realistisch, dass der Kreislauf der Selbstbezogenheit in der Klage nicht einfach zu durchbrechen ist und die Erinnerung an ergangenes Leid ist traumatisch wiederkehrend. Die V. 22–24 entfalten dann die Reflexion in Gestalt einer Anamnese:

> *Dies will ich in meinen Verstand zurückkehren lassen, deshalb hoffe ich:*
> Die Gnadengaben YHWHs,
> ja, sie gehen nicht zu Ende,
> ja, sein Erbarmen hört nicht auf;
> Neu ist es an jedem Morgen,
> groß ist deine Treue!
> *Mein Anteil ist YHWH, spricht meine Seele, deshalb hoffe ich auf ihn.*

Erst das aktive Entgegensetzen des Vertrauens führt zur Veränderung. Wie häufig in den Psalmen wird die Erinnerung an ein „Zitat" dem Beter neuer Grund seiner Hoffnung. Inhaltlich ist es das Bekenntnis zu dem je größeren Erbarmen, das die Strafgerechtigkeit übersteigt (vgl. Klgl 3,31f). Im Hintergrund stehen die sog. Gnadenformel Ex 34,6f parr. oder Texte wie Ps 103.[35]

Das Gedenken, das der Beter hier von sich einfordert, findet sich als eine zum Heil wendende Erinnerung auch im Psalter, vor allem Ps 42,5.7; 63,7f; 77,4.6.7, vgl. ferner Ps 106,7; 119,52 und 143,5. Es ist ein Topos der Bittgebete, in denen sich der Beter der Heilstaten YHWHs erinnert und daraus neue Hoffnung gewinnt. Wäh-

---

34 נצח meint hier die zeitliche Dauer eher als den Glanz oder Ruhm. Problematisch erscheint in der Annahme die 2. Sg. in V. 17, die allen Auslegern Schwierigkeiten macht. Ich belasse den Konsonantenbestand und lese als 3. Sg. fem. Ni. „Meine Seele ist vom Heil verstoßen worden".
35 Vgl. *Spieckermann*, Herr (1990), 1–18; *Scoralick*, JHWH (2001), 141–156. Zu Ps 103: *Dohmen*, Sinai (2000), 92–106. Zur Bedeutung der Rezeption der Gnadenformel vgl. die Studie von *Scoralick*, Güte (2002).

rend das Gedenken an das Elend nur „Bitterkeit und Gift" ist (V. 19), gelangt der Beter durch das meditierende Nachsinnen aus der Spiralbewegung nach unten hinaus.

Die Erinnerung wird zu einem nachvollziehenden Gebet. Das Zitat selbst wechselt am Schluss in die Anrede YHWHs. V. 22f stellen so einen gleichsam performativen Sprechakt dar, der den Beter zu dem erneut im Selbstzitat referierten Bekenntnis führt: „Mein Anteil ist YHWH, deshalb hoffe ich auf ihn" (V. 24).[36] Das „deshalb hoffe ich" V. 24 wiederholt V. 21, ergänzt es aber zugleich durch das „auf ihn" um den Grund der Hoffnung. Das Selbstzitat hat die Hinwendung zu Gott vollzogen und damit im Vollzug auch der Beter. Grund der Hoffnung ist die Zuversicht, dass die Barmherzigkeit Gottes seine Gerechtigkeit übersteigt. Damit ist nicht ein heilsrelevantes perpetuo mobile erfunden oder der Beter als Münchhausen karikiert, der sich am eigenen Schopf aus dem Dreck ziehen würde. Denn nicht im Menschen selbst gründet das Potential, sondern in Gottes vorgängigem Erbarmen, das dem Beter vorgegeben ist und das Gott als den Lebensgrund alles Lebens bekennt. In der apperzipierenden Erinnerung dieses Bekenntnisses (das stark an die exilisch-frühnachexilischen Gebete Ps 89,2 und Jes 63,7 erinnert) gewinnt der Beter neue Hoffnung und Zuversicht. Die Bewegung verläuft vom Denken zum Glauben. Es ist ein kognitiver Akt der Vergewisserung, ein erfahrungsbezogenes Verstehen, das hier vorausgesetzt wird und zur Bewältigung beiträgt.[37] Nicht durch Eingreifen Gottes, sondern mit Hilfe der „Theologie" scheint damit für den Vertrauensverlust ein erster Weg gewiesen, der freilich das Unverständliche des leidvollen Handelns weiter in sich birgt. Aber ein Weg zurück zu dem Gott des Vertrauens kann – so das Paradigma – nur im Vertrauen auf dessen Barmherzigkeit erfolgen.

Die noch bleibende Offenheit behandelt die nun folgende weisheitliche „Sequenz" mit den „Lehren" in V. 25–42, wo der Mann oder vielleicht auch ein neutraler Sprecher „Lehren" formuliert. Die ersten טוב-Sprüche nehmen das Vertrauensmotiv auf. YHWH handelt gut an dem, der auf ihn vertraut. Daraus folgt als angemessenes Verhalten eine Haltung der Demut und Duldung, das auferlegte Joch zu tragen (V. 26) und die Wange dem Schläger hinzuhalten (V. 30). Da dieses

---

36 Vgl. Ps 16,7; 119,57; 142,6.

37 Analog zu den hier vorgelegten Ideen einer Lektüre des dritten Klageliedes hat Dorothea Erbele-Küster in „Lesen als Akt des Betens" diesen Vorgang am Beispiel des sog. „Stimmungsumschwungs" überzeugend als Rezeptionsvorgang beschrieben. „Ein Überblick über die Verben, die den Akt der Erhörungsgewißheit beschreiben, macht deutlich, daß der Stimmungsumschwung sich als kognitiver, visueller und nicht zuletzt erfahrungsbezogener Verstehensprozeß vollzieht …. Das Verstehen ist Teil eines Geschehens, das den Beter in eine veränderte Lage versetzt" (*Erbele-Küster*, Lesen [2001], 167).

„Programm" angesichts des erlittenen Leids zur Farce zu verkommen droht und Leiden göttlich zu sanktionieren scheint, wird V. 31–33 noch einmal die sog. Gnadenformel der Sache nach eingespielt:

> Denn nicht für immer verwirft der Herr,
> sondern er bekümmert,
> und dann erbarmt er sich gemäß der Fülle seines Erbarmens.
> Denn nicht von Herzen erniedrigt und betrübt er die Menschenkinder.

Gott *will* gnadenhaft handeln, er straft nicht gerne und nur zeitlich begrenzt. Wenn er aber das Leid nicht vorsätzlich schafft, betrifft ihn das Elend der Welt dann nicht? Das „Sollte der Herr es nicht sehen?" in V. 36 unterstreicht, dass man Gott nicht unterstellen darf, er würde apathisch an den Ungerechtigkeiten der Welt und ihrem Leid vorbeigehen. In der folgenden ל-Strophe, in der Ijob und seine Freunde geradezu zusammenklingen, wird die Theodizee entfaltet. Zunächst wird über das Schöpfungshandeln Gottes Allmacht gesichert (V. 37), woraus – in einer biblisch bemerkenswerten Formulierung – folgt, dass von ihm Gutes *und* Schlechtes ausgehen (V. 38). Das Maß des Schlechten ist aber durch das Handeln des Menschen bestimmt. Gott will das Gute *und* er *ist* gerecht, also *muss* er maßvoll strafen. Dem Menschen, dem in Gottes Huld auch in der Strafsituation *Überleben*[38] ermöglicht wird, kommt es nicht zu, Gott zu richten (vgl. Ijob 42,2 f u.ö.) und über das Schicksal zu klagen (V. 39). Vielmehr ist sein Ergehen auf die Sündenlast zurückzuführen. Wenn so die Frage am Schluss der Argumentation „Was beklagt sich der Mensch über seine Sündenfolgen" zu verstehen ist, ist eine Antwort auf die aufgeworfene Theodizeefrage gegeben.[39]

Ohne Frage – diese „Antwort" auf die Theodizee-Frage bleibt spätestens angesichts der Aufgipfelung unverschuldeten Leids in Auschwitz eine „schlechte" Theodizee, und eine rein der Vernunft verpflichtete Theodizee ist wohl auch im Rahmen der biblischen Ansätze nicht zu erwarten. Im Rahmen der in den Klageliedern vorausgesetzten deuteronomistischen Denkkategorien ist aber eine Rechtfertigung Gottes erreicht. Das menschliche Schicksal gründet in Gottes souveräner Schöpfermacht, ist aber zugleich Folge der menschlichen Unzuläng-

---

38 Vgl. dazu *Renkema*, Lamentations (1998).

39 Das ist – wenn ich es richtig sehe – in nuce der politische Begriff vom Zorn Gottes, wie ihn Ralf Miggelbrink in seiner fundamentaltheologischen Habilitationsschrift aus systematischer Perspektive entfaltet, vgl. *Miggelbrink*, Zorn (2000), 56 f. „Der Zorn Gottes bezeichnet die von Gott gewollte und bejahte Ausgeliefertheit des Menschen an die zerstörerischen Folgen der menschlichen Verweigerungsgeschichte Gott gegenüber" (56). Vgl. zur Funktion und Notwendigkeit des Zornes Gottes im Gebäude biblischer Theologie auch *Groß*, Zorn (1999), 47–85.

lichkeit. Das Maß der Schuld ist für den Menschen nicht zu ermessen, aber es bleibt für ihn die Hoffnung, dass Gottes Barmherzigkeit größer ist als seine Gerechtigkeit.

Dass diese Rechtfertigung Gottes nun nicht das Recht der Leidklage aufhebt, zeigt die Fortsetzung, in der das Kollektiv (V. 40 – 47) die Anwendung der „Lehre" versucht. Es zeigt sich bald, so einfach ist Vertrauen im Leid nicht wiederzugewinnen. Zwar ist in der Aufforderung zum Bittgebet die Sprachlosigkeit gegenüber dem strafenden Gott überwunden, doch nach dem Schuldeingeständnis bricht sich die Anklage Gottes wieder Bahn. Erneut wird der Vorwurf gegenüber Gott erhoben, sich verweigert zu haben, gemordet und die Erwählten zum Spott der übermächtigen Feinde gemacht zu haben. Mit dem Fazit „Untergang und Zusammenbruch" (V. 48) kehrt das Kollektiv wieder in den schweigenden Hintergrund des Liedes zurück und der paradigmatische Beter ergreift nochmals das Wort.

In einer bemerkenswerten Veränderung lässt sich jener nun vom Leid affizieren und klagt an der Seite Jerusalems. Er löst die Aufforderung zur Klage ein, die in Klgl 2,18 an Jerusalem ergangen war. YHWH soll eingreifen, vom Himmel herabblicken und das Schicksal Jerusalems wenden (3,50). Mit der Klage des paradigmatischen Beters ist klar geworden, dass V. 39 nicht – wie es häufig interpretiert wird[40] – die *Verweigerung* der Klage, sondern die Rechtfertigung Gottes war. Dass auch der auf Gott Vertrauende sich nicht dem unsäglichen Leid entziehen kann, vom Elend überwältigt wird und *in die Klage hineingezogen* wird, begründet im Nachhinein die Heftigkeit der Klage Jerusalems. Nur dass jetzt die tiefe Kluft des verlorenen Vertrauens überwunden zu sein scheint. Der „Mann" hat selbst das Eingreifen Gottes erlebt, von dem er jetzt berichtet. Wiederum berichtet er von seiner vergangenen Not, die diesmal aber von der Feindklage, nicht mehr von der Gottklage dominiert wird. Im Gegenteil: Aus der Zisterne, die für die Lebensferne des Beters steht, hat er zu YHWH geschrien und dieser hat ihm Schutz zugesagt: „Du *hast* dich genähert am Tag meines Rufens. Du *hast* gesprochen: Fürchte dich nicht" (V. 57). YHWH hat ihm Recht verschafft und ihn aus der Isolation und dem Spott erlöst. Was noch aussteht und worum der Beter bittet, formuliert der Schluss: die Vergeltung an den Feinden oder theologischer: die Durchsetzung der göttlichen Gerechtigkeit (V. 64 – 66). Hier ist der Beter von tiefem Vertauen getragen, dass YHWH *seine Gerechtigkeit* durchsetzen wird, und dem Wissen, dass es dem Beter auch nicht zusteht, selbst für Gerechtigkeit zu sorgen. Die Rache ist eben „sein" (Röm 12,19) und der Maßstab göttlicher Gerechtigkeit nicht vom Menschen einzulösen. „*Du* wirst ihnen die Tat vergelten YHWH, gemäß dem Tun ihrer

---

40 Vgl. vor allem *Westermann*, Klagelieder (1990).

Hände" (3,64). Trotz aller für uns heute schwer nachvollziehbaren Wünsche zur machtvollen Durchsetzung der Gerechtigkeit auf Erden, ist doch dieses Moment der „Rollenverteilung" den Betern durchweg klar. An diesen unverzichtbaren Aspekt ist in der notwendigen Gewalt-Diskussion von der Bibel her immer wieder zu erinnern. Von getroffenen Menschen eingeforderte und kriegerisch angedrohte wie umgesetzte „Rache" als Mittel der Gerechtigkeit ist mit der Bibel sicher nicht zu legitimieren.

„Auch heute ist meine Klage Widerspruch" (Ijob 23,2) – Schluss

In den vorangegangenen Überlegungen habe ich an Klgl 2+3 eine Form biblischer Frömmigkeit vorzustellen versucht, die nicht in einer gottzugewandten Innerlichkeit aufgeht, sondern ein kognitives und reflexives Moment beinhaltet. Ich wollte am Beispiel der Klagelieder aufzeigen, dass Spiritualität und Theologie sich nicht widersprechen müssen, sondern sich ergänzen. Oder anders gesagt, dass in tiefer Not und Gottverlassenheit ein reflexiver Bezug auf die Bekenntniswirklichkeit, die Erfahrungswirklichkeit zu bewältigen, in der Lage ist oder zumindest dazu verhelfen kann. Auch wollte ich an einem Beispiel zeigen, dass Spiritualität oder Frömmigkeit nicht bloß Haltung, sondern Handlung bedeutet, aktive Aneignung einer heilschaffenden Gottesbeziehung. Zugleich war die Frömmigkeit des Einzelnen im dritten Klagelied Beispiel dafür, dass Spiritualität nicht im Privaten aufgeht und spätestens am kollektiven Leid die Privatisierung des Religiösen ihre Grenzen findet.

Angesichts der katastrophalen Zerstörung Jerusalems, seines Kult- und Machtzentrums, und dem damit einhergehenden „Versagen" des Stadtgottes YHWH gerät dieser Gott in eine Krise, die einem völligen Vertrauensverlust gleichkommt. Die Anklage Gottes ist notwendig, aber nicht notwendend, sondern sie führt ebenso den Beter in eine Krise, da er gott-los bleibt. Mit Gott zu streiten, führt demnach Gott *und* Mensch in eine Krise. Billige Auswege gibt es dabei nicht, der einfache Weg von der Klage zum Lob ist versperrt. Die Klage – und auch die harte Anklagemomente gegen Gott integrierende Klage – behält auch angesichts einer Rechtfertigung Gottes ihr Recht. Die Klagelieder begründen eine Spiritualität der Klage, von der Impulse in die klaglose Welt unserer Gebetspraxis ausgehen. Die Klage, auch die kollektive Leidklage und Anklage Gottes angesichts der Heillosigkeit der Welt, bleibt nicht nur notwendig, sondern auch legitim und heilsam. Klage ist Protest und Fanal der Veränderung.[41] Klage ist selbst dann Moment der Bewältigung, wenn sie sich wiederholt. Die Klagelieder zeigen – konform zur modernen Psychologie –, dass Bewältigung von kollektiven Krisen letztlich nur individuell möglich ist und dass Bewältigungsstrategien nur im Mobilisieren oder Revitalisieren eigener Kräfte zu suchen sind.[42] In den Klageliedern leistet das der paradigmatische Beter des dritten Liedes.

Dieser reagiert auf die Anfechtung Gottes im zweiten Lied und führt durch die Erinnerung an erfahrene Zuwendung vor, wie die Gottferne überwunden werden kann. Das so Realistische und Beruhigende der Klagelieder ist, dass die Lösung *nicht* als einfacher Prozess dargestellt wird, als Automatismus, mit dem das Vertrauen in Gott wiedergewonnen werden könnte. Vielmehr geht der Bewältigung das Ringen mit Gott voraus und die Überwindung des Beters, sich ohne „Gegenleistung" des Erbarmens Gottes zu versichern. Bemerkenswert und in meinen Augen sehr realistisch war, dass in der Situation tiefster Angefochtenheit nicht Gott von sich aus die tiefe Kluft überwand, sondern das reflektierende Vertrauensbekenntnis des Beters die Brücke schlug. Die Klagelieder sind – und darin widerspreche ich Claus Westermann vehement – in vielerlei Hinsicht hoch theologisch. Ich nenne drei Aspekte für das dritte Klagelied:

(1) Klgl 3 behandelt den Vertrauensverlust des Erwählungskollektivs angesichts der erfahrenen Gottferne oder – anders gesagt – die Spannung zwischen Erwählung und Verwerfung, zwischen Gottes Gerechtigkeit und seiner Barmherzigkeit. Theologische Reflexion und der Akt des Gebets – diese beiden Aspekte gehören in Klgl 3 zusammen – werden als „vertrauensbildende Maßnahme" eingesetzt. Gott wird aus der Anfechtung quasi herauserinnert und seine Barmherzigkeit als seiner Gerechtigkeit vorgeordnet bekannt. Gebet ist darin die Überwindung der Gottferne.

(2) Als zweiten theologischen Aspekt entfaltet das Gebet in Klgl 3 die Rechtfertigung Gottes angesichts des Leidens. Mithilfe eines am Schöpfungsgedanken entwickelten Allmachtskonzeptes wird Gutes wie Böses in Gott verortet. Das Handeln Gottes bleibt dem Menschen verborgen, nur im Moment der Strafgerechtigkeit menschlicher Schuld kann und soll der Mensch Gottes Joch annehmen. Wie im Ijob-Buch wird das Handeln Gottes menschlicher Erkenntnis entzogen und durch die Allmacht, die Affiziertheit Gottes und sein gutes Schöpfungshandeln seine Barmherzigkeit begründet.

(3) Daraus folgt für die Klagelieder – und das ist der dritte Punkt – nicht die Illegitimität der Klage, sondern deren Rechtfertigung. Klage und Anklage Gottes

---

41 Vgl. zu dieser Formulierung *Dietrich/Link*, Seiten (1995), 147.
42 Vgl. dazu *Reichardt*, Klagelieder (2002), 226–240.

sind solange legitimer Umgang mit Leid wie das Leid für den Menschen unbegreiflich bleibt und das Eingreifen Gottes ausbleibt. Wenn die Klage auf Veränderung zielt und Gott nicht aus der Verantwortung entlässt, bleibt sie trotz der Anfechtung Glaubensakt. Nur wenn sie Gott zu sehr in die Ferne rückt, ihn als Feind belässt und das Band zwischen ihm und den Menschen zu zerreissen droht, dann – so der Einspruch von Klgl 3 – bedarf es der Rechtfertigung Gottes und der Wahrung seiner Souveränität. Klage, und auch das macht die Komposition der Klagelieder deutlich, ist ein Prozess, der nicht immer notwendig zu Lob führt, aber Veränderung in sich trägt. Die Klagelieder sind so ein Modell der Bewältigung von Leiderfahrungen und – das macht sie noch wertvoller – von kollektiven Leiderfahrungen. Zerstörung bewegt.

Mein Subscript entfaltet noch eine ergänzende Perspektive, die auf die Schriftrezeption zielt: In dem selektiven Blick auf die Klagelieder und damit auf ein Moment biblischer Spiritualität habe ich einen Rezeptionsvorgang nachzuzeichnen versucht, in dem durch die Erinnerung das Bekenntnis vom rezipierenden Subjekt angenommen wird. Der Beter des dritten Klageliedes wandelt den erinnernden Nachvollzug zum Vollzug. Darin gibt er zugleich ein Beispiel des Umgangs mit der Schrift. Das Lesen und die Rezeption der Schrift stellen sich zugleich als eine Form des Vollzugs dar. So kann Heilige Schrift oder die Rezeption der Heiligen Schrift zum Quellgrund von Spiritualität und Frömmigkeit werden. Die Schrift ist ein Ort genuiner Gotterfahrung und der Reflexion darüber. Dass dieses Sich-Einlassen auf die in ihrem Denken vorneuzeitliche und damit fremde Schrift nicht die Vernunft ausschaltet, sondern gerade bewusst einschließt, dürfte deutlich geworden sein. „Wie soll es denn nun sein? Ich will beten mit dem Geist und will auch beten mit dem Verstand; ich will Psalmen singen mit dem Geist und will auch Psalmen singen mit dem Verstand" (1 Kor 14,15).

Bibliographie

Assmann, J., Das kulturelle Gedächtnis. Schrift, Erinnerung und politische Identität in frühen Hochkulturen, München 1992.

Auer, A., Frömmigkeit, in: LThK 4 (^{2}1960), 400 – 403.

Baumgart, N., Die Umkehr des Schöpfergottes. Zu Komposition und religionsgeschichtlichem Hintergrund von Gen 5 – 9 (HBS 22), Freiburg 1999.

Berger, K., Was ist biblische Spiritualität?, Gütersloh 2000.

Berges, U., „Ich bin der Mann, der Elend sah" (Klgl 3,1). Zionstheologie als Weg aus der Krise, in: BZ 44 (2000), 1 – 20.

Ders., Klagelieder (HThKAT), Freiburg 2002.

Bieberstein, K., Leiden erzählen. Sinnfiguren der Theodizee im Alten Testament. Nur eine
Skizze, in: A. Michel/H. J. Stipp (Hg.), Gott – Mensch – Sprache. FS W. Groß zum
60. Geburtstag (ATS 68), St. Ottilien 2001, 1–22.

Brandscheidt, R., Gotteszorn und Menschenleid. Die Gerichtsklage des leidenden Gerechten in
Klgl 3 (TThSt 41), Trier 1983.

Dies., „Mein Herz ist krank" (Klgl 1,22). Umgang mit Leid im Buch der Klgl, in: RHS 31 (1988),
236–245.

Dies., Das Buch der Klagelieder (Geistliche Schriftlesung 10), Düsseldorf 1988.

Budde, K., Die Klagelieder, in: Die fünf Megillot, erklärt von K. Budde, A. Bertholet und
G. Wildeboer (KHC 17), Freiburg u. a. 1898, 70–108.

Dietrich, W./Link, C., Die dunklen Seiten Gottes. Willkür und Gewalt, Neukirchen-Vluyn 1995.

Dohmen, C., Vom Sinai nach Galiläa. Psalm 103 als Brücke zwischen Juden und Christen, in:
R. Scoralick (Hg.), Das Drama der Barmherzigkeit Gottes. Studien zur biblischen
Gottesrede und ihrer Wirkungsgeschichte in Judentum und Christentum (SBS 183),
Stuttgart 2000, 92–106.

Donner, H., Geschichte des Volkes Israel und seiner Nachbarn in Grundzügen. Teil 2: Von der
Königszeit bis zu Alexander dem Großen. Mit einem Ausblick auf die Geschichte des
Judentums bis Bar Kochba (GAT 4), Göttingen [2]1995.

Eising, H., זכר, in: ThWAT II (1977), 571–593.

Erbele-Küster, D., Lesen als Akt des Betens (WMANT 87), Neukirchen-Vluyn 2001.

Fabry, H.-J., „Gedenken" im Alten Testament, in: J. Schreiner (Hg.), Freude am Gottesdienst.
FS O. Plöger, Stuttgart 1983, 177–187.

Ders., Gedenken und Gedächtnis im Alten Testament, in: P. Cignoux (Hg.), La Commémoration.
Colloque du Centenaire de la Section des Sciences Religieuses XCI, Louvain u. a. 1988,
141–154.

Frankemölle, H. u. a., Frömmigkeit, in: LThK 4 ([3]1995), 166–171.

Frevel, C., Gott in der Krise. Die Klagelieder als Modell kollektiver Krisenbewältigung (2001)
(Internetquelle: http://www.ruhr-uni-bochum.de/at/antrittkoeln/antritt.pdf, letzter Zugriff:
05.06.2016).

Ders., Zerbrochene Zier. Tempel und Tempelzerstörung in den Klageliedern (Threni), in:
O. Keel/E. Zenger (Hg.), Gottesstadt und Gottesgarten. Zu Geschichte und Theologie des
Jerusalemer Tempels (QD 191), Freiburg u. a. 2002, 99–153.

Görg, M., Erinnere Dich! Ein biblischer Weg zum Lernen und Leben des Glaubens, in: MThZ 49
(1998), 23–32.

Groß, W., Zorn Gottes. Ein biblisches Theologumenon, in: W. Beinert (Hg.), Gott – ratlos vor
dem Bösen? (QD 177), Freiburg u. a. 1999, 47–85.

Hermisson, H. J., Frau Zion, in: J. van Ruiten/M. Vervenne (Hg.), Studies in the Book of Isaiah.
FS W. Beuken (BEThL 132), Leuven 1997, 19–39.

Janowski, B., Die Toten loben JHWH nicht. Ps 88 und das alttestamentliche Todesverständnis,
in: F. Avemarie/H. Lichtenberger (Hg.), Auferstehung – Resurrection (WUNT 135), Tübingen
2001, 3–45.

Kaiser, O., Klagelieder, in: O. Kaiser/J. A. Loader/H. P. Müller, Das Hohelied, Klagelieder, das
Buch Ester (ATD 16/2), Göttingen [4]1992, 95–198.

Kreiner, A., Gott im Leid. Zur Stichhaltigkeit der Theodizee-Argumente (QD 168), Freiburg u. a.
1997.

Küng, H., Gott und das Leid, Einsiedeln u. a. 1967.

Maier, J., Zwischen den Testamenten. Geschichte und Religion zur Zeit des zweiten Tempels (NEB.Erg 3), Würzburg 1990.

Marböck, J., Spiritualität aus dem Alten Testament, in: BiLi 73 (2000), 46 – 54.

Metz, J. B., Die Rede von Gott angesichts der Leidensgeschichte der Welt, in:
H. Irsigler/R. Godehard (Hg.), Ein Gott, der Leiden schafft? Leidenserfahrungen im
20. Jahrhundert und die Frage nach Gott (Bamberger Theologische Studien 1), Frankfurt
u. a. 1995, 43 – 58.

Miggelbrink, R., Der Zorn Gottes. Geschichte und Aktualität einer ungeliebten biblischen Tradition, Freiburg 2000.

Reichardt, M., Klagelieder und Krisenbewältigung. Alttestamentliche Texte und Psychologie im Gespräch, in: M. Schindler/B. Hilberath/J. Wildt (Hg.), Theologie lehren.
Hochschuldidaktik und Reform der Theologie (QD 197), Freiburg u. a. 2002, 226 – 240.

Renkema, J., Lamentations (Historical Commentary on the Old Testament), Leuven 1998.

Roentgen, M., Alles verstehen hieße alles verzeihen … Prolegomena zu Anlaß und Unmöglichkeit von theologischen Reflexionen nach Auschwitz. Ein Versuch, Alfter 1991.

Scoralick, R., „JHWH, JHWH, ein gnädiger und barmherziger Gott …" (Ex 34,6). Die Gottesprädikationen aus Ex 34,6f. in ihrem Kontext in Kapitel 32 – 34, in:
M. Köckert/E. Blum (Hg.), Gottes Volk am Sinai. Untersuchungen zu Ex 32 – 34 und
Dtn 9 – 10 (VWGTh 18), Gütersloh 2001, 141 – 156.

Dies., Gottes Güte und Gottes Zorn. Die Gottesprädikationen in Exodus 34,6f. und ihre intertextuellen Beziehungen zum Zwölfprophetenbuch (HBS 33), Freiburg 2002.

Spieckermann, H., „Barmherzig und gnädig ist der Herr", in: ZAW 102 (1990), 1 – 18.

Sudbrack, J., Gottes Geist ist konkret. Spiritualität im christlichen Kontext, Würzburg 1999.

Ders. u. a., Spiritualität, in: LThK 9 (^{3}2000), 852 – 860.

Westermann, C., Die Klagelieder. Forschungsgeschichte und Auslegung, Neukirchen-Vluyn 1990.

Wiesmann, H., Die Klagelieder, Frankfurt 1954.

Von fremden Händen und bloßgestellten Frauen

Ein Zwischenruf zur Inflation sexueller Gewalt in der Deutung von Klagelieder 1

„She is raped: sexual violation is evident in 1:10", schreibt Deryn Guest in ihrem Artikel „Hiding Behind the Naked Women". Mit besonderer Deutlichkeit bringt sie damit zum Ausdruck, worum es in diesem Beitrag gehen soll. In einem ersten Schritt wird eine forschungsgeschichtliche Beobachtung entfaltet, die eine Inflation sexueller Gewalt in der Deutung von Klgl 1 feststellt. Das wirft Fragen nach der Ökonomie der Semiose auf, die sich prinzipiell für jede Interpretation stellt. Diese grundsätzlichen Fragen können im Rahmen dieses Beitrags jedoch nicht theoretisch ausführlicher diskutiert werden. Im Zentrum steht die Frage nach der Plausibilität assoziativer Interpretationsmuster in dem historisch, anthropologisch und theologisch sensiblen Bereich sexueller Gewalt.

Wie begründet Deryn Guest ihr dezidiertes Urteil, dass in Klgl 1,10 der Sachverhalt der Vergewaltigung evident sei? In der angesprochenen י-Zeile des akrostichischen Gedichts ידו פרש צר על כל־מחמדיה „seine Hand hat der Bedränger nach all ihren Kostbarkeiten ausgestreckt" deutet sie die Hand als einen Euphemismus für den Penis und die Kostbarkeiten als die jungen Frauen, die vergewaltigt werden. Dabei beruft sie sich auf Barbara Bakke Kaiser (1987), die in Klgl 1,8 Zion als Vergewaltigungsopfer sieht[1], und auf Alan Mintz (1982), der die Analogie von Tempel und Körper als Raummetaphern sehr knapp erarbeitet hat und von daher – ausgehend von Klgl 1,10 – zu dem Bild der vergewaltigten Frau Zion kommt:

> The text here implies that in her glory Fair Zion conducted herself with easy virtue and „gave no thought to her end" (1:8), so that what began as unwitting, voluntary promiscuity, suddenly turned into unwished for, forcible defilement. The force of this image of violation is founded on the correspondence body // Temple and genitals // Inner Sanctuary. So far have things gone that even in the secret place of intimacy to which only the single sacred partner may be admitted, the enemy has thrust himself and „spread his hands over everything dear to her" (1:10). Violated and desolate, Fair Zion's nakedness ... lies exposed for the world to see.[2]

---

1 *Kaiser*, Poet (1987), 175.
2 *Mintz*, Rhetoric (1982), 3–4.

DOI 10.1515/9783110424386-009

Die Korrespondenz zwischen Tempel, geschütztem Allerheiligstem und dem Körper und den Genitalien, die für Mintz die Bildwelt von V. 10 in die Nähe der Vergewaltigung zieht, ist in der Literatur mehrfach aufgenommen und ausgeweitet worden. Frederick William Dobbs-Allsopp und Tod Linafelt haben in ihrem Artikel „The Rape of Zion in Thr 1,10" versucht, die These von Mintz zu untermauern. Sie verweisen darauf, dass durch die Personifikation Zions den Metaphern in V. 10 eine zusätzliche Bedeutungsdimension zuwächst. „Here, then, the enemy's ‚stretching of his hand' perverts the otherwise positive and healthy notion of sexual desirability denoted by *maḥamād*, and thus gives the image a far more sinister and heinous coloring, that of a man physically assaulting and violating".[3] Für die Metonymie von Tempel und Körper verweisen sie auf Ez 23,39–44:

> Mintz's observation depends on an anatomical analogy whereby the city-temple complex is actually envisioned and imagined as a woman's body. The best parallel for this imagery is in Ez 23,39–44. This passage uses the „physical analogy between the topography of the sacred city and the anatomy of a woman's body" as J. Galambush convincingly shows. What is crucially important about the Ezekiel passage for a full appreciation of the imagery in Thr 1,10 is that in Ezekiel the anatomical metaphor of the men „entering" (*bw'*) the temple (*miqdāš*) is explicitly explained as „like the entering to a prostitute" (*kebô' 'el-'iššāh zônāh*; Ez 23,44). In light of this passage, the allusion to sexual intercourse in Thr 1,10b becomes more obvious.[4]

Zur weiteren Stützung verweisen sie auf den sumerischen balag a-še-er gi₆-ta, dessen relevante Passage V. 9–12 nach der Übersetzung von Römer wie folgt lautet:

> [16] Der betreffende Feind ist mit Sandalen an den Füßen in meinen Kultraum eingetreten,
> [17] der betreffende Feind hat seine ungewaschenen Hände an mich gelegt,
> [18] hat die Hand an mich gelegt, hat mich erschreckt, ich habe davor Angst ausgestanden,
> [19] der betreffende Feind hat seine Hand an mich gelegt, mich vor Furcht (fast) getötet,
> [20] vor dem betreffenden Feinde habe ich dabei Angst ausgestanden, vor mir hat er keine Angst ausgestanden,
> [21] der betreffende Feind hat mein Gewand von mir gerissen, seine Ehefrau damit bekleidet,
> [22] der betreffende Feind hat meine (Edel-)Steine von mir abgeschnitten, seine Tochter damit behängt ...[5]

Inanna beklagt darin, dass der Feind in ihren Kultraum eingedrungen sei und sie, scil. ihre Statue, entkleidet und beraubt habe. „In the lines from a-še-er gi₆-ta the city goddess, as the cult image come to life, relates her terror as the enemy lay their

---

3 *Dobbs-Allsopp/Linafelt*, Rape (2001), 77.
4 *Dobbs-Allsopp/Linafelt*, Rape (2001), 78.
5 *Römer*, Klagelied (1989), 709.

hands on her and violently tear off her clothing. The passage stops short of actually mentioning rape, but the violence and powerlessness is enough to suggest it".[6] Zwar streichen Dobbs-Allsopp und Linafelt die Nähe zu Klgl 1,10 heraus, benennen aber auch die ihrer Ansicht nach entscheidende Differenz: „In the anatomical analogy in Lamentations, the enemy's entrance into the temple suggests sexual violation in way that the similar entrance in the a-še-er gi₆-ta passage cannot and does not".[7] D.h. der sumerische balag kann die Deutung nicht wirklich plausibilisieren. Deshalb betonen sie, dass die Deutung von Klgl 1,10, dort eine Vergewaltigung metaphorisch ausgedrückt zu sehen, nicht zwingend ist. Wie Mintz greifen die beiden Autoren dann auf das Aufheben der Schleppe in Klgl 1,9, um über das Umfeld die Deutung als sexuelle Gewalt zu stützen: „In fact, what interpreters have construed as the punishment of the harlot would appear to be an institutionally sanctioned form of rape. That is, it represents an intentional perpetration of violence against women".[8]

Indem Dobbs-Allsopp und Linafelt betonen, dass es bei Vergewaltigung um das Ausüben von Macht und Machtmissbrauch geht, bringen sie von dieser Seite aus YHWH ins Spiel: „Throughout Lamentations Yhwh is depicted as exercising raw power over Judah and its environs and inhabitants. When this brutal power manifests itself in violence and is channeled against the figure of a defenseless woman the issue of rape arises".[9] Konkretisiert wird die Täterschaft YHWHs schließlich mit einem Blick auf Klgl 1,13 und einer Interpretation der Wendung נתנני שממה, die von der Tamar-Erzählung in 2 Sam 13,20 her verstanden wird. Dobbs-Allsopp und Linafelt sehen Klgl 1,10 in ein Netzwerk von Stellen (Klgl 1,8.12.13.22) eingespannt, das die Deutung von Klgl 1,10 als Bild der Vergewaltigung stützt: „A network of mutually reinforcing images of rape".[10]

Auch Deryn Guest geht in ihrem bereits zitierten Artikel deutlich über Mintz hinaus, wenn sie neben Klgl 1,8 und Klgl 1,10 weitere Bilder sexueller Gewalt in Klgl 1 festmacht. Dass alle Verfolger Juda „zwischen den Engen bzw. mitten in Bedrängnissen" eingeholt haben (כל־רדפיה השיגוה בין המצרים, Klgl 1,3), will sie aufgrund des Kontextes als Bild sexueller Gewalt verstehen: „The context of the verse is one of affliction suffered due to the seige (sic!). While the noun עני appears in several contexts to indicate affliction of a general kind, the verb from which it derives ענה in its piel form, is acknowledged as the technical Hebrew verb for rape. Given this context, the pursuit of her and the taking of her between ,narrow

---

6 *Dobbs-Allsopp/Linafelt*, Rape (2001), 79.

7 *Dobbs-Allsopp/Linafelt*, Rape (2001), 79.

8 *Dobbs-Allsopp/Linafelt*, Rape (2001), 79.

9 *Dobbs-Allsopp/Linafelt*, Rape (2001), 80.

10 *Dobbs-Allsopp/Linafelt*, Rape (2001), 81.

confines' may well imply sexual overtaking in a rape context".[11] Neben 1,3.8.10 sieht sie auch Klgl 1,13 einen Vergewaltigungskontext evozieren: Jerusalem sei physisch und mental missbraucht worden, was jetzt YHWH als Handelnden mit einbezieht: „Continuing the theme of rape, she herself claims that Yahweh has given her שממה (1:13c)".[12] Da das Verbum שמם auch in 2 Sam 13,20 gebraucht sei, um die Agonie der deflorierten Tamar zu kennzeichnen, sei die Aussage eindeutig: „Given the evident rape context, it is preferable to take this sense here".[13] Entsprechend seien die Bilder, die das fortdauernde Leiden Jerusalems kennzeichnen würden, etwa das Brennen in den Knochen (Klgl 1,13), die inneren Wallungen (Klgl 1,20), das Gefühl in der Kelter getreten zu sein (Klgl 1,15) etc. Folgen des Missbrauchs. Mit der Ausweitung auf Klgl 1,13 und der Einbeziehung von Klgl 1,15, wo YHWH die Kelter tritt (גת דרך אדני לבתולת בת־יהודה) sind es nicht mehr nur die Feinde, die sexuelle Gewalt im Kontext der Eroberung Jerusalems ausüben, sondern es ist Gott selbst, der Zion vergewaltigt.

Ulrike Bail geht in ihrer Studie zur sexuellen Gewalt „Gegen das Schweigen klagen" davon aus, dass in den Klageliedern nicht nur das Bild der Frauen in der Stadt (Klgl 5,11), sondern das Stadtbild selbst von der Vergewaltigung geprägt ist: „Doch der Schrecken und die Verzweiflung, die durch die Eroberung entstanden sind, werden vor allem in einem Bild zur Sprache gebracht: Dem der vergewaltigten und klagenden Stadt-Frau-Jerusalem".[14] Das begründet sie vor allem mit Klgl 1,8 כי־ראו ערותה „denn sie haben ihre Scham gesehen", was sie synonym zu גלה ערוה als euphemistisches Synonym für Geschlechtsverkehr interpretiert. Die Parallelstellen Jes 47,3; Jer 13,22.26; Ez 16,37 und Nah 3,5 seien negativ und mit Gewalt konnotiert. „Auf dem Hintergrund dessen und angesichts des Gewaltkontextes in den Thr ist anzunehmen, daß in Thr 1,8b ebenfalls eine Vergewaltigung gemeint ist. In V 8 lediglich eine öffentliche Entblößung zu sehen, wenngleich schon diese als eine ‚schimpfliche Entehrung' gilt, ist m. E. zu wenig".[15] Auch Klgl 1,15 will sie in den Metaphernkontext von Vergewaltigung einreihen[16], womit wie in Jer 13,22.26 YHWH als Handelnder in den Blick kommt: Der Vers repräsentiere durch das Treten der Kelter ein außerordentliches Gewaltbild und parallelisiere das Ergehen des Landes, der Stadt und der Frau. „Zwischen der Gewalt, die die Stadt zerstört, und der Gewalt, der die Frau ausgesetzt ist, wird kein Unterschied gesehen. Auch das Schicksal der Frauen der

---

11 *Guest*, Hiding (1999), 418.
12 *Guest*, Hiding (1999), 419.
13 *Guest*, Hiding (1999), 419.
14 *Bail*, Schweigen (1998), 178, vgl. 184.
15 *Bail*, Schweigen (1998), 190.
16 *Bail*, Schweigen (1998), 191.

Stadt entspricht dem Schicksal der Frau-Stadt. Sie erleiden Gewalt und werden vergewaltigt (Thr 5,11)".[17] Wie stark Gott nicht nur als für die sexuellen Erniedrigungen Verantwortlicher, sondern als Handelnder, also als Vergewaltiger, vor Augen steht, wird deutlich, wo Ulrike Bail über das im Rezeptionsprozess fortgesetzte Verletzungspotential von Metaphern reflektiert. Im Rückgriff auf Christa Wolf erläutert sie, dass Sprachbilder Opfer schaffen und selbst Gewalt darstellen und legitimieren können, aber genauso die Opferseite zur Sprache bringen können (Achill der *Löwe*, Achill das *Vieh*). In der Metapher der vergewaltigten Stadt „hat Vergewaltigung zwar einen Ort, aber dieser scheint losgelöst von einem geschlechtsspezifischen locus a quo und von dem Ort möglicher Leserinnen. Zu sehr scheint das Sprachbild Gewalt gegen Frauen zu instrumentalisieren, um die politische und theologische Krise, hervorgerufen durch die Eroberung der Stadt, zu bewältigen. Die Ursache der Krise wird in den Klageliedern eindeutig benannt (Thr 1,18a): *Gerecht ist GOTT, ja, gegenüber seinem Mund war ich widerspenstig.* Damit wird das Subjekt der (sexuellen) Erniedrigung entschuldigt und das Objekt, die Stadt-Frau Jerusalem, nimmt jedwede Schuld auf sich".[18]

Die Ausgangsthese von Alan Mintz, dass in Klgl 1,10 von Vergewaltigung die Rede sei, ist in der Literatur mehrfach diskutiert worden. Dabei findet sich deutlich mehr Zustimmung als Ablehnung. Inzwischen ist die Interpretationslinie auch in den Klageliederkommentaren angekommen. Als Beispiel seien die 2002 erschienenen Kommentare von Adele Berlin, Ulrich Berges, Frederick W. Dobbs-Allsopp und Robin A. Parry angeführt.

Berlin interpretiert das Handeln der Feinde als abscheuliche sexuelle Handlung („heinous sexual act", „rape") und verweist zustimmend auf die Interpretation von Mintz, die sie ausführlich zitiert.[19] Berges sieht in den ausgestreckten Händen zwar primär den Tempelraub der Eroberer, aber die Vergewaltigung Zions im Hintergrund: „Dass יד ‚Hand' auch euphemistisch für ‚Penis' gebraucht wird (Jes 57,8.10) und ‚Kostbarkeiten' sowohl Ehefrauen (vgl. מחמד עינים ‚Augenweide' in 1 Kön 20,6; Ez 24,16) als auch das Gelände der heiligen Stadt und ihrer Bevölkerung (Klgl 2,4; Ez 24,21.25) meint, zeigt ebenfalls, dass es um die Vergewaltigung der Frau Jerusalems und ihrer Frauen geht (vgl. 5,11)".[20] Der Schutzgott Jerusalem habe die Feinde nicht davon abgehalten, in das Heiligtum gewaltsam einzudringen und Jerusalem in der Zeit ihrer Menstruation zu vergewaltigen, deshalb treffe ihn eine Mitschuld.

---

17 *Bail*, Schweigen (1998), 191.
18 *Bail*, Schweigen (1998), 183.
19 *Berlin*, Lamentations (2002), 55.
20 *Berges*, Klagelieder (2002), 109.

Frederick W. Dobbs-Allsopp greift schon deutlich über V. 10 hinaus, wenn er die Verse 8–10 durch das Bild der sexuell bedrängten Frau Jerusalem vereint sieht. Dafür verweist er auf die einschlägigen prophetischen Parallelen Jes 47; Jer 13; Ez 16; 23; Nah 3. Die Differenz dazu bestehe darin, dass die Schuld Jerusalems, die die Strafe der Bloßstellung im zugrundeliegenden Wertesystem rechtfertigen würde, nicht genannt wird, was eine Leerstelle erzeuge. Diese evoziere das Bild der in der Stadteroberung erlittenen sexuellen Gewalt.[21] Die geschilderte emotionale Reaktion Jerusalems deutet er entsprechend als Folge der sexuellen Gewalt. Durch die außergewöhnliche Heftigkeit und die klagende Stimme Zions in V. 7–8 würden Leserin und Leser von der Not Jerusalems affiziert. Metaphorisch greife dann V. 10 das Bild der Vergewaltigung erneut auf und unterstreiche die Erniedrigung durch die Eroberer, die nun von Zion auf die gesamte Bewohnerschaft Jerusalems ausgreift.

Ähnlich, aber letztlich deutlich weitergehender, greift Robin A. Parry die in den 80er-Jahren vorgespurte Diskussion auf, wenn er Klgl 1,10 auf Massenvergewaltigungen bezieht. Dabei nimmt er zunächst den gleichen Ausgangspunkt wie die zuvor genannten Autorinnen und Autoren: „Jerusalem's words that her enemy has exalted himself over her (1:9) are given a horrible, metpahorical explication in this verse: Jersualem has been raped by her Gentile enemies".[22] In V. 10 sieht er demnach die erniedrigende Kriegspraxis der Vergewaltigung von den Bewohnerinnen der Stadt auf die Stadt selbst übertragen. Die Konnotationen des Missbrauchs übertragen sich s. E. auch auf die Hand, die sich nach den Kostbarkeiten ausstreckt, auch wenn sich diese Wendung primär auf die Tempelgeräte beziehe. Dass schließlich Heiden in das Heiligtum eingedrungen seien, lasse kaum Zweifel an der Eindeutigkeit zu:

> The sexual allusions are clear. The word „enter" (בא/bāʾ) is often used to describe the act of a man ‚entering' a woman in sexual intercourse. In this image the temple is pictured as her vagina, Jerusalem's most holy place entered by the enemy. The image is of her being raped; indeed the plural „nations" may suggest that she is gang-raped. In the ancient word, as often today, the honor of a group was decimated if the group was unable to protect its women. Consequently, in war the rape of women was used as a psychological tool of terror not only against the women but against their men, who were disgraced by their inability to protect their wives and daughters. The integrity of women's bodies represented the integrity of the community. Rape was thus used to demonstrate the power of one group over another.[23]

---

21 *Dobbs-Allsopp*, Lamentations (2002), 64: „The complexity and ambiguity of the poetry here should clue us to the fact that this poet is up to something very different from his prophetic predecessors".

22 *Parry*, Lamentations (2002), 53.

23 *Parry*, Lamentations (2002), 54.

YHWH gerät in dieser Argumentation explizit in eine Komplizenschaft zur Massenvergewaltigung, indem er zwar ursprünglich den Nationen verboten habe, in das Heiligtum einzutreten, ihnen jetzt aber den Weg freigegeben habe. Er wird zwar nicht der Vergewaltigung selbst bezichtigt, doch trägt er nach Parry zumindest einen Teil der Verantwortung: „You forbade these nations to enter your assembly, and yet you have allowed them to force their way in!".[24] „Interestingly the narrator pictures the enemies, *not YHWH* as raping Zion, thus putting some distance between God and the act. Nevertheless, YHWH allows it to happen and is thus complicit".[25] Damit ist YHWH durch den Vorwurf schwer beschädigt, nicht zuletzt, weil er Jerusalem in den schwersten Stunden verlassen habe. Wenn das den Lesern zu hart erscheine, könnten sie sich – so die Strategie des Textes – an die Figur des Erzählers halten, der tief erschrocken über die Komplizenschaft Gottes sei und deshalb an dessen Verantwortlichkeit appelliere.

Die These, dass in Klgl 1,10 das Eindringen metaphorisch für Vergewaltigung steht, ist im fachspezifischen Diskurs inzwischen so präsent, dass sie als weitgehend akzeptiert angesehen werden kann. Dass sie nach ca. zwanzig Jahren auch in der Breite angekommen ist, haben die Beispiele aus den Kommentaren gezeigt. Ob sie tatsächlich 1982 von Alan Mintz *erstmalig* vertreten wurde, ist dabei gar nicht entscheidend; vielmehr ist es die Beobachtung, dass seine Argumentation zur Austauschbarkeit von Tempel und Körper so nachhaltige Spuren gezeitigt hat. Um die Differenz noch einmal deutlich werden zu lassen, sei der Deutung „Vergewaltigung" die eher traditionelle Interpretationslinie gegenübergestellt. Delbert Hillers bezieht beispielsweise die nach den Kostbarkeiten ausgestreckten Hände ausschließlich auf den Tempelschatz[26] und interpretiert V. 8 als öffentliche Beschämung: „Exposure of ones body, especially the genitals, was to the ancient Israelites an almost immeasurable disgrace, a shame they felt much more deeply than most moderns would".[27] Für Iain Provan weisen die מחמדיה „Kostbarkeiten" in V. 10 vielleicht über den Tempelschatz hinaus auf die Kostbarkeiten der Stadt, möglicherweise auch auf die Edlen beiderlei Geschlechts, wofür er auch die parallelen מחמדיה in V. 7 verweist.[28] Otto Kaiser hingegen bezieht das in V. 10 geschilderte Eindringen der Feinde und die anschließende Plünderung des Tempels gar nicht primär auf die Figuration Zions, obwohl die Suffixe das nahelegen würden, sondern sieht darin eine „Entehrung Jahwes".[29] Nur sehr vor-

---

24 *Parry*, Lamentations (2002), 54.
25 *Parry*, Lamentations (2002), 55.
26 Vgl. *Hillers*, Lamentations (²1992), 87.
27 *Hillers*, Lamentations (²1992), 86.
28 *Provan*, Lamentations (1991), 46.
29 *Kaiser*, Klagelieder (⁴1992), 126.

sichtig bezieht Johan Renkema mit Verweis auf Klgl 5,11 die Möglichkeit mit ein, dass מחמדיה sich auf die Frauen Jerusalems beziehen könnte: „It is also possible that the jewels in question referred to the women of Jerusalem themselves which would mean that the soldiers assaulted the women".[30] Weiter geht Renkema nicht.

Demgegenüber ist die Identifikation von Stellen, in denen sich das erste Klagelied auf sexuelle Gewalt beziehen soll, in der jüngeren Literatur geradezu inflationär. Schon die Anspielung einer Vergewaltigung entfaltet eine so bedrückende Schwerkraft, dass sie offensichtlich den Kontext mit in die dunklen Tiefen sexueller Gewalt zieht. Wie ein Sog scheint Klgl 1,10 jede noch so ferne Anspielung in den Bann von Euphemismen, sexualisierten Metaphern und sexuellen Konnotationen geraten zu sein. Der oben gegebene Überblick hat mit Klgl 1,3.8.9.10.12.13.15.18.20.22 – zugegeben bei je unterschiedlicher Verteilung bei verschiedenen Autorinnen und Autoren – nahezu die Hälfte der Verse des ersten Liedes umfasst. Hat sich die Bildwelt der Vergewaltigung an einer Stelle Bahn gebrochen, so scheint die Interpretation bei vielen Autorinnen und Autoren bald über die Ufer zu treten und die Bildwelt von Klgl 1 zu überschwemmen: Von der Vergewaltigung Zions zu Massenvergewaltigungen in der Stadt und im Tempel und schließlich zu Gott als Akteur sexueller Gewalt. Um ein Diktum von Phyllis Trible aus den Anfängen feministischer Hermeneutik aufzunehmen: Klagelieder 1 ist zunehmend zu einem „text of terror" geworden bzw. hat die Dimension sexueller Gewalt zu seinem Schrecken noch hinzubekommen.

Zumindest scheint die entstandene Flut von Deutungen die Frage zu rechtfertigen, ob der Text inzwischen sexuell überdeterminiert ist. So richtig es einerseits ist, hier um der Opfer willen nicht apologetisch oder immunisierend zu argumentieren, ist andererseits zugleich kritisch zu fragen, ob hier wirklich noch am Text Maß genommen und interpretatorisch Maß gehalten wird. Der sich gegenseitig überbietende inflationäre Bezug auf Bilder sexualisierter Gewalt in der wissenschaftlichen Literatur offenbart zugleich eine problematische Tendenz, die ich scharf und polemisch als unbewusste und wohl auch ungewollte Pornographisierung der Interpretation von Klgl 1 charakterisieren möchte. Die Gefahr, die auf verschiedenen Ebenen liegt, deutet Ulrich Berges an: „Diese Sprachbilder von weiblicher Nacktheit und Scham sind besonders für männliche Leser und Ausleger gefährlich, können sie u. U. sexistische, wenn nicht voyeuristische Haltungen wecken bzw. fördern".[31] Die gewachsene Sensibilität für die Opfer sexueller Gewalt lenkt zu Recht die Assoziationen zu den Sprachbildern des Textes,

---

30 *Renkema*, Lamentations (1999), 143.
31 *Berges*, Klagelieder (2002), 107, vgl. zur Problematik am Beispiel von Ez 23 auch *Baumann*, Gewalt (2006), 134.

führt aber gleichzeitig zur Ubiquität einer grausamen Wirklichkeit, die die Wahrnehmung des historischen Kontexts ebenso wie das Gottesbild affiziert und nachhaltig beschädigt. In den Kommentaren kommt ein pädagogisches Moment hinzu, dass „Gott als Vergewaltiger" eine hochproblematische Rollenzuschreibung ist, die nicht unkommentiert und ohne theologische Gegengewichte in Gemeindekontexte gestellt werden kann. Die angeführten Kommentare sind aber als Gattung nicht für den wissenschaftlichen Diskurs, sondern für eine breitere Öffentlichkeit bestimmt. Die angesprochenen Probleme liegen also auf sehr unterschiedlichen Ebenen: Wird die Sexualisierung der Interpretation den Opfern tatsächlich gerecht oder werden implizit genderstereotype Vorstellungen forciert? Legen die Deutungen den Text nicht nur aus, sondern in problematischer Weise auch auf eine Richtung der Deutung fest? Sind die theologischen, hermeneutischen, psychologischen und pädagogischen Konsequenzen der Interpretationslinie verantwortlich bedacht?

„Wer für sich festlegt, um welches Thema ein Diskurs kreist, geht mit dieser Interpretation ein gewisses Risiko ein. Da es Kontexte gibt, ist das Risiko jedoch geringer als etwa beim Roulettespiel".[32] Wer sich dem Sog entgegenzustellen und den Kontext der Deutungslinie „sexuelle Gewalt" wieder ein Stückweit zu entziehen versucht, muss – berechtigt oder nicht – mit Widerständen rechnen. Der Versuch steht in der Gefahr der Verharmlosung der Gewalt und droht, die Texte der Bibel gegen berechtigte Kritik und geforderte moralische Distanzierung zu immunisieren. Die Schwierigkeiten des Gewaltdiskurses potenzieren sich hier noch einmal, zumal gendersensible Fragen angesprochen sind. Aber bedeuten Zweifel an der sich verfestigenden Auslegungslinie zugleich, dass sexuelle Gewalt gedeckt, legitimiert, verharmlost oder nicht ausreichend wahrgenommen wird? Bedeutet es, Frauen implizit ihr Recht auf sexuelle Selbstbestimmung abzusprechen und den Opfern sexueller Gewalt Hohn zu sprechen, wenn man die *Möglichkeit* von Anspielungen nicht zum dominanten Textverständnis werden lässt? Mit den hier vorgebrachten Rückfragen gegen die inflationäre sexuelle Gewalt in Klgl 1 soll nicht die „Atemwende gegen das Verschweigen"[33] wieder um- und letztlich gegen sich verkehrt werden. Es soll nicht hinterfragt werden, dass sexuelle Gewalt auch in alttestamentlichen Texten präsent ist und funktionalisiert wird.[34] Opfer sollen nicht stimmlos werden und ihre vergegenwärtigende Erinnerung weder aufgebrochen noch unterbrochen werden. Vielmehr soll nach der

---

32 *Eco*, Autor (²2004), 70.
33 *Bail*, Schweigen (1998), 21.
34 Aus der Fülle der Literatur *Müllner*, Willen (2003); *dies.*, Gewalt (2001); *Luciani*, Violences (2008); *Eder*, Gewalt (2010); *Baumann*, Gewalt (2006), 110–115.

Plausibilität gefragt werden, die diese Deutungslinie gewinnt, wenn sie expandiert und schließlich dominant wird. Muss nicht das Misstrauen gegenüber dem Text, dass einer Hermeneutik des Verdachts entspringt, selbst einer Hermeneutik des Verdachts unterzogen werden, um die auf einer Metaebene stattfindende „immasculation"[35] zu durchbrechen?

Umgekehrt kann die Inflation des sexuellen Gewaltdiskurses ja auch das Gegenteil bewirken: das Abstumpfen, sich gewöhnen, sich abwenden und Wegschauen. Wenn sich der Eindruck einstellen sollte, dass die Anklänge an sexuelle Gewalt dem Text aufgezwungen sind, sich bei den meisten Leserinnen und Lesern ohne Hilfestellung nicht einstellen und der Text interpretatorisch überbestimmt ist, ist letztlich für einen gendersensiblen Umgang mit dem Text nichts gewonnen. Deshalb der kritische Zwischenruf, dessen vielfältige Dimensionen semantisch, motivgeschichtlich, hermeneutisch, theologisch etc. hier nicht erschöpfend angesprochen werden können und sollen. Ohne Zweifel ist in den Anfragen auch das Ringen um die „Grenzen der Interpretation", d. h. nach der angemessenen interpretativen Kooperation von Text und Rezipientin bzw. Rezipient zu erkennen, das alle Interpretation gleichermaßen herausfordert.[36] Die Mitarbeit der Leserin und des Lesers bei der Interpretation ist unbestritten, d. h. die Deutung ist nicht im Text verborgen und es gibt nicht die eine richtige fest stehende Interpretation. Zugleich ist die Interpretation nicht vollständig von dem abhebbar, was als „Textintention" und interne Kohärenz nur unzureichend beschrieben werden kann.

„Eine partielle Textinterpretation gilt als haltbar, wenn andere Textpartien sie bestätigen, und sie ist fallenzulassen, wenn der übrige Text ihr widerspricht".[37] Das klingt einfacher als es ist, denn es gibt verschiedene Arten des Widerspruchs und sehr unterschiedliche Begrenzungen des „übrigen Textes" als Kontext. Die Deutung der sexuellen Gewalt entspricht dem Kontext der militärischen Eroberung, so dass ein expliziter oder harter Widerspruch im übrigen Text kaum zu erwarten ist. Ob andere Textpartien diese Interpretation bestätigen, hängt wiederum am Verständnis dieser Textpartien, d. h. man gerät in einen hermeneutischen Zirkel sich gegenseitig beeinflussender Interpretationen. Die Frage, ob eine Anspielung auf sexuelle Gewalt vorliegt, wird zwar nicht nur am Text, aber eben auch am Text entschieden, so dass ein genauerer Blick auf die Bilder in Klgl 1 notwendig ist. Dabei kann hier nicht ausführlicher auf die einzelnen Stellen, vor allem nicht auf den Kontext und die Parallelen, die in der Diskussion immer wieder eine Rolle spielen, eingegangen werden. Vielmehr scheint es hilfreich, mit

---

35 Zu dem Begriff von Judith Fetterley s. *Davies*, Reader (2003), 43.
36 S. dazu *Eco*, Grenzen (1992).
37 *Eco*, Autor (^{2}2004), 73.

einem kritischen Blick auf die oben zusammengestellten sexuellen Konnotationen zu schauen. Manches erklärt sich aber vielleicht erst aus der breiteren Fachdiskussion zu den Klageliedern, die hier nicht umfassend dokumentiert werden kann.

Klgl 1 eröffnet die Gesamtkomposition. Das Kapitel ist gekennzeichnet durch das Zusammenspiel von Anklage und reuigem Bekenntnis. Die Härte der Gottklage und Anklage Gottes ist gegenüber Klgl 2 deutlich reduziert: Demgegenüber wird die Frage der Schuld Zions mehrfach aufgeworfen. Klgl 1 beginnt mit dem starken statischen Bild der ins Abseits gesetzten Stadt, getragen von dem einst-jetzt-Gegensatz. In diese Situation hinein spricht V. 3, der durch גלתה יהודה Juda in das textliche Spiel bringt und durch das Bild vom ruhelosen Sitzen unter den Völkern mit dem Eingangsbild der sitzenden Witwe Jerusalem parallelisiert. Wie auch immer das גלה gedeutet wird, als Hinweis auf die Exilierung („Juda ging in die Verbannung aus Elend und schwerer Knechtschaft"[38]) oder als Hinweis auf die Entblößung („Entblößt ist nunmehr Juda aufgrund von Elend und schwerer Knechtung"[39]), bleibt die Parallelität von Arbeit/Frondienst (עבדה) und Elend (עני). Damit kann auch das Nomen עני, das nicht im Kontext von sexueller Gewalt verwendet wird, über die Assoziation zu dem verbalen ענה, das auch „vergewaltigen" heißen kann, gefüllt werden. Der dritte Stichos V. 3b, der von D. Guest ebenfalls in den Kontext sexueller Gewalt gestellt wird, benutzt das aus der Kriegsrhetorik stammende Verbpaar רדף und נשג, mit dem die Bedrohung einer Verfolgungssituation und die drohende Vernichtung aufgerufen wird.[40] Der Stichos greift über die erfolgte Exilierung auf die Zeit der unmittelbaren Bedrohung während der Eroberung zurück. Der Schluss des Verses „zwischen den Engen" בין המצרים bleibt dunkel, was ihn nicht näher an den Kontext sexueller Gewalt bringt, ihn aber auch nicht davon abrückt. Steht vielleicht doch der durch die Mauerbresche fliehende Zidkija (2 Kön 25,5; Jer 52,8) mit seinem Gefolge vor Augen?

Unabhängig davon, ob das נידה in V. 8 unterschiedslos dem Nomen נדה „Unreinheit, Befleckung, Abscheu" zugeschlagen wird oder als einziger Beleg einer eigenen Wurzel mit der Bedeutung „den Kopf schütteln" gefasst wird[41], stellt V. 8a einen syntaktischen Zusammenhang zwischen der fig. etym.[42] von חטא „verfehlen, sündigen" und der menstruellen Unreinheit bzw. dem Gespött her. Das erscheint wichtig, weil V. 8 so auf die Verantwortlichkeit Jerusalems abhebt.

---

38 So *Berges*, Klagelieder (2002), 85.
39 So die Übersetzung von *Diller*, JHWH-Tag (2007), 63, vgl. *Renkema*, Lamentations (1999), 106 f.
40 *Frevel*, רדף (1990), 363 f.
41 Zur Textkritik ausführlich *Diller*, JHWH-Tag (2007), 27–29.
42 Dabei ist zu beachten, dass der MT nicht den inf. absolutus, sondern ein Nomen an den Beginn des Verses stellt.

Schließt man einmal die Variante „deshalb wurde sie zum Gespött" aus, weil die Deutungslinie „Vergewaltigung" vornehmlich mit נדה arbeitet, dann ist die Kultunfähigkeit, für die die menstruelle Unreinheit נדה steht, nicht die natürliche monatliche Blutung, sondern verursacht durch das Verhalten Jerusalems. Es bleibt offen, ob die נדה durch die Blutung oder durch Geschlechtsverkehr verursacht ist, wobei die zuletzt genannte Variante passender erscheint.[43] Die Unmöglichkeit mit dem Stadtgott in eine kultische Kommunikation einzutreten – so könnte man Kultunfähigkeit paraphrasieren – ist nach V. 8 selbstverschuldet. Zum anderen hindert die Menstruation am sexuellen Verkehr mit den in der Folge genannten Verehrern. Worin das Verschulden besteht, spricht Klgl 1 weder in V. 5 noch in V. 8 explizit aus. Die Schwere der Schuld wird gerade durch die unkonkrete Kumulation der Sünden noch gesteigert. Der Verweis auf die Verehrer und Liebhaber, mit denen sie sich (außenpolitisch) eingelassen hat (V. 2.8) und die sie jetzt schmählich verlassen haben (vgl. V. 17 für die Feinde), kann vielleicht als Andeutung verstanden werden. Dazu würde die begründende Fortsetzung כי־ראו ערותה „denn sie haben ihre Scham gesehen" des Verses passen, die auf eine schimpfliche Bloßstellung abhebt. Subjekt der Schau sind die ehemaligen Verehrer, die sich jetzt voller Verachtung von Jerusalem abwenden. כבד wird sonst nicht für „Liebhaber" gebraucht, sondern כבד ist ein statusbezogener Ausdruck der Wertschätzung, des Respektes oder der Anerkennung (vgl. Ex 20,12; Dtn 5,16; 2 Sam 6,22; Spr 21,21 u. ö.). Antithetisch dazu stehen בזה „geringschätzen", קלל „verächtlich machen" oder wie in Klgl 1,8 זלל „verachten". In Klgl 1,8 wird das Umschlagen von Anerkennung zu Verachtung mit der Aufdeckung der Scham begründet. Weil die, die sie zuvor wertgeschätzt haben, ihre Scham gesehen haben (כי־ראו ערותה), verachten sie sie jetzt. Das Aufdecken der Scham ist eine öffentliche, sozial relevante Bloßstellung einer Person, insofern ihr Intimstes offengelegt wird. Die beschämende Bloßstellung ist als Strafe für Ehebrecherinnen belegt, erfolgt jedoch im kriegerischen Kontext zu Zwecken öffentlicher Demütigung, wie die vielfach angedrohte und ikonographisch belegte Strafe, dass die Gefangenen „nackt und barfuß" weggeführt werden (vgl. Jes 20,4; Hos 2,5.11; Am 2,16; Mi 1,8; 2 Chr 28,15; Dtn 28,48), zeigt.[44] Analog zu dieser im westsemitischen Raum verpönten öffentlichen Nacktheit, die einer maximalen Beschämung gleichkommt, ist die Rede von der Aufdeckung der weiblichen Scham (ערוה, חרפה) einer Stadt,

---

43 So auch *Diller*, JHWH-Tag (2007), 329.

44 Hier wäre z. B. nur auf das sb-zeitliche Elfenbein aus Megiddo hinzuweisen, wo die Gefangenen nackt dem Sieger vorgeführt werden (IPIAO 3, 947). Neuassyrische Darstellungen auf einem Bronzetor aus Balawat zeigen möglicherweise Frauen, die nicht nur einen Klagegestus ausführen, sondern bei ihrer Wegführung in die Gefangenschaft den Saum ihres Kleides als Zeichen ihrer Demütigung anheben, vgl. die Abbildung bei *Baumann*, Gewalt (2006), 120.

die in Jes 47,2–3 für Babel, in Ez 16,37; 23,10.29 für Jerusalem steht. Wie schon in Ez 16 und 23 so erscheint auch in Nah 3,5 und Hos 2,12 die Aufdeckung der Scham durch den Ehemann vor den Liebhabern als Strafe für unzüchtiges, ehebrecherisches Verhalten: „Dann entblöße ich ihre Scham vor den Augen ihrer Liebhaber" (וְעֵתָּה אֲגַלֶּה אֶת־נַבְלֻתָהּ לְעֵינֵי מְאַהֲבֶיהָ). Damit rücken auch die Verehrer Zions in Klgl 1,8 wieder in die Nähe von Liebhabern, die sich von Zion abwenden, als ihre Scham öffentlich entblößt wird. Das Aufdecken der Scham (גלה ערוה) kann als Euphemismus für den Geschlechtsverkehr verstanden werden (z. B. Lev 18; 20; Ez 16,36; 22,10; 23,18), doch hebt das Sehen der Scham (ראה ערוה) – wenn auch selten euphemistisch für den sexuellen Umgang verwandt (Lev 20,17) – stärker auf den Akt der öffentlichen Bloßstellung ab (vgl. Gen 9,22f; Jes 47,3; Ez 16,37; Nah 3,5 [מער statt ערוה]). Solche Bloßstellung der Scham ist der höchste vorstellbare Grad der Beschämung, der einer totalen Statusminderung und Ehrverletzung gleichkommt. Zugleich ist das Aufdecken der Scham Ausdruck äußerster Verletzlichkeit einer Person oder eines Landes (Gen 42,9.12). „Where a city is concerned, nakedness implies openness and vulnerability or lack of protection".[45] Die Deutung von V. 8b als Vergewaltigung Zions setzt voraus, dass das Schauen der Scham hier synonym zum Aufdecken der Scham ist. Der Vers würde dann das angewiderte Abwenden des Vergewaltigers von seinem Opfer ausdrücken. Völlig auszuschließen ist das nicht, doch bleibt meist unerklärt, warum der Täter gleichzeitig mit dem wertschätzenden Begriff als *Verehrer* (Partizip D-Stamm כבד) bezeichnet wird. Das spricht doch eher für die oben wiedergegebene traditionelle Interpretationslinie als für eine Vergewaltigung.

V. 9 steht in enger Parallelität zu V. 8, worauf auch die semantischen Parallelen (אחור/אחריתה, das doppelte ראה, נדה und – [auch] durch das Akrostichon bedingt? – טמאתה) hinweisen. D. h. die Unreinheit in V. 9a hängt mit den Sünden und der kultischen Unreinheit in V. 8 zusammen. Saum und Blöße sind dabei eng zusammen zu sehen, doch ist zugleich darauf zu verweisen, dass in V. 9 der Saum nicht aufgehoben wird, d. h. hier nicht ein Euphemismus für den Sexualverkehr verwendet ist. Der Saum steht für die liminale Übergangszone von offener Außen- und bedeckter Innenseite. Diese Deutung wird durch die Erläuterung Othmar Keels gestützt: „Die Säume signalisieren die Schwäche und gefährdende Randzone einer Persönlichkeit. ... Die Nähe zu *ʿᵃqebim, qâlōn, ʿᵃrwāh* usw. in Jer 13,22.26; Nah 3,5 und Klgl 1,9 signalisieren die Affinität von *šwljm* zur Welt des Unreinen, Schwachen, Gefährdeten und Dämonischen".[46] Obwohl bereits an der

---

45 *Renkema*, Lamentations (1999), 135.
46 *Keel*, Jahwe-Visionen (1977), 69.

Außenseite sichtbar, hat Jerusalem nicht reagiert und die Folgen ihres Handelns nicht bedacht.

Wie in dem Überblick gezeigt, bildet V. 10 die Kernstelle der gesamten Argumentation. Ausgangspunkt ist die Annahme, dass Tempel und weiblicher Körper, Allerheiligstes und weibliche Genitalien austauschbar sind. Unter dieser Voraussetzung wird die Hand (יד) zum Euphemismus für den Penis, das Hineinkommen (בוא) bezeichnet den Sexualverkehr und die Kostbarkeiten (מחמדים) stehen metaphorisch für die Frauen Zions. Der Bedränger (צר) ist Vergewaltiger, was die übrigen Stellen, in denen diese Wurzel in Klgl 1 verwendet wird (Klgl 1,5.7.17.20), infiziert oder besser „sexualisiert".

Es ist auffallend, dass die Durchlässigkeit des Tempels auf den Frauenkörper und damit des unbefugten Betretens mit einer Vergewaltigung nur selten versucht wird zu begründen. Wenn, dann wird auf Julie Galambush verwiesen, die die These für Ez 23 entfaltet hat:

> After describing the scene, Yahweh decries Oholibah's actions as completing her imitation of Oholah's adulteries (vv 43 – 44). He explains that now Oholibah, like Oholah before her, has been „entered" the way one would enter a prostitute. Yahwe's explanation in v. 43 relies, not on the legal aspect of the adultery metaphor ..., but on the physical analogy between the topography of the sacred city and the anatomy of a woman's body. Oholibah has been „entered" by men to whom she should have denied access. ... Because of its central location, the concern for its purity, and its exclusive dedication to Yahweh, the temple serves as a symbolic uterus. Thus when foreign men enter the temple of the woman called „My tent is in Her" the offended divine husband charges that she has been entered „as one enters a prostitute," that is, sexually.[47]

Ezechiel 23 mischt nicht nur das Schicksal der beiden Schwestern, sondern auffällig auch die beiden Linien der Kritik, den Verstoß gegen das Alleinverehrungsgebot YHWHs und die außenpolitisch aussichtslosen Allianzen zu Beginn des 6. Jh. v. Chr. Beides wird explizit durch die Ehebruchmetapher gekennzeichnet (V. 37.43), beides im Tempel lokalisiert. Da Tempel und Stadt(frau) Jerusalem nahezu identifiziert werden, ergibt sich eine gewisse Metonymie, dass Aktionen im Tempel nicht unabhängig von Jerusalem sind. Dass aber dadurch der Tempel schon zu einem symbolischen Uterus – wie Galambush schreibt – geworden ist, darf mit Recht in Frage gestellt werden. Nicht schon das Eintreten der Verhandlungspartner in den Tempel ist auf der metaphorischen Ebene des Textes der Sexualakt, sondern das außenpolitische sich Einlassen auf Ägypten und die Nachbarn Israels. Die Verschränkung der Bildwelten in Ez 23,36 – 45 wäre eine genauere Analyse wert, doch reicht hier die Feststellung, dass auch in Ez 23,39 – 44

---

47 *Galambush*, Jerusalem (1992), 120.

Zweifel an der behaupteten Korrespondenz zwischen Körper, Tempel, Genitalien, innerstem Heiligtum bestehen bleiben. Abgesehen davon ist Ez 23 noch weit eindeutiger als Klgl 1,10. Dass es in Klgl 1,10 primär um die Eroberung des Tempels und den Raub der Tempelgeräte geht, wird in der Literatur kaum bestritten. Die sexuelle Gewalt ist eine Textebene im Hintergrund, die assoziativ hinzukommt. Aber ist diese tatsächlich so evident, wie es das am Beginn dieses Aufsatzes wiedergegebene Zitat behauptet? Schon das Objekt der Vergewaltigung schwankt in den Auslegungen zwischen der Stadt(frau) Jerusalem, den Frauen Jerusalems oder einer Mischung aus beidem. Die Wendung ידו פרש צר wird als Euphemismus für die Penetration der Frau interpretiert. Zwar ist richtig, dass יד an wenigen Stellen euphemistisch für den Penis verwendet werden kann (vgl. Jes 57,8; Jer 5,31; 50,15; Hld 5,4[48]), doch ist das für die Wendung ידו פרש keinesfalls die naheliegendste Deutung. Fast sarkastisch verkehrt die Wendung den Gebetsgestus „die Hände ausbreiten" (Klgl 1,17; Jes 1,15; 37,14; Ps 143,6) in die begehrlich raubend ausgestreckte Hand des Feindes. Dass in Klgl 1,10 besonders Moab im Blick ist, könnten Jes 25,12 und die Fortsetzung mit Verweis auf das deuteronomische Gemeindegesetz Dtn 23,18 nahelegen. Zu Recht wird auf die motivgeschichtliche Verbindung zu den schmutzigen Händen des Feindes in der oben zitierten sumerischen *balag*-Klage verwiesen. Aber auch dort geht es um den frechen und gewaltsamen Raub der Preziosen und nicht um sexuellen Missbrauch Inannas. Es ist auch richtig, dass בוא (אל) den Geschlechtsakt bezeichnen kann (z. B. Gen 16,4; 38,2.8.9 u.ö.), doch setzt diese Deutung in Klgl 1,10 bereits voraus, dass das Heiligtum bzw. das Allerheiligste מקדש für die Frau bzw. die Vagina steht. Schließlich die Kostbarkeiten (מחמדים), die zwar nicht zuletzt wegen Klgl 2,10 grundsätzlich auf eine personale Interpretation hin offenbleiben, aber doch zu allererst wie in Jes 64,10; 2 Chr 36,19 an die Preziosen des Tempels denken lassen.

Einerseits ist die Deutungsoffenheit von Klgl 1,10 auf die Ausübung sexueller Gewalt im Kontext der Eroberung Zions durch die Metaphorisierung der Stadt als Frau angelegt. Die enklitischen Personalpronomina „*ihr* Heiligtum" und „*ihre* Kostbarkeiten" evozieren eine Handlung an der Stadtfrau Jerusalem. Andererseits ist eine Gleichsetzung von Heiligtum und Scham auch keineswegs notwendig für das Verständnis des Verses. Sie ist auch nicht so selbstverständlich, wie sie inzwischen in der Literatur geführt wird. Wenn man nach sexueller Gewalt in Klgl 1 sucht, dann findet man am ehesten V. 10. Aber stellt sich diese Deutung ohne weiteres und ohne Widerstände ein? Die Argumentation mit dem Gemeindegesetz spricht eher für die Deutung, dass es ausschließlich um das unbefugte Eindringen

---

48 Zur kritischen Diskussion der Stellen s. *Schorch*, Euphemismen, 127–129, der letztlich nur Jes 57,8 als eindeutigen Beleg akzeptiert.

in den Tempel geht, zumal in V. 10b בוא בקהל mit dem בוא מקדש parallelisiert ist. Wenn der Nachsatz von „deiner Versammlung" קהל לך spricht, meint er die Kultgemeinschaft, für die vorher Jerusalems Heiligtum stand מקדשה. D. h. der Nachsatz bildet zugleich ein textliches Korrektiv zu der sich möglicherweise assoziativ einstellenden sexuellen Gewalt, die damit aber nicht als möglicher Textsinn aufgehoben oder negiert wird; vielmehr wird sie begrenzt und so der literale Sinn gestärkt.

Die Semantik der V. 12 und 13, die die Verletzung, Erniedrigung und gewaltsame Behandlung Zions durch YHWH zum Teil bildhaft zum Ausdruck bringt, hat aus sich selbst heraus gar keine sexuelle Konnotation. Sie kann nur unter der Voraussetzung des „dichten Netzwerkes" von Stellen der Deutungslinie sexueller Gewalt zugerechnet werden. Einzig שממה „verlassen, verwüstet" in V. 13 schlägt eine Brücke zu 2 Sam 13,20, wo es heißt, dass Tamar nach der Vergewaltigung vereinsamt und trostlos im Haus Abschaloms blieb. Die Wendung נתנני שממה in V. 13 ist nicht einfach zu übersetzen: שמם kann im G-Stamm das Schaudern wie auch die Vereinsamung ausdrücken, שממה die Trostlosigkeit, Verlassenheit oder Verwüstung. Entweder ist also die Verletzung (Neue Zürcher: „er hat mich entsetzlich zugerichtet"), die Verlassenheit (Elberfelder: „er machte mich einsam") oder die Verstörung (Berges: „er machte mich verstört") zum Ausdruck gebracht. Am ehesten ruft die Wendung die in Klgl 1 dominante Verlassenheit Zions auf. Ist die Nähe zu 2 Sam 13,20 wirklich so groß, dass sie alle übrigen semantischen Parallelen übertönt? Wohl kaum! Aus eigener Kraft kann die Wendung den Kontext sexueller Gewalt nicht aufrufen. Das bedeutet nicht, dass es keine intertextuelle Verbindung zwischen der Tamarerzählung und Klgl 1,13 gibt, die die Rezipientinnen und Rezipienten möglicherweise aufrufen. Dann aber wird die Deutungsebene sexueller Gewalt erst im Rahmen kanonischer Rezeptionsprozesse mit einer bestimmten selektiven Erwartung etabliert, was das Problem auf eine andere – noch einmal komplexere Ebene hebt.

Das in V. 15 benutzte Bild des Keltertretens (גת דרך אדני לבתולת בת־יהודה) ist ein Bild äußerster Brutalität. Das Gewand des Keltertreters färbt sich rot wie das des gnadenlosen Schlächters vom Blut des Gemetzels (Jes 63,2). Das Becken der Kelter ist ein allseits geschlossener „Raum", aus dem es im wahrsten Sinne kein Entrinnen gibt, es sei denn im Zustand vollkommener Zerstörung. Das Bild des Keltertretens, eigentlich im Erntekontext mit Fröhlichkeit konnotiert (Jes 16,10), ist eine Metapher des bis zur vollständigen Vernichtung durchgeführten Gerichts. Klgl 1,15 kennzeichnet YHWH als Hauptakteur, der wie in Jes 63,3 die Kelter selbst tritt. An keiner anderen Stelle ist das Keltertreten mit sexueller Gewalt konnotiert. Die Vermutung Ulrike Bails, hier spiegele sich die Erfahrung des Zertretenseins der vergewaltigten Frau, bleibt daher reine Spekulation. Das Bild in V. 15 ist vergleichbar dem Hinweis auf den YHWH-Tag (Klgl 1,21; 2,17), den harten Anklagen gegenüber der Glut seines Zorns (Klgl 1,12), der Instrumentalisierung der Feinde (Klgl 1,14.17), vor allem aber der brutalen Beteiligung YHWHs am Gericht im zweiten Klagelied (Klgl 2,2 – 8.21 – 22).

Vergleichbares gilt für die verbleibenden Verse 18.20.22, die in der Literatur in den Bann der sexuellen Gewalt geraten sind. Sie setzen den Hintergrund sexueller Gewalt bereits voraus, evozieren diesen aber nicht aus sich heraus über ihre Semantik oder die verwendeten Sprachbilder. Die Bilder der emotionalen Verletzung, der Erniedrigung und schließlich Krankheit müssen nicht auf sexuelle Gewalt im Hintergrund enggeführt werden, schließen diesen Hintergrund aber auch von sich aus nicht vollständig aus. Das gilt umso mehr, wenn Vergewaltigung nicht einzig als erzwungener Sexualverkehr verstanden wird, sondern die ganze Breite sexuell konnotierten oder mit sexuellen Mitteln durchgeführten Machtmissbrauchs umfasst, d. h. als sexualisierte Gewalttat, die das Opfer in seinem Selbstbestimmungsrecht missachtet und als Person erniedrigt.

Der knappe Durchgang hat die Engführung einzelner Stellen in Klgl 1 auf den Kontext sexueller Gewalt aus heuristischen Gründen in Zweifel gezogen. Dabei sollte nicht der Eindruck erweckt werden, die Suche nach derlei Kontexten sei generell aussichtslos oder unangemessen und erst einer überzogenen Sensibilität moderner Rezipientinnen und Rezipienten geschuldet. Dagegen muss deutlich unterstrichen werden: Der Text verliert seine Unschuld nicht erst in der Rezeption! Der Text ist nicht unschuldig und rein, er ist nicht über alle Zweifel erhaben, *aber er muss auch nicht allen Zweifeln erliegen.* Es gibt (auch) in den Klageliedern ein Moment des Obszönen, der dargestellten und funktionalisierten Gewalt, die je nach Blickwinkel auch pornographische Züge annehmen kann und in Voyeurismus umzuschlagen droht. Wenn diejenige, die diese Gewalt erleidet, die als Frau personifizierte Stadt Jerusalem ist, und auf der Täterseite nahezu ausschließlich Männer in Betracht kommen, *kann* die Erniedrigung, Bestrafung und gewalttätige Behandlung auch Züge von Vergewaltigung annehmen. Das auszuschließen, hieße die Augen vor sexueller Gewalt und ihrer Präsenz in den Texten zu verschließen.

Hier ging es um die offensichtliche Inflation im interpretatorischen Umgang mit sexueller Gewalt in Klgl 1. Wenn sich der Eindruck einstellt, dass das ganze erste Klagelied durch und durch von Bildern sexueller Gewalt und ihrer Folgen durchzogen ist, scheint meinem Eindruck nach etwas aus den Fugen geraten zu sein. In dem hier formulierten Einspruch sollte nicht einfach behauptet werden, die Interpretationslinie „sexuelle Gewalt" sei eine Fehlinterpretation, die dem *Gebrauchen* des Textes geschuldet und die damit einfach falsifizierbar sei. Dagegen sollte angefragt werden, ob die Inflation der Deutungsrichtung noch von der

„relevanten semantischen Isotopie"[49] der Klagelieder getragen wird oder die „isotopische Ökonomie" des Textes verlassen ist und eine „hermetische Semiose" eingesetzt hat.[50]

Noch ein anderes: Der Vorwurf sexueller Gewaltausübung wiegt schwer, nicht zuletzt auch gegenüber den Tätern. Das gilt erst recht, wenn neben menschlichen Tätern Gott als ausübendes Subjekt sexueller Gewalt in den Blick genommen wird. Das Gottesbild wird darin nachhaltig beschädigt und eine solche Beschädigung sollte in theologischen Kontexten keinesfalls leichtfertig in Kauf genommen werden.

Gegenfragen müssen erlaubt bleiben, und sind vielleicht sogar geboten: Würde man nicht bei den Subjekten sexueller Gewalt größere Klarheit erwarten? Kann YHWH sinnvoll gleichermaßen für seine permissive Haltung als auch für seine Aktivität angeklagt werden? Vergleicht man das erste Klagelied mit dem wahrscheinlich etwas früheren und Gott als Handelnden weit härter anklagenden zweiten Klagelied[51], fällt auf, dass in der Interpretation von Klgl 2 bei ähnlicher Bildwelt sexuelle Gewalt keine Rolle spielt. Das wirft mindestens Fragen in beide Richtungen auf. Und wenn Gott als Subjekt sexueller Gewalt in Klgl 1 präsent ist, was bedeutet das dann für das Bild der einsam dasitzenden Witwe, die sich den Peiniger als Tröster zurückwünscht? Ja, es gibt die paradoxale Hingezogenheit des Opfers zum Täter, aber findet sich diese tatsächlich in Klgl 1? Wenn die Bloßstellung Jerusalems als figurative Rede eine Realität der Vergewaltigung (in) der Stadt spiegelt, was ist dann der reale Hintergrund der im Text behaupteten Promiskuität Zions? Hierüber geben die Autorinnen und Autoren entweder auf sehr traditionelle Weise Auskunft, indem sie fremdkultische Sexualriten bis hin zur kultischen Prostitution bemühen, über die der Text aber keine Auskunft gibt.[52] Oder aber sie schweigen sich darüber ganz aus. Doch müssen für die vermeintliche Promiskuität dieselben interpretatorischen Grundsätze gelten wie für die sexuelle Gewalt. Beide sind in metaphorische Rede gekleidet und sehr vage in ihrem Realitätsbezug. Im Gegenteil: Bei den Sexualkulten mahnt die religionsgeschichtliche Diskussion der vergangenen 30 Jahre erheblich zur Vorsicht. Die in alttestamentlichen Texten leichtfertige Rede von „Unzucht" entzieht sich fast

---

49 *Eco*, Grenzen (^{2}2004), 141.

50 Alle Begriffe bei *Eco*, Grenzen (^{2}2004), 139–141.

51 Vgl. zu der hier vorausgesetzten diachronen Position zum Verhältnis von Klgl 1 und Klgl 2 *Frevel*, Zerstörung (2005), 14 und auch *Kaiser*, Klagelieder (^{4}1992), 118.

52 Überhaupt ist auffallend, wie wenig Fremdkulte in den Klageliedern präsent sind. Die Fremdgötterkritik und Bilderkritik der prophetischen Anklagen fehlt fast vollständig! Die Wurzel הנז kommt in den Klageliedern nicht vor, was das Bild etwa von Jes 1,21 oder Nah 3,4f unterscheidet.

vollständig, aber eben nicht ganz, der historischen Konkretion.[53] Vielleicht muss gleiches für die Identifizierung sexueller Gewalt in Anschlag gebracht werden. Die Texte sind oft offener als es vielleicht manchmal wünschenswert sein mag. Die Offenheit kann auch als Chance begriffen werden, sie nicht im Interpretationsprozess zu beschädigen.

Wie ist die Inflation des Deutungsmusters sexueller Gewalt als Hintergrund von Klgl 1 hermeneutisch und theologisch zu bewerten? Polemisch gefragt: Hat es nicht auch etwas Vergewaltigendes, wenn die Texte dort, wo sie mehrdeutig bleiben und vielleicht bewusst Leerstellen und eine verschleiernde Vagheit der Eindeutigkeit entgegensetzen, zur sexuellen Gewalt hin gezwungen werden? Cheryl Exum hat sehr treffend das Phänomen „rape by the pen" benannt[54] und damit das Problem angesprochen, dass sich Gewalt in Texten durch die Rezeption auf einer Metaebene wiederholt. Kann es dann ein Gebot der Zurückhaltung geben, die Wirklichkeit sexueller Gewalt nicht beliebig einzutragen und so einem die Gewalt evozierenden und perpetuierenden voyeuristischen und pornographischen Blick auszusetzen? Vielleicht muss ein solches Gebot der Selbstbeschränkung unter der Voraussetzung, dass es Opfer nicht stumm und stimmlos macht, der Ökonomie der Interpretation an die Seite gestellt werden.

Wie bisher jedenfalls, in dem auf sexuelle Gewalt getrimmten potenzierten und sich potenzierenden Misstrauen gegenüber dem Text, geht es in der Auslegungsgeschichte von Klgl 1 nicht weiter. Wenn ein Nachdenken darüber bei aller zugestandenen Sensibilität des Themas ausgelöst worden wäre, hätte der Zwischenruf sein Ziel erreicht.

Bibliographie

Bail, U., Gegen das Schweigen klagen. Eine intertextuelle Studie zu den Klagepsalmen Ps 6 und Ps 55 und der Erzählung von der Vergewaltigung Tamars, Gütersloh 1998.
Baumann, G., Gottesbilder der Gewalt im Alten Testament verstehen, Darmstadt 2006.
Bergant, D., Lamentations (Abingdon Old Testament Commentaries), Nashville 2003.
Berges, U., Klagelieder (HThKAT), Freiburg 2002.
Berlin, A., Lamentations (OTL), Louisville 2002.
Davies, E. W., The Dissenting Reader. Feminist Approaches to the Hebrew Bible, Aldershot 2003.
Diller, C., Zwischen JHWH-Tag und neuer Hoffnung. Eine Exegese von Klagelieder 1 (ATS 82), St. Ottilien 2007.
Dobbs-Allsopp, F. W., Lamentations (Interpretation), Louisville 2002.

---

53 *Frevel,* Unzucht (2001), 974.
54 *Exum,* Women (1993), 170–201.

Dobbs-Allsopp, F. W./Linafelt, T., The Rape of Zion in Thr 1,10, in: ZAW 113 (2001), 77 – 81.

Eco, U., Die Grenzen der Interpretation, München 1992.

Ders., Zwischen Autor und Text. Interpretation und Überinterpretation, München ²2004.

Eder, S., Gewalt in der Bibel. Begrifflichkeit – Verstehenshilfen – Perspektiven, in: PzB 19 (2010), 1 – 20.

Exum, J. C., Fragmented Women. Feminist (Sub)versions of Biblical Narratives, Sheffield 1993.

Frevel, C., רדף, in: ThWAT 7 (1990), 362 – 372.

Ders., Unzucht (Altes Testament), in: NBL 3 (2001), 973 – 975.

Ders., Zerstörung bewegt. Zur Spiritualität der Klagelieder Jeremias, in:
A. Hölscher/A. Middelbeck-Varwick (Hg.), Frömmigkeit. Eine verlorene Kunst (Theologie der Spiritualität 8), Münster 2005, 6 – 28.

Galambush, J., Jerusalem in the Book of Ezekiel. The City as Yahweh's Wife (SBL Diss. 130), Atlanta 1992.

Guest, D., Hiding Behind the Naked Women in Lamentations. A Recriminative Response, in: BI 7,4 (1999), 413 – 448.

Hillers, D. R., Lamentations. A New Translation With Introduction and Commentary (AB), New York ²1992.

Kaiser, B. B., The Poet as „Female Impersonator". The Image of Daughter Zion as Speaker in Biblical Poems of Suffering, in: JR 67 (1987), 164 – 182.

Kaiser, O./Loader, J. A./Müller, H. P., Das Hohelied, Klagelieder, das Buch Ester (ATD 16,2), Göttingen ⁴1992.

Keel, O., Jahwe-Visionen und Siegelkunst. Eine neue Deutung der Majestätsschilderungen in Jes 6, Ez 1 und 10 und Sach 4 (SBS 84/85), Stuttgart 1977.

Luciani, D., „Violences Sexuelles. Comment l'Ancien Testament en Parle-t-il?", in: BZ 52,2 (2008), 244 – 260.

Mintz, A., The Rhetoric of Lamentations and the Representation of Catastrophe, in: Prooftexts 2,1 (1982), 1 – 17.

Müllner, I., Die Gewalt benennen. Liebe und Eros und Gewalt in biblischen Texten, in: WuB 21 (2001), 59 – 63.

Dies., Gegen den Willen. Sexuelle Gewalt im Alten Testament (Essener Unikate 21), Essen 2003.

Parry, R. A., Lamentations (THOTC), Grand Rapids 2002.

Provan, I. W., Lamentations (NCBC), Grand Rapids 1991.

Renkema, J., Lamentations (HCOT), Hadleigh 1999.

Römer, W. H. P., Aus einem Klagelied der Göttin Inanna, in: TUAT II.5 (1989), 708 – 711.

Schorch, S., Euphemismen in der Hebräischen Bibel (Orientalia Biblica et Christiana 12), Wiesbaden 2000.

III. **Intertextualität und Innerbiblische Auslegung**

„Eine kleine Theologie
der Menschenwürde"

Ps 8 und seine Rezeption im Buch Ijob

Es fällt nicht schwer, in dem breiten Wirken des Jubilars ein Thema zu finden, das
sich aufzugreifen lohnt. Impulse in unterschiedlichsten Bereichen zu geben war
und ist eines *der* Kennzeichen von *Erich Zenger*. Neben Pentateuchdiskussion und
Hermeneutik sind dies für mich in besonderer Weise die Kanondebatte und die
Psalmen resp. Psalterexegese. Beide möchte ich aufgreifen.

Mit der Exegese von Ps 8 in einem Festschriftbeitrag hat *Erich Zenger* seinen
Forschungsschwerpunkt zu den Psalmen begründet. Seitdem hat er den Psalm
wiederholt ausgelegt[1] und ihn vor allem als Theologie einer unveräußerlichen,
dem Menschen anerschaffenen Würde ins Gespräch gebracht.[2] Die durch die
königliche Verantwortung für die Lebenswelt gekennzeichnete Sonderstellung des
Menschen hebe ihn aus allen Geschöpfen heraus und begründe die Fürsorge und
Annahme jedes Einzelnen durch Gott. „Diese quasi-göttliche und königliche
‚Menschenwürde', die den Menschen für den Weltherrscher-Gott liebenswürdig
macht und die dieser schützt, muß er sich nicht erst erkämpfen, sie ist ihm von
JHWH mit seinem Mensch-Sein, so zerbrechlich und gefährdet es sein mag, ge-
geben".[3] In der Linie dieser Interpretation ist es reizvoll, nach der Aufnahme und
Verarbeitung der „kleinen Theologie der Menschenwürde" im Ijobbuch zu fragen.
Das Buch ist von dem rebellischen Ringen und die verzweifelte Klage um die
verlorene Würde Ijobs durchströmt und bedient sich dabei vielfach der Psalmen.

Seit den Anfängen beteiligt sich *Erich Zenger* lebhaft an der Debatte um die
Relevanz des Kanons für die Biblische Theologie und für die Auslegung biblischer
Texte. 1991 hat er in seinen Überlegungen zur kanonischen Psalmenauslegung die
These formuliert: „Bei kanonischer Auslegung sind die innerbiblischen Bezüge
und Wiederaufnahmen eines Psalms mitzuhören".[4] Als eines der Beispiele wählt
Zenger die Aufnahme von Ps 8,5 in Ijob 6 f: „Wenn z. B. in Ijobs zweiter großen Rede

---

1 *Zenger*, Menschlein (1981), danach: Gott (³1991), 201–211; Psalmen (1993), 77–80 und zuletzt im
Stuttgarter Alten Testament (2004).
2 Der Titel meines Beitrags nimmt – quasi als Beleg der bis in Formulierungen reichenden Impulse Erich Zengers – eine Formulierung von *Weber*, Werkbuch (2001), 74 auf, die sich an Erich
Zenger anlehnt, der von Ps 8 und der darin entworfenen „Theologie der Menschenwürde" spricht
(*Zenger*, Psalmen [1993], 77).
3 *Zenger*, Psalmen (1993), 79 f.
4 *Zenger*, Psalmenauslegung (1991), 409.

DOI 10.1515/9783110424386-010

Ijob 6,1–7,21 auf die staunende Frage von Ps 8,5 zurückgegriffen wird, um die Ambivalenz göttlicher Anteilnahme am Menschenleben zu formulieren, ist dies bei kanonischer Auslegung von Ps 8 … bedeutsam".[5] Inzwischen ist die kanonische Exegese durch intensive Diskussion weit vorangeschritten.[6] Weithin akzeptiert ist, dass der Rahmen, in dem ein Text interpretiert wird, im Fall biblischer Texte der Kanon bzw. die unterschiedlichen Kanones, verändernden, erweiternden und normierenden Einfluss auf die Interpretation hat.[7] Es ist also nicht nur fruchtbar, sondern auch geboten, biblische Texte im Horizont des Kanons auszulegen. Umstritten ist derzeit vor allem, inwieweit der *canonical turn* in der Exegese mit einer rezeptionsästhetischen Wende im Textverständnis verbunden werden muss.[8] Dass die Anordnung im Kanon eine Rolle spielt, ist seit den An-

---

5 *Zenger*, Psalmenauslegung (1991), 413.

6 Vgl. *Zenger*, Psalter (2003), 111. Ein Überblick über den Stand der Diskussion lässt sich in den beiden Sammelbänden „Wieviel Systematik erlaubt die Schrift?" (*Hossfeld*, Systematik [2001]) und „The Biblical Canons" (*Auwers/Jonge*, Canons [2003]) gewinnen.

7 Vgl. zur Geschichte der kanonischen Exegese zusammenfassend den Überblick von *Steins*, Bibelkanon (2003), 179–184, zum erweiterten Textbegriff, der den „Endtext" auf die kanonische Fläche ausdehnt, *Schwienhorst-Schönberger*, Einheit (2001), 67.

8 Vgl. dazu die Diskussion um die Habilitationsschrift von *Steins*, Bindung (1999); *Groß*, Auslegung (2001), 121. Die Kritik gipfelt in dem Vorwurf, es sei nicht gelungen, die vom produzierenden Subjekt gelöste „objektive Intertextualtät" auf der Rezipientenseite nachzuweisen und damit das Konzept der kanonisch intertextuellen Lektüre nicht nur texttheoretisch und hermeneutisch, sondern auch methodisch durchzutragen. „Wie diese Skizze in methodische Textarbeit überführt werden könnte, bleibt gänzlich undeutlich" (121). Jüngst hat sich auch B. S. Childs aus anderem Blickwinkel in die Debatte erneut eingeschaltet (Critique [2003]). Der „Vater" der kanonischen Diskussion adelt Steins Beitrag als „a highly creative theory of *kanonisch-intertextuelle Lektüre*" und als „a new chapter in the debate over so-called ‚canonical interpretation'" (173), übt aber gleichzeitig scharfe Kritik an der fehlenden Vernetzung zwischen offenbarungstheologischen und texttheoretischen Überlegungen: „author, text, and addressee are fused and the divine voice of Scripture has been rendered mute within a highly ideological philosophical system" (176). Vollkommen zu Recht fordert B. S. Childs eine stärkere Einbindung einer theologischen Perspektive: „When Steins' theory of intertextuality eliminates the privileged status of the canonical context and removes all hermeneutical value from any form of authoral intent, an interpretative style emerges that runs directly contrary to the function of an authoritative canon which continues to serve a confessing community of faith and practice" (177). Diese Kritik ist ernst zu nehmen, markiert sie doch den drohenden Verlust einer Dimension, die die historisch-kritische Exegese für sich in besonderem Maße als theologisch bedeutsam reklamierte: die Geschichtlichkeit der Offenbarung. Gerade der Kanon als theologische und ekklesiale Größe weist darauf hin. Deshalb ist es nicht „fehlende theoretische Innovationsbereitschaft" oder Akt „einer Selbstisolierung der Bibelwissenschaft innerhalb der kulturwissenschaftlichen Diskurse" (*Steins*, Bibelkanon [2003], 182), wenn an einem historischen Textsinn festgehalten wird. M. E. steht die Exegese derzeit in einem doppelten noch ungelösten Dilemma:

fängen der Diskussion gleichermaßen zugestanden wie im Einzelnen umstritten. „Kanongeschichtlich auswertbare Hinweise der Epoche um die Zeitenwende auf eine kanonhermeneutische Relevanz der *Anordnung der heiligen Schriften*, sei es der Abfolge von Kanonteilen, sei es der Abfolge von einzelnen Schriften innerhalb der Kanonteile, sind nicht nur zahlenmäßig gering, sondern in der Forschung neuerdings sehr kontrovers diskutiert".[9] Die anfängliche Entdeckerfreude, die in der Gefahr stand, die Anordnung der Stuttgartensia, Rahlfs Seputaginta oder der Einheitsübersetzung für „kanonisch" zu halten, ist inzwischen einer fundierten Reflexion über das „Arrangement der Schriften" in unterschiedlichen Kanongestalten gewichen.[10] Dass es vom Pentateuch bis zu den Schriften unterschiedliche Gravitationsfelder gibt, die intertextuellen Bezügen unterschiedliches Gewicht geben, hat zuletzt Erich Zenger noch einmal hervorgehoben: „Der *kanonische Prozeß* ... ist nicht mit der Festlegung des Umfangs des Kanons („Kanonschließung") beendet, sondern setzt sich in dem Bemühen um eine *Sachstruktur* des Kanons fort, die in der Zusammenfassung von Einzelschriften zu Gruppen und in der Anordnung dieser Gruppen in einer aussagerelevanten Makrostruktur des Kanons sichtbar wird".[11] Das Bemühen um die Sachstruktur des Kanons hat mit der Aufarbeitung der historischen Dimension der Kanonentstehung erst begonnen. Es wird die Aufgabe der Diskussion in den folgenden Jahren sein, diese Strukturierung auch inhaltlich aufzuweisen. Die Suche nach der Sachstruktur bezeichnet Zenger als „Sachauslegung": „Die kanongeschichtlich erkennbare Suche nach einer *Sachstruktur* in der Anordnung der heiligen Schriften ist bei aller Divergenz eine *Sachauslegung*, hinter der das Bemühen steht, einen theologisch relevanten Makrotext zu komponieren".[12] Die *Sachauslegung* muss sich m. E. nicht nur auf die äußeren Hinweise konzentrieren, sondern über die Frage der Anord-

---

(1) Sie erkennt und anerkennt die sinnkonstituierende und sinnbegrenzende Funktion des Kanons als Rahmen der Interpretation biblischer Texte, ist aber trotz texttheoretischer Postulate noch nicht in der Lage, die kanonische Intertextualität methodisch zu fassen.

(2) Sie erkennt und anerkennt, dass Texte nicht monosem, sondern polysem sind und Textsinne durch Kontextualisierung im Rezeptionsprozess etabliert und selektiert werden, kann sich aber andererseits aus theologischen Gründen nicht von einem historisch fixierten Textsinn vollständig lösen. Insofern die Kirche in der Gemeinschaft der Gläubigen als rezipierendes Subjekt der Schrift ernst genommen wird, gibt es eine ursprungsgebundene Sinnkonstitution, da die Kirche selbst wieder an den Kanon rückgebunden ist. Ein nicht rezeptiver Textsinn ist mit dem Offenbarungsverständnis m. E. notwendig verknüpft.

9 *Zenger*, Psalmenauslegung (2003), 115 f.

10 Vgl. die Aufarbeitung der Diskussion und ihre Weiterführung bei *Brandt*, Endgestalten (2001) und *ders.*, Geflecht (2000) sowie deren Aufnahme bei *Zenger*, Psalter (2003).

11 *Zenger*, Psalter (2003), 126.

12 *Zenger*, Psalter (2003), 127.

nung der Schriften hinausgreifen, indem sie die innerkanonische Intertextualität der „Gravitationszentren" zu erheben sucht. Es geht um die Erfassung und Beschreibung des im Einzelnen durchaus kontroversen Sinndialogs, der erst zu der Sachstruktur des Kanons führt. Im Kanonteil der Schriften richtet sich der Blick auf den *inhaltlichen* Aufweis der Spitzenstellung des Psalters.[13] Dazu möchten die folgenden Überlegungen einen Beitrag leisten. Die intertextuellen Bezüge zwischen Ijob und den Psalmen und insbesondere der Bezug auf Ps 8 spiegeln die Spitzenstellung des Psalters im Kanon.

Ps 8 und die Menschenwürde

Kaum ein anderer Psalm ist so viel bearbeitet worden wie der klar aufgebaute Psalm 8. Seine Textprobleme in den ersten Versen sind ebenso häufig und vielfältig diskutiert worden wie die Frage seiner Einheitlichkeit.[14] Nicht nur wegen des schwierigen Textes, sondern vor allem wegen des unterschiedlichen Charakters sind die „Säuglinge und Kleinkinder" V. 3 vom Hauptteil V. 4–9 getrennt worden und einer späteren Redaktion zugewiesen worden.[15] Mit einem hohen Maß Übereinstimmung wird auch V. 2b in der Forschung für sekundär erachtet, weil er namenstheologisch den rahmenden Refrain V. 2a.10 erweitert und so nicht nur metrisch die Parallelität im Aufbau sprengt. Diese Grundlagen sollen hier nicht erneut diskutiert werden, sondern der Blick auf die anthropologischen Aussagen im Hauptteil des Psalms gelenkt werden. Eine Übersetzung versucht vorab die Textgrundlage der Ausführungen zu bieten.[16]

> [1]Dem (Chor-)Leiter. Nach der Weise „Gittit". Ein Psalm Davids
> [2]YHWH, unser Herr, wie gewaltig ist dein Name auf der ganzen Erde,
> welchen du als deine Hoheit über die Himmel gesetzt hast.
> [3]Aus dem Mund von Kleinkindern und Säuglingen

---

13 Vgl. dazu die Hinweise bei *Zenger*, Psalter (2003), 128.

14 Vgl. in Auswahl *Schmidt*, Gott (1969), 19 f; *Beyerlin*, Chancen (1976), 4–10; *Kaiser*, Erwägungen (1994), 214–219; *Irsigler*, Frage (1997), 5–10.

15 *Zenger*, Psalmen (1993), 77 weist V. 3 der sog. nachexilischen Armenredaktion zu. Vgl. dazu weiter *Hossfeld/Zenger*, Beobachtungen (1993), 41. Anders zuletzt *Oeming*, Buch (2000), 82.

16 Die Textprobleme in V. 2c sind bekannt und brauchen hier nicht erneut behandelt zu werden. Ich entscheide mich für die von Hermann Hupfeld erstmals vorgetragene Konjektur in V. 2 von תנה zu נתתה, weil sie mir am textnächsten und am sinnvollsten scheint. Vgl. *Hupfeld*, Psalmen I (²1867), 229; *Irsigler*, Frage (1997), 5; *Kaiser*, Erwägungen (1993), 216 f. Ob V. 2c als Relativsatz oder als pendierender Subjektsatz (H. Irsigler) aufgefasst werden muss, braucht hier nicht entschieden zu werden. Die Relativpartikel ist schwierig, spricht aber trotz Ps 71,19 f eher gegen die vorgeschlagene Pendens-Lösung.

hast du eine Macht gegründet,
um deiner Widersacher willen,
um zum Aufhören zu bringen Feind und Rächer.
[4]Wenn ich deinen Himmel sehe, die Werke deiner Finger,
den Mond und die Sterne, die du befestigt hast – (frage ich mich)
[5]Was ist das Menschlein, dass du seiner gedenkst,
der Mensch/das Menschenkind, dass du seiner dich annimmst?
[6]Du hast es ihm nur wenig im Vergleich zu einem Gott fehlen lassen,
und mit Würde und Hoheit ihn bekrönt.
[7]Du hast ihn zum Herrscher eingesetzt über die Werke deiner Hände,
alles hast du gelegt unter seine Füße:
[8]Kleinvieh und Rinder, sie alle,
und auch die Wildtiere der Steppe,
[9]den Vogel des Himmels und die Fische des Meeres,
was auf den Pfaden der Meere dahin zieht.
[10]YHWH, unser Herr, wie gewaltig ist dein Name auf der ganzen Erde.

Obwohl Ps 8 keine grundlegenden oder systematisierenden Aussagen zur Anthropologie macht, wird er zu Recht als „ein kleines Kompendium einer – nicht schlechthin der – biblischen Anthropologie"[17] bezeichnet. Hermann Spieckermann hat den Psalm sogar ein „poetisches Kompendium klassischer psalmtheologischer Anthropologie" genannt.[18] Dabei fehlen Aussagen zur Sozialität des Menschen, seiner Geschlechtlichkeit, seiner Freiheit zur Verfehlung gegenüber Gott oder seiner Vergänglichkeit. Enzyklopädisches liegt dem Psalm ebenso fern wie Lehrhaftes, auch wenn er durch die Frage nach dem Menschen einen weisheitlichen Zug hat.[19] Es ist eher „ein anthropologischer Entwurf"[20] als eine Anthropologie. Das Besondere ist das Mensch-Welt-Verhältnis und die darin verwobene Aussage zur Würde des Menschen.

Ausgangspunkt aller Aussagen ist die Verwiesenheit des Menschen in einen größeren Zusammenhang, den der Mensch nicht geschaffen hat. Das „wie gewaltig ist dein Name auf der ganzen Erde" schafft einen Rahmen, der den Menschen relativiert. Über allem thront Gott, dessen auf Erden manifester Name schon alles überragt.

Die rhetorische Frage מה־אדיר שמך steht in enger Korrespondenz zu der Frage nach dem Menschen im Zentrum. Beide beziehen ihre Antwort aus der Größe

---

17 *Irsigler*, Frage (1997), 21, vgl. auch *Janowski*, Konfliktgespräche (2003), 11.
18 *Spieckermann*, Heilsgegenwart (1989), 237; vgl. in Anlehnung daran *Willi-Plein*, Reflexion (1996), 2: „Summe tempeltheologischer Anthropologie".
19 Vgl. zur Einordnung der Frage in die nachexilische Weisheit *Beyerlin*, Chancen (1976), 18.
20 *Irsigler*, Frage (1997), 39.

Gottes, der zu Beginn kollektiv als „unser Herr" angeredet wird.[21] Die Ambivalenz zwischen Gott als dem mächtigen und zugleich nahen Gott, die sich in der Anrede YHWHs als „unser Herr" spiegelt[22], hält sich durch den gesamten Psalm durch. Wichtig scheint mir festzuhalten, dass hier – wie überhaupt im Alten Testament[23] – der Ausgangspunkt der anthropologischen Aussagen schon durch den rahmenden Refrain schöpfungstheologisch ist. Das wird in V. 4 fortgesetzt, wenn der Beter jetzt die Frage nach dem Menschen einleitet. Das nächtliche Firmament, durch die Vielzahl der Sterne und die scheinbar unendliche Tiefe des Raumes mit Größe schlechthin gleichgesetzt, wird als das „Werk der Finger" bezeichnet. Die Formulierung ist ungewöhnlich, die Finger sind bei Gott sonst nie instrumental mit der Schöpfung verbunden. Dass es aber um die Schöpfung des Kosmos geht, macht das Verbum כון klar, das häufiger als Schöpfungsterminus gebraucht wird.[24] Durch den Begriff מעשי אצבעתיך wird ein mehrfaches signalisiert: Da die „Finger" auch an anderen Stellen zu dem gebräuchlicheren „Werk der Hände" oder den „Händen" überhaupt parallel gebraucht werden (Jes 2,8; 17,8; 59,3; Ps 144,1), lenkt der Begriff den Blick auf das מעשי ידיך in V. 7, wo der Begriff durch die Lebenswelt V. 8 f gefüllt wird. *Alles* ist Gottes Schöpfung, ganz von ihm her und ganz auf ihn hin. Ebenfalls auf die Majestät und Größe Gottes weist der Begriff insofern er den unvorstellbaren Kosmos als „Fingerspiel" deutet. Um wie viel größer muss die schöpferische Kraft Gottes sein, wenn er schon mit den Fingern eine so unendliche Weite wie den Sternenhimmel schafft? Nicht der nächtliche Gottesdienst, sondern die größere Erfahrbarkeit der Unendlichkeit dürfte der Grund sein, warum Ps 8 den Nachthimmel vor Augen führt.[25]

Für die Auffassung vom Menschen ist wichtig, dass dieser die Größe Gottes und die Relativierung des Menschen an der Schöpfung ablesen kann. Menschsein ist nach Ps 8 nur in der Relation zum Gottsein Gottes zu bestimmen. Diesen Ausgangspunkt markiert auch die staunende Frage in V. 5, die wie die Frage nach

---

21 Die Verbindung des GN YHWH mit dem Lexem אדון ist relativ selten Ex 23,17; 34,23; Jos 3,13; Jes 51,22; Neh 10,30, häufiger ist das האדון יהוה צבאות in Jesaja (Jes 1,24; 3,1; 10,16.33). Überhaupt ist die höfische Anrede Gottes als „unser Herr" in den Psalmen selten Ps 135,5; 147,5.
22 Vgl. dazu die Studie von *Rösel*, Adonaj (2000), 229 u.ö. Zu Ps 8 *Rösel*, Adonaj (2000), 194.
23 Vgl. dazu *Frevel/Wischmeyer*, Menschsein (2003).
24 Vgl. Ex 15,17 für das Heiligtum, Dtn 32,6; Ijob 31,15; Ps 119,73 für den Menschen, Ps 119,90; Spr 3,19; Jes 45,18; 51,13 für die Erde; 1 Chr 16,30; Ps 24,2; 93,1; 96,10 für den Erdkreis; Ps 74,16 Sonne und Mond, Spr 8,27 den Himmel vgl. Ps 90,17 „das Werk unserer Hände". Wird כון als Schöpfungsterminus verwandt, schwingt die Vorstellung eines festen Rahmens oder einfach einer Ordnung immer mit.
25 Vgl. *Kittel*, Psalmen (1929), 27; *Oeming*, Buch (2000), 82.

der Herrlichkeit des Namens in V. 2 unbeantwortet bleibt.[26] Doch schon in der Formulierung der Frage V. 5 werden wesentliche Aussagen über das Menschsein gemacht. Nicht nur in den beiden Bezeichnungen אנוש und בן־אדם wird der Abstand zwischen Gott und Mensch noch einmal deutlich. Während אנוש häufig – vor allem in Ijob und den Psalmen – den (vor Gott) kleinen Menschen, das „Menschlein" betont, ist mit dem Gattungsbegriff בן־אדם dazu die Vergänglichkeit oder das Menschsein als solches konnotiert.[27] Die Syntax unterstreicht das Niedrigkeitsmotiv durch die beiden כי-Sätze, die das Verhalten Gottes dem Menschen gegenüberstellen. Die beiden Verben זכר „gedenken" und פקד „sich kümmern um" bringen ein positives, fürsorgliches Handeln Gottes zum Ausdruck. Gerade aus dem Kontext des Gebetes ist die Aufforderung an Gott zu gedenken vielfach präsent (Ri 16,28; Ps 25,6 f; 74,2; Ijob 4,7; 7,7; 10,9; 1 Sam 1,11; Hab 3,2 u. ö.). Dabei geht es um mehr als ein Erinnern oder An-etwas-denken. Vielmehr soll durch das Gedenken das Gedachte in die heilende Gegenwart Gottes (zurück-) gebracht werden. Gott nimmt sich seines Volkes (Ex 3,16; Rut 1,6) oder Saras (Gen 21,1) an. Man ist erinnert an Ps 65,10: „Du sorgst für das Land und tränkst es; du überschüttest es mit Reichtum. Der Bach Gottes ist reichlich gefüllt, du schaffst ihnen Korn; so ordnest du alles". Auch die Kombination beider Termini findet sich – wenn auch selten – in der Gebetssprache der Psalmen: „Denk an mich, Herr, aus Liebe zu deinem Volk, such mich auf und bring mir Hilfe!" (Ps 106,4). Wenn also Gott des Menschen gedenkt, erhebt er ihn in seine lebensspendende fürsorgliche Gegenwart.

---

26 Während die rahmende Frage nach der Herrlichkeit des Namens rhetorisch ist und nicht beantwortet werden muss, ist die zweite Frage „Was ist der Mensch?" eine offene Frage, die eine Antwort erwarten lässt. Es ist syntaktisch offen, wo die Antwort auf die Frage in V. 5 beginnt. Erich Zenger hat 1987 für V. 7 plädiert, was er mit der Rezeption in Ps 144,3 begründete, „wo unzweifelhaft die Was-Frage mit Narrativ entfaltet ist" (Gott [³1991], 204; vgl. *Zenger*, Psalmen [2004], 1047). Doch wird man die syntaktische Konstruktion von Ps 144,3 nicht auf Ps 8 übertragen können. Ps 8,7–9 ist zudem *auch keine Antwort* auf die Frage von V. 5. Für die traditionelle Lösung spricht die parallele Syntax in V. 5 mit dem jeweils an *kî* angeschlossenen suffigierten Verbum im Qal (mit *Nun energeticum*). Hingegen steht das Verbum beide Mal im Piel; in V. 6 einmal in Frontstellung (deswegen das Suffix *-hû* ohne *Nun energeticum*, vgl. Joüon-Muraoka §61 f) und einmal in Schlussposition. V. 6 und 7 gehören zudem inhaltlich zusammen durch den Bezug auf Elemente des Königtums. Es bleibt daher m. E. trotz des syndetischen Anschlusses von V. 6 bei der traditionellen Aufteilung: V. 5 Frage, V. 6–9 „Antwort" oder besser Entfaltung. Eine auf die Frage Bezug nehmende wirkliche Antwort erhält die Frage nach dem Menschen im Text trotzdem nicht.
27 Vgl. außer dem frequenten Vorkommen in Ezechiel Num 23,19; Jes 51,12; 56,2; Jer 49,18.33; 50,40; 51,43; Ps 80,18; 146,3; Ijob 16,21; 25,6; 35,8; Dan 8,17. Dass mit בן־אדם über Gen 3 auf die Sündhaftigkeit des Menschen abgehoben werde (so *Zenger*, Gott [³1991], 205) ist m. E. nicht sehr wahrscheinlich zumal die Lexemverbindung nicht ausdrücklich auf Gen 3 Bezug nimmt.

In der Interpretation von V. 6 werden die Weichen für die Anthropologie gestellt. So deutet z. B. Bernhard Duhm, dass der Verfasser den Menschen „mit den göttlichen Wesen vergleicht …, die man sich nah den Erzählungen der Geschichtsbücher über Erscheinungen göttlicher Personen als stattliche (Jos 5,13), vornehme (Gen 16 und 18), würdige (1 Sam 28), schöne (Gen 19) Männergestalten vorstellte, nach deren Bild die Menschen geformt sind …. Gleich jenen königlichen Gestalten, denen er nur wenig nachsteht, ist auch der Erdensohn mit königlicher Würde gekrönt, obwohl er, das ist eben das Erstaunliche, nicht der höheren Sphäre angehört".[28] Für Franz Delitzsch manifestiert sich in V. 6 die uneingeschränkte gottgleiche Herrschaft: „Die Aussage 6a bezieht sich auf den gottesbildlichen Wesensbestand des Menschen und bes. auf den ihm eingehauchten Geist aus Gott, 6b auf seine in Gemäßheit dieses seines Anteils an göttlicher Natur gottähnliche Herrscherstellung. … Die folgende Strophe entfaltet die Königsherrlichkeit des Menschen: er ist der Herr aller Dinge, Herr aller irdischen Geschöpfe".[29] Jüngere Auslegungen erkennen die Gefahr, die eine falsche Interpretation von V. 6 für das Bild vom Menschen bietet. So in aller Deutlichkeit Artur Weiser: „Das ist die Eigenart des biblischen Schöpfungsglaubens, daß die Herrlichkeit der Schöpfung erkannt wird durch die Niedrigkeit des Geschöpfs hindurch. … Nur so bleibt er bewahrt vor der Gefahr der Entgleisung in menschliche Selbstüberhebung. Diese Art Schöpfungsglaube ist der Angelpunkt des Verständnisses für das Folgende. Denn ohne dieses religiöse Vorzeichen der Demut vor Gott könnten die V. 6 – 9, wie es mehrfach geschehen, als Ausdruck reiner Kulturfreudigkeit und als Preislied auf den Menschen verstanden werden, die ihre klassische Formulierung im Griechentum gefunden hat in dem Wort aus der Antigone des Sophokles: „Vieles Gewaltige lebt, doch nichts ist gewaltiger als der Mensch. Darin zeigt sich eben der Unterschied zwischen griechischer und biblischer Einschätzung des Menschen, daß im Alten Testament die Menschenwürde nichts gilt durch sich selbst, sondern nur dadurch, daß sie von Gott gegeben ist".[30]

Die Fehlinterpretation der Stellung des Menschen liegt in einem Missverständnis von V. 6, das zu leichtfertig von einer qualitativ verstandenen Gottebenbildlichkeitsaussage in Gen 1 her verstanden wird. Noch die Einheitsübersetzung bezieht die Aussage in dem eingängigen „du hast ihn nur wenig geringer *gemacht* als Gott" auf den Schöpfungsvorgang. Dabei bezeichnet חסר einen – meist materiellen – Mangel. Aufgrund des syndetischen Anschlusses von V. 6 ist zunächst davon auszugehen, dass ein Mangel an Fürsorge und Zuwendung an-

28 *Duhm*, Psalmen (1922), 36.
29 *Delitzsch*, Psalmen (1894), 111.
30 *Weiser*, Psalmen (1955), 89.

gesprochen wird. Ps 23,1 führt auf die richtige Spur: „YHWH ist mein Hirte, nichts wird mir mangeln". Auch Ps 34,11 zeigt an, dass der Mangel nicht als „Mangel an Sein" zu interpretieren ist.[31] Die Aussage ist nicht qualitativ oder ontologisch zu deuten und bezieht sich *nicht* auf die Konstitution des Menschen – weder auf seine Körperlichkeit, Vernunftbegabung noch seine Unsterblichkeit oder anderes. Es ist die materielle Fürsorge Gottes, die den Menschen auszeichnet (vgl. ähnlich Ps 104). In die Irre hat verständlicherweise das מאלהים geführt, das schon die alten Versionen auf Engel deuten. Dabei muss gar nicht angenommen werden, dass der Psalm noch die Existenz von Göttern neben YHWH oder einen ausgedehnten Götterrat voraussetzt. Auch zielt der Vergleich nicht wegen des vorauszusetzenden monotheistischen Hintergrundes auf „Gott schlechthin".[32] Vielmehr ist traditionsgeschichtlich an die mesopotamische Vorstellung zu erinnern, dass der Mensch geschaffen ist, um die Götter von ihrer Arbeit zu entlasten.[33] Wenn er nach Ps 8 versorgt ist wie einer dieser niederen Götter, dann mangelt es ihm an nichts. Das entspricht seiner königlichen Aufstellung, die in V. 6b folgt.

Das Verhältnis von Ps 8 zu Gen 1,26 – 31 ist vielfach besprochen worden. „Das Menschenbild, wie es Ps 8,6 – 9 präsentiert, ist in der Forschung notorisch mit Gen 1 verglichen worden".[34] Zuletzt etwa Beat Weber: „Die Nähe zum ersten Kapitel der Bibel ist offensichtlich, namentlich was die Ebenbildlichkeit und damit die Würde des Menschen betrifft".[35] Dass der Vergleich nicht zu Unrecht geschehen ist, macht die gemeinsame Linie einer demokratisierten Königsherrschaft deutlich. Doch darf Ps 8 nicht einfach von Gen 1,26 – 28 her interpretiert werden. Nichts deutet auf einen bewussten intertextuellen Bezug von Ps 8 zu Gen 1 hin, nahezu alle Schlüsselwörter oder signifikanten Aussagen aus Gen 1, sei es ברא, die Zeitstruktur oder die Aussagen zur Gottebenbildlichkeit, die Terminologie des Herrschaftsauftrags fehlen. Ps 8 kommt ohne jeglichen Bildbegriff und ohne jede Bildvorstellung aus. Dennoch sind die Parallelen nicht zu verkennen. Diese bestehen formal in dem Zusammenhang von Welt- und Menschenschöpfung und der Demokratisierung der königlichen Ordnungsfunktion. Das Verhältnis der Texte ist umstritten und abhängig von der Datierung der Priestergrundschrift und der redaktionsgeschichtlichen Einschätzung des Psalms. Konsens besteht lediglich

---

31 Vgl. ebenfalls auf materielle Versorgung abhebend: Dtn 2,7; 8,9; 1 Kön 17,14; Neh 9,21; Spr 13,25; 31,11; Koh 9,8; Jes 32,6; 51,14; Jer 44,18; Ez 4,17.
32 So *Irsigler*, Frage (1997), 24. „Konkret und gewagt: ‚(Nur) wenig geringer als Gott (schlechthin)' bzw. ‚wenig geringer als ein Gott' im Vergleich zu Gott schlechthin ist der Einzelmensch geschaffen" (*Irsigler*, Frage [1997], 31 f).
33 Vgl. zum Überblick *Pettinato*, Menschenbild (1971).
34 *Irsigler*, Frage (1997), 30.
35 *Weber*, Werkbuch (2001), 74.

darüber, dass Psalm 8 aufgrund der Übernahme königsideologischer Vorstellungen nicht vorexilisch angesetzt werden kann. Unter der Voraussetzung einer spätexilisch-frühnachexilischen Datierung der Priestergrundschrift[36] und der Annahme, dass Ps 8 durch V. 2c als Zentrum in die spätexilische Teilgruppe Ps 3 – 7.11 – 14 eingliedert wurde[37], erscheint eine exilische Entstehung plausibel. Nahezu unbeantwortbar bleibt die Frage, ob Ps 8 Gen 1 oder die Priestergrundschrift den Psalm gekannt hat.[38] Eine literarische Abhängigkeit beider voneinander ist nicht nachzuweisen, plausibler erscheint ein gemeinsamer traditionsgeschichtlicher Bezug auf die Königstraditionen und die Ausprägung in der Linie einer „königsideologischen Anthropologie". „Die Sachbeziehungen zwischen den Texten erklären sich plausibel als unterschiedliche Ausprägungen gemeinsamer Königstraditionen".[39]

Ps 8 – und vor allem nicht das „wenig hast du es ihm im Vergleich zu einem Gott mangeln lassen" – darf deshalb nicht einfach von der Gottebenbildlichkeitsaussage her verstanden werden.[40] Die göttliche Fürsorge hebt den Menschen aus dem Gesamt der Schöpfung heraus. Die Sonderstellung wird in V. 6b–9 erläutert. Erst jetzt nimmt der Psalm königstheologische Elemente in den anthropologischen Aufriss des Menschseins hinein. Von Gott ist der Mensch mit כבוד und הדר ausgestattet, was ihn neben Ps 21,6 königlich und neben Ps 93,1; 145,5.11 f sogar

---

36 Vgl. dazu *Frevel*, Blick (2000).

37 Vgl. dazu *Zenger*, Psalmen (1993), 77; *Zenger*, Beobachtungen (1993), 50. Durch den nachexilischen V. 3 werden „die Ps 3 – 7 noch enger an Ps 8 herangerückt" (*Zenger*, Beobachtungen [1993], 41).

38 Vgl. die unterschiedlichen Positionen bei *Waschke*, Mensch (1991), 805; *Spieckermann*, Heilsgegenwart (1989), 235 f; *Irsigler*, Frage (1997), 37; *Neumann-Gorsolke*, Ehre (2000), 61 und *Kaiser*, Erwägungen (1993), 208.215. Die dort alternativ zum 4. Jh. vorgetragene Erwägung, Ps 8 könnte in die Anfangszeit des Makkabäeraufstandes datiert werden, entbehrt allerdings einer Grundlage im Text. In die exilische-frühnachexilische Zeit weisen nach H. Irsigler die „Erfahrungen menschlicher Gebrochenheit, wie sie für die Zeit des babylonischen Exils und auch die frühe nachexilische Zeit (z. B. Jes 61) so charakteristisch sind" (Psalm 8 [1997], 37). In seiner ersten Auslegung hat Erich Zenger Psalm 8 gegenüber Gen 1 mit der Begründung einer stärkeren Problematisierung nachgeordnet (Menschlein [1981], 130). Auch in seiner Auslegung 1991 sieht er „als ‚geistige Heimat' des ‚Erstpsalms' ... priesterlich-weisheitliche Kreise ..., vermutlich der frühen nachexilischen Zeit" (Gott [1991], 205). Erst der redaktionsgeschichtliche Blick auf die Sammlung des ersten Davidpsalters begründet die exilische Datierung. Jetzt kehrt sich das Verhältnis zu Gen 1 um (*Zenger*, Psalmen [1993], 77). In der Tat spricht sprachlich und sachlich nichts für eine Spätdatierung oder *gegen* eine schon exilische Ansetzung des Grundpsalms.

39 *Irsigler*, Frage (1997), 31, vgl. 40 f.

40 Vgl. zu Recht *Spieckermann*, Heilsgegenwart (1989), 236: „Man kann mit Grund bezweifeln, daß in dem ‚wenig geringer als Gott' das sachliche Pendant zur Aussage der Gottebenbildlichkeit in Gen 1,26 f vorliegt". Anders zuletzt *Oberforcher*, Lesarten (2003), 149.

„gottköniglich" heraushebt.[41] Die Demokratisierung der Königsvorstellung wird durch die Metaphorik des „Bekrönens" noch bestärkt, denn die Krone ist Insignie der Herrschaft und Macht. כבוד rückt von der semantischen Fülle am ehesten in die Nähe dessen, was wir als „Menschenwürde" bezeichnen.[42] Eine solche Feststellung ist immer problematisch, weil „Würde" biblisch ohne semantisch eindeutiges Äquivalent und „Menschenwürde" kein genuin biblischer Begriff geschweige denn eine biblische Konzeption ist. Dennoch bezeichnet der כבוד als „Schwere" eine Wertigkeit des Menschen, er ist dem Menschen anerschaffen und mit dem Menschsein unlösbar verknüpft. Dem ganzheitlichen Ansatz alttestamentlicher Anthropologie entsprechend fließen in dem Lexem die heute begrifflich getrennten Aspekte „Ansehen", „Wertigkeit" und „unlösbarer Wert" ineinander. In der Ausstattung des Menschen geht es nicht nur um Respekt und Anerkennung, sondern um ein unverlierbares Moment des Menschseins, das dem Menschen ganz und gar von Gott her zukommt. „Es geht also eindeutig um das, was der Mensch *von Gott her* ist. Dies und nur dies macht seine besondere Würde aus".[43] Zugleich ist es eine Anteilhabe am göttlichen כבוד, dem die Würde in besonderem Maß zukommt.

V. 7–9 entfalten in konzentrischen Kreisen die königliche Ordnungsfunktion des Menschen, die wie in Gen 1 seine Verantwortung als Mandatar Gottes beschreibt. Die Fortsetzung unterstreicht, dass wie Gen 1,26–31 auch Ps 8 *funktional* interpretiert werden will.[44] Das „Königtum" entfaltet sich ausgehend von der Mitwelt des Menschen (Schafe und Rinder) über die begehbare Umwelt (wilde Landtiere) zu der nicht begehbaren Außenwelt (Fische und Vögel) bis zur chaotischen Gegenwelt („was die Pfade der Meere durchzieht"). Dies ist hier aus Platzgründen nicht erneut zu entfalten. Festzuhalten sind einige Essentialien: Die Herrschaft muss der Mensch sich nicht mit Gewalt erkämpfen, sondern sie ist ihm von Gott gegeben. Der Herrschaftsbereich des Menschen umfasst die gesamte Schöpfung und reicht – mit den chaotischen Pfaden des Meeres – weit über den Bereich des für den Menschen Zuhandenen hinaus. Gerade durch das Einbeziehen

---

41 הוד־והדר in Kombination mit כבוד in Ps 96,6–8. Nicht nur das mit בהדרת־קדש in Verbindung stehende כבוד שמו in Ps 29,2 weist כבוד als Gottesprädikat aus, sondern auch der כבוד־אל in Ps 19,3 und der מלך הכבוד Ps 24,7–10, vgl. ferner Ps 26,8; 29,3.9; 57,12; 63,3; 72,19; 85,10; 97,6 u. ö.

42 Vgl. *Zenger*, Psalmen (2004), 1046: „diese ‚Ehre' des (königlichen Menschen) ist das, was wir heute ‚Menschenwürde' nennen".

43 *Irsigler*, Frage (1997), 11, vgl. bereits *Weiser*, Psalmen (1955), 88 f.

44 So richtig *Neumann-Gorsolke*, Ehre (2000), 59. Zur Frage der funktionalen Interpretation der Gottesbildlichkeitsaussage in Gen 1 s. zuletzt *Oberforcher*, Lesarten (2003), 136 f, der zu Recht einwendet, dass die diametrale Entgegensetzung von „Funktion" oder „Wesen" weiterführend, aber nicht immer zureichend ist.

der chaotischen Außenwelt wird entsprechend der altorientalischen Königsideologie die *Ordnungsfunktion* der Herrschaft betont.[45] Die Herrschaft des Menschen ist damit nicht *gegen* die Lebenswelt gerichtet sondern *für* sie. Oder unnachahmlich Erich Zenger: „Der Unterwerfungs- und Ausbeutungszwang der neuzeitlichen Anthropologie, die unsere Erde an den Rand des Ruins gebracht hat, steht in krassem Widerspruch zu dieser von Gottes fürsorglichem Königtum für *alle* Lebenden her zu definierenden königlichen Beauftragung des Menschen".[46] Und an anderer Stelle: „Das Geheimnis des Menschen gründet darin, daß der biblische Schöpfergott allen (!) Menschen die Fähigkeit und die Aufgabe zutraut, wie Gott und wie ein guter König die Erde als Lebensraum zu schützen und als Ort heilvollen Zusammenlebens zu gestalten".[47]

Die Anthropologie von Ps 8 zeichnet sich demnach durch zwei Momente aus: Das erste ist der schöpfungstheologische Kontext. Alle anthropologischen Aussagen ruhen auf der Grundlage von YHWH als dem Welt- und Menschenschöpfer. Der Mensch ist Mensch auf Gott hin und ganz von ihm her. Das zweite Moment ist die Spannung zwischen Niedrigkeit und „Würde" des Menschen. Ohne das GeringSein des Menschen aufzuheben, wird der Mensch königlich ausgestattet und mit weitreichender Verantwortung für die Schöpfung betraut. Da die Anthropologie von Ps 8 durch die schöpfungstheologische Rückbindung eine basale Aussage auf sehr engem Raum macht, nimmt es nicht Wunder, dass gerade Psalm 8 besonders stark rezipiert worden ist.[48] Bereits innerhalb des Psalters wird in Ps 144,3 die Frage aus Ps 8 aufgenommen und die Niedrigkeit des Menschen durch seine Vergänglichkeit unterstrichen. Mindestens ebenso stark hat Ps 8 aber im Buch Ijob nachgewirkt. Bevor der Blick auf Ijob 7,17 und Ijob 19,9 gelenkt wird, ist kurz auf eine Eigenart der Psalmenrezeption im Ijobbuch einzugehen.

---

45 Vgl. dazu *Görg*, Alles (1987) mit einer kritischen Distanz gegenüber zu harmlosen Interpretationen der Herrschaft. Es ist hier wie in Gen 1 darauf zu insistieren, dass die Herrschaft nicht ohne einen Dominationsaspekt konzipiert werden kann, der unlösbar mit der „Ordnungsfunktion" verknüpft ist. In Ps 8 ist das „alles hast du ihm unter die Füße" gelegt stärker „pharaonisch" als von einer hirtengleichen Herrschaft bestimmt. Dies wäre auch ikonographisch ausführlicher zu entfalten.

46 *Zenger*, Menschlein (1981), 137.

47 *Zenger*, Gott (1991), 208.

48 Vgl. dazu im Überblick *Klein*, Rezeption (1993).

Parodistische Annäherung an ein Paradigma – Verkehrt eine Parodie in Ijob 7 das positive Menschenbild von Ps 8 ins Gegenteil?

Ohne hier im Einzelnen die jüngere Forschungsgeschichte des Buches Ijobs rekapitulieren zu können, ist eine für die Intertextualität des Buches sensible Lektüre gerade in den letzten Jahren forciert worden. Die Frage des inneren Dialogs im Ijobbuch schiebt sich vor die Frage nach dem Zueinander von Dialog und Rahmen oder dem mehrstufigen Wachstum von Gottes- und Elihu-Reden. Das Ijobbuch erweist sich dabei als Textgefüge, das durch vielfältige intertextuelle Bezüge bereichert wird. Ijob ist „in hohem Maße ein intertextuelles Werk".[49] Dabei hat sich der Fokus von den außerbiblischen Parallelen zum Alten Testament hin verschoben. „Der hauptsächliche kontextuelle und intertextuelle Hintergrund des Hiobbuches ist das Alte Testament".[50] Treffend hat die Eigenart des Buches zuletzt Ilse Müllner beschrieben: „Dazu kommt eine intertextuelle Dialogizität; das Buch spielt sowohl mit Motiven als auch mit Formen und Gattungen der biblischen Literatur".[51] Das Buch Ijob steht in einem tiefen Dialog mit der Weisheitsliteratur, der über sprachliche Anspielungen weit hinausgeht. Die Grundfragen der weisheitlichen Welt- und Menschensicht, das woher und wohin, wozu und wodurch werden kritisch diskutiert. Gerade durch die kontrastive Gestaltung der Dialoge scheint dem Ijobbuch nichts fest zu stehen. Dabei sind die Psalmen als Referenztexte des Ijobbuches bisher noch zu wenig beachtet worden.[52] Vor allem der Umgang mit Vertrauensaussagen des Psalters ist ausgesprochen kreativ. Die Psalmen sind das Paradigma, an dem sich das Ijobbuch „abarbeitet". Zwei Stellen greifen eindeutig auf Ps 8 zurück, für eine dritte ist eine Bezugnahme naheliegend.

Die eindeutigste Aufnahme ist Ijob 7,17 in dem grundsätzlich argumentierenden Teil der ersten Rede Ijobs. Eingebettet in eine ins Grundsätzliche ausgreifende Vergänglichkeitsklage richtet sich Ijob an Gott, dieser solle sein Leben nicht durch „Überkompensation" seiner Vergehen zusätzlich belasten. Die Klage über die Vergänglichkeit Ijobs oszilliert hier wie in anderen Passagen. Einerseits beklagt Ijob die Kürze des Lebens in traditioneller Form (Ijob 7,1–10), um Gott zum Eingreifen zu seinen Gunsten umzustimmen. Andererseits lässt aber der Leidensdruck seinen Lebenswillen zum Todeswunsch umschlagen (Ijob 7,15 f). Wenn

---

49 *Köhlmoos*, Auge (1999), 2.
50 *Köhlmoos*, Auge (1999), 15.
51 *Müllner*, Erkenntnis (2003), 171 in Anlehnung an *Köhlmoos*, Auge (1999), 2.
52 Zur Terminologie Hypotext, Referenztext, Spendertext usw. vgl. *Steins*, Bindung (1999), 99 f.

Gott ihn durch das Leiden straft (7,12–14), bleibt Ijob nur die Flucht in den Tod, wo er Gott entzogen ist (Ijob 7,21). Letztlich zielt aber auch der extreme Todeswunsch auf das „Lass ab von mir" (Ijob 7,16) und auf das „Gedenke doch" (Ijob 7,7).[53] Mitten in diesen stark emotionalen Reflexionen auf den Sinn des Lebens im Leiden an Gott steht die Aufnahme von Ps 8 in einer Tirade von anklagenden Fragen.

> [17]Was ist das Menschlein/der (erbärmliche) Mensch, dass du ihn groß machst
> und deinen Sinn auf ihn richtest,
> [18]dass du ihn Morgen für Morgen heimsuchst
> und du ihn immerfort prüfst?
> [19]Warum schaust du nicht weg von mir,
> lässt mich nicht einmal los, dass ich meinen Speichel schlucken kann?
> [20]Habe ich gesündigt?
> Was habe ich dir getan, Menschenwächter?
> Wozu hast du mich dir als Zielscheibe hingesetzt?
> Bin ich dir zur Last geworden?
> [21]Was nimmst du nicht mein Aufbegehren [von mir]
> und lässt meine Schuld vorübergehen?
> Denn jetzt: Ich lege mich in den Staub,
> wenn du mich suchst, bin ich nicht mehr da.

Aus dem eingängigen מה־אנוש כי „Was ist der Mensch?" glaubt man gleich ein Zitat von Ps 8 herauszuhören, obwohl die sprachliche Nähe im weiteren Verlauf beider Formulierungen begrenzt ist. Zunächst fällt das גדל pi. auf, das sonst in keiner der מה אנוש-Fragen auftaucht. גדל pi. kann zum einen „groß ziehen"[54], zum anderen „groß machen", „groß werden lassen", „erheben" bedeuten. Hier scheint es nicht auf den Schöpfungsvorgang oder die Erziehung abzuheben, sondern auf das Herausheben und die „Verherrlichung" des Menschen durch Gott. Dennoch schwingt in dem גדל pi. die *familiäre Beziehungsdimension* mit. Eine enge personale Beziehung zwischen Schöpfer und Geschöpf, die dem intensiven elterlichen Kümmern um das Aufwachsen des Kindes vergleichbar wäre, wird assoziiert. Die primäre Aussage ist allerdings die „Größe" des Menschen, die Verwunderung hervorruft. Wie in Ps 8 führt die vorausgesetzte Sonderstellung des Menschen zu einem Erstaunen des Fragenden. Erst die weiteren lexematischen Aufnahmen lassen eine Anspielung an Ps 8 sicher erscheinen. Neben die syntaktische Par-

---

53 Ob man in dem flehentlichen זכר, das auch in Ijob 10,9 im Kontext der Vergänglichkeitsaussagen steht, bereits eine Anspielung an Ps 8,6 erkennen soll, ist fraglich. Dazu ist das Stichwort zu wenig signifikant.

54 So versteht *Fohrer*, Hiob (1963), 159.180 die Verwendung in 7,17: „Was ist der Mensch, daß du ihn großziehst als ,von der Kindersterblichkeit davonbringen'. Damit spielt 7,17 in der allgemeinmenschlichen Aussage auf Ijobs Klage im Eingang in Ijob 3 an".

allele der mit *kî+yiqtol+ePP* formulierten Fortsetzung der rhetorischen Frage tritt in V. 17 das Verbum שׁית aus Ps 8,7 sowie das Stichwort פקד in V. 18.

Doch von der „Hoheit und Pracht" des Menschen aus Ps 8 ist trotz des viel versprechenden Anfangs nicht viel zu bemerken. Im Gegenteil, Ijob 7,17 gilt in der Regel als Beleg für eine skeptische, negative Anthropologie. „Während Ps 8,5 betend darüber staunt, daß das Maß von Gottes Sorge für ihn in keinem Verhältnis dazu stehe, ‚staunt' Ijob vor demselben Hintergrund über den unverhältnismäßig großen Aufwand an feindseliger Aufmerksamkeit, mit der Gott den Menschen bedenke".[55] Für die meisten Ausleger liegt sogar eine Verkehrung und bittere Parodie von Psalm 8 vor.[56] Paraphrasiert lautet die ins Negative gekippte Aussage Ijobs: „Was ist der Mensch denn wert, dass du so ein Theater um ihn machst und dich um noch die kleinste Schuld akribisch zu kümmern scheinst?". Geht man aber davon aus, dass Ps 8 mit der *durchweg positiven Auffassung vom königlichen Menschen* als Referenztext präsent ist und als Maßstab und Norm im Hintergrund steht, könnte die Paraphrase auch lauten: „Was ist aus der Freiheit des Menschen geworden, den du so wunderbar geschaffen hast, wenn du ihn nicht aus den Augen lässt?".

Das mit dem Hinweis auf die Vergänglichkeit verbundene und der Frage vorgeschaltete „Lass ab von mir" (חדל ממני) kann die Deutungsalternativen nicht entscheiden. Es bedarf eines genaueren Blicks auf die Parallelen wie auf den Fortgang des Textes in den folgenden von der Frage abhängigen Aussagen. שׁית אֶת־לֵב meint „etwas ernst nehmen" bzw. „zu Herzen nehmen" (Ex 7,23; 2 Sam 13,20), „auf etwas achten" (1 Sam 4,20; Jer 31,21; Ps 48,14; Spr 24,32; 27,23), „sein Herz auf etwas setzen" (Ps 62,11).[57] Es steht damit außer Frage, dass der literale Sinn von Ijob 7,17 ausgesprochen positiv ist. Auch die Semantik von V. 18 bleibt zunächst in der Schwebe. פקד kann im positiven Sinn „sich jemandes annehmen", „sich kümmern um" (Gen 21,1; 50,24; Ex 4,31; Jer 23,2; Ps 65,10; 80,15; 106,4 u. ö., vgl. besonders das פקדה in Ijob 10,12) bzw. „genau auf etwas achten" (Ex 3,16), „mustern", „einsetzen" (1 Kön 11,28; 2 Kön 3,6; 2 Kön 25,22) meinen und spielt noch einmal die „heile Welt" von Ps 8,5 ein. Doch פקד oszilliert, denn es kann auch das belastende „heimsuchen", „zur Verantwortung ziehen", das Aufdecken und Verfolgen der Schuld meinen (Ex 20,5; 32,34; 34,7; Ps 89,33; Jer 14,10

---

55 *Engljähringer*, Theologie (2003), 105.
56 Vgl. z. B. *Fohrer*, Hiob (1963), 180; *Köhlmoos*, Auge (1999), 171: „giftige Paraphrase"; *van Oorschot*, Menschenbild (1991), 330: „vorsätzliche Verkehrung".
57 Die Wendung liegt damit sehr nahe an dem eng verwanden שׁים עַל־לֵב „auf etwas/jemanden achten" (1 Sam 25,25; Mal 2,2; Ijob 1,8; 2,3 u. ö.), „sich um etwas/jemanden kümmern" bzw. „auf etwas achten" (2 Sam 18,3; Ijob 34,14) oder (meist mit דבר) „sich eine Sache zu Herzen nehmen" (2 Sam 13,33; 2 Sam 19,20; Jer 12,11 u. ö.).

u. ö). Das „Du suchst mich alle Morgen heim" kann also durchaus noch positiv verstanden werden im Sinne einer fürsorglichen Zuwendung Gottes zum Menschen. בחן meint „genau prüfen" bzw. „auf die Probe stellen".[58] Gemeint ist das Prüfen resp. Untersuchen im Kontext eines Gerichtsverfahrens. Das Prüfen zielt auf ein Beurteilen und Bewerten des Menschen. Eine enge Parallele zu Ijob 7,18 stellt Ps 17,3 dar, wo ebenfalls בחן und פקד nebeneinander verwandt sind. Zu den beiden Verben kommen in Ijob 7,18 die beiden Zeitbestimmungen. Gott sucht morgens heim, also zu dem mit dem Sonnenaufgang verbundenen besonderen Zeitpunkt des Gerichts, und prüft „alle Augenblicke". Gottes Hilfe am Morgen scheint hier parodiert zu sein. Der Plural רגעים mit der Präposition ל meint hier wie Jes 27,3; Ez 26,16; 32,10 ein iteratives Geschehen, das eine bestimmte Zeitspanne lückenlos ausfüllt. Die angesprochene Prüfung findet damit nicht punktuell, sondern dauerhaft statt. Das unterstreicht die Fortsetzung in V. 19 כמה לא־תשעה ממני: Die Beobachtung ist *lückenlos* und genau das ist das Problem für Ijob. Gott ist zum „Menschenwächter" geworden, der keinen Freiraum mehr belässt. Auch in dem נצר האדם ist der positive Sinn des seine Gnade bewahrenden und seine Frommen behütenden Gott[59] ins Negative gekippt. Aus dem „Hüter Israels" (שומר ישראל Ps 121) ist ein „kleinkarierter" Menschenwächter geworden.

Damit ist Wort für Wort der positive Sinn der Aussage gekippt und die Aufnahme von Ps 8 zur Karikatur/Parodie unter der Hand mutiert.[60] Das fürsorgliche Kümmern ist zur überprüfenden Last geworden, das „Seh ich den Himmel" des Beters zur „verletzenden Anschauung" Gottes geworden.

Ist nun die in V. 17 angespielte Anthropologie des von Gott groß gemachten und besonders beachteten Menschen positiv oder negativ zu deuten? Vom Ende her ist die Antwort eindeutig, denn es bleibt kaum eine andere als die negative Deutung übrig. So wird V. 17 zu einer Parodie auf Ps 8. J. Ebach spricht sogar von einer „Travestie", mit der die „böse Rückseite" von Ps 8,5 gezeigt werde.[61] Für M. Köhlmoos steht Ijob 7 auf dem „expliziten Höhepunkt" der „„Umkehrung' psalmtheologischen Denkens".[62] H. Irsigler sieht sogar den positiven Sinn von Ps 8

---

58 Am häufigsten meint es im Qal das genaue Prüfen und hat sehr häufig Gott zum Subjekt Jer 6,27; 9,6; 11,20; 12,3; 17,10; 20,12; Sach 13,9; Mal 3,10.15; Ps 7,10; 11,4 f; 17,3; 26,2; 66,10; 81,8; 95,9; 139,23; Ijob 12,11; 23,10; 34,3; Spr 17,3; 1 Chr 29,17. Hinzu kommen die ni.-Belege in Gen 42,15 f; Ijob 34,36 und pu. in Ez 21,18.
59 Ex 34,7; Dtn 32,10; Ps 12,8; 32,7; 40,12; 64,2; 140,2 u. ö.
60 Vgl. das Stichwort der Parodie bei *Jeremias*, Umkehrung (1992), 309: „parodistische Verdrehung" und *Jeremias*, Umkehrung (1992), 313: „parodistische Umkehrung herrlicher Psalmaussagen".
61 *Ebach*, Streiten I (1996), 83.
62 *Köhlmoos*, Auge (1999), 171.

im Hintergrund geleugnet. „Ijob verkehrt nicht nur die verwunderte Frage von Ps 8 radikal ins Negative, er lehnt in seiner Situation damit auch das hoheitliche Menschenbild von Ps 8 in aller Schärfe ab".[63] Ähnlich H. Spieckermann, für den Ijob 7,17 f „nichts weniger als (die) schroffe Ablehnung" der psalmtheologischen Anthropologie darstellt. „Die Aufkündigung des Vertrauens gegenüber dem gnädig hinschauenden Gott ist das Ende der Theologie der Heilsgegenwart".[64]

Dieser negativen Einschätzung möchte ich nicht zustimmen, denn, wie gesehen, kippt die Aufnahme von Ps 8 nur sehr langsam und das dürfte Absicht sein. Es geht nicht um eine radikale Ablehnung oder Bestreitung des Menschenbildes von Ps 8, sondern gerade um die Betonung der Diskrepanz zur aktuellen Lage Ijobs.[65] Das Menschenbild von Ps 8 ist und bleibt im Gegenteil *Paradigma und Maßstab* für Ijob.[66] Damit steht der positive Sinn in der Anspielung durchaus im Hintergrund und bestimmt die Pragmatik des Zitats. Es geht um die Betonung des Kontrasts zwischen der existentiellen Not Ijobs und dem Anspruch seines Menschseins. Ijob sieht das Verhältnis Schöpfer – Geschöpf gegenüber Ps 8 in eine Schieflage gerückt. „Gottes Aufmerksamkeit realisiert sich als permanente Musterung, seine Zuwendung als Erdrückung".[67] Deshalb fordert er implizit die Hoheit und Würde von Psalm 8 für den Menschen oder exakter *für sich* ein. Es ist daher keine Frage, dass im intertextuellen Spiel mit Ps 8 dessen zuversichtliches Menschenbild eine Rolle spielt. Ohne den positiven Subtext von Ps 8 ist auch die ins Groteske abgerutschte Parodie nicht zu verstehen. Diese ist nicht Ausdruck weisheitlicher Skepsis oder einer angesichts des Leidens entwickelten Verweigerung weisheitlichen Denkens, sondern *argumentatives Mittel.*[68] Das durch die parodistische Verzeichnung kontrastierte Menschenbild von Ps 8 wird unter der Hand *zur Anklage Gottes*, dessen Fürsorge zur bedrohlichen und stetigen Aufmerksamkeit eines „Menschenwächters" gekippt ist. Das ist weniger „gotteslästerlich" (J. Jeremias) als argumentativ geschickt, weil es mit einer offenbar mehr oder weniger verbindlichen Tradition argumentiert. Das Menschenbild von Ps 8 bleibt auch für Ijob Paradigma des Menschseins. Das zeigt sich auch in dem Rückblick Ijob 29. Dort stellt sich Ijob selbst als hoch geachteter, herausgehobener Bürger dar, der vorbildlich in der Armenfürsorge war, sich Witwen und Waisen, Blinden und Lahmen zuwandte. Die umfassende Sorge für das Wohlergehen der

---

63 *Irsigler*, Frage (1997), 43.
64 Beide Zitate *Spieckermann*, Heilsgegenwart (1989), 237.
65 Vgl. *Jeremias*, Umkehrung (1992), 314 f.
66 *Köhlmoos*, Auge (1999), 2 spricht von einer „explizite(n) Auseinandersetzung mit bestimmten normativen Texten".
67 *Ebach*, Streiten I (1996), 83.
68 Vgl. gegen K. Dell in diesem Punkt auch *van Oorschot*, Menschenbild (2001), 321 f.

Mitmenschen und die Durchsetzung einer Ordnung der Gerechtigkeit entsprechen den Aufgaben des Königs und damit der königlichen Anthropologie. Die Selbstbeschreibung endet entsprechend königlich: „Ich wählte ihren Weg und saß als Haupt und thronte wie ein König unter der Schar, wie einer der Trauernde tröstet" (Ijob 29,25). Der Hinweis auf die „Wurzeln am Wasser" (Ijob 29,19) erinnert an den Weisen aus Ps 1, der sich erneuernde כבוד (Ijob 29,20) an den königlichen Menschen aus Ps 8.

Verjagt wie der Wind – Ijobs Würde und Psalm 8

Die zweite Stelle eindeutiger Rezeption von Ps 8 in Ijob 19,9 findet meist weniger Beachtung. Auch sie steht im Kontext der „Würde" und wieder scheint der in Ps 8 zugesagte כבוד das Paradigma zu sein. Noch deutlicher als in Ijob 7,17 erweisen sich die Psalmen als ständiger Bezugstext der Argumentation. Ijob 19,9 entstammt einer Passage vehementer Gottklage in der mittleren Rede Ijobs im zweiten Redegang, die mit einem an die Freunde gerichteten „Erkennt doch, dass Gott mich krümmt" in V. 6 eingeleitet wird. Ijob beklagt die Rechtlosigkeit gegenüber Gott: „Schrei' ich: Gewalt!, wird mir keine Antwort, rufe ich um Hilfe, gibt es kein Recht" (Ijob 19,7). Ist in dem חמס schon der implizite Vorwurf ungerechtfertigter Gewalt angespielt, aber noch nicht auf Gottes Handeln enggeführt, so macht die Fortsetzung in der Gottklage diesen Zusammenhang drängend explizit.

> [8]Meinen Weg hat er vermauert, ich kann ihn nicht begehen,
> und über meine Pfade legt er Finsternis.
> [9]Meiner Würde hat er mich entkleidet,
> und mir die Krone vom Haupt genommen.
> [10]Er hat mich ringsum eingerissen, so dass ich (ver-)gehe,
> und er hat ausgerissen meine Hoffnung wie einen Baum.

Die polare Gestaltung fällt unmittelbar auf. Jede Zeile enthält ein Verbum, das Gott als Subjekt hat, und ein Objekt, das grammatikalisch dem Sprecher Ijob zugeordnet wird. Während die Aktivität Gottes zum Ende hin immer gewalttätiger wird, steigert sich die Minderung Ijobs von der Weglosigkeit bis zur Vernichtung der Hoffnung. Ijob bleibt dabei passiv, seine Bewegung wird in dem ולא אעבור V. 8 gar verneint. Das einzige aktive Verbum in V. 10 ואלך führt zur „Verflüchtigung" Ijobs. Die kurzen Verse hämmern die Demontage Ijobs durch Gott ein, indem sie traditionelle Vertrauensbekenntnisse ins Gegenteil verkehren: Der Gott der Geborgenheit und des Schutzes ist zum Feind geworden. Der Pfad, den Ijob beschreiten will, ist der Lebensweg des Gerechten und Weisen (Ps 119,105; Spr 3,17; 7,25; 8,20; 12,28; Klgl 3,9; Jes 59,8). Während der Psalmbeter darum bittet, dass Gott ihm den

Weg weist (Ps 25,4; 27,11 [ארח und דרך]), sieht Ijob seinen Weg durch Gott versperrt. Der Psalmbeter überspringt mit seinem Gott Mauern (Ps 18,30), hier vermauert Gott Ijob den Weg (vgl. Klgl 3,7.9). Während Gottes Wort dem Beter von Ps 119,105 „Licht auf dem Pfad" und „Licht in der Finsternis" (Ps 18,29) ist, sieht sich Ijob mit Finsternis umhüllt.

Die Krone, die Ijob vom Haupt genommen wird, ist Insignie der Hoheit und des herausgehobenen Ansehens.[69] Vom Bekrönen ist nicht nur das Haupt, sondern die ganze Person betroffen. Die hohe Symbolkraft und konstitutive Mobilität der Insignie lässt sie besonders geeignet erscheinen, das Verlieren einer Auszeichnung zum Ausdruck zu bringen. So steht sie in Klgl 5,16 nicht nur real für den Kopfschmuck der festlich gekleideten Tänzer, sondern *pars pro toto* für die verlorene Ehre der ganzen Person. Mit den Stichworten כבוד und עטרת wird Ps 8,6 eindeutig eingespielt und damit die Linie der Aufnahme und betonten Kontrastierung positiver Aussagen aus den Psalmen fortgesetzt. Der כבוד, der dem königlichen und hoheitlichen Menschen qua Schöpfung zukommt und ihn nur wenig geringer als Gott sein lässt, gehört für Ijob konstitutiv zum Mensch-Sein. Doch hat Gott diese Grundlage des Menschseins Ijob entzogen: „Von Gott einst verliehene Menschenwürde, von demselben Gott nun willkürlich entzogen".[70] Die anthropologische Grundspannung zwischen der Niedrigkeit der vergänglichen „Made" (Ijob 25,6; 17,14) einerseits und der Hoheit des „Königs" andererseit, ist bei Ijob ganz und gar auf die eine Seite hin ausgeschlagen. Deshalb zieht er gerade die Kernstelle des königlichen Menschen aus Ps 8 heran, um seine aussichtslose Lage zu charakterisieren. Denn kein anderer Psalm bringt schöpfungstheologisch die Würde des Menschen neben der unangefochtenen Größe Gottes pointierter zum Ausdruck.

---

69 עטרה ist zunächst einmal literal die Krone oder das Diadem der Herrschenden, eine Insignie der Macht (2 Sam 12,30; Jer 13,18; Jes 62,3; Ez 21,31; Sach 6,11; Ps 21,4; Hld 3,11; Est 8,15; 1 Chr 20,2), wird aber häufiger für Erhabenheit und Hoheit sinnbildlich verwandt oder kennzeichnet eine besondere Auszeichnung (Jes 28,1; Ez 16,12; 23,42; Ijob 31,36; Spr 4,9; 12,4; 14,24; 16,31; 17,6; Klgl 5,16). Die Grundbedeutung des Verbum עטר „umgeben", „umringen" (1 Sam 23,26; Ps 5,13), das im Piel „bekrönen" bedeutet (vgl. Ps 8,6; Ps 103,4; Hld 3,11, und Jes 23,8 hi.), schwingt dabei immer mit.

70 *Spieckermann*, Satanisierung (1994), 441. Das Verbum פשט steht dabei primär für das Entkleiden eines Gewandes oder eines äußeren Kleidungsstücks (Gen 37,23; Lev 6,4; 16,23; Num 20,26), kann aber auch drastischer konnotiert sein. Es wird Lev 1,6 auch für das Abhäuten des Opfertiers verwandt. Das *Bekleiden* (nur hier mit שוה pi.) mit הוד והדר entstammt Ps 21,6, wo es sich auf den König bezieht, und mit dem geläufigeren לבש aus Ps 93,1, wo es auf den königlichen Gott bezogen ist, und Ps 104 (הוד והדר), wo es ebenfalls auf Gott bezogen wird. Die beiden Stellen waren bereits für Ps 8 und das königliche Menschenbild als Bezugstexte aufgefallen.

V. 10 steigert die Metaphorik noch einmal durch die drastische Rede vom Einreißen. Das Verbum נתץ steht nahezu ausschließlich für massive Zerstörungen, meist von Mauern, Gebäuden oder Gebäudeteilen (z. B. Ex 34,13; Lev 11,35; 14,45; Ri 8,9 u. ö.). Übertragen oder für andere Formen des Einreißens wird es nur selten verwandt, sicher in Ps 58,7 (Zähne der Löwen), Jer 18,7 (Volk oder Reich), Nah 1,6 (Felsen). Lediglich in Ps 52,7 wird dem gewalttätigen und lügenhaften Gegner angekündigt, dass Gott ihn für immer niederreißt. Die Tirade „Er wird dich niederschlagen und herausreißen aus dem Zelt und dich entwurzeln aus dem Land der Lebenden" zielt auf den Tod des Frevlers. Durch das סביב „ringsherum" wird die Vollständigkeit des Zerstörungsvorgangs betont (vgl. Klgl 2,3; Ps 97,3 und Ijob 19,12), zugleich aber eine geringe Inkonsistenz eingetragen. Denn entweder ist Ijob das Objekt der Zerstörung oder das, was ihn „ringsherum" umgibt.[71] Doch diese Rückkehr in die *immobile* Welt ist absichtsvoll.

Vertrauensaussagen, in denen der Beter sich von Mauern geschützt sieht[72], werden hier kontrastiert. Der Gott, der Schutz und Zuflucht bieten sollte, reißt ein und alles Schützende ab. Mit dem konsekutiven ואלך „ich aber vergehe" schlägt der Text wieder in eine Vergänglichkeitsmetaphorik um; es geht um den Gang „ins Todesschattenreich".[73]

Den Höhepunkt der Anklage bildet der metaphorisch gewalttätige Eingriff in Weltbild und Glaube Ijobs: „Und er hat ausgerissen meine Hoffnung wie einen Baum". Die Formulierung ist singulär.[74] Doch auch dadurch scheint bewusst ein Assoziationsfeld freigesetzt zu werden, das bekannte Vertrauensmotive verkehrt. Die *Hoffnung* auf das Eingreifen und die Güte Gottes bestimmt immer wieder das Vertrauen der Psalmbeter, ein Vertrauen, das für Ijob vollkommen zerstört ist.[75] Die Hoffnung kennzeichnet den Frommen, der wie ein am Wasser gepflanzter Baum ist, dessen Blätter nicht welken (Ps 1,3). Anders Ijob, der seine Hoffnung in Gott entwurzelt sieht, er bleibt grund- und haltlos enttäuscht zurück.[76]

---

71 Auf der Ebene des Endtextes kann das „ringsherum" als Familie und Besitz Ijobs gelesen werden.

72 Z. B. Ps 9,10; 18,3; 31,3 f; 59,17 f; 62,3.7; 71,3; 91,2; 94,22; 144,2 u. ö.

73 Das הלך trägt hier wie in Ijob 14,20; 10,21; 27,21 und vielleicht auch Ijob 7,9; 16,22 die Konnotation des Vergehens. Vgl. zur Nähe von הלך und מות auch *Grimm*, Leben (1998), 236.

74 Dass die Hoffnung vergeht, wird sonst meist mit אבד ausgedrückt (Ez 19,5; 37,11; Spr 11,7).

75 Vgl. etwa Ps 25,3.5.21; 27,14; 33,20; 37,9.34; 39,8; 40,2; 52,11; 62,6; 69,7; 71,5.14; 119,116.166; 130,5; 146,5.

76 נסע beschreibt einen Aufbruch, der einem Ortswechsel vorangeht. Es ist vor allem mit dem Abbrechen von Lagern und Zelten verbunden, insb. in Jes 33,20; 38,12 wird es mit dem Abbruch von Zelten in Verbindung gebracht. Diese Bildwelt wird hier assoziativ eingespielt und so noch einmal ein Vergänglichkeitsmotiv evoziert. Ijobs Zelt wird abgebrochen, d. h. er droht vom Land der Lebenden in die Scheol zu übersiedeln. Vielleicht wird die Metapher hier gerade deswegen ver-

Am Ende steht die Resignation über das fortgesetzte negative Eingreifen Gottes. Folgt nun daraus, dass – wie mehrfach geschrieben worden ist – Ijob eine pessimistische, negative Anthropologie vertrete, die diejenige von Psalm 8 schroff ablehne?[77] Verbleibt der Mensch als würdelose Kreatur, nackt und ohnmächtig der willkürlichen Allmacht Gottes ausgesetzt?[78] Das wäre das Ende der Theologie und des Klagegebetes.[79] So sehr zutreffend und notwendig das Ernstnehmen der dunklen Seite Gottes im Ijobbuch ist, beachtet diese Sicht die Pragmatik des Textes zu wenig. Gegenüber der Vergänglichkeitsklage ist die Ambivalenz im Ijobbuch noch einmal verstärkt. Es gibt *kein* den Psalmen vergleichbares Vertrauensgebet um das Eingreifen Gottes zugunsten Ijobs. Doch zeigt gerade das literarische „Spiel" mit der bewussten Verkehrung der Vertrauensaussagen aus dem Psalter an, dass es einen Subtext gibt. Dieser ist „Widerspruch" gegen die existentiale Situation Ijobs, dem die Würde genommen ist. Ijob klagt ja Gott genau dafür an, dass er ihm die Krone vom Kopf reißt, wo sie „eigentlich" hingehört. Die Überzeugung von der ihm zustehenden Menschenwürde motiviert seine Klage und Anklage (vgl. auch Ijob 30,15). Durch die Anspielung an Ps 8 wird der Anspruch Ijobs gegenüber Gott bekräftigt. Die Würde ist begrifflich wie normativ nicht randscharf gefasst, lässt sich aber wie in Ps 8 vor allem an dem Begriff כבוד als schöpfungstheologisch gegründete Würde fassen. Durch die Vernetzung mit Ps 8 wird die Würde nicht nur im Menschsein konstitutiv verankert, sondern auch im Gottsein Gottes gegründet. Der כבוד des Menschen ist unantastbar, selbst Gott darf den Menschen nicht in seinem Menschsein in Frage stellen. Die Grundspannung des Menschseins zwischen seiner „königlichen Hoheit" und seiner Angefochtenheit darf nicht einseitig aufgelöst werden. Hinter der Argumentation Ijobs, ihm

---

mieden, um den Widerspruch zwischen Ijobs Hoffnung auf ein letztes Eingreifen Gottes einerseits und seinem Todeswunsch (Ijob 14) andererseits nicht zu groß erscheinen zu lassen. Gerade zusammen mit dem vorhergehenden Bild stellen sich assoziativ auch die Jeremiastellen ein, die vom Abreißen, Aufbauen, Einpflanzen und Ausreißen reden und für eine Restitutionshoffnung stehen (Jer 24,6; 42,10).

77 So z. B. *Spieckermann*, Heilsgegenwart (1989), 237; vgl. den Begriff der „Umkehrung" bei *Köhlmoos*, Auge (1999), 362, für die der Mensch nach Ijob 19,8 „ohne Würde und Ansehen" bleibt; *van Oorschot*, Menschenbild (2001), 325: „Alle Textschichten eint die negative bzw. pessimistische Anthropologie".

78 So *Neumann-Gorsolke*, Ehre (2000), 55: „Ohne ,Ehre' und ,Krone' ist der Mensch ein ,nacktes Nichts' ohne Würde und Aussehen (sic!)". *Spieckermann*, Satanisierung (1994), 441 erinnert an das *Ecce homo* aus Joh 19,5.

79 In letzter Konsequenz durchgedacht bei *Spieckermann*, Satanisierung (1994), der mehrfach vom Ende der Menschenfreundlichkeit Gottes, von der Aporie einer Theologie der Heilsgegenwart und vom Ende weisheitlicher Theologie spricht. Voraussetzung seiner Interpretation ist das vollkommene Ineinsfallen von Hoffnungslosigkeit Ijobs und unberechenbarer Feindschaft Gottes.

sei die Würde genommen worden, steht die Überzeugung, dass Gott eben nicht so zynisch und willkürlich ist, wie er ihn verklagt. Die Anklage Ijobs zielt *und hofft* auf Restitution.

Das intertextuelle Spiel mit den Psalmen, in dem Ps 8 eine herausragende Rolle zukommt, zeigt, dass Ijobs Paradigma der fromme und gerechte Weise ist. Vertrauensaussagen des Psalters werden in den Sprachbildern bewusst verkehrt, um die Tragödie Ijobs deutlich zu machen *und* die Ungerechtigkeit und Unrechtmäßigkeit des Schicksals Ijobs herauszustreichen. Ohne den Hintergrund der Psalmen bricht der Argumentation Ijobs das Paradigma weg. Zwar ist ein Verständnis ohne Kenntnis der Psalmen möglich, aber – so wie es scheint – nicht zureichend. Erst durch das intertextuelle Spiel wächst den Ijobdialogen eine deutliche Position im weisheitlichen Diskurs zu.

Neben den beiden eindeutigen Aufnahmen von Ps 8 werden häufiger Ijob 15,14 und Ijob 25,5f als Textrezeptionen von Ps 8 benannt. Ijob 15,14 ist lediglich durch das כי מה־אנוש mit der Frage von Ps 8 verbunden. Das fortsetzende יזכה mag noch das תזכרנו klanglich assoziieren lassen, aber damit erschöpfen sich die Gemeinsamkeiten. Das Niedrigkeitsmotiv des gegenüber dem majestätischen Gott „unreinen" und „keinesfalls gerechten" Menschen hat nicht Psalm 8 im Hintergrund, selbst wenn V. 15 kosmische Dimensionen in den Vergleich einschleust. Die negative Anthropologie, die in V. 16 den Menschen als abscheulich und verderbt kennzeichnet und seine moralische Qualität massiv in Frage stellt („Der Mensch ist jemand, der Unrecht säuft wie Wasser" איש־שתה כמים עולה), hat mit der königlichen, schöpfungstheologisch gegründeten nichts mehr gemein. Hier zeigt sich, dass die anthropologische Skepsis der Freundesreden scharf gegen die Anthropologie der Ijobreden steht. Das bestätigt sich nicht zuletzt in der abschließend zu besprechenden Stelle aus der knappen Bildad-Rede im dritten Redegang, in der der Mensch als „Made" bezeichnet wird.

> [2]Herrschaft und Schrecken sind bei ihm,
> der in seinen Höhen Frieden schafft.
> [3]Ist seiner Scharen Zahl bekannt,
> und über wem erhebt sich nicht sein Licht?
> [4]Wie wäre das Menschlein gegenüber Gott gerecht,
> wie rein der von der Frau Geborene?
> [5]Siehe, selbst der Mond glänzt nicht hell,
> die Sterne sind nicht hell in seinen Augen.
> [6]Wie dann das Menschlein, die Made,
> das Menschenkind, der Wurm?

Die unermessliche Größe Gottes, der in kosmischen Dimensionen beschrieben wird und dessen Gerechtigkeit den Glanz des Universums überragt, lässt den

Menschen in die Bedeutungslosigkeit absinken. Fehlbar, unrein, nicht aus sich selbst geworden, wird der Mensch im Gegenüber zu Gott zur elenden Kreatur. Made und Wurm sind plastische Protagonisten der Vergänglichkeit (Jes 14,11; Ijob 17,14; 21,26; 24,20). Der Schluss *a maiore ad minus* lässt den Vergleich von göttlicher und menschlicher Gerechtigkeit als groteskes Unternehmen erscheinen. Die anthropologische Grundstimmung der Niedrigkeit und Sündhaftigkeit verkehrt nun wirklich die Anthropologie von Psalm 8, aber liegt hier überhaupt eine bewusste Aufnahme vor? Walter Beyerlin sieht eine solche in „dem Motiv des Vergleichs zwischen dem hinfälligen Menschen und den himmlischen Wesen, dem Mond und den Sternen (Ps 8,4–6)". Trotz der formalen Nähe, dem Vorkommen des Stichwortes מֱשׁל V. 2 und dem Anklang an Ps 8,4 mit Mond und Sternen scheint in Ijob 25,2–6 kein intentionales *textgebundenes* Spiel mit Psalm 8 vorzuliegen. Dafür sind die Stichwortaufnahmen zu wenig markant. Dennoch wird eine anthropologische Gegenposition sichtbar, die dem Menschen wirkliche Größe und Verantwortung nicht zutraut. Das Niedrigkeitsmotiv – unter diesem Oberbegriff fasst Markus Witte Ijob 25,2–6; 4,12–21 und 15,11–16 zusammen – betont in einer pessimistischen Sicht die Sündhaftigkeit des Menschen, verbindet diese konstitutiv mit seiner Geschöpflichkeit und spricht damit der Gottklage aufgrund der Inferiorität des Menschen die Rechtfertigung ab.[80] Diese Anthropologie einer tiefen Skepsis gegenüber dem Menschen und seinen Möglichkeiten bedient sich nicht Ps 8 und seinem königlich-hoheitlichen Menschenbild. Von einer verantwortlichen Aufgabe des Menschen, einem Gestaltungs- und Kulturauftrag ist nicht mehr die Rede. Die schiere Größe Gottes, die um seiner Gerechtigkeit willen so überbetont wird, macht den Menschen als Partner und Mandatar unbrauchbar. Für die freiheitliche Linie aus Ps 8 ist kein Platz mehr, denn diese Linie versetzt Ijob in die Lage, seine Würde gegenüber Gott einzuklagen.

---

80 Vgl. *Witte*, Leiden (1994), 114.194–205. Ob man die Texte tatsächlich als der Theologie der Freundesreden widerstreitend, als „Fremdkörper" (so *Witte*, Leiden [1994], 114) bewerten und sie als redaktionelle Einschreibung einer Redaktion des 3/2. Jh. verstehen muss, wie dies M. Witte vorgeschlagen hat (vgl. *Witte*, Leiden [1994], 173–178; *ders.*, Rede [1994]), möchte ich offenlassen. Mich überzeugen die Gründe für die literarkritische Operation wie auch die daraus entwickelte redaktionsgeschichtliche Sicht, an der eine Hypothese zur Entstehung des Ijobbuches hängt, noch nicht vollständig. Vgl. auch *van Oorschot*, Menschenbild (2001), 322: „Wittes Platzierung der Niedrigkeitsredaktion muß ... weiter diskutiert werden".

Ps 8 als anthropologisches Paradigma – Ein Fazit

Der Durchgang durch die Aufnahmen von Ps 8 im Ijobbuch hat in mehrfacher Hinsicht Früchte getragen. Er hat nicht nur einen kreativen Umgang mit den Psalmen im Ijobbuch zeigen können, sondern vor allem die herausragende Stellung von Ps 8 als anthropologischen Grundlagentext bestätigt. „Der wichtigste Intertext für die Hiob-Dichtung ist der mehrfach rezipierte Ps 8".[81] Dieses Urteil von *Melanie Köhlmoos* besteht zu Recht. Gegenüber der bisherigen Auswertung der Aufnahmen von Ps 8 wurde hier jedoch etwas anders gewichtet. Die Aufnahmen wurden nicht als Bestreitung oder Infragestellung der königlichen Anthropologie von Ps 8 gewertet, sondern eher trotz des Kontrastes als Fortsetzung der Deutungslinie. Die pragmatische Funktion der Aufnahme von Ps 8 ist die Rechtfertigung der Klage Ijobs gegenüber Gott. Zwar beklagt er, dass ihm die freiheitliche und selbstverantwortliche Stellung des Menschen, wie sie in Ps 8 grundgelegt ist, aufgrund des Eingreifens Gottes nicht zukommt, doch ist damit nicht das Menschsein in einer geminderten Perspektive festgeschrieben. Im Gegenteil: Aus seiner aktuellen Position entwickelt Ijob keine Ps 8 widerstreitende negative oder pessimistische Anthropologie. Vielmehr steht Ps 8 als Paradigma im Hintergrund. Das ändert sich in den Freundesreden, in denen weit mehr eine von der Grundstimmung her negative Anthropologie entfaltet wird. Wir hatten dies in dem „Niedrigkeitsmotiv" angedeutet, das den Menschen wesenhaft ungerecht und sündhaft festschreibt und so als Mandatar Gottes und königlichen Würdeträger disqualifiziert. Durch die Restitution Ijobs, in der er gemäß Ijob 29 wieder in die würdevolle Position hohen Ansehens und „königsgleicher" Verantwortung gesetzt wird, wie durch die Zurückweisung der Position der Freunde (Ijob 42,7), wird die Position Ijobs am Ende gestärkt. Ps 8 bleibt durch die Infragestellung im Leid Ijobs hindurch das anthropologische Paradigma im Buchkontext.

Der Durchgang hat weiter gezeigt, dass es gerade die in Psalm 8 unveräußerliche Würde des Menschen ist, die als anthropologisches Grunddatum rezipiert wird. Diese ganz von Gott her entworfene und mit der Stellung des Menschen in der Schöpfung begründete Würde markiert eine Grundposition biblischer Anthropologie. Das intertextuelle Zusammenspiel zwischen Psalm 8 und Ijob 7 resp. 19 lässt eine triumphalistische Fehldeutung des königlichen Menschenbildes nicht zu, markiert aber zugleich den Zusammenhang von Freiheit und Würde, der auch in der Hölle des Leids nicht aufgegeben werden darf. Der Kampf um die Würde ist so mit dem Menschsein verwoben, dass er auch gegenüber Gott durchgehalten werden muss und darf. So bestärkt das intertextuelle Zusam-

---

81 *Köhlmoos*, Auge (1999), 362.

menspiel die Aufforderung „die Menschen zu ermutigen, sich untereinander dieser ihnen von Gott zugesprochenen Würde entsprechend anzunehmen".[82]

Die vorgetragenen Beobachtungen sind abschließend auch als Elemente einer „Sachstruktur" des Kanons zu werten. Die intensive Intertextualität, mit der Ps 8 aus dem Psalter herausgehoben wird, bestätigt die zentrale Stellung von Ps 8 im ersten Davidpsalter und in der Psalmengruppe 3 – 14.[83] Der Psalm ist kontextuelles Widerlager gegen die Not des bedrängten Menschen in den individuellen Klageliedern.[84] Ps 8 ist ein kanonisches „Gravitationszentrum" im Psalter. Das hohe Maß an intertextuellen Bezügen des Ijobbuches auf den Psalter, das hier nur in der Aufnahme und Verkehrung der traditionellen Vertrauensmotive angezeigt werden konnte, bestätigt die kanonhermeneutische Spitzenstellung des Psalters im Kanonteil der Schriften. Hier zeigt sich, dass die Spitzenposition des Psalters zwar ursächlich mit der Tora-Perspektive des Psalters in der Endgestalt, wohl aber auch mit seinem inhaltlichen Profil als weisheitlichem Grundlagenparadigma zusammenhängt.

Bibliographie

Barbiero, G., Das erste Psalmenbuch als Einheit. Eine synchrone Analyse von Psalm 1 – 41 (ÖBS 16), Frankfurt u. a. 1999.

Beyerlin, W., Chancen der Überlieferungskritik, in: ZThK 73 (1976), 1 – 22.

Brandt, P., Geflecht aus 81 Büchern. Zur variantenreichen Gestalt des äthiopischen Bibelkanons, in: Aethiopica 3 (2000), 79 – 115.

Ders., Endgestalten des Kanons. Das Arrangement der Schriften Israels in der jüdischen und christlichen Bibel (BBB 131), Berlin 2001.

Childs, B. S., Critique of Recent Intertextual Canonical Interpretation, in: ZAW 115 (2003), 173 – 184.

Delitzsch, F., Die Psalmen, Leipzig ⁵1894.

Duhm, B., Die Psalmen (KHAT XIV), Tübingen ²1922.

Ebach, J., Streiten mit Gott (Kleine Biblische Bibliothek), Neukirchen-Vluyn 1996.

Frevel, C., Mit Blick auf das Land die Schöpfung erinnern. Zum Ende der Priestergrundschrift (HBS 23), Freiburg u.a. 2000.

Frevel, C./Wischmeyer, O., Menschsein (NEB.Erg 11), Würzburg 2003.

---

82 *Zenger*, Menschlein (1981), 141.

83 Vgl. dazu *Hossfeld/Zenger*, Beobachtungen (1993), 40 f; *Barbiero*, Psalmenbuch (1999), 187.262.

84 Das macht nicht zuletzt der Blick auf die כבוד-Belege in dem ersten Teil deutlich. In Ps 3,4 bekennt der Beter „du bist mein כבוד", Ps 4,3 „wie lange noch macht ihr meinen כבוד zur Schande", Ps 7,6 „dann soll der Feind meinen כבוד in den Staub legen", vgl. dazu auch *Janowski*, Konfliktgespräche (2003), 145.

Grimm, M., „Dies Leben ist der Tod". Vergänglichkeit in den Reden Ijobs – Entwurf einer Textsemantik (ATS 62), St. Ottilien 1998.

Groß, W., Ist biblisch-theologische Auslegung ein integrierender Methodenschritt?, in: F.-L. Hossfeld (Hg.), Wieviel Systematik erlaubt die Schrift (QD 185), Freiburg u. a. 2001, 110–149.

Hossfeld, F.-L./Zenger, E., „Selig, wer auf die Armen achtet" (Ps 41,2). Beobachtungen zur Gottesvolk-Theologie des ersten Davidpsalters, in: JBTh 7 (1993), 21–50.

Dies., Die Psalmen I. Psalm 1–50 (NEB.AT 29), Würzburg 1993.

Irsigler, H., Die Frage nach dem Menschen in Psalm 8. Zu Bedeutung und Horizont eines kontroversen Menschenbildes im Alten Testament, in: H. Irsigler (Hg.), Vom Adamssohn zum Immanuel (ATS 58), St. Ottilien 1997, 1–48.

Janowski, B., Konfliktgespräche mit Gott. Eine Anthropologie der Psalmen, Neukirchen-Vluyn 2003.

Jeremias, J., Umkehrung von Heilstraditionen im Alten Testament, in: J. Hausmann/H. J. Zobel (Hg.), Alttestamentlicher Glaube und biblische Theologie. FS H. D. Preuß, Stuttgart u. a. 1992, 309–320.

Kaiser, O., Erwägungen zu Psalm 8, in: K. Seybold/E. Zenger (Hg.), Neue Wege der Psalmenforschung. FS W. Beyerlin (HBS 1), Freiburg u. a. 1994, 207–221 (wieder abgedruckt in: O. Kaiser, Gottes und der Menschen Weisheit. Gesammelte Aufsätze [BZAW 261], Berlin u. a. 1998, 56–70).

Kittel, R., Die Psalmen (KAT XIII), Leipzig ⁶1929.

Klein, H., Zur Wirkungsgeschichte von Psalm 8, in: R. Bartelmus/T. Krüger/H. Utzschneider (Hg.), Konsequente Traditionsgeschichte. FS K. Baltzer (OBO 126), Fribourg/Göttingen 1993, 183–198.

Köhlmoos, M., Das Auge Gottes. Textstrategie im Hiobbuch (FAT I/25), Tübingen 1999.

Neumann-Gorsolke, U., „Mit Ehre und Hoheit hast Du ihn gekrönt" (Ps 8,6b). Alttestamentliche Aspekte zum Thema Menschenwürde, in: JBTh 15 (2000), 39–65.

Oberforcher, R., Biblische Lesarten zur Anthropologie des Ebenbildmotivs, in: A. Vonach/G. Fischer (Hg.), Horizonte Biblischer Texte. FS J. M. Oesch (OBO 196), Fribourg/Göttingen 2003, 131–168.

Oeming, M., Das Buch der Psalmen. Psalm 1–41 (NSK.AT 13/1), Stuttgart 2000.

Pettinato, G., Das altorientalische Menschenbild und die sumerischen und akkadischen Schöpfungsmythen (Abhandlungen der Heidelberger Akademie der Wissenschaften, Philosophisch-Historische Klasse 1971,1), Heidelberg 1971.

Rösel, M., Adonaj. Warum Gott „Herr" genannt wird (FAT I/29), Tübingen 2000.

Schmidt, W. H., Gott und Mensch in Psalm 8. Form und überlieferungsgeschichtliche Erwägungen, in: ThZ 25 (1969), 1–15 (wieder abgedruckt in: W.H. Schmidt, Vielfalt und Einheit alttestamentlichen Glaubens, Bd. 2, Neukirchen-Vluyn 1995, 16–30).

Schwienhorst-Schönberger, L., Einheit und Vielfalt. Gibt es eine sinnvolle Suche nach der Mitte des Alten Testaments?, in: F.-L. Hossfeld (Hg.), Wieviel Systematik erlaubt die Schrift (QD 185), Freiburg u. a. 2001, 48–87.

Spieckermann, H., Heilsgegenwart. Eine Theologie der Psalmen (FRLANT 148), Göttingen 1989.

Ders., Die Satanisierung Gottes. Zur inneren Konkordanz von Novelle, Dialog und Gottesreden im Hiobbuch, in: I. Kottsieper u. a. (Hg.), „Wer ist wie du, Herr, unter den Göttern?". FS O. Kaiser, Göttingen 1994, 431–444.

Steins, G., Die „Bindung Isaaks" im Kanon (Gen 22). Grundlagen und Programm einer kanonisch-intertextuellen Lektüre (HBS 20), Freiburg 1999.

Ders., Der Bibelkanon als Denkmal und Text. Zu einigen methodologischen Aspekten kanonischer Schriftauslegung, in: J. M. Auwers/H. J. Jonge (Hg.), The Biblical Canons (BEThL 163), Leuven 2003, 177–198.

van Oorschot, J. Menschenbild, Gottesbild und Menschenwürde. Ein Beitrag des Hiobbuches, in: E. Herms (Hg.), Menschenbild und Menschenwürde, Gütersloh 2001, 320–343.

Waschke, E. J., „Was ist der Mensch, dass du seiner gedenkst?" (Ps 8,5). Theologische und anthropologische Koordinaten für die Frage nach dem Menschen im Kontext alttestamentlicher Aussagen, in: ThLZ 116 (1991), 801–812.

Weiser, A., Die Psalmen (ATD 14–15), Göttingen ⁴1955.

Willi-Plein, I., Biblisch-theologische Reflexion zum Thema aus alttestamentlicher Sicht, in: R. Weth (Hg.), Totaler Markt und Menschenwürde. Herausforderungen und Aufgaben christlicher Anthropologie heute, Neukirchen-Vluyn 1996, 1–12.

Witte, M., Die dritte Rede Bildads (Hiob 25) und die Redaktionsgeschichte des Hiobbuches, in: W. A. Beuken (Hg.), The Book of Job (BEThL 114), Leuven 1994, 349–355.

Ders., Vom Leiden zur Lehre. Der dritte Redegang (Hiob 21–27) und die Redaktionsgeschichte des Hiobbuches (BZAW 230), Berlin u. a. 1994.

Zenger, E., „Was ist das Menschlein, dass du seiner gedenkst …?" (Ps 8,5), in: R. M. Hübner/B. Mayer/E. Reiter (Hg.), Der Dienst für den Menschen in Theologie und Verkündigung. FS A. Brems (Est NF 13), Regensburg 1981, 127–145.

Ders., Was wird anders bei kanonischer Psalmenauslegung?, in: V. Reiterer (Hg.), Ein Gott – Eine Offenbarung. FS N. Füglister, Würzburg 1991, 397–413.

Ders., Der Psalter im Horizont von Tora und Prophetie. Kanongeschichtliche und Kanonhermeneutische Perspektiven, in: J. M. Auwers/H. J. Jonge (Hg.), The Biblical Canons (BEThL 163), Leuven 2003, 111–134.

Ders. (Hg.), Stuttgarter Altes Testament, Stuttgart 2004.

Die Geheimnisse der Weisheit erzählen

Die Verwendung von Psalm 104 im Ijobbuch

Das Verhältnis von Psalmen und Ijob ist schon häufig in der Forschung thematisiert worden. Entweder wurde für eine Untergattung von Psalmen bzw. für Psalmengattungen im Ijobbuch plädiert (C. Westermann, H. P. Müller, G. I. Davies, A. Bentzen, K. Seybold u. a.), für eine Rezeption, Anspielung oder Kontrastierung einzelner Psalmen (bes. Psalm 8: W. M. A. Beuken, T. N. D. Mettinger, M. Köhlmoos, C. Frevel, K. Schmid u. a.) oder eher generell für gemeinsame Wurzeln beider literarischer Traditionen in der Weisheitstradition.[1] In den Analysen des Verhältnisses von Psalmen und dem Buch Ijob werden zunehmend Intertextualitätskonzepte explizit herangezogen, während andere eher implizit mit Prämissen einer Intertextualität arbeiten.[2] Aber das sagt alles und nichts, denn der Begriff Intertextualität ist derzeit ein Grabbeltisch, der ein breites Spektrum literarischer Phänomene umfasst, einschließlich Gattungen, Motiven, Formeln, typischen Szenen und Parallelerzählungen, Anspielung, Zitation und hypertextuellem Kommentar.[3] Das Konzept ist weit davon entfernt, ein handhabbares Analyseinstrument für biblische Exegese zu sein[4] und es gibt verschiedene Typen von intertextuellen Elementen, die weder ein kohärentes Konzept bilden noch eine für sich stehende *Methode*.[5] Im umfassendsten Verständnis bezieht sich Intertextualität auf grundlegende Annahmen zur Beschaffenheit von Texten, den Prozess der Rezeption, die Konstitution von Bedeutung und die eigentliche Struktur von Kultur. Gewöhnlich werden zwei grundlegende Konzepte voneinander unterschieden: Während poststrukturalistische Konzepte im Anschluss an J. Kristeva, R. Barthes bzw. J. Derrida u. a. (die mehr oder weniger auf den ursprünglichen Theorien des russischen Strukturalisten M. Bakhtin basieren) Intertextualität grob als prinzipiell unbegrenzte Beziehung von Texten auf andere Texte verstehen, gehen andere im Anschluss an G. Genette, U. Broich/M. Pfister u. a. von einem

---

1 Zur Forschungsgeschichte vgl. *Mettinger*, Intertextuality (1993), 265–266; *Köhlmoos*, Auge (1999), 10–29; *Pyeon*, Intertextuality (2003), 7–40; *Heckl*, Hiob (2010), 12–16.

2 Ein Phänomen, das, wie *Miller*, Intertextuality (2011), 284–285 feststellt, generell in der alttestamentlichen Exegese beobachtet werden kann.

3 „The term *intertextuality* is actually a ‚grab bag‘ concept which embraces a broad range of literary phenomena, including genre, motif, formulae, type-scenes and parallel accounts, allusion, quotation and hypertextual commentary", so *Edenburg*, Intertextuality (2010), 137 (Hervorhebung im Original).

4 Vgl. auch *Barton*, Déjà lu (2013).

5 Vgl. die aktuellen Überblicke in *Miller*, Intertextuality (2010); *Edenburg*, Intertextuality (2010).

DOI 10.1515/9783110424386-011

engeren Verständnis aus, das Intertextualität methodisch auf verifizierbare Bezüge zwischen einzelnen Texten beschränkt. Auch wenn die methodologische Diskussion komplexer ist, in beiden Fällen spielt der Leser für den Vorgang der Rezeption eine entscheidende Rolle. Während das letztgenannte Konzept die Annahme einer Autorenintention erlaubt, spielt das in dem erstgenannten überhaupt keine Rolle. In der vorliegenden Untersuchung sollte der (abgesehen von einigen spezifischen methodologischen Bemerkungen) auf die deutlich unterscheidbaren Richtungen der Einflussnahme („Palintextualität"[6]) gelegte Schwerpunkt nicht als ein Plädoyer für einen Zugang aufgefasst werden, der sich auf eine diachrone, autor-orientierte oder auf eine intentionale Intertextualität beschränkt. Meine Aufgabenstellung ist eine stark begrenzte und selektive Perspektive, die die prinzipiell unbegrenzten Möglichkeiten intertextueller Bezüge auf solche begrenzt, die heuristisch auf Prätexte zurückgeführt werden können. Dem liegt die Annahme zugrunde, dass das Buch Ijob als weisheitlicher Diskurs und als Teil eines Diskurses innerhalb der Weisheitsliteratur verstanden werden kann.[7] Es setzt Traditionen voraus und diskutiert diese durch Anspielung, Zitat, Echo, Nachklang, Revision, Parodie etc. Indem diese Beziehung an bestimmten Psalmen verdeutlicht wird, ist die heuristische Annahme gemacht, dass das Buch Ijob später als diese ist. Diese heuristische Annahme ist aus pragmatischen Gründen notwendig, weil ich mich im begrenzten Rahmen dieses Aufsatzes nur auf einen Text des Psalters stützen kann. Durch die Suche nach desintegrativen Textsignalen, die die Leserichtung für den Leser (den Modellleser und den modernen) umkehren („Digression"), soll Ps 104 als einer der Hypotexte[8] des Ijobbuches identifiziert werden. Das wird durch die Annahme begleitet, dass die Funktion der Textbezüge darin besteht, die Argumentation im Ijobbuch zu stützen und zu vertiefen.[9] Durch die Konzentration auf die Endform des Ijobbuches und Ps 104 soll deren diachrones Wachstum keineswegs ausgeschlossen werden.

Das Buch Ijob ist in literarhistorischer Hinsicht nicht einheitlich und es wäre weiterführend, die aus den folgenden Beobachtungen resultierenden Ergebnisse diachron zu reflektieren. Das Gleiche gilt für Ps 104, sein Wachstum, seine Struktur und seine Einbettung in das vierte Buch des Psalters, die in der jüngeren Psalmen- und Psalterexegese diskutiert werden. Ob Ps 104 (abgesehen von den kontextuellen Verbindungselementen in Ps 104,1aα.35b) einheitlich ist, wie Annette Krüger annimmt, oder V. 5 – 9.19.25 – 26.29b.31 – 32.34 – 35 als mehrschichtige

---

6 Vgl. *Stocker*, Theorie (1998), 51 – 54.

7 Vgl. aktuell *Saur*, Sapentia (2011), 236 – 237.

8 Zu den Begriffen „Hypotext" und „Hypertext" vgl. *Genette*, Palimpsests (1997), XI.5.25 – 26 passim; *Mettinger*, Intertextuality (1993), 262; *Heckl*, Hiob (2010), 15.

9 Zu diesen zwei Aspekten vgl. *Stocker*, Theorie (1998), 15.

Überarbeitung des Psalms angesehen werden sollten, wie Frank-Lothar Hossfeld annimmt, ist für unsere Fragestellung nicht entscheidend.[10] Beide stimmen darin überein, dass der Psalm in seiner Endfassung nachexilisch ist und dem Buch Ijob in literarhistorischer Hinsicht vorausgeht.

Ps 104 im Buch Ijob: Ein Überblick

Wenn über die Rezeption von Psalmen im Ijobbuch gesprochen wird, wird neben Ps 8 häufiger Ps 104 genannt und zwar besonders in Bezug auf die Schöpfungsvorstellung sowohl in den Gottesreden als auch im gesamten Buch.[11] So mag es hilfreich erscheinen, zunächst auf die vorgeschlagenen Anspielungen, Aufnahmen, Motivparallelen, Zitate und impliziten Bezugnahmen von Ps 104 im Ijobbuch zu schauen. Diese finden sich hauptsächlich in den Ijobreden, der zweiten Elihu-Rede und in den Gottesreden aus dem Wettersturm. Die meisten Bezugnahmen drücken Gottes Souveränität in den Vorgängen von Schöpfung und Erhaltung aus. Explizite Verbindungen zwischen den Texten sind dabei eher selten, wobei wörtliche Aufnahmen des Psalms, die über ein Wort oder eine Phrase hinausgehen würden, fehlen. Andererseits kann kein Zweifel daran bestehen, dass der/die Verfasser des Ijobbuches Ps 104 kannten. Legt man die Anhäufung von impliziten Anspielungen, Stichworten und Strukturparallelen zugrunde, kann Ps 104 für das Ijobbuch – wie gezeigt werden wird – eindeutig als Hypotext oder Subtext angesehen werden.

Um Gottes Schöpfermacht zu loben: Anspielungen in den ersten Ijobreden

Es gibt Motivparallelen, die mehr oder minder als Anspielungen an Ps 104 verstanden werden können. Zuallererst das Motiv der Chaoswasser, die die Schöpfung bedrohen und die von Gott in Ijob 7,12 und Ps 104,6–9 zurückgedrängt und begrenzt werden. Allerdings ist die Formulierung paralleler zu Ps 74,13, wo ים personifiziert ist und das Ungeheuer תנין ebenfalls erwähnt wird.[12] Zum zweiten wird der Hymnus in Ijob 9 häufig zu Ps 104 in Beziehung gesetzt. In Ijob 9,5 beschreibt Ijob seinen göttlichen Gegner als einen, der Berge versetzt (המעתיק הרים)

---

10 Vgl. *Krüger*, Lob (2010), 62–64; *Hossfeld/Zenger*, Psalms 2 (2011), 42–61.
11 Vgl. *Krüger*, Lob (2010), 442.448; *Köhlmoos*, Auge (1999), 362.
12 Zu Job 7,12 s. *Mettinger*, Intertextuality (1993), 269.

und sie in seinem Zorn (אַף) umstürzt (הֲפַךְ). Beide Motive finden sich im Ijobbuch auch in anderen Kapiteln (Ijob 14,18; 18,4; 28,9). Ijob setzt mit dem Motiv der primordialen Theophanie, die von einem Erdbeben oder einem Vulkanausbruch begleitet wird, fort, was häufiger in den Psalmen vorkommt.[13] Genauer besehen ist jedoch die sprachliche Parallelität mit der Ijobpassage bescheiden. Im Unterschied zu Ijob 9,5 haben die Verben עתק H-Stamm oder הֲפַךְ nie הרים als Objekt; das Verbum פלץ aus Ijob 9,6 gibt es einzig bei Ijob. Zusammengenommen haben Ps 104 und Ijob 9,5–6 zwar einige Motive gemeinsam, aber damit wird noch keine markierte Textbeziehung konstituiert.[14] Die Bezüge sollten nicht als (intentionale) Anspielung auf Ps 104 gedeutet werden.[15]

Auf den ersten Blick stimmt das auch für Ijob 9,8, das die Phrase „die Himmel ausstrecken" mit Ps 104,2 gemeinsam hat. Aber wenn man das „der mit der Sonne spricht und sie nicht strahlt, der die Sterne versiegelt" in Ijob 9,7, wo das verbreitete Motiv der Eklipse in bestimmter Weise benutzt ist, mit dem „du hüllst dich in Licht wie ein Kleid" in Ps 104,2, das zu dem „du spannst den Himmel aus wie ein Zelt" parallel gesetzt ist, vergleicht, kann man eine engere Motivparallele zu Ps 104 ausmachen.[16] Wenn man das akzeptiert, stimmen die Anspielungen in Ijob 9,6–9 mit dem Lobpreis der Schöpfermacht Gottes in Ps 104 überein. Ijob 9,2–13 nimmt in gewisser Weise das Argument aus Ijob 38–42 vorweg.

Zieht man ein Zwischenfazit, sind Anspielungen auf Ps 104 in Ijobs erster und zweiter Rede im ersten Redezyklus Ijob 4–14 zwar vorhanden, aber doch eher marginal. Der zweite Zyklus Ijob 15–21 lässt Verweise auf Ps 104 überhaupt vermissen, jedoch startet eine Kette von Verweisen im dritten Zyklus in Ijob 22–27 (28).

Gottes Schöpfungsmacht als Argument gegen Gott in Ijob 22–27

In Ijobs erster Rede im dritten Redegang (Ijob 23–24) vergleicht Ijob die Bedürftigen (אביונים) und die Armen des Landes (עניי־ארץ) mit Wildeseln in der Wüste (Ijob 24,5). Urteilt man thematisch, stellt Ijob einerseits das Schicksal der Armen heraus, wobei er sich auf Elifas Kommentar zum Schicksal der Frevler, der „umherirrt nach Brot" (נדד הוא ללחם, Ijob 15,23), zurückbezieht. Andererseits, von ei-

---

13 Z. B. Ps 18,8; 46,3–4; 97,5; 144,5 und 104,8.32.
14 Zum Terminus „Marker" vgl. *Mettinger*, Intertextuality (1993), 263.269.
15 Gegen *Köhlmoos*, Auge (1999), 177.
16 Vgl. *Köhlmoos*, Auge (1999), 177.

nem literarischen Standpunkt aus, spielt er an Ps 104,23 an. Annette Krüger sieht diesen Vers als eindeutige Referenz auf Ps 104,23, da die Kombination von יצא und פעל auf diese beiden Stellen begrenzt ist.[17] Obwohl die sprachlichen Anhaltspunkte gering sind, gibt es eine thematische Affinität in Bezug auf die Schöpfungsordnung. Während die Menschheit in Ps 104,23 gegen die wilden Tiere geschützt ist, wenn die (göttliche und gerechte) Sonne aufgeht, müssen die Armen und Bedürftigen von Ijob 24 in verlassenen, chaotischen und gefährlichen Gebieten umherschweifen, um das sie ernährende Brot zu finden. Während die Wildesel in Ps 104,11 durch Quellen und Bäche getränkt werden, sind die Bedürftigen durch die Wüste bedroht. In Ijob 24 gibt es zur rechten Zeit keine Nahrung für die Armen, während die ganze Menschheit in Ps 104,27 versorgt wird. Während die Menschen in Ps 104,14–15 ihr Brot von den Früchten des Feldes, die Gott wachsen lässt, bekommen und ihre Herzen durch die Ernte von Oliven, Trauben und Getreide bzw. den Produkten Öl (שֶׁמֶן), Wein (יַיִן) und Brot (לֶחֶם) erfreut, ist der Arme abhängig von der Erlaubnis, Oliven, Trauben und Ähren aufzulesen, nachdem die Erntearbeiter ihre Arbeit beendet haben (Ijob 24,6, vgl. Ijob 24,10–11.16–17). Ferner steht belebendes Tageslicht (Ps 104,23) den Gefahren der Nacht (Job 24,6–7, vgl. 24,13–17) gegenüber. Obwohl die sprachlichen Indizien eher abgehoben sind, ist man doch geneigt, die Passage in Ijob 24 als eine kontrastive Anspielung oder Aufnahme von Ps 104 zu lesen, sodass die Unordnung, die in Ijob 24 angezeigt wird, der wohlgeordneten Schöpfung von Ps 104 gegenübergestellt wird. Gott wird dadurch angeklagt, sich nicht um die Armen zu kümmern (vgl. Ijob 24,12.25). Es erscheint wahrscheinlich, dass der Autor oder die Autoren von Ijob 24 Ps 104 und seine tiefe Überzeugung einer Schöpfungsweisheit gekannt haben. Der argumentative Gebrauch von Psalm 104 in Ijob 24 ist weit weniger deutlich als der Gebrauch von Ps 8 in Ijob 7,17. Wenn man jedoch die textliche Verbindung akzeptiert, geht sie in dieselbe Richtung. Die Beschreibung der weisheitlichen Schöpfungsordnung in dem Psalm wird zu einem *argumentum ad deum* – Gott wird eindringlich aufgefordert, einzugreifen. Wenn nicht, erweist er sich selbst als ungerecht, ungeheuerlich und willkürlich. Ijob bezweifelt die Vollkommenheit der göttlichen Ordnung von gut und böse. Es ist etwas falsch, wenn der Gerechte bedürftig und der Frevler reich ist. Das Lob der Schönheit von Gottes Schöpfung sollte – so argumentiert Ijob – keine Ungerechtigkeiten überdecken. Dabei ist Ijobs Argumentation herausfordernd, aber auch überzeugend.

---

17 Vgl. *Krüger*, Lob (2010), 443. Zu den verschiedenen textkritischen Emendationen in Ijob 24,5, die durch Ps 104,23 inspiriert sind, s. *Witte*, Notizen (1995), 84–87.

Gottes Schöpfermacht als Gegenargument in den Elihu-Reden

Es ist auffallend, dass sich die nächste Anspielung auf Ps 104 in Elihus zweiter Rede in Ijob 34,14 findet, wo er Ijobs Argument, das in V. 9 karikiert wird, zu widerlegen sucht. Elihu entgegnet, es sei „fern von Gott, dass er Unrecht tut" (Ijob 34,10, vgl. V. 12). Sein (einziges) Gegenargument basiert auf der Erschaffung (V. 13, vgl. Ps 24,1) und bezieht sich auf Ps 104,29 – 30 in V. 14 – 15: „Wenn er auf ihn seinen Sinn richtete (שים אל לב), seinen Geist (רוח) und seinen Atem (נשמה) zu sich einsammelte, würde alles Fleisch (כל בשר) zusammen vergehen (גוע) und der Mensch würde zum Staub zurückkehren (שוב אל עפר)".[18] Dadurch versucht er Ijob in eine demütige Position gegenüber Gott zurückzubringen. Die Passage nimmt Ps 104,29 – 30 auf und hat רוח, אסף, גוע, עפר und שוב mit diesen Versen gemeinsam. Obwohl die Präposition verschieden ist (על anstatt אל), ist die Anspielung auf Gen 3,19; Ijob 10,9; Koh 3,20 und bes. Ps 104,29 offensichtlich. גוע כל־בשר erinnert an Gen 6,17 und 7,21 ebenso wie an Ps 104,21. אסף רוח als Metapher für den Tod ist selten und beschränkt sich auf Ijob 34,14 (erweitert durch נשמה) und Ps 104,29. Der Verweis auf Ps 104,21 ist dadurch eindeutig, obwohl es sich nicht um ein Zitat handelt. Elijhu *benutzt* vielmehr den Psalm gegen Ijob, der Ps 104 mit einer gegenteiligen Intention aber in derselben Art und Weise zuvor gebraucht hat. Ps 104 steht im Hintergrund der Argumente beider und beide Positionen beziehen sich auf die Schrift und sind von ihr her begründet.

Das kann durch die zweite Passage in den Elihu-Reden, die auf Ps 104 zurückgreift, in Kap. 36 gestützt werden. Elihu legt geradezu wissenschaftlich die Majestät Gottes dar (Ijob 36,26), indem er Bezug nimmt auf den Wasserkreislauf in Ijob 36,27 – 28 (vgl. Ps 147,8.16 – 18 und – obwohl mit weniger lexikalischer Entsprechung und nur implizitem Hinweis auf den Wasserkreislauf – Ps 104,13).[19] Ist es reiner Zufall, dass Ijob genau über dieses Argument in Bezug auf den Armen in Ijob 24,8 die Nase rümpft? Ijob hat zuvor gespottet, dass Steinböcke und Klippdachse ihre Zuflucht haben (מחסה in Ps 104,18), die Armen und Bedürftigen aber nicht (מחסה in Ijob 24,8). Elihu argumentiert, dass Regen durch den Intellekt des Menschen nicht wirklich vorhergesagt werden kann (אף אם־יבין מפרשי־עב, Ijob 36,29) und Ijob deshalb keinen angemessenen Standpunkt habe, den Regen,

---

18 Eigene Übersetzung. Buber/Rosenzweig übersetzen wie folgt: „Setzte er sein Herz auf sich selber, holte seinen Geist und seinen Hauch zu sich ein, alles Fleisch verschiede mitsammen, – der Mensch kehrte zum Staube zurück".

19 S. *Pilger*, Erziehung (2010), 220 für weitere *entfernte* Parallelen: רע/ רעם in Ijob 36,33; 37,4.5 und Ps 104,7, vgl. 104,21 (הכפירים שאגים).

der auf den unzureichend gekleideten Armen fällt, zu kritisieren. Daneben kann man das Konzept von Gottes „Hütte" (סכה) in den Wolken in Ijob 36,29 – 30 mit Ps 18,10 – 15 und Ps 104,2 – 3 vergleichen.[20] Das würde noch einmal die Anspielung auf Ps 104 verstärken, doch erneut ist die sprachliche Verbindung nur lose. Die oben andiskutierte Beziehung zwischen Ijob 36,26 – 31 und der Verwendung von Ps 104 durch Ijob wird insbesondere dann deutlich, wenn man auf den Kontext und den Duktus der Argumentation schaut. Elihu behauptet die göttliche Gerechtigkeit nicht nur in der Natur und der *creatio, conservatio et gubernatio*, sondern kombiniert das mit dem geschichtlichen Handeln Gottes in V. 31: Er richtet die Völker (דין עמים), was an Ps 7,9 und 96,10 erinnert. Da der Anspruch von Gottes Gerechtigkeit in der Weltordnung nicht Ijobs Problem darstellt, fügt Elihu „er gibt Nahrung in Fülle" hinzu (יתן־אכל למכביר). Nahrung (נתן אכל) zur rechten Zeit zu geben, war neben dem Gewähren des Regens (Ps 104,13) ein entscheidender Aspekt von Gottes gütigem Handeln in Ps 104,27. Das war exakt die Passage, die Ijob in Ijob 24 dazu genutzt hatte, über Gott zu spotten. Elihu hingegen nutzt Ps 104 um darauf hinzuweisen, dass Ijob die Undurchdringbarkeit von Gottes Handeln unter der Prämisse seiner Gerechtigkeit akzeptieren sollte und dass sein gnädiges Handeln in der Schöpfung erkennbar ist (vgl. Ijob 37,7). Er unterstreicht in Ijob 37,8, dass Gott Schutz gewährt, indem er nochmals auf die Wildtiere eingeht. Es war jedoch exakt diese Passage von Ps 104, die Ijob subtil in Ijob 24,4 kontrastiert hatte. Daher greift Elihu die subtile Argumentation von Ijobs Unglauben, das in dem *argumentum ad deum* verwendet worden war, auf und stellt dieser den hymnischen Preis von Gottes Güte und Gerechtigkeit gegenüber.[21]

Gottes Schöpfermacht als Gottes Gegenargument in den Reden aus dem Wettersturm

Ps 104 spielt eine bedeutende Rolle in der Argumentation des Ijobbuches, was besonders klar in den Reden aus dem Wettersturm in Ijob 38 – 42 wird. Die Beschreibung der Schöpfung in Ijob 38 nimmt Ps 104 mehrfach auf.[22] Es beginnt zaghaft am Beginn von Ijob 38. Obwohl auffallend ist, dass es einen Verweis auf Ps 104 in den ersten Sätzen Gottes gibt, ist der Verweis auf die Gründung der Erde

---

20 Vgl. *Krüger*, Lob (2010), 442.
21 S. *Frevel*, Todeswunsch (2009), 30.39. Neben Ps 104 spielen auch Ps 18; 29; 145; 147 eine größere Rolle in der Argumentation von Ijob 36 – 37, doch das ist eine andere Geschichte.
22 Vgl. *Jamieson-Drake*, Structure (1987), aber er enthält sich einer Aussage zur literarischen Abhängigkeit.

(יסד ארץ Ijob 38,4) nicht spezifisch genug (vgl. neben Ps 104,5 z. B. Ps 68,69; 102,26). Ijob 38,6 und Ps 104,5 benutzen dasselbe Lexem אדן zur Bezeichnung der kosmologischen Grundfeste.[23] Die Begrenzung des Meeres in Ijob 38,8.11 überschneidet sich spezifischer mit Ps 104,6–9 in lexikalischer und thematischer Hinsicht, allerdings auch mit Jer 5,22 und Ps 65,8. Relevanter ist der Verweis auf die Nahrung der jungen Löwen in Ijob 38,39, der sich an Ps 104,21–22 anlehnt. Beide benutzen טרף und כפירים und verweisen auf Gottes Fürsorge für die Wildtiere. Und wieder wird, wie in Ijob 37,8, das Versteck der Wildtiere durch מענה aufgerufen (Ijob 38,40). Der Terminus אכל, der in Ps 104,21 die Beute der Wildtiere bezeichnet und der in diesem Sinne – was Krüger anmerkt – nur in Ijob 9,26 und 39,29 gebraucht ist, taucht auch in Ijob 38,41 auf. Obwohl die jungen Raben an Ps 147,9 erinnern, wird dadurch de facto die Verbindung zu Ps 104 verstärkt. Ein weiteres Detail lässt Ijob 38,41 als Rückgriff auf Ps 104,21 erscheinen: Die jungen Raben schreien zu Gott (אל־יאל ישועו), so wie die Löwen ihre von Gott kommende Nahrung suchen (לבקש מאל אכלם). Die Nahrung der Raben wird in V. 41 auffallend ציד genannt, was üblicherweise größere Wildtiere oder größere Beutetiere bezeichnet und damit besser in das Beuteschema von Löwen als in das von Raben passt. Der bereits ältere Vorschlag לערב „am Abend" statt „für die Raben" zu lesen, hat daher Einiges für sich.[24] Das kann vielleicht durch die Tatsache gestützt werden, dass Ijob 38 in diachroner Hinsicht Ps 147[25] vorausgeht und so die Verbindung zu Ps 104,21–22 gegenüber einem Bezug auf Ps 147 überwiegt.

Bezeichnenderweise wird die Passage, wie in der Ijobrede in Ijob 24,8 und in den Elihu-Reden in Ijob 36,27–28, durch eine hydrologische Belehrung begleitet, die in Ijob 38,27 dem Verweis auf die Ernährung der Wildtiere in Ijob 38,39–41 vorausgeht (und die wie Ijob 36,28 שחקים zur Bezeichnung der Wolken gebraucht!). Ijob wird ein weiteres Mal rhetorisch zurückgewiesen: Gott ist der Herr des Regens und seine Regenspende bewässert das vertrocknete Land (Ijob 38,28). Wie in Ps 104,13 ist die Regengabe ein Akt des Gedeihens und nicht der Erniedrigung der Bedürftigen, wie Ijob argumentiert hatte.

Gott und nicht Ijob verdient Anerkennung und Wertschätzung für die Erhaltung und Versorgung seiner Schöpfung. Das wird in beiden Gottesreden in Ijob 38–41 unterstrichen. Beide Teile verweisen maßgeblich auf Ps 104, wobei die erste Rede besonders auf die Argumentationslinie eingeht, die durch die Kette von Bezügen von Ijob über Elihu zu Gott konstituiert wurde. Die zweite Rede verweist direkt zu Anfang in Ijob 40,10 auf Ps 104, wo Gott Ijob ironisch auffordert, sich mit

---

23 Vgl. *Krüger*, Lob (2010), 442, vgl. aber Ps 24,2; 33,7; 65,8; 75,4; 89,10; 118,22 u. a.
24 Vgl. *Duhm*, Hiob (1897), 188.
25 Vgl. *Hossfeld/Zenger*, Psalms 2 (2011), 624–625.

göttlichen Zügen zu bekleiden: „So schmücke dich mit Hoheit und mit Majestät und kleide dich in Prunk und Pracht!" (EÜ 1979). Obwohl das Hendiadyoin הוד והדר noch in 1 Chr 16,27; Ps 21,6; 45,4; 96,6; 113,3; 145,5 vorkommt, wird es nur in Ps 104,1 mit לבש kombiniert. So bildet die hymnische Eröffnung von Ps 104 und mit ihr der ganze Psalm die Antithese zu Ijob 40,10. Gott ist derjenige, der mit Ehre und Macht bekleidet ist, wegen seiner primordialen Schöpfung und deren Bewahrung. Und das steht nur demjenigen zu, der die Schöpfung *und* das Chaos kontrolliert.

Die letzte weithin akzeptierte Anspielung auf Ps 104 ist das Vorkommen des Leviatan in Ijob 40,29, wo Gott Ijob fragt, ob er mit den chaotischen Monstern spielen will (התשחק־בו). Der Bezug ist zwingend, denn in Ps 104,26 hat Gott den Leviatan geschaffen, um mit ihm zu spielen (לשחק־בו).[26] Indem Gott den Leviatan dominiert, demonstriert er seine Macht über die Schöpfung, die Ijobs Fähigkeiten bei Weitem übersteigt. Gott ist nicht chaotisch, sondern drängt das Chaos vielmehr zurück.

Der Gebrauch von Ps 104 im Buch Ijob: Eine komplexe weisheitliche Argumentation

Das Bisherige zusammenfassend, lässt sich festhalten: Obwohl Ps 104 nicht extensiv zitiert wird, handelt es sich bei diesem Psalm um einen bedeutenden Hypotext des Ijobbuches. Zwar ist die wörtliche Übereinstimmung durchweg gering, was darauf hinweist, dass auf Ps 104 nicht nur durch einzelne Formulierungen angespielt wurde, die in Erinnerung waren, sondern dass es die Theologie und der Gang der Argumentation dieses Psalms waren, mit dem man sich auseinandersetzte. Nimmt man an, dass die Rezipienten des Ijobbuches einige Kompetenz und Vertrautheit mit dem Text hatten – sei es vom Hören, Beten, Lesen oder Erinnern des Psalms – werden sie die Aura oder das Echo von Ps 104 in den Ijobreden, den Elihu-Reden und in den Gottesreden entsprechend erkannt haben. Die Autoren des Ijobbuches waren hochliterarische Schreiber, die ihre diskursive Literatur für ein Auditorium bzw. besser eine Leserschaft schrieben, die mit den Traditionen ebenfalls vertraut war. Man erwartete, dass der Rezipient des Ijobbuches in der Lage war, Ps 104 als hymnischen Lobpreis der göttlichen Schöpfermacht zu erinnern.

Auffallenderweise gab es keine direkten oder unzweifelhaften Verweise auf Ps 104 in den Reden von Elifas, Bildad und Zofar. Das mag an ihrer Theologie liegen, die weniger auf die Schöpfung und deren Funktion als Begründung für

---

26 Zur Diskussion, auf welches Objekt sich das Suffix bezieht, s. *Krüger*, Lob (2010), 53–54.

Gottes Handeln fokussiert ist. Vielmehr legen sie ihren Akzent auf die Beziehung Gottes zum Gericht bzw. das Bezogensein der göttlichen Gerechtigkeit auf die menschliche Sündhaftigkeit. Weil die Argumentation des Ijobbuches zu einer Anerkennung von Gottes Souveränität in seinem Schöpfungs- und Erhaltungshandeln führen soll, stimmt die Theologie von Ps 104 mit dem Erweis von Gottes Majestät in den Gottesreden überein. Ps 104 war besonders relevant für das textliche Zusammenspiel von Ijob 24 mit den Elihu-Reden und der ersten Antwort Gottes an Ijob. Ijob nutzte den Psalm, um Gottes Vorsehung in Bezug auf die Armen in Frage zu stellen. Elihu widerlegt das empirische Argument nicht, bestreitet aber dessen Überzeugungskraft als Gegenargument gegen die weisheitliche und gerechte Ordnung: Der größere Zusammenhang der göttlichen Ordnung und der Vorsehung mag unerklärbare Ambivalenzen aufweisen, die um der Demut willen akzeptiert werden sollen. Dieses Argument wird einmal mehr mit Bezug auf Ps 104 in den Gottesreden aufgegriffen. Das Buch Ijob gebraucht den Psalm als Teil der Weisheitstradition in einer höchst intertextuellen Weise. Die Botschaft dabei ist, dass Ijob eine Antwort auf seine Herausforderung Gottes im Beten, Lesen und Reflektieren der Psalmen finden kann. Dabei ist auffallend, dass die Argumentation im Ijobbuch insbesondere auf das Zusammenspiel von *creatio continua* und *conservatio et gubernatio* in Ps 104 Bezug nimmt.[27]

„Gebrauch" als intertextuelles Modell in Ijob: Einige tentative Konsequenzen

Miller hat drei Arten angeführt, wie intertextuelle Beziehungen in diachroner Hinsicht verstanden werden können: „Intertextual connections contribute to an enhanced understanding of the alluding text, especially vis-à-vis its revision, abrogation or exegesis of the alluded text(s)".[28] Die Verwendung der Psalmen im Ijobbuch passt in keine der Kategorien richtig. In einigen Fällen ist es eine Revision, manchmal eine Abrogation, jedoch in den meisten Fällen, die oben als Rezeption des Psalms diskutiert wurden, handelt es sich um den *Gebrauch* als Weisheitsliteratur, die als eine mehr oder minder bekannte *und* autoritative Tradition vorausgesetzt ist. Das ist mehr als nur Anlehnung, Erinnerung, Anspielung oder Widerhall eines Vorgängertextes. Wie an anderer Stelle auch für den Ge-

---

27 Das sollte vor dem Hintergrund der diachronen Hypothese bedacht werden, dass bes. Ps 104,5–9.18.25–26.29b.31–32.34–35 als sekundär vermutet werden. Vgl. *Hossfeld/Zenger*, Psalms 2 (2011), 46–48.
28 *Miller*, Intertextuality (2011), 284.

brauch von Ps 8 im Ijobbuch gezeigt wurde, stellt die Rezeption keine Revision des vorgängigen Textes dar. Es handelt sich vielmehr um die Erweiterung seines Verständnisses im Prozess der Rezeption. Diese Rezeption ist Teil der innerbiblischen Schriftauslegung. Sie kann das „Original" modifizieren oder bewahren, zustimmen oder negieren, das Verständnis erweitern oder verkürzen, es vereindeutigen oder mehrdeutig machen. Es kann traditionalistisch, revolutionär oder revisionär, manchmal sogar subversiv, ironisch, parodistisch oder polemisch sein. Dadurch begründet es weit mehr Pluralität statt Eindeutigkeit. Die Bedeutung, die erst durch das Zusammenspiel von Texten entsteht, wird dabei keineswegs aufgehoben. Diskursivität und Diversität sind Prinzipien der Komposition alttestamentlicher Weisheitsliteratur, wie jüngst Markus Saur unterstrichen hat.[29] Diese intertextuellen Beziehungen stehen für ein Konzept, das eine Brücke zwischen den (fälschlich) in Opposition zueinander gesetzten „autorenorientierten" und „leserorientierten" Methodologien schlägt, weil es das Faktum ernst nimmt, dass Autoren immer schon Leser waren. Unter dieser Voraussetzung wird die Rückfrage nach einer Autorintention (die immer Vermutung bleibt) weit weniger bedeutsam, da die Leseprozesse der Autoren durch (moderne) Leser konstituiert oder (re)konstruiert werden.[30] Oder in gefährlicher Verkürzung: Zwischen Autor und Leser ist Text. Was Ps 104 angeht, war die Richtung des Einflusses scheinbar deutlich ausgeprägt, insofern die Endfassung des Ijobbuches als der aufnehmende Hypertext erschien. Es schien keinen gegenseitigen Einfluss von Ijob und Ps 104 zu geben.

Nachdem wir dem Gebrauch von Ps 104 im Ijobbuch nachgegangen sind, müsste ein Durchgang unter einer zweiten intertextuellen Perspektive erfolgen. Die hier vorgelegten Beobachtungen gingen (abgesehen von einigen späten Zusätzen) überwiegend von der chronologischen Priorität des Hypotextes, Intertextes oder Subtextes Ps 104 aus. Die Autorität oder besser Autoritativität des Hypotextes war an seine Rezeption gebunden, diese wiederum an das Memorieren, Rezitieren *sowie* an Lesevorgänge.[31] Der Gebrauch von Texten intensiviert ihre Bedeutung. Die Autoren und „Leser" Ijobs waren sehr vertraut mit den Psalmen, insbesondere wie gezeigt mit Ps 104.

Verallgemeinert man die zu Ps 104 erarbeiteten Ergebnisse, kann man annehmen, dass die Autoren des Ijobbuches „Leser" der Psalmen innerhalb eines gewachsenen und wachsenden Psalters (in welcher Gestalt auch immer) waren. Der „Rat der Frevler", der von Gott bevorzugt wird (עצת רשעים in Ijob 10,3 *gegen*

---

29 *Saur*, Sapentia (2011), 248.
30 Vgl. *Miller*, Intertextuality (2010), 287.291.298.304.
31 S. *Carr*, Writing (2005), 124–151; *Edenburg*, Intertextuality (2010), 134.

Ps 1!), der nicht als Gott der Gerechtigkeit gegen den Frevler aufsteht (יפע H-Stamm Ijob 10,3 und Ps 94,1), und viele andere Passagen können als Hinweis darauf gedeutet werden, dass es sich um eine nachexilische Version des Psalters in nahezu seiner vollständigen Ausdehnung gehandelt hat. Aber dieser Aspekt müsste in breiterer Diskussion in einer weiteren Studie erarbeitet werden. Mit dem Hinweis auf die „subversive" Rezeption von Ps 8,5–7 in Ijob 7,17–18 hat Konrad Schmid das dialektische Verhältnis von Ijob und Psalmen unterstrichen: „Das Ijobbuch argumentiert also in dialektischer Weise mit dem Psalter gegen den Psalter".[32] Während es sicher hilfreich ist, den dialektischen, paradoxalen und ambivalenten Charakter der Verweise im Blick zu behalten, mag man an der angegebenen Richtung und dem Zweck des dialektischen Diskurses Zweifel haben. Geht man von der Rezeption von Ps 8 und Ps 104 und weiteren Psalmen (bes. Ps 1; 39; 73; 90; 94; 103; 107; 138–139; 143–144 u. a. m.) im Ijobbuch aus, mag man sich fragen, ob das Ijobbuch tatsächlich *gegen* die Psalmen argumentiert oder nicht vielmehr, ob es einen weisheitlich basierten Diskurs organisiert, der Schrift *gebraucht*, um seine „Probleme" zu lösen. Das Buch Ijob ist in der „intellektuellen Tradition" entstanden, es bezieht sich darauf zurück und entwickelt sie weiter.[33] Indem die Traditionen reflektiert werden, werden sie modifiziert und neue Traditionen werden konstituiert. Ijob hinterfragt einerseits Positionen der Psalmen in seinen Reflektionen über seine Erfahrung und sein empirisches Wissen, zugleich argumentiert andererseits das Ijobbuch gegen Ijob ebenso mit Rückgriff auf den Psalter.[34] Alles in allem wird die Theologie des Psalters im Buch Ijob *nicht* widerlegt. Eher ist das Gegenteil der Fall, denn weit häufiger bilden die Psalmen die rhetorische, weisheitliche und theologische Basis der Argumentation im Ijobbuch.[35] Es ist weder Zustimmung noch Ablehnung, sondern vielmehr Dialog und Argumentation. In diesen Diskurs wird die Schrift (nicht nur die Psalmen, sondern auch die Tora und die Propheten) eingebracht; auswendig memoriert wie in schriftlicher Form. Einige der Verweise sind ganz offensichtlich, da sie wörtlich zitieren, andere sind gelehrt als subtile Anspielungen. Beide Modi werden kombiniert und stimmen überein in der hohen Wertschätzung der Psalmen.

Eine letzte Bemerkung muss noch zu der Diachronie des intertextuellen Netzes im Ijobbuch in Bezug auf Ps 104 gemacht werden. Wenn Ijob 24,5–8 tatsächlich sekundär sein sollte, wie Markus Witte und andere annehmen[36], wäre die

---

32 *Schmid*, Traditionsliteratur (2011), 260.
33 *Schmid*, Traditionsliteratur (2011), 260.
34 Vgl. *Frevel*, Theologie (2004), 268–270.
35 Vgl. die ähnliche Schlussfolgerung zu Klgl 3 und Ijob 19 in *Mettinger*, Intertextuality (1993), 274.
36 S. *Witte*, Leiden (1994), 122–123.128–129.

Situation in Bezug auf den diachronen Aspekt ein wenig komplexer. Der intensive Bezug auf Ps 104 in den Elihu-Reden würde dann die Gottesreden und die Reden Ijobs miteinander verbinden[37] und der Anker dieser Verbindung in den Ijobreden könnte dann redaktionell sein. Doch bedarf diese Möglichkeit der weiteren Diskussion, denn der sekundäre Charakter von Ijob 24,5 – 8 steht keinesfalls fest und – wie oben gezeigt wurde – verbleiben einige Anspielungen auf Ps 104 jenseits des Zusammenhangs mit der Elihu-Passage.

Bibliographie

Barton, J., Déjà lu. Intertextuality, Method or Theory?, in: K. Dell/W. Kynes (Hg.), Reading Job Intertextually (LBHOTS 574), New York/London 2013, 1–16.

Carr, D. M., Writing on the Tablet of the Heart. Origins of Scripture and Literature, Oxford 2005.

Duhm, B., Das Buch Hiob (KHC XVI), Freiburg 1897.

Edenburg, C., Intertextuality, Literary Competence and the Question of Readership. Some Preliminary Observations, in: JSOT 35 (2010), 131–148.

Frevel, C., „Eine kleine Theologie der Menschenwürde". Ps 8 und seine Rezeption im Buch Ijob, in: F.-L. Hossfeld u. a. (Hg.), Das Manna fällt auch heute noch. Beiträge zur Geschichte und Theologie des Alten, Ersten Testaments (HBS 44), Freiburg 2004, 244–272.

Ders., Dann wär' ich nicht mehr da. Der Todeswunsch Ijobs als Element der Klagerhetorik, in: A. Berlejung/B. Janowski (Hg.), Tod und Jenseits im alten Israel und in seiner Umwelt. Theologische, religionsgeschichtliche, archäologische und ikonographische Aspekte (FAT I/64), Tübingen 2009, 25–41.

Genette, G., Palimpsests. Literature in the Second Degree. Übersetzt von Channa Newman und Claude Doubinsky, Lincoln 1997.

Habel, N. C., The Book of Job. A Commentary (Old Testament Library), Philadelphia 1985.

Heckl, R., Hiob. Vom Gottesfürchtigen zum Repräsentanten Israels. Studien zur Buchwerdung des Hiobbuches und zu seinen Quellen (FAT I/70), Tübingen 2010.

Hossfeld, F.-L./Zenger, E., Psalms 2. A Commentary on Psalms 101–150 (Hermeneia), Minneapolis 2011.

Jamieson-Drake, D. W., Literary Structure, Genre and Interpretation in Job 38, in: K. G. Hoglund u. a. (Hg.), The Listening Heart. Essays in Wisdom and Psalms in Honor of Roland E. Murphy (JSOT.S 85), Sheffield 1987, 217–235.

Köhlmoos, M., Das Auge Gottes. Textstrategie im Hiobbuch (FAT I/25), Tübingen 1999.

Krüger, A., Das Lob des Schöpfers. Studien zu Sprache, Motivik und Theologie von Psalm 104 (WMANT 124), Neukirchen-Vluyn 2010.

Mettinger, T. N. D., Intertextuality. Allusion and Vertical Context Systems in Some Job Passages, in: H. A. McKay (Hg.), Of Prophets' Visions and the Wisdom of Sages. Essays in

---

37 Auffallenderweise werden die beiden Verweise auf Ps 104, die oben diskutiert wurden (Ijob 34,14 – 15 und Job 36,27 – 28), in dem jüngsten diachronen Zugang zu den Elihu-Reden von *Pilger*, Erziehung (2010), 80 – 81.220.246.248 nicht der gleichen Redaktionsschicht zugeschrieben.

Honour of R. Norman Whybray on his Seventieth Birthday (JSOT.S 162), Sheffield 1993, 257–280.

Miller, G. D., Intertextuality in Old Testament Research. Currents in Research, in: Biblical Studies 9 (2010), 98–126.

Pilger, T., Erziehung im Leiden. Komposition und Theologie der Elihureden in Hiob 32–37 (FAT II/49), Tübingen 2010.

Pyeon, Y., You Have Not Spoken What Is Right about Me. Intertextuality and the Book of Job (SBL 45), New York 2003.

Saur, M., Sapientia discursiva. Die alttestamentliche Weisheitsliteratur als theologischer Diskurs, in: ZAW 123 (2011), 236–249.

Schmid, K., Schriftgelehrte Traditionsliteratur. Fallstudien zur innerbiblischen Schriftauslegung im Alten Testament (FAT I/77), Tübingen 2011.

Stocker, P., Theorie der intertextuellen Lektüre. Modelle und Fallstudien (Explicatio. Analytische Studien zur Literatur und Literaturwissenschaft), Paderborn 1988.

Witte, M., Vom Leiden zur Lehre. Der dritte Redegang (Hiob 21–27) und die Redaktionsgeschichte des Hiobbuches (BZAW 230), Berlin/New York 1994.

Ders., Philologische Notizen zu Hiob 21–27 (BZAW 234), Berlin/New York 1995.

σήμερον

Ps 95 mit und ohne den Hebräerbrief verstehen*

Einführung

Indem Ps 95 mit und ohne den Hebräerbrief als Bezugstext behandelt wird, sind bestimmte hermeneutische Voraussetzungen in einer biblisch-theologischen Perspektive gemacht, die hier nicht ausführlich diskutiert werden können: Der Gebrauch des Alten Testaments im Neuen Testament wird als starker Indikator für den inneren Zusammenhang der Heiligen Schrift verstanden. Aber diese Kohärenz ist pluriform und keinesfalls eindeutig. Es lässt sich eine große Breite von Anspielungen, zustimmenden oder widerstreitenden Aufnahmen sowie Gedankengängen ausmachen und mehr als einmal wird der Sinn des alttestamentlichen Textes verändert. Dennoch bleibt trotz der Vielfalt der Heiligen Schrift innerhalb der Heiligen Schrift und der expliziten wie impliziten Intertextualität ein festes Band zwischen Altem und Neuem Testament. Wie aber dieser Zusammenhang von Altem und Neuem Testament ins Gegenteil verkehrt werden kann, indem auf einer Prävalenz des Neuen Testaments bestanden wird, führen manche Ergebnisse der Hebräerbriefforschung vor Augen wie beispielsweise:

> Israel wurde verworfen, da es zwar die Gabe des Wortes empfing, sich aber nicht glaubend durch die Gabe binden ließ und insofern den Charakter des Logos als einer auf den Weg schickenden Verheißung verkannte.[1]

Die darin erkennbaren Schlussfolgerungen sind nicht nur hermeneutisch fragwürdig, sondern zugleich fatal in ihrer praktischen und interreligiösen Bedeutung.

Es handelt sich um ein Problem, das den Hebräerbrief mit besonderer Dringlichkeit betrifft, da es sich dabei zum einen um einen Text handelt, der durch eine besondere Dichte an alttestamentlichen Anspielungen und Zitaten gekennzeichnet ist, dem aber zum anderen unterstellt wurde, antijudaistische Implikationen in sich zu tragen. Es erscheint daher notwendig, den besonderen Umgang des Hebräerbriefes mit dem Alten Testament näher in Augenschein zu nehmen. Dieser Aufsatz will dazu einen Beitrag leisten. Indem exemplarisch der Gebrauch

---

* Für Bernd Janowski aus Anlass seines 65. Geburtstags.
1 *Käsemann*, Gottesvolk (1939), 6.

DOI 10.1515/9783110424386-012

von Ps 95 im Hebräerbrief untersucht wird, wird auch die Verwendung des Alten Testaments im Hebräerbrief insgesamt klarer werden. Damit dies am Ende erreicht werden kann, müssen zunächst einige Bewertungen in Absetzung von den zuvor erwähnten hermeneutischen Voreingenommenheiten von E. Käsemann und Anderen entfaltet werden.

Meiner Meinung nach darf ein Umgang mit beiden Teilen der zweigeteilten christlichen Bibel weder von einer hermeneutischen Prävalenz des Alten noch des Neuen Testaments geleitet sein. Beide bezeugen dieselbe Offenbarung und denselben Gott.[2] Damit liegen sie auf derselben theologischen Ebene und haben denselben Wert in Bezug auf das Verständnis des Christlichen. Die Konsequenzen daraus können mit dem Modell eines kanonischen Dialoges beschrieben werden[3], der kontrastiv ist, aber sich gleichermaßen bewusst bleibt, dass der erste Teil unserer Heiligen Schrift Teil einer anderen Weltreligion ist. Das bedeutet ganz praktisch, dass sich meine Exegese vor dem Hintergrund der besonderen christlich-jüdischen Beziehungen rechtfertigen muss.

Wenn ich mich hier als Alttestamentler Ps 95 zuwende, sind meine Absichten bescheiden. Dem Gedankengang der masoretischen Textversion folgend, frage ich nach gewichtigen Veränderungen, die der Hebräerbrief übernimmt, wenn er in seiner Argumentation in Hebr 3 und Hebr 4 die Septuagintafassung Ps 94 benutzt. Indem nach Kontinuitäten und Diskontinuitäten gefragt wird, ziele ich in der Hauptsache auf die Konsequenzen der Psalmrezeption und der Aktualisierung des Psalms im Hebräerbrief. Da der Hebräerbrief wesentlich auf Ps 94 LXX beruht, muss ich die griechische Textfassung von Ps 95 MT ebenso berücksichtigen.

Das Verständnis von Ps 95 außerhalb des Hebräerbriefes

Wie kann Ps 95 MT ohne den Hebräerbrief verstanden werden? Um den Rahmen meiner exegetischen Beobachtungen in dieser Hinsicht abzustecken, müssen einige methodologische Ausgangspunkte der jüngeren Psalmenexegese benannt werden: (1) die Abkehr von der Gattungsfrage und der traditionellen Gattungskritik von Gunkel und Mowinckel, (2) die jüngere Tendenz der Hinwendung vom Psalm zum Psalter als Ganzen und damit zu einer Kontextualisierung des Einzelpsalms und (3) der Akzent auf der Redaktionskritik der Psalmen. Entsprechend dieser jüngeren Tendenzen der Psalmenforschung sind mehrere Ebenen der In-

---

2 Vgl. z.B. *Janowski*, God (2000), 297–324.
3 Vgl. *Zenger*, Testament (1991); *ders.*, Einleitung (⁶2006).

terpretation von Ps 95 angesprochen, die im Blick behalten werden müssen: Die grundlegende Ebene ist der Psalm selbst, die nächsthöhere Ebene die der Nachbarpsalmen und der *concatenatio*, d.h. der Psalm muss in den Kontext der Psalmengruppe der Königspsalmen bzw. der sog. *YHWH ist König geworden*-Psalmen gestellt werden. Anschließend ist er im größeren Kontext des vierten Psalmenbuches (Ps 90 – 106) zu untersuchen und schließlich in den Kontext des gesamten Psalters zu stellen.[4]

Psalm 95 ist Teil des vierten Psalmenbuches, das mit einem Augenmerk auf Mose beginnt.[5] Das dritte Buch ist durch die asafitische und korachitische Dominanz in Ps 73 – 83 und 84 – 89 bestimmt (mit Ausnahme von Ps 86 als Davidpsalm und dem letzten Psalm 89, der dem Esrachiter Etan zugeschrieben ist). Mit Ps 89 ist das dritte Buch an ein dunkles Ende gekommen: Das irdische Königtum mit einem davidischen Nachfolger auf dem Jerusalemer Thron ist zu Ende (Ps 89,40). Das ganze vierte Buch scheint eine Auseinandersetzung mit diesem Tiefpunkt der Hoffnung zu sein. Es entfaltet eine neue und bleibende Perspektive durch Erinnerung und Reflexion der anthropologischen Grenzen und das Bekenntnis zu dem alleinigen König YHWH. Indem Mose in Ps 90 genannt wird, stellt sich der Beginn des vierten Buches wie ein Paukenschlag dar. Im vorhergehenden Buch gab es nur eine Erwähnung des Mose zusammen mit Aaron am Ende von Ps 77: „Du hast dein Volk wie Kleinvieh geweidet durch die Hand von Mose und Aaron" (נחית כצאן עמך ביד־משה ואהרן Ps 77,20). Jetzt, am Beginn des vierten Buches, ist es Mose, der seine תפלה bringt. Die Überschrift lautet: תפלה למשה איש־האלהים. Die folgenden Psalmen, Ps 91 und 92, sind überschriftslos. Wie die ganze Gruppe der Königspsalmen (Ps 93 – 100) hat auch Ps 95 keine Überschrift. Nach dem fulminanten Ende der Königspsalmen in Ps 100 beginnt Ps 101 erneut mit *David*, der zuletzt in Ps 89,50 genannt wurde. Zwischen diesem Rahmen des erwarteten Psalmdichters David klafft eine Lücke wie ein Vakuum, die mit Mose gefüllt wird und dem vierten Buch einen mosaischen Akzent verleiht. Neben Ps 90 und dem Bedenken der Wüste in dem zitierten Abschnitt von Ps 95 gibt es einen weiteren expliziten Verweis auf Mose, Aaron (und Samuel) in Ps 99,6 – 9. Die nächste Erwähnung des Mose findet sich in Ps 103, nicht nur im Zitat der Gnadenformel, sondern auch in dem Verweis auf die Offenbarung des Gesetzes in V. 7, der Ps 90,16 aufnimmt: „Er hat Mose seine Wege kundgetan, den Kindern Israels seine Werke" (EÜ). Dass Mose eine wichtige Rolle in dem Rückblick auf die Geschichte Israels in Ps 105,26 – 45 spielt, ist sicherlich erwartbar, aber die Dominanz dieses Abschnitts

---

4 Dabei bin ich dem anhaltenden Fokus auf die Psalmen und die Psalmenexegese von Erich Zenger und Frank-Lothar Hossfeld verpflichtet; s. die Hinweise im Literaturverzeichnis.
5 Siehe ausführlich *Ballhorn*, Telos (2004), 62 – 146 und ferner *Schnocks*, Vergänglichkeit (2002), 179 – 276.

in der Rückblende der ganzen Geschichte ist auffallend. Das vierte Buch endet mit einem ausführlichen Verweis auf den Exodus und die Wüstenzeit in Ps 106,8 – 33. Selbst wenn man es nicht einen mosaischen Psalter nennt, ist die Tendenz des vierten Buches zur Betonung von Mose und seiner Zeit (Exodus, Sinai und Wüstenzeit) unverkennbar. Bewertet man den Sachverhalt vom Leseprozess des vierten Buches her, spielt Mose eine prominente Rolle in diesem Teil des Psalters („Mosaischer Psalter"). In diesem Zusammenhang sollte es nicht verwundern, dass Ps 95 intensiv mit der Wüstenzeit argumentiert.[6]

Innerhalb des „Mosaischen Psalters" dient Ps 95 als Teil des Rahmens für die Königspsalmen. Die Parallelen mit Ps 100 sind eindrucksvoll:

Ps 95	Ps 100
¹לכו נרננה ליהוה נריעה לצור ישענו:	¹מזמור לתודה הריעו ליהוה כל־הארץ:
²נקדמה פניו בתודה בזמרות נריע לו:	²עבדו את־יהוה בשמחה באו
³כי אל גדול יהוה	לפניו ברננה:
ומלך גדול על־כל־אלהים:	³דעו כי־יהוה הוא אלהים הוא־עשנו
⁴אשר בידו מחקרי־ארץ ותועפות הרים לו:	ולו אנחנו עמו וצאן מרעיתו:
⁵אשר־לו הים והוא עשהו ויבשת ידיו יצרו:	⁴באו שעריו בתודה חצרתיו בתהלה
⁶באו נשתחוה ונכרעה נברכה לפני־יהוה עשנו:	הודו־לו ברכו שמו:
⁷כי הוא אלהינו ואנחנו עם מרעיתו וצאן ידו	⁵כי־טוב יהוה לעולם חסדו
	ועד־דר ודר אמונתו:

Strukturell gesehen ist das überzeugendste Argument die Bundesformel, die vergleichbar nur in Ps 33,12 und 144,15 in der Hirtenmetapher für YHWH auftaucht (die außerhalb des vierten Buches ausschließlich in den Asafpsalmen Ps 74,1; 79,13 belegt ist). Es kann keinen Zweifel geben, dass diese beiden Psalmen (Ps 95 und Ps 100) kompositionell parallel und wie Zwillinge angeordnet sind. Jörg Jeremias hat 1998 einen ausgezeichneten Artikel in *Skrif en Kerk* veröffentlicht, in dem er aufweist, dass Ps 100 die Ps 93 – 99 zitiert.[7] F.-L. Hossfeld und Erich Zenger folgern

---

6 Gegen *Ballhorn*, Telos (2004), 93 kann Mose nicht Sprecher des Psalms sein, dessen Lob im Tempel situiert ist.

7 S. *Jeremias*, Psalm 100 (1998), 613. In diesem Artikel stellte Jeremias die Verbindungen zwischen Ps 96, 98 und 100 heraus und begrenzte die Parallelen mit Ps 95 weitestgehend auf Ps 100,3: „Waren die Rahmenaussagen in Ps 100 (V. 1,5) von Ps 98 bestimmt und die inneren Rahmenaussagen von (V. 2,4) von Ps 96, so ist der zentrale V. 3 von Ps 95 geprägt. Alle drei Kola in V. 3 sind abgewandelte Zitate aus Ps 95:7a". Ich bin überzeugt, dass Ps 100 weit abhängiger von dem wichtigen Baustein Ps 95,1 – 7 ist. Der Vorschlag von *Schniedewind*, People (1995), 549 hingegen, dass Ps 100 ein vorexilischer Dankhymnus sei, der in Ps 95 und anderen Psalmen aufgenommen wurde, ist unwahrscheinlich.

mit Jeremias, dass Ps 100 eine Komposition darstellt, die an Ps 95; 96; 98 orientiert ist und den Grundstock einer ursprünglichen Komposition der Ps 93; 95; 98; 100 formt: „Ps 100 bildet die beabsichtigte Klimax; er ist zu diesem Zweck eigens verfaßt worden und nimmt gezielt die Ps 95; 96 und 98 auf".[8] Jedoch sind genau besehen die Übereinstimmungen von Ps 100 mit Ps 96 und 99 weniger bedeutsam als die breite Übereinstimmung mit Ps 95. Obwohl Ps 96 und 100 terminologische Gemeinsamkeiten aufweisen – die Wendung ברכו שמו (Ps 96,2; 100,4), das Wort אמונה (Ps 96,13; 100,5), den Imperativ באו (Ps 96,8; 100,2.4) und die חצרות des Tempels (Ps 96,8 und 100,4) –, im Falle von Ps 98 gibt es nicht viel mehr als die Wendung הריעו ליהוה כל־הארץ, die ebenfalls in Ps 96,3 und 100,1 genutzt ist, und die zwei Begriffe חסד ואמנה (Ps 98,3 und Ps 100,5). Die Verbindungslinien zwischen Ps 93 und 100 sind dünn. Entsprechend liegt der stärkere Akzent auf den Parallelen zwischen Ps 95 und Ps 100. Beide Psalmen sind redaktionell gestaltete Zwillinge. Kurz gesagt, stimme ich mit David M. Howards These überein, dass Ps 100 die Frage beantwortet, die am Ende von Ps 95 aufkommen könnte: „Hat YHWH die nachfolgenden Generationen verworfen?" und die Antwort ist „Nein!".[9]

Werfen wir nun einen Blick auf den Psalm selbst und seine Struktur: Es gibt einen Konsens, dass es einen sehr gut strukturierten ersten Teil in V. 1–7 gibt, der von einem zweiten Teil in V. 8–11 gefolgt wird.[10] Dieser Teil ist weniger strukturiert und endet mit der dunklen Erklärung: „Sie werden nicht in [das Land] meine[r] Ruhe eingehen". Im Gegensatz zu diesem Ende beginnt der Psalm sehr positiv mit einem Imperativ Plural לכו, dem der Imperativ am Anfang von V. 6 באו entspricht. Beide Imperative, die den ersten Teil des Psalms in zwei Teile teilen, werden durch vier (V. 1–2) und drei (V. 6) Kohortative fortgesetzt. Während die Imperative einen Aufruf darstellen, mit Lob heranzutreten und sich dem Heiligtum kultisch zu nahen, beschreiben die Kohortative das Lob näher und stellen zugleich einen performativen Akt des Lobes dar, dessen Subjekt der Sprecher des Psalms ist. Im selben Augenblick, in dem der Sprecher zu dem hymnischen Lob auffordert, das in den Taten Gottes in V. 3–5.7a begründet liegt, führt der Sprecher genau dieses Lob, zu dem er den Adressaten auffordern will, selbst exemplarisch aus. Das Lob ist durch sieben Kohortative ausgedrückt, נשתחוה ונכרעה נברכה (V. 6), נקדמה נריה (V. 2), נרננה נריעה (V. 1), die miteinander interagieren: jubeln, jauchzen, herannahen, zujauchzen, niederfallen, die Knie beugen, knien.[11] Die ersten vier sind in zwei

---

8 *Hossfeld/Zenger*, Psalmen 51–100 (2000), 34.

9 *Howard*, Structure (1997), 141: „Psalm 100 answers the question that might arise from the end of Psalm 95, which is ‚Has YHWH rejected succeeding generations?' The answer is ‚No!'".

10 Ein Blick in die aktuelle Literatur zeigt, dass es viele andere Vorschläge zur Strukturierung von Ps 95 gibt, z.B. hat Jörg Jeremias eine Zweiteilung (V. 1–5 und V. 6–11) vorgeschlagen.

11 Vgl. *Hossfeld/Zenger*, Psalmen 51–100 (2000), 659.

kolomentrisch gleiche Teile aufgeteilt und durch einen (mit ל eingeleiteten) Adressaten oder ein (mit ב eingeleitetes) Nomen erweitert und asyndetisch gefügt. Die zweiten drei sind in einer syndetischen Kette angeordnet und nur das letzte ist mit der Richtungsangabe לפני יהוה erweitert. Während die ersten vier Kohortative Lob ausdrücken, zielen die zweiten drei auf Handlungen der Verehrung. Der erste Teil des Psalms wirkt wie ein Prozessionshymnus[12], der in zwei Phasen geteilt ist: der Weg hinauf und hinein in das Heiligtum, gefolgt von der Anbetung innerhalb des Tempels bzw. in den Höfen des Tempels („Tempeleinlassliturgie"). Dieser Rahmen ist auf die Bundesformel in V. 7a ausgerichtet.

Die sehr positive Einleitung in V. 1 parallelisiert רנן und רוע als Handlungen der Freude und des Jubels. Das Paar (רנן und רוע) taucht noch im Asafpsalm Ps 81,2 und erneut in Ps 98,4 auf.[13] Der Adressat der Synonyme ist Gott. Das Tetragramm steht in Verbindung mit יהוה אלהינו in Ps 94,23. Am Ende des Verses ist צור ישענו der Adressat, was an Ps 94,22 erinnert. Das ist weder ein impliziter Verweis auf den Tempel noch eine Assoziation zu dem wasserspendenden Felsen, auf den Mose in Ex 17,6 schlägt (in Num 20 fehlt der Begriff צור).[14] Fels hat keine besondere Bedeutung in alttestamentlichen kultischen Kategorien; er ist niemals Ziel kultischer Handlungen oder Zielpunkt einer Wallfahrt, weder in den Wallfahrtspsalmen noch in Ps 27,5, wie Hossfeld meint.[15] צור ישענו ist weit wahrscheinlicher das übliche Epitheton für den rettenden Gott, der zugunsten des Unterdrückten einschreitet. Die Metapher drückt so die Idee einer Festung oder Burg aus und ist oft mit anderen Baumetaphern kombiniert.[16] Durch das Suffix ist YHWH als Fels der adressierten (kultischen) Gemeinde gekennzeichnet. So beginnt der Psalm mit Hinweisen auf YHWH als Retter seines Volkes. Der zweite Vers bezieht sich durch die enklitischen Personalpronomen auf den Retter von V. 1 zurück und benennt zwei Handlungen des Lobpreises. Das erste Verb (קדם) drückt die kultische Annäherung aus (wie in Ps 88,14 und Ps 119,147) bzw. eine Prozessionsbewegung (wie in Ps 89,15). Es wird näher bestimmt durch בתודה („mit Dank[gesängen]/im Dankmodus"[17]). Diese Handlung wird mit den Liedern parallelisiert, die in um-

---

12 *Hossfeld*, Psalm 95 (1994), 32; vgl. *Kraus*, Psalmen 60 – 150 ([5]1978), 829; *Jeremias*, Königtum (1987), 109.

13 Vgl. רוע in Ps 98,6. Die Wurzel findet sich so zwei Mal in diesen beiden Psalmen belegt. Die anderen Vorkommen von רנן und רוע sind Ijob 38,7; Ps 98,4; Jes 16,10; 44,23; Zef 3,14.

14 Gegen *Braulik*, Ruhe (1987), 38 aufgenommen bei *Ballhorn*, Telos (2004), 93.

15 Vgl. *Hossfeld*, Psalm 95 (1994), 32.

16 Vgl. Jes 17,10 und Ps 18,47//2 Sam 22,47 oder aufgeteilt auf verschiedene Teile des Parallelismus 2 Sam 22,3//Ps 18,3 und Ps 31,3; 62,8; 71,3. Die Kombination von suffigiertem ישועה und צור findet sich ferner in Dtn 32,15; Ps 62,3.7; 89,27.

17 Vgl. Ps 69,31; 100,4; 147,7.

gekehrter Reihenfolge dargestellt werden, so dass בתודה בזמרות zu einem asyndetischen Paar wird. Es scheint eine wallfahrtsähnliche Situation zu sein: in einer Zeremonie, die Gebete und Lieder einschließt, soll man zum Heiligtum kommen.[18] Auch den zweiten drei Kohortativen geht wie in V. 1 ein Imperativ voraus. Der zweite Imperativ באו kann als Symbolisierung der zweiten Phase der Annäherung verstanden werden. Im Herannahen an den Thron des rettenden Gottes mit Dankliedern und in der Bewegung nach innen im ersten Teil scheinen wir jetzt den Tempel betreten zu haben, so dass der Sprecher Akte der Verehrung vor dem Thron einfordert. Interessanterweise gibt es keine anderen Belege, in denen diese drei Verben einen Akt der Anbetung symbolisieren. Die Folge בוא und חוה ist ansonsten lediglich dreimal im Psalter belegt (Ps 5,8; 86,9; 132,7). Das Verb בוא ist ein *terminus technicus* der Annäherung im Heiligtum. Man kann annehmen, dass בוא eine kultische Bewegung auf Gott zu beschreibt, die sich an die Lobhandlungen in V. 1 anschließt. Dieser Annäherung vergleichbar sind die drei anderen בוא-*Imperative* im Psalter. In 96,8 „Bringt dar dem Herrn die Ehre seines Namens, spendet Opfergaben, und tretet ein in sein Heiligtum!" sowie die enge Parallele in Ps 100,1b – 4 mit zwei בוא-Imperativen in V. 2.4 „Jauchzet YHWH zu, du ganze Erde! Dienet YHWH mit Freude, geht hinein mit Freude. Erkennt, dass YHWH Gott (allein) ist: Er hat uns gemacht und wir gehören ihm. Wir sind sein Volk und die Schafe seiner Weide. Geht hinein in seine Tore mit Dank, in seine Höfe mit Lobpreis. Lobt/dankt ihm, segnet/preist seinen Namen!".[19]

Das liturgische Setting der beschriebenen Szene ist ferner beeinflusst durch die drei folgenden Kohortative. Diese sind nicht synonym, aber sehr ähnlich in der Bedeutung (חוה, כרע, ברך: „werft euch nieder", „beugt die Knie", „kniet nieder"). Die Richtung geht zur Erde hin, sie beugen förmlich zur Erde hinab, minimieren den Kultteilnehmer im Angesicht der Größe Gottes, so dass sie eine Unterordnung symbolisieren. Sie evozieren *nicht* eine Bewegung vom Stehen zum Liegen auf der Erde[20], wenngleich die Anordnung mit חוה *hišt.* (vgl. zuvorderst Ps 99,5.9[21]) be-

---

18 *Hossfeld*, Psalm 95 (1994), 32. Für die Verbindung von Ps 95 mit den Festpsalmen Ps 50 und Ps 81 über Hossfeld hinaus s. auch *Jeremias*, Kultprophetie (1970), passim; *Kraus*, Psalmen 60 – 150 ([5]1978), 832.

19 Übersetzung angelehnt an *Hossfeld/Zenger*, Psalmen 51–100 (2000), 705.

20 Mit *Doeker*, Funktion (2004), 253.

21 Es gibt eine enge kompositionelle Verbindung zwischen Ps 95 und dem „Trishagion" in Ps 99 (vgl. zur Interpretation *Scoralick*, Trishagion [1989] und *Zenger*, Weltenkönigtum [1994], 159–160). Diese umfasst den Imperativ, sich vor YHWH niederzubeugen (Ps 95,6; 99,5.9), die Größe Gottes (Ps 95,3; 99,2), die Bezeichnung als „unser Gott" (Ps 95,7; 99,5.8.9) und den Bezug auf den Bund (die Bundesformel in Ps 95,5 ist einerseits in Ps 99 erklärt, andererseits erweitert, indem sie nicht nur Israel, sondern alle Nationen einschließt). Beide Psalmen schließlich beziehen sich auf die Wüste und die Sinaitradition und ihre Protagonisten sind Mose und Aaron.

ginnt, das eine Proskynese zum Ausdruck bringt. Die beiden anderen Lexeme können das Beugen des/der Knie(s) ausdrücken, das für einen Gestus der Verehrung verwendet wird (1 Kön 8,54; 2 Kön 1,13; 2 Chr 6,13; Esra 9,5). Das Verbum כרע meint ebenfalls „kauern, sich drängen" (z.B. Gen 49,9; Num 24,9; Ri 5,27).[22] Das zweite Verbum ברך „sich knien" ist sehr ungewöhnlich und nur dreimal belegt (Gen 24,11; Ps 95,6; 2 Chr 6,13), wobei „die Knie beugen" eine oft verwendete Phrase ist.

Die Beschreibung dieser kultischen Handlungen wird durch die Wiederaufnahme von ליהוה aus V. 1 als Adressat in V. 6 (mit לפני יהוה) abgeschlossen. Derselbe rettende Gott, der in V. 1 gepriesen wurde, wird jetzt in V. 6 angebetet.

Von besonderer Bedeutung sind die beiden Passagen, die den feierlichen Lobaufruf begründen, in V. 3 – 5 und ein kürzerer in V. 7a, beide syntaktisch mit כי eingeleitet. V. 3 rechtfertigt den hymnischen Preis durch eine Beschreibung der Größe des gütigen Gottes. Er ist der אל גדול (Dtn 7,21; Ps 77,14) und der מלך גדול.[23] Sucht man nach Parallelen[24], kombiniert besonders Ps 89,7 – 8 diesen Lobpreis mit der Versammlung der Götter: „Denn wer über den Wolken ist wie der Herr, wer von den Göttern ist dem Herrn gleich? Gewaltig ist Gott im Rat der Heiligen (בסוד־קדשׁים), für alle rings um ihn her ist er groß und furchtbar" (EÜ). Verglichen mit den anderen Göttern in der göttlichen Versammlung ist YHWH der *große König* (Ps 47,3).[25] Auf dieser Basis schafft V. 3 einen expliziten Anker für die Einfügung dieses geradezu asafitischen Festpsalms in die Gruppe der Königspsalmen (Ps 93 – 100).

Dem כי-Satz folgen jetzt zwei sorgsam angeordneten Relativsätze. Durch das doppelte לו, das unbestimmte Pronomen הוא und das doppelte ידי wird syntaktisch nach V. 3 zurückverwiesen. Die Form zeigt an, dass diese zwei Sätze als Parallelen verstanden werden sollen. Die Eigentumsdeklaration in V. 4 ist eindeutig verbunden mit dem Bezug auf die Schöpfung in V. 5. Zusammen umspannen sie die gesamte Welt, indem sie beide Achsen des mentalen Weltbilds repräsentieren. Obwohl das *hapax legomenon* מחקר ungeklärt bleibt, gibt es einen Konsens, dass es mit der vertikalen Achse zu verbinden ist. Es ist zu den höchsten Gipfeln der Berge (תועפות הרים) parallel gesetzt, weshalb es meist mit „Tiefen" oder ähnlich übersetzt wird. Der Merismus in V. 5 beschreibt eine horizontale Achse: vom Mittelmeer im Westen (הים) bis zu der ariden Wüste (יבשת) im Osten. Jedoch haben

---

22 Zum Ausdruck einer Geste der Verehrung ist das Verb in 1 Kön 8,54; 19,18; 2 Kön 1,13; 2 Chr 7,3; 29,29; Ezra 9,5; Est 3,5; Jes 45,23 benutzt.

23 Vgl. ferner mit Determination Neh 1,5; 9,32; Jer 32,18; Dan 9,4.

24 Die Größe Gottes wird in ähnlicher Weise in Ps 40,17; 70,7; 71,19; 77,14; 86,10; 89,8; 104,1 beschrieben.

25 על־כל־אלהים (Ps 96,4; 97,9; 1 Chr 16,25, vgl. מכל־האלהים Ex 18,11; 2 Chr 2,4; Ps 135,5, באלם Ex 15,11).

beide Paare eine Doppelfunktion: Sie umspannen nicht nur die räumliche Dimension des Weltbildes, sondern setzen zugleich *kosmologische* Assoziationen frei. In Gen 1,9f trennt Gott die Wasser (die in V. 10 ים genannt werden) vom Trockenen היבשה (vgl. Jona 1,9). [26] Der zweite Relativsatz in V. 5 macht durch den Gebrauch der zwei häufigsten Schöpfungstermini (עשה und יצר) den Schöpfungskontext explizit. Durch die parallele Struktur von V. 4 und V. 5 wird die Eigentumsdeklaration (בידו und לו) durch den Schöpfungsakt begründet. Wie in Deutero-Jesaja ist YHWH der große König, der über alle Götter herrscht; eine Position, die ihm zugeschrieben wird, weil er die ganze Welt erschaffen hat. Er regiert über die Gipfel der Berge, wo Götter zu wohnen pflegten, und sein Einfluss reicht bis an die Grenze der Unterwelt, obwohl dieser Bereich wahrscheinlich, wenn man eine nachexilische Datierung des Psalms akzeptiert, ebenfalls bereits eingeschlossen ist.[27] Die ganze vertikale und horizontale Welt ist sein, *weil* er sie gemacht hat. Deshalb verwirft Hossfeld zu Recht den Versuch von Hermann Spieckermann, V. 4–5 diachron voneinander zu scheiden:

> Eine literarkritische Abtrennung der V. 4–5, insbesondere von V. 5aß–b, wie bei H. Spieckermann empfiehlt sich nicht. Spieckermann möchte die Eigentumserklärungen von V. 4–5aα als ältere Bestandsgarantie und Betonung der Erhaltung der Welt trennen vom Rekurs auf die *prima creatio* in dem Abschnitt V. 5aß–b.[28]

Neben der parallelen Struktur ist es die doppelte Achse der V. 4–5, die folgerichtig neben der territorialen auch die kosmologische Herrschaft YHWHs beschreibt (vgl. Neh 9,6).

Während V. 5 mit dem expliziten Schöpfungsbezug zu einem Schluss kommt und V. 6 mit dem Imperativ באו neu einsetzt, taucht das Schöpfungsthema überraschenderweise mit עשנו, dem letzten Wort in V. 6, noch einmal auf. Das Lexem verschiebt den Fokus der Schöpfung von der kosmologischen in die anthropologische und bundestheologische Dimension. Damit nimmt der Sprecher die ge-

---

26 Abgesehen von Gen 1,10 verweist die Kombination von ים und יבשה in den meisten Fällen auf die Exodustradition (Ex 14,17.22.29; 15,19; Neh 9,11; Ps 66,6).

27 *Hossfeld*, Psalm 95 (1994); *ders.*, Psalmenauslegung (2000); *Hossfeld/Zenger*, Psalmen 51–100 (2000) datieren den Psalm zwischen der exilischen und der nachexilischen Zeit. Die Weltsicht und die Suprematie über die anderen Götter, die ausgebaute Schöpfungstheologie und die intertextuelle Verwobenheit mit den priesterlichen Wüstenerzählungen, die Rezeption des nahezu fertigen Pentateuch und die Mischsprache sprechen für eine klar nachexilische Datierung in der Zeit des Zweiten Tempels. Nimmt man die oben genannten Argumente zusammen, erscheint eine vorexilische Datierung zwischen der ersten und zweiten Deportation (vgl. *Jeremias*, Königtum [1987], 113) nicht überzeugend.

28 *Hossfeld*, Psalm 95 (1994), 35.

samte Gemeinschaft, die mit ihm zum Lob aufgefordert wird („lasst uns …"), in eine individuelle und personale Beziehung zu YHWH als Schöpfer der Menschheit hinein. Gleichermaßen wird die kollektive Dimension dieses Verhältnisses, die durch die Bundesformel in V. 7 explizit gemacht wird, insinuiert. Während das „der uns gemacht hat" in V. 6b eine implizite Begründung für die Verehrung des königlichen Gottes war, wird die Begründung durch das כי syntaktisch explizit. Der zweite Begründungssatz stellt den Höhepunkt des ersten Psalmteils dar. Das enge Verhältnis zwischen Gott und dem Adressaten wird durch die Doppelung des enklitischen und des selbstständigen Personalpronomens (אלהינו ואנחנו) aufrechterhalten. Wie in anderen deuteronomistischen Texten ist die Bundesformel zweiseitig, nicht einseitig wie in der priesterlichen Literatur.[29] Es gibt kein engeres Band zwischen Gott und seinem Volk als das der Bundesformel, die selten im Psalter bezeugt ist (Ps 110,3; und implizit in den Seligpreisungen Ps 33,12; 144,15).[30]

Der zweite Teil der Bundesformel ist durch die Erweiterung der Hirtenmetaphorik verstärkt. Das zielt auf eine Stärkung des Verhältnisses zwischen Gott und seinem Volk, wie Hossfeld dargelegt hat: „JHWH ist sowohl der Eigentümer als auch der Schöpfer seiner Herde".[31] „Seine Hand" in V. 7 stellt eine Verbindung zu „seine Hand" in V. 4 und 5 her.[32] Am Ende von V. 7a stellt sich ein romantisches Ambiente ein, das sich anscheinend in kompletter Harmonie befindet. Die Verbindung zwischen Gott und seinem Volk scheint völlig intakt.

Der Zusammenbruch in V. 7b kommt unerwartet und überraschend: „In 7b fällt nun plötzlich der Hinweis auf eine prophetische Rede in das Huldigungsgeschehen ein".[33] Die Frage, ob ein Grundpsalm in V. 1–7a durch V. 7b–11 erweitert wurde, kann für die vorliegende Studie beiseite gelassen werden. Ich kann nur kurz darauf verweisen, dass diese Frage extensiv diskutiert wurde[34] und immer noch wird. In Anlehnung an W. S. Prinsloo hat F.-L. Hossfeld jüngst (gegen T. Seidl) für die Einheit des Psalms optiert. Ich stimme mit E. Zenger überein, dass es mehrere Gründe gibt, die V. 7b–11 als redaktionelle Erweiterung zu sehen[35], aber das ist hier nicht relevant. Für die vorliegende Fragestellung ist die Endform von Ps 95 zu interpretieren.

---

29 Vgl. *Rendtorff*, Bundesformel (1995).
30 Vgl. *Hossfeld*, Bundestheologie (1993), 169–176.
31 *Hossfeld/Zenger*, Psalmen 51–100 (2000), 663.
32 Es gibt keine Notwendigkeit, MT hier zu ändern, vgl. *Hossfeld/ Zenger*, Psalmen 51–100 (2000), 659.
33 *Kraus*, Psalmen 60–150 (⁵1978), 831.
34 *Jeremias*, Königtum (1987), 111; *Hossfeld*, Psalm 95 (1994), 29–44; *Seidl*, Scheltwort (1998), 107–120; *Zenger*, Theophanien (2005), 429.
35 *Zenger*, Theophanien (2005), 429–430.

Allerdings können wir einen Blick auf den auffallenden Wechsel werfen, der in V. 7b auftaucht. G. Braulik hält dazu fest: „Aus einem statisch ausgewogenen Schema wird im Schlußstück ein massiver Unruheherd".[36] Der Wechsel ist wegen des tonangebenden und etwas mysteriösen היום „heute", das syntaktisch in der Luft hängt, recht abrupt. Ob es ein aktuelles Datum, ein spezielles Datum oder ein wiederkehrendes Datum eines Festes ist, bleibt unklar bzw. mehrdeutig. Auch das kollektive „uns" verschwindet, da das Kollektiv jetzt als „ihr" adressiert wird. Das ist in etwa vergleichbar zu den kurzen Imperativen in V. 1 und V. 6, wobei diese Imperative von Kohortativen fortgesetzt worden waren. Dass wir es hier mit einer neuen Sprechsituation zu tun haben, einer, in der der Sprecher eindeutig in der Opposition ist, ist offensichtlich. Der folgende אם-Satz beginnt wie ein Bedingungssatz, doch weil er nicht durch eine weitere Konjunktion fortgesetzt wird, drückt er den Wunsch des Sprechers aus, auf die Stimme des zuvor genannten Gottes zu hören. שמע בקול ist eine typisch deuteronomistische Phrase (Ex 19,5; 23,21f; Dtn 4,30; 8,20; 9,23; 13,5.19; 15,5; 26,14.17; 30,2.10.20; Jer 7,23; 11,4.7 etc.), die üblicherweise nicht ein aktuelles Hören meint, sondern den Gehorsam gegenüber der Tora. Vom Kontext her ist das ולא שמעו בקולי in Num 14,22, das in die Wüstenzeit zurückreicht, besonders relevant. Weil die Israeliten sich dem Land verweigert haben, wurden sie vom Herrn bestraft. Obwohl Gott Frevel und Schuld vergibt, lässt er sie nicht ungestraft (Num 14,18–20). Deswegen verweigert er ihnen den Zutritt zum Land (Num 14,23). Die einschlägigen Stichworte neben לא שמעו בקולי in V. 22 sind ראה, נסה und מדבר.

In dem dtr (bzw. nach-dtr) Text Jer 11 findet sich eine weitere Passage, die die Bundestreue mit der Vergangenheit verknüpft. Das Volk ist ungehorsam und drohte damit das Bundesversprechen zu gefährden. Wenn wir bei der Betrachtung dieser Parallelen auf V. 7b schauen, können wir zum einen die oszillierende Position zwischen der Bundesformel in V. 7a und dem Zitat in V. 8–11 feststellen, zum anderen, dass mehr als ein Aspekt zwischen beiden parallel ist: die Kombination vom Hören der Stimme, der Landthematik und des Ausschlusses aus dem Land wegen des Ungehorsams in der Wüste, das היום הזה, die Bundesthematik usw. Das היום אם־בקלו תשמעו erscheint so als *Verdichtung* der deuteronomistischen Gerichtstheologie. Im vorliegenden Text übernimmt die Phrase בקולו eine Doppelfunktion: Sie schließt zum einen die Frage des Toragehorsams ein, zum anderen leitet sie gleichzeitig die Gottesrede in den folgenden Versen ein, die Israel *jetzt* hören soll. Wenn diese Interpretation zutrifft, ist die Gottesrede in V. 8–11 keine aktuelle und direkte Offenbarung, obwohl sie unmittelbar von dem Sprecher der V. 1–7 zitiert wird.

---

36 *Braulik*, Ruhe (1987), 38.

Die Frage, ob das Gotteswort ein aktuell gesprochenes Wort darstellt oder das Zitat einer bereits vorgängigen Offenbarung ist, ist eine Kernfrage, wenn man sich den folgenden Versen zuwendet. Die Verortung der Rede ist der Dreh- und Angelpunkt für eine liturgische Interpretation des Psalms. Was sind die institutionellen Voraussetzungen für das Ergehen eines Gotteswortes? Ein kultischer Kontext mit einem unmittelbar gesprochenen Gottesorakel im Tempel? Ein prophetisches Orakel („Kultprophetie" oder „prophetische Liturgie" [H. Gunkel]), das den Höhepunkt einer Festliturgie darstellt?[37] Eine prophetische Mahnrede? Oder eine „einfache" Reflexion unter Rückgriff auf die Tora?

Zunächst sollten wir zwischen der komplexen Situierung des Sprechers, der/ des Adressaten und der Sprechrichtung zu differenzieren versuchen. V. 8 beginnt mit einem Vetitiv. Der Adressat ist derselbe wie in V. 7b: die gegenwärtige Generation, deren Teil der Sprecher bis V. 7 ist. Weder der Sprecher noch der Adressat haben erkennbar gewechselt. Der Bezug wird syntaktisch durch das enklitische Personalpronomen in לבבכם unterstrichen. Sie sollen ihr Herz nicht verhärten wie in „Meriba" und wie in den „Tagen von Massa in der Wüste". Hier scheint jetzt die erwartete Kohärenz durchbrochen, da die gegenwärtige Generation nicht in der Wüste war und auch nicht ihr Herz in der Wüste verhärtet hat. Allerdings scheinen die beiden Generationen zu einer verschmolzen, da die Generation von Massa und Meriba nur in V. 9 explizit genannt wird. Durch einen einfachen Trick, nämlich die Auslassung eines expliziten „die Generation deiner Väter" in dem Vergleich, wird die adressierte Generation ermahnt, sich nicht *noch einmal* zu verweigern. V. 9 wechselt zu der Exodusgeneration und beendet jegliche Verwirrung durch einen Relativsatz, der verdeutlicht, dass Gott der Sprecher ist und zugleich die Väter als Subjekt des נסה und בחן benennt. Das enklitische Personalpronomen in אבותיכם ist die letzte explizite Vergegenwärtigung des Adressaten im Psalm. Von nun an zielen alle Bezüge auf die Exodusgeneration.

In V. 10 wechselt erneut das Subjekt. Der Vers formuliert die Reaktion Gottes auf die Prüfung und die Erprobung der Exodusgeneration durch zwei Verben, die Gott zum Subjekt haben. Das Erste drückt einen sehr starken Affekt aus (אקוט), und das Zweite bezieht sich auf einen Sprechakt Gottes, der ein zweigeteiltes Urteil über die Haltung der Exodusgeneration zum Ausdruck bringt. In Bezug auf das Tempus und den Standpunkt in der „Erzählung" bezieht sich die Rede auf einen abgeschlossenen Sachverhalt in der Vergangenheit (obwohl sie mit *wayyiqtol* formuliert ist). Der letzte Satz ist erneut mit einer Relativpartikel angeschlossen, die aber jetzt eine kausative Bedeutung hat. Gott bezieht sich zurück auf einen Eid,

---

37 Vgl. *Mowinckel*, Psalmenstudien (1966), 30–31.

in dem er seinen Zorn geschworen hat, welcher jetzt über die Exodusgeneration, die nicht in seine מנוחה kommen wird, ausgegossen wird.

Da eine Rede nicht mit אשר beginnen kann, besteht keine andere Möglichkeit, als die Gottesrede in V. 8 zu beginnen. Entsprechend adressiert Gott klar die gegenwärtige Generation, nicht wie die Exodusgeneration zu handeln. Dieses paränetische Ziel wird durch eine kreative Exegese der Wüstenzeit erreicht. Weder ist die Episode von Massa und Meriba der Grund für die Exodusgeneration in der Wüste noch erfolgt der Strafspruch *am Ende* der vierzig Jahre. Es handelt sich um eine freie Interpretation der Pentateuchtradition in Ps 95. Entsprechend müssen wir etwas näher auf den Inhalt der Rede schauen.

In der Pentateuchtradition ist die Wendung קשה לב *nicht* mit der Wüstenzeit und den Murrgeschichten verbunden. Erstaunlich zwar, aber קשה לב ist selten (Ex 7,3; Spr 28,14; Esra 3,7), während קשה ערף weit häufiger ist. Einschlägig ist Ez 3,7: „Doch das Haus Israel will nicht auf dich hören, es fehlt ihnen der Wille, auf mich zu hören; denn jeder vom Haus Israel hat eine harte Stirn und ein trotziges Herz". In dtr bzw. dtr beeinflussten Texten steht קשה für die Verweigerung gegenüber dem Gotteswillen (Dtn 10,16; 2 Kön 17,14; Jer 7,26; 17,23; 19,15; Neh 9,16.17.29) und scheint hier im selben Sinn verwandt. Der erstgenannte Ort Meriba ist mit der Verhärtung der Herzen assoziiert. Mit Meriba verbunden ist *vor dem Sinai* die Erzählung Ex 17,7 sowie das Schlagen auf den Felsen nach dem Tod Mirjams in Kadesch (Num 20,13.24; 27,14; Dtn 32,51; 33,8; Ps 106,32; Ez 47,19; 48,28 und unbestimmt in Ps 81,8). Massa, der zweite genannte Ort, fehlt in Num 20 und ist mehr mit der Erzählung in Ex 17 verbunden. Er ist darüber hinaus in Dtn 6,16; 9,22; 33,8 belegt. Beide Ortsnamen werden *nur* in Ex 17,7 und Dtn 33,8 miteinander verbunden. Es scheint, dass Ps 95,8 die beiden Namen ganz bewusst zusammen nimmt und damit das endkompositionelle Arrangement der beiden Streitgeschichten im Gesamt der Wüstenwanderung übernimmt.[38] Das wird weiter gestützt durch die Kombination der beiden Verben נסה und בחן in V. 9 und durch die Vierzigjahrspanne in V. 10. Die Deutung des Streits als Test taucht zuerst in der Frage des Mose in Ex 17,2 auf (מה־תריבון עמדי מה־תנסון את־יהוה) und ist in der Anordnung von Dtn 6,16 aufgenommen: „Ihr sollt den Herrn, euren Gott, nicht auf die Probe stellen, wie ihr ihn bei Massa auf die Probe gestellt habt". Während die Wüstenwanderung oft als Versuchung seines Volkes verstanden wird, folgt der Psalm der Linie von Ex 17,2 in Ps 78,18.41.56 und Ps 106.[39] בחן ist in der Pentateuchtradition in der Regel mit Gott als Subjekt verwendet. Lediglich in Mal 3,10.15

---

38 Für eine Interpretation der Anordnung *Frevel*, Götter (2003); *ders.*, Blick (2000); *Frevel/Zenger*, Bücher (2008), 35–74.

39 Außer Ps 26,2 sind alle Belege von נסה auf die Infragestellung Gottes in der Wüste bezogen.

ist YHWH Objekt der Erprobung durch בחן. Die relativ freie Aufnahme der Pentateuchtraditionen wird unterstrichen durch die Taten Gottes, die die Exodusgeneration gesehen hat. Der Terminus פעל scheint nicht nur die Wassergabe in Massa und Meriba zu umfassen, sondern die gesamte Exodustradition.[40] Vielleicht bezieht das גם־ראו פעלי sogar die Tatsache ein, dass das Murren unmittelbar nach der Befreiung (Ex 15 – 17) beginnt. Es ist auch möglich, dass das Verb פעל alle Taten der Exodus- und Wüstentradition umfasst bzw. mit Bezug auf V. 4 und V. 5 die gesamte Heilsgeschichte von der Schöpfung an. V. 10 kulminiert in einem Urteil, das die ganze Wüstentradition einbezieht. Dass Israels Verhalten Gott vierzig Jahre zuwider war und Gott Subjekt des Verbums קוט ist, ist im gesamten AT singulär.[41] Es ist wichtig festzuhalten, dass es nicht das Verhalten der Exodusgeneration ist, das die Abscheu hervorruft, sondern die ganze Generation, die zum Tod in der Wüste bestimmt wird. Vergleichbar sind die dtr bzw. dtr beeinflussten Passagen in Num 33,12; Dtn 1,35; 2,14 und 33,20.

Das Selbstzitat in V. 10 עם תעי לבב הם wird nicht im Wüstenkontext benutzt, aber erinnert locker an die Phrase עם־קשה־ערף (Ex 32,9; 33,3.5; 34,9; Dtn 9,6.13) und die harsche prophetische Kritik שררות לבו־הרע in Jer 16,12; 18,12. Vers 10bα nimmt das לבב aus V. 8 auf. Abgesehen von Kaleb und Josua und den unter Zwanzigjährigen war die Exodusgeneration vollkommen depraviert. תעה ist typisch als Ausdruck für ethische Abweichungen, ein Aspekt, der in der zweiten Hälfte von V. 10b herausgestellt wird. Der Satz beginnt mit dem letzten Wort der ersten Hälfte von V. 10b (הם). Das Volk kannte die Wege Gottes nicht (vgl. Ex 18,20; 33,13), was bedeutet, dass sie nicht seine Gesetze beachteten. Die Wegmetaphorik symbolisiert ein ethisches Leben und einen gesetzlichen Kontext (Ps 103,7, vgl. Dtn 9,16; 28,9 u.a.). דרך ist ein Synonym für Tora, das vor allem die dtr Tradition und ihre Nachfolger verwenden. Der Tora-Kontext von V. 10 passt gut in die Linie, die vom ersten Teil des Psalms aus gezogen wird. Wie in dem Motiv der Völkerwallfahrt (Jes 2; Mi 4) wird die Anbetung des großen Königs durch den Lobpreis der Tora und ihre Befolgung ergänzt.

Jedoch ist die Gottesrede noch nicht zu Ende. Der letzte Satz ist Teil des Selbstzitates Gottes, doch der erwähnte Eid findet sich so nicht im Pentateuch. Wieder ist es die dtr und priesterliche Kundschaftererzählung in Num und Dtn, die

---

40 Analog ist z.B. der Terminus נפלאת in dem Bußgebet Neh 9,16 – 17: „Unsere Väter aber wurden hochmütig; sie waren trotzig und hörten nicht auf seine Gebote. Sie weigerten sich zu gehorchen und dachten nicht mehr an die Wunder, die du an ihnen getan hattest. Hartnäckig setzten sie sich in den Kopf, als Sklaven nach Ägypten zurückzukehren".

41 Vgl. Ez 6,9; 20,43; 36,31; Ps 119,158; 139,21; Job 10,1; vergleichbar mit Ps 95,10 ist die Bezeugung des קוט-Ekels in Lev 20,23.

die nächste Sach- und Formulierungsparallele bietet. Zuallererst ist da der Rückblick in Num 32,10 – 11, der den Eid von Num 14,21 – 23 zitiert:

> Damals entbrannte der Zorn des Herrn, und er schwor: Auf keinen Fall werden die, die aus Ägypten heraufgekommen sind, die Männer von zwanzig Jahren und darüber, das Land zu sehen bekommen, das ich Abraham, Isaak und Jakob mit einem Eid zugesichert habe; denn sie haben nicht treu zu mir gehalten.

Ebenso wird in Dtn 1,34 – 35 festgehalten:

> Der Herr hörte euer lautes Murren, wurde unwillig und schwor: Kein einziger von diesen Männern, von dieser verdorbenen Generation, soll das prächtige Land sehen, von dem ihr wisst: Ich habe geschworen, es euren Vätern zu geben.

Obwohl die Unterschiede zwischen Ps 95 und diesen Texten offensichtlich sind, führen diese Parallelen – verstanden im Kontext des Landes – zu dem Schwur in Ps 95,11 und zum Ausschluss der Exodusgeneration vom Land. Das Land ist nicht explizit erwähnt: בוא und nicht ראה folgt dem אם. Generell ist beobachtet worden, dass die Schlussphrase אם־יבאון אל־מנוחתי („sie werden nicht in das Land meiner Ruhe gelangen") eine Parallele in Dtn 12,9 hat. Georg Braulik hat argumentiert, dass dort נחלה und מנוחה keine Synonyme sind, sondern differenzierte Termini, die Tempel und Land als Ziel sehen. Das wird darüber hinaus durch den ersten Teil des Psalms und den Kontext der Gruppe der Königspsalmen bekräftigt: „Der Kontextbezug der JHWH-König-Psalmen votiert ebenso für einen Tempelbezug (vgl. Ps 93,5; [94,22?], 96,8f.; 97,8; 99,2; 100,4)".[42] Hossfeld hat wiederum zutreffend darauf hingewiesen, dass מנוחה als Metapher, mit der eine intakte Beziehung zwischen Gott und seinem Volk ausgedrückt wird, verstanden werden kann. Die Ambiguität am Ende des Psalms ist intendiert, da das Ende des Psalms den Übergang in die gegenwärtige Generation schaffen muss, die in der Gottesrede ermahnt werden. Es sind gleichermaßen Land, Tempel und Bund, die Israel zu verlieren droht, wenn die gegenwärtige Generation so widerspenstig wie die Exodusgeneration ist.[43] Das präsentische, d.h. nachexilische Israel, das in den Tempel mit Dankhymnen eintritt, wird dadurch mit der rettenden Kraft des Weltenkönigs konfrontiert. Jener hat eine lebendige Beziehung mit Israel *im Land* errichtet, die aktualisiert und erfahrbar wird in *seinem Tempel*.

Die gewichtigste Änderung in der Rezeption der Wüstentradition und des Themas des Gerichts über die Exodusgeneration ist die chronologische Einord-

---

42 *Hossfeld*, Psalm 95 (1994), 39.
43 *Hossfeld*, Psalm 95 (1994), 42.

nung des Entschlusses, dass „sie nicht in meine Ruhe eingehen werden". Der Zorn YHWHs, der das Urteil hervorruft, ist in den vierzig Jahren *nach* der Kundschaftererzählung gewachsen. Die ארבעים שנה sind nicht das Ergebnis, sondern nur die Vorläufer des Urteils. Nur über jene Phrasen, die den Sinn des Psalms bestimmen, kann man ihn mit der Wüstentradition harmonisieren. Missversteht man hingegen die Abhängigkeit des Psalms von seinen bestimmenden Prätexten, dann mutiert der Psalm zu einem harten Abbruch der Landverheißung. Aber solch ein (Miss-)Verständnis ist nur möglich, wenn man V. 8–11 vom Zusammenhang mit V. 1–7 abtrennt. Während Israel im Tempel jubelt, ist es ja in *seine Ruhe* gekommen, was bedeutet, dass V. 11 nur konform zur Wüstentradition als Referenz auf die Exodustradition verstanden werden kann. Das ist einer der Kernpunkte in Hebr 3 und Hebr 4, wo die Frage aufkommt: „Warum gibt es kein Israel in *seiner Ruhe* nach Josua?".

Ich möchte die Interpretation von Ps 95 *ohne den Hebräerbrief* in sieben Punkten zusammenfassen, wobei eine besondere Aufmerksamkeit auf V. 8–11 gelegt wird, weil diese von besonderer Relevanz für Hebr 3 und Hebr 4 sind.

(1) Das vermutete Alter der Komposition der Endform des Psalms ist basierend auf V. 7b–11 sicherlich nachexilisch, da es späte priesterliche und deuteronomistische Texte voraussetzt. Ein spätexilisches oder frühnachexilisches Datum ist wegen der Mischsprache und der Rezeption des weitestgehend abgeschlossenen Pentateuch ausgeschlossen.

(2) Es ist keineswegs Zufall, dass die Wüstentradition in Ps 95 aufgenommen ist, das ganze vierte Buch ist auf Mose ausgerichtet.

(3) V. 8–11 sind eine Art kreativer Exegese, eine Aktualisierung der Offenbarung in der Wüste. Der Adressat ist das gegenwärtige Israel (היום), das in den Tempel gekommen ist, um YHWH anzubeten, ursprünglich im Zusammenhang mit einem Fest, das nicht mehr identifizierbar ist. In seinem gegenwärtigen Kontext als Teil der Königspsalmen fungiert Ps 95 (zusammen mit Ps 100) als Rahmen und Verbindungsglied zwischen Israels Verehrung und der Verehrung aller Nationen bzw. der gesamten Erde (Ps 100,1).

(4) Die Gottesrede wird durch den Sprecher des Psalms zitiert. Daher sollten V. 8–11 nicht als aktuell im Festkult ergehendes Gotteswort verstanden werden. Wahrscheinlicher ist es eine Aktualisierung der Wüstentradition im israelitischen Kult, eine neue Verwendung der vorgegebenen Pentateuchtradition auf kreative Weise. Die Annahmen bezüglich einer schriftgelehrten Theologie und der festkultischen Praxis schließen sich nicht völlig aus, sondern ergänzen einander. Deshalb muss nicht der angestellte Kultprophet, der seine Orakel der Festgemeinde kundtut, reinstalliert werden.

(5) V. 8–11 beschreiben die gesamte Wüstenzeit als eine Zeit der Auflehnung und des Ungehorsams. Der Bezug auf Massa und Meriba dient dazu, die gesamte

Zeit der vierzig Jahre zu umfassen. Die rahmenden wasserbezogenen Murr-Erzählungen in Ex 17 und Num 20 werden mit den Hauptpunkten – der Kundschaftererzählung und der Zurückweisung des Landes als zentrale Verheißung und Zuwendung – verbunden. Innerhalb der gesamten Rede ist klar, dass der Ausschluss von der מנוחה in der Exodusgeneration begründet lag und auch auf sie begrenzt war und die gegenwärtige Generation in ihre Ruhe eingegangen ist. Auf diese Weise kann die Hauptlinie des Psalms als Gnade und nicht als Strafe, als Vergebung und nicht als Zorn beschrieben werden.

(6) Der Ekel gegenüber dem Volk ist eine affektive Übertreibung, die das paränetische Ziel unterstreicht. Die ganze Rede funktioniert als Ermahnung, dass das gegebene Land und die Nähe Gottes revozierbar sind. V. 8 – 11 sind nicht als Drohung gemeint, sondern im hymnischen Lobpreis des Rettergottes in V. 1 – 7 verankert. Die Erwählung Israels ist eingebettet in eine kosmologische Dimension der Schöpfung und der Herrschaft des königlichen Gottes. Der Bund mit seinem Volk in V. 7 ist Teil der kosmologischen Macht und Herrschaft über die Welt. Das Ziel der Geschichte ist die Rettung Israels in *seiner* Ruhe: dem Tempel, dem Land und der göttlichen Gegenwart. Entsprechend ist die Funktion des Zitates klar positiv und nicht negativ. Der von Grässer benutzte Terminus „Drohbotschaft"[44] geht am tieferen Sinn der Ermahnung vorbei.

(7) Die Tatsache, dass das gegenwärtige *Israel* als Gottes erwähltes und nicht verworfenes Volk Adressat der V. 8 – 10 ist, ist ein entscheidender Punkt. Viele der älteren neutestamentlichen Kommentare sind in diesem Punkt fehlgegangen, insofern sie den Zorn YHWHs nicht auf die Exodusgeneration, sondern auf das gegenwärtige Israel bezogen haben. Ernst Käsemann, Otfried Hofius und andere haben eine Substitutionstheologie dahingehend forciert, dass sie dem gegenwärtigen Adressaten nicht zugestanden haben, in die Ruhe bereits eingegangen zu sein. Der Gebrauch von Begriffen wie „Verwerfung" „aufgekündigte Zusage", „Verlust der Rettung", „Scheitern", „Überbietung" etc. sind typisch in diesem Kontext. So auch ein weiteres Beispiel: „Weil das Gottesvolk in der Wüste aufgrund seines Unglaubens nicht an den göttlichen Ruheort gelangen konnte, bleibt er sicher aufgespart für diejenigen, denen Gott mit dem neuen ‚Heute' (4,7) eine bessere Chance eröffnet hat".[45] Die Differenzierung zwischen dem gegenwärtigen Adressaten, der in seine Ruhe *eingegangen ist* und der Exodusgeneration, der YHWH zugeschworen hat, dass sie niemals in seine Ruhe eingehen werden, ist einer der entscheidenden Punkte im Verständnis von Ps 95 jenseits des Hebrä-

---

44 *Gräßer*, Hebräer (1990), 203, vgl. ebd., 211.
45 *Delitzsch*, Psalmen (⁵1894), 133; vgl. *Käsemann*, Gottesvolk (1939), 19; und nur mit kleinen Unterschieden *Gräßer*, Hebräer (1990), 200 – 202.

erbriefes. Es ist auch einer der zentralen Punkte im Zusammenspiel von V. 1–7 und V. 8–11. In diesem Licht besehen, stellt sich die drängende Frage, ob der Hebräerbrief Ps 94 (LXX) in einem substitutionstheologischen Sinn verstanden hat.

Psalm 94 *LXX*

Bevor wir mit einigen Beobachtungen zu Ps 95 innerhalb des Kontextes des Hebräerbriefes fortfahren, müssen wir auf die wesentlichen Änderungen schauen, die der Psalm in der LXX erfahren hat.[46] Die Tatsache, dass der Verfasser des Hebräerbriefes den Text aus der LXX benutzt, steht außer Frage, jedoch wird gegenwärtig in der Septuagintaforschung diskutiert, *welcher* Text als Vorlage gedient hat.[47] Es gibt in V. 2.6.8.10 einige kleinere Änderungen gegenüber dem Hauptstrangs der LXX-Überlieferung, der in der Göttinger Septuaginta repräsentiert ist: Die LXX verbindet בתודה בזמרות mit der Kopula καὶ in V. 2 und ergänzt das absolute בדור zu τῇ γενεᾷ ἐκείνῃ in V. 10. Auch wenn die Frage der Vorlage des Hebräerbriefes hier nicht diskutiert werden kann[48], gibt es einige wesentliche Änderungen des MT in der LXX, die es wert sind, hier gelistet und kurz andiskutiert zu werden.

(1) Die auffallendste Abänderung ist die von נברכה („lasst uns niederknien") zu καὶ κλαύσωμεν „und lasst uns weinen" in V. 6; wahrscheinlicher eine Fehllesung als ein Hinweis darauf, dass die proto-masoretische Vorlage נבכה gelesen hat. Dadurch wechselt die Gattung des Psalms von einem Hymnus im Tempel in den ersten Versen zu einem Teil einer „Bußliturgie". Mit dieser Veränderung vom Hymnus zur Klage scheint die Ermahnung der V. 8–11 im Verhalten der Gemeinschaft begründet. Das angesprochene Volk Israel hat gesündigt oder schlecht gehandelt und deswegen sind sie in den Tempel gekommen, um zu bekennen und Buße zu tun. Die Homilie, die mit dem σήμερον in V. 7b beginnt, zielt eher darauf,

---

46 Für das gesamte vierte Buch des Psalters s. *Hossfeld*, Akzentsetzungen (2001), 163–169.

47 Es ist ohne Zweifel unmöglich, hier eine ausgedehnte Bibliographie zum Septuagintapsalter zu nennen. Ausgewählt seien: *Cordes*, Interpretation (2001); *Pietersma*, Place (2001); *Schaper*, Septuaginta-Psalter (1994); *ders.*, Eschatology (1995); *ders.*, Septuaginta-Psalter (1998); *Seiler*, Konzepte (2001).

48 Vgl. *Karrer*, Brief (2002); *Kowalski*, Rezeption (2005), wo die kleineren Abweichungen zwischen LXX und Hebräerbrief genannt sind (ἐν δοκιμασίᾳ anstelle von ἐδοκίμασαν in Heb 3,9; ταύτῃ anstelle von ἐκείνῃ in Hebr 3,10; und ein zusätzliches διό in V. 10). Karrer votiert zugunsten eines Sonderstrangs der LXX-Überlieferung, Kowalski zieht es vor, den Verfasser des Hebräerbriefes für die Änderungen verantwortlich zu machen.

eine Umkehr zu Gott zu bewirken, als dass es eine allgemeine Ermahnung darstellt.

(2) Die Ortsnamen Meriba und Massa, die im Hebräischen Wortspiele mit נסה („prüfen") und ריב („streiten") sind, sind kongenial in ἐν τῷ παραπικρασμῷ κατὰ τὴν ἡμέραν τοῦ πειρασμοῦ abgewandelt. Massa ist sowohl in Ex 17,7 als auch in Dtn 6,16; 9,22 mit πειρασμός wiedergegeben und es gibt in der LXX keinen Beleg einer griechischen Transliteration. Die Abänderung von Meriba sind gewichtiger: Nur in der LXX ist Meriba mit Παραπικρασμός („Rebellion") übersetzt. In Ex 17,7 belegt die LXX Λοιδόρησις („Vorwurf"), aber in den meisten anderen Belegen benutzt sie ἀντιλογία (Num 20,13; 27,14; Dtn 32,51; 33,8; Ps 80,8; 105,32; außer in Ez 47,19; 48,28 Μαριμωθ Καδης).

(3) Die LXX ergänzt in V. 10 ἀεί und macht dadurch die Rebellion zur Konstante. Diese Ergänzung verstärkt eine Tendenz, die bereits im MT gegeben war.

(4) Die LXX übersetzt die beiden Imperative לכו (V. 1) und באו (V. 6) mit dem Adverb δεῦτε. So wird die semantische Verbindung von אם־יבאון אל־מנוחתי, die durch Εἰ εἰσελεύσονται εἰς τὴν κατάπαυσίν μου wiedergegeben ist, und dem Aufenthalt im Tempel V. 1–6 abgeschnitten. Das erleichtert die eschatologische Interpretation von κατάπαυσις, die in Hebr 4 dominiert.

(5) Der Psalm erfährt eine wesentliche Änderung durch die Überschrift Αἶνος ᾠδῆς τῷ Δαυιδ. Darin folgt Ps 94 LXX (95 MT) der generellen Tendenz des Septuagintapsalters, insbesondere des vierten Buches.[49] Das vierte Buch, Ps 90–106 MT (89–105 LXX), hat die größte Anzahl von Psalmen ohne Überschrift. Von den insgesamt 13 neuen David-Überschriften im Septuagintapsalter befinden sich neun im vierten Buch. Ein kurzer Überblick über die Psalmengruppe kann diese Tendenz verdeutlichen: Während man von einem verstärkten mosaischen Akzent in den überschriftslosen Psalmen, die dem einzigen Mosepsalm (Ps 89 LXX [90 MT]) folgen, sprechen kann, dominiert im Anschluss daran die Davidisierung im vierten Buch. Nur Ps 89 LXX hat Mose in der Überschrift bewahrt Προσευχὴ τοῦ Μωυσῆ ἀνθρώπου τοῦ θεοῦ. Dieselbe Überschrift wie Ps 94 LXX (95 MT) Αἶνος ᾠδῆς τῷ Δαυιδ findet sich jetzt auch in Ps 90 LXX (91 MT) und Ps 92 LXX (93 MT). In Ps 92 LXX (93 MT) ist es jedoch nur der zweite Teil nach einer erweiterten Überschrift, die den Psalm dem Tag *vor* dem Sabbat zuweist: ὅτε κατῴκισται ἡ γῆ („als die Erde besiedelt worden ist"). Innerhalb der Sabbat-Triade Ps 91–93 LXX wird Ps 92 LXX zum eindeutigen Verweis auf die Schöpfung. Der Psalm wird dem sechsten Schöpfungstag und der ersten Besiedlung des Landes zugewiesen.[50]

---

49 Vgl. dazu *Hossfeld*, Akzentsetzungen (2001) und ferner *Pietersma*, Exegesis (2001); *ders.*, Exegesis (2005).
50 *Hossfeld/Zenger*, Psalmen 51–100 (2000), 641.

Anlass dieser Tendenz zur Verstärkung des Bezugs auf die Wochentage ist die Wendung מזמור שיר ליום השבת in Ps 92 MT, die in Ps 91 LXX bewahrt ist (Ψαλμὸς ᾠδῆς, εἰς τὴν ἡμέραν τοῦ σαββάτου). Diese Zuweisung wird in Ps 92 LXX (93 MT) (Εἰς τὴν ἡμέραν τοῦ προσαββάτου) und in Ps 93 LXX (94 MT) (Ψαλμὸς τῷ Δαυιδ, τετράδι σαββάτων) fortgesetzt. Es ist bedeutsam, dass die Psalmen, die Ps 94 LXX (95 MT) vorausgehen, eine Konnotation zum Sabbat/zur Sabbatruhe haben, die der Aufnahme der Schöpfungserzählung von Gen 1 in Ps 92 LXX entspricht. Auch die in Ps 95 MT (94 LXX) präsente Verbindung von Schöpfung und Königtum wird in der Gruppe der Königspsalmen insgesamt entfaltet.[51]

(6) Die Beobachtungen zum Wechsel zu David im vierten Buch ergänzend, hat Ps 95 LXX (96 MT) eine Verbindung zu David und zum Zweiten Tempel. Ps 96 LXX (97 MT) (Τῷ Δαυιδ, ὅτε ἡ γῆ αὐτοῦ καθίσταται) verbindet das Land explizit mit David und mit Ps 97–98 LXX (98–99 MT), die schlicht David zugeschrieben werden. Ps 99 LXX (100 MT) hat diese Verbindung bewahrt durch das תודה-Opfer.

Psalm 95 (94 *LXX*) innerhalb des Hebräerbriefes

Mit Bezug auf Ps 94 LXX innerhalb des Hebräerbriefes ist der Wechsel der Überschriften in zwei Hinsichten bedeutsam: der erste ist schlicht die davidische Autorschaft, die zweite das Sabbatflair von Ps 94 LXX im Septuagintakontext. Dieser zweite Aspekt bedarf weiterer Erläuterung, nachdem ein kurzer Blick auf die Erwähnung Davids in Hebr 3 und 4 geworfen worden ist.[52]

Hebr 4,7 erwähnt ἐν Δαυὶδ λέγων – der einzige Reflex auf David in der Einleitung eines Zitates bzw. eines Verweises auf die Psalmen im Hebräerbrief. Die erste Einleitung in Hebr 3,7 weist das Zitat von Ps 94,8–11 LXX der Stimme des Heiligen Geistes zu (καθὼς λέγει τὸ πνεῦμα τὸ ἅγιον), was aus 2 Sam 23,2 entwickelt ist.[53] Einerseits hat der Verfasser des Hebräerbriefes den Psalter als ein Buch wahrgenommen, in dem Gott spricht, andererseits hat er es als ein Buch identifiziert, das David zugeschrieben ist. Insbesondere Ps 94 LXX wird in Übereinstimmung mit dem Septuagintapsalter als Davidpsalm wahrgenommen. Be-

---

51 *Hossfeld/Zenger*, Psalmen 51–100 (2000), 643–705.

52 Die folgende Exegese hat viel von neutestamentlichen Sichtweisen gelernt, die nicht alle im Einzelnen erwähnt werden. Höchst relevant sind *Enns*, Creation (1992); *ders.*, Interpretation (1997); *Khiok-Khng*, Meaning (1991); *Mathewson*, Light (1999) zusammen mit dem herausragenden Kommentar von *Karrer*, Brief (2002) und in mehr oder weniger kontrastiver Weise ebenso *Schunack*, Hebräerbrief (2002); *Hegermann*, Brief (1988); *Braun*, Hebräer (1984) und *Strobel*, Brief (1991).

53 *Karrer*, Brief (2002), 34.60 – 61.207.

rücksichtigt man nun, dass das Zitat von Ps 94 LXX als Worte Davids die einzige Passage wäre, die in der *Schrift* von einem menschlichen Sprecher geäußert oder ihm zugeschrieben wird, dann erscheint es durchaus möglich, das ἐν Δαυίδ in Hebr 4,7 nicht als „durch David", sondern als „in David" aufzufassen, d.h. es bezeichnet besonders oder nur das Buch der Psalmen.

Der Verfasser des Hebräerbriefes gebraucht die Psalmen ausführlich, nicht nur in Anspielungen oder Zitaten von Wendungen. Der Brief an die Hebräer weist die höchste Anzahl von Zitationen zusammenhängender Psalmstücke auf. Im Anschluss an Karrer[54] ist die Verteilung der alttestamentlichen Zitate bemerkenswert: Pentateuch (13), Psalmen (14) und Propheten (7). Man kann festhalten, dass die Auswahl der Psalmen die theologische Präferenz des Verfassers des Hebräerbriefes offenlegt.[55]

Ps 2,7	Hebr 1,5; 5,5	Ps 95,11	Hebr 4,3.5
Ps 8,5 – 7	Hebr 2,6 – 7	Ps 102,26 – 28	Hebr 1,10 – 12
Ps 22,23	Hebr 2,12	Ps 104,4	Hebr 1,7
Ps 40,7 – 9	Hebr 10,5 – 7	Ps 110,1	Hebr 1,3.13; 10,12
Ps 40,8 – 9	Hebr 10,9	Ps 110,4	Hebr 5,6; 7,17.21
Ps 45,7 – 8	Hebr 1,8	Ps 118,6	Hebr 13,6
Ps 95,7 – 8	Hebr 3,15; 4,7	Ps 135,14	Hebr 10,30
Ps 95,7 – 11	Hebr 3,7 – 11		

Erwartbar sind die „messianischen Klassiker" Ps 2 und Ps 110 MT (109 LXX) sowie die Rezeption von Ps 40 MT (39 LXX) und schließlich die Prominenz von Ps 8.[56] Abgesehen davon sind es die Traditionen des Königtums Gottes in Ps 45 und 95, Konzeptionen der Schöpfung von Ps 102 MT (101 LXX) und eine Wendung von Ps 104 MT (103 LXX). Der Verfasser des Hebräerbriefes war sicherlich vertraut mit dem gesamten Psalter und er gebraucht den Psalter nicht nur als Zulieferer von Phrasen, sondern entwickelt seine Theologie in einem Psalmenkontext. Er war nicht nur vertraut mit den Einzelpsalmen, sondern auch mit deren kontextueller Einbettung. Der haggadische Pescher bzw. (ohne eine scharfe Abgrenzung von Pescher und Midrasch[57]) die midraschische Exegese von Ps 94 LXX (95 MT) verweist auf den Kontext dieses Psalms in der Septuaginta. In der „kühnen Schriftdarlegung"[58] von Hebr 4 findet sich die erste Kombination von Ps 94,11 LXX (95,11

---

54 *Karrer*, Brief (2002), 62.
55 Die folgende Tabelle ist dem Anhang der 27. Auflage des Nestle-Aland entlehnt.
56 Vgl. *Backhaus*, Gott (2004); *Löhr*, Stimme (1994); *Reim*, Johannesevangelium (2000).
57 Vgl. zur Diskussion *Karrer*, Brief (2002), 20 – 21.
58 *Karrer*, Brief (2002), 215.

MT) mit Gen 2,2. In der exegetischen Literatur wird diese Passage richtig als *gezera shewa* identifiziert, also als Erklärung eines Verses der Schrift mit Hilfe der Analogie zu einem anderen Vers.[59] Im Anschluss an das zweite Zitat von Ps 94,11 LXX (95,11 MT) in Hebr 4,3 fährt der Vers fort: καίτοι τῶν ἔργων ἀπὸ καταβολῆς κόσμου γενηθέντων („obwohl die Werke von Grundlegung der Welt an geschaffen waren"). Indem die ἔργα aus Ps 94,9 aufgenommen und nicht mit den Taten in Ägypten oder der Wüste identifiziert werden, sondern mit *allen* Taten Gottes, nämlich den ἔργα der Schöpfung, führt V. 3 zu der Betrachtung der Schöpfungsruhe. Das ist eine bedeutsame Änderung verglichen mit dem ersten Bezug auf Ps 94,11 LXX (95,11 MT) in Hebr 3,9. Einigen griechischen Handschriften zufolge sind die τεσσαράκοντα ἔτη als adverbiale Bestimmung zu τὰ ἔργα μου verstanden („sie haben meine Taten über vierzig Jahre gesehen"). Die hebräische Wortfolge erlaubt dieses Verständnis unter der Voraussetzung, dass das κατὰ τὴν ἡμέραν in V. 8 unberücksichtigt bleibt. Hebr 3 unterstreicht die oben erwähnte Veränderung von Ps 95 im Gegensatz zu den pentateuchischen Prätexten. Das Urteil „ihr werdet nicht in meine Ruhe kommen" ist vom Ende der Kundschaftererzählung an das Ende der Wüstenzeit gerückt. Der Verfasser des Hebräerbriefes war sich dieser Umsetzung allerdings bewusst. Er verstand Ps 95,8–11 und seinen zentralen Hintergrund in Num 14 sehr wohl. Zwei lexematische Hinweise in Num 14,29 können diese Annahme verdeutlichen: (1) Das Wort κῶλον in Hebr 3,17 ist auch in Num 14,27 LXX gebraucht, ist aber ein *hapax* im NT. (2) Der Gebrauch von πίπτω in Hebr 3,17 und 4,11 ähnelt Num 14,29. Der Autor vermeidet es also, den Eid völlig von der Kundschaftererzählung und der Verweigerung des Landes abzukoppeln, setzt den Eid aber wie Ps 94 LXX an das Ende der vierzig Jahre. Sein Paradigma ist nicht die Zurückweisung des Landes oder das Murren über das fehlende Wasser in Massa und Meriba, sondern es sind ἀπιστία (Hebr 3,10) und πίστις (Hebr 4,2 und 3).

Die Annahme dieses Gedankengangs ist unzweifelhaft die Ablösung der πειρασμός von den damit verbundenen Geschichten in Ex 17 und Num 20. Jetzt tritt die Versuchung und die Schmähung der ganzen vierzig Jahre stärker in den Vordergrund. Auch wenn Hebr 3,9 überwiegend die Taten Gottes in der Wüste im Blick hat, ist die Interpretation für alle Taten Gottes offen. Das ist dann völlig in Hebr 4,3 in dem καίτοι τῶν ἔργων ἀπὸ καταβολῆς κόσμου γενηθέντων der Fall. Der Verweis auf die Schöpfungswerke, der die Wahrnehmung Gottes in der von *ihm* geschaffenen Welt ermöglicht, entspricht völlig Ps 94 LXX, insbesondere in dem hymnischen Lobpreis der Größe Gottes in V. 4 und V. 5. Den Bezug zum siebten Tag,

---

59 *Stemberger*, Einleitung ([8]1992), 28–29 verweist auf die Entsprechung zur *syncrisis pros ison* in der hellenistischen Rhetorik. Weil diese Regel üblicherweise nur innerhalb der Tora genutzt wird, spekuliert Karrer über die Positionierung des Hebräerbriefes, die der Tora nicht eindeutig den Vorrang zumesse.

der im folgenden Vers implementiert wird, gibt es in Ps 94 LXX noch nicht. Ohne einen exakten Bezug zur Schöpfungserzählung zitiert Hebr 4,3 Gen 2,3: εἴρηκεν γάρ που περὶ τῆς ἑβδόμης οὕτως καὶ κατέπαυσεν ὁ θεὸς ἐν τῇ ἡμέρᾳ τῇ ἑβδόμῃ ἀπὸ πάντων τῶν ἔργων αὐτοῦ („er sagt irgendwo vom siebten Tag: Und Gott ruhte am siebten Tag aus von all seinen Werken").

Diese Transformation bzw. Verschiebung des Themas vom *Land* zur *Sabbatruhe* ist der springende Punkt für die eschatologische Umdeutung der κατάπαυσις. Bevor wir diese entscheidende Umwandlung erklären, müssen wir noch fragen: Wie funktioniert die Umlenkung auf Gen 2? Die *gezera shewa* braucht einen semantischen Anker wie der ähnlich zu dem zuvor erwähnten Verweis auf die ἔργα. Dieser kann in der Verwendung von καταπαύσω als Verbalphrase in Gen 2,3 LXX und in κατάπαυσις in Ps 94,11 LXX gesehen werden.[60] Wenn Gott spricht, kann κατάπαυσίν als *seine Sabbatruhe* am siebten Tag verstanden werden. Meiner Ansicht nach wird diese Identifikation durch den oben erwähnten Sabbat-Kontext der Nachbarpsalmen (Ps 91–93 LXX) verstärkt, die mit dem Sabbat bzw. dem sechsten und dem vierten Tag verbunden sind. Die Pslamengruppe wurde im Zusammenhang einer spätnachexilischen Sabbattheologie neu interpretiert und das Schöpfungslob in Ps 94 LXX konnte im Kontext dieser Sabbattheologie verstanden werden. Die Schöpfungstheologie versteht den Sabbat als Höhepunkt und als Ziel der ganzen Schöpfung.[61] Entsprechend liest der Verfasser des Hebräerbriefes κατάπαυσίν μου im Sabbatkontext der Nachbarpsalmen als Verweis auf den Schöpfungssabbat Gottes. Das forciert die *eschatologische Interpretation* der κατάπαυσις in Hebr 4,9.[62] Diese eschatologische Verschiebung des Sinns ist allerdings auch schon in Hebr 4,1 zu erkennen. Das erscheint klar aufgrund des programmatischen καταλειπομένης ἐπαγγελίας εἰσελθεῖν εἰς τὴν κατάπαυσιν αὐτοῦ, das schon in Hebr 3,14 durch das μέχρι τέλους („bis zum Ende") vorbereitet wurde und das den Ausgangspunkt für das Zitat von Ps 94 LXX darstellt. Die Begründung dieser Auffassung liegt in dem σήμερον, das in Hebr 4,7 aus Hebr 3,7 aufgenommen ist und ebenso in Hebr 3,15 vorkommt.

Diese Logik hat eine weitere Voraussetzung: Wenn die Sabbatruhe der ganzen Schöpfung der eigentliche Inhalt der ἐπαγγελία (die καταλειπομένης ist) in Hebr 4,1 ist, dann ist die Verheißung definitiv noch unerfüllt. Das ist gewiss die bedeutendste Veränderung, die uns zu meiner abschließenden Frage führt: Gibt es in Hebr 4 noch Raum für das gegenwärtige Israel? Während der Verfasser des Hebräerbriefes sich sicher bewusst war, dass Ps 94,8–11 zu der Exodusgeneration

---

60 Zur Diskussion von κατάπαυσις im Hebräerbrief s. *Khiok-Khng*, Meaning (1991), 2–33
61 Vgl. *Hossfeld/Zenger*, Psalmen 51–100 (2000), 641–642.
62 Vgl. *Karrer*, Brief (2002), 218–220.

gesprochen war und der Eid nur gegenüber einer aktuellen Generation, die in den Tempel gekommen ist, *zitiert* wurde, ist es kein Zufall, dass V. 1–6 in Hebr 3–4 komplett fehlen. Der Verfasser des Hebräerbriefes versteht das hymnische Lob als eschatologisches Lob. So ist die Ermahnung bezogen auf das christologisch bestimmte Paradigma von ἀπιστία (Hebr 3,19) und πίστις (Heb 4,2 und 3). Um seinen Hörern die Verheißung der κατάπαυσις zu eröffnen, muss der Verfasser die Josuageneration von der Erfüllung der Verheißung abziehen. Das ist eine gewaltsame Neuinterpretation, die gegen den Sinn der Prätexte im Pentateuch und in den Psalmen steht. Das wird zur unverzeihlichen „hermeneutischen Sünde" des Verfassers, denn es bedingt den Ausschluss des gegenwärtigen Israel aus der Verheißungslinie.

Um seine Intention zu erreichen, bedient er sich eines subtilen Spiels mit dem Text. Zunächst wird die Josuageneration in dem absoluten Verständnis des εἰ in der Zitation des Eides von Hebr 3,11.18; 4,3 und 3,16 (ἀλλ᾽ οὐ πάντες οἱ ἐξελθόντες ἐξ Αἰγύπτου διὰ Μωϋσέως) implizit ausgeschlossen. Sicherlich weiß der Verfasser des Hebräerbriefes nur zu genau, dass es eine Josuageneration gab, die in numerischer Hinsicht nur wenig kleiner als die Exodusgeneration war (Num 26). Dennoch minimiert er die Möglichkeit einer κατάπαυσις in Dtn 12,9 oder 1 Kön 8,56 zugunsten der eschatologischen Interpretation. Die Josuageneration und das vorhergehende Israel werden daher explizit außerhalb der verheißenen κατάπαυσις lokalisiert (Hebr 4,8). In der Aktualisierung in Hebr 4,3 ist die Umkehrung des Generationenschemas offensichtlich: Εἰσερχόμεθα γὰρ εἰς [τὴν] κατάπαυσιν οἱ πιστεύσαντες wird dem εἰ εἰσελεύσονται εἰς τὴν κατάπαυσίν μου kontrastiv gegenübergestellt. Die gegenwärtige Generation des „wir" – dem Adressaten des Hebräerbriefes – ist dazu bestimmt in seine Ruhe einzugehen. Während die Generation nach der Wüstengeneration in das Land und den Tempel (was von der prozessionsartigen Situation in Ps 94,1–7a LXX [MT 95,1–7a] klar ist) eingezogen ist, qualifiziert die eschatologische Interpretation die κατάπαυσις als noch unerreicht. Der Anker ist das σήμερον, das die Neuinterpretation sichert und in V. 7 und V. 8 weiter entfaltet wird. Der Verfasser schließt die Josuageneration in V. 8 erneut explizit aus, mit einer gewagten Schlussfolgerung, die logische und geschichtliche Inkonsistenzen um der Argumentationslinie willen in Kauf nimmt. Die Gültigkeit des Schwurs, dass οἱ πρότερον εὐαγγελισθέντες (Hebr 4,5) nicht in das Land eingegangen sind, wird durch das ἀπολείπειν bekräftigt. Diese Behauptung widerspricht der biblischen Realität (da die Verheißung nur auf die Exodusgeneration, nicht aber auf die Josuageneration bezogen wird), aber nicht dem Verständnis des Verfassers von der κατάπαυσις. Da das σήμερον des Psalmzitats von Gott *nach* Josua ἐν Δαυὶδ gesprochen wurde, kann Josua nicht das Volk in Gottes Ruhe geführt haben, da Gott von einem bestimmten Zeitpunkt spricht, an dem das Volk bereits in seine Ruhe eingegangen ist. Die Argumentation ist logisch zirkulär, aber rhetorisch effektiv. Das gegenwärtige Israel sinkt in den tiefen Graben zwischen den Adressaten „wir", die das Psalmzitat neu hören, und den entschlafenen Vätern „sie", die nicht geglaubt haben. V. 9 zieht die Schlussfolgerung, dass eine Ruhe als σαββατισμὸς τῷ λαῷ τοῦ θεοῦ verbleibt. Es kann keinen Zweifel geben, dass τῷ λαῷ τοῦ θεοῦ die ermahnte christliche Gemeinde meint. Während der erste Text ihnen das Land nimmt (Israel), wird ihm jetzt auch der Sabbat semantisch entzogen. Meiner Einschätzung nach impliziert die Argumentation eine klare Form der Substitution.

Zusammenfassend: Aufgrund der eschatologischen Interpretation der κατάπαυσις (V. 1.8.9) und der Verbindung von πίστις (V. 2) gibt es für Israel keinen Ort mehr. Innerhalb der Zeit, σήμερον, gibt es kein gegenwärtiges oder relevantes Israel mehr, das das ἐν Δαυίδ als Adressat hören könnte. Das lebendendige Wort (vgl. 4,12) ist nur noch ἐπαγγελία eines σαββατισμὸς (4,9) für das λαός τοῦ θεοῦ (4,9), das sich in Christus versammelt (vgl. 1,1–2).

Schlussbemerkungen

Abschließend möchte ich die Rezeption von Ps 94 LXX innerhalb des Hebräerbriefes wie folgt zusammenfassen:

(1) Der Verfasser des Hebräerbriefes nimmt Ps 94 LXX auf und aktualisiert ihn, um seine Theologie in einem Psalm-Kontext zu entfalten. Er gebraucht Ps 94, weil er in seine Argumentation passt. Die relative Ferne der Wüstentradition, die fehlende Lokalisation des Murrens und der Wechsel von Ungehorsam zu einer generellen Einstellung des Volkes Israels passen hervorragend in dieses Konzept.

(2) Durch die Davidisierung und die Sabbatisierung verstärkt Hebr 3–4 die Tendenz der LXX. Ps 94 wird jetzt als Verheißung einer schöpfungstheologischen und eschatologischen Vervollkommnung verstanden.

(3) Das sich durch die zuvor erwähnte Neuinterpretation von Ps 94 LXX ergebende hermeneutische Problem, dass Israel sich im verheißenen Land befindet, wird substitutionstheologisch „gelöst". Dadurch werden auch logische Brüche (vgl. Hebr 4,8) in Kauf genommen.

Am Ende müssen wir noch einmal zu den hermeneutischen Voraussetzungen zurückkehren. Christliche Interpretation muss die Enterbung Israels und jeden Antijudaismus vermeiden. Es darf nicht sein, dass sich eine christliche Theologie dadurch abzuheben versucht, dass sie die Errettung Israels, den immerwährenden Bund oder die Gnade Gottes gegenüber Israel, leugnet. Wenn unsere Interpretation das Richtige trifft, hält der Hebräerbrief keinen Platz für das gegenwärtige Israel bzw. heutige Juden im Heilsplan Gottes vor. Sie sind verworfen, weil sie sich verweigert haben. Die andauernde Debatte über Antijudaismus in der Schrift verweist auf den problematischen und zum Teil anachronistischen Gebrauch des Terminus „Antijudaismus" ebenso wie auf die unscharfen Kriterien für „Anti-Judaismus".[63] Es gibt eine ganze Reihe von Versuchen, den Schriftgebrauch des Hebräerbriefes zu rechtfertigen, z.B. von der Päpstlichen Bibelkommission:

> Der Hebräerbrief spricht zwar an keiner Stelle ausdrücklich die Autorität der Schrift des jüdischen Volkes aus, doch zeigt er eindeutig, dass er diese Autorität anerkennt, da er unablässig ihre Texte anführt, um seine Lehren und seine Ermahnungen zu begründen. Der Brief enthält zahlreiche Feststellungen, die als mit den Propheten übereinstimmend dargestellt werden, aber auch andere, bei denen die Übereinstimmung auch einige Aspekte der Nicht-Übereinstimmung enthält. ... In ähnlicher Weise zeigt der Hebräerbrief, wie das Geheimnis Christi die Prophetenworte und den vorausweisenden Aspekt der Schrift des jüdischen Volkes zur Erfüllung bringt, aber zur gleichen Zeit auch einen Aspekt der Nicht-Übereinstimmung mit den alten Institutionen mit sich bringt: nach der Ankündigung von Ps 109(110),1.4 überragt die Stellung des verherrlichten Christus als solche das levitische Priestertum (vgl. Hebr 7,11.28).[64]

Angesichts von Erfüllung und Präfiguration können wir kein aufrichtiges Bekenntnis zu antijudaistischen Implikationen in der Theologie des Hebräerbriefes erwarten:

> Auch der Brief an die *Hebräer* spricht nicht von den Juden, ebenso wie er nicht von den „Hebräern" spricht! ... Über die Israeliten der vorangegangenen Jahrhunderte fällt er kein einseitiges Urteil, sondern hält sich getreu an das Alte Testament selbst: So erinnert er im Rückgriff auf Ps 95,7–11, den er anführt und auslegt, an den Mangel an Glauben der Exodusgeneration, zeichnet aber auf der anderen Seite ein großartiges Bild der Beispiele des Glaubens, die Abraham und seine Nachkommen gaben (11,8–38). Wo er auf das Leiden Christi zu sprechen kommt, erwähnt der Hebräerbrief in keiner Weise die Verantwortung der jüdischen Autoritäten, sondern sagt nur, dass Jesus einen heftigen Widerstand „von den Sündern" erfuhr.[65]

Dass der Hebräerbrief an den fehlenden Glauben der *Exodusgeneration* erinnert, ist eine Seite der Medaille. Auf die Implikation eines Israel ohne Teilhabe an der Ruhe einerseits und die problematische Rezeptionsgeschichte andererseits hat Martin Karrer sehr deutlich verwiesen:

---

63 Vgl. beispielsweise: *Klassen*, Hebrews (1987); *Mussner*, Handeln (1997) und *Päpstliche Bibelkommission*, Volk (2002).

64 *Päpstliche Bibelkommission*, Volk (2002), 22 (B.3.8).

65 *Päpstliche Bibelkommission*, Volk (2002), 156–157 (C.79.2).

Obwohl er seine Theologie seinem Verständnis nach innerjüdisch entwirft, entsteht ein Graben zu jedem Judentum, das Aaron durch die Weichenstellungen der Tora zum primären kultischen Orientierungspunkt gemacht sieht und die Tora ohne Christologie liest. Das bahnt christlichen Widersprüchen gegen das Judentum unter Vereinnahmung der Tora die Bahn.[66]

Der Hebräerbrief bietet keinen bewussten und affektiven *Anti-Judaismus*, sondern eine implizite Substitution, was einem *Anti-Judaismus* gleichkommt, welcher durch den Blick auf die verbleibenden Verheißungen der Tora korrigiert werden muss. Dem hermeneutisch postulierten kanonischen Dialog von Hebr 3 und 4 kann man schwerlich folgen. Deutlicher wird Franz Mussner: „Christliche Theologie darf sich, was ihr Verhältnis zum Judentum angeht, nicht einseitig und oft mißverstehend an einer neutestamentlichen Schrift wie dem Hebräerbrief ... orientieren".[67]

Die einzig mögliche Konsequenz ist auf die Voraussetzungen des Hebräerbriefes einzugehen und sie an einem innerkanonischen Dialog und an einem gegenwärtigen *dabru emet* auszurichten, das vom Respekt für den Glauben der Juden an ihre Offenbarung getragen ist. „Hermeneutisch ist das Gespräch, das in ihm (scil. dem Hebräerbrief) abbricht und die Gemeinsamkeit mit Israel gegen jeden Antijudaismus zu suchen".[68]

Bibliographie

Backhaus, K., Gott als Psalmist. Psalm 2 im Hebräerbrief, in: D. Sänger (Hg.), Gottessohn und Menschensohn. Exegetische Studien zu zwei Paradigmen biblischer Intertextualität (BThS 67), Neukirchen-Vluyn 2004, 198–231.

Ballhorn, E., Zum Telos des Psalters. Der Textzusammenhang des Vierten und Fünften Psalmenbuches (Ps 90–150) (BBB 138), Berlin/Wien 2004.

Braulik, G., Gottes Ruhe – Das Land oder der Tempel? Zu Ps 95,11, in: E. Haag (Hg.), Freude an der Weisung des Herrn. FS H. Groß (SBB 13), Stuttgart ²1987, 33–44 (wieder abgedruckt in: G. Braulik [Hg.], Studien zum Deuteronomium und seiner Nachgeschichte [SBAB 33], Stuttgart 2001, 203–211).

Braun, H., An die Hebräer (HNT 14), Tübingen 1984.

Cordes, A., Theologische Interpretation in der Septuaginta: Beobachtungen am Beispiel von Psal 76 LXX, in: A. Cordes/E. Zenger (Hg.), Der Septuaginta-Psalter. Sprachliche und theologische Aspekte (HBS 32), Freiburg 2001, 105–121.

Cowdery, A., Hebrews 4:1–13, in: Interpretation 48 (1994), 282–286.

Delitzsch, F., Die Psalmen (BC IV/I), Leipzig u.a. ⁵1894 (Neudruck Giessen 1984).

---

66 *Karrer*, Brief (2002), 91.
67 *Mussner*, Handeln (1997), 22–23.
68 *Karrer*, Brief (2002), 91.

Doeker, A., Die Funktion der Gottesrede in den Psalmen. Eine poetologische Untersuchung (BBB 135), Berlin 2004.

Enns, P., Creation and Re-Creation. Psalm 95 and Its Interpretation in Hebrews 3:1–4:13, in: Westminster Theological Journal 54 (1992), 255–280.

Enns, P., The Interpretation of Psalm 95 in Hebrews 3.1–4.13, in: C. A. Evans/J. A. Sanders (Hg.), Early Christian Interpretation of the Scriptures of Israel. Investigations and Proposals (JSNT.S 148 = Studies in Scripture in Early Judaism and Christianity 5), Sheffield 1997, 352–363.

Frevel, C., Mit Blick auf das Land die Schöpfung erinnern. Zum Ende der Priestergrundschrift (HBS 23), Freiburg u. a. 2000.

Ders., „Jetzt habe ich erkannt, dass YHWH größer ist als alle Götter". Ex 18 und seine kompositionsgeschichtliche Stellung im Pentateuch, in: BZ 47 (2003), 3–22.

Frevel, C./Zenger, E., Die Bücher Levitikus und Numeri als Teile der Pentateuchkomposition, in: T. Römer (Hg.), The Books of Leviticus and Numbers (BEThL 215), Leuven 2008, 35–74.

Gräßer, E., An die Hebräer. 1. Teilband: Hebr 1–6 (EKK 17/1), Zürich 1990.

Hegermann, H., Der Brief an die Hebräer (ThHK 16), Berlin 1988.

Hossfeld, F.-L., Bundestheologie im Psalter, in: E. Zenger (Hg.), Der Neue Bund im Alten. Studien zur Bundestheologie der beiden Testamente (QD 146), Freiburg u.a. 1993, 169–176.

Ders., Psalm 95. Gattungsgeschichtliche, kompositionskritische und bibeltheologische Anfragen, in: K. Seybold/E. Zenger (Hg.), Neue Wege der Psalmenforschung (HBS 1), Freiburg u. a. 1994, 29–44.

Ders., Das Prophetische in den Psalmen. Zur Gottesrede der Asafpsalmen im Vergleich mit der des ersten und zweiten Davidpsalters, in: F. Diedrich/B. Willmes (Hg.), Ich bewirke das Heil und erschaffe das Unheil (Jesaja 45,7). Studien zur Botschaft der Propheten. FS L. Ruppert (FzB 88), Würzburg 1998, 223–243.

Ders., Psalmenauslegung im Psalter, in: R. G. Kratz/T. Krüger/K. Schmid, Schriftauslegung in der Schrift. FS O.-H. Steck (BZAW 300), Berlin u.a. 2000, 237–257.

Ders., Akzentsetzungen der Septuaginta im vierten Psalmenbuch. Ps 90–106 (Ps 89–105 bzw. 106 LXX), in: E. Zenger (Hg.), Der Septuaginta-Psalter. Sprachliche und theologische Aspekte (HBS 32), Freiburg u.a. 2001, 163–169.

Ders., Ps 89 und das vierte Psalmenbuch (Ps 90–106), in: E. Otto/E. Zenger, „Mein Sohn bist du" (Ps 2,7). Studien zu den Königspsalmen (SBS 192), Stuttgart 2002, 173–183.

Ders., Ps 106 und die priesterliche Überlieferung des Pentateuch, in: K. Kiesow/T. Meurer (Hg.), Textarbeit. Studien zu Texten und ihrer Rezeption aus dem Alten Testament und der Umwelt Israels. FS P. Weimar (AOAT 294), Münster 2003, 255–266.

Ders., Eine poetische Universalgeschichte. Ps 105 im Kontext der Psalmentrias 104–106, in: F.-L. Hossfeld/L. Schwienhorst-Schönberger (Hg.), Das Manna fällt auch heute noch. Beiträge zur Geschichte und Theologie des Alten/Ersten Testaments. FS E. Zenger (HBS 44), Freiburg 2004, 294–311.

Hossfeld, F.-L./Zenger, E., Die Psalmen I. Psalm 1–50 (NEB.AT 29), Würzburg 1993.

Dies., Psalmen 51–100 (HThKAT), Freiburg u.a. 2000.

Dies., Die Psalmen II. Psalm 51–100 (NEB.AT 40), Würzburg 2002.

Howard, D. M., The Structure of Psalms 93–100 (Biblical and Judaic Studies from the University of California, San Diego 5), Winona Lake 1997.

Human, D. J./Vos, C. J. A., Psalms and Liturgy (JSOT.S 410), New York 2004.

Janowski, B., The One God of the Two Testaments. Basic Questions of a Biblical Theology, in: Theology Today 57,3 (2000), 297–324.

Jeremias, J., Kultprophetie und Gerichtsverkündigung in der späten Königszeit Israels, Neukirchen-Vluyn 1970.

Ders., Das Königtum Gottes in den Psalmen. Israels Begegnung mit dem kanaanäischen Mythos in den Jahwe-König-Psalmen (FRLANT 141), Göttingen 1987.

Ders., Ps 100 als Auslegung von Ps 93–99*, in: Skrif en Kerk 19 (1998), 605–615.

Karrer, M., Der Brief an die Hebräer. Kapitel 1,1–5,10 (ÖTBK 20/1), Gütersloh 2002.

Käsemann, E., Das wandernde Gottesvolk. Eine Untersuchung zum Hebräerbrief, Göttingen 1939.

Khiok-Khng, Y., The Meaning and Usage of the Theology of „Rest" (κατάπαυσις and σαββατισμός) in Hebrews 3:7–4:13, in: Asia Journal of Theology 5 (1991), 2–33.

Klassen, W., To the Hebrews or Against the Hebrews? Anti-Judaism and the Epistle to the Hebrews, in: S. G. Wilson (Hg.), Anti-Judaism in Early Christianity. Vol. 2 of Separation and Polemic (Studies in Christianity and Judaism / Études sur le christianisme et le judaïsme 2), Waterloo 1986, 1–16.

Kowalski, B., Die Rezeption alttestamentlicher Theologie im Hebräerbrief, in: R. Kampling (Hg.), Ausharren in der Verheißung. Studien zum Hebräerbrief (SBS 204), Stuttgart 2005, 35–62.

Kraus, H.-J., Psalmen 60–150 (BK.AT 15,2), 5. revidierte Auflage, Neukirchen-Vluyn 1978.

Löhr, H., „Heute, wenn ihr seine Stimme hört …". Zur Kunst der Schriftanwendung im Hebräerbrief und in 1 Kor 10, in: M. Hengel/H. Löhr (Hg.), Schriftauslegung im antiken Judentum und im Urchristentum (WUNT 73), Tübingen 1994, 226–248.

Mathewson, D., Reading Heb 6:4–6 in Light of the Old Testament, in: Westminster Theological Journal 61,2 (1999), 209–225.

Mowinckel, S., Psalmenstudien, Bd. 3, Oslo 1922; Neudruck Amsterdam 1966.

Mussner, F., Das innovierende Handeln Gottes nach dem Hebräerbrief und die Frage nach dem „Antijudaismus" des Briefs, in: G. Schmuttermayer (Hg.), Im Spannungsfeld von Tradition und Innovation. FS J. Kardinal Ratzinger, Regensburg 1997, 13–24.

Päpstliche Bibelkommission, Das jüdische Volk und seine Heilige Schrift in der christlichen Bibel (VAS 152), Bonn 2001.

Pietersma, A., Exegesis and Liturgy in the Superscriptions of the Greek Psalter, in: B. A. Taylor (Hg.), X. Congress of the International Organization for Septuagint and Cognate Studies, Oslo 1998 (Society of Biblical Literature. Septuagint and Cognate Studies 51), Atlanta 2001, 99–138.

Ders., The Place of Origin of the Old Greek Psalter, in: P. M. M. Daviau/J. W. Wewers/M. Weigl (Hg.), The World of the Aramaeans I. FS P.-E. Dion (JSOT.S 324), Sheffield 2001, 252–274.

Ders., Septuagintal Exegesis and the Superscriptions of the Greek Psalter, in: P. W. Flint/P. D. Miller Jr. (Hg.), The Book of Psalms. Composition and Reception (Formation and Interpretation of Old Testament Literature 4), Leiden/Boston 2005, 443–475.

Prinsloo, W. S., Psalm 95. If Only You Will Listen to His Voice!, in: M. D. Carroll/D. J. A. Clines/P. R. Davies (Hg.), The Bible in Human Society. FS J. Rogerson (JSOT.S 200), Sheffield 1995, 393–410.

Reim, G., Späte Entdeckung. Psalm 95 als Darstellungsprinzip für das Wirken des johanneischen Jesus, in: ders. (Hg.), Jochanan. Erweiterte Studien zum alttestamentlichen Hintergrund des Johannesevangeliums, Erlangen 1995, 369–388.

Ders., G., Vom Hebräerbrief zum Johannesevangelium anhand der Psalmzitate, in: BZ 44,1 (2000), 92–99.

Rendtorff, R., Die „Bundesformel". Eine exegetisch-theologische Untersuchung (SBS 160), Stuttgart 1995.

Savran, G. W., The Contrasting Voices of Psalm 95, in: Revue Biblique 110,1 (2003), 17–32.

Schaper, J., Der Septuaginta-Psalter als Dokument jüdischer Eschatologie, in: M. Hengel/A. M. Schwemer (Hg.), Die Septuaginta zwischen Judentum und Christentum (WUNT I/72), Tübingen 1994, 38–61.

Ders., Eschatology in the Greek Psalter (WUNT II/76), Tübingen 1995.

Ders., Der Septuaginta-Psalter. Interpretation, Aktualisierung und liturgische Verwendung der biblischen Psalmen im hellenistischen Judentum, in: E. Zenger (Hg.), Der Psalter in Judentum und Christentum (HBS 18), Freiburg 1998, 165–183.

Schniedewind, W. M., Are We His People or Not? Biblical Interpretation During Crisis, in: Biblica 76,4 (1995), 540–550.

Schnocks, J., Vergänglichkeit und Gottesherrschaft. Studien zu Psalm 90 und dem vierten Psalmenbuch (BBB 140), Berlin/Wien 2002.

Schunack, G., Der Hebräerbrief (ZBK.NT 14), Zürich 2002.

Scoralick, R., Trishagion und Gottesherrschaft. Psalm 99 als Neuinterpretation von Tora und Propheten, Stuttgart 1989.

Seidl, T., Scheltwort als Befreiungsrede. Eine Deutung der deuteronomistischen Paränese für Israel in Ps 95,7c–11, in: H. Keul/H.-J. Sander (Hg.), Das Volk Gottes. Ein Ort der Befreiung. FS E. Klinger, Würzburg 1998, 107–120.

Seiler, S., Theologische Konzepte in der Septuaginta. Das theologische Profil von 1 Chr 16,8ff. LXX im Vergleich mit Ps 104; 95; 105 LXX, in: E. Zenger, Der Septuaginta-Psalter. Sprachliche und theologische Aspekte (HBS 32), Freiburg 2001, 197–225.

Spangenberg, I. J., The Christian Canon a Palimpsest?, in: J.-M. Auwers/H. J. De Jonge, The Biblical Canons (BEThL 163), Leuven 2003, 287–293.

Stemberger, G., Einleitung in Talmud und Midrasch, 8., revidierte Auflage, München 1992.

Strobel, A., Der Brief an die Hebräer (NTD 9/2), Göttingen 1991.

Tucker, W. D., Psalm 95. Text, Context, and Intertext, in: Biblica 81,4 (2000), 533–541.

Zenger, E., Das erste Testament. Die jüdische Bibel und die Christen, Düsseldorf 1991.

Ders., Das Weltenkönigtum des Gottes Israels (Ps 90–106), in: N. Lohfink/E. Zenger (Hg.), Der Gott Israels und die Völker. Untersuchungen zum Jesajabuch und zu den Psalmen (SBS 154), Stuttgart 1994, 151–178.

Ders., Die Komposition der Wallfahrtspsalmen. Zum Programm der Psalterexegese, in: M. Ebner u.a. (Hg.), Paradigmen auf dem Prüfstand. Exegese wider den Strich. FS K. Müller (Neutestamentliche Abhandlungen 47), Münster 2004, 120–134.

Ders., Theophanien des Königsgottes JHWH. Transformationen von Psalm 29 in den Teilkompositionen Ps 28–30 und Ps 93–100, in: P. W. Flint/P. D. Miller (Hg.), The Book of Psalms. Composition and Reception (VT.S 99), London u.a. 2005, 407–442.

Zenger, E. u.a., Einleitung in das Alte Testament, 6., revidierte Auflage (Kohlhammer Studienbücher Theologie 1,1), Stuttgart 2006.

Gen 34,31 – „Ein stolzes Wort!"?

„Ein stolzes Wort!" – Das ist der einzige Kommentar, den Hermann Gunkel mit einem Zitatsplitter von Eduard Meyer in seinem Genesiskommentar zu der Frage Simeons und Levis in Gen 34,31 gibt.[1] Diese antworten auf den Anwurf ihres Vaters Jakob, sie hätten ihn durch die Tötung der Sichemiten ins Verderben gestürzt, weil sie ihn unter den Bewohnern des Landes Kanaan „stinkend gemacht" hätten (עכרתם אתי להבאישני בישב הארץ בכנעני V. 30), mit einer knappen Frage: „Durfte er unsere Schwester wie eine Hure behandeln?" (הכזונה יעשה את־אחותנו V. 31).[2] Eigentümlich offen bleibt das Subjekt des יעשה.[3] Nahe liegend ist Sichem, der Dina genommen (לקח V. 2), mit ihr geschlafen (שכב V. 2), sie vergewaltigt (ענה V. 2) und durch den illegitimen Sexualverkehr verunreinigt (טמא D-Stamm V. 5.13) hat.[4] Möglich ist aber auch, Jakob als Subjekt anzunehmen. Dann wäre die Frage der Brüder eine Kritik an Jakobs permissiver Haltung, die er durch sein Schweigen (Gen 34,5) eingenommen hat. Mit Lev 19,29 im Hintergrund würden sie dem Vater vorwerfen, durch das Zulassen des in der Vergewaltigung vollzogenen vorehelichen Geschlechtsverkehrs seine Tochter zur „Hurerei" hergegeben zu haben.

---

1 *Gunkel*, Genesis (⁷1964), 378. Vgl. *Meyer*, Israeliten (1906), 419: „Die beiden Brüder verteidigen sich mit dem stolzen Wort, daß sie der Verpflichtung ihre Schwester zu rächen sich nicht hätten entziehen dürfen. Damit bricht die Erzählung ab".

2 Vgl. zur sprachlichen Gestalt *Groß*, Vorfeld (2001), 67, der die Fokussierung auf das כזונה durch die Satzstellung hervorhebt. Bei der Übersetzung des Wortes זנה ergibt sich ein Problem, weil das Wort im Alltagssprachgebrauch nach wie vor wertend, und zwar pejorativ gebraucht wird. Durch die Verwendung als Selbstbezeichnung von Prostituierten soll dieses pejorative Moment abgemildert werden, doch ist „Hure" bisher keinesfalls eine neutrale Bezeichnung von Prostituierten. Von der Wortherkunft wird die Spannung von Gen 34 aber sehr gut eingefangen: Die Ableitung von dem mhd. *huore* bzw. ahd. *huor* bzw. einem nicht mehr bezeugten Adjektiv „lieb/begehrt" (Vgl. *Kluge*, Wörterbuch [²⁴2002], 428.) legt von Wortstamm und Verwendung zunächst keine pejorative Bedeutung nahe. Während die Übersetzung „Prostituierte" den Text eindeutig auf Sexualhandlungen festlegen würde, schwingt bei „Hure" der abgewertete Sozialstatus mit. Der Euphemismus „Dirne" (*EÜ*) hingegen ist alltagssprachlich nicht mehr gebräuchlich. Mit der *Neuen Zürcher* Übersetzung und der *Bibel in gerechter Sprache* habe ich mich daher für die überkommene Übersetzung mit „Hure" entschieden.

3 Vgl. *Fleishman*, Simeon (2000), 110 f; *Fleishman*, Understanding (2001), 554.

4 Auf die Frage, ob die Erzählung von einer Vergewaltigung ausgeht oder nicht, kann ich hier nicht weiter eingehen, auch wenn mir die erste Lösung weit mehr einleuchtet. Vgl. zu dieser Diskussion *Shemesh*, Rape (2007), 2–21; *Clark*, Silence (2006), 143–158; *Häusl*, Dina (2009) und zuletzt *Yamada*, Configurations (2008), die für die Annahme einer Vergewaltigung plädiert. Auslösend für die Debatte war vor allem der Aufsatz *Bechtel*, Dinah (1994), 27 f; zu der Annahme einer Entführungsehe zuletzt *Fleishman*, Shechem (2004), 12–32.

DOI 10.1515/9783110424386-013

Auffallend ist auch das את־אחותנו „unsere Schwester", das die Anrede an Jakob weiter verdunkelt. Geht es bloß um die Familienehre, für die auch die Brüder Sorge zu tragen haben, oder enthält das herausgehobene „unsere Schwester" zugleich ein kritisches „nicht mehr *deine* Tochter"? Das würde die Kritik an Jakob weiter unterstreichen. Letztlich lässt sich nicht entscheiden, ob Sichem, Jakob oder – am unwahrscheinlichsten – ein unpersönliches „man" Subjekt des Handelns an Dina ist. Versteht man die Frage als Antwort auf Jakobs Vorwurf und als Rechtfertigungsversuch der Brüder, ist es Sichem.

Jakob schweigt jedenfalls ein zweites Mal in der Erzählung; er kann oder will den beiden Söhnen nichts entgegensetzen. Die fast ärgerlich hingeworfene Frage, die in der Erzählperspektive Jakob die stille Zustimmung zu dem Geschehenen abringt, lässt jeden moralischen Widerstand gegen den Einsatz der Söhne verstummen. Größer kann die im Endtext aufgebaute Spannung zwischen Ethos und Ethik kaum sein: Die Söhne haben Recht, auch wenn sie nicht recht handeln. Jakobs Sorgen scheinen demgegenüber – zumindest aus der Perspektive der Brüder – eher kleingeistig. Er fürchtet um *seinen* Ruf und den auf *ihn* gerichteten Druck der Bewohner des Landes, namentlich der Kanaanäer und Perisiter, die durch die kühne Tat seiner Söhne Herausgeforderten. *Ihn* würden sie bedrängen und schlagen, so dass er vernichtet würde (והכוני ונשמדתי אני וביתי). Lediglich das „und mein Haus" am Schluss von V. 30 rettet die ängstliche Sorge Jakobs, wenn man die Formulierung nicht auf das von Jakob gebaute Haus in Sukkot (Gen 33,19), sondern – was wahrscheinlicher ist – auf die Bedrohung der Verheißung für Jakob und seine Nachkommen bezieht. Durfte Jakob aber um derentwillen Dina preisgeben und schweigen? Die Maßstäbe Simeons und Levis jedenfalls fordern ein klares „Nein!".

Gen 34,31 und Gen 49,5 – 7

Am Ende der Erzählung steht demnach eine implizite, aber gerade durch die unbeantwortete Frage doch recht eindeutige Sanktionierung der Tat Simeons und Levis, deren Täuschung und Eifer im Nachhall des Schweigens legitimiert scheinen. Ob die Erniedrigung der Einen die Tötung der Vielen rechtfertigt, wird dabei nicht gefragt. Im Gegenteil: Nimmt man den Gottesschrecken (חתת אלהים) aus Gen 35,5 hinzu, mit dem die Verfolgung der Söhne Jakobs nach dem Aufbruch verhindert wird (ולא רדפו אחרי בני יעקב), steht die grausame Tat selbst noch unter göttlichem Schutz. So hinterlässt die Frage Simeons und Levis in mehrfacher Hinsicht ein beklemmendes Gefühl. Jenes empfindet wohl auch Benno Jacob, wenn er Jakob in Schutz zu nehmen sucht und sein Schweigen mit dem Hinweis auf Gen 49,5 – 7 entschuldigt:

Mit diesem Ausruf, auf den Jakob stumm bleiben muß, schließt das Kapitel. Es gab aus dem Dilemma keinen Ausweg. ... Jakob ist in einem schweren Konflikt. Den Ehrenstandpunkt der Söhne kann er nicht missbilligen. Auch für ihn muß die Reinheit der Familie das Höchste sein. Denn dazu ist sein Geschlecht auserwählt. Aber seine Lebensnotwendigkeit ist für sein Haus auch der Frieden mit den heidnischen Nachbarn. Ihm muß daher die Gewalttätigkeit und Blutgier verhaßt sein, wenn er auch seine Gefühle vor den schlimmen Gesellen, wie David, vorerst verbirgt und erst auf dem Totenbett seinen Fluch darüber ausspricht.[5]

Ob tatsächlich *Jakob* in Gen 49,7 spricht und „Wutschnauben" (אַף) und „Ingrimm" (עברה) der beiden „Brüder" verflucht, ist eine Frage, die nach Jürgen Ebach letztlich offen gehalten werden muss.[6] Geht man von einem Rückbezug des Stammesspruchs auf Gen 34 aus – und auf der Ebene des Endtextes ist dies bei allen Schwierigkeiten eines Bezuges nicht von der Hand zu weisen –, dann verurteilt dort Jakob das Handeln der beiden Brüder Dinas scharf. Feststellend ist zunächst die erste Aussage in V. 5aß, dass „ihre Messer" (מכרתיהם) Gewaltgeräte (כלי חמס) seien. Jürgen Ebach betont, dass מכרה „trotz einer Vielzahl von Ableitungs- und Erklärungsversuchen als ungedeutet anzusehen"[7] ist. Ob also tatsächlich „Beschneidungsmesser" gemeint sind und damit auf die Tötung der Sichemiten im Wundfieber der Beschneidung Bezug genommen wird, oder in Ableitung von μάχαιρα „Messer/Dolch, Kurzschwert" die Tötung der Sichemiten direkt angesprochen wird oder aber sich das Wort auf den in der Zustimmung zur Verheiratung Dinas vorgetäuschten vertraglichen Bundesschluss bezieht, der so als willkürliche Gewalt gebrandmarkt wird, ist nicht zu entscheiden.[8] In allen Lösungen bleibt – unter der Voraussetzung des Bezugs zu Gen 34 – eine moralische Wertung des Handelns der Brüder durch das כלי חמס bestehen. Dass damit der Mord an Sichem (und *pars pro toto* allen männlichen Sichemiten) gemeint ist, legt das כי באפם הרגו איש aus Gen 49,6bα nahe, auch wenn das Lähmen des Stieres in Gen 49,6bß ein Rätsel und zugleich eine Warnung bleibt, den Spruch gänzlich von Gen 34 her erklären zu wollen.[9] Da nun die herausfordernde Frage in Gen 34,31 auf die verletzte „Ehre" abzielt, gibt es eine gewisse Geneigtheit, das כבדי in Gen 49,6aß der masoretischen Vokalisation folgend auf die „Ehre" oder den „Status" Jakobs zu beziehen, auch wenn LXX und die Parallelität zu נפש in Gen 49,6aα dagegen sprechen und eine Ableitung von כבד „Leber" nahe legen.[10]

---

5 *Jacob*, Genesis (2000), 659f.
6 Vgl. *Ebach*, Genesis (2007), 590.593, wovon auch die Übersetzung der Termini אף und עברה übernommen wurde.
7 *Ebach*, Genesis (2007), 591.
8 Vgl. *Ebach*, Genesis (2007), 591f.
9 Vgl. dazu etwa *Fleishman*, Understanding (2001).
10 Vgl. dazu die ausführliche Diskussion bei *Ebach*, Genesis (2007), 588f.

Jakob würde dann seine nicht mit den Brüdern vereinbarenden Maßstäbe, was Familienehre und Bewahrung des Status angeht, so stark machen, dass eine Gemeinschaft mit Leviten und Simeoniten aufgrund fehlender gemeinsamer Basis nicht möglich ist.[11] Darum würde die Gemeinschaft aufgekündigt und den Stämmen Simeon und Levi die Aufteilung und Zerstreuung in Gen 49,7 angekündigt. Die Haltung zum Umgang mit Mischehen hätte Israel entzweit und die Rigoristen ins Abseits getrieben. Ablehnung von interethnischen Eheschließungen *ja*, aber nicht um jeden Preis und unter Gewaltanwendung. Dass es darum auch schon in Gen 34 ging, sich dort aber – wie in Num 25,6 – 18 – die militante Position am Ende durchgesetzt zu haben schien, sollte nicht verkennen lassen, dass die Position Jakobs in Gen 49,5 – 7 wie diejenige von Meschullam und Schabbetai (Esra 10,15) als Alternative zu Pinchas, Levi und letztlich auch Esra gelesen werden kann. Doch so wie in Esra 10,11.19.44 auf das Schicksal der weggeschickten Frauen mit keinem weiteren Wort eingegangen wird, so taucht auch Dina in Gen 49,5 – 7 nicht mehr auf. Dina erleidet so gewissermaßen das gleiche Schicksal wie die Frauen der Mischehen.

Das weitere Schicksal Dinas und sein Bezug zu Gen 34,31

Mit der rhetorischen Bloßstellung ihres Vaters endet nicht nur die in Gen 34,1 begonnene Erzählung, sondern auch die Sorge der Brüder um das weitere Schicksal der entehrten Dina. Die erwartete negative Antwort ist kaum in den Köpfen der Leserinnen und Leser verhallt, da tauchen schon die nächsten Fragen auf. Wird Dina nicht ein zweites Mal entehrt, wenn ihre Brüder sie mit einer Prostituierten gleichsetzen? Der Schatten, der damit auf die Provokation der beiden Heißsporne fällt, ist vergleichbar zu der Ambivalenz der „Rettung" Dinas in Gen 34,26 f. Damit ist nicht die Gewalttat an den Sichemiten gemeint, denn dass diese (egal, ob an Beschnittenen oder Unbeschnittenen begangen[12]) belastende moralische Fragen aufwirft, braucht nicht betont zu werden. Dass aber Dina einfach „genommen" und so aus dem Hause Sichems geraubt wird (ויקחו את־דינה

---

11 Ebach übersetzt, wenn auch nicht völlig von der Angemessenheit der masoretischen Textauffassung überzeugt: „In ihren Kreis soll meine Kehle nicht geraten, mit ihrer Versammlung meine Würde sich nicht vereinen. Denn in ihrem Wutschnauben töteten sie einen Mann, in ihrem Mutwillen lähmten sie einen Stier" (*Ebach*, Genesis [2007], 568).

12 Nach TestLev 6,6 kritisiert Jakob das Vorgehen Simeons und Levis nur deshalb, weil davon Beschnittene betroffen waren.

מבית שכם ויצאו V. 26), beraubt sie zugleich ihrer Freiheit, die sie in V. 1 anscheinend noch genießen durfte. Dina wird „genommen" (wie in V. 2) und „hinausgeführt", letztlich jeder Autonomie beraubt und gänzlich der Autorität, dem Willen und der Moral ihrer Brüder unterstellt. Aus der Genesis verschwindet sie nach dem harten כזונה in Gen 34,31 fast vollständig. Über das weitere Schicksal der durch die Vergewaltigung erniedrigten Dina macht sich erst die Rezeption Gedanken. Drei verschiedene Traditionsstränge machen Dina zur Frau Simeons, Ijobs bzw. zur Schwiegermutter Josefs. Jeweils wird die sexuelle Verbindung mit Sichem als illegitim bzw. verwerflich vorausgesetzt und führt – wovon der biblische Text selbst nichts weiß – zur Schwangerschaft und zur Geburt eines Kindes. Der Rückbezug auf Gen 34,31 und die Haltung, die gegenüber einer interethnischen Mischehe eingenommen wird, werden jeweils anders akzentuiert.

Im Midrasch wird Dina zur Frau Simeons. Der Midrasch Bereschit Rabba identifiziert die ohne Namen genannte Kanaanäerin und Mutter Schauls (ושאול בן-הכנענית) in Gen 46,10 mit der Tochter Jakobs.[13] Die Entehrung, die Dina durch den (mit Sichem erzwungenen) Geschlechtsverkehr erfahren hat, wird als Stigmatisierung gedeutet (vgl. טמא Gen 34,5.13.27) und Dina insgesamt negativ gewertet.[14] Ihr „Hinausgehen zu den Töchtern des Landes" (Gen 34,1) wird mit Hinweis auf Ez 16,44 als Promiskuität getadelt.[15] Dina, deren körperliche Integrität verletzt ist, kann nicht mehr ohne weiteres verheiratet werden[16] und ihr leiblicher Bruder Simeon soll ihr Mann geworden sein, natürlich, wie Nachmanides später betont, ohne mit ihr geschlechtlichen Umgang gehabt zu haben, was einen Verstoß gegen Lev 18,9.11; 20,17; Dtn 27,22 bedeutet hätte. Schaul ist demnach der in der Vergewaltigung gezeugte Sohn Sichems und „nur" von Simeon adoptiert. Der Midrasch lässt Dina auch von Simeon im Land Kanaan begraben worden sein.[17] Zwar ist richtig, dass die Erwähnung der Kanaanäerin in Gen 46,10 auf der Textoberfläche des hebräischen Textes „ohne jede erkennbare Abwertungsab-

---

13 BerR 80,11; vgl. Rashi im Kommentar zu Gen 46,10.
14 Vgl. zu dem Muster „blaming the victim", das „die Zuschreibung von Handlungsfähigkeit an eine Frau mit dem sexuellen Gewaltakt in Verbindung" bringt, *Müllner*, Gewalt (1997), 342. Die Feststellung, dass das „auf AktantInnen- oder auf Textebene geschehen" (*Müllner*, Gewalt [1997], 342) kann, lässt sich im Blick auf BerR durch die Rezipientenebene ergänzen.
15 Vgl. BerR 80,1; Tanḥ.B. zu Gen 34,1. Müllner weist darauf hin, dass durch die „Töchter des Landes", die „ansonsten in der Genesis nur im Kontext von Heiratsverboten" vorkommen, das יצא Dinas „nicht neutral ist, sondern Dina in ein negatives Licht stellt" (*Müllner*, Gewalt [1997], 343).
16 Vgl. *Legaspi*, Wives (2008), 72: „Dinah's martial prospects must have seemed rather grim". Zum Ausdruck des Entsetzens darüber werden ihr BerR 80,11 die Worte Tamars aus 2 Sam 13,13 in den Mund gelegt. Rashi kommentiert das כזונה in Gen 34,31 schlicht durch הפקר, womit er auf den geminderten Sozialstatus abhebt
17 Midrasch BerR 80,11 (vielleicht mit Bezug auf Lev 21,3).

sicht"[18] erfolgt, doch wird Dina durch die Identifikation mit der Kanaanäerin in der Rezeptionslinie des Midrasch aus Israel quasi herausgeschrieben. Sie ist nicht mehr Tochter Jakobs und Schwester der בני ישראל, sondern הכנענית. GenR 80,11 verschärft diese Sicht noch, wenn sie R. Judah und R. Neemia zitiert, die הכנענית auf das vermeintlich schändliche Verhalten Dinas beziehen. Die Frage der Brüder, ob Sichem sie zur „Hure" machen durfte, impliziert in dieser Deutung, dass sie in den Augen der Brüder (und späterer Rezipienten) zu einer solchen geworden ist. Das macht der rabbinische Kommentar zu Gen 34,31 im Schlusssatz deutlich: „Was verursachte all das? Dass ‚Dina ging hinaus' (דינה ותצא מי גרה)".[19]

In relativ späten rabbinischen Traditionen (frühestens Ende 3. Jh. n. Chr.) wird Dina zur Mutter Asenats[20], der in Gen 41,45.50; 46,20 namentlich erwähnten Frau Josefs. Voraussetzung und Anknüpfungspunkt ist Gen 46,15, wo Dina letztmalig und wahrscheinlich sekundär[21], zumindest aber eher beiläufig, neben den Lea-söhnen erwähnt wird, als es um den Aufenthalt der Großfamilie Jakobs (Gen 46,5) in Ägypten geht. Während Asenat in den drei biblischen Belegen die Tochter Potiferas, des Priesters von On (בת־פוטי פרע כהן אן) ist, wird sie in besagter Tradition zu dessen Adoptivtochter. Angela Standhartinger gibt den Inhalt der mehrfach bezeugten Legende wie folgt wieder:

> Dinas Tochter muß, da sie das Produkt eines illegitimen Geschlechtsverkehrs ist, aus dem Haus Jakobs gebracht werden. Dina selbst oder aber Jakob hängen ihr jedoch ein goldenes Amulett um, auf dem entweder die Geschichte der Schändung oder aber der heilige Name steht. Die Tochter Dinas, Aseneth, wird unter einem Dornenstrauch oder an der Grenze Ägyptens abgelegt, und ein Engel oder Adler tragen sie in das Haus Pentephres, wo sie aufgezogen wird. Bei der Begegnung zwischen Joseph und Aseneth erkennt dieser am Amulett, daß Aseneth eigentlich seine Nichte ist.[22]

Jürgen Ebach bezeichnet das treffend als „Nostrifizierung"[23]. Während einerseits die auf Gen 34,31 fußende Stigmatisierung Dinas durch den illegitimen Ge-schlechtsverkehr auch in dieser Tradition durch die Verstoßung fortgesetzt wird, wird ihr andererseits eine positive Funktion zugeschrieben, wenn sie als Mutter

---

18 *Ebach*, Genesis (2007), 447.
19 BerR 80,12.
20 Vgl. Pirke de Rabbi Eliezer 38. Vgl. zu den legendarischen Traditionen *Aptowitzer*, Asenath (1924), 266–268.
21 Vgl. zuletzt zum Einschub ואת דינה בתו und zu den damit verbundenen Berechnungen der 33 Personen *Ebach*, Genesis (2007), 450 f.
22 *Standhartinger*, Frauenbild (1995), 152.
23 *Ebach*, Genesis (2007), 261.

Asenats zur Jüdin wird und die Ehe mit Josef dadurch endogam macht. Das setzt voraus, dass die Ehe Josefs mit einer Ägypterin doch als anstößig empfunden wurde, was zwar für die nachbiblische midraschische Tradition, nicht aber für die biblische Josefserzählung oder den Roman Josef und Asenat vorauszusetzen ist.[24] Zwischen biblischem Text und Rezeption spannt sich eine Paradoxie, in der Dina hoffnungslos gefangen ist: Während die vorausgesetzte Abwertung Dinas über Gen 34,5.13.27 (טמא) und vor allem 34,31 (כזונה) die Ablehnung einer interethnischen Beziehung mit Sichem vorausgesetzte und die Verheiratung mit diesem kategorisch ausschloss, wird Dina, als Mutter Asenats, zur Hüterin der Endogamieforderung.

In einer dritten Traditionslinie wird Dina mit der in Ijob 2,9 erwähnten Frau Ijobs identifiziert.[25] Als eine unter vielen Ansichten wird im Talmud diejenige zitiert, die Ijob in den Tagen Jakobs leben und mit Dina verheiratet sein lässt (איוב בימי יעקב היה ודינה בת יעקב נשה).[26] Der Targum lässt sie die herausfordernden Worte an Ijob sprechen: „Hältst du auch jetzt noch fest an deiner Vollkommenheit? Fluche (wörtl. ‚segne') Gott, und stirb!" (עדך מחזיק בתממתך ברך אלהים ומת, Ijob 2,9, vgl. TargJob 2,9).[27] Die Verbindung wird über Gen 34,7 und Ijob 2,10 und das Stichwort נבל/נבלה hergestellt. Doch während in Gen 34,7 die Brüder erzürnt sind, weil ihre Schwester vergewaltigt wurde und „er (scil. Sichem) eine Schandtat/ Torheit in/an Israel getan hat, indem er mit der Tochter Jakobs schlief" (עשה נבלה בישראל לשכב את־בת־יעקב כי־נבלה), tadelt Ijob seine Frau in Ijob 2,10, sie würde wie eine der Törinnen reden (כדבר אחת הנבלות תדברי). Durch die an ihr begangene Schandtat wird Dina kurzerhand zur törichten Frau, die Ijob die Abkehr vom rechten Glauben anempfiehlt. Wie in der übrigen rabbinischen Tradition ist Dina nicht schuldlos und Opfer, sondern hat die mit dem Sexualverkehr mit Sichem verursachte Schande aktiv auf sich gezogen. Auf den ersten Blick liegt auch hier ein Paradox vor, wenn man davon ausgeht, dass Ijob nach Ijob 1,1 Nicht-Israelit war. Doch auch Ijob wird „nostrifiziert" wie beispielsweise im Talmud. Nach der Feststellung, dass er Dina zur Frau hatte, heißt es: „All diese Tannaím sind der Ansicht, daß Ijob aus Jisraél war, mit Ausnahme der ‚manchen'; wieso konnte man sagen, er war von den weltlichen Völkern, nach dem Tode Mošes hat ja die

---

24 Vgl. dazu *Ebach*, Genesis (2007), 261. Deshalb dürfte Standhartinger im Recht sein, wenn sie in JosAs 7,8.10 f die Mutter-Tochter-Beziehung zwischen Dina und Asenat noch nicht bezeugt sieht (*Standhartinger*, Frauenbild [1995], 153).
25 Vgl. zur Frau Ijobs und dem Versuch, sie in ein positives Licht zu stellen *Oeming*, Ijobs Frau (2007), 25–30.
26 bBB Fol. 15b, vgl. BerR 57,4; 76,9 u. ö.
27 Vgl. zur Auslegung *Ebach*, Streiten (1995), 37–39.

Göttlichkeit nicht mehr auf den weltlichen Völkern geruht".[28] Die Ehe zwischen Dina und Ijob war demnach *keine* abzulehnende Mischehe und als Ehe nicht negativ gewertet. Das ist auch bei Pseudo-Philo im *Liber antiquitatum biblicarum* aus dem 1. Jh. n. Chr. der Fall. Dort heißt es, nachdem die Vergewaltigung Dinas und der Aufbruch der Söhne Jakobs aus Gen 34 f knapp erzählt wurden: „Und nachher nahm Ijob sie als seine Frau und bekam von ihr vierzehn Söhne und sechs Töchter, also sieben Söhne und drei Töchter bevor er niedergeschlagen wurde durch sein Leiden, und danach sieben Söhne und drei Töchter als er geheilt war".[29] Die Namen der Söhne werden ebenfalls angegeben und scheinen Gen 36 entnommen: Ijob ist Nachfahre Esaus. „In this way, then, the author addresses two concerns: the marital prospects of a defiled Dinah (have her marry exogamously) and the need to locate the figure of Job in Israelite history (have him marry into the family of Israel)".[30] Dina ist damit deutlich positiver gewertet als im Targum. Sie ist die erste und einzige Frau Ijobs. Das ist anders im Testamentum Ijobs (1. Jh. v. Chr. – 1. Jh. n. Chr.), wo die erste (arabische) Frau Sitis verstirbt[31] und Ijob gegenüber den nachgeborenen Kindern am Ende seines Lebens einführend spricht: „Ich stamme von den Söhnen Esaus ab. Der war Jakobs Bruder, dessen (Tochter wiederum) eure Mutter Dina ist, mit der ich euch gezeugt habe. Meine erste Frau hat mit zehn anderen Kindern einen bitteren Tod gefunden".[32] Insofern sie nicht mit Ijob 2,9 in Verbindung steht, fehlt die Abwertung. Sie dient vielmehr dazu, Ijobs Kinder aus der Linie Esaus in die Linie Israels einzugliedern. Ihre Ehe mit Ijob bleibt endogam[33] und eine Aufnahme der Negativwertung von Gen 34,31 ist nicht zu erkennen: „Perhaps, then, something like the redemption of Dinah is in view: she who was deprived of her marital rights (ויענה) (Gen 34,2) lives to see her own daughters blessed beyond all reasonable expectation. Thus, the blessedness of Job's later life comes to include not only his own hyper-restoration but, fittingly, that of his wife as well".[34]

Abgesehen von dem sich in der Wertung abhebenden TestJob, hat der Blick auf die Rezeption der Dina als Frau Simeons, Ijobs und Mutter Asenats die in Gen 34,31

---

28 bBB Fol. 15b mit Bezug auf Ex 33,19 (Übersetzung nach *Goldschmidt*, Talmud [1933]).

29 Lib. Ant. Bib. 8,7 f: „Et postea accepit eam in uxorem Iob, et genuit ex ea quatuordecim filios et sex filias, id est, septem filios et tres filias antequam percuteretur in passione, et postea septem filios et tres filias quando salvus factus est". Zitiert nach *Jacobson*, Commentary (1996), 12.

30 *Legaspi*, Wives (2008), 73.

31 Zur Herkunft der ersten Frau Ijobs und der Verbindung von TestJob mit LXX vgl. *Legapsi*, Wives (2008), 74 f.79.

32 TestJob 1:1,5 – 6 (Übersetzung nach *Schaller*, Testament [1979], 301 – 387).

33 Vgl. dazu ausführlicher *Legapsi*, Wives (2008), 75 – 78.

34 *Legapsi*, Wives (2008), 78.

vorgespurte Abwertung Dinas deutlich gezeigt. Ihr Status ist gemindert und sie wird für die in Gen 34 erzählte illegitime Verbindung mit Sichem verantwortlich gemacht. Der fehlenden Opferperspektive steht das „blaming the victim" als Mechanismus gegenüber. Es ist auffallend, dass zwar die rhetorische Frage von Simeon und Levi aus Gen 34,31 im Hintergrund stand, deren Funktion im Text und ihr Wortlaut oder genauer die Qualifizierung der Dina als זנה dabei aber keine Rolle spielte. Das gilt umso mehr für die historisch-kritische Exegese, die – wenn sie überhaupt auf Gen 34,31 eingeht – weit mehr auf die Spannung zwischen Jakob und seinen Söhnen Simeon und Levi Bezug nimmt und das ethische Dilemma breit kommentiert.

Zwischen stiller Sympathie und Abschreckung kommt Dina unter die Räder

Das durch das Handeln der Söhne verursachte Dilemma, deren Einsatz für die verlorene Ehre Dinas maßlos ist, hat die klassische Exegese stark beschäftigt. Mit der Tendenz der Schlussfrage, die das Handeln Simeons und Levis legitimiert und Jakob bloßstellt, hat sie ihre Schwierigkeiten. Die horrende Gewalttat lässt eine Zustimmung unmöglich erscheinen, und Jakobs schwache Kritik bietet keinen wirklichen Halt. Sehr deutlich lässt Claus Westermann diese Spannung aufbrechen, indem er sie zugleich zu einem Konflikt zwischen zwei ethischen Systemen stilisiert. Durch V. 31 entsteht nach Westermann ein Riss zwischen Jakob und seinen Söhnen, der als Fanal des Endes der Väterzeit gedeutet wird: „Die Antwort der Söhne Simeon und Levi aber, die den Vorwurf Jakobs zurückweisen, zeigt den Bruch nicht nur zwischen zwei Generationen, sondern zwei Epochen".[35] Er deutet die älteste Erzählung, zu der V. 30 f gehört haben, als Familienerzählung, die gegen Ende der Väterzeit entstanden ist, also noch nomadische Wurzeln hat. Das Ethos der Söhne ist demgegenüber von der „Berührung mit den Sesshaften"[36] bestimmt. Seine Auslegung verbindet er mit einem Hieb gegen jeden übersteigerten Nationalismus, der sich – seine Datierung vorausgesetzt – problematisch auf jegliche Form der Staatlichkeit beziehen kann: „Eine Schandtat, die an ihnen oder ihrer Familie verübt wurde, musste blutig gerächt werden, ohne Rücksicht auf die Folgen. Dies ist im Keim ein Nationalgefühl, für das das Töten um der eigenen Ehre willen etwas Notwendiges geworden war. Darin aber stehen sie in einem Gegen-

---

35 *Westermann*, Genesis (²1989), 662.
36 *Westermann*, Genesis (²1989), 654.

satz zu Jakob, ihrem Vater, der von nun an nicht mehr rückgängig zu machen ist".[37]
Westermann sympathisiert mit dem in sich geschlossenen, von Kulturkontakten
nicht getrübten halbnomadischen Familienethos, das keine Gewalt kennt, weil es
keine übergreifenden Konflikte gibt. Dass dieses Bild der Väterzeit vollkommen
idealisiert ist, wird in dessen diametraler Konstruktion deutlich: „Wenn die Söhne
dem Wort des Vaters widersprechen, 34,31, ist damit das Ende der Väterzeit angedeutet, in der Krieg und Töten der Feinde vermieden wurden".[38] Gen 34 wird
damit zu einer Erzählung im Übergang zum Schlechteren, die Ideale der Erzel-
ternzeit verlassend, die auf friedliches Zusammenleben zielen. Ethisch maßgeblich ist für Westermann mit Verweis auf Mt 26,52 die Kritik Jakobs in V. 30. Der
Einsatz der Söhne für die Ehre Dinas ist demgegenüber zwar ethisch defizitär, aber
gewissermaßen einem ethischen Atavismus geschuldet. Wirklich problematisch
wird dieser nach Westermann erst durch die exilische Bearbeitung, in der die
Gewalt nicht mehr über das Sippenethos, sondern über den Rückbezug zu Dtn 7,5
legitimiert wird. Gen 34 wird jetzt zu „einer Beispielerzählung von der Durchführung eines Gebotes der Thora. Es ist der Eifer für das Gesetz, der ihn (scil. den
späten Bearbeiter)"[39] dazu treibt. Um Dina geht es bei all dem nicht. Die Kritik an
Simeon und Levi ist zur Kritik des Gesetzeseifers geworden und das Ethos der Tora
ein Ethos der Gewalt. Als Ausweg bleibt nur der Ausblick auf die Ablehnung des
Krieges in Jes 9,1–6, mit dem Westermann seine Auslegung schließt: „Der kommende König ist der König eines Friedensreiches".[40]

Das bei Westermann erkennbare Muster, mit der Sanktionierung der Gewalt
am Ende der Erzählung umzugehen, zeigt sich auch in anderen Genesiskom-
mentaren. Für Lothar Ruppert bleibt V. 31, den er einer jehowistischen Bearbeitung
mit levitischer Tendenz (sic!) zuschreibt, eine schwache Rechtfertigung: „Dies ist
freilich fast ein *hilfloser,* den Sachverhalt mitnichten treffender *Verteidigungsver-
such:* Schließlich hatte Sichem ja Dina liebgewonnen und wollte sie heiraten".[41]
Das romantisierende, geradezu als naiv zu kennzeichnende Eingehen auf die
Zuneigung Sichems überspielt auf der einen Seite das Unrecht der begangenen
Vergewaltigung und Erniedrigung Dinas und nimmt andererseits dem Handeln
der Söhne um der Ehre willen jegliche Rechtfertigung. Diese werden schon auf der
Erzählebene ins Unrecht gesetzt, nicht nur durch den „schweren Tadel"[42] von
V. 30, sondern auch durch die mangelnde Stichhaltigkeit des in der rhetorischen

---

37 *Westermann*, Genesis (²1989), 663.
38 *Westermann*, Genesis (²1989), 664.
39 *Westermann*, Genesis (²1989), 663.
40 *Westermann*, Genesis (²1989), 664.
41 *Ruppert*, Genesis (2005), 449.
42 *Ruppert*, Genesis (2005), 449.

Frage von V. 31 enthaltenen Arguments. Das reicht Ruppert aber selbst zusammen mit Gen 49,5 – 7 als Kritik am Verhalten Simeons und Levis nicht aus: „Daß man an dieses Verhalten vor- bzw. altisraelitischer Stammesgruppen und an seine Rezeption durch alttestamentliche Autoren *nicht* anachronistisch *neutestamentliche Maßstäbe* anlegen kann, versteht sich wohl von selbst: Gott offenbart sich zwar durch Geschichte, in geschichtlichen Vorgängen doch darf man fehlbares Handeln seiner Erwählten nicht schon deshalb als von Gott gebilligt oder gar prädestiniert verstehen!".[43] Ruppert versucht daher, die Geschichte, in der die „ethischen Schattenseiten schonungslos dargestellt"[44] werden, als moralisch „abschreckendes Beispiel"[45] zu retten und sie von Gottes Handeln und dem Heilsgeschehen vollkommen zu trennen: „Die Erzählung ist rein *profan: Gott* (Jahwe) wird überhaupt nicht erwähnt, er *steht auch nicht andeutungsweise hinter dem Geschehen".[46] Damit wird der Schlussposition von V. 31 zum einen kaum Rechnung getragen, zum anderen bleibt der Zusammenhang mit Gen 35,5 unterbestimmt. Durch den Gottesschrecken, der nach dem Aufbruch die umliegenden Städte an der Verfolgung der Söhne Jakobs hindert, kommt Gott sehr wohl ins Spiel. Zwar wird die Haltung Simeons und Levis damit nicht explizit sanktioniert, aber zumindest die Sorge Jakobs, dass damit der gewaltsame Einsatz für Dinas Ehre *de facto* unter göttlichen Schutz gestellt wird, spielt für Ruppert nur eine untergeordnete Rolle.[47]

Für Gerhard von Rad erfüllen die V. 30 f, die erst von späteren Erzählern angeschlossen wurden, die Funktion einer Gabelung: „Die häusliche Szene mit einem Auftreten Jakobs [gab] ihnen die Möglichkeit ..., sich und ihre Leser von dem Geschehen einigermaßen zu distanzieren. Jakobs Rolle ist freilich ohne Kraft; sein Tadel ist mehr eine grämliche Klage. Demgegenüber ist die Antwort der beiden stolz und unversöhnlich; und der antike Leser, der mehr als wir die brennende Schmach, die den Brüdern in der Schändung der Dina angetan war, mitfühlt, wird ihnen zum Schluß nicht ganz Unrecht gegeben haben".[48] Auch für von Rad bietet der Rückzug auf einen ethischen Atavismus aus dem Kontext des Sippenethos den Ausweg, den er wie schon Ruppert den Tradenten und antiken Lesern offen hält. Es findet sich jedoch keine explizite Absetzung vom christlichen Ethos und anstelle des Paradigmas der „Abschreckung" steht die Betonung der Ambivalenz des

---

43 *Ruppert*, Genesis (2005), 451, vgl. 453.
44 *Ruppert*, Genesis (2005), 452.
45 *Ruppert*, Genesis (2005), 453, vgl. 450.452.
46 *Ruppert*, Genesis (2005), 453.
47 Vgl. *Ruppert*, Genesis (2005), 479. V. 5b ist nach seiner Ansicht die vom Jehowisten geschaffene Verknüpfung zu Gen 34, der dort auch V. 30 f zu verantworten hat.
48 *von Rad*, Mose ([10]1976), 272.

Erzählschlusses und eine Einordnung in den Heilsplan Gottes. Denn die „moralisch zweideutige Tat"[49] Simeons und Levis und die in V. 30 f bleibende Ambivalenz der Bewertung könnte „den Leser recht ratlos machen ..., wenn er nicht wissen dürfte, daß auch dieses Ereignis zu einem Geschichtslauf gehört, über dem besondere Pläne Gottes stehen".[50]

In den bisher angeführten Kommentaren zeigt sich auf der einen Seite eine durchgehende Distanzierung von der Position Simeons und Levis, die wahlweise mit der vermeintlich unzureichenden Stichhaltigkeit von V. 31 und dem Rückbezug auf ein altes Sippenethos begründet wird. Dazu will nicht recht passen, dass V. 31 in den meisten Analysen für sekundär erachtet wird. Auf die im Hintergrund stehende Frage einer Mischehe oder des verunreinigenden Sexualverkehrs mit Fremden, der in V. 31 vorausgesetzt ist, wird ebenso wenig Bezug genommen wie auf die Qualifizierung Dinas als זנה. Dina spielt de facto in den Kommentierungen zu V. 31 keine Rolle. Mit der Sperrigkeit der hingeworfenen Frage יעשה את־אחותנו הכזונה kommen die Kommentare – wenn sie denn überhaupt darauf eingehen – anscheinend nicht zu Recht. Das mögen zwei abschließende Beispiele unterstreichen. Auch Josef Scharbert sieht in V. 30 einen Nachtrag von einem „späten Tradenten, der die Tat von Dtn 7 her beurteilt: Hätten die Jakobssöhne ihren Vorschlag zum Connubium unter der Bedingung der Beschneidung ernstgemeint, dann hätten sie die Beschneidung als ein Unterscheidungszeichen für die Jahwe-Gläubigen aufgegeben und sich in die von Dtn 7 angeprangerte Gefahr begeben, ins Heidentum abzugleiten".[51] So richtig es ist, einen Zusammenhang zwischen Gen 34 und Dtn 7,2b – 4 herzustellen, was der Text in Gen 34,16.21 selbst anzeigt, so wenig steht doch V. 31 mit Dtn 7 in einer sprachlichen oder sachlichen Verbindung. Die Begründung in V. 31 ist doch gerade nicht die Verletzung des Ausschließlichkeitsanspruchs YHWHs, sondern, dass Dina zur „Hure" gemacht wurde. Horst Seebass sieht wie die übrigen Kommentatoren Defizite in der Begründungsfähigkeit von V. 31: „V. 31 enthält also kein treffendes Urteil Simeons und Levis ..., sondern eine Impertinenz, weil sie gegen den Vater das letzte Wort behalten wollen".[52] V. 31 sei „gewiß ein redaktioneller Zusatz zur Verbindung mit 49,5 – 7"[53], der das Aufbegehren der Söhne gegen den Vater unterstreiche. „Denn zur Hure hatte Sichem Dina keinesfalls gemacht, der ganze Plot spricht dagegen".[54] Damit

---

49 *von Rad*, Mose ([10]1976), 272.
50 *von Rad*, Mose ([10]1976), 272.
51 *Scharbert*, Genesis (1986), 229 f.
52 *Seebass*, Genesis (1999), 428.
53 *Seebass*, Genesis (1999), 429.
54 *Seebass*, Genesis (1999), 428.

geht V. 31 an der Sache eigentlich vorbei. Ob das zutreffend ist, soll ein letzter Schritt klären.

Welchen Sinn macht die Frage in Gen 34,31?

Nach dem Durchgang durch die rabbinische und frühjüdische Tradition sowie die exegetischen Kommentare zu Gen 34,31 ist dessen Bedeutung nicht viel klarer. Hier ist weder der Raum auf die literarkritische Analyse der Erzählung einzugehen[55] noch deren Plot ausführlich darzustellen. Einige knappe Hinweise, die vom Endtext ausgehen, müssen genügen:

(1) Gen 34 ist ein komplexer nachexilischer Text, der einem halachischen Midrasch nahe kommt. Mehrere Vorgaben der Tora werden narrativ in ihrer Anwendung auf Nicht-Israeliten überprüft: Gen 17; Ex 22,15 f; 34,15 f; Num 31 sowie intensiver Dtn 7,3 – 5; 22,21.28 f und Dtn 20,14; 21,10 – 14. Im Kern geht es dabei um die Frage, wie mit interethnischen Sexualkontakten und deren Folgen umzugehen ist. Gen 34 ist *eine* Stimme im nachexilischen Mischehendiskurs. Insofern sich die Position Simeons und Levis am Ende faktisch durchsetzt, nimmt der vorliegende Text eine generell ablehnende Haltung gegenüber interethnischen Eheschließungen von israelitischen Frauen ein. Dtn 22,28 f wird dahingehend präzisiert, dass die Entschädigungszahlung für den Vater des Vergewaltigungsopfers ausschließlich bei intraethnischen Eheschließungen greift. Wichtig ist, dass die Position Simeons und Levis im Text nicht wirklich begründet, sondern vielmehr durch das „weil er verunreinigt hat" (טמא in V. 5.13.27[56]) und die Schlussfrage „durfte er denn unsere Schwester wie eine Hure behandeln" (יעשה את־אחותנו הכזונה V. 31) moralisch aufgeladen wird. Die Schlussfrage hängt also letztlich mit dem Reinheitsparadigma, das der Ablehnung zugrunde liegt, zusammen.

(2) Weder durch das טמא D-Stamm noch durch die Bezeichnung זנה wird im Text auf Dinas Promiskuität, ihre aktive Beteiligung oder ein Verschulden abgehoben. Subjekt und Verursacher ist Sichem als Person (und in V. 27 als ganze Stadt). טמא D-Stamm ist dabei im Mischehenkontext keine „sehr merkwürdige

---

55 Hinzuweisen wäre über die bereits Genannten hinaus auf die jüngeren Vorschläge von *Levin*, Dina (2000), 61–72 und *Ruwe*, Beschneidung (2008), 309–342, die von einer Spätdatierung ausgehen. Levin nimmt mehrere nachpriesterschriftliche Fortschreibungen von Gen 34 an. Die ältere Annahme von zwei Versionen ist in meinen Augen ebenso wie eine vorexilische Datierung weiter Teile der Erzählung eher fraglich.

56 טמא V. 27 steht im Plural, so dass die ganze Stadt zum Subjekt der „Verunreinigung" Dinas und so die Kollektivbestrafung begründet wird.

Bewertung"[57], sondern ein Terminus, der zwar kultische Konnotationen hat, zunächst aber als *terminus technicus* illegitime und meist außereheliche Sexualkontakte bezeichnet.[58] Es ist nicht in erster Linie eine zur Kultunfähigkeit führende rituell-kultische Unreinheit gemeint, sondern ein Zustand, der durch illegitime außereheliche oder moralisch verwerfliche Sexualkontakte generiert wird. Indem dieser Terminus verwendet wird, wird die Beziehung zwischen Sichem und Dina in besonderer Weise als illegitim stigmatisiert.

(3) Die Vergewaltigung durch Sichem ist als illegitimer vorehelicher Sexualverkehr gewertet. Die Statusminderung, die Dina dadurch erfährt und die entsprechend dem patriarchalen Verfügungsrecht des Vaters über die Tochter diesen schädigt, darf, weil es sich um einen interethnischen Kontakt handelt, nicht durch eine Dtn 22,28 f entsprechende Entschädigungszahlung aufgehoben werden.[59] Die statusbezogene Herabsetzung Dinas ist dauerhaft. In der Bewertung von Simeon und Levi hat Sichem Dina wie eine Prostituierte behandelt (Gen 34,31), für die außereheliche Sexualkontakte *nicht* ehrverletzend oder statusmindernd sind. Da Dina aber noch in der patriarchalen Verfügungsgewalt und reglementierenden Obhut des Vaters (und der Brüder) lebt, ist die Ehre unwiederbringlich verletzt.[60]

(4) Wenn Simeon und Levi handeln, sind nicht nur zwei leibliche Brüder involviert, sondern insbesondere Levi steht für die radikale Ablehnung von interethnischen exogamen Eheschließungen (Num 25,6–9; Mal 2).[61] Aus diesem nachexilischen Diskurs lässt sich Gen 34 nicht lösen. Die ablehnende Haltung, die

---

57 *Seebass*, Genesis (1999), 423. Zu Recht verweist Rofé darauf, dass das Konzept der Verunreinigung durch Sexualkontakte „is not a primitive, instinctive concept, but rather a sophisticated, legalistic one. The legal status, not the alleged chastity of a woman, determines the possibility of her being defiled by sexual contact", *Rofé*, Defilement (2005), 370.
58 Vgl. zu diesem Verständnis von טמא Num 5,13.14.20.27.28.29; Dtn 24,4; Ez 22,11. In Ez 33,26 scheint טמא sogar nahe an einem Euphemismus für Vergewaltigung zu liegen. Allegorisch zielen auch Jer 2,23; Klgl 1,9; Ez 22,3; 23,7.13.17.30; 37,23; 43,7 f; Hos 5,3; 6,10 auf illegitime „verunreinigende" Sexualkontakte. Wie bei dem Verbum זנה, das trotz der übertragenen figurativen Verwendung für den Fremdgötterdienst, immer auch die Konnotation von Sexualkontakten behält, ist auch bei טמא die kultisch-rituelle Dimension nicht vollständig ausgeblendet. Von einer Konvertibilität der ethischen und sexuellen Bedeutung oder gar der „Vergöttlichung des Geschlechtlichen", nach *André*, טמא (1982), 354, ist allerdings nicht auszugehen. Vielleicht greift hier aber doch die religionsgeschichtlich mehrfach beobachtete Nähe von Unreinheit und Tabu. Vgl. die Häufung des Lexems טמא in Lev 18 und 20, bes. 18,20 (Ehebruch), 18,23 (Sodomie).
59 Vgl. zu Dtn 22,28 f und Ex 22,15 f zuletzt *Edenburg*, Ideology (2009), 55 f sowie *Rofé*, Defilement (2005), 369 f.
60 Vgl. *Fleishman*, Understanding (2001), 554. Seine weitergehende Annahme, durch die Aussage der Brüder würde Dina den Kanaanäern gleichgemacht, bei denen sexuelle Promiskuität an der Tagesordnung gewesen sei, ist inakzeptabel.
61 Vgl. dazu *Frevel*, Bund (2007), 86–93.

vor allem von priesterlichen Kreisen forciert wird, speist sich auch aus der Separierung des erwählten Israel aus den Völkern insbesondere in Levitikus. Die für Priester geltenden besonderen Reinheitsvorschriften sollen auf das ganze Volk übertragen werden. Daher sind auch Lev 19,29; 21,5 und Lev 21,14 und die Heiligkeit Israels im Hintergrund mitzudenken.[62] Auch Dina ist nicht isoliert im Familienkontext zu sehen, sondern steht *pars pro toto* für die Töchter Israels. Ganz Israel ist durch die Vergewaltigung betroffen. Das macht V. 5 deutlich. Die Schandtat (נבלה), besteht darin, dass Dina die Jungfrauenschaft genommen (Dtn 22,21) und sie dadurch entehrt wurde. Diese Schandtat ist בישראל begangen worden, was sowohl *lokal* „in Israel" als auch *gentil* „an Israel" verstanden werden kann. Da die Schandtat in Sichem stattgefunden hat, ist „an Israel" die wahrscheinlichere Lesart. Das יעשה aus V. 31 nimmt so das וכן לא יעשה aus V. 7 wieder auf.

Eine explizite Begründung für die Ablehnung interethnischer Eheschließungen wird in Gen 34 nicht gegeben. V. 31 kommt die Funktion zu, die Ablehnung durch die Statusminderung der Dina zu unterstreichen. Die Verbindung mit Sichem stellt in der Sicht Simeons und Levis die Erwählung Israels als „Heiliges Volk", das sich von den Völkern trennt (Lev 20,24–26), in Frage. Eine Reduktion der Motivation Simeons und Levis auf die verletzte Familienehre greift daher zu kurz.

Natürlich bleiben weiterhin Fragen offen, und es sind neue Fragen aufgeworfen worden. Das moralische Dilemma zwischen Kollektivstrafe, Ehrverletzung und Erniedrigung Dinas ist nicht einfach zu lösen. Die Bewertung des Geschehens jedenfalls sollte sich nicht nur an Gen 34,30 f festmachen, sondern den größeren Kontext des Mischehendiskurses in nachexilischer Zeit und dessen Rezeption miteinbeziehen. Das macht die Sache nicht einfacher, aber das war auch nicht das Ziel.

Bibliographie

André, G., טמא *ṭāme'*, in: ThWAT 3 (1982), 354–366.

Aptowitzer, V., Asenath, the Wife of Joseph. A Haggadic Literary-Historical Study, in: HUCA 1 (1924), 239–306.

Bechtel, L. M., What if Dinah is Not Raped? (Genesis 34), in: JSOT 62 (1994), 19–36.

Clark, R. R., The Silence in Dinah's Cry, in: Lectio Difficilior 6,1 (2006), 143–158.

Ebach, J., Streiten mit Gott. Hiob. Teil 1: Hiob 1–20, Neukirchen-Vluyn 1995.

---

[62] Hier ist ferner die viel diskutierte Frage der Unreinheit der Völker resp. des Landes berührt (Esra 6,21; 9,11 f; Ez 36,16–18; Jes 52,11), die hier nicht weiter behandelt werden kann.

Ders., Genesis 37–50 (HThKAT), Freiburg u. a. 2007.

Edenburg, C., Ideology and Social Context of the Deuteronomic Womens's Sex Laws (Deuteronomy 22,13–29), in: JBL 126 (2009), 43–60.

Fleishman, J., Why Did Simeon and Levi Rebuke Their Father in Genesis 34,31?, in: JNWSL 26 (2000), 101–116.

Ders., Towards Understanding the Legal Significance of Jacob's Statement, in: A. Wenin (Hg.), Studies in the Book of Genesis. Literature, Redaction and History (BEThL 155), Leuven 2001, 541–559.

Ders., Shechem and Dinah. In the Light of Non-Biblical and Biblical Sources, in: ZAW 116 (2004), 12–32.

Frevel, C., „Mein Bund mit ihm war das Leben und der Friede". Priesterbund und Mischehenfrage, in: C. Dohmen/C. Frevel (Hg.), Für immer verbündet. Studien zur Bundestheologie der Bibel. FS F.-L. Hossfeld (SBS 211), Stuttgart 2007, 85–94.

Goldschmidt, L., Der Babylonische Talmud, Berlin 1933.

Groß, W., Doppelt besetztes Vorfeld. Syntaktische, pragmatische und übersetzungstechnische Studien zum althebräischen Verbalsatz (BZAW 305), Berlin u. a. 2001.

Gunkel, H., Genesis (HK I/1), Göttingen [7]1964.

Häusl, M., Dina, in: WiBiLex (Internetquelle; Stand: 2008).

Jacob, B., Das Buch Genesis, Nachdruck der Orig.-Ausg. Berlin 1934, Stuttgart 2000.

Jacobson, H., A Commentary on Pseudo-Philo's Liber Antiquitatum Biblicarum. With Latin Text and English Translation. Volume 1 (AGAJU 31), Leiden u. a. 1996.

Kluge, F., Etymologisches Wörterbuch der deutschen Sprache, Berlin/New York [24]2002.

Legaspi, M., Job's Wives in the Testament of Job, in: JBL 127 (2008), 71–79.

Levin, C., Dina. Wenn die Schrift wider sich selbst lautet, in: R. G. Kratz/T. Krüger/C. Schmid (Hg.), Schriftauslegung in der Schrift. FS O.-H. Steck (BZAW 300), Berlin u. a. 2000, 61–72.

Meyer, E., Die Israeliten und ihre Nachbarstämme, Halle 1906.

Müllner, I., Gewalt im Hause Davids. Die Erzählungen von Tamar und Amnon (2 Sam 13,1–22) (HBS 13), Freiburg u. a. 1997.

Oeming, M., Ijobs Frau (Sitidos). Von der Perserzeit bis heute, in: A. M. von Hauff (Hg.), Frauen gestalten Diakonie. Band 1: Von der biblischen Zeit bis zum Pietismus, Stuttgart 2007, 25–30.

Rofé, A., Defilement of Virgins in Biblical Law and the Case of Dinah (Genesis 34), in: Biblica 86 (2005), 369–375.

Ruppert, L., Genesis. 3. Teilband: Gen 25,19–36,43 (FzB 106), Würzburg 2005.

Ruwe, A., Beschneidung als interkultureller Brauch und Friedenszeichen Israels. Religionsgeschichtliche Überlegungen zu Genesis 17, Genesis 34, Exodus 4 und Josua 5, in: Theologische Zeitung 64 (2008), 309–342.

Schaller, B., Das Testament Hiobs, in: JSHRZ III/3 (1979), 301–387.

Scharbert, J., Genesis 12–50 (NEB.AT 16), Würzburg 1986.

Seebass, H., Genesis II/2. Vätergeschichte II (23,1–36,43), Neukirchen-Vluyn 1999.

Shemesh, Y., Rape is Rape. The Story of Dinah and Shechem (Genesis 34), in: ZAW 119,1 (2007), 2–21.

Standhartinger, A., Das Frauenbild im Judentum der hellenistischen Zeit. Ein Beitrag anhand von „Joseph und Aseneth" (AGAJU 26), Leiden u. a. 1995.

von Rad, G., Das erste Buch Mose. Genesis (ATD 2/4), Göttingen [10]1976.

Westermann, C., Genesis. 2. Teilband: Genesis 12 – 36 (BK.AT I/2), Neukirchen-Vluyn ²1989.
Yamada, F. M., Configurations of Rape in the Hebrew Bible. A Literary Analysis of Three Rape Narratives (SBL 109), New York u. a. 2008.

Moloch und Mischehen

Zu einigen Aspekten der Rezeption von Gen 34 in Jub 30

„Trenne dich von den Völkern ...! Denn ihr Werk ist Unreinheit, und all ihre Wege sind befleckt und Nichtigkeit und Abscheulichkeit. ... Und all ihr Werk ist nichtig. Und sie haben kein Herz zum Denken" (Jub 22,16 – 18[1]). Kaum eine frühjüdische Schrift aus dem 2. Jh. v. Chr. ist so radikal und deutlich in der Forderung nach der Trennung von den Völkern wie das Jubiläenbuch.[2] Das gilt vor allem für die ablehnende Position gegenüber Mischehen[3], die in Aufnahme und verschärfender Korrektur biblischer Traditionen (Gen 24; 26,34 f; 27,46 – 28,9; 34; 36; Lev 21,7.9; Num 25,6 – 13; Dtn 7,1 – 5; Esra 9.2.12.14; 10,10 f; Neh 13,27; Mal 2,10 – 16) im Jubiläenbuch breit entfaltet wird (Jub 20,4 f; 22,20 – 22; 25,3 – 10; 27,8 – 10; 30,7 – 17). Die Rezeption der Erzählung in Gen 34 in Jub 30, das in einer Form der „rewritten scripture"[4] zum paradigmatischen Beispiel[5] für die radikale Ablehnung von Mischehen entfaltet wird, nimmt dabei eine herausragende Stellung ein. Das Jubiläenbuch reiht sich damit in den Diskurs um die Akzeptanz und Ablehnung von Mischehen in der frühhellenistischen und hellenistischen Zeit ein, von dem nicht nur das Esterbuch und Tobit, sondern genauso das Buch der Worte Noachs (1Q 20)[6], das Wächterbuch (4Q 201 – 206, 1 Hen 6 – 11)[7], das Testamentum Levi (TestLev 6)[8], das aramäische Levi-Dokument (4Q 213 – 215; 1Q21; CLev[Bodl.Cam], Koutloumasiou 39[9]), die Tempelrolle (4Q 524; 11Q19 – 21) und andere Texte Zeugnis geben. Zuletzt hat sich Armin Lange ausführlich mit der Mischehenposition in den

---

1 Zur Übersetzung vgl. hier wie bei allen folgenden Zitaten aus dem Jubiläenbuch, sofern nicht anders vermerkt: *Berger*, Jubiläen (1981); zur Textausgabe *Vanderkam*, Text (1994).
2 Vgl. den Überblick bei *Schwarz*, Identität (1982), bes. 17 – 40.
3 Im Folgenden werden sog. Mischehen auch als interethnische, interkulturelle oder interreligiöse Eheschließungen oder umfassend als exogame Eheschließungen bezeichnet. Jede der Bezeichnungen hat ihre eigene Problematik, was im Rahmen dieses Aufsatzes nicht diskutiert werden kann.
4 Zu diesem Begriff als Alternative zu dem von *Vermez*, Scripture (1981), 95 eingeführten, aber partiell anachronistischen „rewritten Bible" s. *Bernstein*, Rewritten Bible (2005); *VanderKam*, Scholarship (2008), 409.
5 So *Werman*, Jubilees (1997), 9; *Segal*, Book (2007), 292; *Vanderkam*, Scholarship (2008), 421.
6 *Fitzmyer*, Genesis (³2004), 76.
7 *Milik*, Books (1976), 140 f.
8 *Becker*, Testamentum (²1980).
9 *Greenfield/Stone/Eshel*, Document (2004).

DOI 10.1515/9783110424386-014

letztgenannten Texten auseinandergesetzt.[10] Er kommt dabei zu folgendem Ergebnis:

> In frühhellenistischer Zeit war die Ablehnung von Mischehen im Judentum weit verbreitet. Ihr Skopus ist antihellenistisch. Sie hat die Entfaltung der religiösen Identität des Judentums zum Ziel. Zu diesem Zweck wird in allen Texten auf autoritative Literatur verwiesen.[11]

In dieselbe Stoßrichtung weist das Jubiläenbuch. Es zeigt eine antihellenistische Position[12] – sei sie nun nach außen oder nach innen gerichtet[13] –, die sich jedoch von den anderen genannten Texten signifikant durch ihre Radikalität, aber auch durch den Rückgriff auf die biblischen Prätexte unterscheidet. In der Forschung wird das Jubiläenbuch meist als eine levitische priesterliche Position identifiziert[14]; vielleicht lässt sich präzisieren, dass es sich dabei um eine Form eines erzählenden Midrasch handelt[15], in den durch die Rezeption und Auslegung der Tora eine protosadduzäische-zadokidische Form priesterlicher Halacha eingebunden ist.[16] Die Datierung des Jubiläenbuches ist nach wie vor umstritten, da eine eindeutige Bezugnahme weder auf die Entwicklung unter Antiochus IV. um 167 v.Chr. noch auf die makkabäische Erhebung und deren Frühphase oder die Hasmonäer zu erkennen ist. Aufgrund der Kenntnis der Henochliteratur erscheint die extreme Frühdatierung Ende des 3./Anfang des 2. Jh. v.Chr. ausgeschlossen

---

10 *Lange*, Töchter (2008); *ders.*, Daughters (2008); *ders.*, Significance (2010).

11 *Lange*, Töchter (2008), 309.

12 Vgl. *Vanderkam*, Origins (1997), 16; *Berger*, Jubiläen (1981), 298; *Schwarz*, Identität (1982), 102–111; *Werman*, Jubilees (1997), 133–136.

13 Zu der Diskussion um eine nach außen gegen nichtjüdische Hellenisierungstendenzen gerichtete oder nach innen gegen innerjüdische Positionen *Segal*, Book (2007), 37 f.320–322. An der antihellenistischen Einstellung im Grundsatz ändert diese Differenz nichts.

14 „Träger ist demnach eine antihellenistische priesterliche restaurative Reformgruppe", *Berger*, Jubiläen (1981), 287; vgl. *Böttrich*, Liber Iubilaeorum (1999), 138–139; anders zuletzt *Ravid*, Purity (2002), die eine anti-zadokidische nichtpriesterliche levitische Position aus der deuteronomischen Schule annimmt. S. dazu *Vanderkam*, Jubilees (1989), 418–420.

15 Vgl. dazu *Berger*, Jubiläen (1981), 285; *Vanderkam*, Origins (1997), 14.

16 Vgl. dazu *Schiffman*, Halakah (2006), 353; *Himmelfarb*, Relations (1999), 11. Zur Form der Halacha des Jubiläenbuches auch *Segal*, Book (2007), 45 f.317 f, der die Gesetzesauslegung redaktionell von den erzählenden Passagen abhebt und im Anschluss an Menahem Kister mit einer nicht-qumranischen essenischen Position identifiziert; vgl. ähnlich *Werman*, Jubilees (1997), 158. Beim SBL-Meeting in Rom 2009 hat James Kugel die These vertreten, dass Jub 30,8–23 von einem Interpolator stammen. Im Folgenden wird demgegenüber unter der Voraussetzung der Einheitlichkeit argumentiert, ohne damit bereits eine Entscheidung zu treffen.

und die Frühdatierung zwischen 170 und 150 v.Chr. unwahrscheinlicher, so dass eine Datierung in der Mitte des 2. Jh. v.Chr. oder etwas später am nächsten liegt.[17] Die absolute Ablehnung der Mischehen im Jubiläenbuch wird argumentativ vor allem über das Reinheits-Unreinheitsparadigma entwickelt, insofern jegliche sexuelle Kontakte mit Außenstehenden als verunreinigend angesehen und als der Heiligkeit und Reinheit des Volkes nicht angemessen ausgeschlossen werden. In der Forschung hat sich daher eine breite Diskussion um die Art der Reinheit im Jubiläenbuch entwickelt, die neben physisch-rituellen und moralischen auch genealogische Aspekte umfasst.[18] Zentral für die Ablehnung von Mischehen im Jubiläenbuch ist die Aufnahme von Gen 34 in Jub 30, womit das Jubiläenbuch die Prominenz der Erzählung der Vergewaltigung Dinas in hellenistischer Zeit bestätigt.[19] Dabei bietet Gen 34 nur den Aufhänger für das absolute Verbot, das über das Erzählsetting von Gen 34 deutlich hinausgeht:

> Und wenn ein Mann da ist, der in Israel seine Tochter zu geben wünscht, und auch wenn einer da ist, der seine Tochter gibt, und auch wenn es seine Schwester (ist) – jedem Mann, der aus dem Samen der Heiden ist, er soll des Todes sterben (Jub 30,7).

Über die diametrale Opposition zwischen „Samen der Heiden" und „Samen Israels" (Jub 30,9) sowie über die Heiligkeit Israels (Jub 30,8) ist erkennbar, dass sich Jub 30 sowohl an das Konzept des זרע הקדש aus Esra 9,2[20] bzw. die Absonderungsbestimmung Neh 9,2 anlehnt als auch auf die (damit zusammenhängende) Vorstellung von Israel als „heiligem Volk" (Lev 11,44 f; 19,2; 20,7.26; Dtn 7,6; 14,2.21; 26,17[21]) zurückgreift, um die Absonderung von den Heiden zu begründen und über die Erwählung theologisch aufzuladen. Jedoch fällt zugleich auf, dass die Ablehnung der Mischehen weit weniger auf Ex 34,12–16 und Dtn 7,1–5 Bezug

---

17 S. dazu *Vanderkam*, Origins (1997), 14–16; *ders.*, Jubilees (1989), 409; *ders.*, Jubilees (1989), 434–438; *Crawford*, Scripture (2008), 62; *Werman*, Jubilees (1997), 134 f, zur Frage des Zusammenhangs mit der makkabäischen Erhebung *Schwarz*, Identität (1982), 99 f.102 f, zur Spätdatierung um 100 v.Chr. etwa *Werman*, Jubilees (1989), 157.

18 Vgl. dazu neben *Klawans*, Purity (2006); *ders.*, Impurity (2000); *ders.*, Idolatry (1998) und *Hayes*, Intermarriages (1999); *dies.*, Impurities (2002) auch: *Werman*, Jubilees (1989); *Milgrom*, Impurity (1993); *Ravid*, Purity (2002); *Vanderkam*, Angle (2002) und den Überblick über die verschiedenen Positionen bei *Harrington*, Purity (2006).

19 Vgl. zur Rezeption den Überblick von *Standhartinger*, Töchter (1994) und *Zlotnick*, Daughters (2002), 33–75. Zum TestLev besonders *Kugel*, Story (1992), für das aramäische Levi-Dokument bes. *Stone*, Levi (2004), 110–116.

20 Vgl. Jub 16,17 f.26; 22,27; 25,4.12.18 und ähnlich 31,14 f.

21 Jub 16,19; 22,12; 30,8; 33,20 f. Vgl. zum Rückgriff auf die deuteronomischen Aussagen zur Heiligkeit Israels im Jubiläenbuch auch *Milgrom*, Impurity (1993).

nimmt[22], sondern mit Lev 20,2–5 eine Stelle zur Begründung herangezogen wird, in der im Hebräischen Text von Mischehen gar keine Rede ist. Derjenige, der seine Tochter an einen Heiden gibt, hat ein nicht sühnbares Vergehen begangen, „denn von seinem Samen hat er dem Moloch gegeben, und er hat gesündigt, es zu verunreinigen" (Jub 30,10). Der Verbindung von Mischehenverbot und Molochkult soll im Folgenden nachgegangen werden.

„Denn von seinem Samen hat er dem Moloch gegeben" (Jub 30,10)

Wie kommt der Autor des Jubiläenbuches überhaupt dazu, Lev 20 als Verbot von Mischehen zu lesen? Trotz des Kontextes in Lev 18 und 20, in dem Sexualtabus behandelt werden, liegt ein Bezug des Moloch-Dienstes auf Mischehen nicht gerade auf der Hand: „We may assume that the Jews of antiquity, no less than modern commentators, were perplexed by this question".[23] Eine recht einfache Erklärung versuchte noch Hermann Rönsch (1874), der den Moloch schlicht als Synonym für einen „Heiden" zu lesen bereit war. Lev 18,21 und 20,2–5 seien in Jub 30,10 „... durch Verwandlung des Moloch in einen Heiden nach Maßgabe der zeitweiligen Verhältnisse abgeändert worden".[24] Selbst wenn man eine so einfache Lösung anzunehmen bereit ist, müsste man Gründe angeben können, warum die Gleichung Moloch = Heide auf der Hand lag. Finden sich für den Bezug des Moloch-Dienstes auf Mischehen oder interethnische sexuelle Beziehungen Anhaltspunkte in Levitikus selbst? Oder war die Deutung bereits in der Rezeptionsgeschichte von Lev 20 vorgespurt, so dass der Autor des Jubiläenbuches auf eine bereits bekannte Deutung zurückgriff? Diesen Fragen ist im Folgenden nachzugehen. Dazu ist es notwendig, sich zunächst darüber klar zu werden, was denn ursprünglich – sollten nicht Mischehen damit gemeint sein – hinter dem Verbot des Moloch-Dienstes steckt. Denn jede *Um*deutung setzt eine (Be-)Deutung voraus. Es ist im vorliegenden Zusammenhang weder möglich noch nötig, auf alle religionsgeschichtlichen Aspekte der Moloch-Diskussion einzugehen. Wichtig erscheinen zunächst die drei Fragen: (1) Was bezeichnet למלך in Lev 18,21; 20,2–5? (2) Beziehen sich die Ausgangstexte nur auf Handlungen an Kleinkindern oder gibt es einen Zusammenhang des Moloch-Dienstes mit sexuellen Aktivitäten der Be-

---

22 Zur Funktion von Dtn 7,1–10 in der Argumentation von Jub 30 s.u.

23 *Cohen*, Beginnings (2002), 253.

24 *Rönsch*, Buch (1874), 143; ähnlich die Anmerkung zu Jub 30,10 bei *Charles*, Jubilees (1902).

teiligten? (3) Wann setzt die in Jub 30,10 vorausgesetzte Desemantisierung ein oder ist von einer solchen gar nicht auszugehen?

Was bezeichnet למלך in Lev 18,21; 20,2–5?

Moloch bzw. das Lexem מלך ist im masoretischen Text in Lev 18,21; 20,2.3.4.5; 1 Kön 11,7[25]; 2 Kön 23,10 und Jer 32,35 belegt.[26] Nach wie vor besteht in der exegetischen und religionsgeschichtlichen Debatte kein Konsens über das Verständnis dieses Terminus und der in den Texten beschriebenen (Kult-)Handlung.

Die Konturen eines MLK genannten Unterweltsgottes im 3. Jt. v. Chr. in Ebla (durch das theophore Element *malik*), im 2. Jt. v. Chr. in Mari (in amoritischen Personennamen mit dem Element *milku/i, malki* oder *muluk*) oder einer eigenständigen Figur in Ugarit (KTU 1.100:41; 1.107:37) bleiben trotz der Versuche von George Charles Heider[27] und John Day[28] nach wie vor blass und eine Kontinuität der mit Nergal identifizierten Gottheit im 1. Jt. v. Chr. ist nicht wirklich gesichert.

> Um *molæk* als Maliku zu retten, bedarf es der Annahme, dass ein schon in Ugarit in den Hintergrund tretender und danach völlig abgetauchter Gott nach rund einem Jahrtausend in Jerusalem – und nur hier – wieder emporgekommen und unheimlich bedeutsam geworden ist.[29]

---

25 In der lukianischen Rezension der LXX wird das masoretische מלך durch Μελχομ wiedergegeben. Wegen des offensichtlichen Bezugs auf die Ammoniter und wegen 1 Kön 11,5.33 wird auch der masoretische Text vielfach in diesem Sinn geändert und auf Milkom bezogen.

26 In Zef 1,5 MT במלכם liest die lukanische Rezension der LXX κατὰ τοῦ Μελχομ (vgl. Syriaca und Vulgata), ein Sonderstrang κατὰ τοῦ Μολοχ (vgl. zum textkritischen Befund zuletzt mit Verweis auf *Irsigler*, Zefanja [2002], 105). In der Forschungsgeschichte wurde Zef 1,5 nicht nur (wie 1 Kön 11,5.7.33; 2 Kön 23,13 und Jer 49,1.3?) Milkom, sondern auch Moloch zugeordnet. Zuletzt hat sich H. Irsigler für einen *Königsgott* ausgesprochen, der offen ist für einen Bezug auf Moloch: „Wenn sich allerdings hinter dem biblischen Molek wahrscheinlich ein in Juda adaptierter Königsgott verbirgt, so liegt es nahe, ihn in Zef 1,5 referiert zu sehen, entsprechend dem im 2 Kön 17,31–32 benannten Synkretismus" (ebd., 117). Ist das richtig und Zef 1,5 nicht redaktionell, könnte Zef 1,5 den Erstbeleg der Auseinandersetzung darstellen.

Auch in Am 5,26 gibt die LXX das masoretische מלככם unter Tilgung des Suffixes durch Μολοχ wieder. Die eigenwillige Wiedergabe („Und ihr habt das Zelt des Moloch und den Stern eures Gottes Raiphan getragen") des schwierigen Ausgangstextes gibt – wie *Rudolph*, Joel (1971), 207 richtig gesehen hat – lediglich Zeugnis darüber, dass die LXX in סכות und כיון Götternamen gelesen hat, diese aber nicht mit Sakkut und Kewan identifizieren konnte.

Zu Jes 30,33 und der Möglichkeit, Molek im Hintergrund zu sehen, vgl. *Koch*, Molek (1999), 29.

27 *Heider*, Molek (1995); *ders.*, Molech (1995), 581–585.

28 Vgl. *Day*, Gods (2002), 209–216.

29 *Koch*, Molek (1999), 31f.

Eine Unterweltskonnotation des *mlk*-Ritus wird biblisch über den „König der Schrecken" (מלך בלהות) Ijob 18,14 und das Hinnomtal als Ort der perhorreszierten Praxis (2 Kön 23,10; Jer 7,31f; 19,2–6) erhoben, ist aber für die Verortung des Adressaten des Rituals nicht zwingend, wenn sie auch nicht auszuschließen ist.

Es ist nach wie vor umstritten, ob es sich bei dem Ritual um echte Menschenopfer (vgl. „im Feuer verbrennen" שרף באש Dtn 12,31[30]; „als Ganzopfer" עלה Jer 19,5) oder um rituelle Übereignungen („durch das Feuer gehen lassen" העביר [באש] Jer 32,35[31]) handelt.[32] Die Formulierungen in Jer 19,4 (ומלאו את־המקום הזה דם), in Jer 19,5 (לשרף את־בניהם באש עלות), in Ps 106,37 f (ויזבחו את־בניהם ואת־בנותיהם נקים), und זבחו לעצבי כנען) oder die Rede vom Schlachten (שחט) der Kinder in Ez 16,21; 23,39 und Jes 57,5 sprechen eine anscheinend eindeutige Sprache und lassen tatsächliche Kinderopfer als religiöse Praxis zumindest nicht ausschließen.[33] Bei den anscheinend eindeutigen Stellen handelt es sich um exilische, wenn nicht nachexilische Belege[34], was die Frage aufwirft, ob sie eine Praxis beschreiben, die tatsächlich praktiziert wurde oder vielmehr fiktional eine solche erst entwerfen.[35] Die enge Verschränkung der Deutung der biblischen Belege mit dem archäologisch und epigraphisch nicht eindeutigen Befund (und deutlich späteren) phönizisch-punischer Kolonien ist methodisch problematisch.[36] Wahrscheinlicher als tatsächliche Menschenopfer, die es in Israel und bei seinen Nachbarn – wenn überhaupt – allerhöchstens in außergewöhnlichen Notzeiten gegeben hat (2 Kön 3,27)[37], ist eine durch aramäisch-assyrischen Einfluss im Juda

---

30 Vgl. 2 Kön 17,31; Jer 7,31; 19,5.

31 Vgl. Dtn 18,10; 1 Kön 16,3; 2 Kön 17,16; 21,6; 23,10; 2 Chr 33,6; Ez 20,31.

32 Vgl. zur jüngeren Diskussion in Auswahl: *Smelik*, Moloch (1995), 133–142; *Lange*, Sons (2007), 109–132; *Keel*, Geschichte (2007), 492–504; *Bauks*, Kinderopfer (2008), 233–251; *Rüterswörden*, Stellung (2003), 199–209 (199 f mit einer nützlichen Übersicht über die bibl. Belege).

33 Die Opfertermini ergeben allerdings kein geschlossenes Bild, worauf *Rüterswörden*, Stellung (2003), 201 nachdrücklich hinweist.

34 Vgl. *Michel*, Gewalt (2003), 289–290.293–294.298. Für ihn stellt Jer 32,35 den spätexilischen Erstbeleg dar. S. aber Anm. 26 zu Zef 1,5.

35 Vgl. in dieser Richtung *Rüterswörden*, Stellung (2003), 204–208 und mit Hinweis auf die lange Tradition des ideologischen Vorwurfs von Kinderopfern, Ritualmorden usw. *Keel*, Geschichte (2007), 493–498.

36 Vgl. dazu die Bemerkungen zur Forschungsgeschichte bei *Keel*, Geschichte (2007), 483 mit der abschließenden vielleicht zu scharfen Trennung: „Die [punischen] Installationen einer- und die Texte andererseits gehörten verschiedenen Kulturkreisen an". Auf die Differenzen zwischen den üblicherweise konflationierten Quellen weist *Rüterswörden*, Stellung (2003), 205f hin.

37 Vgl. dazu die Zusammenstellung der biblischen wie außerbiblischen Belege bei *Lange*, Sons (2007), 116–122. Apodiktisch anders *Keel*, Geschichte (2007), 497: „Die Annahme, in Krisenzeiten seien Erstgeburtsopfer in der Levante üblich gewesen, entbehrt jeder auch nur halbwegs soliden Grundlage". Über die literarische Evidenz von 2 Kön 3,27 geht er m. E. zu schnell hinweg. Seiner

des 8./7. Jh. v. Chr. populär gewordene symbolische Übereignung der Kinder an den vielleicht sogar mit YHWH gleichgesetzten (Jer 7,31; 19,5; 32,35)[38] und als König מלך titulierten Gott Hadad oder Adad-Milki.[39] Die vermeintlichen Kinderopfer wären dann entweder als Ersatzopfer/Weihgaben oder als rituelle Übereignungen zu verstehen. Erst nachexilisch wäre die Praxis als vollzogenes Opfer mit Kindern als Opfer*materie* gedeutet worden.[40]

Versucht man die Stellen, in denen eine personale Größe vorausgesetzt scheint, nicht umzuinterpretieren, überwiegen nach wie vor die Argumente für die Annahme eines Gottes, der (a) *mlk*, am wahrscheinlichsten „König", genannt wird, aber nicht Molek o. ä. als Eigennamen tragen muss und dem (b) in ritueller Übereignung Kinder geweiht wurden, ohne diese dabei zu töten. Dabei könnten Aromata und Spezereien für den als König titulieren Wettergott verbrannt worden sein[41] und die Kinder in einer Art „Feuerritus" zwischen mind. zwei Brand- bzw. Räucherstellen hindurchgeführt worden sein, so dass sie symbolisch Teil der Gabe für den Gott wurden.[42] Tatsächliche Opfer können allerdings nicht mit letzter Sicherheit ausgeschlossen werden.

---

begründeten Ablehnung der Deutung ägyptischer Reliefszenen der 18. Dynastie (etwa aus Karnak und Luxor Abb. 363) als Darstellungen von Kinderopfern ist jedoch in jedem Fall zuzustimmen, vgl. auch *Bauks*, Kinderopfer (2008), 242 f.

38 Vgl. dazu *Milgrom*, Leviticus (2001), 1560 – 1565.

39 Vgl. dazu *Weinfeld*, Worship (1972), 133 – 154; *Albertz*, Religionsgeschichte (1992), 297 – 302; *Grünwaldt*, Heiligkeitsgesetz (1999), 188 f und mit etwas anderer Akzentsetzung *Michel*, Gewalt (2003), 48 – 53.275 – 278.280 – 303; schließlich *Frevel*, Menschenopfer (1998), 118 – 120.

40 Auf die von *Reynolds*, Molek (2007), passim jüngst erneuerte und leicht modifizierte These Otto Eissfeldts, in מלך mit Hinweis auf die phönizisch-punischen Inschriften nicht eine Götterbezeichnung, sondern einen von *hlk* abzuleitenden Opferterminus als „frozen form of a technical term" (*Reynolds*, Molek [2007], 143) zu sehen, kann hier leider nicht weiter eingegangen werden, auch wenn die These gerade an Lev 20,5 scheitert. Auch auf die weit reichenden Schlussfolgerungen von *Stavrakopoulou*, King (2004), 318, dass reale Kinderopfer regulärer Bestandteil des judäischen Kultes gewesen seien, kann hier nicht eingegangen werden. Archäologisch jedenfalls ist ein Nachweis bisher nicht gelungen (s. dazu *Lange*, Sons [2007], 119; *Keel*, Geschichte [2007], 493).

41 Vgl. *Deller*, Sacrifices (1965), 385. Diesbezüglich ist vielleicht Jes 57,9 ebenso als weiterer Hinweis zu werten wie bSan 64b (aufgenommen bei Rashi u. a.), vgl. *Weinfeld*, Worship (1972), 146.

42 In diesem Zusammenhang ist auf die Bedeutung ritueller Feuer in der altpersischen Religion zu verweisen. Das gilt umso mehr, je später die alttestamentlichen Belege des „durch das Feuer gehen lassen" datiert werden. Michael Stausberg verweist auf eine Ordalpraxis, in der „das Durchschreiten einer schmalen Gasse zwischen zwei hoch lodernden Feuern" (*Stausberg*, Religion [2004], 129) der Bekräftigung von Eiden bzw. der Wahrheitsfindung dient. In zarathustrischen Initiationsritualen hingegen scheint das Durchschreiten von Feuern nicht belegt zu sein (vgl. *Stausberg*, Religion [2004], 301 – 415). Eine Ableitung der Ritualpraxis aus der persischen Zeit und der altpersischen Religion bietet sich damit trotz der hohen Bedeutung des Feuers (vgl. *Stausberg*,

Zwar bleiben damit wesentliche Fragen offen, etwa die nach der Unterweltskonnotation des Kultes, der speziellen Ausformung und Bedeutung des Feuerritus oder der Art der Verbindung mit dem YHWH-Kult, ein möglicher Zusammenhang mit mantischen Praktiken (Dtn 18,10; 2 Kön 21,6) u. a. m., doch soll der grobe Rahmen hier zunächst genügen. Für die Rezeption in Jub 30 ist allerdings noch die Frage zu klären, ob bereits die Ausgangstexte einen Zusammenhang mit Heirat oder sexuellen Aktivitäten hergeben.

Beziehen sich die Ausgangstexte nur auf Kleinkinder oder gibt es einen Zusammenhang des Moloch-Kultes mit sexuellen Aktivitäten der Beteiligten?

Ein Zusammenhang zwischen Erstgeburtsopfern und Moloch-Dienst besteht nicht, zumindest nicht grundsätzlich. Beide sind terminologisch und textlich in den legislativen Passagen nicht miteinander verbunden. Lediglich in Ez 20,26 ist עבר im H-Stamm (ohne באש!) mit dem *terminus technicus* כל־פטר רחם verbunden. Über Ez 20,31, wo der MT עבר באש mit בנים als Objekt bezeugt und ebenfalls den in Ez 20,26 gebrauchten Opferterminus מתנה verwendet, ließe sich die Deutung von V. 26 auf den Moloch-Ritus stützen. Selbst wenn die beiden Verse einfach parallel gesetzt werden können, ist damit nicht eine grundsätzliche Identität von Erstgeburtsopfer und Moloch-Dienst ausgesagt. Die Texte zum Moloch-Dienst beziehen ausdrücklich Nachkommen beiderlei Geschlechts ein. Der in Lev 18,21 und Lev 20,2–5 gebrauchte Terminus זרע ist synonym zu בת und בן in Dtn 18,10; 2 Kön 23,10 oder dem בנים in Ez 16,21; 2 Chr 33,6. Deutet man den Moloch-Dienst nicht als reguläres Erstgeburtsopfer und nicht von den punisch-phönizischen Tofet-Installationen her, gibt es keinen Grund anzunehmen, dass sich die Texte auf Neugeborene, Säuglinge oder Kleinkinder beziehen. Genauso gut ist an einen *rite de passage* im Übergang zum Erwachsenenalter zu denken, dessen genaue Bedeutung allerdings unklar bleibt.

Weder lässt sich über Num 31,22f, wo die Wendung „durchs Feuer gehen lassen" für das Reinigen (טהר D-Stamm) von Metallen gebraucht wird, ein „Reinigungsritus" konstruieren, noch über Dtn 18,10; 2 Kön 21,6 oder die parallelen Formulierungen von Lev 20,2–5 und Lev 20,6 ein Zusammenhang mit magisch-mantischen oder auf die Unterwelt bezogenen Praktiken sicher rekonstruieren.

Religion [2004], 126–202) *nicht* als Alternative an (sieht man von einem Bezug auf den König ab, für den Feuer in achämenidischer Zeit in anderen Zusammenhängen eine Rolle spielen, vgl. *Stausberg*, Religion [2004], 181–183).

Dass der Ritus den Übereigneten „als eine Art ‚Feuertaufe' … den Kindern wahrscheinlich Vorteile im Jenseits bzw. ein Gefeitsein gegen alles Böse im Diesseits bringen"[43] sollte, wie Othmar Keel vermutet, verbleibt gänzlich im Bereich der Spekulation. Auch die Annahme von Klaus Koch, dass es um eine „‚Hinführung' zu den himmlischen Schicksalsmächten" gegangen ist, „um deren Gunst und Hilfe herbeizurufen"[44] ist letztlich nicht plausibler als alle anderen Hypothesen, auch wenn Koch gegenüber dem behaupteten Unterweltsbezug des Moloch-Kultes die Plausibilität astraler Konnotation erhöht hat.

Am neutralsten hat Karlheinz Deller den Weiheritus beschrieben:

> Durch das „Verbrennen" darf man sich (nicht) ablenken lassen. Gemeint ist doch die Aussonderung eines Menschen als fortan Gottes ausschließliches Eigentum. Wegen der großen sozialen Bedeutsamkeit muss diese Aussonderung in sinnenfälliger Form, durch Anwendung sichtbarer äußerer Zeichen vollzogen werden. Im Falle von Adadmlek-Bēlat-ṣēri-Hierodulie waren sie offenbar durch das Verbrennen von Spezereien charakterisiert.[45]

Eine Verbindung mit Eheschließungen, Mischehen oder sexuellen Praktiken, die die Rezeption des Moloch-Ritus in Jub 30 vorauszusetzen scheint, lässt sich über die Texte unmittelbar nicht erheben. Es stellt sich allerdings die Frage, wieso sowohl Lev 19,21 und Lev 20,2–5 den Moloch-Dienst im Kontext von Sexualtabus platzieren. An dieser Stelle ist es unnötig, die Ratlosigkeit oder den Dezisionismus einiger der Levitikuskommentare zu wiederholen; beides ist mehrfach in der Forschung kritisiert worden.[46] Weder der formale Hinweis auf die תעבות noch der Rückgriff auf die theologische Deutungsebene, nach der das Brechen sexueller Tabus und das „Kinderopfer" auf einer Stufe stehend als Grund für die Exilierung zusammengebunden worden seien, kann letztlich überzeugen. Für Lev 20,2–5 weist Milgrom auf die Nähe der Formulierungen von Lev 20,5 und Lev 20,6 hin. Das ist zwar formal zutreffend (vgl. שם/ und כרת נתן את פן את נפש/ההוא בנפש באיש זנה אחרים, מקרב עם), kann aber die Zusammenstellung mit den Sexualtabus Lev 20,10–21 nicht erklären. Ähnlich verhält es sich mit der Stellung von Lev 18,21 im Kontext von Lev 18. Zwar knüpft die Formulierung in Lev 18,21 durch die Aufnahme von נתן und זרע an V. 20 an, doch reicht das kaum aus, um die Zusammenstellung zu erklären. Deshalb möchte Geza Vermez festhalten, dass – solange keine befriedigende kompositionskritische Erklärung vorliegt – „on the *redactional* level this law has something to do with sex".[47] Die Frage ist allerdings, ob diese These ohne

---

43 *Keel*, Geschichte (2007), 501.
44 *Koch*, Molek (1999), 41.
45 *Deller*, Sacrifices (1965), 386.
46 Vgl. dazu *Vermez*, Lev (1981), 122–124; *Milgrom*, Leviticus (2001), 1558–1560.
47 *Vermez*, Leviticus (1981), 124.

eine *sachliche* Nähe aufrecht zu erhalten ist. Eine sachliche Nähe zwischen Ehebruch und Moloch-Ritus bestünde jedoch nur dann, wenn letzterer auf die Mischehenthematik bezogen wäre oder zumindest eine sexualkultische Konnotation hätte. Das ist in der Forschung immer wieder vorgebracht worden. Norman Snaith beispielsweise nimmt die spätere talmudische Rezeption (bSan 64a) als ursprünglichen Sinn von Lev 18,21 an: „The probability is that the Talmud is right, and that the children were given up by their parents to grow up and be trained as temple prostitutes, cf. Lev XX 4, 8".[48] Über Jes 57,3–9; Ez 16,20f; 23,37.39 und Lev 18,20f bringt auch Moshe Weinfeld den Moloch-Dienst mit sexuellen Praktiken in Verbindung und erklärt so die Rezeption des Jubiläenbuches: „The children born of cultic prostitution associated with Molech were presumably delivered to the idolatrous priests, even as the offspring of a regular marriage may have been handled over to Molech".[49] Schlicht und auffallend ohne jegliche Begründung auch K. Elliger: „Das Verbot der Beteiligung am Molechdienst [Lev 18,]21 fällt sachlich aus der Reihe der Unzuchtsverbote wohl nur scheinbar heraus. Vermutlich handelt es sich um Opfer von neugeborenen Kindern, die die Frucht bestimmter sexueller Kultriten waren".[50]

Auch wenn bereits K. Deller auf die Parallelität zwischen dem Ritual und der Weihung von *ḫarimtu*-Kultdienerinnen in den neuassyrischen Belegen hingewiesen hat[51], ist eine Verbindung von kultischer Prostitution und Moloch-Dienst abwegig. Abgesehen davon, dass man gegenüber kultischer Prostitution in Israel/Juda nach wie vor berechtigt mehr als skeptisch sein kann[52], ist weder über die atl. Texte noch über die außerbiblischen Belege ein Zusammenhang zwischen Moloch-Dienst und sexualkultischen Aktivitäten auch nur annähernd nachzuweisen. Aus den neuassyrischen Texten ist die Parallelität zur „Gestellung gottgeweihter Personen"[53] oder „einer Weihung zu einer Art niederen Klerus"[54], nicht aber ein Zusammenhang mit kultischer Prostitution zu erheben.[55]

Dass Jub 30 den Moloch im Kontext der Mischehenproblematik als Verbot jeglicher sexueller illegitimer Beziehungen rezipiert, lässt sich *nicht* mit der ur-

---

48 *Snaith*, Cult (1966), 123 f. Dass als Verweisstellen tatsächlich Lev 20,4.8 gemeint sind, ist gegenüber Lev 21,5.7 eher unwahrscheinlich.
49 *Weinfeld*, Worship (1972), 144.
50 *Elliger*, Leviticus (1966), 241.
51 *Deller*, Sacrifices (1965), 385; Vgl. *Weinfeld*, Worship (1972), 144.
52 Vgl. dazu *Frevel*, Aschera (1995), 629–737; *Stark*, Kultprostitution (2006), (dazu *Frevel*, Rezension [2007]); *Budin*, Myth (2008), (dazu *Gruber*, Rezension [2009]).
53 *Deller*, Sacrifices (1965), 385.
54 *Keel*, Geschichte (2007), 501.
55 Vgl. so auch *Koch*, Molek (1999), 33.

sprünglichen Bedeutung des Rituals begründen. Der Bezug auf illegitime sexuelle Verbindungen setzt eine *Umdeutung* voraus, in der Moloch als Gott mehr oder minder desemantisiert ist. Damit stellt sich die Frage, ob Jub 30 den „Moloch" überhaupt noch im Kontext eines Fremdkultes wahrnimmt.

Wann setzt die in Jub 30,10 vorausgesetzte Desemantisierung ein?

Da insbesondere Lev 18,21 und Lev 20,2–5 im Kontext von Mischehen rezipiert wurden, die anderen Moloch-Stellen dabei aber keine vergleichbare Rolle spielen, ist noch einmal auf die Formulierungen in Lev 18,21 und Lev 20,2–5 zu schauen, um zu klären, ob sich hier Ansatzpunkte für die Rezeption bieten. Meist wird als Anker für die Umdeutung auf die Wendung נתן זרע in Lev 18,21 und 20,2.3.4 verwiesen und darin nicht die rituelle oder symbolische *Übergabe* der Nachkommen gesehen, sondern im Anschluss an die rabbinische Interpretation ein Euphemismus für Beischlaf oder Verheiratung. „'You shall not give of your seed to cause to pass to Molech', led some rabbis and targumim to read the verse as a prohibition of sexual intercourse (give of your seed) with pagan women".[56] Die Formulierungen würden dann jegliche sexuelle Verbindung mit Fremden ausschließen. Dass die Wendung נתן זרע in den *nachbiblischen* Texten als Beischlaf interpretiert worden ist, steht außer Frage. Geza Vermez, der die Frage für Lev 18,21 am ausführlichsten untersucht hat, macht drei Interpretationslinien der nachbiblischen Rezeption aus: 1. Die erste liegt noch recht nah an dem oben erarbeiteten Verständnis. Sie wird etwa von LXX, dem samaritanischen Pentateuch und einigen Targumim (TargOnq, TargSamar, TargNeof) vertreten. Dabei wird זרע im Sinne von Nachkommen verstanden und das להעביר למלך (z.T. mit expliziter Änderung in עבד) als Götzendienst gedeutet. Vermes paraphrasiert: „Thou (Israelite father) shalt not cause thy seed (i. e. children) to pass (i. e. serve, worship, be set aside for, be consecrated to) Molekh (an umbrella term for idolatry)".[57] Das gilt auch für die LXX, die recht wörtlich wiedergibt, aber dabei (aus der Vorlage?) statt עבר das Verbum עבד liest und למלך entweder nominal als König oder vielleicht partizipial von למלך als „dem Herrschenden" auffasst und mit ἄρχων wiedergibt: καὶ ἀπὸ τοῦ σπέρματός σου οὐ δώσεις λατρεύειν ἄρχοντι. Eine sexuelle Konnotation ist hier nicht zu erkennen, will man nicht auf 1 Sam 8,13 zurückgreifen.

---

56 *Himmelfarb*, Relations (1999), 30.
57 *Vermez*, Leviticus (1981), 111.

Die zweite Deutungslinie fasst Lev 18,21 explizit in sexuellem Sinn auf. זרע wird wörtlich als „Samen" und נתן als Euphemismus aufgefasst. Das להעביר wird entweder als euphemistische Paraphrase für den Beischlaf oder als Schwängern gedeutet. Prominent für diese Deutung sind vor allem die Mischna in Megilla 4,9, weil dort die targumische Deutung untersagt wird, ferner das Targum Pseudo Jonathan, eine Randbemerkung zum Targum Neofiti zu Lev 20,2 und die Peschitta. In dem Mischnatraktat heißt es: Denjenigen, der מזרע לא תתן להעביר למלך als: „Von deinem Samen darfst du nicht geben, um Schwangerschaft zu verursachen bei einem Aramaismus/einer Aramäerin (ארמתה/ארמיותא[58])" liest, ihn soll man mit einem scharfen Tadel zum Schweigen bringen. Die hier mit einer milden Form des Ausschlusses[59] belegte Deutung findet sich explizit im TargPsJon zu Lev 18,21 in Kombination mit Deutungslinie 1 in der מלך als Oberbegriff für Fremdgötterdienst aufgefasst wird: „Und von deinem Samen (ומן זרעך), sollst du keinen geben zum Geschlechtsverkehr (בתשמישתא) mit einer Tochter der Völker (בת עממין), um zu schwängern für einen fremden (Kult-)Dienst (לפולחנה נוכראה), und nicht sollst du entweihen den Namen deines Gottes: Ich bin YHWH". Die Peschitta spiegelt exakt diese Deutung, wenn sie *wmn zr'k l' trm' lmbtnw nwkryt* belegt: „Und von deinem Samen sollst du keinen werfen (nicht ejakulieren) zur Schwangerschaft einer Fremden".[60] Da die Aramäerin der Mischna und die Fremde der Peschitta synonym sind, verbietet Lev 18,21 in dieser Interpretationslinie eine auf Nachkommenschaft zielende sexuelle Beziehung zwischen israelitischen Männern und nicht-israelitischen Frauen, mit anderen Worten, eine Mischehe zwischen Israelit und Nicht-Israelitin.

In der dritten Interpretationslinie, die Vermez in der Mischna im Traktat Sanhedrin 7,4 ausmacht, wird Lev 18,21 so stark in die Schwebe gebracht, dass die Strafe der Steinigung praktisch keine Anwendung mehr findet. Dabei wird nicht näher geklärt, was mit „die Nachkommen dem Moloch geben" gemeint ist. Die Gemara interpretiert in Richtung Götzendienst.

Für die Rezeption in Jub 30,10 von besonderem Interesse ist die zweite Interpretationslinie, die unzweifelhaft erkennen lässt, dass Lev 18,21 und Lev 20,2–5 in der *rabbinischen Tradition* sexuell verstanden werden konnten. Allerdings, das gilt es als Differenz zu betonen, geht es in den aufgeführten Stellen immer nur um einen israelitischen Mann, der sich mit fremden Frauen sexuell einlässt, während Jub 30 gerade den umgekehrten Fall thematisiert. Ist aber eine sexuelle Interpretation schon für den biblischen Text vorauszusetzen?

---

58 Zu den Varianten *Vermez*, Leviticus (1981), 113; *Tetzner*, Mischna (1968), 134; *Krupp*, Mischna (2002), 27.

59 Vgl. *Vermez*, Leviticus (1981), 117; *Krupp*, Mischna (2002), 26.

60 Vgl. *(b)nkryt* in Syr. auch in Lev 20,2.3.4.

Für Lev 18,21 scheint der unmittelbar vorausgehende Vers Lev 18,20 lexematisch, einen assoziativen Anhaltspunkt zu geben. Dort sind ebenfalls נתן und זרע verwandt und es wird eine Verunreinigung angesprochen (ואל־אשת עמיתך לא־תתן שכבת לזרע לטמאה־בה).[61] Die Neue Zürcher übersetzt: „Du sollst nicht mit der Frau deines Nächsten den Beischlaf vollziehen und dadurch unrein werden". זרע wird dabei als Samen aufgefasst und die Formulierung שכבת לזרע als Umschreibung des Koitus verstanden. Doch kann das זרע in der ungewöhnlichen Formulierung נתן שכבת ל auch als „Nachkommenschaft" aufgefasst werden, so dass durch זרע das „Resultat" des Beischlafes נתן שכבת (vgl. Lev 18,23; 20,15; Num 5,20, aber immer mit ב) zum Ausdruck gebracht wird. Wörtlicher wäre dann zu übersetzen: „Der Frau deines Volksgenossen sollst du nicht dein Liegen für Nachkommen geben, um dich durch sie zu verunreinigen".[62] Dass es dort um illegitime Verbindungen mit einer Verheirateten, also um Ehebruch geht, scheint eindeutig (vgl. in signifikant anderer Formulierung Lev 20,10)[63], wobei die Eingrenzung auf den eigenen Sozialverband verwundert. Das hier und Lev 5,21; 19,11.15.17; 24,19; 25,14.15.17 verwendete Abstraktum עמית ist als „Glied der Volksgemeinschaft"[64] oder noch deutlicher mit Gerstenberger als „Mitglied der Religionsgemeinschaft"[65] aufzufassen. Geschlechtliche Verbindungen mit Fremden liegen für Lev 18,20 gar nicht im Blickfeld, weil sie *per se* als illegitim betrachtet werden. Damit ist zumindest implizit die Mischehenthematik berührt.[66] Wenn dies vorausgesetzt werden kann, schlösse sich die nachbiblische Mischeheninterpretation von Lev 18,21 folgerichtig an den Kontext in Lev 18.20 an.[67]

Das für Lev 18,21 Ausgeführte gilt für Lev 20,2–5 nicht in gleicher Weise. Hier sind die Sexualtabus (Lev 20,11–21) textlich weiter entfernt und ein unmittelbarer Bezug der Formulierungen existiert nicht. Außerdem ist durch das ואת כל־הזנים

---

61 Vgl. ferner Gen 38,9; Rut 4,12; 1 Sam 1,11. *Milgrom*, Leviticus (2001), 1552 sieht die Wahl von נתן und זרע in V. 21 durch Lev 18,20.23 beeinflusst, nicht umgekehrt.

62 *Milgrom*, Leviticus (2001), 1550 weist mit Recht die Deutung als „Leihvaterschaft" zurück: „However, there is no evidence for the custom of surrogate fatherhood in antiquity, and this interpretation defies the plain meaning of the text". Er selbst fasst שכבת als Euphemismus für das *membrum virile* und paraphrasiert: „You shall not use your penis for sex".

63 Vgl. die Kommentare: *Elliger*, Leviticus (1966), 240f; *Wenham*, Leviticus (1979), 258; *Milgrom*, Leviticus (1966), 1551; *Gerstenberger*, Leviticus (⁶1993), 231; *Grünwaldt*, Heiligkeitsgesetz (1999), 185.

64 *Elliger*, Leviticus (1966), 241.

65 *Gerstenberger*, Leviticus (⁶1993), 231.

66 Dass es daneben um erbrechtliche Fragen gehen könnte, betont *Milgrom*, Leviticus (2001), 1552.

67 Es ist also kaum angemessen, die Interpretation der Rabbinen lediglich als „a source of amusement" zu diskreditieren. So jedoch *Smith*, Note (1975), 478.

אחריו לזנות אחרי המלך eine Interpretation des נתן זרע im Sinne des Beischlafs erschwert. Da Jub 30 aber geradezu midraschartig auf Lev 20,2–5 zurückgreift (und in erster Linie *nicht* – wie immer wieder zu lesen ist – auf Lev 18,21), wird erneut die Frage nach den Hintergründen dieser forschen Deutung („forced exegesis"[68]) von Lev 20 in Jub 30 aufgeworfen.

Moloch und Mischehen in Jub 30,10

Jub 30,10 hat den Vater bzw. den Bruder im Blick, der seine Tochter oder Schwester einem Nicht-Israeliten zur Frau gibt („verunreinigt") bzw. dazu bereit ist. Die Bestrafung wird mit Rückgriff auf die himmlischen Tafeln als von der Tora geboten legitimiert (Jub 30,9). Deshalb ist das im hebräischen Original vermutete זרע wohl auch nicht – wie in der gerade besprochenen Rezeptionslinie – wörtlich im Sinn von „Samen/Sperma" verstanden, sondern wie im biblischen Text als „Nachkommen". Denn für die Rezeption von Lev 20,2–5 in Jub 30 tauchen in Bezug auf die oben paraphrasierte Interpretationslinie זרע = Samen/Sperma mehrere Probleme auf: (1) deutet man זרע auf den Samen des Mannes, wären zwar Ehen zwischen nicht-israelitischen Frauen und israelitischen Männern untersagt (und das scheint das Verständnis der späteren rabbinischen Rezeption gewesen zu sein[69]), nicht aber solche zwischen israelitischen Töchtern und nichtisraelitischen Söhnen, wie es für Gen 34, das im Hintergrund von Jub 30 steht, aber vorauszusetzen ist; (2) steht im Hintergrund von Jub 30 nicht Lev 18,21, sondern deutlicher Lev 20,2–5, wo die auf Sexualakte bezogene Deutung weniger nahe lag. Damit dürfte der Autor des Jubiläenbuches in der Interpretationslinie gestanden haben, die זרע in Lev 20,2–5 als „Nachkommen" auffasste. Dafür spricht auch die Einleitung in Jub 30,9, wo durch כל-זרע ישראל im vermuteten hebräischen Text ganz Israel inkludiert ist: „So ist es angeordnet und geschrieben auf den Tafeln des Himmels über alle Nachkommen Israels".[70] Was aber hat das Jubiläenbuch unter „Moloch" verstanden?

Hatte R. H. Charles anfänglich wegen der Wiedergabe durch *alienigena* in der lateinischen Version Zweifel an der Wiedergabe des Wortes Moloch[71], hält

---

68 *Milgrom*, Leviticus (2001), 1553.
69 Darauf verweist *Cohen*, Beginnings (2002), 255.
70 Vgl. Ps 22,24; Jes 45,25; Jer 31,37; 2 Kön 17,20 und ferner Neh 9,2 (!); 1 Chr 16,13; Jer 31,36; Lev 22,3.
71 *Charles*, Book (1902), 110; Vgl. dagegen *Charles*, Book (1917), 155: „Because he hath given of his seed to Moloch". Zum lateinischen Text s. *Vanderkam*, Text (1994), 284.

K. Berger zu Recht fest, dass „Moloch" nicht textkritisch beseitigt werden darf.[72] Während die lateinische Übersetzung eindeutig auf Mischehen abzielt, scheint Moloch in der äthiopischen resp. hebräischen Version als Chiffre für jeglichen Götzendienst zu stehen. Wer seine Tochter an einen Fremden verheiratet, setzt sie dem Götzendienst der Nationen aus, was einer Verunreinigung gleichkommt. Im Hintergrund des Jubiläenbuches steht eine xenophobe und auf Abgrenzung gerichtete Position. Die unter Aufnahme von Ps 106,28.35 – 38; Dtn 32,17; Jer 2,27; 10,15, 1 Makk 1,47 f u. a. m. frei formulierte Paränese Isaaks an Jakob offenbart deutlich, was der Autor des Jubiläenbuches von fremden Völkern hält:

> Trenne dich von den Völkern und iss nicht mit ihnen und handele nicht nach ihrem Werk und sei nicht ihr Gefährte! Denn ihr Werk ist Unreinheit, und all ihre Werke sind befleckt und Nichtigkeit und Abscheulichkeit. Und ihre Opfer pflegen sie den Toten zu schlachten, und die Dämonen beten sie an. Und auf ihren Gräbern essen sie. Und all ihr Werk ist nichtig. Und sie haben kein Herz zu denken. Und ihre Augen sehen nicht, was ihr Werk ist. Und wie irren sie, wenn sie zum Holz sagen: „Du bist mein Gott" und zum Stein: „Du bist mein Herr, und du bist mein Befreier". Und sie haben kein Herz (Jub 22,16 – 18).

Da das Tun der Völker als unrein und verunreinigend betrachtet wird, werden die Töchter durch die Verheiratung verunreinigt. Jub 1,9 sagt in Aufnahme von Ex 34,12; Dtn 7,25 voraus, dass Israel „hinter den Völkern her(geht) und hinter all ihrer Unreinheit und hinter ihrer Schande, und sie werden dienen ihren Göttern". Damit sind zwei Stellen herausgegriffen, die die Deutung, Moloch in Jub 30,10 als Chiffre für Götzendienst zu sehen, nahe legen. Doch verblasst diese auf den ersten Blick einleuchtende Erklärung etwas im Blick auf das Gesamt des Jubiläenbuches, in dem (a) der Götzendienst der Völker und die Verunreinigung durch ihn nur eine untergeordnete Rolle spielt und (b) Mischehen zwar als Verunreinigung durch die Nationen aufgefasst werden, diese Verunreinigung aber nicht durch deren Religion, sondern durch Moral, Ethos und den fehlenden Status der Heiligkeit verursacht wird. Es ist gerade bezeichnend, dass das Jubiläenbuch *nicht* auf Ex 34,15 f oder Dtn 7,5 zurückgreift, wo Mischehen als religiöse Gefährdung begriffen werden und deshalb verboten werden. Viel stärker steht das Jubiläenbuch in der Rezeptionslinie von Esra 9 f, der Sorge um die Vermischung des heiligen Samens mit den Völkern (והתערבו זרע הקדש בעמי הארצות Esra 9,2[73]). Das Reinheitsparadigma ist dabei weit stärker leitend als die potentielle Gefahr der Verletzung des Ausschließlichkeitsanspruches durch die Verehrung der Götter der Völker im Kontakt

---

72 *Berger*, Jubiläen (1981), 472. Nach der Textausgabe von *Vanderkam*, Book (1989), 170 ist als Transliteration des äthiop. ለሞሎh *lamoloka* zu lesen.
73 Vgl. Jub 15,17 f; 16,26 f; 22,15 f.20 f.27; 25,4.9 f.12.18.

mit diesen. Vielmehr wird der *Status* der Heiligkeit und Erwählung Israels durch den Kontakt mit den Völkern in Frage gestellt. Damit aber liegt ein Bezug zu Lev 18 und Lev 20 auf der Hand: Gott selbst hat Israel von den Völkern abgesondert (בדל Lev 20,26, vgl. 20,24) und ekelt (קוץ) sich vor den Gebräuchen der Nationen (Lev 20,23), die Israel nicht nun soll (Lev 18,3), weil sie verunreinigen (Lev 18,24). Wer sie dennoch tut, soll ausgerottet werden (Lev 18,29). An der Trennung von den Völkern hängt der Landbesitz (Lev 20,22f; 18,25.27). Entsprechend dieser Linie hat der Autor des Jubiläenbuches Lev 20,2–5 im Sinne eines Vermischungsverbotes interpretiert. Lev 20,2–5 verbietet dann Mischehen ebenso wie die übrigen in Lev 18; 20 verbotenen sexuellen Handlungen. Der Autor des Jubiläenbuches hat in Lev 18; 20 eine Abgrenzungsstrategie vorgefunden, die sich auf ein von den Völkern differentes Sexualethos gründet und seine schroffe Ablehnung jeglicher sexueller Kontakte mit Fremden darin begründet gesehen. Da das Jubiläenbuch – wie in der Rezeption von Gen 9,1–6; 18,20; 19,5–9 und Gen 35,22 – jegliche sexuelle Deviation als verunreinigend auffasst[74], wird auch die Mischehenthematik im Kontext von Lev 20 implizit mitgedacht und durch den Rekurs auf Moloch explizit verankert: „For Jubilees, intermarriage resembles these other transgressions that, according to the Bible, cause ‚impurity' and pollute the entire nation".[75]

Es dürfte den Tradenten des Jubiläenbuches mit ihrer scharfen Ablehnung jeglicher Sexualkontakte zu Fremden und damit der Ablehnung jeglicher Mischehe vollkommen unverständlich gewesen sein, dass exogame Beziehungen in Lev 18 und 20 als solche nicht tabuisiert werden.[76] Für sie bestand keine grundsätzliche Differenz zwischen Inzest, Sodomie, Homosexualität und sexuellen Beziehungen zu Fremden. Ebenso wie die Ehe mit Verwandten war die Ehe mit Fremden inakzeptabel. Das Fehlen einer derartigen Bestimmung wird nun durch den Rekurs auf das Moloch-Opfer substituiert. Weil nicht sein kann, dass die grundsätzlichen Kapitel zur Absonderung Israels von den „Bräuchen der Völker" keine explizite Ablehnung von Mischehen enthalten, wird diese durch die Umdeutung der Moloch-Passage in Lev 20,2–5 substituiert. „*Jubilees* applies it to the situation where a man gives his daughter to marriage to a Gentile. Molech now represents not idolatry, but Gentiles".[77]

Jub 30 scheint dabei der Erstbeleg für die Parallelisierung von Molochopferdienst und Mischehen zu sein.[78] Geza Vermes nimmt zwar an, dass diese

---

74 Vgl. dazu auch *Milgrom*, Impurity (1993), 281.

75 *Werman*, Jubilees (1997), 14.

76 So auch *Milgrom*, Leviticus (2001), 1553, für den allerdings das Fehlen einer derartigen Bestimmung in Lev 18 und 20 Kennzeichen einer vorexilischen Entstehung dieser Kapitel ist.

77 *Loader*, Enoch (2007), 170.

78 Vgl. *Hayes*, Impurities (2002), 74.

Interpretationslinie Vorläufer gehabt habe, jedoch ist diese Annahme einer impliziten Frühdatierung der rabbinischen Belege bzw. der Annahme eines langen überlieferungsgeschichtlichen Vorlaufs der rabbinischen Traditionen geschuldet. Bislang fehlen jegliche belastbare Hinweise auf Vorläufer. Die Halacha in Jub 30 dürfte den frühesten greifbaren Beleg der Deutung von Lev 20,2–5 auf Mischehen darstellen.

Bemerkenswert ist, dass die Umdeutung von Lev 20,2–5 keiner weiteren Begründung bedarf, sondern durch den Rückgriff auf die „Tafeln des Himmels" autorisiert wird.[79] Über das Reinheitsparadigma und die Vorstellung, dass jede Verunreinigung Folgen für das Heiligtum und die Heiligkeit Israels hat, wird die Verunreinigung der Tochter als das Heiligtum verunreinigend markiert (Jub 30,10) und so mit dem Moloch-Dienst (Lev 20,3) parallelisiert. Der zunächst auf die Tochter bezogene Sachverhalt (Jub 30,10a) wird durch die Parallelisierung generalisiert. Jeder, der seinen Samen (Sohn oder Tochter) einem Fremden gibt, ist zu behandeln wie derjenige, der seinen Samen (Sohn oder Tochter) dem Moloch gibt. Die Generalisierung kommt in Jub 30,14 zum Ausdruck, wo die Zweiseitigkeit des Mischehenverbotes über die Beispielerzählung Gen 34 hinaus betont wird: „Und Israel wird nicht rein werden von dieser Unreinheit, wenn in ihm eine Frau aus den Töchtern der Heiden ist und wenn von seinen Töchtern eine ist, die es einem Mann gegeben hat, der aus jeglichen Heidenvölkern ist". Damit ist in Jub 30 ausgehend von dem „Beispielfall Dina" in Gen 34 ein *generelles* Mischehenverbot entwickelt und durch den Rückbezug auf Lev 20,2–5 in der Tora verankert worden.

Es ist auffallend, dass die Moloch-Umdeutung im Jubiläenbuch *nur* in der Rezeption von Gen 34 in Jub 30 zu finden ist und in den übrigen Passagen, die Mischehen bzw. sexuelle Kontakte zwischen Israeliten und Nicht-Israeliten ebenso restriktiv ablehnen, nicht aufgenommen worden ist. Zum anderen muss auffallen, dass die Umdeutung von מלך so einfach gegen das ursprüngliche Verständnis von Lev 20,2–5 möglich war. Vielleicht gibt es dafür eine einfache Erklärung, die über die wenig befriedigende Annahme, der ursprüngliche Sinn des Moloch-Dienstes in Lev 20,2–5 sei einfach nicht mehr bekannt gewesen und somit von dem Autor des Jubiläenbuches unverstanden geblieben, hinausgeht. Im Folgenden soll erwogen werden, dass ein weiterer Grund für die Rezeption von Lev 20,2–5 in Jub 30,10 im Text von Gen 34 und der Rezeption der LXX liegen könnte.

---

79 Vgl. dazu *García Martínez*, Tablets (1997), 258.

Dina, der ἄρχων und Moloch

Die Auseinandersetzung mit den Fremden und die markante Konzentration auf die Absonderung Israels, das wegen der Erwählung und dem Heiligtum in seiner Mitte als rein und heilig aufgefasst wird, steht in einem antihellenistischen Kontext, wahrscheinlich in einer Jerusalemer Perspektive. Es steht in der Forschung außer Frage, dass das Jubiläenbuch ursprünglich auf Hebräisch verfasst ist und in der Sprachwahl ein Teilmoment der Identitätskonstruktion der Trägergruppen im 2. Jh. v.Chr. zu erkennen ist. So richtig das ist und dem Jubiläenbuch selbst zu entnehmen ist (vgl. Jub 12,23 – 27), muss man gleichzeitig nicht ausschließen, dass die Trägergruppen des Jubiläenbuches des Griechischen mächtig waren und auch die hellenistische Literatur kannten. Das greift in die weit verzweigte Diskussion um den Einfluss des Hellenismus auf das Judentum und die Hellenisierung im 2. Jh. ein.[80] Die Intensität des Einflusses der hellenistischen oder hellenisierten Kultur ist nach wie vor nicht leicht zu bestimmen. Eine randscharfe Trennung ist jedenfalls ebenso unwahrscheinlich wie eine durchgehende Beeinflussung. C. Werman hat jüngst für das 3. – 1. Jh. v.Chr. richtig festgehalten: „We (cannot) ignore the potential existence of Hellenistic influence on Hebrew and Aramaic works written in the land of Israel".[81] Sie verweist für das Jubiläenbuch auf die Kalenderdiskussion, Bezüge zu philosophischen und historiographischen Texten, Aspekten des Weltbildes und versucht die Kenntnis an konkreten textlichen Bezügen nachzuweisen. Dabei kommt sie zu der Einschätzung: „It is clear that *Jubilees* is aware of the Hellenistic Jewish tradition".[82] „*Jubilees* is undoubtedly a product of the Hellenistic world".[83] „*Jubilees* used Hellenistic science to combat Hellenization".[84]

Geht man von der bisher unbewiesenen Annahme aus, dass das Jubiläenbuch in Hebräisch abgefasst worden ist, aber sowohl die hebräische als auch die griechische Fassung der Tora kannte, ergeben sich neue Möglichkeiten. Dem soll im Folgenden nachgegangen werden.

In der Regel wird davon ausgegangen, dass das Jubiläenbuch zwar einen protomasoretischen Text voraussetzt, dieser aber *völlig unabhängig* von der

---

80 Vgl. in Auswahl *Hengel*, Judentum (³1988); *Levine*, Judaism (1998); *Bichler*, Hellenismus (1983); *Bickermann*, Jews (1988); *Goodman*, Jews (1998); *Grabbe*, Moses (2001), 52 – 66; *Collins*, Cult (2005), 21 – 43. Für das Jubiläenbuch besonders *Werman*, Jubilees (2007), 133 – 158.
81 *Werman*, Jubilees (2007), 134.
82 *Werman*, Jubilees (2007), 150.
83 *Werman*, Jubilees (2007), 157.
84 *Werman*, Jubilees (2007), 141.

griechischen Texttradition ist. „Ein direkter Einfluss der LXX ist nicht anzunehmen, dafür gibt es zu viele Abweichungen".[85] Nun schließt der Rückgriff auf einen hebräischen protomasoretischen *Textstrang* im Jubiläenbuch nicht zwingend aus, dass der Autor/die Autoren – in der Regel nimmt man levitische Priester in Jerusalem an (s. o.) – die griechische Textfassung der Genesis gekannt, verstanden und vielleicht sogar benutzt haben. Wenn die Stoßrichtung des Jubiläenbuches stark antihellenistisch ist[86], wird man nicht einfach ausschließen können, dass die verantwortlichen Kreise wussten, womit sie sich auseinandersetzten und entsprechend auch die LXX kannten.

Schaut man auf den Text von Lev 18,21 und 20,2–5 in der LXX, zeigt sich eine Besonderheit im Umgang mit dem „Moloch". Außer in den späteren Rezensionen Aquilas, Symmachus und Theodotions gibt die Septuaginta Moloch in Lev 18,21 und Lev 20,2.3.4.5 nicht wie in 2 Kön 23,10; Jer 39,35[87] und Am 5,26 als Personen- bzw. Göttername Μολοχ, sondern mit ἄρχων „Herrscher" wieder. Die Levitikus-Stellen unterscheiden sich darin von den übrigen Belegen, dass in der LXX eine göttliche Größe nicht im Hintergrund steht und damit der Aspekt der Verletzung des Ausschließlichkeitsanspruchs nicht im Vordergrund steht. Es liegt nahe, dass die LXX anstelle der (sowieso wegen des *bošæt*-Vokalisationsschemas) unsicheren masoretischen Vokalisation *molæk* ein *mælæk* „König" gelesen hat und dieses anstelle des üblicheren βασιλεύς, das im gesamten Levitikus-Buch von der LXX nicht verwendet wird, ἄρχων gesetzt hat. Das griechische ἄρχων „Herrscher, Machthaber, Oberer" wird von der LXX sonst als Übersetzung für das hebr. נשיא (so im einzigen Beleg in Levitikus in 4,21) oder שר verwendet. Mit der Verwendung des ἄρχων anstelle von Μολοχ geht eine Umdeutung von Lev 18,21; 20,2–5 einher, die beide Stellen mehr oder weniger aus dem kultischen Bereich entfernt und umdeutet. Lev 18,21 lautet in der LXX: καὶ ἀπὸ τοῦ σπέρματός σου οὐ δώσεις λατρεύειν ἄρχοντι καὶ οὐ βεβηλώσεις τὸ ὄνομα τὸ ἅγιον ἐγὼ κύριος. „Und von deinen Nachkommen/deinem Samen sollst du nicht hergeben, um einem Herrscher zu dienen, und du sollst den heiligen Namen nicht entweihen, ich bin der Herr". Das hebr. עבד H-Stamm ist wie im Samaritanus als עבד H-Stamm gelesen; möglicherweise, weil das להעביר למלך nicht mehr verstanden wurde oder der ursprünglich gemeinte Sachverhalt als nicht mehr relevant erachtet wurde. Der genaue Sinn der Stelle bleibt undeutlich. Eine kultische Interpretation, in der

---

85 *Berger,* Jubiläen (1981), 287.

86 Vgl. dazu *Berger,* Jubiläen (1981), 298.

87 Jer 39,35 LXX belegt lediglich die Textausgabe von Rahlfs τῷ Μολοχ βασιλεῖ, die damit Alexandrinus, Vaticanus und Sinaiticus, c613, in der bohairischen und der arabischen Übersetzung folgt. Ziegler gibt in der Göttinger LXX lediglich τῷ βασιλεῖ wieder und folgt damit Theodotion. Nur Μολοχ hingegen ist in relativ späten Handschriftentraditionen bezeugt.

ἄρχων für jegliche Fremdgötter steht, ist zwar durch das nur in Lev 18,21 verwendete λατρεύειν möglich, scheint jedoch gegenüber einer sozialgeschichtlichen Deutung weniger wahrscheinlich. Da letztlich unklar bleibt, wer mit dem ἄρχων gemeint ist, in dessen Dienst die Kinder gestellt werden, bleibt jede Auslegung hypothetisch. Die Stammesführer, die vor allem in Numeri LXX durch das Nomen bezeichnet werden, scheinen jedenfalls nicht gemeint zu sein. Ob andere Vorsteher oder Obere etwa am Tempel gemeint sind (vgl. Neh 11,1.3.13; 12,7,12.44 u. ö.), es um den Verkauf von Kindern in die Schuldsklaverei gegenüber den Herrschenden geht oder der ἄρχων für die hellenistischen Herrscher steht, ist kaum auszumachen.

Ist in Lev 18,21 noch eine kultische Interpretation möglich, so ist die Umdeutung in Lev 20,2–5 noch deutlicher. Hier liegt ein Bezug zur Mischehenthematik deutlich näher als für Lev 18,21, da mit dem Verunreinigungsparadigma (טמא und חלל in V. 3) gearbeitet wird und der „Moloch-Dienst" als „Unzucht" tituliert wird, gegen den YHWH selbst mit aller Härte vorzugehen gedenkt. Die Übersetzung des Hebräischen in Lev 20,2–5 LXX ist weitestgehend wörtlich[88], deutliche Veränderungen sind allerdings in V. 5 festzustellen: Während im hebräischen Text durch זנה אחרי המלך ein personales und am ehesten ein Verständnis als Götterbezeichnung oder Göttername vorausgesetzt ist (s. o.), ändert die LXX hier in ὥστε ἐκπορνεύειν αὐτὸν εἰς τοὺς ἄρχοντας ἐκ τοῦ λαοῦ αὐτῶν. Wenn die Gemeinde ihre Augen vor dem Handeln dessen verschließt, der seine Nachkommen dem ἄρχων gibt, wird Gott selbst sein Angesicht gegen jenen Menschen und seine Verwandtschaft richten und mit ihm alle Gleichgesinnten verderben. Die gleiche Gesinnung bzw. die schweigende Zustimmung oder Bereitschaft zum harmonischen Zusammenleben (ὁμονοοῦντας V. 5) wird durch das ὥστε auf das „sich aus ihrem Volk heraus den Herrschern prostituieren"[89] bezogen. ἐκπορνεύω statt πορνεύω, das im LXX-Pentateuch nur in Dtn 23,18 vorkommt, ist dem LXX-Vokabular im Pentateuch angemessen. Signifikant sind aber die Parallelen des Verbs in dem griechischen Pentateuch (Gen 38,24; Ex 34,15f, Lev 17,7; 19,29; 20,6; 21,9; Num 15,39; 25,1; Dtn 22,21; 31,16), von denen eine Mehrzahl im Kontext der Mischehenproblematik relevant ist. Auffallend ist hingegen der Plural ἄρχοντες, der zusammen mit dem ἐκ τοῦ λαοῦ αὐτῶν eine antihellenistische Interpretation nahelegen könnte. Nicht der „König" oder ein einzelner „Herrschender" ist im Blick, sondern die Herrschenden insgesamt, die denjenigen gegenüber gesetzt

---

88 Das partitive מן in V. 3 und V. 4 wurde ausgelassen; der Same bzw. die Nachkommen werden damit vollständig dem ἄρχων übergeben. טמא את־מקדשי in V. 3 fasst die LXX durch μιάνῃ τὰ ἅγιά μου wie sonst auch häufiger pluralisch auf.

89 So die Übersetzung von Cornelis den Hertog und Martin Vahrenhorst in: *Kraus*, Septuaginta Deutsch (2009).

werden, die sich absondern sollen. Das lässt unweigerlich die Klage Esras in 2 Esdras 9,2 (Esra 9,2 MT) assoziieren, dass die führenden Schichten in „Mischehenvergehen", genauer in der fehlenden Absonderung des Volkes (οὐκ ἐχωρίσθη ὁ λαὸς Ισραηλ) an vorderster Front standen: καὶ χεὶρ τῶν ἀρχόντων ἐν τῇ ἀσυνθεσίᾳ ταύτῃ ἐν ἀρχῇ „und die Hand der Herrschenden war bei dieser Übertretung von Anfang an [dabei]".[90]

Für Lev 20,2–5 ergibt sich durch die Umdeutung des מלך in ἄρχων V. 2.3.4 bzw. der ἄρχοντες in V. 5 noch kein expliziter Bezug auf Mischehen. Dafür ist ἐκπορνεύω als Verb noch zu unspezifisch auf „Unzucht" bezogen. Setzt man jedoch voraus, dass die übrigen Belege, vor allem Ex 34,15 f; Lev 19,29; 21,9 und Num 25,1 bereits im Mischehenkontext gelesen wurden, dann ist eine Deutung von Lev 20,2–5 auf die Mischehenproblematik im LXX-Text bereits angelegt. Vielleicht kann in der Mitte des 2. Jh. auch für die Tradenten des Jubiläenbuches vorausgesetzt werden, dass sie die griechische Bibel ebenso kannten wie den protomasoretischen Text.

Der entscheidende Schub für Jub 30, Lev 20,2–5 genau in diesem Sinne zu rezipieren, ergibt sich nun m. E. aus einigen Stichwortverbindungen zwischen Lev 20,2–5 LXX und Gen 34. Diese „funktionieren" weitestgehend sowohl im hebräischen als auch im griechischen Text: Das Verbum טמא D-Stamm findet sich in Lev 20,3 in Bezug auf das Heiligtum, war aber auch ein Leitwort für die Vergewaltigung Dinas in Gen 34,5.13.27 (im Griechischen steht jeweils das Verbum μιαίνω). Die Wurzel זנה, die in Lev 20,5 zweifach verwendet ist, taucht in Gen 34,31 in Bezug auf Dina in der Frage der Brüder auf: הכזונה יעשה את־אחותנו „Durfte er denn unsere Schwester wie eine Hure behandeln?", was signifikanterweise in LXX in den Plural gesetzt wird: ἀλλ' ὡσεὶ πόρνῃ χρήσωνται τῇ ἀδελφῇ ἡμῶν „Werden sie unsere Schwester nicht wie eine Hure behandeln?", womit das Leben unter den Fremden als extrem statusmindernd und entehrend gekennzeichnet wird.[91] Lässt

---

90 Die zu Beginn des 2. Jh. v. Chr. in Ägypten entstandene Version in 1 Esdras 8,67 formuliert deutlich freier: καὶ μετεῖχον οἱ προηγούμενοι καὶ οἱ μεγιστάνες τῆς ἀνομίας ταύτης ἀπὸ τῆς ἀρχῆς τοῦ πράγματος. Dafür ergänzt sie die ἄρχοντες in der in 1 Esdras 8,66 vorangehenden Aufzählung und nennt sie an vorderster Stelle vor den Priestern und Leviten: οὐκ ἐχώρισαν τὸ ἔθνος τοῦ Ισραηλ καὶ οἱ ἄρχοντες καὶ οἱ ἱερεῖς καὶ οἱ Λευῖται τὰ ἀλλογενῆ ἔθνη τῆς γῆς καὶ τὰς ἀκαθαρσίας αὐτῶν. Die Trennung von den fremden Völkern wird deutlicher als in 2 Esdras 9,1 durch τὰ ἀλλογενῆ ἔθνη unterstrichen und deren Gräuel werden explizit als Unreinheiten qualifiziert. Auch das Verbot der Mischehen wird schärfer formuliert, wenn es generell um das Zusammenleben συνοικέω und um Vermischung des heiligen Samens geht (ἐπεμίγη τὸ σπέρμα τὸ ἅγιον εἰς τὰ ἀλλογενῆ ἔθνη τῆς γῆς). Kurz: 1 Esdras 8,67 f liegt recht nah an der Linie von Jub 30.

91 Weniger einschlägig, weil in Gen 34 nur in Bezug auf die erschlagenen Sichemiten bezogen, ist das Verbum חלל βεβηλόω, das von Lev 20,3 (dort auf den „heiligen Namen" bezogen) auf Lev 19,29 verweist: אל־תחלל את־בתך להזנותה ולא־תזנה הארץ ומלאה הארץ זמה, eine Stelle, die ebenfalls im

all das schon eine zumindest assoziative Brücke zwischen dem Moloch-Dienst und der Erzählung von Gen 34 schlagen, dürfte der entscheidende Anstoß für die Verbindung in dem Ersatzwort ἄρχων liegen, denn Sichem, ist Sohn des Landesfürsten Hamor, der in Gen 34 ἄρχων genannt wird: Συχεμ ὁ υἱὸς Εμμωρ ὁ Χορραῖος ὁ ἄρχων τῆς γῆς.

Nimmt man nun an, dass der Autor/die Autoren des Jubiläenbuches die Übertragung der LXX kannten, sich aber in ihrer Formulierung aus ideologischen Gründen an den hebräischen Text gebunden fühlten, würde sich ein weiteres Argument für die Verbindung von Moloch-Dienst und Mischehenproblematik in Jub 30,10 zeigen. Sie behielten zwar das hebräische Lexem bei, deuteten es aber im Sinne der LXX-Rezeption als „Führer" oder „Landesherr" und bezogen damit Lev 20,2–5 auf die Dinaerzählung Gen 34. Damit wurde in der halachischen Auslegung von Lev 20,2–5 ein expliziter Bezug auf Mischehen bzw. die in Jub 30 so vehement abgelehnten sexuellen Beziehungen zu Fremden ermöglicht und ein generelles Mischehenverbot innerhalb der Verbotsreihen von Lev 18 und Lev 20 quasi integriert. Dieses war zudem mit dem Reinheits- Unreinheitsparadigma, das für die priesterlichen Tradentenkreise in der Mischehendiskussion ab Esra 9,11 eine so zentrale Rolle spielt, verbunden. Lev 20,2–5 bot sich dafür besonders an, weil es nicht nur über Stichworte sowohl mit Gen 34 als auch mit anderen Mischehentexten verbunden war, sondern auch weil es in einem Zusammenhang von Sexualtabus stand, die als Ethos Israels allgemein akzeptiert waren. Die oben breiter entwickelte Herleitung der Verwendung des Moloch-Dienstes aus Lev 20,2–5 in Jub 30 zur Ablehnung von interethnischen Ehe- und Sexualkontakten funktioniert auch ohne die Voraussetzung der griechischen Versionen von Gen 34 und Lev 20,2–5. Vielleicht ist den Tradenten des Jubiläenbuches aber die Vertrautheit mit der Septuaginta durchaus zuzutrauen. Ob die These in eine richtige Richtung geht, müssen künftige Studien zur Beziehung zwischen Jubiläenbuch und hellenistischer Literatur einschließlich der LXX, um die sich der Jubilar durch die Mitherausgabe der Septuaginta-Deutsch verdient gemacht hat, zeigen.

Mischehenkontext stark rezipiert wurde. Das Verbum wird auch in Judit 9,2 für den Rekurs auf die Dina-Erzählung verwandt. Dass חלל schließlich in den Heiratsregeln für den (Hohen-)Priester Lev 21,7.14 f und in Mal 2,11 eine zentrale Rolle spielt, mag als weitere Assoziation für den Mischehenkontext und besonders für die Rezeption von Lev 20,2–5 im Mischehenzusammenhang in Jub 30 nicht unerwähnt bleiben.

Bibliographie

Albertz, R., Die Religionsgeschichte in alttestamentlicher Zeit (ATD.Erg 8), Göttingen 1992.

Barrick, W. B., The King and the Cemeteries. Toward a New Understanding of Josiah's Reform (VT.S 88), Leiden 2002.

Bauks, M., Kinderopfer als Weihe- oder Gabeopfer. Anmerkungen zum mlk-Opfer, in: M. Witte/F. Diehls (Hg.), Israeliten und Phönizier. Ihre Beziehungen im Spiegel der Archäologie und der Literatur des Alten Testaments und seiner Umwelt (OBO 235), Fribourg/Göttingen u. a. 2008, 233–251.

Becker, J., Die Testamente der zwölf Patriarchen, in: JSHRZ III/1 (²1980), 1–162.

Berger, K., Das Buch der Jubiläen, in: JSHRZ II/3 (1981), 275–575.

Bernstein, M. J., Rewritten Bible. A Generic Category Which Has Outlived Its Usefulness?, in: Tex 22 (2005), 169–196.

Bichler, R., Hellenismus. Geschichte und Problematik eines Epochenbegriffs, Darmstadt 1983.

Bickerman, E. J., The Jews in the Greek Age, Cambridge 1988.

Böttrich, C., Liber Iubilaeorum, in: NP (1999), 138–139.

Budin, S. L., The Myth of Sacred Prostitution in Antiquity, Cambridge 2008.

Butterweck, C. u. a. (Hg.), Texte aus der Umwelt des Alten Testaments. Rituale und Beschwörungen (Bd. 2), Gütersloh 1988.

Charles, R. H., The Book of Jubilees or the Little Genesis, Translated from the Editor's Ethiopic Text, and Edited with Introduction, Notes, and Indices, London 1902; ²1912.

Cohen, S. J. D., The Beginnings of Jewishness. Boundaries, Varieties, Uncertainties, Columbia u. a. 2002.

Collins, J. J., Cult and Culture. The Limits of Hellenization in Judea, in: J. J. Collins, Jewish Cult and Hellenistic Culture. Essays on the Jewish Encounter with Hellenism and Roman Rule (JSJ.S 100), Leiden 2005, 21–43.

Crawford, S. W., Rewriting Scripture in Second Temple Times (SDSSRL), Grand Rapids 2008.

Day, J., Molech. A God of Human Sacrifice in the Old Testament, Cambridge 1989.

Ders., Yahweh and the Gods and Goddesses of Canaan, Sheffield 2002.

Deller, K. H., Rezension von R. de Vaux, Les sacrifices de l'Ancien Testament, in: OrNS 34 (1965), 382–386.

Eissfeldt, O., Molk als Opferbegriff im Punischen und Hebräischen und das Ende des Gottes Moloch, BRA 2, Halle 1935.

Elliger, K., Leviticus (HAT 4), Tübingen 1966.

Fitzmyer, J. A., The Genesis Apokryphon of Qumran Cave 1 (1Q 20). A Commentary (BibOr 18B), Rom ³2004.

Frevel, C., Aschera und der Ausschließlichkeitsanspruch YHWHs. Beiträge zu literarischen, religionsgeschichtlichen und ikonographischen Aspekten der Ascheradiskussion (BBB 94/1 u. 2), Weinheim 1995.

Ders., Menschenopfer. Altes Testament, in: LThK 7 (³1998), 118–120.

Ders., Rezension von C. Stark, „Kultprostitution" im Alten Testament?, in: RBL 12 (2007) (Internetquelle: www.bookreviews.org, letzter Zugriff: 10.6.2016).

García Martínez, F., The Heavenly Tablets in the Book of Jubilees, in: A. Lange u. a. (Hg.), Studies in the Book of Jubilees (TSAJ 65), Tübingen 1997, 243–260.

Gerstenberger, E., Das dritte Buch Mose. Levitikus (ATD 6), Göttingen ⁶1993.

Goodman, M. (Hg.), Jews in a Graeco-Roman World, Oxford 1998.

Grabbe, L. L. (Hg.), Did Moses speak Attic? Jewish Historiography and Scripture in the Hellenistic Period (JSOT.S 2001), Sheffield 2001.

Ders., The Jews and Hellenization. Hengel and His Critics, in: P. R. Davies/J. M. Halligan (Hg.), Second Temple Studies III. Studies in Politics, Class and Material Culture (JSOT.S 340), Sheffield 2002, 53–73.

Ders., A History of the Jews and Judaism in the Second Temple Period. Yehud: A History of the Persian Province of Judah (Library of Second Temple Studies 47), London 2004.

Greenfield, J. M./Stone, M. E./Eshel, E., The Aramaic Levi Document. Edition, Translation, Commentary (SVTP), Leiden 2004.

Gruber, M., Rezension von S. L. Budin, The Myth of Sacred Prostitution in Antiquity, in: RBL 3 (2009) (Internetquelle: www.bookreviews.org, letzter Zugriff: 10.6.2016).

Grünwaldt, K., Das Heiligkeitsgesetz Lev 17–26 (BZAW 271), Berlin u. a. 1999.

Harrington, H. K., Purity and the Dead Sea Scrolls. Current Issues, in: CBibR 4/3 (2006), 397–428.

Dies., The Purity Texts, Oxford 2007.

Hayes, C. E., Intermarriages and Impurity in Ancient Jewish Sources, in: HThR 92 (1999), 3–36.

Dies., Gentile Impurities and Jewish Identities. Intermarriage and Conversion from the Bible to the Talmud, Oxford 2002.

Heider, G. C., The Cult of Molek. A Reassessment (JSOT.S 43), Sheffield 1985.

Ders., Molech, in: DDD (^{2}1995), 581–585.

Hengel, M., Judentum und Hellenismus, Tübingen ^{3}1988.

Himmelfarb, M., Sexual Relations and Purity in the Temple Scroll and the Book of Jubilees, in: DSD 6 (1999), 11–36.

Irsigler, H., Zefanja (HThKAT), Freiburg 2002.

Keel, O., Die Geschichte Jerusalems und die Entstehung des Monotheismus (OLB 4,1), Göttingen 2007.

Klawans, J., Idolatry, Incest, and Impurity. Moral Defilement in Ancient Judaism, in: JSJ 29 (1998), 391–415.

Ders., Impurity and Sin in Ancient Judaism, Oxford u. a. 2000.

Ders., Purity, Sacrifice, and the Temple. Symbolism and Supersessionism in the Study of Ancient Judaism, Oxford 2006.

Koch, K., Molek Astral, in: A. Lange u. a. (Hg.), Mythos im Alten Testament und seiner Umwelt, Berlin u. a. 1999, 29–50.

Kraus, W. u. a. (Hg.), Septuaginta Deutsch, Stuttgart 2009.

Krupp, M., Die Mischna. Textkritische Ausgabe mit deutscher Übersetzung und Kommentar, Jerusalem 2002.

Kugel, J., The Story of Dinah in the Testament of Levi, in: HThR 85 (1992), 1–34.

Lange, A., They Burn Their Sons and Daughters. That Was No Command of Mine (Jer 7,31). Child Sacrifice in the Hebrew Bible and in the Deuteronomistic Jeremiah Redaction, in: K. Finsterbusch u. a. (Hg.), Human Sacrifice in Jewish and Christian Tradition (SHR 112), Leiden/Boston 2007, 109–132.

Ders., „Eure Töchter gebt nicht ihren Söhnen und ihre Töchter nehmt nicht für eure Söhne" (Esra 9,12). Die Frage der Mischehen im Buch Esra/Nehemia im Licht der Textfunde von Qumran, in: M. Bauks/K. Liess/P. Riede (Hg.), Was ist der Mensch, dass du seiner gedenkst? (Psalm 8,5). Aspekte einer theologischen Anthropologie. FS B. Janowski, Neukirchen-Vluyn 2008, 295–312.

Ders., Your Daughters Do Not Give to Their Sons and Their Daughters Do Not Take for Your Sons (Ezra 9,12). Intermarriage in Ezra 9–10 and in the Pre-Maccabean Dead Sea Scrolls, in: BN.NF 137 (2008), 17–39.79–98.

Ders., The Significance of the Pre-Maccabean Literature from the Qumran Library for the Understanding of the Hebrew Bible. Intermarriage in Ezra/Nehemiah – Satan in 1 Chr 21:1 – The Date of Psalm 119, in: A. Lemaire (Hg.), Congress Volume Ljubljana 2007 (VT.S 133), Leiden 2010, 171–218.

Levine, L. I., Judaism and Hellenism in Antiquity. Conflict or Confluence, Seattle 1998.

Loader, W. R., Enoch, Levi and Jubilees on Sexuality. Attitudes Towards Sexuality in the Early Enoch Literature, the Aramaic Levi Document, and the Book of Jubilees, Grand Rapids 2007.

Michel, A., Gott und Gewalt gegen Kinder im Alten Testament (FAT I/37), Tübingen 2003.

Milgrom, J., Leviticus 1–16. A New Translation With Introduction and Commentary (AB 3), New York 1991.

Ders., The Concept of Impurity in Jubilees and the Temple Scroll, in: RdQ 16 (1993), 277–284.

Ders., Leviticus 17–22. A New Translation With Introduction and Commentary (AB 3 A), New York 2000.

Ders., Leviticus 23–27. A New Translation With Introduction and Commentary (AB 3B), New York 2001.

Milik, J. T., The Books of Enoch. Aramaic Fragments of Qumran Cave 4, Oxford 1976.

Ravid, L., Purity and Impurity in the Book of Jubilees, in: JSPE 13/1 (2002), 61–86.

Reynolds, B. H., Molek: Dead or Alive? The Meaning and Serivation of mlk and mlk, in: K. Finsterbusch u. a. (Hg.), Human Sacrifice in Jewish and Christian Tradition (SHR 112), Leiden/Boston 2007, 133–150.

Rönsch, H., Das Buch der Jubiläen, Leipzig 1874.

Rudolph, W., Joel-Amos-Obadja-Jona (KAT XIII/2), Gütersloh 1971.

Rüterswörden, U., Die Stellung der Deuteronomisten zum alttestamentlichen Dämonenwesen, in: A. Lange u. a. (Hg.), Die Dämonen. Die Dämonologie der israelitisch-jüdischen und frühchristlichen Literatur im Kontext ihrer Umwelt. Demons. The demonology of Israelite-Jewish and Early Christian Literature in Context of Their Environment, Tübingen 2003, 197–210.

Schiffmann, L. H., Pre-Maccabean Halakhah in the Dead Sea Scrolls and the Biblical Tradition, in: DSD 13 (2006), 348–361.

Schorch, S., Baal oder Boschet? Ein umstrittenes theophores Element zwischen Religions- und Textgeschichte, in: ZAW 112 (2000), 598–611.

Schwarz, E., Identität durch Abgrenzung. Abgrenzungsprozesse in Israel im 2. vorchristlichen Jahrhundert und ihre traditionsgeschichtlichen Voraussetzungen. Zugleich ein Beitrag zur Erforschung des Jubiläenbuches (EHS.T 162), Frankfurt u. a. 1982.

Segal, M., The Book of Jubilees. Rewritten Bible, Redaction, Ideology, and Theology, Leiden 2007.

Smelik, K. A. D., Moloch, Molekh or Molk-Sacrifice? A Reassessment of the Evidence Concerning the Hebrew Term Molekh, in: SJOT 9 (1995), 133–142.

Smith, M., A Note on Burning Babies, in: JAOS 95 (1975), 477–479.

Snaith, N. H., The Cult of Molech, in: VT 16 (1966), 123–124.

Standhartinger, A., Um zu sehen die Töchter des Landes. Die Perspektive Dinas in der jüdisch-hellenistischen Diskussion um Gen 34, in: L. Bormann u. a. (Hg.), Religious

Propaganda and Missionary Competition in the New Testament World. Essays Honoring Dieter Georgi (NT.S 74), Leiden 1994, 89–116.

Stark, C., „Kultprostitution" im Alten Testament? Die Qedeschen der Hebräischen Bibel und das Motiv der Hurerei (OBO 221), Fribourg/Göttingen 2006.

Stausberg, M., Die Religion Zarathustras, Bd. 1, Stuttgart 2002.

Ders., Die Religion Zarathustras, Bd. 3, Stuttgart 2004.

Stavrakopoulou, F., King Manasseh and Child Sacrifice. Biblical Distortions of Historical Realities (BZAW 338), Berlin u. a. 2004.

Tetzner, L., Die Mischna. Text, Übersetzung und ausführliche Erklärung. Mit eingehenden geschichtlichen und sprachlichen Einleitungen und textkritischen Anhängen/Megilla (Esther-Rolle), Berlin 1968.

Vanderkam, J. C., The Book of Jubilees. Translation (CSCO 511/Ae 88), Leuven 1989.

Ders., The Origins and Purposes of the Book of Jubilees, in: M. Albani u. a. (Hg.), Studies in the Book of Jubilees (TSAJ 65), Tübingen 1997, 3–24.

Ders., Book of Jubilees, in: EDSS (2000), 1.434–438.

Ders., Viewed from Another Angle. Purity and Impurity in the Book of Jubilees, in: JSPE 13/2 (2002), 209–215.

Ders., Recent Scholarship on the Book of Jubilees, in: CBibR 6.3 (2008), 405–431.

Vanderkam, J. C./Milik, T., „Jubilees". Qumran Cave 4. VIII Parabiblical Texts. Part I (DJD 13), Oxford 1994, 1–140.

Vermez, G., Leviticus 18,21 in Ancient Jewish Bible Exegesis, in: J. J. Petuchowski/E. Fleischer (Hg.), Aggadah, Targum and Jewish Liturgy in Memory of Joseph Heinemann, Jerusalem 1981, 108–124.

Weinfeld, M., The Worship of Molech and of the Queen of Heaven and its Background, in: UF 4 (1972), 133–154.

Wenham, G. J., The Book of Leviticus (NIC.OT), London 1979.

Werman, C., Jubilees 30. Building a Paradigm for the Ban on Intermarriage, in: HThR 90/1 (1997), 1–22.

Ders., Jubilees in the Hellenistic Context, in: L. LiDonnici/A. Lieber (Hg.), Heavenly Tablets. Interpretation, Identity and Tradition in Ancient Judaism (JSJ.S 119), Leiden 2007, 133–158.

Zlotnick, H., Dinah's Daughters. Gender and Judaism from the Hebrew Bible to Late Antiquity, Philadelphia 2002.

IV. **Monotheismus und Bilderverbot**

Einer für alle? Leistung und Schwächen des Biblischen Monotheismus

Eine Auseinandersetzung mit Jan Assmann am Beispiel des Jeremiabuches*

> Es muß doch etwas zu bedeuten haben, daß der
> Monotheismus in den biblischen Texten die
> Geschichte seiner Durchsetzung in allen
> Registern der Gewaltsamkeit erzählt.[1]

Die „mosaische Unterscheidung" oder der Preis des Monotheismus

New York, London, Madrid, Baghdad. In Zeiten, wo auf Achsen des Bösen Lasten des Krieges aufgelegt werden und der Islam zum angstbesetzten Generalnenner für religiöse Gewalt zu mutieren droht, schreit die Vernunft nach Differenzierung und die Seele nach einfachen Erklärungen. Die Suche nach den Ursachen lässt die Hoffnung keimen, die religiöse Gewalt in den Griff zu bekommen. Woher kommt sie, worin gründet sie, wie lässt sie sich vermeiden? Jan Assmann hat in den letzten Jahren auf diesem Feld ein Deutungsangebot gemacht, das in der Diskussion begierig aufgenommen worden ist und vereinfacht lautet: Die religiöse Gewalt wurzelt in der Grundunterscheidung von wahr und falsch, die Assmann die „mosaische Unterscheidung" nennt.[2] Der jüdische Monotheismus wird so zum letzten Urgrund der Leiden der Moderne, ihren aus der Geschichte überkommenen Schismata und der schmerzlich erfahrbaren fehlenden Dialogfähigkeit der Religionen. Die Hoffnung auf Befriedung liegt jenseits der mosaischen Unterscheidung, die Thomas Assheuer so treffend polemisch „handkolorierte Fiktion vom friedlich-schiedlichen Heidentum"[3] genannt hat.

---

* Der folgende Text geht auf meine Antrittsvorlesung an der Katholisch-Theologischen Fakultät der Ruhr-Universität Bochum am 26.10.2005 zurück. Die Vortragsfassung wurde weitestgehend beibehalten. Gerne grüße ich mit den Überlegungen einen Kollegen, dessen Kenntnis und Interesse im ökumenischen Dialog schon manch interessanten Austausch befruchtet hat.

1 *Assmann*, Unterscheidung (2003), 36.

2 Vgl. das Zitat eines Interviews von Jan Assmann bei *Zenger*, Preis (2001), 186–191; wieder abgedruckt in: *Assmann*, Unterscheidung (2003), 209–220, 211.

3 *Assheuer*, Gott (2004). Vgl. zu dieser Kritik auch *Zenger*, Preis (2001), 215.

DOI 10.1515/9783110424386-015

Dabei steht für Assmann nicht die historische Dimension – also die tatsächliche Frage, wann der Monotheismus sich Bahn gebrochen hat –, sondern die ideengeschichtliche, typologische im Vordergrund. Mose wird als Erinnerungsfigur verstanden, nicht als historische Person, als Anführer der antiägyptischen Revolution, die sich gegen den Polytheismus des kosmotheistischen Ägypten wendet, und nur so macht sich an ihm die unheilvolle Grundunterscheidung fest.[4]

> Der Monotheismus seinerseits ist in seinem Ursprung Antikosmotheismus. Er wendet sich gegen die Vergöttlichung der Welt, die eine Vergöttlichung der Herrschaft impliziert. Diese These gründet sich auf die Annahme einer verborgenen Gedächtnisspur in der Geschichte des Monotheismus, die bis auf Echnaton, also weit vor die Entstehung des prophetischen Monotheismus der Bibel zurückführt.[5]

Der Exodus wird trotzdem zum „Gründungsmythos der monotheistischen Religion"[6] und damit Israel – das ohne Exoduserinnerung nicht zum Judentum werden kann – zum Paradigma der „mosaischen Unterscheidung" *und* ihrer Folgen.[7]

Es sei unbedingt zugestanden, dass es sich lohnt, den Zusammenhang von Monotheismus und Gewalt zu untersuchen, allerdings ist zu fragen, ob die vergröbernde Rezeption der Thesen Assmanns, die genügend Ansatzpunkte in seiner eigenen Darstellung findet[8], tatsächlich weiterhilft. Mit der definitorischen Reduktion in der Sache und der aufgrund der Abstraktion unwiderlegbaren These, dass Monotheismus in seiner Negation des Anderen eine Form des Theoklasmus sei, ist jedoch meines Erachtens noch nicht viel gewonnen.

---

4 Vgl. auch die Kritik bei *Hempelmann*, Unterscheidung (2005), 124: „Problematisch ist vor allem die religionsgeschichtliche Generalisierung".

5 *Assmann*, Unterscheidung (2003), 83.

6 *Assmann*, Moses (1998), 246.

7 Das Judentum wird (nicht zuletzt, um dem Vorwurf des impliziten Antisemitismus zu entgehen oder vorzubeugen) explizit aus der Gewaltspur ausgenommen: „In der Darstellung der alttestamentlichen Texte wurde der Monotheismus in Form von Massakern durchgesetzt. Doch wenn sich auch die Gewalttätigkeit der biblischen Semantik in keiner Weise abstreiten lässt, so lässt sich doch ebenso eindeutig konstatieren, daß von den drei auf dieser Semantik aufruhenden abrahamitischen Religionen es niemals die Juden, sondern ausschließlich die Christen und die Muslime gewesen sind, die diese Gewalt in die Tat umgesetzt haben" (*Assmann*, Monotheismus [2000], 138). Auch wenn man Assmann ernsthaft weder eine Nähe zur neuen Rechten noch einen sublimen Antisemitismus unterstellen kann, muss festgehalten werden, dass seine Thesen eine derartige Rezeption fördern und auch implizieren. So richtig der Impuls zur Debatte um die Herkunft religiöser Gewalt auch ist, so gefährlich ist das Spiel mit der mosaischen Erinnerungsspur. Assmann selbst versteht sein Buch als Beitrag zur Antisemitismusforschung. Vgl. *Assmann*, Unterscheidung (2003), 16.25 – 26.28 – 29; *ders.*, Sprache (2006), 18 – 19.

8 Vgl. etwa *Assmann*, Unterscheidung (2003), 37.

Jan Assmanns Thesen sind zu Recht als Kritik des Monotheismus verstanden worden, weil sie – ob nun intendiert oder nicht – eine Kritik des Biblischen Monotheismus und der aus ihm erwachsenen monotheistischen Religionen implizieren. Deswegen hat er in der fortlaufenden Diskussion präzisiert:

> Mir geht es nicht um eine Kritik des Monotheismus, sondern um die historische Analyse seines revolutionären Charakters als einer weltverändernden Innovation. Dafür ist es von entscheidender Bedeutung, daß in den monotheistisch inspirierten Schriften der Bibel seine Durchsetzung als gewaltsam, ja geradezu in einer Folge von Massakern dargestellt wird. Ich rede hier von kultureller Semantik, nicht von Ereignisgeschichte. … Nicht um die billige und in der Tat „recht grobe" (Zenger) These, daß der Monotheismus von Haus aus und notwendigerweise intolerant sei, geht es mir, sondern um den Aufweis der ihm innewohnenden Kraft zur Negation, der antagonistischen Energie, die die Unterscheidung zwischen wahr und falsch und das Prinzip des „tertium non datur" in eine Sphäre hineinträgt, in der es vorher nicht zu Hause, ja gar nicht denkbar gewesen war, die Sphäre des Heiligen, der Gottesvorstellungen, der Religion.[9]

Aber hilft diese Präzisierung wirklich oder kleidet sie – jenseits der banalen Feststellung, dass die Formulierung der Einzigkeit eine innewohnende Kraft der Negation hat – die Kritik der impliziten Intoleranz nicht nur in wohler klingende Worte?[10] Meines Erachtens wurde die Kritik am Biblischen Monotheismus dadurch keinesfalls entschärft und steht nach wie vor als Verdacht im Raum: Impliziert die Exklusivität eines monotheistischen Bekenntnisses *per se* eine Intoleranz dem polytheistischen Bekenntnis gegenüber? Ist dem (Biblischen) Monotheismus die Gewalt inhärent?[11]

Durch die provokante These Jan Assmanns hat die Diskussion um den Monotheismus einen kräftigen Aufschwung erhalten, und das ist durchaus positiv zu bewerten.[12] Die Infragestellung des Monotheismus und das „Lob des Polytheis-

---

9 *Assmann*, Unterscheidung (2003), 37. Vgl. *ders.*, Sprache (2006), 19. Erich Zenger hat mit Recht darauf hingewiesen, dass sich Assmanns Position von Aufsatz zu Aufsatz verändert und in Bezug auf die These vom Zusammenhang von Monotheismus und Gewalt abmildert. Vgl. *Zenger*, Gewalttätigkeit (2005), 39 – 40. Formulierungen wie „Folge von Massakern" zeigen aber nach wie vor eine undifferenzierte Sicht des biblischen Phänomens und damit auch die Gefahr des Anschlusses an die populistische Gewaltkritik.

10 Vgl. ähnlich *Assmann*, Unterscheidung (2003), 35 mit dem Hinweis, dass die „sich mit Notwendigkeit ergebende Intoleranz zunächst einmal in passiver bzw. martyrologischer Form in Erscheinung tritt". Auch diese Einschränkung schafft das Zwingende der Intoleranz nicht aus der Welt.

11 Vgl. *Assmann*, Unterscheidung (2003), 28 – 37, v. a. 37.

12 Diese positive Einschätzung kommt – vielleicht auch in den vorliegenden Überlegungen – in der Kritik etwas zu kurz. Es ist Assmann als intellektuelle Redlichkeit anzurechnen, dass er seine Entgegnung zusammen mit den Aufsätzen seiner Kritiker publiziert. Vgl. zur Kritik ferner *Rahner*,

mus" ist nicht mehr so sehr Domäne der neuen Rechten und ihres Plädoyers für ein neues mythologisch gegründetes Heidentum, letztlich mit dem Ziel, Macht und Manipulation leichter ausüben zu können, indem die ethischen Grundlagen des christlichen Abendlandes in Frage gestellt werden.[13] Durch die Impulse Assmanns ist dagegen viel stärker wieder die Frage nach der Leistungsfähigkeit des Monotheismus, seinen Stärken und Schwächen gestellt worden. Natürlich hängt diese intensive und von Assmann zunächst gar nicht intendierte Rezeption der „mosaischen Unterscheidung" auch mit den Fragen und Zweifeln zusammen, die seit dem 11. September 2001 unter dem Rubrum „internationaler Terrorismus" nachhaltig die Weltgemeinschaft verunsichern. Es ist letztlich die Frage nach der Leistungsfähigkeit der Religion in einer globalisierten Welt ohne globalisierte und universal akzeptierte Geltungsansprüche. Verhindert der Monotheismus den notwendigen pluralen Diskurs der Geltungsansprüche der Religionen durch seine implizite Intoleranz? Ist der Friede unter den Religionen, der nach Hans Küng Voraussetzung für den Frieden unter den Nationen ist, überhaupt möglich mit Rückbezug auf das jeweils *eine* und *einzige* und doch so verschiedene Absolute? Ist es nicht der Anspruch der Einzigkeit, der zu Recht Skepsis und Distanz gegenüber den monotheistischen Religionen fördert? Ist der Monotheismus dann nicht doch der Schlüssel zu den Problemen, die stille „Gretchenfrage" der Moderne?

Die jüngere Monotheismusdiskussion verstärkt zwei Tendenzen der alttestamentlichen Wissenschaft der letzten Jahre. Beide sind „Dauerbrenner" und haben entsprechend viele Facetten. Die eine ist die Gewaltfrage. Mit der Vernichtung der Ägypter im Schilfmeer (Ex 13 f), der kriegerischen Landnahme (Jos 2 – 8) und Elija auf dem Karmel (1 Kön 18,40) sind drei Spitzentexte benannt, an denen die hermeneutische Frage nach dem Umgang mit der Semantik der Gewalt in der Bibel – mit notorischem Ungleichgewicht am Alten Testament – immer wieder aufbricht. Dass man sich von dieser Frage nicht dispensieren kann und das Problem nicht schon durch den Hinweis gelöst hat, dass die Erzählungen nicht historisch seien, dürfte selbstverständlich sein.[14] Es ist die Normativität der Texte und ihr ethischer

---

Götter (2005); *Hempelmann*, Unterscheidung (2005); *Pola*, Welteinheitsideologie (2005). Dabei trifft meines Erachtens der Vorwurf Hempelmanns nicht, dass es sich bei „Assmanns Alternative zum Monotheismus" um eine „Spielart des religiösen Pluralismus" John Hicks handele (130). Auch erscheint mir die christologische Engführung der Argumentation zwar positionell verständlich und auch grundsätzlich hilfreich, der Sachauseinandersetzung um die Thesen Assmanns aber nicht unbedingt dienlich.

13 Vgl. *Wacker*, Monotheismus (2002); *Manemann*, Götterdämmerung, (2002). Vgl. zu den Spielarten der jüngsten Monotheismuskritik, ihren Wurzeln und ihren unterschiedlichen Interessen auch *Strasser*, Gewaltentrennung (2005), 84 – 87 und vor allem *Manemann*, Anti-Monotheismus (2003); *ders.*, Monotheismus (2003).

14 Vgl. dazu jetzt mit vielen Literaturhinweisen *Baumann*, Gottesbilder (2006).

Anspruch, der das Problem auf der Agenda hält. Aus pragmatischen Gründen will ich diese Thematik heute auf den Aspekt der Intoleranz gegenüber anderen Religionen beschränken.[15]

Das zweite Forschungsfeld, an das die jüngere Monotheismusdiskussion „andockt", ist die Religionsgeschichte Israels und die Frage nach dem Ursprung des Ersten Gebots. Durch ein enormes Anwachsen außerbiblischer Befunde aus Archäologie, Epigraphie und Ikonographie hat sich das Bild der Religion Israels radikal gewandelt.[16] Dass es nicht „Mose, der Ägypter" war, der Israel zur am Dornbusch geoffenbarten YHWH-Religion und zum Monotheismus geführt hat, ist nicht neu und doch der Schlüssel des Ganzen. Israel – so hat die jüngere Geschichtsforschung gezeigt – ist als Ganzes nicht allochthon, von außen als Fremdling in das Land hineingekommen, sondern zu überwiegenden Teilen im Lande selbst entstanden. Das hat Folgen für die Religion Israels, denn auch diese ist nicht „ganz anders".[17] Zwar darf YHWH nach wie vor als Fremdling im Lande gelten, der seinen Ursprung als Berg- und Wettergott in Nordarabien hat und erst mit der recht kleinen Exodusgruppe in das Land kam, doch unterscheidet sich die Religion Israels im Ganzen nicht wesentlich und grundlegend von derjenigen der Nachbarn in der südlichen Levante. Es ist eine im begrenzten Rahmen polytheistische Religion, die zum einen sehr starke regionale Differenzierungen, zum anderen einen weitgreifenden religionsinternen Pluralismus kennt. Vor allem ist es eine Religion im Wandel, die nur mühsam ihren Weg zum Bekenntnis der Einzigkeit findet. Der Staats- und Nationalgott YHWH wurde zeitweise mit einer Partnerin (Aschera) verehrt und auch andere Götter und Göttinnen hatten einen – wenn auch nachgeordneten – Platz in den Religionen Israels und Judas. Ein monotheistisches Bekenntnis – oder wir sollten besser sagen, monotheistisch klingendes Bekenntnis, denn einen theoretischen Monotheismus gibt es nicht, weshalb das im 17. und 18. entwickelte Gegensatzpaar Polytheismus und Monotheismus eigentlich, wie auch Jan Assmann zu Recht festhält, „für die Beschreibung antiker Religionen vollkommen ungeeignet"[18] ist – also präziser: ein ex-

---

15 Vgl. zum weiten Feld der Gewaltfrage im Kontext der Monotheismusdiskussion zuletzt: *Lohfink*, Gewalt (2004); *Walter*, Gewaltpotential (2003); im Blick auf die textlichen Grundlagen der drei monotheistischen Weltreligionen: *Uhde*, Zwang (2003). Zu den Grundlagen immer noch: *Lohfink*, Gewaltlosigkeit (1983).

16 Vgl. dazu das Material bei *Keel/Uehlinger*, Göttinnen (⁵2001) und den Überblick bei *Berlejung*, Geschichte (2006).

17 Vgl. den Überblick bei *Zenger*, Monotheismus (2003); *Köckert*, Gott (1998); *ders.*, Wandlungen (2005); *Becking*, God (2001); *Oeming/Schmid*, Gott (2003).

18 *Assmann*, Unterscheidung (2003), 49 mit Bezug auf *Koch*, Monotheismus (1999); wieder abgedruckt in: *Assmann*, Unterscheidung (2003), 221–238. Vgl. mit detailliertem Bezug auf die Begriffsgeschichte *Ahn*, Polytheismus (1993); *ders.*, Monotheismus (2003); *Lohfink*, Gewalt (2004), 2;

plizites Bekenntnis zur Einzigkeit YHWHs unter Ausschluss der Wirksamkeit und damit Existenz anderer Götter bricht sich erstmalig im Exil Bahn. Es sind Texte Deuterojesajas und des Deuteronomiums, die ein solches Bekenntnis formulieren. Der Biblische Monotheismus ist also keine Geburt Ägyptens, sondern eine Geburt des Exils.[19] So weit besteht Konsens in der alttestamentlichen Wissenschaft.

Doch seit dem Abschied von einem ägyptischen Urmonotheismus und den Anfängen der kritischen Wissenschaft sind die Anfänge der Entwicklung umstritten. Wenn in der israelitischen Religion nicht von je her YHWH ausschließlich verehrt worden ist, seit wann wurde die Forderung erhoben, neben ihm keine anderen Götter zu haben? Wie alt ist das Erste Gebot? Lagen zu Beginn der Debatte Anfangs- und Endpunkt der Entwicklung noch denkbar weit auseinander, etwa mit Forderungen zur ausschließlichen YHWH-Verehrung beim Jahwisten oder in der prophetischen YHWH-Allein-Bewegung bei Elija und dem Endpunkt im Exil, so sind sie inzwischen sehr nah aneinander herangerückt. Die Moräne der Spätdatierungen hat das Erste Gebot nicht nur von den Formulierungen, sondern auch der Sache nach erfasst. Jüngste Stellungnahmen – ich nenne hier stellvertretend Erik Aurelius und Juha Pakkala – gehen von einer erst deuteronomistischen Entstehung der intoleranten Monolatrieforderung und damit des Fremdgötterverbotes aus.[20] Damit wird jeglicher Suche nach vorexilischen Absetzungsbewegungen und Formulierungen eines Ausschließlichkeitsanspruches wie auch jeder möglichen Intoleranz gegenüber den Göttern der Nachbarn eine Absage erteilt. Gefährlich öffnet sich damit ein Fenster für ein Stufenschema in der Entwicklung. Während die vorexilische Religion *de facto* monolatrisch gewesen sein soll und lediglich das Eine oder Andere in das Eigene integrierte, kommt es mit dem Exil zu einer exklusiven Radikalisierung und intoleranten Fundamentalisierung, die in der Herausbildung des monotheistischen Bekenntnisses gipfelt.[21] Obwohl die jüngere Diskussion um das Erste Gebot bisher nahezu unberührt

---

Moltmann, Monotheismus (2002) (allerdings mit der inakzeptablen Formulierung „dualistischer Kampfmonotheismus" für den Islam).

19 Damit ist religionsgeschichtlich der Zusammenhang des Biblischen Monotheismus mit der monotheistischen Episode Echnatons, die für die „mosaische Unterscheidung" Assmanns eine bedeutende Rolle spielt, nicht gegeben. So in der Tendenz auch die Kritik bei *Koch*, Monotheismus (1999), 237.

20 Vgl. die ausführliche Auseinandersetzung mit *Pakkala*, Monolatry (2004) und *Frevel*, Deuteronomisten (2006).

21 Eine vergleichbare Tendenz zeigt sich bei den Kritikern der radikalen Spätdatierung, wenn die Übernahme neuassyrischer Ideologien im Deuteronomium und im frühen deuteronomistischen Schrifttum etwa in Dtn 13 oder 28 zum Ausgangs- und Brennpunkt der Intoleranz erhoben wird. So in der Tendenz bei *Assmann*, Sprache (2006), 22–25 mit Bezug auf Othmar Keel und auch *Zenger*,

von Jan Assmanns Thesen verlief, zeigt sich *de facto* eine Nähe beider zueinander in der Bewertung des Biblischen Monotheismus und der mit ihm verbundenen „mosaischen Unterscheidung" von wahr und falsch. Die Spätdatierungen des Ersten Gebots scheinen den Zusammenhang von Intoleranz und Monotheismus zu bestätigen, der Monotheismus mutiert vom großen Durchbruch der Geistesgeschichte zum Gefährdungspotential.

Wenn auch die beiden grob gezeichneten Linien eine eingehendere Beschäftigung verdient hätten, möchte ich an dieser Stelle einhaken. Meines Erachtens ist die Kritik an Jan Assmann darin im Recht, dass sich der Biblische Monotheismus nicht als „Sündenbock" eignet und dass ihm trotz der basalen „mosaischen Unterscheidung" nicht aus sich heraus Intoleranz zukommt. Zugleich ist den Spätdatierungen des Ersten Gebots und dem angedeuteten Stufenschema zu widersprechen. Meines Erachtens muss der Blick auf das 7. und 6. Jahrhundert gehen und vor allem die frühen Rechtstexte im Bundesbuch und Privilegrecht und die Prophetie stärker berücksichtigen. Dass es zu einer Ausschließlichkeit YHWHs in der judäischen Religion des ausgehenden 7. Jahrhunderts gekommen ist, bestätigt auch der außerbiblische Befund, der mit einer erst exilischen Entwicklung beim besten Willen nicht konform geht. Diese Positionsbestimmung lässt sich sowohl an der Göttinnenfrage, der deuteronomischen Zentralisationsforderung als auch an vielen anderen Feldern plausibel machen. Aber auch das soll in diesem Zusammenhang nicht im Vordergrund stehen.

Mit Blick auf Jan Assmann und die Frage eines intoleranten Ausschließlichkeitsanspruchs und den Folgen der „Einzigkeit" möchte ich einige Blicke auf das Jeremiabuch werfen. Dieses eignet sich in besonderer Weise, weil es (a) eine enorme Spannweite von Texten vereinigt und (b) weil es literargeschichtlich über mehrere Jahrhunderte hindurch gewachsen ist. Es ist darüber hinaus noch in zwei Hinsichten typisch für die Diskussion: Es enthält erstens, wie nahezu das gesamte Alte Testament, keine tatsächlich monotheistischen Formulierungen. Ein „YHWH ist Gott und keiner sonst" sucht man in dieser Deutlichkeit vergebens. Dennoch hat man über weite Strecken den Eindruck, dass – nicht nur in der Endfassung des Buches – andere Götter *de facto* kaum noch als existent angesehen werden. Das Buch ist – wie Ezechiel – von implizit monotheistischen Aussagen durchzogen.[22] In der Monotheismusdiskussion – und das ist der zweite Aspekt – spielt es jedoch kaum eine Rolle. Das Alter der relevanten Kerntexte ist hoch umstritten und die Diskussion um den „deuteronomistischen" Jeremia ungelöst. Weder ist ein Kon-

---

Monotheismus (2003), 48–52; *ders.*, Gewalttätigkeit (2005), 41–42.48–53. Die Assyrer drohen so ihrerseits zum „Sündenbock" zu werden, was ebenso wenig zutreffend ist.
22 Zu der Vorstellung eines impliziten Monotheismus im spätvorexilischen Übergang von der Monolatrie zum exilisch expliziten Monotheismus vgl. *Frevel*, Bildnis (2003), v. a. 41–42.

sens in der Frage gefunden, ob es eine Frühverkündigung des Propheten gegeben hat, noch in seiner Stellung zur joschijanischen Kultreform. Im Jeremiabuch wird gleichermaßen zum Kult der spätvorexilischen Zeit wie zu den ägyptischen Exulanten Stellung genommen. Ich möchte in zwei Schlaglichtern den Beitrag des Jeremiabuches zu der skizzierten Diskussion anreißen. Dass das nur Stippvisiten sein können und in diesem Kontext viele vor allem diachrone Probleme ausgeklammert werden müssen, ist angesichts der Fülle des Materials unvermeidbar und allen Wissenden ohnehin bewusst.

So viele Städte – so viele Götter: Kritik an Kultpraktiken und ihren Bezugsgrößen im Jeremiabuch

Wie bei Hosea ist Baal im Jeremiabuch eher eine Chiffre als der konkrete Vegetations- und Wettergott, der als Gegenspieler YHWHs gilt.[23] Noch am ehesten scheint eine konkrete Größe in den Stellen im Hintergrund zu stehen, in denen von der Prophetie im Namen des Baal die Rede ist, die in schroffer Opposition zur Prophetie Jeremias steht (Jer 2,8; 23,13.27, vgl. beim Baal schwören Jer 12,16). Doch wenn dem Baal Rauchopfer dargebracht werden (Jer 7,9; 11,13.17; 32,29), dann erscheint Baal neben den ebenso mit Opfern bedachten אלהים אחרים „anderen Göttern" blass und wenig konkret.

Dass Baal eher Chiffre als fassbares Götterindividuum ist, wird besonders deutlich, wenn der Plural בעלים gebraucht wird, wie etwa in der stark metaphorisch aufgeladenen Gottesrede Jer 2,23: „Wie kannst Du sagen: ‚Ich bin nicht unrein geworden; ich bin den Baalîm nicht nachgelaufen'? Schau dein Treiben im Tal. Erkenne was du getan hast: Eine schnelle Kamelstute bist du, ihre Wege kreuz und quer laufend". Das Wort schildert in drastischer Weise den Drang zur Abkehr.[24]

---

23 Baal meint im Jeremiabuch nicht ausschließlich, ja nicht einmal primär, den Vegetations- und Wettergott Baal als Gegenspieler YHWHs, sondern eine göttliche Größe, die parallel gesetzt wird zu verschiedenen anderen Größen, wie etwa den אלהים אחרים „anderen Göttern" (Jer 7,9; 11,13; 32,29) oder denen, „die nicht helfen können" (Jer 2,8). Vgl. zu Baal im Jeremiabuch auch *Norin*, Baal (2002), 76–87.97, der versucht, die Baal-Belege zeitlich in Vergangenheit und assyrisch beeinflusste Gegenwart Jeremias zu differenzieren.

24 *Herrmann*, Jeremia (1986) hat zu Recht darauf hingewiesen, dass der erste Teil der Gegenrede sich auf das Vorhergehende bezieht. An Israel haftet eine unabwaschbare Schuld, die nicht durch

Das Treiben im Tal (בגיא) lässt sich kaum anders als auf das Hinnomtal beziehen und spielt damit auf die Jerusalemer Kulttopographie an. In der späten Königszeit befand sich im unteren Talverlauf eine Tofet genannte Opferstätte, in der „Kinderopfer" für den Gott „Moloch" dargebracht wurden. Es ist nach wie vor umstritten, ob es sich dabei um echte Menschenopfer (vgl. „im Feuer verbrennen" שרף באש Jer 7,31; „als Ganzopfer" עלה Jer 19,5) oder um rituelle Übereignungen („durch das Feuer gehen lassen" העביר באש Jer 32,35) handelt.[25] Eine der jüngsten Stellungnahmen von Francesca Stavrakopoulou geht davon aus, dass die Kinderopfer zu den normativen Elementen der YHWH-Religion gehörten.[26] Wahrscheinlicher als tatsächliche Menschenopfer, die es in Israel allerhöchstens in außergewöhnlichen Notzeiten gegeben hat, ist eine durch aramäisch-assyrischen Einfluss im Juda des 8./7. Jahrhunderts v.Chr. populär gewordene symbolische Übereignung der Kinder an den vielleicht sogar mit YHWH gleichgesetzten und als König מלך titulierten Gott Hadad.[27] Im Jeremiabuch wird damit der Gipfel des Fremdgötterdienstes bezeichnet und die Gerichtsdrohung drastisch gesteigert festgemacht, weil Israel in diesem Kult die ethischen Standards grob missachtet. Zweimal betont das Jeremiabuch nachdrücklich, dass sich die Kultpraxis nicht auf ein YHWH-Gebot zurückführen lässt. Nicht die Gottheit oder die Götter werden kritisiert, sondern Israels Verhalten.

Das zeigt sich vor allem am Schluss der Tempelrede Jer 7,31 f und dem nahezu gleichlautenden Parallel-Text Jer 19,3bß–6, wo Jeremia am Eingang des Scherbentores folgendes Gerichtswort verkündigen soll:

> Siehe, ich bringe Unheil über diesen Ort, so dass jedem, der es hört, die Ohren gellen. Darum, weil sie mich verlassen haben, und weil sie diesen Ort entfremdet haben und an ihm anderen Göttern Rauchopfer dargebracht haben, [Göttern,] die sie und ihre Väter und die Könige Judas nicht gekannt haben, und weil sie diesen Ort mit unschuldigem Blut angefüllt haben. Und weil sie die Höhen Baals gebaut haben, um ihre Söhne im Feuer (nur Masoretischer Text: als

---

eine einfache Negation ungeschehen gemacht werden kann. Doch Israel bleibt – so der Vorwurf – uneinsichtig und behauptet das Gegenteil.

25 Vgl. zur Diskussion *Kaiser*, Erstgeborenen (1984); *Smelik*, Moloch (1995).

26 „Child sacrifice appears to have been a native and normative element of Judahite religious practice, three cults of which may plausibly have existed within Judah: the sacrifice of the firstborn to YHWH; the royal *mlk* sacrifice; and the sacrifice to the *šadday-gods*", Stavrakopoulou, King (2004), 318. Vgl. *Norin*, Baal (2002), 82, der aber nicht weiter auf die religionsgeschichtlichen Hintergründe eingeht.

27 Vgl. *Frevel*, Menschenopfer (1998), 118–120 in Anlehnung an *Weinfeld*, Worship (1972); *Albertz*, Religionsgeschichte (1992), 297–302 und mit anderer Akzentsetzung *Michel*, Gewalt (2003), 48–53.275–278.280–303; *Barrick*, King (2002).

Brandopfer für Baal[28]) zu verbrennen, was ich nicht geboten habe und was ich nicht gesagt habe und was mir nicht in den Sinn gekommen ist. Deshalb, Tage werden kommen, Spruch YHWHs, da wird man diesen Ort weder Tofet noch Tal Ben-Hinnom nennen, sondern Mordtal.

Zuletzt hat Andreas Michel noch einmal den weitestgehenden Konsens der Jeremiaexegese herausgestellt, dass die genannten Stellen (über deren relative Diachronie hier nicht entschieden werden muss) nicht dem Verdacht entkommen, exilische oder vielleicht erst nachexilische Nachträge („ein spätes nachexilisches Produkt literarischer Polemik") zu sein.[29] Damit verblasst die Kritik an den Göttern, die den Vätern unbekannt gewesen sein sollen, zu einer (nach innen gerichteten) literarischen Chiffre und zu einem Reflex auf eine religiöse Praxis der spätvorexilischen Zeit, auf die polemisch verzeichnend zurückgegriffen wird. Als Maßstab dient die ethisch unhinterfragbare Norm, dass unschuldiges Blut nicht vergossen werden darf. Das religiöse Fehlverhalten im Fremdgötterdienst wird deshalb besonders verurteilt, weil es diese ethische Norm angeblich verletzt.

Andere Texte des Jeremiabuchs kritisieren einen polytheistischen Pragmatismus mit politischem Hintergrund: „Denn so zahlreich wie deine Städte sind deine Götter Juda, und so zahlreich wie die Straßen Jerusalems habt ihr Altäre zur Schande aufgestellt, Altäre um dem Baal zu opfern". Das erste Glied des Parallelismus in Jer 11,13 zielt auf die Vermehrung der Gottheiten in den Städten Judas, nicht – wie jüngst Georg Fischer vorgeschlagen hat – auf die Vergöttlichung der Städte.[30] Der Vorwurf zielt offenbar auf ein Sicherungsverhalten in Krisenzeiten, die Zahl der Götter zu erhöhen, um die Sicherheit zu vermehren. Wenn auch dem Gott des übermächtigen Feindes Opfer dargebracht werden, gibt es vielleicht keine politische Katastrophe. So mögen manche Judäer gedacht und auch manche Könige Politik betrieben haben. Im Jeremiabuch wird mehrfach auf die Distanz der Götter zum Volk abgehoben, dass nämlich die verehrten Größen „fremd" sind oder den Vätern noch unbekannt waren (Jer 3,13; 5,19; 7,9; 19,4; 44,3). Politik und Religion sind untrennbar miteinander verwoben. Dass die Auseinandersetzung um die Alleinverehrung YHWHs auch politische Hintergründe hat, wird in Jer 2 besonders deutlich, wo der gleich lautende Vorwurf „so viele Götter wie Städte" in 2,28 gemacht wird.[31] Israel – so die Polemik dort – ist nicht wählerisch, sondern

---

28 LXX bietet hier wohl den ursprünglichen Text, s. mit Verweis auf Hermann-Josef Stipp auch *Michel*, Gewalt (2003), 51.287.

29 *Michel*, Gewalt (2003) 289–290.293–294 (Zitat: 290).

30 *Fischer*, Jeremia (2005), 414.

31 „Jer 2 paßt kaum in die gängigen Kategorien von Texten" (*Fischer*, Jeremia [2005], 151). Es ist ein literarisch hoch komplexes und viel diskutiertes Kapitel, dessen Probleme hier nicht entfaltet werden können. Ich halte gegen Fischer daran fest, dass es keine durchgehend späte und literarisch einheitliche Kompilation ist, ohne damit der profilierten These von einer Frühverkündi-

gibt sich jedem Fremden „auf jedem hohen Hügel und unter jedem grünen Baum" als Dirne hin. Der Ehebruch, der dem als Frau figurierten Israel in Jer 2 drastisch – zum Teil geradezu pornographisch – vorgeworfen wird, oszilliert zwischen Außenpolitik und Fremdgötterdienst. Doch hat der Fremdgötterdienst nicht nur politische Konsequenzen: Immer wieder wird betont, dass auf diese Größen in Krisenzeiten eben kein Verlass ist (Jer 11,12) und mit der kultischen Verehrung die ethischen Standards verloren gehen. Die exklusive Bindung an YHWH stellt auch ein soziales Statusmoment dar. Das macht die zweite Vershälfte von Jer 11,13 deutlich. Die Vielzahl der Opfer in den Straßen Jerusalems wird als Verlust der Ehre bezeichnet. בשׁת „Schande" wird häufig als abwertender Ersatzname für Baal gedeutet („habt ihr der Schande Altäre gesetzt", Elberfelder), so dass der dritte Versteil, der die Altäre wiederaufnimmt und syntaktisch Baal zuordnet, mit dem zweiten parallel geht. Doch legt sich viel mehr nahe, die Schande wörtlich zu nehmen. Der Fremdgötterdienst zielt zwar auf einen vordergründigen Statusgewinn, auf ein Gleichziehen mit den Nationen, bedeutet für Israel real aber eine Bloßstellung. Die Vielzahl der Götter kann den im politischen Untergang drohenden Statusverlust nicht verhindern, sondern fördert ihn geradezu.

Dagegen wird in Jer 2 idealtypisch und in theologischer Konstruktion die Erwählung gestellt, die die Exklusivbeziehung zwischen YHWH und Israel begründet. Die Spitzensätze „Ich habe dich als Edelrebe gepflanzt" (Jer 2,21) oder „Mit ewiger Liebe habe ich dich geliebt, darum habe ich dir so lange die Treue bewahrt" (Jer 31,3) zeugen ebenso davon wie die Gottesrede von seinem „Liebling" (Jer 11,15; 12,7). Ohne eine Liebesbeziehung zwischen YHWH und Israel, die in der Herausführung aus dem Schmelzofen Ägyptens (Jer 11,4, vgl. 2,6) besiegelt ist, bliebe die Forderung nach der ausschließlichen Bindung Israels an YHWH hohl. In dem Unterstreichen der Exklusivität der Beziehung zwischen dem Ehemann und der Ehefrau und der damit verbundenen Emotionalisierung liegt die Leistungsfähigkeit der von Hosea überkommenen Ehemetapher. Durch die enge Koppelung an rechtliche und soziale Dimensionen wird der Fremdgötterdienst unmittelbar mit Schuld konnotiert. Er wird zum Ehebruch, der eine Bestrafung verlangt, weil er – die patriarchale Prägung antiker Gesellschaften bildet den Hintergrund – die Rechte des Eheherrn verletzt.

Dass gerade im Jeremiabuch der profane und nicht der im religiösen Verhalten begründete Ehebruch zu den Hauptvorwürfen gehört, stimmt gut mit dem Vorwurf zusammen, der Fremdgötterdienst sei Israels „Ehebruch". Bemerkenswert und

---

gung das Wort zu reden. Vgl. *Frevel*, Aschera (1995), 356–357. Zur Beschreibung der stilisierten Opposition zwischen YHWH und Baal und der damit verbundenen „theologischen Konstruktion" vgl. *Krüger*, Jeremia (2004).

zugleich signifikant ist, dass dieser Vorwurf der Verletzung der Rechte des Eheherrn – anders als im Eherecht selbst – ausschließlich der Frau, nicht aber ihren Partnern, den fremden Göttern, gemacht wird.[32] Die „anderen Götter", mit denen Israel sich einlässt, treten dabei als Handelnde gar nicht in den Blick. Sie zeichnen sich im Gegenteil sogar gerade dadurch aus, dass sie nicht handeln. Wenn Israel in der Bedrängnis zu den Göttern ruft, wird es erfahren, dass diese Götter *sicher* nicht in der Not helfen (והושע לא־יושיעו להם בעת רעתם Jer 11,12, vgl. Jer 2,8). Die „mosaische Unterscheidung" ist hier eindeutig das Effizienzkriterium. Die Exklusivbeziehung zu YHWH garantiert eine Hilfe, die die anderen Götter nicht geben können. Ein solches Urteil ist nur aus einer Binnenperspektive möglich, so wie alle Religionskritik im Alten Testament nur nach innen gerichtete Auseinandersetzung ist.[33] Doch dieses Effizienzkriterium ist fest eingebettet in die Schelte der Vielgötterei, die der Exklusivbeziehung entgegensteht.

Wie bei Ezechiel tendieren auch im Jeremiabuch die polemischen Bezeichnungen der Fremdgötter dazu, die Nicht-Existenz der Größen zu unterstellen. Dem Volk wird Jer 5,7 vorgeworfen, בלא אלהים bei Nicht-Göttern zu schwören. An Schärfe nicht zu überbieten sind die – wahrscheinlich recht späten – Einwürfe in 2,11 und 16,20, wo direkt im Anschluss an eine Aussage über fremde Götter „das sind doch keine Götter" eingeworfen wird. Aber es ist nicht erst diese explizite Bestreitung der Existenz, die erkennen lässt, dass im Jeremiabuch schon früh von einem impliziten Monotheismus auszugehen ist. Denn die anderen Größen sind nicht mehr wirklich Götter. Sie werden etwa Jer 18,15 als שוא, als „Nichtige", als trügerische, täuschende, gehalt- und wirkungslose Götzen tituliert, denen man vergeblich vertraut.[34] Der Intoleranz ist man damit schon ein gutes Stück näher, doch ist auch hier die Kritik deutlich nach innen auf den innerreligiösen Pluralismus gerichtet.[35] Das „mich haben sie verlassen" und die feste Überzeugung, in YHWH keinen Blender vor sich zu haben, macht die Kritik stark. Die anderen Götter dagegen sind nur von Menschen gemachter Tand, *hæbæl* wie Jer 2,5 formuliert. „So spricht YHWH: Was haben eure Väter an mir Unrechtes gefunden, dass sie sich von mir entfernt haben, indem sie hinter dem Nichtigen herliefen und so zu Nichts geworden sind?". Die Götter sind nicht deshalb nicht existent, weil es nur einen Gott gibt, sondern weil sie ineffektiv sind. Jer 14,22 bekennt, dass es unter den „Nichtigkeiten der Nationen" keinen Regenspender gibt, sondern nur YHWH es

---

32 Israels abtrünniges Verhalten – und der Grad der Emotionalisierung unterstreicht das enge familiäre Verhältnis zwischen YHWH und seinem Volk – kränkt, erzürnt und verletzt YHWH (Jer 7,18 f; 8,19; 11,17; 25,6 f; 32,29 f.32; 44,3.8).

33 Vgl. dazu *Frevel*, Vogelscheuchen (1998).

34 Vgl. bes. das שוא in Jer 2,30; 4,30; 6,29 und 46,11.

35 Vgl. auch *Krüger*, Jeremia (2004), 183.

auf der Erde regnen lässt. Die „fremden Götter sind Zisternen, die das Wasser nicht halten", d. h. sie sind unbrauchbar. Dagegen ist „YHWH der Quell lebendigen Wassers" (Jer 2,13). Das von der Gottheit gewährte Heil ist dabei ganz konkret verstanden: „Ich machte sie satt" heißt es Jer 5,7. Es geht um Schutz, Sicherheit, Geborgenheit und Versorgung, kurz um das, was man unter dem Stichwort „Segen" fassen kann.

Genau darum geht es auch in dem Streit Jeremias mit den Exulanten in Tachpanes über die Verehrung der Himmelskönigin.[36] Diese behaupten nämlich, dass ihnen die Verehrung der anderen Götter, insbesondere die Verehrung der Himmelskönigin – über deren Identität wir immer noch keine Klarheit haben – doch genützt hat. „Damals hatten wir Brot genug, es ging uns gut, und wir sahen kein Unheil. Seit wir aber aufgehört haben, der Himmelskönigin Rauchopfer und Trankopfer darzubringen, fehlt es uns an allem, und wir kommen durch Schwert und Hunger um" (Jer 44,17 f).

Halten wir an dieser Stelle kurz inne: Das Jeremiabuch bietet eine ganze Fülle von Aussagen zur Ausschließlichkeit YHWHs. Es wird ein breites Spektrum von Anklage über die Gerichtsbegründung bis zur Polemik abgeschritten und es ist deutlich erkennbar, dass die Aussagen nicht alle auf derselben literarischen Ebene liegen. Dabei wird aber weder auf das Erste Gebot im Dekalog noch auf andere Rechtssammlungen explizit zurückgegriffen, sondern die Ausschließlichkeitsforderung wird in der engen Beziehung zwischen YHWH und seinem Volk begründet. Dazu dienen die Erwählungsaussagen und die Ehemetapher. Die Stoßrichtung ist eindeutig nicht gegen die Götter der Völker gerichtet. Es gibt in den Texten zweifellos eine „mosaische Unterscheidung", doch ist diese *nicht* einem abstrakten Paradigma „wahr oder falsch" verpflichtet.[37] Die Wahrheitsfrage entscheidet sich an der *Wirksamkeit* der Götter. Darin lässt sich eine Nähe zum Effizienzkriterium der pluralistischen Religionstheologie erkennen. Die anderen Götter sind nicht deshalb „falsche Götter", weil eine monotheistische Grundentscheidung „YHWH ist Gott und niemand sonst" vorausgegangen wäre und diese

---

36 Vgl. mit Hinweisen auf die Fülle der Literatur und Angaben zu den religionsgeschichtlichen Hintergründen *Frevel,* Aschera (1995), 428–444; *ders.,* YHWH (2003), 58–62.

37 Deshalb ist die vor allem von Alttestamentlern an Jan Assmanns Begrifflichkeit vorgebrachte Kritik an der „mosaischen Unterscheidung" gegen *Müller,* Gewalt (2005), 74 meines Erachtens gerechtfertigt. Damit ist nicht in Frage gestellt, dass ethische Entscheidungen nur dann Geltung beanspruchen können, wenn sie der basalen Unterscheidung von wahr und falsch folgen. Doch ist diese theoretische Grundlage sachlich nicht mit dem Monotheismus und seiner Genese verbunden und daher ist es nicht die mosaische Unterscheidung, um die es in der Kritik des Biblischen Monotheismus geht. Vgl. zur Grundsatzkritik an der „mosaischen Unterscheidung" jetzt auch *Rahner,* Götter (2005).

das Gottsein der Götter ausschließen würde, sondern die anderen Götter sind für Israel unwirksam. Die Texte sind von der Überzeugung getragen, dass nur ein Gott Israel aus der Not rettet, die Versorgung sicherstellt und Segen spendet. Dieser *Eine* ist durch den Bund und die „Jugendliebe" seit den Anfängen mit Israel verbunden. Wichtig ist, dass die „mosaische Unterscheidung" – wenn man sie denn so nennen mag – in den bisher betrachteten Texten des Jeremiabuchs noch mit keinerlei nach außen gerichteter Intoleranz verbunden war. Nicht die Götter wurden kritisiert, sondern Israel, dass es sich auf Götter einlässt, die nicht helfen können. Darin war allerdings durchaus ein semantisches Potential zu erkennen, das auch für nach außen gerichtete Polemik und herabsetzende Ironie offen ist. Schauen wir deshalb in einem zweiten Blick noch auf Texte im Jeremiabuch, die deutlich intoleranter und nach außen gerichtet scheinen.

„Sie alle sind töricht und dumm": Herabsetzende Götzenkritik im Jeremiabuch

Der Übergang zwischen der nach innen und der nach außen gerichteten Kritik ist selbstverständlich fließend. Bereits erwähnt worden war die Abwertung der Götter, der *gôyîm* als „Nichtse" in Jer 14,22, weil es nur einen Regenspender gibt. Diese Aussage ist so allgemein gehalten, dass tatsächlich keine anderen regionalen Größen der universalen Größe YHWHs entgegengesetzt werden können. Und genau daran schließt sich das Bekenntnis an: „Denn du hast dies alles gemacht" (Jer 14,22). Die Schöpfungstheologie ist das Tor zum Universalismus und zum Monotheismus. Wenn YHWH „das alles" geschaffen hat, ist mit ihm keiner vergleichbar. „Bin ich es nicht, der den Himmel und die Erde erfüllt?" (Jer 23,24).

Schaut man noch einmal auf den Kontext des bereits erwähnten „das sind doch keine Götter", zeigt sich deutlicher auch eine polemische Abwertung der Götter. Die Gerichtsbegründung in Jer 16 endet mit der Drohung: „Ich werde zuerst ihre Schuld und ihre Sünde noch mal/doppelt vergelten, weil sie mein Land entweiht haben durch die Leichen ihrer Scheusale und mit ihren Gräueln mein Erbe angefüllt haben" (Jer 16,18).[38]

---

38 Von den Scheusalen (vielleicht den derben, fäkalischen Unterton treffender als „Scheißgötzen" wiederzugeben) ist in Jeremia noch öfter die Rede: In Jer 13,27 sind es Götzen auf Hügeln und Feldern, in Jer 7,30 und 32,34 (und vielleicht 4,1) im Tempel aufgestellte Größen. Während zumindest Jer 7,30 noch in die Nähe Jeremias weisen könnte, steht die abwertende Kritik in 16,18 in der Nähe Ezechiels und des Heiligkeitsgesetzes. Nur noch in Lev 26,30 ist fäkalisch abwertend von „Leichen der Scheißgötzen" die Rede.

Die verehrten Größen werden mit Unreinheit und Tabu in Verbindung gebracht und so diskreditiert. Noch deutlicher ist die Fortsetzung in Vers 19f, die diesem Gipfel zunächst ein poetisches Vertrauensbekenntnis (Jeremias?) entgegenschleudert und dann die Überlegenheit YHWHs gegenüber den Göttern der Völker bekennt und dieses Bekenntnis den besagten Völkern sogar in den Mund legt:

> YHWH, meine Stärke und meine Schutzburg und meine Zuflucht am Tag der Bedrängnis! Zu dir werden Nationen kommen von den Enden der Erde und sie werden sagen: Bloß Lüge haben unsere Väter uns vererbt! Nichtigkeit! Keiner unter ihnen nützt etwas. Kann sich denn ein Mensch Götter machen? Das sind doch keine Götter.

Die eschatologische Vision einer Völkerwallfahrt zum Zion ist zwar durchgehend mit der Anerkenntnis YHWHs verbunden, sonst aber nie mit einer expliziten Abwertung der Götter der Völker[39], die hier – nach dem im Jeremiabuch bereits bewährtem Muster – als nutzlos und nichtig abgewertet werden. Die Völker kommen friedlich und von selbst zu der Einsicht, Trugbildern aufgesessen zu sein. Die Götter werden auf ihre Repräsentationen in Kultbildern eng geführt und dann in ihrer puren Materialität abgewertet. Mit der polemischen Gleichsetzung von Gott und Bild, die weder der Theologie der Götterbilder noch dem Glauben der Nationen entsprochen hat[40], sind es eben keine Götter, sondern – wie Jer 2,27 und 3,9 schon spottend vorbereitet haben – nur „Holz und Stein" oder „Machwerk von Menschenhand" (Jer 1,16). Die exklusivistische Vision, in der die Völker sich einem universalen YHWH anschließen, kennt keine Intoleranz gegenüber anderen Göttern, weil es solche gar nicht mehr gibt.[41]

Das ist anders in den Stellen des Jeremiabuches, in denen über die Götter der Völker Gericht gehalten wird. Derartige Vorstellungen sind ausschließlich in den Fremdvölkersprüchen zu finden (Jer 43,12f; 46,25; 48,7.13.35; 49,3; 50,2; 51,47.52). Dort werden Milkom, der Nationalgott der Ammoniter (Jer 49,3), und Kemosch, der Nationalgott der Moabiter, in die Verbannung geführt (Jer 48,7). Bel wird wie Babel zuschanden (Jer 50,2; 51,44) und die Götterbilder Babels werden vernichtend heimgesucht (Jer 51,47.52). In Ausführlichkeit und Härte unüberboten ist das Gericht über Ägypten in Jer 43. YHWH kündigt dort an, mit Nebukadnezzar als Werkzeug Ägypten zu bestrafen. Dieser wird die Tempel Ägyptens in Brand ste-

---

39 Vgl. den sehr guten Überblick bei *Groß*, YHWH (1989) und zur Thematik *Lohfink/Zenger*, Gott (1994).
40 Vgl. *Berlejung*, Theologie (1998).
41 Vgl. dazu auch *Zenger*, Monotheismus (2003), 60.65–66, zu den Vorstufen *Groß*, YHWH (1989), 40–42.

cken und die Götter darin wegführen (Jer 43,12).[42] Die Verse lassen eine deutliche Intoleranz erkennen. Aber bevor hier vorschnell einer Bestätigung der These Assmanns das Wort geredet wird, ist genauer hinzuschauen. Dabei taugt nicht als Gegenargument, dass in Jer 43 vielleicht aus der Rückschau eine Erinnerung an die kurze militärische Aktion Nebukadnezzars in Ägypten 568/67 v. Chr. vorliegt[43], und dass somit – wie auch im Fall Marduks und dem Ende Babylons – geschichtliche Ereignisse im Hintergrund stehen könnten. Dass das Göttergericht als Bestrafung für das ergangene Unrecht durch YHWH *gedeutet* wird und die Vernichtung oder Entsorgung der Götter der anderen Nationen impliziert ist, bleibt eine befremdliche Intoleranz. Allerdings wäre es fatal, dies auf den Monotheismus zurückzuführen. Die Wegführung von Götterstatuen, Kultgeräten und im Härtefall auch die Zerstörung von Tempeln gehört zu den Mitteln antiker Kriegspraxis (vor allem der Assyrer) und hat auch hier nichts mit der „mosaischen Unterscheidung" zu tun.[44] Unter der Voraussetzung einer sehr engen Verflechtung von Politik und Religion trifft die Strafe selbstverständlich auch die Götter. Mit Toleranz oder Intoleranz des Monotheismus hat das nichts zu tun. Das Göttergericht ist insofern gerade ein Gegenbeispiel für Assmanns These.[45]

Die Stippvisiten im Jeremiabuch wären nicht abgeschlossen ohne einen Blick auf die schroffe Götzenpolemik. Deren Anfänge hatten wir bereits gestreift, wenn die fremden Götter allein über die Materialität ihrer Bilder als „Holz und Stein" oder „Machwerk" wahrgenommen wurden. Die „Litanei der Kontraste" (Walter Brüggemann) in Jer 10 ist aber in einer Weise sarkastisch und polemisch, dass eine verletzende Herabsetzung der Völker und ihrer Religion naheliegt. Es handelt sich um einen der dichtesten Texte zur Götzenbildkritik, der auf Texte bei Deuterojesaja (Jes 40,18–20; 41,6 f; 45,5–7; 45,20) und vielleicht auch schon die Psalmen 115 und

---

42 Zum möglichen Zusammenhang von בית שמש mit Heliopolis vgl. *Fischer*, Jeremia (2005), 427.

43 Vgl. dazu *Werner*, Jeremia (2003), 141.

44 Vgl. die Wegführung der Götter der unterlegenen Kriegsgegner durch die neuassyrischen Könige, vgl. jüngst *Pola*, Welteinheitsideologie (2005), 142–143; zur Praxis *Mayer*, Politik (1995); *Berlejung*, Notlösungen (2002). Die bekannten ikonographischen Beispiele bei *Berlejung*, Theologie (1998), 41–42 mit Abb. 1–3; ebd., 343–345 zur Dominanz assyrischer Gottheiten in den Panthea der Vasallen. *Pola*, Welteinheitsideologien (2005), 135 weist im gleichen Zusammenhang mit Recht auf 1 Kön 18,34//Jes 36,19 und die *pax assyriaca* hin, die selbstverständlich die gegebenenfalls auch intolerante Suprematie Assurs (vgl. ebd., bes. 138 f) zur Grundlage hatte. Ebenfalls mit Hinweis auf die *pax assyriaca* am Beispiel von Ps 2 jetzt *Zenger*, Monotheismus (2003), 49–53.

45 Vgl. ähnlich jetzt *Zenger*, Monotheismus (2005), 70–73; *ders.*, Monotheismus (2003), 70–73 am Beispiel von Ps 82. Nur nebenbei sei zusätzlich auf die Gattung der Fremdvölkersprüche als semantischen Raum hingewiesen, der eine konstruierte und fiktive Gewalt beschreibt, die ihren Hintergrund auch nicht im Monotheismus hat.

135 zurückgreift[46], und aus ihnen ein Kompendium der Bilderkritik generiert. Der Text ist schwierig, weil er in *G* und *4QJer^b (4Q 71)* kürzer überliefert ist (es fehlen die Verse 6 – 8.10), aber der apokryphe Brief des Jeremia (Ende 3. Jahrhundert v. Chr.) auf die hebräische Textfassung zurückzugreifen scheint.[47] Ich werde im Folgenden die masoretische Textform zugrunde legen, ohne damit eine endgültige Entscheidung vorwegzunehmen. Der Text richtet sich erneut an Israel, nicht an die Völker. Sein Skopus ist die Entängstigung Israels und nicht die Apologie. Das zeigt das wiederholte „fürchtet euch nicht vor ihnen", und dazu passt die erheiternde, aber sehr unsichere Übersetzung, dass die Götterbilder wie „Vogelscheuchen im Gurkenfeld" sind.[48] Um das Argumentationsziel zu erreichen, wird die Polemik dick aufgetragen. Die Gebräuche der Völker sind *hæbæl* – nichtig, eine Täuschung, die nur auf dem schön bearbeiteten Material beruht, aber handlungsunfähig bleibt. Die Götzen können weder reden noch sich bewegen, sie sind hilflose Helfer. Dagegen wird Vers 6 die unvergleichliche Größe YHWHs gestellt. Das „allesamt sind sie dumm und töricht, die Unterweisung von Nichtsen, Holz ist's" in Vers 8 bleibt nicht bei dem Vorwurf bloßer Materialität, sondern zielt auf Offenbarungsqualität und intellektuelle Fähigkeit. Den Gipfel bildet der in aramäisch gehaltene, chiastisch aufgebaute Vers 11, der Israel auffordert, in einer Art Bannspruch Stellung zu beziehen:

כדנה תאמרון להום

(A) אלהיא (B) די־שמיא (C) וארקא (D) לא עבדו

(D) יאבדו (C) מארעא (B) ומן־תחות שמיא (A) אלה

„So sollt ihr zu ihnen sagen[49]: ‚Götter, die den Himmel und die Erde nicht gemacht haben, die werden von der Erde und unter diesem Himmel verschwinden'". Das

---

46 Und möglicherweise auch Jer 51,15 – 19, das in den Versen 12 – 16 aufgenommen sein könnte. Üblicherweise wird aber unter der Voraussetzung, dass die Götzenbildpolemik im Kontext sekundär ist, umgekehrt argumentiert.

47 Vgl. dazu den Nachweis bei *Kratz*, Rezeption (1995) und die Angaben im Kommentar zum Brief des Jeremia in *Steck u. a.*, Baruch (1998), 77 – 78. Zur Analyse des Textes *Schroer*, Israel (1987) und vor allem unter bildertheologischen Gesichtspunkten *Berlejung*, Theologie (1998), 394 – 399.

48 Nimmt man die Vogelscheuche als etwas, das eine Handlungsfähigkeit nur vortäuscht, aber im Ernstfall dieses Versprechen nicht einlösen kann, einen Schein, vor dem nur mäßig begabte Kreaturen sich fürchten, die Wissenden aber durchschauen und sich nicht ängstigen lassen, dann passt die Übersetzung „Vogelscheuche" nur zu gut. Allerdings muss eingestanden werden, dass Wortlaut und antike Übersetzungen auf eine Beschreibung der Kunstfertigkeit („ziselierte Palme/ Palmette") abheben und die „Vogelscheuche" letztlich EpJer 69 (εν σικυηράτῳ προβασκάνιον) entlehnt ist.

49 Zwar wäre auch die Übersetzung „über sie" möglich, doch ist ל mit אמר im Aramäischen fest gefügt für „sagen zu". Adressat sind die Nationen bzw. deren Götter oder beide.

impliziert nicht nur die Überzeugung, dass YHWHs Schöpfermacht alles hervorgebracht hat (Jer 10,12.16), sondern auch, dass die anderen Götter genau das nicht geschafft haben und deswegen ihre Existenzberechtigung verlieren. „*Nichtig* sind sie, Spottgebilde – zur Zeit ihrer Heimsuchung werden sie zugrunde gehen" (Jer 10,15).

Die Ankündigung des Göttergerichts und der beißende Spott fließen hier zusammen. Zwar wird nicht zur Gewalt gegen andere Götter und ihre Bilder aufgefordert, aber Jer 10 hat ohne Zweifel das Potential, in einer schiefen Rezeption als Aufforderung zur Zerschlagung von Götterbildern verstanden zu werden. Die Position klingt in der Abwertung der Religion der Völker intolerant und fordert daher die innerbiblische Kritik durch die Stellen heraus, die wie Mi 4,5 oder Dtn 4,19 den Völkern das Recht auf eigene Religionsausübung belassen.[50] Dennoch lässt einen der geradezu überhebliche Sarkasmus der Stellen erschrecken. Doch bevor diese auf den ersten Blick als Stütze der These Assmanns verstanden werden, ist eine differenzierte Einschätzung notwendig. Zum einen ist festzuhalten, dass es weder eine Aufforderung zur Gewalt gibt noch Gewalt gegenüber den religiösen Gegnern ausgeübt wird. Das scheint gar nicht nötig, weil sich die Gegner *per se* desavouieren. Dass Jer 10 aber ein Gewaltpotential hat, das in der Rezeption von der Semantik in reelle Gewalt umschlagen kann, sollte nicht bestritten werden.[51] Dass aber Spott und Herabsetzung, aus denen die Intoleranz erwachsen kann, im Monotheismus wurzelt, kann wiederum bezweifelt werden. Denn die Argumente der Götzenbildkritik und ihr Spott sind auch in der antiken philosophischen Götterbildkritik der hellenistisch-römischen Zeit zu finden. Religionsspott gibt es auch ohne (expliziten) Monotheismus.[52]

---

50 Vergleichbar ist Dtn 32,8 f mit der Aufteilung der Welt auf die Göttersöhne. Auf die konzessive Exklusivismus-Problematik in der Zuweisung der Gestirne als Gottheiten sei hier nur hingewiesen, dazu *Groß*, YHWH (1989), 41–42.

51 Vgl. zum Problem der Wirkungsgeschichte des Biblischen Monotheismus auch *Manemann*, Anti-Monotheismus (2003), 300, der aber entgegenhält: „Fundamental für den biblischen Monotheismus ist seine Reflexivität, die aus der Gebrochenheit aufgrund seiner Leidempfindlichkeit resultiert. Dieser Monotheismus kämpft immer wieder gegen die usurpatorischen Momente in der biblischen Tradition an, und zwar um seiner pathischen Dimension willen, der die Idee eines aggressiven Monotheismus fremd ist und die auf die Wahrnehmung des Leids der Anderen verpflichtet".

52 Vgl. etwa Epikur, Platon. Zu monotheistischen Tendenzen in der Philosophie seit Xenophanes und ihrer frühchristlichen Rezeption jetzt *Fürst*, Gott (2006), 58–63.

Der Preis des Monotheismus? Ein Fazit

Das Jeremiabuch enthält eine schiere Fülle von Auseinandersetzungstexten, in denen es um den Ausschließlichkeitsanspruch YHWHs geht. Dabei werden nahezu alle verfügbaren Register gezogen, die von sanften poetischen Tönen bis zu polemischen Missklängen reichen. Eine nach außen gerichtete Intoleranz fehlte über weite Strecken. Es bestehen Zweifel, dass das in manchen Stellen betrachtete Verhältnis YHWHs zu den anderen Göttern theoretisch oder gar systematisch durchdacht war.

Am Beginn ist die Auseinandersetzung noch politisch aufgeladen, wenn mit der Forderung nach einer ausschließlichen Konzentration auf den Nationalgott die Hoffnung verbunden wird, außenpolitisch überleben zu können. Das Gegenmodell vermehrt die Verehrung auch ausländischer Größen, um die politische Katastrophe zu verhindern. Scharf wendet sich das Jeremiabuch gegen einen solchen außenpolitisch motivierten pragmatischen Polytheismus. Dabei fließen in der Kritik ethische, soziale, politische und theologische Dimensionen zusammen. Ethische Standards wie der Schutz des Lebens beim „Kinderopfer" oder der Ehe sind für die Tradenten des Jeremiabuchs von entscheidender Bedeutung für den Zusammenhalt des Sozialwesens als religiöser Pluralismus.[53]

Bei aller Problematik eines diachronen Reliefs der Stellen erscheint mir doch wenig wahrscheinlich, dass sich in der Kritik nur und ausschließlich die exilische oder gar nachexilische Reflexion der Katastrophe spiegelt. Zumindest die Spuren einer Entwicklung konnten verfolgt werden. Es gehört gerade zu den Kennzeichen des Biblischen Monotheismus, dass er nicht plötzlich oder revolutionär auftritt, sondern dass seine Geschichte durch Evolution, durch eine lange und belebte Geschichte der Integration und Ausgrenzung gekennzeichnet ist. Bereits in spätvorexilischer Zeit beginnt die Auseinandersetzung um andere göttliche Größen, die in Konkurrenz zu YHWHs Alleinverehrungsanspruch stehen. Grob ließ sich ansonsten die Linie von der Fremdgötterkritik zur Bilderkritik verfolgen, auch wenn beide Bereiche immer ineinandergreifen. Die Kritik ist nahezu durchgehend Binnenkritik, in der die Unterscheidung von „wahr" und „falsch" nach innen durchgesetzt wird. Es ist intrareligiöse, nicht interreligiöse Auseinandersetzung. Erst in recht späten Texten des Jeremiabuchs kommt es zu Aussagen über die Götter der anderen Völker, die zunehmend polemisch werden. Aber auch hier geht es primär um die Stärkung nach innen, um „Werbung für YHWH".

---

53 Vgl. *Zenger*, Monotheismus (2003), 73: „Die Verschmelzung von Religion und Ethik ist das Proprium des Mosaischen Monotheismus, das seine bleibende religionsgeschichtliche und theologische Relevanz ausmacht".

Ausgangspunkt der Überlegungen waren die Thesen von Jan Assmann zur Frage des Zusammenhangs von Monotheismus und intoleranter Gewalt. Sein Urteil, dass „der Monotheismus die Geschichte seiner Durchsetzung als eine Geschichte der Gewalt in einer Serie von Massakern (erzählt)"[54], ist nach unserem Streifzug durch das Jeremiabuch als zu wenig differenziert und unzutreffend zurückzuweisen. Auch die These, dass die Negation, die der Monotheismus voraussetzt, einen Akt der Gewalt darstellt, hat sich nicht bestätigen lassen. Über weite Strecken kommt der Monotheismus der Bibel ohne wirklichen „Theoklasmus" aus. Dabei soll weder das semantische Potential noch die in der Rezeption liegende Gefahr der Auseinandersetzungstexte klein geredet werden. Ohne Zweifel kennt die Gottesfrage im Alten Testament rhetorische Gewalt, doch handelt es sich dabei nicht um einen inhärenten oder konstitutiven, sondern um einen historischen, politischen und literarischen Zusammenhang. Damit ergibt sich die Notwendigkeit einer *Hermeneutik der biblischen Gewalttexte*. Dazu leistet die „mosaische Unterscheidung" keinen entscheidenden Beitrag. Der Biblische Monotheismus ist weit vielfältiger und differenzierter als die antagonistische „mosaische Unterscheidung" von wahrer und falscher Religion. Ja, es gibt eine „mosaische Unterscheidung", aber sie fällt keine Wahrheitsurteile, sondern Wirksamkeitsurteile. Die Kriterien für die mosaische Unterscheidung sind höchst subjektiv, und das war offenbar selbst schon den Tradenten des Jeremiabuches bewusst, wenn sie diese Entscheidung überwiegend nach innen und nicht nach außen durchtragen. Außerdem gehören Ethos, Sozialkritik und Erwählungsgedanke ebenso in die „Wahrheit" der mosaischen Unterscheidung wie so Wandelbares wie Politik und Geschichte.[55] Dass gerade die Bibel ihre eigene polytheistische Vergangenheit nicht verschweigt, sondern integriert, spricht eher für als gegen den Biblischen Monotheismus. Zumindest relativiert das im kanonischen Kontext seinen universalen Geltungsanspruch. Jan Assmann vergröbert und unterschätzt die Leistungen des Monotheismus wie er die integrative Leistung des Polytheismus überschätzt.[56] Diese Kritik konnte auch vom Jeremiabuch her bestätigt werden. Ich nenne abschließend drei wesentliche Leistungen des Monotheismus auf der abstrakten Ebene.

---

54 *Assmann*, Unterscheidung (2003), 36.

55 Vgl. zur Erwiderung der Kritik an der ethischen Dimension des Biblischen Monotheismus in der jüngeren Monotheismuskritik *Manemann*, Monotheismus (2003).

56 Vgl. so auch die Kritik bei *Zenger*, Preis (2001), 216; *ders.*, Monotheismus (2003), 42–43.47: „Gewalt von Göttern gegen Götter und von Göttern gegen die Menschen gehören zur Substanz der polytheistischen Gotteskonzepte"; *Hempelmann*, Unterscheidung (2005), 118–119.123.126; *Pola*, Welteinheitsideologie (2005).

(1) Der Biblische Monotheismus bedeutet nicht die abstrakte Einzigkeit Gottes, es ist kein philosophischer Monotheismus, sondern ein praktischer, der eng mit einem Ethos der Gerechtigkeit und des gemeinschaftsförderlichen Handelns sowie dem herrschaftskritischen Ideal von Befreiung und Freiheit verbunden ist. Insofern eignet ihm gerade keine geistige Enge, sondern eine universale Weite.

(2) Monotheismus schafft kollektive Identität und ermöglicht durch seine Deutungsoffenheit Integration. Seine inkludierende Kraft und Fähigkeit zur Kompensation wird vom Jeremiabuch vorexerziert und von Assmann unterschätzt.[57] Dadurch verhindert er mindestens ebensoviel Gewalt, wie er aus sich heraus entlässt.

(3) Der Monotheismus ist universal, nicht partikular.[58] Damit scheint mir Monotheismus als einzige Religionsform dem globalen Wandel angemessen und ihm mindestens ebenso, wenn nicht besser, gewachsen zu sein als ein Polytheismus.[59]

Darüber lässt sich sicher trefflich streiten, aber eines scheint mir sicher. Der Monotheismus eignet sich nicht als der Sündenbock der Moderne oder als Quellgrund des Fundamentalismus. Sein gewaltkritisches Potential – darauf haben viele Kritiker Assmanns bereits hingewiesen – ist deutlicher als das vermeintlich Gewalt legitimierende Moment.[60] Um der globalen und globalisierten Gewalt der Gegenwart zu begegnen, müssen neue und andere Paradigmen durchdacht werden. Dazu ist die Beschäftigung mit dem Biblischen Monotheismus und seiner Geschichte seiner Durchsetzung, seiner Rhetorik und seiner Semantik ausgesprochen hilfreich. Darauf hat Jan Assmann zu Recht aufmerksam gemacht.

---

57 Das bezieht sich auf die These, dass der Monotheismus, anders als der Polytheismus, nicht wirklich zur „Übersetzung" unterschiedlicher Konzepte fähig sei. *Assmann*, Moses (1998), 19.
58 *Zenger*, Preis (2001), 216.
59 Vgl. zur These, dass polytheistische Religionen eng, begrenzt und intolerant sein müssen *Koch*, Monotheismus (1999), 229; zum Faktum der Intoleranz polytheistischer Religionen *Hempelmann*, Unterscheidung (2005), 123–124. Zur visionären und von Überwindung der Gewalt bestimmten Kraft vgl. *Lohfink*, Gewalt (2004), 78.
60 Mit einer zutreffenden Betonung auf der kanonischen Einbindung *Zenger*, Monotheismus (2003), 68: „Die Perspektive der Gewaltlosigkeit des reflektierten Monotheismus ist auch der hermeneutische Horizont, innerhalb dessen die ‚Gewalttexte' der Hebräischen Bibel zu lesen und zu beurteilen sind".

Bibliographie

Ahn, G., „Monotheismus" – „Polytheismus". Grenzen und Möglichkeiten einer Klassifikation von Gottesvorstellungen, in: M. Dietrich/O. Loretz (Hg.), Mesopotamica – Ugaritica – Biblica. FS K. Bergerhof (AOAT 232), Kevelaer/Neukirchen-Vluyn 1993, 1–24.

Ders., Monotheismus und Polytheismus als religionswissenschaftliche Kategorien?, in: M. Oeming/K. Schmid (Hg.), Der eine Gott und die Götter. Polytheismus und Monotheismus im antiken Israel (AThANT 82), Zürich 2003, 11–38.

Albertz, R., Religionsgeschichte Israels in alttestamentlicher Zeit (ATD.Erg 8/1), Göttingen 1992.

Assheuer, T., Töten für Gott. Von Moses, dem Ägypter bis zum Fundamentalismus der Killer: Der Kulturwissenschaftler Jan Assmann spricht in Heidelberg über die religiösen Wurzeln moderner Gewalt, in: Die Zeit Nr. 30 vom 15.07.2004.

Assmann, J., Moses der Ägypter. Entzifferung einer Gedächtnisspur, München 1998.

Ders., Monotheismus und Ikonoklasmus als politische Theologie, in: E. Otto (Hg.), Mose. Ägypten und das Alte Testament (SBS 189), Stuttgart 2000, 121–139.

Ders., Die mosaische Unterscheidung oder der Preis des Monotheismus, München u.a. 2003.

Ders., Monotheismus und die Sprache der Gewalt, Wien 2006.

Barrick, W. B., The King and the Cemeteries. Toward a New Understanding of Josiah's Reform (VT.S 88), Leiden 2002.

Baumann, G., Gottesbilder der Gewalt im Alten Testament verstehen, Darmstadt 2006.

Becking, B. u.a. (Hg.), Only One God? Monotheism in Ancient Israel and the Veneration of the Goddess Asherah (BiSe 77), Sheffield 2001.

Berlejung, A., Die Theologie der Bilder. Herstellung und Einweihung von Kultbildern in Mesopotamien und die alttestamentliche Bilderpolemik (OBO 162), Fribourg/Göttingen 1998.

Dies., Notlösungen. Altorientalische Nachrichten über den Tempelkult in Nachkriegszeiten, in: U. Hübner/E. A. Knauf (Hg.), Kein Land für sich allein. FS M. Weippert (OBO 186), Fribourg/Göttingen 2002, 196–230.

Dies., Geschichte und Religionsgeschichte des antiken Israel, in: J. C. Gertz (Hg.), Grundinformation Altes Testament. Eine Einführung in Literatur, Religion und Geschichte des Alten Testaments, Göttingen 2006, 55–185.

Fischer, G., Jeremia 1–25 (HThKAT), Freiburg 2005.

Frevel, C., Aschera und der Ausschließlichkeitsanspruch YHWHs. Beiträge zu literarischen, religionsgeschichtlichen und ikonographischen Aspekten der Ascheradiskussion (BBB 94/1 u. 2), Weinheim 1995.

Ders., „Sie sind wie Vogelscheuchen im Gurkenfeld". Kritik an den Göttern der Völker und ihren Kulten – Religionskritik im Alten/Ersten Testament, in: H. R. Schlette (Hg.), Religionskritik in interkultureller und interreligiöser Sicht. Dokumentation des Symposions des Graduiertenkollegs „Interkulturelle religiöse bzw. religionsgeschichtliche Studien" vom 20.–23.11.1996 an der Universität Bonn (Begegnung 7), Bonn 1998, 52–74.

Ders., Menschenopfer. Altes Testament, in: LThK VII (³1998), 118–120.

Ders., Du sollst dir kein Bildnis machen – Und wenn doch? Überlegungen zur Kultbildlosigkeit der Religion Israels, in: B. Janowski/N. Zchomelidse (Hg.), Die Sichtbarkeit des Unsichtbaren. Zur Korrelation von Text und Bild im Wirkungskreis der Bibel. Tübinger

Symposion (Arbeiten zur Geschichte und Wirkung der Bibel 3), Stuttgart 2003, 23 – 49.243 – 246.

Ders., YHWH und die Göttin bei den Propheten. Eine Zwischenbilanz, in: M. Oeming/K. Schmid (Hg.), Der eine Gott und die Götter. Polytheismus und Monotheismus im antiken Israel (AThANT 82), Zürich 2003, 49 – 77.

Ders., Rezension von J. Pakkala, Intolerant Monolatry in the Deuteronomistic History, in: Theologische Revue 100 (2004), 287 – 293.

Ders., Wovon reden die Deuteronomisten? Anmerkungen zu religionsgeschichtlichem Gehalt, Fiktionalität und literarischen Funktionen deuteronomistischer Kultnotizen, in: M. Witte u. a. (Hg.), Die deuteronomistischen Geschichtswerke. Redaktions- und religionsgeschichtliche Perspektiven zur „Deuteronomismus"-Diskussion in Tora und Vorderen Propheten (BZAW 365), Berlin/New York 2006, 249 – 278.

Fürst, A., „Einer ist Gott". Die vielen Götter und der eine Gott in der Zeit der Alten Kirche, in: WuB 39 (2006), 58 – 63.

Groß, W., YHWH und die Religionen der Nicht-Israeliten, in: Theologische Quartalschrift 169 (1989), 34 – 44.

Hempelmann, H., Die „mosaische Unterscheidung" als Geburtsstunde und Verhängnis des jüdisch-christlichen Monotheismus (Jan Assmann), in: Theologische Beiträge 36 (2005), 117 – 132.

Herrmann, S., Jeremia (BK.AT XII), Neukirchen-Vluyn 1986.

Kaiser, O., Den Erstgeborenen deiner Söhne sollst du mir geben. Erwägungen zum Kinderopfer im Alten Testament, in: ders. (Hg.), Von der Gegenwartsbedeutung des Alten Testaments. Gesammelte Studien, Göttingen 1984, 142 – 166.

Keel, O./Uehlinger, C., Göttinnen, Götter und Gottessymbole. Neue Erkenntnisse zur Religionsgeschichte Kanaans und Israels aufgrund bislang unerschlossener ikonographischer Quellen (QD 134), Freiburg u. a. ⁵2001.

Koch, K., Monotheismus als Sündenbock, in: ThLZ 124 (1999), 873 – 884 (wieder abgedruckt in: J. Assmann, Die Mosaische Unterscheidung oder der Preis des Monotheismus, München u. a. 2003, 221 – 238).

Köckert, M., Von einem zum einzigen Gott. Zur Diskussion der Religionsgeschichte Israels, in: BThZ 15 (1998), 137 – 175.

Ders., Wandlungen Gottes im antiken Israel, in: BThZ 22 (2005), 3 – 36.

Kratz, R. G., Die Rezeption von Jeremia 10 und 29 im Pseudepigraphen Brief des Jeremia, in: JSJ 26 (1995), 2 – 31.

Krüger, T., Jahwe und die Götter in Jeremia 2, in: F. Hartenstein u. a. (Hg.), Schriftprophetie. FS J. Jeremias, Neukirchen-Vluyn 2004, 221 – 231.

Lohfink, N. (Hg.), Gewalt und Gewaltlosigkeit im Alten Testament (QD 96), Freiburg u. a. 1983.

Ders., Gewalt und Monotheismus. Beispiel Altes Testament, in: H. Düringer (Hg.), Monotheismus – Eine Quelle der Gewalt? (ArTe 125), Frankfurt 2004, 60 – 78.

Lohfink, N./Zenger, E., Der Gott Israels und die Völker. Untersuchungen zum Jesajabuch und zu den Psalmen (SBS 154), Stuttgart 1994.

Manemann, J., Götterdämmerung. Politischer Antimonotheismus in Wendezeiten, in: J. Manemann (Hg.), Monotheismus (JPTh 4), Münster 2002, 28 – 49.

Ders., Monotheismus unter Beschuss. Religionskritik in der „Berliner Republik", in: Herder-Korrespondenz 57 (2003), 407 – 412.

Ders., Anti-Monotheismus heute, in: Pastoralblatt 55 (2003), 296 – 302.

Mayer, W., Politik und Kriegskunst der Assyrer (Abhandlungen zur Literatur Alt-Syrien-Palästinas und Mesopotamiens 9), Münster 1995.

Michel, A., Gott und Gewalt gegen Kinder im Alten Testament (FAT I/37), Tübingen 2003.

Moltmann, J., Kein Monotheismus gleicht dem anderen. Destruktion eines untauglichen Begriffs, in: Evangelische Theologie 62 (2002), 112–122.

Müller, K., Gewalt und Wahrheit. Zu Jan Assmanns Monotheismuskritik, in: P. Walter (Hg.), Das Gewaltpotential des Monotheismus und der dreieine Gott (QD 216), Freiburg u. a. 2005, 74–82.

Norin, S., Baal, Kinderopfer und „über die Schwelle springen". Propheten und israelitische Religion im siebten Jahrhundert v. Chr., in: H. Irsigler (Hg.), „Wer darf hinaufsteigen zum Berg YHWHs?" (ATS 8), St. Ottilien 2002, 75–100.

Oeming, M./Schmid, K. (Hg.), Der eine Gott und die Götter. Polytheismus und Monotheismus im antiken Israel (AThANT 82), Zürich 2003.

Pakkala, J., Intolerant Monolatry in the Deuteronomistic History (Publications of the Finnish Exegetical Society 76), Göttingen 1999.

Pola, T., Welteinheitsideologie. Intoleranter Polytheismus bei den Neuassyrern, in: Theologische Beiträge 36 (2005), 133–151.

Rahner, J., „Du wirst keine anderen Götter neben mir haben". Zu Jan Assmanns Mosaischer Unterscheidung, in: Zeitschrift Katholische Theologie 127 (2005), 57–76.

Schroer, S., In Israel gab es Bilder. Nachrichten von darstellender Kunst im Alten Testament (OBO 74), Fribourg/Göttingen 1987.

Smelik, K. A. D., Moloch, Molekh or Molk-Sacrifice? A Reassessment of the Evidence Concerning the Hebrew Term Molekh, in: SJOT 9 (1995), 133–142.

Stavrakopoulou, F., King Manasseh and Child Sacrifice. Biblical Distortions of Historical Realities (BZAW 338), Berlin u. a. 2004.

Steck, O. H. u. a., Das Buch Baruch. Der Brief des Jeremia. Zu Ester und Daniel (ATD.A 5), Göttingen 1998.

Strasser, P., Gewaltentrennung in Gott? Auch ein Kapitel Politische Theologie, in: P. Walter (Hg.) Das Gewaltpotential des Monotheismus und der dreieine Gott (QD 216), Freiburg u. a. 2005, 84–103.

Uhde, B., „Kein Zwang in der Religion" (Koran 2,256). Zum Problem von Gewaltpotential und Gewalt in den „monotheistischen" Weltreligionen, in: Jahrbuch für Religionsphilosophie 2 (2003), 69–89.

Wacker, M.-T., „Monotheismus" als Kategorie der alttestamentlichen Wissenschaft. Erkenntnisse und Interessen, in: J. Manemann (Hg.), Monotheismus (JPTh 4), Münster 2002, 68–80.

Walter, P. (Hg.), Das Gewaltpotential des Monotheismus und der dreieine Gott (QD 216), Freiburg u. a. 2005.

Weinfeld, M., The Worship of Molech and of the Queen of Heaven and its Background, in: UF 4 (1972), 133–154.

Werner, W., Das Buch Jeremia. Kapitel 25–42 (NSK.AT 19/2), Stuttgart 2003.

Zenger, E., Was ist der Preis des Monotheismus? Die heilsame Provokation von Jan Assmann, in: Herder-Korrespondenz 55 (2001), 186–191 (wieder abgedruckt in: J. Assmann, Die Mosaische Unterscheidung oder der Preis des Monotheismus, München u. a. 2003, 209–220).

Ders., Der Monotheismus Israels. Entstehung – Profil – Relevanz, in: T. Söding (Hg.), Ist der
Glaube Feind der Freiheit? Die neue Debatte um den Monotheismus (QD 196), Freiburg
u. a. 2003, 9 – 52.
Ders., Der Mosaische Monotheismus im Spannungsfeld von Gewalttätigkeit und
Gewaltverzicht. Eine Replik auf Jan Assmann, in: P. Walter (Hg.), Das Gewaltpotential des
Monotheismus und der dreieine Gott (QD 216), Freiburg u. a. 2005, 39 – 73.

Der Eine oder die Vielen?

Monotheismus und materielle Kultur in der Perserzeit

Zwar wird in den seltensten Fällen gesagt, was man darunter genau versteht, doch gilt der Monotheismus als *differentia specifica* des nachexilischen Frühjudentums, ja überhaupt als bleibendes Konstitutivum des Judentums als einer der drei sog. Weltreligionen. So halten Walter Dietrich und Ulrich Luz in ihrem gelehrten Überblick fest:

> Die Geburtsstunde des voll ausgereiften Monotheismus war zugleich die Geburtsstunde des Judentums. ... Seine Partikularität wird wesenhaft bestimmt durch seine Religion und diese wiederum durch ihren kompromißlosen Monotheismus. ... Das Judentum ist so zum unübersehbaren und unverrückbaren Mahnmal monotheistischer Gottesverehrung geworden. Könnte es also sein, daß nicht nur die Partikularität Israels an seinem monotheistischen Glauben, sondern daß auch der Monotheismus an der Existenz eines in seiner Partikularität respektierten Israel hängt?[1]

Zwar ließe sich die Reichweite dieser Hypothese durchaus mit Blick auf den philosophischen Monotheismus oder den Islam diskutieren, ohne dabei den Respekt gegenüber der Existenz des Judentums aufzugeben, doch zeigt das Zitat auf jeden Fall, wie eng die Geschichte des Monotheismus mit der Entstehung des Judentums zusammengedacht wird. Religionsgeschichtlich war das nicht immer der Fall, wenn man sich etwa an die Hypothese eines Urmonotheismus oder die Annahme eines historischen Monotheismus der Patriarchen erinnert. Erst ein schmerzlicher Diskussionsprozess des vergangenen Jahrhunderts hat den biblischen Monotheismus als geschichtlich gewachsen erwiesen und seine „Geburt" mit dem Übergang vom späten Exil zur frühnachexilischen Gemeinde verbunden.[2] Die Zeit des Zweiten Tempels gilt bei allen Differenzen, die in der Ansetzung des konkreten Durchbruchs des biblischen Monotheismus bestehen, auf jeden Fall als monotheistisch. Der Prozess der „Reinigung" beginnt spätestens mit den Kultreformen Hiskijas und Joschijas und ist im babylonischen Exil abgeschlossen: „Die entscheidenden Schritte hin zum Monotheismus hat Israel/Juda nicht in Hochzeiten, sondern eher an Tiefpunkten seiner Geschichte getan. Mögen die Könige bestimmter Dynastien eine jahwistische Staatsreligion ihren Interessen dienlich gefunden haben: der Durchbruch zur Monolatrie erfolgte im 7., im assyrischen, der

---

1 *Dietrich/Luz*, Universalität (2002), 381 f.
2 Vgl. zur Übersicht aus der Fülle der Literatur neben *Müller*, Monotheismus (2002), 1459 f.; *Stolz*, Einführung (1996); *Zenger*, Monotheismus (2003), 9 – 52.

DOI 10.1515/9783110424386-016

zum Monotheismus im 6., im babylonischen Jahrhundert".[3] Von Deuterojesaja, den späten Deuteronomisten und der Priesterschrift wird der Gottesglaube Israels theoretisch durchdrungen, so dass sich zum Abschluss des Exils ein reiner Monotheismus als Kennzeichen des nachexilischen Judentums formt. „Als Monotheisten wurden die Juden stets und werden sie noch immer wahrgenommen".[4]

Mit dieser Grundlinie, die das *Exil* als die Wasserscheide zwischen Polytheismus und Monotheismus sieht, ist ein weitestgehender Konsens der alttestamentlichen Wissenschaft ausreichend beschrieben. Differenzierungen lässt diese Position nur jenseits der Wasserscheide in den Entwicklungen der spätvorexilischen Zeit zu; diesseits hingegen – also in der Annahme eines nachexilischen Monotheismus – steht sie unverrückbar fest. Die herrschende Sicht ist, dass weder im Zweiten Tempel noch im sich darin versammelnden nachexilischen Judentum andere Gottheiten als wirkmächtige divine Größen akzeptiert, geschweige denn verehrt wurden. Offizielle und private Frömmigkeit treten nicht mehr wie in vorexilischer Zeit auseinander, sondern haben sich angenähert (R. Albertz). Wie zutreffend ist dieses Bild vom nachexilischen Monotheismus vor dem Hintergrund von Texten und der materiellen Kultur?

Dieser Frage werde ich in vier Schritten nachgehen. Ich beginne mit einigen grundsätzlichen Überlegungen zur Methode, blicke dann kurz auf die vorexilische Entwicklung des YHWH-Glaubens, um deutlich zu machen, vor welcher Folie die nachexilische Zeit gegenwärtig untersucht wird. Dieser Gedankengang zeigt ein forschungsgeschichtliches *Bias* in der Religionsgeschichtsschreibung auf, das nicht unentscheidend ist für die Blicke auf die These Ephraim Sterns, die anschließend anhand der materiellen Hinterlassenschaften knapp überprüft wird. Den Schluss bilden dann einige zusammenfassende Thesen zum Gang der Argumentation und zu der Leitfrage, *ob* und *wie* monotheistisch die YHWH-Religion in der Perserzeit gewesen ist.

Was evident ist und was nicht – Methodische Vorbemerkung

In der Religionsgeschichtsschreibung ist es seit gut 20 Jahren inzwischen gang und gäbe, methodisch die größtmögliche Breite an Evidenzauswertung einzufordern, da die Bibel nicht als sog. Primärquelle dienen kann und als Tendenzliteratur kein historisches Bild liefert. Dabei werden Archäologie und Ikonogra-

---

3 *Dietrich/Luz*, Universalität (2002), 381.
4 *Dietrich/Luz*, Universalität (2002), 381–382.

phie zuweilen nicht nur zum kritischen Korrektiv, sondern zu *den* Leitmedien im Rang von Primärquellen. Wegweisend war der 1999 erschienene Aufsatz Christoph Uehlingers zu den „Powerful Persianisms": „The only way to test the reliability of biblical historiography, and ultimately to understand it properly even if it might prove unreliable in terms of critical history writing, is to confront it with extra-biblical sources and to contextualize it within the overall cultural and social history of the Persian empire. Primary sources are provided by archaeology, epigraphy and iconography; secondary sources by contemporary writers (e.g., Pseudo-Scylax or Herodotus); tertiary sources by traditions known to later historians (such as Flavius Josephus). Method demands that our reconstruction starts with the primary sources".[5] Die Bedeutung von Archäologie, Epigraphik und Ikonographie insbesondere für die Religionsgeschichtsschreibung ist nicht zu bestreiten und schon gar nicht gering zu schätzen, jedoch ist unter der Voraussetzung, dass es sich auch hierbei um selektive und zu interpretierende Daten handelt, zu fragen, ob sich die *zu* scharfe Unterscheidung von Primär-, Sekundär und Tertiärquellen über einen heuristischen Wert hinaus halten lässt.[6] Zugleich muss eingestanden werden, dass auch der außerbiblische Befund der sog. Primärquellen oft nicht einmal hinreicht, um auch in groben Zügen das historische religiöse Feld bestimmen zu können. Die Wirklichkeit scheint vielfach komplexer gewesen zu sein als uns je einzelne Quellen – auch sog. Primärquellen – glauben lassen wollen. Der begrenzte Aussagewert der Quellen macht die Sache zudem nicht einfacher: Induktive Argumentationen, d.h. die Extrapolation generell gültiger Aussagen aus einzelnen Beobachtungen, bleiben falsifikatorisch auch hier problematisch. Der Schluss „Israels Glaube in spätexilischer und nachexilischer Zeit war monotheistisch" aus Textbelegen wie Jes 44,6 („außer mir gibt es keinen Gott"); Dtn 4,39 („Yahwe ist der Gott im Himmel droben und auf der Erde unten, keiner sonst"); 1 Chr 17,20 („keiner ist dir gleich, und außer dir gibt es keinen Gott") ist logisch nicht so möglich, dass die gegenläufige Aussage „Israels Glaube in spätexilischer und nachexilischer Zeit war *nicht* monotheistisch" damit falsifiziert wäre. Und da wir schon einmal bei den Grundlagen argumentativer Logik sind, sei noch auf das immer wieder angesprochene Problem der Quellenauswertung durch das *argumentum ex silentio* hingewiesen, auf das vielfach Hypothesengebäude in der Religionsgeschichtsschreibung aufbauen. Dabei muss man sich immer wieder verdeutlichen, dass *argumenta ex silentio* für deduktive Aussagen ungeeignet sind und aus fehlender Evidenz nicht auf die Nichtexistenz eines

---

5 *Uehlinger*, Persianisms (1999), 134 f.
6 Vgl. dazu auch *Frevel*, Deuteronomisten (2006), 267–276, insb. 271.

Sachverhalts geschlossen werden kann. Weder macht *eine* Schwalbe *einen* Sommer noch *keine* Schwalbe *keinen* Sommer.

Nun ist allerdings zuzugestehen, dass über die Reichweite von Schlüssen oder über den Grad, wann ein Schluss als zwar nicht notwendig, aber zureichend begründet angesehen werden kann, in der alttestamentlichen Wissenschaft und Religionsforschung der vorchristlichen Antike ebenso wenig Einigkeit besteht. Daher erscheint es hilfreich, jeweils offenzulegen, auf welcher Datenbasis die eigenen Schlüsse beruhen und welche konzeptuellen, methodischen und begrifflichen Voraussetzungen bestehen.

Eine kurze religionsgeschichtliche Rückversicherung zur vorexilischen Entwicklung

„Einen reflektierten Monotheismus gibt es erst als Antwort auf die Exilskrise".[7] In der alttestamentlichen Wissenschaft hat man sich daran gewöhnt, von einem Durchbruch des Monotheismus in exilischer oder spätestens frühnachexilischer Zeit zu sprechen. Der Monotheismus wurde erst durch Deuterojesaja, späte Deuteronomisten und die Priesterschrift im babylonischen Exil in Auseinandersetzung mit der neubabylonischen Präsenz von Marduk/Bel und Nabu entwickelt oder – und das ist schon ein seltener gemachtes Zugeständnis – *spätestens* als Differenzmerkmal der frühnachexilischen Gemeinde entwickelt.

Nun lässt sich lange darüber streiten, ob es einen „Monotheismus" in der Bibel überhaupt gibt, ob das erstmals im 17. Jh. von Henry Moore unter dem Neologismus „Monotheismus" geprägte Konzept überhaupt sinnvoll für die Beschreibung von Religionen in der Antike ist, und wenn ja, welche Differenzierung bzw. Klassifizierung des Monotheismus adäquat zur Bezeichnung des biblischen Monotheismus ist: praktischer oder theoretischer, abstrakter oder konkreter, impliziter oder expliziter, inklusiver oder exklusiver, revolutionärer oder evolutionärer Monotheismus?[8] Die Problematik der Konstruktivität der Paradigmen Monotheismus/Polytheismus als Beschreibungskategorien antiker Religion sind bekannt[9], aber letztlich auch durch die Vermeidung der Kategorien nicht lösbar. Zumindest von heuristischem Wert scheint mir nach wie vor die Unterscheidung zwischen Monolatrie und Monotheismus. Von monotheistischen Aussagen wird dann gesprochen, wenn die Einzigkeit eines Gottes unter Ausschluss der Existenz

---

7 *Müller*, Monotheismus (2002), 1461.

8 *Frevel*, Monotheism (2013).

9 Siehe *Ahn*, Monotheismus (1993), 15 – 19.

anderer göttlicher Größen formuliert wird. Monolatrie hingegen meint lediglich die Verehrung eines Gottes, ohne die Existenz anderer Götter explizit auszuschließen. So bleibt das meist mit „Du sollst keine anderen Götter haben neben mir" übersetzte Erste Gebot des Dekalogs Ex 20,3//Dtn 5,7 wegen der Annahme, dass es grundsätzlich andere Größen neben YHWH gibt, eine *monolatrische* Aussage, während Jes 45,6 als monotheistische Aussage angesprochen werden kann, wenn vom Aufgang der Sonne bis zu ihrem Untergang erkannt werden soll, dass es außer YHWH keinen Gott und erst recht keinen YHWH gibt. Es darf allerdings mit Recht bezweifelt werden, dass dieser Unterscheidung – sofern sie über den propositionalen Gehalt hinaus extrapoliert wird – mehr als ein heuristischer Wert zukommt.

Nun ist nicht zu leugnen, dass solche Aussagen, die eine komparative und explizite Exklusivität zum Ausdruck bringen, frühestens ab der Exilszeit auftauchen. Spätvorexilisch finden sich zunehmend im 7. Jh. v.Chr. Aussagen, die Konkurrenzgrößen YHWHs begrifflich stark herabwürdigen und so implizite Exklusivitätsaussagen machen. So werden beispielsweise in der Wendung „Holz und Stein" (עץ ואבן)[10] oder ein „Machwerk von Menschenhand (מעשה ידי אדם)[11] verehren" die Konkurrenzgrößen auf ihre Materialität reduziert, ihre wirksame Existenz durch die begriffliche Qualifizierung als „Nichtse" (אלילם)[12] oder „Windige" (הבלים)[13] herabgemindert oder sie – insbesondere bei Ezechiel und Jeremia – durch fäkalische Spottbezeichnungen wie „Scheusale" (שקוצים)[14] oder „Mistdinger/Scheißgötzen" (גלולים)[15] abgewertet. Wer so respektlos tituliert wird, für den bleibt nicht mehr viel an übernatürlichem Wirkungsraum. Es sind *implizit* monotheistische Aussagen, die zumindest in dem durchaus noch begrenzten Wirkungsraum YHWHs die Wirksamkeit anderer göttlicher Größen umfassend bestreiten. Intrareligiös gewendet transportieren diese Texte die Botschaft: In und

---

10 Dtn 4,28; 28,36.64; 29,16; 2 Kön 18,19//Jes 37,19; Jer 2,27; 3,9; Ez 20,32; Hab 2,19.
11 Dtn 4,28; 2 Kön 19,18//Jes 37,19; 2 Chr 32,19; Ps 115,4; 136,15. Ohne אדם Dtn 27,15; Jes 2,8; 17,8; Jer 1,16; 10,3; 44,8; Hos 14,4; Mi 5,12; 2 Chr 34,25, vgl. offener formuliert, aber die Verletzung der Ausschließlichkeitsforderung einschließend Dtn 31,29; 1 Kön 16,7; 2 Kön 22,17; Jer 25,6–7; 32,30.
12 Vgl. Lev 19,4; 26,1; Jes 2,8.18.20[bis]; 10.10.11; 19,1.3; 31,7[bis]; Ez 30,13; Hab 2,18; Ps 96,5; 97,7; 1 Chr 16,26; (Sir 30,19).
13 Vgl. die Belege in Dtn 32,21; 1 Kön 16,13.26; 2 Kön 17,15; Jer 2,5; 8,19; 10,3.8.15; 14,22; 16,19; 51,18; Jona 2,9; Ps 31,7 (Sir 49,2).
14 Vgl. Dtn 29,16; 1 Kön 11,5.7[bis]; 2 Kön 23,13[bis]; 23,24; Jes 66,3; Jer 4,1; 7,30; 13,27; 16,18; 32,34; Ez 5,11; 7,20; 11,18.21; 20,7.8.30; 37,23; Hos 9,10; Dan 9,27; 11,31; 12,11; 2 Chr 15,8.
15 Vgl. die Häufung dieser Bezeichnung in Ezechiel: Ez 6,4.5.6.9.13[bis]; 8,10; 14,3.4[bis].5.6.7; 16,36; 18,6.12.15; 20,7.8.16.18.24.31.39; 22,3.4.7; 23,30.37.39.49; 30,13; 33,25; 36,18.25; 37,23; 44,10.12. Außerhalb von Ez nur Lev 26,20; Dtn 29,16; 1 Kön 15,12; 21,26; 2 Kön 17,12; 21,11.21; 23,24; Jer 50,2; zu der drastischen Übersetzung schon *Wolff*, Jahwe (1973), 411–418.430.

für Israel gibt es nur YHWH. Dessen erwählendes Geschichtshandeln und seine Unvergleichlichkeit fordern die monolatrische Verehrung. Nur ein schmaler und von der späteren Rezeption leicht zu überwindender Grat trennt in Dtn 6,4 die deuteronomische ursprüngliche Lesung des יהוה אחד als „YHWH ist einer" von dem monotheistisch späteren „YHWH ist einzig". Aus dem Widerstand gegen die polyyahwistische Parzellierung wird im monotheistischen Kontext eine numerische Einzigkeit[16], die weder lokale Differenzierungen zwischen einem YHWH von Teman, Samaria oder Jerusalem zulässt noch anderen Größen – und sei es der Partnerin Aschera – eine Handbreit Raum zugesteht.[17]

Nun ist bekanntlich die Lage nicht so klar, dass alle Belege der oben genannten Wendungen und der abwertenden Spottbezeichnungen spätvorexilisch zu datieren wären. Vielfach gehören sie in den Umkreis der nachexilisch zu datierenden Götzenbildpolemik, doch – und das ist wichtig festzuhalten – gehen sie darin nicht vollständig auf. Einige Stellen aus Jeremia, Ezechiel und vielleicht auch Hosea bleiben als Kandidaten für eine spätvorexilische Datierung in der Diskussion. Sie treffen sich mit Formulierungen der Ausschließlichkeitsforderung aus den frühen Rechtskorpora, dem Jerusalemer Geschichtswerk, dem Deuteronomium und auch Anklängen bei Hosea, Jeremia und der frühen Elijaüberlieferung. Zu den Kandidaten gehören etwa Gen 18*; Ex 20,23*; 22,19; 34,14.17; Dtn 6,4; 16,21–22*; Hos 8,5*; 9,10; 10,1; 13,2*; Jer 2,27–28; 3,9; 14,22* u.a.m. Die Forderung der ausschließlichen Verehrung YHWHs, also einer sich zunehmend intolerant gebenden Monolatrie, ist nicht erst Ergebnis exilischer Reflexion, sondern hat nach wie vor ihre plausiblen Wurzeln in spätvorexilischer Zeit und der sog. assyrischen Krise. In bestimmten Kreisen scheint hier schon die Überzeugung gereift zu sein, dass YHWH quasi „alles in allem ist", er durch die Solarisierung die geographischen Grenzen eines lokal begrenzt wirkenden Nationalgottes zu sprengen beginnt und seine monolatrische Exklusivität über den bloßen Anspruch der Ausschließlichkeit hinausgeht. Das alles findet aber in einem polytheistischen Referenzrahmen statt, in dem andere Götter noch präsent sind bzw. für grundsätzlich existent gehalten werden.

Nimmt man den ikonographischen, epigraphischen und biblischen Befund ernst, wird man auf unterschiedlichen Ebenen des religiösen Feldes einen begrenzten Polytheismus anzunehmen haben. Ab dem späten 8. Jh. v.Chr. ist dann mit Absetzbewegungen zu rechnen, die durch die immer stärkere Betonung der nationalen Ausschließlichkeit YHWHs zu den oben ausgeführten Positionen eines

---

16 S. dazu *Höffken*, Bemerkung (2005), 17–22, insb. 18; zum Polyyahwismus ferner *Schmid*, Differenzierungen (2003), 26 f.

17 Zur Entwicklung der Auseinandersetzung mit Aschera als Partnerin YHWHs s. *Frevel*, Aschera (1995), 913–931.

impliziten Monotheismus vorgedrungen sind. Die Rede von der Eifersucht YHWHs[18], der andere männliche Gottheiten als Konkurrenz begreift und nicht zu dulden bereit ist, steht am Anfang und *nicht* am Schluss dieser Entwicklung. Dieser ursprünglich nicht indigene Wettergott YHWH hat nicht von Beginn an der Spitze der Stadt- und Nationalpanthea gestanden. YHWH stammt aller Wahrscheinlichkeit und jüngeren Bestreitungen zum Trotz aus dem altnordarabischen Süden, möglicherweise aus Midian.[19] Es ist ein Gott, der von außen kommt und sich erst allmählich – zum Teil mit gehörigem Ellenbogeneinsatz – an die Spitze des Pantheons gesetzt hat. Mit dem Siegeszug bricht aus einer Vielzahl von Gründen nach und nach der Spitze die Basis weg, so dass schließlich nur noch YHWH allein die Szene beherrscht.

Halten wir hier kurz inne. Im Rahmen einer kleinen vorgeschalteten Vergewisserung haben wir in sehr knapper und verkürzender Form die Genese des biblischen Monotheismus bis zur Herausbildung des monotheistischen Bekenntnisses Revue passieren lassen. Der Grund für die Angabe von Essentials zur Biblischen Religionsgeschichte, die ein vertrautes Bild gespiegelt haben sollte, war ein dreifacher: Zum einen sollte klar sein, vor welcher „Folie" nun im Anschluss über den Monotheismus der Perserzeit gesprochen wird, zum zweiten sollte zumindest die eigene Positionierung anklingen und zum dritten daran erinnert werden, dass die Daten – oder sagen wir besser das, was für eine Religionsgeschichte der vorexilischen Zeit ausgewertet wird – einen weit größeren Umfang haben als das Material, das für die Perserzeit zur Verfügung steht. Aus Textbelegen, ikonographischen Daten und Inschriften wird eine Entwicklung synthetisiert, die mehr oder minder geradlinig eine Entwicklung vom Polytheismus zum Monotheismus nachzeichnet. Dass diese methodischen Prinzipien in der Religionsgeschichtsschreibung der Perserzeit jedoch in der Regel gerade nicht greifen, soll im Folgenden gezeigt werden.

---

18 Ex 20,5; 34,14; Dtn 5,9; 6,14; Ez 8,3 und später Num 25,11; Dtn 4,21; 32,6.21; 1 Kön 14,22; Joel 2,18; Sach 1,14; 8,2. Vgl. *Dohmen*, Name (1990), 289–304.
19 Zur Diskussion s. *Leuenberger*, Herkunft (2010), 2–3.17; *Frevel*, Kommen (2008), 712–718; *Frevel*, Grundriss (2012), 719.

Anmerkung zur Quellenlage und zu einem forschungsgeschichtlichen Bias

Zwar ist die Perserzeit keineswegs mehr das dunkle Zeitalter, aber sie ist durch die enorme Datenmenge auch nicht wirklich hell geworden.[20] Nach wie vor ist eine Differenzierung zwischen eindeutigen Phasen bzw. die Markierung eines „Epochenübergangs" von der neubabylonischen Periode nach dem Untergang des Staates Juda 587/6 v. Chr. und der ersten Hälfte der Perserzeit ab 539 v. Chr. in der materiellen Kultur – die deshalb oft Eisen III-Zeit genannt wird – nicht möglich. Selbst das Exil stellt keinen totalen Bruch dar – was häufig durch die Bindestrich-Bezeichnung babylonisch-persische Zeit angezeigt wird; zumindest in Bezug auf die materielle Kultur *überwiegt* die Kontinuität gegenüber der Diskontinuität.[21] Gleiches gilt für die zweite Hälfte des 5. Jh. v. Chr. für die Provinz Yehûd.[22]

Nach wie vor wissen wir wenig über die kultische Organisation und das religiöse Feld in der differenzierten Provinzenlandschaft jenseits des Stroms. Wie in der assyrisch-babylonischen Zeit ist eine starke Regionalisierung prägend, etwa in Aschdod, Dor, Idumäa, Samaria, Yehûd oder dem Ostjordanland. Für Yehûd wird in der Regel vermutet, dass die YHWH-Monolatrie bzw. der Monotheismus sich wenn nicht ab 622 v. Chr. oder – mit dem Zugeständnis, dass die Joschijanische Reform entweder gescheitert ist oder zu großen Teilen ein fiktives *vaticinium ex eventu* war und das Exil den eigentlichen Bruch darstellte – ab 587 v. Chr., spätestens mit der Rückkehr der Gola und dem Wirken Nehemias und Esras ab 539 v. Chr. durchgesetzt habe. Mit dem Bau des Zweiten Tempels ist „YHWH allein zu

---

20 Während manche die Quellenlage nach wie vor als schlecht beurteilen, sehen andere inzwischen eine unübersehbare Flut von Daten zur „Second Temple Period", die der zunehmenden Aufmerksamkeit der Wissenschaft in den letzten 10 – 15 Jahren geschuldet ist. Die Einschätzungen gehen dabei weit auseinander. Sie reichen von „The Persian period is still a very poor parent in the archaeology of Palestine" (*Uehlinger*, Persianisms [1999], 136) bis zu dem Stichwort „flood" bei Levy: „The main problem that faces the interested scholar, student and lay person is one of *too much information*. So many new archaeological excavations have been reporting discoveries from the Persian period, so many new epigraphic finds have been published, so many new ideas about the existing material and so many theories about the biblical books of the period have been expounded, that the reader finds him- or herself in danger of drowning in the flood of new data" (*Levin*, Time [2007]).

21 Vgl. *Valkama*, Remains (2010), 39 – 60.

22 Die von Charles E. Carter eingeführte, aber umstrittene Differenzierung zwischen der Perserzeit I und der Perserzeit II ist deutlicher durch das erkennbare Wachstum, die wirtschaftliche Prosperität und dem folgend die Siedlungsentwicklung und die zunehmende Internationalisierung gekennzeichnet als durch eine sich ausdifferenzierende materielle Kultur, eine andere Keramiktypologie oder andere Typen des Hausbaus gekennzeichnet.

Haus", wenn er nicht schon als „Witwer" ins Exil gegangen ist. Die verwirrend bunte Welt des spätvorexilischen Polytheismus – so stellt es die Mehrheitsmeinung jedenfalls dar – ist nachexilisch in sich zusammengebrochen und hat den hehren Monotheismus zurückgelassen. So viele Städte – so viele Götter (Jer 2,28) war einmal, jetzt strahlt nur noch der eine und einzige auf, so dass Menschen nicht mehr zwischen YHWH und Baal wählen müssen (1 Kön 18,21), sondern nur noch, ob sie *Gott* dienen oder nicht (Mal 3,18).

Meist enden die Darstellungen der Religionsgeschichte und der Entwicklungsgeschichte des biblischen Monotheismus mit Hinweisen auf die monotheistischen Grundpfeiler Deuterojesaja, die späten Deuteronomisten und die Priesterschrift. Als Appendix finden sich dann oft noch Hinweise zu Kompensationsentwicklungen und Transformationen wie die Personifikation der Weisheit und die Ausbildung einer Angelologie. Problematische Stellen, die dem einfachen Bild widersprechen könnten, werden ignoriert, exstirpiert, marginalisiert oder in das pagane Heidentum der Umwelt eskamotiert.

Aber ist der Himmel so klar? Einige Hinweise mögen für die Verdunklung genügen: Die Rede von der *Tochter eines fremden Gottes* in Mal 2,11 ist mitnichten so klar, dass es ausschließlich um eine Ausländerin gehen kann und damit „nur" die Mischehenproblematik angesprochen ist.[23] Die Frau im Efa in Sach 5, die in Babylon wie eine Göttin aufgestellt ist, wird meist – und vielleicht auch nicht ganz zu Unrecht – als das personifizierte Böse verstanden.[24] Zumindest in der Bildwelt der Vision wird mit dem Bild einer Göttin „gespielt" und die Verständlichkeit des Bezuges auch für das perserzeitliche Yehûd vorausgesetzt. Das schließt die Relevanz einer Göttin in Jerusalem vielleicht ein. Noch im frühnachexilischen Heiligkeitsgesetz scheint die Fremdgötterverehrung eine hohe Relevanz zu besitzen, wenn sie mit signifikant terminologischer Verschiebung gegenüber den Prätexten verboten werden muss (Lev 19,4; 26,1). Vielleicht deutet sogar Lev 24,15 im Vergleich zu Lev 24,16 darauf hin, dass zwischen der Lästerung anderer Götter und der Lästerung YHWHs qualitativ unterschieden wurde.[25] Mit dem Heiligkeitsgesetz im Blick wird man nicht daran erinnern müssen, dass auch die Blütezeit deuteronomistischer Fremdgötterpolemik in den Fortschreibungen der nachexilischen Zeit und damit jenseits der vermeintlichen Wasserscheide des monotheistischen Durchbruchs liegt. Während für die spätvorexilische Zeit jedoch davon ausgegangen werden soll, dass die Texte auf reale Situationen in der Gegenwart der Autoren Bezug nehmen, kehrt sich das für die exilisch-nachexilischen Texte

---

23 Vgl. *Frevel*, YHWH (2003), 70–71; *ders.*, Bund (2007), 90–92.
24 Zur Diskussion *Frevel*, YHWH (2003), 66–70; *Uehlinger*, Frau (1994), 93–103, *Schnocks*, Verbindung (1996), 59–63.
25 So zuletzt *Albertz*, Aliens (2011), 59.61.

hingegen meist um. Dann sollen die Texte lediglich retrospektiv beschreiben, ohne die Situation der Entstehungszeit zu spiegeln oder davon beeinflusst zu sein. Aber ist diese idolatrische Arbeitsteilung mit einem so klaren Schnitt wirklich plausibel?

Lassen sich die Heiligen in Sach 14,5 so einfach in den unbedeutenden himmlischen Hofstaat abschieben oder mit den Jerusalemer Notablen gleichsetzen, wie das in der Exegese oft geschieht? Vergleichsweise wenig Aufmerksamkeit haben auch die Fremdkulte in den Abschnitten „Trito"-Jesajas bekommen, wo in Gärten geopfert und auf Ziegeln Rauchopfer dargebracht werden (Jes 65,3), wo offenbar Gräber und dunkle Höhlen eine besondere Anziehungskraft haben (Jes 65,4), wo Glücksgott und Meni/Schicksalsgott/Göttin[?] zum Abfall von YHWH reizen (Jes 65,11) oder man in Opferkontexten fremder Götter Hunden das Genick bricht und auch Götzen preist (Jes 66,3) oder man sich reinigt für die Gärten, Schweinefleisch essend und Mäuse (Jes 66,17).[26]

Auch lässt sich wohl nicht so einfach über den Eigensinn der Chronik hinweglesen, die Amazja nach der Schlacht gegen Edom die Götter Seïrs *mitbringen* und verehren lässt (2 Chr 25,14.20), die Götter aber durch den Propheten YHWHs zugleich als handlungsunfähig verspottet (2 Chr 25,15). Erinnert sei schließlich auch an die apotropäischen Amulette der makkabäischen Kämpfer in 2 Makk 12,40, die illegitimerweise unter ihren Kleidern (ὑπὸ τοὺς χιτῶνας) Amulette oder Götterbilder (ἱερώματα) der Götzen von Jamnia (τῶν ἀπὸ Ιαμνείας εἰδώλων) trugen, was den Erzähler – gut deuteronomistisch geschult – dazu verleitet, ihren Tod auf diesen Gesetzesverstoß zurückzuführen.[27]

Verglichen mit den Anstrengungen, die zur Rekonstruktion einer detaillierten Genese des Monotheismus unternommen worden sind und werden, sind die Bemühungen, seine Frühgeschichte im ausgehenden 6. und beginnenden 5. Jh. aufzuhellen und möglichen Spuren eines fortgesetzten Polytheismus nachzugehen, eher erschreckend schmal. Zwei Gründe lassen sich m. E. dafür ausmachen:

Zum einen bestimmt in der Religionsgeschichtsschreibung das Exilsparadigma sehr stark das Denken und die Rekonstruktion. Das Exil wird dabei – zugespitzt formuliert – als Ereignis größtmöglicher Diskontinuität konstruiert. Mit dem Untergang Judas als staatlicher Größe 587 v. Chr. tritt demgegenüber erstmals die aus der (gesamten) Geschichte des Judentums nicht wegzudenkende Diaspora als soziale und ideologische Leitgröße in den Blick. Jedoch ist das durch er-

---

26 Vgl. zum Überblick *Koenen*, Heil (1994), 240; *Gerstenberger*, Israel (2005), 161-162; *Ackerman*, Tree (1992), 165–212.

27 Herrmann stellt allerdings fest, dass die Anzahl von Amuletten in der hellenistischen Zeit schon stark zurückgegangen ist und ihm nur vergleichsweise wenige ägyptische Amulette bekannt sind. Vgl. *Herrmann*, Amulette (1996), 75.

zwungene Massenmigration entvölkerte und in seinen wirtschaftlichen wie sozialen Grundfunktionen zum Erliegen gekommene Land – angestoßen durch eine intensive Exilsdiskussion in den vergangenen Jahren – aus historischer Perspektive weitestgehend als Mythos und biblische Konstruktion entlarvt.[28] Mit der neubabylonischen Eroberung Jerusalems ist weder die Stadt noch das Umland vollkommen zum Erliegen gekommen. Insbesondere in der nördlich von Jerusalem gelegenen Region Benjamin (etwa in Mizpa/*Tell en-Naṣbe*, Gibea/*Tell el-Fūl*, Gibeon/*el-Ǧīb*, Bet-El/*Betīn*) gab es eine erstaunliche Kontinuität in der materiellen Kultur.[29] Den totalen Bruch gab es ebenso wenig wie eine Massenrückkehr der Gola in das Kernland in der zweiten Hälfte des 6. Jh., sei es nun unter Kyros d. Gr. oder – was historisch einen höheren Grad an Plausibilität aufweist – langsam „zurücksickernd" unter Darius II.

Damit treten aber die religionsgeschichtlichen Veränderungen eher als komplexe Aushandlungsprozesse denn als „Revolutionen" in den Blick. Dass also die Rückkehrer im Exil den Monotheismus neben dem Sabbat und der Beschneidung als Identitätsmarker entwickelt hätten und danach im Land (mit der Hilfe persischer Beamter) politisch durchgesetzt haben, ist angesichts des differenzierten textlichen und archäologischen Befundes weniger wahrscheinlich als die Annahme einer *formativen Phase* des nachexilischen Judentums, in dem sich diese Marker – ohne dabei den Anstoß der Gola zu leugnen – allmählich herausbilden.

Der zweite Grund für die fehlende Aufmerksamkeit gegenüber Differenzierungen in der nachexilischen Religionsgeschichte dürfte in der Wertung des Monotheismus als geistesgeschichtliche Errungenschaft liegen und mindestens ebenso problematisch sein: „Die Monotheisierung des Jahweglaubens in Juda ist wohl der wichtigste Ertrag für die Geistesgeschichte der westlichen Welt geworden".[30] Implizit herrscht nach wie vor ein Wertungsgefälle zwischen Monotheismus und Polytheismus, das den Monotheismus als die höher entwickelte Reli-

---

28 Vgl. *Barstad*, Myth (1996), 8. Aus der jüngeren Literatur: *Ben Zvi/Levin*, Concept (2010); *Lipschits*, Light (2012); *Halvorson-Taylor*, Exile (2011); *Ahn*, Exile (2011). Dabei ist die Skizze der Forschungslage bei Ahn hoch problematisch, weil sie das Moment des Mythos nicht auf die Massendeportation/Massenrückkehr, sondern auf die Periode als Ganzes bezieht und damit falsche Alternativen aufbaut: „Contemporary exilic scholarship ... has indeed transcended these past views [scil. the unconstructive and damaging negative views on the exilic period or the period as highly creative and productive, respectively] – with one school of thought completely dismissing the period as but a myth or fabrication while others call for further investigation suggesting that we can still say *something* about that period".
29 Vgl. *Weippert*, Palästina (1988), 698; *Betlyon*, People (2005), 21; *Stern*, Material (1982), 229.
30 *Gerstenberger*, Israel (2005), 355.

gionsform begreift. Entsprechend werden Devianzen als Depravation und Digression gewertet.[31]

Die vorhergehenden Ausführungen benennen Implikate und Wertungsprozesse der Forschungsgeschichte. Sie zeigen Aufmerksamkeitsdesiderate und selektive Wahrnehmungen an. Sie sind aber darin nicht als Plädoyer für den Umkehrschluss misszuverstehen: Das Heil liegt nicht im Lob des Polytheismus in nachexilischer Zeit. Weder soll hier eine totale Kontinuität zwischen spätvorexilischer und nachexilischer Zeit behauptet werden noch die Bedeutung monotheistischer Bekenntnisse für die Entwicklung der Religion des Frühjudentums nivelliert werden. Es steht m. E. außer Frage, dass es in den biblischen Texten eine quantitative und qualitative Differenz zwischen der vor- und der nachexilischen Zeit gibt. So sind die nachexilischen Notizen insgesamt weit weniger konkret, die göttlichen Größen werden – wenn überhaupt – seltener genannt, die Polemik ist weit weniger standardisiert, die Bilderpolemik tritt oft an die Stelle der Fremdgötterpolemik, wodurch die Auseinandersetzung auf eine andere Ebene verlagert wird etc. Mit dem vorhergehenden Gedankengang sollte lediglich deutlich gemacht werden, dass es in Bezug auf den biblischen Befund zur Diversität und Pluralität der nachexilischen Religion ein forschungsgeschichtliches *Bias* gibt, das die Diskontinuität zwischen der spätvorexilischen und nachexilischen Zeit überbetont. Zugleich wird die Frage aufgeworfen, ob „monotheistisch" eine treffende Beschreibungskategorie für das differenzierte religiöse Feld der nachexilischen Zeit ist. Kurz: mit dem ואין זולתי „und keiner sonst" (Jes 45,5.21) ist noch nicht alles gesagt.

Die Überbetonung der Diskontinuität und der „Hang zum Monotheismus" zeigt sich besonders auch in Bezug auf die Auswertung der materiellen Kultur in der Perserzeit, wie im nächsten Abschnitt an der These Ephraim Sterns aufgezeigt werden soll. Im Rahmen dieses Aufsatzes ist es dabei nicht möglich, den differenzierten Befund im Einzelnen zu dokumentieren. Dafür sei auf Folgepublikationen verwiesen, die den archäologischen, numismatischen und ikonographischen Befund detaillierter besprechen und durch Abbildungen, die hier aus Platzgründen entfallen müssen, anschaulicher aufbereiten können. Im Folgenden

---

31 Das implizite Wertungsgefälle entfaltet zudem eine selbstverstärkende Tendenz. Da das Depravationsschema auch in der sog. Prophetenanschlusstheorie und in der Abwertung des an das Ende seiner Entwicklung gekommene „Spätjudentum" auftaucht und implizit antijudaistisch ist (zumindest ein solches Potential hat), tritt ein Vermeidungsverhalten in der Forschung ein, um in diese „Falle" nicht zu tappen. Entsprechend war die Aufwertung des Frühjudentums in den vergangenen Dekaden immer auch mit einer Aufwertung des damit eng verknüpften Monotheismus verbunden.

sollen vielmehr die Entwicklungslinien und ihre Interpretation im Vordergrund stehen.[32]

Eine monotheistische Revolution in der Perserzeit? Zu einer These Ephraim Sterns

Ausgehend von einer stupenden Beschreibung der materiellen Hinterlassenschaft der persischen Zeit, die bis heute maßgeblich die Forschung bestimmt, hat Ephraim Stern 1982 (bzw. in der hebräischen Version 1975) eine recht einfache Hypothese zur religionsgeschichtlichen Entwicklung vorgelegt, die er seitdem mehrfach und zuletzt 2010 nur wenig verändert vorgetragen hat.[33] Stern stellt auf der einen Seite eine Art phönizischer Ökumene, zum anderen aber eine zunehmende regionale Differenzierung in der Perserzeit fest, die in Bezug auf die perserzeitliche Provinz Yehûd zu einer markanten Differenz führt. Seiner Einschätzung nach verändert sich das Symbolsystem, in dem sich ein bestimmtes Selbstverständnis und auch eine religiöse Identität spiegeln, radikal gegenüber der spätvorexilischen Zeit und zwar in allen verfügbaren Fundgattungen, vor allem Figurinen, Siegeln, Amuletten, Räucheraltären, importierter Keramik, Münzen etc. „In all the territories of Judah and Samaria, there is not a single piece of evidence for any pagan cults! There are no sanctuaries ..., no figurines, and no remains of any other pagan cultic objects".[34] Die Differenz tituliert er markant unter dem Titel „The religious revolution in Persian period Judah"[35], was nichts anderes als der oben beschriebene totale Bruch zwischen spätvorexilischer und exilischer Zeit ist. Das Bild, das er von der religiösen Entwicklung zeichnet, ist weitestgehend biblisch inspiriert und – wie Stern selbst zugibt – relativ simpel.[36]

In der vorexilischen assyrischen Periode des 8./7. Jh. hatten die sieben Nationen der südlichen Levante sieben unterschiedliche Götter (nämlich Baal, Da-

---

32 Entsprechend werden auch Einzelbefunde lediglich genannt, ohne dass die Quellen, Grabungspublikationen etc. hier angeführt werden. Für die in der Diskussion eingearbeiteten wird es leicht möglich sein, diese Angaben zu überprüfen und so das Argument detailliert nachzuvollziehen. Verwiesen sei hier bereits auf die ausführlichere Dokumentation in dem Band *Frevel/Pyschny/Cornelius*, Revolution (2014).

33 Vgl. *Stern*, Religion (1999), 245–255; *ders.*, Archaeology (2001); *ders.*, Revolution (2006), 199–205; *ders.*, Gods (2010), 395–403.

34 *Stern*, Archaeology (2001), 479.

35 So zuerst 1999. Die Formulierung übernimmt er dann 2006 als Titel eines seiner Aufsätze.

36 *Stern* gesteht das in Bezug auf die Befunde selbst zu: „I realize that my interpretation of these finds may be oversimplified" (*Stern*, Revolution [2006], 199; *ders.*, Gods [2010], 395).

gon, Hadad, Qaus, Milkom, Kemosch und YHWH), die alle mehr oder minder dieselbe Partnerin hatten, nämlich Astarte oder Aschera.[37] Für Juda verweist er dafür auf die Masse an weiblichen Figurinen:

> The pagan cult in Judah, whether being of foreign origin (either Egyptian or Phoenician) or of national Judean origin in the shape of the deities YHWH and Asherah (or 'Ashtart), is presented by a rich assemblage of finds. These particular finds are dated from the late 8th century down to the beginning of the 6th century BCE.[38]

Während die mehr als 800 sog. Pfeilerfigurinen mit Raz Kletter eine spezifische judäische Prägung haben („*these pottery figurines are Judean*"[39]), sieht er Juda in Bezug auf die männlichen Pferd und Reiter-Terrakotten als Teil eines levantinischen Trends, so dass er in der Summe konstatiert: „Judah did not differ from its neighbours".[40] Das gilt selbst für die Frage des Bilderverbots und der Darstellungen YHWHs, denn Stern sieht in den Reiterterrakotten mögliche Darstellungen YHWHs und in den Pfeilerfigurinen Abbildungen seiner Gemahlin Astarte oder Aschera. Dabei handelt es sich aber nicht um den offiziellen Jerusalemer Kult, der durchgehend monotheistisch gewesen sei („there always has been the monotheistic, central cult practised in the temple of Jerusalem"[41]), sondern um ein religiöses Konstrukt, das Stern „Yahwistic paganism" nennt. Diese Volksreligion soll es allerorten in Juda gegeben haben.

> The combination of the archaeological finds, namely the mention of the name „YHWH" (and of his Asherah/Ashtart) in the ostraca and other Judean inscriptions of the period, and the fact that many clay figurines are only typical for Judah, brings us to the inevitable conclusion that a cult existed between the foreign pagan practices and the pure monotheism of Jerusalem, which may be called „Yahwistic Paganism", common to all other Judean settlements.[42]

Stern charakterisiert also das vorzentralistische Juda des 7. Jh. v. Chr. als religiös plural, allerdings nur im Bereich einer Heterodoxie, von der sich die Jerusalemer Orthodoxie immer schon scharf abhob. Nach dem Exil gibt es diese Differenz nicht mehr.

---

37 Das ist 2001 noch deutlich anders, wo Juda als monotheistisch charakterisiert wird: „In Judah, there was always the monotheistic and central cult practiced in the Temple of Jerusalem by its priests and preached by the various prophets" (*Stern*, Archaeology [2001], 200). Erst 2006 ringt sich Stern dazu durch, die Verehrung Ascheras im *vorexilischen* Juda stärker zu gewichten.
38 *Stern*, Religion (1999), 250.
39 *Stern*, Religion (1999), 251.
40 *Stern*, Religion (1999), 251.
41 *Stern*, Religion (1999), 252f.
42 *Stern*, Gods (2010), 400.

Um hier die größtmögliche Diskontinuität zu unterstreichen, markiert Stern die neubabylonische Periode ab dem ausgehenden 7. Jh. v. Chr. als schwarzes Loch, in dem vergleichbare materielle Evidenz fehle („a clear and objective vacuum"[43], „we almost know nothing"[44]). Erst in der persischen Periode ist die Differenz feststellbar, weil sich dort eine neue mediterrane Koine im Umland herausbildet, wo in *Favissae* etwa auf dem *Tel Zippor*, in *Tel Ḥalīf/Tell el-Ḥuwēlfe*, Marescha/*Tell el-Sandaḥanna* oder in Dor größere und aus der Beersheba-Region, vom *Tel Erani*, aus Lachisch und einigen weiteren Orten kleinere Mengen an Terrakotten im phönizischen und griechischen Stil gefunden wurden: „the picture is completely different. Instead of a separate national paganic cult unique to each of the individual nations of the country, new types of figurines appear which reflect a certain ‚Koine'".[45] Diese „Koine" umfasst in der Deutung Sterns Darstellungen eines erwachsenen königlichen Mannes, von Fruchtbarkeitsgöttinnen und von Knaben. Das lokal variierte Ensemble wird mit Sabatino Moscati als Triade („divine triad") gedeutet, die je regional unterschiedlich interpretiert worden sei. Im Gegensatz dazu wird die Differenz zu Yehûd stark betont, das nicht länger Teil dieser Koine ist:

> From now all the figurines are only found in areas outside the region settled by the returning Judean exiles – in Indumea (sic!), Philistia, Phoenicia and Galilee – that is, in those parts of the country which are still dominated by pagans. At the same time, in the areas of the country occupied by Jews, not a single cultic figurine has been found![46]

Das gilt – so Stern ausdrücklich – nicht nur für Yehûd, sondern auch für Samaria. Weder in Yehûd noch auf dem Gebiet der Provinz Samarias seien mehr als ein Heiligtum gefunden worden: Jerusalem und Garizim. Der Kult war zentralisiert. Offenbar – so deutet Stern den Befund – habe eine *kultische Reinigung* stattgefunden und den jüdischen Monotheismus durchgreifend in Juda etabliert. Dieser Monotheismus sei in Samaria übernommen worden. Verantwortlich für die Durchsetzung des Monotheismus sei die babylonischen Gola gewesen.[47]

Die These Ephraim Sterns ist vielfach übernommen worden, nicht zuletzt von Othmar Keel und Christoph Uehlinger in GGG:

43 *Stern*, Gods (2010), 400; vgl. auch *ders.*, Religion (1999), 253: „definitive vacuum".
44 *Stern*, Religion (1999), 253.
45 *Stern*, Religion (1999), 253; vgl. auch die Übersicht über den Befund bei *Knowles*, Centrality (2006), 55–76.
46 *Stern*, Gods (2010), 401; vgl. *ders.*, Religion (1999); *ders.*, Revolution (2006), 479; *Knowles*, Centrality (2006), 71.
47 Vgl. *Stern*, Gods (2010), 401f.

> Was die billigen und einst so populären Terrakotten betrifft, so bestand dafür im nachexilischen Juda offenbar kein Markt mehr – sei es daß die religiöse Entwicklung nun so weit in Richtung Monotheismus fortgeschritten war, daß der Bedarf bzw. die Nachfrage nicht genügend groß war, sei es, weil „orthodoxe" Kreise im nachexilischen Juda Produktion und Import solcher Ware wirkungsvoll unterbanden.[48]

Mit den „orthodoxen Kreisen" verweisen sie implizit auf den Einfluss der Gola, schränken aber gleichzeitig ein, dass die „religionsgeschichtlich relevante Hinterlassenschaft der Eisen III ... noch zu wenig erforscht (sei), als daß ... von den politischen Autoritäten ausgeübte Kontroll- und Sanktionsmechanismen und interne Umschichtungen in der religiösen Bedürfnislage der judäischen Bevölkerung genauer zu differenzieren vermöchten".[49] In seinem 2007 erschienenen Werk zur Geschichte Jerusalems und zur Entstehung des Monotheismus ist Keel wieder vorsichtiger, wenn er schreibt:

> Zur Erklärung braucht man keinen Bildersturm zu bemühen. Wie Esr-Neh und die Chr zeigen, hatte sich der Monotheismus im Jehûd der Perserzeit durchgesetzt. Die Tora mit ihrem Kultbilderverbot fand auch in Samaria Resonanz. Diese Feststellung erfordert nicht das Fehlen jeder Spur von Figuren.[50]

Dazu verweist er auf die in Neh 13,16 bezeugten tyrischen Händler und mit 2 Makk 12,40 auf vereinzelt „fremd gehende" Judäerinnen und Judäer, die „bei diesen ‚heidnischen' Gestalten und Praktiken Hilfe suchen".[51] In der Tendenz bemüht Keel damit ebenfalls das Heterodoxie-Schema Sterns. Zwar ist es – wie C. Uehlinger überzeugend gezeigt hat – vielleicht möglich, bestimmte Siegeltypen wie die des königlichen Löwenbezwingers plausibel persischen Verwaltungsbeamten zuzuordnen[52], doch sind das Ausnahmen. Dass phönizische oder griechische Figurinen aber nur von phönizischen Händlern benutzt worden sein sollen, wird man kaum annehmen dürfen. Allerdings – und darin ist Keel durchaus zuzustimmen – lässt sich mit Einzelstücken die von E. Stern festgestellte Tendenz nicht in Frage stellen.

Eine Auseinandersetzung mit der These Sterns erscheint jedoch von zwei Seiten aus notwendig. Zum einen ist das vorausgesetzte Konstrukt einer Jerusalemer Orthodoxie, die aktive Kontrolle über den Import ausübt, ikonoklastische Säuberungen durchführt oder eine Revolution herbeiführt religionsgeschichtlich,

---

48 *Keel/Uehlinger*, Göttinnen (⁶2010), 450.
49 *Keel/Uehlinger*, Göttinnen (⁶2010), 450.
50 *Keel*, Geschichte (2007), 954.
51 *Keel*, Geschichte (2007), 954.
52 Vgl. *Uehlinger*, Persianisms (1999), 145.147.

historisch und soziologisch hoch problematisch und erinnert nicht zuletzt bedenklich an die Annahme der theokratischen Tempelpolizei bei Max Weber.[53] Zum anderen ist die Frage zu stellen, ob der Befund die Schlüsse zulässt, die Ephraim Stern daraus zieht, oder dessen simplifizierende Deutung nicht zu einer Schieflage führt.

Vor allem Herbert Niehr hat 1999 gegen den Stachel gelökt und der These der Diskontinuität die der totalen Kontinuität entgegengestellt:

> We should not let ourselves be seduced by some texts of Deutero-Isaiah claiming a kind of monotheism. ... Since continuity was the dominant feature which characterized royalty, priesthood, temple and piety during the Achaemenid period, we should not expect any changes in the pantheon venerated in the Jerusalem temple either.[54]

Nach Einschätzung Niehrs gab es hingegen im gesamten 6. Jh. v. Chr. keinerlei religionsgeschichtlich signifikante Veränderung: „.... that immediately after 586 BCE and even after 539 BCE there was no considerable change in the religious history of Judah (and Yehûd)"[55] und „the first important caesura is made by the ending of the Davidic dynasty around 500 BCE".[56]

Neben Herbert Niehr hat Rüdiger Schmitt 2003 in einem Aufsatz die Kontinuität auch im Gebrauch der Figurinen behauptet und dabei auf einige Fragmente aus Yehûd hingewiesen. So z. B. auf zwei Figurinenfragmente in der Zisterne von Gibeon/el-Ǧib sowie eine Reihe von Terrakotten aus Geser, dessen Zugehörigkeit zu Yehûd allerdings unsicher bleibt.[57] Dieser schmale Befund ließe sich mindestens noch durch zwei Fragmente aus Beth-Schemesch und *Tell en-Naṣbe* ergänzen.[58] Am häufigsten handelt es sich um Fragmente perserzeitlicher Reiterterrakotten. Schmitt nennt „zahlreiche" aus Geser, mind. 6 Fragmente aus Mizpa/ *Tell en-Naṣbe*, eines aus *Rāmat Rāḥēl*, einige aus En-Gedi und einen Kopf einer

---

53 Vgl. *Weber*, Religionssoziologie (921), 397.
54 *Niehr*, Aspects (1999), 239.
55 *Niehr*, Aspects (1999), 229.
56 *Niehr*, Aspects (1999), 228.
57 Vgl. *Schmitt*, Bildersturm (2003), 188–189.
58 Nach Fertigstellung dieses Aufsatzes ist die These von *de Hulster*, Figurines (2012), 73–88 publiziert worden, der die 51 Fragmente der Shiloh-Grabung in Jerusalem in die Perserzeit herabdatiert und so zu einem hohen Anteil persischer Figurinen in Jerusalem und einem starken Kontinuitätsargument kommt: „the number of figurines discovered in the Persian stratum is higher than in most excavations outside Jerusalem" (83). Die These ist komplex, bietet eine Reihe von Angriffsflächen und bedürfte einer ausführlichen Auseinandersetzung, die hier nicht geleistet werden kann. Die Fragmente aus der Davidsstadt werden daher hier und im Folgenden nicht einbezogen.

Reiterfigurine aus Jericho. Sicherlich wird man damit das „not a single cultic figurine" Ephraim Sterns in Frage stellen müssen, aber in der Tendenz bleibt das
quantitative Ungleichgewicht trotzdem auffallend. Dafür mag es mehrere Gründe
geben und vielleicht ist die Lage bei den persischen Reiterterrakotten auch noch
einmal anders als bei den weiblichen Figurinen. Vor allem aber stammen die
außerhalb von Yehûd gefundenen perserzeitlichen Figurinen mehrheitlich aus
Hortfunden, was ihre Interpretation als Votive wahrscheinlich macht. Wo aber
keine Heiligtümer sind, wird man auch keine größere Menge dieser Figurinen
erwarten müssen.[59] Wie Jens Kamlah gezeigt hat[60], sind für die Perserzeit überhaupt nur wenige Kultstätten nachgewiesen, *keine* davon liegt – abgesehen von
den beiden Tempeln in Jerusalem und archäologisch nachgewiesen auf dem
Garizim – in den Gebieten der Provinzen Yehûd und Samaria. Häufig lässt sich
überhaupt nur aufgrund der Fundkonzentration in Favissae etc. auf ein Heiligtum
schließen. In Frage kommen – abgesehen von den Depositorien in *Tel Zippor, Tel
Halīf* und Maresha in der Schefela – an der Küstenebene *Nebī Yūnis*, Jaffa,
Makmiš, 'Elyāḳīn und Dor, im Norden *Ǧebel el-Arbʿīn/Miṣpē Yammīm* und Dan und
im Süden lediglich der (frühhellenistische?) *solar shrine* in Lachisch. Nimmt man
die Bronzen – Apis-Stiere, Osiris-Figuren und Isis-Statuetten – als Indikator für
einen kostbaren Votivkult, so kommen – bei vorausgesetzter Spätdatierung in
persische Zeit – Aschkalon und im Ostjordanland *Tell Dēr ʿAllā* hinzu. Dass aufgrund der *einen* Statuette in der Weinkellerei in Gibeon/el-Ǧib ein Heiligtum anzunehmen sein könnte, ist – trotz der Osiris-Funde in Dan und *Miṣpē Yammīm*
(hellenistisch) – wenig wahrscheinlich, zumal Osiris-Figurinen in der südlichen
Levante häufig gefunden wurden und Osiris im Neuen Reich „gelegentlich mit
Reben und Wein in Zusammenhang gebracht"[61] wurde.

Wie dem auch sei – bisher gibt es keine Anzeichen für ein Heiligtum auf
dem Gebiet der Provinzen Samaria und Yehûd, die einen Votivkult mit Figurinen
erwarten lassen würden (einzige unsichere Ausnahme Gibeon/el-Ǧib). Mit der
funktionalen Interpretation persischer Figurinen als Votive ist aber zugleich eine
Differenz zu der Masse der Pfeilerfigurinen in Juda im 9./8. Jh. v. Chr. beschrieben,
die – wenn überhaupt – dann nur vereinzelt als Votive Verwendung fanden und

---

59 Nach Schmitt sei es gut möglich, „daß Figurinen auch im perserzeitlichen Palästina für Lie-
beszauber und Abwehrrituale, aber auch im Schadenszauber Verwendung fanden" (*Schmitt,
Bildersturm* [2003], 197). Dafür gibt es allerdings aus Palästina keinerlei belastbare Anhaltspunkte.
60 *Kamlah*, Heiligtümer (1999), 163–190.
61 *Keel/Uehlinger*, Göttinnen (⁶2010), 493.

mit wenigen Ausnahmen (mit je eigenen Problemen etwa Höhle 1 in Jerusalem oder der Palast *Rāmat Rāḥēl/Ḫirbet Ṣāliḥ*) nicht in *Favissae* deponiert wurden.[62]

Ist es unter dieser Voraussetzung methodisch überhaupt zulässig, die weiblichen Terrakottafigurinen quasi zum Leitmedium des Monotheismus zu erheben? Zu große Lasten sollte man m. E. diesem Argument nicht aufbürden und zwar aus einem einfachen Grund: Für das 8./7. Jh. v.Chr. ist auffallend, wie stark sich die Verteilung der Judean-Pillar-Figurines mit dem Verwendungsgebiet der *lmlk*-Stempelabdrücke deckt. Den nahezu inzwischen 1000 Figurinen und Figurinenfragmenten aus dem Kerngebiet Judas stehen nicht einmal zwei Dutzend gleich gestaltete Figurinen gegenüber, die außerhalb dieses Gebietes gefunden worden wären. Aus dem Gebiet des Nordreiches stammen lediglich neun Figurinen.[63] Auch wenn eine sichere Identifikation nicht möglich ist, stehen die Pfeilerfigurinen am wahrscheinlichsten mit der Verehrung der Göttin Aschera in Verbindung, doch wird man aus der Fundverteilung gerade *nicht* schließen dürfen, dass Aschera in Israel vor und nach dem Untergang des nördlichen Staates *nicht* oder nur marginal verehrt worden wäre und YHWHs Partnerin dort Anat, Astarte oder sonst wie geheißen hätte. Dagegen spricht neben dem biblischen Befund (z.B. 1 Kön 13,6) der epigraphische aus *Kuntilet ʿAǧrūd* (9. Jh. v.Chr.), in dem von YHWH von Samaria und *seiner* Aschera die Rede ist. Offenbar also zeigen die Figurinen in Juda eine Verehrung Ascheras an, ihr Fehlen in Israel darf aber nicht mit dem Fehlen der Verehrung dieser Göttin gleichgesetzt werden. Übertragen auf die Perserzeit bedeutet das, dass das *argumentum e silentio* nur begrenzt tragfähig ist.

Auch bei den männlichen Figurinen zeigt sich, dass Ephraim Stern für die vorexilische und die persische Zeit mit zweierlei Maß misst. Für die männlichen Figurinen des 8. und 7. Jh. v.Chr. aus Juda wird von Stern erstaunlicherweise in Betracht gezogen, dass sie YHWH repräsentiert haben könnten.

> Which Judean deities are represented by these clay figurines? We may only guess. They might represent one of the foreign deities whose cult was also practiced in Jerusalem, perhaps that of the Phoenician god Ba'al. But, it is also possible, that they are pagan representations of the national Judean god, Yahweh and his consort Ashtart or Asherah, for all these figurines – as we have seen – are Judean and only Judean.[64]

---

62 Zum Befund s. *Kletter*, Pillar-Figurines (1996) und ergänzend *Wilson*, Pillar Figurines (2012), 259–278, insb. 261–268.
63 Hier greife ich auf die Überprüfung des Befundes bei Kletter durch *Pyschny*, Pillar Figurines (M.A.-Arbeit Ruhr-Universität Bochum 2010, unveröffentlicht) zurück. Vgl. ferner *Sugimoto*, Figurines (2008), 153–162.
64 *Stern*, Gods (2010), 400

Das soll hingegen bei den persischen Figurinen nicht mehr in Betracht kommen, weil diese – anders als die Pferd-und-Reiter-Terrakotten der Eisen IIB-C – keine spezifisch judäische Prägung aufweisen. Persische Reiterterrakotten bzw. Fragmente davon gibt es auf dem Gebiet der Provinz Yehûds relativ häufig, nämlich aus Mizpa/*Tell en-Naṣbe*, *Rāmat Rāḥēl*/*Ḫirbet Ṣāliḥ*, En-Gedi, Gibeon/*el-Ǧib*, Jerusalem und Jericho. Bei Stern werden diese Exemplare, die er nicht im Einzelnen aufführt, pauschal der phönizischen Koine zugeordnet, während die judäischen Exemplare eine „stylistic uniqueness", nämlich die sog. *pinched nose*-Gesichter haben.[65] Bei der Unsicherheit der Zuordnung der Figurinen ist aber sehr fraglich, ob dieser klare Schnitt gezogen und eine lokale Interpretation ausgeschlossen werden kann. Müsste also nicht für die persischen Reiterterrakotten dieselbe Vermutung gelten wie für die judäischen, nämlich dass auch sie vielleicht den Gott YHWH dargestellt haben könnten? Ich möchte diese Frage hier nicht in dieser Richtung entscheiden, sondern lediglich darauf aufmerksam machen, dass der Befund der Perserzeit bei Ephraim Stern (und anderen) mit ganz anderen Maßstäben – nämlich letztlich vor dem Hintergrund des präsumierten Monotheismus – wahrgenommen wird. Das lässt sich auch noch an einem anderen Beispiel deutlich machen: Die Vorstellung einer von allem „Paganen" purifizierten YHWH-Religion der Gola, die von den Rückkehrern durchgesetzt wurde, bestimmt bei Ephraim Stern (und denen, die seiner Grundthese folgen) auch die Wahrnehmung *regionaler* Unterschiede. Hier wäre auf die aramäisch sprechenden Yehûdim des Yahô-Tempels in Elephantine abzuheben, für die im ausgehenden 5. Jh. v.Chr. der Monotheismus offenbar keine vergleichbare Identitätsfunktion hat, wenn sie ausweislich einer Steuerliste Ašim-Bethel, Anat-Bethel neben YHWH und Anat-Yahô als Partnerin YHWHs verehren.[66] Daran hatten offensichtlich auch weder die Offiziellen in Jerusalem noch in Samaria etwas auszusetzen.[67] Der Grad der Pluralität in Jeb scheint zumindest toleriert und nicht als deviant, transgressiv, heterodox o. ä. gewertet worden zu sein. Nun ist die Situation in der Militärkolonie für die Wahrnehmung des nachexilischen Judentums zwar hoch bedeutsam, aber nicht unbedingt vergleichbar mit Yehûd und Samaria. Die beiden Provinzen werden von Stern ganz bewusst gleichgeschaltet und klar von den Nachbarpro-

---

65 Vgl. *Stern*, Religion (1999), 252.

66 Zu der Petition s. *Weippert*, Textbuch (2010), 284–287; zu der Steuerliste *Weippert*, Textbuch (2010), 288 und zu Anat Yahô AP 44/TAD 3.3,1. Weippert unterstreicht in HTAT noch einmal seine Auffassung, dass es sich bei YHW und Bethel um Wechselnamen gehandelt habe und so auch in der Steuerliste die Gemahlin YHWs aufgeführt wird (s. *Weippert*, Textbuch [2010], 478). Zur Diskussion vor allem *Becking*, Gottheiten (2003), 203–226; *Joisten-Pruschke*, Leben (2008).

67 Allerdings bleibt bemerkenswert, dass die Petition nur um die Erlaubnis zur Errichtung des Yahô-Tempels gebeten wird und die Partnerin YHWs dort *nicht* erwähnt wird.

vinzen abgegrenzt. Dass die Westgrenze der Provinz Yehûd etwa in der Zugehörigkeit des deutlich pluralistischeren Geser unklar bleibt oder die Rolle von En-Gedi im Südosten offen ist, vor allem aber die Frage des Status der südlichen Schefela und des Negev bis zur Errichtung der Provinz Idumäa (also kurz gesagt die Rolle von Lachisch) keinesfalls eindeutig ist, kann hier nur angerissen werden.[68] Zumindest ist vor diesem Horizont bemerkenswert, dass YHWH in Lachisch in dem theophoren Personennamen מחליה *Maḥaliyāh* auf einem der Räucheraltärchen auftaucht.[69] Wenn es dort – sei es im spätpersischen/frühhellenistischen sog. „solar shrine" oder in der perserzeitlichen Residenz – auch YHWH-Verehrer gegeben hat, ist kaum auszuschließen, dass diese sich selbst weit pluraler gaben und weniger absetzten wie vielleicht Führungspersonen in Jerusalem. Je näher dann Lachisch an die Provinz Yehûd heranrückt, desto mehr gerät die Einschätzung eines „von allem Paganen gereinigtem Monotheismus" ins Wanken.

Dass man jedenfalls auch das Idumäa des 4. Jh. v. Chr. keinesfalls zur YHWH-freien Zone erklären kann, ist spätestens seit dem von André Lemaire publizierten Ostrakon 283 bekannt, das vermutlich – wie die übrigen etwa 1600 inzwischen bekannten aramäischen Ostraka aus Idumäa – aus dem Verwaltungszentrum in Makkeda/Ḫirbet el-Qōm stammt. Dort wird neben dem Tempel der edomitischen Göttin ʿUzzā (*BYT ʿZ'*) und dem weniger sicheren Tempel des babylonischen Gottes Nabu (*BYT K/NBD/R/W*) auch ein klar zu lesender Tempel YHWHs (BYT YHW) erwähnt.[70] Auch das zeigt deutlich an, dass sich die YHWH-Religion vielleicht zwar regional in Jerusalem und auf dem Garizim konzentrierte, jedoch nicht darauf beschränkte. Zwar darf man ebenso wenig von dem offensichtlich polytheistischen Rahmen in Elephantine und in Idumäa auf einen höheren Grad an Pluralität in Yehûd und Samaria schließen, doch scheint demgegenüber eine geradlinige Differenzierung zwischen orthodoxem und heterodoxem Judentum in der Provinz Yehûd ebenso problematisch.

Insbesondere in Bezug auf die regionalen Besonderheiten ist die Lage doch weit komplexer als es in der einfachen These Sterns scheint, wo Yehûd und Samaria in religiöser Hinsicht vollständig parallel konstruiert werden. In Bezug auf Samaria hat sich die Befundlage inzwischen allerdings dramatisch gewandelt. In seinen jüngeren Veröffentlichungen geht Stern daher auf die veränderte Fundlage bezüglich des samarischen bzw. samaritanischen Heiligtums auf dem Garizim ein. Die Ausgrabungen von Yizhaq Magen haben bestätigt, dass die erste archäologisch nachweisbare Anlage nicht wie früher angenommen erst aus hellenistischer

---

68 Vgl. zur Diskussion *Edelman*, Origins (2005), 209–280; *dies.*, Apples (2012), 133–144; sowie *Levin*, Frontier (2007); *Kloner/Stern*, Idumea (2007), 139–144.

69 S. dazu in den Ausgrabungspublikationen Lachish III, Pl. 49,3; Lachish V, Plate 7 1–2.

70 Vgl. *Lemaire*, Collections (2002), 14–156; *ders.*, Ostraca (2006), 412–413.

Zeit stammt, sondern bereits in persischer Zeit ein Heiligtum existierte.[71] An dessen epigraphisch bezeugter Existenz[72] und dessen durch Münzfunde gesicherte Datierung Ende 5./Anfang 4. Jh. v. Chr. bleiben wenig Zweifel, auch wenn der Grundriss des eigentlichen Tempelgebäudes vollständig rekonstruiert ist. Stern geht auf die Frage der Gründung dieses Heiligtums nicht ein, sondern hält 2010 lediglich fest, dass die Errichtung *nach* der Durchsetzung des Monotheismus erfolgt sei, weil ja auch in Samaria keine Figurinen gefunden wurden.[73]

Zwar gibt es im Gebiet der Provinz Samaria in der Tat keinen größeren Bestand an Figurinen, doch fällt auf, dass die ikonographische Entwicklung im 5./4. Jh. v. Chr. keinesfalls parallel zu Yehûd verläuft. Samaria ist weit internationaler, es spiegelt deutlicher phönizische wie griechische Einflüsse. Das lässt sich an den Siegelabdrücken aus dem *Wādi ed-Dāliye* und den Münzprägungen ablesen. Die über 70 Bullen stammen von den Samaria-Papyri, die zwischen 375 und 335 v. Chr. datieren.[74] Die in den feuchten Ton gedrückten Siegel zeigen neben persischer Ikonographie (Mischwesen, der königliche Held im Kampf mit einem Löwen), Tierdarstellungen (darunter wie selbstverständlich zwei [Wild-]Schweine WD 23?, 45), vor allem griechische Motive, darunter mehrfach Herakles (WD 11C, 39, 42), Perseus (WD 32?, 54, 56?), Hermes (WD 14, WD 49?), Nike (WD 46 und vielleicht I.3.22B) ein Satyr (WD 2, 16B, 21B, 51) sowie Darstellungen nackter Männer. Das alles zeigt zwar nicht zwingend auch die Verehrung der abgebildeten griechischen Götter an, macht aber deutlich, dass das gut entwickelte und wirtschaftlich deutlich internationaler aufgestellte Samaria kulturell nicht völlig homogen war und sich erst recht nicht parallel zu dem – wie in den Jahrhunderten zuvor – eher zurückgebliebenen Yehûd entwickelte.

Offenbar hatte man so auch von offizieller Seite aus keinerlei Probleme, das auch in den Münzprägungen zum Ausdruck zu bringen. Die samarischen Münzprägungen starten je nach Ansatz zwischen 375 und 360 v. Chr. und enden 333 v. Chr., spätestens aber 331 v. Chr., wenn Samaria griechische Kolonie wird. „Die Bilderwelt der Münzen von Samaria ist reich und vielfältig, aber völlig abhängig von fremden Vorbildern und stark auf Persien ausgerichtet"[75] schreibt Leo Mildenberg als einer der besten Kenner der früher als philisto-arabische Münzen einsortierten samarischen Münzen. Damit gilt für sie etwa das gleiche wie für die Siegeldarstellungen, was Stephen N. Gerson so ausdrückt: „I posit that the sen-

---

71 Vgl. *Magen*, Dating (2007), 157–211.
72 Vgl. *Magen/Tsfania/Misgav*, Mount Gerizim (2004), 131.
73 Vgl. *Stern*, Gods (2010), 401f.
74 Vgl. *Leith*, Wadi Daliyeh (1997) und jetzt auch *Keel*, Corpus (2010), 340–379. Die Stücke werden hier nach Leith angegeben.
75 *Mildenberg*, Münzbildnisse (2000), 386.

sibility and vision of Judea was more ‚inward,' interior and conservative while that of Samaria was to look ‚outward' during this period".[76] Die unglaublich variantenreichen lokalen Prägungen (Drachme, Obol, Hemibol, Viertelbol) der Provinz Samaria zeigen Nachahmungen persischer, kilikischer, phönizischer und athenischer Prototypen. Es finden sich (sogar einmal inschriftlich genannt MQ 114) Zeus, Herakles (MQ 41, 83, 85, 93, 94, 139 [v. auch 154, 186 – 191]), Aphrodite (MQ 33, 44, 91, 92 – 94, 177, 182 – 184), Arethusa (MQ 168), Poseidon (MQ 114 – 119), vielleicht auch Ahura-Mazda (MQ 84.100.124[77]) und der Baal von Tarsus (MQ 37.178). Stark ist auch der ägyptische Bes vertreten, der ein beliebtes Motiv auf philistäischen und phönizischen Münzen darstellt (MQ 16, 53, 54, 120, 152, 153, 157, 158, 170, 179, 180), hingegen aber ebenso wie die anderen in Yehûd nicht belegt ist. Für Bes ist das besonders auffallend, weil er in der Eisen II-Zeit sich auch in Juda größerer Beliebtheit erfreute. Ob die samarische Münze MQ 45 aus dem „Nablus hoard"Spuren einer samarischen Göttinnenverehrung bezeugt, kann hier dahingestellt bleiben, aber es ist deutlich erkennbar, dass sich Samaria im Motivrepertoire ganz anders aufstellt als Yehûd, von dem vergleichbare Münzen fehlen und Motive jenseits von Eule, Lilie und wenigen Mischwesen ausgesprochen selten sind.

> However, I would conclude by positing that the comfort the Samarians felt with powerful, intense, non-Jewish religious symbols such as the sun disc, the Persian fire altar, the Egyptian *ankh*, and gods such as Ahura Mazda, Zeus, Heracles, Bes, and the „temple boy", indicates a substantial difference in their religious outlooks during this period.[78]

Wie lässt sich die Differenz in den Münzbildern, die den religiös gleichgeschalteten YHWH-Provinzen der einfachen These Sterns widerspricht, erklären? Ökonomische Gründe für den Internationalisierungsschub in den samarischen Münzbildern sind weit wahrscheinlicher als religiöse Programmatik. Schon in vorexilischer Zeit hat sich Samaria bekanntermaßen mit einem Entwicklungsvorsprung von etwa einem Jahrhundert gegenüber Juda entwickelt, auch wenn die Bibel uns das genau anders herum darstellt. Die Yahwismen in Juda und Samaria sind zwar wahrscheinlich weit mehr kommunizierende Röhren gewesen als man das gewöhnlich wahrhaben will, und man wird eher von interdependenter Formation als von Parallelentwicklung reden müssen, aber dennoch sind beide Entwicklungen abhängig von äußeren Bedingungen, politischen und ökonomi-

---

76 *Gerson*, Coins (2001), 119. S. jetzt auch *Cornelius*, Tale (2011), 213 – 237.
77 Sehr unsicher *Meshorer/Qedar*, Coinage (1999), 52: „To a certain extent, it can be said that this figure is a mixture of a Persian king and a bird, a combination that is new in the iconography of the time". Zuversichtlicher *Gerson*, Coins (2001), 109; *Mildenberg*, Geld (1996), 127.
78 *Gerson*, Coins (2001), 111.

schen Strukturen etc. Es gibt jedenfalls keine belastbaren Anhaltspunkte für die These, Juda und Samaria wären durch eine monotheisierende Tendenz religionspolitisch „gleichgeschaltet" gewesen. Gleiches gilt für die gegenteilige Annahme, dass eine monotheistische Revolution nur in Yehûd stattgefunden hätte. Wie unsicher die Deutung Sterns ist, zeigt die diametrale Umkehrung seiner Deutungsrichtung bei Y. Meshorer und S. Qedar. Die spekulieren in ihrem Buch darüber, dass es nicht nur eine ausgedehnte YHWH-Ikonographie in Samaria gab, sondern auch dass das Bilderverbot wenig galt.[79] D. h. die Autoren konstruieren einen devianten samarischen Yahwismus und demgegenüber eine solipsistische YHWH-Orthodoxie in Jerusalem. Damit dürften sie nicht weniger falsch liegen.

Pluralistische Parallaxe mit insularen Monotheismen – Schluss

Der Überblick zur Frage des nachexilischen Monotheismus bleibt unvollständig. Vieles, vor allem aus dem letzten Kapitel, wäre ausführlicher zu diskutieren. Dennoch ergeben sich einige Linien zum Verhältnis von nachexilischem Monotheismus und materieller Kultur der Perserzeit, die zum Abschluss in wenigen Sätzen thesenhaft zusammengefasst werden sollen:

(1) Die mehr oder minder revolutionäre Rekonstruktion der Geschichte des Monotheismus, die in klaren voneinander zu unterscheidenden Phasen operiert, indem sie einem vorexilischen polytheistischen oder monolatrischen Pluralismus einen reinen exilisch-nachexilischen Monotheismus gegenüberstellt, ist sowohl konzeptionell als auch von der Sache her unzutreffend. Die Religionsgeschichtsschreibung in nachexilischer Zeit hat ein „monotheistisches *Bias*", das von der Bewertung der geistesgeschichtlichen Leistung des Monotheismus herrührt und deshalb dazu neigt, den Durchbruch des Monotheismus in exilisch-frühnachexilischer Literatur absolut und mit einem philosophischen Monotheismus gleichzusetzen.

(2) Die enge Verbindung der Durchsetzung des Monotheismus mit den Interessen der Gola und deren theologischer Reflexion in der Diasporasituation entspringt vordergründig der Konstruktion eines theologischen Kontinuitätsbruchs, der außerhalb des Landes im Exil entwickelt wurde. Die Annahme ist daher abhängig von der historischen Zuverlässigkeit der Exilskonstruktion, die in der jüngeren historischen Forschung in Frage gestellt wurde. Neben erkennbare Diskontinuitäten treten aber Kontinuitäten sowohl in sozialer, kultureller und

---

79 Vgl. *Meshorer/Qedar*, Coinage (1999), 37 f.

religiöser Hinsicht. Neben das Exilsparadigma tritt die Vorstellung von scharfen und letztlich kontrollierten politischen Grenzen, die identisch mit religiösen Grenzen gewesen sind. Diese Vorstellung ist ebenso eine Fiktion wie die Annahme eines ausschließlich von einer Jerusalemer Orthodoxie dominierten hierokratisch organisierten Judentums.

(3) Dabei ist insgesamt der Befund der materiellen Kultur keinesfalls so eindeutig wie E. Stern dies darstellt. Zunächst ist *grosso modo* zuzugestehen, dass die Einschätzung Sterns in der Tendenz zutrifft, selbst wenn es das eine oder andere Einzelstück in den Grenzen der Provinzen Samaria und Yehûd geben sollte. Es gibt eine in der materiellen Kultur beobachtbare Differenz vor allem von Yehûd zu seinen Nachbarprovinzen. Aber schon in Bezug auf Samaria geht die Lage vor allem im 4. Jh. v. Chr. nicht in dieser Feststellung auf. Zudem ist danach zu fragen, inwieweit (a) der Befund einer Differenz signifikant ist und als Lackmus-Test für den revolutionären Gola-Monotheismus taugt und (b) ob neben religiösen nicht andere Faktoren – besonders politische, ökonomische, vielleicht aber auch soziale – für die Entwicklung verantwortlich gemacht werden können.

(4) Jedenfalls ist aus dem materiellen Befund der Perserzeit das Handeln einer vom Zentrum in die Peripherie wirkenden, insgesamt intoleranten Orthodoxie *nicht* zu erheben. Entscheidend ist, dass das Gesamtbild der Formationsphase des frühen Judentums nicht mit dem biblisch gespiegelten und von der hierokratischen Elite in Jerusalem bestimmten Bild des frühnachexilischen Judentums gleichgesetzt wird, sondern *auch* Elephantine und das ägyptische Diasporajudentum, das südliche Juda bzw. Idumäa und die westliche Schefela in die Rekonstruktion einbezogen werden. Die Blicke auf Samaria und die mit Yehûd verschränkte Entwicklung weitet ebenfalls den Blick. Die Wertung eines größeren Pluralismus als Heterodoxie entspringt hingegen dem Bild eines im Grundsatz einheitlichen Yahwismus, das der Befund aber nicht gleichermaßen spiegelt.

(5) Der Aussagewert der Kleingattungen wie Figurinen, Siegeln und Münzen, aber auch Inschriften für die religiöse *Entwicklung* bleibt begrenzt. Diese Einsicht gilt zunächst schwerpunktmäßig für die Perserzeit, hat aber methodische Konsequenzen für die Religionsgeschichtsschreibung als Ganze. Einer enthusiastischen Phase ikonographischer Religionsgeschichtsschreibung, in der Bilder zu Recht zu ihrem Recht verholfen wurde, müsste nun noch einmal eine stärker methodisch reflektierte Diskussion folgen. Wie der Blick auf die Perserzeit zeigt, ist insbesondere den unterschiedlichen *argumenta ex silentia* – dem Fehlen von Terrakotten, von bestimmten ikonographischen Motiven auf Siegeln und Münzen, von archäologisch nachgewiesenen Heiligtümern etc. – mit Skepsis zu begegnen. Sicher liegt das Heil ebenso wenig in einem methodisch begründeten *ignoramus*, doch könnte der Religionsgeschichtsschreibung neben dem Eingeständnis des Konstruktionscharakters die methodische Metareflexion keinesfalls schaden.

(6) Der regionalen Differenzierung ist in Zukunft größere Aufmerksamkeit zu widmen. Juda und Samaria bezeugen beide die nachexilische YHWH-Religion, beide sind aber weder vollständig parallel noch einfach konkurrierende Orthodoxien. Gerade in Bezug auf Samaria hat sich die Lage nicht nur durch die Frühdatierung des Tempels auf dem Garizim, sondern *auch* durch die Infragestellung der These von einer Reichsteilung im 10. Jh. verändert. Das wäre noch einmal eine eigene Reflexion wert. Jedenfalls ist die religiöse Eigenentwicklung des samarischen Yahwismus und samaritanischen Judentums nicht durch das Paradigma einer Religionsspaltung resp. eines Schismas ausreichend erklärt. Hier wird die künftige Forschung besonderes Augenmerk auf die Verschränkung von interdependenter Formation und gleichzeitig disparater Entwicklung von Yehûd und Samaria im 6. und 5. Jh. zu legen haben. In Bezug auf den Monotheismus jedenfalls scheinen sich Juda und Samaria nicht völlig gleich entwickelt zu haben. Juda und Samaria bilden keine simultane Exklusivität aus, aber auch keine exklusive Simultaneität ab. Denn neben Juda und Samaria gab es regionale Yahwismen in Elephantine, in Lachisch, in „Makkeda", in *Tell Yahûdiye* [Leontopolis] und *āl-Jāḫdudu* und wohl auch noch einige mehr. Das Bild der Formation des nachexilischen Judentums ist weit komplexer als dass es in der Trias Monotheismus, Beschneidung, Sabbat oder der zentripetalen Kraft der Tora aufgehen würde.

(7) Die zu Anfang gestellte Frage, ob die nachexilische YHWH-Religion monotheistisch war, ist also nicht nur falsch gestellt, sondern auch nicht beantwortbar, weil es *die eine* YHWH-Religion nicht gibt. Es gibt nicht den einen Monotheismus, der sich in der Exilszeit entwickelt und dann in der nachexilischen Zeit mit zunehmender Intoleranz gegenüber anderen Religionen und vor allem religiösem Pluralismus durchgesetzt hätte. Das, was Burkhard Gladigow als „Insularität" des Monotheismus beschrieben hat und was häufig unter der Klassifizierung „inklusiver Monotheismus" geführt wird[80], trifft die plurale Situation der nachexilischen Yahwismen und Judaismen besser als die behauptete Exklusivität YHWHs im nachexilischen Frühjudentum.

(8) Die Religionsgeschichte Yehûds, Samarias und die Geschichte der Yahwe-Religion in persischer und frühhellenistischer Zeit muss erst noch geschrieben werden. Das gilt sowohl für die detaillierte Auswertung der materiellen Zeugnisse als auch für den biblischen Befund. Die Spitzentexte bei Deuterojesaja sind viel, aber nicht alles. Das Fehlen der Figurinen ist viel, aber nicht alles.

---

80 Vgl. *Gladigow*, Polytheismus (2002), 12; *ders.*, Polytheismus (1997), 70.

Bibliographie

Ackerman, S., Under Every Green Tree. Popular Religion in Sixth-Century Judah (HSM 46), Atlanta 1992.

Ahn, G., „Monotheismus" – „Polytheismus". Grenzen und Möglichkeiten einer Klassifikation von Gottesvorstellungen, in: M. Dietrich/O. Loretz (Hg.), Mesopotamica – Ugaritica – Biblica. FS K. Bergerhof (AOAT 232), Kevelaer/Neukirchen-Vluyn 1993, 1–24.

Ahn, J. J., Exile as Forced Migrations. A Sociological, Literary and Theological Approach on the Displacement and Resettlement of the Southern Kingdom of Judah (BZAW 417), Berlin u. a. 2011.

Albertz, R., From Aliens to Proselytes. Non-Priestly and Priestly Legislation Concerning Strangers, in: R. Achenbach u. a. (Hg.), The Foreigner and the Law Perspectives from the Hebrew Bible and the Ancient Near East (BZAR 16), Wiesbaden 2011, 53–69.

Barstad, H., The Myth of the Empty Land. A Study in the History and Archaeology of Judah During the „Exilic" Period (SOSup 28), Oslo 1996.

Becking, B., Die Gottheiten der Juden in Elephantine, in: M. Oeming/K. Schmid (Hg.), Der eine Gott und die Götter. Polytheismus und Monotheismus im antiken Israel (AThANT 82), Zürich 2003, 203–226.

Ben-Zvi, E./Levin, C. (Hg.), Concept of Exile in Ancient Israel and its Historical Contexts (BZAW 404), Berlin u. a. 2010.

Betlyon, J. W., A People Transformed. Palestine in the Persian Period, in: NEA 68 (2005), 4–51.

Cornelius, I., „A Tale of Two Cities". The Visual Imagery of Yehud and Samaria, and Identity/Self-Understanding in Persian-Period Palestine, in: L. Jonker (Hg.), Texts, Contexts and Readings in Postexilic Literature. Explorations into Historiography and Identity Negotiation in Hebrew Bible and Related Texts (FAT II/53), Tübingen 2011, 213–237.

de Hulster, I. , Figurines from Persian Period Jerusalem?, in: ZAW 124 (2012), 73–88.

Dietrich, W./Luz, U., Universalität und Partikularität im Horizont des biblischen Monotheismus, in: C. Bultmann u. a. (Hg.), Vergegenwärtigung des Alten Testaments. FS R. Smend, Göttingen 2002, 369–411.

Dohmen, C., „Eifersüchtiger ist sein Name" (Ex 34,14). Ursprung und Bedeutung der alttestamentlichen Rede von Gottes Eifersucht, in: ThZ 46 (1990), 289–304.

Edelman, D., The Origins of the „Second" Temple. Persian Imperial Policy and the Rebuilding of Jerusalem, Oxford 2005.

Dies., Apples and Oranges. Textual and Archaeological Evidence for Reconstructing the History of Yehud in the Persian Period, in: M. Nissinen (Hg.), Congress Volume Helsinki 2010 (VT.S 148), Leiden 2012, 133–144.

Frevel, C., Aschera und der Ausschließlichkeitsanspruch YHWHs. Beiträge zu literarischen, religionsgeschichtlichen und ikonographischen Aspekten der Ascheradiskussion (BBB 94/1 u. 2), Weinheim 1995.

Ders., YHWH und die Göttin bei den Propheten. Eine Zwischenbilanz, in: M. Oeming/K. Schmid (Hg.), Der eine Gott und die Götter. Polytheismus und Monotheismus im antiken Israel (AThANT 82), Zürich 2003, 49–77.

Ders., Wovon reden die Deuteronomisten? Anmerkungen zu religionsgeschichtlichem Gehalt, Fiktionalität und literarischen Funktionen deuteronomistischer Kultnotizen, in: M. Witte u. a. (Hg.), Die deuteronomistischen Geschichtswerke. Redaktions- und

religionsgeschichtliche Perspektiven zur „Deuteronomismus"-Diskussion in Tora und
Vorderen Propheten (BZAW 365), Berlin/New York 2006, 249–278.

Ders., „Mein Bund mit ihm war das Leben und der Friede". Priesterbund und Mischehenfrage,
in: C. Dohmen/C. Frevel (Hg.), Für immer verbündet. Studien zur Bundestheologie der
Bibel. FS F.-L. Hossfeld (SBS 211), Stuttgart 2007, 85–94.

Ders., Rezension von H. Pfeiffer, Jahwes Kommen von Süden, in: OLZ 103 (2008), 712–718.

Ders., Grundriss der Geschichte Israels, in: E. Zenger u. a., Einleitung in das Alte Testament.
Hg. von C. Frevel (Kohlhammer Studienbücher Theologie 1,1), Stuttgart ⁸2012, 701–870.

Ders., Beyond Monotheism? Some Remarks and Questions on Conceptualizing „Monotheism"
in Biblical Studies, in: Verbum et Ecclesia 34 (2013), 1–7 (Internetquelle: http://
verbumetecclesia.org.za/index.php/VE/article/viewFile/810/1839).

Frevel, C./Pyschny, K./ Cornelius, I. (Hg.), A „Religious Revolution" in Yehûd? The Material
Culture of the Persian Period as a Test Case (OBO 267), Fribourg/Göttingen 2014.

Gerson, S. N., Fractional Coins of Judea and Samaria in the Fourth Century BCE, in: NEA 64
(2001), 106–121.

Gerstenberger, E. S., Israel in der Perserzeit. 5. und 4. Jahrhundert v. Chr. (BE 8), Stuttgart
2005.

Gladigow, B., Polytheismus. Akzente, Perspektiven und Optionen der Forschung, in: ZfR 5
(1997), 59–77.

Ders., Polytheismus und Monotheismus. Zur historischen Dynamik einer europäischen
Alternative, in: M. Krebernik/J. van Oorschot (Hg.), Polytheismus und Monotheismus in
den Religionen des Vorderen Orients (AOAT 298), Münster 2002, 3–20.

Halvorson-Taylor, M. A., Enduring Exile. The Metaphorization of Exile in the Hebrew Bible
(VT.S 141), Leiden u. a. 2011.

Herrmann, C., Ägyptische Amulette aus Palästina/Israel. Mit einem Ausblick auf ihre Rezeption
durch das Alte Testament (OBO 138), Fribourg/Göttingen 1996.

Höffken, P., Eine Bemerkung zum religionsgeschichtlichen Hintergrund von Dtn 6,4, in: ders.,
„Fürchte dich nicht, denn ich bin mit dir!" (Jesaja 41,10) (Beiträge zum Verstehen der
Bibel 14), Münster 2005, 17–22.

Joisten-Pruschke, A., Das religiöse Leben der Juden von Elephantine in der Achämenidenzeit
(Göttinger Orientforschung. Iranica NF 2), Wiesbaden 2008.

Kamlah, J., Zwei nordpalästinische „Heiligtümer" der persischen Zeit und ihre epigraphischen
Funde, in: ZDPV 115,2 (1999), 163–190.

Keel, O., Die Geschichte Jerusalems und die Entstehung des Monotheismus (OLB 4,1),
Göttingen 2007.

Ders., Corpus der Stempelsiegel-Amulette aus Palästina/Israel. Von den Anfängen bis zur
Perserzeit, Bd. 2: Von Bahan bis Tel Eton (OBO.SA 29), Fribourg/Göttingen 2010.

Keel, O./Uehlinger, C., Göttinnen, Götter und Gottessymbole. Neue Erkenntnisse zur
Religionsgeschichte Kanaans und Israels aufgrund bislang unerschlossener
ikonographischer Quellen, Freiburg ⁶2010.

Kletter, R., The Judean Pillar-Figurines and the Archaeology of Asherah (BAR 636), Oxford
1996.

Kloner, A./Stern, I., Idumea in the Late Persian Period (Fourth Century B.C.E.), in:
O. Lipschits/G. N. Knoppers (Hg.), Judah and the Judeans in the Fourth Century B.C.E.,
Winona Lake 2007, 139–144.

Knowles, M., Centrality Practiced. Jerusalem in the Religious Practice of Yehud and the Diaspora in the Persian Period (SBL Archaeology and Biblical Studies 16), Atlanta 2006.

Koenen, K., Heil den Gerechten – Unheil den Sündern. Ein Beitrag zur Theologie der Prophetenbücher (BZAW 229), Berlin u.a. 1994.

Leith, M. J. W., Wadi Daliyeh I. The Wadi Daliyeh Seal Impressions (DJD 24), Oxford 1997.

Lemaire, A., Collections Moussaïeff, Jeselsohn, Welch et divers. Vol. 2 of Nouvelles inscriptions araméennes d'Idumée (TranseuSup 9), Paris 2002.

Ders., New Aramaic Ostraca from Idumea, in: O. Lipschits/M. Oeming (Hg.), Judah and the Judeans in the Persian Period, Winona Lake 2006, 409–452.

Leuenberger, M., Jhwhs Herkunft aus dem Süden. Archäologische Befunde – Biblische Überlieferungen – Historische Korrelationen, in: ZAW 122 (2010), 1–19.

Levin, Y., The Southern Frontier of Judah and the Creation of Idumea, in: Y. Levine (Hg.), A Time of Change. Judah and Its Neighbours in the Persian and Early Hellenistic Period (Library of Second Temple Studies 65), London 2007, 239–252.

Ders. (Hg.), A Time of Change. Judah and Its Neighbours in the Persian and Early Hellenistic Period (Library of Second Temple Studies, 65), London 2007.

Lipschits, O., Shedding New Light on the Dark Years of the „Exilic Period". New Studies, Further Elucidation and Some Questions Regarding the Archaeology of Judah as an „Empty Land", in: B. E. Kelle u.a. (Hg.), Interpreting Exile. Interdisciplinary Studies of Displacement and Deportation in Biblical and Modern Contexts (SBL – Ancient Israel and Its Literature 10), Leiden u.a. 2012.

Magen, Y., The Dating of the First Phase of the Samaritan Temple on Mount Gerizim in Light of the Archaeological Evidence, in: O. Lipschits/G. N. Knoppers (Hg.), Judah and the Judeans in the Fourth Century B.C.E., Winona Lake 2007, 157–211.

Magen, Y./Tsfania, L./Misgav, H., Mount Gerizim Excavations I. The Aramaic, Hebrew and Samaritan Inscriptions, Jerusalem 2004.

Meshorer, Y./Qedar, S., Samarian Coinage (Numismatic Studies and Researches 9), Jerusalem 1999.

Mildenberg, L., yĕhūd und šmryn. Über das Geld der persischen Provinzen Juda und Samaria im 4. Jahrhundert, in: H. Lichtenberger/H. Cancik/P. Schäfer, Geschichte – Tradition – Reflexion. Bd. 1: Judentum. FS. M. Hengel, Tübingen 1996, 119–138.

Ders., Über die Münzbildnisse in Palästina und Nordwestarabien zur Perserzeit, in: C. Uehlinger (Hg.), Images as Media. Sources for the Cultural History of the Ancient Near East and the Eastern Mediterranean (1st millennium BCE) (OBO 175), Fribourg/Göttingen 2000, 375–391.

Müller, H. P., Monotheismus. II. Altes Testament, in: RGG 5 (⁴2002), 1459–1462.

Niehr, H., Religio-Historical Aspects of the „Early Post-Exilic" Period, in: B. Becking/M. Korpel (Hg.), The Crisis of Israelite Religion. Transformation of Religious Tradition in Exilic and Post-Exilic Times (OTS 42), Leiden u.a. 1999, 228–244.

Pyschny, K., Die sog. Judean Pillar Figurines. Typologie, Ikonographie, Distribution und Interpretation (M.A.-Arbeit Ruhr-Universität Bochum 2010, unveröffentlicht).

Schmid, K., Differenzierungen und Konzeptualisierungen der Einheit Gottes in der Religions- und Literaturgeschichte Israels. Methodische, religionsgeschichtliche und exegetische Aspekte zur neueren Diskussion um den sogenannten „Monotheismus" im antiken Israel, in: M. Oeming/K. Schmid (Hg.), Der eine Gott und die Götter. Polytheismus und Monotheismus im antiken Israel (AThANT 82), Zürich 2003, 11–38.

Schmitt, R., Gab es einen Bildersturm nach dem Exil? Einige Bemerkungen zur Verwendung von Terrakottafigurinen im nachexilischen Israel, in: R. Albertz/B. Becking (Hg.), Yahwism After the Exile. Perspectives on Israelite Religion in the Persian Era (STAR 5), Assen 2003, 186 – 198.

Schnocks, J., Eine intertextuelle Verbindung zwischen Ezechiels Eifersuchtsbild und Sacharjas Frau im Efa, in: BN 84 (1996), 59 – 63.

Stern, E., Material Culture of the Land of the Bible in the Persian Period 538 – 332 B. C., Warminster ²1982.

Ders., Religion in Palestine in the Assyrian and Persian Periods, in: B. Becking/M. Korpel (Hg.), The Crisis of Israelite Religion. Transformation of Religious Tradition in Exilic and Post-Exilic Times (OTS 42), Leiden u. a. 1999, 245 – 255.

Ders., Archaeology of the Land of the Bible. Bd. 2: The Assyrian, Babylonian and Persian Periods (732 – 332 BCE), New York u. a. 2001.

Ders., The Religious Revolution in Persian-Period Judah, in: O. Lipschits/M. Oeming (Hg.), Judah and the Judeans in the Persian Period, Winona Lake 2006, 199 – 205.

Ders., From Many Gods to the One God. The Archaeological Evidence, in: R. G. Kratz/H. Spieckermann (Hg.), One God – One Cult – One Nation. Archaeological and Biblical Perspectives (BZAW 405), Berlin u. a. 2010, 395 – 403.

Stolz, F., Einführung in den Biblischen Monotheismus, Darmstadt 1996.

Sugimoto, D. T., Female Figurines with a Disk From the Southern Levant and the Formation of Monotheism, Tokyo 2008.

Uehlinger, C., Die Frau im Efa (Sach 5,5 – 11). Eine Programmvision von der Abschiebung der Göttin, in: BiKi 49 (1994), 93 – 103.

Ders., „Powerful Persianisms" in Glyptic Iconography of Persian Period Palestine, in: B. Becking/M. Korpel (Hg.), The Crisis of Israelite Religion. Transformation of Religious Tradition in Exilic and Post-Exilic Times (OTS 42), Leiden u. a. 1999, 134 – 182.

Valkama, K., What Do Archaeological Remains Reveal of the Settlements in Judah During the Mid-Sixth Century BCE?, in: E. Ben-Zvi/C. Levin (Hg.), Concept of Exile in Ancient Israel and its Historical Contexts (BZAW 404), Berlin u. a. 2010, 39 – 60.

Weber, M., Gesammelte Aufsätze zur Religionssoziologie, Bd. 3: Das antike Judentum, Tübingen 1921.

Weippert, H., Palästina in vorhellenistischer Zeit (HdA II/1), München 1988.

Weippert, M., Historisches Textbuch zum Alten Testament (ATD.Erg 10), Göttingen 2010.

Wilson, I. D., Judean Pillar Figurines and Ethnic Identity in the Shadow of Assyria, in: JSOT 36 (2012), 259 – 278.

Wolff, H. W., Jahwe und die Götter in der alt. Prophetie, in: H. W. Wolff, Gesammelte Studien zum Alten Testament (ThB 22), München ²1973, 411 – 418.

Zenger, E., Der Monotheismus Israels. Entstehung – Profil – Relevanz, in: T. Söding (Hg.), Ist der Glaube Feind der Freiheit? Die neue Debatte um den Monotheismus (QD 196), Freiburg u. a. 2003, 9 – 52.

Die Elimination der Göttin aus dem Weltbild des Chronisten

In seinem Beitrag zum Gottesbild des Chronisten hat P. J. Weinberg die These aufgestellt, „daß das Fehlen mehrerer relevanter alttestamentlicher Gottesnamen im Vokabular des Chronisten nicht das Ergebnis zufälligen Vergessens war, sondern die Folge eines bewußten, gewollten, zielstrebigen Verschweigens, weil diese Gottesnamen manche für den Chronisten und dessen Auditorium unannehmbare Eigentümlichkeiten des Erfassens Gottes enthalten".[1] So erklärt Weinberg das Fehlen der Theonyme אל (mit den entsprechenden Komposita עליון, שדי und עולם), אדון und der Epitheta אביר und פחד als Tendenz, die „Bedeutungsschattierungen der expressiven Konkretheit, der emotionellen Aktivität, der unmittelbaren Präsenz und des persönlichen Engagements" zu unterdrücken.[2] Dieser von Weinberg herausgestellte Sachverhalt dürfte auf den monotheistischen Hintergrund[3] des Verfassers der Chronikbücher und sein Konzept einer „theozentrischen Historiographie"[4] zurückzuführen sein.

---

1 *Weinberg*, Gott (1988), 187. Ohne sich hier im Einzelnen mit der Position Weinbergs, deren Argumentation und Implikaten auseinandersetzen zu können, will dieser Diskussionsbeitrag als ergänzende Beobachtung zu dem von ihm beschriebenen Phänomen verstanden werden.

2 *Weinberg*, Gott (1988), 178, vgl. seine tabellarischen Zusammenstellungen 175 f.

3 Eine explizite Leugnung der Existenz anderer Götter findet sich in der Chronik so gut wie nicht (vgl. lediglich 1 Chr 17,20). Die vorausgesetzte Allmächtigkeit und Exklusivität Yahwes (vgl. 1 Chr 29,10 – 13; 2 Chr 6,14; 2,4), die konsequent monolatrische Antwort Israels und die Titulierung anderer Götter als „Nichtse" (vgl. 16,25 f) implizieren jedoch eine monotheistische Gottesvorstellung. Vgl. *Japhet*, Ideology (1989), 11 f.42 – 45. Dass das Fehlen expliziter Aussagen auf mangelndes Interesse bzw. auf die vorauszusetzende Selbstverständlichkeit des Monotheismus zurückzuführen ist (vgl. ebd., 52), scheint nicht sicher. Die eigentümlichen Positionen des Chronisten zu fremden Göttern müssen erklärt werden. Zumindest hat er aufgrund seines Gottesverständnisses Änderungen an seinen Vorlagen vorgenommen (gegen *Japhet*, ebd., 52). Ob demnach dem Chronisten der Monotheismus als reflexe „theoretische Position" selbstverständlich war oder in bestimmten Punkten (z.B. gerade im hier aufgegriffenen Bereich des personifizierten weiblichen Aspektes Gottes, d.h. also in der Frage der Göttin) nicht doch problematisch war, müsste eine eingehendere Untersuchung seines Gottesverständnisses klären.

4 Vgl. zum Begriff, den S. Japhet eingeführt hat, *Japhet*, Theologie (1985), 123; *dies.* Ideology (1989), 11; *Sæbø*, Theologie (1981), 83 f; anders jedoch Weinberg, der dem Theozentrismus einen „zunehmenden Anthropozentrismus" (*Weinberg*, Gott [1988], 173) entgegensetzen will. Ob das Verschweigen der Gottesnamen tatsächlich auf die mit den Epitheta verbundenen „Elemente der Bildhaftigkeit, Körperlichkeit" bzw. deren Verbindung zu „archaischen Mythologemen" (ebd., 187) zurückgeht oder eher „lediglich" eine Transzendentalisierung, eine Konzentrierung und anti-

DOI 10.1515/9783110424386-017

Das Phänomen des Verschweigens von Götter-/Göttinnen-Namen in den theologischen Aussagen (bzw. als selbst schon theologisch qualifizierte Aussage „e silentio") des Chronisten ist in Bezug auf die im AT genannten weiblichen Gottheiten nicht ebenso deutlich, wie die von Weinberg herausgestellte Vereinheitlichung des „männlichen" Gottesbildes. Von daher mögen die im Folgenden beschriebenen und zur Diskussion gestellten Tendenzen des Chronisten subtil und möglicherweise überbewertet erscheinen.[5]

Aus dem breiten Spektrum der altorientalischen Göttinnen kommen lediglich Aschera (אשרה) und Astarte (עשתרת) für eine Untersuchung in Betracht.[6] Tendenzen in der Darstellung des Chronisten lassen sich durch einen Vergleich mit den Vorgaben aus dem DtrG (bzw. dem Tetrateuch und den Pss) auffinden.[7]

Der Terminus אשרה weist im biblischen Hebräisch bis in nachexilische Zeit eine Polysemie auf; er bezeichnet einerseits die Göttin (z. B. 2 Kön 21,7; 23,4; 1 Kön 15,13?) oder aber ihr gleichnamiges Kultobjekt (z. B. 2 Kön 18,4; 21,3; 23,6).[8] Alle 12 chr Belege dieses Terminus benutzen אשרה im Plural[9], eine Ausnahme bildet lediglich 2 Chr 15,16. Einerseits zeigt dieser dominante Gebrauch des Plurals die Tendenz des Chronisten zur Pauschalisierung gerade in Bezug auf fremde Kulte

---

pluralistische Vereinheitlichung des Gottesbildes widerspiegelt, müsste im Einzelnen diskutiert werden.

5 Dass jedoch durch kleinste Änderungen der Vorlagen im ChrG wichtige theologische Akzente gesetzt werden, ist vielfältig belegbar. Beispiele bei *Noth*, Studien (³1967), 166 – 180; vgl. auch *Willi*, Chronik (1972) sowie jetzt *Oeming*, Israel (1990).

6 Anat (ענת) braucht hier nicht berücksichtigt zu werden, da sie im AT nicht explizit als Göttin auftaucht, sondern lediglich in Ortsnamen belegt ist. Vgl. dazu *Winter*, Frau (²1987), 543f. Die Aufnahme eines mit ענת/עשתרת gebildeten ON gibt keine Hinweise auf die Akzeptanz oder Ablehnung der mit dem Namen verbundenen Göttin. Da es erstens für die Rezeption eines ON kaum Ausweichmöglichkeiten gibt und zudem anzunehmen ist, dass in der ON-Überlieferung in (spät-) biblischer Zeit der Bezug zu den Göttinnen in den Toponymen kaum noch eine Rolle spielte (vgl. die gleiche Annahme bezüglich des Appellativs *'aštæræt* bei *Müller*, עשתרת [1989], 462), können die Belege 1 Chr 6,56; 11,33 für „Astarte"-Ortsnamen in der Chr hier ausgeklammert werden.

7 Die dtr Erwähnungen der Aschera in 1 Kön 14,15; 16,33; 18,19; 2 Kön 13,6; 17,10.16 finden im ChrG keine Aufnahme, da sie sich auf die Zustände im Nordreich (bzw. auf die Elijageschichte) beziehen; sie können demnach hier unbeachtet bleiben.

8 Vgl. zur doppelten Verwendungsweise auch *De Moor*, אשרה (1973), 473 – 481; *Day*, Asherah (1986), 385 – 408; *Koch*, Aschera (1988), 97 – 120.

9 2 Chr 14,2; 17,6; 19,3; 24,18; 31,1; 33,3.19; 34,3.4.7. Dabei ist es ohne Belang, ob der maskuline (z. B. 2 Chr 14,2) oder feminine (z. B. 2 Chr 19,3) Plural gebildet wird. Bis auf 2 Chr 33,3 sind alle Belege determiniert. Vier Belege (2 Chr 17,6; 19,3; 24,18; 33,19) haben keine Vorlage in den Königsbüchern. Sie sind von den Chronisten frei formuliert und binden den Ascherakult bei Joschafat, Joasch und letztlich in den Bericht über Manasses Umkehr (2 Chr 33,12 – 20) zusätzlich als Motiv ein.

bzw. deren Ausübung, denn der Ascherakult bleibt blass und schemenhaft.[10] Andererseits zeigt sich aber auch eine gewollte Einengung der Polysemie auf die kultisch-objekthafte Bedeutungssphäre: Der Chronist will Ascheren ausdrücklich nur als Kultobjekte verstanden wissen und weicht der personalen Sphäre, die dem Gebrauch des Wortes inhäriert, aus.[11] Dies lässt sich an den Stellen zeigen, wo in der deuteronomistischen Vorlage eine/die Göttin durch den Terminus אשרה bezeichnet wurde, in den chronistischen Parallelstellen hingegen das Lexem „ver-objektiviert" wurde.

Von den 5 Belegen im Reformbericht 2 Kön 23,4.6.7.14.15 ist eindeutig nur V. 4, wahrscheinlich aber auch V. 7 auf die Göttin Aschera zu beziehen.[12] Im chronistischen Parallelbericht werden dagegen lediglich kumulativ Reformmaßnahmen Joschijas in knapperer, noch stärker stilisierter Form aufgereiht. Es finden sich drei

---

10 Durch die Zusammenstellung mit möglichst vielen weiteren Kultobjekten werden die Ascheren zur Chiffre für den Fremdgötterdienst überhaupt (vgl. z. B. 2 Chr 34,3.4.7 s. u.). Dass dem Chronisten noch weniger an historischer Sachbeschreibung liegt als den Deuteronomisten, zeigt sich charakteristisch in der Gesamtanlage der Ascherabelege: In den Chronikbüchern braucht der Ascherakult nicht explizit eingeführt zu werden (vgl. in der dtr-Grundkonzeption bei Rehabeam und Jerobeam 1 Kön 14,15.23!), sondern kann direkt unter Asa abgeschafft werden (2 Chr 14,2); vgl. zu ähnlichen Unterschieden in der Konzeption *Japhet*, Ideology (1989), 210f.

11 Dass das Lexem אשרה kontinuierlich bis in die chronistische Zeit seine Polysemie verloren hatte und „nur" noch das Kultobjekt bezeichnete (so jüngst *Hadley*, Asherah [1989], 96f, ist nur unter der Voraussetzung wahrscheinlich zu machen, dass die Bedeutungsseite „Kultpfahl" ebenfalls völlig funktions- und beziehungslos gegenüber der Göttin war. Dies ist aufgrund der engen Zusammengehörigkeit beider in der Königs- und Exilszeit (vgl. *De Moor*, עשתרת [1973], 477 f) und der Tradierung dieser Sicht im DtrG kaum wahrscheinlich. Anstatt einer sprachentwicklungsgeschichtlichen Bedeutungsverengung wird man wohl eher an eine bewusste „Monosemie" zu denken haben.

12 S. Schroer versteht das לאשרה in V. 7 als Objekt, für das die Frauen im Tempel „einen Baldachin oder Schrein webten, unter dem die Aschera stand oder bei Prozessionen getragen wurde" (*Schroer*, Israel [1987], 42). Für beides – die Standortbedingungen, wie auch für Götterprozessionen mit Aschera – gibt es keine textlichen Hinweise im AT.

Eine Konjektur des בתים zu בדים in V. 7 ist eher erwägenswert. Die Frauen würden dann Kleider für eine Statue oder ein Aschera-Bild gewebt haben (vgl. zu den ao Parallelen *Renger*, Kultbild [1981], 312). Bei einer annähernd kultischen Identität von Göttin und Bild, könnte לאשרה in diesem Fall kultisch-objekthaft oder personal verstanden werden. Es ist aber auch an spezielle Kultgewänder zu denken, die im Kult der Aschera (personales Verständnis des לאשרה) verwandt wurden (vgl. *Schroer*, Israel [1987], 42). Durch die Erwähnung der Kedeschen in V. 7a und die syntaktische Konstruktion wird zudem ein Zusammenhang mit kultischer Prostitution suggeriert, der letztlich für das Einreißen den Ausschlag gegeben haben soll. Dies muss hier allerdings undiskutiert bleiben.

Einen weiteren Vorschlag macht jetzt J. M. Hadley: „In my opinion, the most likely explanation is that the women wove partitions to section off an area of the temple in which to house the statue of Asherah" (*Hadley*, Asherah [1989], 108).

pluralische Belege mit Artikel (2 Chr 34,3.4.7), in denen die Ascheren wenig aussagekräftig mit מזבחות, במות, פסלים, מסכות und חמנים zusammengestellt sind. Ein Rückbezug auf Manasses Kultbild der Aschera (2 Kön 21,7), wie er in 2 Kön 23,4 angezielt war, fällt weg, da Manasse in der Chronik seine „Greuel" selbst zurücknimmt (s.u.). Die konkreten Angaben der Tempelwebereien für Aschera werden nicht aufgenommen. Das Interesse des chr Reformberichtes ist deutlich ein anderes als das des DtrG.[13]

Der einzige Beleg, in dem Aschera in der Chronik nicht im Plural genannt wird, ist 2 Chr 15,16, die Parallelnotiz zur Entmachtung der Königs(groß)mutter Maacha durch Asa in 1 Kön 15,13. Dort wird nach einer betonenden Pendenskonstruktion[14] wie in 2 Kön 23,7 zunächst ein gefertigtes Objekt genannt, das durch לאשרה näher bestimmt ist. Da Gestalt und Zweck des Objekts מפלצת völlig im Dunkeln bleiben[15], lässt sich für 1 Kön 15,13 nicht eindeutig entscheiden, ob die Partikel ל hier eine funktionale Apposition der Anfertigung „als Aschera" oder ein präpositionales Dativobjekt i.S. von „für Aschera" anzeigt. In beiden Fällen wäre auch ein kultischobjekthaftes Verständnis des אשרה möglich.[16] Auffallend sind die Änderungen in der Übernahme dieses Verses in 2 Chr 15,16: (1) Die Pendenskonstruktion wird aufgelöst. (2) Die Glieder der unklaren Verbindung werden umgedreht: Anstatt מפלצת לאשרה jetzt לאשרה מפלצת. (3) Die Vernichtungsnotiz wird durch דקק erweitert und so verschärft. Die erste Änderung scheint stilistisch bedingt, was für Nr. 2 nicht so eindeutig zutrifft. Die Umstellung könnte auf die oben aufgezeigte Tendenz der „Verobjektivierung" des polysemantischen Terminus zurückgehen, so dass hier das Verständnis „ein מפלצת als Aschera[kultpfahl]" suggeriert ist.[17]

---

13 Vgl. dazu auch *Japhet*, Ideology (1989), 213f.

14 וגם את מעכה אמו leitet den Satz ein, der dann durch *wayyiqtol* fortgeführt wird. Das markierte Pendens wird in ויסרה wiederaufgenommen. Vgl. *Groß*, Pendenskonstruktion (1987), 13.179.

15 Bereits die alten Versionen haben das Wort nicht mehr verstanden und daher eine Art „Schandbild" angenommen, vgl. HALAT, 584; *Noth*, Könige (1968), 324; zu anderen Versuchen vgl. *Hoffmann*, Reform (1980), 89. Die Erwägung Schroers (*Schroer*, Israel [1987], 38), es könne „eine größere Bes-Figur" gewesen sein, „die die Königsmutter als Votivgabe gestiftet hatte", ist spekulativ. Eine Verbindung des Aschera-Kultes mit Bes – aus den Zeichnungen auf den Krügen in *Kuntilet 'Ağrūd* und dem Siegel aus Tell es-Samak eruiert (vgl. ebd.) – ist kaum gesichert; vgl. dazu auch *Frevel*, Ort (1989), 78f.

16 Die Masoreten verstanden Aschera hier wahrscheinlich ebenfalls personal, was sie durch die Determination in der Vokalisation des לאשרה angezeigt haben.

17 Das bestätigt eine Durchsicht der Belege. Zwar kann durch die Formulierung „'āśāh l᷒ + Objekt Objekt" auch ein „Machen etwas für jmd." ausgedrückt werden, ein statistischer Überhang liegt jedoch bei dem funktionalen Verständnis „als/zu etwas ein Etwas machen". Die Herstellung eines Gegenstandes für eine Person oder Sache wird häufiger durch die in 1 Kön 15,13 gewählte Satzstellung „'āśāh Objekt l᷒ + Objekt" formuliert. Dass Aschera hier eher als Objekt (Kultpfahl) zu verstehen ist, scheinen auch die Masoreten angedeutet zu haben, indem sie, anders als in

Zumindest scheint auf den ersten Blick der direkte suffigale Rückbezug in der Vernichtungsnotiz auf Aschera etwas erschwert und eher als in 1 Kön 15,13 zum Satzanfang auf das Subjekt der Herstellung, d.i. Maacha, zu verweisen. Es steht dem Kontext der übrigen pluralischen Belege von Aschera nicht entgegen, für den einzigen singularischen Beleg die gleiche Tendenz des Chronisten anzunehmen. D. h. trotz der Übernahme des Singulars in 2 Chr 15,16 ist es wahrscheinlich, dass die syntaktischen Unterschiede zu 1 Kön 15,13 nicht rein stilistischer Art sind, sondern das Verständnis des Verses auf die Bedeutung אשרה – Kultobjekt einengen wollen.

Plausibilität erhält die hier vertretene These, dass der Chronist bewusst die Göttin zu eliminieren versucht, wesentlich aus der chronistischen Parallele zu 2 Kön 21,7. Bei dem dort erwähnten פסל האשרה lässt sich ein personales Verständnis (Kultbild der Göttin Aschera) kaum abweisen. Die Chronik transformiert die Construktusverbindung in 2 Chr 33,7 zu פסל הסמל und in Bezugnahme auf V. 7 in der Notiz über Manasses Umkehr zu הסמל in V. 15.[18]

סמל kommt im AT außer in den Chronikbelegen nur noch in Dtn 4,16 und Ez 8,3.5 vor. Es ist im weitesten Sinne ein Wort aus dem Bereich der Bilderterminologie, das weniger eine spezielle Art von Bild beschreibt, sondern einen funktionalen Aspekt eines Kultobjekts zum Ausdruck bringt und am besten mit „beigestelltes Kultobjekt" wiedergegeben werden kann.[19] Diese Deutung fügt sich in Dtn 4,16 und Ez 8 sinnvoll in den vorgegebenen Kontext ein[20], sperrt sich jedoch zunächst für die Interpretation von 2 Chr 33,7.15. Das von Manasse für die Göttin Aschera hergestellte Objekt wird dort „Kultbild des beigestellten Kultobjekts" genannt, was in der Kombination zweier Bildbegriffe zunächst ein „weißer

---

1 Kön 15,13, das לאשרה indeterminiert vokalisierten. Vgl. *Hadley*, Asherah (1989), 96: „Perhaps he (der Chronist, C. F.) intended us to read ... because she made a *miplesét* in the function of an asherah".

18 Die Umkehr Manasses ist Eigengut des Chronisten, der eventuell aufgrund der überaus langen Regierungszeit im Sinne eines „Vergeltungsdogmas" eine Hinwendung zu Yahwe konstruiert; vgl. dazu *Rudolph*, Jeremia (³1968), 317 f; dagegen jedoch *Mosis*, Untersuchungen (1973), 194.
    Kaum wird man mit *McKenzie*, Chroniclers Use (1985) in dem vorexilischen Dtr₁ die später von Dtr₂ getilgte Quelle sehen dürfen. Vgl. dazu *Williamson*, Rezension (1987), 112 f.

19 Zu Etymologie und Bedeutung des Lexems vgl. *Dohmen*, Bild (1984), 263–266, dort auch zu den außerbiblischen Parallelen; vgl. *ders.*, Bilderverbot (²1987), 208 f und *Schroer*, Israel (1987), 27–30.

20 In der Bilderverbotsparänese in Dtn 4,15 ff ist der Begriff סמל (zusammen mit den V. 16b–18) als eine sehr späte Erweiterung anzusehen, die das ursprüngliche (auf V. 12 bezogene) פֶּן־תַּשְׁחִתוּן וַעֲשִׂיתֶם לָכֶם פֶּסֶל תְּמוּנַת כֹּל erweitert und damit das Bilderverbot auf jegliche Kultobjekte ausdehnt. Vgl. zu dieser Interpretation und zur Redaktionsgeschichte des Textes: *Dohmen*, Bilderverbot (²1987), 200–210.209 sowie *Knapp*, Deuteronomium 4 (1987), 68–91 (zu Ez 8,3–5 s. u.).

Schimmel" zu sein scheint. Jedoch ist die Wahl dieses Begriffspaares durch das programmatische Interesse des Chronisten bestimmt, die Existenz einer Göttin zu leugnen.[21] Er ändert die Construktusverbindung der Vorlage so ab, dass eine Referenz der *Göttin* Aschera unmöglich wird und als Identifikationsmöglichkeit für denjenigen, der in Kenntnis von 2 Kön 21,7 Aschera erwartet, nur der *Kultpfahl* bleibt. Für den Chronisten scheint die Existenz der Göttin und ihre Verehrung ein Tabuthema, so dass er alles, was auf sie direkt zurückweisen kann, „verobjektiviert" und pauschalisiert. War der Kultpfahl bei den Deuteronomisten noch eindeutig auf die Göttin bezogen, erscheint er jetzt davon abgehoben und als ein Greuel unter anderen. Für den Chronisten gibt es keine Göttin Aschera! An den übrigen Stellen konnte er im Gebrauch des Terminus אשרה die kultisch-objekthafte Bedeutungsseite betonen (s. o.). Dies war hier nicht möglich, da die Construktusverbindung פסל האשרה nur personal verstanden werden konnte. Um auch in 2 Chr 33,7 seine Tendenz zu verfolgen, ohne die Vorlage erheblich abzuändern, wählt er den funktionalen Bildbegriff סמל, der die Polyvalenz des Terminus אשרה aufhebt und den personalen Aspekt dieses Lexems ausschließt. Damit dürfte deutlich sein, dass der Chronist in V. 7 und auch in V. 15 bewusst סמל verwendet[22] und bei dem Begriff gerade nicht „im Sinn der Vorlage" „an eine Gefährtin Jahwes zu denken" ist.[23]

Diese Interpretation hat Auswirkungen auf das Verständnis von סמל insbesondere in Ez 8,3.5. Da der Begriff in 2 Chr eben nicht eine originäre Beziehung zur Göttin oder deren Umfeld aufweist, sondern vom Chronisten quasi aus „Sachzwang" zur Umsetzung seiner Intention verwandt wurde, ist eine verdeckte Anspielung auf die Göttin Aschera – wie sie in Ez 8,3.5 oft angenommen wird[24] – nicht

---

21 Kaum wird man vermuten können, dass der Gebrauch von סמל hier eine Erinnerung an den phönizischen Ursprung des Bildes bewahrt (so *McKay*, Religion [1973], 23 sowie *Williamson*, 1 and 2 Chronicles [1982], 391, der סמל in diesem Fall sogar für die Vorlage des Chr reklamieren will und damit die Textänderung des Chronisten nivelliert).

22 Damit dürfte deutlich sein, dass Rückgriffe auf die Vermutung, dass der Chronist aufgrund einer sprachgeschichtlichen Bedeutungsentwicklung oder aus anderen Gründen Aschera nur noch als Objekt verstand, die eigentliche Intention verdeckt. Zudem: Wer 2 Kön 21,7 als Vorlage liest, kommt um die Erkenntnis, dass es ein personales Verständnis des Terminus אשרת gibt, auch dann nicht herum, wenn er die Person nicht kennt.

23 So die Interpretation bei *Becker*, 2 Chronik (1988), 112.

24 Vgl. zuletzt *Fuhs*, Ezechiel 1–24 (²1986), 51; *Schroer*, Israel (1987), 25–30; *Dohmen*, Bild (1984), 265; *Freedman*, Yahweh (1987), 249; *Koch*, Aschera (1988), 111f. Als Argument für einen Zusammenhang bzw. eine Anspielung auf eine Partnerin Yahwes lässt sich das in KAI 12,3f belegte phönizische בעל סמל heranziehen (vgl. *Koch*, ebd.), das im Zusammenhang mit den Hypostasenvorstellungen des pun. bzw. ugar. פן/שם בעל (vgl. die Belege bei *Dohmen*, Bild [1984], 265) zu sehen ist. Da in den atl. Belegen jedoch die Bezugsgröße (YHWH) nicht genannt ist und zudem für 2 Chr 33,7.15 eine andere Erklärung gefunden werden konnte, scheint die Parallelität zu *dem* phön.

wahrscheinlicher als andere Kultobjekte. Das im Bereich des nördlichen Stadt-
tores zu lokalisierende[25] סמל lässt sich nicht durch Verweis auf 2 Chr 33,7.15 auf ein
Ascherasymbol engführen, sondern lediglich durch das näherbestimmende קנאה
bzw. הקנאה המקנה dem Kontext des Ausschließlichkeitsanspruchs YHWHs zuweisen.[26] Der Begriff סמל notiert demnach in Ez 8 wie auch in 2 Chr 33 entsprechend seiner Grundbedeutung, dass das gemeinte Kultobjekt ein beigestelltes ist,
d. h. nicht der originären Intention des Aufstellungsortes entspricht (in Chr dem
YHWH-Tempel; in Ez 8 der „YHWH-Stadt" Jerusalem).

Lässt sich die Eliminierung der Göttin Aschera aus dem „Weltbild des Chronisten" deutlich anhand der behandelten Stellen zeigen, so muss nun noch eine
Überprüfung der These an Astarte vorgenommen werden. Neben den vorchro-
nistischen Erwähnungen der Astarte(n) in Ri 2,13; 10,6; 1 Sam 7,3f; 12,10, die aus
konzeptionellen Gründen im ChRG nicht aufgenommen wurden, verbleiben
1 Sam 31,10 und die Stellen über Salomo 1 Kön 11,5.33; 2 Kön 23,3. Letztere fallen

---

Beleg auf den Aspekt des „Beigestellt-Seins" beschränkt zu sein. Zu der anderen Interpretati-
onsvariante des סמל in Ez 8 als „Wächterfigur" vgl. *Zimmerli*, Ezechiel (1969), 214 f, die *Schroer*,
Israel (1987), 28 zu Recht ablehnt. Vgl. auch u. die nächste Anm.

25 Der Standort des in Ez 8,3.5 genannten Kultobjekts war im Grundtext im äußeren Nordtor am
Stadteingang Jerusalems. Diese Lokalisierung gebietet die Nord-Süd-Bewegung der Vision in vier
Schritten (vgl. dazu *Zimmerli*, Ezechiel [1969], 212 f.; *Hossfeld*, Tempelvision [1986], 151 – 165). Erst
durch einen Redaktor ist das סמל הקנאה in den Toreingang zum inneren Vorhof versetzt worden;
anscheinend, um es in eine größere Nähe zum Tempel zu rücken. Durch Hinzufügung von הפנימית
in V. 3 und durch המזבח in V. 5 wird das Kultobjekt am „Altartor", d. h. dem Tor zum inneren Vorhof
im Eingangsbereich lokalisiert. Dadurch wird auf der lokalen Ebene eine Potenzierung des Greuels
erreicht.

Im Grundtext stand das סמל demnach außerhalb des Stadtkerns. Damit wird die Interpre-
tationsvariante „Wächterfigur" (s.o.) relativ unwahrscheinlich, da diese Statuen doch überwiegend zur Trennung und Wahrung eines gesonderten (meist heiligen) Bereiches verwandt wurden
(vgl. *Keel*, Welt [1980], 108 – 110; *Schroer*, Israel [1987], 28 f.121 ff). Ebenfalls analogielos und außerhalb der Stadtmauern auch unwahrscheinlich bleibt Schroers Vorschlag in dem סמל הקנאה
„eine Skulptur/Plastik der säugenden Kuh mit ihrem Kalb" zu vermuten (ebd., 30), vgl. dazu,
Dohmen, Israel (1988), 104.

26 Vgl. *Reuter*, קנא (1984), 51 – 62; *Berg*, Eifersucht (1979), 197 – 211; *Dohmen*, Bild (1984), 265; jetzt
auch *ders*. Name (1990), 289 – 304. Von daher kommt zwar auch ein Objekt wie der Kultpfahl der
Göttin in Betracht, jedoch ebenso [da der Realitätsbezug der ezechelienischen Vision nicht auf die
Exilszeit beschränkt sein muss] die unter Hiskija etwähnte Kupferschlange oder ähnliche Kultobjekte. Vgl. zu einer eventuellen Funktionsparallele aus Karatepe *Dohmen*, Israel (1988), 104.

Ob letztlich in 2 Chr 33,15 durch das ungewöhnliche וישלך חוצה לעיר auf das ezechelienische
סמל angespielt wird, ist nicht endgültig zu entscheiden: 1. da unklar bleibt, welcher Standort des
Kultobjekts in Ez 8 dem Chronisten vorlag (s.o.) und 2. der Chronist durch seine Formulierung
lediglich die sichere „Entsorgung" beschreiben könnte, ohne interpretierenden Bezug auf das
Eifersuchtsbild zu nehmen.

allesamt aufgrund der gegenüber dem DtrG unterschiedlichen Bewertung Salomos in der Chronik weg.[27] Jedoch auch der Astarte(n)tempel, in dem in 1 Sam 31,10 Sauls Rüstung niedergelegt wird, heißt in 1 Chr 10,10 nur noch בית אלהיהם, „Tempel ihrer Götter".[28] Obwohl hier nicht einmal Juda oder Israel durch die Göttinnenverehrung belastet würden, meidet der Chronist den Namen der Göttin; kaum aus historischer Zuverlässigkeit[29], sondern – in Konsequenz seiner Konzeption – aus „Distanzierung und Abscheu"[30] zu der in der Vorlage genannten Göttin. Fehlte bisher „eine überzeugende Begründung der Korrektur"[31], so lässt sie sich jetzt als „Elimination der Göttin" verstehen. Bei Astarte war nicht wie bei Aschera die Möglichkeit gegeben, die kultisch-objekthafte Seite eines polysemantischen Begriffes zu forcieren und damit der personalen Existenz einer Göttin „das Wasser abzugraben". Daher weicht der Chronist hier auf das mehr als neutrale בית אלהיהם [32] aus.

Damit fügt sich auch 1 Chr 10,10 in die Tendenz des Chronisten ein, eine Göttin implizit aus seinem „Weltbild" zu streichen. Er eliminiert die Göttin, weil nicht sein kann, was nicht sein darf! Dass dies letztlich durch seinen monotheistischen Denkhorizont verursacht ist, scheint naheliegend, jedoch reicht dies zur Erklärung des Phänomens nicht aus. Denn es steht ja außer Zweifel, dass er die männlichen

---

27 „Die Möglichkeit der Verfehlung und damit einer lebenmindernden Züchtigung durch Jahwe kennt der Chr für Salomo und für das Haus Israel seiner Zeit nicht mehr", so *Mosis*, Untersuchungen (1973), 123, vgl. 158; vgl. auch *Japhet*, Ideology (1989), 207; *Wypych*, Werk (1987), 121–141.127 f.

28 Vgl. zu den Textproblemen jetzt *Müller*, עשתרת [1989], 459. Möglich wäre auch ein singularisches Verständnis des אלהיהם. Dann wären die beiden Vershälften als Parallelismus zu verstehen und „ihr Gott" mit Dagon identisch. Für eine pluralische Übersetzung spricht die polemische Konnotation der Stelle. Hier „Tempel ihrer Göttin" zu übersetzen (so *Rudolph*, Jeremia [³1968], 92), widerspricht der Intention der Änderung. R. Mosis nimmt an, dass die Ersetzung Beth-Scheans durch den Dagon-Tempel der Philister durch 1 Sam 5,1–6 veranlasst ist. „Die Rüstung des Königs von Israel gerät in den Machtbereich der Götter der Heiden. Eine namentliche Erwähnung der Astarte und ihres Tempels in Beth-Schean stünde dieser Aussageabsicht entgegen und muß darum vom Chronisten vermieden werden" (*Mosis*, Untersuchungen [1973], 25). Einer Parallelisierung zur polemischen Ladeerzählung 1 Sam 5 hätte allein ein Dagon-Tempel gereicht; die Erwähnung des „Göttertempels" bedarf auch hier weiterer Erklärung.

29 Zur Problematik eines Astartetempels in Beth-Schean vgl. *Winter*, Frau (²1987), 546 f, zu den archäologischen Funden *Weippert*, Palästina (1988), 284 ff.

30 *Müller*, עשתרת (1989), 459.

31 *Willi*, Chronik (1972), 129.

32 Dass der Chronist hier zwar Astarte verschweigt, jedoch das maskuline אלהיהם wählt, um über 1 Kön 11,5.33 – wo ebenfalls עשתרת mit אלהים konstruiert wird – auf die Göttin anzuspielen (so *Willi*, Chronik [1972], 129), erscheint subtil und unwahrscheinlich. Eher könnte ein Stichwortbezug zu 1 Chr 14,10 intendiert sein (vgl. *Mosis*, Untersuchungen [1973], 25.79).

Götternamen nicht in gleicher Grundsätzlichkeit eliminiert (z. B. Dagon 1 Chr 10,10 oder die oft gebrauchte Chiffre Baʻal[33]). Dass von Astarte in chronistischer Zeit noch Gefahr für den offiziellen Yahwismus ausgegangen wäre oder dass das Problem „Yahwe und seine Aschera" noch virulent war, so dass der Chronist die Existenz der Göttinnen in direkter Reaktion auf diese Gefahrensituation zu leugnen versucht, scheint nicht unmittelbar evident.[34] Zu fragen bleibt allerdings, ob die Elimination des Weiblichen aus dem Gottesbild nicht doch im 4./3. Jh. von verschiedenen nachexilischen Strömungen[35] als Defizit empfunden wurde, so dass diese z. B. eine Partnerin YHWH einforderten? Die nachexilische Religionsgeschichte und damit die religiösen Einflüsse der Nachbarreligionen gilt es einmal mehr unter diesen Aspekten zu durchsieben und dabei – wie in der vorexilischen Zeit – auf einen Unterschied zwischen offiziellem Yahwekult und Strömungen der Volksfrömmigkeit zu achten. Möglich ist aber auch, dass der Chronist Aschera und Astarte nur aus zweiter Hand kennt und seine Abwehr nicht an historischen Sachverhalten orientiert, sondern seiner – im patriarchalen Denkhorizont situierten – theologischen Reflexion entsprungen ist. Damit wäre allerdings zugleich die Frage nach dem Stellenwert des Weiblichen beim Chronisten und seinem Umfeld angesprochen, der hier nicht weiter nachgegangen werden kann.[36]

Bibliographie

Becker, J., 2 Chronik (NEB.AT 20), Würzburg 1988.
Berg, W., Die Eifersucht Gottes. Ein problematischer Zug des alttestamentlichen Gottesbildes?, in: BZ 23 (1979), 197 – 211.
Bird, P., The Place of Women in the Israelite Cultus, in: P. D. Miller u. a. (Hg.), Ancient Israelite Religion. FS F. M. Cross, Philadelphia 1987, 397 – 419.
Day, J., Asherah in the Hebrew Bible and Northwest Semitic Literature, in: JBL 105 (1986), 385 – 408.
de Moor, J. C., אשרה, in: ThWAT I (1984), 473 – 481.
Dohmen, C., „Heißt *semel* „Bild, Statue?", in: ZAW 96 (1984), 263 – 266.

---

33 Vgl. *Mosis*, Untersuchungen (1973), 24 Anm. 22.
34 Vgl. dazu ähnlich *Japhet*, Ideology (1989), 215, die aber vermutet, dass die Abwehr der Fremdgötterkulte einer durch die Ereignisse der Königszeit motivierten „awareness of its dangers" entspringt.
35 Vergleichbar zu den durch die Inschriftenfunde (*Kuntilet ʻAǧrūd, Ḫirbet el-Qōm*) belegten synkretistischen Kreisen in der Königszeit. Vgl. zu den Inschriften jetzt zusammenfassend *Hadley*, Asherah (1989), 121 – 201. In diesem Kontext wären auch die Überlegungen zur personifizierten Weisheit anzusiedeln, vgl. dazu *Winter*, Frau (²1987), 508 ff.
36 Vgl. dazu die Hinweise bei *Oeming*, Israel (1990), 209 und *Bird*, Place (1987), 397 – 419.

Ders., Das Bilderverbot. Seine Entstehung und seine Entwicklung im Alten Testament (BBB 62), Bonn ²1987.

Ders., „Eifersüchtiger ist sein Name" (Ex 34,14). Ursprung und Bedeutung der alttestamentlichen Rede von Gottes Eifersucht, in: ThZ 46 (1990), 289–304.

Freedman, D. N., Yahweh of Samaria and His Asherah, in: BA 50 (1987), 241–249.

Frevel, C., „Dies ist der Ort, von dem geschrieben steht …". Zum Verhältnis von Bibelwissenschaft und Palästinaarchäologie, in: BN 47 (1989), 35–89.

Fuhs, H. F., Ezechiel 1–24 (NEB.AT 7), Würzburg ²1986.

Groß, W., Die Pendenskonstruktion im Biblischen Hebräisch (ATS 27), St. Ottilien 1987.

Hadley, J. M., Yahweh's Asherah in the Light of Recent Discovery (unveröffentlichte Dissertation), Cambridge 1989.

Hoffmann, H. D., Reform und Reformen, Untersuchungen zu einem Grundthema der deuteronomistischen Geschichtsschreibung (AThANT 66), Zürich 1980.

Hossfeld, F. L., Die Tempelvision Ez 8–11 im Licht unterschiedlicher methodischer Zugänge, in: J. Lust (Hg.), Ezekiel and His Book (BEThL 74), Leuven 1986, 151–165.

Japhet, S., Die Theologie der Chronikbücher und ihre Stellung innerhalb des biblischen Denkens, in: Hebräische Beiträge zur Wissenschaft des Judentums 1 (1985), 123–130.

Dies., The Ideology of the Book of Chronicles and its Place in Biblical Thought, in: BEATAJ 9 (1989), 42–45.

Keel, O., Die Welt der altorientalischen Bildsymbolik und das Alte Testament. Am Beispiel der Psalmen, Zürich u. a. ³1980.

Knapp, D., Deuteronomium 4. Literarkritische Analyse und theologische Interpretation (GTA 35), Göttingen 1987.

Koch, K., Aschera als Himmelskönigin in Jerusalem, in: UF 20 (1988), 97–120.

McKay, J. W., Religion in Judah Under the Assyrians: 732–609 B. C., London 1973.

McKenzie, S. L., The Chroniclers Use of the Deuteronomistic History (HSM 33), Atlanta 1985.

Mosis, R., Untersuchungen zur Theologie des chronistischen Geschichtswerks (FreibThSt 92), Freiburg/Basel/Wien 1973.

Müller, H. P., עשתרת, in: ThWAT VI (1989), 453–463.

Noth, M., Überlieferungsgeschichtliche Studien, Tübingen ³1967.

Ders., Könige. 1. Teilband (BK IX/1), Neukirchen-Vluyn 1968.

Oeming, M., Das wahre Israel (BWANT 128), Stuttgart 1990.

Renger, J., Kultbild. A. Philologisch (in Mesopotamien), in: RLA VI (1980–1983), 307–314.

Reuter, E., קנא, in: ThWAT VII, 51–62.

Rudolph, W., Jeremia (HAT I/21), Tübingen ³1968.

Sæbø, M., Chronistische Theologie/Chronistisches Geschichtswerk, in: TRE 8 (1981), 74–87.

Schroer, S., In Israel gab es Bilder. Nachrichten von darstellender Kunst im Alten Testament (OBO 74), Fribourg/Göttingen 1987, 25–30.

Weinberg, J. P., Gott im Weltbild des Chronisten. Die vom Chronisten verschwiegenen Gottesnamen, in: ZAW 100 (1988), 170–189.

Weippert, H., Palästina in vorhellenistischer Zeit (HdA II/1), München 1988.

Willi, T., Die Chronik als Auslegung (FRLANT 106), Göttingen 1972.

Williamson, H. G. M., 1 and 2 Chronicles (NCeBC), Grand Rapids 1982.

Ders., Rezension von S. L. McKenzie, The Chroniclers Use of the Deuteronomistic History, in: VT 37 (1987), 107–114.

Winter, U., Frau und Göttin (OBO 53), Fribourg/Göttingen ²1987.

Wypych, S., Das Werk des Chronisten, in: E. Sitarz (Hg.), Höre, Israel! Jahwe ist einzig, Biblische Basis Bücher 5, Stuttgart/Kevelaer 1987, 121–141.

Zimmerli, W., Ezechiel. Band 1: Kap. 1–24 (BK.AT XIII/1), Neukirchen-Vluyn 1969.

YHWH und die Göttin bei den Propheten

Eine Zwischenbilanz

War da was? Unter diese Frage lässt sich meine Zwischenbilanz zur Göttinnen-diskussion am Beispiel einiger Prophetentexte stellen. Dabei möchte ich die Frage in einem dreifachen Sinn wenden. In einem ersten Sinn fragt sie nach dem Um-fang der Göttinnenverehrung in Israel. Lässt sich ein religionsgeschichtlich in-zwischen plausibler, spätvorexilischer, begrenzter Polytheismus, der davon aus-geht, dass Götter und Göttinnen neben YHWH in der israelitischen Religion zugelassen und verehrt worden sind, archäologisch, ikonographisch und epi-graphisch so weit konkretisieren, dass Spuren oder gar Konturen einer Göttin-nenverehrung deutlich werden?[1] Zum Zweiten kann das „War da was?" auf die Propheten enggeführt werden. Ich habe in meiner Arbeit über Aschera in Analogie zu Klaus Kochs Prophetenschweigen[2] im Deuteronomistischen Geschichtswerk vom Ascheraschweigen der Propheten gesprochen. Aschera taucht dort nicht auf, oder präziser, die explizite Erwähnung der Aschere in Mi 5,13; Jes 17,8; 27,9; Jer 17,2 ist nachgetragen.[3] Warum schweigen sich die Propheten abgesehen von der Epi-sode über die Himmelskönigin über die Göttin aus, wenn da was war? Folgt daraus, dass der Weg der Durchsetzung des Alleinverehrungsanspruchs YHWHs bei den Propheten geradlinig über die Auseinandersetzung mit Baal läuft, Göt-tinnen de facto aber nur unter „ferner liefen" eine Rolle gespielt haben oder sogar bedeutungslos waren? Ist da verdrängt, getilgt, orthodox korrigiert oder mani-puliert worden? Welche Bedeutung hatte die Göttinnenverehrung? Der dritte Sinn der Eingangsfrage ist der subtilste und bezieht sich auf die kurzlebigen Zyklen wissenschaftlicher Diskussion. Mal sind bestimmte Themen „in", mal „out". Angestoßen wurde die jüngste Welle der Göttinnendiskussion vor allem durch die Entdeckung und Veröffentlichung der Inschriften von *Kuntilet 'Aǧrūd* und *Ḥirbet el-Qōm*, in denen von YHWH und seiner Aschera die Rede ist.[4] Vor allem die fe-ministisch-theologische Diskussion hat dann die Göttin in den 90er auf die Agenda gesetzt – Thesen zur Göttinnenverehrung waren *en vogue*. Inzwischen

---

1 Ich setze im Folgenden die umfangreiche Diskussion um die Verehrung von Göttinnen voraus. S. zur Einführung u. a.: *Keel/Uehlinger*, Göttinnen (⁵2001); *Wacker/Zenger*, Gott (1991); *Frevel*, Aschera (1995). Zu Aschera zuletzt *Merlo*, Ašratum (1998); *Hadley*, Cult (2000).
2 S. dazu *Koch*, Profetenschweigen (1981), 115–130.
3 Vgl. den Nachweis bei *Frevel*, Aschera (1995), 472–508.
4 Vgl. zuletzt den zusammenfassenden Stand der Diskussion bei *Dijkstra*, YHWH (2001).

DOI 10.1515/9783110424386-018

scheint die einst so breite Diskussion in so eindrücklicher Weise abgeebbt, dass man schon leise wieder zu fragen beginnt: War da was?[5]

Die im Folgenden vorgelegte Rückfrage nach den Spuren einer Göttin in den Propheten kann nur einen kleinen Ausschnitt der Diskussion präsentieren. Es soll trotzdem versucht werden, eine Zwischenbilanz zur Göttinnendiskussion zu ziehen und einige Überlegungen meiner vorhergehenden Arbeiten in einem religionsgeschichtlichen Horizont zu präzisieren.

War da was? Zum Stand der Diskussion

Fragt man nach dem *state of affairs* der religionsgeschichtlichen Diskussion[6], scheint die Rede von einem vorexilischen Polytheismus inzwischen salonfähig zu sein. Meist wird allerdings dieser Polytheismus nicht weiter differenziert. Es wird nicht benannt, welche Gottheiten denn neben YHWH in Jerusalem, Samaria oder Lachisch verehrt worden sind. Auch, dass YHWH in der Königszeit im Jerusalemer Tempelkult eine Paredra an seiner Seite hatte, nämlich die Göttin Aschera, wird in jüngster Zeit kaum mehr ernsthaft bestritten. Diskutiert wird vielmehr, ob er in einem Kultbild im Jerusalemer Tempel verehrt worden ist oder die Bildlosigkeit zu einem durchgehaltenen Merkmal der YHWH-Religion gezählt werden muss.[7]

Fragt man konkreter nach den verehrten Gottheiten, so lassen sie sich außer den stadtbekannten Größen El und Baal-Šamem kaum sicher zu einem Pantheon zusammenführen. In Frage kommen neben den Göttinnen Aschera, Astarte und Anat und den Göttern Reschef oder Molech auch die Gottheiten der Nachbarvölker, seien es die östlichen Nachbarn mit dem edomitischen Qaus, dem ammonitischen Milkom oder dem moabitischen Kemosch und vielleicht auch Aštar und Šagar, die in *Tell Dēr 'Allāh* genannt sind, oder Šalem, der in dem Namen Jerusalem noch seinem Platz hat, sicher eine Sonnengottheit, vielleicht der Mondgott von Harran oder ein anderer Mondgott, sowie aus dem aramäischen Einflussbereich Hadad, aus dem assyrischen Reigen die ikonographisch bezeugte Heilgöttin Gula, sicherlich Ištar, Tammus, aus dem Ägyptischen Amun Re, Hathor,

---

5 Ausnahmen sind die eher als Überblick angelegten Beiträge von *Wacker*, Göttinnenverehrung (1999) und zuletzt *Fischer*, Göttinnen (2002).

6 Vgl. dazu u.a. *Grabbe*, Reality (1999), 23 f.31 und *Niehr*, Aspects (1999). Auch E. Stern kommt nicht ganz um das Eingeständnis herum, auch wenn er an einem orthodoxen YHWH-Monotheismus festhalten will, vgl. *Stern*, Religion (2001), und *ders.*, Yahwism (2001); *Day*, Yahweh (2000) sowie jüngst die Beiträge in dem Sammelband *Dijkstra*, God (2001).

7 Vgl. zu dieser Diskussion *Uehlinger*, Bilderkult (⁴1998); *ders.*, Bilderverbot (⁴1998) (Lit.); *Niehr*, Search (1997); *Keel*, Tempel (2001) und *Frevel*, Bildnis (2002).

Seth, sowie, ikonographisch breit bezeugt, Bes und Ptah, später dann Adonis, Isis und Melkart usw.[8] Die Aufzählung zeigt in der bloßen Addition das Problem überdeutlich an: Wie lässt sich der israelitische Polytheismus näher beschreiben, wie gliedert sich die Götterwelt hierarchisch auf, wie ist die Vielfalt in eine Entwicklung zu ordnen, wie in die religiösen Ebenen von der nationalen, über die lokale bis hin zur privaten zu differenzieren? All das sind offene Fragen. Es gelingt z. B. nicht, den komplexen ikonographischen Befund mit dem biblischen in Einklang zu bringen. Auch eine Differenzierung des Polytheismus außerhalb des nationalen Tempelkultes gelingt kaum. Sicher scheint nur, dass die Göttin neben YHWH sowohl aus dem nationalen Kult als auch aus der privaten Frömmigkeit verschwunden ist. Doch *wann* genau dieser Umbruch stattgefunden hat, ist eine umstrittene Frage!

Ich werde mich im Folgenden auf die nationale Ebene und die etwas diffuse der privaten Frömmigkeit beschränken.[9] Zeitlich versuche ich meine Blicke sowohl auf die spätvorexilische als auch die frühnachexilische Zeit zu richten, obwohl der Trend derzeit die Perserzeit präferiert. Da ich aber nach wie vor davon überzeugt bin, dass die spätvorexilische Zeit für die Fragen von Monotheismus und Göttinnenverehrung die religionsgeschichtlich prägendere ist, versuche ich hier einige Linien auszuziehen.[10]

Als Einstieg in die Frage nach Kontinuität und Diskontinuität in der Göttinnenverehrung wähle ich die Position des ausgewiesenen Religionsgeschichtlers Herbert Niehr. In seinem nicht unwidersprochen gebliebenen Aufsatz zur joschijanischen Reform[11] ist er von der Annahme eines historischen Kerns abgerückt und hat damit den prägenden Charakter der spätvorexilischen Zeit erheblich in Frage gestellt.

> Da es eine Kultreform des Joschija gemäß dem in 2 Kön 22–23 Berichteten historisch nicht gab, konnte sie auch nirgendwo ihre Spuren hinterlassen. Die Kult- und Religionsgeschichte Judas der exilischen und der nachexilischen Zeit zeigt sehr deutlich, dass sich die judäische Religion nicht im Sinne der Reform von 2 Kön 22–23 geändert hatte.[12]

---

8 Gute Überblicksinformationen bieten die einzelnen Artikel im DDD = *van der Toorn u. a.*, Dictionary (²1999).

9 Vgl. wenn auch mit anderer Akzentsetzung die Überlegungen bei *Jeremias/Hartenstein*, JHWH (1999), 80 f.115 f.

10 Auf die betont andere Position einer Spätdatierung der monolatrischen Tendenzen in der Monographie von *Pakkala*, Monolatry (1999) kann hier nicht näher eingegangen werden.

11 Vgl. *Niehr*, Reform (1995). Zur Diskussion u. a.: *Uehlinger*, Kultreform (1995).

12 *Niehr*, Reform (1995), 50.

Erst jüngst hat er sich auch zu religionsgeschichtlichen Aspekten der nachexilischen Zeit geäußert und die Linie weiter ausgezogen. In seinem Aufsatz heißt es unter der Überschrift „YHWH and Other Deities":

> What can be said about the gods and goddesses venerated next to YHWH in the Second Temple? Is it a reasonable view to believe that their cult had been abolished together with the destruction of the First Temple? Certainly not! But, unfortunately, we do not have at our disposal any primary evidence tackling this subject.[13]

Niehr geht von einer weitgehenden Kontinuität aus, mehr noch, er sieht den Polytheismus in der nachexilischen Zeit nicht durch Deuterojesaja oder den priesterlichen Monotheismus reduziert, sondern die polytheistischen Tendenzen durch persischen, edomitischen und phönizischen Einfluss noch verstärkt. Für ihn gilt: „There is no indication of a break whether after 586 BCE, or after 539 BCE, or after 515 BCE in the Second Temple".[14] Vor allem *Aschera* sei weiter in der achämenidischen Periode verehrt worden und *erst* in der Chronik literarisch ausgeschlossen worden.[15] Auf den ersten Blick scheint das Aschera-Schweigen der Propheten nicht zu widersprechen, aber lassen sich aus der Prophetie nicht doch Hinweise erheben, dass es so etwas wie einen Bruch gab? Ist Aschera auch im Zweiten Tempel noch verehrt worden? Diese Frage steht im Hintergrund, wenn ich im Folgenden einen näheren Blick auf die Prophetenbücher werfe.

Spuren der Göttin in den Prophetenbüchern

Zwar hat die Diskussion einen Schwerpunkt bei Hosea gebildet und in mannigfacher Variation im Hoseabuch „Anspielungen" auf eine Göttin gesucht und ge-

---

13 Vgl. *Niehr*, Aspects (1999), 239.
14 *Niehr*, Aspects (1999), 239f. Oder: „We should not expect any changes in the pantheon venerated in the Jerusalem temple". Das verträgt sich allerdings kaum mit seiner ebd., 238 bekräftigten Annahme, dass es im Zweiten Tempel *kein* Kultbild YHWHs mehr gegeben hat. Der archäologische Befund, wie ihn Stern vorträgt, spricht sich ebenfalls für einen strengen Bruch aus. Zutreffender auch das Urteil von *Grabbe*: „Therefore, one of the discontinuities is the change from polytheism to monotheism, but the continuity is the dominance of YHWH worship as such" (Reality [1999], 31).
15 Bei dieser Einschätzung beruft er sich auf meine Arbeiten zu Aschera. Zwar rede ich immer von einer durchbrochenen Kontinuität, zugespitzt in der Formulierung, dass YHWH als *Witwer* aus dem Exil zurückkehrt, jedoch ist die dort gelegte Spur sehr treffend verfolgt. Denn es ist schwer zu beurteilen, ob man in der Göttinnenverehrung von einer *Tabula rasa* in frühnachexilischer Zeit auszugehen hat oder sich Kontinuitäten in der Verehrung von Göttinnen auch dort zeigen.

funden[16], es sogar „als Kompendium der Auseinandersetzung mit Traditionen des Weiblich-Göttlichen im biblischen Israel"[17] bezeichnet, doch ist der spekulative Grad ausgesprochen hoch. Weder Hos 2; 4,12–14; 4,17–19; 10,5; 9,13 noch das seit Wellhausen aussichtsreiche 14,9 geben ausreichend Sicherheit, von einer Auseinandersetzung des Propheten mit einer Göttin oder einer profilierten Konkurrenz zwischen YHWH und der Göttin auszugehen. Eher scheinen eine oder mehrere Göttinnen weit im Hintergrund der hoseanischen Texte zu stehen. Sicher scheint lediglich, dass in dem pauschalen Plural Baale (2,15.19; 11,2) auch Göttinnen mitgemeint sein können. Das reicht aber nicht, um bei Hosea von der Auseinandersetzung mit der Göttin zu reden.

Die übrigen vorexilischen Propheten von Amos über Micha bis einschließlich Jesaja fallen nahezu vollständig für die Suche nach Göttinnenspuren aus. Mi 5,13 ist sicher ein von deuteronomistischer Sprache geprägter, aber nachexilischer Zusatz.[18] Die beiden Aschera-Belege im Jesajabuch Jes 17,8; 27,9 sind eindeutig Nachträge. In jüngerer Zeit ist Jes 6,13 in den Reigen der Anspielungen erneut eingebracht worden.[19] Wie in den übrigen Stellen, wo eine Anspielung auf Aschera vermutet wird, handelt es sich um eine textlich ausgesprochen schwierige Stelle.[20] Das Muster dabei ist immer dasselbe, insofern es entweder eine Konjektur voraussetzt[21] oder sprachliche Anspielungen an den hölzernen Kultpfahl der Göttin vermutet. Da der erste Fall durch zurückgegangene Konjekturwilligkeit aufgrund gewachsener textkritischer Sensibilität inzwischen seltener geworden ist, beruhen die meisten jüngeren Vorschläge auf dem Assoziationshintergrund der Gleichsetzung von Göttin und Baum resp. der Göttin Aschera mit ihrem hölzernen Kultsymbol. In Jes 6,13 erinnert dann das אלה „Eiche" an die im AT nicht belegte weibliche Form des Singulars אל „Göttin" und die Heiligkeit קדש des Samens soll auf Qudschu anspielen, die einfach mit Aschera gleichgesetzt wird.[22] Dass der

---

16 Vgl. dazu *Wacker*, Spuren (1994); *dies.*, Figurationen (1996); *Frevel*, Aschera (1995), 250–352 und in jüngerer Zeit *Nutt*, Macht (1998) sowie *Oestreich*, Metaphors (1998) und mit der Zuordnung der Qedeschot zum Ascherakult *Gangloff*, l'ombre (2000); *ders.*, Anat (1998); erfreulicher sind *Pfeiffer*, Zechen (1996) und in kritischer Distanz zur verdeckten Göttin in Hosea zuletzt *Yee*, Wife (2001).

17 *Wacker*, Spuren (1994), 346.

18 S. den Nachweis bei *Frevel*, Aschera (1995), 472–483.

19 Vgl. *Binger*, Asherah (1997), 136; *Dijkstra*, Yahwe (1997); *ders.*, El (2001), 117; *ders.*, Goddess (1996).

20 Vgl. *Metzger*, Horizont (1981); *Emerton*, Translation (1982).

21 Vgl. dazu die Angaben bei *Frevel*, Aschera (1995), 487.

22 Vgl. zu den Voraussetzungen *Frevel*, Qudschu (2001).

Sinn des nachexilischen Nachtrags zur Denkschrift[23], der auf den Rest im Gericht und nicht auf das religiöse Fehlverhalten Israels zielt, dabei nahezu völlig außer Acht bleibt, ist typisch. Auch wird selten die Frage beantwortet, warum die Propheten nicht das benannt haben sollen, was sie gemeint haben.

Somit fällt der historische Jesaja für die Ascherakritik sicher aus. Doch wie verhält es sich mit Jeremia? Da er über die joschijanische Kultreform schweigt, ist über seine Stellung zu dem begründeten historischen Minimum dieser Reform (s. besonders 2 Kön 23,6 f.11) nichts zu erfahren. Doch wird man zumindest sagen, dass die im Jeremia*buch* gespiegelte Position der Kultreform Joschijas 622 v. Chr. nicht widerstreitet. Das bestärkt die Erwartung, Hinweise zur spätvorexilischen Göttinnenverehrung und der Auseinandersetzung damit zu finden. Aber diesbezüglich sieht man sich enttäuscht. Der einzige Beleg des Lexems אשרה erweist sich literarhistorisch als ein nachexilischer Zusatz, führt also in der Frage nicht weiter.[24] Bevor sich wie in der Forschung der erwartungsvolle Blick auf die Himmelskönigin richtet, bleibt wieder nur das Stochern im Nebel, die Suche nach Anspielungen und Implikationen.

Natürlich gilt auch für Jeremia, was schon bei Hosea konzediert wurde: Gerade in den pluralischen Fremdgötterbezeichnungen wie etwa die הבעלים in Jer 2,23; 9,13, הבלים Jer 2,5, das אלהים in Jer 2,11; 7,6; Jer 11,10 – 13 können weibliche Größen eingeschlossen sein. Auch das geprägte Wort כי מספר עריך היו אלהיך יהודה, das in Jer 2,28 und Jer 11,13 auftaucht, bezieht sicherlich Göttinnen mit ein. Jer 2,26 – 28 haben in der Göttinnendiskussion auch schon eine gewisse Rolle gespielt. Die Verse hat man als Ascherapolemik verstehen wollen. Aschera werde hier als Mutter alles Lebendigen (Gen 4,1), als Muttergöttin *par excellence* diffamiert. Jeremia mache seinen Zuhörern den Vorwurf, sie hätten YHWH, den Quell des lebendigen Wassers verlassen und sich Baal und Aschera zugewandt. Für Baal stehe der Stein, für Aschera das Holz.

Die Aschere, das Kultsymbol der Göttin Aschera, besteht nach dem alttestamentlichen Zeugnis aus Holz (z. B. Ri 6,25 f; Dtn 16,21)[25] und so wurde in der Forschung immer schon Aschera auch mit lebenden Bäumen und einer Baumgöttin in Verbindung gebracht. Voraussetzung dieser Gleichsetzung ist ein sehr

---

23 Vgl. *Kaiser*, Buch ([5]1981), 134; *Höffken*, Buch (1998), 73.78 f; *Williamson*, Isaiah (1997) oder den Konsens formulierend *Hartenstein*, Unzugänglichkeit (1997), 168 f.

24 Vgl. zum Nachweis *Frevel*, Aschera (1995), 406 – 422; *Merlo*, Ašratum (1998), 137 – 140.

25 Archäologische Nachweise des Kultsymbols gibt es nicht und es erscheint wenig aussichtsreich danach zu suchen. Mehr als ein problematischer Umgang mit archäologischen Daten liegt in der Aufnahme der These Y. Aharonis bei *Vriezen* (Traces [2001], 74 f.80) vor, Aschereste eines Olivenbaumes in Lachisch als Aschere zu deuten. Vgl. dazu die Kritik an dieser Deutung bei *Frevel*, Ort (1989), 39 f.

vereinfachtes Bild eines kanaanäischen Höhenkultes, der unter freiem Himmel unter Schatten spendenden Bäumen stattfand. Dieser wird als Hintergrund des israelitischen Kultes angenommen. Die Standardausstattung solcher Kulthöhen umfasst nach biblischem Zeugnis neben einem Altar, eine Aschere und eine Massebe. Mit Hinweis auf Baumkulte in Zypern und auf das in Dtn 16,21 erwähnte „einpflanzen" wurde die Aschere mit den lebenden Bäumen gleichgesetzt.[26] Dass es sich aber etwa in 1 Kön 16,33; 2 Kön 21,3 um ein gefertigtes Objekt handelt oder in Dtn 16,21 oder 2 Kön 23,4 um einen Kultgegenstand im Bereich des Jerusalemer Tempels neben dem Brandopferaltar oder in 2 Kön 13,6 für Samaria Ähnliches vorausgesetzt ist, wird dabei kaum beachtet. Erheblich verstärkt wird die Tendenz der Gleichsetzung durch die ikonographischen Beiträge, die von einer Verbindung der mittelbronzezeitlichen „Zweiggöttin" mit der Göttin Aschera sowie der noch weitergehenden Austauschbarkeit von Göttin und Baum resp. Göttin und Zweig bis in die Eisen IIC-Zeit hinein ausgehen. Der stilisierte Baum wird so zum Ascherasymbol schlechthin und ermöglicht einen Zugang zur Verbreitung des Göttinnenkultes über die so konstituierte Ascheraikonographie.[27] Noch 1998 schreibt Othmar Keel: „For the representations of Asherah, however, wood was apparently essential. The only imaginable reason to exclusively using wood (עץ) is the close relation of Asherah to the tree (עץ)".[28] Diese besondere Nähe der Aschera zu Holz bildet den Hintergrund, unter vielen anderen Stellen auch Jer 2 mit der Göttin Aschera in Verbindung zu bringen. Hindernisse des Textes werden dabei einfach aus dem Weg geräumt[29]:

(1) Die Zuordnung der Geschlechter erfolgt invertiert, nämlich nicht die männliche Seite zu dem Stein, der mit Massebe und Baal assoziiert wird, und die weibliche Seite zu dem Holz, das der Göttin Aschera zugeordnet wird, sondern genau umgekehrt. Man hat sich mit der Ausflucht beholfen, das sei halt gerade die Polemik.

(2) Dass sich אבן an keiner anderen Stelle der Gottheit Baal zuordnen ließ, weder in unpolemischen noch in polemischen Aussagekontexten, hat ebenso-

---

26 Zuletzt in vehementer Absetzung von meiner Position *Keel*, Goddesses (1998), 54. Ich kann und will die Auseinandersetzung hier nicht erneut führen. Allerdings kann ich nicht sehen, wie Keel die Fülle an Argumenten durch die Hinweise entkräften will, ich sei „fairly unsympathetic to the ancient Near East's preference for parataxis, association and ambiguity" (17) und „not concerend to make a constructive contribution to a better understanding" (17). Solche Pauschalurteile verhindern eine weiterführende Diskussion und können die sachbezogene Auseinandersetzung nicht ersetzen.

27 Vgl. dazu neben meinen kritischen Einwänden gegen das Konstrukt einer Ascheraikonographie *Merlo*, Note (1997).

28 *Keel*, Goddesses (1998), 19.

29 Vgl. zu der Argumentation *Frevel*, Aschera (1995), 355–380.

wenig gestört wie die Gleichsetzung von Holz und Baum oder die kaum zu stützende Voraussetzung, Aschera und Baal seien religionsgeschichtlich als Paar verehrt worden.

(3) Auch wurde einfach übergangen, dass sich durch die metaphorische Aufteilung der Begriffe auf zwei konkrete Gottheiten Schwierigkeiten bei der Interpretation des Parallelbelegs Jer 3,9 ergeben, wo vom Ehebruch mit Holz *und* Stein die Rede ist.

Die Inversion der Geschlechter hat ihren Grund nicht in antikanaanäischer Polemik, sondern in dem grammatischen Geschlecht der Begriffe: Holz ist meist maskulin und Stein feminin. Holz und Stein stehen vielmehr als Synonyme für „Baumaterialien" und insbesondere für die Werkstoffe von Götterbildern. Jer 2,27, das wohl nicht auf Jeremia, sondern auf dessen frühe deuteronomistische Rezeption zurückgeht, steht am Anfang einer Reihe von Stellen, die Götterbilder über ihre Materialität und dabei vor allem über die Begriffe Holz und Stein abwerten. Von konkreten Gottheiten, sei es nun Aschera oder Baal, sehen diese Stellen und wahrscheinlich auch Jer 2,27 gänzlich ab. Bedauerlicherweise ist aus der Bibel über die Funktion der Göttin Aschera so gut wie nichts zu erfahren, auch nicht aus Jer 2,27. Die Stelle spielt nicht auf Aschera an, sondern steht für die beginnende Götterbildpolemik.

Wie bei Hosea, Jesaja und den übrigen Propheten führt die Suche nach *Anspielungen* auf die Göttin Aschera auch bei Jeremia über die Assoziation von Ascherakultpfahl und Baum sowie Göttin und Baum. Zwar wurde die Konjunktur der Göttin in Gestalt von „hölzernen" Anspielungen durch ikonographische Beiträge, die eine Austauschbarkeit von Zweig und Göttin gerade in Darstellungen der fortgeschrittenen Eisenzeit behaupten, erheblich verstärkt, doch bleiben alle Versuche, in der biblischen Polemik gegen Holz und Stein sowie gegen den von Schatten spendenden Bäumen geprägten Höhenkult eine verdeckte Auseinandersetzung mit der Göttin Aschera zu sehen, ausgesprochen vage und insgesamt für die Frage der Göttinnenverehrung wenig weiterführend.

Regina Caeli – Ein Fall der Frauen?

In unmittelbarem Anschluss an den Auftrag zur Tempelrede in Jer 7 ergeht an den Propheten die Aufforderung, nicht für Juda zu beten, weil Judäer der Himmelskönigin Kuchen backen. „Die Kinder sammeln Holz, die Väter zünden das Feuer an, und die Frauen kneten Teig, um Kuchen für die Himmelskönigin zu machen und sie spenden Trankopfer für andere Götter, um mich zu erzürnen". Die Verehrung der Himmelskönigin wird in Jer 44 noch einmal thematisiert, als die nach

Ägypten ausgewanderten Judäer sich weigern, die Opfer für die Himmelskönigin einzustellen (Jer 44,16–19).

An keiner anderen Stelle im AT wird so ausführlich auf einen Kult einer fremden Gottheit Bezug genommen wie hier. Die Judäer behaupten, ihr Wohlbefinden hänge vom Kult der Himmelskönigin ab, die für Schutz und Prosperität sorgt. Der Kult besteht aus Gelübden, aus Räucheropfern und Trankopfern sowie aus gebackenen Kuchen, die die Himmelskönigin abbilden. Nun darf man sich nicht der Illusion hingeben, hier Spezifika eines Frauen- oder Göttinnenkultes vor sich zu haben. Jer 44 ist eine wohlgestaltete Komposition aus exilischer Hand, die nicht eine authentische Schilderung eines Gottesdienstes zum Ziel hat, sondern um die Wertigkeit des Wortes YHWHs ringt[30] und die Alternativen zur Zuständigkeit YHWHs am Beispiel der Himmelskönigin durchspielt. So fällt zum Beispiel auf, dass die Himmelskönigin in Jer 44 anders als in Jer 7 nur im Mund der Judäerinnen und Judäer überhaupt benannt wird: Jeremia und Gott sprechen pauschal von אלהים אחרים „anderen Göttern". Auch legt der Text großen Wert auf die Verteilung der Rollen, um so gerade nicht nur die Frauen als Subjekte dieses Kultes zu etablieren, sondern alle gesellschaftlichen Gruppen mit der Verehrung der Himmelskönigin zu verbinden. Die Libationen, das Räuchern und auch die Gelübde sind ganz normale Kulthandlungen, herausragend scheint auf den ersten Blick nur das Backen von Opferkuchen, die das Bild der Göttin tragen, wobei kultisches Backen selbst wiederum eine ganz normale Kulthandlung ist.

Ob man nun Backformen aus Mari (Abb. 1), eine sb-zeitliche Matrize vom *Tel Qarnayim* (Abb. 2), einen Stempel aus *Rāmat Rāḥēl* (Abb. 3) oder wie jüngst wieder Karel J. H. Vriezen die vielfach bezeugten „Glockenrockgöttinnen" bzw. Pfeilerfigurinen (Abb. 4)[31] zur Erklärung heranzieht, man kommt lediglich in die Nähe dessen, was in Jer 44,19 mit dem להעצבה „um sie abzubilden" gemeint sein dürfte.[32]

Sind nun die genannten Details des Kultes Hinweise auf die Authentizität der Schilderung oder ist aufgrund der Textgestaltung von einer historischen Auswertung eines wieder aufgenommenen Göttinnenkultes Abstand zu nehmen? Es scheint plausibel, dass der Text Diskussionen unter den Exulanten spiegelt, ob YHWH die Stellung gebührt, die ihm von der Jerusalemer Priesterschaft und der

---

30 Vgl. dazu die Analyse bei *Frevel*, Aschera (1995), 428–444.
31 Vgl. zum Befund *Kletter*, Pillar-Figurines (1996); *ders.*, Archaeology (2001). Kletter macht in seiner Auswertung deutlich, dass zwar eine Identifikation mit Aschera am Nächsten liegt, jedoch weder die pfeilerartige Basis von der Verbindung der Göttin mit einem Baum herrührt noch bei den Figurinen ein uranischer Aspekt der Göttin als Himmelskönigin zu erkennen ist.
32 Vgl. zu den in der Diskussion stehenden Möglichkeiten *Keel/Uehlinger*, Göttinnen (⁵2001), 386–390; *Jost*, Frauen (1995); *Vriezen*, Cakes (1996); *ders.*, Traces (2001), 69f und *Frevel*, Aschera (1995), 438–440.

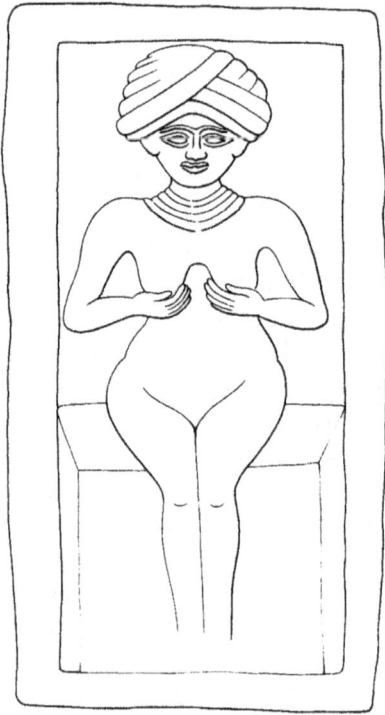

Abb. 1: Gebäckform aus Mari (18. Jh. v. Chr.)

nationalen Politik in spätvorexilischer Zeit beigemessen worden war. Nach der Zerstörung seines Tempels und dem Wegfall eines religionspolitischen Rückhaltes erscheint Widerstand gegen den Alleinverehrungsanspruch plausibel. Die zugesagte Folge des nationalen Kultes, der Schutz vor der außenpolitischen Bedrohung, war nicht eingelöst worden. Den Kult der Himmelskönigin – so suggeriert die Einrede der Frauen – hat es in Juda bereits seit Generationen gegeben und die erzwungene Unterbrechung hat in den Augen zu nichts geführt. Dies passt sich in das biblische Bild der Entwicklung der spätvorexilischen Göttinnenverehrung ein. Die „mangelfreie" Zeit, in der der Kult der Himmelskönigin blühte, spiegelt dann die Zeit Manasses, die erzwungene Unterbrechung die Kultreform Joschijas. Auch wenn sich eine solche Phasenaufteilung[33] archäologisch nicht nachweisen lässt, könnte an der Bewertung in der Tendenz etwas dran sein. Dafür sprechen die im Allgemeinen für historisch gehaltenen Nachrichten von der Aufstellung eines Kultbildes der Aschera unter Manasse (2 Kön 21,7) und dessen Entfernung in der

---

33 Vgl. *van Keulen*, Manasseh (1996).

Kultreform Joschijas (2 Kön 23,6). Diese Hinweise legen es nahe, dass auch die Verehrung der Himmelskönigin in assyrischer Zeit eine gewisse Konjunktur hatte. Wer aber war die Himmelskönigin?

Abb. 2: Spätbronzezeitliches Tonmodel vom *Tel Qarnayim*

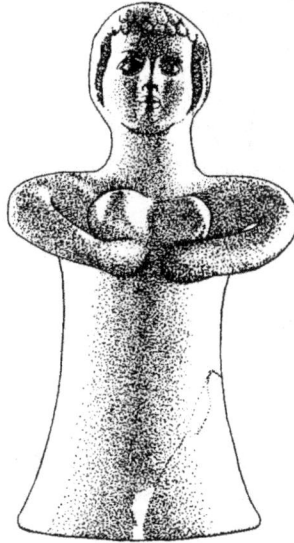

Abb. 4: Pfeilerfigurine aus Lachisch (8. Jh. v. Chr.)

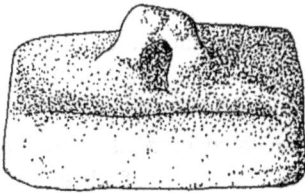

Abb. 3: Tonstempel aus *Rāmat Rāḥēl* (9./8. Jh. v. Chr.)

Abb. 5: Hebräisches Namenssiegel in assyrisch-phöni-
zischem Mischstil (8./7. Jh. v. Chr.)

Abb. 6: Importsiegel mit hebräischer
Gravur (8./7. Jh. v. Chr.)

Hier ist die Diskussion in den letzten Jahren, wenn ich recht sehe, keinen Schritt vorangekommen. Dennoch wird oft der Eindruck erweckt, die Identifikation der Himmelskönigin mit Aschera sei weit sicherer als die bildlose Verehrung YHWHs. Das Bekannte tritt hier an die Stelle des Unbekannten, die religionsgeschichtliche Plausibilität wird zum unhinterfragten Faktum erhoben. Mit welcher Sicherheit z. B. die Studie zur Himmelskönigin von *Renate Jost* davon ausgeht, dass es sich bei der Himmelskönigin um die Göttin *neben* YHWH und damit um die (religionsgeschichtlich kaum je existente) Mischgöttin Aschera-Ištar-Astarte handelt, ist beeindruckend.[34] Zusammen mit den Spekulationen, die Verehrerinnen seien im königlichen Harem in der Nähe des Tempels zu verorten oder das in Ez 8,5 erwähnte סמל הקנאה sei auf die Himmelskönigin zu beziehen, zeigt Jost eine phantasievolle, aber kaum verantwortbare Rekonstruktion.

Meines Erachtens gilt es daran festzuhalten, dass die Identität der Himmelskönigin *nicht eindeutig* geklärt werden kann. Aus den biblischen und außerbiblischen Texten legt sich Aschera nicht als Himmelskönigin nahe. Eine uranische Konnotation der Aschera jedenfalls ist dort nicht zu erkennen. Für den ikonographischen Befund gilt gleiches. Hier stütze ich mich auf O. Keel und C. Uehlinger, die zu Abb. 6 konzedieren: „Abgesehen von [einem] singulären Stück

---

34 Vgl. dazu *Jost*, Frauen (1995), 214 f. Insbesondere das Argument, die Himmelskönigin sei wegen des להעצבה mit Aschera zu identifizieren, „weil auch im Zusammenhang mit der Ascheraverehrung Bilder erwähnt werden" (ebd., 54), ist so wenig stichhaltig, dass man sich fragt, ob nicht wenigstens das die Verf.in hätte selber merken müssen. Tamar verehrt ja auch nicht die Himmelskönigin, nur weil sie für Amnon backt.

bleibt der ikonographische Befund für eine mit uranischen Zügen ausgestattete Aschera, der ihre Identifikation mit der ‚Himmelskönigin' stützen könnte, spärlich".[35] Aber das heißt nicht, dass sich vor allem eine mit der assyr. Ištar identifizierte Aschera ausschließen ließe. Natürlich kommt also Aschera als Kandidatin in Frage, doch gleichermaßen plausibel bleiben Ištar, Astarte und vielleicht auch noch weitere Göttinnen. Schließlich zeigt die Weihung des Tempels an PTGYH in Ekron, dass wir vor Überraschungen in der Götterwelt benachbarter Panthea keinesfalls sicher sind.[36]

Es kann nicht angehen, die vorhandene Vielfalt von Göttinnen und Göttinnendarstellungen einfach auf Aschera zu reduzieren und damit das Unsichere durch das Bekannte zu ersetzen. *Eine* „große Göttin" hat es jedenfalls im ersten Jahrtausend religionsgeschichtlich nicht gegeben. Durch die Engführung auf Aschera droht der spätvorexilische Polytheismus zu einem Ditheismus des einen göttlichen Paares „YHWH und seine Aschera" reduziert zu werden. Das entspricht weder dem ikonographischen noch dem epigraphischen Gesamtbefund. Ein *non liquet* hingegen hält die Frage offen und lässt neben YHWH und seiner Aschera noch Raum für andere Größen. Allerdings bedeutet das zugleich, dass der Polytheismus der spätvorexilischen Zeit potentiell wächst.

---

35 *Keel/Uehlinger*, Göttinen (⁵2001), 389. Allerdings ist die Identifikation der beiden geflügelten Gottheiten auf dem Importsiegel m.E. offen zu halten. Dass hier in „einer lokalen *interpretatio judaica* ... der judäische Besitzer die Konstellation auf Jahwe (über einem ‚Keruben', vgl. Ps 18,11) und Aschera als ‚Himmelskönigin' (über dem stilisierten Baum) (hätte) beziehen können" (ebd., 389), ist m.E. eine recht gewagte Engführung. Der stilisierte Baum dürfte auch hier als Ordnungssymbol (vgl. zum stilisierten Baum im Kontext des Königtums zuletzt *Jeremias/Hartenstein*, JHWH ([1999], 101–105) zu verstehen sein und nicht in einer identifikatorischen Beziehung zu der schreitenden geflügelten Gottheit stehen.

36 Vgl. dazu die noch nicht abgeschlossene Diskussion *Gitin/Dothan/Naveh*, Inscription (1997); *Gitin/Dothan*, Temple (1996), 181–182; *dies.*, Ekron Identity (1998), 31f; *Demsky*, Goddess (1998); *ders.*, Inscription (1998), 64f; *Görg*, Göttin (1998), 9f; *Gitin/Cogan*, Type (1999); *Schäfer-Lichtenberger*, PTGJH (1998); *dies.*, Goddess (2000). Während der Vorschlag A. Demskys, das undeutliche <g> als <n> zu lesen und so πότνια (in wenig überzeugender Doppelung zu dem *'dt!*) zu erhalten, ebenso wie die Deutung C. Schäfer-Lichtenbergers der Göttin als *Pytogaia* das Problem der fünf Jahrhunderte zurückliegenden ägäischen Verankerung haben, orientiert sich M. Görg mit dem Lesevorschlag, anstelle des <g> ein <r> zu lesen, an der kanaanäischen Götterwelt. Der Vorschlag ist m.E. paläographisch schwierig und hat zudem das Problem, dass die ugaritische Palastgöttin Pidray bisher im 1. Jt. nicht belegt ist. Aber das Problem hat auch PT[G]YH. Noch scheint keine ausreichende Klarheit über die Identität dieser „neuen" Göttin erreicht. Auch PT[G]YH hat in der Diskussion inzwischen die Zentrifugalkraft der Aschera erreicht. Es gibt allerdings keine ausreichenden Gründe, Aschera als die Identität im Hintergrund der unbekannten Göttin zu vermuten.

Als Fazit lässt sich festhalten, dass die Informationen zum judäischen Kult der Himmelskönigin trotz der erwähnten Details wenig aufschlussreich sind und die Göttin letztlich namenlos bleibt. Mit einigem Zutrauen lässt sich allerdings erkennen, dass es in Juda eine Diskussion um die Verehrung der Göttin in spätvorexilischer und exilischer Zeit gegeben hat. Diese Diskussion hatte einen monolatrischen Hintergrund.

Ein Aschera-Kult im Tor? Keine Göttin bei Ezechiel

Für Ezechiel ist zunächst einmal auffallend, dass dort deutlich weniger Stellen in die Diskussion eingebracht worden sind als beispielsweise bei Hosea oder Jeremia, obwohl Ezechiel doch als Priesterprophet gerade die Zustände am Jerusalemer Tempel recht genau kennt. Verlässliche Informationen über eine Göttinnenverehrung lassen sich gerade Ezechiel nicht entnehmen. Im Gegenteil – sein de facto Monotheismus vollzieht in den polemischen Bezeichnungen „Scheißgötzen" (גלולים) und „Scheusale" (שקוצים) die Wende zur Auseinandersetzung mit den Bildern der Götter.[37] Für eine Göttin ist bei Ezechiel schon kein Platz mehr.

Ez 8,3.5 steht immer schon in der Diskussion, dass das dort genannte סמל הקנאה ein Ascherakultbild im nördlichen Stadttor gewesen sei[38], und auch hier nimmt in jüngerer Zeit die Geneigtheit zu, dieser These zuzustimmen.[39] Sachgrund dabei ist die Wiedergabe des פסל האשרה aus 2 Kön 21,7 als פסל הסמל in 2 Chr 33,7 und die daraus abgeleitete These, das סמל הקנאה sei mit einem, wenn nicht sogar

---

37 Die Bezeichnung Baal taucht im gesamten Buch nicht auf, אלהים wird nur für den Gott Israels verwandt. Die anderen Größen werden lediglich genannt. Daneben noch „Greuel" in Ez 5,17; 11,18.21; 14,6, wobei in diesen Stellen nicht eindeutig ist, ob nicht moralisch/ethische Vergehen neben den שקוצים stehen. Dafür spricht auf jeden Fall der häufige sonstige Gebrauch von תובעה in Ezechiel oder der eindeutige Beleg Ez 18,12. Eindeutig aber sind die צלמי תועבתם in Ez 7,20 und die Bezeichnung „Nichtse" אלילים in Ez 30,13 für die Götter Ägyptens.

38 Zu den Problemen, dass nicht das *innere Tempelvorhoftor*, sondern nur das Stadttor gemeint sein kann, zuletzt *Dijkstra*, Goddess (1996), 89 f. Das Benjamintor (Jer 37,13; 38,7), für das *Jost*, Frauen (1995), 169 und *Dijkstra*, Goddess (1996), 83.89 plädieren, ist eine mögliche, aber keine zwingende Identifikation. Dass dies (wegen der Nähe) mit dem Tempel konnotiert war, zeigt vielleicht Jer 20,2.

39 Vgl. etwa aus jüngerer Zeit *Dijkstra*, Goddess (1996), 91; *Ackerman*, Tree (1992), 55–66; *Jost*, Frauen (1995), 169 f; *Hadley*, Cult (2000), 68 f und vorsichtig auch *Day*, Yahweh (2000), 62. Eine bemerkenswerte Ausnahme bildet der Kommentar von *Pohlmann* (Prophet [1996], 138 f), der sich aber mit seinen „auch sonst häufig im Alten Orient belegten löwen- oder stiergestaltige(n) Wächterfiguren" außerhalb des Standards der religionsgeschichtlichen Diskussion stellt. Außerordentlich vorsichtig sind M. Bernett und O. Keel in ihrer Besprechung der Kulteinrichtungen im Tor aufgrund der neu gefundenen Stele in Beth-Saida. Vgl. *Bernett/Keel*, Mond (1998), 77 f.

eben jenem Ascherakultbild zu identifizieren. Klassisch ist in dieser Hinsicht etwa
G. Fohrer in seinem Ezechielkommentar: „Da es Jahwes Eifersucht erregt, muss es
einer anderen Gottheit geweiht sein, so dass es vielleicht das Bild der Göttin
Aschera oder Astarte ist, das Manasse im Tempel aufgestellt hatte (2 R 21₇
2 Chr 33₇₁₅) und das nach der vorübergehenden Entfernung durch Josia (2 R 23₆)
wieder errichtet worden war. Der dazugehörige Altar könnte noch der von Ahas
aufgestellte (2 R 16₁₄) gewesen sein".[40] Klaus Koch hatte vorgeschlagen, wegen der
Nähe zu Tammus hier einen Bezug zur assyrisch-babylonischen Ištar und damit
der Himmelskönigin zu sehen, und Renate Jost ist ihm darin gefolgt.[41] Für sie ist
klar, dass es sich um das Ascherakultbild des Manasse handelt, das hier außerhalb
des Tempels wieder aufgestellt wurde, und so die joschijanische Reform unter
Jojakim unterlaufen worden war. Sie geht sogar so weit, hier einen zum Tempelkult
alternativen *Opferkult* für Aschera als Himmelskönigin zu postulieren.

    M. Dijkstra hält zwar in seinem jüngeren Aufsatz zu Ez 8 auch diese These für
denkbar, will aber Ez 8,3.5 selbst nur auf einen Kultplatz der Aschera innerhalb des
Nordtores festlegen. Dafür schlägt er aufgrund der Septuaginta-Version ἡ στήλη
τοῦ κτωμένου als Konjektur zu סמל קנית המקנה vor. Das wiederum will er auf eine
Statue der Aschera als πότνια θηρῶν, als „Herrin der Tiere" bezogen sein lassen.
Aschera sei im Stadttor als die Schöpferin aller Geschöpfe („creatress of crea-
tures") verehrt worden.[42] Die LXX übersetzt סמל hier mit στήλη, was sie sonst
häufiger für Massebe, nicht aber für אשרה benutzt, wofür meist ἄλσός steht. Die
beiden anderen biblischen Belege von סמל in 2 Chr 33,7.15 werden durch γλυπτός
wiedergegeben. Durch das κτάομαι in Ez 8,3 wird deutlich, dass das הקנאה

---

40 So *Fohrer*, Ezechiel (1955), 50 f unter Voraussetzung der auch sonst üblichen Konjektur des שער
המזבח, um הקנאה סמל מזבח[ל] und damit eine Zuordnung von Altar und Bild zu bekommen. Vgl. zu
der Konjektur auch *Dijkstra*, Goddess (1996), 91. *Jost*, Frauen (1995), 167 setzt die Konjektur in ihrer
additiven Übersetzung „im Norden des Tores stand der Altar, jenes Bild des Eifers stand im
Eingang" ohne weitere Begründung als gegeben voraus. Für den MT haben zuletzt *Bernett/Keel*,
Mond (1998), 78 optiert und dem ist zuzustimmen. Versteht man das המזבח als Zusatz, wäre
wahrscheinlich, dass das סמל redaktionell zusammen mit dem הפנימית in V. 3 zum kultischen
Zentrum hin verschoben worden wäre, um das Greuel zu verstärken (vgl. so mit W. Zimmerli *Frevel*,
Elimination [1991], 269). Mit dem Altartor wäre *dann* das Tor zum inneren Tempelvorhof, nicht aber
das nördliche Stadttor gemeint.
41 Vgl. *Koch*, Aschera (1988); *Jost*, Frauen (1995), 170. Bei der Behauptung der Identität von
Himmelskönigin und הקנאה סמל stützt sich Jost auf den Satz: „Doch spricht der eindeutige Befund,
dass es sich in beiden Fällen um Begriffe für eine Göttin handelt, dafür" (170). Ist schon dieser Satz
falsch, so auch erst recht die begründende Annahme, es sei „unwahrscheinlich, dass gleichzeitig
zwei Göttinnen in Jerusalem verehrt worden sein sollen" (170).
42 Vgl. sehr ähnlich *Lutzky*, Image (1996). Lutzky wartet in jüngerer Zeit mit noch anderen gewagten Thesen zu Aschera auf, etwa dass Bileam ein Aschera-Prophet gewesen sei. Vgl. *ders.*,
Ambivalence (1999).

möglicherweise in der LXX-Vorlage fehlte oder die LXX – was Dijkstra voraussetzt – eine Form von קנא vorgefunden hat und diese nicht mehr im Sinne der ugaritischen Mythologie als Schöpfungsterminus, sondern als merkantile Bezeichnung verstanden hat.

Wenn Ez 8,3.5 von einem Ascherakult berichtet, gäbe es ein prophetisches Zeugnis für die Fortsetzung des Ascherakultes nach der joschijanischen Reform. Nach wie vor meine ich aber daran festhalten zu müssen, dass ein Bezug zu einer Göttin in Ez 8 keinesfalls zwingend ist. Ein Zusammenhang mit Tammus (Ez 8,14) ist weder textlich noch sachlich gegeben. Ob die Greuel-Stationen, zu denen Ezechiel in immer größerer Nähe zum Hauptraum des YHWH-Tempels in Jerusalem geführt wird, überhaupt in einem Zusammenhang stehen, ist eine offene Frage.[43] Ein Zusammenhang zu den übrigen Greueln jedenfalls existiert nicht. Die problematische Textkonstitution Dijkstras hat zur Voraussetzung, dass Aschera als Muttergöttin und als Herrin der Tiere verehrt worden ist. Beides ist der ugaritischen Mythologie entlehnt und für Israel spekulativ. Nichts außer der Phantasie drängt dazu, in dem סמל ein Standbild der Herrin der Tiere zu sehen. Die von R. Jost vorausgesetzten Opfer für das סמל werden im Text nicht erwähnt. Zwar scheint ein Opferaltar auch in der Kultstätte im Tor grundsätzlich möglich[44], jedoch wird er von Ezechiel *nicht* erwähnt und kann von daher auch kaum zur Bestimmung des Skopus des Textes herangezogen werden. An eine Alternative zum Tempelkult ist bei dem Eifersuchtsbild sicher nicht gedacht. Der supponierte Zusammenhang mit der Himmelskönigin ist *nicht* gegeben und legt sich auch durch nichts wirklich nahe. Weder ist die Annahme plausibel, dass nur eine Göttin in Jerusalem verehrt worden sei, noch erst recht die, dass nur eine weibliche Gottheit YHWHs Eifersucht habe erregen können. Die Identität der in dem סמל הקנאה verehrten Gottheit darf nicht über das פסל הסמל aus 2 Chr 33,7.15 erhoben werden. Dort ist in deutlich späterer Zeit der Bildbegriff סמל an die Stelle des determinierten האשרה getreten, um die personale Dimension des polyvalenten Terminus אשרה zu eliminieren, *nicht* weil סמל in besonderer Weise mit Aschera oder ihrem Kult konnotiert gewesen wäre.[45]

---

43 M. Dijkstra hat in recht spekulativer Weise die älteren Thesen von einem kultischen Zusammenhang der einzelnen Aktionen bezogen auf das Neujahrsfest erneuert: „Ezekiel 8 most likely represents an interesting cross-section of astral-oriented rituals on the occasion of the autumnal festival ...“ (Goddess [1996], 114). Nach wie vor steht eine umfassende Behandlung der Tempelvision unter religionsgeschichtlichen Rücksichten aus.

44 Vgl. dazu die Studie von *Blomquist*, Gates (1999); *Bernett/Keel*, Mond (1998), 78; *Keel*, Goddesses (1998), 115–120.

45 Vgl. dazu bereits *Frevel*, Elimination (1991).

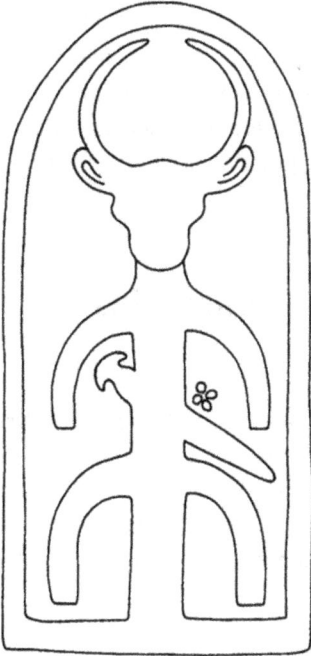

Abb. 7: 1,15 m hohe Basalt-Stele aus Bet-
Saida/*et-Tell* (Torbereich, 9./8. Jh.
v. Chr.)

Abb. 8: Mondgott von Harran (8. Jh. v. Chr.), Reliefplatte aus *Tell Aḥmar/Til Barsip*

Aufgrund der archäologischen Parallele aus Beth-Saida (Abb. 7)[46] ist wahrscheinlicher geworden, für Ez 8,3–5 von einem Kult im nördlichen Stadttor
auszugehen, der *nicht* dem Stadtgott YHWH geweiht gewesen ist und deshalb
dessen Eifersucht erregt. Nicht die Form oder Art der Darstellung löst die Eifersucht aus, sondern die darin gegebene Infragestellung des Ausschließlichkeitsanspruchs YHWHs. Damit ist gut möglich, dass סמל הקנאה eine dem Fund von
Beth-Saida vergleichbare Stele bezeichnet und kein Bezug zu einer Göttin vorliegt.[47]

Was schließt denn aus, dass auch in Jerusalem der Mondgott (von Harran?) der
Stadt und den Reisenden (wie etwa in der Reliefplatte vom *Tell Aḥmar* Abb. 8, wo

---

46 Vgl. dazu ausführlich *Bernett/Keel*, Mond (1998).
47 Vgl. *Keel*, Goddesses (1998), 119.

der Mondgott über einem Stadttor erscheint) seinen Schutz zugesagt hat?[48] Auch wenn diese Frage offen bleiben muss, bleibt als Fazit, dass über die Existenz des spätvorexilischen Göttinnenkultes aus dem Ezechielbuch nichts zu erfahren ist. Auch für den Tempel ergibt der Kontrollblick auf Ezechiel lediglich eine Negativanzeige. In den folgenden beiden Abschnitten soll nun noch der Blick auf die frühnachexilische Zeit gerichtet werden.

Pandora und das Übel aller Welt – Sacharjas Vision

Das siebte Nachtgesicht Sacharjas Sach 5,5–11 schildert den Abtransport eines Tongefäßes nach Südbabylonien sowie die vorherige Schau seines Inhalts. Darin befindet sich eine Frau, die als das personifizierte Böse (הרשעה) angesprochen wird und aus dem Gefäß zu entweichen droht, dann aber erneut eingesperrt wird und mittels zweier geflügelter Frauen entsorgt und schließlich im Land Schinnar, also in Babylonien dauerhaft untergebracht wird.

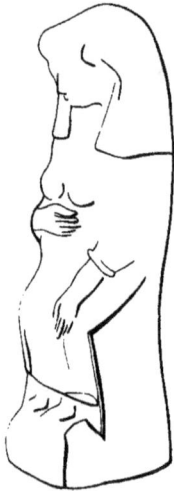

Abb. 9: Schwangere aus Achsiv (6. Jh. v. Chr.)

---

48 Vgl. zur Bedeutung des Mondgottes neben den bereits genannten Studien von O. Keel bes. die Arbeit von *Theuer*, Mondgott (2000). Zum Schutz des Mondgottes für Reisende auch *Bernett/Keel*, Mond (1998), 93 f, zur Verbindung mit Ez 8,3.5 auch *Keel*, Tempel (2001), 272.

Auf dem Höhepunkt der Göttinnendiskussion ist das Nachtgesicht erneut in die Diskussion eingebracht worden. Vor allem Christoph Uehlinger hat dabei eine Lanze für eine Verbindung mit einer Göttin gebrochen und die Frau im Efa mit *Aschera* gleichgesetzt.[49] Er sah in dem Bild die Darstellung einer sitzenden Göttin, am ehesten einem Exemplar der *dea gravida* (s. Abb. 9), die typisch vor allem für die phönizische Küstenregion der nachexilischen Zeit ist, und setzte diese mit Aschera gleich. „Wahrscheinlich meinen die (Aschera-?)Terrakotten des 7. Jh., die ‚Himmelskönigin‘ des 6. Jh. und die ‚Frau im Efa‘ letztlich ein und dieselbe Göttin".[50] Uehlinger versteht den Visionszyklus im Anschluss an K. Seybold als programmatische Stellungnahme Sacharjas zum Tempelneubau.[51] Die Abschiebung der Göttin spiegelt eine „gezielt exkludierende() Kultpolitik derjenigen Kreise, die hinter dem Jerusalemer Tempelneubauprojekt standen. Die Vision von Sach 5,5 – 11 lieferte ihnen für die Elimination der Göttin das göttlich legitimierte Programm".[52] In der Neukonzeption des Zweiten Tempels sieht Uehlinger den Grund für das Verschwinden der Göttin aus dem judäischen Kult. Das siebte Nachtgesicht steht damit symbolisch für den gesamten Göttinnenkult und dessen „Entsorgung" zur Zeit des Tempelneubaus.

Die Hinweise, die für eine solche Interpretation sprechen, sind auf den ersten Blick überzeugend: Ein Pithos von der Größe eines Efa fasst höchstens 40 Liter, so dass nicht wirklich eine ausgewachsene Frau gemeint sein kann, die in dem Fass sitzt. Damit scheint eine „einfache" Personifikation des Bösen ausgeschlossen und ein Göttinnenbild, sei es Plakette oder Statue, die naheliegendste Deutung. Den Ausschlag gibt der Bau eines Hauses in Babylon. בית meint hier für Uehlinger unzweifelhaft „Tempel", so dass „damit alle Zweifel beseitigt sind"[53]: Es handelt sich um eine Göttin. Schon A. Deissler hatte sich in seiner Kommentierung wegen V. 11 genötigt gesehen, hinter der bildlichen Rede von dem personifizierten Bösen die Göttin Ištar zu sehen.[54] Durch einen Hinweis auf Formulierungsparallelitäten zwischen Ez 8 und Sach 5 durch Johannes Schnocks ist für manche die Wahr-

49 Vgl. *Uehlinger*, Frau (1994), vgl. dazu bereits die knappen Anmerkungen bei *Frevel*, Aschera (1995), 523 f.530 (Lit!).

50 *Uehlinger*, Frau (1994), 102.

51 *Seybold*, Bildmotive (1974), 100: „Gründungs- und Legitimationsschrift für den zweiten Tempel."

52 *Uehlinger*, Frau (1994), 102.

53 *Uehlinger*, Frau (1994), 97.

54 Vgl. *Deissler*, Zwölfpropheten (1988), 283 f.

scheinlichkeit, dass es sich um die Elimination der Göttin handelt, noch gestie-
gen.[55]

Wenn die Interpretation Uehlingers richtig ist, gibt es kaum ein wichtigeres
Zeugnis für die nachexilische Diskussion um die Verehrung einer Göttin. Allerdings gestehe ich, dass ich skeptischer gegenüber dieser Deutung geworden bin
und stärkere Argumente für die traditionelle Sicht sehe, dass das als Frau personifizierte Böse den Hintergrund des Bildes darstellt. Robert Hanhart ist sich in
seinem Kommentar sogar sicher, dass „das Bildgeschehen dieses Gesichtes von
denkbaren Traditionen der Überführung und Aufrichtung eines jahwefeindlichen
Götterbildes her *nicht* erklärt werden kann":[56] Ich nenne meine wichtigsten Vor-
behalte in fünf Punkten:

(1) Das Verschließen von Unheil bringenden oder negativen Aspekten in Ge-
fäßen ist durchaus weit verbreitet. Besonders lässt die Vision die Erzählung von
der Büchse der Pandora, in die alle Übel der Menschheit verschlossen werden, als
traditionsgeschichtlichen Hintergrund assoziieren. Pandora öffnet den Deckel des
Kruges, in dem die Übel und das Leiden der Menschheit verschlossen sind, hier
wird das Böse nach der Öffnung wieder eingesperrt und entsorgt.[57]

(2) Das Lexem רשעה, mit dem die Frau identifiziert wird, ist moralisch-ethisch,
nicht religiös konnotiert. An keiner anderen Stelle wird רשעה für den Götzendienst
gebraucht. Zwar wird das Wort angelehnt an Luther häufig mit Gottlosigkeit
wiedergegeben, jedoch trifft dies nur insofern zu, als es in monotheistischer
Perspektive die Abkehr von Gott durch moralisch schlechtes Handeln zum Ausdruck bringt (vgl. Spr 11,5; 13,6). Es ist der Gegenbegriff zu צדקה, zu Gerechtigkeit.
Auch die Formulierungsparallelen zur prophetischen Sozialkritik, auf die die
jüngste Untersuchung von Holger Delkurt noch einmal eindrücklich hingewiesen

---

55 Vgl. *Schnocks*, Verbindung (1996), 59–63, der Sach 5,5–11 als „innerbiblische Antwort auf
Ez 8,1–6" sehen will, selbst aber gegenüber Versuchen kritisch ist, in dem Eifersuchtsbild von Ez 8
ein Ascherabild zu sehen. Die als Verbindungsglieder reklamierten Elemente sind allerdings durch
die form- und gattungskritischen Gemeinsamkeiten der Texte bedingt. Ein erhellendes intertextuelles Gespräch erwächst damit m. E. nicht.

56 *Hanhart*, Sacharja (1998), 360. Auch die jüngste Untersuchung zum Visionszyklus Sacharjas
von *Delkurt*, Nachtgesichte (2000) schließt die Göttinnendeutung mit guten Argumenten weitestgehend aus.

57 In der bei Hesiod in den ΕΡΓΑ ΚΑΙ ΗΜΕΡΑΙ überlieferten Erzählung öffnet Pandora den Deckel
des Kruges, in dem die Übel und das Leiden der Menschheit verschlossen sind. Dort heißt es nach
der Öffnung: „Einzig die Hoffnung verblieb im unzerbrechlichen Hause, drinnen unter den Lippen
des Kruges, und nicht aus der Öffnung flog sie heraus; sie hatte zuvor den Deckel des Kruges
zugeworfen nach Willen des Zeus des Wolkensammlers". Zwar schließt das nicht die Göttin-
neninterpretation aus, spricht jedoch eher für die *Entsorgung* des Übels.

hat, deuten darauf hin, dass es bei der רשעה *nicht* um kultische Vergehen geht.[58] Über den Kontext selbst wird eine weitere Brechung eingetragen. Die רשעה wird von zwei geflügelten Frauen getragen, die gleichermaßen Göttinnen assoziieren lassen. Ihre Flügel werden als mit „Storchenflügeln" vergleichbar ausdrücklich benannt, und Othmar Keel hat zuletzt darauf hingewiesen, dass die Assoziation zu den „Frommen" in Opposition zu den „Frevlern" näher liegt als die Konnotation des zuverlässigen Transportes.[59]

(3) Die Parallelitäten zu Ez 8 sind nicht besonders stark. Die Formulierungsgleichheiten hatte schon Wellhausen bemerkt und ebenso wie jüngst Hanhart als geprägte und damit kaum beweiskräftige Formulierungen gedeutet, zumal Sach im Sprachgebrauch deutliche Parallelen zu Ezechiel aufweist. Erst recht sollte aber nicht die eine Unsicherheit (Ez 8) die andere (Sach 5) stützen.[60] Mit aller wünschenswerten Deutlichkeit auch hier wieder Hanhart: „Die Symbolisierung dieser Schuld in der Gestalt einer Frau lässt sich auch von der ezechelienischen Tradition her nicht als Anbetung einer weiblichen Gottheit deuten".[61]

(4) Sowohl der etwas gleitende Übergang zwischen der sechsten und siebten Vision als auch die Symmetrie zwischen der zweiten und siebten Vision sprechen nicht für eine kultische Verfehlung, sondern vielmehr für die „Gottlosigkeit" als solche, die als Frau personifiziert wird. Natürlich meint die Schuld, von der in der Vision gesprochen wird und die im Efa aufgehoben wird (ונשא עון!), die Abkehr vom Gott Israels. Gemeint ist aber jegliche Abkehr, nicht speziell die Hinwendung zu einer Göttin. Es geht im Kontext der Neuerrichtung Jerusalems um die innere Reinheit der Stadt, um die Befreiung von Sünde und Schuld. Diese wird in der Entsorgungsvision geschildert.

(5) Das „Sitzen" deutet ebenso wenig auf ein Götterbild oder eine Statue wie die Größe des Efa. Während mit dem Sitzen wohl nur der „Aufenthalt" bezeichnet wird, steht das Efa für ein übliches Transportgefäß. Auch die Schriftrolle im sechsten Nachtgesicht sprengt realistische Dimensionen. Und wenn es sich in dem Bild (!) um das personifizierte Böse handelt, bedarf es überhaupt keines größeren Gefäßes, um trotzdem die Frau als anthropomorphes, lebendiges, ja menschliches

---

58 Vgl. *Delkurt*, Nachtgesichte (2000), 246–280, bes. 260–262.
59 Vgl. *Keel*, Tempel (2001), 271. Dass es zwei geflügelte Frauen sind, könnte zwar darin begründet sein, dass man sich einen zweihenkeligen Pithos vorzustellen hat, könnte aber auch die positive Überbietung der רשעה durch Verdoppelung der Trägerinnen sein.
60 Zu den Unterschieden und Gemeinsamkeiten der beiden Visionen vgl. *Schnocks*, Verbindung (1996), 62f und *Hanhart*, Sacharja (1998).
61 *Hanhart*, Sacharja (1998), 363.

Wesen vorzustellen.[62] Erst recht ist gegen die Identifikation der Frau mit der *dea gravida* Einspruch zu erheben. Nichts deutet darauf hin, dass es sich bei der Frau im Efa um eine Schwangere handeln könnte.[63] Ebenso ist die vorausgesetzte Identifikation mit Aschera rein spekulativ.

Nun ist nicht zu leugnen, dass die Frau im Pithos Assoziationen weckt und in der weiblichen Personifikation der Gottlosigkeit auch an eine Göttin denken lässt. Zumindest ist diese Assoziation – und darin ist Uehlinger Recht zu geben – nicht auszuschließen. Doch ist aus dieser vagen Nähe kaum auf einen existierenden frühnachexilischen Göttinnenkult und die Auseinandersetzung darum beim Bau des Zweiten Tempels zu schließen. Eine Göttin hat für den Zweiten Tempel anscheinend keine Rolle mehr gespielt. Was für den Bereich des nationalen Kultes und der Jerusalemer Theologie über die Texte zu erheben ist, deckt sich mit dem archäologischen Befund. Schon 1982 hatte Ephraim Stern auf die signifikante Verschiebung in der Streuung von Göttinnendarstellungen hingewiesen. Jüngst hat er sein Urteil noch einmal bekräftigt: „In the areas of the country occupied by Jews, not a single cultic figurine has been found".[64] Und O. Keel und C. Uehlinger ergänzen: Nicht nur die „Figurinen scheinen ab dem 5. Jh. auszufallen, auch die ... ägyptischen, phönizischen und griechischen Bildsiegel".[65] Daraus ist zumindest abzuleiten, dass die Göttin eine geringere Rolle spielt. Ob man wieder oder weiterhin eine Göttin neben YHWH im neu errichteten Tempel verehren soll, hat offenbar die Gemüter weniger bewegt als die moralische Integrität der Kultteilnehmer. Eine Göttin spielt in den nachexilischen Texten keine Rolle.

---

62 Vgl. jetzt auch *Delkurt*, Nachtgesichte (2000), 249: „Allerdings ist es müßig, anhand der darin sitzenden Frau die Größe des Ephas berechnen zu wollen, da sie für die Deutung im folgenden keine Rolle spielt".

63 Vgl. dazu *Frevel*, Aschera (1995), 530.

64 *Stern*, Religion (2001), 254; vgl. *Frevel*, Aschera (1995), 527; *Kletter*, Pillar-Figurines (1996), 79. Niehr will hingegen diese Veränderung lediglich im Privatkult gelten lassen: „A certain change in domestic piety is perhaps indicated by the absence of the so-called ,pillar figurines' from the 6th cent. BCE onwards. This archaeological insight ... should not be converted too quickly with Old Testament Texts denouncing other gods than YHWH" (Aspects [1999], 242). Niehr geht weiter davon aus, an die Stelle der Pillar-Figurines seien Plaketten und Darstellungen der *dea gravida* getreten (Aspects [1999], 242). Dem ist vom archäologischen Befund her sicher zu widersprechen. Dahinter ist der Versuch zu erkennen, den mit dem Exilsende und der Errichtung des Zweiten Tempels verbundenen frühnachexilischen Bruch zu minimieren (s.o.).

65 *Keel/Uehlinger*, Göttinnen ([5]2001), 450.

Midrasch und Mischehen in Maleachi

Der Kontrollblick für das zuletzt Gesagte soll auf Mal 2,11 gerichtet werden. Diese Stelle wurde eher beiläufig wieder in die Göttinnendiskussion eingebracht. Am Rande bemerkt *Eckart Otto* in seiner Theologischen Ethik zu dieser Stelle: „Mal 2,11 geht die Anklage voraus, Juda habe die Heiligkeit JHWHs entweiht, indem es sich einer weiblichen Gottheit hingibt".[66] Damit greift er eine Interpretation der Stelle auf, die den Skopus nicht im Mischehenproblem, sondern im kultischen Abfall von YHWH sieht und sich mit Namen wie G. Ahlström und F. F. Hvidberg[67] verbindet. Die „Tochter eines fremden Gottes" müsse als eine Göttin verstanden werden und in engem Zusammenhang mit dem Weinen über dem Altar gesehen werden, das in V. 13 erwähnt ist. Für F. F. Hvidberg besteht kein Zweifel, dass hier auf ein Götterpaar, eine Göttin des Anat-Astarte-Typs und einen wiederaufersteenden Adonis-Gott, angespielt wird: „It cannot be doubted that this deity is of the Anat-Astarte-type and that her lover, for whom the weeping is done is an ,Adonis' deity".[68] In der Prophetie Maleachis, die der Grundschicht nach frühestens aus dem ausgehenden 5. Jh. stammt[69], würde sich damit eine frühnachexilische Auseinandersetzung um die Göttin spiegeln. Ich lasse hier zunächst die These von Bosshard/Kratz außen vor, dass gerade die V. 10 – 12 eine Einschreibung aus dem ausgehenden 3. Jh. sind, denn damit fällt die Frage des Göttinnenbezuges per se.[70] M. E. steht die Deutung auch ohne eine redaktionsgeschichtliche Abtrennung der V. 10 – 12 auf schwachen Füßen, denn außer der thetischen Gleichsetzung, dass die Tochter eines Gottes selbst göttlich sein muss, lässt sich nicht viel für diese These ins Feld führen. Zwar taucht die zu Mal 2,11 vergleichbare Wendung הדבר נעשתה התועבה הזאת gerade in Dtn 13,15 und 17,4 auf, also in zwei klassischen deuteronomistischen Stellen für die Auseinandersetzung mit Fremdgötterkulten, doch kann *tô'ebāh* schon im Deuteronomium nicht auf den Fremdgötterkontext enggeführt werden, was erst recht außerhalb des Dtn gilt.[71] In der Göttinnen-Deutung macht V. 10b die Erwähnung des Bruders keinen Sinn und erst recht die in V. 14 erwähnte „Frau deiner Jugend", die im Fall des Fremdgötterdienstes mit signifi-

---

66 *Otto*, Ethik (1994), 57.
67 Vgl. etwa *Ahlström*, History (1993), 851 f; *Hvidberg*, Weeping (1962), 608. Die Forschung ist gut dokumentiert bei *Glazier-MacDonald*, Malachi (1987); *dies.*, Malachi (1986); *dies.*, Intermarriage (1987); vgl. ferner *Reventlow*, Propheten (1993), 145 – 150.
68 *Hvidberg*, Weeping (1962), 608.
69 Die mindestens aus dem 5. Jh. stammt, nach *Bosshard/Kratz*, Maleachi (1990) stammen 2,10 – 12 sogar erst aus dem ausgehenden 3. Jh. oder dem Beginn des 2. Jh.
70 Vgl. *Steck*, Abschluss (1991), 128.136.
71 Vgl. besonders Dtn 17,1; 24,4; 25,16; dazu *Frevel*, Aschera (1995), 645.

kantem Bruch zur sonstigen Verwendung der Ehemetapher auf YHWH bezogen sein müsste.

Dass es unzweifelhaft um die Mischehenfrage geht, macht die midraschartige Exegese von Gen 38 sehr deutlich. Es muss auffallen, dass Juda zugleich feminin wie maskulin gebraucht ist. Während die feminine Form über Ez 23 und andere Texte mit dem Fremdgötterkontext verbunden werden kann, scheint dies bei der maskulinen Form ausgeschlossen. Diese lässt sich am ehesten mit dem Erzvater Juda verbinden und dann ist man schon tief drin in der Textwelt der Erzelternerzählungen.[72] Ich paraphrasiere: Der in V. 11 genannte Bund verweist nicht – wie in der Exegese auch diskutiert wird – auf den Sinaibund, sondern auf den *Väterbund*. Juda meint also den Lea-Sohn, der durch die Heirat mit der Tochter Schuas eine Mischehe eingeht und damit treulos gegen seinen Vater Israel/Jakob handelt. Damit entweiht oder entehrt er den Heiligen YHWHs (Jer 2,3), den YHWH liebt, im Gegenteil zu Esau, den er hasst, Mal 1,3. Dass dies der Subtext von Mal 2,11 ist, macht das ועשה ער in V. 12 deutlich, das zusammen mit dem יכרת eindeutig auf Er und Onan, die beiden Söhne Judas, anspielt. Schela, der Jüngste, bleibt außen vor. Das „treulos gegen den Bruder handeln" bezieht sich so gelesen auf Onan, der sich weigerte, mit Tamar die Leviratsehe einzugehen.

Mir scheint, als sei durch diesen unverkennbar midraschartigen Bezug auf die Vätererzählungen der Bezug auf die *Mischehenfrage* eindeutig und ein Verständnis der „Tochter eines Fremden Gottes" als Göttin obsolet. Auch aus Mal 2,11 ist aus nachexilischer Zeit kein Zeugnis für eine Göttinnendiskussion zu erheben und auch hier zeigt sich, dass soziale Abgrenzungsbemühungen wichtiger gewesen zu sein scheinen als kultische Reinheit.

Auswertung

In der Forschung kommt ein beachtlicher Strauß von Prophetenstellen zusammen, die mit einer Göttin in Verbindung gebracht werden, jedoch ist der Informationswert der Stellen insgesamt gering. Von einer orthodoxen Manipulation der Überlieferung sollte man dennoch nicht reden. Das ist wenig hilfreich und kaum zutreffend.[73] Der Gesamtbefund weist eher in eine andere Richtung. Gerade die im

---

72 Vorausgesetzt ist für diese Deutung die recht plausible Annahme, dass Jerusalem in V. 11 einen Nachtrag darstellt, vgl. *Reventlow*, Propheten (1993), 148.

73 Die These einer orthodoxen Korrektur taucht immer wieder auf, selbst in ernst zu nehmender wissenschaftlicher Literatur wie z. B. bei B. Lang, der über die Herausbildung des Monotheismus schreibt: „Diese Endformen gehören in die Zeit des Frühjudentums (586 v. Chr.–70 n. Chr.) und finden sich in einer Literatur, die durch eine ‚große Überarbeitung' (E. Auerbach ...) hindurch-

Allgemeinen als historisch eingestuften Belege in den Königsbüchern, vor allem der Bericht von Maachas Amtsenthebung wegen eines מפלצת לאשרה in 1 Kön 15,13, die Aufstellung des Ascherakultbildes im Tempel durch Manasse 2 Kön 21,7 und die Entfernung desselben im Rahmen der Kultreform Joschijas 2 Kön 23,6 oder auch die Überlieferung von der Himmelskönigin sprechen gegen eine systematische Tilgung „der Göttin" aus dem Textbestand. Eine derartige Annahme flieht vor der Komplexität des Befundes in eine vereinfachende Sicht willkürlich konstruierender Geschichtsschreibung.

Ernüchtert ist man nach der bescheidenen Ernte aber selbst dann, wenn man großzügigst eine Menge Unkraut mit zum Ertrag zählt. Unter exegetischen, religionsgeschichtlichen und sozialgeschichtlichen Rücksichten kann die Bibel dem Erwartungsdruck nicht standhalten, den die Göttinnendiskussion ausgelöst hat. Das zeigt in besonderer Weise auch Renate Jost am Ende ihrer Arbeit zur Himmelskönigin an: „Der lange Zeitraum, während dessen Himmelsköniginnen verehrt wurden, läßt mich ernüchtert feststellen, dass die Verehrung von weiblichen Gottheiten keine erkennbaren Auswirkungen auf die soziale und politische Situation von Frauen hatte".[74] Ist vielleicht auch deshalb die Göttinnendiskussion wieder abgeebbt, weil ihr der Impuls von Seiten der feministischen Theologie fehlt?

Nimmt man insgesamt eine noch kritischere Haltung gegenüber Anspielungen auf die Göttinnenverehrung ein, wie ich dies tue, nimmt die Ernüchterung weiter zu. Die Hoffnung der 90er-Jahre, dass die intensive, erneuerte Suche nach Anspielungen auf die Göttin dazu führen würde, Konturen eines Göttinnenkultes in Israel oder Juda zu erheben, können als nicht erfüllt gelten. Ohne Zweifel lässt sich sagen, dass die Geneigtheit, hinter den diskutierten Anspielungen eine Göttin zu vermuten, durch die Diskussion gewachsen ist und damit an Zeiten eines freieren Umgangs mit dem Text anknüpft. Dabei ist allerdings festzuhalten, dass sich die Plausibilität der Annahmen lediglich *religionsgeschichtlich, textlich aber nicht* erhöht hat. An der textlichen Offenheit gilt es sowohl bei Hosea, Jesaja, Jeremia wie auch bei Sacharja und Maleachi festzuhalten.

Nach wie vor lässt sich keine überzeugende Erklärung für das „Ascheraschweigen" der vorexilischen Propheten vorlegen. Was hier weitestgehend ausgeblendet, aber in den Vorarbeiten bereits geklärt wurde, ist die Auffälligkeit, dass die vier Belege, in denen der Terminus אשרה in den Prophetenbüchern überhaupt auftaucht (Mi 5,13; Jes 17,8; 27,9; Jer 17,2), erstens ein objekthaftes, nicht personales

---

gegangen ist. Bei dieser wurden andere Konzeptionen des Gottesglaubens aus den Texten entfernt" (*Lang*, Gott [1995], 908).
74 *Jost*, Frauen (1995), 238.

Verständnis des Terminus zeigen, also vom sog. Kultpfahl, der „Aschere", allesamt im Plural reden und zweitens alle literarisch nachgetragen sind. Die Aschere taucht dort in stereotypen Wendungen des sog. Höhenkultes auf. Aus religionsgeschichtlicher Sicht ist der Ertrag dieser Stellen gering, aus literarhistorischer Sicht zeigt er, dass die Kritik an Ascheren zu den geprägten Formen der Kultkritik gehört. Für Hosea muss deshalb m. E. davon ausgegangen werden, dass eine Göttin für ihn kein außerordentliches Problem dargestellt hat. Aus diesem Befund ist aber nicht zu schließen, dass der Göttinnenkult zur Zeit Hoseas keine Bedeutung gehabt hat. Das wäre auch kontrafaktisch zum archäologischen, ikonographischen und epigraphischen Befund. In Fortsetzung der Linie Hoseas ist auch die vorexilische Verkündigung des Jeremiabuches einzuordnen. Auch dort ist von einer Göttinnenverehrung nicht die Rede, jedoch lässt sich nicht ausschließen, dass in der Polemik gegen Holz und Stein, die Nichtse und Baale auch Göttinnen mitgemeint sind. Eine konkrete Auseinandersetzung mit *einer* Göttin findet allerdings ebenso wenig statt wie die Absetzung von einem männlichen Pendant YHWHs.

Spätvorexilische Göttinnenverehrung, die sowohl biblisch, inschriftlich wie ikonographisch plausibel ist[75], spiegelt sich vielleicht am ehesten in den Auseinandersetzungen um die Himmelskönigin im Jeremiabuch. Zwar konzentriert sich die Fachwelt seit der Entdeckung der Inschriften aus *Kuntilet 'Aǧrūd* und *Ḥirbet el-Qōm* zunehmend auf Aschera, doch wird dabei das Unbestimmte auf das namentlich Bekannte kumuliert. Durch die Pan-Ascherisierung wird nicht nur das Unbekannte durch das Bekannte erklärt, sondern zugleich der zugestandene Polytheismus auf die noch gut überschaubare Zweiheit eines Götterpaares,

---

75 Zu den biblischen Belegen, die sicher eine personal verehrte weibliche Größe voraussetzen, gehören 1 Kön 15,13; 2 Kön 21,7; 2 Kön 23,7; Jer 7,18; 44,17–19.25; 1 Kön 11,5.33; 2 Kön 23,13. Die Plausibilität der Annahme einer Göttinnenverehrung in der Eisen-Zeit aufgrund der ikonographischen Zeugnisse ist nach den vorzüglichen Arbeiten der Fribourger Schule nicht mehr in Zweifel zu ziehen. Bezüglich der epigraphischen Evidenz ist für *Kuntilet 'Aǧrūd* und *Ḥirbet el-Qōm* noch einmal zu betonen, dass sich Göttin und Kultobjekt nicht voneinander trennen lassen. Selbst wenn man aus grammatischen Gründen zu einer Ablehnung der personalen Interpretation kommen müsste (so zuletzt mit einer Zusammenschau der Gründe *Emerton*, Yahweh [1999]), wovon ich nach wie vor nicht überzeugt bin, bleiben die Inschriften ein Zeugnis des mit dem YHWH-Kult verbundenen Ascherakultes (so auch *Emerton*). Die Frage, ob *'aśrth* grammatisch personal oder objekthaft verstanden werden muss (zu einem Neuansatz in der personalen Interpretation s. jüngst *Tropper*, Gottesname [2001], 101, der das <h> als Kasusendung deutet), ist eine wichtige, aber nicht die entscheidende in der Diskussion. Entscheidend ist vielmehr die Frage, ob tatsächlich vorstellbar ist, dass sich das Symbol von der Göttin gelöst hat und YHWH zugerechnet werden konnte. Das halte ich nach wie vor für ausgeschlossen. Die biblisch gestützte Tendenz zu einer frühen Monolatrie drängt dabei die religionsgeschichtliche Plausibilität einer Göttinnenverehrung zurück.

nämlich YHWH und Aschera, reduziert. Aber weder von den religionsgeschichtlichen noch von den ikonographischen Voraussetzungen her legt sich die Verehrung nur *einer* Göttin nahe. Es gibt noch andere Götter und Göttinnen außer YHWH und seiner Aschera! Auch wenn sich also Aschera als Kandidatin allenthalben anbietet, kann das nicht der Königsweg in der religionsgeschichtlichen Rekonstruktion sein. Plausibler als die Pan-Ascherisierung scheint mir nach wie vor die Panaschierung, d. h. das Verteilen der verfügbaren Stimmen auf mehrere Kandidatinnen, auch wenn diese nicht immer identifiziert und namentlich genannt werden können.

Erstaunlich ist, dass die Göttin in der spätvorexilischen und exilischen Verkündigung bei Ezechiel keine Rolle spielt. Seine beißende Polemik gegen Scheißgötzen und Mistgötter wertet jegliche Götter neben YHWH ab und in seinem *de facto* Monotheismus hat kein anderer Gott neben YHWH mehr Platz. In seiner Geißelung der spätvorexilischen polytheistischen Zustände am und im Jerusalemer Tempel 591 muss auffallen, dass *eine Göttin im Tempel keine Rolle* spielt. Selbst wenn man bereit wäre, das סמל הקנאה mit einer Göttin, sei es nun Aschera oder nicht, in Verbindung zu bringen, befände man sich noch deutlich außerhalb des Tempels. Hier scheint der Schluss unausweichlich, dass die Göttin neben YHWH bereits *vorher* aus dem Tempel eliminiert worden ist. Das weist auf den historischen Kern der joschijanischen Reform, in der das Kultbild der Aschera aus dem Tempel entfernt worden ist (2 Kön 23,6 f). Auch die bereits im sog. Urdeuteronomium gebotene Dissoziierung von YHWH und Aschera in Dtn 16,21 deutet darauf hin, dass die Trennung von YHWH und Aschera im offiziellen Kult bereits spätvorexilisch stattgefunden hat. Der Befund bei Ezechiel spricht *gegen* eine Restitution des Ascherakultes nach dem Tod Joschijas.

Dass außerhalb des Tempelkultes noch Göttinnen verehrt worden sind und die Frage der Verehrung einer Göttin noch nicht als ad acta gelegt zu betrachten ist, zeigt das Beispiel der Verehrung der Himmelskönigin ebenso wie die außerbiblisch bezeugte Fortexistenz von Göttinnendarstellungen oder der Befund von Elephantine. Wenn Christoph Uehlinger die spätvorexilische Zeit Joschijas bis zur Einnahme Jerusalems als eine „Achsenzeit" für die Religionsgeschichte Israels tituliert, so ist gegen den Minimalismus einer Leugnung der Umbrüche durchaus zuzustimmen. Zumindest spricht gerade der Befund in den Propheten nicht dagegen, dass die Zurückdrängung der Göttin aus dem *nationalen* Kult mit zu den Umbrüchen der „Achsenzeit" gehört. Die Elimination der Göttin aus dem judäischen nationalen Kult könnte damit mit dem religionspolitischen Phänomen des „henotheistischen" Krisenkultes zur Zeit der Bedrohung Judas durch die Neubabylonier in der Zeit Joschijas zusammenhängen.

Die Entwicklung in frühnachexilischer Zeit bleibt „dunkel" und schwer zu bewerten. Es bleibt bei der zugespitzten Formulierung: YHWH kehrt als Witwer aus dem Exil zurück. Wenn richtig ist, dass es in der Provinz Yehûd signifikant weniger Göttinnendarstellungen gegeben hat als im Umland (E. Stern), ist von einem Bruch auszugehen. Allerdings lässt sich anhand der Texte nicht zeigen, dass es innerhalb der frühnachexilischen Religionspolitik zu einer Durchsetzung des einen Gottes „von oben" gekommen ist. Jedenfalls lässt sich Sach 5,5 – 11 m. E. nicht in diesem Sinne interpretieren. Weder das siebte Nachtgesicht noch Mal 2,11 lassen erkennen, dass eine Göttin ein wesentliches Problem in der nachexilischen Auseinandersetzung um die religiöse Identität darstellte. Quasi von „hinten" wird damit die These von einer vorexilischen Verdrängung der Göttin von der Seite YHWHs bestärkt.

In meiner Dissertation habe ich versucht nachzuweisen, dass YHWH im Kontext der monotheistischen Reflexionen in der Exilszeit seine spätvorexilische Partnerin verliert und zum „Witwer" wird. Durch den Kontrollblick auf die Prophetie ist jetzt noch deutlicher geworden, dass YHWHs Ehe mit Aschera schon spätvorexilisch, wenn nicht gelöst, so doch zerrüttet worden ist. Ein Zurück gab es nach der theologischen Reflexion im Exil anscheinend nicht mehr. YHWH bleibt in nachexilischer Zeit wie zu Zeiten seines Eintretens in den Gesichtskreis Israels ein außerordentlich „erfolgreicher" Solitär. Göttinnen haben sich in Juda neben YHWH in nachexilischer Zeit nicht mehr etablieren können.

Abbildungsverzeichnis

Bibliographie

Ackerman, S., Under Every Green Tree. Popular Religion in Sixth-Century Judah (HSM 46), Atlanta 1992.

Ahlström, G. W., The History of Ancient Palestine from the Palaeolithic Period to Alexander's Conquest (JSOT.S 146), Sheffield 1993.

Becking, B. u. a (Hg.), Only One God? Monotheism in Ancient Israel and the Veneration of the Goddess Asherah (BiSe 77), Sheffield 2001.

Bernett, M./Keel, O., Mond, Stier und Kult am Stadttor. Die Stele von Betsaida (et-Tell) (OBO 161), Fribourg/Göttingen 1998.

Binger, T., Asherah. Goddesses in Ugarit, Israel and the Old Testament (JSOT.S 232 u. CIS 2), Sheffield 1997.

Blomquist, T. H., Gates and Gods. Cults in the City Gates of Iron Age Palestine. An Investigation of the Archaeological and Biblical Sources (CB.OT 46), Stockholm 1999.

Bosshard, E./Kratz, R. G., Maleachi im Zwölfprophetenbuch, in: BN 52 (1990), 27–46.

Day, J., Yahweh and the Gods and Goddesses of Canaan (JSOT.S 265), Sheffield 2000.

Deissler, A., Zwölfpropheten III. Zefanja, Haggai, Sacharja und Maleachi (NEB.AT 21), Würzburg 1988.

Delkurt, H., Sacharjas Nachtgesichte. Zur Aufnahme und Abwandlung prophetischer Tradition (BZAW 302), Berlin u. a. 2000.

Demsky, A., Discovering a Goddess. A New Look at the Ekron Inscription Identifies a Mysterious Deity, in: BAR 24 (1998), 53–58.

Ders., On the Inscription from Ekron, in: Qadmoniot 31 (1998), 64–65.

Dijkstra, M., El, the God of Israel – Israel, the People of YHWH. On the Origins of the Ancient Israelite Yahwism, in: B. Becking u. a. (Hg.), Only One God? Monotheism in Ancient Israel and the Veneration of the Goddess Asherah (BiSe 77), Sheffield 2001, 81–126.

Dijkstra, A., Yahwe, El and their Asherah. On Continuity and Discontinuity in Canaanite and Ancient Religion, in: M. Dietrich/O. Loretz (Hg.), Ugarit – Ein ostmediterranes Kulturzentrum im Alten Orient. Ergebnisse und Perspektiven der Forschung. I. Ugarit und seine altorientalische Umwelt (ALASP 7), Münster 1995, 41–73.

Ders., Goddess, Gods, Men and Women in Ezekiel 8, in: B. Becking (Hg.), On Reading Prophetic Texts. Gender-Specific and Related Studies in Memory of Fokkelien van Dijk-Hemmes (BIS 18), Leiden 1996, 83–114.

Ders., I Have Blessed You by YHWH of Samaria and his Asherah. Texts with Religious Elements from Soil Archive of Ancient Israel, in: B. Becking u. a. (Hg.), Only One God? Monotheism in Ancient Israel and the Veneration of the Goddess Asherah (BiSe 77), Sheffield 2001, 17–44.

Emerton, J. A., The Translation and Interpretation of Isaiah vi.13, in: ders., u. a. (Hg.), Interpreting the Hebrew Bible. FS E. I. J. Rosenthal (University of Cambridge Oriental Publications 32), Cambridge u. a. 1982, 85–118.

Ders., „Yahweh and His Asherah". The Goddess or Her Symbol?, in: VT 49 (1999), 315–337.

Fischer, I., Die großen Göttinnen des Alten Vorderen Orients. Anfragen einer Alttestamentlerin zum Geschlechter-Bias bei der Bewertung der Funktion von Gottheiten, in: R. Simek u. a. (Hg.), Mythological Woman. FS L. Motz, Wien 2002, 17–30.

Fohrer, G., Ezechiel (HAT 13), Tübingen 1955.

Frevel, C., „Dies ist der Ort, von dem geschrieben steht …". Zum Verhältnis von
Bibelwissenschaft und Palästinaarchäologie, in: BN 47 (1989), 35–89.

Ders., Aschera und der Ausschließlichkeitsanspruch YHWHs. Beiträge zu literarischen,
religionsgeschichtlichen und ikonographischen Aspekten der Ascheradiskussion
(BBB 94/1 u. 2), Weinheim 1995.

Ders., Die Elimination der Göttin aus dem Weltbild des Chronisten, in: ZAW 103 (1991),
263–271.

Ders., Qudschu, in: NBL 3 (2001), 225–227.

Ders., Du sollst dir kein Bildnis machen – Und wenn doch? Überlegungen zur Kultbildlosigkeit
der Religion Israels, in: B. Janowski/N. Zchomelidse (Hg.), Die Sichtbarkeit des
Unsichtbaren. Zur Korrelation von Text und Bild im Wirkungskreis der Bibel. Tübinger
Symposion (Arbeiten zur Geschichte und Wirkung der Bibel 3), Stuttgart 2003,
23–49.243–246.

Gangloff, F., „Je suis son Anar et son Aserah" (Os 14,9), in: EThL 74 (1998), 373–385.

Ders., A l'ombre des Deesses-arbres? (Os 4:12–14), in: BN 106 (2001), 13–20.

Gitin, S., Ekron Identity Confirmed, in: Archaeology 51 (1998), 30–31.

Gitin, S./Cogan, M., A New Type of Dedicatory Inscription from Ekron, in: IEJ 49 (1999),
193–202.

Gitin, S./Dothan, T., Royal Temple Inscription Found at Philistine Ekron, in: BA 59 (1996),
181–182.

Gitin, S./Dothan, T./Naveh, J., A Royal Dedicatory Inscription from Ekron, in: IEJ 47 (1997),
1–16.

Glazier-MacDonald, B., Malachi 2:12 ער וענה. Another Look, in: JBL 105 (1986), 295–298.

Dies., Malachi. The Divine Messenger (SBL Diss. 98), Atlanta 1987.

Dies., Intermarriage, Divorce, and the בת־אל נכר Insights into Mal 2,10–16, in: JBL 106 (1987),
603–611.

Görg, M., Die Göttin der Ekron-Inschrift, in: BN 93 (1998), 9–10.

Grabbe, L. L., Israel's Historical Reality after the Exile, in: B. Becking/M. Korpel (Hg.), The
Crisis of Israelite Religion. Transformation of Religious Tradition in Exilic and Post-Exilic
Times (OTS 42), Leiden u. a. 1999, 9–32.

Hadley, J. M., The Cult of Ashera in Ancient Israel and Judah. Evidence for a Hebrew Goddess
(University of Cambridge Oriental Publications 57), Cambridge 2000.

Hanhart, R., Sacharja 1–8 (BK.AT 7/1), Neukirchen-Vluyn 1998.

Hartenstein, F., Die Unzugänglichkeit Gottes im Heiligtum. Jesaja 6 und der Wohnort JHWHs in
der Jerusalemer Kulttradition (WMANT 75), Neukirchen-Vluyn 1997.

Höffken, P., Das Buch Jesaja. Kapitel 1–39 (NSK.AT 18/1), Stuttgart 1993.

Hvidberg, F. F., Weeping and Laughter in the Old Testament. A Study of Canaanite-Israelite
Religion, Leiden 1962.

Jeremias, J./Hartenstein, F., „JHWH und seine Aschera". „Offizielle Religion" und
„Volksreligion" zur Zeit der klassischen Propheten, in: B. Janowski/M. Köckert (Hg.),
Religionsgeschichte Israels. Formale und materiale Aspekte (VWGTh 15), Gütersloh 1999,
79–138.

Jost, R., Frauen, Männer und die Himmelskönigin. Exegetische Studien, Gütersloh 1995.

Kaiser, O., Das Buch des Propheten Jesaja. Kapitel 1–12 (ATD 17), Göttingen [5]1981.

Keel, O., Goddesses and Trees, New Moon and Yahweh. Ancient Near Eastern Art and the
Hebrew Bible (JSOT.S 261), Sheffield 1998.

Ders., Warum im Jerusalemer Tempel kein anthropomorphes Kultbild gestanden haben dürfte, in: G. Boehm (Hg.), Homo Pictor (Colloquium Rauricum 7), München u. a. 2001, 244–282.

Keel O./Uehlinger, C., Göttinnen, Götter und Gottessymbole. Neue Erkenntnisse zur Religionsgeschichte Kanaans und Israels aufgrund bislang unerschlossener ikonographischer Quellen (QD 134), Freiburg u. a. ⁵2001.

Kletter, R., The Judean Pillar-Figurines and the Archaeology of Asherah (BAR 636), Oxford 1996.

Ders., Between Archaeology and Theology. The Pillar Figurines from Judah and the Asherah, in: A. Mazar (Hg.), Studies in the Archaeology of the Iron Age in Israel and Jordan (JSOT.S 331), Sheffield 2001, 217–234.

Koch, K., Aschera als Himmelskönigin in Jerusalem, in: UF 20 (1988), 97–120.

Ders., Das Profetenschweigen des deuteronomistischen Geschichtswerks, in: J. Jeremias/L. Perlitt (Hg.), Die Botschaft und die Boten. FS H. W. Wolff, Neukirchen-Vluyn 1981, 115–128.

Lang, B., Gott, in: NBL 2 (1995), 904–915.

Lutzky, H. C., On the Image of „Jealousy" (Ezekiel viii 3,5), in: VT 46 (1996), 121–125.

Dies., Ambivalence Toward Balaam, in: VT 49 (1999), 421–425.

Merlo, P., Note critiche su alcune presunte iconografie della dea Asera, in: SEL 14 (1997), 43–64.

Ders., La dea Ašratum – Atiratu – Ašera. Un contributo alla storia della religione semitica del Nord, Mursia 1998.

Metzger, W., Der Horizont der Gnade in der Berufungsvision Jesajas. Kritische Bemerkungen zum masoretischen Text von Jesaja 6,13, in: ZAW 93 (1981), 281–283.

Niehr, H., Die Reform des Joschija. Methodische, historische und religionsgeschichtliche Aspekte, in: W. Groß (Hg.), Jeremia und die „deuteronomistische Bewegung" (BBB 98), Weinheim 1995, 33–55.

Ders., In Search of YHWHs Cult Statue in the First Temple, in: K. van der Toorn (Hg.), The Image and the Book. Iconic Cults, Aniconism, and the Rise of Book Religion in Israel and the Ancient Near East (CBETh 21), Leuven 1997, 73–95.

Ders., Religio-Historical Aspects of the „Early Post-Exilic" Period, in: B. Becking/M. Korpel (Hg.), The Crisis of Israelite Religion. Transformation of Religious Tradition in Exilic and Post-Exilic Times (OTS 42), Leiden u. a. 1999, 228–244.

Nutt, A., „Die lebensfördernde Macht der Göttin und ihre Vitalität" im Hintergrund von Hos 2? Ikonographische Untersuchungen, in: BN 91 (1998), 47–63.

Oestreich, B., Metaphors and Similes for YHWH in Hosea 14,2–9 (1–8). A Study of Hoseanic Pictorial Language (Friedensauer Schriftenreihe 1), Frankfurt u. a. 1998.

Otto, E., Theologische Ethik des Alten Testaments (Theologische Wissenschaft 3.2), Stuttgart 1994.

Pakkala, J., Intolerant Monolatry in the Deuteronomistic History (Schriften der Finnischen Exegetischen Gesellschaft 76), Göttingen 1999.

Pfeiffer, R. H., Zechen und Lieben. Zur Frage einer Göttin-Polemik in Hos 4,16–19, in: UF 28 (1996 [1998]), 495–511.

Pohlmann, K.-F., Der Prophet Hesekiel/Ezechiel. Kapitel 1–19 (ATD 22,1), Göttingen 1996.

Reventlow, H. Graf, Die Propheten Haggai, Sacharja und Maleachi (ATD 25,2), Göttingen 1993.

Schäfer-Lichtenberger, C., PTGJH. Göttin und Herrin von Ekron, in: BN 91 (1998), 64–76.

Dies., The Goddess of Ekron and the Religious-Cultural Background of the Philistines, in: IEJ 50 (2000), 82 – 91.

Schnocks, J., Eine intertextuelle Verbindung zwischen Ezechiels Eifersuchtsbild und Sacharjas Frau im Efa, in: BN 84 (1996), 59 – 63.

Schroer, S., Die Ikonographie Palästinas/Israels und der Alte Orient (IPIAO). Eine Religionsgeschichte in Bildern, Band 3: Die Spätbronzezeit, Fribourg 2011.

Seybold, K., Die Bildmotive in den Visionen des Propheten Sacharja, in: D. Lys (Hg.), Studies on Prophecy (VT.S 26), Leiden 1974, 92 – 110.

Steck, O.-H., Der Abschluss der Prophetie im Alten Testament. Ein Versuch zur Frage der Vorgeschichte des Kanons (BThS 17), Neukirchen-Vluyn 1991.

Stern, E., Religion in Palestine in the Assyrian and Persian Periods, in: B. Becking/M. Korpel (Hg.), The Crisis of Israelite Religion. Transformation of Religious Tradition in Exilic and Post-Exilic Times (OTS 42), Leiden u. a. 1999, 245 – 255.

Ders., Pagan Yahwism. The Folk Religion of Ancient Israel, in: BAR 27/3 (2001), 21 – 29.

Theuer, G., Der Mondgott in den Religionen Syrien-Palästinas. Unter besonderer Berücksichtigung von KTU 1.24 (OBO 173), Fribourg/Göttingen 2000.

Tropper, J., Der Gottesname *YAHWA, in: VT 51 (2001), 81 – 106.

Uehlinger, C., Die Frau im Efa (Sach 5,5 – 11). Eine Programmvision von der Abschiebung der Göttin, in: BiKi 49 (1994), 93 – 103.

Ders., Gab es eine joschijanische Kultreform? Plädoyer für ein begründetes Minimum, in: W. Groß (Hg.), Jeremia und die „deuteronomistische Bewegung" (BBB 98), Weinheim 1995, 57 – 89.

Ders., Bilderverbot, in: RGG 1 (⁴1998), 1574 – 1577.

Ders., Bilderkult, in: RGG 1 (⁴1998), 1562 – 1574.

van der Toorn, K. (Hg.), Dictionary of Deities and Demons, Leiden ²1999.

van Keulen, P. S. F., Manasseh Through the Eyes of the Deuteronomists. The Manasseh Account (2 Kings 21,1 – 18) and the Final Chapters of Deuteronomisitc History (OTS 38), Leiden u. a. 1996.

Vriezen, K. J. H., Cakes and Figurines. Related Women's Cultic Offerings in Ancient Israel?, in: B. Becking (Hg.), On Reading Prophetic Texts. Gender- Specific and Related Studies in Memory of Fokkelien van Dijk-Hemmes (BIS 18), Leiden 1996, 251 – 263.

Ders., Archaeological Traces of Cult in Ancient Israel, in: B. Becking u. a. (Hg.), Only One God? Monotheism in Ancient Israel and the Veneration of the Goddess Asherah (BiSe 77), Sheffield 2001, 45 – 80.

Wacker, M.-T., Spuren der Göttin im Hoseabuch, in: W. Dietrich/M. Klopfenstein (Hg.), Ein Gott allein? Jahweverehrung und biblischer Monotheismus im Kontext der israelitischen und altorientalischen Religionsgeschichte (OBO 139), Fribourg/Göttingen 1994, 329 – 348.

Dies., Figurationen des Weiblichen im Hosea-Buch (HBS 8), Freiburg u. a. 1996.

Dies., Göttinnenverehrung im Alten Israel, in: WUB 11 (1999), 8 – 10.

Wacker, M.-T./Zenger, E. (Hg.), Der eine Gott und die Göttin. Gottesvorstellungen des biblischen Israel im Horizont feministischer Theologie (QD 135), Freiburg u. a. 1991.

Williamson, H. G. M., Isaiah 6,13 and 1,29 – 31, in: J. van Ruiten/M. Vervenne (Hg.), Studies in the Book of Isaiah. FS W. A. M. Beuken (BEThL 132), Leuven 1997, 119 – 128.

Winter, U., Frau und Göttin. Exegetische und ikonographische Studien zum weiblichen Gottesbild im Alten Israel und in dessen Umwelt (OBO 53), Fribourg/Göttingen 1983.

Yee, Gale A., „She Is Not My Wife and I Am Not Her Husband". A Materialist Analysis of
Hosea 1–2, in: Biblical Interpretation 9 (2001), 345–383.

Wovon reden die Deuteronomisten?

Anmerkungen zu religionsgeschichtlichem Gehalt, Fiktionalität und literarischen Funktionen deuteronomistischer Kultnotizen

In den Texten des sog. deuteronomistischen Geschichtswerks (DtrG) ist viel von Kultgegenständen, Kultorten und fremden Göttern die Rede. Doch wissen die Deuteronomisten eigentlich, wovon sie reden? Dass sie übertreiben, wenn sie „auf jedem hohen Hügel und unter jedem grünen Baum" eine fremde Kultpraxis verorten, ist unbestritten in der Forschung. Dass sie trotzdem aber im Kern auf konkrete Kultpraktiken in der Königszeit abzielen, war lange Zeit in der Forschung mehr oder weniger unausgesprochener Konsens. Solange der „Deuteronomist" in Mizpa sitzt und in großer Nähe zu den Ereignissen seine „Ätiologie des Nullpunkts" verfasst, die als Kardinalfehler die mangelnde Ausschließlichkeit in der Yahweverehrung in der Richter- und Königszeit beklagt, ist das eine plausible Annahme. Doch wenn die Tradentenkreise, die hinter den Texten stehen, mehrere Generationen nach dem Untergang des Staates schreiben und keine direkte Anschauung der religiösen Praxis mehr haben, wird die Annahme eines glaubwürdigen Zeugnisses der Religionsgeschichte der Königszeit fragwürdiger. Ist die Rede von „Baal, Aschera und Himmelsheer" dann nur eine Fiktion ohne Rückhalt in der spätvorexilischen Zeit? Oder bezieht sich die Polemik letztlich auf etwas ganz anderes als das mit Worten Bezeichnete? Stehen also hinter den deuteronomistischen Kultnotizen nicht die Verhältnisse der vorexilischen Zeit, sondern nachexilische Zustände, die verschleiert angesprochen werden? Wovon reden also die Deuteronomisten? Hinter der Frage verbirgt sich ein sachliches und methodisches Problem. Wie verlässlich können Fiktion oder übertreibende Konstruktion von religionsgeschichtlichen Sachverhalten erkannt werden? Kann man überhaupt aufgrund der deuteronomistischen Texte eine Religionsgeschichte schreiben oder sind die Aussagen im Deuteronomistischen Geschichtswerk letztlich wertlos? Die angezeigte Problematik hat sich in den letzten Jahren durch eine zunehmende Spätdatierung von deuteronomistischen Texten, die den Ausschließlichkeitsanspruch YHWHs bzw. das Erste Gebot vertreten, verschärft. Daher soll es im Folgenden weniger um Lösungsangebote als um eine Problemanzeige gehen. Nach einem Blick in die Forschungslage soll nach dem Referenzrahmen deuteronomistischer Kultnotizen gefragt werden und schließlich werden in einigen methodischen Anmerkungen kritische Rückfragen an eine jüngere Tendenz der Forschung gestellt werden.

DOI 10.1515/9783110424386-019

Eine knappe Skizze der aktuellen Diskussionslage

Ich will in einem ersten Schritt versuchen, die vergangenen dreieinhalb Jahrzehnte die unter dem Stichwort Monotheismusforschung geführte Rekonstruktion der Religionsgeschichte Israels[1] sehr knapp in Grundzügen zu skizzieren und dabei je einen kurzen Seitenblick auf die Deuteronomismusforschung bzw. die Rolle der deuteronomistischen Literatur in der Debatte zu benennen. Dabei beschränke ich mich nahezu ausschließlich auf den deutschsprachigen Bereich und lege ein sehr grobes Raster an. Ich bin mir der mangelnden Differenzierung bewusst und beschreibe das, was ich subjektiv als *Mainstream* wahrnehme, um die Veränderung in der aktuellen Diskussion besonders deutlich machen zu können. Dabei kommt es nicht so sehr auf die (wenig exakte) zeitliche Periodisierung in Dekaden an, sondern vielmehr auf die darin sichtbare Linie.

(1) Die späten siebziger und achtziger Jahre waren von der Emanzipation von der Urmonotheismusdebatte dominiert.[2] Die relative Frühdatierung des Ersten Gebotes war dabei unbestritten.[3] Gravitationskraft hatten vor allem die Frühdatierung des Dekalogs und die Anciennität der frühen Rechtsüberlieferung in Bundesbuch (Ex 20,24–23,12) und Privilegrecht (Ex 34). Besonderes Gewicht erhielten in der Diskussion die von Bernhard Lang auf der Grundlage von Morton Smith lancierten Ideen zur YHWH-Allein-Bewegung.[4] Primärquellen spielten in der Diskussion nahezu keine Rolle, wenn, dann werden sie – wie etwa in der Frage der in großem Umfang historisch eingeschätzten Kultreform und ihrer archäologischen Nachweisbarkeit in Arad und Beerscheba – als Bestätigung des biblischen Befundes gewertet. Hosea und Elija sind die kaum hinterfragten Exponenten einer Frühdatierung des Ausschließlichkeitsanspruchs. Der Gegensatz Kanaan-Israel oder YHWH-Baal war erkenntnisleitend.[5] Das deuteronomistische Geschichtswerk stand fest auf der Grundlage des Ersten Gebots und war im Duktus der These

---

1 Vgl. neben anderen die Überblicke bei *Stolz,* Einführung (1996); *Köckert,* Gott (1998); *ders.,* Wandlungen (2005) und *Zenger,* Monotheismus (2003); *Becking,* God (2001) und *Oeming/Schmid,* Gott (2003).

2 Vgl. dazu den Überblick von *Stolz,* Einführung (1996).

3 Vgl. z.B. das in verschiedenen Auflagen erschienene Lehrbuch *Schmidt,* Glaube, (⁹2004).

4 Vgl. *Lang,* Wende (1980); *ders.,* Jahwe (1981); *ders.,* Probleme (1996) und jetzt erneuert *ders.,* Jahwe-allein-Bewegung (2003).

5 Vgl. z.B. *Schmidt,* Glaube (2004), 197 f mit einem Zitat W. Rölligs: „Einen vollkommenen Bruch mit dem Herkömmlichen und eine einzigartige Neuerung stellt allein die Religion des Alten Bundes der Stämme Israels dar". Der Gegensatz zwischen YHWH und Baal wird „zum religionsgeschichtlich bedeutendsten Ereignis" (ebd., 200).

Martin Noths unbestritten mehr oder weniger frühexilisch.[6] Dabei dehnte sich die Datierung aufgrund des zunehmenden Dissenses zwischen Block- und Schichtenmodell zu den Rändern hin aus. Beides hatte aber kaum Auswirkungen auf die Annahme, dass das DtrG wie auch schon das Deuteronomium den formulierten Alleinverehrungsanspruch YHWHs voraussetzten.

(2) Die späten achtziger und frühen neunziger Jahre waren vor allem durch die Entdeckung der „external evidence" bestimmt. Insbesondere angeregt durch die Funde von *Kuntilet ʿAǧrūd* und *Ḫirbet el-Qōm* wurde die Paredros-Diskussion geführt.[7] Die Religionsgeschichte Israels als Disziplin und die Debatte um das Verhältnis von „Religionsgeschichte und Theologie" brach neu auf.[8] Dabei wuchs – unterstützt durch die neuere Landnahmediskussion, die Israel zu großen Teilen im Land entstanden sein ließ – die Einsicht, dass Israels Religion sich nicht wesentlich von den westsemitischen Nachbarreligionen unterschied, sondern als „subset", als Lokalausprägung der nordwestsemitischen Religionen zu betrachten sei.[9] Der Gegensatz Israel-Kanaan begann zu bröckeln, zumindest setzte sich durch, ihn nicht als hermeneutisches Grundprinzip der Religionsgeschichte zu belassen.[10] Die Rückfragen nach den Anfängen des YHWH-Glaubens und seiner Durchsetzung nehmen stärker religions- als literargeschichtliche Gestalt an. Während sich die Einbeziehung außerbiblischer Evidenz langsam durchsetzte, verschob sich der textliche Fokus vor allem auf die Diskussion der Belege, die einen spätvorexilischen Polytheismus plausiblisieren konnten. Dabei traten die

---

6 Zum Siegeszug der These vom Deuteronomistischen Geschichtswerk vgl. die Beiträge in dem Band *Witte u. a.*, Geschichtswerke (2006); ferner *McKenzie/Graham*, History (1994), 101–127; *de Pury u.a.*, Israel (2000) sowie die Verweise auf die Fülle weiterer Literatur in *Frevel*, Geschichtswerk (2004).

7 Vgl. mit Hinweisen auf den Gang der Diskussion *Wacker/Zenger*, Gott (1991). Für den Aschera-Boom vor allem die englischsprachigen Monographien und die dort dokumentierte Literatur von *Olyan*, Ashera (1988); *Wiggins*, Reassessment (1993); *Binger*, Asherah. (1997); *Dietrich/Loretz*, Jahwe (1992); *Frevel*, Aschera (1995); *Merlot*, Asratum (1998); *Jeremias/Hartenstein*, JHWH (1999); *Hadley*, Cult (2000). Zur Einordnung in den feministisch-theologischen Diskussionsfaden jüngst mit Hinweisen zur Literatur, *Wacker*, Göttinnen (2003).

8 Vgl. die Ausläufer dieser Debatte und deren Dokumentation in: *Albertz u. a.*, Religionsgeschichte (1995).

9 Vgl. *Coogan*, Origins (1987), 115–124.115, im deutschen Sprachraum schon früh und betont in dieser Linie z.B. *Niehr*, Rise (1995) oder *Knauf*, Umwelt (1994). Sehr einflussreich im deutschsprachigen Raum wurde der Aufsatz von *Weippert*, Synkretismus (1990).

Dass damit YHWH nicht zum kanaanäischen Gott wird und es trotz aller Analogien gewichtige Unterschiede wie z.B. die Herkunft aus der Wüsten-Region südöstlich der Araba (vgl. dazu zuletzt zusammenfassend *Zenger*, Monotheismus [2003], 17–22) oder die Bildlosigkeit (vgl. *Frevel*, Bildnis [2003] sowie *Keel*, Tempel [2001]) darf allerdings dabei nicht unbeachtet bleiben.

10 Vgl. *Hillers*, Abominable (1985); *Frevel*, Aschera (1995), 558–560; *Knauf*, Mythos (2001).

Stellen des deuteronomistischen Geschichtswerkes, insbesondere die Reformberichte der Königsbücher stärker in das Interesse der Forschung. Schwankend zwischen historischer Evidenz und exilischer Rückprojektion wurden die Stellen doch als Beleg für einen langsamen Prozess der Durchsetzung des Alleinverehrungsanspruches gesehen. Die vorexilische Frühdatierung des Ersten Gebots und die Stellung des Deuteronomiums wurden dabei nicht grundsätzlich hinterfragt. Am Ende der staatlichen Epoche Israels war die YHWH-Religion weitestgehend unhinterfragt monolatrisch.

Es war das Jahrzehnt der Sammelbände.[11] Das Interesse am Monotheismus war neu erwacht. Am Abschluss dieser Phase stehen im deutschsprachigen Raum die Synthesen von Rainer Albertz und Othmar Keel und Christoph Uehlinger Anfang der 90 Jahre.[12]

(3) Die 90er-Jahre waren durch eine zunehmende Erosion bestimmt, deren Wurzeln allerdings bereits deutlich früher liegen. Ohne diese vertiefen zu können, nenne ich drei Felder, in denen geradezu mehr oder weniger ein Paradigmenwechsel stattgefunden hat.

(a) Das Wegbrechen der frühen Prophetie: Eine Frühdatierung der Auseinandersetzung zwischen Baal und YHWH, ein Plädoyer für den Ausschließlichkeitsanspruch YHWHs im 9. – 7. Jh. wird zunehmend in Frage gestellt. Galt zuvor gerade die Zeit Ahabs und das Nordreich als Angelpunkt für die Ausschließlichkeitsforderung, wird jetzt die Elijaüberlieferung spätdatiert, insb. 1 Kön 18 zählt als monotheistischer Text.[13] Es herrscht große Unsicherheit bezüglich möglicher vorexilischer Haftpunkte für das Erste Gebot. Nur wenige bleiben von diesem Druck der Spätdatierungen unbeeindruckt und halten an den traditionellen Datierungen unverändert fest. Vermeintliche Sicherheit bietet etwa noch der „Alttestamentliche Glaube" von W. H. Schmidt und seine unermüdlichen Versuche, für eine Frühdatierung des Ersten Gebots zu kämpfen.[14] Doch werden diese Versuche zunehmend als aussichtsloses Festhalten an überkommenen Theoriemodellen gebrandmarkt. Es wird still um die Frühdatierung des Ausschließlichkeitsanspruchs YHWHs.

(b) Durch die Krise des Quellenmodells brechen die alten Pentateuchquellen und mit ihnen die vormals alte Rechtsüberlieferung weg. Die Bezeichnung des

---

11 In Auswahl: *Keel*, Monotheismus (1980); *Lang*, Gott (1981); *Haag*, Gott (1985); *Wacker/Zenger*, Gott (1991) und als später Ausläufer noch *Dietrich*, Gott (1994).

12 *Albertz*, Religionsgeschichte (1992); *Keel/Uehlinger*, Göttinnen (1992).

13 Vgl. u. a. *Levin*, Erkenntnis (1992); *Ackerman*, Prayer (1997); *Blum*, Prophet (1997); *Beck*, Elia (1999); *Köckert*, Elia (2003).

14 Vgl. in Auswahl: *Schmidt*, Glaube (^{5}2004); *ders.*, Jahwe (1990); *ders.*, Gebote (1993), 39 – 59; *ders.*, Monotheismus (1996); *ders.*, Monotheismus (1997); *Denker*, Gebot (1999).

Privilegrechtes als späte „Epitome" durch Erhard Blum markiert diesen Bruch.[15] Da der Jahwist entweder spätdatiert oder insgesamt in Frage gestellt wird, kommt ihm weder im 10. noch im 8. Jh. eine monolatrische Spitzenposition zu.[16] Als Alternative avanciert bei einigen Vertretern des Quellenmodells der Jehowist unter Manasse zum zeitlich nahezu parallelen Vorreiter des Deuteronomiums.[17] In beiden spielt der Ausschließlichkeitsanspruch YHWHs eine zentrale Rolle.[18] Gerade das Deuteronomium erhält durch die Debatte um die Einflüsse des neuassyrischen Vasallitätseides besonderes Gewicht. Im antiassyrischen Impuls sei die Engführung auf YHWH als Nationalgott verwurzelt.[19] Der Untergang des NR, der Widerstand gegen die assyrischen Vasallen Manasse, das Deuteronomium und der Reformer Joschija sind die historischen Haftpunkte dieser Phase. Entsprechende Aufmerksamkeit wird gerade dem Deuteronomium zuteil, bei dem Kulteinheit und Kultreinheit als zwei Seiten derselben Medaille geführt werden.

(c) Doch auch dieser Haftpunkt gerät in den Strudel der Infragestellungen und wird vom Zusammenbruch der These von Noths Deuteronomistischen Geschichtswerk mitgerissen. Hatte das Erste Gebot die These vom DtrG als Ätiologie des Nullpunktes wesentlich bestimmt, so rutscht dieses Paradigma zunächst mit der Herabdatierung einer Vielzahl polemischer Texte den Hang herunter und taugt – bei Aufgabe eines kompositorischen Zusammenhangs des DtrG (Dtn–2 Kön) – gar nichts mehr. Die kultpolemischen Texte geraten zunehmend unter das Siglum DtrN oder spätdeuteronomistisch und werden somit mindestens spätexilisch, oft sogar nachexilisch datiert.

Erstaunlich ist in dieser Phase das Auseinandertreten von literarischem Diskurs und religionsgeschichtlicher Evidenz. Die archäologischen, ikonographischen und epigraphischen Quellen werden in Einzelstudien untersucht, spielen aber in der literargeschichtlichen Diskussion immer weniger eine Rolle. Lediglich die drei Basisannahmen – (1) YHWH hatte kurzzeitig in der Königszeit eine Paredra, (2) Israels Anfänge waren in begrenztem Maße polytheistisch und noch nicht

---

15 Vgl. *Blum*, Privilegrecht (1996) und *Blum/Köckert*, Volk (2001). Zur Diskussion vgl. *Hossfeld*, Privilegrecht (1999); *ders.*, Horeb (2005).

16 Vgl. *Gertz/Schmid/Witte*, Abschied (2002).

17 Vgl. z. B. *Zenger*, Monotheismus (2003), 38 sowie die Übersicht unter dem Stichwort „Jerusalemer Geschichtswerk" in: *ders.*, Einleitung (⁵2004).

18 Zum Dtn und seiner Rolle in der Herausbildung des Ausschließlichkeitsanspruches die beiden Brennpunkte, das *Šᵉmaʿ* in Dtn 6,4–6 und die Debatte um die Einordnung von Dtn 13. Vgl. in Auswahl: *Aurelius*, Götter (2003); *Kratz*, Israel (2005); *Otto*, Deuteronomium (1999); *Rüterswörden*, Dtn 13 (2002); *Veijola*, Wahrheit (1995); *ders.*, Bekenntnis (1992); *ders.*, Buch (2004). Für den Monotheismus und Dtn 4 zuletzt *Braulik*, Monotheismus (2004).

19 Vgl. dazu die vielfältigen Veröffentlichungen von Eckart Otto, insb. zusammenfassend *Otto*, Deuteronomium (1999), dazu *Frevel*, Rezension (2003).

streng monolatrisch und (3) die Religion Israels unterscheidet sich nicht wesentlich von den Nachbarreligionen – werden variierend perpetuiert. Eine Vernetzung zwischen literarischer Debatte und einer an externen Quellen orientierten Religionsgeschichtsschreibung findet aber *de facto* kaum statt.

(4) Die letzten fünf Jahre akzelerieren den Zusammenbruch der vormaligen Säulen der Argumentation und holen die Ernte der sich verstärkenden Spätdatierungen wesentlicher Traditionsstränge ein. Sie sind gekennzeichnet durch ein erneutes intensives Aufleben der Diskussion um das Alter des Ersten Gebots, allerdings unter vollkommen neuen Vorzeichen. Scheinbar ist die Zeit für den Paradigmenwechsel reif, der durch eine größere Anzahl von Publikationen forciert wird[20]: Die Forderung zur Alleinverehrung wird jetzt als *Rückprojektion* aufgefasst und das Erste Gebot z.T. exilisch, z.T. frühnachexilisch datiert. Dabei wird immer wieder auf die grundlegenden Arbeiten von C. Levin, E. Würthwein, H. D. Hoffmann und anderen zurückgegriffen.[21] Den religionsgeschichtlichen Notizen des Deuteronomistischen Geschichtswerks kommt als Referenz für die Religion der vorexilischen Zeit keine oder kaum eine Bedeutung mehr zu. Diese zielen vielmehr entweder auf einen inhaltlich entleerten fiktiven Referenzrahmen oder auf die frühnachexilische Zeit der Restauration und Identitätskonstitution. Die vorexilischen Propheten bzw. deren Konnex mit der Forderung nach Alleinverehrung gelten diachron bereits als „entsorgt", ebenso die Rechtsüberlieferung im Bundesbuch (Ex 22,18), die Dekaloge (Ex 20,2–6; Dtn 5,6–10) und erst recht das Privilegrecht (Ex 34,14). Elija ist nicht einmal mehr – wie noch Wellhausen formulierte – ein „Vogel, der vor dem Morgen singt"[22], sondern seine zarte Singstimme verstummt im Gekrächze nachexilischer Krähen, die sich an den Überresten des „Ersten Gebots" weiden. Das Deuteronomium als Wurzel der Monolatriebewegung und einer theologischen Durchdringung des Ausschließlichkeitsanspruchs fällt vollständig aus, da es selbst frühestens exilisch datiert wird.[23] Voraussetzung dieser Spätdatierung ist die randscharfe Trennung zwischen zugestanden früher Kulteinheit und aufgesetzt später(er) Kultreinheit.[24] Der Monotheismus ist nicht exilisches Ergebnis einer längeren und schon vorexilisch einsetzenden Entwicklung, die ihre Basis im Ausschließlichkeitsanspruch YHWHs

---

20 Vgl. *Pakkala*, Monolatry (1999); *Schmid*, Differenzierungen (2003); *Aurelius*, Götter (2003); *ders.*, Ursprung (2003); *ders.*, Zukunft (2003); *Becker*, Staatsreligion (2005), vgl. auch *Kratz*, Komposition (2000).

21 *Hoffmann*, Reform (1980); *Würthwein*, (²1985 u. 1984); *Levin*, Verheissung (1985).

22 So ein treffendes Zitat von *Wellhausen*, Geschichte (1905), 90.

23 Vgl. dazu etwa *Kratz*, Komposition (2000), 136–138; *Aurelius*, Zukunft (2003), 39–44; *Becker*, Staatsreligion (2005), 13 f.

24 Vgl. vor allem *Aurelius*, Ursprung (2003), 4; *Kratz*, Ort (2000); *ders.*, Art. Kult (2006), 32–34.

und in religionspolitischen Richtungsentscheidungen der späten Königszeit hat, sondern es ist ein plötzlicher Gast, ein – wie Becker aufgrund der kritischen Anfragen Assmanns durchaus missverständlich formuliert – *„Produkt des Judentums".*[25] Die Rolle des Deuteronomistischen Geschichtswerkes in dieser Entwicklung ist ambivalent – zum einen fallen die Texte für die Diskussion aus, weil sie unter Projektionsverdacht stehen, zum anderen bedingen sich die Argumentation zum Fremdgötterverbot und die Auflösung der einheitlichen Geschichtstypologie des DtrG gegenseitig.[26] Allerdings ist deutlich feststellbar, dass intensive Analysen einzelner Texte, vor allem der zusammenhängenden narrativen Stücke ebenso zurücktreten wie die Analyse des Formelgutes. Man diskutiert *mit der* deuteronomistischen Kultpolemik, aber nicht mehr *die* deuteronomistische Kultpolemik.

Die Stimmen dieses Konzerts sind laut, aber nicht besser begründet als das vielstimmige Orchester der Jahrzehnte zuvor. Vor allem ist auffallend, dass nur ein Auszug der Partitur vorgetragen wird. Die archäologisch-ikonographische Evidenz fehlt nahezu vollständig oder wird tendenziell marginalisiert. Die Redaktionsgeschichte hingegen hat Hochkonjunktur. In den jüngeren Ansätzen zur späten nomistischen Datierung des Fremdgötterverbotes taucht jedenfalls die außerbiblische Evidenz als kritisches Korrektiv nicht mehr auf.

Zwei Beispiele sollen das zuvor Gesagte kurz illustrieren, wobei eine detaillierte Auseinandersetzung hier unterbleiben muss. Bei beiden handelt es sich um gewichtige und weiterführende Untersuchungen zur Geschichte der Monolatrie in der israelitisch-judäischen Religion aus dem Jahr 1999. Die Monographie von Martin Beck zur Untersuchung der Elijaüberlieferung und ihres Zusammenhangs mit der Monolatrieforderung geht von einer erst nachexilischen monotheistischen Überformung der Elijaüberlieferung aus.[27] Obwohl der außerbiblischen Evidenz ein eigenes Kapitel gewidmet ist und der Befund in die Untersuchung einbezogen ist, leugnet Beck einen verbreiteten vorexilischen Polytheismus bzw. den Polytheismus als Referenzrahmen der Entwicklung des YHWH-Glaubens weitestgehend und rechnet mit einer moderaten Monolatrieforderung in YHWH-Kreisen. Es gehe methodisch nicht an, aus der Fremdgötterpolemik auf einen Synkretismus oder gar Polytheismus zu schließen: Aus der „sicher übertreibenden Prophetenpolemik (geht) nicht hervor, in welchem Umfang mit diesem ‚Abfall' oder – neutraler ausgedrückt – mit der Verehrung weiterer Gottheiten neben Jahwe zu rechnen ist".[28] Im Gegenteil „wird man sich in jahwistisch ausgerichteten Gruppen

---

25 *Becker*, Staatsreligion (2005), 14.
26 Vgl. dazu *Pakkala*, Monolatry (1999) und die Kritik bei *Frevel*, Rezension (2004).
27 *Beck*, Monolatrie (1999), vgl. zur kritischen Auseinandersetzung *Frevel*, Rezension (2003).
28 *Beck*, Elia (1999), 18.

wohl weitgehend an Jahwe allein gehalten haben. Freilich dürfte dieser Jahwe-Glaube nicht die Gestalt gehabt haben, die der theologisch reflektierten Anschauung der Schriftpropheten, der dtn/dtr. Kreise oder P entspricht ... Weiter ist mit lokal unterschiedlichen Ausprägungen des Jahwe-Glaubens zu rechnen (‚Polyjahwismus‘). Außerdem ist nicht auszuschließen, dass im volksreligiösen Kontext sich polytheistische Vorstellungen mit dem Jahwe-Glauben verbunden haben. Aber wie Lang, Weippert oder Knauf ein generelles polytheistisches Referenzsystem anzunehmen, muss als unwahrscheinlich angesehen werden. Eine – abgesehen von einer durch die Jahwe-allein-Bewegung beeinflusste Minderheit – rein polytheistische Religion ist ... für das vorexilische Israel nicht zwingend nachzuweisen".[29] Dabei wird allerdings der außerbiblische und biblische Befund marginalisiert, die Aschera-Frage als „leidig" abgetan und auf den Bereich der „Volksreligiosität" eng geführt.[30] Der ikonographische Befund beschreibt „Ausnahmen", die als „Mächte und Gewalten" nur Größen geminderter Existenz, nicht aber die Verehrung anderer göttlicher Größen bezeugen.[31] Nach Beck hat man sich in „jahwistisch ausgerichteten Gruppen wohl weitgehend an Jahwe allein gehalten", wenn es auch immerhin wenige „polytheistisch orientierte Kreise gegeben hat".[32] Dabei bemüht er sich, das Fremdgötterverbot literargeschichtlich erst nachexilisch als kontinuitätsstiftendes Moment der Elijaüberlieferung zu erweisen, gleichzeitig aber trotzdem marginale Wurzeln der Monolatrie als de facto Alleinverehrung YHWHs bei dem historischen Elija festzuhalten. Die redaktionsgeschichtlich weit gefächerte Elijaüberlieferung wird so zur „exemplarischen Entfaltung der Bedeutung des Fremdgötterverbotes".[33] Wie auch immer man zu den Ergebnissen im Einzelnen steht – und es ist positiv herauszuheben, dass Beck an vorexilischen Momenten eines Ausschließlichkeitsanspruchs festhält und die Evidenz für einen generellen Polytheismus durchaus kritisch hinterfragt –, es ist erkennbar, dass sich der Bezugsrahmen der deuteronomistischen Polemik von der vorexilischen Religion auf die exilisch-nachexilische Religion und deren Probleme verschiebt. Die Reflexionstätigkeit der Deuteronomisten – so Beck – geht „von aktuellen Gefahren und Missverständnissen" aus.[34] Welche das sind, wird nicht weiter ausgeführt, und so verläuft sich der religionsgeschichtliche Bezug der

---

29 *Beck*, Elia (1999), 29.

30 *Beck*, Monolatrie (1999), 18 f. Vgl. zu dieser Tendenz die Kritik bei *Zenger*, Monotheismus (2003), 9: „Die Verehrung von Göttinnen im biblischen Israel kann man nicht mehr wie früher als Phänomen ‚primitiver‘ Volksfrömmigkeit abtun".

31 Vgl. *Beck*, Monolatrie (1999), 27.

32 *Beck*, Monolatrie (1999), 28 f.

33 *Beck*, Monolatrie (1999), 283 f.

34 *Beck*, Monolatrie (1999), 285.

deuteronomistischen Polemik im vagen Labyrinth des exilischen Deuteronomismus.

Unterschiedlicher „Schulherkunft", aber ähnlich gelagert, in Datierungen extremer und damit deutlicher ist die Monographie von Juha Pakkala zur Frage der Intoleranz der Monolatrieforderung. Jegliche Intoleranz der YHWH-Religion, jede Auseinandersetzung mit Fremdgöttern und synkretistischer Praxis ist erst nomistisch. „Not only did the nomists demand the rejection of other gods, but several religious practices and conceptions had to go as well. They are described as abominations of other nations".[35]

Anders als etwa M. Weippert, H. Niehr oder E. A. Knauf plädiert Pakkala auch methodisch dafür, der Redaktionsgeschichte (wieder) den Vorrang gegenüber den nicht-biblischen Quellen einzuräumen. Durch eine zunehmende Bedeutung der Deuteronomisten in der Literaturgeschichte Israels nimmt entsprechend die Bedeutung der vorexilischen Zeit für die Formation der Religion Israels deutlich ab. Natürlich ist sich Pakkala dabei bewusst, dass die Annahme eines bereits in spätvorexilischer Zeit gegebenen Rückgangs eines wie auch immer gearteten Polytheismus seine These einer erst nachexilischen Datierung der Fremdgötterverehrung und ihrer Bekämpfung konterkariert. Deshalb fährt er in seinem religionsgeschichtlichen Kapitel die Evidenz für einen begrenzten Polytheismus in vorexilischer Zeit zurück und grenzt die Religion Israels von seiner Umwelt deutlicher ab: „Israel's religion was possibly more conservative than most other religions of the area"[36] oder „Israel's religion was more centred on her main God than other religions of the area".[37] Die Personennamen werden – hoch problematisch, aber aufwandsminimiert und effektiv – mit Tigay als monolatrisches Zeugnis gewertet, die Inschriften aus *Kuntilet ʿAğrūd* und *Ḫirbet el-Qōm* als regional und mehrdeutig eingestuft, und am Beispiel Ascheras wird eine Entwicklung hin zur Marginalisierung der Fremdgötterkulte im 7. Jh. v. Chr. entworfen. Die ikonographische Evidenz, die mit Hilfe von O. Keel und C. Uehlinger zusammengefasst wird, wertet Pakkala in die gleiche Richtung aus: YHWHs „dominance and sole position in Israel's religion is further substantiated".[38] Gilt das schon für die Eisen IIA-Zeit, wird für die assyrische Zeit besonders auf das *Fehlen* anthropomorpher Darstellungen abgehoben. So richtig die gezeichnete Tendenz ist, sie dient lediglich dazu, die Diskrepanz zwischen dem Bild, das die nomistischen Texte zeichnen und der archäologischen „Wirklichkeit" zu betonen. „One receives

---

35 *Pakkala*, Monolatry (1999), 219.
36 *Pakkala*, Monolatry (1999), 225.
37 *Pakkala*, Monolatry (1999), 226.
38 *Pakkala*, Monolatry (1999), 199.

the general impression, that the writers of the DH are not aware of the religious situation of pre-exilic Judah and Israel".[39] Damit ist die spätvorexilische Zeit zu einem rein fiktiven Referenzrahmen der deuteronomistischen Kultnotizen geworden. Literarischer Befund und religionsgeschichtliche Wirklichkeit sind vollständig entkoppelt. Wovon reden dann eigentlich die Deuteronomisten?

Referenzrahmen deuteronomistischer Kultnotizen

Die Skizze der Diskussionslage zeigt, dass sich sehr viel in der jüngsten Zeit verschoben hat. Das wird besonders deutlich, wenn man auf den Referenzrahmen der deuteronomistischen Kultpolemik schaut. Für diese gibt es je nach Entstehungszeit unterschiedliche Möglichkeiten des Realitätsbezuges und diese stehen in Interdependenz mit den literarhistorischen Theorien zur Entstehung des Deuteronomistischen Geschichtswerks bzw. der Texte, die Martin Noth ursprünglich dazu rechnete. Es macht verständlicherweise einen erheblichen Unterschied, ob Grundzüge der Beurteilung der Könige nach ihrer religiösen Praxis bereits in einem joschijanischen Geschichtswerk angelegt sind, einer exilischen Rückschau entstammen oder sich erst nachexilischer Reflexion verdanken. Dabei lassen sich die Koordinaten der Einordnung auf zwei Achsen anlegen: Die eine ist die diachrone Achse der Entstehungszeit, die von der Zeit Hiskijas bis in spätnachexilische Zeit reicht, die andere die des religionsgeschichtlichen Bezuges, die von vollständiger Historizität bis zu gänzlicher Fiktionalität reicht. Steht also eine konkrete Kultpraxis hinter den dtr Polemiken – und wenn ja, welche – oder sind diese rein fiktiv? Hat man einmal beide Achsen bestimmt, so lassen sich relativ leicht alle Positionen im Koordinatensystem beschreiben und mit Forschungspositionen in Deckung bringen. Einige knappe Beispiele sollen genügen: In dem Entwurf Martin Noths, der im Göttinger Schichtenmodell aufgenommen wird, ist DtrH frühexilisch entstanden und von den religiösen Verhältnissen der spätvorexilischen Zeit geprägt. „Die Gottesverehrung wird weniger unter dem Gesichtspunkt der Entfaltung ihrer verschiedenen Möglichkeiten als vielmehr unter dem der verschiedenen Möglichkeiten und *in der Geschichte wirklich gewordenen Abwege* gesehen, die einen Abfall bedeuten".[40] Sofern er nicht bereits ältere Traditionen aufnimmt, die ihren klaren Bezug in der vorstaatlichen oder staatlichen Zeit haben, hat der Deuteronomist die religiöse Praxis der Königszeit im Blick. So geht z. B. Horst Dietrich Preuß in seiner Untersuchung zur „Verspottung fremder Re-

---

39 *Pakkala*, Monolatry (1999), 212.
40 *Noth*, Studien, (³1967), 103 (Hervorhebung C. F.).

ligionen im Alten Testament" davon aus, dass Israel „kein Volk wie jedes andere ist und sein soll" und immer schon „weiß, daß bestimmte Dinge seinem Gott ein Greuel sind".[41] Wenn der Deuteronomist die religiöse Praxis kritisiert, dann gründet seine Kritik in einer vorgegebenen Ausschließlichkeit und Intoleranz, die „von Anfang an ein wesenhaftes, unableitbares und unverlierbares Merkmal echter Jahwereligion"[42] ist. Die Deuteronomisten bringen also für Noth und Preuß und nur das zur Geltung, was in den alten Rechtstexten des Dekalogs, des Bundesbuches und des Privilegrechts, den alten Erzählungen wie Ri 6,25 – 32; 17 f; 1 Sam 5,1 – 5; 1 Kön 8; 2 Kön 1 sowie bei Hosea, Jeremia und dem Deuteronomium bereits vorgeprägt ist und sie kritisieren ein Verhalten, das sich davon wegbewegt hat. Das dtr Geschichtswerk, so W. H. Schmidt, „zeigt an Hand der Vergangenheit auf, wie wenig Israel solchem Rat gefolgt ist. ... So ist das Werk eigentlich nur von der einen Frage bewegt, wieweit Israel der Ausschließlichkeit und Bildlosigkeit des Glaubens ... gerecht wurde".[43] Die kritischen Urteile im DtrG beziehen sich demnach – wenn auch zugestanden wie etwa bei den Kinderopfern oder den pauschalisierenden Urteilen „unter jedem grünen Baum" ver- oder überzeichnend – auf religionsgeschichtlich reale Sachverhalte in vorexilischer Zeit. Wird der vorausgesetzten Frühdatierung der Ausschließlichkeit YHWHs mit Skepsis begegnet, so bleibt als Anker immer noch das Deuteronomium und die joschijanische Reform, an deren Historizität festgehalten wird. „DtrH geht von dem aus, was die josian. Reform und das dt Gesetz gebracht haben; die Verbote der Verehrung fremder Götter und des Kultus an Orten außerhalb Jerusalems".[44] DtrH beschreibt aus seiner subjektiven Sicht die Religion Judas in der Königszeit. Den späteren deuteronomistischen Bearbeitungen (DtrN$_{1-N}$) geht die Augenzeugenschaft zwar zunehmend verloren, doch bleibt der Bezug auf die vorexilischen Verhältnisse grundsätzlich erhalten. Der Grad des Ahistorischen, Fiktiven allerdings nimmt damit – je weiter in die nachexilische Zeit die Deuteronomisten herabdatiert werden – zu. Bereits angesprochen wurde die Position von Juha Pakkala, für den das Fremdgötterverbot und jegliche Intoleranz erst eine Erfindung der Nomisten gewesen ist. Diese aber verzeichnen die Wirklichkeit der Vergangenheit, weil sie auf die Gefährdung der Gegenwart zielen.

A closer look at the condemned practices revealed that the issue had not been as simple as the nomists presented it. Many religious items, practices and conceptions that the nomists re-

---

41 *Preuß*, Verspottung (1972), 12.
42 *Preuß*, Verspottung (1972), 13 f.
43 *Schmidt*, Einleitung (³1985), 141.
44 *Smend*, Entstehung (⁴1989), 123.

jected as foreign had been Israelite before the Exile. The pre-exilic conceptions over many phenomena are often positive, whereas the nomists term them illegitimate and foreign.[45]

Ähnlich verorten sich Vertreter des Blockmodells, die von einer vorexilischen Entstehung eines großen Teils des DtrG ausgehen, sei es nun mit hiskijanischer oder joschijanischer Datierung. Sie sehen die deuteronomistischen Kultnotizen in einer relativen Zeitnähe zu der bezeichneten vorexilischen Königszeit entstanden und damit mit geringem Fiktionalitätsgrad. Die Polemik bezieht sich auf religionsgeschichtliche Sachverhalte in vorexilischer Zeit; sie ist antikanaanäisch oder antiassyrisch orientiert. Mit zunehmender Entfernung von den Ereignissen in den exilischen und nachexilischen Bearbeitungen nehmen der Realitätsbezug ab und die Konstruktion zu.

Alternativ wird etwa für die exilischen Bearbeitungen ein Bezug jenseits der Königszeit angenommen. So sieht Rainer Albertz in Korrektur zu der traditionellen Verortung der Bezugswelten der deuteronomistischen Texte die Verhältnisse der Exilszeit als eigentlichen Hintergrund:

> Man mag diese Einseitigkeit (scil. mit der auf die Exklusivität der YHWH-Verehrung abgehoben wird) z. T. in den Erfordernissen der exilischen Gegenwart der Dtr begründet sehen, in der der Synkretismus erneut auflebte und nach Fortfall des einenden stattlichen Bandes die religiöse Identität der Judäer durch Arrangements und Mischehen mit den umliegenden und einsickernden Volksschaften bedroht war.[46]
>
> Als Minorität in fremdreligiöser Umwelt lebend, waren die Exulanten ständig mit der Gefahr des Synkretismus konfrontiert, zumal sie sich im öffentlichen Leben kaum den babylonischen Ritualen, Götterprozessionen und Gottesvorstellungen ganz entziehen konnten.[47]

Es sind die aktuellen „Überfremdungsängste"[48], die die Deuteronomisten treiben. Trotz dieser Sorge um die exilische Gegenwart bleibt der meiste Teil der deuteronomistischen Polemik ohne konkreten Bezug. Lediglich die Auseinandersetzung mit Baal und Aschera/Astarte könnte nach Albertz auf die Verehrung eines Götterpaars in exilischer Zeit Bezug nehmen. „Ansonsten entspringt der pauschale Synkretismusvorwurf eher einer theologischen Theorie als wirklichen religionsgeschichtlichen Tatbeständen".[49] Der Bezug der dtr Kultnotizen hat sich damit verschoben. Er zielt nicht mehr auf eine Beschreibung der Vergangenheit,

---

45 *Pakkala*, Monolatry (1999), 220.
46 *Albertz*, Religionsgeschichte (1992), 402.
47 *Albertz*, Exilszeit (2001), 220.
48 *Albertz*, Exilszeit (2001), 222.
49 *Albertz*, Religionsgeschichte (1992), 404.

sondern beschreibt abgesehen von einem hohen Grad der Konstruktion und Fiktion Gefährdungen der exilischen Gegenwart der Deuteronomisten.

Ein solcher Bezugsrahmen ist schwer denkbar, wenn weite Teile der deuteronomistischen Tradition nachexilisch verortet werden. So zielt die deuteronomistische Kultpolemik etwa bei Ernst Würthwein auf die Reinheit des Zweiten Tempels:

> Hier soll nicht einfach Vergangenes geschildert werden, was ja nur sehr wenig anschaulich geschähe, sondern den ein paar Generationen nach 587 lebenden Judäern bewußt gemacht werden, daß es gilt, den für den Jahwedienst allein bestimmenden und allein legitimen Tempel in Jerusalem rein zu halten von allen heidnischen Greueln. Es soll nicht Wissen über frühere Ereignisse vermittelt, sondern zu gegenwärtigem Verhalten aufgerufen werden.[50]
>
> Zu dem Ungehorsam gegen Jahwes Gebot gehört nach einer DtrN-Schicht speziell die Hinwendung zu anderen Göttern und die Übernahme der Bräuche fremder Völker.[51]

Es handelt sich um eine literarische Fiktion, deren religionsgeschichtlicher Wert weniger als gering ist. Der konkrete Hintergrund bleibt blass:

> In dieser durch ihre Phraseologie besonders charakteristischen DtrN-Schicht ist unüberhörbar die Warnung eingeschlossen, sich nicht fremden Einflüssen, woher sie auch kommen mögen, in der Gottesverehrung (und wahrscheinlich auch darüber hinaus) zu öffnen.[52]

Welcher Art diese „fremden Einflüsse" sind, führt Würthwein nicht aus. Dass sich die deuteronomistische Kultpolemik *auf einen realen Synkretismus in nach-exilischer Zeit* bezieht, findet sich auch bei Reinhard Gregor Kratz, doch auch dort bleibt die religionsgeschichtliche Konkretion eher blass und schemenhaft:

> In der Überlieferung, auf der das Judentum basiert, wandelte sich die Religion des Alten Israel in eine Religion des Gesetzes. Sie war keineswegs für alle Teile des Judentums zur Zeit des Zweiten Tempels verpflichtend. Die harsche Kritik am Fremdgötterkult im Land, die den vorexil. Propheten seit Mose in den Mund gelegt wird und bis in nachexil. Zeit nicht verstummt, und der jüd. Tempel auf der Nilinsel Elephantine, der seit dem 7./6. Jh. bestand, im Jahre 410 v. Chr. auf Betreiben der äg. Chnum-Priester zerstört und mit Wissen der Jerusalemer Priester wieder aufgebaut wurde, sprechen für sich.[53]

Der knappe und unvollständige Blick auf die Entwicklung der Diskussion zeigt eine zunehmende Spätdatierung des Ersten Gebots und der literarischen Durch-

---

50 *Würthwein*, Bücher (²1985 u. 1984), 499.
51 *Würthwein*, Bücher (²1985 u. 1984), 500.
52 *Würthwein*, Bücher (²1985 u. 1984), 500.
53 *Kratz*, Kult (2006), 33.

setzung des Ausschließlichkeitsanspruchs YHWHs. Damit fällt die vorexilische Auseinandersetzung um kultische Installationen, fremde Götter und um die Partnerin an YHWHs Seite *de facto* aus. *External evidence* und literarische Bezüge hingegen treten immer weiter auseinander. Der in der differenzierten Berücksichtigung des außerbiblischen Befundes in den achtziger Jahren erreichte Fortschritt droht wieder verloren zu gehen. In der Spätdatierung von Fremdgötterverbot und Bezugswelt der deuteronomistischen Polemik ist insgesamt ein Dilemma zu erkennen: Für die vorexilische Zeit führt der archäologische, ikonographische und epigraphische Befund einerseits auf einen begrenzten Polytheismus (zumindest mit Baal, Aschera, El, astralen und lunaren Größen usw.) und andererseits auf eine Monolatrisierung der Religion Judas im 7. Jh. Dagegen fehlt – nach Ansicht der jüngeren und jüngsten Hypothesen – von dieser Entwicklung in der Literatur jede Spur. Gesucht wird eher nach einer kurzen, aber heftigen Auseinandersetzung um die Ausschließlichkeit YHWHs in frühnachexilischer Zeit. Dort sollen mit Bezug auf nachexilische Synkretismen und die Profilbildung der YHWH-Religion Bilderverbot und Erstes Gebot in all ihren Varianten erst entstanden sein. Gegen diese Hypothese jedoch steht der religionsgeschichtliche, literarische, archäologische, ikonographische und epigraphische Befund in der Provinz *Yehûd*. Weder sind die Himmelskönigin, Tammus, Sakkut und Kewan persische Gottheiten noch ist die Polemik gegen Astralkulte in persischer Zeit sinnvoll zu platzieren. Von Aschera fehlt bislang in nachexilischer Zeit nahezu jede Spur[54] und Sonnenwagen wie *k*emarîm Priester passen allgemein anerkannt besser in die spätvorexilische als in die nachexilische Zeit.[55] Es bleibt doch darüber hinaus unbestritten, dass Deuterojesaja, P und späte Texte des Deuteronomiums zum monotheistischen Bekenntnis gefunden haben und sie sich darin von der breiten Masse deuteronomistischer Texte unterscheiden. Auch dass die nachexilische Prophetie in Bezug auf die Durchsetzung des Ausschließlichkeitsanspruchs radikal anders gelagert ist als die „vorexilische", ist doch im Großen und Ganzen nicht in Frage zu stellen. Die Religion in nachexilischer Zeit ist in Bezug auf die Anfechtungen der Ausschließlichkeit YHWHs deutlich geringeren „Gefährdungen" ausgesetzt als die spätvorexiliche. „Throughout the Second Temple period our sources indicate an exclusive worship of Yhwh and an aniconic cult".[56]

Nach wie vor ist die Beobachtung Ephraim Sterns in der Tendenz richtig, dass in Juda die Evidenz für eine maßgebliche Beeinflussung durch die phönizisch geprägte persische, edomitische oder phönizische Religion in archäologischer wie

---

54 Vgl. dazu *Frevel*, YHWH (2003).
55 Vgl. zuletzt *Arneth*, Reform (2001).
56 *Grabbe*, Religion (2000), 219; vgl. *ders.*, History (2004).

ikonographischer Hinsicht nahezu fehlt. „Since the beginning of the Persian period, in all the territories of Judah and Samaria, there is not a single piece of evidence for any pagan cults".[57] „This totally contradicts our observation concerning the final stage of the Judean monarchy".[58]

Herbert Niehr vermutet in seiner Skizze zu den religiösen Verhältnissen der nachexilischen Zeit zwar eine Kontinuität, muss aber ebenfalls eingestehen, dass die Evidenz dafür nicht vorhanden ist:

> What can be said about the gods and goddesses venerated next to YHWH in the Second Temple? Is it a reasonable view to believe that their cult had been abolished together with the destruction of the First Temple? Certainly not! But, unfortunately, we do not have at our disposal any primary evidence tackling this subject.[59]

Zuletzt hat R. Schmitt die schmale Befundlage für Yehûd referiert und konstatiert: „Zusammenfassend kann festgestellt werden, dass sich größere perserzeitliche Deposita von Tonplastik tatsächlich nur außerhalb Jehuds fanden".[60] An fünf Orten koinzidieren sog. Yehûd-Stempel mit einer signifikant geringen Anzahl von Terrakottabruchstücken, nämlich in *Tell el-Ġazarī*/Geser, *Ḫirbet Ṣāliḥ*/*Rāmat Rā-ḥēl*, En-Gedi, *Tell en-Naṣbe*/Mizpa und *Tell es-Sulṭān*/Jericho. Daraus will Schmitt auf eine Kontinuität zur vorexilischen Kultpraxis schließen.[61] Doch reicht dafür die ausgesprochen schmale Evidenz aus oder ist es eher der (berechtigte) Widerstand gegen die Rede von einem „Bildersturm" im frühnachexilischen Juda, der zur Annahme einer Kontinuität führt?

Nimmt man die vorherigen Überlegungen zusammen, so lässt sich als Fazit festhalten: Es gibt keine bruchlose Kontinuität zwischen exilischer und nachexilischer Zeit. Ein zur Königszeit vergleichbarer Bezugsrahmen für die deuteronomistischen Fremdgöttertexte ist in der nachexilischen Zeit nicht gegeben. Der *monolatric turn* in der außerbiblischen Evidenz in der persischen Provinz Yehûd darf nicht einfach überspielt werden, sondern muss ausgewertet werden. In dem Auseinandertreten von literargeschichtlichen Hypothesen zu deuteronomistischen Texten und Textanteilen einerseits und der Religionsgeschichte der frühnachexilischen bis vorhellenistischen Zeit liegt eine erhebliche methodische Schwäche der jüngsten Diskussion.

---

57 *Stern*, Archaeology (2001), 479. Vgl. auch *ders.*, Religion (1999), 253–255: „in the area of the country occupied by Jews, not a single cultic figurine has been found!" (254). Vgl. schon *ders.*, Cult (1989). Vgl. mit demselben Ergebnis die Studie von *Kletter*, Pillar-Figurines (1996), 40.79.
58 *Stern*, Archaeology (2001), 488.
59 *Niehr*, Aspects (1999), 239.
60 *Schmitt*, Bildersturm (2003), 190.
61 Vgl. *Schmitt*, Bildersturm (2003), 192.198.

Methodische Anmerkungen

Der generelle „Nomismus" in Fremdgötterfragen, die Marginalisierung religionsgeschichtlicher Argumentationen und der *external evidence*, die methodische Vorordnung der Redaktionsgeschichte und der Rückgang der Arbeit mit Primärdaten führen zu literarischen Globalhypothesen und einer Schieflage in der Religionsgeschichte. Daher scheinen mir einige methodische Anmerkungen zur gegenwärtigen Lage notwendig. Diese sind zum Teil Selbstverständlichkeiten und vor etwa 10 Jahren intensiv diskutiert worden, haben aber offenbar nicht nachhaltig genug den kritischen Umgang mit deuteronomistischen Texten beeinflusst.

(1) Die Unterscheidung von Primär und Sekundärquellen ist richtig und sollte zum Allgemeingut gehören. Dabei kann „kein seriöser Historiker ... auf die Sekundärquellen nur deshalb verzichten, weil sie von den Primärquellen nicht ganz genau bestätigt werden".[62] Diese basale Einsicht scheint mir zunehmend wieder aus dem Blickfeld zu geraten. Das Verhältnis der beiden Evidenzen zueinander bleibt in der historischen Analyse oft ungeklärt.[63] So kann aufgrund des Fehlens archäologisch-epigraphischer Evidenz nicht auf die Nicht-Existenz geschlossen werden und erst recht nicht ein Sachverhalt literarisch für sekundär erachtet werden. Mit *argumenta e silentio* wird man keine Geschichte schreiben dürfen. Es ist ferner ungeklärt, inwieweit Texte sich mit dem durch die historischen Primärquellen Erhobenen decken müssen. Eine Freiheit in der Wahl der Formulierung, Stoßrichtung und auch historischen Treffsicherheit muss zugestanden bleiben. Die literaturwissenschaftlichen Begriffe Fiktion, Konstruktion o. ä. sind in der religionsgeschichtlichen Diskussion deshalb m. E. derzeit deutlich unterbestimmt. Daneben muss eingefordert werden, dass der ikonographische und epigraphische wie der archäologische Befund differenziert wahrgenommen und in der Diskussion berücksichtigt werden. Es kann nicht angehen, angesichts der vielfältigen polytheistischen Spuren bis in die späte Königszeit in Figurinen, Kultständern, Siegeln, Inschriften und Heiligtümern eine nahezu dominante YHWH-Monolatrie zu behaupten und dagegen für die nachexilische Zeit, wo die archäologische Referenz für einen Polytheismus nahezu ausfällt, einen florierenden Bezugspunkt der deuteronomistischen Polemik anzunehmen. Diese offensichtliche Diskrepanz zwischen literarischem und archäologischem Befund ist methodisch suspekt und defizitär. Das Ziel muss eine Konvergenz beider Ebenen sein.

---

62 *Uehlinger*, Kultreform (1995), 81.
63 Uehlinger spricht von „fragiler Indizienkombinatorik" (Kultreform [1995], 81), was zwar treffend die Unsicherheit beschreibt, aber von einer Kriteriologie ebenfalls weit entfernt ist.

(2) Die zunehmende Spätdatierung der Auseinandersetzung mit Fremdgöttern und ihren Kulten wird nahezu vollständig über den Sprachbeweis belegt. Die Datierung über den Sprachbeweis in deuteronomistischen Texten wird aber zur problematischen *petitio principii*, wenn weder die Referenzgröße dessen, was anfänglich deuteronomistisch genannt werden soll, klar umrissen ist, noch statistische Grundsätze beachtet werden. Der Sprachbeweis kann die Last einer Spätdatierung nie alleine tragen. Das wurde in den 90er-Jahren angesichts des „Pan-Deuteronomismus" intensiv diskutiert.[64] Als Beispiel nehme ich erneut Pakkalas „Intolerant Monolatry" von 1999. Aufgrund von sprachlichen Parallelen in späten Texten datiert bei Pakkala ein Text „spät". Dass dafür die statistische Basis in der Regel nicht ausreicht, wird methodisch kaum bedacht. Die Möglichkeit, dass ein geprägter Sprachgebrauch *seinen Ursprung* in dem untersuchten Text hat, kommt gar nicht in den Blick. So entsteht schnell ein Sog spät-dtr Texte, die jeden der untersuchten Texte in einem sprachlichen Strudel in Datierungstiefen ziehen. Wie zirkulär dabei die Argumentation ist, lässt sich am Beispiel des ersten Dekaloggebotes zeigen. Dort gelingt es Pakkala nicht, aufgrund später Parallelen eine spätdtr nomistische Datierung abzusichern. Also wird die Beweisführung umgekehrt:

> As seen in the other analyses, passages which use the vocabulary or otherwise depend on the first commandment may be regarded as nomistic or later. If the first commandment had been inserted into Dt much earlier than the nomists, one would expect some pre-nomistic passages, at least in Dt, to refer to it. This not being the case, one may suspect that the first commandment and thus the whole Decalogue is a late comer to Dt.[65]

Weil das Erste Gebot im Deuteronomium nicht zitiert wird oder dessen Phraseologie kaum aufgenommen wird, muss es einem äußeren Wachstumsring des Deuteronomiums zugewiesen werden. „The phraseology suggest that the first commandment derives from the nomists".[66] Dass dieser Schluss methodisch nicht gedeckt und sicher nicht mit der dtr Phraseologie zu begründen ist, bedarf hingegen kaum eines Nachweises. Die *vice versa* Formulierung macht deutlich, dass es um das argumentative Abwägen geht und sich eine Sicherheit mit den uns zur Verfügung stehenden methodischen Mitteln und Quellen kaum erreichen lässt. Das bedeutet umso mehr, dass die Argumente und Kriterien offengelegt werden müssen.

---

64 Vgl. z. B. *Lohfink*, Studien (1995); *Groß*, Jeremia (1995); *Deck*, Wortstatistik (1991); *Forbes*, Tutorial (1992), vgl. auch *Schearing/McKenzie*, Deuteronomists (1999), 67–82.
65 *Pakkala*, Monolatry (1999), 66.
66 *Pakkala*, Monolatry (1999), 71.

(3) Die dritte methodische Bemerkung ist noch selbstverständlicher: Aus einer Spätdatierung eines Textes ergibt sich nicht zwingend die Ahistorizität des in ihm Erzählten – verständlicherweise nicht für die Zeit, in der erzählt wird, aber auch nicht für die Zeit, *von* der erzählt wird. So mag es sein, dass die Erwähnung von Astralkulten spät ist, jedoch ihre Existenz im 8./7. Jh. wahrscheinlich. Umgekehrt ergibt sich aus der erwiesenen oder vermuteten Ahistorizität nicht zwingend die Spätdatierung. Aus der Ahistorizität der Vernichtung der Baalspropheten unter Jehu in 2 Kön 10 ergibt sich nicht, dass die Erzählung frühnachexilisch sein muss. Das führt zu der Frage, was denn die Kriterien für die Historizität einer religionsgeschichtlichen Notiz sein können. Methodisch fehlen der Exegese ausreichend sichere Kriterien für die Bestimmung des Grads der Fiktionalität in historischen Texten. Dieses Dilemma lässt sich nicht schnell lösen, sondern bedürfte einer eingehenderen Beschäftigung. Vorläufig und unvollständig lassen sich m. E. grob drei benennen, die für eine Tendenzentscheidung ausreichen sollten: Ein Plausibilitätskriterium, ein Differenzkriterium und ein Konvergenzkriterium.

(a) Zunächst einmal muss eine historische Plausibilität gegeben sein. So hat z. B. die Zerstörung des Baalsaltars in der Richterzeit (Ri 6,25 – 30) aufgrund der historischen Rahmendaten weit weniger Plausibilität als die Entfernung von Sonnenwagen im Jerusalemer Tempel (2 Kön 23,11). Ebenfalls ist die Anweisung zur militanten Exstirpation von Kultobjekten (Ex 34,13; Dtn 7,5; 12,3; 2 Kön 23,14) als real gemeinte und, auf welche Fremdvölker im Lande auch immer gerichtet, kaum historisch plausibel und mit dem innenpolitischen Verhalten Israels kompatibel, sondern hat viel eher literarischen Wert. Dagegen ist die Rückführung einer Maßnahme des assurfreundlichen Manasse unter Joschija im Tempel Jerusalems (2 Kön 21,7 // 2 Kön 23,6) religionsgeschichtlich plausibler. Ein anderes Beispiel für das *Plausibilitätskriterium* ist 2 Kön 18,4 – eine Stelle, der in jüngster Zeit späte deuteronomistische Bearbeitung unterstellt wird.[67] Dort wird vorausgesetzt, dass dem Nechuschtan genannten Kultobjekt durchgehend Opfer gebracht wurden, weshalb es jetzt – in einem Atemzug mit Höhen, Masseben und Ascheren – genannt und entfernt werden konnte. Mose wird durch die Entfernung des „altehrwürdigen" Gegenstandes zweifellos diskreditiert, zumal er als Initiator des Nechuschtan (Num 21,7) mit keinem Wort entschuldigt wird. Es ist m. E. wenig plausibel, denselben nomistischen Deuteronomisten eine enge Bindung an die Tora des Mose zu unterstellen und ihnen gleichzeitig die in der Beseitigung Nechuschtan 2 Kön 18,4 gegebene Kritik an Mose zuzuschreiben. Damit ist zwar ein früh- oder gar vordtr Kontext der Stelle keinesfalls erwiesen, jedoch durchaus plausibler als die Gleichzeitigkeit mit Stellen, denen die mosaische Autorität

---

67 Vgl. z. B. *Pakkala*, Monolatry (1999), 167 f; *Achenbach*, Vollendung (2003), 350.

alles bedeutet. Ein letztes Beispiel für das Plausilibilitätskriterium soll 2 Kön 23,7 darstellen. Der Hinweis auf die Umgestaltung der Räumlichkeiten, die *vor Joschija* dem Ascherakult zugewiesen worden sind, spiegelt, was auch immer konkret hinter der Maßnahme stehen mag, ein Zurückdrängen des Ascherakultes.[68] Diese konkrete Maßnahme ist – angesichts des Fehlens der Evidenz für einen Ascherakult in frühnachexilischer Zeit und der nicht mehr gegebenen ökonomischen Hintergründe einer Tempelwirtschaft – als Fiktion oder Konstruktion deutlich weniger plausibel.

(b) Das *Differenzkriterium* bezieht sich auf die literarische Ebene. Die Stellen, die in hohem Maße pauschal, undifferenziert und formalisiert sind, dürften als solche kaum einen historischen Sachverhalt kennzeichnen. „Die Israeliten taten, was dem Herrn missfiel, und dienten den Baalen" (Ri 2,13, vgl. 3,7) oder „Sie errichteten Masseben und Ascheren auf jedem hohen Hügel und unter jedem grünen Baum" (2 Kön 17,10) machen so pauschale Angaben, dass dahinter allerhöchstens ein Reflex auf eine kultische Praxis stehen könnte. So wird man sich aus literarischer Sicht zunächst auf die Stellen konzentrieren, die sich von den standardisierten Vorwürfen des Fremdgötterdienstes abheben. Hier wäre umgekehrt der plausible Nachweis der Fiktionalität erforderlich, um diesen Stellen die Historizität abzusprechen.

(c) Am wichtigsten erscheint mir das *Konvergenzkriterium*. Nur das kann sinnvoll als historisch beansprucht werden, was dem außerbiblischen Befund aus Religionsgeschichte, Archäologie, Ikonographie und Epigraphie nicht widerspricht. Grundsätzlich sind die Sachverhalte als historisch plausibler anzusehen, die dem Befund der Primärquellen konvergieren. Berücksichtigt man z. B. die Astralsymbolik in der Ikonographie, dann ist der Bezug der Rede vom Himmelsheer für das 8./7. Jh. deutlich plausibler als für das 5./4. Jh., wo in der Glyptik Judas keine astrale Symbolik mehr nachzuweisen ist. Für das 6. Jh. und erst recht für das folgende 5. Jh. ist ein deutliches Zurücktreten der Astralsymbolik in der Glyptik festzustellen. Zwar gibt es nach Keel/Uehlinger „unter Leuten, die vermutlich in direktem Kontakt mit der babylonischen Administration standen oder selbst dazu gehörten eine gewisse Permanenz astralkultischer Vorstellungen in der frühen EZ III"[69], doch fällt auf, dass bisher aus dem judäischen Kernland Siegel mit Astralsymbolik fehlen.[70] Das mag nun mit der Fundsituation begründet

---

68 Vgl. dazu ausführlich *Frevel*, Aschera (1995), 680–699.

69 *Keel/Uehlinger*, Göttinnen (1992), 432 (Satz umgestellt).

70 Eindeutige Sonnensymbolik findet sich nur auf wenigen Siegeln, GGG 382 (rudimentär mit einer Sonnenscheibe über einem Löwen (?) und einem aramäisch beschrifteten Königsstempel GGG 383 aus En Gedi, wo ein solarer Himmelsgott durch die geflügelte Sonnenscheibe repräsentiert wird.

werden. Dagegen hat Christoph Uehlinger m. E. zu Recht auf die Referenzkorpora der Bullae aus dem Anfang des 6. Jh. aus Juda verwiesen, wo Astralsymbolik fehlt.[71]

Wie auch immer man diesen Befund bewertet – und ich neige nicht dazu, ihn als *Folge* der *Reformmaßnahmen Joschijas* zu deuten – fehlt doch der Annahme, die deuteronomistischen Kultnotizen bezögen sich auf Synkretismen der Exilszeit und der nachexilischen Zeit die materielle Basis. Wenn auch kein ursächlicher Zusammenhang dieses Befundes mit der Kultreform Joschijas gegeben ist, so muss doch in Betracht gezogen werden, dass es eine auffallende Konvergenz zu einigen der Maßnahmen Joschijas gibt, die eine Kultreform in spätvorexilischer Zeit plausiblisieren, weil ihr ein späterer Haftpunkt fehlt. Das betrifft vor allem V. 11, die Entfernung der Sonnenwagen aus dem Außenbereich des Tempels. Die Formulierungen sind ungewöhnlich und entsprechen nicht deuteronomistischer Konvention.[72] Die Sonnenwagen des Schamasch im Tempel von Jerusalem machen nur im 7. Jh. einen Sinn, wie zuletzt M. Arneth mit Bezug auf C. Uehlinger noch einmal bestätigt hat.[73] Es ist daher vollkommen unplausibel, die Referenz eines solchen Textes in exilischer oder nachexilischer Zeit zu postulieren und es wird schwer, ihn als Fiktion in nachexilischer Zeit zu kennzeichnen.[74] Das zumindest müsste mit guten Gründen abgesichert werden und die sehe ich bisher nicht. Der Verweis auf die formelhafte Rede in Dtn 4,19 oder 17,3, die sicher nicht vorexilisch sind, sondern in fortgeschrittenen Stadien der Deuteronomismusentwicklung entstanden sind, macht die nachexilische Zeit als Hintergrund für die Auseinandersetzung mit Astralkulten und ihren Elementen nicht wesentlich plausibler, wenn der ikonographische Befund auf die spätvorexilische Zeit weist.

---

71 Vgl. *Uehlinger*, Kultreform (1995).

72 So bereits *Spieckermann*, Juda (1982), 107 und ihm zu Recht folgend viele andere.

73 *Arneth*, Reform (2001); *ders.*, Sonne (2000), 165 – 169.207.

74 Das zeigt sich deutlich an den Problemen, die Pakkala mit dem Reformbericht hat. Dort sieht er sich gezwungen, an einem dtr Grundtext des Reformberichtes festzuhalten, der 2 Kön 23,8.11.12 umfasst. In diesem Grundtext aber sieht er aufgrund der petitio principii „Spätdatierung des Ersten Gebots" keine Maßnahmen gegen andere Götter: „The writer was angered by the violation of Yahwe's Temple (23:4a,11 – 12a) and the competition posed to it by the במה. ... The attack on the other gods has later buried the fact that the Temple is the leading theme and motif of the writer", *Pakkala*, Monolatry (1999), 180. Abgesehen davon, dass die Gründe für die Abgrenzung des Torsos V. 8.11 f nicht einleuchten, wird das Potential von V. 11 deutlich unterbestimmt. Denn dass die Sonnenwagen mit Šamaš in Verbindung zu bringen ist, dürfte inzwischen zum Konsens gehören. Dann aber ist die Maßnahme nicht nur ein antiassyrischer Reformakt, sondern zugleich ein Akt gegen die Präsenz und Verehrung *anderer* Götter im Jerusalemer Tempel. Ferner wird man Pakkala fragen müssen, wie er die „anderen Götter" sowohl von den Altären der Dächer als auch von den Torheiligtümern plausibel fernhalten will.

(4) Die derzeit diskutierten Spätdatierungen des Ersten Gebots gehen allesamt von drei gleichen Voraussetzungen aus: (a) Das Deuteronomium ist spät zu datieren und die Idee der Kultzentralisation frühestens exilisch, (b) die Kultzentralisation Joschijas ist weitestgehend ahistorisch und nicht mit dem Zurückdrängen von Fremdgötterkulten verbunden. (c) Die Forderung nach Kultreinheit und Kulteinheit sind voneinander getrennt zu betrachten und die Kultreinheit wird der Kultzentralisation zeitlich nachgeordnet.[75]

M. E. sind alle drei Voraussetzungen zu hinterfragen. Schon das Zurückgehen der Heiligtümer in der Eisen IIB und IIC-Zeit lässt fragen, ob die Zentralisation auf Jerusalem nicht schon vorexilisch weitestgehend oder *de facto* abgeschlossen war. Dass die Idee der Kultzentralisation seit 701 v. Chr. einen plausiblen historischen Rahmen vorfindet, sollte ebenso wenig wie die monoyahwistische Stoßrichtung des *Šᵉma'* Dtn 6,4 außer Acht gelassen werden.[76] An einem begründeten Minimum der Reform Joschijas 2 Kön 23,5.6 f*.11.12 ist m. E. nach wie vor plausibel festzuhalten. Die künstliche Trennung von Kultreinheit und Kulteinheit schließlich ist zwar auf den ersten Blick methodisch sinnvoll, sachlich aber nicht konsequent durchführbar. Der Konzentration des YHWH-Kultes auf Jerusalem inhäriert ein Moment der Reduktion des Polytheismus per se. Bezogen auf Fremdgötterkulte wie auf den YHWH-Kult liegt die Kultreinheit zumindest in Teilen in der Konsequenz der Kulteinheit. Auch in der wie auch immer historisch zu bewertenden Kultreform Joschijas lassen sich beide Aspekte nur *künstlich* voneinander trennen (vgl. 2 Kön 23,5.8). Was aber noch wichtiger ist: Aus der methodischen Unterscheidung lässt sich nicht ein zeitliches *Nacheinander* von Kulteinheit und Kultreinheit ableiten. Dieses ergibt sich zwar im Blick auf die Schichtung des Deuteronomiums, doch bleibt die Trennung *zeitlich* gesehen relativ. Sie kann jedenfalls nicht die erst spätdeuteronomistische Datierung jeglicher Auseinandersetzung mit den Fremdgöttern begründen.

(5) Die Texte müssen differenziert wahrgenommen werden, sowohl synchron wie diachron. Dann zeigen sich vollkommen unterschiedliche religionsge-

---

75 Vgl. dazu vor allem die jüngsten Publikationen von Kratz und Aurelius, vgl. dazu die Angaben o. in Anm. 23 und 24.
76 Hier sind im Zuge der Spätdatierung des Fremdgötterverbotes in jüngster Zeit wieder Zweifel geäußert worden. So z. B. von *Pakkala*, Monolatry (1999), 73 – 85, dessen Interpretation, Dtn 6,4 – 9* beziehe sich auf YHWH als „Nationalgott Israels" und einzige Gruppengröße von E. Aurelius zu Recht als „banal" kritisiert wird (Ursprung [2003], 5). Allerdings ist Aurelius Vorschlag eines Bezuges auf YHWH als den einen Gott von Nord- und Südreich nur insofern plausibler, als es sich um eine Variante der Monoyahwistischen Interpretationslinie handelt. Eine monoyahwistische Stoßrichtung, wie sie m. E. derzeit immer noch plausibel ist, setzt zwar einen monolatrischen Hintergrund für das Bekenntnis nicht zwingend voraus, ist aber recht wahrscheinlich. Vgl. zum Zusammenhang von „Einzigkeit" und Loyalitätsforderung *Zenger*, Monotheismus (2003), 38 – 43.

schichtliche Profile der deuteronomistischen Kultpolemik. Darin liegt eine Arbeit, die bisher nur in Ansätzen in Angriff genommen worden ist, m. E. aber ein dringendes Desiderat der Forschung darstellt.[77] Es ist eine Binsenweisheit, dass die Auseinandersetzung mit den anderen Göttern und ihren Kulten bunt und vielfältig ist, dass sie vielfach nicht einer religionsgeschichtlichen Realität entspricht, sondern eine bestimmte Funktion im Geschichtsaufriss der Deuteronomisten wahrnimmt. Dabei liegen die Stellen aber nicht immer auf derselben Linie und oft auch nicht auf derselben Ebene und auch das muss bei der Bewertung und diachronen Einordnung berücksichtigt werden. Die synchrone Differenzierung kann inhaltlich oder formal erfolgen. Kriterien für eine Gruppierung wären etwa der Grad der Polemik gegenüber den anderen Göttern, die Systemreferenz, d. h. die Frage, ob es um eine binnenreligiöse (Israel) oder ein fremdreligiöses Element der anderen Völker geht und als drittes Kriterium die narrative Gestalt.

Es fällt z. B. auf, dass im Textbereich des DtrG *narrative Passagen* neben kurzen Notizen stehen. Es sind dies – lassen wir die Episode vom „goldenen Kalb" am Horeb Dtn 9 f und die längeren legislativen Passagen in Dtn 13 und 17,2–7 einmal aus[78]– die Erzählung von dem Einreißen des Baalsaltars durch Gideon (Ri 6,25–30), die Erzählung vom umfallenden Bild Dagons aufgrund der Präsenz der Lade (1 Sam 5,1–5), der Götterwettstreit auf dem Karmel (1 Kön 18,18 f.21–40), die Befragung des Baal-Zebub aus Ekron durch Ahasja (2 Kön 1), die Revolution Jehus (2 Kön 10,18–29) und schließlich die länger erzählte Kultreform Joschijas (2 Kön 23). Auffallend ist, dass diese Texte – abgesehen von dem „Bericht" über die Kultreform, der aus dem Rahmen der Erzählstücke auch formal herausfällt – auffallend wenig mit der sonstigen deuteronomistischen Phraseologie vernetzt sind. Zugleich muss auffallen, dass diese Texte *nicht* auf derselben Ebene argumentieren. Die Frage um die Kompetenz YHWHs in 2 Kön 1 ist vollkommen anders gelagert als die Zerstörung des Baalsaltars und die Erzählung vom Götterwettstreit zwischen YHWH und Baal in 1 Kön 18 wiederum anders als die Erzählung vom umfallenden Götterbild 1 Sam 5,1–5. Diese Erzählungen sind weder zur selben Zeit noch in denselben Kreisen entstanden.

Neben die Erzählungen treten Stellen und Passagen, die der *Periodisierung* der Geschichte in Zeiten des Gehorsams und des Ungehorsams dienen, wie augenfällig Ri 2,11–19, die Höhenkultformel einschließlich der auf Joschija zielenden

---

77 Das gilt insbesondere auch im Blick auf die Debatte um die implizite Intoleranz des biblischen Monotheismus (vgl. *Assmann*, Unterscheidung [2003], 36 u. ö.), auf die an anderer Stelle ausführlicher einzugehen ist. Die heftige Kritik von Seiten der Alttestamentler betont in variierender Form, dass die biblischen Belege zu religiös motivierter Gewalt differenziert zu bewerten sind, vgl. zuletzt: *Zenger*, Gewalttätigkeit (2005).

78 Ri 17 ist unpolemischer Gestalt und eine Größe *sui generis*.

und damit zeitlich gliedernden Aussagen „Nur die Kulthöhen verschwanden nicht" (1 Kön 14,5; 22,44; 2 Kön 12,4; 15,4.35) oder „nur die Aschere blieb in Samaria stehen" (2 Kön 13,6), die Referenz auf die „Sünde Jerobeams", aber auch die Reflexion über den Untergang des Nordreiches 2 Kön 17 oder die Exilsankündigungen im Deuteronomium „anderen Göttern dienen zu müssen" (Dtn 4,28; 8,19; 28,36.64) und die Fiktion der Bücher Dtn–Ri, erst der Kontakt mit den Göttern des Landes hätte Israel von YHWH abgebracht (Dtn 29,24–26; 30,17; 31,16f; Jos 23,7; Ri 2,11–19). Damit verbunden ist die Vorstellung, diese fremden Größen sollten militant exstirpiert werden (Ex 34,13; Dtn 7,5.25; 12,31; Ri 2,1–3). Andere Konzepte kennen zusätzlich eine Fremdgötterphase in Ägypten (Jos 24,2.14f) oder das hinzukommen von „Neulingen, die erst vor kurzem gekommen waren", „Götter aus Luft", die Israel Dtn 32,16–18 verehrt. Noch subtiler wird die Periodisierung auf der synchronen Ebene, wenn man die Bezugssysteme mit einbezieht. Auch in der Gruppe der periodisierenden Belege ist auf den ersten Blick überdeutlich, dass die Stellen *nicht* auf derselben Ebene liegen und differenziert werden muss. Unterschiedliche Bezugssysteme stehen nebeneinander oder greifen nur zum Teil ineinander. Eine Zuweisung „spätdtr" oder „nomistisch" hilft hier wohl kaum weiter.

Daneben gibt es gliedernde und *klammernde Belege*. Schon H. Spieckermann ist aufgefallen, dass die singularischen Astarte-Stellen in 1 Kön 11,5.33; 2 Kön 23,13 und die Pluralbelege Ri 2,13; 10,6; 1 Sam 7,3f und 1 Sam 12,10 in einem engen Bezug zueinander stehen und die Richterzeit als „Astartezeit" markieren:[79] Gleiches habe ich für Aschera und die Verteilung der Singular- und Pluralbelege nachweisen können:[80] Ein subtiles literarisches Spiel klammert sowohl das Nord- als auch das Südreich mit Pluralbelegen ein und verteilt die Singularbelege gezielt auf wenige Reform- und Gegenreformkönige. Das sieht auf den ersten Blick vollkommen geplant und wenig vertrauenserweckend für eine historische Rückfrage aus. Doch schaut man die Stellen im Einzelnen an, fällt unmittelbar auf, dass diese nicht auf einer Ebene liegen. Die Information, dass Maacha wegen eines angefertigten מפלצת לאשרה ihres Amtes enthoben wurde (1 Kön 15,13), ist vollkommen anders gelagert als die Zusammenstellung von Baal, Aschera und Himmelsheer in (2 Kön 23,4). Auch hier muss demnach differenziert werden zwischen kompositioneller Funktionalisierung der Fremdgötterpolemik und ihrem religionsgeschichtlichen Zeugniswert.

Das letztere deutet die Unterscheidungskategorie zwischen pauschalen und formalisierten Deuteronomismen und konkreten detaillierten Informationen an. Die auf den YHWH-Brandopferaltar in Jerusalem bezogene Stelle Dtn 16,21f ist

---

79 *Spieckermann*, Juda (1982), 210–213, vgl. *Frevel*, Aschera (1995), 459f.986.
80 Vgl. *Frevel*, Aschera (1995), 551–555.986.

nicht auf die gleiche Ebene zu stellen wie Ex 34,13 oder Dtn 7,5. Das wird in nahezu allen neueren Untersuchungen übersehen, so dass Dtn 16,21, das spätdtr wirklich keinerlei Sinn macht, unter die Räder der intoleranten Fremdgöttervernichtung von Dtn 7,5 und 12,3 gerät:[81] Ähnlich wirkt sich die mangelnde Differenzierung zwischen konkreten Notizen auf der einen und formelhafter Vernichtung auf der anderen Seite aus. Zwar ist Konkretion oder Individualisierung ebenso wenig untrügliches Merkmal der Historizität wie formelhafte Formulierung literarische Fiktion nahelegt, doch ist nicht zu leugnen, dass die Belege auf unterschiedlichen Ebenen liegen. Es gibt widerständige Momente, die eine nachexilische „Erfindung" etwa der Entfernung des Nechuschtan (2 Kön 18,4), des Zurücknehmens der vorjoschijanischen Aufwertung des Ascherakultes (2 Kön 23,7) oder der Entfernung der Sonnenwagen aus dem Vorhof (2 Kön 23,11) nicht plausibel scheinen lassen.

Schluss

Die zuletzt vorgetragene methodische Forderung nach stärkerer Differenzierung betrifft nicht nur die religionsgeschichtlichen Sachverhalte, sondern auch die Texte. Das Š^{e}ma‘, die Rede von der Eifersucht YHWHs oder auch das Fremdgötterverbot der Dekaloge liegen eben nicht auf derselben Ebene wie die Ankündigung, dass es keinen Gott außer YHWH gibt, den es zu verehren lohnt und dessen Verehrung bundestheologisch geboten ist. *Der literargeschichtliche Befund wirft mindestens ebenso so viele Fragen auf wie der religionsgeschichtliche.*

Bevor diese Fragen nicht geklärt oder zumindest offen diskutiert sind, sollten an den Umgang mit Fremdgöttern in den verschiedenen deuteronomistischen Büchern und Schichten keine allzu weitreichenden diachronen Theorien geknüpft werden. Dringende Desiderate sind eine klassifizierende Systematik auf der einen Seite und religionsgeschichtlich übergreifende Untersuchungen der Religion Israels in staatlicher und substaatlicher Zeit auf der anderen Seite. Die dort religionsgeschichtlich vorangetriebenen Kenntnisse sind mit den literarischen zu vernetzen. Wir stehen zwar am Ende des Deuteronomistischen Geschichtswerks in

---

81 Einige Beispiele: Schon bei *Otto*, Deuteronomium (2000), 113 wird 16,21 der DtrD-Redaktion zugewiesen und bei *Pakkala* (Monolatry [1999], 185) wird Dtn 16,21 mit Verweis auf Dtn 7,5 und 12,3 als nomistisch eingestuft. Vgl. *Aurelius*, Ursprung (2003), 20 mit Verweis auf *Gertz*, Gerichtsorganisation (1994), 52–59. Nur unter der Voraussetzung einer Spätdatierung von Dtn 16,21 ist die Aussage von E. Aurelius möglich, dass die Kultzentralisation „andere Kulte und andere Götter … weder bekämpft noch überhaupt erwähnt" (ebd., 9). Zur Begründung der Frühdatierung und Abgrenzung von Ex 34,13; Dtn 7,5; 12,3 vgl. *Frevel*, Aschera (1995), 164–249.

Noth'scher Prägung, aber immer noch am Anfang der Auflösung der darin verborgenen religionsgeschichtlichen Paradigmen.

Bibliographie

Achenbach, R., Die Vollendung der Tora. Studien zur Redaktionsgeschichte des Numeribuches im Kontext von Hexateuch und Pentateuch (BZAR 3), Wiesbaden 2003.

Ackerman, S., The Prayer of Nabonidus, Elijah on Mount Carmel and the Development of Monotheism in Israel, in: W. G. Dever/E. J. Wright (Hg.), The Echoes of many Texts. Reflections on Jewish and Christian Tradition. FS L. H. Silberman (BJS 313), Atlanta 1997, 51–65.

Albertz, R., Religionsgeschichte Israels in alttestamentlicher Zeit. 1. Von den Anfängen bis zum Ende der Königszeit (ATD.Erg 8/1), Göttingen 1992.

Ders., Die Exilszeit. 6. Jahrhundert v. Chr. (BE 7), Stuttgart 2001.

Albertz, R. u. a., Religionsgeschichte Israels oder Theologie des Alten Testaments (JBTh 10), Neukirchen-Vluyn 1995.

Arneth, M., „Sonne der Gerechtigkeit". Studien zur Solarisierung der Jahwe-Religion im Lichte von Psalm 72 (BZAR 1), Wiesbaden 2000.

Ders., Die antiassyrische Reform Josias von Juda. Überlegungen zur Komposition und Intention von 2 Reg 23,4–15, in: ZAOR 7 (2001), 189–216.

Assmann, J., Die Mosaische Unterscheidung oder der Preis des Monotheismus, München u. a. 2003.

Aurelius, E., Der Ursprung des Ersten Gebots, in: ZThK 100 (2003), 1–21.

Ders., Die fremden Götter im Deuteronomium, in: M. Oeming/K. Schmid (Hg.), Der eine Gott und die Götter. Polytheismus und Monotheismus im antiken Israel (AThANT 82), Zürich 2003, 145–169.

Ders., Zukunft jenseits des Gerichts. Eine redaktionsgeschichtliche Studie zum Enneateuch (BZAW 319), Berlin u. a. 2003.

Beck, M., Elia und die Monolatrie. Ein Beitrag zur religionsgeschichtlichen Rückfrage nach dem vorschriftprophetischen Jahwe-Glauben (BZAW 281), Berlin u. a. 1999.

Becker, U., Von der Staatsreligion zum Monotheismus. Ein Kapitel israelitisch-jüdischer Religionsgeschichte, in: ZTK 102 (2005), 1–16.

Becking, B. u. a. (Hg.), Only One God? Monotheism in Ancient Israel and the Veneration of the Goddess Asherah (BiSe 77), Sheffield 2001.

Binger, T., Asherah. Goddesses in Ugarit, Israel and the Old Testament (JSOT.S 232), Sheffield 1997.

Blum, E., Das sog. „Privilegrecht" in Exodus 34,11–26. Ein Fixpunkt der Komposition des Exodusbuches?, in: M. Vervenne (Hg.), Studies in the Book of Exodus. Redaction – Reception – Interpretation (BEThL 126), Leuven 1996, 347–366.

Ders., Der Prophet und das Verderben Israels. Eine ganzheitliche, historisch-kritische Lektüre von 1 Regum XVII–XIX, in: VT 47 (1997), 277–292.

Blum, E./Köckert, M. (Hg.), Gottes Volk am Sinai. Untersuchungen zu Ex 32–34 und Dtn 9–10 (Veröffentlichungen der Wissenschaftlichen Gesellschaft für Theologie 18), Gütersloh 2001.

Braulik, G., Monotheismus im Deuteronomium, in: ZAOR 10 (2004), 169–194.

Coogan, M. D., Canaanite Origins and Lineage. Reflections on the Religion of Ancient Israel, in: P. D. Miller (Hg.), Ancient Israelite Religion. FS F. M. Cross, Philadelphia 1987.

Deck, S., Wortstatistik – Ein immer beliebter werdendes exegetisches Handwerkszeug auf dem (mathematischen) Prüfstand, in: BN 60 (1991), 7 – 12.

de Pury, A. u. a. (Hg.), Israel Constructs Its History. Deuteronomistic Historiography in Recent Research (JSOT.S 306), Sheffield 2000.

Dietrich, M./Loretz, O., Jahwe und seine Aschera. Anthropomorphes Kultbild in Mesopotamien, Ugarit und Israel. Das biblische Bilderverbot (UBL 9), Münster 1992.

Dietrich, W. u. a. (Hg.), Ein Gott allein? JHWH-Verehrung und biblischer Monotheismus im Kontext der israelitischen und altorientalischen Religionsgeschichte (OBO 139), Fribourg/Göttingen 1994.

Forbes, A. D., A Tutorial on Method. A Guide for the Statistically Perplexed, in: D. N. Freedman (Hg.), Studies in Hebrew and Aramaic Orthography (Biblical and Judaic Studies 2), Winona Lake 1992, 17 – 35.

Frevel, C., Aschera und der Ausschließlichkeitsanspruch YHWHs. Beiträge zu literarischen, religionsgeschichtlichen und ikonographischen Aspekten der Ascheradiskussion (BBB 94/1 u. 2), Weinheim 1995.

Ders., Du sollst dir kein Bildnis machen – Und wenn doch? Überlegungen zu Kultbildlosigkeit der Religion Israels, in: B. Janowski/N. Zchomelidse (Hg.), Die Sichtbarkeit des Unsichtbaren. Zur Korrelation von Text und Bild im Wirkungskreis der Bibel (Arbeiten zur Geschichte und Wirkung der Bibel 3), Stuttgart 2003, 23 – 49.243 – 246.

Ders., YHWH und die Göttin bei den Propheten. Eine Zwischenbilanz, in: M. Oeming/K. Schmid (Hg.), Der eine Gott und die Götter. Polytheismus und Monotheismus im antiken Israel (AThANT 82), Zürich 2003, 49 – 77.

Ders., Rezension von E. Otto, Das Deuteronomium, in: ThRev 99 (2003), 196 – 199.

Ders., Rezension von J. Pakkala, Intolerant Monolatry in the Deuteronomistic History, in: ThRev 100 (2004), 287 – 293.

Ders., Deuteronomistisches Geschichtswerk oder Geschichtswerke? Die These Martin Noths zwischen Tetrateuch, Hexateuch und Enneateuch, in: U. Rüterswörden (Hg.), Martin Noth – aus der Sicht der heutigen Forschung (BThSt 58), Neukirchen-Vluyn 2004, 60 – 95.

Gertz, J. C., Die Gerichtsorganisation Israels im deuteronomischen Gesetz (FRLANT 165), Göttingen 1994, 52 – 59.

Gertz, J. C./Schmid, K./Witte, M. (Hg.) Abschied vom Jahwisten. Die Komposition des Hexateuch in der jüngsten Diskussion (BZAW 315), Berlin u. a. 2002.

Grabbe, L. L., Judaic Religion in the Second Temple Period. Belief and Practice from the Exile to Yavneh, London 2000.

Ders., A History of the Jews and Judaism in the Second Temple Period. 1. Yehud: A History of the Persian Province of Judah (Library of Second Temple Studies 47), London 2004.

Hadley, J. M., The Cult of Asherah in Ancient Israel and Judah. Evidence for a Hebrew Goddess (University of Cambridge Oriental Publication 57), Cambridge 2000.

Haag, E. (Hg.), Gott, der einzige. Zur Entstehung des Monotheismus in Israel (QD 104), Freiburg u. a. 1985.

Hillers, D. R., Analyzing the Abominable. Our Understanding of Canaanite Religion, in: JQR 75 (1985), 253 – 269.

Hoffmann, H. D., Reform und Reformen – Untersuchungen zu einem Grundthema der deuteronomistischen Geschichtsschreibung (AThANT 66), Zürich 1980.

Hossfeld, F.-L., Das Privilegrecht Ex 34,11–26 in der Diskussion, in: S. Beyerle u. a. (Hg.), Recht und Ethos im Alten Testament. Gestalt und Wirkung. FS H. Seebass, Neukirchen-Vluyn 1999, 39–59.

Ders., Vom Horeb zum Sinai. Der Dekalog als Echo auf Ex 32–34, in: C. Frevel u. a. (Hg.), Die Zehn Worte. Der Dekalog als Testfall der Pentateuchkritik (QD 212), Freiburg u. a. 2005, 87–93.

Jeremias, J./Hartenstein, F., „JHWH und seine Aschera". „Offizielle Religion" und „Volksreligion" zur Zeit der klassischen Propheten, in: B. Janowski/M. Köckert (Hg.), Religionsgeschichte Israels. Formale und materiale Aspekte (VWGTh 15), Gütersloh 1999, 79–138.

Keel, O. (Hg.), Monotheismus im Alten Israel und in seiner Umwelt (BB 14), Schweiz 1980.

Ders., Warum im Jerusalemer Tempel kein anthropomorphes Kultbild gestanden haben dürfte, in: G. Boehm (Hg.), Homo Pictor (Colloquium Rauricum 7), München u. a. 2001, 244–282.

Keel, O./Uehlinger, C., Göttinnen, Götter und Gottessymbole. Neue Erkenntnisse zur Religionsgeschichte Kanaans und Israels aufgrund bislang unerschlossener ikonographischer Quellen (QD 134), Freiburg 1992.

Kletter, R., The Judean Pillar-Figurines and the Archaeology of the Goddess Asherah (BAR 636), Oxford 1996.

Knauf, E. A., Die Umwelt des Alten Testaments (NSK.AT 29), Stuttgart 1994.

Ders., Mythos Kanaan. Oder: Sex, Lügen und Propheten-Schriften, in: WuB 21 (2001), 41–44.

Köckert, M., Von einem zum einzigen Gott. Zur Diskussion der Religionsgeschichte Israels, in: BThZ 15 (1998), 137–175.

Ders., Elia. Literarische und religionsgeschichtliche Probleme in 1 Kön 17–18, in: M. Oeming/K. Schmid (Hg.), Der eine Gott und die Götter. Polytheismus und Monotheismus im antiken Israel (AThANT 82), Zürich 2003, 111–144.

Ders., Wandlungen Gottes im antiken Israel, in: BThZ 22 (2005), 3–36.

Kratz, R. G., Der literarische Ort des Deuteronomiums, in: ders. u. a. (Hg.), Liebe und Gebot. Studien zum Deuteronomium. FS L. Perlitt (FRLANT 190), Göttingen 2000, 101–120.

Ders., Die Komposition der erzählenden Bücher des Alten Testaments. Grundwissen der Bibelkritik, Göttingen 2000.

Ders., „Höre Israel" und Dekalog, in: C. Frevel u. a. (Hg.), Die Zehn Worte. Der Dekalog als Testfall der Pentateuchkritik (QD 212), Freiburg u. a. 2005, 77–86.

Ders., Kult, in: HGANT (2006), 32–34.

Lang, B., Vor einer Wende im Verständnis des israelitischen Gottesglaubens?, in: ThQ 160 (1980), 53–60.

Ders., Die Jahwe-allein-Bewegung, in: B. Lang (Hg.), Der einzige Gott. Die Geburt des biblischen Monotheismus, München 1981, 47–83.

Ders., Neue Probleme in der Erforschung des Biblischen Monotheismus, in: K. A. Deurloo u. a. (Hg.), YHWH – Kyrios – Antitheism. FS R. Zuurmond, Dielheim 1996, 29–41.

Ders., Die Jahwe-allein-Bewegung. Neue Erwägungen über die Anfänge des biblischen Monotheismus, in: M. Oeming/K. Schmid (Hg.), Der eine Gott und die Götter. Polytheismus und Monotheismus im antiken Israel (AThANT 82), Zürich 2003, 97–110.

Levin, C., Die Verheissung des Neuen Bundes in ihrem theologiegeschichtlichen Zusammenhang ausgelegt (FRLANT 137), Göttingen 1985.

Ders., Erkenntnis Gottes durch Elija, in: ThZ 48 (1992), 329–342.

Lohfink, N., Studien zum Deuteronomium und zur deuteronomistischen Literatur III (SBAB 20), Stuttgart 1995.

McKenzie, S. L./Graham, M. P. (Hg.), The History of Israel's Traditions. The Heritage of Martin Noth (JSOT.S 182), Sheffield 1994.

Merlot, P., La dea Asratum – Atiratu – Asera. Un contributo allastoria della religione semitica del Nord, Roma 1998.

Niehr, H., The Rise of YHWH in Judahite and Israelite Religion: Methodological and Religio-Historical Aspects, in: D. V. Edelman (Hg.), The Triumph of Elohim. From Yahwisms to Judaisms (CEBT 13), Kampen 1995, 45–72.

Ders., Religio-Historical Aspects of the „Early Post-Exilic" Period, in: B. Becking/M. Korpel (Hg.), The Crisis of Israelite Religion. Transformation of Religious Tradition in Exilic and Post-Exilic Times (OTS 42), Leiden u. a. 1999, 228–244.

Noth, M., Überlieferungsgeschichtliche Studien, Darmstadt ³1967.

Oeming, M./Schmid, K. (Hg.), Der eine Gott und die Götter. Polytheismus und Monotheismus im antiken Israel (AThANT 82), Zürich 2003.

Otto, E., Das Deuteronomium. Politische Theologie und Rechtsreform in Juda und Assyrien (BZAW 284), Berlin u. a. 1999.

Ders., Das Deuteronomium im Pentateuch und Hexateuch. Studien zur Literaturgeschichte von Pentateuch und Hexateuch im Lichte des Deuteronomiumrahmens (FAT I/30), Tübingen 2000.

Olyan, S. M., Ashera and the Cult of Yahweh in Israel (SBL.MS 34), Atlanta 1988.

Pakkala, J., Intolerant Monolatry in the Deuteronomistic History (Schriften der Finnischen Exegetischen Gesellschaft 76), Göttingen 1999.

Preuß, H. D., Verspottung fremder Religionen im Alten Testament (BWANT 92), Stuttgart u. a. 1972.

Rüterswörden, U., Dtn 13 in der neueren Deuteronomiumforschung (VT.S 92), Leiden u. a. 2002, 185–203.

Schearing, L. S./McKenzie, S. L. (Hg.), Those Elusive Deuteronomists. The Phenomenon of Pan-Deuteronomism (JSOT.S 268), Sheffield 1999.

Schmid, K., Differenzierungen und Konzeptualisierungen der Einheit Gottes in der Religions- und Literaturgeschichte Israels, in: M. Oeming/K. Schmid (Hg.), Der eine Gott und die Götter. Polytheismus und Monotheismus im antiken Israel (AThANT 82), Zürich 2003, 11–38.

Schmidt, W. H., Einleitung in das Alte Testament, Berlin ³1985.

Ders., „Jahwe und …". Anmerkungen zur sog. Monotheismus-Debatte, in: E. Blum (Hg.), Die hebräische Bibel und ihre zweifache Nachgeschichte. FS R. Rendtorff, Neukirchen-Vluyn 1990, 435–447.

Ders., Die Zehn Gebote im Rahmen alttestamentlicher Ethik (EdF 281), Darmstadt 1993.

Ders., Monotheismus und Ausschließlichkeit des Glaubens, in: Glaube und Lernen 11 (1996), 28–37.

Ders., „Monotheismus" und Erstes Gebot, in: ThLZ 122 (1997), 1081–1092.

Ders., Das Erste Gebot als prägende Kraft, in: J. Denker (Hg.), Hören und Lernen in der Schule des Namens. Mit der Tradition zum Aufbruch. FS B. Klappert, Neukirchen-Vluyn 1999, 26–40.

Ders., Alttestamentlicher Glaube, Neukirchen-Vluyn ⁹2004.

Schmitt, R., Gab es einen Bildersturm nach dem Exil? Einige Bemerkungen zur Verwendung von Terrakottafigurinen im nachexilischen Israel, in: R. Albertz/B. Becking (Hg.), Yahwism after the Exile. Perspectives on Israelite Religion in the Persian Era (STAR 5), Assen 2003, 186–198.

Smend, R., Die Entstehung des Alten Testaments, Stuttgart u. a. ⁴1989.

Spieckermann, H., Juda unter Assur in der Sargonidenzeit (FRLANT 129), Göttingen 1982.

Stern, E., What happened to the Cult Figurines, in: BAR 15 (1989), 22–29.

Ders., Religion in Palestine in the Assyrian and Persian Periods, in: B. Becking/M. Korpel (Hg.), The Crisis of Israelite Religion. Transformation of Religious Tradition in Exilic and Post-Exilic Times (OTS 42), Leiden u. a. 1999, 245–255.

Ders., Archaeology of the Land of the Bible. Bd. 2: The Assyrian, Babylonian and Persian Periods (732–332 BCE) (Anchor Yale Bible Reference Library), New York u. a. 2001.

Stolz, F., Einführung in den biblischen Monotheismus, Darmstadt 1996.

Uehlinger, C., Gab es eine joschijanische Kultreform? Plädoyer für ein begründetes Minimum, in: W. Groß (Hg.), Jeremia und die „deuteronomistische Bewegung" (BBB 98), Weinheim 1995, 57–89.

Veijola., T., Das Bekenntnis Israels. Beobachtungen zur Geschichte und Theologie von Dtn 6,4–9, in: ThZ 48 (1992), 369–381.

Ders., Wahrheit und Intoleranz nach Deuteronomium 13, in: ZThK 92 (1995), 287–314.

Ders., Das fünfte Buch Mose. Deuteronomium. Kap. 1,1–16,17 (ATD 8,1), Göttingen 2004.

Wacker, M.-T./Zenger, E., (Hg.), Der eine Gott und die Göttin. Gottesvorstellungen des biblischen Israel im Horizont feministischer Theologie (QD 135), Freiburg u. a. 1991.

Dies., Von Göttinnen, Müttern und dem einzigen Gott. Zum Stand der feministisch-exegetischen Diskussion um die Göttin/nen im Alten Israel, in: A. Hölscher/R. Kampling (Hg.), Die Tochter Gottes ist die Weisheit. Bibelauslegungen durch Frauen (Theologische Frauenforschung in Europa 10), Münster 2003, 7–33.

Weippert, M., Synkretismus und Monotheismus. Religionsinterne Konfliktbewältigung im alten Israel, in: J. Assmann/D. Harth (Hg.), Kultur und Konflikt, Frankfurt 1990, 143–179.

Wellhausen, J., Geschichte der israelitischen Religion (1905), in: ders., Grundrisse zum Alten Testament (TB 27), München 1965, 65–109.

Wiggins, S. A., A Reassessment of „Asherah". A Study According to the Textual Sources of the First Two Millennia B.C.E. (AOAT 235), Neukirchen-Vluyn 1993.

Witte, M. u. a. (Hg.), Die deuteronomistischen Geschichtswerke. Neue religions- und redaktionsgeschichtliche Perspektiven zur „Deuteronomismus"-Diskussion in Tora und Vorderen Propheten (BZAW 365), Berlin u. a. 2006.

Würthwein, E., Die Bücher der Könige (ATD 11), Göttingen 1984; ²1985.

Zenger, E., Der Monotheismus Israels. Entstehung – Profil – Relevanz, in: T. Söding (Hg.), Ist der Glaube Feind der Freiheit? Die neue Debatte um den Monotheismus (QD 196), Freiburg u. a. 2003, 9–52.

Ders., Der Mosaische Monotheismus im Spannungsfeld von Gewalttätigkeit und Gewaltverzicht. Eine Replik auf J. Assmann, in: P. Walter (Hg.), Das Gewaltpotential des Monotheismus und der dreieine Gott (QD 216), Freiburg u. a. 2005, 39–73.

Zenger, E. u. a., Einleitung in das Alte Testament (Kohlhammer Studienbücher Theologie 1,1), Stuttgart ⁵2004.

„Jetzt habe ich erkannt, dass YHWH größer ist als alle Götter".

Ex 18 und seine kompositionsgeschichtliche Stellung im Pentateuch

Was bestimmt das Exodusbuch? Die naheliegende Antwort auf diese einfache Frage stellt heraus, dass das Exodusbuch von zwei Seiten her inhaltlich bestimmt wird. Von seinem Anfang her ist es durch die Befreiung am Schilfmeer geprägt. Israel wird in Ägypten groß, ist versklavt unter dem Joch des Pharao, wird dann aber nach zähen Verhandlungen unter der Führung des Mose am Schilfmeer befreit. In der Wüste erscheinen von weitem die Fanale neuer Ufer und kündigen die versprochene Landgabe an. Dazwischen – und wie das Erreichen des Landes weit hinausgreifend über die Grenzen des Exodusbuches – schiebt sich die Offenbarung am Sinai mit dem ausgedehnten Block der Gesetze. Der befreiende Gott offenbart sich an dem von der Berufung des Mose her bekannten Berg jetzt dem ganzen Volk, gibt ihm Weisung und Gebot für das Bestehen als erwähltes Volk im verheißenen Land. Das Exodusbuch selbst endet in der dauerhaften Einwohnung des heiligenden Gottes in der Mitte des Volkes. Das Zelt wird als wandernder Sinai konstituiert und die Voraussetzung für das Mitsein Gottes geschaffen. Klar konturiert wird damit das Exodusbuch von den beiden Höhepunkten bestimmt, der Errettung am Schilfmeer und der göttlichen Gegenwart in der Mitte Israels. Diese Sicht führt zu der dominanten und klassischen zweigeteilten Gliederung des Exodusbuches. Doch schaut man genauer hin, wird diese Klarheit gestört. Zwischen Befreiung am Schilfmeer und Sinai schieben sich einige Wüstenerzählungen. Unmittelbar nach der Errettung wird das Volk durch Wassermangel erneut, woraufhin ungenießbares Wasser von YHWH lebensspendend süß gemacht wird. Kaum zufriedengestellt, sehnt sich das Volk nach der Fülle des Lebens in Ägypten zurück und wird wundersam durch das süße Manna und die Menge der Wachteln überreich versorgt. Doch kaum ist diese gnadenhafte Zuwendung Gottes verklungen, fehlt es wieder an Wasser, und Mose schlägt mit seinem Stab auf den Felsen. Das göttliche Erbarmen lässt sich seine Grenze vom Murren des Volkes nicht vorgeben. Auch die Bedrohung von außen durch die heranrückenden Bewohner des Landes kann die in der Errettung geschehene Erwählung nicht rückgängig machen: Der große Führer Mose sichert den göttlichen Beistand im Kampf gegen die Amalekiter. Bis Ex 17 wird die Digression – durchaus in erkennbarem Anschluss an den ersten Teil des Exodusbuches – durch die Opposition von Leben und Tod, Bedrohung und Errettung dominiert. Immer neu erweist sich der Gott der Befreiung gegen alle Widerstände als Gott des Lebens. Doch Ex 18

DOI 10.1515/9783110424386-020

verlässt diese zentrale Opposition und verstärkt die Digression gegenüber den beiden Hauptpolen Exodus und Sinai. Erzählt wird, dass der Schwiegervater des Mose, nachdem er von der Befreiung der Israeliten gehört hat, die Familie seines Schwiegersohnes in das Lager bringt und von Mose über das Geschehen unterrichtet wird. Daraufhin preist Jitro die Überlegenheit des Gottes YHWH gegenüber allen Göttern. Ein gemeinsames Opfermahl schließt die Szene ab.

Das Kapitel wird in der jüngeren Pentateuchexegese meist unterschätzt. In der Zeit der sog. Pentateuchkrise erfuhren die Sinaierzählungen oder die Befreiung am Schilfmeer weit mehr Aufmerksamkeit. Ex 18 – ehemaliger Paradetext des Elohisten[1] – wurde, wenn überhaupt, dann nur in seinem zweiten Teil unter rechtshistorischer Rücksicht in den Blick genommen. Der Text scheint mir mehr zu bieten, was ich im Folgenden in vier Dimensionen anreißen möchte: (a) In einem ersten Abschnitt lote ich mit einem Blick auf die traditionelle Einordnung und die modernen Alternativen die literarhistorische Dimension aus. (b) Ein zweiter Gang ortet die religionsgeschichtliche Dimension des Textes mit einem Blick auf die sog. Midianiterhypothese und das Bekenntnis des Jitro. (c) Der dritte Abschnitt wertet noch einmal die Struktursignale des Textes und fragt nach seinem kompositionskritischen Ort. (d) Den Abschluss bilden dann einige Überlegungen zur theologischen Bedeutung des Kapitels an seinem jetzigen Ort im Pentateuch. Ich beschränke mich dabei nahezu ausschließlich auf den ersten Teil des Kapitels in den V. 1–12 und greife nur an wenigen Stellen darüber hinaus.

Ein später Satellit von Ex 3? – Die literargeschichtliche Dimension[2]

Julius Wellhausen, Nestor der neueren Urkundenhypothese, schreibt 1896 recht lapidar: „Kap. 18 ist im ganzen heiles Stück aus E", das der Jehowist vor allem in den V. 1–12 „mit anderswoher entlehnten Zügen versetzt hat".[3] Dieses Urteil, gestützt durch die ein halbes Jahrhundert später entstandene Analyse von Martin Noth, hat bis zur Infragestellung des Elohisten als Bestandteil der neueren Ur-

---

1 „Darüber, dass das Kapitel in der Hauptsache E gehört, besteht Übereinstimmung" (*Holzinger*, Exodus [1900], 61), vgl. ferner etwa *Wellhausen*, Composition (⁴1963), 80 (s.u.); *Noth*, Buch (⁵1973), 117.
2 Für eine recht ausführliche Forschungsgeschichte sei auf den Kommentar von *Houtman*, Exodus (1993), 392–422 verwiesen.
3 *Wellhausen*, Composition (⁴1963), 80.

kundenhypothese das Bild dominiert.[4] Ex 18 war neben Gen 22 einer der Paradetexte für den Quellencharakter des Elohisten, da zu dem hier Erzählten keine Parallele aus den übrigen Quellen vorliegt. So wie Gen 22 ist aber auch Ex 18 dem Elohisten bald entwunden worden. Langsam fließt die Erzählung durch die anderen Quellen aus der dezidierten Zuweisung ab; zuerst durch Peter Weimar 1980, der sie dem Jehowisten zuschreibt[5], dann verschiebt sie Erich Zenger 1982 zurück zum Jahwisten[6], bis dass sie jetzt bei Eckart Otto im quellenlosen Meer des Pentateuchredaktors gemündet ist.[7] In den Sog einer nachpriesterlichen Spätdatierung gerät der Text als „literarischer Satellit" von Ex 3f auch bei Konrad Schmid.[8] Eine Mittelposition nimmt noch Erhard Blum ein, der Ex 18 zusammen mit der Berufung des Mose einer älteren „separaten zusammenhängenden Moseüberlieferung" zuschreiben will, wobei aber der Ex 18 betreffende Teil erst von einer nachdeuteronomistischen Bearbeitung nachgetragen worden sei.[9] Einen Gegenpol zu den in die Perserzeit ragenden Datierungen des Textes bildet Frank Crü-

---

4 Vgl. *Noth*, Exodus (1900), 117; *Fritz*, Israel (1970), 13f; *Schmidt*, Exodus (1983), 115–117; *Childs*, Exodus (1974), 21–324 und jüngst, die alte Sicht erneuernd, *Graupner*, Elohist (2001), 103ff.

5 Vgl. *Weimar*, Berufung (1980), 28–31. Zur Grundschicht rechnet er lediglich Ex 18,1a.2a.5aα*–b.6a.8aαß.9a.10a.11a.12a. Seine Zuweisung zum Jehowisten begründet er gerade in dem Bekenntnis zu YHWH als dem Gott der Götter, das die Frage aus Ex 5,2 wieder aufnehme. Abgesehen von der theologischen Problematik, das Bekenntnis in das 7. Jh. v. Chr. zu datieren, fällt die extrem fein gliedernde Literarkritik bei Weimar ins Auge. So fällt beispielsweise auf, dass nur die Frau des Mose in der Grundschicht erwähnt sein soll, nicht aber die Söhne.

6 Vgl. *Zenger*, Israel (²1985), 164f, wo die Zuweisung von V. 1.5.10.11* an J entwickelt wird. Dort wird nicht deutlich, ob diese Verse nicht noch als Parallelversion zu E zu verstehen sind. Ihm folgt in dieser Zuweisung *Knauf*, Midian (1988), 156. *Zenger*, Buch (1987), 301f, wo der erste Teil eine jahwistische Grundschicht verordnet bekommt, der zweite Teil Ex 18,13–27 aber schon dem Pentateuchredaktor (!) zugewiesen wird. In der dritten Auflage schreibt Zenger Ex 18,1–12* dann wie P. Weimar dem Jehowisten zu.

7 *Otto*, Deuteronomium (1999), 244 bekommt Probleme, wenn er einerseits Dtn 1,9–18 als späte Einschreibung dem Pentateuchredaktor zuweisen und abhängig von Ex 18,13–27 sehen will, andererseits aber Ex 3–4 mit Schmid und anderen dem Pentateuchredaktor zuweist. Denn dass Ex 18,1–12 zu Ex 3–4 mindestens gleichursprünglich, wenn nicht nachgeordnet ist, dürfte eindeutig sein. Da Ex 18,13–27 die Erzählung der V. 1–12 voraussetzt, bricht seine literargeschichtliche Hypothese damit in sich zusammen.

8 *Schmid*, Erzväter (1999), 235.252.

9 Vgl. *Blum*, Studien (1990), 156. Blum sieht sich gezwungen Ex 3f seiner KD zuzuweisen, da an der Berufung des Mose im Aufriss der Exoduserzählung viel hängt. Da sich aber nun Ex 18 durch die Lokalisierung am Gottesberg aus dem KD-Gefüge von Ex 17–19 sperrig abhebt, ist er gezwungen, für Ex 18 eine andere Lösung als für Ex 3f vorzuschlagen, obwohl erkennbar ist, dass beide Texte zusammengehören. Seine Lösung ist vielfach kritisiert worden, prominent ist Crüsemann: „Das ist eine kaum wirklich wahrscheinlich zu machende Konstruktion, die von den Zwängen einer einheitlichen D-Komposition diktiert worden ist" (*Crüsemann*, Tora [1992], 107).

semann, mit dem der Reigen abgeschlossen werden soll. Für ihn ist Ex 18 zwar quellenlos, aber zumindest vorexilisch: „Der Text ist im Kontext isoliert, von priesterschriftlichen Stücken umrahmt, und die traditionelle Zuweisung zum Elohisten kann heute nicht mehr Grundlage sein. Immerhin spricht alles zwingend dafür, dass wir einen vorexilischen und vordeuteronomistischen Text vor uns haben. Nichts weist in ihm auf späte Sprache oder Theologie hin".[10]

Die Beobachtungen, die Ex 18 in literaturhistorischer Sicht zu einem Problemfall machen, sind größtenteils recht einfach. Bezogen auf den ersten Teil in V. 1–12[11] nenne ich zehn Punkte:

(1) Die Familienzusammenführung, mit der das Erzählte einsteigt, steht in Spannung zu Ex 4,20. Dort sind Mose, seine Frau und seine Söhne auf dem Rückweg nach Ägypten (וישב ארצה מצרים „und er kehrte in das Land Ägypten zurück"). Nichts deutet im Fortlauf der Erzählung darauf hin, dass Mose die Familie aus Sicherheitsgründen zurückgeschickt hätte. Das wird in Ex 18,2 allerdings vorausgesetzt.

(2) Ex 18 geht von zwei namentlich bekannten Söhnen des Mose aus, Gerschom und Eliëser. In Ex 2,22 und 4,24–26 jedoch scheint nur ein Sohn, nämlich Gerschom, bekannt zu sein.[12]

---

10 *Crüsemann*, Tora (1992), 107.

11 Die Beschränkung auf V. 1–12 entspricht nicht der Behandlung dieses Kapitels in der Forschung. Bis in jüngste Kommentare und Abhandlungen hinein werden beide Teile wie selbstverständlich zusammengesehen. Cornelis Houtman schreibt in seinem Kommentar: „The break between the two parts is as a rule not regarded as a break between elements of different literary origin. The recurrent use of certain terms argues against it" (*Houtman*, Exodus [1993], 396). Doch bei genauerem Hinschauen reduziert sich das auf den Gebrauch von אלהים, das Auftauchen des im zweiten Teil nicht namentlich bezeichneten Schwiegervaters und wenige, *nicht* signifikante Worte (שלך V. 2.27; שלום V. 7.23; טוב V. 9.17 sowie שמע V. 1.19.24). *Graupner*, Elohist (2001), 103 führt zusätzlich noch den impersonalen Gebrauch eines Verbs in der 3. Sg. in V. 6 und V. 16 an. Das ירא אלהים kann nicht ausreichen, den zweiten Teil dem Elohisten zuzusprechen. Das gewichtigste Argument gegen *eine* Tradition der beiden Teile ist das Auftauchen des Personennamens nur im ersten Teil. Hier hilft auch nicht die seit M. Noth beliebte Annahme, den Namen als einen Nachtrag zu verstehen, denn es müsste erklärt werden, warum er nur im ersten Teil – und dann da sehr massiv – nachgetragen worden sein soll. Auch kann es nicht überzeugen, das Bekenntnis Jitros als Voraussetzung für seinen Rat zu verstehen (so *Houtman*, Exodus [1993], 412).

12 Mehrere Söhne hat Mose auch nach Ex 4,20. Diese werden aber namentlich nicht genannt. 2 Chr 23,15 bietet keine unabhängige Tradition der Genealogie des Mose, sondern ist abhängig von Ex 18,3f. Durch das doppelte אחד ist auch der Rekurs auf die Benamung der beiden Söhne ungewöhnlich formuliert. Meist wird die Einführung des zweiten durch השני variiert und das אחד so als Ordinalzahl erkennbar (vgl. Gen 2,11.13; 4,19; 10,25; Ex 1,15; Num 11,26; 2 Sam 4,2; Rut 1,4; Ijob 42,14; 1 Chr 1,19). Vgl. zur doppelten Verwendung des אחד im Sinne von „der eine ... der andere" etwa 1 Kön 12,28; Jer 24,2 (*Brockelmann*, Syntax [1956], 60b).

(3) Der Schwiegervater des Mose heißt hier wie in Ex 3,1 und 4,18 Jitro[13], allerdings nur in den ersten zwölf Versen. In Ex 2,18 und Num 10,29 hingegen heißt der Priester von Midian Reguël, in Ri 4,11 Hobab.[14] In Ex 18,13–27 bleibt der Schwiegervater des Mose namenlos.

(4) Die Lokalisierung der Erzählung widerstreitet Ex 17,1 und vor allem Ex 19,1. In V. 5 heißt es, dass Jitro zum Gottesberg kam. Nach 19,1 jedoch gelangen die Israeliten erst später von Refidim zum הר האלהים.

(5) Die Erzählung wechselt scheinbar unmotiviert zwischen der Gottesbezeichnung אלהים und dem Tetragramm יהוה. Auffallend sind vor allem die V. 1 und 12, die sich gegen eine einfache Lösung sperren. In V. 1bß erscheint die explizite, aber variierende Wiederaufnahme des göttlichen Subjekts syntaktisch nicht notwendig. In V. 12 verwundert, dass Jitro die Opfer nicht YHWH als dem Gott darbringt, zu dem er sich kurz vorher feierlich bekannt hat.[15] Im zweiten Teil benutzt die Erzählung nur die Gattungsbezeichnung אלהים, zweimal dabei die determinierte Form (V. 16. 19).

(6) Obwohl Jitro schon alles gehört hat, was YHWH an Mose und Israel getan hat (V. 1), erzählt Mose ihm im Zelt noch einmal all das, was der Herr an Ägypten und am Pharao getan hat (V. 8). Erst dieses Erzählen motiviert das Bekenntnis des Jitro.

(7) V. 1b schränkt die weitgehende Aussage der ersten Vershälfte wieder ein. Die Herausführung, auf die V. 1b Bezug nimmt, war schon Teil der umfassenden Aussage von 1a.

(8) Häufig ist bemerkt worden, dass zur Einführung von V.8ba syntaktisch die Kopula fehlt. Das ist nicht wirklich problematisch, allerdings weist der Vers andere Probleme auf, die seltener bemerkt worden sind. V. 8 hat eine dreigeteilte Aussage: Der erste Teil („alles, was YHWH dem Pharao und Ägypten getan hat") bezieht sich

---

13 In Ex 4,18 variiert die Schreibung des Namens zwischen יתר und יתרו, was bisher keine einleuchtende Erklärung erfahren hat.

14 Am wenigsten klar ist Num 10,29 לחבב בן־רעואל המדיני חתן משה. Dort kann der Schwiegervater sowohl Hobab als auch Reguël heißen. Entscheidend ist, worauf man die Apposition חתן משה bezieht. Kommt man von Ex 2,18 her, liegt Reguël näher, versteht man die Stelle von Ri 1,16; 4,11 her, dann bezieht sie sich auf Hobab. Da Hobab gebeten wurde, Israel zu begleiten, und er dies augenscheinlich nach anfänglicher Ablehnung Num 10,30 auch tut – zumindest sprechen Ri 1,16 und 4,11 dafür –, sollte angesichts des Widerspruchs zu Ex 18,27 wahrscheinlicher sein, dass es sich um einen Schwager des Mose handelt, während Reguël wie in Ex 2,18 der Schwiegervater des Mose ist. Damit hätte man nur zwei, nicht drei Namens-Traditionen für den Schwiegervater des Mose zu erklären. S. dazu weiter Anm. 51.

15 Die in der Auslegungstradition immer wieder vorgeschlagene These einer intentionalen Variation zwischen YHWH und Elohim (z. B. Jitro: Elohim, Mose: YHWH, vgl. die Hinweise bei *Houtman*, Exodus [1993], 397) scheitert an V. 1 und dem nach V. 8–10 unmotivierten אלהים in V. 11.

am ehesten auf die Plagen, der zweite Teil („alle Mühsal auf dem Weg") bezieht sich entsprechend auf „die Führung durch die Wüste". Dann aber ist der Schlusssatz („und YHWH hat sie errettet") geschehensmäßig regressiv.

(9) Wenig beachtet ist in der Forschung eine Numerusinkongruenz in V. 9. Auf Israel wird in V. 8b durch Suffixe der 3. Person Plural Bezug genommen, in V. 9b jedoch auf das gleiche Israel durch ein Suffix der 3. Person Sg.

(10) Ein weiteres spannungsvolles Moment liegt in der gestaffelten Aussage von V. 10. Jitro preist YHWH, „weil er euch aus der Hand Ägyptens und aus der Hand des Pharao errettet hat" und „weil er das Volk unter der Hand Ägyptens weg errettet hat". Die Doppelung der Aussage wird durch den Bezug auf „das Volk" in der Rede Jitros sperrig. Bei den letztgenannten Spannungen fällt auf, dass sie alle im Zusammenhang mit Rettungsaussagen stehen.[16]

Wie sind die Beobachtungen nun zu werten? Zumindest lässt sich sagen, dass sich der Text weder spannungsfrei in seinen Kontext einbinden noch in sich ohne Spannungen lesen lässt. Das deutet auf ein Wachstum hin. Eine späte Setzung – wie vor allem die jüngeren Stimmen vorgeschlagen haben – ist von daher weitestgehend ausgeschlossen. Mit gleicher Deutlichkeit ist aber der alte Versuch zurückzuweisen, zwei parallele Fäden zu rekonstruieren, denn auch dazu reichen die Indizien kaum aus. Sicher scheint schließlich, dass die beiden Teile des Kapitels V. 1–12 und 13–27 zunächst unabhängig voneinander zu betrachten sind.[17]

Mir scheint ein im Groben zweistufiges Wachstum mit einigen Ergänzungen plausibel. Die Koinzidenz der Beobachtungen weist auf eine Trennung von Fa-

---

16 Außer Acht gelassen wurde hier die durch das אמר Qal erzeugte Spannung zwischen V. 6 und V. 7. Zwar erscheint V. 6 im Erzählverlauf redundant, weil er außer der Lokalisierung des mosaischen Aufenthalts keine neue Information bietet, doch reicht das kaum aus, den Vers als wirklich problematisch auszuscheiden. Wem sollte er auch zugewiesen werden? So bleibt nur die grammatikalische Ausflucht, dass der Grundstamm hier im Sinne des Kausativstamms verwandt wurde oder die Annahme, dass ein unpersönliches „man" durch die 3. Sg. mask. bezeichnet wurde (vgl. Gen 48,42; 1 Kön 18,26 u. ö.).

17 Zu den Problemen von Ex 18,13–27 kann hier nicht Stellung genommen werden (vgl. jüngst mit Hinweisen auf die Literatur: *Graupner*, Exodus [1999], 11–26). Der zeitlich neue Einsatz zusammen mit dem Fehlen des Personennamens des Schwiegervaters und der gewechselte Gegenstand der Verse rechtfertigen die auch literarhistorische Trennung, s. bereits oben Anm. 11. Ich kann nicht sehen, dass in V. 1–12 „eine bis in Einzelheiten hinein auf den Kontext bezogene Bildung des Elohisten" (so *Graupner*, Elohist [2001], 115) vorliegt. Jedenfalls ist das כל־התלאה in V. 8 nicht auf die Belastung des Mose zu deuten, sondern wie in Num 20,14 am ehesten auf den gesamten Exodus bezogen. Auch durch das בדרך wird keine Engführung auf Wasser- und Nahrungsmangel nach der Befreiung erreicht.

milienzusammenführung und Bekenntnis des Jitro.[18] Die Grenze verläuft nach V. 7. Nichts spricht dagegen, dass dieser Erzählzug durch das gemeinsame Opfermahl (*im Zelt?*[19]) V. 12 fortgesetzt wird und durch die Verabschiedung des Schwiegervaters in V. 27 abgeschlossen wird (V. 1a.2* [ohne שלוחיה אחר].3–7.12* [ohne עלה].27). Die Szene nimmt die Personen und Konstellationen vom Beginn der Exoduserzählung wieder auf. Neben der Familie ist besonders auf die erste Begegnung zwischen Aaron und Mose hinzuweisen, die große Ähnlichkeit zu dem hier Erzählten hat. Zugleich wird durch V. 12 die Szene aus Ex 24 auf dem Sinai präfiguriert. Dort tauchen ebenfalls Mose, Aaron und die Ältesten auf, und es wird ein Opfermahl gehalten. Natürlich fällt auf, dass das, was hier als Grundschicht eruiert wurde, nicht von YHWH redet, sondern von אלהים. Daraus muss man zwar nicht gleich auf die Existenz eines elohistischen Quellenfadens schließen, doch zumindest gehört die Erzählung zu den Traditionen, die den YHWH-Namen, aus welchen Gründen auch immer, meiden und die für einen Elohisten ins Feld geführt werden können. Allerdings lassen sich weder sprachliche noch sachliche Verbindungslinien erkennen, die über den Anfang der Exoduserzählung hinausreichen. Aufgrund der Querverbindungen in die Exoduserzählung hingegen scheint wahrscheinlich, dass der Jehowist hier eine *ältere Tradition* aufgenommen hat, die von der Familienzusammenführung berichtete.[20] Ob dabei dem Jehowisten V. 1b und vielleicht auch die im Zusammenhang mit der jahwistisch (?) vorgegebenen Erklärung des Namens Gerschom in Ex 2,22 ergänzten Etymologien zuzuschreiben sind, kann hier ebenso offengelassen werden wie die Frage der Einbindung dieser Tradition in den Erzählablauf des Jehowisten (Ex 3f; 24).

---

18 Synchron fällt auf, wie stark die Betonung Jitros in der gesamten Erzählung ist. In immer gleicher Form wird er als explizites Subjekt an den Anfang der Sätze gestellt: V. 1 וישמע יתרו, V. 2 ויקח יתרו, V. 5 ויבא יתרו, V. 9 ויחד יתרו, V. 10 ויאמר יתרו, V. 12 ויקח יתרו. Aus dieser syntaktischen Gleichförmigkeit bricht nur V. 8 aus, wo Jitro zwar Subjekt ist, sein Eigenname aber nicht unmittelbar dem Narrativ folgt. Das dürfte mit dem impersonalen Verständnis des Narrativs zusammenhängen. Ferner ist die Betonung der Person des Jitro an dem „Abtauchen" der Familie des Mose zu erkennen, die nach der Zusammenführung keine Rolle mehr spielt.
19 Das hieße allerdings, dass mit dem Zelt nicht das Zelt des Mose, sondern das vorpriesterliche Zelt gemeint sein müsste. Zur Skepsis an einer vorpriesterlichen Zelttradition vgl. *Frevel*, Blick (2000), 95. Das vorpriesterliche Zelt findet z. B. *Holzinger*, Exodus (1900), 62. Abraham Ibn Esra allerdings geht davon aus, dass es sich um das Zelt des Mose handelt und er deshalb keine explizite Erwähnung finde. Auch liest Ibn Esra aus dem לפני האלהים, dass sich das Zelt des Mose östlich vom Zelt der Begegnung befunden haben soll.
20 Gegen die Annahme eines elohistischen Erzählzusammenhangs spricht, dass die Version, die die Familie des Mose in Midian bleiben lässt und Ex 4,20 offen widerspricht, in Ex 4 nicht zu erkennen ist.

Der ausführliche Bericht des Mose und das daran anschließende Bekenntnis des Jitro V. 8abß.9a.10a.11 erweisen sich demgegenüber als sekundär.[21] Die Nähe zur deuteronomistischen Sprache verweist das in nur scheinbar polytheistischem Gewand formulierte monotheistische Bekenntnis in die frühnachexilische Zeit.[22] Die Fortschreibungen V. 1b⁷.9b.10b, die das Bekenntnis bereits voraussetzen, spitzen die Botschaft auf die Rettungstat der Herausführung zu und machen נצל zum Leitwort.[23] Schon Mose soll ausdrücklich auf die Errettung durch YHWH hingewiesen haben. Dass YHWH aus der Unterdrückung durch die Ägypter befreit, gerade das wird für die Außenstehenden als Anlass zum Bekenntnis gesehen. Das deutet darauf hin, dass das Bekenntnis des Jitro zum Fokus des Kapitels avanciert ist und führt uns zu der zweiten angekündigten Dimension. Schauen wir unter den Voraussetzungen der literarischen Analyse nun auf das Bekenntnis des Schwiegervaters.

Bekenntnisse eines Midianiters – Die religionsgeschichtliche Dimension

Mit Ex 18 ist in der Forschung die sog. Midianiterhypothese eng verbunden. Die besagt, dass YHWH den Israeliten über die Midianiter vermittelt wurde, YHWH also ursprünglich ein midianitischer Berg- bzw. Wettergott war. In älteren Kommentaren wird die Hypothese sogar so weit ausgeweitet, dass Jitro in dem Bekenntnis zur Suprematie YHWHs nur das bestätigt, was er schon vorher wusste. „Wie kann Jethro, der ausdrücklich als *Priester der Midianiter* bezeichnet wird, Jahwe als den höchsten aller Götter feiern? Das ist nur verständlich, wenn Jahwe auch Gott der Midianiter ist".[24] Für die Jüngeren, denen das Bekenntnis als später entstandenes Stück gilt, macht sich die Midianiterhypothese an V. 12 fest. So schreibt z. B. Rainer Albertz: „Nach geglückter Flucht aus Ägypten suchten sie unter Führung des Mose das Bergheiligtum Jahwes auf, der sich so wunderbar als

---

21 Gegenüber V. 1 liegt eine Doppelung vor, so dass nicht von einem gegenseitigen Sich-Ergänzen von V. 1 und V. 8 gesprochen werden kann (so *Houtman*, Exodus [1993], 407).

22 Aus dem „unter allen Göttern" sollte man nicht auf einen polytheistischen Kontext schließen wollen, vgl. mit dem treffenden Hinweis auf Ps 135 auch *Childs*, Exodus (1974), 328.

23 Auf die nicht zusammenhängenden Ergänzungen und Fortschreibungen in V. 2.8.12 ist hier nicht näher einzugehen. Die erste steht im Zusammenhang mit der Exoduserzählung und versucht einen Ausgleich zu 4,20, die zweite steht vielleicht im Gespräch mit Neh 9,31f und versucht, durch den Verweis vielleicht dort die Motivation zum Eingreifen YHWHs zu erhöhen, und die dritte ist opferkultischer Natur.

24 *Greßmann*, Mose (1913), 163; Vgl. neben anderen *Childs*, Exodus (1974), 322.

Gott ihrer Befreiung bewährt hatte. ... Und wie Mose durch die Vermittlung seines midianitischen Schwiegervaters den Gott Jahwe kennengelernt hatte, so waren es wiederum die Midianiter, die die Exodusgruppe in den Jahwekult auf dem Gottesberg einführten (Ex 18,12). Es ist durchaus wahrscheinlich, daß der ‚Sinai' einmal ein Bergheiligtum im edomitisch-midianitischen Grenzland war, das von den verschiedenen nomadischen Stämmen der Region, insbesondere von den Midianitern, aufgesucht wurde und an dessen Kult sich nun auch die Exodusgruppe beteiligte".[25] Für W. H. Schmidt, der in Ex 18 sogar den „zweifellos wichtigste(n) Text für die Rückfrage nach der Midianiterüberlieferung"[26] sieht, stellt sich im Anschluss an das gemeinsame Opfermahl die Frage: „Wurde Israel an einem midianitischen Wallfahrtsheiligtum in den ortsüblichen Kult aufgenommen, so dass beide Völker oder Stammesgruppen *einen* Gott haben?".[27] Damit – so meine ich – wird V. 12 überlastet und das alte Urteil von Martin Noth perpetuiert, der in der Opferfeier den „überlieferungsgeschichtlichen Haftpunkt" der Erzählung sah.[28] Die Lage des „Sinai" ist weder aus V. 5 noch aus V. 12 zu eruieren, auch wenn wahrscheinlich bleibt, dass der Gottesberg eher südöstlich der Araba als auf der Sinaihalbinsel zu suchen ist.[29] Ebenso wenig gibt der Text her, dass es sich um ein Wallfahrtsheiligtum gehandelt habe. Selbst als Einführung in den Kult der „ortsüblichen Gottheit" wird man V. 12 nicht bezeichnen können. Ob hinter der Überlieferung irgendeine Form von institutionalisierter Begegnung zwischen Midianitern und Israeliten steht, muss – und selbst das ist noch Zugeständnis – offen bleiben. Das Zeugnis von V. 12 ist bescheiden: Es wird von einer Schlachtopferfeier im Midianitergebiet berichtet, der der midianitische Priester vorstand. Da das Bekenntnis zu YHWH im Munde Jitros noch nicht vorausgesetzt werden kann, bleibt zunächst offen, welchem Gott in V. 12 die Opfer dargebracht werden. Dass es YHWH ist, macht m. E. in der Tat die Midianiterhypothese wahrscheinlich, die aber *nicht* aus Ex 18 begründet werden kann. Nach wie vor sprechen folgende Argumente für eine ursprüngliche Zusammengehörigkeit von YHWH und den Midianitern:

(1) Der Gott YHWH stammt nicht aus Palästina und war ursprünglich nicht mit Isra*el* verbunden. Sein Name, der wohl von altnordarabisch *ḥwh* „er weht" ab-

---

25 *Albertz*, Religionsgeschichte (1992), 88.

26 *Schmidt*, Exodus (1983), 115.

27 *Schmidt*, Glaube (⁸1996), 88.

28 Schon die Annahme eines midianitischen Wallfahrtsheiligtums stammt von *Noth*, Überlieferungsgeschichte (²1960).

29 Womit nicht bestritten werden soll, dass Sinai und Gottesberg überlieferungsgeschichtlich nicht zwingend zusammengehören.

zuleiten ist, deutet auf einen ursprünglichen Wettergott aus dem Gebiet südöstlich der Araba hin. Dort siedeln auch die Midianiter.[30]

(2) Die Flucht des Mose nach Midian und der Kontakt mit den Midianitern ist aufgrund der späteren Feindschaft zwischen Israel und Midian unableitbar. Wenn man nicht von einem historischen Aufenthalt in Midian ausgehen will, so muss man doch mit E. A. Knauf von einem Kontakt zwischen Mose und Midianitern in Ägypten ausgehen.

(3) Die Evidenz der in topographischen Ortsnamenlisten zuerst auf Bauteilen ägyptischer Tempelanlagen Amenophis III. (1390–1352 v. Chr.) in Sōleb im Sudan und dann – wohl davon abhängig – in Inschriften Ramses II. in Amarah-West auftauchenden Š3św-jhw weisen – wenn auch die Diskussion hierüber noch nicht mit einhelliger Eindeutigkeit abgeschlossen ist – ebenso auf das Gebiet Südpalästinas.[31]

(4) Bei allen in jüngerer Zeit prominenten Spekulationen über eine Verbindung der mosaischen Religion mit dem Monotheismus Echnatons darf nicht übersehen werden, dass YHWH *kein* ägyptischer Gott ist, sondern den Israeliten *über Mose* vermittelt wird. Dafür aber spielt die Begegnung am Gottesberg eine herausragende Rolle.

Insofern also aus anderen Gründen davon ausgegangen werden kann, dass YHWH der Gott des Priesters von Midian war, ist anzunehmen, dass das Opfermahl im Kontext der YHWH-Verehrung stand. Dass Jitro im Grundtext dem Opfermahl vorsteht, ist darin begründet, dass er einen kultischen Kompetenzvorsprung von Mose und Aaron hätte. Vielmehr scheinen die priesterlichen Funktionen Aarons noch nicht ausgeprägt und Mose die Handlungen in Ex 24 vorbehalten zu sein.[32]

Fazit: Die Grundschicht von Ex 18,1–12 eignet sich nicht zur Stütze der Midianiterhypothese, zeigt aber durchaus zuverlässige Spuren der Anfänge des YHWH-Glaubens und ist damit auch ohne die weitgreifenden historischen Annahmen einer Wallfahrt oder gemeinsamer institutionalisierter Kultfeiern mit den Midianitern religionsgeschichtlich ein wertvolles Zeugnis.

Neben der vom Grundtext ausgehenden religionsgeschichtlichen Rückfrage ist das später eingetragene Bekenntnis von Interesse. Als erstes Bekenntnis eines Nicht-Israeliten zur Suprematie YHWHs nimmt es eine prominente Stellung im Pentateuch ein. In dem Bekenntnis der Rahab in Jos 2,9–11 und dem kürzeren

---

30 Vgl. dazu und zum folgenden die Diskussion bei *Knauf*, Midian (1988), passim.

31 Vgl. zur Diskussion *Knauf*, Midian (1988), 50 f und den Überblick (mit etwas anderer Akzentuierung) bei *Görg*, Beziehungen (1997), 48.158.

32 Auch von hier her bestätigt sich noch einmal, dass die Erzählung nach dem Sinai ebenso Schwierigkeiten bereitet, denn dort ist Aaron der geweihte Priester.

Bekenntnis des aramäischen Hauptmanns Naaman in 2 Kön 5,15 hat es seine nächsten Parallelen; auch in der Moabiterin Rut oder den Seeleuten der Jonaer-zählung stehen Jitro weitere Mitstreiter im Alten Testament zur Seite. Jitro steht als Ausländer für die Völker, die zum YHWH-Glauben kommen. An ihm wird durchgespielt, dass es zum Verhalten der Amalekiter, die auf Israels Erwählung kriegerisch reagieren (Ex 17), eine positive Alternative gibt.[33] In dem Bekenntnis geht es nicht, wie Erhard Blum meint, „um eine Auseinandersetzung mit dem Problem der außer-israelitischen Familienbeziehung des Mose". S. E. besteht die Lösung der Erzählung darin, „daß sich der fremde Priester (!) gleichsam mit Israel ‚identifiziert' (V. 9), sich als *JHWH-Verehrer* erweist und teilhat an der Kultge-meinschaft der Israeliten (V. 12)".[34] Um das Mischehenproblem geht es hier jedoch nicht, sondern um die Frage, ob und in welcher Form die Völker Anteil an dem Gott des erwählten Volkes haben können. Die rabbinische Exegese ist im Recht, wenn sie in Jitro einen exemplarischen Proselyten sieht, dessen Bekenntnis die Kult-teilnahme ermöglicht. Bemerkenswert ist, dass Jitros Bekenntnis sich wie bei Rahab an den Befreiungstaten des Gottes Israels, nicht hingegen wie in den Psalmen oder Deuterojesaja an seiner Schöpfermacht und an seiner Einzigkeit festmacht. Das Bekenntnis Jitros ist zwar in einem polytheistischen Referenz-rahmen formuliert, denn schließlich wird die Existenz anderer Götter nicht be-stritten, dennoch ist es deshalb nicht früh zu datieren.[35] Die Diskussion um die Aufnahme von Fremden und Ausländern in die Kultgemeinde wurde in nach-exilischer Zeit geführt und spiegelt sich hier gerade in einem der Vertreter der Erzfeinde Israels, einem Midianiter.[36]

Zum einen geht es erkennbar um den paradigmatischen Nicht-Israeliten, zugleich aber – aus einer rezeptionsästhetischen Perspektive heraus gesehen – um alle diejenigen, die nicht selbst am Exodus teilgenommen haben. Beispielhaft macht das Bekenntnis des Jitro deutlich, wie das gegenwärtige Israel, das am Exodus nicht selbst teilgenommen hat, resp. die Leserin/der Leser, die/der sich nicht zu Israel rechnet oder rechnen kann, aufgrund der *tradierten* Exoduser-fahrung zum Glauben an YHWHs Macht kommen kann. Jitro nimmt mit seinem Bekenntnis die Aussage des Moseliedes auf und greift damit auf die Befreiungs-erfahrung im Exodus zurück! Dort hieß es: „Wer ist wie du, Herr, unter den Göt-tern? Wer kommt dir gleich, so herrlich in Heiligkeit, furchtbar an Ruhm, Wunder vollbringend?" (Ex 15,21). Dieser Bezug drängt sich auf der synchronen Textebene

---

33 Dieser Zug ist vielfach betont worden, vgl. z. B. neben Ibn Esra bei *Rottzoll, Abraham* (2000), 486; *Houtman, Exodus* (1993), 403.
34 *Blum,* Komposition (1990), 160.
35 Vgl. z. B. 2 Chr 2,4, vgl. 1 Chr 16,25 f; 2 Chr 32,14; Ps 95,4; 96,4; 97,9; 135,5; Jes 36,20.
36 Zu Perhorreszierung der Midianiter vgl. *Knauf,* Midian (1988), 160–169.

auf. Nach diesen schon sehr weit ausgreifenden Überlegungen einer lesetheologischen Dimension von Ex 18 sei zum Abschluss nun noch ein kompositionskritischer Blick auf die Ebene des Pentateuch gewagt. Dazu ist noch einmal auf die Frage zurückzukommen, ob die Erzählung von Ex 18 am „rechten Platz" steht.

Der weite Blick des Janusgesichts –
Die kompositionsgeschichtliche Dimension

Ich nenne meine These vorweg: Ex 18 hat ein Janusgesicht und übernimmt im Aufriss des Pentateuch eine Brückenfunktion. Zusammen mit der Erzählung von den Bitterwassern in Mara (Ex 15,22–27), der Manna-Wachteln-Erzählung (Ex 16) und der Erzählung von Massa und Meriba (Ex 17,1–7) bildet sie einen Übergangsbereich zwischen den beiden großen Hauptteilen, der Exoduserzählung und der Sinaierzählung. Zugleich fällt auf, dass die genannten Erzählungen zu denen, die im Anschluss an den Sinai stehen, Entsprechungen haben und so das Geschehen am Sinai ummantelt wird.

Ex 18 wirft, wie im ersten Teil gezeigt, ernsthafte Probleme im Geschehensverlauf der Exoduserzählung auf. Erst in Ex 19,1 bricht Israel von Refidim auf und gelangt zum Sinai, wohingegen die Szene mit Jitro nach Ex 18,5 bereits am Sinai stattfindet. Bereits im Midrasch und sehr früh auch im bTalmud ist – und das ist für die nahezu rein synchron ansetzende rabbinische Exegese bemerkenswert – über die Versetzung dieses Kapitels hinter den Sinai nachgedacht worden.[37] Für Abraham Ibn Esra, der eine der wirkungsvollsten Analysen des Problems vorgelegt hat, spielt sich die Szene zwei Jahre nach der Errichtung des Offenbarungszeltes am Sinai ab. Seine Gründe sind neben der bereits genannten Diskrepanz zu den Wandernotizen: (1) Brandopfer und Schlachtopfer, die in V. 12 dargebracht wer-

---

[37] Mekhilta II, 162 ff und im babylonischen Talmud bZeb 116a (1. Traktat des 5. Seder Qodaschim). Dort finden sich beide Ansichten: Rabbi Jehoschua meint, Jitro habe von der Amalekiterschlacht gehört, während Rabbi Eleasar findet, dass er von der Gabe der Tora gehört habe. So auch der palästinische Talmud im Traktat Megilla und Levitikus Rabba IX,9; Raschi versetzt im Anschluss an die Mechilta V. 13 ff auf den Jom Kippur nach dem Herabsteigen vom Sinai. Vgl. die Hinweise bei *Rottzoll*, Kommentar (2000), 484.503. Zur christlichen Rezeption und dem Vorschlag der Versetzung vgl. z. B. *Greßmann*, Mose (1913), der wie *Wellhausen*, Prolegomena (⁶1905), 363 die Erzählung in Kadesch lokalisiert. Zuletzt hat A. Graupner die These von der Versetzung der Erzählung in moderater Form aufgenommen. „Die gegenwärtige Stellung von Kap. 18 berechtigt darum nicht zu dem Schluß, daß die Erzählung ein später Nachtrag ist, sondern verlangt eine sachliche Erklärung. Hat R^{JEP} Kap. 18 bewußt aus der Sinaiperikope ausgegrenzt? Tatsächlich lässt sich die gegenwärtige Stellung der Erzählung kaum anders verstehen" (*Graupner*, Elohist [2001], 118).

den, setzen einen Altar voraus, der erst in Ex 38,1 hergestellt wird. (2) Die Satzungen und Weisungen, von denen in V. 13 – 26 geredet wird und die die Grundlage der Rechtsreform darstellen sollen, werden erst am Sinai gegeben und sind hier noch nicht bekannt. (3) In Dtn 1,9 – 18 wird ebenfalls von der Entlastung des Mose durch Einsetzung von Richtern und Stammesvorstehern berichtet.[38] Diese Szene ist im Plot aber eindeutig vor dem Aufbruch vom Horeb situiert.[39]

Gegenüber den Versetzungsargumenten plädiert Benno Jacob in seinem großen Exoduskommentar für den jetzigen chronologischen Ort des Kapitels.[40] Seines Erachtens gehen die Argumente von falschen Voraussetzungen aus. Zum einen – und das ist eine wirklich wichtige Beobachtung – weist er darauf hin, dass nicht die Rede davon ist, dass Israel bereits am Gottesberg lagere. Denn dort sind zunächst nur Mose, Aaron und die Ältesten. Jacob macht auf die Erzählung von Massa und Meriba in Ex 17 aufmerksam, wo Mose dem Volk vorangeschickt wird und Gott ankündigt: „Siehe, ich will dort vor dich auf den Felsen am Horeb treten" (Ex 17,6). Die Ausführung geschieht dann vor den Augen der Ältesten Israels. Jacob plädiert also für eine Dissoziierung von Mose, Ältesten und Volk. Was auf den ersten Blick wie eine wirklich am Text orientierte Lösung aussieht, bewährt sich dort leider nicht. Denn auch Jacob kommt an dem ושתה העם „auf dass das Volk trinke" nicht vorbei. Sein Konstrukt, dass die Israeliten sich Wasser vom Horeb nach Refidim holen, ist wenig überzeugend. Spätestens in Kap. 18 bricht seine Konstruktion gänzlich zusammen, wenn Mose am Morgen nach der Opferfeier ohne angezeigte vorherige Ortsbewegung vor dem Volk sitzt.[41] Man kommt nicht umhin, hier mit Ibn Esra Dissonanzen in den Lokalangaben und der Ereignisfolge zu sehen.[42]

---

38 Vgl. dazu *Rottzoll*, Kommentar (2000), 484 – 487.

39 C. Houtman, der sich insgesamt strikt gegen eine Versetzung ausspricht (*Houtman*, Exodus [1993], 400) führt noch die Bemerkung aus Ex 24,14 an, die nichts von einer Einsetzung von Richtern und Volksführern unter den Ältesten zu wissen scheint. Dort sagt Mose vor seinem Aufstieg auf den Berg אלהם יגש דברים מי־בעל עמכם וחור אהרן והנה. Doch in der allgemeinen Formulierung muss es nicht um Rechtsangelegenheiten gehen und die Ältesten dürfen nicht mit den Führern Israels in eins gesetzt werden.

40 Vgl. zum Folgenden *Jacob*, Buch (1997), 508 – 524.

41 Wie er sich den Übergang von Ex 18,12 zu Ex 18,13 ff vorstellt, darüber hüllt Jacob ebenso den Mantel des Schweigens wie über die Beseitigung der Spannung zwischen Dtn 1,9 – 18 und Ex 18,13 – 26.

42 Den zweiten klassischen Weg der Erklärung schlägt *Nachmanides* ein. Er versucht die Diskrepanz durch einen Ortswechsel des Jitro zu erklären. Jitro kommt zum Gottesberg, weil er dort Mose und die Israeliten erwartet, schickt einen Boten zu Mose und dieser holt ihn vom Gottesberg nach Refidim in das Lager. Diese Lösung ist eleganter. Doch auch von ihr steht nichts im Text.

Eine Versetzung des gesamten Kapitels hinter Num 11 kommt jedoch m. E. nicht in Frage, da der erste Teil erkennbar das Exodusgeschehen abschließt: Jitro, der Schwiegervater des Mose, war zuletzt am Anfang und am Ende der Berufung des Mose in Ex 3,1– 4,17 genannt worden (Ex 3,1; 4,18).[43]

Midian   Ex 18,1–12

Berufung des Mose	3,1–4,17		Moses Familie mit
Verabschiedung	4,18		Jitro am Gottesberg
Rückkehrauftrag	4,19		
Rückkehr mit Familie	4,20		
Beschneidung	4,21–26		
Begegnung mit Aaron	4,27–28		
Versammlung der Ältesten	4,29		

Ägypten / Exodus

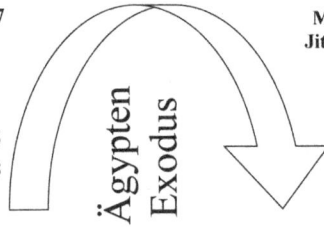

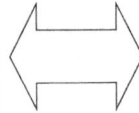

Jitro	3,1; 4,18		Jitro	18,1–12
Priester von Midian	3,1		Priester von Midian	18,1
Schwiegervater	4,18		Schwiegervater	18,1–27
Zippora	2,21; 4,25		Zippora	18,2
Söhne des Mose	4,20–26		Söhne des Mose	18,3.5.6
Gottesberg und	3,1; 4,27		Gottesberg und	18,5
Wüste	3,1; 4,27		Wüste	18,5
Aaron	4,27f		Aaron	18,12
Älteste	4,29		Älteste	18,12

Mit dieser das Exodusgeschehen verklammernden Aufnahme erklärt sich vielleicht auch die auffallende Betonung des Namens und der Verwandtschaftsbezeichnung „Schwiegervater des Mose" in Ex 18,1– 12. Ebenso wie der Schwiegervater sind Frau und Söhne Moment der expliziten Verklammerung. Zippora wird nur in Ex 2,21; 4,25 und hier erwähnt. Schließlich – und damit dürften alle Zweifel dahin sein – ist vom הר האלהים im Pentateuch nur in Ex 3,1, der ersten Begegnung Aarons mit Mose in Ex 4,27, hier in Ex 18,5 und dann Ex 24,13 die Rede, davon in den ersten drei Stellen in Kombination mit מדבר.[44] Damit ist deutlich, dass Ex 18 eine Klammer mit Ex 3,1–4,27 bildet. Warum ist eine solche Klammer sinnvoll, zumal die Lokalisierung am Gottesberg doch so offenbar Schwierigkeiten macht? Hier werden nun die einleitenden Bemerkungen wichtig, und wir sind gezwungen, noch stärker in die Textfläche hineinzugehen. Es geht dabei um den alten Disput, ob das Exodusbuch grob in zwei oder in drei Teile zu gliedern ist.

---

43 Vgl. schon *Childs*, Exodus (1974), 327: „Now ch. 18 functions as a concluding scene".
44 Sonst nur noch 1 Kön 19,8.

Der Exodus der Israeliten aus Ägypten ist mit dem hymnischen Bekenntnis „Hoch und erhaben ist der Herr, Rosse und Wagen warf er ins Meer" eindeutig abgeschlossen. Nach dem Mirjamlied in Ex 15,21 bricht Israel vom Schilfmeer auf und zieht in die Wüste. Ab jetzt bleibt Israel in verschiedenen Wüsten bis zum Überschreiten des Jordans. Der Eisodus, das auf das verheißene Land hin orientierte Gegenstück zum Exodus, beginnt aber nicht am Schilfmeer, sondern erst mit dem Aufbruch vom Sinai in Num 10,11 ff. Der kompositionelle „Hiatus" zwischen den beiden Größen Exodus und Sinai wird gefüllt durch die Erzählungen in Ex 15,22–18,27.[45] Das Interessante ist nun, dass Ex 18 mit seiner zwitterhaften Lokalisierung am Gottesberg gar nicht alleine steht, sondern der gesamte Bereich durch ein „Schon" und „Noch nicht" geprägt ist. Auch für Ex 16 ist eine Versetzung diskutiert worden, allerdings bezogen auf den Faden der Priestergrundschrift. Denn es hat die Forschung verstört, dass in dieser Erzählung schon der כבוד יהוה erscheint, der in der Priesterschrift *erst ab dem Sinai* auftritt. Es heißt dort in V. 10 „Da geschah es, als Aaron zur ganzen Gemeinde der Söhne Israel redete und sie sich zur Wüste hinwandten, siehe, da erschien die Herrlichkeit YHWHs in *der* Wolke". Die auffallende lokale Ausrichtung „zur Wüste hin" ist nicht eine „redaktionelle Verlegenheitsauskunft", wie Claus Westermann meinte[46], sondern ordnet das Geschehen auf den Sinai hin. Ex 16,1 hatte Israel in der Wüste Sin zwischen Elim und Sinai lokalisiert, so dass das „zur Wüste hin" recht eindeutig als *zum Sinai hin* zu verstehen ist. Das wird unterstrichen durch die Wolke, die in Ex 19,9.16 und – determiniert wie hier – in Ex 24,15–18 das Theophaniegeschehen bestimmt. Israel ist zwar noch nicht am Sinai, aber die Gottesgegenwart des Berges ragt schon in die Wüste hinein und jene heilende Gottesnähe nährt mit Manna und Wachteln.

Nicht anders in Ex 17,1–7, wo der Durst des Volkes gestillt wird. Wie schon erwähnt, wird Mose beauftragt, mit den Ältesten eine Ortsbewegung zu vollziehen. V. 6 lautet dann: „Siehe ich stehe vor dir dort auf dem Felsen am Horeb. Schlag auf den Felsen und es werden Wasser herauskommen, auf dass das Volk trinke". Auch hier verstört die Lokalisierung die klassische Literarkritik, so dass sie nahezu

---

45 Ich betone, dass ich im Folgenden eine (m. E. dominante) kompositionsgeschichtliche Linie herausgreife. Eine andere wird durch die erkennbar (spät-)dtr Hexateuch-Klammer zwischen Ex 15,25 und Jos 24,25 gesetzt, wo jeweils die Formulierung שים לו חק ומשפט für die Rechtsproklamation verwandt ist. Trotz der relativ häufigen Kombination von חק und משפט wird doch durch den Singular (nur noch Esra 7,10) und das שים לו ein völlig eindeutiger Bezug erreicht. Vgl. dazu *Schmid*, Erzväter (1999), 286. Umstellungen jedenfalls, wie etwa noch *Johnstone*, Sea (1996), 260 f sie vorschlägt, sind nicht sinnvoll, solange man kompositionskritisch Gründe für die jetzige Anordnung angeben kann.
46 Vgl. dazu *Frevel*, Blick (2000), 123 f.

durchgehend als Nachtrag gilt.[47] Doch wird damit ebenso wie in Ex 18 das Problem nicht gelöst. Hier wie an den anderen Stellen scheint die Spannung zwischen Wandernotiz und Lokalisierung der Erzählung bewusst in Kauf genommen zu sein, um ein Oszillieren der Erzählung zwischen Wüste und Sinai zu erzielen. Am Gottesberg, in der Begegnung mit dem lebendigen Gott, findet sich das lebensspendende Wasser. Dass der Gottesberg hier Horeb und nicht wie in Ex 16,1 Sinai genannt wird, sollte nicht nur diachron als Hinweis auf ein deuteronomistisches Gepräge verstanden werden, sondern schlägt den Bogen zum Beginn des Exodusgeschehens in Ex 3,1[48] zurück, denn der Horeb kommt zwischenzeitlich nicht mehr vor. Der Name, der wie ein Schlaglicht auftaucht, leitet die Leserin/den Leser zur „Begegnung" am Gottesberg.[49] Indem die Erzählungen sich lokal auf den Sinai hinordnen, unterstreichen sie die Anziehungskraft dieses Ereignisses und seiner Inhalte. Es ist wie bei einer vom magnetischen Nordpol angezogenen Kompassnadel, die die Richtung vorgibt. Vom Sinai soll das Leben bestimmt sein, vom Gottesberg her kommt Nahrung und Wasser, Weisung und Entlastung. Die Erwählung und Errettung Israels erweist sich nicht nur vom Schilfmeer her als Befreiung, sondern auch vom Gottesberg und den die Gottesnähe ermöglichenden Weisungen her.

Damit erscheint die Lokalisierung der Erzählung von Ex 18 am Gottesberg gar nicht mehr so ungewöhnlich wie zuvor. Das Hauptversetzungsargument, die scheinbar verfrühte Lokalisierung am Gottesberg, greift nur unter der vorausgesetzten Isolierung des Kapitels. Im Kontext der Erzählungen von Ex 15,22–18,27 schmilzt der Eisberg des Anstoßes zusammen. Zudem wird deutlicher, warum in Ex 18,1–12 noch einmal so signifikant die Bögen zum Beginn des Exodusgeschehens geschlagen werden. Die lokale Nähe zum Gottesberg und zu YHWH wird von Erzählung zu Erzählung größer, in Ex 18,12 gipfelt sie in einem Gemeinschaftsmahl vor Gott. Die Wiederaufnahme des Ortes und der Personen aus dem Anfang der Exoduserzählung motiviert den Übergang zu etwas Neuem, gibt ihm erwartungsvolle Schubkraft. In der Opferfeier am Gottesberg wird die Nähe zwischen Gott und Mensch, die die Theophanie der folgenden Kapitel entfaltet, beispielhaft angespielt. Die Stichwortbezüge zwischen Ex 24 und Ex 18 und die Beteiligten Aaron, Mose und die Ältesten unterstreichen diesen Zusammenhang zusätzlich.

---

47 Vgl. *Noth*, Exodus (⁵1973), 112; *Scharbert*, Exodus (1989), 73.

48 Das ist bei den drei Erwähnungen des Horeb im Exodusbuch (Ex 3,1; 17,6; 33,6) ebenfalls eindeutig.

49 Von diesen Beobachtungen her bekommt הגבעה in Ex 17,8–17 noch einen anderen Sinn. Hier ist eben nicht an den Gottesberg gedacht, diese Konnotation wird durch die „niedrigere" Terminologie sowie die explizite Lokalisierung in Refidim vermieden.

Der Disput um die Frage, ob das Exodusbuch sich in zwei oder drei Hauptteile gliedert, lässt sich nicht entscheiden und soll auch nicht entschieden werden. Einerseits ist das Exodusgeschehen mit dem Mirjamlied Ex 15,21 abgeschlossen, und das Sinaigeschehen beginnt erst in Ex 19,1. Das spricht für die Dreiteiligkeit. Doch, wie gezeigt, ragt der Sinai in den Zwischenbereich mehr als deutlich hinein, und durch Ex 18 wird eine Klammer zum Beginn gesetzt, die eine Zweiteilung forcieren würde. Gerade an Ex 18 hat sich gezeigt, dass Ex 15,22–18,27 als *oszillierender Übergangsbereich* zu bezeichnen ist. Übrigens eine typische Form der Gliederung alttestamentlicher Erzähltexte.

	Sinaierzählung	
Ex 15,22–18,27	Ex 19,1–Num 10,10	Num 10,11ff
Ex 16,1–36	Manna – Wachteln	Num 11
Ex 17,1–7	Wasser aus dem Felsen	Num 20,1–12
Ex 17,8–16	Amalekiter	Num 13f
	Bewohner des Landes	
Ex 18,1–27	Schwiegervater	Num 10,29
	Frau des Mose	Num 12,1
Ex 18,13–27	Übertragung von Autorität auf	Num 11,16
	Vertreter des Volkes	

Noch aus einem anderen Grund leiste ich gegenüber einer einfachen Zweiteilung des Exodusbuches Widerstand. Denn mit dem Janusgesicht zwischen Exodus und Sinai ist die strukturelle Funktion von Ex 15,22–18,27 keinesfalls erschöpft. Schaut man auf die im Anschluss an die Sinaierzählung bis zur Kundschaftererzählung stehenden Textstücke, dann fällt die Parallelität auf.[50] Zwar ist keine strenge Konzentrik festzustellen, doch sowohl das Manna als auch die Wachteln tauchen wieder auf. Erneut spielen der Schwiegervater des Mose und auch die Frau des Mose eine Rolle, wenn auch deren Name nicht genannt wird. Die Amalekiter kehren am Ende der Kundschaftererzählung wieder. Und wie in Ex 18

---

50 Vgl. zu den Fragen des Aufbaus und des „sinaitischen Zentrums" des Pentateuch bereits *Zenger*, Pentateuch (1996), 5–34; *ders.*, Buch (1999), 47–83 sowie die Überlegungen in *ders.*, Einleitung (³1998), 66–79 mit entsprechenden Literaturhinweisen.

geht es in Num 11 um die Frage der Autoritätsbindung an die Person des Mose. Dort wird den Ältesten etwas von dem Geist Mose übertragen.

Die einen Rahmen um das Sinaigeschehen bildende Anordnung der Erzählungen, die hier nur angerissen werden kann, macht deutlich, dass Aufbau und Gliederung des Pentateuch nicht zufällig sind und dass das Exodusbuch auf der Endtextebene nicht nur in den Plot des Pentateuch eingebunden ist. Die Erzählungen vor dem Sinai, die diesen zum Zielpunkt des Exodus werden lassen, erscheinen wie ein Vexierbild. Auf der Ebene des Pentateuch betrachtet, bilden sie einen Rahmen um das Sinaigeschehen und flankieren so dessen zentrale Stellung. Durch (die Anordnung) der Bezüge wird der Sinai insgesamt ins Zentrum gerückt. Dabei wird keine strenge Konzentrik oder eine über Einzelzüge hinausgehende Entsprechung angezielt, was eher dafür spricht, dass mit vorgegebenen Materialien und Strukturen gearbeitet worden ist, ja wahrscheinlich die Bezüge nicht mit einem redaktionellen Paukenschlag hergestellt wurden, sondern selbst gewachsen sind. Auch der fehlende Ausgleich zwischen der Namenstradition des Schwiegervaters oder die unterschiedlichen Traditionen von der Frau des Mose deuten darauf hin, dass diese Texte nicht erst auf dieser Ebene geschaffen worden sind, sondern die Bezüge durch die Anordnungen der Erzählungen hergestellt worden sind. Ob die Gestaltung auf eine „letzte Hand" zurückgeht oder die Bezüge mit dem Pentateuchredaktor des Urkundenmodells zu verbinden sind, soll hier offen gelassen werden. Gerade für eine Verantwortlichkeit von R^P fehlen, so weit ich sehen kann, bisher die Indizien.

Die vage Anzeige der kompositionellen Linien soll hier zunächst genügen. Zum Abschluss kehre ich noch einmal zu der Erzählung in Ex 18,1–12 zurück. Auf der Endtextebene nämlich erhält die Erzählung nochmals einen Sinnzuwachs in theologischer Hinsicht. Um dies nachzuvollziehen soll an Jitro als Nicht-Israeliten angeknüpft werden und die unmittelbare Textebene verlassen werden.

„Jetzt habe ich erkannt ..." – Jitro als Paradigma

Die vorangegangenen Überlegungen haben die prominente Stellung des Bekenntnisses Jitros im Pentateuch herausgestellt. Unterstrichen wird das noch dadurch, dass es das *einzige* Bekenntnis eines Nicht-Israeliten zu YHWH im Pentateuch ist. Jitro erhält Vorbildfunktion, jedoch nicht nur als Fremder und Nicht-Israelit. Er hat am Exodus selbst nicht teilgenommen, ist selbst nicht von YHWH aus einer Knechtschaft zur Freiheit befreit worden. Dennoch kommt er zum Bekenntnis zu YHWH als dem Gott der Befreiung. Allein die Kenntnis von der befreienden Geschichtsmächtigkeit des Gottes Israels führt ihn zur Anerkennung der Suprematie YHWHs, ohne dabei andere Götter zu verwerfen. Nach der Begegnung mit Israel und – was entscheidend ist – noch *vor* der Kundgabe der Tora und der Verpflichtung auf sie, verlässt er Israel wieder und kehrt ohne Bindung an das verheißene Land Kanaan/Israel nach Midian zurück.[51] Er wird von Mose in Frieden entlassen, ohne auf das oder ein Gesetz verpflichtet zu werden. Darin ist er dem Aramäer Naaman in 2 Kön 5 vergleichbar, und darin liegt ein Wahrheitsmoment der christlichen Rezeption, die Jitro als Typos des Christen deutet.[52] Doch ihn damit – wie in der christlichen Lesart meist geschehen – von der Tora zu lösen, scheint mir wenig zutreffend. Nur weil Jitro nicht auf die Tora verpflichtet wird und zur Einhaltung von Geboten angehalten wird, ist die Tora in ihrer Funktion in Ex 18 noch lange nicht erschöpft. Jitro kommt nämlich zu seinem Bekenntnis nicht aus sich selbst heraus. Nicht schon die Kunde des Geschehens führt ihn zum Bekenntnis, sondern erst die Begegnung im Zelt und das Erzählen des Mose. Es bedarf der Vermittlung des Mose, um das Exodusgeschehen als Quellgrund des Glaubens an YHWH anzunehmen. Aus der Perspektive der Rezeption des Pentateuch ist aber „Mose" mehr als nur der Volksführer und Schwiegersohn. Mose ist zugleich Synonym der Tora, Mose kann für die Person, aber auch für die Tora selbst stehen. Das bestätigt die innerbiblische Rezeption, wenn beispielsweise aus „Mose" gelesen wird. Setzt man diese Austauschbarkeit voraus und spielt damit, dann erzählt die „Tora", wenn „Mose" erzählt. Mit Bedacht scheint in 18,8 ספר „erzählen" wie ספר „Buch" und nicht נגד „berichten" gebraucht. Auch wenn Jitro nicht auf die sinaitische Tora verpflichtet wird, ist für ihn die *Begegnung* mit Mose (scil. der Tora) nicht belanglos. Die Tora vermittelt die Befreiungserfahrung des Volkes, sie erzählt von dem befreienden und verheißenen Gott, dessen Segen weit über Israel hinausreicht.

Die Botschaft der Erzählung ergeht – wie oben festgehalten wurde – nicht nur an Proselyten, sondern an alle, die am Exodus nicht persönlich teilgenommen

---

51 Diese Überlegung stützt sich auf V. 27 und sieht sich der Spannung von Num 10,29 gegenüber, wo der חתן משה Hobab noch bei den Israeliten weilt und gebeten wird, mitzugehen. Durch die ungewöhnliche Bezeichnung des Landes als מקום (meint im Deuteronomium den zentralen Kultort resp. Jerusalem, außerhalb des Dtn wird es nur selten als Bezeichnung für das Land gewählt in Ex 3,8; 23,20; Num 14,40; 32,17) ist eine Verbindung zu V. 23 geschlagen, auf die hier nur hingewiesen werden soll. Ist also der Schwiegervater des Mose doch im Lager geblieben? Die Spannung lässt sich auf synchroner Ebene auflösen, wenn man (an-)erkennt, das חתן auch den Schwager bezeichnen kann. Hobab wäre dann wegen des בן יתרו in Num 10,29 ein Bruder Zipporas. Ob das immer schon so war oder nicht, muss hier nicht entschieden werden.

52 Vgl. dazu neben dem Kommentar von B. S. Childs jetzt *Heither*, Schriftauslegung (2002), 160 – 164. Schließlich gleichen sich Jitro und Naaman ja auch in dem Opferdienst ohne Verpflichtung auf die Opfertora. Denn so wie Jitro Schlacht- und Brandopfer (עלה וזבחים לאלהים) darbringt, so wünscht Naaman die Mitnahme von Erde in seine Heimat, um dort einen Altar zu errichten, auf dem er Schlacht- und Brandopfer für YHWH (עלה וזבח ליהוה) darbringen kann.

haben. Sie alle – Kinder Israels und Heiden – sollen sich von Mose resp. der Tora erzählen lassen, wie es war, als Gott Israel in Einlösung seiner Zusage vor der Verfolgung der Ägypter gerettet hat, und wie er Israel vor dem Verderben bewahrt hat. Die Rezeption der Tora – so lautet unter dieser naheliegenden Voraussetzung auf synchroner Ebene die Botschaft des Bekenntnisses Jitro – führt zur Zusage der Gottesnähe, die Bekenntnis und befreites Leben ermöglicht. Auch aus dieser Perspektive erweist sich noch einmal das Bekenntnis des Jitro *vor* der Tora am rechten Platz.

Wenn also schon Jitro als Beispiel des „vom Gesetz befreiten" Christen an-geführt wird, sollte dieser Aspekt nicht außer Acht bleiben.[53] Ohne Rekurs auf die Tora ist eine Vermittlung der basalen Befreiungserfahrung Israels, die zum Glauben führen kann, nicht möglich. Mag es im Sinne der christlichen Rezeption von Ex 18 einen vom Halten des Gesetzes befreiten Christen geben, einen von der Tora befreiten Christen kann es nicht geben.

Bibliographie

Albertz, R., Religionsgeschichte Israels in alttestamentlicher Zeit, Teil 1: Von den Anfängen bis zum Ende der Königszeit (ATD.Erg 8/1), Göttingen 1992.

Blum, E., Studien zur Komposition des Pentateuch (BZAW 189), Berlin u. a. 1990.

Brockelmann, C., Hebräische Syntax, Neukirchen-Vluyn 1956.

Childs, B. S., The Book of Exodus. A Critical Theological Commentary (OTL), Louisville 1974.

Crüsemann, F., Die Tora. Theologie und Sozialgeschichte des alttestamentlichen Gesetzes, München 1992.

Frevel, C., Mit Blick auf das Land die Schöpfung erinnern. Zum Ende der Priestergrundschrift (HBS 23), Freiburg u. a. 2000.

Fritz, V., Israel in der Wüste. Traditionsgeschichtliche Untersuchung der Wüstenüberlieferung des Jahwisten (MThSt 7), Marburg 1970.

Görg, M., Die Beziehungen zwischen dem alten Israel und Ägypten. Von den Anfängen bis zum Exil (EdF 290), Darmstadt 1997.

Graupner, A., Exodus 18,13 – 27. Ätiologie einer Justizreform in Israel?, in: S. Beyerle u. a. (Hg.), Recht und Ethos im Alten Testament. Gestalt und Wirkung. FS H. Seebass, Neukirchen-Vluyn 1999, 11 – 26.

---

[53] So hat beispielsweise Origines zwar durchaus erkannt, dass der Rat des Außenstehenden von entscheidendem Belang ist und dass Mose auch für das Gesetz steht, doch bezieht er das aus-gehend von V. 13 – 27 lediglich auf das Verhältnis der Christen zu den Heiden, die einen guten Rat zum Umgang mit dem Gesetz geben: „Christians should not right away, proud of their possession of God's law, dismiss the words of heathens; they should not consider the person, but what he has to say; leaders should be humble and take to heart the valuable advice of persons of lower station", *C. Houtman*, Exodus (1993), 402 mit Verweis u. a. auf Zohar Exodus 68.69a, vgl. auch *Heither*, Schriftauslegung (2002), 161 f.

Ders., Der Elohist. Gegenwart und Wirksamkeit des transzendenten Gottes in der Geschichte (WMANT 97), Neukirchen-Vluyn 2002.

Greßmann, H., Mose und seine Zeit. Ein Kommentar zu den Mose-Sagen (FRLANT 18 = NF 1), Göttingen 1913.

Heither, T., Schriftauslegung. Das Buch Exodus bei den Kirchenvätern (NSK.AT 33/4), Stuttgart 2002.

Holzinger, H., Exodus (KHC 2), Tübingen 1900.

Houtman, C., Exodus (Historical Commentary on the Old Testament), Kampen 1993.

Jacob, B., Das Buch Exodus, Stuttgart 1997.

Johnstone, W., From the Sea to the Mountain: Ex 15,22–19,2. A Case Study in Editorial Techniques, in: M. Vervenne (Hg.), Studies in the Book of Exodus (BEThL 126), Leuven 1996, 245–263.

Knauf, E. A., Midian. Untersuchungen zur Geschichte Palästinas und Nordarabiens am Ende des 2. Jahrtausends v. Chr. (ADPV 10), Wiesbaden 1988.

Noth, M., Überlieferungsgeschichte des Pentateuch, Darmstadt ²1960.

Ders., Das zweite Buch Mose. Exodus (ATD 5), Göttingen ⁵1973.

Otto, E., Das Deuteronomium. Politische Theologie und Rechtsreform in Juda und Assyrien (BZAW 284), Berlin u. a. 1999.

Rottzoll, D. U., Abraham Ibn Esras langer Kommentar zum Buch Exodus, Bd. 2 (Studia Judaica 17), Berlin u. a. 2000.

Scharbert, J., Exodus (NEB.AT 24), Würzburg 1989.

Schmid, K., Erzväter und Exodus. Untersuchungen zur doppelten Begründung der Ursprünge Israels innerhalb der Geschichtsbücher des Alten Testaments (WMANT 81), Neukirchen-Vluyn 1999.

Schmidt, W. H., Exodus, Sinai und Mose. Erwägungen zu Ex 1–19 und 24 (EdF 191), Darmstadt 1983.

Ders., Alttestamentlicher Glaube, Neukirchen-Vluyn ⁸1996.

Weimar, P., Die Berufung des Mose. Literaturwissenschaftliche Analyse von Exodus 2,23–5,5 (OBO 32), Fribourg/Göttingen 1980.

Wellhausen, J., Prolegomena zur Geschichte Israels, Berlin ⁶1905.

Ders., Die Composition des Hexateuchs und die historischen Bücher des Alten Testaments, Berlin ⁴1963.

Zenger, E., Israel am Sinai. Analysen und Interpretationen zu Exodus 17–34, Altenberge ²1985.

Ders., Das Buch Exodus (Geistliche Schriftlesung 7), Düsseldorf 1987.

Ders., Der Pentateuch als Tora und als Kanon, in: E. Zenger (Hg.), Die Tora als Kanon für Juden und Christen (HBS 10), Freiburg u. a. 1996, 5–34.

Ders., Das Buch Levitikus als Teiltext der Tora/des Pentateuch, in: H. J. Fabry/H. W. Jüngling (Hg.), Levitikus als Buch (BBB 119), Bodenheim 1999, 47–83.

Zenger, E. u. a., Einleitung in das Alte Testament (Kohlhammer Studienbücher Theologie 1,1), Stuttgart ³1998.

Du sollst dir kein Bildnis machen!
Und wenn doch?

Überlegungen zur Kultbildlosigkeit der Religion Israels[1]

> Vielleicht gibt es keine erhabenere Stelle im Gesetzbuch der Juden, als das Gebot: Du sollst dir
> kein Bildnis machen, noch irgendein Gleichnis, weder dessen was im Himmel, noch auf der
> Erden, noch unter der Erden ist u. s. w. Dieses Gebot allein kann den Enthusiasm erklären,
> den das jüdische Volk in seiner gesitteten Epoche für seine Religion fühlte, wenn es sich mit
> anderen verglich, oder denjenigen Stolz, den der Mohammedanism einflößt.[2]

Die Macht der Bilder: Zur Aktualität des Themas

Von den 613 Geboten der Tora gehört das Bilderverbot ohne Zweifel zu denen mit
der breitesten Rezeption. Unmittelbar fallen einem Stichworte wie Bilderstreit und
Bilderkonzil oder auch Mediengesellschaft und Darstellungsverzicht ein. In der
Moderne hat die Rezeption des biblischen Bilderverbotes neben theologischen
auch philosophische, kultur-, kunst- und medientheoretische Aspekte entwickelt.
Die unübersehbare Macht der Bilder lädt zu immer neuen Reflexionen über das
Bilderverbot ein. Die Relevanz beginnt bei der Vateranrede im Gebet und endet
keinesfalls bei der Frage der Gestaltung von Kirchenräumen. Die Wirkung und
Bedeutung des Verbotes braucht also nicht unterstrichen zu werden, und die
Wirkung verstärkt die Frage nach den Ursprüngen.

Aus der Bilderproblematik habe ich bewusst keine Einzeltextexegese, sondern einen eher bibeltheologischen Zugang gewählt. Auch bei den ausgewählten
Darstellungen geht es ebenso wenig um eine erneute Dokumentation der relevanten Funde noch um eine ikonographische Detaildiskussion der in Frage
kommenden Bilder. Es geht mir um Linien, die exegetische Detailarbeit und
fachwissenschaftliche Diskussion um den ikonographischen Befund bleibt dabei
bewusst im Hintergrund.

Das biblische Bilderverbot, das als Kultbild- und nicht als Kunstbildverbot
aufzufassen ist, wird derzeit mit ausgesprochen konträren Positionen in der atl.
Wissenschaft diskutiert. Kaum umstritten ist die Feststellung, dass die Textgestalt
des Bilderverbotes nicht in die Frühzeit der literarischen Überlieferung gehört,

---

1 Die folgenden Ausführungen gehen auf Gastvorträge an den Universitäten Köln (9.4.1999) und
Augsburg (7.6.1999) zurück. Der Vortragsstil wurde weitestgehend beibehalten.
2 *Kant*, Kritik (1966), 5.365.

DOI 10.1515/9783110424386-021

sondern besonders das dekalogische Bilderverbot frühestens exilisch formuliert worden ist. War das bisher kaum als Problem angesehen worden, so findet jedoch die das jüngere Alter dieses wichtigen Verbotes kompensierende Annahme, der Sache nach sei das Bilderverbot mit den Ursprüngen Israels zu verbinden, immer weniger Vertreter. Weder trägt mehr die Herleitung aus der nomadischen Vergangenheit Israels noch die aus einer diametralen Differenz zu der Bilderwelt Kanaans heraus entwickelte Hypothese. Kurz: Die bisherigen Herleitungsmodelle sind allesamt zerbrochen und ein Konsens für Sinn und Herkunft des Bilderverbotes scheint derzeit nicht in Sicht. Den Stand der Suchbewegungen fasst Oswald Loretz zusammen:

> In der neueren Diskussion um das Fremdgötter- und Bilderverbot treten Aspekte, die lange Zeit im Vordergrund standen und als Beweggründe für das Bilderverbot angenommen worden sind, zurück. Das Forschungsinteresse richtet sich nicht mehr auf die Ablehnung des Gottesbilds in Israel als Ausdruck primitiver Bilderscheu oder einer besonderen Begabung der Israeliten zum Hören, als ein Ausdruck besonderer Geistigkeit der Gottesvorstellung, als Auswirkung einer schrecklichen Gottesvorstellung, als Folge der Eifersucht Jahwes auf kanaanäische Götter, als Auswirkung der Kulturarmut der Wüstenzeit oder der Luxusfeindlichkeit der prophetisch-levitischen Kreise, als Abhängigkeit der Jahwereligion von der bilderlosen Verehrung eines ursemitischen Hauptgottes. Auch der These, das Bilderverbot habe sich ursprünglich auf Jahwebilder bezogen, wird die Befürwortung verweigert.[3]

Angesichts dessen ist es um so bedauerlicher, dass in den beiden Jahrbüchern, die sich jüngst der Bilderproblematik zuwenden, dem Jahrbuch für politische und dem für biblische Theologie[4], jeweils exegetische Blicke auf das biblische Bilderverbot *fehlen*. Ohne den Anspruch, diese Lücke schließen zu wollen, möchte ich auf dem Stand der Diskussion einige Aspekte herausstellen, die mir für eine exegetische Position zum Bilderverbot unverzichtbar scheinen. Dabei geht es mir lediglich um Akzentsetzungen.

Die Flut der Bilder: Die Archäologie verschärft die Bilderfrage

Immer wieder und immer neu wird die Diskussion um das Bilderverbot und um Bilder im Kult Israels durch neue Funde „angeheizt". Erinnert sei nur an die heftige Diskussion um die Darstellungen auf den Vorratskrügen von Kuntilet ʿAğrūd

---

3 *Loretz*, Ahnen- und Götterstatuenverbot (1994), 494 f.
4 JBTh 13 (1999) und *Rainer/Janßen*, Bilderverbot (1997).

(Abb. 1a)[5] – oder – weniger umstritten, aber kaum weniger bedeutsam zuletzt die Stele aus dem Torbereich von Bet-Saida (Abb. 1c).[6]

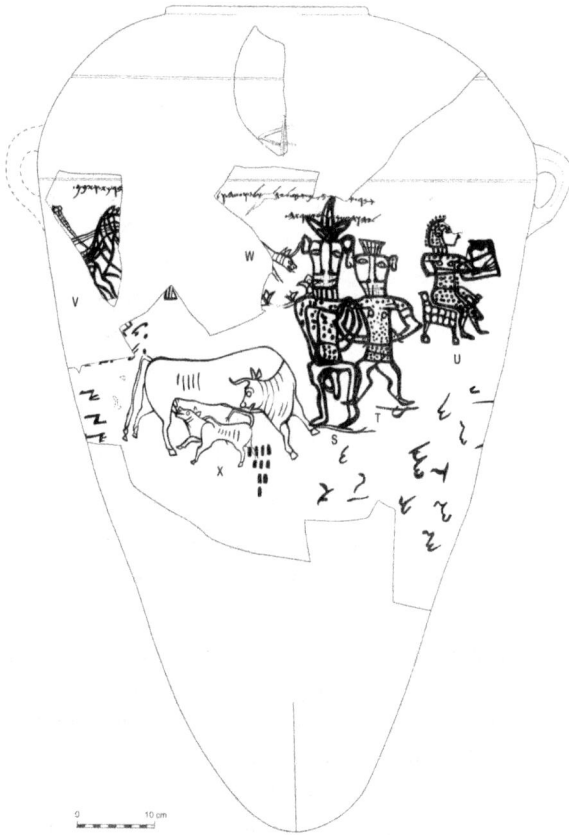

Abb. 1a: Bes-Darstellung auf einem Vorratskrug aus Kuntilet ʿAğrūd (9./8. Jh. v. Chr.)

---

5 Vgl. zur Diskussion *Frevel*, Aschera (1995), 869–880, zuletzt *Uehlinger*, Bild (1999), 54 (s. auch unten den Abschnitt zur neueren Diskussion um YHWH-Bilder).
6 Die im Torbereich von Bet-Saida (et-Tell) am Nordende des Toten Meeres im Juni 1997 gefundene, etwas über 1 m (1,15 x 59 x 31 cm) ikonische Stele aus Basalt stellt einen Rinderkopf auf einem anthropomorph wirkenden Gestell dar, so dass der Eindruck einer bewaffneten Stiergottheit entsteht. Ob die ins 9./8. Jh. zu datierende Stele einen lunar konnotierten Wettergott oder einen kriegerischen Mondgott darstellt, ob der Kultplatz nur von Aramäern oder nicht auch von Nordisraeliten genutzt wurde, bleibt unklar. Zur Diskussion um die Stele vgl. *Bernett/Keel*, Mond (1998), 49–53.

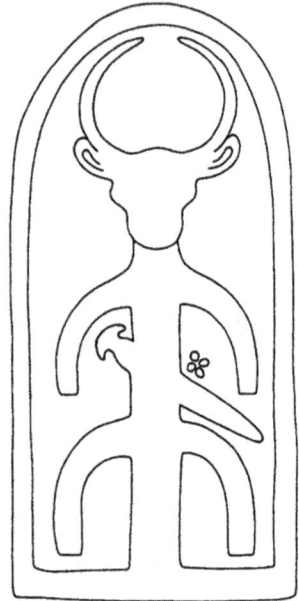

Abb. 1b: Stierdarstellung aus dem samarischen Bergland in der Nähe des Tell Dothan (Eisenzeit I)

Abb. 1c: Basalt-Stele aus Bet-Saida (Torbereich, 9./8. Jh. v. Chr.)

Dass es „Bilder in Israel" gegeben hat, ist inzwischen eine Binsenweisheit, nach wie vor diskutiert wird dagegen der *Stellenwert,* der der Bildverehrung in der israelitisch-judäischen Religion von der Entstehung Israels bis zum Exil zukommt. In den letzten Jahrzehnten ist das archäologisch-ikonographische Bildmaterial stetig angewachsen[7] und vor allem durch die Göttinnendiskussion deutlicher ins Bewusstsein gerückt.[8] Es wird immer plausibler, die Vielzahl der Funde nicht als Entgleisungen einer Volksfrömmigkeit oder als Spartenphänomen im Bereich des

---

7 Einen Überblick über den ikonographischen Befund geben *Schroer,* Israel (1987); *Berlejung,* Theologie (1998); *Uehlinger,* Cult Statuary (1997); *ders.,* Bilderkult (1998) und vor allem *Keel/ Uehlinger,* Göttinnen (⁴1998).

Vgl. zur jüngeren Diskussion um das Bilderverbot neben den genannten Arbeiten: *Assmann,* Bilder (1999); *Dohmen,* Gottesbild (1995); *ders.,* Mensch (1998); *Mettinger,* Aniconism (1994); *ders.,* Image (1995) (dazu *Uehlinger,* Aniconism [1996]); *Mettinger.,* Roots (1997); *Oelmueller,* Macht (1998); *van Oorschot,* Macht (1999); *Rendtorff,* Bilderverbot (1999); *Schmidt,* Tradition (1995); *Uehlinger,* Bilderkult (1999).

8 Vgl. zur Göttinnendiskussion neben *Keel/Uehlinger,* Göttinnen (⁴1998) (in Auswahl): *Frevel,* Aschera (1995); *Jost,* Himmelskönigin (1995); *Wiggins,* Asherah (1993); *Wacker,* Göttinnenverehrung (1999) und jetzt *Hadley,* Asherah (2000).

privaten Kultes zu deuten[9], sondern als Ausdruck eines begrenzten Polytheismus in vorexilischer Zeit. Für den Stand der Forschung sind folgende Umrisse festzuhalten[10]:

(1) Die aus Ausgrabungen oder aus dem Antikenhandel stammenden Bilder umfassen Stelen, Statuen, Statuetten, Plaketten, Amulette und Siegeldarstellungen. Bildträger sind Stein, Holz, Terrakotta und Metall. Die Bilder umfassen das gesamte Repertoire von gegenständlichen bis hin zu anthropomorphen und theriomorphen Darstellungen.

(2) Da sich das Bilderverbot ausschließlich auf Kultbilder bezieht, sind kultisch relevante von anderen Darstellungen zu unterscheiden. Zu ersteren gehören vor allem eine Stierdarstellung aus einem offenen „Heiligtum" des samarischen Berglandes (Abb. 1b)[11], eine Reihe von Bronzedarstellungen schreitend-schlagender oder thronender Götter (Abb. 2a–d)[12], diverse Kultständer, die z.T. in Verbindung mit einem Göttinnenkult gesehen werden können (Abb. 2e, 3 und 4c) sowie eine Vielzahl von Plaketten und Statuetten, hauptsächlich mit Darstellungen von Göttinnen (Abb. 4a, 4b und 4d).[13]

---

9 Vgl. dazu zuletzt *Kaiser*, Gott (1998), 172: „Entscheidend ist jedenfalls, daß die anikonische Gottesverehrung keine durch die Deuteronomiker und Deuteronomisten eingeführte Neuerung darstellt, sondern als solche das in Israel Übliche gewesen ist. ... Das Neue ist nicht die Bildlosigkeit, sondern der deuteronomische ... Ikonoklasmus. ... Die in der Tat gefundenen Horte mit Terrakottafigurinen männlichen und weiblichen Geschlechts befinden sich sämtlich außerhalb der offiziellen Heiligtümer und können als Zeugnisse der weiterhin kanaanäisch beeinflußten Volksreligion betrachtet werden."

10 Ausdrücklich sei betont, dass im Folgenden versucht wird, den Befund für unsere Zwecke zu systematisieren und zusammenzufassen und jeweils nur ausgewählte Beispiele angeführt werden.

11 Es handelt sich dabei wohl nicht um ein Postament für einen nicht dargestellten Gott, der darin in der Darstellungstradition „Gottheit auf Trägertier" stehen würde, sondern um die Darstellung des Attributieres eines Wettergottes (Baal oder YHWH, vielleicht aber auch El), das am wahrscheinlichsten als Kultbild eines regionalen Heiligtums anzusprechen ist. Vgl. zur Diskussion um Stierbilder *Frevel*, Stierkult (2000).

12 Es sei ausdrücklich darauf hingewiesen, dass es nicht gelingt, diese Statuetten (zum Bestand vgl. die Aufstellung bei *Uehlinger*, Cult Statuary [1997]) im Übergang zwischen Spätbronzezeit und Eisenzeit der Spätbronzezeit zuzuschlagen, auch wenn nicht auszuschließen ist, dass es sich um ältere Stücke handelt, die in spätbronzezeitlicher Herstellungstradition stehen. Den Rückgang von anthropomorphen Darstellungen in Metallfigurinen muss man sich erheblich gleitender vorstellen. Vor allem muss man ihn von ethnischen Kriterien (kanaanäisch-israelitisch) lösen.

13 Zu den Terrakottafigurinen vgl. *Kletter*, Figurines (1996), zum Spektrum der weiteren Funde *Keel/Uehlinger*, Göttinnen (⁴1998). Die Identifikation der *Pillar-Figurines* als Aschera-Repräsentationen ist nach wie vor umstritten, bleibt aber eine recht wahrscheinliche Möglichkeit, wenn man überhaupt identifizieren „muss". Auch bei den Metallplaketten und Anhängern ist eine Identifikation nicht immer leicht. Während das in Abb. 4b gezeigte Medaillon recht eindeutig Ištar

Es ist nicht möglich, diese Darstellungen bestimmten Gottheiten zuzuordnen und so auf archäologisch ikonographischer Basis ein Pantheon der israelitischen und judäischen Religion zu beschreiben. Dennoch zeigen die Funde die Bedeutung von Göttern und Göttinnen und deren Bildern an. Die Frage, in welchen Kultkontexten diese Bilder verwandt wurden, ist nicht immer leicht zu beantworten. Sie reicht von Lokal- und Regionalkulten bis hin zum privaten Bereich in Hauskulten. Dabei überwiegt die Zuordnung zum Bereich des privaten Kultes.

(3) Das Zeugnis der Archäologie ist begrenzt, sobald man nach *Kultbildern* in Heiligtümern des *Kernlandes* fragt.[14] In der späten Königszeit hat es nur noch das Heiligtum in Jerusalem gegeben und da versagt die Archäologie nahezu gänzlich. Die textlich für die Königszeit bezeugten Kultstätten von Schilo, Bethel und Samaria sind bisher nicht gefunden oder nicht ausgegraben. Die archäologisch nachgewiesenen Kultstätten von Arad und Dan haben entweder nur Masseben wie in Arad oder nur geringe Spuren von möglichen Kultbildern (Dan) zutage gebracht (Abb. 4e).[15] Zwar bietet sich eine Analogie zu den Kultstätten in den angrenzenden Regionen an, in denen „Kultstatuar" gefunden wurde (Abb. 4c), doch kann

---

zeigt (vgl. *Golani/Sass*, Hoards [1998], 70 f), bleibt eine genauere Zuordnung bei der Bronzeplakette aus Dan (Abb. 4a) unsicher. Während *Biran* (Plaques [1999], 54) wohl wegen der Strahlen ebenfalls Ištar in den Blick nimmt, legt der Stier eher eine Verbindung mit einem Wettergott nahe. Sowohl die Plaketten als auch die Statuetten wird man allerdings nicht als „Kultbilder" ansprechen können.

14 Bewusst ausgelassen sind hier die Kultstätten von Ekron, Tell el-Qasile, Ḥorvat Qiṭmit, 'En Ḥaṣeva, das Torheiligtum von Bet-Saida, die „kultische Funktion" der Anlagen von Kuntilet 'Aǧrūd u. a. m., da sie im strengen Sinne nicht als israelitische oder judäische Kultstätten des Binnenlandes geführt werden können. Interessanterweise sind aber gerade in jenen Heiligtümern relevante Funde gemacht worden, die in Punkt 2 der Synthese auch berücksichtigt wurden. So z. B. die Keramikplatte vom Tell el-Qasile, die jedoch nicht als Kultbild anzusprechen ist. Auch die neu in Bet-Saida ausgegrabene Stele eines Mondgottes (Abb. 1c) ist kein Kultbild, dennoch aber eine für den Kult im Tor relevante Repräsentation eines Gottes. Ob in der Karawanserei von Kuntilet 'Aǧrūd je ein Kultbild gestanden hat, ist vom Charakter der Anlage, die *kein Heiligtum* darstellt, völlig offen (zur Diskussion *Frevel*, Aschera [1995], 857–869 und zuletzt *Zwickel*, Funktion [2000]). Die Darstellungen auf den Krügen (s. Abb. 1a) sind in diesem Kontext jedoch auf keinen Fall einzubeziehen. Ekron ist im Rahmen der philistäischen Religion zu behandeln, weist aber auch lediglich Kleinfunde und einen Ištar-Anhänger (Abb. 4b), jedoch kein Kultstatuar auf (dazu *Frevel*, Beelzebub [unveröffentlicht]). Relevant für die Diskussion um Kultbilder in Heiligtümern in Palästina sind vor allem der Göttinnenkopf von Ḥorvat Qiṭmit und die Keramikständer von 'En Ḥaṣeva (vgl. dazu neben *Beck*, Ḥorvat Qiṭmit [1996]; *Uehlinger*, Cult Statuary [1997]) anzusprechen, die möglicherweise als Kultbildersatz oder in der Funktion von Kultbildern gestanden haben. Beide Heiligtümer allerdings liegen in einem Grenzbereich, so dass ihre Evidenz nicht einfach übertragen werden darf.

15 Zu den Heiligtümern von Makmiš und Tell Abū Salīma s. *Zwickel*, Tempelkult (1994). Zu Dan vgl. *Uehlinger*, Kultstatue (1994), zu Arad zusammenfassend *Mettinger*, Image (1995), 143–149.

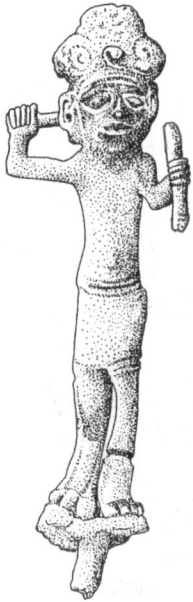

Abb. 2a: Figurine vom Tell Abu Kharaz (Eisenzeit IIB)

Abb. 2b: Sitzender Gott aus Bronze, Kinneret (8. Jh. v. Chr.)

Abb. 2c: Schlagende Gottheit aus Dan (Eisenzeit IIB)

Abb. 2d: Gehörnte Göttin von Kafr Kanna (Eisenzeit IIB)

Abb. 2e: Fragmente eines Kultständers aus Pella (Eisenzeit IIB)

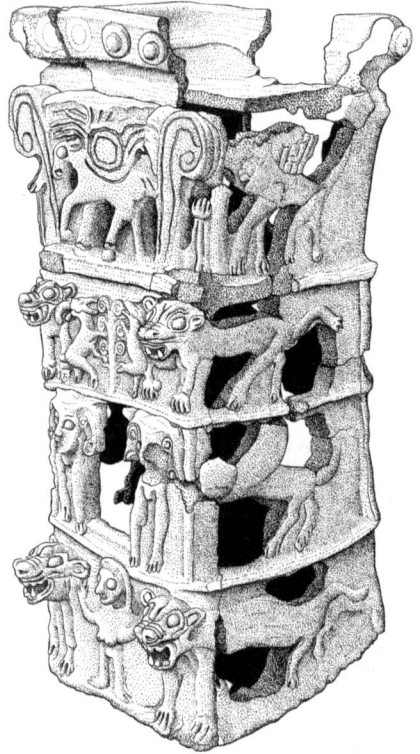

Abb. 3: Terrakottakultständer aus Taanach (Eisenzeit IIB)

strenggenommen die Archäologie über die Existenz von Kultbildern *in den Heiligtümern Israels und Judas* derzeit keine zuverlässige Aussage machen.

Als Fazit zum archäologischen Befund ist festzuhalten: An der Vielzahl der Darstellung von Gottheiten ist nicht mehr einfach vorbeizugehen. Es hat Götterbilder gegeben, ob es auch Kultbilder in Heiligtümern gegeben hat, muss aus archäol. Sicht offenbleiben. Die Archäologie verschärft damit die Frage nach der Bedeutung und Funktion von Bildern und nach dem Sinn und Ursprung des biblischen Bilderverbotes.

Abb. 4a: Bronzeplakette aus Dan (Eisenzeit IIB)

Abb. 4b: Elektron-Anhänger aus Ekron/Tel Miqne (Eisenzeit IIC)

Abb. 4c: Drei Terrakottakultständer aus 'En Haṣeva (Eisenzeit IIC)

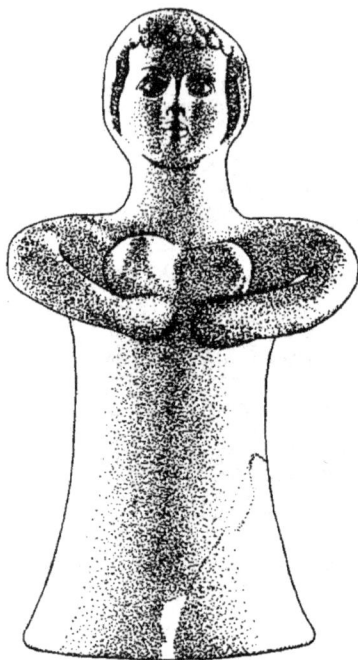

Abb. 4d: Glockenrockgöttin aus Lachisch (Eisenzeit IIC)

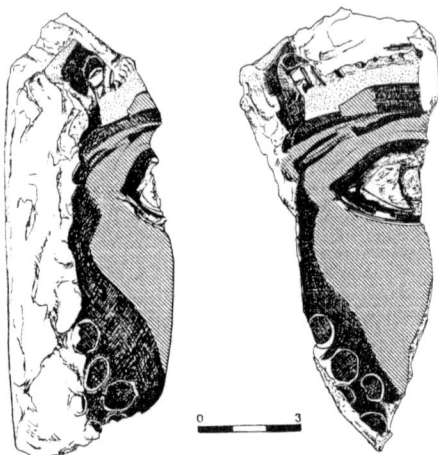

Abb. 4e: Fragment einer Terrakotta-Kultstatue (?) aus Dan

Zur neueren Diskussion um YHWH-Bilder

Längere Zeit war die Frage nach möglichen YHWH-Bildern kein Thema mehr – es gab einen breiten Konsens darüber, dass es *keine* YHWH-Darstellung gegeben hat. Noch 1993 übernehmen W. H. Schmidt, H. Delkurt und A. Graupner das Urteil O. Keels aus dem Jahr 1977:

> Alles, was man bis heute als Jahwebild interpretiert hat, ist typisch kanaanäischer Machart. Wenn solche Figurinen in einem israelitischen Stratum gefunden werden, können sie höchstens kraft einer interpretatio israelitica zu Jahwebildern geworden sein, da sie es von Haus aus nicht waren, da es anscheinend keine genuin jahwistische Ikonographie gab.[16]

---

16 *Keel*, Jahwe-Visionen (1977), 43 mit Bezug auf die Diskussion um sb-zeitliche Erbstücke von Bronzestatuetten (s. dazu o. Anm. 12), zit. bei *Schmidt/Graupner/Delkurt*, Gebote (1993), 69 f. Vgl. *Mettinger*, Image (1995), 16: „The suggestion that there was an image of YHWH in Solomon's temple seems out of question". Zur jüngsten Position von O. Keel zum Bilderverbot vgl. seinen Aufsatz *Keel*, Tempel (2001).

Forschungsgeschichtlich muss allerdings auf eine Phase verwiesen werden, in der z. B. H. T. Obbink feststellen konnte, dass „fast alle Atler der Meinung (sind), daß sie in der Geschichte Israels Jahwebilder aufweisen können, sei es auch nur in der sogenannten Volksreligion".[17] Heute mehren sich allerdings die Stimmen wieder, die von einer Verehrung YHWHs in Kult-Bildern ausgehen, seien es „nur" die Stierbilder Jerobeams oder die Pferd-und-Reiter-Terrakotten oder aber – und dann wird es richtig ernst – von einem oder mehreren Kultbildern YHWHs im Tempel in Jerusalem. Die Initialzündung für die neuerliche Diskussion bilden wohl die Krugmalereien von Kuntilet 'Aǧrūd, wo die beiden Bes-Darstellungen als das in den Inschriften erwähnte Paar „YHWH und seine Aschera" aufgefasst wurden.[18] Obwohl inzwischen diese These breit abgelehnt wird, mehren sich in jüngster Zeit die Stimmen[19], die aufgrund der archäologischen Zeugnisse und der forciert vorgetragenen Ansicht, dass sich die israelitische Religion in *nichts* von den vorderorientalischen Nachbarreligionen unterschied, annehmen, dass YHWH dargestellt und vor allem im Jerusalemer Tempel in einem Kultbild verehrt worden ist. Die Brisanz erhöht sich, wenn man bereit ist, aufgrund der textlichen Evidenz eine Verehrung eines Götterpaares im Jerusalemer Tempel anzunehmen. Von einem Aschera-Kultbild wird in 2 Kön 21,7 berichtet, so dass etwa die These bei *M. Dietrich* und *O. Loretz* lautet: „Da gute Gründe für die Annahme sprechen, daß im Tempel von Jerusalem auch lange Zeit die Göttin Aschera besonders verehrt wurde, liegt es nahe, auch an eine ähnliche bildliche Verehrung ihres Gemahls El-Jahwe zu denken".[20]

Als biblische Evidenz werden in der Diskussion u. a. biblische Wendungen angeführt wie „das Angesicht schauen" (Num 6,25 f; Ps 4,7; 17,15; Ps 27,7 – 9; 31,17; 44,4; 67,2; 80,4.8.20 u. ö.), „den Einzug meines Gottes und Königs in das Heiligtum" (Ps 68,25), das Epithet des Kerubenthroners (1 Sam 4,4; 2 Sam 6,2; 2 Kön 19,15// Jes 37,16; 1 Chr 13,6; Ps 80,2; 99,1) oder auch das Auslegen der Schaubrote, das entsprechend als Speisung des Götterbildes verstanden wird.[21] Während die

---

17 *Obbink*, Jahwebilder (1929), 267.
18 Vgl. dazu und zur Diskussion dieser These neben *Keel/Uehlinger*, Göttinnen (⁴1998), 246 – 248 auch *Frevel*, Aschera (1995), 872 – 876.
19 Vgl. in jüngerer Zeit *Niehr*, Search (1997), passim; *Uehlinger*, Cult Statuary (1997), 146 – 149; *ders.*, Bilderkult (1998); *van der Toorn*, Book (1997), 239 f; *Schmidt*, Tradition (1995), 103 f und vorsichtig auch *Berlejung*, Theologie (1998), 315 Anm. 1519 u. ö.
20 *Dietrich/Loretz*, Jahwe (1992), 108, vgl. *Loretz*, Anikonismus (1994), 218 f.
21 Vgl. die Argumente bei *Niehr*, Search (1997). Hinzuzunehmen sind Formulierungen wie „das Angesicht leuchten lassen", vgl. dazu *Berlejung*, Küsse (1998), 87 oder „die Füße küssen" von Ps 2,11 f (vgl. dazu ebenfalls *Berlejung*, Küsse [1998]).

erstgenannte Wendung auf ein mit Edelmetall überzogenes Kultbild deuten soll, weist die zweite auf mit einem Kultbild vollzogene Prozessionselemente im Kult. Diese Annahme ist mit einer ausgreifenden Spätdatierung der Bilderverbotstexte in die exilische und nachexilische Zeit verbunden. Dadurch entsteht etwa im jüngsten (und sehr differenzierten) Gesamtentwurf von Christoph Uehlinger in der RGG⁴ ein Zwei-Phasen-Modell, das mit einer *YHWH-Statue* und mit *Bilderverehrung* im Ersten Tempel, dann mit der Deportation des Kultbildes und nachexilisch dann mit Bildlosigkeit und Bilderverbot im Zweiten Tempel rechnet.

> Das Exil dürfte zur geistigen Emanzipation vom Bilderkult wesentlich beigetragen haben: Ein Kultbild konnte nicht (mehr) verehrt werden, von Jahwes „Herrlichkeit" ... ließen sich dennoch neue mentale Bilder entwerfen (vgl. Ez 1; 10), die nun auch in der priesterlichen Heiligtums-Theologie keiner Materialisierung im Kultbild mehr bedurften ... Ein entscheidender Impuls scheint schließlich vom Fremdgötterverbot ausgegangen zu sein. Dessen originäre Verbindung mit dem B[ilderverbot] weist darauf hin, dass die (aus der Gola stammenden) Protagonisten der früh-nachexilischen Kult-„Restauration" darauf bedacht waren, im Land verehrte Gottheiten (inclusive des traditionellen „ba'al Jahwe") und deren Kultbilder vom Jerusalemer Tempel fernzuhalten; letztere kamen schon deshalb für ein Jahwe-Kultbild nicht in Frage.[22]

Auch diese Diskussion *verstärkt* den Druck auf die Texte, denn über ein YHWH-Bild im Jerusalemer Tempel ist nur unter Einbeziehung des textlichen Befundes zu diskutieren. Damit ist zugleich die Sollbruchstelle gegen die Annahme eines YHWH-Kultbildes genannt. Zwar ist durchaus wahrscheinlich, dass YHWH in Stierbildern in Bethel, Dan, Samaria und anderswo dargestellt worden ist[23], und es ist auch nicht auszuschließen, dass er anthropomorph abgebildet worden ist – Ri 17 erzählt recht unbefangen von einem YHWH-Kultbild –, doch bleibt m. E. daran festzuhalten, dass der Jerusalemer Tempel *kein* YHWH-Kultbild beheimatete. Sämtliche ins Feld geführten Wendungen, die durchaus auf ein Kultbild

---

22 *Uehlinger*, Bilderverbot (1998), 1576. Seine gewandelte Position spiegelt die Folge der Artikel *ders.*, Götterbild (1991), dann *Keel/Uehlinger*, Göttinnen (1992), vgl. auch die Angaben in *Uehlinger*, Cult Statuary (1997), 19.100 f und schließlich seine jüngsten Artikel *ders.*, Bilderkult (1998) und *ders.*, Bild (1999). Dort zieht er sogar die Identifikation eines Paares auf einer vierbeinigen Plattform (einem Thron?) aus dem Antikenhandel (die Angabe weist auf die Gegend von Tell Beit Mirsim) für eine Identifikation mit YHWH und seiner Aschera in Betracht. Ob hier wirklich die Darstellung eines *Götterpaares* vorliegt, ist kaum zu verifizieren.
23 Diese Evidenz bezieht sich vornehmlich auf das Nordreich. Aus dem Süden ist bisher keine Stierstatuette gefunden worden. Die These Uehlingers, dass sich Ex 32 gegen die Übernahme des Stierbildes in den Jerusalemer Tempel wehrt, lässt sich durch nichts belegen.

bezogen sein können oder dort ihren Ursprung haben[24], *müssen* sich *nicht* auf ein Kultbild beziehen. An vielen Stellen ergeben sich sogar Probleme, die Wendungen vom Angesicht YHWHs mit dem Postulat eines YHWH-Kultbildes zu verbinden. Gerade nachexilische Stellen wie z. B. Sach 7,1.20; 2 Chr 20,9 gehen unbefangen mit der Wendung um. Das wäre wohl nur schwer möglich, wenn diese Wendung zuvor auf ein Kultbild bezogen gewesen wäre. Auch Koh 8,1 deutet an, dass der Bezug auf ein Kultbild keinesfalls die einzige und zutreffendste Interpretationsmöglichkeit ist. Eher aus der solaren Bildwelt dürfte die metaphorische Rede Ez 43,2, die von einer Lichtgestalt ausgeht, oder Ps 50,1, wo Gott aufstrahlt, zu erklären sein. „In allen diesen Fällen ist deutlich, daß die Dichter in metaphorischer Absicht von Jahwes Antlitz reden, ohne damit auf ein im Heiligtum aufgestelltes Gottesbild anzuspielen".[25] Für die Redeweise „vor das Angesicht Gottes treten" o. ä. (Jes 1,12; Jer 7,10; 2 Chr 20,9; Ijob 13,18; 1 Sam 1,22 u. ö.) gilt das gleiche. Ebenso zeigt Jes 19,1, dass das „Angesicht" Gottes seine abstrakte oder konkret-personale Präsenz meint, die aber nicht notwendig materialisiert sein muss. Kurz und spitz gesagt: Ein Anthropomorphismus macht noch kein anthropomorphes Kultbild.

Das Postulat einer Kultstatue im Jerusalemer Tempel greift zu kurz: Es muss voraussetzen, dass die spätere Tradition sämtliche Spuren in einer *damnatio memoriae* beseitigt hätte. Das ist methodisch fragwürdig und ausgesprochen unwahrscheinlich, zumal mit der (literarischen) Konzeption des leeren Kerubenthrones eine plausible Konzeption für die Bildlosigkeit zur Verfügung steht. Die Argumentation gegen den Jerusalemer Kerubenthron als *leeren* Thronsitz YHWHs macht sich an den (unrealistischen und übertriebenen?) Maßen (Ex 25,18 ff; 1 Kön 6 parr.) und an der fehlenden Evidenz für leere Kerubenthrone in der Eisen II-Zeit fest. Das erste Argument greift m. E. nicht. Entscheidend für die Existenz eines leeren Kerubenthrones sind nicht die angegebenen Maße, sondern das durchgehende „dass" der Beschreibung als Mischwesen, deren einander zugewandte Flügel eine Sitzfläche bilden. Dass Keruben schon im Ersten Tempel

---

24 An einem traditionsgeschichtlichen Ursprung etwa der Formulierung „das Angesicht Gottes schauen" im realen altorientalischen Bilderkult (zu dem zusammenfassend zuletzt *Berlejung*, Theologie [1998], passim; *dies.*, Geheimnis [1998] und *dies.*, Küsse [1998], 84–86; ebd., 87 mit Hinweis auf die Herkunft der Wendung „das Angesicht der Gottheit leuchten lassen" aus dem Bilderkult) sollte festgehalten werden, auch wenn biblische Texte wie Ex 33 theologisch eigene Akzente setzen (anders *Dohmen*, Mensch [1998], 48.50). Neben den traditionsgeschichtlichen Hintergrund der Wendung aus dem Bilderkult tritt wohl auch an frühen Stellen die Vorstellung des Sonnengottes am Himmel, vgl. etwa zu Ps 67,2, dazu *Hossfeld/Zenger*, Psalmen (2000), 238.

25 *Kaiser*, Gott (1998), 170. Diskutabel erscheint auch O. Kaiser Ps 27,4 die Bitte des Beters, im Tempel zu wohnen und YHWHs Freundlichkeit/Schönheit נעם zu schauen. Letztlich entscheidet er sich vorsichtig gegen ein Verständnis, das mit einem Gottesbild im Tempel rechnet und für die metaphorische Rede von „der heilvollen Gegenwart und Zuwendung" (ebd., 172).

ihren Platz hatten, bezeugen indirekt, aber „authentisch" die Visionen Ez 9,3; 10,1–5 und vielleicht auch Jes 6, wo zumindest die Vorstellung von einem Thronenden im Tempel belegt ist. Diese Texte sprechen zugleich ebenso gegen die Existenz eines Kultbildes YHWHs wie die Ladetheologie. Die fehlende Evidenz für leere Kerubenthrone[26] ist ernster zu nehmen und genauer zu prüfen, sagt aber für den Jerusalemer Tempel nicht zwingend aus, dass *nicht* mit einem leeren Kerubenthron gerechnet werden kann. Jedenfalls spricht die Tatsache, dass leere Kerubenthrone archäologisch nicht belegt sind, nicht gleichzeitig für ein Kultbild im Jerusalemer Tempel.[27] Auch die Annahme der Deportation eines Kultbildes aus dem Jerusalemer Tempel bleibt gänzlich hypothetisch. Sie hat zwar vielleicht die Analogie Samaria für sich[28], aber die biblischen Texte gegen sich. M. E. reichen die vorgebrachten Argumente nicht hin, ein *non liquet* für den Jerusalemer Tempel zu formulieren. Die höhere Plausiblität hat nach wie vor die Annahme, dass der Jerusalemer Tempel kein anthropomorphes YHWH-Kultbild beheimatete.

Wie ich gleich zeigen möchte, widerstreitet auch die Schriftprophetie der Annahme eines YHWH-Kultbildes für den Jerusalemer Tempel. Damit komme ich zu meinem vierten Punkt, der drei begrenzte Kontrollblicke auf Bilder in Texten richtet.[29]

Bilder in Texten: Drei Kontrollblicke

Die bisherigen Überlegungen haben herausgestellt, dass sowohl die archäologisch-ikonographische Materialfülle als auch die Diskussion um ein YHWH-Kultbild den Fragedruck auf die Texte erhöht. Nicht mehr die Bildlosigkeit ist *differentia specifica* der israelitischen Religion, sondern die Formulierung eines Bilderverbotes. Wann aber ist das Bilderverbot entstanden, wogegen richtet es sich, und was ist sein Sinn?

Wogegen sich das Bilderverbot richtet, darüber gibt es einen *alten* Streit. Zielt das Bilderverbot auf YHWH-Darstellungen oder auf jegliche Darstellungen von Göttern? Ist es ein YHWH-Bild-Verbot oder ein generelles Kultbildverbot? Einige

---

26 Vgl. dazu *Uehlinger,* Cult Statuary (1997), 149; *Berlejung,* Theologie (1998), 315.

27 Vgl. zur Diskussion um den Kerubenthron im Jerusalemer Tempel *Janowski,* Keruben (1991), 247–253; *Keel/Uehlinger,* Göttinnen (⁴1998), 289–292; *Mittmann,* Wehe (1989), 123 f; *Uehlinger,* Cult (1997), 149; *Loretz,* Anikonismus (1994), 217; *Mettinger,* Cherubim (²1995), 362–367 sowie die Arbeiten von *M. Metzger.*

28 Vgl. *Uehlinger,* Götter (1998).

29 Die Begrenzung betrifft nicht nur eine tiefergehende exegetische Diskussion, sondern auch die Angaben zur Sekundärliteratur, die weit umfangreicher ist, als es hier zur Sprache kommen kann.

Höhepunkte seien hier aus der Diskussion herausgegriffen: Noch 1929 konnte H. T. Obbink konstatieren: „Weithin die meisten Alttestamentler sehen in Ex 20$_4$ ein Verbot von Jahwebildern".[30] Diese Ansicht wirkt bis heute nach, wenn z. B. W. H. Schmidt, H. Delkurt u. a. Graupner schreiben: „Ursprünglich dürfte sich das zweite Gebot auf Bilder Jahwes bezogen haben".[31] Auch Peter Welten konstatiert in der TRE einen Konsens: „Weitgehend anerkannt ist zunächst, daß es sich bei der Grundformulierung um das Verbot der Herstellung von Jahwebildern handelt".[32] Gegenpositionen überwiegen allerdings in jüngerer Zeit: „Deut 5:7–10 neither unequivocally denies the existence of other gods nor does it address the making of YHWH images".[33] „Da schwerlich jemand auf die Idee gekommen wäre, Jahwe z. B. mit einem Fischschwanz abzubilden, kann sich das so erweiterte Verbot nur auf die Herstellung der Bilder fremder Götter beziehen".[34] Auch R. Rendtorff tritt etwas polemisch gegen Schmidt ein und behauptet, das Bilderverbot beziehe sich natürlich nicht nur auf YHWH-Darstellungen. Frank Crüsemann argumentiert ähnlich: „Im Dekalog neben dem Fremdgötterverbot ist damit sicher in erster Linie das Anfertigen von Jahwe-Bildern gemeint, denn die von anderen Göttern sind ja bereits im ersten mitverboten worden".[35] *Christoph Dohmen* sieht die Frage sich selbst auflösend, wenn man sieht, dass im Grundtext des Dekaloges Fremdgötter- und Bilderverbot ein einziges Verbot sind, „so daß selbstverständlich jedwedes Kultbild verboten ist".[36]

---

30 *Obbink*, Jahwebilder (1929), 264, der selbst die These vertritt, dass das Bilderverbot die Sekundärverwendung von Fremdgötterbildern im YHWH-Kult verbiete und sich vehement dagegen wehrt, von der (textlichen) Existenz von YHWH-Bildern auszugehen: „ ... so ergibt sich, daß ich weder in der Gesetzgebung noch in den erzählenden Stücken des AT und den Propheten ein Faktum entdecken kann, das den Glauben an das Bestehen eines Jahwebildes rechtfertigen könnte" (*Obbink*, Jahwebilder [1929], 273). Zur Negierung der Existenz von YHWH-Bildern auch *Pfeiffer*, Images (1926), 211.
31 *Schmidt/Delkurt/Graupner*, Gebote (1993), 67.
32 *Welten*, Bilder (1980), 520, der aber auch schreibt: „Vor allem in Epochen eines starken Synkretismus war es in der Ausweitung und verbunden mit dem 1. Gebot zugleich auch ein Verbot anderer Götter und ihrer Bilder" (521). Welche Epochen er meint, sagt Welten nicht. Es macht aber auch nicht den Anschein, als wolle er diese Epochen nachbiblisch ansetzen.
33 *Schmidt*, Tradition (1995), 80, dessen eigene These, dass Mischwesen von dem Verbot ausgenommen seien, allerdings nicht akzeptabel ist. Nicht nur dass sie zu kompliziert ist, wenn der Hörer des Verbotes zunächst in einem Ausschlussverfahren herausbekommen muss, was *nicht* verboten ist, sondern auch, dass eine positive Evidenz für die These, YHWH sei in Gestalt von Mischwesen dargestellt worden, nicht möglich ist.
34 *Kaiser*, Gott (1998), 173.
35 *Crüsemann*, Bewahrung (1993), 47.
36 *Dohmen*, Bilderverbot (²1987), 273. Auch C. Houtman geht in seinem Kommentar zum Bundesbuch bzw. seinem Exoduskommentar davon aus, dass die Frage irrelevant ist: „Diese Frage

Auch hier zeigt sich also, dass mit den Fragen nach dem Bilderverbot, seiner Ausrichtung und Herkunft immer auch literarhistorische Fragen gestellt sind. Wann ist der Dekalog entstanden, wann die übrigen Formulierungen aus dem Bundesbuch oder Privilegrecht? M.E. können die o.g. Fragen nicht nur an den reinen Verbotstexten, also dem zweifachen dekalogischen Bilderverbot und den Bilderverboten in den übrigen Gesetzessammlungen beantwortet werden, da mit den Gesetzen ihr Kontext und damit immer auch Pentateuchmodelle zur Debatte stehen, wo derzeit wenig Einigkeit herrscht:[37] Daher muss der Blick von der Sache her auf die gesamte Bilderkritik, *vor allem* auf die prophetische Auseinandersetzung mit Bildern ausgedehnt werden, um so einen weiteren Kontroll-Parameter für eine Entwicklung des Bilderverbotes zu gewinnen. Angesichts der Vielfalt archäologisch nachgewiesener Götterdarstellungen und der Diskussion um YHWH-Darstellungen sowie angesichts der alten Frage, wogegen sich das Bilderverbot richtet, scheint mir sinnvoll, die Unterscheidung von YHWH-Bildern und Fremdgötterbildern *heuristisch* an die Texte anzulegen. Schließlich scheint mir wichtig, terminologisch zwischen Kultbildlosigkeit, Nicht-Darstellbarkeit, Bilderkritik und Bilderverbot zu unterscheiden. Unter diesen Prämissen möchte ich nun drei Textbereiche anreißen, die bewusst die expliziten Verbotstexte aus den Gesetzessammlungen ausklammern und schon in der Auswahl ein Plädoyer für eine längere vorexilische Entwicklung der Bilderkritik bieten.

(1) Hosea als Beispiel für die Frühgeschichte der Bilderkritik im Nordreich

Der Prophet des 8. Jh. v.Chr. nimmt als erster und einziger Schriftprophet des Nordreiches eine bedeutende Position ein. Sein engagiertes Eintreten für den Ausschließlichkeitsanspruch YHWHs verleiht ihm besonderes Gewicht in der sog. Monotheismusdebatte. Obwohl vielfach Zweifel an der Authentizität von Hoseaworten berechtigt sind, scheint sich mir nach wie vor eine Bilderkritik auf den

---

steht im Dekalog nicht zur Debatte. Für den Schreiber des großen Werkes Genesis bis Könige ... stand die Bildlosigkeit der JHWH-Verehrung außer Diskussion" (*Houtman*, Bundesbuch [1997], 60).

37 In der Abkehr von einer Betrachtung der Entwicklungslinie der Verbotstexte sehe ich mich in einer Linie mit dem Anliegen von *Mettinger*, Roots (1997), 219 f. Während er allerdings die literarische Entwicklung völlig außer Acht lassen will und den Blick auf den Kulturvergleich lenkt, um zu der Annahme einer breiten de facto Bildlosigkeit als Wurzel des Bilderverbotes zu kommen, möchte ich, ohne den Kontext der Verbotsformulierungen völlig außer Acht zu lassen, die Basis auf die Bilderkritik insgesamt erweitern.

Propheten und seine Schüler zurückzuführen lassen, die spezifisch auf das Nordreich bezogen ist.

(a) „Menschen küssen Kälber": Hoseas Kritik am Stierbild

Herausragendstes Moment der Kritik Hoseas ist seine Kritik am Stierbild. Im Zuge der Reichsteilung hatte Jerobeam I. den Stierkult in den Reichsheiligtümern etabliert, möglicherweise auch in Bethel und Dan reinstalliert. Der Wettergott YHWH wurde als Nationalgott in einem Stier symbolisch repräsentiert und in Gestalt des Stieres im Staatskult verehrt. Dabei handelte es sich möglicherweise um eine betonte Opposition zum Jerusalemer Tempelkult, wo YHWH kultbildlos thronend auf den Kerubim vorgestellt wurde und keine Verbindung zu einem Stierbild hatte. Hosea kritisiert die Darstellung und Verehrung YHWHs als Stier in scharfer Form. Er prophezeit, dass das Kalb der Hauptstadt Samaria zersplittert werden wird (Hos 8,6b)[38] und die kultischen Verfehlungen zusammen mit der verfehlten Außenpolitik, der politischen Allianz mit der Großmacht Assur, zum Untergang und zur Deportation führen wird (Hos 10,5 f). Ihren sarkastischen Höhepunkt erreicht die Kritik in dem lakonischen Satz: „Menschen küssen Kälber" (Hos 13,2).[39] Der Satz ist in seiner Authentizität sehr umstritten, sperrt sich aber zugleich einer einfachen redaktionellen Zuweisung, so dass eine Herkunft aus dem Umfeld des Nordreiches möglich bleibt. Durch die spottende Gleichsetzung von Gott und

---

38 Hos 8,5 f ist natürlich durchzogen von späterer Götzenbildkritik, allerdings ist wohl an einem authentischen Kern der Distanzierung Hoseas vom Stierbild in Bet-El festzuhalten. Denn die Götzenbildkritik steht sonst an keiner Stelle in Verbindung mit dem Kalb von Samaria, Bet-El oder einer Stierdarstellung überhaupt. Diese Verbindung ist nur bei Hosea belegt, so dass wahrscheinlich ist, dass sie von der Kritik Hoseas am Stierbild ausgeht.

39 Ohne Zweifel ist auch Hos 13,2 überarbeitet, was auch Jörg Jeremias (Hosea [1994], z. St.) zugesteht. *Dohmen* (Bilderverbot [²1982], 148 f) zählt, anders als Jeremias, den Kurzsatz „Menschen küssen Kälber" wegen des Nun-paragogicum und des pluralischen Objekts zu einer dtr Überarbeitung. Das erste Argument ist sehr bedenkenswert, allerdings steht ihm entgegen, dass sich die dtr Redaktion ansonsten nicht um polemische Konkreta des Stierkultes kümmert und das Nun-paragogicum auch kein untrügliches Zeichen für eine dtr Einordnung ist. Das zweite Argument trifft nur bedingt, insofern hier eine generalisierende Aussage gemacht wird. Hos 13,2 bleibt also ein unsicherer Kandidat. Allerdings reichen die Argumente m. E. nicht, den gesamten Vers dtr oder noch später einzuordnen (so z. B. Uehlinger, Bilderkult [1998], 1568; Berlejung, Theologie [1998], 305 Anm. 1441.307 f.405 mit Verweisen auf weitere Literatur). Die Stelle ist problematisch, da sie sich zwar nicht wie die spätere Götzenbildpolemik auf das Material richtet, jedoch in dem Kultobjekt nichts weiter als das Dargestellte (Stier) sieht, nicht aber die Repräsentanz oder die symbolische Zuordnung zur Gottheit. Dennoch unterscheidet sich diese Kritik von der späteren Götzenbildpolemik und ist von ihr zu trennen.

Symboltier wird die kultische Adoration absurd, da sie sich auf das Tier, nicht auf YHWH richtet. Für Hosea manifestiert sich darin *die* Sünde des Nordreiches. Warum kritisiert der Prophet die Darstellung und Verehrung YHWHs im Stier? Die schroffe und unbegründete Ablehnung der symbolischen Repräsentation ist nicht auf eine Vorstellung von der prinzipiellen Nicht-Darstellbarkeit YHWHs zurückzuführen und auch nicht auf ein sachlich oder gar textlich vorgegebenes Bilderverbot[40], ist dennoch aber eine Kritik an der Leistungsfähigkeit von Bildern. Hoseas Ausgangspunkt ist die Erkenntnis, dass die enge Bindung zwischen YHWH und Israel ein besonderes Verhältnis begründet, dass auf Exklusivität im Gottesverhältnis hindrängt. Hosea erkennt, dass YHWH einen Ausschließlichkeitsanspruch hat, der durch andere Götter in Frage gestellt wird. Ferner sieht er die Notwendigkeit, sich in Zeiten politischer Bedrohung von außen auf den Schutz des Nationalgottes in besonderer Weise zu verlassen. Der Stier kann die Exklusivität im Gottesverhältnis nicht zum Ausdruck bringen, da er zugleich Symbol- und Attributtier anderer Götter, vor allem des Wettergottes Baal ist. Solange YHWH und Baal gleichberechtigt *nebeneinander stehen*, ist der Stier adäquate Repräsentation beider Gottheiten. Wenn sich aber Hosea *für* YHWH und *gegen* Baal einsetzt, gerät der Stier in eine verhängnisvolle Mehrdeutigkeit, die die Exklusivität YHWHs antastet. Es ist keine Kritik am Bild an sich, sondern an der Leistungsfähigkeit und Eindeutigkeit des Bildes in einem polytheistischen Kontext. Die Repräsentanz droht völlig die Stelle des Repräsentierten einzunehmen[41] und nicht mehr *nur* durchlässig auf den Gott zu sein, den er darstellt. Wenn Menschen Kälber küssen, droht ihre Verehrung auf dem Tier zu kleben und sich nicht auf YHWH zu beziehen. Der Stier kann als Attributtier nicht das leisten, was Hosea für die Repräsentation YHWHs einfordert: Die eindeutige Zuordnung zu YHWH. Gegen diese Interpretationslinie hat Angelika Berlejung eingewandt

> Die verbreitete These, daß (Stier-)Bilder uneindeutig seien, dem Synkretismus Vorschub leisteten und zur Verwechslung zwischen Repräsentiertem und Repräsentanz beitrügen ... steht in der Tradition der Bilderpolemik und verdreht die Zusammenhänge. Die relevanten Verse des Hoseabuches (die kaum Hosea zugesprochen werden können) *erkennen* nicht die Ambivalenz des Bildes ... und gelangen deshalb zur Bilderkritik, sondern sie *behaupten* die Missverständlichkeit der Figuren, um den Leser von der Berechtigung ihrer vorgefaßten Polemik zu überzeugen.[42]

---

40 So nach wie vor z. B. *Schmidt/Delkurt/Graupner*, Gebote (1993), 64.
41 Vgl. zu dieser treffenden Formulierung *Utzschneider*, Hosea (1980), 102.
42 *Berlejung*, Theologie (1998), 304.

Diese Argumentation vernachlässigt, dass ein Konkurrenzverhältnis von YHWH und Baal vorausgesetzt werden muss, wodurch die Mehrdeutigkeit oder Durchlässigkeit erst zum Problem wird. Weiterhin setzt ihre Argumentation voraus, dass Hosea explizit auf die Polyvalenz des Bildes argumentativ verweisen würde. Das ist, wenn ich recht sehe, nicht der Fall, sondern im Gegenteil fällt auf, wie unbegründet die Stierbild-Kritik bei Hosea ist.

(b) Altäre und Masseben

Wie stark die von Hosea erkannte Ausschließlichkeitsforderung YHWHs seine prophetische Kritik bestimmt, zeigt auch seine Auseinandersetzung mit den Altären und Masseben. In Hos 10,1f heißt es:

> Israel war ein üppiger Weinstock, der Frucht brachte,
> je mehr Frucht er brachte, desto größer an Zahl wurden seine Altäre,
> je schöner sein Land wurde, desto schöner machte er seine Masseben.
> Gespalten ist ihr Herz,
> jetzt müssen sie es büßen:
> Seinen Altären bricht er das Genick,
> und er verwüstet ihre Masseben.

Hosea beschreibt die Prosperität des Landes als Gefährdung für die Ausschließlichkeit. Israel hat sich wirtschaftlich gut entwickelt, es ist ein üppig wachsender Weinstock, der viel Frucht bringt. Obwohl hier ein durchaus positiver Sachverhalt vorliegt, kritisiert ihn Hosea. Die Blüte des Landes hat zu einer Vermehrung der Altäre und zur Verschönerung und kostbareren Ausstattung der Kultstätten mit Masseben geführt. Dahinter steht wohl die Kritik, dass mit der Vermehrung der Altäre auch die Zahl der Götter vermehrt wurde: Es ist eine Bewegung weg von YHWH. Das macht die Wendung von dem gespaltenen Herzen deutlich. Das Herz, Sitz der Willensentscheidung und hier gemeint als Zentrum der kultisch-religiösen Zuwendung, kennt keine Eindeutigkeit mehr, sondern ist gespalten. Die Vielzahl der Altäre führt von YHWH weg, was Hosea in 8,11 schon kritisiert hat[43]:

> Efraim hat die Altäre vermehrt,
> zur Sünde sind sie ihm geworden,
> Altäre zur Sünde.

---

43 Zu Hos 4,19 s. *Frevel*, Aschera (1995), 317 Anm. 1025.

Deswegen kündigt Hosea drastisch das Strafhandeln YHWHs an, der den Altären das Genick brechen wird und die Masseben verwüsten wird. Es ist keine grundsätzliche Kritik an Altären oder an den die Präsenz der Gottheit, auch die Präsenz YHWHs, markierenden aufrecht stehenden Steine, den Masseben. Diese grundsätzliche Kritik wird erst später greifen. Hier sind sie nur als Bedrohung für die Ausschließlichkeit kritisiert, insofern sie für andere Götter stehen können. Eine Kritik an ihrer abstrakten Präsenzfunktion oder ihrer Uneindeutigkeit findet sich bei Hosea noch nicht. Dass trotzdem von einer Bilderkritik bei Hosea gesprochen werden kann, zeigt der abschließende Blick auf die *'aṣṣabîm*.

(c) „Was hat Israel mit den Götzen zu schaffen?" Die Kritik an den *'aṣṣabîm*

Erstmalig bei Hosea taucht der distanzierende Bildbegriff *'aṣṣabîm* zur Bezeichnung von Größen auf, die in Konkurrenz zu YHWH stehen.[44] Von den vier Stellen sind zumindest Hos 4,17 und wahrscheinlich auch Hos 14,9 Hosea und seinem Schülerkreis nicht leicht abzusprechen, vielleicht gehört sogar Hos 8,4 dazu. Natürlich verwundert, dass die עצבים vor allem in relativ späten Texten vorkommen, was zu Recht die Zweifel an der hoseanischen Verfasserschaft nährt.[45] Doch verschiebt sich bei einer Spätdatierung *aller* Hoseabelege nur das Problem: Warum taucht der Begriff schwerpunktmäßig nur in der redaktionellen Fortschreibung des Hoseabuches auf, nicht aber bei Jeremia, Jesaja und vor allem nicht im Deuteronomistischen Geschichtswerk (abgesehen von 2 Sam 5,21 bezogen auf die Philister) auf? Sicher scheint, dass es sich nicht um einen typisch dtr Terminus handelt. Zudem fällt auf, dass der Begriff außerhalb der Hoseabelege und Mi 1,7; Jes 10,11; Sach 13,2 und 2 Chr 24,18 immer im Kontext von nicht-israelitischen

---

44 Ich kann nicht sehen, warum *'aṣṣabîm* bei Hosea außer in Hos 13,2 nicht auf Konkurrenzgrößen neben YHWH zielen sollte (so *Uehlinger*, Bilderkult [1998], 1569).

45 Sach 13,2; Ps 106,36.38; 115,4; 135,15; 2 Chr 24,18; Jes 46,1; 48,5; Jer 50,2, schwerer zu beurteilen sind Jes 10,11 (wird in der Regel als Zusatz aus götzenbildpolemischem Hintergrund eingestuft, vgl. dazu schon *Duhm*, Jesaja [²1902], 72 f und neben *Barth*, Jesaja-Worte [1977], 23 auch *Wildberger*, Jesaja [²1980], 401: „Der Zusatz will also offensichtlich – post festum – erklären, warum Jerusalem, die Gottesstadt, trotz aller Verheißungen ... genau wie die anderen Städte dem Feind unterlag: Sie hat genau wie jene auf Götzen vertraut"; ferner die Skepsis bei *Kilian*, Jesaja (1986), 80 f, der die V. 10 f als einen Nachtrag zu Jes 10,6 – 9.13 – 15 aus exilischer Zeit bestimmt, was selbst erst exilisch entstanden sein soll. Auch für *Kaiser*, Buch (⁵1981; ³1983), 220 stellen die Verse einen Nachtrag dar. Im Anschluss an diesen einen Konsens schon voraussetzend *Mittmann*, Wehe [1989], 11); 2 Sam 5,21 (vgl. dazu aber die bekannten Bedenken bei *Stoebe*, Buch [1994], 181: „Diese Überhöhung könnte indessen im Blick auf 1 Sam 4 gebildet sein" und *Graupner*, עצב [1989], 303: „2 Sam 5,21 ist ein Zusatz"); Mi 1,7 (vgl. dazu *Frevel*, Aschera [1994]; 726 – 736 u. *Oberforcher*, Micha [1995], 27).

Bildwerken steht. Fraglich erscheint auch, ob die Bilderkritik in den Hosea-Stellen in der nachexilischen Götzenbildkritik aufgeht. Das gilt zumindest für 4,17; 8,4 und 14,9 nicht, auf die jetzt näher einzugehen ist.

> Ein Kumpane von Götzenbildern ist Efraim,
> lass ihn in Ruhe (Hos 4,17).

Fast resigniert konstatiert Hosea die Hinwendung zu anderen Größen, vielleicht sogar zu einer Göttin. Eindeutig stehen die *ʿaṣṣabîm* in Opposition zu YHWH. So auch in Hos 14,5 – 9, wo YHWH sich selbst von den Götzen absetzt:

> Ich will ihre Abtrünnigkeit heilen,
> ich will sie aus freien Stücken lieben,
> denn abgekehrt hat sich mein Zorn von ihm weg.
> Ich will wie der Tau für Israel sein,
> dann wird es sprossen wie eine Lotusblume
> und es wird seine Wurzeln schlagen wie der Libanonwald ...
> Efraim,
> was habe ich noch mit den *ʿaṣṣabîm* zu schaffen?
> Ich habe ihn erhört und werde auf ihn achten,
> ich bin wie ein immergrüner Wacholder,
> an mir wird deine Frucht gefunden.

Die Aussagen der singulären Bilder sind eindeutig: Die *ʿaṣṣabîm* sind keine Alternative zu YHWH, *er* wendet sich Israel zu und gibt ihm Frucht. Das enge Verhältnis zwischen YHWH und Israel müsste eigentlich sogar die Irrelevanz anderer Größen, seien es Götter oder Göttinnen bedingen. Doch das ist „*Zukunftsmusik*", Realität *ist* die Zuwendung zu den *ʿaṣṣabîm*, Hos 8,4: *Aus ihrem Silber und Gold fertigen sie sich ʿaṣṣabîm, damit es vertilgt wird.* Mit „es" ist am ehesten Israel gemeint und wieder lautet der Tenor: Die Zuwendung zu den *ʿaṣṣabîm* führt Israel ins Verderben, zielstrebig in die Liquidierung. YHWH fordert Ausschließlichkeit, er wird sich die Abwendung Israels nicht gefallen lassen.

In dem Bildbegriff, der vielleicht sogar eine Neuschöpfung Hoseas ist, klingt die homonyme Wurzel *ʿṣb* mit beiden Bedeutungen an: kränken und bilden. Es sind Gebilde, die YHWH kränken, die seinen Ausschließlichkeitsanspruch verletzen. Gemeint sind also Größen, die an anderen Stellen des Hoseabuches בעלים genannt werden: *andere* Götter.[46] Die Kritik an den Fremdgöttern wird durch die Kritik an ihren bildlichen Repräsentationen abgewickelt. Sie zielt nicht – und das

---

46 Zu בעלים im Hoseabuch vgl. vor allem *Jeremias*, Begriff (1994). Über die Frage, ob darin Göttinnen eingeschlossen sind, braucht hier nicht weiter verhandelt zu werden, vgl. dazu die Diskussion bei *Frevel*, Aschera (1995); *Wacker*, Spuren (1994); *Pfeiffer*, Zechen (1996).

ist wichtig zu sehen – auf das Bild an sich oder wie die späte Kritik auf die un-
belebte Materialität der Bilder, sondern auf die Konkurrenzgrößen neben YHWH.

Im schwierigen Lavieren zwischen authentisch Prophetischem und redaktioneller
Nacharbeit ist für Hosea als Fazit mit aller Vorsicht folgendes festzuhalten:

Hosea bezieht sich weder auf ein sachlich oder textlich vorgegebenes Bilderverbot, noch tritt er aus traditionellen Rücksichten für eine Kultbildlosigkeit
YHWHs ein. Seine YHWH-Bildkritik ruht auf der Ausschließlichkeitsforderung
auf. Sie bezieht sich *nur* auf den Stier im Staatskult des Nordreiches, den er wegen
seiner Durchlässigkeit auf Baal hin kritisiert. Stärker von Hos 13,2 her kommt die
vielfach aufgenommene Umschreibung von Utzschneider, dass Hosea das Stierbild kritisiere, weil der Repräsentant an die Stelle des Repräsentierten zu treten
drohe. Darin wäre dann schon ein Moment der späteren Bilderkritik im Ansatz
erkennbar. Bei der Unsicherheit von Hos 13,2 ist dies offenzuhalten.

Seine weitere Bilderkritik ist Fremdgötterkritik im Dienst der Ausschließlichkeitsforderung. Sie ist begrenzt und auf den neu gebildeten Terminus ʿaṣṣabîm
beschränkt. Sowohl Hoseas Stierbildkritik als auch seine Fremdgötterbilderkritik
wurzeln in der Vorstellung vom Ausschließlichkeitsanspruch YHWHs. Hosea
kritisiert Götterbilder als Repräsentationen oder materiale Manifestationen von
Fremdgöttern, die in Konkurrenz zu YHWH stehen.

(2) Ezechiel: Beißende Fremdgötterbilderkritik und vorausgesetzte Kultbildlosigkeit

Als zweites Beispiel ist der Jerusalemer Priesterprophet Ezechiel als Gewährsmann
ausgewählt, dessen Prophetie sich auf eine für die Bilderfrage entscheidende
Phase bezieht. Ezechiel steht am Übergang von der Königszeit zur sog. Exilszeit, er
gibt gleichermaßen Auskunft über Vergangenes sowie im Exil Gegenwärtiges und
Zukünftiges. Durch seinen impliziten Monotheismus steht er zweitens für den
Übergang von der Monolatrie zum reflex ausformulierten Monotheismus im Exil.
Drittens steht Ezechiel für den Übergang vom Ersten zum Zweiten Tempel. Er ist
ein ernstzunehmender Zeuge für die Verhältnisse am spätvorexilischen Tempel.
Als Priester hat er Zugang und Einblick in alle Bereiche des Tempelkultes. Er
besitzt eine außerordentliche Sensibilität für kultisch Relevantes und reflektiert
vielfach grundsätzlich und systematisierend. Sein Zeugnis hat Gewicht, nicht
zuletzt in der Bilderfrage, wo er in der derzeitigen Diskussion zu wenig Beachtung
findet.

Entsprechend der Unterscheidung von YHWH-Bild und Fremdgötterbild ist
auch für Ezechiel in zwei Schritten vorzugehen:

(a) Kultbildlosigkeit und Nicht-Darstellbarkeit YHWHs bei Ezechiel

Ein YHWH-Kultbild ist für Ezechiel kein Thema. An keiner Stelle seines Buches kann man den Eindruck gewinnen, dass er die Existenz eines YHWH-Kultbildes im Jerusalemer Tempel voraussetzt. Das gilt nicht nur für den von ihm geschauten „Zweiten" Tempel, sondern ebenso für den Ersten Tempel, auf den er sich vielfach bezieht. Im Gegenteil, die Visionen Ezechiels zeigen vielmehr, dass er die Kultbildlosigkeit des Allerheiligsten des Jerusalemer Tempels *voraussetzt*. Dafür sprechen folgende Beobachtungen:

Die Konzeption der Herrlichkeit YHWHs, des sog. *kabôd*, spielt für die Repräsentation Gottes bei Ezechiel eine entscheidende Rolle, sowohl in der ersten Tempelvision als auch in der Beschreibung des zukünftigen Zweiten Tempels. Nachdem Ezechiel die Greuel des Ersten Tempels als Begründung für die Bestrafung der Stadt und des Tempels gezeigt bekommen hat, schaut er, wie die Herrlichkeit Gottes ihren Platz über den Keruben verlässt, um sich nach Zwischenstufen am Ölberg, östlich von Jerusalem niederzulassen (Ez 9,3; 10,19; 11,23).[47] Entsprechend diesem Auszug schildert die große Tempelvision den Wiedereinzug der Herrlichkeit YHWHs von Osten her (Ez 43,2–4). Die Vorstellung des den Tempel erst erfüllenden, dann verlassenden, aber auch wieder erfüllenden *kabôd* widerspricht der Existenz eines Kultbildes, das die Gottheit im Tempel repräsentiert.

Ebenso wie die *kabôd*-Konzeption ist die Berufungsvision in Ez 1 unabhängig von einem Kultbild. Ezechiel beschreibt das Aussehen Gottes auf seinem von Keruben getragenen Thron in mehrfachen Brechungen, ein menschengestaltiges Gattungswesen, von dem nur schemenhaft ein Körper in einer Lichtgestalt erkennbar ist. Die mannigfachen Abdämpfungen weisen klar auf die Problematik der Darstellbarkeit und Beschreibung Gottes hin, die dem Propheten vorgegeben zu sein scheint, auch wenn er sie nicht eigens reflektiert. Ezechiel hat wie auch Jesaja Sperren, seine Vision vom göttlichen Aussehen konkret zu benennen.

Diese Argumentation lässt sich von mehreren Seiten flankieren. Zum einen ist die Vorstellung einer Rückkehr YHWHs in den Tempel Jerusalems bzw. an den erwählten Ort Zion auch außerhalb der Fassung Ezechiels zu finden, z.B. in Jes 52,8 u.ö. Auch hier würde in Kombination mit der Rückführung der Tempelgeräte der Eindruck erweckt, es hätte in nachexilischer Zeit im Zweiten Tempel ein Kultbild YHWHs geben müssen, wenn man annimmt, das YHWH-Standbild sei aus

---

[47] Auf die komplexen literarischen Verhältnisse kann hier nicht eingegangen werden. Vgl. dazu den Ansatz von *Hossfeld* (Probleme [1987], passim), dem ich an dieser Stelle herzlich für die intensive Diskussion um das Bilderverbot danke.

dem Ersten Tempel zurückgeführt worden. Hinzukommt die belegte persische Praxis, Götterbilder in die wiedererrichteten Tempel zurückzuführen.[48] Auch hier könnte man sich kaum vorstellen, dass der Tempelbau zwar politisch legitimiert und auch die Rückführung der Geräte durch persische Anordnung geschah, das Kultbild aber aus theologischen Gründen ausgespart wurde oder „unter den Tisch fiel". Aus der persischen Praxis lässt sich implizit vielmehr schließen, dass der Jerusalemer Tempel kein Kultbild YHWHs beheimatete. Für die Lade als dem zentralen Kultobjekt des Ersten Tempels dürfte die plausibelste Annahme sein, dass sie bei der Zerstörung ein Raub der Flammen geworden ist.

(b) Fremdgötterverachtung und Bilderspott

Verlässt man den Bereich der Beschreibung YHWHs, wimmelt es im Ezechielbuch von Götterbildern. Für Ezechiel ist die gesamte Geschichte Israels seit dem Ägyptenaufenthalt durch Götzenbilder disqualifiziert, unterschiedslos sowohl innerhalb wie außerhalb des Jerusalemer Tempels.[49] Für jenen schildert die erste Tempelvision die Greuel des Abfalls von YHWH in dem für Ezechiel abscheulichen Bilderdienst an den Wänden des Tempels (Ez 8,10) und in dem Bild, das YHWHs Eifersucht erregt (Ez 8,5). Auch mit letzterem dürfte ein Fremdgötterbild am Eingang des Nordtores gemeint sein.

Der implizite Monotheismus Ezechiels leugnet zwar die Existenz anderer göttlicher Größen noch nicht, depotenziert sie aber schon durch abwertende Spottbezeichnungen. So wendet sich Ezechiel mit Vorliebe gegen die *gillûlîm*, die „Mistdinger" oder „Scheißgötzen" oder gegen die *šiqqûṣîm*, die „Scheusale", beides spottende Bezeichnungen für Konkurrenzgrößen neben YHWH. Dass damit neben den Fremdgöttern zugleich deren Bilder gemeint sind, zeigen Formulierungen wie „die Mistdinger machen" (Ez 22,3 f), „anschauen" (Ez 18,6), „aufstellen" (Ez 14,3), „zerbrechen" (Ez 6,6) oder „wegwerfen" (Ez 20,7).[50] Fremdgötterkritik und Bilderkritik fallen bei Ezechiel zusammen.[51]

---

48 Vgl. dazu die Angaben bei *Japhet*, Temple (1991), 219 f. Der Hintergrund der persischen Praxis wäre noch nähere Untersuchung wert!

49 Terminologisch wird dabei nicht weiter zwischen *Kultbildern* im Ersten Tempel und Götterdarstellungen oder Statuetten, Hausikonen usw. außerhalb differenziert.

50 Der Kontrollblick auf die Bilderkritik bei Jeremia zeigt die gleiche Tendenz. Auch dort verschmelzen Fremdgötterkritik und Bilderkritik. Die Fremdgötter sind nur gemacht (Jer 2,29), sie sind Holz und Stein (Jer 2,27; 3,9), es sind *šiqqûṣîm* „Scheißgötzen", die sich im Tempel in Jerusalem tummeln und YHWH zum Zorn reizen (Jer 4,1; 7,30; 32,34, vgl. Jer 8,19).

Als Fazit möchte ich festhalten: Auch Ezechiel bezieht sich nicht auf ein Bilderverbot und seine Bilderkritik steht wie bei Hosea im Dienst der Durchsetzung der Ausschließlichkeitsforderung YHWHs. Die namenlosen Fremdgötter werden durch ihre Bilder repräsentiert. Deshalb richtet sich die Kritik ausschließlich auf die Bilder. Doch ist die Kritik Ezechiels breiter, schärfer und spöttischer als bei seinen Vorgängern. Der Monotheismus bricht sich Bahn, *de facto* folgt für Ezechiel daraus ein Fremdgötterbilderverbot. Zugleich ist Ezechiel wichtiger Zeuge für die Kultbildlosigkeit des Jerusalemer Tempels *und* theologische Sperren in der Darstellung YHWHs. Zwar reflektiert er nicht grundsätzlich über die Nicht-Darstellbarkeit Gottes, *de facto* setzt er sie in seiner visionären Beschreibung YHWHs aber voraus.

(3) Eine Gestalt habt ihr nicht gesehen: Kultbildlose Offenbarung in Dtn 4

Als drittes und prominentes Beispiel möchte ich Dtn 4 anführen. In keinem anderen Text wird so grundsätzlich über die Darstellbarkeit Gottes gehandelt wie in diesem späten Kapitel des Deuteronomiums. In der Bilderverbotsparänese von Dtn 4 wird das Bilderverbot geradezu offenbarungstheologisch verankert und begründet. Ohne hier eine Wachstumsgeschichte des Textes zu leugnen[52], soll das Kapitel in seiner spätexilisch-frühnachexilischen Endgestalt in den Blick kommen. Der Monotheismus ist jetzt explizit: „Yahwe ist Gott und keiner sonst", so heißt es in V. 35. Das verändert die Situation in der Bilderkritik: Fremdgötter gibt es nicht, deren Bilder sind unbelebtes Material. Dtn 4 nimmt die Götzenbildkritik Deuterojesajas auf, wenn die Bildverehrung im *Ausland* in V. 28 als Strafe für die Verletzung des Bilderverbotes angedroht wird:

> Dort müsst ihr Göttern dienen, Machwerken von Menschenhand,
> Holz und Stein,

---

51 Ez 6,4.5.6.9.13(2mal); 8,10; 14,3.4(2mal).6.7; 16,36; 18,6.12.15; 20,7.8.16.18.24.31.39; 22,3.4.7.; 23,30.37.39(2mal).49; 20,13; 33,25; 36,18.25; 37,23; 44,10.12. Außerhalb von Ez nur Lev 26,30; Dtn 29,16; 1 Kön 15,12; 21,26; 2 Kön 17,12; 21,11.21; 23,24, Jer 50,2.

52 Der Streit um Dtn 4 und dessen Einheitlichkeit ist nach wie vor ungelöst. Es widerstreiten die Positionen von G. Braulik und N. Lohfink denen von S. Mittmann, D. Knapp, C. Dohmen und E. Otto. K. Holter (über den die nicht näher benannte Literatur leicht aufzufinden ist) hat in jüngerer Zeit noch einmal versucht, Licht in die methodischen Hintergründe der diametralen Positionen zu bringen. Nach wie vor sehe ich trotz des gezielten Aufbaus und der durchdachten Argumentationsstruktur Gründe für die Annahme eines blockweisen Wachstums bzw. auch für die Annahme von Fortschreibungen.

die nicht sehen können, und nicht hören können
und nicht essen können und nicht riechen können.

Die Bilder sind unbelebtes Material, unfähig zu handeln und erst recht unfähig zu retten. Sie stehen in totaler Opposition zu dem geschichtlich Handelnden YHWH, der sich am Horeb geoffenbart hat. Von daher kommt jede Anfertigung eines Bildes einem Abfall von Gott gleich, die notwendig ins gottlose Verderben führt. Das Fremdgötterverbot tritt hinter dem Bilderverbot nahezu vollständig zurück. Aus der monotheistischen Warte des Exils wird der vorexilische Bilderkult, in dem andere Götter neben YHWH begrenzten Platz hatten, verurteilt und als Ursache für den Verlust des Landes gewertet (V. 27). Mit der Leugnung der Existenz fremder Götter und YHWH als dem einzigen Gott gerät die Bildlosigkeit YHWHs, die für Ezechiel noch unhinterfragt vorausgesetzt wurde, unter Begründungszwang. Wenn es sowieso keine anderen Götter als YHWH gibt, warum können dann nicht jegliche Bilder diesen Einen repräsentieren? Hier begründet der späte Text die Kultbildlosigkeit theologisch mit der Nicht-Darstellbarkeit Gottes:

> [15]Nehmt euch um eures Lebens willen sehr in acht, denn ihr habt keine Gestalt gesehen an dem Tag, als YHWH zu Euch vom Horeb aus der Mitte des Feuers geredet hat, [16]dass ihr nicht zu euerm Verderben handelt und euch ein Kultbild macht, Gestalt von irgendetwas, kein Beigestelltes, kein Abbild, weder eines Männlichen noch Weiblichen, [17]kein Abbild irgendeines Viehs, das auf der Erde ist und auch kein Abbild irgendeines gefiederten Vogels, der im Himmel fliegt, [18]kein Abbild irgendeines Gewürms auf der Erde, kein Abbild irgendeines Fisches, der im Wasser unter der Erde schwimmt (Dtn 4,15–18).

Weil Israel am Horeb nur die Botschaft gehört hat, aber nichts gesehen hat, soll es sich kein Bild *seines* Gottes machen. Dtn 4,15–18 argumentieren in einer solchen Grundsätzlichkeit, dass *jegliches* Kultbild und *jegliche* Gottesdarstellung außerhalb des Kultes verboten ist, sei sie anthropomorph, theriomorph oder in Gestalt eines Kultobjektes. Gott ist nicht darstellbar, es gibt kein Bild, das ihn adäquat repräsentieren könnte. Nicht einmal die Gestirne können YHWH adäquat repräsentieren. Sie sind vielmehr den Völkern zur Verehrung zugeteilt, während sie Israel nur als „Lampen" dienen sollen. YHWH ist nicht darstellbar.

Unter monotheistischer Warte wird der Unterschied zwischen Bildern als YHWH-Darstellung und Bildern als der materialen Repräsentanz von Fremdgöttern obsolet. Das Kultbildverbot gilt absolut jeglicher Darstellung, die intentional auf eine Darstellung des Göttlichen zielt.

Die Bildlosigkeit Israels wird in der Offenbarung am Horeb begründet, Audition und Vision, Gotteswort und Gottesbild werden diametral entgegengesetzt. Damit ist die folgenschwere Opposition zwischen Wort und Bild in den Kontext des

Bilderverbotes eingetragen, die letztlich die Bilderverbotsrezeption bis in die Moderne geprägt hat und prägt.

Halten wir auch hier ein Fazit fest: Dtn 4 setzt das dekalogische Bilderverbot voraus und legt es in einer grundsätzlichen Reflexion aus. Dabei tritt der Bezug auf das Fremdgötterverbot und implizit auch auf die Bilder der anderen Götter gegenüber dem Bilderverbot als Verbot jeglicher Darstellung des Göttlichen zurück. Aus der Erkenntnis der Einzigkeit YHWHs erwächst die *explizite* Begründung der Kultbildlosigkeit in der Nicht-Darstellbarkeit des unsichtbaren und nur hörbaren YHWHs.

„Bilderrahmen": Ansätze zur Synthese

Das Lösen von den unmittelbaren Verbotstexten und die drei „Stippvisiten" haben sich gelohnt. Auch die heuristische Unterscheidung zwischen Fremdgötterbildern und YHWH-Darstellungen hat zu einer differenzierteren Sicht beigetragen. Sehr deutlich hat sich gezeigt, dass Bilderkritik und Ausschließlichkeitsanspruch eng zusammenhängen. Insofern bildliche Darstellungen die materiale Präsenz von Fremdgöttern darstellen, ist die Ausschließkeitsforderung auch gar nicht ohne Bilderkritik vorstellbar.[53] Schon damit ist die exilisch-nachexilische Datierung im Zwei-Phasen-Modell m. E. nicht zu halten. Die frühe Bilderkritik reagiert auf den begrenzten Polytheismus, den auch die archäologischen Funde dokumentieren.

Am Schluss möchte ich mich thetisch der Frage nach Entstehung und Ursprung des Bilderverbotes zuwenden, auch wenn mir bewusst ist, dass dies nur fragmentarisch und wenig zureichend möglich ist: Angesichts der Position Ezechiels legt sich die These nahe, dass das Verbot der Herstellung von Kultbildern *nicht* zuerst in der Kultbildlosigkeit YHWHs, sondern in der Kritik an den Bildern der Fremdgötter wurzelt. Der in mit dem Fremdgötterverbot verbundene (und in es eingeschobene[54]) Kurzprohibitiv „Du sollst dir kein Kultbild machen" richtet sich dann ursprünglich von seiner Intention her *primär* auf die Bilder fremder Götter, auch wenn natürlich in der absoluten Formulierung ebenso YHWH-Bilder ein-

---

53 Vgl. dazu auch *Uehlinger*, Bilderkult (1998), 1569: „Die Auseinandersetzung mit anderen Göttern wird wesentlich über die Polemik gegen deren Kultbilder geführt".
54 M. E. überwiegen die Argumente, den ursprünglichen Bilderverbotsprohibitiv den Formulierungen des Fremdgötterverbotes in Dtn 5,7 und Dtn 5,9a – trotz der hier auffallenden Reihenfolge der Verben עבד und חוה – nachzuordnen und als Einschub aus (frühexilischer Zeit?) zu werten. Dagegen sind allerdings Ex 20,23 und Ex 34,17 sowohl von der Sache als auch von der Formulierung her dem Kurzprohibitv vorzuordnen.

geschlossen sind. Das Bilderverbot dient damit wie die Bilderkritik in erster Linie der Durchsetzung des Ausschließlichkeitsanspruchs.

Diese These darf allerdings nicht als *monokausale* Herleitung des Bilderverbotes missverstanden werden. Schon bei Hosea und seinen Schülern war durch die Kritik am Stierkult des Nordreiches eine Kritik an YHWH-Bildern gegeben, die ebenfalls in der Ausschließlichkeitsforderung wurzelte. Diese Kritik an der Darstellung YHWHs ist zunächst nordreichspezifisch und auf das Stierbild beschränkt. Sie wird dann in der sog. Erzählung vom „goldenen Kalb" in Ex 32 aufgenommen und gehört ohne Zweifel *auch* in die Ahnentafel des expliziten Verbotes, ein Kultbild herzustellen. Wichtiger war mir hier der angedeutete Strang einer Fremdgötterbilderkritik.[55]

Drei Annahmen kristallisieren sich demnach zusammenfassend heraus: (1) Das dekalogische Bilderverbot ist frühestens exilisch, (2) Ex 20,23 und Ex 34,17 sind früher und können durchaus Ausdruck der spätvorexilischen Bilderkritik sein, insofern sie sich auf Fremdgötterbilder beziehen und nur die praktische Seite des Ausschließlichkeitsanspruchs darstellen. (3) Das Bilderverbot wächst erst aus vorexilischen Wurzeln in exilischer Zeit zu einem Verbot der Nicht-Darstellbarkeit YHWHs.

Wichtig zu sehen war, dass die Kultbildlosigkeit YHWHs für Ezechiel eine unhinterfragte Vorgegebenheit darstellt, während sie für das Nordreich bei Hosea nicht gegeben war. Der Jerusalemer Tempel scheint von Salomo an kultbildlos gewesen zu sein. Seine Konzeption setzt sich zunächst gegenüber dem Nordreich und nach der Kultzentralisation auch im Südreich durch.[56] Zwar reflektiert die Prophetie nicht prinzipiell über die Kultbildlosigkeit, doch zeigten sich bei Ezechiel deutliche theologische Sperren in der Beschreibung YHWHs.

In diesem Kontext ist auch noch einmal über den alten (?) Grundsatz „Gott sehen heißt sterben" nachzudenken, der in Gen 32,31; Ex 19,21; 33,20.23; Ri 6,22f; 13,22 (und indirekt wohl auch Jes 6) zum Ausdruck gebracht wird, anscheinend aber für Abraham (Gen 18, bes. V. 1.22), Jakob (Gen 28,13 im Traum; Gen 35,9), Mose (Num 12,8) und die Schar Mose, Aaron, Nadab, Abihu und die Ältesten (Ex 24,10) nicht zu gelten scheint. Dass die Sichtbarkeit Gottes für einzelne Menschen betont

---

55 Wenn man sagt, das Kultbildverbot ist die Konkretion und die praktische Seite der Forderung nach Alleinverehrung (z. B. *Dohmen*, Gottesbild [1995], 246), dann legt sich nahe, dieses Kultbildverbot nicht nur auf YHWH-Bilder zu beziehen, sondern zugleich auf Fremdgötterbilder. Das dekalogische Bilderverbot in Dtn 5,8a unterscheidet nicht zwischen der Pragmatik der Bilder und deren Bezug.

56 Für diese These ist es unerheblich, ob es YHWH-Bilder außerhalb Jerusalems gegeben hat oder nicht (derzeitiges *non liquet*). De facto setzt sich in der Kultzentralisation die Kultbildlosigkeit als beherrschende Konzeption durch.

wird, hat C. Dohmen in einer fortgeschrittenen Entwicklung auf die durch das Bilderverbot gesicherte Transzendenz zurückgeführt.[57] Die Erklärung weist sicher in die richtige Richtung, doch bleiben einige sperrige Momente. Die Zuweisung zu dem weiten Bereich der priesterlichen Tradition funktioniert weder Gen 18 noch in Gen 28. Und kann aus den Stellen, in denen eine ungefährliche Gottesschau möglich ist, auf eine durch das Bilderverbot gesicherte Transzendenz Gottes geschlossen werden? Ex 19,21 bringt nicht zum Ausdruck, dass *alle* vom Volk, die Gott sehen würden, sterben müssten, sondern schränkt auffallenderweise ein: ונפל ממנו רב „dann fallen viele von ihnen". Der *Grundsatz* wird streng genommen nur in Ex 33,20 in dem לא יראני האדם וחי zum Ausdruck gebracht und dort auch durchgehalten. Die Sache wird noch komplexer, wenn man die Visionsberichte mit einbezieht. Jesaja sagt von sich: „Im Todesjahr des Königs Usija sah ich den Herrn" (ואראה את־אדני, Jes 6,1), die Serafen allerdings bedecken mit zwei Flügeln ihr Gesicht (doch wohl am ehesten, weil sie nicht sehen dürfen). Das bringt auch Jesaja in V. 5 zum Ausdruck

Für die These, dass die Kultbildlosigkeit als Spezifikum des YHWH-Glaubens nicht mit der Herkunft YHWHs, sondern mit der Jerusalemer Tempeltheologie zusammenhängen könnte, spricht zwar einiges, doch reichen die Argumente dafür noch nicht aus.[58] Die Ursprünge der Kultbildlosigkeit müssen daher offenbleiben. Sicher scheint, dass der etablierte Monotheismus die Frage nach der *Darstellbarkeit* YHWHs verschärft. Das zeigt sich nicht nur in Dtn 4, wo durch das Bilderverbot die Nicht-Darstellbarkeit Gottes und die Kultbildlosigkeit in der Wortoffenbarung am Horeb verankert wird, sondern auch in der späten Götzenbildkritik (bei Deuterojesaja, Jer 10 und Bar 6), wo die Bilderlosigkeit des YHWH-Kultes als *differentia specifica* schroff dem Bilderkult der Völker gegenübergesetzt wird.

Ich habe versucht, deutlich zu machen, dass das Bilderverbot in einer Bilderkritik wurzelt und damit eine Vorgeschichte hat, die in *vorexilische* Zeit hinabreicht. Mit einer pauschalen Spätdatierung ist nichts gewonnen, vielmehr entsteht eine Gemengelage, in der für eine *Entwicklung* kaum noch Platz bleibt und das Bilderverbot lediglich einen schlechten Ersatz für das deportierte Kultbild darstellt. Dagegen gilt festzuhalten, dass die Bilderkritik im Kontext der Ausschließlichkeitsforderung die Einheit, Einzigartigkeit und Einzigkeit YHWHs sichert und die

---

57 Vgl. *Dohmen*, Problem (1966), 333.
58 Vgl. zu der These, dass die Kultbildlosigkeit mit der Jerusalemer Tempeltheologie zusammenhängen könnte, die Ausführungen von *Keel/Uehlinger*, Jahwe (1994), 289–292, die als Indizien den leeren Kerubenthron im Kontext solarer Kulte des 2. Jt. anführen.

Kultbildlosigkeit schon in vorexilischer Zeit der Transzendenz Gottes bedeutendes Gewicht gibt.

Abbildungsverzeichnis

Abb. 1a: Bes-Darstellung auf einem Vorratskrug aus Kuntilet 'Aǧrüd (9./8. Jh. v. Chr.), entnommen aus: *Meshel*, Kuntillet 'Ajrud (2012), 147 Fig. 6.4a.

Abb. 1b: Stierdarstellung aus dem samarischen Bergland in der Nähe des Tell Dothan (Eisenzeit I), entnommen aus: *Keel/Uehlinger*, Göttinnen (⁴1998), Abb. 142.

Abb. 1c: Basalt-Stele aus Bet-Saida (Torbereich, 9./8. Jh. v. Chr.), entnommen aus: *Keel/Uehlinger*, Göttinnen (⁴1998), Abb. 394.

Abb. 2a: Figurine vom Tell Abu Kharaz (Eisenzeit IIB), entnommen aus: *Fischer*, Tell Abu al-Kharaz (2006), 205 Fig. 245.

Abb. 2b: Sitzender Gott aus Bronze, Kinneret (8. Jh. v. Chr.), entnommen aus: *Fritz*, Kinneret (1990), 371 Tafel 118.

Abb. 2c: Schlagende Gottheit aus Dan (Eisenzeit IIB), entnommen aus: *Biran*, Biblical Dan (1994), 159 Fig. 119.

Abb. 2d: Gehörnte Göttin von Kafr Kanna (Eisenzeit IIB), entnommen aus: *Uehlinger*, Cult Statuary (1997), Abb. 22.

Abb. 2e: Fragmente eines Kultständers aus Pella (Eisenzeit IIB), entnommen aus: *Frevel*, Aschera (1994), Abb. 13.

Abb. 3: Terrakottakultständer aus Taanach (Eisenzeit IIB), entnommen aus: *Frevel*, Aschera (1994), Abb. 17.

Abb. 4a: Bronzeplakette aus Dan (Eisenzeit IIB), entnommen aus: *Biran*, Plaques (1999), 54 Fig. 14.

Abb. 4b: Elektron-Anhänger aus Ekron/Tel Miqne (Eisenzeit IIC), entnommen aus: *Keel/Uehlinger*, Göttinnen (⁴1998), Abb. 398.

Abb. 4c: Drei Terrakottakultständer aus 'En Haşeva (Eisenzeit IIC), entnommen aus: *Keel/Uehlinger*, Göttinnen (⁴1998), Abb. 405a – c.

Abb. 4d: Glockenrockgöttin aus Lachisch (Eisenzeit IIC), entnommen aus: *Keel/Uehlinger*, Göttinnen (⁴1998), Abb. 321a.

Abb. 4e: Fragment einer Terrakotta-Kultstatue (?) aus Dan, entnommen aus: *Biran*, Biblical Dan (1994), 172 Fig. 133.

Bibliographie

Assmann, J., In Bilder verstrickt. Bildkult, Idolatrie und Kosmotheismus in der Antike, in: R. Bernhardt/U. Link-Wieczorek (Hg.) Metapher und Wirklichkeit. Die Logik der Bildhaftigkeit im Reden von Gott, Mensch und Natur. FS D. Ritschl, Göttingen 1999, 73–88.

Barth, H., Die Jesaja-Worte in der Josiazeit. Israel und Assur als Thema einer produktiven Neuinterpretation der Jesajaüberlieferung (WMANT 48), Neukirchen-Vluyn 1977.

Beck, P., Horvat Qitmit Revisited via En Hazeva, in: TA 23 (1996), 102–114.

Berlejung, A., Washing the Mouth. The Consecration of Divine Images in Mesopotamia, in: K. van der Toorn (Hg.), The Image and the Book. Iconic Cults, Aniconism, and the Rise of Book Religion in Israel and the Ancient Near East (CBETh 21), Leuven 1997, 45–72.

Dies., Kultische Küsse. Zu den Begegnungsformen zwischen Göttern und Menschen, in: WO 29 (1998), 80–97.

Dies., Die Theologie der Bilder. Das Kultbild in Mesopotamien und die alttestamentliche Bilderpolemik unter besonderer Berücksichtigung der Herstellung und Einweihung der Statuen (OBO 162), Fribourg/Göttingen 1998.

Dies., Ikonophobie oder Ikonolatrie? Zur Auseinandersetzung um die Bilder im Alten Testament, in: B. Janowski/M. Köckert (Hg.), Religionsgeschichte Israels. Formale und materiale Aspekte (VWGTh 15), Gütersloh 1999, 208–241.

Dies., Geheimnis und Ereignis. Zur Funktion und Aufgabe der Kultbilder in Mesopotamien, in: JBTh 13 (1999), 109–143.

Bernett, M./Keel, O., Mond, Stier und Kult am Stadttor. Die Stele von Betsaida (et-Tell) (OBO 161), Fribourg/Göttingen 1998.

Biran, A., Biblical Dan, Jerusalem 1994.

Ders., Two Bronze Plaques and the Ḥuṣṣot of Dan, in: IEJ 49 (1999), 43–54.

Blomquist, T. H., Gates and Gods. Cults in the City Gates of Iron Age Palestine. An Investigation of the Archaeological and Biblical Sources (CB.OT 46), Stockholm 1999.

Crüsemann, F., Bewahrung der Freiheit. Das Thema des Dekalogs in sozialgeschichtlicher Perspektive (KT 128), Gütersloh 1993.

Dietrich, M./Loretz, O., Jahwe und seine Aschera. Anthropomorphes Kultbild in Mesopotamien, Ugarit und Israel. Das biblische Bilderverbot (UBL 9), Münster 1992.

Dohmen, C., Das Problem der Gottesbeschreibung im Ezechielbuch, in: J. Lust (Hg.), Ezekiel and His Book. Textual and Literary Criticism and Their Interrelation (BEThL 74), Leuven 1986, 330–334.

Ders., Das Bilderverbot. Seine Entstehung und seine Entwicklung im Alten Testament (BBB 62), Frankfurt ²1987.

Ders., Bild, in: NBL 1 (1991), 294–295.

Ders., Bilderverbot, in: NBL 1 (1991), 296–298.

Ders., Vom Gottesbild zum Menschenbild. Aspekte der innerbiblischen Dynamik des Bilderverbotes, in: LebZeug 50 (1995), 245–252.

Ders., „Nicht sieht mich der Mensch und lebt" (Ex 33,20). Aspekte der Gottesschau im Alten Testament, in: JBTh 13 (1999), 31–51.

Duhm, B., Das Buch Jesaja (HK III,1), Göttingen ²1902.

Fischer, P. M., Tell Abu al-Kharaz in the Jordan Valley. Volume II: The Middle and Late Bronze Ages. Contributions to the Chronology of the Eastern Mediterranean 11, Wien 2006.

Frevel, C., Aschera und der Ausschließlichkeitsanspruch YHWHs. Beiträge zu literarischen, religionsgeschichtlichen und ikonographischen Aspekten der Ascheradiskussion (BBB 94/1 u. 2), Weinheim 1995.

Ders., Stierkult, in: LThK 9 (³2000), 998–999.

Ders., YHWH und die Göttin bei den Propheten. Eine Zwischenbilanz, in: M. Oeming/K. Schmid (Hg.), Der eine Gott und die Götter. Polytheismus und Monotheismus im antiken Israel (AThANT 82), Zürich 2003, 49–77.

Fritz, V., Kinneret. Ergebnisse der Ausgrabungen auf dem Tell el-'Orēme am See Gennesaret 1982–1985 (ADPV 15), Wiesbaden 1990.

Golani, A./Sass, B., Three Seventh-Century B.C.E. Hoards of Silver Jewelry from Tel Miqneh Ekron, in: BASOR 311 (1998), 57–81.

Graupner, A., עצב, in: ThWAT VI (1989), 301–305.

Hadley, J. M., Yahweh and „His Asherah". Archaeological and Textual Evidence for the Cult of the Goddess, in: W. Dietrich/M. Klopfenstein (Hg.), Ein Gott allein? Jahweverehrung und biblischer Monotheismus im Kontext der israelitischen und altorientalischen Religionsgeschichte (OBO 139), Fribourg/Göttingen 1994, 235–268.

Dies., The Cult of Asherah in Ancient Israel and Judah. Evidence for a Hebrew Goddess (University of Cambridge Oriental Publications 57), Cambridge 2000.

Holter, K., Literary Critical Studies of Deut 4. Some Criteriological Remarks, in: BN 81 (1996), 91–103.

Hossfeld, F.-L., Probleme einer „ganzheitlichen Lektüre" der Schrift. Dargestellt am Beispiel Ez 9–10, in: ThQ 167 (1987), 266–277.

Hossfeld, F.-L./Zenger, E., Psalmen 51–100 (HThKAT), Freiburg u. a. 2000.

Houtman, C., Das Bundesbuch. Ein Kommentar (DMOA 24), Leiden u. a. 1997.

Janowski, B., Keruben und Zion. Thesen zur Entstehung der Zionstradition, in: D. R. Daniels u. a. (Hg.), Ernten, was man sät. FS K. Koch, Neukirchen-Vluyn 1991, 231–264.

Japhet, S., The Temple in the Restoration Period. Reality and Ideology, in: Union Seminary Quarterly Review 44 (1991), 195–252.

Jeremias, J., Der Begriff „Ball" im Hoseabuch und seine Wirkungsgeschichte, in: W. Dietrich/M. Klopfenstein (Hg.), Ein Gott allein? Jahweverehrung und biblischer Monotheismus im Kontext der israelitischen und altorientalischen Religionsgeschichte (OBO 139), Fribourg/Göttingen 1994, 441–462.

Jost, R., Männer und die Himmelskönigin. Studien zu Jer 7,18+19 und 44,15–23, Gütersloh 1995.

Kaiser, O., Das Buch des Propheten Jesaja (ATD 17–18), Göttingen ³1983; ⁵1981.

Ders., Der Gott des Alten Testaments. Wesen und Wirken (Theologie des AT 2), Göttingen 1998.

Kant, I., Kritik der Urteilskraft B 125–126, in: W. Weischedel (Hg.), Werke in sechs Bänden, Darmstadt 1966.

Keel, O., Jahwe-Visionen und Siegelkunst. Eine neue Deutung der Majestätsschilderung in Jes 6, Ez 1 und 10 und Sach 4 (SBS 84/85), Stuttgart 1977.

Keel, O./Uehlinger C., Jahwe und die Sonnengottheit von Jerusalem, in: W. Dietrich/M. Klopfenstein (Hg.), Ein Gott allein? Jahweverehrung und biblischer Monotheismus im Kontext der israelitischen und altorientalischen Religionsgeschichte (OBO 139), Fribourg/Göttingen 1994, 296–306.

Dies., Göttinnen, Götter und Gottessymbole. Neue Erkenntnisse zur Religionsgeschichte Kanaans und Israels aufgrund bislang unerschlossener Quellen (QD 134), Freiburg u. a. ⁴1998.

Kilian, R., Jesaja 1–12 (NEB.AT 17), Würzburg 1986.

Kletter, R., The Judean Pillar-Figurines and the Archaeology of Asherah (BAR 636), London 1996.

Loretz, O., Das „Ahnen- und Götterstatuen-Verbot" im Dekalog und die Einzigkeit Jahwes. Zum Begriff des Göttlichen in altorientalischen und alttestamentlichen Quellen, in: W. Dietrich/M. Klopfenstein (Hg.), Ein Gott allein? Jahweverehrung und biblischer Monotheismus im Kontext der israelitischen und altorientalischen Religionsgeschichte (OBO 139), Fribourg/Göttingen 1994, 491–527.

Ders., Semitischer Anikonismus und biblisches Bilderverbot, in: UF 26 (1995), 239 – 251.

Meshel, Z., Kuntillet 'Ajrud (Horvat Teman). An Iron Age II Religious Site on the Judah Sinai Border, Jerusalem 2012.

Mettinger, T. N. D., Aniconism. A West Semitic Context for the Israelite Phenomenon?, in: W. Dietrich/M. Klopfenstein (Hg.), Ein Gott allein? Jahweverehrung und biblischer Monotheismus im Kontext der israelitischen und altorientalischen Religionsgeschichte (OBO 139), Fribourg/Göttingen 1994, 159 – 178.

Ders., No Graven Image? Israelite Aniconism in Its Ancient Near Eastern Context (CB.OT 42), Stockholm 1995.

Ders., Cherubim, in: DDD (²1995), 362 – 367.

Ders., The Roots of Aniconism. An Isrealite Phenomenon in Comparative Perspective, in: J. A. Emerton (Hg.), Congress Volume Cambridge 1995, (VT.S 66), Leiden u. a. 1997, 219 – 233.

Metzger, M., Königsthron und Gottesthron. Thronformen und Throndarstellungen in Ägypten und im Vorderen Orient im dritten und zweiten Jahrtausend vor Christus und deren Bedeutung für das Verständnis von Aussagen über den Thron im Alten Testament (AOAT 15/1), Kevelaer u. a. 1985.

Ders., Jahwe, der Kerubenthroner, die von Keruben flankierte Palmette und Sphingenthrone aus dem Libanon, in: I. Kottsieper u. a. (Hg.), „Wer ist wie du, Herr, unter den Göttern?". FS O. Kaiser, Göttingen 1994, 75 – 90.

Mittmann, S., „Wehe! Assur, Stab meines Zorns" (Jes 10,5 – 9.13aB–15), in: V. Fritz (Hg.), Prophet und Prophetenbuch. FS O. Kaiser (BZAW 185), Berlin u. a. 1989, 111 – 132.

Niehr, H., In Search of YHWHs Cult Statue in the First Temple, in: K. van der Toorn (Hg.), The Image and the Book. Iconic Cults, Aniconism, and the Rise of Book Religion in Israel and the Ancient Near East (CBETh 21), Leuven 1997, 73 – 95.

Obbink, H. T., Jahwebilder, in: ZAW 47 (1929), 264 – 274.

Oberforcher, R., Das Buch Micha (NSK.AT 24/2), Stuttgart 1995.

Oelmueller, W., Die Macht der Bilder und die Grenzen von Bilderverboten. Das biblische Bilderverbot philosophisch betrachtet, in: Orientierung 62 (1998), 162 – 167.

Pfeiffer, R. H., Images of Yahweh, in: JBL 45 (1926), 211 – 222.

Ders., Zechen und Lieben. Zur Frage einer Göttin-Polemik in Hos 4,16 – 19, in: UF 28 (1996), 495 – 511.

Rendtorff, R., Was verbietet das alttestamentliche Bilderverbot?, in: R. Bernhardt/U. Link-Wieczorek (Hg.), Metapher und Wirklichkeit. Die Logik der Bildhaftigkeit im Reden von Gott, Mensch und Natur. FS D. Ritschl, Göttingen 1999, 54 – 65.

Schmidt, B. B., The Aniconic Tradition. On Reading Images and Viewing Texts, in: D. Edelman (Hg.), The Triumph of Elohim. From Yahwism to Judaisms (Contributions to Biblical Exegesis and Theology 13), Kampen 1995, 75 – 105.

Schmidt, W. H./Graupner, A./Delkurt, H., Die Zehn Gebote im Rahmen alttestamentlicher Ethik (EdF 281), Darmstadt 1993.

Schroer, S., In Israel gab es Bilder. Nachrichten von darstellender Kunst im Alten Testament (OBO 74), Fribourg/Göttingen 1987.

Stoebe, H. J., Das zweite Buch Samuelis (KAT 8/2), Gütersloh 1994.

Uehlinger, C., Götterbild, in NBL 1 (1991), 871 – 892.

Ders., Eine anthropomorphe Kultstatue des Gottes von Dan?, in: BN 72 (1994), 85 – 100.

Ders., Israelite Aniconism in Context, in: Biblica 77 (1996), 540–549.

Ders., Anthropomorphic Cult Statuary in Iron Age Palestine and the Search for Yahweh's Cult Images, in: K. van der Toorn (Hg.), The Image and the Book. Iconic Cults, Aniconism, and the Rise of Book Religion in Israel and the Ancient Near East (CBETh 21), Leuven 1997, 97–155.

Ders., Bilderkult, in: RGG 1 (⁴1998), 1562–1574.

Ders., Bilderverbot, in: RGG 1 (⁴1998), 1574–1577.

Ders., „...und wo sind die Götter von Samarien?" Die Wegführung syrisch-palästinensischer Kultstatuen auf einem Relief Sargons II. in Ḫorṣābād/Dūr-Šarrukīn, in: M. Dietrich/I. Kottsieper (Hg.), „Und Mose schrieb dieses Lied auf". FS O. Loretz (AOAT 250), Münster 1998, 739–776.

Ders., Vom Bilderkult zum Bilderverbot, in: WuB 4 (1999), 45–53.

Ders., Ein Bild JHWHs und seiner Aschera, in: WuB 4 (1999), 54–55.

Utzschneider, H., Hosea. Prophet vor dem Ende. Zum Verhältnis von Geschichte und Institution in der alttestamentlichen Prophetie (OBO 31), Fribourg/Göttingen 1980.

van der Toorn, K., The Iconic Book. Analogies between the Babylonian Cult of Images and the Veneration of the Tora, in: K. van der Toorn (Hg.), The Image and the Book. Iconic Cults, Aniconism, and the Rise of Book Religion in Israel and the Ancient Near East (CBETh 21), Leuven 1997, 229–248.

van Oorschot, J., Die Macht der Bilder und die Ohnmacht des Wortes? Bilder und Bilderverbot im alten Israel, in: ZThK 96 (1999), 299–319.

Wacker, M.-T., Spuren der Göttin im Hoseabuch, in: W. Dietrich/M. Klopfenstein (Hg.), Ein Gott allein? Jahweverehrung und biblischer Monotheismus im Kontext der israelitischen und altorientalischen Religionsgeschichte (OBO 139), Fribourg/Göttingen 1994, 329–348.

Dies., Göttinnenverehrung im Alten Testament, in: WuB 11 (1999), 8–10.

Welten, Peter, Bilder II. Altes Testament, in: TRE 6 (1980), 517–521.

Wiggins, S. A., A Reassessment of „Asherah". A Study According to the Textual Sources of the First Two Millennia B.C.E. (AOAT 235), Kevelaer 1993.

Wildberger, H., Jesaja. Kapitel 1–12 (BK.AT X/1), Neukirchen-Vluyn ²1980.

Zwickel, W., Der Tempelkult in Kanaan und Israel. Studien zur Kultgeschichte Palästinas von der Mittelbronzezeit bis zum Untergang Judas (FAT I/10), Tübingen 1994.

Ders., Überlegungen zur wirtschaftlichen und historischen Funktion von Kuntillet ʿAgrud, in: ZDPV 116 (2000), 139–142.

Bibelstellenregister (in Auswahl)

Autorenregister

Sachregister